テーマ・ジャンルからさがす
物語・お話絵本①

子どもの世界・生活／架空のもの・ファンタジー／乗り物／笑い話・ユーモア

An Index Of Japanese Story Picturebooks and Foreign Story Picturebooks Translated into Japanese: giving references by themes and genres

Compiled by DB-Japan Co., Ltd.

© 2011 by DB-Japan Co., Ltd.
Printed in Japan

刊行にあたって

　小社は先に「日本の物語・お話絵本登場人物索引」「世界の物語・お話絵本登場人物索引」を遡及版と合わせ各2点ずつ刊行したが、その際図書館の職員の方々から「テーマやジャンルから絵本を探せるツールもあったら便利なんですが」というお話を何度か頂戴致しました。社内で検討の結果、今まで刊行してきた「登場人物索引」シリーズは、一点一点の現物調査を基に編集作業を行ってきたものなので何とか出来るのではないかと考え、2009年3月頃から入力フォーマットの作成などデータ入力の下準備を開始し、同年9月から本格的に分類の入力作業に入りました。それからは、物語・お話絵本の一点一点からテーマ・ジャンルの見出しを立て、分類作業を行いながら見出しを調整をしてまた分類作業を行うというくり返しで、試行錯誤を重ねつつ概ね見出しの設定やグループ化・順位付けまで辿り着きました。途中「歴史・時代小説登場人物索引 2000-2009」の編集作業と並行しつつ延々と分類作業と見出し調整を続け、今年8月にようやく校了に至った次第です。

　本書は1953年(昭和28年)〜2010年(平成22年)の58年間に国内で刊行された絵本の中から物語・お話絵本を選択・収集して日本の物語・お話絵本9,832点、世界の物語・お話絵本6,617点、計16,449点を採録してテーマ・ジャンル別に分類したもので、テーマ・ジャンルから絵本をさがす索引です。

　テーマ・ジャンルは「子どもの世界・生活」「架空のもの・ファンタジー」「乗り物」「笑い話・ユーモア」「民話・昔話・名作」「動物」「自然・環境・宇宙」「戦争と平和・災害・社会問題」「人・仕事・生活」の9項目に大分類し、「子どもの世界・生活/架空のもの・ファンタジー/乗り物/笑い話・ユーモア」と「民話・昔話・名作/動物/自然・環境・宇宙/戦争と平和・災害・社会問題/人・仕事・生活」の2分冊にまとめました。さらに大分類の各項目の下を、例として「子どもの世界・生活」の場合は「友達・仲間」「食べもの」「遊び」「家族」「学校」などに中分類し、さらに小分類・細分類が必要ならば「遊び＞ぶらんこ」「家族＞おかあさん」「食べもの＞果物＞りんご」などに分類し、「動物」の場合は「さる」「ライオン」「鳥＞ふくろう」「虫＞かぶとむし」などに分類しています。絵本に複数のテーマが存在する場合は各々の大分類のテーマ・ジャンルに分類し、さらに大分類の中でも絵本に複数のテーマが存在する場合は、例として「友達・仲間」にも「遊び」にも副出しております。

　本書が絵本ファンの読書案内としてだけでなく、図書館員のレファレンスツールや絵本の読み聞かせやお話会などの参考資料としても大いにご活用頂ければうれしい限りです。不十分な点もあるかと思われますがお気付きの点点などご教示頂ければ幸いです。

2011年9月

　　　　　　　　　　　　　　　　　　　　　　　　　　　ＤＢジャパン

凡　例

1．本書の内容

　　本書は日本の物語・お話絵本と世界の物語・お話絵本をテーマ・ジャンル別に分類したもので、テーマ・ジャンル・キーワードなどから絵本をさがす索引である。

　　テーマ・ジャンルは「子どもの世界・生活」「架空のもの・ファンタジー」「乗り物」「笑い話・ユーモア」「民話・昔話・名作」「動物」「自然・環境・宇宙」「戦争と平和・災害・社会問題」「人・仕事・生活」の9項目に大分類し、「子どもの世界・生活/架空のもの・ファンタジー/乗り物/笑い話・ユーモア」と「民話・昔話・名作/動物/自然・環境・宇宙/戦争と平和・災害・社会問題/人・仕事・生活」の2分冊にまとめた。本書はその一冊「テーマ・ジャンルからさがす物語・お話絵本① 子どもの世界・生活/架空のもの・ファンタジー/乗り物/笑い話・ユーモア」である。

2．採録の対象

　　1953年(昭和28年)～2010年(平成22年)の58年間に国内で刊行された絵本の中から物語・お話絵本を選択・収集して日本の物語・お話絵本9,832点、世界の物語・お話絵本6,617点、計16,449点を採録した。

3．記載項目

テーマ・ジャンル別分類見出し
絵本の書名 / 作者名；画家名；訳者名 / 出版者(叢書名) / 刊行年月
(例)

お風呂

「おふろでぽっかぽか」　山本省三作　講談社(講談社の創作絵本)　2010年10月
「シャンプーなんて、だいきらい」　アンバー・スチュアート文；ローラ・ランキン絵；おおつかのりこ訳　徳間書店　2007年1月
「せっけんつるりん」　今井弓子作・絵　岩崎書店(ファミリーえほん13)　1978年9月

家族＞きょうだい

「ママ、ぼくのことすき？しろくまポロのしんぱい」　ジャン＝バプティステ・バロニアン作；ノリス・カーン絵；灰島かり訳　平凡社　2008年6月
「ママにあかちゃんできたの！」　ケス・グレイ文；サラ・ネイラー絵；もとし

たいづみ訳　講談社(講談社の翻訳絵本)　2006 年 6 月

行事＞節分
「がったいオニだぞつよいんだい」　さくらともこ作;二本柳泉絵　佼成出版社(園児のすくすく絵本 7)　1988 年 1 月
「トコちゃんとあまめはぎ」　鶴見正夫作;福田岩緒絵　ひさかたチャイルド(子どものまつり絵本)　1990 年 12 月
「なきむしおにのオニタン」　上野与志作;藤本四郎絵　ひさかたチャイルド　2008 年 12 月

少女・女の子
「おんなのことあめ」　ミレナ・ルケショバー文;ヤン・クドゥラーチェク絵;竹田裕子訳　ほるぷ出版　1977 年 3 月
「キャシーのぼうし」　トルーディ・クリシャー文;ナディーン・バーナード・ウェストコット絵;かつらあまね訳　評論社(児童図書館・絵本の部屋)　2007 年 6 月
「しいちゃん」　友部正人文;沢野ひとし絵　フェリシモ出版(おはなしのたからばこ 28)　2010 年 4 月
「なおちゃんのおはなやさん」　やまむろさやか作;頓田室子絵　金の星社　1985 年 4 月
「リーサの庭のはなまつり」　エルサ・ベスコフ作;石井登志子訳　文化出版局　1982 年 6 月

食べもの＞野菜＞キャベツ
「ディクーのふさぎむしたいじ」　エルズビエタ作;なかむらえりこ訳　セーラー出版　1989 年 5 月
「ゆうこのキャベツぼうし」　やまわきゆりこ作・絵　福音館書店　2008 年 5 月

遊び＞ぶらんこ
「ゆらゆらぶらんこ」　宮本忠夫作　新日本出版社(宮本忠夫みっちゃんのえほん 2)　1988 年 3 月
「中田くん、うちゅうまで行こ!」　さえぐさひろこ文;佐藤繁絵　童心社(絵本・こどものひろば)　2009 年 11 月

おばけ・ゆうれい

「いいからいいから2」　長谷川義史作　絵本館　2007年8月
「いたずらおばけ-イギリス民話」　瀬田貞二再話;和田義三画　福音館書店　1978年2月
「いるいるおばけがすんでいる」　モーリス・センダーク原作・画;ウエザヒル翻訳委員会訳　ウエザヒル出版社　1966年5月

自動車＞バス
「あおバスくん」　ジェームス・クリュス作;リーズル・シュティッヒ絵;はたさわゆうこ訳　フレーベル館　2008年6月
「いただきバス」　藤本ともひこ作・絵　鈴木出版(チューリップえほんシリーズ)　2005年9月
「いちにちにへんとおるバス」　中川正文作;梶山俊夫絵　ひかりのくに　1987年1月

ナンセンス絵本
「アナボコえほん」　井上洋介絵・文　フレーベル館　2008年11月
「アベコベさん」　フランセスカ・サイモン文;ケレン・ラドロー絵;青山南訳　文化出版局　1997年9月

1) 大分類「子どもの世界・生活」の下を、「友達・仲間」「食べもの」「遊び」「家族」「学校」などに分類し、さらに中・小・細分類が必要ならば「遊び＞ぶらんこ」「家族＞おかあさん」「育児・子育て＞子どものしつけ＞おねしょ・おもらし」などに分類した。
2) 絵本に複数のテーマが存在する場合は各々の大分類のテーマ・ジャンルに分類し、さらに大分類(本書の場合は「子どもの世界・生活」)の中でも絵本に複数のテーマが存在する場合は、例として「友達・仲間」にも「遊び」にも副出した。
3) 同書名が複数刊行されている場合は出版者／刊行年月　を列記した。

4．排列
1) テーマ・ジャンル別大分類見出しの下は中・小・細分類見出しのひらかな・カタカナの五十音順→漢字順。
2) テーマ・ジャンル別中・小・細分類見出しの下は絵本の書名の英数字・記号→ひらかな・カタカナの五十音順→漢字順。

5．テーマ・ジャンル別分類見出し索引

テーマ・ジャンル別の中分類から大分類の見出し、小分類から大分類＞中分類の見出し、細分類から大分類＞中分類＞小分類の見出しを引けるように索引を付した。
(例)
　おばけ・ゆうれい→架空のもの・ファンタジー＞おばけ・ゆうれい
　きょうだい→子どもの世界・生活＞家族＞きょうだい
　さかなつり→子どもの世界・生活＞遊び＞さかなつり
　すいか→子どもの世界・生活＞食べもの＞果物＞すいか
　ナンセンス絵本→笑い話・ユーモア＞ナンセンス絵本
　バス→乗り物＞自動車＞バス
　ぼうけん→子どもの世界・生活＞ぼうけん
　七夕→子どもの世界・生活＞行事＞七夕
　魔法使い・魔女→架空のもの・ファンタジー＞魔法使い・魔女

1) 排列はテーマ・ジャンル別中・小・細分類見出しのひらかな・カタカナの五十音順→漢字順。
2) →(矢印)を介して上位のテーマ・ジャンル別分類見出しを示した。

テーマ・ジャンル別分類見出し目次

【子どもの世界・生活】

項目	頁
うんち・おしっこ・おなら	1
おやすみ・ねむり	3
お客	13
お見舞い	14
お茶会・パーティー	14
お買い物	16
お風呂	18
たからもの	21
はじめての経験	23
ひなたぼっこ	26
ファッション・おしゃれ＞えりまき	26
ファッション・おしゃれ＞かさ	26
ファッション・おしゃれ＞かばん・バッグ	28
ファッション・おしゃれ＞きもの・ようふく	28
ファッション・おしゃれ＞くつ・くつした	31
ファッション・おしゃれ＞セーター	33
ファッション・おしゃれ＞てぶくろ	34
ファッション・おしゃれ＞ハンカチ	34
ファッション・おしゃれ＞ファッション・おしゃれ一般	35
ファッション・おしゃれ＞りぼん	37
ファッション・おしゃれ＞髪型	37
ファッション・おしゃれ＞帽子	37
プレゼント	40
ぼうけん	43
育児・子育て＞育児・子育て一般	64
育児・子育て＞子どものしつけ	70
育児・子育て＞子どものしつけ＞あいさつ	72
育児・子育て＞子どものしつけ＞あとかたづけ・そうじ	74
育児・子育て＞子どものしつけ＞おつかい・おてつだい	75
育児・子育て＞子どものしつけ＞おねしょ・おもらし	78
育児・子育て＞子どものしつけ＞きがえ	79
育児・子育て＞子どものしつけ＞てあらい・うがい	79
育児・子育て＞子どものしつけ＞はみがき	80
育児・子育て＞子どものしつけ＞マナー・ルール	81
育児・子育て＞子どものしつけ＞むだづかい	81
育児・子育て＞子どものしつけ＞るすばん	81
育児・子育て＞子どもの健康・保健衛生	83
育児・子育て＞食育	85
育児・子育て＞食育＞たべもののすききらい	86
育児・子育て＞性教育	87
運動・スポーツ	87
運動・スポーツ＞運動会	89
夏休み	90
家族＞あかちゃん	93
家族＞おかあさん	100
家族＞おじいさん	106
家族＞おじさん・おばさん	112
家族＞おとうさん	112
家族＞おばあさん	118
家族＞きょうだい	124
家族＞ふたご	149
家族＞ペット	155
家族＞みつご	165
家族＞引っ越し	166
家族＞家出	168
家族＞家族一般	170
家族＞孤児	186
家族＞五つご	188
家族＞親と子	188
家族＞父子家庭	201
家族＞両親の離婚	201
学校	202
学校＞いじめ	206
学校＞転校	207
学校＞登校拒否	207
学校＞入学	208
学校＞勉強・宿題	209
芸術	210
芸術＞音楽・音楽会	210
芸術＞歌	217

芸術＞絵	218	障害のある子	407
芸術＞劇	220	食べもの＞おべんとう	411
芸術＞工作	220	食べもの＞おやつ・お菓子	412
芸術＞美術館・博物館	221	食べもの＞きのこ	419
芸術＞舞踊・バレエ	221	食べもの＞パン	420
行事＞イースター	223	食べもの＞果物＞いちご	422
行事＞いもほり	224	食べもの＞果物＞かき	423
行事＞お花見	224	食べもの＞果物＞さくらんぼ	424
行事＞お月見	225	食べもの＞果物＞すいか	424
行事＞お祭り	226	食べもの＞果物＞なし	424
行事＞お正月	229	食べもの＞果物＞バナナ	425
行事＞お墓まいり	230	食べもの＞果物＞ぶどう	425
行事＞お盆	230	食べもの＞果物＞ブルーベリー	426
行事＞クリスマス	230	食べもの＞果物＞みかん	426
行事＞クリスマス＞サンタクロース	246	食べもの＞果物＞もも	426
行事＞サーカス	253	食べもの＞果物＞りんご	426
行事＞サーカス＞ピエロ	257	食べもの＞果物＞果物一般	430
行事＞どんどやき	258	食べもの＞食べもの一般	430
行事＞バレンタインデー	258	食べもの＞食事・料理	435
行事＞ハロウィーン	258	食べもの＞野菜＞かぶ	441
行事＞ひなまつり	259	食べもの＞野菜＞かぼちゃ	441
行事＞縁日	260	食べもの＞野菜＞キャベツ	442
行事＞感謝祭	260	食べもの＞野菜＞きゅうり	443
行事＞行事一般	260	食べもの＞野菜＞さつまいも	443
行事＞市	261	食べもの＞野菜＞じゃがいも	444
行事＞七五三	261	食べもの＞野菜＞そらまめ	444
行事＞七夕	261	食べもの＞野菜＞たまねぎ	444
行事＞節分	262	食べもの＞野菜＞トマト	445
行事＞端午の節句	263	食べもの＞野菜＞なす	445
行事＞田植え	264	食べもの＞野菜＞にんじん	445
行事＞年越し	264	食べもの＞野菜＞ピーマン	446
行事＞母の日	264	食べもの＞野菜＞大根	446
山の子ども	264	食べもの＞野菜＞野菜一般	446
散歩	265	食べもの＞卵	449
子どもの個性	270	村の子ども	451
子どもの交通安全	272	誕生日	459
子どもの心	273	電話	466
子どもの心＞まいご	280	島の子ども	467
子どもの心＞自分発見	283	読書	468
子どもの防災	284	病気やアレルギーの子	470
手紙	285	夢	471
少女・女の子	287	友達・仲間	474
少年・男の子	354	遊び＞いたずら	511

遊び＞おしくらまんじゅう	515
遊び＞お絵かき	515
遊び＞かくれんぼ	517
遊び＞かげ遊び	520
遊び＞ゲーム	520
遊び＞ごっこ遊び	520
遊び＞さかなつり	523
遊び＞シーソー	524
遊び＞しゃぼんだま	524
遊び＞じゃんけん	525
遊び＞スキー・スケート	525
遊び＞すべりだい	526
遊び＞ダンス	526
遊び＞どろんこ遊び	527
遊び＞なわとび	528
遊び＞ピクニック・遠足・キャンプ	528
遊び＞ぶらんこ	533
遊び＞ボール遊び	534
遊び＞ままごと	535
遊び＞まりつき	535
遊び＞花火	535
遊び＞海水浴・プール	538
遊び＞言葉遊び	539
遊び＞山登り	540
遊び＞色遊び	541
遊び＞人形・玩具	558
遊び＞水遊び	558
遊び＞折り紙	558
遊び＞雪遊び	561
遊び＞凧揚げ	562
遊び＞土いじり・砂遊び	562
遊び＞風船	564
遊び＞変身	566
遊び＞迷路	566
遊び＞遊び一般	577
遊び＞遊園地	577
幼稚園・保育園	583
幼稚園・保育園＞入園	585
旅	594
恋愛	

【架空のもの・ファンタジー】

あまのじゃく	599
うみぼうず	599
えんま	599
おばけ・ゆうれい	600
かかし	613
かっぱ	613
かみなりさま	616
キャラクター絵本	617
キャラクター絵本＞アンパンマン	626
キャラクター絵本＞おむすびまん	633
キャラクター絵本＞キューピー	633
キャラクター絵本＞くまのプーさん	633
キャラクター絵本＞セサミストリート	635
キャラクター絵本＞ぞうのエルマー	636
キャラクター絵本＞ぞうのババール	638
キャラクター絵本＞たこやきマントマン	640
キャラクター絵本＞たまごにいちゃん	640
キャラクター絵本＞チューリップさん	641
キャラクター絵本＞テディベア	641
キャラクター絵本＞ななみちゃん	642
キャラクター絵本＞ねぎぼうずのあさたろう	642
キャラクター絵本＞バーバパパ	642
キャラクター絵本＞ピーターラビット	645
キャラクター絵本＞ピーマンマン	648
キャラクター絵本＞ペネロペ	648
キャラクター絵本＞まめうし	649
キャラクター絵本＞ミッフィー・うさこちゃん	650
キャラクター絵本＞ムーミン	652
キャラクター絵本＞リサとガスパール	652
ざしき童子	654
だるま	654
てんぐ	654
トロル	656
ペガサス	657
やまんば	657
ゆきだるま	659
ユニコーン	661
ロボット	661
悪魔・魔物	662
宇宙人	664

(3)

架空の生きもの	664
怪物・怪獣	667
鬼	673
吸血鬼	681
巨人・大男	682
巨人・大男＞だいだらぼっち	686
死神	686
小人	686
人魚	693
雪女	694
雪男	694
仙人	694
天使	695
天女	697
忍術使い	698
貧乏神・福の神	698
不思議の世界・国	699
魔法使い・魔女	707
妖精	718
竜・ドラゴン	724

【乗り物】

オートバイ	729
宇宙船	729
汽車・電車	729
汽車・電車＞しんかんせん	737
汽車・電車＞機関車トーマス	738
自転車	740
自動車	742
自動車＞タクシー	745
自動車＞トラック・ダンプカー	745
自動車＞バス	746
自動車＞パトロールカー	748
自動車＞ブルドーザー・ショベルカー	748
自動車＞レッカー車	749
自動車＞救急車	749
自動車＞消防自動車	749
自動車＞清掃車	750
乗り物一般	750
船・ヨット	751
飛行機	754

【笑い話・ユーモア】

ナンセンス絵本	757
笑い話・ユーモア一般	759
落語絵本	763

【子どもの世界・生活】

うんち・おしっこ・おなら

「ある愛のかたち」 戸渡阿見作；いとうのぶや絵　たちばな出版（戸渡阿見絵本シリーズ）
2008年3月

「うんこ!」 サトシン文；西村敏雄絵　文渓堂　2010年1月

「うんこいってきます」 スギヤマカナヨ作　佼成出版社　2007年6月

「うんこダスマンたいそう」 村上八千世作詞・文；せべまさゆき絵　ほるぷ出版（うんこのえほんシリーズ）　2008年12月

「うんこ日記」 村中李衣；川端誠作　BL出版　2004年7月

「うんたろさん」 山脇恭作；はたこうしろう絵　フレーベル館（えほんあらかると4）　2001年5月

「うんちしたのはだれよ!」 ヴェルナー・ホルツヴァルト文；ヴォルフ・エールブルッフ絵；関口裕昭訳　偕成社　1993年11月

「うんちっち」 ステファニー・ブレイク作・絵；ふしみみさを訳　PHP研究所　2005年1月

「うんぽっとん」 みうらしーまる作・絵　金の星社（こどものくに傑作絵本）　2003年11月

「おえどのおなら」 越智典子作；牧野伊三夫絵　教育画劇　2008年12月

「おしっこおばけ」 高橋宏幸作・絵　岩崎書店（ピチピチえほん12）　1981年1月

「おしっこでるよ」 ロバート・マンチ作；ミカエル・マルチェンコ絵；乃木りか訳　PHP研究所
2004年1月

「おしっこぴゅー」 栗林慧；さとうあきら；新開孝写真；三原道弘構成・文　日本標準　2009年11月

「おしっこぼうや-せんそうにおしっこをひっかけたぼうやのはなし」 ウラジーミル・ラドゥンスキー作；木坂涼訳　セーラー出版　2003年7月

「おなら ばんざい」 福田岩緒作・絵　ポプラ社　1984年10月

「おならのしゃもじ」 小沢正文；田島征三画　教育画劇（日本の民話えほん）　2003年9月

「おならをしたかさま」 水谷章三文；太田大八絵　ほるぷ出版（幼児みんわ絵本27）
1986年5月

「おなら犬ウォルター のみの市で大さわぎ!」 ウィリアム・コツウィンクル；グレン・マリー作；オードリー・コールマン絵；三辺律子訳　サンマーク出版　2008年12月

「おなら犬ウォルター」 ウィリアム・コツウィンクル；グレン・マリー作；オードリー・コールマン絵；三辺律子訳　サンマーク出版　2006年3月

「おまるがない!」 トニー・ロス作；かねはらみずひと訳　偕成社　1993年12月

「おまるのがっちゃん」 しらいちか作・絵　ポプラ社（絵本のぼうけん3）　2002年3月

子どもの世界・生活

「おむつのガーガとおまるのブータ」 バーネット・フォード文;サム・ウィリアムズ絵;かつらあまね訳 評論社(児童図書館・絵本の部屋) 2007年6月

「がまんだがまんだうんちっち」 梅田俊作;梅田佳子;梅田海緒作・絵 岩崎書店(えほん・ドリームランド9) 1981年7月

「きれいにふける!トイレットペーパー」 中須賀朗監修;pogo絵;中島妙文 チャイルド本社(ものづくり絵本シリーズ どうやってできるの?7) 2007年10月

「くさいくさい!」 和田登文;和田春奈絵 星の環会 2009年12月

「こいぬのうんち」 クォン・ビョンセン文;チョン・スンガク絵;ピョン・キジャ訳 平凡社 2000年9月

「サムぼうやのおまる」 バルブロ・リンドグレン作;エバ・エリクソン絵;あきのしょういちろう訳 童話館 1993年12月

「ぞうさんのうんち」 角野栄子作;佐々木洋子絵 ポプラ社(ぴょんぴょんえほん2) 1986年2月

「ぞうのおなら」 宮本忠夫作 あすなろ書房 1990年12月

「だれがトイレでうんちをするの?」 フレッド・エールリヒ作;エミリー・ボーラム絵;石原良純訳 学習研究社(質問が大好きなこどもとよむ本) 2008年10月

「トイレせんちょう」 片平直樹作;松成真理子絵 フレーベル館(わくわくメルヘンシリーズ) 2007年8月

「トイレでうんち」 リスベット・スレーヘルス作;木坂涼訳 小学館(ピピとトントンのえほん) 2008年11月

「トイレでうんちできたかな?」 わたなべあや作・絵 イースト・プレス 2008年7月

「トイレとっきゅう」 おりもきょうこ作・画 こずえ 1978年10月

「トイレにいっていいですか」 寺村輝夫作;和歌山静子絵 あかね書房 2002年8月

「はるちゃんトイレ」 中川ひろたか文;田中靖夫絵 文渓堂 2007年7月

「ぷーっ!」 フランセスコ・ピトー;ベルナデット・ジェルヴェ作;石津ちひろ訳 文化出版局 1997年11月

「ぷーぷーぷー おならとともだちになる本」 嵐山光三郎文;安西水丸絵 あすなろ書房(新しい絵本シリーズ) 1986年10月

「フォルケはプッとしたいきぶん」 オーサ・カシーン作;ひしきあきらこ訳 くもん出版 2003年4月

「ぶたぶたさんのおなら」 角野栄子文;佐々木洋子絵 ポプラ社(ぴょんぴょんえほん8) 1990年12月

「プリンちゃんのにげだしたうんち」 ささきようこ作・絵 ポプラ社(プリンちゃんシリーズ5) 2001年11月

「へこき三良」 儀間比呂志作・絵 岩崎書店(創作絵本12) 1972年11月

子どもの世界・生活

「へっこきあねさ」 長谷川摂子作；荒井良二絵 岩波書店（てのひらむかしばなし） 2004年9月

「へっこきあねさがよめにきて」 大川悦生文；太田大八絵 ポプラ社（おはなし名作絵本17） 1972年11月

「へっこきよめさま」 冨永佳与子文；高見八重子絵 鈴木出版（たんぽぽえほんシリーズ） 2007年1月

「へっこきよめさん」 おざわとしお；からさわかおり文；はなのうちまさよし絵 くもん出版（子どもとよむ日本の昔ばなし10） 2005年11月

「へっこきよめどん」 富安陽子文；長谷川義史絵 小学館（日本名作おはなし絵本） 2009年4月

「へったれよめ」 高野つる；安藤操文；浜田清絵 ほるぷ出版（房総むかしむかし絵本7） 1976年4月

「へっぴりよめご」 剣持弘子文；赤坂三好絵 世界文化社（ワンダー民話館） 2006年2月

「へっぷりむすこ（千葉県）」 ふじかおる文；梶山俊夫絵 第一法規出版（日本の民話絵本8） 1981年6月

「へっぷりむすこ」 梶山俊夫絵；ふじかおる文 童心社（ぼくとわたしのみんわ絵本） 2000年6月；第一法規出版（日本の民話絵本8） 1981年6月

「へへんの十どん」 加古里子作 偕成社（かこさとし語り絵本2） 1978年10月

「ぼくのうんちはなんになる？」 ツシッタ・ラナシンハ作；秋沢淳子訳 ミチコーポレーション 2006年11月

「ゆっくとすっく トイレでちっち」 さこももみ絵；たかてらかよ文 ひかりのくに 2010年6月

「りっぱな うんち」 きたやまようこ作 あすなろ書房 2010年4月

おやすみ・ねむり

「「ぼくねむいよ」とピラト」 クロード・クレマン文；ナディーヌ・アーン絵；辻昶訳 DEMPA/ペンタン 1990年9月

「アイラのおとまり」 バーナード・ウエーバー作・絵；まえざわあきえ訳 徳間書店 1997年7月

「あかりをけすと」 こばやしゆかこ作 学習研究社（学研おはなし絵本） 2009年7月

「あのおとなんだ」 谷内こうた絵；武市八十雄文 至光社（ブッククラブ国際版絵本） 1972年1月

「あらまっ！」 ケイト・ラム文；エイドリアン・ジョンソン絵；石津ちひろ訳 小学館 2004年6月

「アルフィとくらやみ」 サリー・マイルズ文；エロール・ル・カイン絵；ジルベルトの会訳 評論社（児童図書館・絵本の部屋） 2004年12月

「いそがしいよる」 さとうわきこ作・絵 福音館書店（こどものとも傑作集） 1987年9月

「イチロくん」 竹内通雅作 ポプラ社（おとうさんだいすき3） 2010年3月

子どもの世界・生活

「いねむりのすきな月」 石崎正次作・絵 ブックローン出版 1990年11月

「いねむりろばくん」 杉田豊絵・文 講談社 1975年7月

「いやだあさまであそぶんだい」 ヘレン・クーパー作;ふじたしげる訳 アスラン書房 2004年5月

「おうちがいちばん」 バレリー・ゴルバチョフ絵;キャロル・ロス文;那須田淳訳 講談社(世界の絵本) 2000年8月

「おおいびきのツチブタ」 ムワリム文;アドリエンヌ・ケナウェイ絵;草山万兎訳 西村書店 1992年6月

「おかあさんがいちばん」 バレリー・ゴルバチョフ作;那須田淳訳 講談社(世界の絵本) 1999年9月

「おかあさんみてる?」 花井亮子作・絵 金の星社(新しいえほん) 1980年8月

「おきておきて ぷーちゃん」 たるいしまこ作 ポプラ社(ぷーちゃんのえほん3) 2008年5月

「おさるのジョージ ゆめをみる」 M.レイ;H.A.レイ原作;渡辺茂男;福本友美子訳 岩波書店 1999年10月

「おつきさま-さとりいぬのこりない一日」 ラファエル・ティエリー著;伊勢英子訳 中央公論新社 2003年7月

「おつきさまは きっと」 ゲオルク・ハレンスレーベン絵;ケイト・バンクス文;さくまゆみこ訳 講談社(世界の絵本) 2000年3月

「オットーねむれないよる」 トッド・パール作・絵;ほむらひろし訳 フレーベル館(オツトーのほん2) 2003年10月

「おねぼうニコライ」 マリー・ブランド作・絵;奥田継夫;木村由利子訳 岩崎書店(新・創作絵本29) 1982年11月

「おはよう」 八木田宜子作;島田光雄絵 文化出版局(八木田宜子みどりのえほん10) 1971年6月

「おはようオロギーコ」 こいでなつこ作 ブロンズ新社 2010年10月

「おひさまがしずむ よるがくる」 ローラ・ルーク文;オラ・アイタン絵;うちだりさこ訳 福音館書店 1996年6月

「おひるね いっぱい」 いしなべふさこ作 偕成社(はじめてよむ絵本8) 1988年7月

「おひるね」 ディディエ・デュフレーヌ作;アルメール・モデル絵;やましたはるお訳 佼成出版社(きょうもごきげんアポリーヌシリーズ1) 2005年3月

「おひるねじかんにまたどうぞ」 武鹿悦子作;西巻茅子絵 小峰書店(えほんらんど) 1980年2月

「おひるねネコさん」 ふくざわゆみこ作・絵 佼成出版社 2007年7月

「おひるねのいえ」 オードリー・ウッド作;ドン・ウッド絵;江國香織訳 ブックローン出版 1993年5月

子どもの世界・生活

「おふとんかけたら」 かがくいひろし作 ブロンズ新社 2009年10月

「おやすみ おちびちゃん」 ドーン・アパリー作・絵;垣内磯子訳 フレーベル館 2003年5月

「おやすみ、アンニパンニ」 マレーク・ベロニカ文・絵;羽仁協子訳 風涛社(マレーク・ベロニカの本) 2001年8月

「おやすみ、かけす」 マリー・ホール・エッツ文・絵;まさきるりこ訳 大日本図書 2008年11月

「おやすみ、くまくん」 クヴィント・ブッフホルツ作;石川素子訳 徳間書店 1994年7月

「おやすみアルフォンス！」 グニッラ・ベリィストロム作;山内清子訳 偕成社(アルフォンスのえほん) 1981年2月

「おやすみおやすみ ぐっすりおやすみ」 マリサビーナ・ルッソ作;みらいなな訳 童話屋 2007年11月

「おやすみくまさん」 ひらやまえいぞう作 福音館書店(おやすみくまさんの絵本3) 1985年3月

「おやすみサム」 メアリー＝ルイーズ・ゲイ作;江國香織訳 光村教育図書 2004年4月

「おやすみなさい おひめさま」 ミック・インクペン作;角野栄子訳 小学館 2000年6月

「おやすみなさい ネムネムちゃん」 山岡ひかる作 くもん出版 2010年5月

「おやすみなさい メイシーちゃん」 ルーシー・カズンズ作;なぎともこ訳 偕成社 1999年9月

「おやすみなさいおつきさま」 マーガレット・ワイズ・ブラウン作;クレメント・ハード絵;せたていじ訳 評論社(児童図書館・絵本の部屋) 1979年9月

「おやすみなさいコッコさん」 片山健作・絵 福音館書店(幼児絵本シリーズ) 1988年1月

「おやすみなさいの おと」 いりやまさとし作 講談社(講談社の創作絵本) 2009年1月

「おやすみなさいのほん」 マーガレット・ワイズ・ブラウン文;ジャン・シャロー絵;いしいももこ訳 福音館書店(世界傑作絵本シリーズ・アメリカの絵本) 1962年1月

「おやすみなさいフランシス」 ラッセル・ホーバン文;ガース・ウイリアムズ絵;松岡享子訳 福音館書店 1966年7月

「おやすみのキッス」 カレン・カッツ作;石津ちひろ訳 講談社(講談社の翻訳絵本) 2003年10月

「おやすみのぎゅう」 さいとうしのぶ作 佼成出版社 2007年9月

「おやすみハリー」 キム・ルイス作;もりやまみやこ訳 小学館 2003年12月

「おやすみみみずく」 パット・ハッチンス作・画;渡辺茂男訳 偕成社 1977年1月

「おやすみ時計」 山岡ひかる著 偕成社 2000年9月

「おりづるのゆめ」 金井直作;早川良雄絵 小峰書店(はじめてのどうわ11) 1978年2月

子どもの世界・生活

「おんなじ おなじ」かめざわゆうや作　くもん出版　2009年11月

「お月さま見たいの」ルイス・バウム文；ニキ・デイリー絵；久山太市訳　評論社（児童図書館・絵本の部屋）1989年11月

「カーテン」こばやしゆかこ作　学研教育出版（学研おはなし絵本）2010年11月

「カエルくんのおひるね」宮西達也作・絵　鈴木出版（チューリップえほんシリーズ）2000年5月

「かえるくんのこわい夜」マックス・ベルジュイス文・絵；清水奈緒子訳　セーラー出版　1995年6月

「かぜひいちゃった」いもとようこ作・絵　金の星社（こねこちゃんえほん6）1985年3月

「きかせてたのしいこと ねんねのまえに」ジョイス・ダンバー文；デビ・グリオリ絵；山口文生訳　評論社（児童図書館・絵本の部屋）2000年11月

「きょうりゅうたちのおやすみなさい」ジェイン・ヨーレン文；マーク・ティーグ絵；なかがわちひろ訳　小峰書店（世界の絵本コレクション）2003年6月

「ぐーぐーぐー みんなおやすみ」イルソン・ナ作；小島希里訳　光村教育図書　2008年2月

「ぐっすりおやすみ」深見春夫作・絵　PHP研究所（PHPにこにこえほん）2003年11月

「ぐっすりメーメさん 夜のおさんぽ？」マウリ・クンナス作；いながきみはる訳　猫の言葉社　2009年10月

「くまくんおやすみ」アデレイド・ホール文；シンディ・ゼッカース絵；中野完二訳　文化出版局　1976年11月

「くまくんのおやすみなさい」ミシュリーヌ・ベルトラン作；リーズ・マラン絵；辻昶訳　ペンタン（くまくんの絵本）1985年12月

「くらいの こわいよ〜」スタン・ベレンスティン；ジャン・ベレンスティン作；HEART訳　偕成社（ベア・ファミリーえほん2）1991年12月

「くろちゃんのひるね」杉田豊絵・文　至光社（ブッククラブ国際版絵本）1984年1月

「こぐまちゃんおやすみ」わかやまけん作　こぐま社（こぐまちゃんえほん）1973年10月

「ことりはことりは木でねんね」チョン・スニ作；松谷みよ子訳　童心社　2007年9月

「こわがりのかえるぼうや」キティ・クローザー作・絵；平岡敦訳　徳間書店　2003年4月

「こんばんはおばけです」さとうまきこ作；岡本颯子絵　教育画劇（スピカのおはなしえほん23）1986年7月

「しーっ！ぼうやがおひるねしているの」ミンフォン・ホ作；ホリー・ミード絵；安井清子訳　偕成社　1998年11月

「すいみんぶそく」長谷川集平作　童心社　1996年1月

「すやすやタヌキがねていたら」内田麟太郎文；渡辺有一絵　文研出版（えほんのもり）2009年3月

「ぜったい ねないからね」ローレン・チャイルド作；木坂涼訳　フレーベル館　2002年1月

子どもの世界・生活

「ぜったいぜったいねるもんか!」 マラ・バーグマン文;ニック・マランド絵;おおさわあきら訳 ほるぷ出版 2007年5月

「ぞうさんのふとん」 鬼頭隆作;福田岩緒絵 ひさかたチャイルド 2007年10月

「そっと そっとしずかにね」 イアン・ホワイブロウ文;ティファニー・ビーク絵;おがわひとみ訳 評論社(児童図書館・絵本の部屋) 2005年6月

「だーれもいない だーれもいない」 片山健作・絵 福音館書店(幼児絵本シリーズ) 1990年1月

「だいすき ひゃっかい」 村上しいこ作;大島妙子絵 岩崎書店(レインボーえほん12) 2007年8月

「だれかたすけて」 角野栄子文;宇野亜喜良絵 国土社(絵本といっしょ1) 1996年12月

「ちいさなヘーヴェルマン」 リスベート・ツヴェルガー絵;テオドーア・シュトルム作;池内紀訳 太平社 1997年11月

「ちいちゃんとおふとん」 岸川悦子文;稲本みえ子絵 銀河社(わたしねちこちゃん4) 1983年6月

「ちっとも ねむくないの」 花之内雅吉作・絵 フレーベル館 1987年11月

「ちびくまちゃんのおねんね」 サンドール・ストダード作;リン・マンシンガー絵;佐藤秀美訳 新世研 1992年12月

「チビクロひるね」 森まりも絵・文 北大路書房 1998年7月

「チビねずくんのながーいよる」 ダイアナ・ヘンドリー作;ジェーン・チャップマン絵;くぼしまりお訳 ポプラ社(ポプラせかいの絵本1) 2000年10月

「てんてんおやすみ」 梅田俊作;梅田佳子作 新日本出版社(ゆびでおはなし) 2007年11月

「どうしておひるねするのかな」 生源寺美子作;橘田美智子絵 銀河社(銀河社の創作絵本) 1975年11月

「ドクタースースのねむたい本」 ドクタースース作;渡辺茂男訳 日本パブリッシング 1971年1月

「トントンドア」 山崎ゆかり文;荒井良二絵 偕成社 2007年9月

「とんとんとん!とをたたくのはだあれ?」 サリー・グリンドレー文;アンソニー・ブラウン絵;灰島かり訳 評論社(児童図書館・絵本の部屋) 2003年11月

「にこにこおやすみ-ポピーとこいぬのピップ2」 イアン・ベック作・絵;なかおえつこ訳 文渓堂 1996年8月

「ヌンヌ」 オイリ・タンニネン作;稲垣美晴訳 あすなろ書房 2009年3月

「ねえ、おきて」 さとうわきこ作・絵 ポプラ社(絵本のひろば15) 1975年8月

「ねえ、まだねてるの!」 さとうわきこ作・絵 ポプラ社(絵本のひろば24) 1976年6月

子どもの世界・生活

「ねえくまちゃん、はやくねなくっちゃ！」 ブルーノ・ヘクラー文；ビルテ・ムゥラー絵；くぼじゅんこ訳 BL出版 2006年4月

「ねないこ どのこ」 フィリス・ルート文；スーザン・ゲイバー絵；野の水生訳 フレーベル館 2004年12月

「ねないこだあれ」 松谷みよ子文；さとうわきこ絵 講談社(松谷みよ子ふうちゃんえほん1) 1982年7月

「ねむいねむいおはなし」 ユリ・シュルヴィッツ作；さくまゆみこ訳 あすなろ書房 2006年9月

「ねむいねむいちいさなライオン」 マーガレット・ワイズ・ブラウン文；イーラ写真；ふしみみさを訳 徳間書店 2009年1月

「ねむいねむいねずみとおばけたち」 佐々木マキ作 PHP研究所(PHPわたしのえほん) 2007年3月

「ねむいねむいねずみとどろぼうたち」 佐々木マキ作 PHP研究所(PHPわたしのえほん) 2010年10月

「ねむくないもん！」 ジュリー・サイクス作；ティム・ワーンズ絵；もりむらかい訳 文渓堂(トラのぼうやはげんきです) 1998年1月

「ねむねむパジャマ」 ささきようこ作・絵 ポプラ社(絵本のぼうけん7) 2002年9月

「ねむりいす」 ゆーちみえこ作・絵 ひさかたチャイルド 2007年9月

「ねむりたいのに」 ヴェロニカ・ウリベ作；グロリア・カルデロン絵；はやしゆかり訳 新世研 2002年6月

「ねむりたくないトム」 マリーアリーン・ボーウィン作；かねづかきょうこ訳 文化出版局 1997年4月

「ねむりのはなし」 ポール・シャワーズ作；ウェンディ・ワトソン絵；こうやまじゅん，こうやまみえこ訳 福音館書店 2008年10月

「ねむれない ねむれない」 木村泰子絵・文 至光社(ブッククラブ国際版絵本) 1978年1月

「ねむれないこぶた」 セシル・ユドゥリジエ；中井珠子訳 アシェット婦人画報社 2005年3月

「ねむれないしろくまくん」 デビ・グリオリ作；片山令子訳 ほるぷ出版(ほるぷ海外秀作絵本) 2001年11月

「ねむれないの、ほんとだよ」 ガブリエラ・ケセルマン文；ノエミ・ビリャムーサ絵；角野栄子訳 岩波書店 2007年9月

「ねむれないの？ちいくまくん」 マーティン・ワッデル文；バーバラ・ファース絵；角野栄子訳 評論社(児童図書館・絵本の部屋) 1991年5月

「ねむれないひつじのよる かずのほん」 きたむらさとし文・絵 小峰書店(世界の絵本コレクション) 2003年5月

「ねむれないよるは」 クリス・ラシュカ作・絵；泉山真奈美訳 偕成社 1997年9月

子どもの世界・生活

「ねむれない王女さま」ジタ・ユッカー絵;ウルスラ・フォン・ヴィーゼ作;ウィルヘルム・きくえ訳 太平社 1984年8月

「ねんね」さこももみ作 講談社(講談社の幼児えほん) 2008年7月

「ねんねだよ、ちびかいじゅう!」マリオ・ラモ絵・文;原光枝訳 平凡社 2003年1月

「ノンタンおやすみなさい」キヨノサチコ作・絵 偕成社(ノンタンあそぼうよ2) 1976年8月

「パオちゃんのみんなおひるね」なかがわみちこ作・絵 PHP研究所 1984年7月

「パッチワークのかけぶとん」ウィリーマイン・ミン文・絵;清水奈緒子訳 セーラー出版 1991年2月

「はっぱのふとん」南本樹作 福武書店 1987年11月

「バニーとビーの みんなでおやすみ」サム・ウィリアムズ作;おびかゆうこ訳 主婦の友社 2005年5月

「パパ、おはなししして」モイラ・ケンプ作;たなかまや訳 評論社(児童図書館・絵本の部屋) 2008年6月

「パパとニルス おやすみなさいのそのまえに」マーカス・フィスター作;那須田淳訳 講談社(講談社の翻訳絵本) 2010年10月

「パパのはなしじゃねむれない」武谷千保美作;赤川明絵 PHP研究所(PHPにこにこえほん) 2002年3月

「はやくねてよ」あきやまただし作・絵 岩崎書店(えほん・ハートランド6) 1994年9月

「パレッタとふしぎなもくば」千葉史子作・絵 講談社(「創作絵本グランプリ」シリーズ) 2008年12月

「パンダちゃんはねむれない!」マイケル・フォアマン作;山口文生訳 評論社(児童図書館・絵本の部屋) 1997年8月

「ハンフリー おやすみのじかんよ」サリー・ハンター作;山口知代子訳 文渓堂 2003年9月

「ぴかぴかドキドキ」あきやまただし作・絵 金の星社(新しいえほん) 1998年11月

「びくびくビリー」アンソニー・ブラウン作;灰島かり訳 評論社(児童図書館・絵本の部屋) 2006年9月

「びっくりいねむりおてつだい」ピーター・クロス絵;ジュディ・テイラー作;長谷川たかこ訳 金の星社(ダドリーのちいさな絵本1) 1987年8月

「ひつじがいっぴき……」あべはじめ作・絵 講談社 1983年10月

「ひつじのラッセル」ロブ・スコットン作;ときありえ訳 文化出版局 2006年11月

「ひつじをかぞえるかこちゃん」沼田光代作;安井淡絵 金の星社(こどものくに傑作絵本20) 1977年4月

「ひるねのきらいなぼうくん」小沢正文;山下勇三絵 小峰書店(はじめてのどうわ10) 1978年2月

子どもの世界・生活

「ひるねのじかんです」馬場のぼる作・絵　フレーベル館（おはなしえほんシリーズ8）　2007年7月

「ひるねむし」みやざきひろかず作・絵　ひかりのくに（ひかりのくに傑作絵本集10）　1998年7月

「フォクシー よなかの3じ？」コリン・ホーキンス；ジャッキー・ホーキンス共著；左近蘭子訳　学習研究社（フォクシー絵本3）　1995年9月

「ふとんやまトンネル」那須正幹作；長野ヒデ子絵　童心社　1994年12月

「フローラのもうふ」デビ・グリオリ作；山口文生訳　評論社（児童図書館・絵本の部屋）　2003年3月

「ブンブン ガタガタ ドンドンドン」神沢利子；田畑精一作　のら書店　2009年6月

「ベッドに10にん」メアリ・リース作・絵；おかせいこ訳　岩崎書店（世界の絵本17）　1994年9月

「ベッドのしたになにがいる？」ジェームズ・スティーブンソン文・絵；つばきはらななこ訳　童話館出版　2007年3月

「ベッドのまわりはおばけがいっぱい」ジェイムズ・スティーブンソン作・絵；岡本浜江訳　佑学社　1984年1月

「ベンジャミンのふしぎなまくら」ステファン・ポーリン作；木坂涼訳　セーラー出版　1994年5月

「ヘンなあさ」笹公人作；本秀康絵　岩崎書店（キラキラえほん7）　2008年10月

「ぼく おやすみなさい だいすき」ナタリー・フォーシル作・絵；かみおえりこ訳　童心社　1988年11月

「ぼく ねむくないよ」アストリッド・リンドグレーン文；イロン・ヴィークランド絵；ヤンソン由実子訳　岩波書店　1990年1月

「ぼく ねむれないよ！」ミレイユ・ダランセ作；青柳秀敬訳　朔北社　1999年3月

「ぼく、まだねむくないよ」おおたか蓮文；あべ弘士絵　童心社（絵本・こどものひろば）　2009年12月

「ぼくがパジャマにきがえていると」にしかわおさむ作・絵　PHP研究所（PHPわたしのえほんシリーズ）　1999年11月

「ぼくのともだちおつきさま」アンドレ・ダーハン作；きたやまようこ文　講談社（世界の絵本）　1999年6月

「ぼくのともだちおつきさま2 おやすみなさいをいうまえに」アンドレ・ダーハン作；きたやまようこ文　講談社（世界の絵本）　2002年2月

「ぼくのともだちおつきさま3 もうひとりのともだち」アンドレ・ダーハン作；きたやまようこ文　講談社（世界の絵本）　2002年7月

「ぼくのはね」きたむらえり作・絵　福音館書店　1974年3月

子どもの世界・生活

「ぼくのふとんはともだちもよう」清水朋子作；田頭よしたか絵　PHP研究所（PHPにこにこえほん）1998年11月

「ぼくはジャガーだ」ウルフ・スタルク作；アンナ・ヘグルンド絵；いしいとしこ訳　ブッキング　2007年7月

「ボヨンボヨンだいおうのおはなし」ヘルメ・ハイネ作；ふしみみさを訳　朔北社　2006年4月

「ほらきこえてくるでしょ」ラ・ヴァーン・ジョンソン文；マーサ・アレクサンダー絵；岸田衿子訳　偕成社（世界の新しい絵本）1969年1月

「ほんとだってば！」マーサ・メイヤー作；今江祥智訳　偕成社　1988年7月

「マーシャよるのおさんぽ」ガリーナ・レーベジェワ作；みやしたひろこ訳　新読書社　1983年12月

「まくらのせんにん さんぽみちの巻」かがくいひろし作　佼成出版社（クローバーえほんシリーズ）2009年1月

「まくらのせんにん そこのあなたの巻」かがくいひろし作　佼成出版社（クローバーえほんシリーズ）2010年1月

「まっくらなよると ばくのムー」むらかみひとみ作　ソニー・マガジンズ（にいるぶっくす）2005年10月

「まどべのおきゃくさま」なかえよしを作；上野紀子絵　文研出版（みるみる絵本）1982年7月

「マニマニのおやすみやさん」つちだのぶこ作・絵　偕成社　1999年5月

「まよなかのうんどうかい」大川悦生作；若山憲絵　佼成出版社　1986年10月

「まよなかのたたかい」ティエリー・デデュー作；レミ・クールジョン絵；おかべりか訳　フレーベル館　1996年7月

「マリコちゃんのまくら」たにしんすけ作；あかさかみよし絵　PHP研究所（PHPおはなしプレゼント）1979年6月

「みーんなねんね いいこだね」すぎやまたかし文　コスモトゥーワン（すくすくえほん）2007年3月

「ミッフィーのゆめ」ディック・ブルーナ作；角野栄子訳　講談社（ミッフィーはじめてのえほん3）2004年10月；講談社（ブルーナのおはなし文庫13）1995年6月

「ミミちゃんのねんねタオル」アンバー・スチュアート文；レイン・マーロウ絵；ささやまゆうこ訳　徳間書店　2007年7月

「みんなおひるね」やまなかさちこ作・絵　岩崎書店（ピチピチえほん9）1980年11月

「みんなおひるね」生源寺美子作；牧村慶子絵　PHP研究所（PHPおはなしえほん3）1980年4月

「みんなおやすみ」和木亮子作；いもとようこ絵　金の星社　2008年8月

「めざましくん」深見春夫作　福武書店　1990年1月

子どもの世界・生活

「もうねむたくてねむたくて」 森山京作;佐野洋子絵 フレーベル館 1981年6月

「もうねんね」 松谷みよ子文;瀬川康男絵 童心社(松谷みよ子あかちゃんの本) 1968年1月

「もうふくん」 山脇恭作;西巻茅子絵 ひさかたチャイルド 2005年10月

「もっかい！」 イアン・ホワイブロウ文;セバスチャン・ブラウン絵;中川ひろたか訳 主婦の友社 2005年12月

「もりのおくで おやすみなさい」 キャロル・レクサ・シェファー作;ヴァネッサ・キャバン絵;おびかゆうこ訳 徳間書店 2001年2月

「やかましい！」 シムズ・タバック絵;アン・マクガバン文;木坂涼訳 フレーベル館 2008年4月

「やだ！」 ジェズ・オールバラ作・絵 徳間書店 2007年4月

「ゆめすいこうもり」 近藤薫美子作・絵 ひさかたチャイルド(ひさかた絵本ランド) 1991年6月

「ゆめってとてもふしぎだね」 ウィリアム・ジェイ・スミス文;ドン・アルムクィスト絵;那須辰造訳 偕成社(世界の新しい絵本) 1969年10月

「ゆめどろぼう」 みやざきひろかず作・絵 PHP研究所(PHPにこにこえほん) 1996年9月

「ゆめのおはなし」 クリス・ヴァン・オールズバーグ絵・文;西郷容子訳 徳間書店 1994年6月

「よぞらをみあげて」 ジョナサン・ビーン作;さくまゆみこ訳 ほるぷ出版 2009年2月

「よるのおはなし」 ヘアツ作;クランテ絵;木村由利子訳 偕成社(くまくんえほん) 1978年12月

「よるのきらいなヒルディリド」 チェリ・デュラン・ライアン文;アーノルド・ローベル絵;渡辺茂男訳 冨山房 1975年4月

「リトルクワック おやすみのじかん」 ローレン・トンプソン文;デレック・アンダーソン絵;オオノトモコ訳 ジェネオンエンタテインメント 2007年11月

「ろばのトコちゃん おやすみなさい」 ベネディクト・ゲティエ;ふしみみさを訳 ほるぷ出版 2006年10月

「ワニくんのなが〜いよる」 みやざきひろかず作・絵 ブックローン出版 1991年7月

「ワニくんのひるねの木」 みやざきひろかず作・絵 ブックローン出版 1993年7月

「ワニくんのふしぎなよる」 みやざきひろかず作・絵 BL出版 2002年8月

「悪夢のニュートラリーノ」 縄文リー文;チーム・リー絵 てらいんく 2008年11月

「王さまはとびはねるのがすき」 ヘルメ・ハイネ作;松代洋一訳 佑学社 1991年4月

「王さまはとびはねるのがすき」 ヘルメ・ハイネ作・絵;松代洋一訳 佑学社(オーストリア創作絵本シリーズ1) 1978年3月

子どもの世界・生活

「天国のいねむり男」 遠藤周作作；ヨゼフ・ウィルコン絵　河出書房新社（メルヘンの森）1985年11月

「眠れぬ王さま」 スヴェトスラフ・ミンコフ文；ルーメン・スコルチェフ絵；松永緑彌訳　ほるぷ出版　1982年10月

「目をつむるのよ、ぼうや」 ケイト・バンクス文；ゲオルグ・ハレンスレーベン絵；今江祥智訳　ブロンズ新社　2002年12月

「旅するベッド」 ジョン・バーニンガム作；長田弘訳　ほるぷ出版　2003年1月

お客

「あやちゃんのおきゃくさま」 栃折ちえこ文・絵　女子パウロ会　1986年5月

「いちばんうれしいおきゃくさま」 ロバート・クェッケンブッシュ作・絵；中野完二訳　佑学社（アメリカ創作絵本シリーズ5）　1979年11月

「おきゃくさま」 ヘレン・オクセンバリー作・絵；なかむらくみこ訳　ほるぷ出版（はじめてのえほん8）　1985年3月

「おちゃのおきゃくさま」 マージェリー・クラーク作；モード・ピーターシャム；ミスカ・ピーターシャム絵；渡辺茂男訳　ペンギン社（絵本童話けしつぶクッキーシリーズ）　1984年10月

「クリスマスイブのきゃく」 フィリス・ネイラー文；パトリシア・ニュートン絵；さいとうゆうこ訳　新世研　1998年11月

「クリスマスのおきゃくさま」 ダイアナ・ヘンドリー文；ジョン・ロレンス絵；藤井美樹子訳　徳間書店　1994年10月

「コッテンのおきゃくさま」 レーナ・アンデション作・絵；長下日々訳　フレーベル館　2000年1月

「さんぽみちのおきゃくさま」 長田鞆絵文；鈴木まもる絵　講談社　1983年11月

「シロクマくんのおきゃくさん」 ポール・オーウェン・ルイス作；きくしまいくえ訳　偕成社　1997年11月

「とおい星からのおきゃくさま」 もいちくみこ作；こみねゆら絵　岩崎書店（のびのび・えほん20）　2002年11月

「なつのおきゃくさま」 山本まつ子文・絵　新日本出版社（新日本出版社の絵本ふれあいシリーズ4）　1983年8月

「にちようびだゾウ！」 新井満文；佐々木マキ絵　サンリード　1982年6月

「ねずみのごちそう」 杉田豊絵・文　講談社　1998年3月

「ねむくまのうた」 戸田和代作；たかすかずみ絵　岩崎書店（えほんのぼうけん19）　2010年12月

「ふしぎなおきゃく」 肥田美代子作；岡本颯子絵　ひさかたチャイルド（ひさかたメルヘン9）　1981年11月

子どもの世界・生活

「ふたりのおきゃくさま」 ガブリエル・バンサン作;森比左志訳 ブックローン出版(くまのアーネストおじさんシリーズ) 1985年11月
「まどべのおきゃくさま」 なかえよしを作;上野紀子絵 文研出版(みるみる絵本) 1982年7月
「ももちゃんのおきゃくさま」 かわかみたかこ著 学習研究社(学研おはなし絵本) 2005年4月
「ワニくんのイス」 みやざきひろかず作・絵 ブックローン出版 1995年11月

お見舞い

「いちばんすてきなプレゼント」 ホリー・ケラー作・絵;あかぎかんこ;あかぎかずまさ訳 ポプラ社(ポプラせかいの絵本3) 2001年4月
「くるりん ほしにねがいを」 とりごえまり文・絵 文渓堂(ハリネズミのくるりん3) 2007年8月
「コロちゃんのおみまい」 エリック・ヒル作;まつかわまゆみ訳 評論社 1988年11月
「ぞうくんのおみまい」 おぼまこと作・絵 福音館書店(福音館のペーパーバック絵本) 1987年11月
「たろうとつばき」 渡辺有一作・絵 ポプラ社(絵本のせかい27) 1978年12月
「トレバー、がんばって」 ロブ・ルイス作;橋本恵訳 ほるぷ出版 1996年2月

お茶会・パーティー

「3じのおちゃにきてください」 こだまともこ作;なかのひろたか絵 福音館書店 2006年1月
「アナグマのもちよりパーティ」 ハーウィン・オラム文;スーザン・バーレイ絵;小川仁央訳 評論社(児童図書館・絵本の部屋) 1995年3月
「アリスおばさんのパーティー」 ディック・ブルーナ作;角野栄子訳 講談社(ブルーナのおはなし文庫4) 1994年4月
「アリスとパトー めちゃくちゃパーティ」 エリザベス・ミラー;ジェイン・コーエン文;ヴィクトリア・チェス絵;西園寺知子訳 文化出版局 1982年9月
「イベットとパパはおおいそがし」 ヘレン・ケットマン文;大久保としひこ絵;高橋あかね訳 NTTメディアスコープ 1998年7月
「うさぎのしるし」 ひだきょうこ作 あかね書房(えほん、よんで!13) 2006年7月
「おちゃのおきゃくさま」 マージェリー・クラーク作;モード・ピーターシャム;ミスカ・ピーターシャム絵;渡辺茂男訳 ペンギン社(絵本童話けしつぶクッキーシリーズ) 1984年10月
「おちゃのじかんにきたとら」 ジュディス・カー作;晴海耕平訳 童話館出版 1994年9月
「おばけパーティ」 ジャック・デュケノワ作;大澤晶訳 ほるぷ出版 1995年6月
「カロリーヌの だいパーティー」 ピエール・プロブスト作;山下明生訳 BL出版(カロリーヌとゆかいな8ひき) 1999年4月

子どもの世界・生活

「グレー・ラビットパーティをひらく」 アリスン・アトリー作;マーガレット・テンペスト絵;神宮輝夫;河野純三訳 評論社(児童図書館・絵本の部屋 グレー・ラビット2) 1978年12月

「くんちゃんとふゆのパーティー」 ドロシー・マリノ作;新井有子訳 ペンギン社 1981年11月

「ことこちゃんのおちゃかい」 おくだともこ文;かわかみたかこ絵 ブロンズ新社 2008年3月

「しいちゃん ふうちゃん ほしのよる」 こみねゆら作 佼成出版社(みつばちえほんシリーズ) 2008年10月

「ジェフィのパーティー」 ジーン・ジオン文;マーガレット・ブロイ・グレアム絵;わたなべしげお訳 新風舎 2004年6月

「ジョニー パーティーへいく」 やまだうたこ作・絵 教育画劇 2008年9月

「セシのポサダの日－メキシコのものがたり」 マリー・ホール・エッツ;アウロラ・ラバスティダ作;マリー・ホール・エッツ画;田辺五十鈴訳 冨山房 1974年12月

「だからパーティーひらいたの」 宮本多命文;徳田秀雄絵 講談社(メロディーブック) 1983年11月

「ダンスパーティーへいったくま」 P.ハックス作;W.シュメーグナー画;渡辺和雄訳 小学館(世界の創作童話3) 1979年5月

「ちか100かいだてのいえ」 岩井俊雄作 偕成社 2009年11月

「ちびうさぎくん たんじょうびパーティにいく」 ジョン・ウォーラス絵・文;おかだよしえ訳 評論社(児童図書館・絵本の部屋) 1999年9月

「ティモシーとサラのパーティー」 芭蕉みどり作・絵 ポプラ社(えほんとなかよし35) 1995年7月

「ともだちつれてよろしいですか」 ビアトリス・シェンク・ド・レーニエ文;ベニ・モントレソール絵;渡辺茂男訳 童話館出版 2003年10月

「ねこじたなのにお茶がすき」 今江祥智文;ささめやゆき絵 淡交社 2010年4月

「パーティーいきタイ せとうちたいこさん」 長野ヒデ子作 童心社(せとうちたいこさんシリーズ) 2001年7月

「パーティーがはじまるよ」 北川チハル作;ひだきょうこ絵 岩崎書店(カラフルえほん5) 2005年4月

「パーティーでいただきます－ごちそうえほん」 つちだよしはる作 小峰書店 1997年11月

「パーティーはこれから」 高畠純作 佼成出版社 1991年11月

「はしれ ワニくん!」 うすいかなこ作・絵 アールアイシー出版 2007年5月

「はりねずみのパーティ」 ロウエナ・ストット文;エディス・ホールデン絵;恩地三保子訳 文化出版局 1980年12月

「びっくりパーティー」 パット・ハッチンス作・絵;舟崎克彦訳 ポプラ社(世界のほんやくえほん10) 1977年12月

子どもの世界・生活

「ひみつのパーティーはじまるよ！」リンゼイ・キャンプ作;トニー・ロス絵;吉井知代子訳　文渓堂　1999年6月

「ふしぎなパーティー屋さん」さとうまきこ作;岡本颯子絵　ひくまの出版(幼年絵本シリーズ・あおいうみ15)　1984年9月

「フンコロガシのフレッド、クワガタのパーティーへ行く」アンネ・マール文;ヴェレーナ・バルハウス絵;石川素子訳　徳間書店　2000年9月

「へびくんはらぺこ」ブライアン・ワイルドスミス作;すぎやまじゅんこ訳　らくだ出版　1976年5月

「ミス・スパイダーのティーパーティー」デビッド・カーク絵・文;岩田裕子訳　日本ヴォーグ社　1996年11月

「みどりいろのたんじょうび」川北亮司文;長新太絵　草土文化　1980年6月

「メイシーちゃんのかそうパーティ」ルーシー・カズンズ作;なぎともこ訳　偕成社　1999年9月

「メエメエさんのやきいもパーティー」ささやすゆき作・絵　金の星社(こどものくに傑作絵本)　1981年11月

「もりのおくの おちゃかいへ」みやこしあきこ作　偕成社　2010年11月

「やさいのパーティーおおさわぎ」さくらともこ作;吉村司絵　PHP研究所(PHPわたしのえほんシリーズ)　1988年7月

「ようこそ おばけパーティーへ」おぼまこと作・絵　ひさかたチャイルド　2010年11月

「よかったねネッドくん」レミー・チャーリップ文・絵;八木田宜子訳　偕成社　1969年8月

「リルリルちゃんとおかしパーティー」きたがわめぐみ作　白泉社　2008年10月

「ワニのライルとたんじょうパーティー」バーナード・ウェーバー作;小杉佐恵子訳　大日本図書(ワニのライルのおはなし3)　1984年8月

「海賊ブルモドキどんちゃかパーティー」ジョン・ライアン作;渡辺茂男訳　国土社　1984年8月

「雪の日のパーティー」ジル・バークレム作;岸田衿子訳　講談社(のばらの村のものがたり)　1981年5月

「雪の日のパーティー」ジル・バークレム作;岸田衿子訳　講談社(のばらの村のものがたり4)　1996年7月

「変なお茶会」佐々木マキ作　絵本館　1979年9月

お買い物

「あめのひのおかいもの」こわせたまみ作;秋里信子絵　PHP研究所(PHPわたしのえほんシリーズ)　1998年5月

「アルゴス、お正月の買い物」みやかわけんじ作;なかじまけいか絵　新世研　2002年10月

子どもの世界・生活

「うたこさんのおかいもの」 ディック・ブルーナ文；松岡享子訳 福音館書店(ブルーナのうたこさんのえほん3) 1991年10月

「ウマさんおしゃれしておかいもの」 立岡佐智央文；立岡月英絵 福武書店 1991年4月

「おねだり おねだり」 スタン・ベレンスティン；ジャン・ベレンスティン作；HEART訳 偕成社(ベア・ファミリーえほん6) 1992年3月

「かいものいっぱい」 スザンナ・グレッツ作・絵；各務三郎訳 岩崎書店(テディベアのえほん4) 1984年10月

「かいものさんぽゴムゾウリ」 荒井良二作；古賀鈴鳴絵 岩崎書店 2008年11月

「かずちゃんのおつかい」 石井桃子文；中谷千代子絵 福音館書店 1979年3月

「くまくんのかいもの」 ミシュリーヌ・ベルトラン作；リーズ・マラン絵；辻昶訳 ペンタン(くまくんの絵本) 1985年12月

「くものこくーのかぞくでおでかけ」 さとうめぐみ作・絵 教育画劇 2010年3月

「クリスマスのおかいもの」 たしろちさと作 講談社(講談社の創作絵本) 2009年11月

「こしょうできまり」 ヘレン・クーパー作；かわだあゆこ訳 アスラン書房 2005年11月

「こぶたのぽんくん」 ますだゆうこ文；西村敏雄絵 そうえん社(ケロちゃんえほん9) 2010年9月

「ジャスパーのかいもの」 ニック・バターワース；ミック・インクペン文・絵；石沢泰子著 DEMPA／ペンタン 1990年2月

「ショッピング・バスケット」 ジョン・バーニンガム作；青山南訳 ほるぷ出版 1993年12月

「テオとかいもの」 ビオレタ・デノウ絵・文；こにしまりこ訳 青玄社(テオくんのぼうけんシリーズ8) 1982年11月

「どうぶつたちのおかいもの」 渡辺茂男作；太田大八絵 福音館書店 1976年5月

「とことこちゃんのおかいもの」 なかそねまりこ著 佼成出版社 2006年8月

「ナッチのおかいもの」 新沢としひこ文；かわかみたかこ絵 ポプラ社(みんなで絵本5) 2002年7月

「ねずみさんのおかいもの」 多田ヒロシ作 こぐま社 2010年7月

「パディントンのかいもの」 マイケル・ボンド作；フレッド・バンベリー絵；中村妙子訳 偕成社(パディントン絵本4) 1973年12月

「パディントンのかいもの」 マイケル・ボンド作；フレッド・バンベリー絵；中村妙子訳 偕成社(パディントン絵本4) 1987年7月

「バムとケロのおかいもの」 島田ゆか作・絵 文渓堂 1999年2月

「フェアリーショッピング」 サリー・ガードナー作；神戸万知訳 講談社(講談社の翻訳絵本) 2007年7月

「ぶたぶたくんのおかいもの」 土方久功作・絵 福音館書店(こどものとも傑作集) 1986年3月；福音館書店 1970年10月

子どもの世界・生活

「ふたりでおかいもの」イローナ・ロジャーズ作・絵;かどのえいこ訳 そうえん社(ふたりはなかよしシリーズ5) 2008年6月

「ペンギンのおかいもの」さかざきちはる著 幻冬舎 2005年11月

「ぼくとバブーン まちへおかいもの」ベッテ・ウェステラ作;スザンヌ・ディーデレン絵;野坂悦子訳 ソニー・マガジンズ(にいるぶっくす) 2006年8月

「むかでのおかいもの」ミルトン・カマルゴ作・絵;みやこだひろみ訳 新世研 2000年8月

「メイシーちゃんのおかいもの」ルーシー・カズンズ作;なぎともこ訳 偕成社 2001年9月

「ヤンヤンいちばへいく」周翔作;文妹訳 ポプラ社 2006年6月

「わたしおかいものにいくの」おおともやすお文・絵 童心社(こねずみリリのえほん1) 2008年7月

「大うさぎのヘアーかいものにゆく」アリスン・アトリー作;マーガレット・テンペスト絵;河野純三訳 評論社(児童図書館・絵本の部屋 グレー・ラビット11) 1981年5月

お風呂

「あったまろう」もろはらじろう作・絵 鈴木出版(たんぽぽえほんシリーズ) 2001年1月

「うみのおふろやさん」とよたかずひこ作・絵 ひさかたチャイルド 2007年6月

「おばけのどんぶら」たかしよいち作;赤星亮衛絵 岩崎書店(ファミリーえほん23) 1979年7月

「おふろ はいらないもん!」ジュリー・サイクス作;ティム・ワーンズ絵;もりむらかい訳 文渓堂(トラのぼうやはげんきです2) 1998年6月

「おふろ」七尾純作;高瀬のぶえ絵 河出書房新社(ホッターのびのび2) 1986年2月

「おふろ」出久根育作 学習研究社(学研おはなしセレクションシリーズ) 1996年11月

「おふろおばけ」チュコフスキー作;メシュコーワ絵;ばばともこ訳 新読書社 1983年3月

「おふろおばけ」村田エミコ文・絵 大日本図書 2008年10月

「おふろじゃ おふろじゃ―バスタブ王ビドグッド」オードリー・ウッド作;ドン・ウッド絵;江國香織訳 ブックローン出版 1993年2月

「おふろだ、おふろだ!」渡辺茂男文;大友康夫絵 福音館書店(くまくんの絵本) 1986年9月;福音館書店 1985年7月

「おふろだいすき!」さくらともこ文;宮尾怜衣絵 小学館(はじめてのしつけ絵本) 2009年2月

「おふろだいすき!ぷっぺ」よしながこうたく作 小学館 2009年4月

「おふろだいすき」松岡享子作;林明子絵 福音館書店(日本傑作絵本シリーズ) 1982年4月

「おふろでちゃぷちゃぷ」松谷みよ子文;いわさきちひろ絵 童心社(松谷みよ子あかちゃんの本) 1970年5月

子どもの世界・生活

「おふろでぽっかぽか」 山本省三作 講談社(講談社の創作絵本) 2010年10月

「おふろにちゃっぷん」 花形恵子作;北山葉子絵 偕成社(ロミちゃんムーちゃんえほん3) 1983年12月

「おふろにはいる」 グニラ・ボルデ作;たかむらきみこ訳 偕成社(トミーちゃんシリーズ) 1976年1月

「おふろの きらいな ぶうくん」 小沢正作;いもとようこ絵 ひかりのくに(ひかりのくに傑作絵本集11) 2000年5月

「おふろのおふろうくん」 及川賢治;竹内繭子作 学習研究社(学研おはなし絵本) 2007年11月

「おふろのじかん」 リスベット・スレーヘルス作;木坂涼訳 小学館(ピピとトントンのえほん) 2008年11月

「おふろのだいぼうけん」 ひらのよしと作 国土社(たいへんマーチン3) 1984年9月

「おふろばのぼうけん」 岡本颯子文・絵 小峰書店(こみねのえほん11) 1986年12月

「おふろぼうや」 パム・コンラッド文;リチャード・エギエルスキー絵;たかはしけいすけ訳 セーラー出版 1994年10月

「おふろや」 黒田愛作 白泉社 2008年9月

「かいじゅうがおふろにいるよ」 キャスリーン・スティーブンス作;レイ・ボーラー絵;各務三郎訳 岩崎書店(えほん・ドリームランド19) 1982年8月

「きつねのおふろ」 国松エリカ作・絵 偕成社 1995年11月

「くっさいぞぉ くまくん」 ブリッタ・テッケントラップ作・絵;えもとくによ訳 コクヨS&T 2008年5月

「こぐまのブルン おふろ」 ダニエル・ブール作;たくまひがし訳 みみずくぷれす 1982年6月

「ごくらくももんちゃん」 とよたかずひこ作・絵 童心社(ももんちゃんあそぼう) 2004年4月

「こねずみミコのおふろなんか、いやだもん！」 ブリギッテ・ベニンガー文;シュテファニー・ローエ絵;二宮由紀子訳 BL出版 2005年9月

「ころんだの だあれ?」 垣内磯子作;田中清代絵 鈴木出版(たんぽぽえほんシリーズ) 2010年10月

「シャンプーなんて、だいきらい」 アンバー・スチュアート文;ローラ・ランキン絵;おおつかのりこ訳 徳間書店 2007年1月

「すっぽんぽんのすけ せんとうへいくのまき」 もとしたいづみ作;荒井良二絵 鈴木出版(たんぽぽえほんシリーズ) 2002年1月

「すっぽんぽんのすけ デパートへいく」 もとしたいづみ作;荒井良二絵 鈴木出版(たんぽぽえほんシリーズ) 2004年2月

「すっぽんぽんのすけ」 もとしたいづみ作;荒井良二絵 鈴木出版(たんぽぽえほんシリーズ) 1999年11月

子どもの世界・生活

「せっけんつるりん」今井弓子作・絵 岩崎書店(ファミリーえほん13) 1978年9月

「ちいさなミリーとイルカ」トルヴァル・ステーン文;マルゴルザータ・ピオトロヴスカ絵;やまのうちきよこ訳 岩波書店 1997年11月

「トムとピッポとせんたくき」ヘレン・オクセンベリー作;児島なおみ訳 リブロポート(ピッポ4) 1990年1月

「なかよし」さとうわきこ作・絵 PHP研究所(PHPおはなしえほん14) 1981年2月

「なかよしおばけのびっくりおふろ」ジャック・デュケノワ作;大澤晶訳 ほるぷ出版 2003年6月

「にんじんと ごぼうと だいこん」和歌山静子絵 鈴木出版(たんぽぽえほんシリーズ) 1991年4月

「ねこのおんせん」別役実作;佐野洋子絵 教育画劇(スピカのおはなしえほん22) 1986年4月

「ノンタンあわぷくぷくぷぷう」キヨノサチコ作・絵 偕成社(ノンタンあそぼうよ8) 1980年1月

「パオちゃんのたのしいおふろ」なかがわみちこ作・絵 PHP研究所 1983年9月

「はだかんぼうがふたり」奥田継夫作;関屋敏隆絵 サンリード 1979年12月

「はだかんぼだいすき」清水えみ子;若山憲作 童心社(清水えみ子・3歳児のえほん) 1973年12月

「パディントン、おふろにはいる」マイケル・ボンド作;ジョン・ロバン絵;青山南訳 ほるぷ出版 1993年9月

「バナナのおふろ」スージー・モルゲンステルン作;セヴリーヌ・コルディエ絵;みやまさくら翻案 ジュリアン(エマといっしょに3) 2008年7月

「パパ、かばになる」安江リエ作;飯野まき絵 偕成社 2009年9月

「パパ、かばになる」安江リエ作;飯野まき絵 偕成社 2009年9月

「はんしろうがないた」せなけいこ文・絵 講談社(ちいさなちいさなうさぎシリーズ) 1983年12月

「ブーツのおふろ」きたむらさとし絵・文 評論社(児童図書館・絵本の部屋) 1999年3月

「ふくのゆのけいちゃん」秋山とも子作 福音館書店(こどものともセレクション) 2006年1月

「ぶくぶく あわあわ」早坂優子作 視覚デザイン研究所 2010年4月

「ぼくのおじいちゃん」パム・コンラッド文;リチャード・エギエルスキー絵;たかはしけいすけ訳 セーラー出版(おふろぼうや2) 1994年10月

「ぼくのおふろ」鈴木のりたけ作・絵 PHP研究所(PHPわたしのえほん) 2010年7月

「まちのおふろやさん」とよたかずひこ作・絵 ひさかたチャイルド 2008年6月

「ミルクのおふろ」アラン・メッツ作;石津ちひろ訳 長崎出版 2006年7月

子どもの世界・生活

「メイシーちゃんのおふろ」ルーシー・カズンズ作;なぎともこ訳 偕成社 2000年11月

「もうおふろからあがったら、シャーリー」ジョン・バーニンガム作;あきのしょういちろう訳 童話館 1994年5月

「もうおふろにはいるじかん？」マリリン・ジャノビッツ作;こだまともこ訳 冨山房 1994年12月

「ももいろのせっけん」つつみちなつ文・絵 東京図書出版会 2004年8月

「もりのおふろ」西村敏雄作 福音館書店(幼児絵本シリーズ) 2008年3月

「もりのおふろやさん」とよたかずひこ作・絵 ひさかたチャイルド 2010年8月

「やまのおふろやさん」とよたかずひこ著 ひさかたチャイルド(ぽかぽかおふろシリーズ) 2006年11月

「わにわにのおふろ」小風さち文;山口マオ絵 福音館書店(幼児絵本シリーズ) 2004年10月

たからもの

「アーくんとガーくんのでっかいたからもの」テッド・ヒルズ作;木坂涼訳 小学館 2008年11月

「アリババと40人のとうぞく」ロバート・マン文;エマニュエル・ルザッティ絵;湯浅フミエ訳 ほるぷ出版 1979年2月

「アリババと40人のとうぞく」小沢正文;赤坂三好絵 小学館(世界名作おはなし絵本) 2007年7月

「おかあさん あのね」阪口笑子作 小峰書店 2008年6月

「おかあさんのたからもの」佐藤さとる作;村上勉絵 教育研究社(すくすく童話館) 1978年5月

「オッチョコさんのさがしもの」いたやさとし作・絵 ひさかたチャイルド 2008年8月

「おばあちゃんのはこぶね」M.B.ゴフスタイン作・絵;谷川俊太郎訳 すえもりブックス 1996年11月

「かえるくんのたからさがし」マックス・ベルジュイス文・絵;清水奈緒子訳 セーラー出版 2005年3月

「カえるくんのたからもの」田中章義作;とりごえまり絵 東京新聞出版局 2000年4月

「カンペぎつねのたからもの」渡辺節子文;赤坂三好絵 フレーベル館(むかしむかしばなし5) 1989年2月

「きいちゃんのどんぐり」おおしまたえこ作;かわかみたかこ絵 ポプラ社(きいちゃんのたからもの絵本1) 1999年10月

「きゅるきゅるきゅる」まついのりこ作・絵 偕成社(まるちゃんのたからもの) 2009年2月

「クマさんのキルトはセリーナのたからもの」バーバラ・スマッカー作;田中治美訳;ジャネット・ウィルソン絵 ぬぷん児童図書出版(ぬぷん絵本シリーズ6) 1997年7月

子どもの世界・生活

「けんちゃんのたからもの」中谷千代子作 偕成社(けんちゃんえほん4) 1975年5月

「こたろう」田島征彦；吉橋通夫作 ブッキング 2007年1月；偕成社 1981年7月

「ジャッキーのたからもの」あだちなみ絵；あいはらひろゆき文 ブロンズ新社(くまのがっこうシリーズ) 2009年1月

「すてきなたからもの」ルイーゼ・ファティオ作；ロジャー・デュボアザン絵；今江祥智；遠藤育枝訳 佑学社(ごきげんなライオン7) 1978年9月

「そらまめくんのベッド」なかやみわ作・絵 福音館書店(こどものとも傑作集) 1999年9月

「たからさがし」なかがわりえこ作；おおむらゆりこ絵 福音館書店 1964年11月

「たからばこ」もりやまみやこ作；ふくだいわお絵 ポプラ社(いろいろえほん5) 1999年11月

「たからもの」ユリ・シュルヴィッツ作；安藤紀子訳 偕成社 2006年5月

「たからもの」杉田豊絵・文 至光社 1979年1月

「たからものさがし」アラン・アルバーグ作；ジリアン・タイラー絵；黒木瞳訳 小学館 2002年3月

「たからものは なあに?」あいだひさ作；たかばやしまり絵 偕成社 2009年6月

「ちいちゃんのたからもの」杉浦さやか作 学習研究社(学研おはなし絵本) 2008年10月

「ねずみのふわふわけいと」かさいまり文・絵 教育画劇 2010年10月

「ネポス・ナポス リモのたからもの」チームネポス作；城哲也絵 講談社 2001年7月

「ネルとマリのたからもの」亀岡亜希子作 PHP研究所(PHPわたしのえほん) 2010年11月

「のまどくん」片山健作 文渓堂 2010年9月

「バーニーのたからさがし」ピーター・ボニッチ作；リサ・コッパー絵；おかだよしえ訳 岩崎書店(ゆかいなバーニー2) 1994年5月

「ハモのクリスマス」たかおゆうこ作 福音館書店(日本傑作絵本シリーズ) 2008年10月

「ぴかぴかぴかっ」まついのりこ作・絵 偕成社(まるちゃんのたからもの) 2009年2月

「ヒミツのヒミツの…」トニー・ロス作；せなあいこ訳 評論社 1993年9月

「ヒメちゃん」荒井良二作・絵 小学館(おひさまのほん) 2008年3月

「ぶるるんぶるるん」まついのりこ作・絵 偕成社(まるちゃんのたからもの) 2009年2月

「ペチューニアのたからもの」ロジャー・デュボアザン作・絵；乾侑美子訳 童話館出版 1998年9月

「ペチューニアのたからもの」ロジャー・デュボアザン作・絵；乾侑美子訳 佑学社(がちょうのペチューニアシリーズ6) 1978年8月

「ぼくたちの宝物 ほんとの幸せって何?」ヤノッシュ絵・文；大石一美訳 きんのくわがた社 2000年6月

子どもの世界・生活

「ぼくと ママの たからもの」 斉藤栄美作；狩野ふきこ絵　金の星社（こどものくに傑作絵本）　1999年3月

「ぼくのたからもの」 カタリーナ・ヴァルクス作；ふしみみさを訳　クレヨンハウス　2009年8月

「みーんないすのすきまから」 マーガレット・マーヒー作；ポリー・ダンバー絵；もとしたいづみ訳　フレーベル館　2007年12月

「みずうみの たから」 イワン・ガンチェフ作；三木卓訳　講談社（世界の絵本）　1996年10月

「みんな ぼくのもの！」 ネーレ・モースト文；アネット・ルードルフ絵；いけだかよこ訳　西村書店　1998年4月

「みんなぼくのもの！」 ネーレ・モースト文；アネット・ルードルフ絵；いけだかよこ訳　西村書店　1998年4月

「モイモイのポッケ」 H@L作・絵　BL出版　2008年12月

「モーリーのすてきなひ」 マイケル・ローゼン作；チンルン・リー絵；きたやまようこ訳　フレーベル館　2006年8月

「もりのたからもの」 花之内雅吉作・絵　ひさかたチャイルド　1986年11月

「やさいやさい おおきくなーれ!」 深山さくら文；大西ひろみ絵　チャイルド本社（エコ育絵本ちきゅうにやさしくなれるかな?1）　2009年5月

「金貨」 田村隆一作；飯野和好絵　ティービーエス・ブリタニカ　1979年12月

「月のみずうみ」 イワン・ガンチェフ作・絵；岡しのぶ訳　偕成社　1982年5月

「大男の島のおおきなたからもの」 テエ・チョンキン作・絵；西内ミナミ文　エミール館　1979年11月

「宝さがしの旅」 スティーヴン・ビースティー絵；メレディス・フーパー文；山田順子訳　岩波書店　2002年10月

「野いちごのたからもの」 田中章義作；とりごえまり絵　東京新聞出版局　2008年12月

はじめての経験

「10ぴきのかえるうみへいく」 間所ひさこ作；仲川道子絵　PHP研究所（PHPにこにこえほん）　2004年6月

「10ぴきのかえるのふゆごもり」 間所ひさこ作；仲川道子絵　PHP研究所（PHPのえほん）　1990年11月

「3びきのこねこ はじめてのゆき」 もりつわかこ作　文化出版局　1987年11月

「アイラのおとまり」 バーナード・ウエーバー作・絵；まえざわあきえ訳　徳間書店　1997年7月

「あおぞらえんのおとまりかい」 斉藤栄美作；土田義晴絵　ポプラ社（あおぞらえんシリーズ3）　2001年3月

「あのおとなあに？」 フランチェスカ・サイモン文；デビット・メリング絵；小川仁央訳　評論社（児童図書館・絵本の部屋）　1998年2月

子どもの世界・生活

「ありこちゃんのおてつだい」高家博成;仲川道子作　童心社　1998年6月

「あるばん あるねこ…」イワン・ポモー作;やましたはるお訳　フレーベル館　1996年2月

「いこうよいこうよかいすいよく」長野博一作　小峰書店(くまたんのはじめてシリーズ7)　1989年7月

「うさこちゃんおとまりにいく」ディック・ブルーナ文・絵;まつおかきょうこ訳　福音館書店(ブルーナのゆかいななかま5)　1993年4月

「うみだよざっぶーん!」こわせたまみ作;秋里信子絵　PHP研究所(わたしのえほん)　1999年6月

「うみへいった やまへかえってきた」沢井一三郎絵・文　至光社　1986年1月

「エンソくん きしゃにのる」スズキコージ作　福音館書店(こどものとも傑作集)　1990年9月

「おいでよおいでよやまのあき」長野博一;長野静香作　小峰書店(くまたんのはじめてシリーズ12)　1991年10月

「おーい ぼく風になったよ」舟崎靖子文;梅田俊作絵　ベネッセコーポレーション(ベネッセのえほん)　1997年12月

「おじいちゃんちで おとまり」なかがわちひろ作・絵　ポプラ社(絵本・いつでもいっしょ18)　2006年8月

「かえるちゃんのおねしょ」わたなべゆういち作・絵　PHP研究所(PHPわたしのえほんシリーズ)　1987年8月

「きらきらひりひり」薫くみこ作;川上越子絵　ポプラ社(絵本カーニバル1)　2003年6月

「こうのとりぼうや はじめてのたび」イワン・ガンチェフ作;佐々木田鶴子訳　偕成社　1985年5月

「しんかんせん のぞみ700だいさくせん」横溝英一文・絵　小峰書店(のりものえほん)　2001年5月

「だいじょうぶくまくま」アレックス・デ・ウォルフ作;野坂悦子訳　講談社(世界の絵本)　2004年6月

「タカくんとじてんしゃの ペダルくん-はじめてのじてんしゃこうつうルール」うちべけい作・絵　PHP研究所(PHPにこにこえほん)　2005年1月

「ダンスのおけいこ」ヘレン・オクセンバリー作・絵;なかむらくみこ訳　ほるぷ出版(はじめてのえほん1)　1983年11月

「トンガの きいちごつみ」広野多珂子作・絵　ひさかたチャイルド　2002年3月

「はじめてのおつかい」筒井頼子作;林明子絵　福音館書店　1976年3月

「はじめてのおとまり」ナタリー・ナッツ文;モニック・フェリ絵;なだいなだ訳　講談社(うさぎのルー絵本6)　1985年6月

「はじめてのおるすばん」しみずみちを作;山本まつ子絵　岩崎書店(母と子の絵本1)　1972年4月

子どもの世界・生活

「はじめてのふゆ」 ロブ・ルイス作；ふなとよしこ訳　ほるぷ出版　1992年11月

「はじめてのもり」 小手鞠るい作；たかすかずみ絵　金の星社　2010年6月

「はじめてのゆき」 なかがわりえこ作；なかがわそうや絵　福音館書店　1970年2月

「バスたろう はじめてのうんてん」 のぶみ作　講談社（講談社の創作絵本）　2009年4月

「はるだはるだよ！10ぴきのかえる」 間所ひさこ作；仲川道子絵　PHP研究所（PHPにこにこえほん）　1997年2月

「ビバリー としょかんへいく」 アレクサンダー・スタッドラー作；まえざわあきえ訳　文化出版局　2003年6月

「ヒヨドリのピピのおはなし」 松野正子作；降矢なな絵　教育画劇　2005年4月

「ぶたくんのえすかれーたー」 与田準一作；ゆのせいいち画　あい書房（与田準一おはなしえほん）　1977年10月

「ペコタンじまはきょうもはれ」 関屋敏隆作・絵　PHP研究所（PHPわたしのえほんシリーズ）　1989年5月

「ペコルちゃんの おでかけスイッチ」 さこももみ作　くもん出版（はじめてであうえほんシリーズ）　2010年4月

「ベビーライオン フーゴ」 ヘルマン・メールス文；ヨゼフ・ウィルコン絵；いずみちほこ訳　セーラー出版　1987年8月

「へへへのへいき」 正道かほる文；村上康成絵　ひさかたチャイルド　1997年4月

「へんてこりんなおるすばん」 角野栄子作；かわかみたかこ絵　教育画劇　2006年3月

「ぼくとバブーン‐はじめてのおとまり」 ベッテ・ウェステラ作；スザンネ・ディーデレン絵；野坂悦子訳　にいるぶっくす　ソニー・マガジンズ　2005年5月

「ぼくのせなかにのせてってあげる！」 市川里美作・絵；堀内紅子訳　徳間書店　1997年12月

「まちへいく」 ローラ・インガルス・ワイルダー原作；ルネ・グレーフ絵；たにぐちゆみこ訳　文渓堂（絵本・大草原の小さな家4）　1997年11月

「みほといのはなぼうず」 筒井頼子作；山内ふじ江絵　福音館書店　2001年4月

「みんなみんなあめがすき」 長野博一；長野静香作　小峰書店（くまたんのはじめてシリーズ11）　1991年6月

「もしもしはいはいでんわです」 長野博一作　小峰書店（くまたんのはじめてシリーズ9）　1990年7月

「ゆきゆきこんこんゆきあそび」 長野博一作　小峰書店（くまたんのはじめてシリーズ10）　1991年1月

「レストランのおしょくじ」 ヘレン・オクセンバリー作・絵；なかむらくみこ訳　ほるぷ出版（はじめてのえほん2）　1983年11月

子どもの世界・生活

ひなたぼっこ

「かめのこうちゃん」 高家博成;仲川道子作　童心社(かわいいいきもののえほん)　2008年5月

「ばあちゃんのえんがわ」 野村たかあき絵・文　講談社　1983年10月

「ひなたぼっこです」 高畠純作　絵本館　2009年10月

「ひなたぼっこの すきなチュウ」 長野博一文・絵　小峰書店(えほん・こどもとともに)　1989年10月

「ぽかぽか ひなたぼっこ」 中沢正人作・絵　すずき出版;金の星社(こどものくに傑作絵本)　1989年6月

ファッション・おしゃれ＞えりまき

「えりまき」 高橋良子作・絵　明窓出版　2008年1月

「えりまきの花」 中島和子作;いもとようこ絵　ひかりのくに　2008年10月

「おはいんなさい えりまきに」 角野栄子作;牧野鈴子絵　金の星社　1984年1月

「おやおや どこかな?」 エミール・ジャドゥール作;石津ちひろ訳　小学館(シーマくんとペギーちゃん)　2007年10月

「たろのえりまき」 きたむらえり作・絵　福音館書店(こぐまのたろの絵本2)　1973年3月

「のねずみくんのすてきなマフラー」 間瀬なおかた作・絵　フレーベル館(げんきわくわくえほん21)　1996年12月

「ばばばあちゃんのマフラー」 さとうわきこ文・絵　福音館書店(日本傑作絵本シリーズ)　1997年10月

「ふしぎなマフラー」 あまんきみこ文;金井塚道栄絵　フレーベル館(キンダーおはなしえほん)　1986年2月

「メエメエさんのえりまき」 ささやすゆき作・絵　金の星社(こどものくに傑作絵本)　1984年12月

ファッション・おしゃれ＞かさ

「5ほんのかさ」 南本樹作　フレーベル館(南本樹ファンタジーランド1)　1984年11月

「あおいかさ」 いしいつとむ作・絵　教育画劇　2007年4月

「あかいかさ いいな」 鶴見正夫作;富永秀夫絵　佼成出版社　1985年11月

「あかいかさ」 ロバート・ブライト作;清水真砂子訳　ほるぷ出版　1975年10月

「あかいかさがおちていた」 筒井敬介文;堀内誠一絵　あかね書房(創作どうわ絵本6)　1969年10月

「あまがさ」 やしまたろう作　福音館書店(世界傑作絵本シリーズ)　1963年8月

子どもの世界・生活

「あめこんこん」 松谷みよ子文;中谷千代子絵 講談社(ちいさいモモちゃんえほん) 1971年12月

「アルビンとそらとぶかさ」 ウルフ・ロフグレン作・絵;木村由利子訳 フレーベル館 1982年5月

「おかあさんのかさ」 よこやまちはる作・絵 新風舎 2007年4月

「おじさんのかさ」 さのようこ作・絵 銀河社(銀河社の創作絵本) 1974年7月

「おじさんのかさ」 佐野洋子作・絵 講談社 1992年5月

「おじさんの青いかさ」 宮本忠夫作 すばる書房 1976年12月

「お父さんのかさはこの子です」 山下明生作;岩村和朗絵 ひくまの出版(幼年絵本シリーズ・あおいうみ3) 1984年5月

「かえるのかさやさん」 戸田和代作;よしおかひろこ絵 岩崎書店(えほんのマーチ3) 2003年5月

「かさどろぼう」 シビル・ウェッタシンハ作;いのくまようこ訳 福武書店 1986年6月

「かさどろぼう」 シビル・ウェッタシンハ作;猪熊葉子訳 徳間書店 2007年5月

「かさの女王さま」 シリン・イム・ブリッジズ作;ユ・テウン絵;松井るり子訳 セーラー出版 2008年12月

「こぎつねキッコ あめふりのまき」 松野正子文;梶山俊夫絵 童心社(キッコシリーズ) 1993年6月

「このかさ だれのかさ?」 小野ルミ作;花之内雅吉絵 ポプラ社(絵本のせかい26) 1978年11月

「さっちゃんのかさ」 金森三千雄作;鈴木博子絵 岩崎書店(えほん・おもしろランド6) 1987年6月

「そらにのぼった かさや」 高橋宏幸作・絵 岩崎書店(母と子の絵本19) 1975年2月

「たまちゃんのすてきなかさ」 かわかみたかこ作 偕成社 2001年4月

「だれのかさかな?」 東君平作・絵 フレーベル館(ころころえほんぷち3) 2009年10月

「ちいさなきいろいかさ」 にしまきかやこイラスト;もりひさしシナリオ 金の星社(よみきかせ大型絵本) 2003年10月;金の星社(きんのほしストーリー絵本) 2003年4月

「ちいさなきいろいかさ」 西巻茅子絵;森比左志作 金の星社(きんのほしストーリー絵本) 1971年2月

「どうして あめが ふらないの?」 中村美佐子原作;いもとようこ文・絵 ひかりのくに 2010年6月

「なつみのきいろいかさ」 新冬二作;渡辺三郎絵 小峰書店(はじめてのどうわ20) 1979年2月

「ぴんちゃんのかさ」 林原玉枝作;清重伸之絵 こずえ(おはなしのえほん) 1989年5月

子どもの世界・生活

「ふれふれ なんだあめ こんなあめ」 梅田俊作;梅田佳子作・絵 岩崎書店(えほん・ワンダーランド7) 1986年7月

「ぼくはかさ」 せなけいこ作・絵 ポプラ社(せなけいこのえ・ほ・ん3) 2005年11月

「ポロポロのすてきなかさ」 なりたまさこ作・絵 ポプラ社(絵本の時間11) 2002年5月

「ミドリがひろったふしぎなかさ」 岡野かおる子文;遠藤てるよ画 童心社(童心社の絵本1) 1977年4月

「みみちゃんのかさ」 貴志真理作 福武書店 1986年2月

「ゆうやけいろのかさ」 岸川悦子作;上野紀子絵 教育画劇(スピカみんなのえほん9) 1990年6月

「リンカーン かさにおはいりよ」 はんだみちこ作・絵 チャイルド本社 2009年6月

「三丁目の傘屋さん」 岡本小夜子作;篠崎三朗絵 そうえん社(そうえん社・日本のえほん7) 2007年6月

「青い花」 安房直子作;南塚直子絵 岩崎書店(岩崎創作絵本1) 1983年2月

「青い傘のノエル」 イルカ絵・お話 小学館(イルカの絵本ちいさな空1) 1977年12月

「赤いかささーしてた女の子」 奥田継夫作;遠藤てるよ絵 あかね書房(あかね創作えほん12) 1982年10月

ファッション・おしゃれ＞かばん・バッグ

「アニーのちいさなかばん」 たちもとみちこ作・絵 学習研究社 2007年6月

「いさむのかばん」 舟崎靖子文;上野紀子絵 偕成社(ちいさいえほん16) 1977年10月

「かばんうりのガラゴ」 島田ゆか作・絵 文渓堂 1997年11月

「ぴょんぴょんぱんのかばんです」 香山美子文;柿本幸造絵 新日本出版社(新日本出版社の絵本ふれあいシリーズ2) 1982年6月

「ふしぎなかばん」 馬場淑子文;森やすじ絵 講談社 1977年7月

「ろばさんのかわいいバッグ」 香山美子絵;柿本幸造絵 ひさかたチャイルド 1999年3月

ファッション・おしゃれ＞きもの・ようふく

「あっぱれ ぱんつ」 きたやまようこ作 あすなろ書房 2010年4月

「あらいたてきもちいい! パンツ」 柳原美紗子監修;ささきみお絵;中島妙文 チャイルド本社(ものづくり絵本シリーズ どうやってできるの?4) 2007年7月

「アンナの赤いオーバー」 ハリエット・ジーフェルト文;アニタ・ローベル絵;松川真弓訳 評論社(児童図書館・絵本の部屋) 1990年12月

「いしょうをぬいだおうさま」 サリー・シーダ作;リータ・ヴァン・ビルゼン絵;まつしろよういち訳 佑学社(ヨーロッパ創作絵本シリーズ11) 1978年5月

子どもの世界・生活

「いもむしパピはしたてやさん」 前田まゆみ作・絵 PHP研究所（PHPにこにこえほん）
1998年3月

「おしゃれなおたまじゃくし」 塩田守男絵;さくらともこ文 PHP研究所（PHPわたしのえほんシリーズ） 1987年3月

「おしゃれなべべちゃん」 末吉暁子作;藤田三歩絵 偕成社 1988年11月

「おひさまいろのきもの」 広野多珂子作・絵 福音館書店（日本傑作絵本シリーズ） 2007年9月

「おひめさまはぼろぼろふくがすき」 藤田桜作・絵;面谷哲郎文 学習研究社（国際版せかいのえほん第19巻） 1985年1月

「きいろいマント」 安房直子作;井上洋介絵 教育研究社（すくすく童話館） 1978年9月

「きせかえくまちゃん」 末吉暁子作;藤田三歩絵 偕成社 1987年2月

「きょうりゅうはパンツがだいすき」 クレア・フリードマン文;ベン・コート絵;中川ひろたか訳 講談社（講談社の翻訳絵本） 2010年1月

「きんのいととにじ」 佐々木たづ作;駒宮録郎絵 フレーベル館（キンダーおはなしえほん傑作選38） 1979年1月

「くまくん なにをきるのかな？」 ハリエット・ツィーフェルト文;アーノルド・ローベル絵;こだまともこ訳 文化出版局 1987年8月

「クリスマスのおおしごと」 長谷川直子作・絵 教育画劇 2008年10月

「ショコラちゃんのパジャマ」 中川ひろたか文;はたこうしろう絵 講談社（講談社の幼児えほん） 2001年12月

「すてきなずぼん」 いもとようこ作・絵 金の星社（こねこちゃんえほん1） 1982年3月

「ズボンだいすき」 もりやまみやこ作;ふくだいわお絵 ポプラ社（いろいろえほん3） 1999年9月

「ズボンのクリスマス」 林明子作 福音館書店（クリスマスの三つのおくりもの） 1987年10月

「ソルビム-お正月の晴れ着」 ペ・ヒョンジュ絵・文;ピョン・キジャ訳 セーラー出版 2007年1月

「それいけ！ねずみくんのチョッキ」 なかえよしを作;上野紀子絵 ポプラ社（ねずみくんのしかけ絵本1） 1997年7月

「だから!ねずみくんのチョッキ」 なかえよしを作;上野紀子絵 ポプラ社（ねずみくんの絵本25） 2008年10月

「たっちゃんのズボン」 宮川ひろ作;西村達馬絵 ひさかたチャイルド（ひさかたメルヘン3） 1981年9月

「だぶだぶ」 なかのひろたか作・絵 福音館書店 2009年2月

「タンタンのずぼん」 いわむらかずお作 偕成社（ちいさいえほん10） 1976年12月

「チクチクさん」 すまいるママ作・絵 PHP研究所（PHPにこにこえほん） 2009年2月

子どもの世界・生活

「チクチクさんともりのかいぶつ」 すまいるママ作・絵 PHP研究所(PHPにこにこえほん) 2010年2月

「どうぶつにふくをきせてはいけません」 ジュディ・バレット作;ロン・バレット絵;ふしみみさを訳 朔北社 2005年12月

「トムとチムのチョッキ」 大石真文;北田卓史絵 小学館(小学館こども文庫・創作童話4) 1981年12月

「ねずみくんのチョッキ」 なかえよしを作;上野紀子絵 ポプラ社(ポプラ社のよみきかせ大型絵本) 2004年4月;ポプラ社(ねずみくんの小さな絵本1) 2004年3月

「ねずみくんのチョッキ」 なかえよしを作;上野紀子絵 ポプラ社(絵本のひろば5) 1974年8月

「のはらのスカート」 赤羽じゅんこ作;南塚直子絵 岩崎書店(キラキラえほん12) 2009年3月

「バーバベルのレースあみ」 アネット・チゾン;タラス・テイラー作;山下明生訳 講談社(バーバパパ・ミニえほん14) 1979年4月

「はりねずみのはりこ」 なかやみわ作・絵 福音館書店(日本傑作絵本シリーズ) 1998年10月

「はんてんをきたぞうさん」 村上博子文;富永秀夫絵 女子パウロ会 1987年1月

「ハンナのあたらしいふく」 イツァク・シュヴァイゲル・ダミエル作;オラ・アイタン絵;小風さち訳 福音館書店(世界傑作絵本シリーズ-アメリカの絵本) 1998年4月

「ピッチとあおいふく」 井川ゆり子作・絵 PHP研究所 2006年2月

「ぶかぶかティッチ」 パット・ハッチンス作・画;石井桃子訳 福音館書店 1984年7月

「プリンちゃんのワンピース」 ささきようこ作・絵 ポプラ社(プリンちゃんシリーズ1) 2000年11月

「ぷんぷんのぽけっとちゃん」 西内ミナミ作;片山健絵 教育画劇(スピカのおはなしえほん20) 1986年2月

「ペレのあたらしいふく」 エルサ・ベスコフ作・絵;おのでらゆりこ訳 福音館書店(世界傑作絵本シリーズ・スウェーデンの絵本) 1976年2月

「ポッケのワンピース」 つちだのぶこ著 学習研究社(学研おはなし絵本) 2005年2月

「まじょドッコイショのごきげんなドレス」 垣内磯子作;市居みか絵 フレーベル館(あかね・新えほんシリーズ38) 2008年3月

「また!ねずみくんのチョッキ」 なかえよしを作;上野紀子絵 ポプラ社(絵本のひろば22) 1976年3月

「またまた!ねずみくんのチョッキ」 なかえよしを作;上野紀子絵 ポプラ社(絵本のひろば33) 1979年7月

「もぐらとずぼん」 エドアルド・ペチシカ文;ズデネック・ミレル絵;うちだりさこ訳 福音館書店(世界傑作絵本シリーズ・チェコの絵本) 1967年12月

子どもの世界・生活

「ももちゃんのおさかなズボン」メグ・ホソキ著　佼成出版社（メグホソキのももちゃんシリーズ）2003年1月

「もりのようふくや」オクターブ・パンク＝ヤシ文；エウゲーニー・M.ラチョフ絵；うちだりさこ訳　福音館書店　1962年5月

「やっぱりねずみくんのチョッキ－ねみちゃんとねずみくんのえほん」なかえよし作；上野紀子絵　ポプラ社（えほんはともだち28）1993年5月

「わたしおしゃれをするの」おおともやすお文・絵　童心社（こねずみリリのえほん2）2008年7月

「わたしのワンピース」西巻茅子作　こぐま社　1969年12月

「ワニくんのTシャツ」みやざきひろかず作・絵　BL出版　1999年7月

「ワニくんのレインコート」みやざきひろかず作・絵　ブックローン出版　1989年6月

「狐の振袖」山本ふさこ文；ワイルズ一美絵　アスラン書房　2005年11月

ファッション・おしゃれ＞くつ・くつした

「あかいくつ」あまんきみこ作；安井淡絵　岩崎書店（えほん・ドリームランド1）1980年5月

「あかいくつ」アンデルセン作；神沢利子文；いわさきちひろ絵　偕成社　1981年9月；偕成社　1968年8月

「あかいサンダル」米田かよ作・絵　偕成社　1981年1月

「あかいサンダル」米田かよ作・絵　偕成社（はじめてよむ絵本4）1987年4月

「あひるさんのすてきなくつ」バレリア・ペトローネ作；石津ちひろ訳　小学館（はじめてのおはなし4）2006年3月

「あめあめふれふれ」小納弘作；山中冬児絵　ポプラ社（絵本のひろば14）1975年6月

「あめこんこん」松谷みよ子文；武田美穂絵　講談社（ちいさいモモちゃんえほん1）1995年6月

「いねむりくつや」としたかひろ作・絵　岩崎書店（母と子の絵本37）1977年6月

「エルミンカと赤いブーツ」マージェリー・クラーク作；モード・ピーターシャム、ミスカ・ピーターシャム絵；渡辺茂男訳　ペンギン社（絵本童話けしつぶクッキーシリーズ）1984年10月

「かあさんうさぎと金のくつ」ドボーズ・ヘイワード原作；加藤久子文；富永秀夫絵　女子パウロ会　1980年3月

「かずくんのきいろいながぐつ」山下明生作；柏村勲絵　福音館書店　1973年7月

「ガムふんじゃった」シェリー・B.ガール著；カーク・ワーナー画；ケント・デリカット訳　白泉社　2005年10月

「きいろいくつした」エレーヌ・リフ作；伏見操訳　パロル舎　2003年10月

「くつしたあみのおばあさん」おそのえけいこ作；スズキコージ絵　PHP研究所（PHPわたしのえほんシリーズ）1995年2月

子どもの世界・生活

「くつしたが にゅー」 岸田衿子文;長新太絵　ひかりのくに(あかちゃんのえほん)　1981年1月;ひかりのくに(あかちゃんのえほん)　1972年1月

「くつしたのはら」 村中李衣文;こやまこいこ絵　日本標準　2009年11月

「くつってだいすき」 赤星亮衛作・絵　フレーベル館　1981年9月

「くつのおうち-すくすくむらものがたり」 コリン・マクリーン;モイラ・マクリーン作・絵;岡部史訳　カワイ出版　1995年9月

「くつのなかのねずみ」 ロドニー・ペッペ作・絵;小沢正訳　フレーベル館　1984年9月

「くつやのねこ」 今井彩乃作　BL出版　2010年5月

「ゲルティーのあおいながぐつ」 オリビア・ダンリー作;ゆづきかやこ訳　小峰書店(ゴシーシリーズ)　2007年2月

「ゲルティーのあかいながぐつ」 オリビア・ダンリー作;ゆづきかやこ訳　小峰書店(ゴシーシリーズ)　2007年2月

「そらとぶバスケット」 ロドニー・ペッペ作・絵;小沢正訳　フレーベル館　1985年9月

「タップのゆめ」 アンマサコ作　講談社(講談社の創作絵本)　2010年11月

「ダンスのできないおひめさま」 ツウィフェロフ原作;宮川やすえ訳・文;かみやしん絵　国土社(やっちゃん絵本4)　1982年11月

「ちいさなスリッパぼうや」 マンフレッド・キーバー文;モニカ・レイムグルーバー絵;楠田枝里子訳　ほるぷ出版　1976年9月

「ちょうちょホテル」 松谷みよ子作;しのとおすみこ絵　にっけん教育出版社　2006年8月

「てくてくたったか!くつ」 多田紘監修;ゆーちみえこ絵;中島妙文　チャイルド本社(ものづくり絵本シリーズ どうやってできるの?5)　2007年8月

「とこちゃんのながぐつ」 かとうまふみ作　学習研究社(学研おはなし絵本)　2007年5月

「ながぐつのごめんね」 大石真作;北田卓史画　童心社(大石真おはなしえほん)　1979年1月

「なんだろう?」 柴野民三作;いもとようこ絵　ひかりのくに　2007年9月

「ハリネズミかあさんの ふゆじたく」 エヴァ・ビロウ作・絵;佐伯愛子訳　フレーベル館　2007年10月

「ふしぎなふしぎなながぐつ」 佐藤さとる文;村上勉絵　偕成社(創作えほん11)　1978年12月

「プチプチパンパン100のくつ」 板倉美代子作;谷川五男絵　金の星社(絵本のおくりもの)　1989年8月

「フラミンゴのながくつした」 オラシオ・キロガ作;オスヴァルド・ハリル絵;しがかずこ訳　新世研　2001年12月

「ぼうし」 ジャン・ブレット作;松井るり子訳　ほるぷ出版　2005年12月

子どもの世界・生活

「ぼくのくつちゃんトベルマン」 安井淡作・絵 岩崎書店(えほん・ワンダーランド4) 1985年8月

「ぼくのながぐつ」 笠野裕一作 福音館書店 1986年6月

「マグノリアおじさん」 クエンティン・ブレイク作・絵;谷川俊太郎詩 佑学社 1984年11月

「まじょのくつ」 さとうめぐみ文・絵 ハッピーオウル社(おはなしのほん) 2005年4月

「みずいろのながぐつ」 もりひさし作;にしまきかやこ絵 金の星社(金の星社の創作えほん) 1977年12月

「みっちゃんのくつはどこ」 宮本忠夫作 新日本出版社(宮本忠夫 みっちゃんのえほん1) 1988年3月

「よくばりくつや」 トニー・ロス作;こだまともこ訳 文化出版局 1982年4月

「リサのあかいくつ」 ハリー・ゲーレン絵;インメ・ドロス文;いずみちほこ訳 セーラー出版 1993年8月

「リゼッテとみどりのくつしたかたいっぽう」 カタリーナ・ヴァルクス作;ふしみみさを訳 クレヨンハウス 2008年7月

「ロンとふしぎなスニーカー」 イケヤシロウ作 リトルモア 2007年12月

「靴屋のカーリーと妖精の靴」 マーガレット・テンペスト作;寺岡恂訳 ほるぷ出版 1982年10月

「赤いくつ-アンデルセン童話」 角田光代文;網中いづる絵 フェリシモ出版(おはなしのたからばこ11) 2009年10月

ファッション・おしゃれ＞セーター

「あみものライオン」 なかえよしを作;上野紀子画 絵本館 1979年7月

「きいろいセーター」 本多豊国著 清流出版 1998年3月

「サナのあかいセーター」 なりたまさこ作・絵 ポプラ社(絵本の時間18) 2002年11月

「セーターになりたかった毛糸玉」 津田直美作・絵 ジー・シー 1986年11月

「そらとぶセーターくん」 山脇恭作;中沢正人絵 偕成社 1994年2月

「ちょろりんの すてきなセーター」 降矢なな作・絵 福音館書店(こどものとも傑作集) 1993年3月

「ハリーのセーター」 ジーン・ジオン文;マーガレット・ブロイ・グレアム絵;わたなべしげお訳 福音館書店(世界傑作絵本シリーズ・アメリカの絵本) 1983年5月

「ぼくのあき」 葉祥明作・絵 金の星社(こぐまのトムトム4) 1987年9月

「まっかなせーたー」 いわむらかずお絵・文 至光社(ブッククラブ国際版絵本) 1984年1月

「もりのセーター」 片山令子作;ましませつこ絵 PHP研究所(PHPにこにこえほん) 2000年10月

子どもの世界・生活

ファッション・おしゃれ＞てぶくろ

「あかいてぶくろ」 中尾彰作 童心社(童心社の絵本6) 1979年2月

「あかいてぶくろみなかった？」 スティーブン・ケロッグ作・絵；岸田衿子訳 偕成社 1978年3月

「かあさんねずみのおくりもの」 谷真介文；赤坂三好絵 小峰書店 1980年10月

「ターちゃんのてぶくろ」 おおしまたえこ作 ポプラ社(絵本のおもちゃばこ5) 2004年12月

「てぶくろ-ウクライナ民話」 アルビン・トレッセルト再話；ヤロスラーバ絵；三木卓訳 のら書店 2005年11月

「てぶくろ-ウクライナ民話」 エウゲーニー・M.ラチョフ絵；うちだりさこ訳 福音館書店(世界傑作絵本シリーズ・ソビエトの絵本) 1965年11月

「てぶくろ-ウクライナ民話」 エゲゲーニイ・ラチョーフ絵；田中潔訳 ネット武蔵野(ラチョーフ・シリーズ1) 2003年11月

「てぶくろがいっぱい」 フローレンス・スロボドキン文；ルイス・スロボドキン絵；三原泉訳 偕成社 2008年11月

「てぶくろくろすけ」 川崎洋作；長新太絵 福音館書店 1973年2月

「てぶくろくん」 林ふみこ作；中村有希絵 フレーベル館(げんきわくわくえほん) 1998年2月

「てぶくろの木」 クヌー・ホルスト文；木村由利子訳；松村雅子絵 ブックローン出版 1990年10月

「はっくしょんのおくりもの」 きのしたあつこ作 偕成社 1978年12月

「ふわふわあったか！てぶくろ」 大内輝雄監修；市居みか絵；中島妙文 チャイルド本社(ものづくり絵本シリーズ どうやってできるの?9) 2007年12月

「ぼくのてぶくろ」 ふくだすぐる作・絵 岩崎書店(えほんのぼうけん7) 2009年11月

ファッション・おしゃれ＞ハンカチ

「うさぎがそらをなめました」 あまんきみこ作；黒井健絵 フレーベル館(おはなしえほんシリーズ24) 2010年9月

「おうさまのハンカチ」 宮地延江作；村上幸一絵 ひさかたチャイルド(ひさかた傑作集8) 1984年6月

「くまこちゃんのみずたまはんかち」 なかやみわ作・絵 鈴木出版(たんぽぽえほんシリーズ) 2007年8月

「こりすのはんかち」 森山京作；橘田美智子絵 銀河社(銀河社の創作絵本) 1975年6月

「しろいはんかち」 竹下文子作；鈴木まもる絵 教育画劇(スピカのおはなしえほん1) 1984年11月

子どもの世界・生活

「そらいろのハンカチ」 あまんきみこ文；秋里信子絵 フレーベル館(キンダーメルヘン傑作選) 1985年9月

「タンタンのハンカチ」 いわむらかずお作 偕成社(ちいさいえほん28) 1981年8月

「ハンカチの女の子」 岡野薫子作；鈴木義治絵 ひくまの出版(幼年えほんシリーズ・あおいうみ24) 1985年9月

「はんかちひろげて」 岸川悦子文；稲本みえ子絵 銀河社(わたしねこちゃん1) 1982年11月

「ぴんちゃんのハンカチ」 林原玉枝作；清重伸之絵 こずえ(おはなしのえほん2) 1989年1月

ファッション・おしゃれ＞ファッション・おしゃれ一般

「COCO(ココ)はとびきりかわったコ」 エリザベス・マシューズ作；佐伯誠訳 イプシロン出版企画 2008年10月

「あかいスリッパ」 こうざきみえこ作；おざきしんご絵 教育研究社(すくすく童話館) 1978年5月

「あかいまふらーとちいさないぬ」 山崎陽子詩；はしぐちみよこ絵 至光社(ブッククラブ国際版絵本) 1985年1月

「あたらしいエプロンできた！」 ラーシュ・クリンティング著；とやままり訳 偕成社(カストールのたのしいまいにち) 1999年9月

「あっぱれ ぱんつ」 きたやまようこ作 あすなろ書房 2010年4月

「おかあさんのパンツ3」 山岡ひかる作 絵本館 2007年4月

「おかしなおかしなきりんくん」 シェル・シルバースタイン作；ふじたたまお訳 実業之日本社(せかいのえほんアメリカ) 1976年9月

「おしゃれカナちゃん」 もりとるい作 ひさかたチャイルド 2010年2月

「おしゃれだいすきエリエットひめ」 クリスチーヌ・ノーマン・ビールマン作；マリアンヌ・バルシロン絵；やましたはるお訳 佼成出版社 2003年11月

「おしゃれな のんのんさん」 風木一人作；にしむらあつこ絵 岩崎書店(キラキラえほん3) 2008年5月

「おしゃれなサリちゃん」 たちばなはるか作・絵 PHP研究所(PHPにこにこえほん) 2010年3月

「おしゃれなプルー」 ポリー・ダンバー作・絵；もとしたいづみ訳 偕成社(ティリーとおともだちブック) 2009年9月

「おしゃれねこ」 なかのひろたか作・絵 ひさかたチャイルド 1991年5月

「かっこ からんこ からりんこん」 川崎大治作；遠藤てるよ画 童心社(川崎大治おはなしえほん) 1976年11月

子どもの世界・生活

「きらきらやさん」中村翔子作;新野めぐみ絵　PHP研究所(PHPにこにこえほん)　2005年10月

「けいとのたまご」いしいつとむ作　小峰書店(えほんひろば)　2009年10月

「しいちゃん ふうちゃん ほしのよる」こみねゆら作　佼成出版社(みつばちえほんシリーズ)　2008年10月

「しろいはなとあかいはな」岡本良雄作;若山憲絵　金の星社(こどものくに傑作絵本10)　1976年4月

「すうちゃんのカッパ」とづかかよこ作・絵　偕成社　2007年6月

「ダンデライオン」ドン・フリーマン作;アーサー・ビナード訳　福音館書店(世界傑作絵本シリーズ)　2005年2月

「ちいさなボタン、プッチ」あさのますみ作;荒井良二絵　小学館　2010年7月

「チョンタのくびかざり」ささやすゆき作・絵　金の星社(こどものくに傑作絵本)　1986年11月

「つぎはぎ おばあさん きょうも おおいそがし」たかしまなおこ作・絵　講談社(講談社の創作絵本)　2007年7月

「トッキーさんのボタン」かとうまゆみ作・絵　イースト・プレス　2010年3月

「どれかな?」八木田宜子作;司修絵　文化出版局(八木田宜子みどりのえほん4)　1970年12月

「ナナさんはあみものやさんです」角野栄子作;高林麻里絵　リブロポート(リブロの絵本)　1994年10月

「ぱたぱたすりっぱ」間所ひさこ作;おぼまこと絵　金の星社(こどものくに傑作絵本)　1978年10月

「パッチン☆どめ子ちゃん」山西ゲンイチ作　佼成出版社　2007年4月

「ふしぎな青いボタン」安房直子作;田中槇子絵　ひくまの出版(幼年えほんシリーズ・あおいうみ17)　1984年11月

「まこちゃんのおたんじょうび」にしまきかやこ絵・文　こぐま社　1968年12月

「みずたまちゃん」林木林作;あきくさあい絵　鈴木出版(チューリップえほんシリーズ)　2010年11月

「ムスティとうさぎさんのめがね」スタジオTVデュプイ製作;榊原晃三;那須田稔訳　小学館(ムスティの絵本11)　2001年3月

「リサのすてきなスカーフ」アン・グッドマン文;ゲオルグ・ハレンスレーベン絵;石津ちひろ訳　ブロンズ新社　2006年6月

「ルシールはうま」アーノルド・ローベル作;岸田衿子訳　文化出版局　1974年10月

「わーらった」風木一人作;市原淳絵　講談社(講談社の幼児えほん)　2009年10月

子どもの世界・生活

ファッション・おしゃれ＞りぼん

「おりぼんちゃん」 まえをけいこ作 佼成出版社 2005年9月
「きいろいりぼん」 小林純一作；山本まつ子画 あい書房（小林純一おはなしえほん） 1978年6月
「つきよのりぼん」 安井淡作；大塚たみえ絵 岩崎書店（えほん・ドリームランド21） 1982年11月
「とんにはあおいりぼん のんにはあかいりぼん」 飯島敏子作；なかのひろたか絵 ひさかたチャイルド（ひさかたメルヘン16） 1982年3月

ファッション・おしゃれ＞髪型

「おしゃれがしたいビントゥ」 シルヴィアン・A.ディウフ文；シェーン・W.エヴァンス絵；さくまゆみこ訳 アートン 2007年2月
「おだんごちゃん」 おかべりか作 童心社（絵本・こどものひろば） 2010年5月
「オレのカミがた、どこかへん？」 きたむらさとし作 BL出版 2009年12月
「かみのけ ちょっきん」 松竹いね子作；織茂恭子絵 福音館書店（こどものとも傑作集） 2005年11月
「つるつる」 正道かほる文；村上康成絵 童心社（絵本・ちいさななかまたち） 1994年3月
「でこちゃん」 つちだのぶこ作・絵 PHP研究所（わたしのえほん） 2000年1月
「とこやさんにいったニッセ」 オロフ・ランドストローム；レーナ・ランドストローム作；外山真理訳 偕成社 1993年10月
「バーバモジャのおしゃれ」 アネット・チゾン；タラス・テイラー作；山下明生訳 講談社（バーバパパ・ミニえほん8） 1977年4月
「バランティヌのおしゃれ作戦」 ボリス・モアサール文；ミシェル・ゲイ絵；末松氷海子訳 文化出版局 1984年11月
「ふらにー・B・クラニー、あたまにとりがすんでるよ！」 ハリエット・ラーナー作；スーザン・ゴルドール文；ヘレン・オクセンバリー絵；ふしみみさを訳 PHP研究所 2006年7月
「もじゃもじゃあたまのナナちゃん」 神沢利子文；西巻茅子絵 偕成社 1985年6月

ファッション・おしゃれ＞帽子

「あおいぼうしののんちゃん」 松谷みよ子文；渡辺三郎絵 ブッキング（復刊傑作幼児絵本シリーズ6） 2008年3月
「あかいぼうし」 あまんきみこ文；鈴木義治絵 偕成社（創作えほん16） 1973年10月
「いきているぼうし」 エヌ・ノーソフ作；イ・セミョーノフ絵；福井研介訳 新読書社 1981年11月

子どもの世界・生活

「おおきな おおきなぼうし」 香山美子作；上野紀子絵 教育画劇(スピカのおはなしえほん33) 1987年7月

「おさるとぼうしうり」 エズフィール・スロボドキーナ作・絵；まつおかきょうこ訳 福音館書店 1970年2月

「おじいちゃんのぼうし」 メラニー・シェラー文；ケイコ・ナラハシ絵；青木久子訳 徳間書店 1995年11月

「カングル・ワングルのぼうし」 エドワード・リア文；ヘレン・オクセンバリー絵；新倉俊一訳 ほるぷ出版 1975年10月

「キャシーのぼうし」 トルーディ・クリシャー文；ナディーン・バーナード・ウェストコット絵；かつらあまね訳 評論社(児童図書館・絵本の部屋) 2007年6月

「クッキーのぼうしやさん」 安西水丸作 ポプラ社(こんにちは！えほん12) 2006年1月

「くろぼうしちゃん」 なかえよしお文；上野紀子絵 文化出版局 1974年7月

「けんたのぼうし」 やすいすえこ作；田頭よしたか絵 偕成社 1991年6月

「サナとはやしのぼうしやさん」 なりたまさこ作・絵 ポプラ社(絵本の時間43) 2005年5月

「サバイとピリィ まほうのぼうし」 はぎのちなつ作・絵 ひさかたチャイルド 2005年4月

「ジェイクのむぎわらぼうし」 葉祥明絵・文；リッキー・ニノミヤ英訳 自由国民社 1997年6月

「すてきなぼうし」 あまんきみこ作；黒井健絵 あかね書房(えほん、よんで！4) 2003年3月

「すてきなぼうしやさん」 ますだゆうこ文；市居みか絵 そうえん社(ケロちゃんえほん5) 2009年4月

「せかいいちのぼうし」 深見春夫作・絵 岩崎書店(えほん・ドリームランド13) 1982年1月

「タンタンのぼうし」 いわむらかずお作 偕成社(ちいさいえほん17) 1978年1月

「つんつくせんせいととんがりぼうし」 たかどのほうこ作・絵 フレーベル館(えほんあらかると6) 2002年1月

「でんでんのぼうしやさん」 藤本ともひこ作・絵 教育画劇 2003年7月

「どんぐりむらのぼうしやさん」 なかやみわ作・絵 学研教育出版 2010年9月

「ニッセのあたらしいぼうし」 オロフ・ランドストローム；レーナ・ランドストローム作；外山真理訳 偕成社 1993年10月

「ニャータのぼうし」 さとうわきこ作；わかやましずこ絵 ポプラ社(絵本・子どもの世界6) 1979年9月

「ねずみのぼうし」 マリー・フランサ作；エリアルド・フランサ絵；しみずまゆみ訳 新世研 2001年12月

「ハウエルのぼうし」 新月紫紺大作・絵 講談社(講談社の創作絵本) 2003年3月

「パオちゃんのぼうし」 なかがわみちこ作・絵 PHP研究所 1982年3月

子どもの世界・生活

「ハナちゃんの帽子」 まさごゆき作；きよたたかよ絵 毎日新聞社（ハッピーとハナちゃん） 2007年12月

「パブロくんのぼうしは、まほうのぼうし」 モンセ・ヒネスタ作・絵；佐藤秀美訳 新世研 1992年10月

「はるちゃんのぼんぼりぼうし」 とくながまり作；とよたかずひこ絵 ひさかたチャイルド 2006年1月

「ふしぎなあかいぼうし」 大鹿智子作・絵 ポプラ社（えほんはともだち30） 1993年10月

「ふしぎなぼうし」 南本樹作 フレーベル館（南本樹ファンタジーランド7） 1985年6月

「ぷんとくちゃんのぼうし」 たしろちさと作 アリス館 2009年11月

「ぼうし」 トミー・ウンゲラー作；たむらりゅういち；あそうくみ訳 評論社（児童図書館・絵本の部屋） 1977年9月

「ぼうし」 トミー・ウンゲラー作；たむらりゅういち；あそうくみ訳 評論社（児童図書館・絵本の部屋） 2006年3月

「ぼうしのくに」 南本樹作・絵 フレーベル館 1980年1月

「ぼうしのすきなこぶた」 マーティン・オーボーン文；アクセル・シェフラー絵；ふじさきなおこ訳 あすなろ書房 1996年12月

「ぼうしの上にまたぼうし」 ローラ・ゲリンジャー文；アーノルド・ローベル絵；福本友美子訳 文化出版局 2003年5月

「ぼうしぼうしぼうし」 神沢利子作；岩村和朗絵 佼成出版社 1978年9月

「ぼうしや」 米山氷一作・絵 フレーベル館（げんきわくわくえほん9） 1995年12月

「ぼうしをつかまえて！」 エンマ・チチェスター・クラーク作；はしもとみほ訳 ほるぷ出版 1994年1月

「ポートリーのぼうし」 ルーシー・カズンズ作；五味太郎訳 偕成社 1996年2月

「ぼくぼうしとらないぞ」 しみずみちを作；長谷川知子絵 銀河社 1977年7月

「まあすけのぼうし」 馬場のぼる作・絵 ポプラ社 1981年5月

「まじょのぼうし」 さとうめぐみ文・絵 ハッピーオウル社（おはなしのほん） 2007年12月

「マフィーくんとジオじいさん ふしぎなぼうし」 伊藤正道作 小学館 2008年10月

「まほうのぼうし」 なかえよしを文；上野紀子絵 偕成社 1980年9月

「ミーちゃんのぼうし」 寺岡邦夫；寺岡紀久子作・絵 偕成社（ミーちゃんえほん6） 1982年3月

「ミリーのすてきなぼうし」 きたむらさとし作 BL出版 2009年6月

「むぎわらぼうし」 七尾純作；高瀬のぶえ絵 河出書房新社（ホッターのびのび4） 1986年6月

「むぎわらぼうし」 七尾純作；渡辺三郎絵 好学社（カンガルーブック9） 1973年1月

子どもの世界・生活

「むぎわらぼうし」 竹下文子作;いせひでこ絵 講談社 1985年5月
「むぎわらぼうし」 竹下文子作;いせひでこ絵 講談社(講談社の創作絵本) 2006年7月
「もりのぼうしやさん」 岡野薫子作;田中槇子絵 偕成社(創作えほん24) 1975年6月
「ゆうくんとぼうし」 神沢利子文;織茂恭子絵 サンリード(創作えほん) 1983年5月
「ゆうこのキャベツぼうし」 やまわきゆりこ作・絵 福音館書店 2008年5月
「レオンのぼうし」 ピエール・プラット作;倉橋由美子訳 宝島社 1994年6月
「わたしのぼうし」 さのようこ絵 ポプラ社 1976年7月
「わたしのぼうしをみなかった？」 ジョン・ノドゼット原作;フリッツ・シーベル画;ウエザヒル翻訳委員会訳 ウエザヒル出版社 1966年7月
「わたしはおしゃれなぼうしやさん」 山下夕美子作;北田卓史絵 教育画劇(スピカのおはなしえほん35) 1988年4月

プレゼント

「10ぴきのかえるのおくりもの」 間所ひさこ作;仲川道子絵 PHP研究所(PHPにこにこえほん) 2005年5月
「1ねんに365のたんじょう日－プレゼントをもらったベンジャミンのおはなし」 ジュディ・バレット作;ロン・バレット絵;松岡享子訳 偕成社 1978年8月
「あかいリボンのおくりもの」 藤田良子作;末崎茂樹絵 金の星社(新しいえほん) 1991年7月
「あたたかいおくりもの」 たるいしまこ作 福音館書店(もりのおくりもの3) 1992年10月
「あたたかいおくりもの」 もりやまみやこ作;ふくだいわお絵 ポプラ社(いろいろえほん8) 2000年3月
「あみものやさんピーヨのプレゼント」 おおしまりえ作・絵 岩崎書店(カラフルえほん) 2005年11月
「いいかんがえでしょトンとポン」 いわむらかずお作・絵 偕成社 1980年1月
「いいものもらった」 森山京文;村上勉絵 小峰書店(えほん・こどもとともに) 1987年12月
「いちばんすてきなプレゼント」 ホリー・ケラー作・絵;あかぎかんこ;あかぎかずまさ訳 ポプラ社(ポプラせかいの絵本3) 2001年4月
「いっぱいの おめでとう」 あまんきみこ作;狩野富貴子絵 あかね書房 2009年5月
「うさこちゃんのおじいちゃんへのおくりもの」 ディック・ブルーナ文・絵;松岡享子訳 福音館書店 2009年9月
「エレンのプレゼント」 カタリーナ・クルースヴァル作;菱木晃子訳 文化出版局 1997年8月
「おかあさんおめでとう」 神沢利子作;井上洋介絵 ポプラ社(くまの子ウーフの絵本1) 1979年11月

子どもの世界・生活

「おくりものはナンニモナイ」パトリック・マクドネル著;谷川俊太郎訳 あすなろ書房 2005年10月

「おじいさんのおくりもの」ヤン・アルダ作;イジー・トゥルンカ絵;保川亜矢子訳 ほるぷ出版 1984年12月

「おたんじょうびおめでとう！」パット・ハッチンス作;渡辺茂男訳 偕成社 1980年11月

「おはなしのもうふ」フェリーダ・ウルフ;ハリエット・メイ・サヴィッツ文;エレナ・オドリオゾーラ絵;さくまゆみこ訳 光村教育図書 2008年10月

「おはなをどうぞ」三浦太郎作 のら書店 2009年9月

「おはようのプレゼント」アンドレ・ダーハン作;田島かの子訳 小学館 2002年8月

「おやすみなさいのプレゼント」原京子作・絵 ポプラ社（えほんとなかよし）1998年10月

「かいとうドチドチ−雪のよるのプレゼント」柏葉幸子作;神山ますみ絵 講談社 1995年11月

「かみさまからのおくりもの」樋口通子作 こぐま社 1984年9月

「きつねいろの くつした」こわせたまみ作;いもとようこ絵 ひかりのくに 1996年12月

「きのぼりとかげへのおくりもの」今関信子作;西村繁男絵 朔北社 2001年4月

「くまさんにきいてごらん」M.フラック作;木島始訳;おのかほる画 福音館書店 1958年5月

「クリスマスの ふしぎなはこ」長谷川摂子文;斉藤俊行絵 福音館書店（幼児絵本シリーズ）2008年10月

「クリスマスのうさぎさん」ウィル;ニコラス作・絵;わたなべしげお訳 福音館書店（世界傑作絵本シリーズ・アメリカの絵本）1985年9月

「コーネリアのおくりもの」フェリシア・ボンド作・絵;児島なおみ訳 講談社（りとる3）1994年10月

「こねこのチョコレート」B.K.ウィルソン作;小林いづみ訳;大社玲子絵 こぐま社 2004年11月

「サナのあかいセーター」なりたまさこ作・絵 ポプラ社（絵本の時間18）2002年11月

「サンタクロースとぎんのくま」マレーク・ベロニカ文・絵;みやこうせい訳 福音館書店（世界傑作絵本シリーズ）2007年10月

「サンタさんへ 12のプレゼント！」マウリ・クンナス作;稲垣美晴訳 偕成社 1988年9月

「しあわせのおくりもの」カール・ノラック文;クロード・K.デュボワ絵;河野万里子訳 ほるぷ出版 2009年9月

「シュレーゲルのプレゼント」うめもとやすこ作・絵 新風舎 2005年11月

「すてきなおくりもの」フィオナ・レンプト作;ノエル・スミット絵;えもとくによ訳 コクヨS&T（コクヨのえほん 海外絵本シリーズ4）2008年7月

「すてきなプレゼント」またのあつこ作・絵 文渓堂 2004年11月

子どもの世界・生活

「ソックモンキーのおくりもの」秋山花作 講談社(講談社の創作絵本) 2010年11月

「だーいすき！」ディック・ガッケンバッハ文・絵；いしもとせいいち訳 新世研 1998年11月

「だいすきな ほんくん」クリスティン・オコンネル・ジョージ文；マギー・スミス絵：山口文生訳 評論社(児童図書館・絵本の部屋) 2006年2月

「タウザーのおくりもの」トニー・ロス作，山脇恭訳 ペンタン(タウザーの本) 1985年10月

「たんじょうかいのプレゼント」宮川ひろ文；たなかまきこ絵 新日本出版社 1979年6月

「ちびくまのプレゼント」キャサリン・アリソン文；ピアーズ・ハーバー絵；栗栖カイ訳 ブロンズ新社 2006年10月

「ティモシーとサラ ありがとうのおくりもの」芭蕉みどり作・絵 ポプラ社(えほんとなかよし66) 2008年12月

「とびっきりのプレゼント」ローハン・ヘンリー作，石津ちひろ訳 ブロンズ新社 2008年3月

「トンノのひみつのプレゼント」田中きんぎょ作；みやざきひろかず絵 BL出版 2010年12月

「なんてすてきなプレゼント」土田勇作 フレーベル館(リトルツインズ7) 1993年4月

「ネコのもらったおくりもの」ニック・バターワース作；まつかわまゆみ訳 評論社(児童図書館・絵本の部屋) 1999年8月

「ネポス・ナポス まよいぐものおくりもの」チームネポス作；城哲也 講談社 2000年7月

「バーバパパのプレゼント」アネット・チゾン；タラス・テイラー作；やましたはるお訳 講談社(講談社のバーバパパえほん6) 1982年11月

「バレンティンのおくりもの」マリー・ジョゼ・サクレ作・絵 長浜宏訳 佑学社(オーストリア創作絵本シリーズ5) 1978年4月

「ハンダのびっくりプレゼント」アイリーン・ブラウン作；福本友美子訳 光村教育図書 2006年4月

「びっくりポピー」アンナ・ローラ・カントーネ絵；アレッシア・ガリッリ文；大岡玲訳 講談社(講談社の翻訳絵本) 2002年5月

「ふしぎなふしぎなプレゼント」マリオ・ラモ作；原光枝訳 平凡社 2006年2月

「プレゼント なあに?」たちもとみちこ作 ブロンズ新社 2007年9月

「プレゼント」長谷川集平文；村上康成絵 ブックローン出版 1987年12月

「プレゼントはなあに」A.トムパート作；J.ウォルナー画；矢崎節夫訳 小学館(世界の創作童話13) 1980年4月

「ベロニカとバースデープレゼント」ロジャー・デュボアザン作・絵；神宮輝夫訳 佑学社(かばのベロニカシリーズ5) 1979年5月

「ペンギンさん」ポリー・ダンバー作・絵；もとしたいづみ訳 フレーベル館 2007年11月

「ペンギンタミーノの せかいでいちばんすてきなおくりもの」クリスティアン・ベルク作；カロラ・ホラント絵；那須田淳訳 ひくまの出版 2004年11月

子どもの世界・生活

「ペンギンぼうやのびっくりプレゼント」 ミッシェル・ゲ作・絵；山下明生訳 講談社（講談社の翻訳絵本） 1987年7月

「ベンジーのおくりもの ノラとくいしんぼうのひつじ」 市川里美作 偕成社 1992年7月

「ぼくね、すっごいプレゼントがほしいの」 フローランス・ラングロワ作；わたなべのりこ訳 メディアファクトリー 1998年11月

「ぼくの はな さいたけど…」 山崎陽子作；末崎茂樹絵 金の星社（こどものくに傑作絵本） 1990年6月

「ほんとに ほんとに ほしいもの」 ベラ・B.ウィリアムズ作；佐野洋子訳 あかね書房 1998年4月

「マーガレットとクリスマスのおくりもの」 植田真作 あかね書房 2007年11月

「もぐらのおくりもの」 いわきたかし文；しまだみつお絵 童話屋 1983年10月

「モモちゃんのおくりもの」 松谷みよ子文；中谷千代子絵 講談社（ちいさいモモちゃんえほん） 1977年7月

「モモちゃんのおくりもの」 松谷みよ子文；武田美穂絵 講談社（ちいさいモモちゃんえほん5） 1995年10月

「ヤマネコ毛布」 山福朱実作・画 パロル舎 2007年2月

「ゆきのひのおくりもの」 ポール・フランソワ作；ゲルダ・ミューラー絵；ふしみみさを訳 パロル舎 2003年12月

「ランドセルがやってきた」 中川ひろたか文；村上康成絵 徳間書店 2009年1月

「ルララとトーララ クリスマスのプレゼント」 かんのゆうこ文；おくはらゆめ絵 講談社（講談社の創作絵本） 2010年10月

「レアへのおくりもの」 カンタン・グレバン作；宮本佳枝訳 ひさかたチャイルド 2008年11月

「ろばさんのかわいいバッグ」 香山美子絵；柿本幸造絵 ひさかたチャイルド 1999年3月

「賢者のおくりもの」 オー・ヘンリー文；リスベート・ツヴェルガー画；矢川澄子訳 冨山房 1983年12月

ぼうけん

「3001年 宇宙大ぼうけん」 マウリ・クンナス作；稲垣美晴訳 偕成社 1990年10月

「3わのアヒル」 椎名誠文；垂見健吾写真 講談社（ちいさなたんけんたい8） 1994年10月

「アーチボルドのほっぺた」 ビネッテ・シュレーダー作；矢川澄子訳 ほるぷ出版 1979年7月

「アーリーのぼうけん」 水野はるみ作・絵 フレーベル館（わくわくメルヘンシリーズ） 2010年6月

「アウルアパートのなかまたち」 すぎぶちのりこ作 ART BOXインターナショナル 2010年5月

子どもの世界・生活

「あおだ すすめすすめ」 ベネディクト・ブラスウェイト作；青山南訳 BL出版（まっかなちっちゃいきかんしゃのぼうけん） 2007年5月

「あおむしのぼうけん」 イルムガルト・ルフト作；松沢あさか；花岡昭子訳 さ・え・ら書房 2001年4月

「あかいろくん とびだす」 矢部光徳作 童心社（絵本・ちいさななかまたち） 1994年3月

「あたらしいぼうけん」 ピョートル・ウィルコン文；ヨゼフ・ウィルコン絵；たかはしけいすけ訳 セーラー出版 1991年12月

「あつおのぼうけん」 田島征彦；吉村敬子作 童心社（童心社の絵本） 1983年5月

「あっぱれ！コン助」 藤川智子作・絵 講談社（講談社の創作絵本） 2005年4月

「アップクプ島のぼうけん-いねむりおじさんとボクくん」 やなせたかし作・絵 ウオカーズカンパニー（創作絵本シリーズ） 1989年7月

「アニーとペペのまよなかの大ぼうけん」 リーバ・バータ作；ほしのかおる訳 宝島社 1993年12月

「あの雲のむこうに」 ポール・マッカートニー；ジェフ・ダンバー；フィリップ・アーダー著；西川美樹訳 大和書房 2005年11月

「あの森へ」 クレア・A.ニヴォラ作；柳田邦男訳 評論社（児童図書館・絵本の部屋） 2004年6月

「アヒルのぼうけん かわのたび」 間瀬なおかた作 岩崎書店（レインボーえほん20） 2008年3月

「あひるのぼうけん」 アッティリオ・カシネリ絵；カレン・グントルプ作；岸田衿子訳 ひかりのくに（アッティリオとカレンのえほん） 1973年1月

「あぶくぼうやのぼうけん」 シートン原作；小林清之介文；伊藤悌夫絵 チャイルド本社（チャイルド絵本館・シートン動物記Ⅱ-5） 1985年8月

「アブドルのぼうけん-アフガニスタンの少年のものがたり」 金田卓也作 偕成社 1982年11月

「アラネア-あるクモのぼうけん」 J.ワグナー文；R.ブルックス絵；大岡信訳 岩波書店 1979年2月

「ありのたからじま」 志茂田景樹作；早瀬賢絵 KIBA BOOK（よい子に読み聞かせ隊の絵本11） 2002年1月

「ありんこリンコちゃん」 タダサトシ作 こぐま社 2007年6月

「ありんこリンコちゃん」 タダサトシ作 こぐま社 2007年6月

「アルゴス、まち犬のぼうけん」 みやかわけんじ作；なかじまけいか絵 新世研 2001年11月

「いーとんの大冒険」 なばたとしたか作 長崎出版 2007年12月

「いそがしいぞ はしれはしれ」 ベネディクト・ブラスウェイト作；青山南訳 BL出版（まっかなちっちゃいきかんしゃのぼうけん） 2010年4月

子どもの世界・生活

「いたずら子リス」椋鳩十文；中村景児絵　ポプラ社（絵本・おはなしのひろば7）　1984年6月

「イワシダラケはどこにある？」ヴェラ・エッガーマン作；小森香折訳　ソニー・マガジンズ（にいるぶっくす）　2005年7月

「ウィリーをすくえ！チム川をいく」ジュディ・ブルック作・絵；秋野翔一郎訳　童話館出版　2003年9月

「うさぎのぼうけん」イェルク・ミュラー絵；イェルク・シュタイナー文；佐々木元訳　すばる書房　1978年5月

「うみのぼうけん」ローズ・インピ文；ジョナサン・アレン絵；いわきとしゆき訳　アスラン書房（かいじゅうくんとかえるくんシリーズ）　1996年8月

「えっへん！ぼくらのバナーナ号」関屋敏隆作・絵　PHP研究所（PHPわたしのえほんシリーズ）　1991年2月

「エドワールとアルマン　うみへいく」アンネ・エルボー作；木本栄訳　ひくまの出版　2001年8月

「エドワールとアルマン　ひるねのぼうけん」アンネ・エルボー作；木本栄訳　ひくまの出版　2001年8月

「えほん　まるみちゃんの冒険」しかたしん文；高桑敏子絵　ささら書房　1987年5月

「エミリーときんのどんぐり」イアン・ベック作；笹山裕子訳　徳間書店　1995年1月

「おいかけるぞ　おいかけるぞ」ベネディクト・ブラスウェイト作；青山南訳　BL出版（まっかなちっちゃいきかんしゃのぼうけん）　2007年9月

「おいしいみずのぼうけん」つだひろし作・絵　岩崎書店（母と子の絵本9）　1975年1月

「おうじょさまのぼうけん」エルサ・ベスコフ作・絵；石井登志子訳　フレーベル館　1985年4月

「おーい、おりてよ」ジョン・バーニンガム作；俵万智訳　ジェイアール西日本コミュニケーションズ　1989年7月

「おおきくおおきくおおきくなると」佐藤ひとみ文；谷口靖子絵　福音館書店　2008年7月

「おさるのジョージ　ききゅうにのる」M.レイ；H.A.レイ原作；渡辺茂男；福本友美子訳　岩波書店　1999年10月

「オトカル王の杖」エルジェ作；川口恵子訳　福音館書店（タンタンの冒険旅行17）　1999年11月

「おなかがすいた」ヒサクニヒコ作・絵　草炎社（きょうりゅうぺぺのぼうけん1）　2006年1月

「おなかのすくさんぽ」かたやまけん作・絵　福音館書店　1981年6月

「おにころちゃんとりゅうのはな」やぎたみこ作・絵　岩崎書店（えほんのぼうけん16）　2010年9月

「おばけ、ネス湖へいく」ジャック・デュケノワ作；大澤晶訳　ほるぷ出版　1996年4月

子どもの世界・生活

「おばけの地下室たんけん」 ジャック・デュケノワ作;大澤晶訳 ほるぷ出版 1999年1月
「おばけやしきはこわいぞ」 ささきようこ作・絵 ポプラ社(ぱちぱちシリーズ10) 2002年4月
「おはなし絵本 ハッピーフィート」 吉井知代子訳 メディアファクトリー 2007年3月
「おはよう」 梶山俊夫作 小峰書店 2002年6月
「おひさまはどこ?」 フィリス・.ルート作;メアリー・グランプレ絵;岩崎たまゑ訳 岩崎書店 2008年9月
「おへやだいぼうけん」 ほりかわりまこ作・絵 教育画劇 2009年10月
「おんどりのねがい」 ゆのせいいち文・絵 岩波書店(大型絵本11) 1971年12月
「かいぞく リラちゃん」 ジョージー・バーケット作;まつかわまゆみ訳 評論社(児童図書館・絵本の部屋) 2007年7月
「かいぞくのうた」 和田誠著 あかね書房(あかねピクチャーブックス4) 1996年4月
「かいていかいぞくむら」 永井郁子作・絵 岩崎書店(ドラゴンまるのぼうけん2) 2005年2月
「かえりみちを わすれないで」 パット・ハッチンス作・絵;いつじあけみ訳 福音館書店 2006年4月
「カエルのフレディ海を行く」 ジーグムーント・フレンケル作;きたむらこたろう訳 PHPエディターズ・グループ 2000年4月
「カエルのフレディ空を飛ぶ」 ジーグムーント・フレンケル著;きしむらこたろう訳 PHPエディターズ・グループ 2000年4月
「カスタフィオーレ夫人の宝石」 エルジェ作;川口恵子訳 福音館書店(タンタンの冒険旅行9) 1988年4月
「かぞくのうた-めぐとキラキラくんのちきゅうだいぼうけん」 桜庭春来絵 STUDIO CELLO 2006年10月
「カタツムリと鯨」 ジュリア・ドナルドソン文;アクセル・シェフラー絵;柳瀬尚紀訳 評論社(児童図書館・絵本の部屋) 2007年10月
「かたつむりのマルゴ」 A.クリングス作;奥本大三郎訳 岩波書店(にわの小さななかまたち) 2001年7月
「がちょうのたまごのぼうけん」 エバ・ザレンビーナ作;内田莉莎子訳;太田大八画 福音館書店 1985年4月
「カッコーはくしのだいたんけん」 かこさとし文・絵 フレーベル館(フレーベルのえほん30) 1979年5月
「カッコーはくしのだいぼうけん」 かこさとし作 フレーベル館(フレーベルのえほん21) 1978年4月
「かっとびジャック ツリーはこびのまき」 やましたはるお作;しまだしほ絵 ポプラ社(絵本カーニバル13) 2007年10月

子どもの世界・生活

「カッピーのぼうけん」 わしみよしえ；あべじゅんいちろう点字；ひまたまさみ絵；わたなべひろこ文 創栄出版 2000年1月

「カッピの冒険」 杉田豊絵・文 講談社 1982年5月

「かにロボットのぼうけん」 森田文文；佐々木マキ絵 フレーベル館（キンダーおはなしえほん） 1983年12月

「カバサンチとアドバルーン」 阿部行夫作・絵 文溪堂 2009年3月

「カラスのリヒャルト」 ヘルメ・ハイネ作；北杜夫訳 CBS・ソニー出版 1979年4月

「ガリバーのふしぎな旅」 ジョナサン・スウィフト原作；ディミター・インキオフ文；ウルリケ・ミュールホフ絵；池内紀訳 西村書店 1990年9月

「ガリバー旅行記」 石田武雄画；中村美佐子文 ひかりのくに（世界名作えほん全集6） 1966年1月

「カロリーヌ インドへいく」 ピエール・プロブスト作；山下明生訳 BL出版（カロリーヌとゆかいな8ひき） 1999年8月

「カロリーヌ うみへいく」 ピエール・プロブスト作；山下明生訳 BL出版（カロリーヌとゆかいな8ひき） 1998年10月

「カロリーヌ エジプトへいく」 ピエール・プロブスト作；山下明生訳 BL出版（カロリーヌとゆかいな8ひき） 2000年6月

「カロリーヌ カナダへいく」 ピエール・プロブスト作；山下明生訳 BL出版（カロリーヌとゆかいな8ひき） 1999年6月

「カロリーヌ つきへいく」 ピエール・プロブスト作；山下明生訳 BL出版（カロリーヌとゆかいな8ひき） 1998年11月

「カロリーヌ パリへいく」 ピエール・プロブスト作；山下明生訳 BL出版（カロリーヌとゆかいな8ひき） 1999年2月

「カロリーヌ ぼくじょうへいく」 ピエール・プロブスト作；山下明生訳 BL出版（カロリーヌとゆかいな8ひき） 1999年7月

「カロリーヌ ほっきょくへいく」 ピエール・プロブスト作；山下明生訳 BL出版（カロリーヌとゆかいな8ひき） 1999年1月

「カロリーヌ むかしのくにへ」 ピエール・プロブスト作；山下明生訳 BL出版（カロリーヌとゆかいな8ひき） 1998年11月

「カロリーヌと なぞのいし」 ピエール・プロブスト作；山下明生訳 BL出版（カロリーヌとゆかいな8ひき） 1999年5月

「カロリーヌと なぞのしま」 ピエール・プロブスト作；山下明生訳 BL出版（カロリーヌとゆかいな8ひき） 2000年5月

「カロリーヌと ふねのたび」 ピエール・プロブスト作；山下明生訳 BL出版（カロリーヌとゆかいな8ひき） 1999年7月

「カロリーヌの ガリバーりょこう」 ピエール・プロブスト作；山下明生訳 BL出版（カロリーヌとゆかいな8ひき） 1999年1月

子どもの世界・生活

「カロリーヌの じどうしゃレース」 ピエール・プロブスト作;山下明生訳　BL出版(カロリーヌとゆかいな8ひき)　1999年4月

「カロリーヌは めいたんてい」 ピエール・プロブスト作;山下明生訳　BL出版(カロリーヌとゆかいな8ひき)　1999年2月

「かわうそどんのくじらとり」 安藤美紀夫作;田島征三絵　福音館書店　1966年6月

「ガンバレ!!まけるな!!ナメクジくん」 三輪一雄作・絵　偕成社　2004年11月

「がんばれ！ウィリー－大空への冒険」 デボラ・ターナー；ダイアナ・モーラー作;ジューン・タナカ訳;スーザン・アーレンド絵　キッズネット　2004年12月

「がんばれ、ペペ」 ヒサクニヒコ作・絵　草炎社(きょうりゅうペペのぼうけん6)　2007年2月

「ききゅうにのったくま」 ブライアン・ワイルドスミス文・絵;すぎもとよしこ訳　らくだ出版　1983年11月

「きっと、まにあうよ-Akkun & Pony」 山本多夏詩作;はらひ絵　EH出版　2006年10月

「キャットコング」 デーヴ・ピルキー文・絵;マック・コーチャン訳　メディアファクトリー　1997年7月

「キャプテン うみへいく」 マーガレット・ワイズ・ブラウン文;ガース・ウィリアムズ絵;ひがしはるみ訳　徳間書店　2003年5月

「きゅうこうだ いそげいそげ」 ベネディクト・ブラスウェイト作;青山南訳　BL出版(まっかなちっちゃいきかんしゃのぼうけん)　2007年9月

「きゅうなんたいのイバイ」 ヘス・バリャス作;ミケル・シチャル絵;立花香訳　新世界研究所(イバイぼうけんシリーズ2)　1990年6月

「きょうそうだ まけるもんか」 ベネディクト・ブラスウェイト作;青山南訳　BL出版(まっかなちっちゃいきかんしゃのぼうけん)　2008年8月

「きょうは すてきな そらとびびより」 アン・ターンバル文;ケン・ブラウン絵;たなかまや訳　評論社(児童図書館・絵本の部屋)　1994年8月

「きょうりゅうトプスのだいぼうけん」 にしかわおさむ文・絵　教育画劇(みんなのえほん)　1998年5月

「くまごろうのだいぼうけん」 ブライアン・ワイルドスミス作・絵;新井満自由訳　教育画劇　2005年4月

「くまちゃんとおじさん、かわをゆく」 ほりかわりまこ絵・文　ハッピーオウル社(おはなしのほん)　2006年8月

「くらやみえんのたんけん」 石川ミツ子作;二俣英五郎絵　福音館書店　1980年7月

「くろ雲たいじ」 なかがわりえこ作・絵　福音館書店　1983年8月

「ケチルさんのぼうけん」 たかどのほうこ作・絵　フレーベル館(フレーベル館の新秀作絵本8)　1998年7月

「こうしのぼうけん」 志茂田景樹文・絵　KIBA BOOK(よい子に読み聞かせ隊の絵本12)　2003年2月

子どもの世界・生活

「こぎつねせかいのはてにゆく」 アン・トムパート文;ジョン・ウォルナー絵;芦野あき訳 ほるぷ出版 1979年8月

「こぐまのプディ カヌーでスイーコ」 村上康成作 ひさかたチャイルド 2007年8月

「こすずめのぼうけん」 ルース・エインズワース作;石井桃子訳;堀内誠一画 福音館書店 1976年4月

「こぞうのヤンティ」 片平直樹作;はたこうしろう絵 ひかりのくに 2010年4月

「ゴックン ゴクリコ」 やぎさとみ作;すぎもとかをり絵 太田出版 1989年6月

「こねこのレッテ」 いちかわなつこ作 ポプラ社(絵本・いつでもいっしょ23) 2008年4月

「コバンザメのぼうけん」 灰谷健次郎文;村上康成絵 童心社 1996年7月

「こぶたのヘンリ だいぼうけん」 イブ・タルレ文・絵;清水奈緒子訳 くもん出版 1990年11月

「こりすのトトの たんけんたい」 あすかけん作 偕成社(こりすのトトの本) 1991年10月

「ころわんと ががが」 間所ひさこ作;黒井健絵 ひさかたチャイルド(ころわんシリーズ) 1995年8月

「ころわんとこいのぼり」 間所ひさこ作;黒井健絵 ひさかたチャイルド 1994年3月

「こわがりやのクリス だっしゅつだいさくせん」 メラニー・ワット作;福本友美子訳 ブロンズ新社 2008年5月

「コンブーターみみだけぞうになる」 加藤圭子文;いしいじゅね絵 けやき書房(けやきの絵本) 2002年3月

「サーカスのすいせいーナンとあおいほしのなかまたち」 たちのけいこ作・絵 PHP研究所(PHPわたしのえほんシリーズ) 1994年11月

「さかさま さかさま」 マリオ・ラモ作;原光枝訳 平凡社 2005年7月

「サバティとなぞのかげ」 天野めぐみ作 新風舎 2007年7月

「サボテンぼうやの冒険」 たむらしげる作 偕成社(Luna Park Books) 2006年12月

「しあわせの3つのおしえ」 エマ・チチェスター・クラーク作;久山太市訳 評論社(児童図書館・絵本の部屋) 1998年11月

「ジーくんとバケツたんけんたいーくじら村ものがたり」 かげやままき作・絵 岩崎書店(えほんのマーチ12) 2004年5月

「しましまゼビーのたからさがし」 ブライアン・パターソン作;ほむらひろし訳 岩波書店 2003年11月

「しましまのティーシャツをきてみたら…」 土屋富士夫作 PHP研究所(PHPわたしのえほん) 2009年7月

「ジミーのムーンパイ・アドベンチャー」 トニー・ディテルリッジ作;安藤哲也訳 文渓堂 2008年6月

「ジム・ボタンがやってきた」 ミヒャエル・エンデ作;酒寄進一訳 長崎出版 2010年4月

子どもの世界・生活

「ジム・ボタンのたびだち」ミヒャエル・エンデ作;酒寄進一訳　長崎出版　2010年9月

「ジャイアントピーチ ダールのおばけ桃の冒険」レイン・スミス絵;ケアリー・カークパトリック文;小川仁央訳　評論社(児童図書館・絵本の部屋) 1996年12月

「ジュマンジ」クリス・バン・オールスバーグ作;辺見まさなお訳　ほるぷ出版　1984年7月

「ジュリアンにきいてごらん」レジス;アルディ作;ジュルジュ;ルモワンヌ絵;鶴見圭訳　CBS・ソニー出版　1979年11月

「じょうずだね ちいくまくん」マーティン・ワッデル文;バーバラ・ファース絵;角野栄子訳　評論社(児童図書館・絵本の部屋) 1999年6月

「ジョーイのぼうけん」ジャック・ケント作;石沢泰子訳　DEMPA/ペンタン　1989年11月

「ジョージ・マウスはじめてのぼうけん」ヘザー・シンクレア・ブキャナン作;田中まや訳　評論社(児童図書館・絵本の部屋) 2005年5月

「しらないくにのセラファン」アラン・グレー文;フィリップ・フィックス絵;弥永みち代訳;大伴昌司文　講談社(世界の絵本フランス) 1972年1月

「しろくまくん、つれてって」ハンス・ド・ビア作;矢川澄子訳　童話屋　1990年9月

「しろくまくん、どこへ？」ハンス・ド・ビア作;矢川澄子訳　童話屋　1987年11月

「しろくまくん、ふねにのる」ハンス・ド・ビア作;矢川澄子訳　童話屋　1988年7月

「しろくまのペーター」にしかわおさむ文・絵　教育画劇　2003年7月

「しろくまボビーとはじめてのゆき」マリー・ジョゼ・サクレ絵;ピエール・コラン文;木本栄訳　講談社(世界の絵本) 2006年11月

「シロクマをさがしに」ハリー・ホース作;千葉茂樹訳　光村教育図書　2002年2月

「しろふくろうのぼうけん日記」斉藤洋作;高畠純絵　ほるぷ出版　1995年10月

「シンドバッドと怪物の島」ルドミラ・ゼーマン文;脇明子訳　岩波書店　2002年2月

「シンドバッドのさいごの航海」ルドミラ・ゼーマン文;脇明子訳　岩波書店　2002年11月

「シンドバッドの冒険」ルドミラ・ゼーマン文;脇明子訳　岩波書店　2002年2月

「シンドバッドの冒険」石田武雄画;新谷峰子文　ひかりのくに(世界名作えほん全集16) 1966年1月

「しんぶんきしゃのイバイ」ヘス・バリャス作;ミケル・シチャル絵;立花香訳　新世界研究所(イバイぼうけんシリーズ6) 1990年6月

「ズーム、エジプトをゆめみて」ティム・ウィン・ジョーンズ作;エリック・ベドウズ絵;遠藤育枝訳　ブックローン出版　1995年9月

「ズーム、海をゆめみて」ティム・ウィン・ジョーンズ作;エリック・ベドウズ絵;遠藤育枝訳　ブックローン出版　1995年9月

「ズーム、北極をゆめみて」ティム・ウィン・ジョーンズ作;エリック・ベドウズ絵;遠藤育枝訳　ブックローン出版　1995年9月

子どもの世界・生活

「ストーン・エイジ・ボーイーおおむかしへいったぼく」 きたむらさとし作 BL出版 2009年1月

「ずぶろく園」 みやさきひろかず作 BL出版 2003年7月

「ずぶろく園2」 みやざきひろかず作 BL出版 2005年4月

「セシリーの冒険」 ナン・リンカン作；パトリシア・J.ウィン絵；司憲訳 バベルプレス 2007年3月

「セビーのぼうけん」 ヴァネッサ・ジュリアン=オティ作；谷口由美子訳 冨山房 1994年5月

「センシュちゃんとウオットちゃんのバナナじま」 工藤ノリコ作 小学館（おひさまのほん） 2010年2月

「せんすいふのイバイ」 ヘス・バリャス作；ミケル・シチャル絵；立花香訳 新世界研究所（イバイぼうけんシリーズ3） 1990年6月

「ぞうのはなはなぜながい」 キップリング作；鶴見正夫文；村上豊絵 ひさかたチャイルド（ひさかた絵本館15） 1982年12月

「そばやのまねきねこ」 村田エミコ作・絵 岩崎書店（えほんのマーチ8） 2003年10月

「そらとぶテーブル」 佐々木マキ作 福音館書店（日本傑作絵本シリーズ） 2002年9月

「そらをとんだ本」 ピエール・ロリ文；レベッカ・ドートゥルメール絵；中井珠子訳 講談社（講談社の翻訳絵本） 2005年9月

「それは、あらしの夜だった」 ジャネット・アルバーグ；アラン・アルバーグ作；佐野洋子訳 文化出版局 1994年7月

「ターニャのぼうけん」 ロートラオト・ズザンネ・ベルナー作；斉藤洋訳 ほるぷ出版 1996年12月

「だいじょうぶ どんどんいこう」 ベネディクト・ブラスウェイト作；青山南訳 BL出版（まっかなちっちゃいきかんしゃのぼうけん） 2008年2月

「タイニー・ダイノス ウォルドーはかせのだいぼうけん」 ガイ・ギルクリスト作；石沢泰子訳 DEMPA/ペンタン 1994年10月

「タイニー・ダイノス せかいでいちばんすばらしいところ」 ガイ・ギルクリスト作；石沢泰子訳 DEMPA/ペンタン 1994年10月

「タウのぼうけん」 土屋アンナ作；イワタナオミ絵 講談社 2009年7月

「たからさがし」 市川里美作・絵 徳間書店 2000年10月

「タコのオクトくん」 富安陽子文；高畠純絵 ポプラ社（みんなで絵本4） 2002年6月

「タックそらをゆく」 たむらしげる作 ブッキング 2006年10月

「たなかさんちのだいぼうけん」 大島妙子作 あかね書房（あかね・新えほんシリーズ16） 2003年9月

「タピーロとタピーラ」 朝倉勇；すとうあさえ文；藤枝リュウジ絵 あすなろ書房 2010年4月

「タムとトムのぼうけん ゴリラのジャングルジム」 木村大介作・絵 ベネッセコーポレーション 1995年7月

子どもの世界・生活

「たんけんかのイバイ」 ヘスス・バリャス作;ミケル・シチャル絵;立花香訳 新世界研究所（イバイぼうけんシリーズ1） 1990年6月

「だんごむし うみへ いく」 松岡達英作 小学館 2001年9月

「タンタン チベットをゆく」 エルジェ作;川口恵子訳 福音館書店（タンタンの冒険旅行5） 1983年11月

「タンタンとアルファアート」 エルジェ作;川口恵子訳 福音館書店（タンタンの冒険旅行24） 2007年12月

「タンタンとピカロたち」 エルジェ作;川口恵子訳 福音館書店（タンタンの冒険旅行23） 2007年12月

「タンタンのコンゴ探険」 エルジェ作;川口恵子訳 福音館書店（タンタンの冒険旅行22） 2007年1月

「たんていのイバイ」 ヘスス・バリャス作;ミケル・シチャル絵;立花香訳 新世界研究所（イバイぼうけんシリーズ5） 1990年6月

「ちいさいふねのぼうけん」 高木あきこ作;田頭よしたか絵 ひさかたチャイルド（えほんとともだちシリーズ） 2005年4月

「ちいさなふなのりのぼうけん」 ディック・ブルーナ作;角野栄子訳 講談社（ブルーナのおはなし文庫15） 1995年8月

「ちいさなふなのりのぼうけん」 ディック・ブルーナ文・絵;舟崎靖子訳 講談社（ブルーナの幼児えほん2） 1981年10月

「ちびくじらのぼうけん」 ロロ・リコ・デアルバ作;ホセ・ラモン・サンチェス絵;やなぎやけいこ訳 ポプラ社（世界のほんやくえほん8） 1977年9月

「ちびのムック」 ヴィルヘルム・ハウフ文;モニカ・レイムグルーバー絵;大島かおり訳 ほるぷ出版 1979年10月

「チム、ジンジャーをたすける」 エドワード・アーディゾーニ作;なかがわちひろ訳 福音館書店（世界傑作絵本シリーズ・イギリスの絵本） 2001年6月

「チムききいっぱつ」 エドワード・アーディゾーニ作;なかがわちひろ訳 福音館書店（世界傑作絵本シリーズ・イギリスの絵本） 2001年7月

「チムさいごのこうかい」 エドワード・アーディゾーニ作;なかがわちひろ訳 福音館書店（世界傑作絵本シリーズ・イギリスの絵本） 2001年10月

「チムとうだいをまもる」 エドワード・アーディゾーニ作;なかがわちひろ訳 福音館書店（世界傑作絵本シリーズ・イギリスの絵本） 2001年9月

「チムとシャーロット」 エドワード・アーディゾーニ作;なかがわちひろ訳 福音館書店（世界傑作絵本シリーズ・イギリスの絵本） 2001年7月

「チムともうひとつのものがたり コックのジンジャー」 エドワード・アーディゾーニ作;なかがわちひろ訳 福音館書店（世界傑作絵本シリーズ・イギリスの絵本） 2001年10月

「チムともだちをたすける」 エドワード・アーディゾーニ文・絵;瀬田貞二訳 福音館書店（世界傑作絵本シリーズ・イギリスの絵本） 1979年6月

子どもの世界・生活

「チムとゆうかんなせんちょうさん」 エドワード・アーディゾーニ作;せたていじ訳 福音館書店(世界傑作絵本シリーズ・イギリスの絵本) 2001年6月

「チムとゆうかんなせんちょうさん」 エドワード・アーディゾーニ文・絵;せたていじ訳 福音館書店(世界傑作絵本シリーズ・イギリスの絵本) 1963年6月

「チムとルーシーとかいぞく」 エドワード・アーディゾーニ作;なかがわちひろ訳 福音館書店(世界傑作絵本シリーズ・イギリスの絵本) 2001年6月

「チムのいぬタウザー」 エドワード・アーディゾーニ作;なかがわちひろ訳 福音館書店(世界傑作絵本シリーズ・イギリスの絵本) 2001年9月

「チムのさいごのこうかい」 エドワード・アーディゾーニ作・絵;渡辺茂男訳 瑞木書房 1981年5月

「チムひとりぼっち」 エドワード・アーディゾーニ作;なかがわちひろ訳 福音館書店(世界傑作絵本シリーズ・イギリスの絵本) 2001年7月

「チムひょうりゅうする」 エドワード・アーディゾーニ作;なかがわちひろ訳 福音館書店(世界傑作絵本シリーズ・イギリスの絵本) 2001年9月

「チムふねをすくう」 エドワード・アーディゾーニ作・絵;渡辺茂男訳 瑞木書房 1982年8月

「チャーリーとタイラー 海辺のだいぼうけん」 ヘレン・クレイグ絵・文;清水奈緒子訳 セーラー出版 1996年6月

「チャーリーのどうぶつえん きみだあれ?」 マーカス・フィスター作;那須田淳訳 講談社(世界の絵本) 2008年4月

「ちょっとそこまで」 かべやふよう作 アスラン書房 2003年5月

「ツーティのちいさなぼうけん」 松岡達英絵;越智典子文 偕成社(ハナグマの森のものがたり) 1999年7月

「つきのあかるい よるのおはなし」 ジョン・プレイター作;山口文生訳 評論社(児童図書館・絵本の部屋) 1999年10月

「つきよのぼうけん」 エドワード・アーディゾーニ絵;エインゲルダ・アーディゾーニ文;なかがわちひろ訳 徳間書店 2004年9月

「ティアックのぼうけん」 ミシェル・マリオネット絵;藤田圭雄文 至光社(ブッククラブ国際版絵本) 1971年1月

「ティムといかだのきゅうじょたい」 ジュディ・ブルック作;牧田松子訳 冨山房 1979年8月

「ティムとひこうせん」 ジュディ・ブルック作;牧田松子訳 冨山房 1979年8月

「テオとかぞく」 ビオレタ・デノウ絵・文;小西マリ子訳 青玄社(テオくんのぼうけんシリーズ1) 1984年12月

「テオとがっこう」 ビオレタ・デノウ絵・文;小西マリ子訳 青玄社(テオくんのぼうけんシリーズ4) 1985年2月

「テオときしゃ」 ビオレタ・デノウ絵・文;小西マリ子訳 青玄社(テオくんのぼうけんシリーズ3) 1984年12月

子どもの世界・生活

「テオとどうぶつえん」ビオレタ・デノウ絵・文;小西マリ子訳　青玄社(テオくんのぼうけんシリーズ7)　1985年10月

「テオとひこうき」ビオレタ・デノウ絵・文;小西マリ子訳　青玄社(テオくんのぼうけんシリーズ5)　1985年4月

「テオとふね」ビオレタ・デノウ絵・文;小西マリ子訳　青玄社(テオくんのぼうけんシリーズ6)　1985年7月

「テオとゆき」ビオレタ・デノウ絵・文;小西マリ子訳　青玄社(テオくんのぼうけんシリーズ2)　1984年12月

「でたがりもぐら」志茂田景樹作;柴崎るり子絵　KIBA BOOk(よい子に読み聞かせ隊の絵本9)　2001年6月

「でっかいしごとだ いくぞいくぞ」ベネディクト・ブラスウェイト作;青山南訳　BL出版(まっかなちっちゃいきかんしゃのぼうけん)　2007年5月

「てっぽうこぞう」バルドメロ・リリョ作;ファン・アスティカ絵;おおいしまりこ訳　新世研　2003年10月

「テディとアニー5 どろぼうをつかまえろ!」ノーマン・レッドファーン文;レス・ギバード絵;井辻朱美訳　河出書房新社　2000年11月

「てんのくぎをうちにいったはりっこ」かんざわとしこ作;ほりうちせいいち画　福音館書店(こどものとも傑作集)　2003年3月

「トゥインクルと森のまおう」岩田直己著　角川書店(星くずぼうやのぼうけんりょこう)　1994年8月

「とうぞくかわうそだん-ヘンリーとハリーの大冒険1」おおともやすお作　ベネッセコーポレーション　1996年10月

「トーヤ海へいく」メシャック・エイサー作;代田昇訳　ほるぷ出版　1976年9月

「どきどきドライブ」ミッシェル・ゲイ作・絵;末松氷海子訳　佑学社　1987年2月

「ドッコイのそれいけがんばれロケット」たかしよいち作;ながしまかつお絵　ひくまの出版(ドッコイのなんでもできるよシリーズ3)　1985年6月

「ドドとヒー こぶねのぼうけん」おだしんいちろう作;こばようこ絵　金の星社　2005年3月

「トビイせんちょう」きたむらさとし作　平凡社　2005年8月

「とびねこヘンリー」メリー・カルホーン文;エリック・イングラハム絵;猪熊葉子訳　リブリオ出版　2007年1月

「トム君の恐竜大冒険」法月幸子文・絵　汐文社　1996年10月

「とらくんうみをわたる」リチャード・アダムス文;ニコラ・ベーリー絵;由良君美訳　ほるぷ出版　1978年2月

「トランとブッチのぼうけん」もとしたいづみ文;あべ弘士絵　ポプラ社(みんなで絵本6)　2002年11月

「どんぐりのぼうけん」エルサ・ベスコフ作;石井登志子訳　文化出版局　1983年8月

子どもの世界・生活

「どんぐりぼうやのぼうけん」 エルサ・ベスコフ作・絵；石井登志子訳　童話館出版　1997年10月

「とんでいきたいなあ」　市川里美作　BL出版　2010年7月

「なかまとであう」 ヒサクニヒコ作・絵　草炎社（きょうりゅうぺぺのぼうけん3）　2006年3月

「なくな なんぎなたんけんたい」 佐々木マキ作　小学館（おひさまのほん）　1999年12月

「なぞのユニコーン号」 エルジェ作；川口恵子訳　福音館書店（タンタンの冒険旅行3）　1983年10月

「なつのぼうけん-はなはなみんみのなつ」 わたりむつこ文；本庄ひさ子絵　リブリオ出版（えほんはなはなみんみの森）　2002年4月

「ナツメグとまほうのスプーン」 デイヴィッド・ルーカス作；なかがわちひろ訳　偕成社　2006年6月

「ななつの水晶球」 エルジェ作；川口恵子訳　福音館書店（タンタンの冒険旅行6）　1985年10月

「なにをみてきたの？」 長野博一作・絵　佼成出版社　1986年3月

「なまけもののくに たんけん」 ハインリッヒ・マリア・デンネボルク作；ホルスト・レムケ絵；柏木美津訳　佑学社　1978年3月

「なみだのこうずい」 ペーター・ブレンナー作；アダム・ヴュルツ絵；山室静訳　佑学社　1978年5月

「なんぎなたんけんたい」 佐々木マキ作　小学館（おひさまのほん）　1996年10月

「なんでものたねーナンとあおいほしのなかまたち」 たちのけいこ作・絵　PHP研究所（PHPわたしのえほんシリーズ）　1993年10月

「にゃんきちいっかの だいぼうけん」 岡本一郎作；中沢正人絵　金の星社　2006年7月

「にわとりコッコのだいぼうけん」 ともえだやすこ作・絵　銀の鈴社（もの知り絵本シリーズ）　2010年7月

「ネコダルマンの宝島」 たかいよしかず作・絵　青心社　2003年10月

「ネコとサカナ」 ジョーン・グラント作；ニール・カーティス絵；辻信一訳　アールアイシー出版　2007年2月

「ねことまほうのたこ」 ヘレン・クーパー文・絵；掛川恭子訳　岩波書店　1988年5月

「ねこのサムソンみなみのしまへ」 グレアム・オークリー作・絵；亀山龍樹訳　ポプラ社（世界のほんやくえほん5）　1976年12月

「ねずみとおうさま」 コロマ神父文；石井桃子訳；土方重巳絵　岩波書店（岩波の子どもの本）　1953年12月

「ねずみのアーサーそらをとぶ」 グレアム・オークリー作・絵；亀山龍樹訳　ポプラ社（世界のほんやくえほん7）　1977年9月

子どもの世界・生活

「ねずみのアーサーとなかまたち」 グレアム・オークリー作・絵;亀山龍樹訳 ポプラ社(世界のほんやくえほん4) 1976年11月

「ねずみのアーサー月へいく?」 グレアム・オークリー作・絵;亀山龍樹訳 ポプラ社(世界のほんやくえほん6) 1977年6月

「ネズミのぼうけん」 イリアン・ロールス作・画;小田英智文 偕成社(どうぶつのくらし4おはなし編) 1980年3月

「ねずみのマウスキンとふゆのぼうけん」 エドナ・ミラー作;今泉吉晴訳 さ・え・ら書房 1980年2月

「ネッシーぼうやのうみのぼうけん」 うちだりさこ作;ボフダン・ブテンコ絵 福音館書店(世界傑作絵本シリーズ・日本のポーランドの絵本) 1979年4月

「のうえんのイバイ」 ヘス・バリャス作;ミケル・シチャル絵;立花香訳 新世界研究所(イバイぼうけんシリーズ7) 1990年6月

「ノエルの不思議な冒険」 イルカ絵・お話 主婦と生活社 1983年4月

「のねずみタイニィの だいぼうけん」 マーティン・ウォーデル作;ジョン・ローレンス絵;石井睦美訳 BL出版 2004年8月

「のぼっちゃう」 八木田宜子作;太田大八絵 文化出版局(八木田宜子みどりのえほん7) 1971年4月

「バートさんの大ぼうけん」 アラン・アールバーグ文;レイモンド・ブリッグズ絵;山口文生訳 評論社(児童図書館・絵本の部屋) 2001年9月

「バーバパパうみにでる」 アネット・チゾン;タラス・テイラー作;山下明生訳 講談社(バーバパパのちいさなおはなし6) 1997年7月

「バーバパパのさんごしょうたんけん」 アネット・チゾン;タラス・テイラー作;山下明生訳 講談社(バーバパパ世界をまわる5) 2000年3月

「バイキングものがたり-海の大冒険」 鈴木徹郎作;帆足次郎絵 岩崎書店(絵本ノンフィクション15) 1980年10月

「はじめてのぼうけん」 ふじおかきょうこ文;まえだなつき絵 パールネスコ・ジャパン 1999年7月

「はじめてのぼうけん」 マルグレート・レティヒ文;ロルフ・レティヒ絵;かわにしふさ訳 偕成社 1991年10月

「はじめてのぼうけん-こどもおおかみのはなし」 ギュンター・シュパング文;ヨゼフ・ヴィルコン絵;多田裕美訳 図書文化 1977年10月

「はしれきょうりゅうぼくをのせて!」 おおはらひでき作;たくのだいすけ絵 PHP研究所(PHPにこにこえほん) 2000年8月

「はちぞうのぼうけん」 葉祥明原案・絵;室生あゆみ文 朝日学生新聞社 2010年4月

「バチッチャのふしぎなアフリカ探険」 エルマノ・リベンツィ文;アデルキ・ガッローニ絵;河島英昭訳 ほるぷ出版 1975年10月

子どもの世界・生活

「はっけん・はっけん 大はっけん」 アンヌ＝マリ・シャプートン作；ジェラール・フランカン絵；すえまつひみこ訳 偕成社 1998年3月

「はなかっぱのだいぼうけん」 あきやまただし作 メディアファクトリー 2010年6月

「ババールとグリファトンきょうじゅ」 ロラン・ド・ブリュノフ作；矢川澄子訳 評論社（評論社の児童図書館・絵本の部屋 ぞうのババール9） 1975年10月

「ハムスターのハモ」 たかおゆうこ作 福音館書店（日本傑作絵本シリーズ） 2004年10月

「ピーター・ワン100世のぼうけん」 まついゆうこ絵；たなかマルコ文 PHP研究所（PHPにこにこえほん） 2007年7月

「ピエロになったベン」 デイビッド・マッキー文・絵；安西徹雄訳 アリス館 1982年12月

「ひがしのムーンのティンカーベル」 永井郁子著 岩崎書店（ドラゴンまるのぼうけん4） 2006年9月

「ビスケットくん」 YASU文・絵 海豹舎 2007年1月

「ピックとニックの冒険」 山本真嗣絵；藤本真文 キッズレーベル 2008年11月

「ひとつぶのえんどうまめ」 こうみょうなおみ作・絵 BL出版 1998年11月

「ピネくんともりのちず」 ふくだとしお作 新風舎 2007年10月

「ピノキオ」 若菜珪画；天神しずえ文 ひかりのくに（世界名作えほん全集3） 1966年1月

「ピノキオの冒険」 カルロ・コルローディ原作；ロベルト・インノチェンティ絵；金原瑞人訳 西村書店 1992年11月

「ピノッキオ」 コッロウディ原作；神沢利子文；三好碩也絵 世界出版社（ABCブック） 1969年12月

「ひみつのかいだん」 ジル・バークレム作；岸田衿子訳 講談社（のばらの村のものがたり） 1983年11月

「ひみつのかいだん」 ジル・バークレム作；岸田衿子訳 講談社（のばらの村のものがたり5） 1997年7月；講談社（講談社の翻訳絵本 のばらの村のものがたり5） 1992年11月

「ファラオの葉巻」 エルジェ作；川口恵子訳 福音館書店（タンタンの冒険旅行8） 1987年3月

「ファンファンとおおかみ」 ピエール・プロブスト文・絵；那須辰造訳 講談社（世界の絵本フランス） 1971年8月

「ファンファンとこうのとり」 ピエール・プロブスト文・絵；那須辰造訳 講談社（世界の絵本フランス） 1971年5月

「ファンファンとふね」 ピエール・プロブスト文・絵；那須辰造訳 講談社（世界の絵本フランス） 1971年3月

「ファンファンとみどりのさる」 ピエール・プロブスト文・絵；那須辰造訳 講談社（世界の絵本フランス） 1971年3月

子どもの世界・生活

「ファンファンとやぎ」ピエール・プロブスト文・絵；那須辰造訳　講談社（世界の絵本フランス）　1971年6月

「ファンファンとやまかじ」ピエール・プロブスト文・絵；那須辰造訳　講談社（世界の絵本フランス）　1971年7月

「ブーツのぼうけん」きたむらさとし作　小峰書店　2004年6月

「プープーのぼうけん」河原淳作　大日本図書（大日本の創作絵本）　1972年9月

「フェリックスの手紙3 小さなウサギの地球探検」アネッテ・ランゲン話；コンスタンツァ・ドロープ絵；栗栖カイ訳　ブロンズ新社　1996年11月

「ブォォーン！くじらじま」永井郁子作・絵　岩崎書店（ドラゴンまるのぼうけん1）　2003年6月

「ふしぎな あな」桑原伸之絵・文　あすなろ書房（小さなこどもえほん）　2007年4月

「ふしぎなくるまムクムク−うみをよごすのはだれだ」ジョン・シェリダン文；マルコム・リビングストン画；久米みのる訳　金の星社　1981年9月

「ふしぎなくるまムクムク−まいごのひこうきをすくえ」ジョン・シェリダン文；マルコム・リビングストン画；久米みのる訳　金の星社　1981年12月

「ふしぎなくるまムクムク−まちはくるまでいっぱい」ジョン・シェリダン文；マルコム・リビングストン画；久米みのる訳　金の星社　1981年8月

「ふしぎなボール」フィリパ・ピアス文；ヘレン・ガンリー絵；猪熊葉子訳　岩波書店　1989年6月

「ふしぎな流れ星」エルジェ作；川口恵子訳　福音館書店（タンタンの冒険旅行2）　1983年4月

「ふしぎの森のミンピン」ロアルド・ダール作；パトリック・ベンソン絵；おぐらあゆみ訳　評論社（児童図書館・絵本の部屋）　1993年12月

「ふねにのったねこのヘンリー」メリー・カルホーン文；エリック・イングラハム絵；猪熊葉子訳　リブリオ出版　2007年2月

「ブリと虹のほのお 猫の森のブリ」阿部行夫作・絵　文渓堂　2004年12月

「ブルーベリーもりでのプッテのぼうけん」エルサ・ベスコフ作・絵；ルゼ・カプデヴィラ絵；おのでらゆりこ訳　福音館書店（世界傑作絵本シリーズ・スウェーデンの絵本）　1977年5月

「ペッテルとロッタのぼうけん」エルサ・ベスコフ作・絵；ひしきあきらこ訳　福音館書店（世界傑作絵本シリーズ）　2001年9月

「ベビー・ディヴァインの冒険」ベット・ミドラー作；トッド・スコル絵；松田聖子訳　河出書房新社　1985年11月

「ぺぺがたたかう」ヒサクニヒコ作・絵　草炎社（きょうりゅうぺぺのぼうけん5）　2006年10月

「ぺぺとラーラの大ぼうけん」おおぶちみきお作　偕成社（はなしえほん）　1984年7月

「へんてこ島がありました」山下明生文；長新太絵　童心社（童心社の絵本12）　1981年1月

子どもの世界・生活

「ぼうけん、だいすき」 ローラ・ジェーン・コーツ作・絵;はぎのけい訳　新世研　1999年10月
「ぼうけんヤシノミどこへいく」 菅原たくや文;藤枝リュウジ絵　文化出版局　1993年4月
「ポゥさんのカヌー－グリーンヴァレーものがたり」 福本智雄作　小池書院　1996年8月
「ぼく、ひとりでいけるよ」 リリアン・ムーア作;ジョーヤ・フィアメンギ絵;神宮輝夫訳　偕成社（創作こども文庫）　1976年6月
「ぼくのおじいさんのふね」 アンドレ・ダーハン作;きたやまようこ訳　講談社（世界の絵本）　2003年7月
「ぼくのちいさなせんちょうさん」 クラウディオ・ムニョス作;山口文生訳　評論社（児童図書館・絵本の部屋）　2000年6月
「ぼくらはゆめのたんけんたい」 バークリ・ブレスエット作;今江祥智;遠藤育枝訳　ブックローン出版　1996年8月
「ぼくらは知床探検隊」 関屋敏隆文・型染版画　岩崎書店（絵本の泉11）　2000年7月
「ほらあなのたんけん－ラスコーのどうくつ発見ものがたり」 たかしよいち作;石津博典絵　岩崎書店（絵本ノンフィクション3）　1976年8月
「ほらふき男爵の冒険」 ペーター・ニクル再話;ビネッテ・シュレーダー画;矢川澄子訳　福音館書店　1982年2月
「ボリスとあおいかさ」 ディック・ブルーナ作;角野栄子訳　講談社（ブルーナのおはなし文庫22）　2000年6月
「ボリスのすてきなふね」 ディック・ブルーナ作;角野栄子訳　講談社（ブルーナのおはなし文庫18）　1997年6月
「ボリスはパイロット」 ディック・ブルーナ作;角野栄子訳　講談社（ブルーナのおはなし文庫27）　2003年10月
「ボルカーはねなしガチョウのぼうけん」 ジョン・バーニンガム作;木島始訳　ほるぷ出版　1993年12月
「マーシャとババヤガーのおおきなとり」 宮川やすえ文;太田大八絵　ひさかたチャイルド　2007年11月
「まあすけのぼうけん」 馬場のぼる作・絵　ポプラ社（馬場のぼるのえほん6）　1984年12月
「まあるいいのち－ノエルの不思議な冒険」 イルカ絵・お話　小学館　2010年9月
「まじょのマント」 さとうめぐみ文・絵　ハッピーオウル社（おはなしのほん）　2007年4月
「まっくろローラーおふろのぼうけん」 フィリップ・デュマ文・絵;末松氷海子訳　国土社（ローラのぼうけんえほん4）　1982年6月
「まっくろローラーどろぼうたいじ」 フィリップ・デュマ文・絵;末松氷海子訳　国土社（ローラのぼうけんえほん3）　1980年7月
「まっくろローラーパリへのたび」 フィリップ・デュマ文・絵;末松氷海子訳　国土社（ローラのぼうけんえほん2）　1980年6月

子どもの世界・生活

「まっくろローラ―海のぼうけん」 フィリップ・デュマ文・絵；末松氷海子訳 国土社(ローラのぼうけんえほん1) 1980年6月

「マフィンと金庫番」 ポール・ウォーレン作；新井雅代訳 文溪堂(マフィン・ピグドゥームの冒険1) 1999年11月

「マフィンと森の白ひげ」 ポール・ウォーレン作；新井雅代訳 文溪堂(マフィン・ピグドゥームの冒険2) 2000年6月

「まよなかのぼうけん」 フィリップ・デュマ作・絵；山口智子訳 福音館書店(世界傑作絵本シリーズ・フランスの絵本) 1982年2月

「マリオンの おつきさま」 ヨゼフ・ウィルコン絵；ゲルダ・マリー・シャイドル文；鷺沢萠 講談社(世界の絵本) 1997年4月

「マルタときゅう」 ゲルマノ・ズロ文；アルバータイン絵；イシグロケン訳 トランスワールドジャパン 2006年8月

「マルタとじてんしゃ」 ゲルマノ・ズロ文；アルバータイン絵；イシグロケン訳 トランスワールドジャパン 2006年8月

「マルタとたこ」 ゲルマノ・ズロ文；アルバータイン絵；イシグロケン訳 トランスワールドジャパン 2006年8月

「マルテの冒険」 おざきたけひろ作；おざきゆきこ絵 ARTBOXインターナショナル (ART/GALLERYシリーズ) 2006年6月

「ミーシャのぼうけん」 チェスワフ・ヤンチャルスキ文；ズビグニエフ・ルィフリツキ絵；坂倉千鶴訳 ほるぷ出版 1985年5月

「ミスター・ベンとあかいよろい」 デビッド・マッキー作；まえざわあきえ訳 朔北社(ミスター・ベンのふしぎなぼうけん1) 2008年10月

「ミスター・ベンとおおきなえもの」 デビッド・マッキー作；まえざわあきえ訳 朔北社(ミスター・ベンのふしぎなぼうけん3) 2009年7月

「ミスター・ベンとサーカスのなかまたち」 デビッド・マッキー作；まえざわあきえ訳 朔北社(ミスター・ベンのふしぎなぼうけん4) 2009年10月

「ミスター・ベンとはいいろのかべ」 デビッド・マッキー作；まえざわあきえ訳 朔北社(ミスター・ベンのふしぎなぼうけん2) 2008年10月

「みにくいシュレック」 ウィリアム・スタイグ文・絵；おがわえつこ訳 セーラー出版 1991年3月

「みみずのたっくん さあ、にげろ！」 関屋敏隆作・絵 ポプラ社(えほんとなかよし17) 1992年7月

「ミミヨッポ」 広井法子作・絵 BL出版 2002年12月

「ミランダの大ぼうけん」 ジェームズ・メイヒュー作；佐藤見果夢訳 評論社(児童図書館・絵本の部屋) 2003年10月

「ミロとしましまねずみ」 マーカス・フィスター作；谷川俊太郎訳 講談社(世界の絵本) 2001年7月

子どもの世界・生活

「みんなでそらをとびました」 山下明生作;梶山俊夫絵 ポプラ社(えほんはともだち14) 1991年5月

「むこうへいきたいあおむしくん」 ふじたようこ作・絵 PHP研究所(わたしのえほん) 1997年2月

「メグむじんとうにいく」 ヘレン・ニコル作;ヤン・ピエンコフスキー絵;ふしみみさを訳 偕成社(メグとモグのおはなし) 2007年2月

「もうじゅうつかいのイバイ」 ヘス・バリャス作;ミケル・シチャル絵;立花香訳 新世界研究所(イバイぼうけんシリーズ8) 1990年6月

「モーリッツと空とぶ船」 ディーテル・ヴィースミュラー作・絵 徳間書店 1999年6月

「もりたろうさんのせんすいかん」 大石真文;北田卓史絵 ポプラ社(ちびっこ絵本14) 1970年1月

「もりにでかける」 ヒサクニヒコ作・絵 草炎社(きょうりゅうぺぺのぼうけん2) 2006年1月

「もりのむこうになにがあるの？」 リリアン・ムーア作;ジョーヤ・フィアメンギ絵;神宮輝夫訳 偕成社(創作こども文庫) 1980年7月

「やっぱり 山ぞくになったねこたち」 槇ひろし作;前川欣三画 教育画劇(スピカみんなのえほん16) 1992年3月

「やまとゆきはら-白瀬南極探検隊」 関屋敏隆作 福音館書店(日本傑作絵本シリーズ) 2002年10月

「やまのこのぶのたんけん」 白石かずこ作;菱沼真彦絵 小峰書店(こみね創作えほん10) 1978年3月

「ゆうかんなヒツジかい」 デビ・グリオリ作;山口文生訳 評論社(児童図書館・絵本の部屋) 2000年10月

「よくばりぎつねのじろろっぷ」 おのりえん作;たるいしまこ絵 福音館書店(日本傑作絵本シリーズ) 1997年5月

「ラウラとふしぎなたまご」 ビネッテ・シュレーダー文・絵;ささきたづこ訳 岩波書店 2000年1月

「ラオのぼうけん」 ルネ・ギヨ文;中谷千代子絵・訳 講談社 1984年11月

「リサのおうち」 アン・グッドマン文;ゲオルグ・ハレンスレーベン絵;石津ちひろ訳 ブロンズ新社 2002年5月

「リトル・ポーラ・ベア もどっておいで！」 ハンス・デ・ビア作;青木奈緒訳 ノルドズッド・ジャパン 2001年10月

「リトル・ポーラ・ベア ラルス、どこへいくの？」 ハンス・デ・ビア作;青木奈緒訳 ノルドズッド・ジャパン 2001年10月

「リトル・ポーラ・ベア ラルスとおくびょううさぎ」 ハンス・デ・ビア作;青木奈緒訳 ノルドズッド・ジャパン 2002年10月

「リトル・ポーラ・ベア わたしもいっしょに、つれていって！」 ハンス・デ・ビア作;青木奈緒訳 ノルドズッド・ジャパン 2001年10月

子どもの世界・生活

「リュウのたからもの-ナンとあおいほしのなかまたち」 たちのけいこ作・絵　PHP研究所(わたしのえほん)　1997年6月

「リョウのかぶとむし旅行」 花村カナ文;荒井良二絵;三輪誠之原案　ゼネラル・エンタテイメント　1994年9月

「ルーシーと宝さがしの旅」 フロランス・グラジア文;イザベル・シャルリー絵;高田万由子訳　アシェット婦人画報社　2004年12月

「るすばん ジョージ ちいさくなる」 ウィリアム・ジョイス作;中川千尋訳　徳間書店　1995年9月

「るすばんねこのぼうけん」 メリー・カルホーン作;スーザン・ボナーズ絵;猪熊葉子訳　佑学社(アメリカ創作絵本シリーズ26)　1982年3月

「ルラルさんのほんだな」 いとうひろし作　ポプラ社(いとうひろしの本10)　2005年9月

「ルルーゆきのひのぼうけん」 ポージー・シモンズ作;かけがわやすこ訳　佑学社　1989年9月

「レーサーのイバイ」 ヘスス・バリャス作;ミケル・シチャル絵;立花香訳　新世界研究所(イバイぼうけんシリーズ4)　1990年6月

「レストランドラゴンまる」 永井郁子作・絵　岩崎書店(ドラゴンまるのぼうけん3)　2005年7月

「レッド・ラッカムの宝」 エルジェ作;川口恵子訳　福音館書店(タンタンの冒険旅行4)　1983年10月

「ロケットじてんしゃのぼうけん」 インガ・モーア作・絵;すぎもとよしこ訳　らくだ出版　1983年11月

「ロビンと海賊」 エルマンノ・リベンツィ文;アデルキ・ガッローニ絵;河島英昭訳　ほるぷ出版　1979年3月

「ワニーニのぼうけん」 tupera tupera作　婦人之友社　2008年10月

「ワニタのぼうけん」 さいとうけいこ文・絵　らくだ出版　1987年11月

「わんぱくだんの ガリバーランド」 ゆきのゆみこ;上野与志作;末崎茂樹絵　ひさかたチャイルド　2007年9月

「わんぱくだんのかいていたんけん」 ゆきのゆみこ;上野与志作;末崎茂樹絵　ひさかたチャイルド　1996年6月

「わんぱくだんのきょうりゅうたんけん」 ゆきのゆみこ;上野与志作;末崎茂樹絵　ひさかたチャイルド　2005年8月

「わんぱくだんのたからじま」 ゆきのゆみこ;上野与志作;末崎茂樹絵　ひさかたチャイルド　1992年5月

「宇宙船ソラホリス」 木曽秀夫案・画;小沢正文　日本ブリタニカ　1979年5月

「海のかいぶつをたすけだせ！」 おおともやすお作　ベネッセコーポレーション　1997年8月

子どもの世界・生活

「海賊モーガンはぼくの友だち」 那須正幹作;関屋敏隆絵 ポプラ社(那須正幹の絵本1) 1993年7月

「貝の子プチキュー」 茨木のり子作;山内ふじ江絵 福音館書店(日本傑作絵本シリーズ) 2006年6月

「楽園 知床に生きる人びとと生きものたち」 関屋敏隆作 くもん出版 2005年6月

「金のはさみのカニ」 エルジェ作;川口恵子訳 福音館書店(タンタンの冒険旅行18) 2003年9月

「金貨」 田村隆一作;飯野和好絵 ティービーエス・ブリタニカ 1979年12月

「空とぶ船と世界一のばかーロシアのむかしばなし」 アーサー・ランサム文;ユリー・シュルヴィッツ絵;神宮輝夫訳 岩波書店 1970年11月

「空をとんだポゥさん-グリーンヴァレーものがたり」 福本智雄作 スタジオ・シップ(谷のドクター・ポゥさんシリーズ) 1994年4月

「月夜のオーケストラ」 イェンス・ラスムス作;斉藤洋訳 小学館 1999年12月

「古いお城のおともだち」 市川里美作 偕成社 1984年11月

「紅海のサメ」 エルジェ作;川口恵子訳 福音館書店(タンタンの冒険旅行11) 1989年12月

「黒い島のひみつ」 エルジェ作;川口恵子訳 福音館書店(タンタンの冒険旅行1) 1983年4月

「三つのミルクコップ」 香山美子文;古屋洋絵 新日本出版社(新日本出版社の絵本) 1973年2月

「三つの金の鍵」 ピーター・シス作;柴田元幸訳 BL出版 2005年3月

「子羊のぼうけん」 ビル・ピート文・絵;田村隆一訳 岩波書店 1974年12月

「森のふくろう リトル・ブルーの大冒険」 ラビンドラ・ダンクス絵・文;石井杏林訳 アシェット婦人画報社 2004年12月

「森の地図」 阿部夏丸文;あべ弘士絵 ブロンズ新社 2005年4月

「星くずぼうやぼうやのぼうけんりょこう-ピーナッツ大せんそう」 いわたなおみ著 角川書店 1993年12月

「青い蓮」 エルジェ作;川口恵子訳 福音館書店(タンタンの冒険旅行14) 1993年5月

「川をこえて山をこえて 子がえるゲゲロのぼうけん」 清水達也作;小沢良吉絵 あかね書房(あかね創作えほん33) 1994年10月

「川をわたるぺぺ」 ヒサクニヒコ作・絵 草炎社(きょうりゅうぺぺのぼうけん4) 2006年6月

「太陽の神殿」 エルジェ作;川口恵子訳 福音館書店(タンタンの冒険旅行7) 1985年10月

「長ぐつ号の大ぼうけん-シンガポール」 キャサリン・チャパード文;チュア・アイ・ミー絵;崎岡真紀子,荒川豊子訳 蝸牛社(かたつむり文庫) 1984年12月

子どもの世界・生活

「天国はおおさわぎ-天使セラフィーノの冒険」 ガブリエル・バンサン作;今江祥智訳 ブッククローン出版 1990年11月

「特急キト号」 ルドウィッヒ・ベーメルマンス作;ふしみみさを訳 PHP研究所 2006年6月

「二つのオランダ人形の冒険」 フローレンス・K.アプトン絵;バーサ・H.アプトン文;百々佑利子訳 ほるぷ出版 1985年12月

「猫のヤーコブのすてきな冒険」 トーマス・ヘルトナー作;スヴェン・ハルトマン絵;犬養智子訳 CBS・ソニー出版 1984年10月

「燃える水の国」 エルジェ作;川口恵子訳 福音館書店(タンタンの冒険旅行10) 1988年12月

「氷の海とアザラシのランプ-カールーク号北極探検記」 ジャクリーン・ブリッグズ・マーティン文;ベス・クロムス絵;千葉茂樹訳 BL出版 2002年3月

「魔法のドラゴン パフ」 ピーター・ヤロー;レニー・リプトン作;エリック・ピゥィーバーレイイラスト;さだまさし訳 ランダムハウス講談社 2008年3月

「夢を追いかけろ-クリストファー・コロンブスの物語」 ピーター・シス作;吉田悟郎訳 ほるぷ出版 1992年4月

育児・子育て＞育児・子育て一般

「5さいってたいへん どうやってぼくをそうじゅうするか」 ジェイミー・リーカーティス文;ローラ・コーネル絵;もりべちか訳 バベルプレス 2007年12月

「あかちゃんおうさま」 のぶみ文・絵 草炎社(そうえんしゃ・日本のえほん2) 2005年11月

「あざみ姫」 ヴィヴィアン・フレンチ文;エリザベス・ハーバー絵;中川千尋訳 徳間書店 2000年2月

「あたまのなかのそのなかは?」 シスカ・フーミンネ文;イヴォンヌ・ヤハテンベルフ絵;野坂悦子訳 講談社(講談社の翻訳絵本) 2008年8月

「あっちゃん あのね…」 はるのまろ文;あまのJACK絵 創芸社(こどもエッセイ) 2007年5月

「あっちゃん なあに…」 はるのまろ文;あまのJACK絵 創芸社(こどもエッセイ) 2007年5月

「アネゴンたいタコラ」 あきやまただし作・絵 鈴木出版(たんぽぽえほんシリーズ) 2007年4月

「あまのじゃくのてんこちゃん」 アニタ・ジェラーム作;おがわひとみ訳 評論社(児童図書館・絵本の部屋) 1996年12月

「アリクイのアーサー」 バーナード・ウェーバー作;みはらいずみ訳 のら書店 2001年12月

「あわてんぼフンガくん」 国松エリカ作 小学館 2009年4月

「いいかお わるいかお」 グニラ・ボルデ作;たかむらきみこ訳 偕成社(エミーちゃんシリーズ) 1977年1月

子どもの世界・生活

「いいこって どんなこ？」ジーン・モデシット文；ロビン・スポワート絵；もきかずこ訳　冨山房　1994年10月

「いいってどんなこと？わるいってどんなこと？」マヤコフスキー作；キリロフ・ヴェ絵；松谷さやか訳　新読書社（ソビエトの子どもの本）1981年11月

「いしぶたくん」あきやまただし作・絵　鈴木出版（チューリップえほんシリーズ）2007年3月

「いたいのいたいのとんでいけ！」山岡ひかる作　絵本館　2006年4月

「いたいよ いたいよ」まつおかたつひで作・絵　ポプラ社（絵本・いつでもいっしょ28）2009年4月

「いつだって そばに-シャーロットのおくりもの」E.B.ホワイト作；ガース・ウイリアムズ絵；さくまゆみこ訳　クレヨンハウス　2006年12月

「いま なんじ？」松成真理子作　学習研究社（学研おはなし絵本）2008年4月

「ウッキーのどうしてなの？」クラウディア・ビーリンスキー作；那須田淳訳　ひくまの出版　2002年6月

「うまれてきたんだよ」内田麟太郎文；味戸ケイコ絵　解放出版社　2008年10月

「うれしいな おかあさんといっしょ」熊田千佳慕絵・文　小学館　2009年3月

「ええやん そのままで」トッド・パール作；つだゆうこ訳　エルくらぶ　2008年12月

「エドワルドーせかいでいちばんおぞましいおとこのこ」ジョン・バーニンガム作；千葉茂樹訳　ほるぷ出版　2006年3月

「えらい えらい！」ますだゆうこ文；竹内通雅絵　そうえん社（ケロちゃんえほん1）2008年6月

「オオカミだー！」ステファニー・ブレイク作・絵；ふしみみさを訳　PHP研究所　2006年12月

「おおきくなりたいちびろばくん」リンデルト・クロムハウト作；アンネマリー・ファン・ハーリンゲン絵；野坂悦子訳　PHP研究所　2001年12月

「おかあさんともりへ」ゲオルク・ハレンスレーベン絵；ケイト・バンクス文；さくまゆみこ訳　講談社（世界の絵本）2002年3月

「おかあさんみてる？」花井亮子作・絵　金の星社（新しいえほん）1980年8月

「おきるじかんよ！」マリサビーナ・ルッソ文・絵；ほしかわなつよ訳　童話館出版　2006年9月

「おこだでませんように」くすのきしげのり作；石井聖岳絵　小学館　2008年7月

「おこりんぼフンガくん」国松エリカ作　小学館　2003年6月

「おしゃぶりがおまもり」ウーリー・オルレブ文；ジャッキー・グライヒ絵；もたいなつう訳　講談社（講談社の翻訳絵本ピュア・セレクション）2003年8月

「おしゃぶりだいすきニーナちゃん」クリスチーヌ・ノーマン・ビールマン作；マリアンヌ・バルシロン絵；やましたはるお訳　佼成出版社　2003年11月

子どもの世界・生活

「おしり」 三浦太郎作　講談社(講談社の幼児えほん)　2008年5月

「おそざきのレオ」 ロバート・クラウス文;ホセ・アルエゴ絵;今村葦子訳　あすなろ書房　1997年6月

「おそろいパンツ」 今井弓子作・絵　岩崎書店(ピチピチえほん18)　1981年10月

「おたんじょうびおめでとう あまのじゃくのてんこちゃん」 アニタ・ジェラーム作;おがわひとみ訳　評論社(児童図書館・絵本の部屋)　1998年3月

「おっとあぶない」 マンロー・リーフ作;渡辺茂男訳　フェリシモ　2003年11月

「おっぱいのはなし」 土屋麻由美文;相野谷由起絵　ポプラ社(からだとこころのえほん14)　2009年1月

「おとなってじぶんでばっかりハンドルをにぎってる」 ウィリアム・スタイグ作;木坂涼訳　セーラー出版　1999年3月

「おやおや、まあくん」 西島三重子文;黒井健絵　サンリオ(サンリオ創作絵本シリーズ)　1992年7月

「からすのたまごにいちゃん」 あきやまただし作・絵　鈴木出版(ひまわりえほんシリーズ)　2007年5月

「かわいいかわいい わたしのぼうや」 キャシー・アペルト文;ジェーン・ダイヤー絵;村上真理訳　岩崎書店(海外秀作絵本7)　2002年7月

「かわいくなんか ないっ!」 ジョナサン・アレン作;せなあいこ訳　評論社(児童図書館・絵本の部屋)　2006年10月

「がんばる!たまごにいちゃん」 あきやまただし作・絵　鈴木出版(ひまわりえほんシリーズ)　2003年5月

「きこえる!きこえる!」 アン・ランド;ポール・ランド文・絵;谷川俊太郎訳　集英社　2007年5月

「きこえるきこえる」 マリー・ホール・エッツ文・絵;ふなざきやすこ訳　らくだ出版　1981年12月

「キスなんてごめんだよ!」 エマ・チチェスター・クラーク作;まつかわまゆみ訳　評論社(児童図書館・絵本の部屋)　2003年4月

「きみの行く道」 ドクター・スース作;いとうひろみ訳　河出書房新社　2008年2月

「きもち」 谷川俊太郎文;長新太絵　福音館書店　2008年2月

「ぎゅうってだいすき」 きけむらゆういち作　偕成社(あかちゃんのあそびえほん)　2009年10月

「ぎょうれつ ぎょうれつ」 マリサビーナ・ルッソ絵・文;青木久子訳　徳間書店　1994年11月

「きんのたまごにいちゃん」 あきやまただし作・絵　鈴木出版(ひまわりえほんシリーズ)　2009年6月

「くいしんぼ くまのさん」 かしわばさちこ作;しもだともみ絵　偕成社(またきてね。1)　2005年9月

子どもの世界・生活

「くいしんぼフンガくん」 国松エリカ作 小学館（おひさまのほん） 2005年9月

「くもをおいかけてごらん、ピープー」 ローレンス・ブルギニョン作；ヴァレリー・ダール絵；柳田邦男訳 文渓堂 2007年10月

「クララ しあわせを さがして」 ヨゼフ・ウィルコン絵；ギゼラ・クラール文；鷺沢萠訳 講談社（世界の絵本） 1999年6月

「くれくれくまちゃん」 ディヴィッド・ホーヴァス作；成瀬まゆみ訳 タイトル 2008年12月

「けいちゃんのくすりゆび」 あきやまただし作 佼成出版社 2003年6月

「こぐまのブルン ぼくできるよ」 ダニエル・ブール作；たくまひがし訳 みみずくぷれす 1982年6月

「こぶたくんのめいそう」 ケリー・リー・マクリーン作；日野原重明訳 産経新聞出版 2008年3月

「ころんちゃん」 まつなりまりこ作 アリス館 2010年3月

「こんにちはたまごにいちゃん」 あきやまただし作・絵 鈴木出版（ひまわりえほんシリーズ） 2004年7月

「ザガズー じんせいってびっくりつづき」 クエンティン・ブレイク作；谷川俊太郎訳 好学社 2002年11月

「しあわせの3つのおしえ」 エマ・チチェスター・クラーク作；久山太市訳 評論社（児童図書館・絵本の部屋） 1998年11月

「しかめっつらあかちゃん」 ケイト・ペティ文；ジョージー・バーケット絵；木坂涼訳 ほるぷ出版 2009年1月

「しゃっくり1かい1びょうかん－こどものためのじかんのほん」 ヘイゼル・ハッチンス作；ケイディ・マクドナルド・デントン絵；はいじまかり訳 福音館書店 2008年9月

「シャンプーなんて、だいきらい」 アンバー・スチュアート文；ローラ・ランキン絵；おおつかのりこ訳 徳間書店 2007年1月

「しろいゴリラとくろいゴリラ」 こやま峰子作；渡辺あきお絵 金の星社 2003年2月

「すきがいっぱい」 マーガレット・ワイズ・ブラウン作；ガース・ウィリアムズ絵；木坂涼訳 フレーベル館 2010年4月

「すっぽんぽん」 中川ひろたか文；藤本ともひこ絵 世界文化社 2008年7月

「スマトラ島の洋服屋さん」 華子作・絵 タリーズコーヒージャパン 2005年11月

「だいかいじゅうオニイタイジ」 いとうひろし作 ポプラ社（いとうひろしの本3） 2001年2月

「たまごにいちゃん」 あきやまただし作・絵 鈴木出版 2001年9月

「たまごにいちゃんぐみ」 あきやまただし作・絵 鈴木出版（ひまわりえほんシリーズ） 2006年7月

「たまごにいちゃんといっしょ」 あきやまただし作・絵 鈴木出版（ひまわりえほんシリーズ） 2010年4月

子どもの世界・生活

「たまごねえちゃん」あきやまただし作・絵　鈴木出版(ひまわりえほんシリーズ)　2005年9月

「タラがだいはっせいしたら」北島光茂文;大橋重信絵　くもん出版　2008年9月

「ちいさなくれよん」篠塚かをり作;安井淡絵　金の星社(こどものくに傑作絵本)　1979年1月

「ちいさなこぐまのちいさなボート」イヴ・バンティング作;ナンシー・カーペンター絵;ちばしげき訳　主婦の友社　2005年9月

「ちっちゃなおほしさま」たたらいみさこ文・絵　らくだ出版　2003年5月

「チューインガム一つ」灰谷健次郎文;坪谷令子絵　理論社　1982年2月

「デイジーとあそぼう」リサ・コッパー作;いわきとしゆき訳　アスラン書房　2004年3月

「デイビッドがやっちゃった！」デイビッド・シャノン作;小川仁央訳　評論社(児童図書館・絵本の部屋)　2004年11月

「てとてとてとて」浜田桂子作　福音館書店　2008年4月

「てのひら」瀧村有子作;ふじたひおこ絵　PHP研究所(わたしのえほん)　2010年3月

「てのひらおんどけい」はまぐちてついち文;すぎたひろみ絵　福音館書店(幼児絵本ふしぎなたねシリーズ)　2003年10月

「てん」ピーター・レイノルズ作;谷川俊太郎訳　あすなろ書房　2004年1月

「どうして そらはあおいの？」サリー・グリンドリー文;スーザン・バーレイ絵;角野栄子訳　ほるぷ出版　1997年1月

「どうして？」リンジー・キャンプ;トニー・ロス著;小山尚子訳　徳間書店　1999年5月

「とってもいいひ」ケビン・ヘンクス作;いしいむつみ訳　BL出版　2008年2月

「なにがほしいの、おうじさま」クロード・K.デュボワ作;河野万里子訳　ほるぷ出版　2008年4月

「ねこのごんごん」大道あや作・絵　福音館書店(こどものとも傑作集)　1975年4月

「はがぬけたとき こうさぎは…」ルーシー・ベイト文;ディアン・ド・グロート絵;河津千代訳　アリス館牧新社　1979年11月

「ハサミムシのおやこ」皆越ようせい写真・文　ポプラ社(ふしぎいっぱい写真絵本11)　2008年5月

「バジーとまほうのばんそうこう」ハリエット・ザイファート作;エミリー・ボーラム絵;三辺律子訳　理論社(ほのぼのバジー1)　2008年5月

「バジーのやだやだびょう」ハリエット・ザイファート作;エミリー・ボーラム絵;三辺律子訳　理論社(ほのぼのバジー3)　2008年5月

「はなをほじほじ いいきもち」ダニエラ・クロート=フリッシュ作;たかはしようこ訳　偕成社　1997年12月

「ふとったのかなぁ」大橋重信作・絵　教育画劇　2009年4月

子どもの世界・生活

「ペコルちゃんの おでかけスイッチ」 さこももみ作 くもん出版（はじめてであうえほんシリーズ） 2010年4月

「べそっかきフンガくん」 国松エリカ作 小学館 2004年4月

「ペツェッティーノ」 レオ・レオニ作；谷川俊太郎訳 好学社 1975年1月

「へんしん！たまごにいちゃん」 あきやまただし作・絵 鈴木出版（ひまわりえほんシリーズ） 2008年9月

「ほーらね できたよ」 片山令子作；はたこうしろう絵 岩崎書店（はじめてブックシリーズ） 2007年3月

「ほーらね できたよ」 片山令子作；はたこうしろう絵 主婦の友社 2007年3月

「ぼくだってできるさ！」 エドアルド・ペチシカ作；ヘレナ・ズマトリーコバー絵；むらかみけんた訳 冨山房インターナショナル 2005年12月

「ぼくのいいところ」 高杉尚子作・絵 らくだ出版（しろくまくんのえほん1） 2007年6月

「ぼくのうばぐるま」 七尾純作；松永禎郎絵 好学社（カンガルーブック5） 1971年1月

「まことくんて、だあれ」 吉田秀樹作；山口みねやす絵 ほるぷ出版（ほるぷ創作絵本） 1990年11月

「まねしてごらん だっこでぎゅっ」 山岡ひかる作・絵 ひかりのくに 2010年3月

「まわる まわる」 みやにしたつや作・絵 鈴木出版（たんぽぽえほんシリーズ） 2009年7月

「ミミちゃんのねんねタオル」 アンバー・スチュアート文；レイン・マーロウ絵；ささやまゆうこ訳 徳間書店 2007年7月

「みんながおしえてくれました」 五味太郎作 絵本館 1979年8月

「めちゃくちゃはずかしかったこと」 リュドヴィック・フラマン文；エマニュエル・エカウト絵；ふしみみさを訳 あすなろ書房 2007年5月

「もうぜったいうさちゃんってよばないで」 グレゴアール・ソロタレフ作・絵；すえまつひみこ訳 佑学社 1989年1月

「モチモチの木」 斎藤隆介作；滝平二郎絵 岩崎書店（創作絵本6） 1971年11月

「もったいないばあさん もったいないことしてないかい？」 真珠まりこ作・絵 講談社（講談社の創作絵本） 2007年9月

「もったいないばあさん」 真珠まりこ作・絵 講談社（講談社の創作絵本） 2004年10月

「もったいないばあさんがくるよ！」 真珠まりこ作・絵 講談社（講談社の創作絵本） 2005年11月

「モモ、いったいどうしたの？」 ナジャ作；伏見操訳 文化出版局 2001年9月

「やだ！」 ジェズ・オールバラ作・絵 徳間書店 2007年4月

「やっぱりたまごねえちゃん」 あきやまただし作・絵 鈴木出版（ひまわりえほんシリーズ） 2007年6月

子どもの世界・生活

「やまねこぼうや」 かんざわとしこ文;スズキコージ絵　童心社(絵本・ちいさななかまたち) 1994年4月

「ゆっくり かめのさん」 かしわばさちこ作;しもだともみ絵　偕成社(またきてね3) 2005年9月

「ライオンのこ ウィリー」 浅沼とおる作・絵　鈴木出版(チューリップえほんシリーズ) 1993年9月

「わーらった」 風木一人作;市原淳絵　講談社(講談社の幼児えほん) 2009年10月

「わがままウッキー」 クラウディア・ビーリンスキー作;那須田淳訳　ひくまの出版 2001年4月

「わたしの」 三浦太郎作・絵　こぐま社 2007年10月

「わたしはだいじなたからもの」 カール・ノラック文;クロード・K.デュボワ絵;河野万里子訳　ほるぷ出版 2000年11月

「わたしはひろがる」 岸武雄作;長谷川知子絵　子どもの未来社(教室の絵本シリーズ) 2010年2月

「わたしをみて、おかあさん!」 星みつる文;シマザキミユキ絵　瑞雲舎 2007年3月

「考える絵本6 子ども・大人」 野上暁;ひこ・田中文;ヨシタケシンスケ絵　大月書店 2009年10月

「赤ちゃんのようじ ママのようじ」 マリサビーナ・ルッソ作・絵;みらいなな訳　童話屋 2007年3月

「大きなわるーいオオカミがっこう」 ジョナサン・アレン作;久山太市訳　評論社(児童図書館・絵本の部屋) 2001年2月

育児・子育て＞子どものしつけ

「あいたいきもち」 本間正樹文;渡辺あきお絵　佼成出版社(しつけ絵本シリーズ4) 2004年9月

「いちばんはじめに」 五味太郎作・絵　偕成社 1984年11月

「いってきまーす」 アルセア作;ニタ・スーター絵　偕成社 1978年9月

「いやいやアゴマスク」 こいでなつこ作・絵　岩崎書店(レインボーえほん17) 2007年11月

「えんのしたのみっちゃん」 清水道尾作;梅田俊作絵　ポプラ社(絵本・子どものくに23) 1987年3月

「おかねのきもち」 やまもとゆか作;ヨシヤス絵　KKベストセラーズ 2009年7月

「おすなばぼしのぴっぴかりん」 さくらともこ作;米山永一絵　PHP研究所(PHPわたしのえほんシリーズ) 2002年7月

「おなまえいえるかな?」 さくらともこ文;宮尾怜衣絵　小学館(はじめてのしつけ絵本) 2009年2月

「おはようミントくん」 かわかみたかこ作・絵　偕成社 2002年3月

子どもの世界・生活

「おふろだいすき！」さくらともこ文;宮尾怜衣絵　小学館（はじめてのしつけ絵本）2009年2月

「おまるのがっちゃん」しらいちか作・絵　ポプラ社（絵本のぼうけん3）2002年3月

「かみなりコゴロウ」本間正樹文;とよたかずひこ絵　佼成出版社（しつけ絵本シリーズ2）2004年9月

「かようびはシャンプー」ウーリー・オルレブ作;ジャッキー・グライヒ絵;もたいなつう訳　講談社（講談社の翻訳絵本）2000年2月

「がんばれ！とびまる」本間正樹文;森田みちよ絵　佼成出版社（しつけ絵本シリーズ8）2004年11月

「きょうりゅうくんはするよ・しないよ」シド・ホフ作;こだまともこ訳　文化出版局　1985年7月

「くまくんのきれいにしようね！」ミシュリーヌ・ベルトラン作;リーズ・マラン絵;辻昶訳　ペンタン（くまくんの絵本）1985年12月

「くもかいじゅう」深見春夫作・絵　PHP研究所（PHPわたしのえほん）2004年11月

「くらくらしちゃった」今江祥智文;宇野亜喜良絵　旺文社（旺文社こどものほん）1977年7月

「ぐるぐるまわる」西村知美文;西尾拓美絵　日本文芸社　2006年12月

「けいたのボタン」岩崎京子文;降矢なな絵　にっけん教育出版社　1999年5月

「ごあいさつあそび」きけむらゆういち作　偕成社（あかちゃんのあそびえほん）2008年10月

「こぎつねキッコ」本間正樹文;みやもとただお絵　佼成出版社（しつけ絵本シリーズ3）2004年9月

「こぐまちゃんのおはよう」わかやまけん作　こぐま社（こぐまちゃんえほん）1970年10月

「こころの絵本」砂川しげひさ作　星の環会（だいじな絵本2）2006年12月

「ずっとともだち」本間正樹文;福田岩緒絵　佼成出版社（しつけ絵本シリーズ7）2004年10月

「ダメダメ　やだもん」冬野いちこ作・絵　小学館（しつけメッセージ絵本）2007年7月

「だめだめ、おさるのサルサ」竹内通雅作・絵　教育画劇　2004年11月

「だめだめ、デイジー」ケス・グレイ文;ニック・シャラット絵;よしがみきょうた　小峰書店（世界の絵本コレクション）2004年3月

「とんでけとんでけ　わがままむし」さくらともこ作;若菜珪絵　金の星社（新しいえほん）1987年7月

「ニコラはパンツをはいてない」カラ・メー文;ドフィー・ヴィア絵;小川仁央訳　評論社（児童図書館・絵本の部屋）1992年9月

「ねこにのまれて」本間正樹文;矢玉四郎絵　佼成出版社（しつけ絵本シリーズ6）2004年10月

「はるちゃん、ね」さいとうしのぶ作・絵　ひさかたチャイルド　2002年5月

子どもの世界・生活

「ピーマンマンとよふかし大まおう」 さくらともこ作;中村景児絵　岩崎書店(えほん・ハートランド22-ピーマンマンシリーズ) 1998年9月

「ピーマンマンのあ・そ・ぼっていえるかな」 さくらともこ作;中村景児絵　PHP研究所(まほうのP・P・Pランプ) 2003年6月

「ピーマンマンのありがとうっていえるかな」 さくらともこ作;中村景児絵　PHP研究所(まほうのP・P・Pランプ) 2004年3月

「ピーマンマンのごめんなさいっていえるかな」 さくらともこ作;中村景児絵　PHP研究所(まほうのP・P・Pランプ) 2003年11月

「ひとりじめ」 本間正樹文;いもとようこ絵　佼成出版社 2004年9月

「ひとりでできるよ」 小林純一文;多田ヒロシ絵　国土社(ルールくんの本2) 1974年1月

「ぼうぼうあたま」 ハインリッヒ・ホフマン作;伊藤庸二訳　教育出版センター 1980年10月

「ぼく、ブタになっちゃった！」 ラルフ・ブチュコウ作;ひらのきょうこ訳　岩崎書店(世界の絵本18) 1994年10月

「ぼくのダーナマン」 本間正樹文;末崎茂樹絵　佼成出版社(しつけ絵本シリーズ9) 2004年11月

「ぼくみーんなできちゃった」 山本まつ子作　フレーベル館(ぴよぴよえほんシリーズ9) 1985年9月

「ポリンはポリン」 本間正樹文;たかすかずみ絵　佼成出版社(しつけ絵本シリーズ5) 2004年10月

「まいにちの絵本」 砂川しげひさ作　星の環会(だいじな絵本3) 2006年12月

「ママ、おこらないで」 ポール・ドーリング作・絵;きざきふうこ訳　岩崎書店(世界の絵本6) 1992年12月

「もじゃもじゃペーター」 ハインリッヒ・ホフマン作;佐々木田鶴子訳　ほるぷ出版 1985年9月

「もじゃもじゃペーター」 ハインリヒ・ホフマン作;矢川澄子訳　暁教育図書 1979年7月

「ゆうちゃんとめんどくさいサイ」 西内みなみ作;なかのひろたか絵　福音館書店 1981年12月

「りすちゃんのなみだ」 角野栄子文;佐々木洋子絵　ポプラ社(ぴょんぴょんえほん7) 1989年7月

育児・子育て＞子どものしつけ＞あいさつ

「あいさつがきらいな王さま」 はやしたかし文;あべはじめ絵　ひかりのくに(思いやり絵本シリーズ1) 1994年3月

「あいさつはなかまのしるし」 高見のっぽ文;伊藤有壱絵　世界文化社 2007年5月

「あいさつ団長」 よしながこうたく作　長崎出版 2008年7月

「ありがとう どういたしまして」 おおともやすお作　童心社(とことこえほん) 2009年11月

子どもの世界・生活

「ありがとう…どういたしまして」 ルイス・スロボトキン作；渡辺茂男訳 偕成社 1969年12月
「ありがとうくまくん」 森比左志作 安井淡絵 金の星社（こどものくに傑作絵本） 1975年12月
「いいへんじ」 しみずみちを作；田中秀幸絵 岩崎書店（ピチピチえほん11） 1981年1月
「いらっしゃいませ」 ふくだいわお作 フレーベル館（よちよちえほんシリーズ5） 2009年4月
「いろいろおせわになりました」 やぎゅうげんいちろう作 福音館書店（幼児絵本シリーズ） 2008年2月
「えほんもやしもん「きんのオリゼー」あいさつ」 いしかわまさゆき作・絵 講談社 2010年5月
「おはよう あさですよ！」 花形恵子作；北山葉子絵 偕成社（ロミちゃんムーちゃんえほん1） 1983年12月
「ごあいさつ」 ちばてつや絵・文 講談社 2009年3月
「ごあいさつごあいさつ」 渡辺有一作・絵 あかね書房（あかね・新えほんシリーズ2） 1999年9月
「ごあいさつはすごいぞ」 きむらゆういち作；いそみゆき絵 国土社（えほん横町3） 1995年4月
「こんなときってなんていう？-あいにいくよ」 たかてらかよ文；さこももみ絵 ひかりのくに 2006年4月
「こんなときってなんていう？-ともだちできたよ」 たかてらかよ文；さこももみ絵 ひかりのくに 2006年4月
「こんにちは！やあ、げんき？」 わしおとしこ文；藤本四郎絵 童心社（絵本・ふしぎはたのしい） 1998年7月
「こんにちは」 渡辺茂男文；大友康夫絵 福音館書店（福音館の幼児絵本） 1980年6月
「こんにちは」 本間正樹文；つちだよしはる絵 佼成出版社（しつけ絵本シリーズ10） 2004年11月
「ズーミン おはようはまほうのコトバ」 友永コリエ文；原あいみ絵 フレーベル館（ズーミンのえほん） 2010年8月
「とんとんとん こんにちは！」 まついのりこ作 童心社（よんでよんでのえほん） 2009年10月
「はーい！」 みやにしたつや作 アリス館（あかちゃんのおててえほん） 2010年3月
「はーい！」 土屋富士夫文；千田たかみち絵 女子パウロ会 2007年4月
「ばいばい またね」 さとうわきこ作・絵 金の星社（はじめての絵本たいむ） 2007年7月
「ばいばいいってきまーす」 みやにしたつや作 アリス館（あかちゃんのおててえほん） 2010年3月
「はじめまして」 新沢としひこ作；大和田美鈴絵 鈴木出版（大きな絵本） 2006年3月

子どもの世界・生活

「ペネロペ あいさつできるかな」アン・グットマン文；ゲオルグ・ハレンスレーベン絵；ひがしかずこ訳　岩崎書店（ペネロペおはなしえほん8）　2006年11月

「ぼく、おへんじは?」ヤニコフスキ・エーヴァ文；レーベル・ラースロー絵；いせきょうこ訳　ポプラ社　2008年2月

「みみこの「はーい」」矢崎節夫文；高畠純絵　JULA出版局　1983年11月

「みみこのおはよう」矢崎節夫文；高畠純絵　JULA　1982年12月

「挨拶絵本」五味太郎作　ブロンズ新社　2010年3月

育児・子育て＞子どものしつけ＞あとかたづけ・そうじ

「おかたづけ しようっと！」スタン・ベレンスティン；ジャン・ベレンスティン作；HEART訳　偕成社（ベア・ファミリーえほん5）　1992年3月

「おそうじできるよ」グニラ・ボルデ作；たかむらきみこ訳　偕成社（エミーちゃんシリーズ）　1977年1月

「おそうじ隊長」よしながこうたく作　長崎出版　2009年12月

「おもちゃの ほしの ぱぴぷぺぽい」さくらともこ作；米山永一絵　PHP研究所（わたしのえほん）　1994年7月

「かいじゅうポイポイ」わらべきみか作　ひさかたチャイルド（あかちゃんからのステップアップ絵本）　2000年11月

「かたづけ いやだもん」たきもとつみき作；わたなべあきお絵　こずえ（やだもんくんシリーズ）　1984年6月

「かたづけポイ・ポイ！」トニー・ボニング作；サリー・ホブソン絵；くどうなおこ訳　小学館　2001年3月

「きれいずき ティッチ」パット・ハッチンス作；つばきはらゆき訳　童話館　1994年9月

「キレイにしましょう!」大田まこと文　リブリオ出版（こてんこてんこ絵本3）　2007年2月

「くまのサーシャはなくしやさん」クレール・マジュレル文；ローラン・リエナール絵；すえまつひみこ訳　童話館出版　2006年3月

「ぐりとぐらのおおそうじ」なかがわりえこ作；やまわきゆりこ絵　福音館書店（日本傑作絵本シリーズ）　2002年2月

「さあ!おかたづけ」さくらともこ文；宮尾怜衣絵　小学館（はじめてのしつけ絵本）　2009年2月

「そうじきトルン」わしおとしこ作；古川日出夫絵　ポプラ社（絵本のひろば8）　1975年1月

「ちいさなそうじきトルトル1号」おだしんいちろう作；こばようこ絵　ポプラ社（絵本カーニバル12）　2007年3月

「トレバーはおかたづけ」ロブ・ルイス作；金原瑞人訳　ほるぷ出版　1994年2月

「ニコラサウロのあしたはやるぞ」グラツィアーノ・ヴィターレ作・絵；篠利幸；松本潤訳　岩崎書店（えほん・ハートランド9）　1995年11月

子どもの世界・生活

「ノンタンぱっぱらぱなし」 大友幸子作・絵 偕成社(ノンタンあそぼうよ11) 1986年8月

「バーニーのおおそうじ」 ピーター・ボニッチ作;リサ・コッパー絵;おかだよしえ訳 岩崎書店(ゆかいなバーニー4) 1994年6月

「はちゃめちゃ・ぶたさん」 サリー・クラブツリー作;バーバラ・ナッシムベーニー絵;くどうなおこ訳 小学館 2007年7月

「ぶたのうたこさん」 ディック・ブルーナ文;松岡享子訳 福音館書店(ブルーナのうたこさんのえほん1) 1991年10月

「ブタはともだち」 マーク・ティーグ作・絵;小宮山みのり訳 徳間書店 1998年6月

「ムーやんメーやんの けったいなおそうじ」 オロフ・ランドストローム;レーナ・ランドストローム作;オスターグレン晴子訳 文化出版局 1998年4月

「メイシーちゃんのおかたづけ」 ルーシー・カズンズ作;なぎともこ訳 偕成社 2003年3月

「ろばのトコちゃん おかたづけ」 ベネディクト・ゲティエ;ふしみみさを訳 ほるぷ出版 2006年6月

育児・子育て＞子どものしつけ＞おつかい・おてつだい

「ありがとう タブゥ」 わたなべまりな文;おおつかけいり絵 ソニー・マガジンズ 2008年3月

「ありがとうタブゥ」 わたなべまりな文;おおつかけいり絵 ソニー・マガジンズ 2008年3月

「アルビンのわくわくおてつだい」 ウルフ・ロフグレン作・絵;木村由利子訳 フレーベル館 1982年5月

「エプロンでおてつだい」 薫くみこ作;関岡麻由巳絵 ポプラ社(チャップとチュチュおとなりどうし2) 1997年2月

「おつかい くうちゃん」 こわせたまみ作;鈴木幸枝絵 ひさかたチャイルド 1987年3月

「おつかい さえこちゃん」 伊東美貴作・絵 偕成社 1996年12月

「おつかい」 さとうわきこ作・絵 福音館書店(福音館のペーパーバック絵本) 1974年5月

「おつかい－けっことこっこ」 浅川じゅん作;橋本淳子絵 偕成社 1999年12月

「おつかいしんかんせん」 福田岩緒作・絵 そうえん社(そうえん社・日本のえほん11) 2007年12月

「おつかいマーくん」 こわせたまみ作;佐々木洋子絵 PHP研究所(PHPおはなしえほん8) 1980年10月

「おなかすいたね、ペネロペ」 アン・グットマン文;ゲオルグ・ハレンスレーベン絵;ひがしかずこ訳 岩崎書店(ペネロペおはなしえほん4) 2005年2月

「おばけのおつかい」 西平あかね作 福音館書店 2008年7月

「おはようサム」 メアリー＝ルイーズ・ゲイ作;江國香織訳 光村教育図書 2004年4月

「かきのみいっぱい」 日高正子絵・文 福武書店 1990年3月

子どもの世界・生活

「カコちゃんのおてつだい」山中恒文;樋泉雪子絵　偕成社　1990年6月

「くるりんはじめてのおつかい－ハリネズミのくるりん2」とりごえまり文・絵　文渓堂　2004年4月

「くんちゃんのはたけしごと」ドロシー・マリノ作;間崎ルリ子訳　ペンギン社　1983年1月

「ケロちゃん ケケちゃん ケロロちゃん おてつだいおてつだい」長野ヒデ子作・絵　ひさかたチャイルド　2005年6月

「コアラのフッフちゃんのおつかい」花之内雅吉作・絵　岩崎書店(えほん・おもしろランド3)　1986年10月

「こんた、バスでおつかい」田中友佳子作・絵　徳間書店　2009年6月

「こんたくんの えーと えーと」香山美子作;末崎茂樹絵　すずき出版;金の星社(こどものくに傑作絵本)　1995年5月

「しーっ しずかに」いちかわけいこ作;つるたようこ画　佼成出版社(みつばちえほんシリーズ)　2008年7月

「ジャッキーのおせんたく」あだちなみ絵;あいはらひろゆき文　ブロンズ新社(くまのがっこうシリーズ)　2004年2月

「ジャムくんのおてつだい」竹下文子作;鈴木まもる絵　偕成社　1985年12月

「しろくまちゃんぱんかいに」わかやまけん作　こぐま社(こぐまちゃんえほん)　1973年10月

「たーくんのおつかい」としたかひろ作・絵　ポプラ社(絵本のせかい12)　1977年8月

「チップとチョコのおつかい」どいかや文・絵　文渓堂　1999年4月

「チャーリーのおてつだい」わたなべともこ作・絵　ポプラ社(えほんはともだち44)　1996年7月

「ちょっとそこまでぱんかいに」山下明生作;エム・ナマエ絵　サンリード　1981年10月

「チョンコのおてつだい」宇野和子文・絵　講談社　1975年7月

「ちらっと みて おつかいに」宮本忠夫作・絵　ひさかたチャイルド　1990年7月

「てつだいなんてするものか」クルト・バウマン作;マイケル・フォアマン絵;矢川澄子訳　佑学社(ヨーロッパ創作絵本シリーズ22)　1979年1月

「トンガの きいちごつみ」広野多珂子作・絵　ひさかたチャイルド　2002年3月

「ナッチのおかいもの」新沢としひこ文;かわかみたかこ絵　ポプラ社(みんなで絵本5)　2002年7月

「なにわのでっち こまめどん どっちもどっちの巻」村上しいこ作;たごもりのりこ絵　佼成出版社(どんぐりえほんシリーズ)　2010年3月

「ねぼすけスーザのおかいもの」広野多珂子作　福音館書店(こどものとも傑作集)　1997年2月

「ねらわれたチョコレートケーキ」デビッド・マクフェイル文・絵;吉田新一訳　国土社　1980年11月

子どもの世界・生活

「のうさぎ村のクリスマス」 マリー・H.アンリ作・絵；末松氷海子訳 佑学社 1987年10月
「パオちゃんのおせんたく」 なかがわみちこ作・絵 PHP研究所 2002年2月
「パオちゃんのみんなでおつかい」 なかがわみちこ作・絵 PHP研究所 1985年12月
「はじめての おてつだい」 キム・ルイス作；にったゆうこ訳 新世研 1998年4月
「はじめてのおつかい」 筒井頼子作；林明子絵 福音館書店 1976年3月
「ピーナツどりのちいさなたび」 山岸カフェ絵・文 主婦と生活社 2002年12月
「ピックとニックまちへゆく」 田中秀幸作・絵 フレーベル館 1982年9月
「ひとりでおつかい」 しみずみちを作；岩渕慶造絵 岩崎書店(母と子の絵本3) 1973年2月
「ひとりでおみまい」 木村かほる絵；木村文子作 国土社(そよかぜ絵本シリーズ2) 1991年5月
「ぷうのおつかい」 木暮正夫作；原ゆたか絵 PHP研究所 2003年9月
「ぷうのおつかい」 木暮正夫作；原ゆたか絵 PHP研究所(PHPこころのえほん8) 1981年9月
「ふしぎのおうちはドキドキなのだ」 武田美穂作・絵 ポプラ社(えほんとなかよし8) 1991年4月
「ベーコンわすれちゃだめよ！」 パット・ハッチンス作・絵；渡辺茂男訳 偕成社 1977年9月
「へへへのへいき」 正道かほる文；村上康成絵 ひさかたチャイルド 1997年4月
「ぼくはずかしいや」 与田準一作；和歌山静子画 あい書房(与田準一おはなしえほん) 1977年4月
「ぽすとにきいたはなし」 さとうさとる作；竹川功三郎絵 小峰書店(はじめてのどうわ2) 1977年12月
「まきばにおつかい」 コビー・ホル作；川西芙沙訳 ほるぷ出版 1990年3月
「まち」 新井洋行作・絵 自由国民社 2010年8月
「ミーノのおつかい」 石津ちひろ文；広瀬弦絵 ポプラ社(みんなで絵本8) 2003年8月
「みつばちみつひめ てんやわんやおてつだいの巻」 秋山あゆ子作 ブロンズ新社 2008年5月
「みねこのみちくさ」 寺村輝夫作；織茂恭子絵 大日本図書(大日本ようねん文庫) 1980年4月
「メリーちゃんのみちくさ」 立岡月英絵・文 福武書店 1988年4月
「ゆうかんなアイリーン」 ウィリアム・スタイグ作；おがわえつこ訳 セーラー出版 1988年12月
「ゆうやけこやけで おつかいに」 宮本忠夫作・絵 サンリード 1983年11月

子どもの世界・生活

「ゆかりのおてつだい」 庄野英二文；白根美代子絵 国土社(国土社の幼年えほん7) 1982年9月

「よりみちエレベーター」 土屋富士夫作・絵 徳間書店 2000年12月

「るーぱくんのおべんとう」 もりたかず作 アスラン書房(心の絵本) 2002年5月

「わたしおかいものにいくの」 おおともやすお文・絵 童心社(こねずみリリのえほん1) 2008年7月

「わんぱくちびくん おてつだい」 イングル・サンドベルイ；ラッセ・サンドベルイ作；木村由利子訳 講談社(講談社の幼児えほん) 1985年11月

「宮野家のえほん たっくんのおてつだい」 おおさわさとこ作 アリス館 2009年1月

育児・子育て＞子どものしつけ＞おねしょ・おもらし

「おしっこでるよ」 ロバート・マンチ作；ミカエル・マルチェンコ絵；乃木りか訳 PHP研究所 2004年1月

「おねしょんが やってきた」 わらべきみか作 ひさかたチャイルド(あかちゃんからのステップアップえほん) 2000年11月

「かいじんハテナ？」 舟崎克彦作；スズキコージ絵 小学館 1999年2月

「かえるちゃんのおねしょ」 わたなべゆういち作・絵 PHP研究所(PHPわたしのえほんシリーズ) 1987年8月

「このゆびとまれ」 薫くみこ作；久本直子絵 岩崎書店(レインボーえほん9) 2007年5月

「こぶたくんのおしっこ」 わたなべゆういち文・絵 ぎょうせい(そうさくえほん館6) 1992年7月

「しっこのしんちゃん じまんのじいちゃん」 加古里子絵・文 ポプラ社(かこさとしこころのほん6) 1985年1月

「たっちゃんのおねしょ」 くりかみのぶこ絵・文 コーキ出版(であいのえほん11) 1982年9月

「だれがトイレでうんちををするの？」 フレッド・エールリヒ作；エミリー・ボーラム絵；石原良純訳 学習研究社(質問が大好きなこどもとよむ本) 2008年10月

「トイレでうんちできたかな？」 わたなべあや作・絵 イースト・プレス 2008年7月

「ねしょんべんたろう」 渋谷勲文；赤坂三好絵 フレーベル館(むかしむかしばなし6) 1989年4月

「ノンタンおねしょでしょん」 キヨノサチコ作・絵 偕成社(ノンタンあそぼうよ6) 1978年4月

「ばいばい おねしょまん」 のぐちふみこ作・絵 明石書店 2008年5月

「びしょびしょねこ」 間所ひさこ文；いわむらかずお絵 ひさかたチャイルド 2005年2月

「プリンちゃんのおねしょおばけ」 ささきようこ作・絵 ポプラ社(プリンちゃんシリーズ3) 2001年2月

子どもの世界・生活

「ぼくパンツはかないよ」 田中秀幸作 フレーベル館 1985年9月

「もう、おねしょしないもん」 マリベス・ボルツ文；キャシー・パーキンソン絵；小川仁央訳 評論社(児童図書館・絵本の部屋) 1998年3月

「もうおねしょしません」 寺村輝夫作；いもとようこ絵 あかね書房(くりのきえんのおともだち1) 1982年5月

「もぐらちゃんのおねしょ」 角野栄子文；佐々木洋子絵 ポプラ社(ぴょんぴょんえほん6) 1988年12月

「もっちゃうもっちゃうもうもっちゃう」 土屋富士夫作・絵 徳間書店 2000年1月

育児・子育て＞子どものしつけ＞きがえ

「こぐまのブルン きがえ」 ダニエル・ブール作；たくまひがし訳 みみずくぷれす 1982年6月

「どうすればいいのかな？」 渡辺茂男文；大友康夫絵 福音館書店(福音館の幼児絵本) 1980年6月；福音館書店 1977年4月

「はけたよはけたよ」 神沢利子文；西巻茅子絵 偕成社(創作えほん3) 1970年12月

「ひとりできれるよ」 ディディエ・デュフレーヌ作；アルメール・モデル絵；やましたはるお訳 佼成出版社(きょうもごきげんアポリーヌシリーズ2) 2005年3月

「ペネロペ ひとりでふくをきる」 アン・グットマン文；ゲオルグ・ハレンスレーベン絵；ひがしかずこ訳 岩崎書店(ペネロペおはなしえほん1) 2005年1月

「ぼくはからっぽパンツくん」 むらたよしこ文・絵 教育画劇 2008年7月

「ようふくきられるかな？」 花形恵子作；北山葉子絵 偕成社(ロミちゃんムーちゃんえほん4) 1983年12月

「ろばのトコちゃん きがえをする」 ベネディクト・ゲティエ；ふしみみさを訳 ほるぷ出版 2006年7月

育児・子育て＞子どものしつけ＞てあらい・うがい

「あわあわぶくぶく！ せっけん」 長谷川治監修；田崎トシ子絵；中島妙文 チャイルド本社(ものづくり絵本シリーズ どうやってできるの?3) 2007年6月

「えほんもやしもん「きんのオリゼー」てをあらおう」 いしかわまさゆき作・絵 講談社 2009年8月

「おやつのじかん」 軽部武宏作 長崎出版(ciel books) 2006年10月

「さよなら バイキンくん」 わらべきみか作 ひさかたチャイルド(あかちゃんからのステップアップ絵本) 2000年7月

「のはらのせんたくやさん」 神沢利子作；いもとようこ絵 ひかりのくに 2006年9月

子どもの世界・生活

育児・子育て＞子どものしつけ＞はみがき

「あそぼ あそぼ」 石黒幸司ほか作 砂書房（六歳臼歯の6ちゃんシリーズ） 2007年9月

「あっちゃんとむしばきんおう」 こわせたまみ作；わたなべあきお絵 佼成出版社（園児のすくすく絵本1） 1987年5月

「あのねかずくん はいしゃさんはこわくない」 あまんきみこ作；渡辺有一絵 ポプラ社（えほんはともだち22） 1992年7月

「えほんもやしもん「きんのオリゼー」はをみがこう」 いしかわまさゆき作・絵 講談社 2010年3月

「おおおとこのこどものはなし」 ツウィフェロフ原作；宮川やすえ訳・文；かみやしん絵 国土社（やっちゃん絵本3） 1982年3月

「ケチャップせんせいありがとう」 舟崎克彦作；黒井健絵 ポプラ社（えほんとなかよし16－チラホラもりのはいしゃさん3） 1992年6月

「コリゴリゴリタとはとはぐきさん」 ミミィ；ミーヤン作・絵 文渓堂 2006年4月

「ゾウさんのハブラシ」 舟崎克彦作；黒井健絵 ポプラ社（えほんとなかよし7－チラホラもりのはいしゃさん2） 1991年3月

「だれがはみがきをするの？」 フレッド・エールリヒ作；エミリー・ボーラム絵；石原良純訳 学習研究社（質問が大好きなこどもとよむ本） 2008年10月

「チラホラもりのはいしゃさん」 舟崎克彦作；黒井健絵 ポプラ社（えほんとなかよし5） 1990年11月

「ねずみくんといっしょ はははは」 なかえよしを構成；上野紀子絵 ポプラ社 2009年6月

「のはらのせんたくやさん」 神沢利子作；いもとようこ絵 ひかりのくに 2006年9月

「はいしゃさんへ」 グニラ・ボルデ作；たかむらきみこ訳 偕成社（エミーちゃんシリーズ） 1977年1月

「バイバイ！むしバイキン」 ドクター・レイコ作；イブ・タルレ絵 アノニマ・スタジオ 2010年10月

「パオちゃんのみんなではみがき」 仲川道子作・絵 PHP研究所 1996年5月

「はみがき、きらい？」 ママダミネコ作・絵 ひさかたチャイルド 2010年4月

「はみがき、やーだよ！」 スベトラーナ・チューリナ作；いぬいゆみこ訳 評論社（児童図書館・絵本の部屋） 2003年6月

「はみがきしゅっしゅっ」 花形恵子作；北山葉子絵 偕成社（ロミちゃんムーちゃんえほん5） 1985年1月

「むしばいっかのおひっこし」 にしもとやすこ作・絵 講談社（講談社の創作絵本） 2009年5月

「むしばがいたいヤンダヤンダ」 おのりえん作；国松エリカ絵 偕成社 1998年12月

「むしばきんが やってきた」 わたなべあきお作・絵 アリス館（けんこうえほん） 1988年4月

子どもの世界・生活

「もりのはみがき」村山桂子作；山口みねやす絵　教育画劇（行事のえほん5）　1993年5月
「ろばのトコちゃん はをみがく」ベネディクト・ゲティエ；ふしみみさを訳　ほるぷ出版　2006年6月

育児・子育て＞子どものしつけ＞マナー・ルール

「おぎょうぎのよいペンギンくん」H.A.レイ絵；マーガレット・ワイズ・ブラウン作；福本友美子訳　偕成社　2000年9月
「きょうりゅうでたぞ！」桜井信夫作；西村達馬絵　あすなろ書房（マナーとルールの絵本2・食事のマナーの巻）　1987年10月
「わにのアーサー およばれにいく」ラッセル・ホーバン文；ジェイムズ・マーシャル絵；さかいきみこ訳　偕成社　2001年10月

育児・子育て＞子どものしつけ＞むだづかい

「でんき、つけっぱなし！」深山さくら文；岡本美子絵　チャイルド本社（エコ育絵本ちきゅうにやさしくなれるかな?1）　2009年7月

育児・子育て＞子どものしつけ＞るすばん

「PINO－ピノのおるすばん」くろいけん絵；もきかずこ文　フレーベル館　2002年6月
「アフマドのおるすばん」ターイェルプール文；マアスーミヤーン絵；愛甲恵子訳　ブルース・インターアクションズ　2006年6月
「あめのひのおるすばん」岩崎ちひろ絵・文；武市八十雄案　至光社（ブッククラブ国際版絵本）　1968年1月
「うさぎのおるすばん」イ・ホベク作；黒田福美訳　平凡社　2003年9月
「おとうさんとおるすばん」きしまり作・絵　福武書店　1989年4月
「おるすばん」七尾純作；高瀬のぶえ絵　河出書房新社（ホッターのびのび3）　1986年3月
「くまたくんのおるすばん」わたなべしげお作；おおともやすお絵　あかね書房（くまたくんのえほん5）　1980年6月
「けんけんけんのケン「ふたりでるすばん」のまき」山下明生作；広瀬弦絵　ひさかたチャイルド　2010年9月
「こぶたのおるすばん」メアリー・レイナー作・絵；岡本浜江訳　偕成社　1979年12月
「ころわんのおるすばん」間所ひさこ作；黒井健絵　ひさかたチャイルド　2003年3月
「こわいこわいおるすばん」渡辺有一作・絵　ポプラ社（絵本・子どものくに14）　1985年12月
「さとるのるすばん」大石真作；山下勇三絵　小峰書店（はじめてのどうわ1）　1977年12月
「だきしめてほしくって」カール・ノラック文；クロード・K.デュボワ絵；河野万里子訳　ほるぷ出版　2000年4月

81

子どもの世界・生活

「たまちゃんとボウルさん」 やまだうたこ文・絵 文渓堂 2004年10月

「だめだめあっちゃん」 矢崎節夫作;坪谷令子絵 フレーベル館(フレーベル館のえほん・タイニーシリーズ8) 1980年5月

「ちいさい おかあさん」 矢崎節夫文;高畠純絵 小峰書店(こみねのえほん16) 1988年5月

「ちいちゃんとパンダちゃん おるすばんこわくないよ」 まめこ作・絵 PHP研究所(PHPにこにこえほん) 2010年4月

「チップとチョコのおるすばん」 どいかや文・絵 文渓堂 2002年4月

「はじめてのおるすばん」 しみずみちを作;山本まつ子絵 岩崎書店(ビッグ・えほん) 2004年9月

「はじめてのおるすばん」 しみずみちを作;山本まつ子絵 岩崎書店(母と子の絵本1) 1972年4月

「はねーるのるすばん」 村山桂子作;柿本幸造絵 フレーベル館(うさぎのはねーるくんシリーズ2) 1981年7月

「ばんけんブルくん」 うちべけい作・絵 PHP研究所(PHPにこにこえほんシリーズ) 1994年8月

「ふたりで るすばん できるかな」 いせひでこ作 偕成社(おばあちゃんだいすき1) 1990年9月

「ふゆのおるすばん」 山本まつ子文・絵 新日本出版社(新日本出版社の絵本ふれあいシリーズ7) 1983年12月

「へんてこりんなおるすばん」 角野栄子作;かわかみたかこ絵 教育画劇 2006年3月

「ぼく かいじゅうだって」 さねとうあきら作;宮本忠夫絵 教育画劇(スピカのおはなしえほん19) 1986年2月

「ぼくとちいさなダッコッコ」 ウルフ・ニルソン作;エヴァ・エリクソン絵;掛川恭子訳 佑学社 1984年10月

「ぼくのるすばん」 山本祐司作・絵 ポプラ社(かぞくえほん4) 2009年9月

「ぼくはひとりでおるすばん」 櫻井道子作;深沢邦朗絵 金の星社(こどものくに傑作絵本) 1976年11月

「ホッホーくんのおるすばん」 アンゲラ・ゾンマー=ボーデンブルク作;イムケ・コールト=ザンダー絵;佐々木田鶴子訳 偕成社 1993年2月

「ほんとに ほんと」 ケス・グレイ文;ニック・シャラット絵;よしがみきょうた訳 小峰書店(世界の絵本コレクション) 2006年1月

「ゆきのよるのおるすばん」 マイレ作;フィリップ・サランビエ絵;川口志保子訳 ブック・ローン出版(ファランドールコレクション) 1982年5月

「よるのおるすばん」 ひろかわさえこ作・絵 アリス館(おばけのフワリちゃんポワリちゃん1) 1998年12月

子どもの世界・生活

「よるのおるすばん」 マーティン・ワッデル文;パトリック・ベンソン絵;山口文生訳 評論社(児童図書館・絵本の部屋) 1996年11月

「ルウとリンデン 旅とおるすばん」 小手鞠るい作;北見葉胡絵 講談社(講談社の創作絵本) 2008年9月

「るすばん ジョージ ちいさくなる」 ウィリアム・ジョイス作;中川千尋訳 徳間書店 1995年9月

「るすばん だいすき」 岡本颯子作・絵 PHP研究所(PHPにこにこえほん) 1993年2月

「るすばんだいきらい」 田沢梨枝子作・絵 岩崎書店(ファミリーえほん2) 1977年12月

「わたしのるすばん」 山本祐司作・絵 ポプラ社(かぞくえほん3) 2009年9月

育児・子育て＞子どもの健康・保健衛生

「あさ おきられないニワトリ」 宮田雄吾文;ほりえあつし絵 情報センター出版局 2010年2月

「あそぼ あそぼ」 石黒幸司ほか作 砂書房(六歳臼歯の6ちゃんシリーズ) 2007年9月

「あのねかずくん はいしゃさんはこわくない」 あまんきみこ作;渡辺有一絵 ポプラ社(えほんはともだち22) 1992年7月

「おいしゃさんへ」 グニラ・ボルデ作;たかむらきみこ訳 偕成社(トミーちゃんシリーズ) 1976年1月

「おおきくなったかな?」 リンネ・ビー作;野坂悦子訳 講談社(講談社の幼児えほん) 2008年11月

「かえるのよぼうちゅうしゃ」 さくらともこ作;せべまさゆき絵 PHP研究所(PHPわたしのえほんシリーズ) 1999年5月

「かぜひいちゃった」 スザンナ・グレッツ作・絵;各務三郎訳 岩崎書店(テディベアのえほん8) 1985年3月

「かぜひいちゃったかな?」 リンネ・ビー作;野坂悦子訳 講談社(講談社の幼児えほん) 2008年11月

「かぜひきころわん」 間所ひさこ作;黒井健絵 ひさかたチャイルド(プチころわん) 1999年1月

「かぜをひいたケイティ」 シャーロット・コーワン文;ケイティ・ブラウン絵;にしむらひでかず訳 サイエンティスト社 2009年10月

「からだのなかでドゥンドゥンドゥン」 きさかりょう文;あべひろし絵 福音館書店(幼児絵本ふしぎなたねシリーズ) 2008年12月

「からだの絵本」 砂川しげひさ作 星の環会(だいじな絵本1) 2006年12月

「からだは水でできている」 沖大幹監修;嶋田泰子文;佐藤真紀子絵 ポプラ社(水ってなんだろう3) 2009年3月

子どもの世界・生活

「きいてみよう しんぞうのおと」 ポール・シャワーズ作;ホリー・ケラー絵;ほそやりょうた訳 福音館書店 2009年9月

「きみがしらない ひみつの三人」 ヘルメ・ハイネ作・絵;天沼春樹訳 徳間書店 2004年3月

「くすり いやだもん」 たきもとつみき作;わたなべあきお絵 こずえ(やだもんくんシリーズ) 1984年6月

「けんこうしんだん」 ヘレン・オクセンバリー作・絵;なかむらくみこ訳 ほるぷ出版(はじめてのえほん6) 1983年12月

「さかながこわいクジラ」 宮田雄吾文;海谷泰水絵 情報センター出版局 2010年2月

「シーザーのハに かんぱい」 アンヌ・シュシュマン文;ミッシェル・バケ絵;いわきとしゆき訳 アスラン書房 1994年9月

「シーマくん びょうきになる」 エミール・ジャドゥール作;石津ちひろ訳 小学館(シーマくんとペギーちゃん) 2006年10月

「すっす っはっはっ こ・きゅう・う」 長野麻子作;長野ヒデ子絵 童心社(絵本・こどものひろば) 2010年11月

「たいへん はが ないの」 エイミー・マクドナルド文;マージョリー・プライスマン絵;角野栄子訳 BL出版 1999年5月

「ちゅうしゃなんかこわくない」 穂高順也作;長谷川義史絵 岩崎書店(えほんのぼうけん10) 2010年3月

「でたぁ」 山中恒文;金子三蔵絵 小峰書店(えほんらんど13) 1982年3月

「テレビみないであそぼうよ」 スタン・ベレンスティン;ジャン・ベレンスティン作;HEART訳 偕成社(ベア・ファミリーえほん8) 1993年6月

「テントのちいさなは」 リカルド・アルカンターラ作;グスティ絵;しまむらかよ訳 ポプラ社(こいぬのテント2) 2002年2月

「ねこのちゅうしゃ」 間所ひさこ作;渡辺有一絵 フレーベル館(おはなしメルヘン8) 1994年10月

「ねこのちゅうしゃ」 間所ひさこ作;渡辺有一絵 フレーベル館(おはなしメルヘン8) 1994年10月

「パオちゃんのかぜひいちゃった」 仲川道子作・絵 PHP研究所 1988年10月

「はがいたい かいじゅうくん」 ローズ・インピ文;ジョナサン・アレン絵;いわきとしゆき訳 アスラン書房(かいじゅうくんとかえるくん) 1996年6月

「はがぬけたとき こうさぎは…」 ルーシー・ベイト文;ディアン・ド・グロート絵;河津千代訳 リブリオ出版 2002年4月

「はくしょん かぜひいたの」 花形恵子作;北山葉子絵 偕成社(ロミちゃんムーちゃんえほん6) 1985年1月

「はっぴーバースデイ」 石黒幸司ほか作 砂書房(六歳臼歯の6ちゃんシリーズ) 2007年9月

子どもの世界・生活

「ババールとおいしゃさん」L.ド・ブリュノフ作;しまづさとし訳;おのかずこ文　評論社(ミニ・ババール1)　1975年12月

「ピーマンマンとかぜひきキン」さくらともこ作;中村景児絵　岩崎書店(えほん・ハートランド5)　1994年7月

「びょうきのブルンミ」マレーク・ベロニカ文・絵;羽仁協子訳　風涛社(マレーク・ベロニカの本)　2006年2月

「ぼうや、おくちをあけて」エイミー・ヘスト文;アニタ・ジェラーム絵;小川仁央訳　評論社(児童図書館・絵本の部屋)　2002年10月

「ぼく、かぜひいちゃった!」ディディエ・デュフレーン文;アルメル・モデレ絵;那須田淳訳　ひくまの出版　2003年9月

「ぼくはオニじゃない!」福田岩緒作　童心社　2002年9月

「ボサいぬくんのかゆーいいちにち」デイビッド・ベッドフォード文;グウィネス・ウィリアムソン絵;きむらゆういち訳　くもん出版　2004年12月

「マドレンカ」ピーター・シス作;松田素子訳　BL出版　2001年7月

「ママ、ママ、おなかがいたいよ」レミー・チャーリップ作・絵;つぼいいくみ訳　福音館書店(世界傑作絵本シリーズ・アメリカの絵本)　1981年11月

「マルチーヌかぜをひく」ジルベール・ドラエイ作;マルセル・マルリエ絵;黒木義典訳;板谷和雄文　ブックローン出版(ファランドールえほん17)　1984年1月

「むしばいっかのおひっこし」にしもとやすこ作・絵　講談社(講談社の創作絵本)　2009年5月

「むしばきんが　やってきた」わたなべあきお作・絵　アリス館(けんこうえほん)　1988年4月

「めがねなんか、かけないよ」レイン・スミス作;青山南訳　ほるぷ出版　1993年2月

「もうすぐぬけそうぐらぐらのは」ディー・シュルマン作・絵;山脇恭訳　フレーベル館　1999年5月

「ロージー、はがぬける」マリアン・マクドナルド文;メリッサ・スイート絵;松野正子訳　冨山房　1993年9月

「大おとことちゅうしゃ」深見春夫作　福武書店　1991年2月

育児・子育て＞食育

「いーれーてー」わたなべあや作　アリス館　2010年3月

「いただきまあす」渡辺茂男文;大友康夫絵　福音館書店(福音館の幼児絵本)　1980年6月;福音館書店　1978年5月

「うさこちゃんのはたけ」ディック・ブルーナ文・絵;まつおかきょうこ訳　福音館書店　2005年4月

「えほんもやしもん「きんのオリゼー」いただきます」いしかわまさゆき作・絵　講談社　2009年10月

子どもの世界・生活

「きょうから おはし」 とくながまり；みやざわはるこ作　アリス館（ゆうちゃんは3さいシリーズ1）　1999年1月

「ちいさなうたえほん ごはんのうた」 いまむらあしこ作；いちかわなつこ絵　ポプラ社（こんにちは！えほん14）　2006年5月

「でんきがまちゃんとおなべちゃん」 長野ヒデ子著　学習研究社（学研おはなし絵本）　2006年7月

「バーガーボーイ」 アラン・デュラント文；松岡芽衣絵；真珠まりこ訳　主婦の友社　2006年8月

「ほら みてみて」 花之内雅吉作・絵　鈴木出版（たんぽぽえほんシリーズ）　2008年2月

「マカンバ・マギーがたべたソーセージ」 パトリック・ロア作；青山南訳　光村教育図書　2007年11月

「地球はふしぎなベイビー農園」 きのひなた著；yaku絵　星の環会（星のベイビーサーカス）　2006年4月

育児・子育て＞食育＞たべもののすききらい

「おかし・な・ごはん」 山岡ひかる作　偕成社（日本の絵本）　2002年4月

「きらいさ きらい」 中川ひろたか文；工藤ノリコ絵　理論社　2009年7月

「くもかいじゅう」 深見春夫作・絵　PHP研究所（PHPわたしのえほん）　2004年11月

「クリスティーヌといわし」 エレーヌ・レイ文；エヴ・タルレ絵；波木居慈子訳　ほるぷ出版　1988年2月

「ごんがねらっているよ」 山元護久作；田畑精一絵　ひさかたチャイルド（ひさかたメルヘン2）　1981年9月

「ぜったいたべないからね」 ローレン・チャイルド作；木坂涼訳　フレーベル館（ほんやくえほん140）　2002年1月

「そらとぶすぷーん」 ささもとけい作・絵　岩崎書店（母と子の絵本10）　1975年2月

「チコちゃん こまった こまったね」 たんじあきこ作　ほるぷ出版（ほるぷ創作絵本）　2010年3月

「ちゃんとたべなさい」 ケス・グレイ文；ニック・シャラット絵；よしがみきょうた訳　小峰書店（世界の絵本コレクション）　2002年5月

「テーブルのうえで」 なかえよしを作；上野紀子絵　講談社　1975年11月

「ピーマン にんじん たまねぎ トマト！」 平田昌広文；平田景絵　文化出版局　2005年10月

「ピーマンなんてこわくない－えんじぇるまもたん」 リサ・オーバー絵；比良凛文　アリス館　2002年11月

「ポチポチのレストラン」 井川ゆり子文・絵　文渓堂　2005年12月

「まこちゃんのおべんとう」 こわせたまみ作；尾崎真吾絵　佼成出版社（園児のすくすく絵本9）　1988年4月

子どもの世界・生活

「まめぼうやのリトル・ピー」 エイミー・クロウス・ローゼンサール作；ジェン・カラーチー絵；石津ちひろ訳 コンセル 2006年4月
「もったいないばあさんの いただきます」 真珠まりこ作・絵 講談社（講談社の創作絵本） 2009年6月
「やさいさんごめんね」 志茂田景樹；石川あゆみ絵 KIBA BOOK（よい子に読み聞かせ隊の絵本8） 2001年3月
「やさいすーぷとりえちゃん」 まじませつこ作 フレーベル館（フレーベル館のえほん・タイニーシリーズ18） 1981年7月
「やさいなんて、だいすき!」 服部由美作；あさいとおる絵 新風舎 2007年7月
「やさいのおしゃべり」 泉なほ作；いもとようこ絵 金の星社 2005年5月

育児・子育て＞性教育

「ねえ、だれがこどもをつくるの？」 ヤーノシュ作；平野卿子訳 講談社 1993年9月
「ママがたまごをうんだ！」 バベット・コール作；ちばみどり訳 ほるぷ出版 1994年1月

運動・スポーツ

「あさのたいそう1・2・3！」 村田善子作 長崎出版(cub label) 2006年8月
「エルシー・ピドック、ゆめでなわとびをする」 エリナー・ファージョン作；シャーロット・ヴォーグ絵；石井桃子訳 岩波書店 2004年6月
「えんぴつのおすもう」 かとうまふみ作・絵 偕成社 2004年11月
「おさるのジョージやきゅうじょうへいく」 M.レイ原作 岩波書店 2009年7月
「おやおや、おやさい」 石津ちひろ文；山村浩二絵 福音館書店（幼児絵本シリーズ） 2010年6月
「かこいをこえたホームラン」 ケン・モチヅキ作；ドム・リー絵；ゆりよう子訳 岩崎書店（世界の絵本9） 1993年12月
「ガボンバのバット」 牛窪良太作・絵 講談社 2000年4月
「カリ・コリ・モルチンの 1・2・3サッカー」 瀧原愛治作・絵 偕成社 1998年4月
「カロリーヌはめいコーチ」 ピエール・プロブスト作；山下明生訳 BL出版（カロリーヌとゆかいな8ひき） 2009年4月
「がんばれ けろファミリー！」 井上よう子作；相野谷由起絵 ひさかたチャイルド 2010年4月
「ゴー・ゴー・ゴール！」 さこんらんこ文；かべやふよう絵 フレーベル館 2010年5月
「ゴオォォール！」 コリン・マクノートン作；いわきとしゆき訳 アスラン書房 2006年11月
「こだぬきおーた はっけよいのこった」 かまたのぶこ作 童心社（とことこえほん） 2009年8月

子どもの世界・生活

「サカボーのぼうけん」 清水圭絵・文 梛出版社 2009年6月

「サッカーしようよ!ブルンミ」 マレーク・ベロニカ文・絵;羽仁協子訳 風涛社 2010年9月

「たぬきチームはバッカース」 鶴見正夫作;岩村和朗画 童心社(童心社の絵本8) 1979年8月

「たのしいうんどう」 ローズ・インピ文;ジョナサン・アレン絵;いわきとしゆき訳 アスラン書房(かいじゅうくんとかえるくんシリーズ) 1996年8月

「ダラス タイタンの月曜日」 カーラ・カスキン作;マーク・サイモント絵;岩谷時子訳 ジー・シー 1987年10月

「ちいさくても大丈夫」 ロベルト・カルロス著;中谷綾子・アレキサンダー構成・文;はまのゆか絵 集英社 2007年12月

「ちびっこサッカー－ブラジルサッカーはここからはじまる」 クリステネス・オリヴェイラ作;まふねかずお訳 新世研 1998年6月

「つなひき」 たかはしとおる文・絵 ぎょうせい(そうさくえほん館4-なかまっていいな) 1992年6月

「つぶときつねのはしりっこ」 いしだとしこ文;みやじまともみ絵 アスラン書房 2005年4月

「とうさんとはしろう」 長崎源之助文;村上勉絵 偕成社(くまのとうさん3) 1983年9月

「どすこい!むしずもう」 タツトミカオ作・絵 ひさかたチャイルド 2008年7月

「ともこちゃんは銀メダル」 細川佳代子お話;東郷聖美絵 ミネルヴァ書房 2009年3月

「ニャンニャン シティマラソン」 谷川晃一作 教育画劇 2008年2月

「パオちゃんのみんなでたいそう」 仲川道子作・絵 PHP研究所 2006年9月

「はなすもんか!」 宮西達也作・絵 鈴木出版(チューリップえほんシリーズ) 1997年11月

「ババールとスポーツ」 L.ド・ブリュノフ作;しまづさとし訳;おのかずこ文 評論社(ミニ・ババール11) 1976年4月

「ハルウララ」 那須田稔文;小坂茂絵 ひくまの出版 2004年5月

「ふうた どんまい」 村上康成作 文化出版局 1987年4月

「プフとユピーのボクシング」 ピエール・プロブスト作;やましたはるお訳 BL出版 2004年6月

「ホームランを打ったことのない君に」 長谷川集平作 理論社 2006年4月

「ぼくんちに、マツイヒデキ!?」 あさのますみ作;飯野和好絵 学習研究社(学研おはなし絵本) 2009年5月

「ホットドッくんのホームラン」 中村まさあき文・絵 ポプラ社(絵本・おはなしのひろば15) 1986年1月

「まほうのタオル」 おのりえん文;はたこうしろう絵 フレーベル館(おかしきさんちのものがたり) 2009年8月

子どもの世界・生活

「みつごのおてんばむすめ スポーツだいすき」 メルセ・コンパニュ文;ルゼ・カプデヴィラ絵;竹田篤司,辻昶訳 DEMPA/ペンタン 1988年11月

「ミラクルゴール！」 マイケル・フォアマン;せなあいこ訳 評論社(児童図書館・絵本の部屋) 2002年7月

「むしサッカー はらっぱカップ」 杵川希文;近藤薫美子絵 教育画劇 2006年5月

「もくもくドーム」 岩国哲人作;土田義晴絵 女子パウロ会 1993年4月

「ももんちゃんどすこーい」 とよたかずひこ作・絵 童心社(ももんちゃんあそぼう) 2001年9月

「ゆかりのでんぐりがえり」 白根美代子絵;庄野英二文 国土社(国土社の創作えほん15) 1979年2月

「海をかっとばせ」 山下明生作;杉浦範茂絵 偕成社 2000年7月

「先生のあだなは女すもうとり」 山本なおこ作;宮崎耕平絵 ポプラ社(絵本・子どものくに1) 1983年10月

「夢はワールドカップ」 ティム・ヴァイナー作;川平慈英訳 あかね書房(あかね・新えほんシリーズ10) 2001年11月

運動・スポーツ＞運動会

「10ぴきのかえるのうんどうかい」 間所ひさこ作;仲川道子絵 PHP研究所(PHPにこにこえほん) 1999年9月

「あしたはうれしいうんどうかい」 いなつぐかつら作;むかいながまさ絵 金の星社(こどものくに傑作絵本) 1998年4月

「あしたはうんどうかい」 こわせたまみ作;福田岩緒絵 佼成出版社 1986年5月

「あめがふってよかったね」 よしいたかこ作;石倉ヒロユキ絵 佼成出版社(どんぐりえほんシリーズ) 2010年5月

「うんどうかいがはじまった」 寺村輝夫作;いもとようこ絵 あかね書房(くりのきえんのおともだち6) 1983年9月

「うんどうかいをはじめます」 宮川ひろ文;たなかまきこ絵 新日本出版社 1979年9月

「おにいちゃんは2とうしょう」 しみずみちを作;渡辺有一絵 銀河社 1981年7月

「かえるのつなひき」 さくらともこ作;せべまさゆき絵 PHP研究所 2001年6月

「かわのなかのうんどうかい」 今井鑑三作;山戸亮子絵 文渓堂 2001年8月

「がんばれパク」 杉浦範茂絵;藤田よし子文 ひかりのくに(ひかりのくに傑作シリーズ2) 1970年1月

「きんぎょのうんどうかい」 高部晴市著 フレーベル館(フレーベル館の秀作絵本29) 2001年6月

「こぎつねキッコ うんどうかいのまき」 松野正子文;梶山俊夫絵 童心社(キッコシリーズ) 1989年7月

子どもの世界・生活

「こぶたのブルトン あきはうんどうかい」 中川ひろたか作;市居みか絵 アリス館 2006年9月

「ころわんがよういどん!」 間所ひさこ作;黒井健絵 ひさかたチャイルド 2008年8月

「ジャッキーのうんどうかい」 あだちなみ絵;あいはらひろゆき文 ブロンズ新社(くまのがっこうシリーズ) 2006年8月

「ぞうの金メダル」 斉藤洋作;高畠那生絵 偕成社 2004年7月

「たのしいうんどうかい」 ニック・バターワース;ミック・インクペン文・絵;石沢泰子訳 DEMPA/ペンタン 1992年10月

「とってもいいこと」 内田麟太郎文;荒井良二絵 クレヨンハウス 2005年9月

「ともちゃんとこぐまくんの うんどうかい」 あまんきみこ作;西巻茅子絵 福音館書店(日本傑作絵本シリーズ) 1992年6月

「とんぼのうんどうかい」 加古里子絵・文 偕成社(かこさとしおはなしのほん2) 1972年12月

「のんびりやまの マラソンたいかい」 木暮正夫作;夏目尚吾絵 フレーベル館(キンダーおはなしえほん) 1993年5月

「パオちゃんのうんどうかい」 仲川道子作・絵 PHP研究所 2008年4月

「はしれ!ウリくん」 きむらゆういち作;せべまさゆき絵 金の星社(新しいえほん) 2003年7月

「ビーンワールド5 ランナー・ビーンの涙と友情」 メライン・ジョセフィーヌ・バンクス作;杉山愛訳 如月出版 2007年9月

「びっくり かけっこ いっとうしょう」 西本鶏介作;西村達馬絵 佼成出版社(園児のすくすく絵本4) 1987年7月

「へんしんマラソン」 あきやまただし作・絵 金の星社 2005年9月

「へんてこやまのうんどうかい」 かんなりまさこ作;くすはら順子絵 ひさかたチャイルド 2007年8月

「もうすぐどきどきうんどうかい」 こわせたまみ作;秋里信子絵 PHP研究所(わたしのえほん) 2001年9月

「もりのともだち」 アンドレ・ダーハン作;田島かの子訳 小学館 2002年11月

「よーい どんけつ いっとうしょう」 梅田俊作;梅田佳子作・絵 岩崎書店(えほん・ワンダーランド2) 1985年5月

「森のうんどうかい」 舟崎克彦作;上條滝子絵 ポプラ社(絵本のひろば17) 1975年10月

夏休み

「アーサーのなつやすみ」 マーク・ブラウン作;ふたみあやこ訳 青山出版社 1999年11月

「あたらしい友だち」 ビショニエ文;ロバン;オトレオー絵;山口智子訳 文化出版局(クレマンチーヌとセレスタン) 1983年7月

子どもの世界・生活

「アルザスのおばあさん」プーパ・モントフィエ絵・文；末松氷海子訳　西村書店　1986年8月

「アンモナイトの夏」本木洋子文；高田三郎絵　新日本出版社　2007年4月

「いるかのうみ」菅瞭三作　福音館書店（日本傑作絵本シリーズ）　1997年9月

「ウエズレーの国」ポール・フライシュマン作；ケビン・ホークス絵；千葉茂樹訳　あすなろ書房　1999年6月

「うみのいえのなつやすみ」青山友美作　偕成社　2008年6月

「おとうさんのいなか」福田岩緒作・絵　ポプラ社（えほんはともだち6）　1989年12月

「オパールちゃんのなつやすみ」ホリー・ホビー作；二宮由紀子訳　BL出版（トゥートとパドル）　2004年7月

「かいじゅうじまのなつやすみ」風木一人作；早川純子絵　ポプラ社（絵本カーニバル10）　2006年7月

「ガスパール うみへいく」アン・グッドマン文；ゲオルグ・ハレンスレーベン絵；石津ちひろ訳　ブロンズ新社　2003年5月

「カタリンのなつやすみ」ヘルメ・ハイネ作・絵；矢川澄子訳　佑学社（ヨーロッパ創作絵本シリーズ36）　1980年8月

「かっぱちゃん」やすいすえこ作；梅田俊作絵　すずき出版；金の星社（こどものくに傑作絵本）　1988年9月

「カロリーヌ のうじょうへいく」ピエール・プロブスト作；山下明生訳　BL出版（カロリーヌとゆかいな8ひき）　2000年4月

「カロリーヌと いなかのべっそう」ピエール・プロブスト作；山下明生訳　BL出版（カロリーヌとゆかいな8ひき）　1999年5月

「きょうはすてきなくらげの日！」武田美穂作・絵　ポプラ社（えほんとなかよし55）　1998年7月

「きらきらひりひり」薫くみこ作；川上越子絵　ポプラ社（絵本カーニバル1）　2003年6月

「ぎんぎんあそべ かんかんあそぼ」梅田俊作；梅田佳子作・絵　岩崎書店（岩崎創作絵本19）　1993年6月

「くりでんたろうのなつやすみ」大谷正紀文；菊地義彦絵　仙台文化出版社　1982年7月

「けん太と山どり」小林しげる文；藤本四郎絵　文研出版（えほんのもり）　2006年9月

「コケッコーさんのなつやすみ」かろくこうぼう作　フレーベル館（コケッコーさんシリーズ5）　2009年7月

「こねずみミコの なつやすみってさいこう！」ブリギッテ・ベニンガー文；シュテファニー・ローエ絵；二宮由紀子訳　BL出版　2006年7月

「じゅりじゅりのなつやすみ！」こわせたまみ作；秋里信子絵　PHP研究所（PHPわたしのえほん）　1994年5月

子どもの世界・生活

「しろへびでんせつ」 山下ケンジ作・絵 講談社 1995年2月

「すーちゃんのなつやすみ」 やまぐちすわこ作 アスラン書房(心の絵本) 2002年6月

「すばらしいとき」 ロバート・マックロスキー文・絵;わたなべしげお訳 福音館書店(世界傑作絵本シリーズ・アメリカの絵本) 1978年7月

「ゼフィールのなつやすみ」 ジャン・ド・ブリュノフ原作;せなあいこ訳 評論社(ババールのポケット・ブック6) 1994年10月

「だいちゃんとうみ」 太田大八作・絵 福音館書店(こどものとも傑作集) 1992年4月

「タウザーのなつやすみだいすき」 トニー・ロス作;山脇恭訳 ペンタン(タウザーの本) 1985年10月

「とうちゃんのしま」 関屋敏隆作・絵 フレーベル館(フレーベル館の新秀作絵本4) 1992年7月

「なぁんくくるん なぁんくくるん」 中川まちこ文;いまきみち絵 そうえん社(そうえん社・日本のえほん16) 2009年8月

「なつのおうさま」 薫くみこ作;ささめやゆき絵 ポプラ社(絵本のおもちゃばこ26) 2007年6月

「なつのおきゃくさま」 山本まつ子文・絵 新日本出版社(新日本出版社の絵本ふれあいシリーズ4) 1983年8月

「ねこがおしえてくれたよ」 たからしげる作;久本直子絵 教育画劇 2010年6月

「ばあちゃんのなつやすみ」 梅田俊作;梅田佳子作・絵 岩崎書店(新・創作絵本17) 1980年7月

「ばあちゃんママのなつやすみ」 ふりやかよこ作・絵 ポプラ社(絵本・子どものくに25) 1987年5月

「バーバパパのなつやすみ」 アネット・チゾン;タラス・テイラー作;山下明生訳 講談社(講談社のバーバパパえほん8) 1995年3月

「ババールといたずらアルチュール」 ロラン・ド・ブリュノフ作;矢川澄子訳 評論社(評論社の児童図書館・絵本の部屋 ぞうのババール6) 1975年6月

「バランティヌの夏休み」 ボリス・モアサール文;ミシェル・ゲイ絵;末松氷海子訳 文化出版局 1983年5月

「はるかな湖」 アレン・セイ作;椎名誠訳 徳間書店 1999年2月

「ぷしゅー」 風木一人作;石井聖岳絵 岩崎書店(カラフルえほん17) 2006年6月

「ベアくんのなつやすみ」 スタン・ベレンスタイン;ジャン・ベレンスタイン作・絵;緒方安雄文 日本パブリッシング 1969年1月

「ペネロペ うみへいく」 アン・グットマン文;ゲオルグ・ハレンスレーベン絵;ひがしかずこ訳 岩崎書店(ペネロペおはなしえほん3) 2005年2月

「ボビーとやぎのエグランチーヌ」 ピエール・プロブスト作;やましたはるお訳 BL出版 2004年8月

子どもの世界・生活

「みつごのおてんばむすめ すてきないろのまち」メルセ・コンパニュ文;ルゼ・カプデヴィラ絵;辻昶;竹田篤司訳 DEMPAペンタン 1986年11月

「みつごのおてんばむすめ すてきないろのまち」メルセ・コンパニュ文;ルゼ・カプデヴィラ絵;辻昶;竹田篤司訳 ペンタン 1985年11月

「みっぷちゃっぷやっぷ うみにいく」筒井頼子文;はたこうしろう絵 童心社(絵本・こどものひろば) 2008年6月

「みどりの船」クェンティン・ブレイク作;千葉茂樹訳 あかね書房(あかねせかいの本) 1998年5月

「ムスティのなつやすみ」スタジオTVデュプイ製作;榊原晃三;那須田稔訳 小学館(ムスティの絵本9) 2001年2月

「モリーのなつやすみ」アントニオ・ヴィンチェンティ著;杉本詠美訳 少年写真新聞社(ガラスのうしモリーのおはなし3) 2004年4月

「リサ ジャングルへいく」アン・グッドマン文;ゲオルグ・ハレンスレーベン絵;石津ちひろ訳 ブロンズ新社 2002年11月

「リッキのなつやすみ ミニ」ヒド・ファン・ヘネヒテン作・絵;のざかえつこ訳 フレーベル館(ほんやくえほん161) 2003年6月

「リョウのかぶとむし旅行」花村カナ文;荒井良二絵;三輪誠之原案 ゼネラル・エンタテイメント 1994年9月

「ロベルタのなつやすみ」シルビア・フランシア作・絵;高田桂子訳 フレーベル館 1996年7月

「ワニくんのえにっき」みやざきひろかず作・絵 ブッククローン出版 1992年7月

「映画 河童のクゥと夏休み」木暮正夫原作;原恵一監督・脚本 小学館(小学館のアニメ絵本) 2007年7月

「花火の夜に」佐々木貴行作 ART BOXインターナショナル 2008年8月

「海へおいでよ」もりもとかずこ作;おぐらあけみ絵 アースメディア 2006年12月

「水色の足ひれ」佐藤まどか作;大西ひろみ絵 BL出版 2006年12月

「青い大きな家」ケイト・バンクス作;G.ハレンスレーベン絵;いまえよしとも訳 BL出版 2008年6月

「父ちゃんと旅にでた-ぼくの北海道日記」関屋敏隆絵・文 偕成社 1982年7月

家族＞あかちゃん

「あ、きこえたよ」堤江実文;堤大介絵 PHP研究所(PHPにこにこえほん) 2009年8月

「アーサーと赤ちゃん」マーク・ブラウン作;ふたみあやこ訳 青山出版社 1999年7月

「あかいくるまのついたはこ」モウド;ミスカ・ピーターシャム作;渡辺茂男訳 童話館 1995年3月

子どもの世界・生活

「あかちゃん こんにちは」 スタン・ベレンスティン;ジャン・ベレンスティン作;HEART訳 偕成社(ベア・ファミリーえほん1) 1991年12月

「あかちゃん ちゅっ」 スーザン・メイヤー文;マーラ・フランジー絵;ささきもとえ訳 バベルプレス 2008年3月

「あかちゃんあずかりまーす」 ひらのよしと作 国土社(たいへんマーチン1) 1984年7月

「あかちゃんおうさま」 のぶみ文・絵 草炎社(そうえんしゃ・日本のえほん2) 2005年11月

「あかちゃんが いっぱい」 テッサ・ダール文;シヴォーン・ドッズ絵;松川真弓訳 評論社(児童図書館・絵本の部屋) 1993年7月

「あかちゃんがうまれたら なるなるなんになる?」 スギヤマカナヨ作 ポプラ社(絵本・いつでもいっしょ29) 2009年4月

「あかちゃんがうまれる」 アニュエス・ロザンスチエール文・絵;庄司洋子訳 草土文化 1978年12月

「あかちゃんがやってきた」 角野栄子作;はたこうしろう絵 福音館書店 2009年10月

「あかちゃんカラスはうたったよ」 ジョン・ロウ作;高橋源一郎訳 講談社(世界の絵本) 1996年2月

「あかちゃんからのおくりもの—星きらら村ものがたり」 わたなべリオ作・絵 ポプラ社(えほんとなかよし19) 1992年11月

「あかちゃんでておいで!」 マヌシュキン作;ヒムラー絵;松永ふみ子訳 偕成社 1977年1月

「あかちゃんとおるすばん」 ローズ・インピ文;ジョナサン・アレン絵;いわきとしゆき訳 アスラン書房(かいじゅうくんとかえるくん) 1996年6月

「あかちゃんなんかすててきて」 伊勢英子作・絵 ポプラ社(絵本・子どもの世界) 1983年4月

「あかちゃんにあえる日」 キンバリー・ウィリス・ホルト作;ギャビ・スヴァトコフスカ絵;河野万里子訳 小峰書店(わくわく世界の絵本) 2009年9月

「あかちゃんのおと」 みやにしたつや作・絵 金の星社(はじめての絵本たいむ) 2007年1月

「あかちゃんのおへや」 松谷みよ子作;岡本半三画 講談社(松谷みよ子・どうわえほん) 1976年10月

「あかちゃんのくるひ」 岩崎ちひろ絵・文;武市八十雄案 至光社(ブッククラブ国際版絵本) 1970年1月

「あかちゃんのはなし」 与田凖一作;吉井忠絵 福音館書店(こどものとも傑作集) 1967年5月

「あかちゃんのゆりかご」 レベッカ・ボンド作;さくまゆみこ訳 偕成社 2002年1月

「あっあっあっ、みーつけた!」 徳永満理文;垂石眞子絵 童心社 2006年11月

「あなたがとってもかわいい」 みやにしたつや作・絵 金の星社 2008年2月

子どもの世界・生活

「あなたは だれ？」 シャーロット・ゾロトウ文；ライス・キャサル絵；みらいなな訳 童話屋 1990年10月

「あのこはだーれ」 岸田衿子文；長新太絵 ひかりのくに（あかちゃんのえほん9） 1982年2月

「アボカド・ベイビー」 ジョン・バーニンガム作；青山南訳 ほるぷ出版 1993年8月

「いたずらうさぎデイビー あかちゃんすきだもん」 イブ・タルレ絵；ブリギッテ・ヴェニンガー文；立原えりか訳 講談社（世界の絵本） 1998年5月

「いっぱい いっぱい」 トリシュ・クック作；ヘレン・オクセンバリー絵；木島始訳 ほるぷ出版 1995年4月

「いのち」 福里真一文；坂知夏絵 コクヨS&T（たいせつなものシリーズ1いのち） 2007年11月

「うさこちゃんとあかちゃん」 ディック・ブルーナ文・絵；まつおかきょうこ訳 福音館書店 2005年4月

「うしお」 伊藤秀男作 ビリケン出版 2007年8月

「うちのあかちゃんトンパちゃん」 クリスティーナ・ロウヒ作・絵；坂井玲子訳 徳間書店 1996年8月

「うみのひかり」 緒島英二作；土田義晴絵 教育画劇（みんなのえほん） 1997年6月

「おいしいおかおパピプペポ」 とよたかずひこ作 アリス館（めんこいあかちゃんシリーズ） 2010年12月

「おおきくなったかな?」 リンネ・ビー作；野坂悦子訳 講談社（講談社の幼児えほん） 2008年11月

「おおきくなったよ さるのあかちゃん」 さえぐさひろこ文；松成由起子写真 ひさかたチャイルド（しぜんにタッチ!） 2008年3月

「おかあさんとあかちゃん」 中谷千代子文・絵 福音館書店 1980年4月

「おきておきて ぷーちゃん」 たるいしまこ作 ポプラ社（ぷーちゃんのえほん3） 2008年5月

「おせおせうばぐるま」 ミッシェル・ゲ作・絵；かわぐちけいこ訳 福音館書店（世界傑作絵本シリーズ・フランスの絵本） 1985年11月

「おたんじょうびに」 竹下文子文；牧野鈴子絵 文研出版（えほんのもり13） 1989年7月

「おっぱい いっぱい」 溝江玲子作；いるまがわゆりこ絵 ひさかたチャイルド 2007年5月

「おとうさんがおとうさんになった日」 長野ヒデ子作 童心社（絵本・こどものひろば） 2002年5月

「おなかのすいたあかちゃんひとり」 ルーシー・コーツ絵；スー・ヘラード文；いぬいゆみこ訳 童話館 1994年9月

「おにと あかんぼう」 西本鶏介作；梅田俊作絵 すずき出版；金の星社（こどものくに傑作絵本） 1987年12月

子どもの世界・生活

「おねえさんになったの」 ジョアンナ・コール文 ; マクシー・チェンブリス絵 ; みぞいまさみ訳 バベルプレス 2008年11月

「おねえちゃんていいな」 伊勢英子作・絵 ポプラ社(絵本・子どもの世界) 1983年4月

「おばあちゃんのカメラ」 ひろせよしこ文 ; かみたにひろこ絵 遊タイム出版 2001年5月

「おふうたいそうできちゃうもん」 あべすすむ文 ; なかしまきよし絵 KABA書房 1984年4月

「おふうのいちにち」 あべすすむ文 ; なかしまきよし絵 KABA書房 1984年4月

「おへそのあな」 長谷川義史作 BL出版 2006年9月

「おめでとう たいせつなあなたへ」 いとうえみこ文 ; 伊藤泰寛写真 ポプラ社(からだとこころのえほん15) 2009年11月

「おやすみのキッス」 カレン・カッツ作 ; 石津ちひろ訳 講談社(講談社の翻訳絵本) 2003年10月

「かくれんぼももんちゃん」 とよたかずひこ作・絵 童心社(ももんちゃんあそぼう) 2003年4月

「かぜひいちゃったかな?」 リンネ・ビー作 ; 野坂悦子訳 講談社(講談社の幼児えほん) 2008年11月

「かみさまからのおくりもの」 樋口通子作 こぐま社 1984年9月

「かわいい あひるの あかちゃん」 モニカ・ウェリントン絵・文 ; 多賀京子訳 徳間書店 1994年7月

「かわいいきいろのクジラちゃん」 加古里子絵・文 ポプラ社(かこさとしこころのほん8) 1985年12月

「きょうはとくべつなひ」 あらいえつこ文 ; いりやまさとし絵 教育画劇 2010年2月

「くいしんぼ くまのさん」 かしわばさちこ作 ; しもだともみ絵 偕成社(またきてね。1) 2005年9月

「くっくちゃん」 ジョイス・ダンバー作 ; ポリー・ダンバー絵 ; もとしたいづみ訳 フレーベル館 2005年11月

「くまさんいっかあかちゃんうまれる」 スタン・ベレンスタイン ; ジャン・ベレンスタイン作 ; 渡辺茂男訳 講談社(講談社のピクチュアブック2) 1979年5月

「グリーンピースのあかちゃん」 カレン・ベイカー文 ; サム・ウィリアムズ絵 ; 石津ちひろ訳 主婦の友社 2007年6月

「くるまずきのコンラート」 H.マンツ作 ; W.ホフマン画 ; 渡辺和雄訳 小学館(世界の創作童話18) 1981年8月

「げんきかなトンパちゃん」 クリスティーナ・ロウヒ作・絵 ; 坂井玲子訳 徳間書店 1996年9月

「ごくらくももんちゃん」 とよたかずひこ作・絵 童心社(ももんちゃんあそぼう) 2004年4月

子どもの世界・生活

「こちょこちょももんちゃん」 とよたかずひこ作・絵　童心社(ももんちゃんあそぼう)　2010年3月

「ことりとあかちゃんのおはなし」 アンドレ・ダーハン作；きたやまようこ訳　講談社(世界の絵本)　2004年7月

「こりゃ まてまて」 中脇初枝文；酒井駒子絵　福音館書店(0.1.2.えほん)　2008年5月

「ころんちゃん」 まつなりまりこ作　アリス館　2010年3月

「しーっ！ぼうやがおひるねしているの」 ミンフォン・ホ作；ホリー・ミード絵；安井清子訳　偕成社　1998年11月

「しかめっつらあかちゃん」 ケイト・ペティ文；ジョージー・バーケット絵；木坂涼訳　ほるぷ出版　2009年1月

「しゃぼんだまぼうや」 マーガレット・マーヒー作；ポリー・ダンバー絵；もとしたいづみ訳　フレーベル館　2009年2月

「すりすりももんちゃん」 とよたかずひこ作・絵　童心社(ももんちゃんあそぼう)　2002年5月

「せかいいちのあかちゃん」 ケヴィン・ヘンクス作；小風さち訳　徳間書店　1996年3月

「せんせいのあかちゃん」 スージー・モルゲンステルン作；セヴリーヌ・コルディエ絵；みやまさくら訳　ジュリアン(エマといっしょに4)　2008年7月

「そしてふたりでにっこりしたの」 ハーウィン・オラム文；メアリー・リース絵；まつかわまゆみ訳　評論社(児童図書館・絵本の部屋)　2000年2月

「たいへんたいへん、あかちゃん、まって！」 ペギー・ラスマン作；たがきょうこ訳　徳間書店　2004年7月

「たけしくんのて」 岡部房子作；西村達馬絵　ひさかたチャイルド(ひさかたメルヘン41)　1983年10月

「だっこして いいこ いいこ」 フィリス・ルート文；ジル・バートン絵；まつかわまゆみ訳　評論社(児童図書館・絵本の部屋)　2001年2月

「たまご」 中川ひろたか文；平田利之絵　金の星社(はじめての絵本たいむ)　2008年2月

「たまごからうまれたあかちゃん」 長谷川一光作　偕成社　1983年5月

「だめだめあっちゃん」 矢崎節夫作；坪谷令子絵　フレーベル館(フレーベル館のえほん・タイニーシリーズ8)　1980年5月

「ちいさな たからもの」 アンドレ・ダーハン作；角田光代訳　学習研究社　2008年4月

「ちいさなあかちゃん、こんにちは！未熟児ってなあに」 リヒャルト・デ・レーウ；マーイケ・シーゲル作；ディック・ブルーナ絵；野坂悦子訳　講談社　2007年3月

「ちいさなおとうと」 リスベット・スレーヘルス作；木坂涼訳　小学館(ピピとトントンのえほん)　2008年11月

「ちーちゃいチーチャ」 パトリシア・マクラクラン；エミリー・マクラクラン文；ダン・ヤッカリーノ絵；青山南訳　小峰書店(世界の絵本コレクション)　2007年12月

子どもの世界・生活

「ちょっとだけ」 瀧村有子作;鈴木永子絵 福音館書店(こどものとも絵本) 2007年11月

「デイジー あかちゃんはわたしよ」 リサ・コッパー作;いわきとしゆき訳 アスラン書房 1997年7月

「テンサイちゃんとロボママ」 サイモン・ジェームズ作;こだまともこ訳 小学館 2007年12月

「どうぶつのあかちゃんうまれた」 鈴木まもる作 小峰書店 2008年9月

「どろんこももんちゃん」 とよたかずひこ作・絵 童心社(ももんちゃんあそぼう) 2009年3月

「どんどこももんちゃん」 とよたかずひこ作・絵 童心社(ももんちゃんあそぼう) 2001年9月

「なに みてる?」 ジャネット・アルバーグ作;アラン・アルバーグ作;佐野洋子訳 文化出版局 1998年6月

「なまえはなあに?」 かさいまり文・絵 アリス館(きょうりゅうのあかちゃん2) 2006年8月

「にこにこおかお」 とよたかずひこ作 アリス館(めんこいあかちゃんシリーズ) 2010年10月

「にゃんにゃん」 長野ヒデ子作・絵 ポプラ社(長野ヒデ子わんわんえほん2) 2008年5月

「ねこのあかちゃん」 さとうわきこ文;二俣英五郎絵 いかだ社 1974年12月

「ねずみのマウスキンと森のたんじょう日」 エドナ・ミラー作;今泉吉晴訳 さ・え・ら書房 1980年3月

「ねんねどこなの」 小野寺悦子作;佐藤直行絵 ポプラ社(絵本のひろば21) 1976年2月

「ばいばい またね」 さとうわきこ作・絵 金の星社(はじめての絵本たいむ) 2007年7月

「ばかんばかんぶー」 のぶみ作 絵本館 2006年6月

「バクのあかちゃん」 あいはらひろゆき文;あきくさあい絵 教育画劇 2007年6月

「バランティヌとあかちゃん」 ボリス・モアサール文;ミシェル・ゲイ絵;末松氷海子訳 文化出版局 1983年1月

「ひとくいおにベビーのは」 アラン・ブリオン作;木本栄訳 ひくまの出版(あかちゃんモンスターシリーズ) 2002年5月

「ぷきゅっ」 かさいまり文・絵 アリス館(きょうりゅうのあかちゃん3) 2007年1月

「ふたごのあかちゃん」 北川チハル作;はたこうしろう絵 ひさかたチャイルド 2007年1月

「ふたごのあかちゃんとにげたとら」 北川チハル作;はたこうしろう絵 ひさかたチャイルド 2009年4月

「ぷるんぷるんおかお」 とよたかずひこ作 アリス館(めんこいあかちゃんシリーズ) 2009年11月

「ベビー・ディヴァインの冒険」 ベット・ミドラー作;トッド・スコル絵;松田聖子訳 河出書房新社 1985年11月

「ヘンリーのごじまんは…」 メアリー・ホフマン作;スーザン・ウィンター絵;せなあいこ訳 評論社(児童図書館・絵本の部屋) 1996年10月

子どもの世界・生活

「ホイップベアー」 ロコ・まえだ絵・文 柳原出版 2005年6月

「ぽいぽい ぷーちゃん」 たるいしまこ作 ポプラ社(ぷーちゃんのえほん1) 2007年5月

「ぼくうまれるよ」 たしろちさと作 アリス館 2007年5月

「ぼくあかんぼなんかほしくなかったのに」 マーサ・アレクサンダー作・絵;岸田衿子訳 偕成社 1980年2月

「ぼくたちのあさ」 たにむらまゆみ作・絵 偕成社 2007年5月

「ぼくのあかちゃん」 リンドグレーン作;ヴィークランド絵;いしいみつる訳 ぬぷん児童図書出版(ぬぷん絵本シリーズ1) 1982年3月

「ぼくのやま ママのやま」 池谷剛一文・絵 パロル舎 2007年4月

「ぼくは赤ちゃんがほしいの」 シャーロット・ゾロトウ文;ペネ・デュボア絵;みらいなな訳 童話屋 2007年9月

「ぼくは大ちゃん」 白岩清子文;山本まつ子絵 コーキ出版 1982年2月

「ぼくもあかちゃん」 山本まつ子作・絵 岩崎書店(ピチピチえほん8) 1980年10月

「ほしのあかちゃん」 フランク・アッシュ作;戸澤京子訳 福武書店 1982年3月

「ポッチリちゃん」 ハンナ・マンゴールト作;高橋洋子訳 リブロポート 1982年5月

「ポピーのあかちゃん」 ジル・バークレム作;岸田衿子訳 講談社(のばらの村のものがたり5) 1997年7月;講談社(講談社の翻訳絵本 のばらの村のものがたり5) 1994年9月

「ぽんぽんポコポコ」 長谷川義史作・絵 金の星社(はじめての絵本たいむ) 2007年1月

「まおちゃんのうまれたひ」 神沢利子作;加藤チャコ絵 のら書店 2003年10月

「まぜまぜ ぷーちゃん」 たるいしまこ作 ポプラ社(ぷーちゃんのえほん2) 2007年11月

「まだですか?」 柳生まち子作 福音館書店(日本傑作絵本シリーズ) 2007年5月

「ママ ほんとうにあったおはなし」 ジャネット・ウィンター作;福本友美子訳 小学館 2007年3月

「ママにあかちゃんができたの!」 ケス・グレイ文;サラ・ネイラー絵;もとしたいづみ訳 講談社(講談社の翻訳絵本) 2006年6月

「ママのおなか」 リスベット・スレーヘルス作;木坂涼訳 小学館(ピピとトントンのえほん) 2008年11月

「まんまるおかお」 とよたかずひこ作 アリス館(めんこいあかちゃんシリーズ) 2010年5月

「みつあみちゃん」 くみこ文・絵 大日本図書 2008年6月

「ミラクル・ベイビー」 サイモン・ジェームズ作;小川仁央訳 評論社(児童図書館・絵本の部屋) 2004年11月

「みんな おかえり」 飯森ミホ作・絵 金の星社(はじめての絵本たいむ) 2010年5月

「もう わらった」 やすおかかよこ;うしろよしあき文;かさいまり絵 教育画劇 2007年9月

子どもの世界・生活

「モケモケ」 荒井良二文・絵 フェリシモ出版(おはなしのたからばこ32) 2010年5月

「ももんちゃんあーん」 とよたかずひこ作・絵 童心社(ももんちゃんあそぼう) 2007年4月

「ももんちゃんえーんえーん」 とよたかずひこ作・絵 童心社(ももんちゃんあそぼう) 2005年5月

「ももんちゃんどすこーい」 とよたかずひこ作・絵 童心社(ももんちゃんあそぼう) 2001年9月

「ももんちゃんのっしのっし」 とよたかずひこ作・絵 童心社(ももんちゃんあそぼう) 2002年11月

「ももんちゃんぽっぽー」 とよたかずひこ作・絵 童心社(ももんちゃんあそぼう) 2006年4月

「もりのおたんじょうび」 松村雅子作 文化出版局 1983年7月

「ゆーらりももんちゃん」 とよたかずひこ作・絵 童心社(ももんちゃんあそぼう) 2008年4月

「ようせいベビーのおにんぎょう」 アラン・ブリオン作;木本栄訳 ひくまの出版(あかちゃんモンスターシリーズ) 2002年5月

「よしよし なでなで」 とくながまり文;いりやまさとし絵 アリス館 2008年7月

「よだれダラダラ・ベイビー」 ポーラ・ダンジガー文;G.ブライアン・カラス絵;石津ちひろ訳 BL出版 2007年1月

「わたしのあかちゃんえんじぇる」 大友康匠;大友幸子;大友美佳作 講談社 1984年10月

「わたしのデイジーがあかちゃんをうんだの」 サンディ・ラビノビッツ作・絵;箕浦万里子訳 偕成社 1982年5月

「わんわんおかお」 とよたかずひこ作 アリス館(めんこいあかちゃんシリーズ) 2009年11月

「九つの泣きべそ人形-ポーランドの民話より」 アン・ペロウスキー文;チャールス・ミコライカ絵;岩田みみ訳 ほるぷ出版 1982年11月

「赤ちゃんのようじ ママのようじ」 マリサビーナ・ルッソ作・絵;みらいなな訳 童話屋 2007年3月

「赤ちゃん天使」 戸渡阿見作;ゆめのまこ絵 たちばな出版(戸渡阿見絵本シリーズ) 2008年7月

「天のおくりもの」 グスターボ・マルティン=ガルソ文;エレナ・オドリオゾーラ絵;宇野和美訳 光村教育図書 2009年1月

家族＞おかあさん

「ああ いそがしい いそがしい！」 マイケル・フォアマン絵;ジョナサン・シップトン文;せなあいこ訳 評論社(児童図書館・絵本の部屋) 1993年9月

「あかちゃんでておいで！」 マヌシュキン作;ヒムラー絵;松永ふみ子訳 偕成社 1977年1月

子どもの世界・生活

「いってらっしゃい おかえりなさい」 クリスティーヌ・ルーミス文;たかばやしまり絵;まえざわあきえ訳 朔北社 2004年1月

「いつまでも」 アンナ・ピンヤタロ作;俵万智訳 主婦の友社 2007年11月

「いのちのまつり つながってる!」 草場一壽作;平安座資尚絵 サンマーク出版 2007年3月

「うちのおかあさん」 谷口國博文;村上康成絵 世界文化社 2009年8月

「うちのママってすてきなの」 アンソニー・ブラウン作;久山太市訳 評論社(児童図書館・絵本の部屋) 2006年10月

「えんまとおっかさん」 内田麟太郎作;山本孝絵 岩崎書店(カラフルえほん9) 2005年7月

「オオカミグーのはずかしいひみつ」 きむらゆういち作;みやにしたつや絵 童心社(絵本・こどものひろば) 2008年4月

「おかあさん だいじょうぶ?」 乳がんの親とその子どものためのプロジェクト作;黒井健絵 小学館 2010年2月

「おかあさん どーこ?」 わかやましずこ作 童心社(えほん・いっしょによんで) 2008年5月

「おかあさん どーこ」 ローナ・バリアン作;小河内芳子訳 アスラン書房 1994年4月

「おかあさん」 シャーロット・ゾロトウ文;アニタ・ローベル絵;みらいなな訳 童話屋 1993年4月

「おかあさんがいちばん」 バレリー・ゴルバチョフ作;那須田淳訳 講談社(世界の絵本) 1999年9月

「おかあさんが乳がんになったの」 アビゲイル・アッカーマン;エイドリエン・アッカーマン文・絵;飼牛万里訳 石風社 2007年6月

「おかあさんだいすき」 マージョリー・フラック文・絵;大沢昌助絵;光吉夏弥訳 岩波書店(岩波の子どもの本) 1954年4月

「おかあさんとあかちゃん」 中谷千代子文・絵 福音館書店 1980年4月

「おかあさんといっしょ」 梅田俊作;梅田佳子作 新日本出版社(あたしたちきょうだいうれしいな!5) 1985年9月

「おかあさんといっしょに」 クリストファー・ガンソン作・絵;小比賀優子訳 徳間書店 1997年4月

「おかあさんとこども」 H.A.レイ作;石竹光江訳 文化出版局(じぶんでひらく絵本1) 1970年10月

「おかあさんとさくらの木」 柴わらし作;田中清代絵 ひくまの出版 2007年4月

「おかあさんになったノラ」 山本安彦作;本田哲也絵 芸文社 2007年5月

「おかあさんのおとしもの」 佐藤さとる文;しんしょうけん画 童心社(絵本・こどものひろば) 1993年5月

子どもの世界・生活

「おかあさんのかさ」 よこやまちはる作・絵 新風舎 2007年4月
「おかあさんのたからもの」 佐藤さとる作;村上勉絵 教育研究社(すくすく童話館) 1978年5月
「おかあさんのたんじょうび」 ミヤハラヨウコ作 理論社 2008年9月
「おかあさんのパンツ3」 山岡ひかる作 絵本館 2007年4月
「おかあさんのひがさ」 みねかわなおみ作;狩野富貴子絵 PHP研究所(PHPにこにこえほん) 1998年7月
「おかあさんの目」 あまんきみこ作;くろいけん絵 あかね書房(あかね創作えほん27) 1988年6月
「おかあさんはね、」 村上淳子文;森谷明子絵 ポプラ社 2002年7月
「おかあさん先生」 竹村陽子作;じゅうりかおり絵 メリー出版 1998年10月
「おかん」 平田昌広文;平田景絵 大日本図書 2009年4月
「おこりんぼママ」 ユッタ・バウアー絵・文;小森香折訳 小学館 2000年12月
「おっぱいのはなし」 土屋麻由美文;相野谷由起絵 ポプラ社(からだとこころのえほん14) 2009年1月
「おとうさんになったおかあさん」 織茂恭子絵;西内ミナミ文 国土社(国土社の創作えほん20) 1980年5月
「おれはママじゃない!」 宮本忠夫作 童心社(絵本・こどものひろば) 1990年6月
「かあさんから 生まれたんだよ」 内田麟太郎文;味戸ケイコ絵 PHP研究所(PHPわたしのえほん) 2007年2月
「かあさんのいす」 ベラ・B.ウィリアムズ作・絵;佐野洋子訳 あかね書房(あかねせかいの本8) 1984年7月
「かあさんのおめん」 吉沢和夫文;北島新平絵 ほるぷ出版(幼児みんわ絵本24) 1986年5月
「かあさんまだかな」 イテジュン文;キムドンソン絵;チョンミヘ訳 フレーベル館 2005年10月
「かあちゃんのせんたくキック」 平田昌広文;井上洋介絵 文化出版局 2003年4月
「カモのかあさん」 ルド・モリッツ作;ダグマル・チェルナー絵;長田京子訳 佑学社(チェコスロバキアの創作絵本シリーズ5) 1978年11月
「かやねずみのおかあさん」 つちだいさむ作・絵 フレーベル館(げんきわくわくえほん32) 1997年11月
「カンガルーの子どもにもかあさんいるの?」 エリック・カール作;さのようこ訳 偕成社(ボードブック) 2003年9月
「ぎんのしずく」 小林純一作;鈴木義治画 あい書房(小林純一おはなしえほん) 1978年5月

子どもの世界・生活

「くもりのちはれ せんたくかあちゃん」 さとうわきこ作・絵 福音館書店（こどものとも傑作集） 2006年6月

「くろねこかあさん」 東君平作 福音館書店 1985年2月

「コアジサシの母さん」 松原巌樹文・絵 小峰書店（日本のえほん24） 1984年1月

「こじかーおかあさん、ぼくのことしってたの」 森英明作 福武書店 1991年5月

「ことりはことりは木でねんね」 チョン・スニ作；松谷みよ子訳 童心社 2007年9月

「これが、ぼくのかあちゃん」 長谷川知子作 童心社（絵本・ちいさななかまたち） 1995年11月

「こんこんさまにさしあげそうろう」 森はな作；梶山俊夫絵 PHP研究所（PHPこころのえほん14） 1982年2月

「しーっしずかに」 いちかわけいこ作；つるたようこ画 佼成出版社（みつばちえほんシリーズ） 2008年7月

「じゃがいもかあさん」 アニータ・ローベル作；今江祥智訳 偕成社 1982年7月

「すみだ川」 今西祐行文；太田大八絵 ポプラ社（おはなし創作えほん20古典名作） 1977年1月

「せかいでひとつだけのケーキ」 あいはらひろゆき作；あだちなみ絵 教育画劇 2006年4月

「せとうちたいこさん えんそくいきタイ」 長野ヒデ子作 童心社（絵本・ちいさななかまたち） 1999年10月

「せとうちたいこさん デパートいきタイ」 長野ヒデ子作 童心社（絵本・ちいさななかまたち） 1995年11月

「せんたくかあちゃん」 さとうわきこ作・絵 福音館書店（こどものとも傑作集） 1982年8月；福音館書店 1978年8月

「ゾウさんママのダイエット」 ジル・マーフィ作；そのひかる訳 評論社（児童図書館・絵本の部屋） 1994年11月

「だいすき、ママ！」 マーガレット・ワイルド文；スティーブン・マイケル・キング絵；三辺律子訳 主婦の友社 2007年9月

「だいすきなかあさん」 いもとようこ絵・文 至光社（ブッククラブ・国際版絵本） 2009年1月

「ただいま、かあさん」 水野寿美子作；梅田俊作絵 ポプラ社（えほんとなかよし59） 1999年7月

「だっこままとだっこちゃん」 ミッシェル・ゲ作；やましたはるお訳 リブロポート 1993年2月

「だれかがぼくを ころさないで」 内田麟太郎作；黒井健絵 PHP研究所 2010年8月

「ちいさなあなたへ」 アリスン・マギー文；ピーター・レイノルズ絵；なかがわちひろ訳 主婦の友社 2008年4月

「デイジーにおまかせ」 リサ・コッパー作；岩城敏之訳 アスラン書房 1999年1月

子どもの世界・生活

「デイジーはおかあさん」リサ・コッパー作;岩城敏之訳 アスラン書房 1997年8月

「でこあてすりすり」朝川照雄作;長谷川知子絵 岩崎書店(わくわくえほん13) 2007年10月

「テンサイちゃんとロボママ」サイモン・ジェームズ作;こだまともこ訳 小学館 2007年12月

「どうぶつのおかあさん」小森厚文;薮内正幸絵 福音館書店(福音館の幼児絵本) 1981年10月;福音館書店 1977年12月

「とんでけとんでけおおいたい」梅田俊作;梅田佳子作・絵 岩崎書店(ピチピチえほん10) 1980年11月

「にこちゃんのママのて」あきやまただし作・絵 教育画劇 2010年2月

「にわとりママとはじめてのたまご」アンドレ・ダーハン作;きたやまようこ訳 講談社(世界の絵本) 2005年12月

「のうさぎのおかあさん」椋鳩十文;たかはしきよし絵 ポプラ社(絵本・おはなしのひろば22) 1987年6月

「パーティーいきタイ せとうちたいこさん」長野ヒデ子作 童心社(せとうちたいこさんシリーズ) 2001年7月

「はい、このひとがママです！」ダイアン・グッド作;なかやまのぶこ訳 文化出版局 1992年11月

「ハリネズミかあさんの ふゆじたく」エヴァ・ビロウ作・絵;佐伯愛子訳 フレーベル館 2007年10月

「ブーのみるゆめ」宮川ひろ作;いもとようこ絵 ひかりのくに 2009年6月

「ふゆねこ」かんのゆうこ文;こみねゆら絵 講談社(講談社の創作絵本) 2010年11月

「ぼくとかあさん」いもとようこ作・絵 金の星社 2010年4月

「ぼくのいす?」すぎもとれいこ作;accototo絵 教育画劇 2009年6月

「ぼくのかあさん」ヒュー・ルーウィン文;リサ・コッパー絵;多田ひろみ訳 すぐ書房 1991年3月

「ぼくもだっこ」西條剛央作;大島妙子絵 講談社(講談社の創作絵本) 2009年11月

「ぽっかりこ」今井弓子作・絵 教育画劇(スピカのおはなしえほん18) 1986年3月

「まあちゃんのまほう」たかどのほうこ作 福音館書店(こどものとも傑作集) 2003年4月

「まかびのうま」谷真介;斎藤博之絵 あかね書房(あかね創作えほん4) 1980年12月

「マブニのアンマー おきなわの母」赤座憲久文;北島新平絵 ほるぷ出版 2005年8月

「ママ ちいさくなーれ！」リン・ジョネル文;ペトラ・マザーズ絵;小風さち訳 徳間書店 1998年9月

「ママ ほんとうにあったおはなし」ジャネット・ウィンター作;福本友美子訳 小学館 2007年3月

子どもの世界・生活

「まま、そりにのる」 長崎源之助文;西巻茅子絵 偕成社(ちいさいえほん) 1976年12月

「ママ、だいすき！ペンギンのおやこ」 マリー・マーフィー作;うみのあさ 文渓堂 1997年9月

「ママ、ぼくのことすき？しろくまポロのしんぱい」 ジャン＝バプティステ・バロニアン作;ノリス・カーン絵;灰島かり訳 平凡社 2008年6月

「ママがおうちにかえってくる！」 トメク・ボガツキ絵;ケイト・バンクス文;木坂涼訳 講談社(世界の絵本) 2004年5月

「ママがもんだい」 バベット・コール作;南本史訳 あかね書房(あかねせかいの本14) 1986年3月

「ママだいすき」 セバスチャン・ブラウン作・絵 徳間書店 2007年2月

「ママってすごいね！－ふしぎだな？知らないこといっぱい」 ミック・マニング;ブリタ・グランストローム作;せなあいこ訳 評論社(児童図書館・絵本の部屋) 2002年4月

「ママときかんぼぼうや」 バルブロ・リンドグレン作;エヴァ・エリクソン絵;小野寺百合子訳 佑学社 1981年5月

「ママのちいさいころのおはなし」 キャサリン・ラスキー文;リウェン・ファム絵;こんどうきくこ訳 バベルプレス 2008年3月

「ままのゆきだるま」 長崎源之助文;西巻茅子絵 偕成社(ちいさいえほん) 1981年12月

「ママのるすばん」 山本祐司作・絵 ポプラ社(かぞくえほん2) 2009年9月

「ママの愛がいちばん」 ディック・ガッケンバッハ作;だんばらあつこ訳 新世研 1998年10月

「ままはあわてんぼ」 長崎源之助文;西巻茅子絵 偕成社(ちいさいえほん) 1976年4月

「ままはいつでもいそがしい」 長崎源之助文;西巻茅子絵 偕成社(ちいさいえほん) 1978年3月

「ままははなよめさん」 長崎源之助文;西巻茅子絵 偕成社(ちいさいえほん) 1982年10月

「ままはもうおこっていない」 長崎源之助文;西巻茅子絵 偕成社(ちいさいえほん) 1975年10月

「ママはやくかえってきて」 ルイス・バウム作;スーザン・バーレイ絵;佐伯靖子訳 フレーベル館 1986年2月

「ママブタさん、いしになる!」 アナイス・ヴォージュラード作・絵;石津ちひろ訳 徳間書店 2008年2月

「ママもおつとめ」 梁敏子;手島悠介文;小泉恵子絵 ほるぷ出版(創作絵本) 1985年12月

「まめうしのおかあさん」 あきやまただし作・絵 PHP研究所(PHPわたしのえほんシリーズ) 2001年3月

「みつあみちゃん」 くみこ文・絵 大日本図書 2008年6月

子どもの世界・生活

「ムスティのママはびょうき」 スタジオTVデュプイ製作;榊原晃三;那須田稔訳 小学館（ムスティの絵本8） 2001年1月

「もうすぐママは星になる-がんの母親とジェイミー」 スー・ローソン原作;レベッカ・ウィーラー絵;神田由布子訳 汐文社（生きかたを考える絵本） 2007年5月

「もしもし おかあさん」 久保喬作;いもとようこ絵 金の星社 1979年7月

「ヤカンのおかんとフトンのおとん」 サトシン作;赤川明絵 佼成出版社（クローバーえほんシリーズ） 2008年11月

「ゆうくんだいすき」 朝川照雄作;長谷川知子絵 岩崎書店（わくわくえほん12） 2006年9月

「ラヴ・ユー・フォーエバー」 ロバート・マンチ作;乃木りか訳;梅田俊作絵 岩崎書店 1997年9月

「リスのおかあさん」 吉崎正巳文・絵 ポプラ社（絵本・おはなしのひろば16） 1986年2月

「わたしが母さんなら」 シャーロット・ゾロトウ文;ヒラリー・ナイト絵;みらいなな訳 童話屋 1998年4月

「わたしのママはまほうつかい-せかいいちのママがいるひとみんなに」 カール・ノラック文;イングリッド・ゴドン絵;いずみちほこ訳 セーラー出版 2007年7月

「ワニのライル、おかあさんをみつける」 バーナード・ウェーバー作;小杉佐恵子訳 大日本図書（ワニのライルのおはなし5） 1984年9月

「わらべうたいタイ」 長野ヒデ子作 童心社（せとうちたいこさんシリーズ） 2007年5月

「宮野家のえほん ももちゃんとおかあさん」 おおさわさとこ作 アリス館 2007年5月

「牛女」 小川未明作;高野玲子絵 偕成社（日本の童話名作選） 1999年10月

「隅田川-愛しいわが子をたずねて」 片山清司文;小田切恵子絵 BL出版（能の絵本） 2006年4月

「月へミルクをとりにいったねこ」 アルフレッド・スメードベルイ作;たるいしまこ絵;ひしきあきらこ訳 福音館書店 1996年2月

「子ウシをすくった母ウシ」 谷真介文;赤坂三好絵 佼成出版社（十二支むかしむかしシリーズ） 2006年9月

「子ギツネのおかあさん」 椋鳩十作;吉崎正巳絵 ポプラ社（絵本・おはなしのひろば12） 1985年8月

「赤ちゃんのようじ ママのようじ」 マリサビーナ・ルッソ作・絵;みらいなな訳 童話屋 2007年3月

「理想のママのつくりかた」 森野さかな絵・文 論創社 2010年5月;自由国民社 2002年8月

家族＞おじいさん

「1000の星のむこうに」 アネッテ・ブライ文・絵;木本栄訳 岩波書店 2007年2月

子どもの世界・生活

「あいしてます」 大野圭子文;篠崎三朗絵 文研出版(えほんのもり) 2007年12月

「あのおとなあに？」 フランチェスカ・サイモン文;デビット・メリング絵;小川仁央訳 評論社(児童図書館・絵本の部屋) 1998年2月

「いいから いいから2」 長谷川義史作 絵本館 2007年8月

「いいからいいから」 長谷川義史作 絵本館 2006年10月

「いいからいいから3」 長谷川義史作 絵本館 2008年9月

「いいからいいから4」 長谷川義史作 絵本館 2010年5月

「いそがなくっちゃ」 かさいまり作・絵 ひさかたチャイルド 2004年1月

「いつもだれかが…」 ユッタ・バウアー作・絵;上田真而子訳 徳間書店 2002年12月

「いつもみているよ」 松田もとこ作;遠藤てるよ絵 ポプラ社(絵本のおもちゃばこ16) 2006年2月

「いのちのまつり おかげさま」 草場一壽作;平安座資尚絵 サンマーク出版 2010年5月

「うみのひかり」 緒島英二作;土田義晴絵 教育画劇(みんなのえほん) 1997年6月

「エルマーとエルドーおじいちゃん」 デビッド・マッキー文・絵;きたむらさとし訳 BL出版(ぞうのエルマー9) 2002年11月

「おじいさんならできる」 フィービ・ギルマン作・絵;芦田ルリ訳 福音館書店(世界傑作絵本しりーず-カナダの絵本) 1998年6月

「おじいさんのえんぴつ」 マイケル・フォアマン作・絵;黒沢優子訳 金の星社(世界の絵本ライブラリー) 1996年9月

「おじいさんのダイヤモンド-富を考える」 セシリ・ジョセフス・イッタ文・絵;池上彰訳 今人舎 2006年7月

「おじいさんのハーモニカ」 ヘレン・V.グリフィス作;ジェイムズ・スティーブンソン絵;今村葦子訳 あすなろ書房 1995年7月;佑学社 1987年10月

「おじいさんの机」 立松和平文;鈴木まもる絵 河出書房新社(立松和平と絵本集3) 1997年3月

「おじいちゃん わすれないよ」 ベッテ・ウェステラ作;ハルメン・ファン・ストラーテン絵;野坂悦子訳 金の星社 2002年7月

「おじいちゃん」 ジョン・バーニンガム作;谷川俊太郎訳 ほるぷ出版 1985年8月

「おじいちゃんがおばけになったわけ」 キム・フォップス・オーカソン文;エヴァ・エリクソン絵;菱木晃子訳 あすなろ書房 2005年6月

「おじいちゃんがきたひから」 ジュディス・ケイリー作;あきよしこ訳 文化出版局 1987年6月

「おじいちゃんがだっこしてくれたよ」 シャーロット・ゾロトウ文;ペネ・デュボア絵;みらいなな訳 童話屋 2007年9月

子どもの世界・生活

「おじいちゃんグマのクリスマス」ボニー・プライア文;ブルース・デジャン絵;山口文生訳 評論社(児童図書館・絵本の部屋) 1987年11月

「おじいちゃんだいすき」W.ハラント作;C.O.ディモウ絵;若林ひとみ訳 あかね書房(あかねせかいの本10) 1984年12月

「おじいちゃんちで おとまり」 なかがわちひろ作・絵 ポプラ社(絵本・いつでもいっしょ18) 2006年8月

「おじいちゃんといっしょに」アリキ作・絵;代田昇訳 佑学社(アメリカ創作絵本シリーズ13) 1981年2月

「おじいちゃんとおばあちゃん」ヘレン・オクセンバリー作・絵;なかむらくみこ訳 ほるぷ出版(はじめてのえほん7) 1985年3月

「おじいちゃんとかくれんぼ」ロブ・ルイス作;かねはらみずひと訳 ほるぷ出版 1997年5月

「おじいちゃんとテオのすてきな庭」アンドリュー・ラースン文;アイリーン・ルックスバーカー絵;みはらいずみ訳 あすなろ書房 2009年10月

「おじいちゃんとのクリスマス」リタ・テーンクヴィスト文;マリット・テーンクヴィスト絵;大久保貞子訳 冨山房 1995年10月

「おじいちゃんと森へ」ダグラス・ウッド原作;P.J.リンチ絵;加藤則芳訳 平凡社 2004年6月

「おじいちゃんと日の出を見たよ」後路好章文;小林ゆき子絵 佼成出版社(クローバーえほんシリーズ) 2008年4月

「おじいちゃんにあいに」ハンス・ピーターソン文;スベン・オットー絵;奥田継夫;木村由利子訳 アリス館牧新社 1976年11月

「おじいちゃんの こうえん」ローラ・ジェーン・コーツ作・絵;のぎさおり訳 新世研 1999年10月

「おじいちゃんの ごくらく ごくらく」西本鶏介作;長谷川義史絵 鈴木出版(ひまわりえほんシリーズ) 2006年2月

「おじいちゃんの どうぶつえん」浅野庸子文;浅野輝雄絵 文化出版局 2002年9月

「おじいちゃんのいちばんきびしいふゆ」デボラ・ハートレイ作;リディア・ダーコヴィッチ絵;ひらいけかずこ訳 新世研 1998年12月

「おじいちゃんのカブづくり」つちだよしはる作・絵 そうえん社(日本のえほん12) 2008年2月

「おじいちゃんのところ」ヘレン・V.グリフィス文;ジェームズ・スティーブンソン絵;秋野翔一郎訳 童話館出版 2007年9月

「おじいちゃんのふね」岡信子作;山田和明絵 リーブル 2007年5月

「おじいちゃんのぼうし」メラニー・シェラー文;ケイコ・ナラハシ絵;青木久子訳 徳間書店 1995年11月

「おじいちゃんのまち」野村たかあき作・絵 講談社 1989年11月

子どもの世界・生活

「おじいちゃんのライカ」 マッツ・ウォール文;トード・ニグレン絵;ふじもとともみ訳 評論社(児童図書館・絵本の部屋) 2005年11月

「おじいちゃんの銀時計」 はらみちを作・絵 らくだ出版 1995年6月

「おじいちゃんの木」 内田麟太郎文;村上康成絵 佼成出版社 2004年5月

「おじいちゃんは106さい」 松田もとこ作;菅野由貴子絵 ポプラ社(えほんとなかよし) 1999年2月

「おもいではチョコレートのにおい」 バーバラ・マクガイア作・絵;杉本詠美訳 アールアイシー出版 2007年6月

「お正月さん ありがとう」 内田麟太郎作;山本孝絵 岩崎書店(えほんのぼうけん23) 2010年12月

「かわいいことりさん」 クリスチャン・アールセン作;石津ちひろ絵 光村教育図書 2008年9月

「きんいろの雨」 中川なをみ文;舟橋全二絵 くもん出版 2008年9月

「くまたくんとおじいちゃん」 渡辺茂男作;大友康夫絵 あかね書房(くまたくんのえほん9) 1983年9月

「けんたのかきの木」 いわさきさよみ作・絵 けやき書房(けやきの絵本) 1999年5月

「こころのなかの おじいちゃん」 モニカ・ギーダール作;きたざわきょうこ訳 アーニー出版 1990年6月

「ごろうじいちゃんととらきちさん」 吉村竹彦作 佼成出版社(創作絵本シリーズ) 1995年5月

「ごんじいさんとおちよちゃん」 辻信太郎文;たまいいずみ絵 サンリオ 1982年1月

「こんにちは・さようならの まど」 ノートン・ジャスター文;クリス・ラシュカ絵;石津ちひろ訳 BL出版 2007年8月

「さよならはいわない」 おぼまこと作・絵 PHP研究所(PHPにこにこえほん) 2009年5月

「しあわせコインとあつあつココア」 キャロル・ディゴリー・シールズ文;ヒロエ・ナカタ絵;しみずなおこ訳 評論社(児童図書館・絵本の部屋) 2007年10月

「じいじのさくら山」 松成真理子著 白泉社 2005年3月

「じいちゃんと ないしょないしょの やまのぼり」 わたなべさもじろう作・絵 鈴木出版(ひまわりえほんシリーズ) 2007年8月

「じいちゃんのあかいバケツ」 山内満豊;梅田俊作;梅田佳子作・絵 佼成出版社(ひわさの四季) 1992年9月

「じいちゃんのないしょのうみ」 山内満豊;梅田俊作;梅田佳子作・絵 佼成出版社(ひわさの四季) 1993年6月

「じいちゃんのながいひげ」 チーワン・ウィササ作・絵;ひがしたにひろみ訳 新世研 2001年5月

子どもの世界・生活

「じしんかみなりかじじいちゃん」岡田ゆたか作;篠原良隆絵 ポプラ社(絵本・子どものくに24) 1987年5月

「しっこのしんちゃん じまんのじいちゃん」加古里子絵・文 ポプラ社(かこさとしこころのほん6) 1985年1月

「じぶんの木」最上一平作;松成真理子絵 岩崎書店(えほんのぼうけん8) 2009年12月

「しろがはしる」おぐらひろかず作・絵 ポプラ社(絵本カーニバル2) 2003年7月

「それでいいのだ！」ジェイムズ・スティーブンソン作;麻生九美訳 評論社(児童図書館・絵本の部屋) 1979年11月

「だいじょぶ だいじょうぶ」いとうひろし作・絵 講談社(ちいさな絵童話りとる13) 1995年10月

「たろうとおじいちゃん」としまさひろ作・絵 PHP研究所(PHPのえほん31) 1988年5月

「ちびうさくん おじいちゃんおばあちゃんのいえにいく」マリー=フランス・フルーリー作;ファビエンヌ・ボワナール絵;ひがしかずこ訳 PHP研究所 2006年9月

「つるつるしわしわ—としをとるおはなし」バベット・コール作;かねはらみずひと訳 ほるぷ出版 1996年11月

「ティモシーとおじいちゃん」ロン・ブルックス作;村松定史訳 偕成社 1981年8月

「てがみが もしも とどくなら」池谷剛一文・絵 パロル舎 2009年7月

「どこにいるの、おじいちゃん？」アメリー・フリート作;ジャッキー・グライヒ絵;平野卿子訳 偕成社 1999年10月

「トム」トミー・デ・パオラ作;福本友美子訳 光村教育図書 2008年6月

「とらねことじいちゃん」梅田俊作作・絵 ポプラ社 2000年3月

「なぁんくくるん なぁんくくるん」中川まちこ文;いまきみち絵 そうえん社(そうえん社・日本のえほん16) 2009年8月

「なきすぎてはいけない」内田麟太郎作;たかすかずみ絵 岩崎書店(えほんのぼうけん3) 2009年5月

「ねこがおしえてくれたよ」たからしげる作;久本直子絵 教育画劇 2010年6月

「ねこのゴンサ」石倉欣二作・絵 ポプラ社(絵本・いつでもいっしょ25) 2008年9月

「ハガネの歯」クロード・ブージョン文・絵;末松氷海子訳 セーラー出版 1990年12月

「ピアノ調律師」M.B.ゴフスタイン作・絵;末盛千枝子訳 すえもりブックス 2005年8月

「ふたりはだだっこ」今村葦子文;降矢なな絵 童心社(絵本・こどものひろば) 1995年10月

「ベッドのしたになにがいる?」ジェームズ・スティーブンソン文・絵;つばきはらななこ訳 童話館出版 2007年3月

「ぼくとおじいちゃん」宮本忠夫作 くもん出版 2008年7月

子どもの世界・生活

「ぼくのおじいさんのふね」 アンドレ・ダーハン作；きたやまようこ訳 講談社（世界の絵本） 2003年7月

「ぼくのおじいちゃん」 南本樹作・絵 フレーベル館 1982年8月

「ぼくは孫」 板橋雅弘作；西村敏雄絵 岩崎書店（レインボーえほん13） 2007年9月

「ほしにむすばれて」 谷川俊太郎文；えびなみつる絵 文研出版（えほんのもり） 2009年4月

「マフィーくんとジオじいさん ふしぎなぼうし」 伊藤正道作 小学館 2008年10月

「まほうはないしょでかけようね」 末吉暁子作；牧野鈴子絵 ひくまの出版（幼年絵本シリーズ・あおいうみ12） 1984年6月

「まめうしとまめじい」 あきやまただし作・絵 PHP研究所（PHPわたしのえほんシリーズ） 1999年9月

「ゆきの したの なまえ」 クロード・マルタンゲ文；フィリップ・デュマ絵；ときありえ訳 講談社 2006年11月

「ゆっくりおじいちゃんとぼく」 ヘレン・バックレイ作；ポール・ガルドン絵；大庭みな子訳 佑学社（アメリカ創作絵本シリーズ4） 1979年10月

「よあけ」 ユリー・シュルヴィッツ作・画；瀬田貞二訳 福音館書店 1977年6月

「よーい よーい よい」 さいとうしのぶ作・絵 ひさかたチャイルド 2009年6月

「わたしのおじいちゃんはチャンピオン−せかいいちのおじいちゃんがいるひとみんなに」 カール・ノラック文；イングリッド・ゴドン絵；いずみちほこ訳 セーラー出版 2009年6月

「海は広いね、おじいちゃん」 五味太郎作・画 絵本館 1979年3月

「楽園 知床に生きる人びとと生きものたち」 関屋敏隆作 くもん出版 2005年6月

「考える絵本2 死」 谷川俊太郎文；かるべめぐみ絵 大月書店 2009年6月

「山のいのち」 立松和平作；伊勢英子絵 ポプラ社（えほんはともだち10-立松和平・心と感動の絵本1） 1990年9月

「水たまりおじさん」 レイモンド・ブリッグズ作；青山南訳 BL出版 2005年6月

「船長おじいさんこんにちは」 K.ゼール作・画；稲野強訳 小学館（世界の創作童話1） 1979年5月

「大型版 だいじょうぶだいじょうぶ」 いとうひろし作・絵 講談社（講談社の創作絵本） 2006年10月

「超じいちゃん」 ステファニー・ローゼンハイム文；エレナ・オドリオゾーラ絵；青山南訳 光村教育図書 2007年8月

「天からのおくりもの−イザベルとふしぎな枝」 ジャクリーン・ブリッグズ・マーティン；リンダ・S.ウィンガーター訳 BL出版 2004年12月

家族＞おじさん・おばさん

「エルマーとゼルダおばさん」 デビッド・マッキー文・絵；きたむらさとし訳　BL出版（ぞうのエルマー14）　2007年1月

「おじさんのつえ」 五味太郎作・絵　岩崎書店（ファミリーえほん1）　1977年8月

「おじさんのブッシュタクシー」 クリスチャン・エパンニャ作；さくまゆみこ訳　アートン　2007年4月

「かたづけポイ・ポイ！」 トニー・ボニング作；サリー・ホブソン絵；くどうなおこ訳　小学館　2001年3月

「テッドおじさんとあたし クラリス・ビーン」 ローレン・チャイルド作；木坂涼訳　フレーベル館　2002年6月

「ながーいながーい手紙」 エリザベス・スパー作；デヴィッド・キャトロウ絵；青山南訳　偕成社　1997年8月

「ぼくがのぞいたうみのなか」 ながはらたつや作　こぐま社　1984年6月

「ぼくとオーケストラ」 アンドレア・ホイヤー絵・文；宮原峠子訳　カワイ出版　2000年8月

「ぼくのおじさん」 アーノルド・ローベル作；三木卓訳　文化出版局　1982年6月

「ぼくのおばさん」 椿宗介作；さとうわきこ絵　フレーベル館（キンダーおはなしえほん）　1988年11月

「ポムおばさんの家」 ビショニエ文；ロバン；オトレオー絵；山口智子訳　文化出版局（クレマンチーヌとセレスタン）　1983年7月

「ボンジュール、サティおじさん」 トミー・デ・パオラ作；鈴木晶訳　ほるぷ出版　1992年7月

「ヤナコッタさん、まいった！」 ジェイムズ・スティヴンスン著；常盤新平訳　紀伊國屋書店　1997年11月

「ゆうすけの海」 江口百合子作；赤坂三好絵　新生出版　2006年5月

家族＞おとうさん

「「とうさん」」 内田麟太郎文；つよしゆうこ絵　ポプラ社（おとうさんだいすき4）　2010年5月

「36人のパパ」 イアン・リュック・アングルベール作；ひろはたえりこ訳　小峰書店（世界の絵本コレクション）　2006年8月

「あたまにつまった石ころが」 キャロル・オーティス・ハースト文；ジェイムズ・スティーブンソン絵；千葉茂樹訳　光村教育図書　2002年7月

「イチロくん」 竹内通雅作　ポプラ社（おとうさんだいすき3）　2010年3月

「いってらっしゃい おかえりなさい」 クリスティーヌ・ルーミス文；たかばやしまり絵；まえざわあきえ訳　朔北社　2004年1月

「イノブタくんの父さんさがし」 牧島敏乃作；中原陽子絵　ほるぷ出版　1988年6月

子どもの世界・生活

「おかえりターブゥ」　わたなべまりな文;おおつかけいり絵　ソニー・マガジンズ　2010年12月

「おかえりなさいおとうさん」　奥田継夫作;小野千世絵　PHP研究所(PHPおはなしえほん4)　1980年5月

「おっとっと」　木坂涼文;高畠純絵　講談社(講談社の創作絵本)　2010年5月

「おとうさん」　シャーロット・ゾロトウ文;ベン・シェクター絵;みらいなな訳　童話屋　2009年4月

「おとうさん」　長島正和作　絵本館　1982年1月

「おとうさん」　矢崎節夫作;岡村好文絵　フレーベル館(パパとぼくのえほん3)　1986年4月

「おとうさん・パパ・おとうちゃん」　みやにしたつや作・絵　鈴木出版　1996年2月

「おとうさんがいちばん」　バレリー・ゴルバチョフ作;那須田淳訳　講談社(世界の絵本)　2001年3月

「おとうさんだいすき！」　矢崎節夫作;関屋敏隆絵　フレーベル館(パパとぼくのえほん5)　1986年6月

「おとうさんだいすき」　司修作・絵　文研出版(ジョイフルえほん傑作集12)　1975年10月

「おとうさんといっしょ」　つちだよしはる作　ポプラ社　1990年7月

「おとうさんといっしょ」　梅田俊作;梅田佳子作　新日本出版社(あたしたちきょうだいうれしいな!3)　1984年3月

「おとうさんのいなか」　福田岩緒作・絵　ポプラ社(えほんはともだち6)　1989年12月

「おとうさんのほん」　水沢研絵　偕成社　1976年2月

「おとうさんはウルトラマン」　みやにしたつや作・絵　学習研究社　1996年6月

「おとうさんはウルトラマン-おとうさんの休日」　みやにしたつや作・絵　学習研究社　1999年6月

「おとうさんはしょうぼうし」　平田昌広作;鈴木まもる絵　佼成出版社(おとうさん・おかあさんのしごとシリーズ)　2009年3月

「おとうさんはだいくさん」　平田昌広作;鈴木まもる絵　佼成出版社(おとうさん・おかあさんのしごとシリーズ)　2009年9月

「おとうさんはつよいぞ」　花之内雅吉作・絵　フレーベル館　1980年12月

「おとうさんはトランペットふき」　瀬尾七重文;杉田豊絵　講談社(メロディーブック)　1983年11月

「おとうさんはパンやさん」　平田昌広作;鈴木まもる絵　佼成出版社(おとうさん・おかあさんのしごとシリーズ)　2010年9月

「おとうさんはライオンみたい」　森山京文;椎野利一絵　フレーベル館(キンダーメルヘン傑作選10)　1981年9月

「おとうさんは同・級・生」　なかのうくにお著　ブイツーソリューション　2004年6月

子どもの世界・生活

「おとうさんを まって」 片山令子作;スズキコージ絵 福音館書店 2007年11月

「おとぞうさん」 マイケル・グレイニエツ絵・文;ほそのあやこ訳 セーラー出版 2005年3月

「おとん」 平田昌広文;平田景絵 大日本図書 2008年6月

「おりょうりとうさん」 さとうわきこ作・絵 フレーベル館(フレーベルのえほん15) 1976年12月

「かえってきたおとうさん」 E.H.ミナリック;モーリス・センダック絵;まつおかきょうこ訳 福音館書店(はじめてよむどうわ2) 1972年6月

「かなえちゃんへ-おとうさんからのてがみ」 原田宗典文;西巻茅子絵 福音館書店(日本傑作絵本シリーズ) 1996年3月

「キツネのおとうさんがニッコリわらっていいました」 みやにしたつや作・絵 金の星社 2008年7月

「きは なんにも いわないの」 片山健作 学習研究社(学研おはなし絵本) 2005年10月

「きみのためのうた-みどりのくまとあかいくま」 いりやまさとし作・絵 ジャイブ 2008年2月

「くまとうさん」 今江祥智文;村上康成絵 ひくまの出版 1991年11月

「クマとうさんのこもりうた」 デビ・グリオリ作;山口文生訳 評論社(児童図書館・絵本の部屋) 1999年12月

「クマとうさんのピクニック」 デビ・グリオリ作;山口文生訳 評論社(児童図書館・絵本の部屋) 1997年11月

「サトシくんとめんたくん」 デハラユキノリ作 長崎出版 2007年8月

「じゃぶじゃぶパパ」 よこやまみなこ作・絵 偕成社 1998年1月

「しろくまパパのソフトクリーム」 とおやましげとし作・絵 金の星社(絵本のおくりもの) 2000年6月

「すきすき ちゅー!」 イアン・ホワイブラウ文;ロージー・リーヴ絵;おびかゆうこ訳 徳間書店 2004年9月

「すべりこみセーフ!」 ほたてまりこ文;保立浩司絵 講談社 1985年6月

「スモールさんはおとうさん」 ロイス・レンスキー文・絵;わたなべしげお訳 童話館出版 2004年9月

「スモールさんはおとうさん」 ロイス・レンスキー文・絵;わたなべしげお訳 福音館書店(世界傑作絵本シリーズ) 1971年10月

「せなかをとんとん」 最上一平作;長谷川知子絵 ポプラ社(えほんはともだち47) 1996年12月

「たすけて!クマとうさん」 デビ・グリオリ作;山口文生訳 評論社(児童図書館・絵本の部屋) 2004年12月

「たっちゃんしりませんか」 さかぐちえみこ作 小峰書店(えほんひろば) 2007年6月

子どもの世界・生活

「タンタンタンゴはパパふたり」 ジャスティン・リチャードソン；ピーター・パーネル文；ヘンリー・コール絵；尾辻かな子；前田和男訳 ポット出版 2008年4月
「ちいさくなったパパ」 ウルフ・スタルク作；菱木晃子訳 小峰書店 1999年5月
「てんごくのおとうちゃん」 長谷川義史作 講談社（講談社の創作絵本） 2008年11月
「てんとうむしさんちの ただいま」 スギヤマカナヨ作 教育画劇 2007年4月
「とうさん とうさん いかがなものか？」 穂高順也作；西村敏雄絵 あかね書房 2010年11月
「とうさんおはなしして」 アーノルド・ローベル作；三木卓訳 文化出版局 1973年5月
「とうさんとサメ」 彦一彦絵・文 福武書店 1990年5月
「とうさんとはしろう」 長崎源之助文；村上勉絵 偕成社（くまのとうさん3） 1983年9月
「とうさんねこのたんじょうび」 末吉暁子文；垂石眞子絵 BL出版 2008年4月
「とうさんのあしのうえで」 いもとようこ作・絵 講談社（講談社の創作絵本） 2008年11月
「とうさんのかたぐるま」 長崎源之助文；村上勉絵 偕成社（くまのとうさん1） 1983年9月
「とうさんの手」 出口まさあき作・絵 岩崎書店（創作絵本35） 1976年5月
「とうさんはタツノオトシゴ」 エリック・カール作；さのようこ訳 偕成社 2006年9月
「とうさんはにちようだいく」 長崎源之助文；村上勉絵 偕成社（くまのとうさん2） 1983年9月
「とうちゃん、おかえり」 村中李衣作；あべ弘士絵 ポプラ社 2005年8月
「とうちゃんなんか べーだ！」 伊藤秀男作 ポプラ社（おとうさんだいすき1） 2008年10月
「とうちゃんのしま」 関屋敏隆作・絵 フレーベル館（フレーベル館の新秀作絵本4） 1992年7月
「とうちゃんのトンネル」 原田泰治作・絵 ポプラ社 1980年4月
「とうちゃんの凧」 長崎源之助作；村上豊絵 ポプラ社（えほんはともだち26） 1992年12月
「とうちゃんはかんばんや」 平田昌広作；野村たかあき絵 教育画劇 2005年5月
「ドスンドスンドスン」 西川おさむ作 フレーベル館（フレーベル館のえほん・タイニーシリーズ29） 1982年7月
「なんでもパパといっしょだよ」 フランク・アッシュ絵・文；山口文生訳 評論社（児童図書館・絵本の部屋） 1985年11月
「にぐるまひいて」 ドナルド・ホール文；バーバラ・クーニー絵；もきかずこ訳 ほるぷ出版 1980年10月
「にこにこパパがおこった！」 矢崎節夫作；原ゆたか絵 フレーベル館（パパとぼくのえほん4） 1986年5月
「ねえ あそぼ」 長野ヒデ子作・絵 ひかりのくに 2010年6月
「ねえ とうさん」 佐野洋子作 小学館 2001年11月

子どもの世界・生活

「ねずみのとうさん アナトール」 イブ・タイタス文;ポール・ガルドン絵;晴海耕平訳 童話館
　1995年2月

「バートさんの大ぼうけん」 アラン・アールバーグ文;レイモンド・ブリッグズ絵;山口文生訳
評論社(児童図書館・絵本の部屋) 2001年9月

「パパ、おはなしして」 モイラ・ケンプ作;たなかまや訳 評論社(児童図書館・絵本の部屋)
　2008年6月

「パパ、かばになる」 安江リエ作;飯野まき絵 偕成社 2009年9月

「パパ、かばになる」 安江リエ作;飯野まき絵 偕成社 2009年9月

「パパ、ちょっとまって!」 グニッラ・ベリィストロム作;山内清子訳 偕成社(アルフォンスの
えほん) 1981年7月

「パパあそんでくれないの」 としたかひろ文・絵 コーキ出版 1979年12月

「パパがやいたアップルパイ」 ローレン・トンプソン文;ジョナサン・ビーン絵;谷川俊太郎訳
　ほるぷ出版 2008年9月

「パパが宇宙をみせてくれた」 ウルフ・スタルク作;エヴァ・エリクソン絵;ひしきあきらこ訳
BL出版 2000年10月

「ぱぱごはん」 はまぐちさくらこ作 ビリケン出版 2010年6月

「ぱぱごりたんのおおきなせなか」 戸田和代作;たかすかずみ絵 金の星社(新しいえほ
ん) 1999年5月

「パパさんロボット 買いました」 森野さかな絵・文 論創社 2010年5月

「パパだいすき」 セバスチャン・ブラウン作・絵 徳間書店 2007年3月

「パパと10にんのこども」 ベネディクト・ゲッティエール作;那須田淳訳 ひくまの出版 2001
年4月

「パパとあたしのキャンプ」 鈴木永子作・絵 ひさかたチャイルド 2009年6月

「パパとおさんぽ」 よこやまみなこ作・絵 鈴木出版(たんぽぽえほんシリーズ) 2002年4月

「パパとおはなし」 まどみちお文;にしかわおさむ絵 国土社(国土社の幼年えほん2)
1981年5月

「パパとニルス おやすみなさいのそのまえに」 マーカス・フィスター作;那須田淳訳 講談
社(講談社の翻訳絵本) 2010年10月

「パパとニルス もっとおおきくなったらね!」 マーカス・フィスター作;那須田淳訳 講談社
(講談社の翻訳絵本) 2010年7月

「パパにあいたい」 ビーゲン・セン作;オームラトモコ絵 アリス館 2008年7月

「パパにはともだちがたくさんいた」 末盛千枝子作;津尾美智子絵 ジー・シー 1985年9月

「パパにはともだちがたくさんいた」 末盛千枝子作;津尾美智子絵 すえもりブックス 1995
年4月

子どもの世界・生活

「パパのいないよる」 矢崎節夫作;宮西達也絵 フレーベル館(パパとぼくのえほん1) 1986年3月

「パパのカノジョは」 ジャニス・レヴィ作;クリス・モンロー絵;もん訳 岩崎書店 2002年1月

「パパのはなしじゃねむれない」 武谷千保美作;赤川明絵 PHP研究所(PHPにこにこえほん) 2002年3月

「パパのるすばん」 山本祐司作・絵 ポプラ社(かぞくえほん1) 2009年9月

「パパはウルトラセブン」 みやにしたつや作・絵 学習研究社 1999年11月

「はりきりパパのママようび」 つくだよしこ絵・文 コーキ出版(であいのえほん10) 1982年7月

「バルサの翼」 吉田照美作・絵 ランダムハウス講談社(アーティストによる絵本シリーズ2) 2007年4月

「ひゃくにんのおとうさん」 譚小勇文;天野祐吉文;譚小勇絵 福音館書店 2005年9月

「ぶたぶたさんのおなら」 角野栄子文;佐々木洋子絵 ポプラ社(ぴょんぴょんえほん8) 1990年12月

「フライパンパパ」 高畠ひろき作・絵 フレーベル館(げんきわくわくえほん27) 1997年6月

「ぼくおおきくなった？」 荒川薫作;長縄栄子絵 福音館書店 1984年1月

「ぼくが父さんなら」 シャーロット・ゾロトウ文;ヒラリー・ナイト絵;みらいなな訳 童話屋 1998年4月

「ぼくとおとうさんのテッド」 トニー・ディテルリッジ作;安藤哲也訳 文溪堂 2008年6月

「ぼくとパパ」 セルジュ・ブロック作;金原瑞人訳 講談社(講談社の翻訳絵本) 2007年5月

「ぼくのパパは パパ五さい」 矢崎節夫作;高畠ひろき絵 フレーベル館(パパとぼくのえほん2) 1986年3月

「ぼくのパパはおおおとこ せかいいちのパパがいるひとみんなに」 カール・ノラック文;イングリッド・ゴドン絵;いずみちひこ訳 セーラー出版 2006年11月

「ぼくはおとうさん」 いもとようこ作・絵 金の星社(こねこちゃんえほん2) 1982年3月

「マルチンとナイフ」 エドアルド・ペチシカ文;ヘレナ・ズマトリーコバ絵;うちだりさこ訳 福音館書店(世界傑作絵本シリーズ・チェコの絵本) 1981年6月

「みみとみん おとうさんおきて!」 いりやまさとし作・絵 学研教育出版 2010年6月

「ヤカンのおかんとフトンのおとん」 サトシン作;赤川明絵 佼成出版社(クローバーえほんシリーズ) 2008年11月

「やさしいおとうさん」 かげやまあきこ文;おちあいりょうこ絵 女子パウロ会 1981年7月

「やさしさのまほう-たったひとりのお父さん」 いずみきよたか文;326(なかむらみつる)絵 PHP研究所(PHPにこにこえほん) 2008年12月

「やっぱりしあわせ、パパブタさん」 アナイス・ヴォージュラード作・絵;石津ちひろ訳 徳間書店 2008年3月

子どもの世界・生活

「ようかいオジジあらわれる」 よなはかんた文；山口みねやす絵 くもん出版 2004年7月
「ライオンとうさん」 しらきのぶあき作 佼成出版社 2006年3月
「ライオンのながいいちにち」 あべ弘士作 佼成出版社 2004年1月
「ライオンのよいいちにち」 あべ弘士作 佼成出版社 2001年1月
「わすれないよおとうさんのことば」 村上昭美文；どいかや絵 文渓堂 2001年9月
「わたしのパパ」 ジャネット・ケインズ文；ロナルド・ハイムラー絵；代田昇訳 岩崎書店（新・創作絵本5） 1979年1月
「帰ってきたおとうさんはウルトラマン」 みやにしたつや作・絵 学習研究社 1997年6月
「自転車父ちゃん旅だより」 関屋敏隆版画・文 小学館 1985年11月
「大きな大きな船」 長谷川集平作 ポプラ社（おとうさんだいすき2） 2009年8月
「日曜日の歌」 長谷川集平作 好学社 1981年9月
「父さんと釣りにいった日」 シャロン・クリーチ文；クリス・ラシュカ絵；長田弘訳 文化出版局 2002年11月
「父さんのたこはせかいいち」 あまんきみこ文；荒井良二絵 にっけん教育出版社 2001年7月
「父さんは王さまだ」 ヤーノッシュ作；A.ローゼ画；志賀朝子訳 小学館（世界の創作童話4） 1979年5月
「父ちゃんのオカリナ」 岸本進一作；池内悦子絵 汐文社 1996年1月
「満月をまって」 メアリー・リン・レイ文；バーバラ・クーニー絵；掛川恭子訳 あすなろ書房 2000年9月

家族＞おばあさん

「あいしてます」 大野圭子文；篠崎三朗絵 文研出版（えほんのもり） 2007年12月
「アニーとおばあちゃん」 ミスカ・マイルズ作；ピーター・パーノール絵；北面ジョーンズ和子訳 あすなろ書房 1993年12月
「あひるのたまご－ばばばちゃんのおはなし」 さとうわきこ作・絵 福音館書店（こどものとも傑作集） 1997年8月
「あめふり」 さとうわきこ作・絵 福音館書店（こどものとも傑作集78） 1987年9月
「あらまっ！」 ケイト・ラム文；エイドリアン・ジョンソン絵；石津ちひろ訳 小学館 2004年6月
「アルザスのおばあさん」 プーパ・モントフィエ絵・文；末松氷海子訳 西村書店 1986年8月
「いそがしいよる」 さとうわきこ作・絵 福音館書店（こどものとも傑作集） 1987年9月
「うさこちゃんのだいすきなおばあちゃん」 ディック・ブルーナ文・絵；松岡享子訳 福音館書店 2008年9月

子どもの世界・生活

「ええてんきやな」 大西ひろみ作・絵 リブロポート 1993年8月

「エマおばあちゃん」 ウェンディ・ケッセルマン文；バーバラ・クーニー絵；もきかずこ訳 徳間書店 1998年7月

「おきなぐさ」 今村葦子作；長谷川知子絵 文研出版（えほんのもり29） 1995年11月

「おじいちゃんとおばあちゃん」 ヘレン・オクセンバリー作・絵；なかむらくみこ訳 ほるぷ出版（はじめてのえほん7） 1985年3月

「おばあさんの メリークリスマス」 もりやまみやこ作；つちだよしはる絵 国土社（そよかぜ絵本シリーズ1） 1990年10月

「おばあさんの飛行機」 佐藤さとる作；村上勉絵 偕成社（日本の童話名作選） 1999年5月

「おばぁちゃん だいすき」 葉祥明絵・文 至光社 1975年1月

「おばあちゃん どこいくの」 本間昭監修；やまとせいすい作；よりくにさとし絵 ワールドプランニング 1992年10月

「おばあちゃん またあした」 ミシェル・ドーフレンヌ文・絵；末松氷海子訳 セーラー出版 1991年4月

「おばあちゃん」 大森真貴乃作 ほるぷ出版（ほるぷ創作絵本） 1987年11月

「おばあちゃんがいったのよ」 ジル・ペイトン・ウォルシュ文；ソフィー・ウィリアムズ絵；遠藤育枝訳 ブックローン出版 1996年10月

「おばあちゃんがいるといいのにな」 松田素子作；石倉欣二絵 ポプラ社（えほんとなかよし32） 1994年11月

「おばあちゃんがこどもだったころ」 マーシャ・ウィリアムズ文・絵；前沢浩子訳 パルコ出版 1991年7月

「おばあちゃんがちいさかったころ」 ジル・ペイトン・ウォルシュ文；スティーブン・ランバート絵；まつかわまゆみ訳 評論社（児童図書館・絵本の部屋） 2004年5月

「おばあちゃんと いつも いっしょ」 池見宏子作；池見民子絵 岩崎書店（いのちのえほん4） 1997年9月

「おばあちゃんといっしょ」 梅田俊作；梅田佳子作 新日本出版社（あたしたちきょうだいうれしいな!4） 1985年4月

「おばあちゃんとわたし」 シャーロット・ゾロトウ作；ジェームズ・スチブンソン絵；掛川恭子訳 あかね書房（あかねせかいの本15） 1986年7月

「おばあちゃんとわらべうた」 中島寿；高木あきこ作；池田げんえい絵 太平出版社（つくばシリーズ） 1997年2月

「おばあちゃんにおみやげを-アフリカの数のお話」 イフェオマ・オニェフル作・写真；さくまゆみこ訳 偕成社 2000年10月

「おばあちゃんの ありがとう」 ふりやかよこ作 文研出版（えほんのもり16） 1990年4月

子どもの世界・生活

「おばあちゃんの くりきんとん」 山中桃子作 長崎出版（いのちの絵本シリーズ） 2009年11月

「おばあちゃんの はたけ」 大西ひろみ作 リブロポート（リブロの絵本） 1989年8月

「おばあちゃんのアップルパイ」 ローラ・ラングストン；リンジイ・ガーディナー作；白石かずこ訳 にいるぶっくす ソニー・マガジンズ 2004年8月

「おばあちゃんのえほうまき」 野村たかあき作・絵 佼成出版社 2010年1月

「おばあちゃんのえほん」 まろい洋子絵；谷川俊太郎文 ブッキング 2007年5月；リブロポート 1987年1月

「おばあちゃんのおせち」 野村たかあき作・絵 佼成出版社（クローバーえほんシリーズ） 2008年12月

「おばあちゃんのカメラ」 ひろせよしこ文；かみたにひろこ絵 遊タイム出版 2001年5月

「おばあちゃんのきぐつ」 金川幸子文；中村有希絵 中央出版社 1988年11月

「おばあちゃんのさがしもの」 おちとよこ文；ひがしなな絵 岩崎書店（いのちのえほん8） 2000年3月

「おばあちゃんのしまで」 ふりやかよこ作・絵 文研出版（えほんのもり28） 1995年9月

「おばあちゃんのたんじょうび」 フランツ・ブランデンバーグ作；アリキ・ブランデンバーグ絵；かつおきんや訳 アリス館 1975年12月

「おばあちゃんのちょうちょ」 バーバーラ・M.ヨース文；ジゼル・ポター絵；福本由紀子訳 BL出版 2006年10月

「おばあちゃんのはこぶね」 M.B.ゴフスタイン作・絵；谷川俊太郎訳 すえもりブックス 1996年11月

「おばあちゃんのはねまくら」 ローズ・インピ文；ロビン・ベル・コーフィールド絵；佐藤見果夢訳 評論社（児童図書館・絵本の部屋） 2006年9月；評論社 1997年6月

「おばあちゃんのひなまつり」 計良ふき子作；相野谷由起絵 ひさかたチャイルド 2008年1月

「おばあちゃんのビヤホールはこわいよ」 松谷みよ子作；宮本忠夫絵 ポプラ社（絵本の時間1） 2000年8月

「おばあちゃんの花」 内田麟太郎文；村上康成絵 佼成出版社 2005年9月

「おばあちゃんの絵てがみ」 そうまこうへい作・絵 PHP研究所（PHPにこにこえほん） 2009年5月

「おばあちゃんの魚つり」 M.B.ゴフスタイン作・絵；落合恵子訳 アテネ書房 1980年4月

「おばあちゃんの時計」 ジェラルディン・マッコーリーン文；スティーブン・ランバート絵；まつかわまゆみ訳 評論社（児童図書館・絵本の部屋） 2002年3月

「おばあちゃんの日」 くりたさおり作 偕成社（日本の絵本） 2002年3月

子どもの世界・生活

「おばあちゃんの病気」 森たかこ作;高田勲絵 岩崎書店(社会とくらしの絵本12) 1987年12月

「おばあちゃんをすてちゃいやだ」 福井達雨編;馬嶋純子絵 偕成社 1983年6月

「かみなりケーキ」 パトリシア・ポラッコ作;小島希里訳 あかね書房 1993年7月

「キャラメルの木」 上條さなえ作;小泉るみ子絵 講談社(講談社の創作絵本) 2004年8月

「ギャンブルのすきなおばあちゃん」 ダイヤル・カー・カルサ作;五頭和子訳 徳間書店 1997年3月

「くうちゃんは いいな」 いのうえようすけ作 ほるぷ出版(いのうえようすけのちいさなエホン) 1992年3月

「ことりのうち」 さとうわきこ作・絵 福音館書店 2006年10月

「こんとあき」 林明子作 福音館書店(日本傑作絵本シリーズ) 1989年6月

「こんにちは・さようなら の まど」 ノートン・ジャスター文;クリス・ラシュカ絵;石津ちひろ訳 BL出版 2007年8月

「さきちゃんとおばあちゃん」 松田素子作;瀬戸口昌子絵 ポプラ社(えほんはともだち17) 1991年12月

「さよなら、おばあちゃん」 ゼフラ・セイエド・アラブ作;コブラ・イブラヒミ絵;こにしすみこ訳 新世研 2002年2月

「さよなら、おばあちゃん」 西本鶏介作;狩野富貴子絵 佼成出版社(どんぐりえほんシリーズ) 2010年6月

「すみれおばあちゃんのひみつ」 植垣歩子作 偕成社 2008年6月

「そりあそび-ばばばぁちゃんのおはなし」 さとうわきこ作・絵 福音館書店(「こどものとも」傑作集102) 1994年10月

「だいすきな おばあちゃん」 香山美子文;福田岩緒絵 女子パウロ会 1991年4月

「たいへんなひるね」 さとうわきこ作・絵 福音館書店(こどものとも傑作集84) 1990年3月

「チコちゃんのあかいチョッキ」 ふりやかよこ作・絵 ポプラ社(絵本・子どものくに31) 1987年12月

「ちびうさくん おじいちゃんおばあちゃんのいえにいく」 マリー=フランス・フルーリー作;ファビエンヌ・ボワナール絵;ひがしかずこ訳 PHP研究所 2006年9月

「つるつるしわしわ-としをとるおはなし」 バベット・コール作;かねはらみずひと訳 ほるぷ出版 1996年11月

「てがみが もしも とどくなら」 池谷剛一文・絵 パロル舎 2009年7月

「でもすきだよ、おばあちゃん」 スー・ローソン文;キャロライン・マガール絵 講談社(講談社の翻訳絵本) 2006年8月

「トイレの神様」 うえむらかな作;とりごえまり絵 講談社 2010年9月

「どろんこおそうじ」 さとうわきこ作・絵 福音館書店(こどものとも傑作集83) 1990年3月

子どもの世界・生活

「ねんねしたおばあちゃん」 かこさとし絵・文 ポプラ社(かこさとし こころのほん2) 2005年10月

「ねんねしたおばあちゃん」 加古里子絵・文 ポプラ社(かこさとしこころのほん2) 1980年10月

「ばあちゃんのえんがわ」 野村たかあき絵・文 講談社 1983年10月

「ばあちゃんのおなか」 かさいまり作;よしながこうたく絵 教育画劇 2010年7月

「ばあちゃんのなつやすみ」 梅田俊作;梅田佳子作・絵 岩崎書店(新・創作絵本17) 1980年7月

「ばあちゃんママのなつやすみ」 ふりやかよこ作・絵 ポプラ社(絵本・子どものくに25) 1987年5月

「バーブとおばあちゃん」 神沢利子作;織茂恭子絵 ひくまの出版(幼年絵本シリーズ・あおいうみ25) 1985年11月

「はいけいさとるくん」 大森真貴乃作 ベネッセコーポレーション(ベネッセのえほん) 1997年11月

「ばばちゃんやさいがいっぱいだ!」 長谷川知子著 文研出版(えほんのもり) 1998年9月

「ばばばあちゃんのなんでもおこのみやき」 さとうわきこ作 福音館書店 2009年3月

「ばばばあちゃんのマフラー」 さとうわきこ文・絵 福音館書店(日本傑作絵本シリーズ) 1997年10月

「はやくあいたいな」 五味太郎作・画 絵本館 1979年8月

「ハルばあちゃんの手」 山中恒文;木下晋絵 福音館書店(日本傑作絵本シリーズ) 2005年6月

「ひ・み・つ」 田畑精一著 童心社 2004年5月

「ひいばあのチンチンでんしゃ」 さくらいともか作 岩崎書店(えほんのぼうけん22) 2010年11月

「ひとりで おみまい」 木村文子作;木村かほる絵 国土社(そよかぜ絵本シリーズ2) 1991年5月

「ひらがなにっき」 若一の絵本制作実行委員会文;長野ヒデ子絵 解放出版社 2008年9月

「ふしぎのおうちはドキドキなのだ」 武田美穂作・絵 ポプラ社(えほんとなかよし8) 1991年4月

「ぶたばあちゃん」 マーガレット・ワイルド文;ロン・ブルックス絵;今村葦子訳 あすなろ書房 1995年9月

「ベッドフォード公爵夫人のいたずらおばけワンセスラス」 ルイ・ブール構成;ダニエル・ブール絵;岸田今日子訳 集英社 1980年12月

「ぼくは孫」 板橋雅弘作;西村敏雄絵 岩崎書店(レインボーえほん13) 2007年9月

子どもの世界・生活

「ほろづき-月になった大きいおばあちゃん」 沢田としき作・絵 岩崎書店 2001年8月

「ミッフィーのおばあちゃん」 ディック・ブルーナ作;角野栄子訳 講談社(ミッフィーはじめてのえほん4) 2005年1月;講談社(ブルーナのおはなし文庫17) 1997年6月

「みんなで りょこうにいきました」 いせひでこ作 偕成社(おばあちゃん だいすき2) 1992年4月

「みんなにあげる」 みやもとただお作・絵 草炎社(そうえんしゃ・日本のえほん6) 2006年12月

「もうあきたなんていわないよ」 松田もとこ作;織茂恭子絵 ポプラ社(絵本の時間3) 2000年11月

「もしもおばあちゃんが」 伊東美貴作・絵 講談社 1985年4月

「やまのぼり-ばばばあちゃんのおはなし」 さとうわきこ作・絵 福音館書店(こどものとも傑作集103) 1992年9月

「ゆうことふみばあちゃん」 宮川ひろ作;石倉欣二絵 あかね書房(あかね創作えほん14) 1983年4月

「ゆうこのてるてるぼうず」 清水達也作;いもとようこ絵 ひくまの出版(幼年絵本シリーズ・あおいうみ16) 1984年12月

「ゆっくらゆっくらよたよた」 渡辺茂男作;梶山俊夫絵 あかね書房(あかね創作えほん10) 1982年7月

「ゆびきりげんまん-うめばあちゃんのはなし」 富田ききとり絵本製作実行委員会文;岡島礼子絵 解放出版社 2000年12月

「よあけまで」 曹文軒作;中由美子訳;和歌山静子絵 童心社 2002年1月

「よかったなあ、かあちゃん」 西本鶏介文;伊藤秀男絵 講談社(講談社の創作絵本) 2009年8月

「リーベとおばあちゃん」 ヨー・テンフィヨール作;ハーラル・ノールベルグ絵;山内清子訳 福音館書店 1989年1月

「わすれないよ、おばあちゃん」 ボンダ・ミショー・ネルソン文;キマーヌ・ウーラ絵;老齢健康科学研究財団訳 日本評論社 1992年10月

「わたしのおばあちゃん」 ヴェロニク・ヴァン・デン・アベール文;クロード・K.デュボア絵;野坂悦子訳 くもん出版 2007年3月

「絵本 佐賀のがばいばあちゃん」 島田洋七作;安藤勇寿絵 徳間書店 2007年11月

「上のおばあちゃん 下のおばあちゃん」 トミー・デ・パオラ文・絵;高木由貴子訳 絵本の家 1988年1月

「星をみがくおばあさん」 門司秀子文;長野ヒデ子絵 あらき書店 1985年9月

「天からふってきたふんどしのはなし」 代田昇文;箕田源二郎絵 国土社(国土社の幼年えほん8) 1985年5月

子どもの世界・生活

「年をとるってどんなこと？ バニラソースの家」ブリット・ペルツィ；アン・クリスティーン・ヤーンベリ作；モーア・ホッフ絵；森信嘉訳 今人舎 2006年7月

「忘れても好きだよ おばあちゃん！」ダグマー・H.ミュラー作；フェレーナ・バルハウス絵；ささきたづこ訳 あかね書房（あかね・新えほんシリーズ29） 2006年10月

家族＞きょうだい

「"むぎゅっ"とっちゃった」イザベル・アスマ絵；ロランス・クレインベルジェ文；久保純子訳 にいるぶっくす ソニー・マガジンズ 2004年4月

「100リラのシトロン―トルコのむかしばなし（しあわせの昔話）」八百板洋子文；太田大八絵 フレーベル館 2000年11月

「108ぴきこいのぼり」しみずみちを作；長谷川知子絵 銀河社 1980年5月

「14ひきのあさごはん」いわむらかずお作 童心社 1983年7月

「14ひきのさむいふゆ」いわむらかずお作 童心社 1985年11月

「14ひきのぴくにっく」いわむらかずお作 童心社 1986年11月

「14ひきのひっこし」いわむらかずお作 童心社 1983年7月

「3つの道、3つの運命」マルセーロ・マラガンバ再話・絵；さいとうゆうこ訳 新世研 2004年1月

「4にんのこえがきこえたら―おかしきさんちのものがたり」おのりえん文；はたこうしろう絵 フレーベル館 2007年4月

「999ひきのきょうだいのおひっこし」木村研文；村上康成絵 チャイルド本社（大きな大きな絵本11） 2006年5月

「999ひきのきょうだいのおひっこし」木村研文；村上康成絵 ひさかたチャイルド 2004年3月

「999ひきのきょうだいのはるですよ」木村研文；村上康成絵 ひさかたチャイルド 2009年4月

「9月のバラ」ウィンター文・絵；福本友美子訳 日本図書センター（世界子ども平和図書館3） 2005年6月

「Tシャツの ライオン」ウーリー・オルレブ文；ジャッキー・グライヒ絵；もたいなつう訳 講談社（講談社の翻訳絵本） 2001年1月

「アーサーといもうと」リリアン・ホーバン作；光吉夏弥訳 文化出版局 1979年12月

「アーサーと赤ちゃん」マーク・ブラウン作；ふたみあやこ訳 青山出版社 1999年7月

「あーちゃんのおにいちゃん」ねじめ正一作；長野ヒデ子絵 偕成社 2008年11月

「あおいとり」メーテルリンク原作；富盛菊枝文；牧村慶子絵 世界出版社（ABCブック） 1970年1月

「あかいそり」真島節子作・絵 福音館書店（日本傑作絵本シリーズ） 1975年1月

子どもの世界・生活

「あかちゃんがうまれてもわたしのことすき？」リサ・T.バーグレン作；ローラ・J.ブライアント絵；松波史子訳　いのちのことば社　2002年3月

「あかちゃんがうまれる」アニュエス・ロザンスチエール文・絵；庄司洋子訳　草土文化　1978年12月

「あかちゃんでておいで！」マヌシュキン作；ヒムラー絵；松永ふみ子訳　偕成社　1977年1月

「あかちゃんなんかすててきて」伊勢英子作・絵　ポプラ社（絵本・子どもの世界）　1983年4月

「あかちゃんなんて だいきらい」ジュリア・マックレランド作；ロン・ブルックス絵；小杉佐恵子訳　岩崎書店（世界の絵本16）　1994年6月

「あかまるちゃんとくろまるちゃん」上野与志作；村松カツ絵　ひさかたチャイルド　1996年9月

「あさえとちいさいいもうと」筒井頼子作；林明子絵　福音館書店（こどものとも傑作集）　1982年4月；福音館書店　1979年5月

「あたし クラリス・ビーン」ローレン・チャイルド作；木坂涼訳　フレーベル館　2002年5月

「あたしのいもうと」武鹿悦子作；おおた慶文絵　白泉社（こころの創作童話）　1975年3月

「あたしのいもうと」武鹿悦子作；樋口千登世絵　佼成出版社　2000年3月

「あたしもびょうきになりたいな！」フランツ・ブランデンベルク作；アリキ・ブランデンベルク絵；福本友美子訳　偕成社　1983年7月

「あたらしいぼうけん」ピョートル・ウィルコン文；ヨゼフ・ウィルコン絵；たかはしけいすけ訳　セーラー出版　1991年12月

「あなぐまメルくん」おおともやすお作・絵　福音館書店（日本傑作絵本シリーズ）　1999年3月

「アネゴンたいタロラ」あきやまただし作・絵　鈴木出版（たんぽぽえほんシリーズ）　2007年4月

「あの日をわすれない はるかのひまわり」指田和子作；鈴木びんこ絵　PHP研究所（PHPにこにこえほん）　2005年1月

「アブアアとアブブブ」長新太文・絵　ビリケン出版　2006年6月

「あめあめ ふれふれ もっとふれ」シャーリー・モーガン文；エドワード・アーディゾーニ絵；なかがわちひろ訳　のら書店　2005年5月

「あるひおねえちゃんは」みやにしいづみ作；宮西達也絵　フレーベル館　1983年9月

「アルプスのきょうだい」ゼリーナ・ヘンツ文；アロワ・カリジェ絵；光吉夏弥訳　岩波書店（岩波の子どもの本）　1954年9月

「アンジェリーナ おねえさんになる」キャサリン・ホラバード文；ヘレン・クレイグ絵；おかだよしえ訳　講談社（講談社の翻訳絵本クラシックセレクション）　2006年10月

「あんちゃんのたんぼ」梅田俊作作　童心社（童心社の絵本19）　1982年7月

子どもの世界・生活

「アントニーなんかやっつけちゃう」 ジュディス・ヴィオースト文;アーノルド・ローベル絵;渡辺茂男訳 文化出版局 1979年12月

「いいものもらった」 森山京文;村上勉絵 小峰書店(えほん・こどもとともに) 1987年12月

「いえでだブヒブヒ」 柳生まち子作 福音館書店 1997年4月

「いさごむしのよっ子ちゃん」 早船ちよ文;市川禎男絵 新日本出版社(新日本出版社の絵本) 1973年9月

「いじっぱりっ子なみだっ子」 奥田継夫作;奈良坂智子絵 ポプラ社(ポプラ社の幼年文学10) 1982年3月

「いたずらうさぎデイビー あかちゃんすきだもん」 イブ・タルレ絵;ブリギッテ・ヴェニンガー文;立原えりか訳 講談社(世界の絵本) 1998年5月

「いたずらうさぎデイビー いいことしちゃいけないの」 イブ・タルレ絵;ブリギッテ・ヴェニンガー文;立原えりか訳 講談社(世界の絵本) 1999年11月

「いたずらうさぎデイビー おたんじょうびだもん」 イブ・タルレ絵;ブリギッテ・ヴェニンガー文;立原えりか訳 講談社(世界の絵本) 2001年10月

「いたずらうさぎデイビー ニッキーいないんだもん」 イブ・タルレ絵;ブリギッテ・ヴェニンガー文;立原えりか訳 講談社(世界の絵本) 1999年4月

「いたずらうさぎデイビー ぼくじゃないもん」 イブ・タルレ絵;ブリギッテ・ヴェニンガー文;立原えりか訳 講談社(世界の絵本) 1998年4月

「いたずらうさぎデイビー わざとじゃないもん」 イブ・タルレ絵;ブリギッテ・ヴェニンガー文;立原えりか訳 講談社(世界の絵本) 1997年5月

「いたずらかいじゅうのたんじょうび」 ハッチンス作;乾侑美子訳 偕成社 2000年10月

「いたずらかいじゅうビリー!」 パット・ハッチンス作;乾侑美子訳 偕成社 1993年11月

「いたずら子リス」 椋鳩十文;中村景児絵 ポプラ社(絵本・おはなしのひろば7) 1984年6月

「いちくん にいくん さんちゃん」 中川李枝子文;山脇百合子絵 ブッキング(復刊傑作幼児絵本シリーズ1) 2008年2月

「いちばんたかいのだあれ?」 マイケル・グレイニエツ作・絵;ほそのあやこ訳 金の星社 1999年8月

「いま なんじ?」 松成真理子作 学習研究社(学研おはなし絵本) 2008年4月

「いもうとがウサギいっぴきたべちゃった」 ビル・グロスマン文;ケビン・ホークス絵;いとうひろし訳 徳間書店 2008年11月

「いもうとだいすき」 オフェリエ・テクシエ作・絵;きむらゆういち訳 そうえん社(ぼくはワニオオカミ5) 2009年7月

「いもうといっしょ」 梅田俊作;梅田佳子作 新日本出版社(あたしたちきょうだいうれしいな!2) 1984年3月

子どもの世界・生活

「いもほりきょうだい ホーリーとホーレ」 石井聖岳作・絵 農山漁村文化協会（わくわくたべものおはなしえほん5） 2007年3月

「イルカの子」 姫野ちとせ絵・文 主婦の友社 2010年8月

「ウイリアムのこねこ」 マージョリー・フラック文・絵；まさきるりこ訳 新風舎 2005年3月

「うさぎの はなたば」 松居スーザン作；松成真理子絵 ひさかたチャイルド 2007年2月

「うさぎのゆきだるま」 佐藤さとる作；しんしょうけん絵 にっけん教育出版社 2002年11月

「うさぎのラビちゃん」 ささやすゆき作・絵 PHP研究所（PHPのえほん12） 1984年9月

「うできき4人きょうだい」 グリム原作 BL出版 2009年2月

「うできき四人きょうだい-グリム童話」 フェリクス・ホフマン画；寺岡寿子訳 福音館書店 1983年8月

「うみのみずはなぜからい にほんのはなし」 土家由岐雄文；山口英昭絵 コーキ出版（絵本ファンタジア24） 1977年6月

「うみのみずはなぜからい」 後藤楢根文；井江春代絵 フレーベル館（フレーベルのえほん120） 1978年3月

「うみべのステラ」 メアリー=ルイーズ・ゲイ作；江國香織訳 光村教育図書 2004年6月

「エヴァはおねえちゃんのいない国で」 ティエリー・ロブレヒト文；フィリップ・ホーセンス絵；野坂悦子訳 くもん出版 2006年6月

「エミリーときんのどんぐり」 イアン・ベック作；笹山裕子訳 徳間書店 1995年1月

「えりちゃんつまんないの」 やまなかさちこ作・絵 岩崎書店（ファミリーえほん17） 1979年2月

「おいていかないで」 筒井頼子作；林明子絵 福音館書店（幼児絵本シリーズ） 1988年1月

「おーい ぼく風になったよ」 舟崎靖子文；梅田俊作絵 ベネッセコーポレーション（ベネッセのえほん） 1997年12月

「おおかみがんばれ」 馬場のぼる作 童心社（新ユーモア絵本） 1980年3月

「オオカミと10ぴきの子ブタ」 メアリー・レイナー作；久山太市訳 評論社（児童図書館・絵本の部屋） 1997年5月

「おーこれ おこれ」 小納弘作；金沢佑光絵 ポプラ社（絵本のせかい18） 1978年2月

「おかあさんといっしょ」 梅田俊作；梅田佳子作 新日本出版社（あたしたちきょうだいうれしいな!5） 1985年9月

「おかえりなさい おにいちゃん」 ルイス・バウム文；スーザン・バーレイ絵；もきかずこ訳 ほるぷ出版 1991年6月

「おきなわ 島のこえ-ヌチドゥタカラ（いのちこそたから）」 丸木俊；丸木位里文・絵 小峰書店 1984年2月

「おじいちゃんのふね」 岡信子作；山田和明絵 リーブル 2007年5月

子どもの世界・生活

「おじいちゃんをさがしに」 トーマス・ティードホルム文;アンナ=クララ・ティードホルム絵;外山真理訳 ほるぷ出版 1995年11月

「おしゃぶりがおまもり」 ウーリー・オルレブ文;ジャッキー・グライヒ絵;もたいなつう訳 講談社(講談社の翻訳絵本ピュア・セレクション) 2003年8月

「おしゃれなかばのヒッポ・ヒッポ・ルー」 おのりえん作;国松エリカ絵 偕成社 1998年3月

「おそらのリビーへ」 ジャック・サイモン;アネット・サイモン文;豊倉省子訳;田村みえ絵 竹書房 2003年12月

「おてんばシーラ」 ケビン・ヘンクス作・絵;斉藤美加訳 金の星社(世界の絵本ライブラリー) 1990年12月

「おとうさんといっしょ」 梅田俊作;梅田佳子作 新日本出版社(あたしたちきょうだいうれしいな!3) 1984年3月

「おとうとがやってきた」 ディー・シャルマン作・絵;もとしたいづみ訳 偕成社 1996年9月

「おとうとなんかイヌならな!」 キャロル・ディゴリー・シールズ文;ポール・マイゼル絵;久山太市訳 評論社(児童図書館・絵本の部屋) 1999年4月

「おとうとなんかだいきらい」 大友康夫作 童心社(えほん・ぼくらはきょうだい3) 1979年6月

「おとうとのビー玉-身近な人を交通事故で失ったとき」 K.ディールティエンス;P.アドリャーンセンス作;サンネ・テ・ロー絵;野坂悦子;林由紀訳 大月書店(心をケアする絵本4) 2008年1月

「おとうとはだいすきよ」 グニラ・ボルデ作;たかむらきみこ訳 偕成社(エミーちゃんシリーズ) 1977年1月

「おどって!ターニャ」 パトリシア・リー・ガウチ文;竹下文子訳;市川里美絵 偕成社 1989年12月

「おとなになる日」 シャーロット・ゾロトウ文;ルース・ロビンス絵;みらいなな訳 童話屋 1996年8月

「おとなになれなかった弟たちに…」 米倉斉加年作 偕成社 1983年11月

「おにいちゃん」 ロバート・クラウス作;八木田宜子訳 さ・え・ら書房 1981年12月

「おにいちゃん」 浜田桂子作 童心社(絵本・ちいさななかまたち) 1993年6月

「おにいちゃんがいてよかった」 細谷亮太作;永井泰子絵 岩崎書店(いのちのえほん) 2003年9月

「おにいちゃんが病気になったその日から」 佐川奈津子文;黒井健絵 小学館 2001年8月

「おにいちゃんといっしょ」 梅田俊作;梅田佳子作 新日本出版社(あたしたちきょうだいうれしいな!1) 1984年3月

「おにいちゃんとおんなじ」 スーザン・ウィンター作;せなあいこ訳 評論社(児童図書館・絵本の部屋) 1993年6月

子どもの世界・生活

「おにいちゃんとのやくそく」 三浦潤一作 青月社 2007年3月

「おにいちゃんにははちみつケーキ」 ジル・ローベル文;セバスチャン・ブラウン絵;中川千尋訳 主婦の友社 2006年5月

「おにいちゃんは2とうしょう」 しみずみちを作;渡辺有一絵 銀河社 1981年7月

「おにいちゃんはアニマン」 あきやまただし作・絵 学研教育出版 2010年9月

「おにいちゃんはいいな」 みやにしいづみ文;宮西達也絵 講談社 1984年6月

「おにいちゃんは世界一」 ウルフ・スタルク作;マティ・レップ絵;菱木晃子訳 徳間書店 2002年5月

「おねえさんがほしいの」 生源寺美子作;米山京子人形製作;三科博写真 あかね書房(あかね創作えほん13) 1983年2月

「おねえさんといもうと」 ル=ホェン・ファム作;ひろはたえりこ訳 小峰書店(わくわく世界の絵本) 2008年5月

「おねえさんになったの」 ジョアンナ・コール文;マクシー・チェンブリス絵;みぞいまさみ訳 バベルプレス 2008年11月

「おねえさんになったのりちゃん」 三原佐知子文;中谷貞彦絵 福音館書店 1980年11月

「おねえさんになるのよ」 間所ひさこ作;田沢梨枝子絵 PHP研究所(わたしのえほん2) 1982年6月

「おねえさんになるひ」 ローレンス・アンホルト文;キャサリン・アンホルト絵;吉上恭太訳 徳間書店 1998年6月

「おねえちゃん」 矢崎芳則作 草土文化 1984年12月

「おねえちゃんったらもう！」 クリス・ラシュカ作・絵;泉山真奈美訳 偕成社 1998年9月

「おねえちゃんていいな」 伊勢英子作・絵 ポプラ社(絵本・子どもの世界) 1983年4月

「おねえちゃんは、どこ?」 スヴェン・ノルドクヴィスト作;石井登志子訳 岩波書店 2009年10月

「おねえちゃんは天使」 ウルフ・スタルク文;アンナ・ヘグルンド絵;菱木晃子訳 ほるぷ出版 1997年9月

「おばあちゃんといっしょ」 梅田俊作;梅田佳子作 新日本出版社(あたしたちきょうだいうれしいな!4) 1985年4月

「おばけのおつかい」 西平あかね作 福音館書店 2008年7月

「おばけをとりにいこうよ」 よこやまままさお作;やまぐちみねやす絵 草炎社(そうえんしゃハッピィぶんこ8) 2006年9月

「おはようサム」 メアリー=ルイーズ・ゲイ作;江國香織訳 光村教育図書 2004年4月

「おひさまのくにへ」 松居友文;井上博幾絵 BL出版 2007年9月

「おひさまむらのこどもたち」 あいはらひろゆき文;あだちなみ絵 教育画劇 2008年7月

子どもの世界・生活

「おひめさまと小さいおとうと」 ゲルダ・ヴァーゲナー文;マリー・ジョゼ・サクレ絵;佐々木田鶴子訳 DEMPA/ペンタン 1993年7月

「おぶさりてい」 川村たかし文;関屋敏隆画 教育画劇(日本の民話えほん) 1996年2月

「おふろでぽっかぽか」 山本省三作 講談社(講談社の創作絵本) 2010年10月

「おぼえている?」 マルティーン・ベック文;アニー・ボノム絵;那須田淳訳 ひくまの出版 2002年2月

「おまつりの日に」 ターシャ・テューダー著;内藤里永子訳 メディア・ファクトリー(ターシャ・テューダー・クラシックコレクション) 2002年11月

「おやすみおやすみ ぐっすりおやすみ」 マリサビーナ・ルッソ作;みらいなな訳 童話屋 2007年11月

「おやすみサム」 メアリー=ルイーズ・ゲイ作;江國香織訳 光村教育図書 2004年4月

「おやすみなさいの おと」 いりやまさとし作 講談社(講談社の創作絵本) 2009年1月

「お月お星」 斉藤彰吾文;関口コオ絵 佼成出版社 1979年7月

「ガーコちゃんといもうと」 国松エリカ作 学習研究社(学研おはなし絵本) 2006年2月

「カーテン」 こばやしゆかこ作 学研教育出版(学研おはなし絵本) 2010年11月

「かえるのフィリップとフラップ」 アラン・グレ文;ルイ・カン絵;庄司和子訳 DEMPA/ペンタン 1988年8月

「かくれんぼぞろぞろ」 木村裕一;礒みゆき作・絵 PHP研究所(PHPにこにこえほん) 1994年8月

「かぜ」 イブン・スパン・オルセン作;木村由利子訳 文化出版局 1980年12月

「かたつむりハウス」 アラン・アールバーグ文;ジリアン・タイラー絵;おかだよしえ訳 評論社(児童図書館・絵本の部屋) 2000年10月

「カッコー すず風 とうげみち」 梅田俊作;梅田佳子作・絵 岩崎書店(絵本の泉4) 1995年8月

「かまくらかまくらゆきのいえ」 あまんきみこ作;黒井健絵 ひくまの出版(幼年絵本シリーズ・あおいうみ14) 1984年11月

「かものプルッフ」 リダ文;ロジャンコフスキー絵;いしいももこ;おおむらゆりこ訳 福音館書店(世界傑作絵本シリーズ23) 1964年12月

「かわうそ3きょうだい」 あべ弘士作 小峰書店(えほんひろば) 2009年11月

「かわうそ3きょうだいのふゆのあさ」 あべ弘士作 小峰書店(えほんひろば) 2010年11月

「かわべのトンイのスニ」 キム・ジェホン作;星あキラ;キム・スヨン共訳 小学館 2007年12月

「きえたおかしのまき」 たかどのほうこ作・絵 アリス館(ゆかいなさんにんきょうだい1) 2008年10月

子どもの世界・生活

「キスなんてごめんだよ！」 エマ・チチェスター・クラーク作；まつかわまゆみ訳 評論社（児童図書館・絵本の部屋） 2003年4月

「きのうきょうあした」 マレーク・ベロニカ文・絵；マンディ・ハシモト・レナ訳 風涛社 2008年10月

「きょうはえんそく」 ニック・バターワース；ミック・インクペン作；石沢泰子訳 DEMPA/ペンタン 1992年10月

「きょうはとくべつなひ」 あらいえつこ文；いりやまさとし絵 教育画劇 2010年2月

「きょうりゅうのかいかた」 くさのだいすけ文；やぶうちまさゆき絵 岩波書店（岩波の子どもの本） 1983年11月

「きれいずき ティッチ」 パット・ハッチンス作；つばきはらゆき訳 童話館 1994年9月

「きんいろのあさ」 吉田とし作；倉石琢也絵 金の星社 1980年12月

「きんぎょの きんちゃん」 おおのさとみ文；オオノヨシヒロ絵 長崎出版（いのちの絵本シリーズ） 2009年6月

「きんのたまご」 ソコロフきょうだい原作；中村融文；センバ・太郎絵 世界出版社（ABCブック） 1970年2月

「クウとポーのクリスマス」 松井雪子著 平凡社 2004年11月

「クックル～ひかりのみち～白神・縄文の精霊たち」 あいはらひろゆき作；下田冬子絵 PHP研究所（PHPわたしのえほん） 2010年5月

「くまいちご」 木暮正夫作；梅田俊作絵 くもん出版 2005年6月

「クマおじさんのもり」 香山美子文；末崎茂樹絵 新日本出版社（新日本えほんのひろば4） 1988年10月

「くまのがっこう」 あだちなみ絵；あいはらひろゆき文 ブロンズ新社（くまのがっこうシリーズ） 2002年8月

「くまのこミンのおうち」 あいはらひろゆき文；あだちなみ絵 講談社（講談社の創作絵本） 2008年9月；ソニー・マガジンズ（にいるぶっくす） 2004年4月

「くまのこミンのおはなばたけ」 あいはらひろゆき文；あだちなみ絵 講談社（講談社の創作絵本） 2009年2月；ソニー・マガジンズ（にいるぶっくす） 2005年4月

「くまのこミンのクリスマス」 あいはらひろゆき文；あだちなみ絵 講談社（講談社の創作絵本） 2008年10月；ソニー・マガジンズ（にいるぶっくす） 2005年10月

「くまのこミンのふゆじたく」 あいはらひろゆき文；あだちなみ絵 講談社（講談社の創作絵本） 2008年9月；ソニー・マガジンズ（にいるぶっくす） 2004年11月

「くもにいろをぬったこどもたち」 ミシェル・ババレル作；ルイース・カンプス絵；川口志保子訳 ブックローン出版（ファランドールコレクション） 1982年5月

「グリム 七わのからす」 リスベート・ツヴェルガー画；池田香代子訳 冨山房 1985年4月

「けいことおねえちゃん」 ますだけいこ作 評論社（児童図書館・絵本の部屋−手づくり絵本の本棚） 1989年12月

子どもの世界・生活

「こいぬ、いたらいいなあ」 おのりえん文;はたこうしろう絵 フレーベル館(おかしきさんちのものがたり) 2007年12月

「こうさぎのクリスマス」 松野正子作;荻太郎絵 福音館書店 1976年12月

「こうさぎファーンはじめてのふゆ」 ジェーン・シモンズ作;吉井知代子訳 文渓堂 2002年10月

「ごきげんボッラはなぞ人間!?」 グニッラ・ベリィストロム文・絵;ビヤネール多美子訳 偕成社 1982年6月

「こぎつねダイダイのおはなし ゆきゆきどんどん」 西内ミナミ作;和歌山静子絵 ポプラ社(絵本の時間22) 2003年2月

「こぐまのともちゃん」 いまいみこ作 福音館書店(日本傑作絵本シリーズ) 2002年7月

「こぐまのパグはおにいちゃん」 沢井いづみ作;新野めぐみ絵 PHP研究所(わたしのえほんシリーズ) 1995年11月

「ここでまっててね」 牧島敏乃作・絵 佼成出版社(創作絵本シリーズ) 1989年9月

「ことろのばんば」 長谷川摂子文;川上越子絵 福音館書店 2009年2月

「こねこと7にんのこどもたち」 森津和嘉子作・絵 金の星社(絵本のおくりもの) 1988年7月

「こねこのきょうだいグルグルとゴロゴロ たからさがし」 江川智穂作 小学館 2006年3月

「こねこのきょうだいグルグルとゴロゴロ ふうせんおばけ」 江川智穂作 小学館 2006年5月

「こねこのきょうだいグルグルとゴロゴロ−おしゃれじまんのツリーたち」 江川智穂作 小学館 2007年10月

「こねこのきょうだいグルグルとゴロゴロースケートにきたタコ」 江川智穂作 小学館 2007年3月

「こねこのきょうだいグルグルとゴロゴロ−せんぷうきのぷうこちゃん」 江川智穂作 小学館 2007年7月

「こねこのきょうだいグルグルとゴロゴロービスケットこうじょう」 江川智穂作 小学館 2005年12月

「ごひきの こぶた ビービーブゥ！」 こみまさやす作・絵 鈴木出版(ひまわりえほんシリーズ) 1998年6月

「こぶたのドーカス・ポーカス」 ターシャ・テューダー著;内藤里永子訳 メディア・ファクトリー(ターシャ・テューダークラシックコレクション) 2001年11月

「こぶたのみっぷちゃっぷやっぷ」 筒井頼子文;はたこうしろう絵 童心社(絵本・こどものひろば) 2005年7月

「こぶたほいくえん」 中川李枝子文;山脇百合子絵 福音館書店(幼児絵本シリーズ) 2001年3月

「こぶた四ひきちんちろりん」 かこさとし文・絵 偕成社(かこさとし七色のおはなしえほん13) 1986年3月

子どもの世界・生活

「こぶとりたろう」 たかどのほうこ作；杉浦範茂絵　童心社　2009年11月

「こめぶき あわぶき」 川村たかし文；梶山俊夫画　教育画劇（日本の民話えほん）　2000年5月

「こめんぶく あわんぶく」 松谷みよ子文；太田大八絵　ほるぷ出版（幼児みんわ絵本31）　1986年11月

「これならおとくいジェラルディン」 エレン・コンフォード文；ジョン・ラレック絵；岸田衿子訳　国土社　1980年11月

「ころちゃんとはたらくじどうしゃ」 関根榮一文；横溝英一絵　小峰書店（のりものえほん）　1989年2月

「こわいこわいおるすばん」 渡辺有一作・絵　ポプラ社（絵本・子どものくに14）　1985年12月

「コンブとノルブ」 韓丘庸文；金正愛絵　朝鮮青年社（朝鮮名作絵本シリーズ2）　1985年2月

「こんやはねむれないよぉ」 アラン・パリー文；リンダ・パリー絵；やなぎやけいこ訳　ドン・ボスコ社　2004年9月

「さあ、犬になるんだ！」 C.V.オールズバーグ絵・文；村上春樹訳　河出書房新社　2006年12月

「さいごのこいぬ」 フランク・アシュ文・絵；ほしかわなつよ訳　童話館出版　2005年8月

「ザスーラ」 クリス・バン・オールスバーグ作；金原瑞人訳　ほるぷ出版　2003年9月

「さばくはこわい」 ジュヌヴィエーヴ・ユリエ作；ロイック・ジュアニゴ絵；木下みどり　小学館（はるかな森のうさぎたち1）　1995年12月

「ジェラルディンとおとうとウィリー」 ホリー・ケラー作・絵；eqPress（イクプレス）訳　国土社　1999年6月

「ジェラルディンの きょうからおねえちゃん」 ホリー・ケラー作・絵；eqPress（イクプレス）訳　国土社　1998年3月

「しおふきうす」 長谷川摂子文；立花まこと絵　岩波書店（てのひらむかしばなし）　2008年12月

「シナの五にんきょうだい」 クレール・H.ビショップ文；クルト・ヴィーゼ絵；いしいももこ訳　福音館書店（世界傑作絵本シリーズ・アメリカの絵本）　1961年1月

「しましまちゃんは おにいちゃん」 白井三香子作；黒井健絵　学習研究社（学研fanfanファンタジー）　1988年10月

「しまちゃんちゃん」 中野みち子作；林あき子絵　文研出版（文研の創作絵童話5）　1981年3月

「シモンのアメリカ旅行」 バーバラ・マクリントック作；福本友美子絵　あすなろ書房　2010年11月

「シモンのおとしもの」 バーバラ・マクリントック作；福本友美子訳　あすなろ書房　2007年3月

子どもの世界・生活

「じゃがいもかあさん」アニータ・ローベル作；今江祥智訳　偕成社　1982年7月

「ジャッキーのいもうと」あだちなみ絵；あいはらひろゆき文　ブロンズ新社（くまのがっこうシリーズ）　2007年2月

「ジャッキーのうんどうかい」あだちなみ絵；あいはらひろゆき文　ブロンズ新社（くまのがっこうシリーズ）　2006年8月

「ジャッキーのおせんたく」あだちなみ絵；あいはらひろゆき文　ブロンズ新社（くまのがっこうシリーズ）　2004年2月

「ジャッキーのおたんじょうび」あだちなみ絵；あいはらひろゆき文　ブロンズ新社（くまのがっこうシリーズ）　2005年7月

「ジャッキーのじてんしゃりょこう」あだちなみ絵；あいはらひろゆき文　ブロンズ新社（くまのがっこうシリーズ）　2003年7月

「ジャッキーのたからもの」あだちなみ絵；あいはらひろゆき文　ブロンズ新社（くまのがっこうシリーズ）　2009年1月

「ジャッキーのトマトづくり」あだちなみ絵；あいはらひろゆき文　ブロンズ新社（くまのがっこうシリーズ）　2008年2月

「ジャッキーのはつこい」あだちなみ絵；あいはらひろゆき文　ブロンズ新社（くまのがっこうシリーズ）　2010年2月

「ジャッキーのパンやさん」あだちなみ絵；あいはらひろゆき文　ブロンズ新社（くまのがっこうシリーズ）　2003年2月

「しゃぼんだまぼうや」マーガレット・マーヒー作；ポリー・ダンバー絵；もとしたいづみ訳　フレーベル館　2009年2月

「シューリクのまほう」エヌ・ノーソフ作；イ・セミョーノフ絵；福井研介訳　新読書社　1982年1月

「ジュゼットとニコラーおにわで」市川里美作；矢川澄子訳　冨山房　1978年6月

「ジュマンジ」クリス・バン・オールスバーグ作；辺見まさなお訳　ほるぷ出版　1984年7月

「しろねこしろちゃん」森佐智子文；MAYA MAXX絵　福音館書店（幼児絵本シリーズ）　2005年3月

「シンデレラのおしり」ニコラス・アラン作・絵；とたにようこ訳　徳間書店　2003年8月

「スージーをさがして」バーナディン・クック文；まさきるりこ訳；降矢なな絵　福音館書店　1997年10月

「すえっこおおかみ」ラリー・デーン・ブリマー文；ホセ・アルエゴ；アリアンヌ・デューイ絵；まさきるりこ訳　あすなろ書房　2003年5月

「すえっこねこのルウ」さとうわきこ作・絵　教育画劇（スピカのおはなしえほん12）　1985年7月

「すき ときどき きらい」東君平文；和歌山静子絵　童心社（絵本・ちいさななかまたち）　1986年1月

子どもの世界・生活

「スタンレイとローダ」 ローズマリー・ウエルズ作；大庭みな子訳　文化出版局　1979年12月
「ステラ もりへいく」 メアリー=ルイーズ・ゲイ作；江國香織訳　光村教育図書　2003年7月
「ステラのほしぞら」 メアリー=ルイーズ・ゲイ作；江國香織訳　光村教育図書　2005年8月
「スニッピーとスナッピー」 ワンダ・ガアグ文・絵；さくまゆみこ訳　あすなろ書房　1999年3月
「すべりこみセーフ！」 ほたてまりこ文；保立浩司絵　講談社　1985年6月
「すましたペンギンさんきょうだい」 あいざわあゆむ文；おかむらしまこ絵　講談社　2008年11月
「せかいいちのあかちゃん」 ケヴィン・ヘンクス作；小風さち訳　徳間書店　1996年3月
「せかいでひとつだけのケーキ」 あいはらひろゆき作；あだちなみ絵　教育画劇　2006年4月
「せかい一わるいかいじゅう」 パット・ハッチンス作；乾侑美子訳　偕成社　1990年8月
「ぜったい がっこうには いかないからね」 ローレン・チャイルド作；木坂涼訳　フレーベル館　2004年3月
「ぜったい ねないからね」 ローレン・チャイルド作；木坂涼訳　フレーベル館　2002年1月
「ぜったいたべないからね」 ローレン・チャイルド作；木坂涼訳　フレーベル館（ほんやくえほん140）　2002年1月
「せむしの小馬」 エルショフ作；コチェルギン絵；福井研介訳　新読書社（ソビエトの子どもの本）　1986年11月
「ゼンソクなんてとんでいけ」 としたかひろ文・絵　あすなろ書房　1984年11月
「せんりのくつ」 大石真文；若菜珪絵　ひさかたチャイルド（ひさかた絵本館2）　1981年9月
「ぞうさんのふとん」 鬼頭隆作；福田岩緒絵　ひさかたチャイルド　2007年10月
「そのままのきみがすき」 マックス・ルケード作；セルジオ・マルティネス絵；松波史子訳　いのちのことば社　2003年7月
「それでいいのだ！」 ジェイムズ・スティーブンソン作；麻生九美訳　評論社（児童図書館・絵本の部屋）　1979年11月
「だいかいじゅうオニイタイジ」 いとうひろし作　ポプラ社（いとうひろしの本3）　2001年2月
「だいじなものは？」 うめだよしこ文；うめだゆみ絵　新日本出版社（すえっこななちゃんシリーズ3）　2006年9月
「たけしくんのて」 岡部房子作；西村達馬絵　ひさかたチャイルド（ひさかたメルヘン41）　1983年10月
「たなばたさま」 住井すゑ；滝平二郎作　ブッキング（住井すゑとの絵本集4）　2007年2月；河出書房新社（住井すゑとの絵本集4）　1982年11月
「たぬきのきょうだいオーポンとチーポン」 にしかわおさむ作　ベネッセコーポレーション（ベネッセのえほん）　1997年12月

135

子どもの世界・生活

「たのしいうんどうかい」 ニック・バターワース;ミック・インクペン文・絵;石沢泰子訳 DEMPA/ペンタン 1992年10月

「だめだめあっちゃん」 矢崎節夫作;坪谷令子絵 フレーベル館(フレーベル館のえほん・タイニーシリーズ8) 1980年5月

「タルトくんとケーキのたね」 おだしんいちろう作;こばようこ絵 偕成社 2006年6月

「だるまてんぐのあかてんくろてん きょうだいばんざいの巻」 廣嶋玲子作;山西ゲンイチ絵 教育画劇 2009年11月

「だれかあたしとあそんで」 マーサ・アレクサンダー作・絵;岸田衿子訳 偕成社 1980年4月

「だれがわたしたちをわかってくれるの」 トーマス・ベリイマン作;ビヤネール多美子訳 偕成社 1979年1月

「たろうがらす じろうがらす」 かこさとし文・絵 偕成社(かこさとし七色のおはなしえほん4) 1984年12月

「だんご3兄弟 3時のけっとう」 佐藤雅彦;内野真澄作 メディアファクトリー 1999年6月

「たんじょうびだねちびかばくん」 ひろかわさえこ作・絵 あかね書房(かばくんとちびかばくん3) 1999年11月

「たんぽぽ ふわり」 須田貢正文;津田櫓冬絵 ほるぷ出版 1990年7月

「ちいくまちゃんのきいちごつみ」 しまだけんじろう作 ベネッセコーポレーション(ちいくまちゃんシリーズ) 1998年3月

「ちいさいオーちゃん」 エディス・ウンネルシュタード文;マイ・ファーゲルベリィ絵;溝口真実訳 徳間書店 2000年3月

「ちいさいちゃん」 ジェシカ・ミザーヴ作;さくまゆみこ訳 主婦の友社 2007年8月

「ちいさくなったおにいちゃん」 ウィリアム・スタイグ作;木坂涼訳 セーラー出版 1997年11月

「ちいさな さんた」 丸山明子絵・文 中央出版社 1992年11月

「ちいさなおとうと」 リスベット・スレーヘルス作;木坂涼訳 小学館(ピピとトントンのえほん) 2008年11月

「チッチどこいったの」 妹尾猶文;ユノセイイチ絵 童心社 1985年4月

「チップとチョコのおつかい」 どいかや文・絵 文渓堂 1999年4月

「チップとチョコのおでかけ」 どいかや作・絵 文渓堂 1996年4月

「チップとチョコのおでかけ」 どいかや作・絵 文渓堂 1996年4月

「チップとチョコのおるすばん」 どいかや文・絵 文渓堂 2002年4月

「チビタンとおおきなメンドリ」 マーティン・ワッデル文;ポール・ハワード絵;小川仁央訳 評論社(児童図書館・絵本の部屋) 1998年11月

子どもの世界・生活

「ちび三郎と魔女-トルコむかしばなし」 バーバラ・ウォーカー文;マイケル・フォアマン絵;瀬田貞二訳 評論社(児童図書館・絵本の部屋) 1979年10月

「ちゃいろおばさんのたんじょうび」 エルサ・ベスコフ作・絵;ひしきあきらこ訳 福音館書店(世界傑作絵本シリーズ) 2002年2月

「ちょっとかして」 木下惇子作・絵 偕成社(ちいさいえほん23) 1979年4月

「ちょっとそこまで」 かべやふよう作 アスラン書房 2003年5月

「ちょっとだけ」 瀧村有子作;鈴木永子絵 福音館書店(こどものとも絵本) 2007年11月

「ちょろりんととっけー」 降矢なな作 福音館書店(こどものとも傑作集) 1999年1月

「チワンのにしき」 君島久子文;赤羽末吉絵 ポプラ社(おはなし創作えほん21) 1977年7月

「つきのひかりのとらとーら」 フィリス・ルート文;エド・ヤング絵;野中しぎ訳 福武書店 1991年7月

「ツルとタケシ-沖縄へいくさ物語 宮古島編」 儀間比呂志著 清風堂書店 2005年9月

「デイジーとうまれたたまご」 ジェーン・シモンズ作;小川仁央訳 評論社(児童図書館・絵本の部屋) 2001年9月

「ティッチ」 パット・ハッチンス作・画;石井桃子訳 福音館書店 1975年4月

「てっちゃんけんちゃんとゆきだるま」 おくやまたえこ作 福音館書店 1980年12月

「てんとうさんかねんつな(岡山県)」 大川悦生文;斎藤博之絵 第一法規出版(日本の民話絵本12) 1981年9月

「どうぐでなにがつくれるの?」 マレーク・ベロニカ文・絵;マンディ・ハシモト・レナ訳 風涛社 2010年4月

「どうしてけんかをするのかな?」 スタン・ベレンスティン;ジャン・ベレンスティン作;HEART訳 偕成社(ベア・ファミリーえほん4) 1992年3月

「どうぶつえんにいったらね…」 みぞぶちまさる作・絵 講談社(講談社の創作絵本) 2003年11月

「とうもろこしどろぼう-メキシコ民話」 西本鶏介文;武井武雄絵 フレーベル館(キンダーおはなしえほん傑作選17) 1978年2月

「とってもコブタなナニーとノノ」 ベアトリス・ルエ作;ジェラール・フランカン絵;ときありえ訳 偕成社 1998年1月

「ドドとヒー こぶねのぼうけん」 おだしんいちろう作;こばようこ絵 金の星社 2005年3月

「とびうおのきょうだい」 かみやしん作・画 金の星社 1975年12月

「とべとべ あひるの3きょうだい」 うすいかなこ作 PHP研究所(PHPにこにこえほん) 2009年9月

「トマニ式の生き方」 クリスチーネ・ネストリンガー作;ヘルメ・ハイネ絵;星新一訳 CBS・ソニー出版 1978年10月

子どもの世界・生活

「とらねこたっち と とらのこぴっぴ」 藤島青年作・絵 PHP研究所(わたしのえほん) 1997年1月

「とらのこさんきょうだい かえうたかえうたこいのぼり」 石井聖岳作 講談社(講談社の創作絵本) 2010年4月

「トランとブッチのぼうけん」 もとしたいづみ文；あべ弘士絵 ポプラ社(みんなで絵本6) 2002年11月

「トロールのばけものどり」 イングリ・ドーレア；エドガー・ドーレア作；いつじあけみ訳 福音館書店 2000年6月

「とんでったペチコート」 ペッカ・ヴオリ作；坂井玲子訳 福武書店 1988年11月

「なかよしきょうだいトリケとトリプ」 こわせたまみ作；伊東章夫絵；冨田幸光監修 教育画劇(きょうりゅうだいすき！) 1999年8月

「なしとりきょうだい」 かんざわとしこ文；えんどうてるよ絵 ポプラ社(むかしむかし絵本4) 1967年5月

「ナシの木とシラカバとメギの木」 アロイス・カリジェ文・絵；大塚勇三訳 岩波書店 1970年11月

「なぞなぞかけた」 こいでたん文；こいでやすこ絵 小峰書店(こみねのえほん6) 1985年12月

「なつのかいじゅう」 いしいつとむ作・絵 ポプラ社(絵本のおもちゃばこ20) 2006年6月

「ナナンの いっぱい たのしいこと」 岡田名奈子原作・絵 ポプラ社(えほんとなかよし50) 1997年9月

「ナナンの いっぱい たのしいこと」 岡田名奈子原作・絵 ポプラ社(えほんとなかよし50) 1997年9月

「なにしてるの、サム？」 メアリー＝ルイーズ・ゲイ作；江國香織訳 光村教育図書 2007年6月

「なのはなおつきさん」 生源寺美子作；鈴木義治絵 ひくまの出版(幼年絵本シリーズ・あおいうみ4) 1984年1月

「ならなしとり」 峠兵太文；井上洋介絵 佼成出版社(民話こころのふるさとシリーズ) 1993年4月

「にいさん」 いせひでこ作 偕成社 2008年3月

「ニコくんとアナちゃんはいしゃになりたい」 ビオレタ・デノウ作・絵；立花香訳 新世界研究所(ニコくんとアナちゃんシリーズ1) 1990年9月

「ニコくんとアナちゃんはいなかへいく」 ビオレタ・デノウ作・絵；立花香訳 新世界研究所(ニコくんとアナちゃんシリーズ5) 1990年9月

「ニコくんとアナちゃんはおんがくかになりたい」 ビオレタ・デノウ作・絵；立花香訳 新世界研究所(ニコくんとアナちゃんシリーズ2) 1990年9月

「ニコくんとアナちゃんはこうつうじゅんさになりたい」 ビオレタ・デノウ作・絵；立花香訳 新世界研究所(ニコくんとアナちゃんシリーズ7) 1990年9月

子どもの世界・生活

「ニコくんとアナちゃんはしゃしんかになりたい」 ビオレタ・デノウ作・絵；立花香訳 新世界研究所(ニコくんとアナちゃんシリーズ4) 1990年9月

「ニコくんとアナちゃんはしょうぼうしになりたい」 ビオレタ・デノウ作・絵；立花香訳 新世界研究所(ニコくんとアナちゃんシリーズ3) 1990年9月

「ニコくんとアナちゃんはりょうしになりたい」 ビオレタ・デノウ作・絵；立花香訳 新世界研究所(ニコくんとアナちゃんシリーズ6) 1990年9月

「にしきのむら」 武井武雄絵；山本和夫文 フレーベル館(武井武雄絵本美術館) 1998年4月

「にちようのあさはすてき」 ジュディス・ヴィオースト文；ヒラリー・ナイト絵；入江真佐子訳 ほるぷ出版 1989年8月

「ねぇ こっちむいて！」 キアラ・ラパッチーニ作；押場靖志；押場由美訳 小学館 2000年7月

「ねえ、おつきさま どうしてぼくについてくるの？」 きむらゆういち作；やましたこうへい絵 教育画劇 2009年8月

「ねえ、まだつかないの？」 ジェイムズ・スティーブンソン作；やざきせつお訳 リブリオ出版 2002年3月

「ねえ、まだつかないの？」 ジェイムズ・スティーブンソン作・絵；矢崎節夫訳 佑学社 1987年3月

「ねえさんといもうと」 シャーロット・ゾロトウ作；マーサ・アレキサンダー絵；やがわすみこ訳 福音館書店(世界傑作絵本シリーズ・アメリカの絵本) 1974年3月

「ねえさんのけっこん」 ヒュー・ルーウィン文；リサ・コッパー絵；多田ひろみ訳 すぐ書房 1989年8月

「ネコ横丁」 イブ・スパン・オルセン作；木村由利子訳 文化出版局 1980年2月

「ねずみきょうだいのだいかくれんぼたいかい」 まつもとしゅんすけ作・絵 教育画劇 2010年7月

「ねずみのきょうだい」 なかえよしを作；上野紀子絵 ひさかたチャイルド 1990年5月

「ねむりたいのに」 ヴェロニカ・ウリベ作；グロリア・カルデロン絵；はやしゆかり訳 新世研 2002年6月

「ばいばいようちゃん」 山下明生文；渡辺洋二絵 童心社 1994年7月

「ばかんばかんぶー」 のぶみ作 絵本館 2006年6月

「はしかになりたがったエミー」 グニラ・ボルデ作；たかむらきみこ訳 偕成社(エミーちゃんシリーズ) 1977年1月

「ハチドリになった女」 ラウラ・バーレ文；カルロス・ヴィギ絵；おおいしまりこ訳 新世研 2002年5月

「はっぱのてがみ」 岡田昌子作・絵 金の星社(こどものくに傑作絵本) 1979年12月

子どもの世界・生活

「はねーるのくりひろい」 村山桂子作;柿本幸造絵 フレーベル館(うさぎのはねーるくんシリーズ3) 1981年7月

「パパにはともだちがたくさんいた」 末盛千枝子作;津尾美智子絵 ジー・シー 1985年9月

「ババヤガーのしろいとり-ロシア民話」 内田莉莎子再話;佐藤忠良画 福音館書店 1973年11月

「パピプペポッポ」 たなかゆうこ作 中央公論事業出版 2002年4月

「はやくこいこいランドセル」 竹崎有斐作;渡辺安芸夫絵 銀河社(銀河社の創作絵本) 1983年3月

「はるになったら」 シャーロット・ゾロトウ文;ガース・ウィリアムズ絵;おびかゆうこ訳 徳間書店 2003年4月

「はるまでまってごらん」 ジョイス・デュンバー文;スーザン・バーレイ絵;角野栄子訳 ほるぷ出版 1995年3月

「ハンスのみそっかす」 H.C.アンデルセン原作;ウルフ・ロフグレン絵;木村由利子訳 フレーベル館 1983年6月

「ハンフリー おやすみのじかんよ」 サリー・ハンター作;山口知代子訳 文渓堂 2003年9月

「ピーナツどりのちいさなたび」 山岸カフェ絵・文 主婦と生活社 2002年12月

「ぴかぴかドキドキ」 あきやまただし作・絵 金の星社(新しいえほん) 1998年11月

「ピックとニックおばけやしき」 田中秀幸作・絵 フレーベル館 1984年9月

「ピックとニックまちへゆく」 田中秀幸作・絵 フレーベル館 1982年9月

「ピックとニックやまへゆく」 田中秀幸作・絵 フレーベル館 1983年9月

「ピッケとポッケ」 とりごえまり作 佼成出版社 2002年8月

「ピッケとポッケのおとなりさん」 とりごえまり作 佼成出版社 2003年12月

「ひっこしはいやだ」 ジュヌヴィエーヴ・ユリエ作;ロイック・ジュアニゴ絵;木下みどり 小学館(はるかな森のうさぎたち3) 1995年12月

「ひみつのパーティーはじまるよ!」 リンゼイ・キャンプ作;トニー・ロス絵;吉井知代子訳 文渓堂 1999年6月

「ヒュンヒュン ビュンビュン ビュワンビュワン」 ジョン・ハセット;アン・ハセット作;今江祥智;遠藤育枝訳 BL出版 2003年7月

「ヒロクンとエンコウさん」 四国五郎作・絵 汐文社(原爆絵本シリーズ1) 1989年4月

「フーゴのおとうと」 ヘルマン・メールス文;ヨゼフ・ウィルコン絵;いずみちほこ訳 セーラー出版 1992年10月

「ぶーちゃんとおにいちゃんのえはがき」 島田ゆか著 白泉社 2006年12月

「ぶかぶかティッチ」 パット・ハッチンス作・画;石井桃子訳 福音館書店 1984年7月

子どもの世界・生活

「ふしぎな三人兄弟」 高橋真理子絵;さいとう陽子文 リブロポート(リブロの絵本) 1991年6月

「ふしぎな子」 E.T.A.ホフマン文;リスベート・ツヴェルガー画;矢川澄子訳 冨山房 1985年12月

「ふたりで るすばん できるかな」 いせひでこ作 偕成社(おばあちゃんだいすき1) 1990年9月

「ふたりのにんじゅつつかい」 前川康男文;那須良輔絵 学習研究社(学研カラー絵ばなし9) 1973年6月

「ふたりの雪だるま」 M.B.ゴフスタイン作;谷川俊太郎訳 すえもりブックス 1992年11月

「ふたりはおとしごろ」 ロブ・ルイス作;金原瑞人訳 ほるぷ出版 1993年3月

「フミとあにいとつばきの木」 宮川ひろ文;石倉欣二絵 国土社(現代絵本シリーズ1) 1985年1月

「フラニーとメラニー すてきなおんがくかい」 あいはらひろゆき文;あだちなみ絵 講談社(講談社の創作絵本) 2007年7月

「ブルーベリーつみならまかせて」 イレーヌ・シュバルツ文;フレデリック・ステール絵;いしづちひろ訳 文化出版局 1985年9月

「ふわふわ くもパン」 ペク・ヒナ文・絵;キム・ヒャンス写真;星あキラ;キム・ヨンジョン共訳 小学館 2006年4月

「ぶんかいきょうだい」 西平あかね作 アリス館 2009年8月

「へそパンあげます」 山根多紀子文;沼野正子絵 草土文化 1985年1月

「ペッテルとロッタのぼうけん」 エルサ・ベスコフ作・絵;ひしきあきらこ訳 福音館書店(世界傑作絵本シリーズ) 2001年9月

「ベニーはおにいちゃん」 バルブロ・リンドグレーン文;オーロフ・ランドストローム絵;うらたあつこ訳 ラトルズ 2009年10月

「ペペとラーラの大ぼうけん」 おおぶちみきお作 偕成社(はなしえほん) 1984年7月

「ペンギンきょうだい れっしゃのたび」 工藤ノリコ作 ブロンズ新社 2007年5月

「ペンギンのおかいもの」 さかざきちはる著 幻冬舎 2005年11月

「ヘンゼルとグレーテル」 L.ベヒシュタイン作;坂本知恵子絵;酒寄進一訳 福武書店 1988年5月

「ヘンゼルとグレーテル」 グリム兄弟作;飯田正美画;天沼春樹訳 パロル舎(絵本グリムの森2) 1997年10月

「ヘンゼルとグレーテル」 グリム兄弟文 平凡社 2010年3月

「ヘンゼルとグレーテル」 グリム兄弟文;植田敏郎訳;安井淡絵 小学館(世界のメルヘン絵本1) 1978年1月

「ヘンゼルとグレーテル」 グリム原作 西村書店(世界の名作えほん) 2009年9月

子どもの世界・生活

「ヘンゼルとグレーテル」 グリム作 岩崎書店(絵本・グリム童話1) 2009年2月

「ヘンゼルとグレーテル」 グリム作;高橋克雄写真・文 小学館(メルヘンおはなし絵本2) 1982年12月

「ヘンゼルとグレーテル」 バーナディット・ワッツ絵;相良守峯訳 岩波書店 1985年7月

「ヘンゼルとグレーテル」 ヤン・ピアンコフスキー絵;内海宜子訳 ほるぷ出版(ふぇありい・ぶっく) 1985年11月

「ヘンゼルとグレーテル」 山室静文;松村太三郎絵 フレーベル館(せかいむかしばなし1) 1985年6月

「ヘンゼルとグレーテル」 寺村輝夫文;永井郁子絵 小学館(世界名作おはなし絵本) 2007年3月

「ヘンゼルとグレーテル-グリム童話」 スーザン・ジェファーズ絵;大庭みな子訳 ほるぷ出版 1983年4月

「ヘンゼルとグレーテル-グリム童話」 リスベス・ツヴェルガー絵;佐久間彪訳 かど創房 1981年3月

「ヘンゼルとグレーテルのおはなし」 グリム原作;バーナデット・ワッツ文・絵;福本友美子訳 BL出版 2006年11月

「ヘンニムとタルニム」 チョン・スクヒャン絵;いとうみを訳 鶏林館書店 1978年6月

「ペンペンぐさとおにいちゃん」 小薗江圭子作;佐野洋子絵 銀河社 1974年2月

「ヘンリーのごじまんは…」 メアリー・ホフマン作;スーザン・ウィンター絵;せなあいこ訳 評論社(児童図書館・絵本の部屋) 1996年10月

「ほうちょかけたか」 さねとうあきら文;井上洋介絵 文渓堂(ぶんけい 絵本のひろば5) 1993年6月

「ぼく、なきむし」 長谷川知子作 文研出版(えほんのもり) 2010年6月

「ぼく、仮面ライダーになる! オーズ編」 のぶみ作 講談社(講談社の創作絵本) 2010年11月

「ぼくあかんぼなんかほしくなかったのに」 マーサ・アレクサンダー作・絵;岸田衿子訳 偕成社 1980年2月

「ぼくだけのおにいちゃん」 福田岩緒作 文研出版(えほんのもり) 2009年11月

「ぼくたち また なかよしさ!」 ハンス・ウィルヘルム絵・文;久山太市訳 評論社(児童図書館・絵本の部屋) 1988年11月

「ぼくたちとたいよう」 アリス・E.グッディ文;アドリエンヌ・アダムズ絵;友田早苗訳 文化出版局 1982年7月

「ぼくたちのあさ」 たにむらまゆみ作・絵 偕成社 2007年5月

「ぼくとおにいちゃん」 マレーク・ベロニカ文・絵;うちだひろこ訳 風涛社 2009年11月

子どもの世界・生活

「ぼくとちいさなダッコッコ」ウルフ・ニルソン作;エヴァ・エリクソン絵;掛川恭子訳 佑学社 1984年10月

「ぼくと弟はあるきつづける」小林豊作・絵 岩崎書店(レインボーえほん10) 2007年6月

「ぼくの、ぼくの、ぼくのー!」マイク・リース文;デイビッド・キャトロウ絵;ふしみみさを訳 ポプラ社(ポプラせかいの絵本22) 2008年9月

「ぼくのあかちゃん」リンドグレーン作;ヴィークランド絵;いしいみつる訳 ぬぷん児童図書出版(ぬぷん絵本シリーズ1) 1982年3月

「ぼくのいもうと」たかすぎなおこ作・絵 らくだ出版(しろくまくんのえほん2) 2008年10月

「ぼくのいもうと」浜田桂子作 福音館書店 1986年11月

「ぼくのいもうと」木村泰子絵・文 至光社(至光社ブッククラブ国際版絵本) 1987年6月

「ぼくのいもうとみなかった?」エロール・ル・カイン絵;マシュー・プライス文;岩倉千春訳 ほるぷ出版 1993年10月

「ぼくのおとうと」かどのえいこ;いとうひろし作 童心社 2009年8月

「ぼくのおとうとアントニー」ベッツィ・バイヤース文;マーク・サイモント絵;石津ちひろ訳 文化出版局 1997年8月

「ぼくのおとうとちびかばくん」ひろかわさえこ作・絵 あかね書房(かばくんとちびかばくん1) 1998年5月

「ぼくのおにいさん」アルセア作;ニタ・スーター絵 偕成社 1978年9月

「ぼくのおにいちゃん」星川ひろ子写真・文;星川治雄写真 小学館 1997年7月

「ぼくのほうがえらい」スーザン・ウィンター作;せなあいこ訳 評論社(児童図書館・絵本の部屋) 1993年6月

「ぼくのやま ママのやま」池谷剛一文・絵 パロル舎 2007年4月

「ぼくの家から海がみえた」小林豊作・絵 岩崎書店(カラフル絵本6) 2005年4月

「ぼくの水たまりバケツ」エリサ・クレヴェン作・絵;多賀京子訳 徳間書店 1999年1月

「ぼくの町」岡田ゆたか作 ほるぷ出版(ほるぷ創作絵本) 1985年3月

「ぼくの町」岡田ゆたか作・絵 ポプラ社(名作絵本復刊シリーズ3) 2002年1月

「ぼくの島」バーバラ・クーニー作;掛川恭子訳 ほるぷ出版 1990年3月

「ぼくはおにいちゃん」かどのえいこ;いとうひろし作 童心社 2009年8月

「ぼくはおにいちゃん」小野洋子作;いもとようこ絵 佼成出版社 1981年10月

「ぼくはおばけだぞ」木村泰子作・絵 講談社 1986年11月

「ぼくはひげにいちゃん」としたかひろ作;山本まつ子絵 岩崎書店(母と子の絵本38) 1977年7月

「ぼくはひなのおにいちゃん」さこももみ絵;たかてらかよ文 文化出版局 2009年3月

子どもの世界・生活

「ぼくは弟とあるいた」 小林豊作・絵 岩崎書店(絵本の泉12) 2002年5月

「ぼくもあかちゃん」 山本まつ子作・絵 岩崎書店(ピチピチえほん8) 1980年10月

「ぼくもだっこ」 西條剛央作;大島妙子絵 講談社(講談社の創作絵本) 2009年11月

「ぼくんちのかいじゅう」 リチャード・グラハム文;スーザン・バーレイ絵;小比賀優子訳 ほるぷ出版 1990年4月

「ほしになったふね」 武宮秀鵬作・絵 金の星社(絵本のおくりもの) 1997年5月

「ホットドッくんのホームラン」 中村まさあき文・絵 ポプラ社(絵本・おはなしのひろば15) 1986年1月

「ホッペル、ポッペル、それともストッペル？」 マックス・ボリガー文;ユゼフ・ヴィルコン絵;さかくらちづる訳 評論社(児童図書館・絵本の部屋) 2003年9月

「ボッラはすごくごきげんだ！」 グニラ・ベリィストロム文・絵;ビヤネール多美子訳 偕成社 1981年6月

「ほんとに本はやくにたつ」 クロード・ブージョン文・絵;末松氷海子訳 セーラー出版 1991年7月

「ポンとルル」 有馬志津子作;アリマジュンコ絵 佼成出版社 1984年11月

「マーティンより大きく」 スティーブン・ケロッグ作;内田莉莎子訳 ほるぷ出版 1979年6月

「まっかなせーたー」 いわむらかずお絵・文 至光社(ブッククラブ国際版絵本) 1984年1月

「マディケンとリサベット」 アストリッド・リンドグレーン作;イロン・ヴィークランド絵;いしいとしこ訳 篠崎書林 1986年1月

「まねしんぼう」 みやにしたつや作・絵 岩崎書店(わくわくえほん9) 1999年6月

「まねっこだいすき」 森山京文;いもとようこ絵 ベネッセコーポレーション 1998年3月

「まほうのけんきゅうじょ」 佐野美津男作;山口みねやす絵 小峰書店(はじめてのどうわ17) 1978年11月

「まほうのタオル」 おのりえん文;はたこうしろう絵 フレーベル館(おかしきさんちのものがたり) 2009年8月

「ママ、ぼくのことすき？しろくまポロのしんぱい」 ジャン=バプティステ・バロニアン作;ノリス・カーン絵;灰島かり訳 平凡社 2008年6月

「ママにあかちゃんができたの！」 ケス・グレイ文;サラ・ネイラー絵;もとしたいづみ訳 講談社(講談社の翻訳絵本) 2006年6月

「ママのおなか」 リスベット・スレーヘルス作;木坂涼訳 小学館(ピピとトントンのえほん) 2008年11月

「まよなかのうんどうかい」 大川悦生作;若山憲絵 佼成出版社 1986年10月

「まんげつの海」 梅田俊作;梅田佳子作・絵 佼成出版社(大型絵本シリーズ) 1991年3月

子どもの世界・生活

「ミエルのクッキー」 池田まり子作 佼成出版社 2002年10月

「みずぼうそうだよヤンダヤンダ」 おのりえん作;国松エリカ絵 偕成社(偕成社の創作絵本) 1999年7月

「みっぷちゃっぷやっぷ うみにいく」 筒井頼子文;はたこうしろう絵 童心社(絵本・こどものひろば) 2008年6月

「みどりおばさん、ちゃいろおばさん、むらさきおばさん」 エルサ・ベスコフ作・絵;ひしきあきらこ訳 福音館書店(世界傑作絵本シリーズ) 2001年9月

「みみちゃんといもうと」 貴志真理作 福武書店 1988年4月

「ミラクル・ボーイ」 ウルフ・スタルク文;マルクス・マヤルオマ絵;菱木晃子訳 ほるぷ出版 2008年6月

「むしばがいたいヤンダヤンダ」 おのりえん作;国松エリカ絵 偕成社 1998年12月

「ムックとチャッピー はじめてのかわあそび」 みぞぶちまさる作・絵 ひさかたチャイルド 2007年6月

「むねにキラキラぼくのおとうと」 みやにしいづみ作;宮西達也絵 フレーベル館 1984年4月

「メーテルリンクのあおいとり」 ブライアン・ワイルドスミス文・絵;きくしまいくえ訳 らくだ出版 1982年12月

「めがねのたっくん」 しみずみちを作;渡辺有一絵 岩崎書店(ピチピチえほん14) 1981年6月

「めぐみはいいな」 大友のり子作;大友康夫絵 フレーベル館(フレーベル館のえほん・タイニーシリーズ3) 1979年10月

「もうすぐおにいちゃん」 大友のり子作;大友康夫絵 童心社(えほん・ぼくらはきょうだい2) 1978年9月

「もうすぐおねえちゃん」 しみずみちを作;山本まつ子絵 岩崎書店(母と子の絵本16) 1974年12月

「もうすぐクリスマス」 ターシャ・テューダー著;内藤里永子訳 メディアファクトリー(ターシャ・テューダークラシックコレクション) 2001年12月

「もうひとりのアドロ」 成田雅子作・絵 講談社(講談社の創作絵本) 2001年6月

「もぐらごっこしよう」 ますだえつこ文;渡辺有一絵 新日本出版社(新日本出版社の絵本ふれあいシリーズ6) 1983年10月

「モグラのイーニーがみつけたもの」 ジェーン・ヨーレン文;キャスリン・ブラウン絵;こだまともこ訳 冨山房 1993年5月

「もしもねこがサーカスにいったら」 石津ちひろ文;ささめやゆき絵 講談社(講談社の創作絵本) 2006年10月

「ももちゃんといちご」 メグホソキ作・絵 佼成出版社 2001年7月

「もりのおとぶくろ」 わたりむつこ作;でくねいく絵 のら書店 2010年4月

子どもの世界・生活

「ヤコブとリザのもり」 マルタ・コッチ作・絵；長浜宏訳 佑学社(ヨーロッパ創作絵本シリーズ28) 1979年3月

「やさしいおとうさん」 かげやまあきこ文；おちあいりょうこ絵 女子パウロ会 1981年7月

「やさしさのまほう-たったひとりのお父さん」 いずみきよたか文；326(なかむらみつる)絵 PHP研究所(PHPにこにこえほん) 2008年12月

「やったね！ぼくおにいちゃんだ」 こわせたまみ作；秋里信子絵 PHP研究所(PHPわたしのえほんシリーズ) 2003年1月

「ヤッピーのふしぎなおもちゃ」 すまいるママ作・絵 教育画劇 2010年5月

「やまなしもぎ」 平野直再話；太田大八画 福音館書店(日本傑作絵本シリーズ) 1977年11月

「やればできるよランドルフ」 エレン・コンフォード文；ローズマリー・ウエルズ絵；前田三恵子訳 国土社 1980年11月

「ゆうかいにごようじん」 ジュヌヴィエーヴ・ユリエ作；ロイック・ジュアニゴ絵；木下みどり 小学館(はるかな森のうさぎたち2) 1995年12月

「ゆうかんになったユージン」 エレン・コンフォード文；ジョン・ラレック絵；矢川澄子訳 リブリオ出版 2002年5月

「ゆうかんになったユージン」 エレン・コンフォード文；ジョン・ラレック絵；矢川澄子訳 国土社 1980年12月

「ゆかいなさんにんきょうだい2 なきむしぞうきんのまき」 たかどのほうこ作・絵 アリス館 2008年11月

「ゆかいなさんにんきょうだい3 すごいはたきのまき」 たかどのほうこ作・絵 アリス館 2009年1月

「ゆかりのおてつだい」 庄野英二文；白根美代子絵 国土社(国土社の幼年えほん7) 1982年9月

「ゆきしろとばらあか」 グリム作 岩崎書店(絵本・グリム童話3) 2010年9月

「ゆきだるまさんだいすき-マリエットとスピール」 イレーヌ・シュバルツ文；フレデリック・ステール絵；いしづちひろ訳 文化出版局 1985年11月

「ゆきのひのあみもの」 北三季絵・文 サクラクレパス出版部 1982年12月

「ゆきのひのステラ」 メアリー＝ルイーズ・ゲイ作；江國香織訳 光村教育図書 2003年10月

「ゆきのひのわすれもの」 かさいまり文・絵 大日本図書 2008年1月

「ゆきのよるのおるすばん」 マイレ作；フィリップ・サランビエ絵；川口志保子訳 ブック・ローン出版(ファランドールコレクション) 1982年5月

「ゆびぬきをさがして」 フィオナ・フレンチ文・絵；かたおかひかる訳 らくだ出版 1983年11月

「よしよし なでなで」 とくながまり文；いりやまさとし絵 アリス館 2008年7月

子どもの世界・生活

「よだれダラダラ・ベイビー」 ポーラ・ダンジガー文；G.ブライアン・カラス絵；石津ちひろ訳 BL出版 2007年1月

「よるのおるすばん」 ひろかわさえこ作・絵 アリス館（おばけのフワリちゃんポワリちゃん1） 1998年12月

「よるの森のひみつースイス南部の昔話より」 ケティ・ベント絵；エベリーン・ハスラー文；若林ひとみ訳 冨山房 1993年11月

「ラーバンとラボリーナの「はぁい、いますぐ」」 イングル・サンドベリ作；ラッセ・サンドベリ絵；きむらゆりこ訳 ポプラ社（ラーバンとアンナちゃんのえほん2） 2006年11月

「ラーバンとラボリーナのクリスマス」 イングル・サンドベリ作；ラッセ・サンドベリ絵；きむらゆりこ訳 ポプラ社（ラーバンとアンナちゃんのえほん1） 2006年10月

「ライオンと魔女と衣裳だんす」 C.S.ルイス作；クリスチャン・バーミンガム絵；田中明子訳 評論社（児童図書館・絵本の部屋） 2000年9月

「リコちゃんのおうち」 さかいこまこ作・絵 偕成社 1998年10月

「リサのいもうと」 アン・グッドマン文；ゲオルグ・ハレンスレーベン絵；石津ちひろ訳 ブロンズ新社 2001年11月

「りすのきょうだいクロクノワとグリグリ」 マドレーヌ・ラーヨン作；フィリップ・サランビエ絵；黒木義典訳；板谷和雄文 ブックローン出版（ファランドールえほん9） 1984年1月

「りすのパナシ」 リダ・フォシェ文；フェードル・ロジャンコフスキー絵；いしいももこ訳編 童話館出版 2003年4月

「りすのパナシ」 リダ文；ロジャンコフスキー絵；いしいももこ；わだゆういち訳 福音館書店（世界傑作絵本シリーズ22） 1964年10月

「リトルクワック おともだち」 ローレン・トンプソン文；デレック・アンダーソン絵；オオノトモコ訳 ジェネオンエンタテインメント 2007年11月

「リトルクワック おやすみのじかん」 ローレン・トンプソン文；デレック・アンダーソン絵；オオノトモコ訳 ジェネオンエンタテインメント 2007年11月

「リトルクワック かくれんぼ」 ローレン・トンプソン文；デレック・アンダーソン絵；オオノトモコ訳 ジェネオンエンタテインメント 2007年9月

「リトルクワック」 ローレン・トンプソン文；デレック・アンダーソン絵；オオノトモコ訳 ジェネオンエンタテインメント 2007年9月

「りらのひみつのへや」 杉浦さやか作 学研教育出版（学研おはなし絵本） 2010年10月

「りんごの花」 後藤竜二文；長谷川知子絵 新日本出版社 1993年12月

「りんご畑の九月」 後藤竜二文；長谷川知子絵 新日本出版社 1995年12月

「ロージーとちびっこかめさん」 マーガレット・ワイルド文；ロン・ブルックス絵；今村葦子訳 あすなろ書房 1998年7月

「ロッタちゃんとクリスマスツリー」 アストリッド・リンドグレーン作；イロン・ヴィークランド絵；山室静訳 偕成社 1979年12月

子どもの世界・生活

「ロッタちゃんとじてんしゃ」 アストリッド・リンドグレーン作;イロン・ヴィークランド絵;山室静訳 偕成社 1976年4月

「ロッタのひみつのおくりもの」 アストリッド・リンドグレーン文;イロン・ヴィークランド絵;石井登志子訳 岩波書店 1991年4月

「わたしうれしいの」 長田鞆絵文;荒野直恵絵 講談社 1979年11月

「わたしの妹は耳がきこえません」 ジーン・W.ピーターソン作;デボラ・レイ絵;土井美代子訳 偕成社 1982年11月

「わたしもがっこうへいきたいわ」 リンドグレーン作;ヴィークランド絵;いしいみつる訳 ぬぷん児童図書出版(ぬぷん絵本シリーズ2) 1982年6月

「安寿姫と厨子王丸」 須藤重画;千葉幹夫文 講談社(新・講談社の絵本12) 2002年3月

「王さまと九人のきょうだい-中国の民話」 君島久子訳;赤羽末吉絵 岩波書店 1969年11月

「火垂るの墓」 野坂昭如原作 スターツ出版 2008年8月

「火垂るの墓」 野坂昭如原作 徳間書店(徳間アニメ絵本5) 1988年8月

「絵本 おとうと」 松本春野文・絵 新日本出版社 2009年12月

「絵本 おとうとⅡ-はじめての学校」 松本春野文・絵 新日本出版社 2010年9月

「鬼と三人きょうだい」 斎藤博之絵;たかしよいち文 国土社(国土社の創作えほん8) 1974年5月

「錦のなかの仙女-中国民話」 斎藤公子編;斎藤博之絵 青木書店(斎藤公子の保育絵本) 1985年6月

「九ほんのきょうだい」 藤島生子作・絵 岩崎書店(創作絵本22) 1974年9月

「月はどうしてできたか-グリム童話より」 ジェームズ・リーブズ文;エドワード・アーディゾーニ絵;矢川澄子訳 評論社(児童図書館・絵本の部屋) 1979年4月

「月夜の子うさぎ」 いわむらかずお作 クレヨンハウス 1996年9月

「光り堂」 清水達也作;篠崎三朗絵 佼成出版社(創作民話絵本) 1993年7月

「三びきのちびっこライオン」 ポール・ブクジル文;ジョゼフ・ウィルコン絵;那須辰造訳 講談社(講談社の翻訳絵本) 1984年5月;講談社(世界の絵本フランス) 1971年2月

「山おとこのてぶくろ」 松谷みよ子文;田島征三絵 ほるぷ出版(幼児みんわ絵本3) 1984年11月

「七・五・三きょうだい」 なかえよしを作;上野紀子絵 教育画劇(行事のえほん9) 1992年9月

「七わのからす-グリム童話」 フェリクス・ホフマン絵;せたていじ訳 福音館書店(世界傑作絵本シリーズ) 1971年4月

「七羽のカラス」 ブライアン・ワイルドスミス絵;どばしたまよ訳 らくだ出版 2000年1月

子どもの世界・生活

「車いすのおねえちゃん-障害のあるきょうだいがいるとき」 ステファン・ボーネン作；イナ・ハーレマンス絵；野坂悦子訳　大月書店（心をケアする絵本3）　2007年12月

「小さな小さなおとうとだったけど。」 高橋妙子作；山本まつ子絵　あかね書房　2005年10月

「人形の家」 キャサリン・マンスフィールド原作；藤沢友一絵・反案　岩崎書店（新・創作絵本25）　1981年8月

「青い鳥」 メーテルリンク原作；太刀掛秀子著　集英社　1983年4月

「青い鳥」 メーテルリンク原作；中村真一郎文；久保田あつ子絵　講談社（講談社の絵本1）　1978年11月

「石のししのものがたり」 大塚勇三再話；秋野亥左牟画　福音館書店（こどものとも傑作集）　1992年10月

「雪ばら 紅ばら-グリム童話」 バーナデット・ワッツ絵；大庭みな子訳　西村書店　1989年12月

「大あらし」 ディヴィッド・ウィーズナー作；江國香織訳　ブックローン出版　1995年8月

「大きなにじへび」 ディック・ラウジイ作・絵；白石かずこ訳　集英社　1980年12月

「天馬とにじのばち」 蔡峻絵；梁裕子文　朝鮮青年社　1985年10月

「白雪と紅ばら（グリム童話）」 ロラン・トポール絵；酒寄進一訳　西村書店（ワンス・アポナ・タイム・シリーズ）　1991年11月

「鳳凰と黄金のカボチャ」 崔岩崎文；楊永青画；片桐園訳　岩崎書店（岩崎創作絵本15）　1990年5月

「妹はクレイジー」 M.B.ゴフスタイン作・絵；落合恵子訳　アテネ書房　1980年5月

「木のまたてがみ」 大川悦生文；那須良輔絵　偕成社（創作えほん22）　1974年12月

「妖怪バリヤーをやっつけろ!-きりふだは、障害の社会モデル」 三島亜紀子文；みしまえつこ絵　生活書院（ともに生きる力をつける絵本第1巻）　2010年4月

「六にんきょうだい」 新村徹文；加藤義明絵　偕成社　1977年9月

家族＞ふたご

「あかいとり」 ラウラ・バーレ；ファン・ルイス・ベルトーラ絵；おおいしまりこ訳　新世研　2003年8月

「あしたてんきになあれ」 土田勇作　フレーベル館（リトルツインズ10）　1993年12月

「イーノとダイジョブのおはなし もりでみつけたよ」 さこももみ作・絵　講談社（講談社の創作絵本）　2007年10月

「イーノとダイジョブのクリスマス サンタさんになったよ」 さこももみ作・絵　講談社（講談社の創作絵本）　2009年10月

「いたずらふたご チンプとジィー」 キャサリン・アンホールト；ローレンス・アンホールト作；角野栄子訳　小学館　2002年5月

子どもの世界・生活

「いちばんすてきなひーはなはなみんみのはる」 わたりむつこ文；本庄ひさ子絵 リブリオ出版（えほんはなはなみんみの森） 2002年4月

「いろいろ1ねん」 レオ・レオーニ著；谷川俊太郎訳 あすなろ書房 2000年1月

「うさぎのくにへ」 ジビュレ・フォン・オルファース作；秦理絵子訳 平凡社 2003年4月

「おじいちゃんのいす」 芭蕉みどり作・絵 ポプラ社（ティモシーとサラの絵本4） 1994年7月

「オスカがいえにやってきた」 土田勇作 フレーベル館（リトルツインズ12） 1994年10月

「おたんじょうびのおくりもの」 芭蕉みどり作・絵 ポプラ社（えほんとなかよし1－ティモシーとサラのえほん1） 1989年11月

「おつきみパーティーーはなはなみんみのあき」 わたりむつこ文；本庄ひさ子絵 リブリオ出版（えほんはなはなみんみの森） 2002年4月

「おにごっこだいすき」 今江祥智文；村上康成絵 文研出版（えほんのもり） 2010年1月

「おばあちゃんのかぼちゃパイ」 芭蕉みどり作・絵 ポプラ社（ティモシーとサラの絵本1） 1992年11月

「カロンとコロン はるなつあきふゆ4つのおはなし」 どいかや著 主婦と生活社 2005年7月

「かんしゃさいのできごと」 土田勇作 フレーベル館（リトルツインズ9） 1993年10月

「きっとあしたもいいひなのーふたごのこうさぎポリーとトミー3」 ふじおかきょうこ文；まえだなつき絵 パールネスコ・ジャパン 2000年5月

「きょうはとくべついいひなのーふたごのこうさぎポリーとトミー」 ふじおかきょうこ文；まえだなつき絵 パールネスコ・ジャパン 1998年12月

「こじまのもりのゆきのひのおみやげ」 あんびるやすこ作・絵 ひさかたチャイルド 2003年11月

「コロックルじまはおおさわぎ」 土田勇作 フレーベル館（リトルツインズ1） 1992年7月

「さようならバーボー」 土田勇作 フレーベル館（リトルツインズ5） 1992年12月

「サラのやくそく」 芭蕉みどり作・絵 ポプラ社（ティモシーとサラの絵本5） 1994年7月

「サンタさんへのおくりもの」 ひろせまさよ文・絵 サンリオ 1989年11月

「たんけんごっこ」 竹田裕子文；ルドルフ・ルケシュ絵 岩崎書店（世界の絵本2） 1976年1月

「たんじょうびにはコスモスを」 あまんきみこ作；つちだよしはる絵 ひさかたチャイルド（ひさかた傑作集20） 1986年10月

「チューリップのにわ」 芭蕉みどり作 ポプラ社（ティモシーとサラの絵本1） 1992年11月

「ちょうちょホテル」 松谷みよ子作；しのとおすみこ絵 にっけん教育出版社 2006年8月

「チリとチリリ まちのおはなし」 どいかや作 アリス館 2005年11月

「チリとチリリ」 どいかや作 アリス館 2003年5月

子どもの世界・生活

「チリとチリリ うみのおはなし」 どいかや作 アリス館 2004年11月

「チリとチリリ はらっぱのおはなし」 どいかや作 アリス館 2007年6月

「チリとチリリ ゆきのひのおはなし」 どいかや作 アリス館 2010年2月

「チンプとジィー おおあらしのまき」 キャサリン;ローレンス・アンホールト作;角野栄子訳 小学館 2002年8月

「ティモシーとサラ ありがとうのおくりもの」 芭蕉みどり作・絵 ポプラ社(えほんとなかよし66) 2008年12月

「ティモシーとサラ てづくりケーキコンテスト」 芭蕉みどり作・絵 ポプラ社(えほんとなかよし67) 2010年11月

「ティモシーとサラときのおうち-ティモシーとサラのえほん6」 芭蕉みどり作・絵 ポプラ社(えほんとなかよし52) 1997年12月

「ティモシーとサラとたからのちず」 芭蕉みどり作・絵 ポプラ社(えほんとなかよし) 2002年4月

「ティモシーとサラとデイジーさん」 芭蕉みどり作・絵 ポプラ社(えほんとなかよし65) 2006年11月

「ティモシーとサラともりのようせい-ティモシーとサラのえほん9」 芭蕉みどり作・絵 ポプラ社(えほんとなかよし) 2005年8月

「ティモシーとサラのとりかえっこ」 芭蕉みどり作・絵 ポプラ社(えほんとなかよし61) 2000年10月

「ティモシーとサラのパーティー」 芭蕉みどり作・絵 ポプラ社(えほんとなかよし35) 1995年7月

「ティモシーとサラのピクニック」 芭蕉みどり作・絵 ポプラ社(えほんとなかよし23) 1993年11月

「ティモシーのたからもの」 芭蕉みどり作・絵 ポプラ社(ティモシーとサラの絵本6) 1999年1月

「てぶくろがいっぱい」 フローレンス・スロボドキン文;ルイス・スロボドキン絵;三原泉訳 偕成社 2008年11月

「どうしてきょうはすてきなの-ふたごのこうさぎポリーとトミー」 ふじおかきょうこ文;まえだなつき絵 パールネスコ・ジャパン 1999年7月

「とべグルー」 土田勇作 フレーベル館(リトルツインズ11) 1994年5月

「なかよくなんか ならないよ！」 リカルド・アルカンターラ文;グスティ絵;伏見操訳 文化出版局 2000年4月

「なかよしこぐま まんなかに」 おのりえん作;はたこうしろう絵 ポプラ社(絵本の時間21) 2003年2月

「なかよしこぐま わけっこするのだいきらい」 おのりえん作;はたこうしろう絵 ポプラ社(絵本の時間29) 2003年8月

子どもの世界・生活

「なつのぼうけん-はなはなみんみのなつ」 わたりむつこ文;本庄ひさ子絵 リブリオ出版（えほんはなはなみんみの森） 2002年4月

「なないろのキャンディー」 芭蕉みどり作・絵 ポプラ社（ティモシーとサラの絵本8） 2004年4月

「なんてすてきなプレゼント」 土田勇作 フレーベル館（リトルツインズ7） 1993年4月

「にぎやかな音楽バス」 レンナート・ヘルシング文;スティング・リンドベリ絵;いしいとしこ訳 プチグラパブリッシング 2004年6月

「にわか雨はざんざんぶり」 若山憲作 こぐま社 1985年7月

「のうさぎむらのコランとポラン」 アラン・ブリオ作・絵;安藤美紀夫;斎藤広信協力 岩崎書店（岩崎創作絵本6） 1983年12月

「はちみつだいすき」 片山令子作;ましませつこ絵 PHP研究所（PHPにこにこえほん） 2005年2月

「はながさくころに」 芭蕉みどり作・絵 ポプラ社（ティモシーとサラの絵本8） 2004年4月

「バナナインパジャマ1 カドルスどおりのなかまたち」 サイモン・ホプキンソン原作;村田さち子訳 講談社（げんきおはなしえほん1） 1996年7月

「バナナインパジャマ2 まほうのじゅうたん」 サイモン・ホプキンソン原作;村田さち子訳 講談社（げんきおはなしえほん2） 1996年7月

「バナナインパジャマ3 おいしゃさんになったバナナくん」 サイモン・ホプキンソン原作;村田さち子訳 講談社（げんきおはなしえほん3） 1996年8月

「バナナインパジャマ4 ラットくんのレストラン」 サイモン・ホプキンソン原作;村田さち子訳 講談社（げんきおはなしえほん4） 1996年8月

「はるにあえたよ」 原京子作;はたこうしろう絵 ポプラ社（絵本のおもちゃばこ24） 2007年3月

「ぴーんちゃんとふぃーんちゃん」 ディック・ブルーナ文・絵;石井桃子訳 福音館書店（子どもがはじめてであう絵本） 1968年11月

「ビッグパーン!」 中谷靖彦作・絵 農山漁村文化協会（わくわくたべものおはなしえほん10） 2008年2月

「ひとりぼっちじゃないよ」 武鹿悦子文;黒井健絵 ひかりのくに（思いやり絵本シリーズ8） 1996年9月

「ひなぎくひめのおはなし」 芭蕉みどり作・絵 ポプラ社（ティモシーとサラの絵本10） 2007年2月

「ピンちゃんポンちゃん だ～いすき!」 わたせせいぞう作・絵 講談社 2010年5月

「フェアリーリングのまんなかで」 土田勇作 フレーベル館（リトルツインズ4） 1992年11月

「ふえのねは あきかぜにのって」 土田勇作 フレーベル館（リトルツインズ3） 1992年10月

「ブカとピチ」 片岡輝作;三好碩也絵 ひさかたチャイルド（ひさかたメルヘン28） 1982年10月

子どもの世界・生活

「ふしぎですてきなおたんじょうび」 林ともこ案;林春菜文・絵 ポプラ社(絵本のおもちゃばこ19) 2006年4月

「ふたごぞうニニとトト2」 川崎洋文;鈴木たくま絵 婦人之友社(小さいえほん7) 1981年12月

「ふたごのあかちゃん」 北川チハル作;はたこうしろう絵 ひさかたチャイルド 2007年1月

「ふたごのあかちゃんとにげたとら」 北川チハル作;はたこうしろう絵 ひさかたチャイルド 2009年4月

「ふたごのおうま」 住井すゑ作;イワン・ガンチェフ絵 河出書房新社 1986年7月

「ふたごのおばけ」 大川悦生作;藤本四郎絵 ポプラ社(絵本・子どものくに28) 1987年9月

「ふたごのがちょうグーとスー」 マーク・バージェス作;竹下千花子訳 金の星社(ハンナのすてきなホテル1) 1995年4月

「ふたごのクマクマ」 岡林ちひろ文;札幌市円山動物園写真 長崎出版 2009年8月

「ふたごのこぶた ブブとププ」 平田昌広作;寺田順三絵 教育画劇 2007年9月

「ふたごのたまご」 寺村輝夫作;和歌山静子絵 あかね書房(たまごのほん) 2003年12月

「ふたごのピッピとプップ」 マルシャーク作;西郷竹彦文;中谷千代子絵 偕成社(世界おはなし絵本4) 1966年1月

「ふたごのひよちゃんぴよちゃん はじめてのすべりだい」 バレリー・ゴルバチョフ作・絵;なかがわちひろ訳 徳間書店 2004年5月

「ふたごのひよちゃんぴよちゃん はじめてのようちえん」 バレリー・ゴルバチョフ作・絵;なかがわちひろ訳 徳間書店 2006年1月

「ふたごのベルとバル」 ヤニコフスキ・エーヴァ文;レーベル・ラースロー絵;うちかわかずみ訳 のら書店 2008年10月

「ふたごのラッコ」 岡野薫子文・絵 ポプラ社(絵本・おはなしのひろば20) 1987年2月

「ふたごの王様」 キャロル・モーリー作;栗栖カイ訳 ブロンズ新社 1993年3月

「ふたりはふたご」 田島征彦;田島征三作 くもん出版 1996年5月

「ふゆごもりのひまでーはなはなみんみのふゆ」 わたりむつこ文;本庄ひさ子絵 リブリオ出版(えほんはなはなみんみの森) 2002年4月

「ふゆのよるのおくりもの」 芭蕉みどり作・絵 ポプラ社(ポプラ社のよみきかせ大型絵本) 2004年11月;ポプラ社(えほんとなかよし6-ティモシーとサラのえほん2) 1990年11月

「ベトちゃんドクちゃんからのてがみ」 松谷みよ子文;井口文秀画 童心社 1991年3月

「ペネロペとふたごちゃん」 アン・グットマン文;ゲオルグ・ハレンスレーベン絵;ひがしかずこ訳 岩崎書店(ペネロペアニメえほん2) 2009年7月

「ぼくらのなつがとんでいく」 土田勇作 フレーベル館(リトルツインズ13) 1994年6月

「ほしのサーカス」 小沢良吉作・画 福音館書店 1978年6月

子どもの世界・生活

「ボタンくんとスナップくん」 オイリ・タンニネン絵・文;渡部翠訳 講談社(世界の絵本フィンランド) 1971年6月

「ぽとんぽとんはなんのおと」 神沢利子作;平山英三絵 福音館書店(こどものとも傑作集) 1985年2月;福音館書店 1980年2月

「ボリーとポリーのたからさがし」 クリハラヤスト;山田花菜著 学習研究社(学研おはなし絵本) 2006年3月

「まいごのふたご」 アイネス・ホーガン文;石井桃子訳;野口彌太郎絵 岩波書店(岩波の子どもの本) 1954年4月

「まつりのよるオスカがよぶ」 土田勇作 フレーベル館(リトルツインズ8) 1993年7月

「まほうつかいがやってきた」 芭蕉みどり作・絵 ポプラ社(ティモシーとサラの絵本7) 1999年1月

「マリンとマロン ふたごなまいにち」 さかざきちはる作 小学館 2007年3月

「みずうみがほえたひ」 つちだいさむ作 フレーベル館(リトルツインズ2) 1992年8月

「ミナとリナのデパートたんけんごっこ」 鈴木路可作・絵 ポプラ社(えほんはともだち34) 1994年3月

「みみとみん いちごだいすき」 いりやまさとし作・絵 学研教育出版 2010年6月

「みみとみん おとうさんおきて!」 いりやまさとし作・絵 学研教育出版 2010年6月

「もぐらくんちへようこそ」 バーニー・ボス作;ハンス・ド・ビア絵;斉藤洋訳 ほるぷ出版 1997年3月

「もりのかみさまフォーラボー」 土田勇作 フレーベル館(リトルツインズ6) 1993年3月

「もりのセーター」 片山令子作;ましませつこ絵 PHP研究所(PHPにこにこえほん) 2000年10月

「ゆうびんやさんのオーケストラ」 芭蕉みどり作・絵 ポプラ社(ティモシーとサラの絵本2) 1992年11月

「ルフランルフラン2 本のあいだのくにへ」 荒井良二著 プチグラパブリッシング 2006年5月

「雨がふったら、どこへいく?」 ゲルダ・ミューラー作;いとうなおこ訳 評論社(児童図書館・絵本の部屋) 2007年5月

「空になったかがみ」 住井すゑ;ハタオ作 ブッキング(住井すゑとの絵本集5) 2007年3月;河出書房新社(住井すゑとの絵本集5) 1983年6月

「山からきたふたごスマントリとスコスロノ-影絵芝居・ワヤンの物語より」 乾千恵再話;早川純子絵 福音館書店(日本傑作絵本シリーズ) 2009年6月

「太陽の子どもたち」 ジャン・カルー文;レオ・ディロン;ダイアン・ディロン画;渡辺茂男訳 ほるぷ出版 1982年2月

「鳥たちの木-ドミニカ共和国」 カンディド・ビド文・絵;山本真梨子訳 蝸牛社(かたつむり文庫) 1984年12月

子どもの世界・生活

家族＞ペット

「○かってなんだ？」 おのやすこ作；あべまれこ絵　BL出版　2002年12月

「12カ月のおてつだい」 きたやまようこ作　理論社（ぼくとポチのシリーズ）　2005年3月

「1ねん1くみペット大会」 アンドリュー・デイビス；ダイアナ・デイビス作；ポール・ドーリング絵；おかせいこ訳　岩崎書店（世界の絵本20）　1995年1月

「7日だけのローリー」 片山健作　学習研究社（学研おはなし絵本）　2007年8月

「アーサー」 アマンダ・グレアム作；ドナ・ガイネル絵；きくちゆみ訳　アールアイシー出版　2007年3月

「アーサーのペット屋さん」 マーク・ブラウン作；ふたみあやこ訳　青山出版社　1999年7月

「あーのるどのおねがい」 スティーブン・ケロッグ作；至光社編集部訳　至光社（ブッククラブ国際版絵本）　1976年1月

「あかいこいぬのクリフォード」 ノーマン・ブリッドウェル作；正木玲子訳　ソニー・マガジンズ　2002年8月

「あくたれ ラルフ」 ジャック・ガントス作；ニコール・ルーベル絵；いしいももこ訳　童話館出版　1994年12月

「あくたれラルフ」 ジャック・ガントス作；ニコール・ルーベル絵；いしいももこ訳　福音館書店（世界傑作絵本シリーズ・アメリカの絵本）　1982年3月

「あしたうちにねこがくるの」 石津ちひろ文；ささめやゆき絵　講談社（講談社の創作絵本）　2000年12月

「あそぼっ」 まつむらまさこ作　そうえん社（カシュウとナッツ1）　2010年5月

「あめあがり」 きむらゆういち文；梶山俊夫絵　小峰書店（えほん・こどもとともに）　1998年6月

「いいこだ、ファーガス！」 デイビッド・シャノン作；小川仁央訳　評論社（児童図書館・絵本の部屋）　2009年6月

「いきものくらべ！」 エズラ・ジャック・キーツ作・画；木島始訳　偕成社（キーツの絵本）　1979年7月

「いちょうやしきの三郎猫」 成田雅子作・絵　講談社　1996年10月

「いつでも会える」 菊田まりこ著　学習研究社　1998年12月

「いぬ ねこ はかせ」 舟崎克彦作・絵　サンリード　1981年8月

「いぬかって！」 のぶみ作・絵　岩崎書店（レインボーえほん5）　2006年11月

「いぬがほしいよ！」 ダイヤル・カー・カルサ作；五頭和子訳　徳間書店　1996年11月

「いぬのおやくそく」 クリス・ホーンゼイ作；グウィン・パーキンス絵；みましょうこ訳　アールアイシー出版　2007年8月

子どもの世界・生活

「いぬのマーサがさんぽにいったら」スーザン・メドー作・絵;ひがしはるみ訳　フレーベル館　1999年10月

「いぬのマーサがしゃべったら」スーザン・メドー作・絵;ひがしはるみ訳　フレーベル館　1995年6月

「いぬのマーサがでんわをしたら」スーザン・メドー作・絵;ひがしはるみ訳　フレーベル館　1995年7月

「いぬのマーサとスープのひみつ」スーザン・メドー作・絵;ひがしはるみ訳　フレーベル館　1997年6月

「いぬはてんごくで…」シンシア・ライラント作;中村妙子訳　偕成社　2000年2月

「ウィリアムズウィッシュウェリントンズ3 ウィリアムとバークショア」キャロル・ラップワース文;アトゥル・マクドナルド絵;おびかゆうこ訳　フジクリエイティブコーポレーション　1997年12月

「ウーウーかんた」中村まさあき作　文化出版局　1998年2月

「うさぎちゃん」せなけいこ作・絵　金の星社(こどものくに傑作絵本)　1980年9月

「うさぎのマシュマロ」クレア・ターレー・ニューベリー作;劉優貴子訳　講談社(講談社の翻訳絵本クラシックセレクション)　2002年11月

「うちにパンダがきたら……」ルース・オーバック作;益田慎;東一哉訳　アリス館牧新社　1981年4月

「うちの なまくらさん」ポール・ジェラティ作;せなあいこ訳　評論社(児童図書館・絵本の部屋)　1992年5月

「うちのいぬ」ヘレン・オクセンバリー作・絵;なかむらくみこ訳　ほるぷ出版(はじめてのえほん9)　1985年3月

「うちのペットはドラゴン」マーガレット・マーヒー文;ヘレン・オクセンバリー絵;こやまなおこ訳　徳間書店　2000年6月

「うめ吉わん」ゆざわなつき文;なかしまきよし絵　KABA書房(シリーズ・うめ吉ものがたり)　1987年1月

「エドガー・アラン・クロウ ターシャ・テューダー・クラシックコレクション」ターシャ・テューダー著;ないとうりえこ訳　メディアファクトリー　2002年5月

「えほん かえってきたジロー」綾野まさる作;サンク画　ハート出版　2003年1月

「エルのおあずけ」森比左志作;大塚民江絵　金の星社(こどものくに傑作絵本9)　1976年3月

「エングレペルス」イベン・サンデモーセ絵・文;小柳隆之訳　ネット武蔵野　2007年9月

「おいてきぼりのこねこ」イレーヌ・シュバルツ文;フレデリック・ステール絵;すえまつひみこ訳　文化出版局　1991年5月

「おいらはトムベエ」中沢けい文;オリガ・ヤクトーヴィチ絵　福音館書店(世界傑作絵本シリーズ)　2003年10月

「おうち」まつむらまさこ作　そうえん社(カシュウとナッツ2)　2010年8月

子どもの世界・生活

「おおきいあかいクリフォード」 ノーマン・ブリッドウェル作;正木玲子訳 ソニー・マガジンズ 2002年6月

「おおきなペットたち」 レイン・スミス作;江國香織 ほるぷ出版 1993年2月

「おさるのジョージ こいぬをかう」 M.レイ;H.A.レイ原作;福本友美子訳 岩波書店 1999年10月

「おりこうねこ」 ピーター・コリントン作・絵;伊豆村真里訳 徳間書店 2000年12月

「おりこうバーニィ」 ソニヤ・ボウガエバ作・絵;ふかさわえいすけ訳 草炎社(そうえんしゃ・世界のえほん5) 2007年1月

「おれんちのいぬ チョビコ」 那須田淳文;渡辺洋二絵 小峰書店(絵童話・しぜんのいのち6) 1994年9月

「ガスパール こいぬをかう」 アン・グッドマン文;ゲオルグ・ハレンスレーベン絵;石津ちひろ訳 ブロンズ新社 2002年11月

「カナリアのシスリーB」 ターシャ・テューダー著;内藤里永子訳 メディアファクトリー 2002年4月

「かわいいこぶた」 ウルフ・ニルソン作;エヴァ・エリクソン絵;木村由利子訳 佑学社 1984年9月

「がんばれゴロウ!」 福田岩緒作 文研出版(えほんのもり14) 1989年9月

「がんばれプーチン」 おぼまこと作・絵 カワイ出版 1998年6月

「きたかぜにのって」 はるなまき文;いしくらきんじ絵 小峰書店(えほんひろば) 2005年5月

「きっとみずのそば」 石津ちひろ文;荒井良二絵 文化出版局 1999年4月

「きみがうちにくるまえ…」 マリベス・ボルツ文;ディビッド・ウォーカー絵;木坂涼訳 あすなろ書房 2007年12月

「きみにあえてよかった」 エリザベス・デール文;フレデリック・ジュース絵;小川仁央訳 評論社(児童図書館・絵本の部屋) 1997年9月

「きょうも いいこね ポー!」 チンルン・リー作・絵;きたやまようこ訳 フレーベル館 2004年3月

「きんぎょのうんどうかい」 高部晴市著 フレーベル館(フレーベル館の秀作絵本29) 2001年6月

「きんぎょのえんそく」 高部晴市作 フレーベル館 2004年9月

「きんぎょのおうち」 高部晴市作 フレーベル館 2005年7月

「きんぎょのおまつり」 高部晴市作 フレーベル館 2000年6月

「きんぎょのかいすいよく」 高部晴市著 フレーベル館 1999年6月

「くいしんぼう」 今江祥智文;高畠純絵 文研出版(えほんのもり) 2010年3月

子どもの世界・生活

「クマがくれたしあわせ」イルマ・ラウリッセン文;イェンス・アールボム絵;中田和子訳 廣済堂出版 2002年11月

「グミとさちこさん」大宮エリー文;荒井良二絵 講談社(講談社の創作絵本) 2010年10月

「くものライオンもこもこ」こわせたまみ作;小泉澄夫絵 PHP研究所(PHPこころのえほん5) 1981年7月

「グルグル ぼくのだいじなおもいで」河原まり子作 偕成社 2009年9月

「クレオとキャスパー」ステラ・ブラックストーン作;キャロライン・モックフォード絵;俵万智訳 教育画劇 2003年9月

「クレオのひっこし」ステラ・ブラックストーン作;キャロライン・モックフォード絵;俵万智訳 教育画劇 2004年3月

「クレオのゆきあそび」ステラ・ブラックストーン作;キャロライン・モックフォード絵;俵万智訳 教育画劇 2003年11月

「クロは ぼくのいぬ」宮川ひろ文;鈴木まもる絵 にっけん教育出版社 1998年7月

「グワオのさようなら」柴田翔文;三宅榛名曲;石渡萬里子絵 筑摩書房 1980年6月

「くんちゃんはあきらめないもん」つちだのぶこ作・絵 偕成社 2001年2月

「げんきでいるからね」鈴木まもる作・絵 教育画劇 2009年9月

「けんけんけんのケン「ふたりでるすばん」のまき」山下明生作;広瀬弦絵 ひさかたチャイルド 2010年9月

「こいぬ、いたらいいなあ」おのりえん文;はたこうしろう絵 フレーベル館(おかしきさんちのものがたり) 2007年12月

「こいぬ、こいぬ、わたしのこいぬ」キャサリン・アンホルト;ローレンス・アンホルト作・絵;中川千尋訳 徳間書店 1997年11月

「こいぬのジョリーとあそぼうよ」ダーリ・メッツガー文;マーガレット・シュトループ絵;斎藤尚子訳 徳間書店 2000年9月

「こいぬのバーキス」クレア・ターレー・ニューベリー作;劉優貴子訳 講談社(講談社の翻訳絵本クラシック・セレクション) 2001年9月

「こっちおいでクレオ」ステラ・ブラックストーン作;キャロライン・モックフォード絵;俵万智訳 教育画劇 2004年2月

「こねこのおひげちゃん」マルシャーク文;レーベデフ絵;うちだりさこ訳 岩波書店(岩波の子どもの本) 1978年9月

「こねこのクレオ」ステラ・ブラックストーン作;キャロライン・モックフォード絵;俵万智訳 教育画劇 2003年9月

「こねこのぴっち」ハンス・フィッシャー文・絵;石井桃子訳 岩波書店(岩波の子どもの本) 1954年12月

「こねこのミトン」クレア・ターレー・ニューベリー作;劉優貴子訳 講談社(講談社の翻訳絵本クラシックセレクション) 2000年11月

子どもの世界・生活

「こねこのミヌー」 フランソワーズ作;きしだえりこ訳 のら書店 2006年5月

「こねこのラッキー物語」 みなみらんぼう作;磯田和一絵 PHP研究所(PHPわたしのえほんシリーズ) 1996年11月

「こぶたのドーカス・ポーカス」 ターシャ・テューダー著;内藤里永子訳 メディア・ファクトリー(ターシャ・テューダークラシックコレクション) 2001年11月

「こんにちは マクダフ」 ローズマリー・ウェルズ作;スーザン・ジェファーズ絵;ささやまゆうこ訳 アールアイシー出版 2007年4月

「さびしがりやのミーナ」 ハンス・ペーターソン文;エレーナ・エルムクヴィスト絵;たせまり訳 文化出版局 1982年8月

「さようなら、ピー太」 西村文作;佐々玲子絵 BL出版 2001年12月

「さよならチワオ」 なりゆきわかこ作;津金愛子絵 ポプラ社(絵本カーニバル9) 2006年5月

「さよならマックス」 ホリー・ケラー作・絵;谷口由美子訳 佑学社 1987年11月

「ジェリーの あーなあーな」 矢野アケミ作 大日本図書 2009年3月

「しのちゃんと4ひきのともだち」 織茂恭子作・絵 岩崎書店(のびのび・えほん2) 2000年3月

「シャムねこせんせい おげんき?」 あまんきみこ作;鈴木まもる絵 フレーベル館(こねこのミュウ6) 1990年6月

「ジョンがきょうりゅうになったひ」 つばたみつひろ作;ショウジサダム絵 ひさかたチャイルド 2008年3月

「ジョンのふしぎなたび」 葉祥明文・絵 国土社 1999年12月

「ジローとぼく」 大島妙子作・絵 偕成社 1999年6月

「ずーっと ずっと だいすきだよ」 ハンス・ウィルヘルム絵・文;久山太市訳 評論社(児童図書館・絵本の部屋) 1988年11月

「スキップスキップ」 あまんきみこ作;鈴木まもる絵 フレーベル館(こねこのミュウ3) 1989年5月

「ストーブのまえで」 あまんきみこ作;鈴木まもる絵 フレーベル館(こねこのミュウ4) 1990年4月

「そばにいるよーぶぶチャチャより」 おけやあきら文;おちしんじ絵 PHP研究所 2000年5月

「そばにきみがいたから」 志茂田景樹作・画 KIBA BOOK(よい子に読み聞かせ隊・隊長の絵本3) 2008年8月

「それゆけ、ブラシ」 ペーレ・カルデルス文;カルム・ソレ・ヴェンドレル絵;早川麻百合訳 ほるぷ出版 1987年4月

「だいじょうぶロビン」 おぼまこと作・絵 カワイ出版 1999年10月

子どもの世界・生活

「たいせつなたいせつなぼくのともだち」 ユッタ・ビュッカー絵；ミリアム・モス文；小澤征良訳　講談社（世界の絵本）　2004年8月

「たこのぼうやがついてきた」 ダン・ヤッカリーノ作；きやまかすみ訳　小峰書店（世界の絵本コレクション）　1999年5月

「ちーちゃいチーチャ」 パトリシア・マクラクラン；エミリー・マクラクラン文；ダン・ヤッカリーノ絵；青山南訳　小峰書店（世界の絵本コレクション）　2007年12月

「チッチどこいったの」 妹尾猶文；ユノセイイチ絵　童心社　1985年4月

「チャッピィの家」 今井彩乃作　BL出版　2010年8月

「チューピィ こねこをかいたいな」 ティエリー・クルタン絵；ソフィー・クルタン色；ひがしのじゅんこ訳　リーガル出版　2006年7月

「でていったゴロタ」 かこさとし絵・文　ポプラ社（かこさとし こころのほん3）　2005年10月

「てのりゾウのパズー」 小泉吉宏作　ベネッセコーポレーション　1997年9月

「てんごく」 ニコラス・アラン作・絵；矢川澄子訳　カワイ出版　1998年2月

「トイちゃんとミーミーとナーナー」 どいかや文；さかいあいも絵　アリス館　2009年10月

「トーナはごきげん」 ジェーン・シモンズ作；小川仁央訳　評論社（児童図書館・絵本の部屋）　1999年10月

「とこちゃんのライオン」 うちのとくろう文；せとよしこ絵　らくだ出版　1987年11月

「ともだちよりたいせつなもの」 ディック・ガッケンバッハ文・絵；たぐちみか訳　新世研　1999年6月

「ドラゴンだいかんげい？」 デイヴィッド・ラロシェル文；脇山華子絵；長友恵子訳　徳間書店　2004年11月

「ドロレスとダンカン もっとりっぱなネコがきた！」 バーバラ・サミュエルズ作；福本友美子訳　さ・え・ら書房　2008年6月

「ドンはるすばん」 田代三善版画；浜田けい子文　小峰書店（えほんらんど）　1982年11月

「なにしてるの、サム？」 メアリー＝ルイーズ・ゲイ作；江國香織訳　光村教育図書　2007年6月

「なまえをみてちょうだい」 あまんきみこ作；鈴木まもる絵　フレーベル館（こねこのミュウ1）　1989年5月

「なりちゃんのブル太さん」 高橋三千綱作；宮崎博和絵　サンリオ（サンリオ創作絵本シリーズ）　1988年7月

「ニコラスのペット」 インゲル・サンドベルイ文；ラッセ・サンドベルイ絵；たなかみちお訳　講談社（世界の絵本スウェーデン）　1971年2月

「ねぇ、いいでしょ おかあさん」 おぼまこと作・絵　ぎょうせい（そうさくえほん館9－空想の世界であそぼう）　1992年9月

「ねえ、マリモ」 やまだけいた文；さかざきちはる絵　講談社　2005年3月

160

子どもの世界・生活

「ねこが ほしい！」 トニー・ロス作；みむらみちこ訳 ジー・シー 1992年6月

「ねこかあさん」 小野千世作・絵 講談社 1988年11月

「ネコちゃんだいすき」 ジョナサン・アレン作；久山太市訳 評論社 1998年7月

「ねこのゴンサ」 石倉欣二作・絵 ポプラ社（絵本・いつでもいっしょ25） 2008年9月

「ねこのごんのすけ」 竹下文子作；福田岩緒絵 ひかりのくに 1997年11月

「ねこのシジミ」 和田誠作 ほるぷ出版（イメージの森） 1996年9月

「ねこのティンカ」 ピエール・コラン文；マリー・ジョゼ・サクレ絵；木本栄訳 ひくまの出版 2002年10月

「ねこは わがとも」 みやかわけんじ作；たばたごろう絵；ほりいけえつこ文 新世研 2001年9月

「ネコひげアンテナ」 屋島みどり作；青木貴子絵 BL出版 2003年12月

「ねこやのみいちゃん」 竹下文子文；田中六大絵 アリス館 2010年9月

「バートさんとバート」 アラン・アールバーグ文；レイモンド・ブリッグズ絵；山口文生訳 評論社（児童図書館・絵本の部屋） 2002年8月

「バーニー、いつまでも いっしょだよ」 レイチェル・パンク作；斎藤倫子訳 徳間書店 1994年9月

「ばいばいふくちゃん」 くさかめぐみ作・絵 偕成社 1981年12月

「ハコちゃんのはこ」 竹下文子文；前田マリ絵 岩崎書店（レインボーえほん14） 2007年10月

「はじめてのおわかれ」 河原まり子作 佼成出版社 2003年5月

「ハリーのだいかつやく」 ジーン・ジオン作；マーガレット・ブロイ・グレアム絵；森比左志訳 ペンギン社 1982年2月

「はるのよるのおきゃくさん」 あまんきみこ作；鈴木まもる絵 フレーベル館（こねこのミュウ5） 1990年5月

「ピーコはすてきなおともだち」 メルセ・C.ゴンザレス作；アグスティ・A.サウリ絵；浜祥子文 学習研究社（国際版せかいのえほん22） 1985年1月

「ピーコポンチャン」 ねじめ正一作；あべ弘士絵 鈴木出版（ひまわりえほんシリーズ） 2001年10月

「ぴいすけのそら」 さえぐさひろこ作；デュフォ恭子絵 ひさかたチャイルド 2008年8月

「ビクターとブッチ」 ヘレン・スティーブンス作；さかいきみこ訳 ソニー・マガジンズ（にいるぶっくす） 2004年7月

「ピッポ─小さなダックスフントの物語」 アネッテ・ランゲン話；ジクリット・レーベラ；スヴェン・レーベラ絵；栗栖カイ訳 ブロンズ新社 1995年10月

「ビリーは12さい」 相馬公平作；梶山俊夫絵 佼成出版社（創作絵本シリーズ） 2001年4月

161

子どもの世界・生活

「ビルはたいくつ」 リズ・ピーション文・絵；ほむらひろし訳 くもん出版 2005年10月

「ひろとチロのなつまつり」 成田雅子作・絵 講談社（講談社の創作絵本） 2009年6月

「ピンピーとおくびょう犬」 G.R.パウケット作；H.ランゲンファス画；桂芳樹訳 小学館（世界の創作童話16） 1980年11月

「ふうちゃんとチャチャ」 松谷みよ子作；遠藤てるよ絵 金の星社（新しいえほん） 1978年9月

「ふたごのベルとバル」 ヤニコフスキ・エーヴァ文；レーベル・ラースロー絵；うちかわかずみ訳 のら書店 2008年10月

「ふとっちょねこのグウ」 高橋健作；中原収一絵 ひさかたチャイルド（ひさかた傑作集15） 1985年9月

「フリフリ」 サラ・マクメナミー作；石井睦美訳 BL出版 2003年11月

「ブルちゃんをさがせ」 よしもとそう作・絵 PHP研究所（PHPにこにこえほん） 2009年6月

「ふわふわ」 村上春樹文；安西水丸絵 講談社 1998年6月

「ペットショップ・モピ」 はまのゆか絵・作 PHP研究所 2004年9月

「ペットみつけた！」 D.マクフェイル文・絵；しみずゆうすけ訳 アリス館 1990年2月

「べろだしぼうや」 クロード・ブージョン文・絵；末松氷海子訳 セーラー出版 1991年11月

「ベンジーとおうむのティリー」 マーガレット・ブロイ・グレアム作；わたなべてつた訳 アリス館 2006年5月

「ベンジーとはずかしがりやのフィフィ」 マーガレット・ブロイ・グレアム作；わたなべてつた訳 アリス館 2006年8月

「ベンジーのいぬごや」 マーガレット・ブロイ・グレアム作；わたなべてつた訳 アリス館 2006年11月

「ぼくとバジル」 ロージー作；金原瑞人訳 ほるぷ出版 1994年1月

「ぼくとポチのたんてい手帳」 きたやまようこ作 理論社 2001年4月

「ぼくのいぬトム」 アルセア作；ニタ・スーター絵 偕成社 1978年9月

「ぼくのいぬはせかいいち」 アニエス・ヴェルボーヴェン文；アンヌ・ウェステルドゥーン絵；大島かおり訳 文化出版局 1998年6月

「ぼくのうちのどうぶつえん」 なかたにちよこ作 福音館書店（福音館のペーパーバック絵本） 1970年7月

「ぼくのお気に入り-バルビーニさんちのセオドアくんの話」 ペトラ・マザーズ作；今江祥智；遠藤育枝訳 BL出版 1999年7月

「ぼくのこともわすれないでよ」 シャーロット・ミドルトン作；三辺律子訳 ほるぷ出版 2007年6月

「ぼくのコブタは、いいこでわるいこ」 マーガレット・ワイズ・ブラウン文；ダン・ヤッカリーノ絵；灰島かり訳 BL出版 2007年7月

子どもの世界・生活

「ぼくのしろくま」 さえぐさひろこ文；西巻茅子絵 アリス館 2004年1月
「ぼくのねこ みなかった？」 エリック・カール作；大附瑞枝訳 偕成社 1991年12月
「ぼくのペットはドラゴン？」 中村景児作・絵 岩崎書店(えほんのマーチ20) 2004年10月
「ぼくはいぬのプーシュキン」 ハリエット・M.ジーファート文；ドナルド・サーフ絵；山元育代訳 ほるぷ出版 2002年6月
「ぼくはねこのバーニーがだいすきだった」 ジュディス・ボースト作；エリック・ブレグバッド絵；中村妙子訳 偕成社 1979年4月
「ぼくもぱーるもぐんぐんぐん」 赤木由子作；安和子絵 銀河社(銀河社の創作絵本) 1973年1月
「ぼくんちのいぬ、サム」 ジャニース・ボーランド文；G.ブライアン・カラス絵；永窪玲子訳 ほるぷ出版 1997年3月
「ぼくんちのペット」 いもとようこ絵・文 至光社(ブッククラブ・国際版絵本) 2008年1月
「ぼくんちのポチ」 長崎さゆり作・絵 講談社 1988年9月
「ぽちのきたうみ」 岩崎ちひろ絵・文；武市八十雄案 至光社(ブッククラブ国際版絵本) 1974年1月
「ポッチのかんがえてること」 牛窪良太絵・文 教育画劇 2010年10月
「マーサのいぬまに」 ブルース・イングマン作；江國香織訳 小学館 1999年7月
「まてまてマロン」 おおのきょうこ文；わたなべたかこ絵 アスラン書房(心の絵本) 2001年12月
「まねまねポチ」 富永秀夫作・絵 PHP研究所(PHPこころのえほん7) 1981年8月
「まるいね まるいぬ」 ケビン・ヘンクス文；ダン・ヤッカリーノ絵；灰島かり訳 BL出版 2006年12月
「まんまるねこダイナ」 西村香英作 小学館 2005年7月
「ミーちゃんですョ！」 なかややすひこ作 講談社(講談社の創作絵本) 2004年7月
「ミーニャ」 かさいりょう文・絵 新樹社 1992年6月
「みどりののはらであそぼうよ」 マーティン・ワッデル文；バーバラ・ファース絵；山口文生訳 評論社(児童図書館・絵本の部屋) 1999年5月
「ミュウのいえ」 あまんきみこ作；鈴木まもる絵 フレーベル館(こねこのミュウ2) 1989年5月
「ムウといじわるねこグワオ」 柴田翔文；三宅榛名曲；石渡萬里子絵 筑摩書房 1979年12月
「ムウと月夜の大えんかい」 柴田翔文；三宅榛名曲；石渡萬里子絵 筑摩書房 1980年2月
「むくいぬローラのダイエットだいさくせん」 リンジー・ガーディナー作；石津ちひろ訳 小学館 2007年6月

子どもの世界・生活

「むくいぬローラのへんしんごっこ」 リンジー・ガーディナー作;石津ちひろ訳 小学館 2007年6月

「もーっ、ローサったら！」 バルブロ・リンドグレン文;エヴァ・エリクソン絵;オスターグレン晴子訳 文化出版局 1999年3月

「モグ そらをとぶ」 ジュディス・カー作;斎藤倫子訳 あすなろ書房 2008年5月

「モグといたずらぎつね」 ジュディス・カー作;斎藤倫子訳 あすなろ書房 2008年1月

「モグとうさポン」 ジュディス・カー作;三原泉訳 あすなろ書房 2008年3月

「モグのクリスマス」 ジュディス・カー作;三原泉訳 あすなろ書房 2007年11月

「モグのクリスマス」 ジュディス・ケル文・絵;わだよしおみ訳 大日本絵画(かいがのえほん) 1979年1月

「もしもぼくがいぬのがっこうにいったら」 きたやまようこ作 小学館 1995年1月

「もどっておいでシロツグミ」 クローディア・ド・ウェック文;クロード・ラジェ絵;木村由利子訳 ブックローン出版 1990年7月

「やくそく」 成田雅子著 講談社(講談社の創作絵本) 2004年4月

「やさいペット」 宮本えつよし作・絵 教育画劇(ゆかいなたべものえほん1) 1995年5月

「やっくんとこいぬ」 間所ひさこ作;福田岩緒絵 PHP研究所(PHPのえほん) 1987年6月

「やったぜめちゃいぬ」 フランク・ミュール作;ジョーゼフ・ライト絵;舟崎克彦訳 佑学社 (ヨーロッパ創作絵本シリーズ37) 1980年9月

「ヤナコッタさん、まいった！」 ジェイムズ・スティヴンスン著;常盤新平訳 紀伊國屋書店 1997年11月

「ゆみちゃんちの5ひきのねこ」 横塚法子著 ヨルダン社 1988年8月

「ラッキーボーイ」 スーザン・ボウズ作;柳田邦男訳 評論社(児童図書館・絵本の部屋) 2006年12月

「リサ こねこをかう」 アン・グッドマン文;ゲオルグ・ハレンスレーベン絵;石津ちひろ訳 ブロンズ新社 2007年6月

「リリ」 はらだゆうこ作・絵 BL出版 1998年11月

「リリィのさんぽ」 きたむらさとし作・絵 平凡社 2005年7月;大日本絵画 1989年7月

「ローバー」 マイケル・ローゼン文;ニール・レイトン絵;しみずなおこ訳 評論社(児童図書館・絵本の部屋) 2007年7月

「わすれんぼうのねこ モグ」 ジュディス・カー作;斎藤倫子訳 あすなろ書房 2007年10月

「わすれんぼうのねこモグ」 ジュディス・ケル文・絵;わだよしおみ訳 大日本絵画(かいがのえほん) 1979年1月

「わたしの かわいい めんどり」 アリス・プロベンセン;マーチン・プロベンセン作;岸田衿子訳 ほるぷ出版 2005年8月

子どもの世界・生活

「わたしのいえはごにんかぞく」 トメク・ボガツキ絵;エミリー・ジェンキンス文;木坂涼訳 講談社(世界の絵本) 2002年11月

「わたしのかわいいナミちゃん」 加古里子写真・文 ポプラ社(かこさとし こころのほん10) 1987年2月

「わたしのかわいいめんどり」 アリス・プロベンセン;マーチン・プロベンセン作;岸田衿子訳 ほるぷ出版 1976年9月

「わたしペットをかいたいの」 ローレン・チャイルド作;中川ひろたか訳 PHP研究所 2001年8月

「わんたのるすばん」 山本祐司作・絵 ポプラ社(かぞくえほん5) 2009年9月

「ワンちゃん だいすき」 ジョナサン・アレン作;久山太市訳 評論社(児童図書館・絵本の部屋) 1998年7月

「わんわんバスにのって」 宇治勲絵・文 PHP研究所(PHPにこにこえほん) 2008年9月

「黄色いボール」 立松和平文;長新太絵 河出書房新社(立松和平との絵本集1) 1996年5月

「屋根裏のナポレオン」 キム・ケネディ作・絵;ダグ・ケネディ絵;川島誠訳 ブックローン出版 1997年6月

「月とダイアナ」 やすおか南み作 リブロポート 1982年9月

「犬のルーカス」 山本容子作 ほるぷ出版(イメージの森) 1994年4月

「散歩するねこ」 中山あい子作;入山さとし絵 サンリオ(サンリオ創作絵本シリーズ) 1988年7月

「子いぬのかいかたしってるかい?」 モーリス・センダック;マシュー・マーゴーリス作;モーリス・センダック絵;山下明生訳 偕成社 1980年11月

「秋空のトト」 那須正幹作;永田萠絵 ポプラ社(絵本の時間14) 2002年9月

「森へ」 ボブ・グラハム作;加島牧史訳 架空社 1993年2月

「星空のシロ」 井上夕香文;葉祥明絵 国土社 1998年7月

「天国からやってきたねこ」 河原まり子作・絵 岩崎書店(えほん・ハートランド) 2000年4月

「虹の橋 Rainbow Bridge」 葉祥明絵・訳 佼成出版社 2007年6月

「白いソニア」 渕上サトリーノ作;さわたりしげお絵 自由国民社 2006年7月

「夕日が丘のサン」 鈴木ゆき江作;末崎茂樹絵 ひくまの出版 2003年10月

家族＞みつご

「ちびうさにいちゃん!」 ハリー・ホース作;千葉茂樹訳 光村教育図書 2006年9月

「ともだち みつけた」 森山京作;松成真理子絵 あかね書房(あかね・新えほんシリーズ39) 2008年4月

子どもの世界・生活

「びっくりさんちのみつごちゃん」 角野栄子文;西巻かな絵 童心社 2003年5月

「みつごのおてんばむすめ いたずらだいすき」 メルセ・コンパニュ文;ルゼ・カプデヴィラ絵;竹田篤司;辻昶訳 DEMPA/ペンタン 1989年9月

「みつごのおてんばむすめ いよいよようちえん」 メルセ・コンパニュ文;ルゼ・カプデヴィラ絵;竹田篤司;辻昶訳 DEMPA/ペンタン 1989年9月

「みつごのおてんばむすめ おかねもうけはたいへん」 メルセ・コンパニュ文;ルゼ・カプデヴィラ絵;竹田篤司;辻昶訳 DEMPA/ペンタン 1988年11月

「みつごのおてんばむすめ こんにちはみなさん」 メルセ・コンパニュ文;ルゼ・カプデヴィラ絵;竹田篤司;辻昶訳 DEMPA/ペンタン 1989年9月

「みつごのおてんばむすめ すてきないろのまち」 メルセ・コンパニュ文;ルゼ・カプデヴィラ絵;辻昶;竹田篤司訳 DEMPAペンタン 1986年11月

「みつごのおてんばむすめ すてきないろのまち」 メルセ・コンパニュ文;ルゼ・カプデヴィラ絵;辻昶;竹田篤司訳 ペンタン 1985年11月

「みつごのおてんばむすめ スポーツだいすき」 メルセ・コンパニュ文;ルゼ・カプデヴィラ絵;竹田篤司;辻昶訳 DEMPA/ペンタン 1988年11月

「みつごのおてんばむすめ たのしいキャンプ」 メルセ・コンパニュ文;ルゼ・カプデヴィラ絵;竹田篤司;辻昶訳 DEMPA/ペンタン 1988年11月

「みつごのおてんばむすめ ちびっこオーケストラ」 メルセ・コンパニュ文;ルゼ・カプデヴィラ絵;辻昶;竹田篤司訳 DEMPAペンタン 1986年11月

「みつごのおてんばむすめ もうすぐクリスマス」 メルセ・コンパニュ文;ルゼ・カプデヴィラ絵;辻昶;竹田篤司訳 DEMPAペンタン 1986年11月

「みつごのおてんばむすめ もうすぐクリスマス」 メルセ・コンパニュ文;ルゼ・カプデヴィラ絵;辻昶;竹田篤司訳 ペンタン 1985年11月

「みつごのグッスチッスパス」 東君平文;和歌山静子絵 大日本図書 1973年1月

家族＞引っ越し

「14ひきのひっこし」 いわむらかずお作 童心社 1983年7月

「5ひきのすてきなねずみ ひっこしだいさくせん」 たしろちさと作 ほるぷ出版 2010年4月

「999ひきのきょうだいのおひっこし」 木村研文;村上康成絵 チャイルド本社(大きな大きな絵本11) 2006年5月

「999ひきのきょうだいのおひっこし」 木村研文;村上康成絵 ひさかたチャイルド 2004年3月

「あのこへんなこ」 間所ひさこ作;田沢梨枝子絵 PHP研究所(PHPおはなしえほん1) 1980年2月

「いそがしいっていわないで」 カール・ノラック文;クロード・K.デュボア絵;河野万里子訳 ほるぷ出版 2002年10月

子どもの世界・生活

「エルヴィンのひっこし」 ダニエラ・クーロット=フリッシュ作;肥田美代子訳 評論社(児童図書館・絵本の部屋) 1996年10月

「おじいさんの机」 立松和平文;鈴木まもる絵 河出書房新社(立松和平と絵本集3) 1997年3月

「おにんぎょうさんのおひっこし」 石井睦美作;長崎訓子絵 ポプラ社(絵本のおもちゃばこ34) 2010年4月

「おひさまもりでよろしくね」 やすいすえこ作;秋里信子絵 フレーベル館(げんきわくわくえほん1) 1995年4月

「おひっこし」 及川賢治;竹内繭子作 学習研究社(学研おはなし絵本) 2008年10月

「おひっこしとぬいぐるみ」 ナタリー・ナッツ文;モニック・フェリ絵;なだいなだ訳 講談社(うさぎのルー絵本3) 1985年5月

「カロリーヌの ひっこし」 ピエール・プロブスト作;山下明生訳 BL出版(カロリーヌとゆかいな8ひき) 2000年8月

「くすのきだんちへ おひっこし」 武鹿悦子作;末崎茂樹絵 ひかりのくに 2008年6月

「クマくんのひっこし」 フランク・アッシュ絵・文;山口文生訳 評論社(児童図書館・絵本の部屋) 1995年1月

「クレオのひっこし」 ステラ・ブラックストーン作;キャロライン・モックフォード絵;俵万智訳 教育画劇 2004年3月

「げんくんのまちのおみせやさん」 ほりかわりまこ作・絵 徳間書店 2009年2月

「こうのとりのひっこし」 スタジオTVデュプイ製作;榊原晃三;那須田稔訳 小学館(ムスティの絵本7) 2001年1月

「ごきげんなひっこしパーティー」 アラン・デュラント作;スー・ヒープ画;野中しぎ訳 偕成社 1996年12月

「しんかんくん ひっこしする」 のぶみ作 あかね書房 2009年8月

「だいそうげんへのおひっこし」 ローラ・インガルス・ワイルダー原作;ルネ・グレーフ絵;しみずなおこ訳 文渓堂(絵本・大草原の小さな家6) 1999年9月

「たのしいホッキーファミリー、いなかへいく!」 レイン・スミス作;青山南訳 ほるぷ出版 2005年8月

「たろうのひっこし」 村山桂子作;堀内誠一絵 福音館書店(こどものとも傑作集) 1985年2月;福音館書店 1983年4月

「とんことり」 筒井頼子作;林明子絵 福音館書店 1986年4月

「どんなともだちできるかな」 斉藤栄美作;土田義晴絵 ポプラ社(あおぞらえんシリーズ1) 2000年5月

「ババールのひっこし」 ロラン・ド・ブリュノフ作;矢川澄子訳 評論社(評論社の児童図書館・絵本の部屋 ぞうのババール10) 1975年10月

子どもの世界・生活

「ハロー！オズワルド−あたらしいともだち」ダン・ヤッカリーノ作；青山南訳　小峰書店（世界の絵本コレクション）2003年3月

「パンダぼうやのおひっこし」李京作；胡基明画；片桐園訳　岩崎書店（えほん・ワンダーランド19）1990年6月

「ひっこしおおさわぎ」スザンナ・グレッツ作・絵；各務三郎訳　岩崎書店（テディベアのえほん2）1984年10月

「ひっこしした子 してきた子」アリキ文・絵；青木信義訳　ぬぷん児童図書出版（ぬぷん絵本シリーズ4）1983年4月

「ひっこしてつだわせて」間所ひさこ作；田沢梨枝子絵　PHP研究所（わたしのえほん4）1983年2月

「ポクさんのひっこし」深見春夫作・絵　PHP研究所（PHPにこにこえほん）1994年10月

「ぼくの町」岡田ゆたか作　ほるぷ出版（ほるぷ創作絵本）1985年3月

「ほんとにさよなら？」中島和子作；田中四郎絵　フレーベル館（げんきわくわくえほん）1998年3月

「またあえるよね」あいはらひろゆき作；こみねゆら絵　教育画劇　2008年2月

「まめくまくん」いでるりこ作・絵　ひさかたチャイルド　2007年3月

「マンヒのいえ」クォン・ユンドク絵・文；みせけい訳　セーラー出版　1998年7月

「やぎさんのひっこし」森比左志；佐野洋子作　こぐま社　1971年10月

「ゆうやけひつじ」武鹿悦子作；宮本忠夫文　ひさかたチャイルド　2008年9月

「ロージーのおひっこし」ジュディ・ヒンドレイ文；ヘレン・クレイグ絵；まつかわまゆみ訳　評論社（児童図書館・絵本の部屋）2003年4月

家族＞家出

「いえでだブヒブヒ」柳生まち子作　福音館書店　1997年4月

「いたずらうさぎデイビー ぼくじゃないもん」イブ・タルレ絵；ブリギッテ・ヴェニンガー文；立原えりか訳　講談社（世界の絵本）1998年4月

「いたずらノラ」ローズマリー・ウエルズ作；大庭みな子訳　文化出版局　1977年11月

「いやだいやだのきかんぼひよこ」かこさとし作　偕成社（かこさとし おたのしみえほん1）1988年11月

「えりちゃんつまんないの」やまなかさちこ作・絵　岩崎書店（ファミリーえほん17）1979年2月

「エレーナのセレナーデ」キャンベル・ギースリン文；アナ・フアン絵；小島希里訳　BL出版　2004年8月

「おうちくんのいえで−おうちの絵本」竹内通雅作　ほるぷ出版　2007年9月

子どもの世界・生活

「おかえりなさいスポッティ」 マーグレット・E.レイ文；H.A.レイ絵；中川健蔵訳 文化出版局 1984年9月

「おばけのウー」 アナ・マルティン・ラうニャガ作；森山京訳 小学館 2000年12月

「くまごろう」 フィリップ・ド・ケメテー作・絵；くぼじゅんこ訳 金の星社 2005年7月

「しあわせないえで」 礒みゆき作・絵 ポプラ社（ちいさなしろくまおうじ3） 2004年8月

「ジークの魔法のハーモニカ」 ウィリアム・スタイグ作；木坂涼訳 セーラー出版 1997年2月

「ちびうさいえで！」 ハリー・ホース作；千葉茂樹訳 光村教育図書 2005年11月

「ちびうさぎ」 キャサリン・アリソン文；ピアーズ・ハーパー絵；栗栖カイ訳 ブロンズ新社 2007年4月

「とおいところへいきたいな」 モーリス・センダック作；神宮輝夫訳 冨山房 1978年11月

「となりのイカン」 中山千夏文；長谷川義史絵 自由国民社 2004年10月

「ナガナガくん」 シド・ホフ作・絵；こぶなやさちこ訳 徳間書店 1999年7月

「にげたうさちゃん」 大貫成子作；せなけいこ絵 金の星社（こどものくに傑作絵本） 1976年2月

「パンドラ」 ウィリアム・メイン文；ディートリント・ブレッヒ絵；今江祥智；遠藤育枝訳 BL出版 1999年10月

「ひとりっこのオリー」 バーニー・ボス文；ハンス・ド・ビア絵；矢川澄子訳 童話屋 1990年2月

「ふたり ミーナの家出」 アンナ・グルンド作；菱木晃子訳 ほるぷ出版 1999年7月

「フランシスのいえで」 ラッセル・ホーバン作；リリアン・ホーバン絵；松岡享子訳 好学社 1972年1月

「フランチェスカ」 ステファニー・ブレイク作・絵；伏見操訳 教育画劇 2003年10月

「ぼくいえでするんだい」 にしむらひろみ作；末崎茂樹絵 佼成出版社（創作絵本シリーズ） 1989年9月

「ぼく にげちゃうよ」 マーガレット・ワイズ・ブラウン文；クレメント・ハード絵；岩田みみ訳 ほるぷ出版（ほるぷ出版の大きな絵本） 2003年7月

「ぼくきょうだけいえでする！」 福田岩緒作 童心社（絵本・ちいさななかまたち） 1995年7月

「ぼくにげちゃうよ」 マーガレット・ワイズ・ブラウン文；クレメント・ハード絵；岩田みみ訳 ほるぷ出版 1976年9月

「ボズウェルの家出」 ロブ・ルイス作；まつかわまゆみ訳 評論社（児童図書館・絵本の部屋） 2004年6月

「マリールイズ、ママきらい」 ナタリー・サヴェジ・カールソン作；ホセ・アルエゴ；アリアンヌ・デューイ絵；たけむらみちこ訳 佑学社（アメリカ創作絵本シリーズ9） 1979年9月

子どもの世界・生活

「マリールイズいえでする」ナタリーサヴィッジ・カールソン作;ホセ・アルエゴ;アリアーヌ・デューイ絵;星川菜津代訳 童話館出版 1996年8月

「モコモコちゃん家出する」角野栄子文;にしかわおさむ絵 クレヨンハウス(おはなし広場) 1993年7月

「ロージー、いえでをする」マリアン・マクドナルド文;メリッサ・スイート絵;松野正子訳 冨山房 1993年9月

家族＞家族一般

「14ひきのもちつき」いわむらかずお作 童心社 2007年11月

「3びきのこぶたとちいさなおうち」あさのななみ作;長浜宏絵 PHP研究所(PHPわたしのえほんシリーズ) 2000年7月

「MIMIKOそれでいいんだよ」木村桂子作 小峰書店 2007年7月

「あかちゃん こんにちは」スタン・ベレンスティン;ジャン・ベレンスティン作;HEART訳 偕成社(ベア・ファミリーえほん1) 1991年12月

「あかちゃんがうまれたら なるなるなんになる?」スギヤマカナヨ作 ポプラ社(絵本・いつでもいっしょ29) 2009年4月

「アキラやまにのぼる」熊谷榧お話・画 婦人之友社(よくみる・よくきく・よくするえほん6) 1971年11月

「あなたがだいすき」ロビン・クルーズ文;マーガレット・チョドス＝アーヴァイン絵;木坂涼訳 コンセル 2008年9月

「アベコベさん」フランセスカ・サイモン文;ケレン・ラドロー絵;青山南訳 文化出版局 1997年9月

「アメリカりょこう」バッティル・アルムクビスト絵・文;やまのうちきよこ訳 徳間書店(げんしじんヘーデンホスシリーズ5) 1974年10月

「ありがたいこってす」マーゴット・ツェマック作;渡辺茂男訳 ほるぷ出版 1980年4月

「あれ、どっかちがうかな?」テッサ・ダール文;アーサー・ロビンズ絵;松川真弓訳 評論社(児童図書館・絵本の部屋) 1991年2月

「イギリスりょこう」バッティル・アルムクビスト絵・文;やまのうちきよこ訳 徳間書店(げんしじんヘーデンホスシリーズ8) 1974年11月

「いっぱい いっぱい」トリシュ・クック作;ヘレン・オクセンバリー絵;木島始訳 ほるぷ出版 1995年4月

「いつまでもいっしょだよ-日航ジャンボ機御巣鷹山墜落事故で逝った健ちゃんへ」美谷島邦子作・画 扶桑社 1988年8月

「いのちのまつり」草場一壽作;平安座資尚絵 サンマーク出版 2004年10月

「いのちは見えるよ」及川和男作;長野ヒデ子絵 岩崎書店(いのちのえほん11) 2002年2月

子どもの世界・生活

「イベットとパパはおおいそがし」 ヘレン・ケットマン文；大久保としひこ絵；高橋あかね訳　NTTメディアスコープ　1998年7月

「いもいも おいも」 リオネル・ル・ヌウアニック；栗栖カイ訳　ブロンズ新社　2002年10月

「いやだいやだのスピンキー」 ウィリアム・スタイグ作；おがわえつこ訳　セーラー出版　1989年10月

「イワクマクマときずなのえほん」 岩隈まどか；岩隈羽音作　主婦の友社　2010年7月

「ウーリー家のすてきなバースデー」 西村玲子文・絵　あすなろ書房（あすなろ書房　新しい絵本シリーズ）　1987年4月

「うきうきしたら」 ジェズ・オールバラ作・絵；たがきょうこ訳　徳間書店　2004年2月

「うさこちゃんのおじいちゃんとおばあちゃん」 ディック・ブルーナ文・絵；まつおかきょうこ訳　福音館書店（ブルーナのゆかいななかま4）　1993年4月

「うしお」 伊藤秀男作　ビリケン出版　2007年8月

「うたいましょう おどりましょう」 ベラ・B・ウィリアムズ作；佐野洋子訳　あかね書房（あかねせかいの本）　1999年12月

「うちの コロッケ」 谷口國博文；村上康成絵　世界文化社　2007年8月

「うちのおばけ」 谷口國博文；村上康成絵　世界文化社　2008年8月

「うちのじどうしゃ」 谷川俊太郎作；太田大八絵　福音館書店　1978年11月

「うちゅうりょこう」 バッティル・アルムクビスト絵・文；やまのうちきよこ訳　徳間書店（げんしじんヘーデンホスシリーズ6）　1974年8月

「うまれてきたんだよ」 内田麟太郎文；味戸ケイコ絵　解放出版社　2008年10月

「うみべのまちのタッソー」 ウイリアム・パパズ絵・文；バートン・サプリー作；じんぐうてるお訳　らくだ出版　1971年11月

「エジプトりょこう」 バッティル・アルムクビスト絵・文；やまのうちきよこ訳　徳間書店（げんしじんヘーデンホスシリーズ2）　1974年9月

「えんのしたのみっちゃん」 清水道尾作；梅田俊作絵　ポプラ社（絵本・子どものくに23）　1987年3月

「おうちにかえろう」 ロア・シーガル文；ジェイムズ・マーシャル絵；ひらいしたかき訳　冨山房　1996年3月

「おうちへかえろ」 三浦太郎作・絵　童心社（とことこえほん）　2008年9月

「おおきな なみ」 バーバラ・クーニー作；掛川恭子訳　ほるぷ出版　1991年8月

「おおきなテーブル」 森山京作；広瀬弦絵　ポプラ社（絵本・いつでもいっしょ4）　2001年6月

「おおきなふかいくらやみ」 ジョン・プレイター作；山口文生訳　評論社（児童図書館・絵本の部屋）　2007年11月

子どもの世界・生活

「おおきなもりのクリスマス」ローラ・インガルス・ワイルダー原作;ルネ・グレーフ絵;しみずなおこ訳 文渓堂(絵本・大草原の小さな家2) 1996年11月

「おおきなもりのなつ」ローラ・インガルス・ワイルダー原作;ルネ・グレーフ絵;しみずなおこ訳 文渓堂(絵本・大草原の小さな家5) 1998年6月

「おおきなもりのふゆ」ローラ・インガルス・ワイルダー原作;ルネ・グレーフ絵;たにぐちゆみこ訳 文渓堂(絵本・大草原の小さな家1) 1996年9月

「おおごえずかん おおきな こえで あいうえお」新井洋行作・絵 コクヨS&T 2009年5月

「おおなべこなべ」森山京文;松成真理子絵 童心社(絵本・こどものひろば) 2009年6月

「おかたづけ しようっと!」スタン・ベレンスティン;ジャン・ベレンスティン作;HEART訳 偕成社(ベア・ファミリーえほん5) 1992年3月

「おさる日記」和田誠文;村上康成絵 偕成社 1994年12月

「おじいさんならできる」フィービ・ギルマン作・絵;芦田ルリ訳 福音館書店(世界傑作絵本しりーずーカナダの絵本) 1998年6月

「おじいちゃんのいえのダンスパーティー」ローラ・インガルス・ワイルダー原作;ルネ・グレーフ絵;しみずなおこ訳 文渓堂(絵本・大草原の小さな家3) 1996年9月

「おせちいっかのおしょうがつ」わたなべあや作 佼成出版社(クローバーえほんシリーズ) 2008年12月

「おてて たっち」武内祐人作 くもん出版(はじめてであうえほんシリーズ) 2009年10月

「おとうさんがおとうさんになった日」長野ヒデ子作 童心社(絵本・こどものひろば) 2002年5月

「おとうさんとおるすばん」きしまり作・絵 福武書店 1989年4月

「おねだり おねだり」スタン・ベレンスティン;ジャン・ベレンスティン作;HEART訳 偕成社(ベア・ファミリーえほん6) 1992年3月

「おばけのめをみて おとうとうさぎ!」ヨンナ・ビョルンシェーナ作;菱木晃子訳 クレヨンハウス 2008年8月

「おへやのなかのおとのほん」マーガレット・ワイズ・ブラウン文;レナード・ワイズガード絵;江國香織訳 ほるぷ出版 2004年9月

「おぼえていてね アーカイブ星ものがたり」市川拓司作;こじまさとみ絵 小学館 2004年11月

「おむすびさんちのたうえのひ」かがくいひろし作・絵 PHP研究所(わたしのえほん) 2007年5月

「おやつは なあに?」スタン・ベレンスティン;ジャン・ベレンスティン作;HEART訳 偕成社(ベア・ファミリーえほん3) 1991年12月

「おんぶはこりごり」アンソニー・ブラウン作;藤本朝巳訳 平凡社 2005年3月

「カータとカーチャのたねまきたねまき」西内ミナミ作;長新太絵 教育研究社(すくすく童話館) 1979年6月

子どもの世界・生活

「かいじゅうみんなでつくりませんか？」 斎藤浩誠作;阿部肇絵 ポプラ社(絵本のひろば23) 1976年4月

「かぞくマン」 国井美果文;スソアキコ絵 コクヨS&T(たいせつなものシリーズ4かぞく) 2007年11月

「カバサンチとアドバルーン」 阿部行夫作・絵 文渓堂 2009年3月

「かようびはシャンプー」 ウーリー・オルレブ作;ジャッキー・グライヒ絵;もたいなつう訳 講談社(講談社の翻訳絵本) 2000年2月

「カラクリ江戸あんない」 太田大輔文・絵 福音館書店 2010年11月

「かわっちゃうの？」 アンソニー・ブラウン作;さくまゆみこ訳 評論社(児童図書館・絵本の部屋) 2005年3月

「がんばれ けろファミリー!」 井上よう子作;相野谷由起絵 ひさかたチャイルド 2010年4月

「キスなんかしないよ!」 フィリス・ルート文;ウィル・ヒレンブランド絵;こだまともこ訳 徳間書店 2001年2月

「きたぎつね嵐」 志茂田景樹作;早瀬賢絵 KIBA BOOk 2002年9月

「きゃっちぼーる きゃっちぼーる」 長谷川知子文・絵 新日本出版社 2008年6月

「ぎゅっとだっこ七五三」 内田麟太郎作;山本孝絵 岩崎書店(キラキラえほん9) 2008年10月

「きょうはソンミのうちでキムチをつけるひ!」 チェ・インソン文;パン・ジョンファ絵;ピョン・キジャ訳 セーラー出版 2005年12月

「グーズベリーさんのみどりのにわで」 ロイス・レンスキー原作;にしまきかやこ文・絵 こぐま社 1997年11月

「くさいろのマフラー」 後藤竜二文;岡野和絵 草土文化 1978年12月

「くつのなかのねずみ」 ロドニー・ペッペ作・絵;小沢正訳 フレーベル館 1984年9月

「くまくまさんのがいこくりょこう」 中川ひろたか文;はたこうしろう絵 ポプラ社(みんなで絵本3) 2002年2月

「くまさんいっかあかちゃんうまれる」 スタン・ベレンスタイン;ジャン・ベレンスタイン作;渡辺茂男訳 講談社(講談社のピクチュアブック2) 1979年5月

「クマさんのキルトはセリーナのたからもの」 バーバラ・スマッカー作;田中治美訳;ジャネット・ウィルソン絵 ぬぷん児童図書出版(ぬぷん絵本シリーズ6) 1997年7月

「くまさん村をよごさないで!」 スタン・ベレンスティン;ジャン・ベレンスティン作;HEART訳 偕成社(ベア・ファミリーえほん9) 1993年6月

「くまちゃんのふゆまつり」 ほりかわりまこ文・絵 ハッピーオウル社 2007年12月

「くまのこのとしこし」 高橋和枝作 講談社(講談社の創作絵本) 2010年11月

「くものこくーのかぞくでおでかけ」 さとうめぐみ作・絵 教育画劇 2010年3月

子どもの世界・生活

「くらいの こわいよ〜」 スタン・ベレンスティン；ジャン・ベレンスティン作；HEART訳 偕成社（ベア・ファミリーえほん2） 1991年12月

「クラック！」 フレデリック・バック絵；ギレーン・パケン・バック文；山下明生訳 あすなろ書房 1987年11月

「クリスマスの おくりもの」 イワン・ガンチェフ作；もきかずこ訳 DEMPA/ペンタン 1993年12月

「クリスマスのおきゃくさま」 ダイアナ・ヘンドリー文；ジョン・ロレンス絵；藤井美樹子訳 徳間書店 1994年10月

「クリスマスのつぼ」 ジャック・ケント作・絵；清水真砂子訳 ポプラ社（世界のほんやくえほん9） 1977年11月

「クリフォード まちへいくの巻」 ノーマン・ブリッドウェル作；もきかずこ訳 ソニー・マガジンズ（にいるぶっくす） 2005年11月

「くるみ」 阿部肇作 あすなろ書房 2003年10月

「くろねこのかぞく」 ピョートル・ウィルコン作；ヨゼフ・ウィルコン絵；いずみちひろ訳 セーラー出版（ウィルコンの絵本シリーズ） 1989年5月

「げんしじんへーデンホスおやこ」 バッティル・アルムクビスト絵・文；やまのうちきよこ訳 徳間書店（げんしじんへーデンホスシリーズ1） 1974年8月

「こうえんのさんぽ」 アンソニー・ブラウン作・絵；谷川俊太郎訳 佑学社（ヨーロッパ創作絵本シリーズ34） 1980年2月

「こうさぎけんたのたからさがし」 松野正子文；かまたのぶこ絵 童心社（絵本・ともだちあつまれ） 2002年6月

「こだぬき6ぴき」 なかがわりえこ文；なかがわそうや画 岩波書店（大型絵本12） 1972年4月

「ごちそうがいっぱい」 つちだよしはる作 佼成出版社（あーあー森のはりねずみ一家2） 1996年10月

「コッコさんのおみせ」 片山健作・絵 福音館書店（幼児絵本シリーズ） 1995年1月

「ことばブック ブタールさんのおでかけ」 かろくこうぼう作 あかね書房 2007年1月

「こどもたちのはし」 マックス・ボリガー作；シュテパン・ザヴレル絵；福田佐智子訳；岩倉務文 平和のアトリエ（世界・平和の絵本シリーズ7） 1990年3月

「こまったおきゃくさん」 山本まつ子作・絵 岩崎書店（えほん・おもしろランド8） 1988年1月

「ごろぴかど〜ん」 小野かおる作・絵 福音館書店 1999年7月

「こんなときってなんていう？-あいにいくよ」 たかてらかよ文；さこももみ絵 ひかりのくに 2006年4月

「サカサかぞくの だんなキスがスキなんだ」 宮西達也作 ほるぷ出版 2010年3月

子どもの世界・生活

「サカサかぞくのだんながなんだ」 宮西達也作 ほるぷ出版（ほるぷ創作絵本） 2009年3月

「サンタをのせたクリスマス電車」 ジタ・ユッカー絵；ロルフ・クレンツァー作；ウィルヘルム・きくえ訳 太平社 1991年11月

「シェイプ・ゲーム」 アンソニー・ブラウン作；藤本朝巳訳 評論社（児童図書館・絵本の部屋） 2004年7月

「ジェニー・エンジェル」 マーガレット・ワイルド作；アン・スパッドヴィラス絵；もりうちすみこ訳 岩崎書店（海外秀作絵本3） 2001年4月

「しかめっつらあかちゃん」 ケイト・ペティ文；ジョージー・バーケット絵；木坂涼訳 ほるぷ出版 2009年1月

「ジャムおじゃま」 マーガレット・マーヒー文；ヘレン・クレイグ絵；田中薫子訳 徳間書店 1998年10月

「ジュリアスは どこ？」 ジョン・バーニンガム作；谷川俊太郎絵 あかね書房（あかねせかいの本16） 1987年7月

「ずっとつながってるよ こぐまのミシュカのおはなし」 入江杏絵・文 くもん出版 2006年5月

「すてきなピクニック」 ポール・ロジャース作；ジョン・プレイター絵；おおいしまりこ訳 新世研 1997年2月

「すばらしいとき」 ロバート・マックロスキー文・絵；わたなべしげお訳 福音館書店（世界傑作絵本シリーズ・アメリカの絵本） 1978年7月

「スモールさんはおとうさん」 ロイス・レンスキー文・絵；わたなべしげお訳 童話館出版 2004年9月

「そっとしておいて」 井上よう子作；ひだきょうこ絵 佼成出版社 2005年1月

「そらとぶバスケット」 ロドニー・ペッぺ作・絵；小沢正訳 フレーベル館 1985年9月

「ソリちゃんのチュソク」 イ・オクベ絵・文；みせけい訳 セーラー出版 2000年12月

「そんなことって、ある？」 奥田継夫文；西村繁男絵 サンリード 1981年6月

「だいすきな ママへ」 マーティナ・セルウェイ作・絵；はなしまみきこ訳 新世研 1998年6月

「だいそうげんへのおひっこし」 ローラ・インガルス・ワイルダー原作；ルネ・グレーフ絵；しみずなおこ訳 文渓堂（絵本・大草原の小さな家6） 1999年9月

「だいちゃんとはな」 今西祐行作；久保雅勇絵 ひさかたチャイルド（ひさかたメルヘン17） 1982年4月

「たいふうがくる」 みやこしあきこ作・絵 BL出版 2009年12月

「たいへん はが ないの」 エイミー・マクドナルド文；マージョリー・プライスマン絵；角野栄子訳 BL出版 1999年5月

「たからものは なあに？」 あいだひさ作；たかばやしまり絵 偕成社 2009年6月

「たこやきかぞく」 にしもとやすこ作・絵 講談社（講談社の創作絵本） 2008年5月

子どもの世界・生活

「だってぼくは犬なんだい！」 アラン・ブラウン文;ジョナサン・アレン絵;久山太市訳 評論社(児童図書館・絵本の部屋) 2002年9月

「たなかさんちのだいぼうけん」 大島妙子作 あかね書房(あかね・新えほんシリーズ16) 2003年9月

「たぬきいっかの はらぺこ横丁」 国松エリカ作 学習研究社(学研おはなし絵本) 2008年12月

「たまこさんがきた」 すとうあさえ作;末崎茂樹絵 偕成社 2001年7月

「たんじょうかいがはじまるよ」 みやざきこうへい作・絵 PHP研究所(わたしのえほんシリーズ) 1995年3月

「ちいさいおおきな女の子」 ウーリー・オルレブ文;ジャッキー・グライヒ絵;もたいなつう訳 講談社(講談社の翻訳絵本) 2002年6月

「ちいさなくし」 M.ポプルトン原作;掛川恭子文;佐野洋子絵 福音館書店(幼児絵本シリーズ) 1999年3月

「ちいさなチョーじん スーパーぼうや」 ボブ・グラハム作;まつかわまゆみ訳 評論社(児童図書館・絵本の部屋) 2000年11月

「チキン・サンデー」 パトリシア・ポラッコ作;福本友美子訳 アスラン書房 1997年3月

「ちどりのさくせん」 かみやしん作・絵 佼成出版社 1983年7月

「ちびうさぎ」 キャサリン・アリソン文;ピアーズ・ハーパー絵;栗栖カイ訳 ブロンズ新社 2007年4月

「ちびくまちゃんちの さんたさんは だあれ」 黒柳徹子文;紙谷元子人形・構成 ケイエス企画 1987年12月

「チャボのオッカサン」 ボブ・グラハム作;まつかわまゆみ訳 評論社(児童図書館・絵本の部屋) 2000年6月

「ちょうどいいよ」 竹下文子作;鈴木まもる絵 佼成出版社(どんぐりえほんシリーズ) 2010年11月

「てっぺんいすの木」 山本斐子文;吉本宗絵 評論社(児童図書館・絵本の部屋) 1995年6月

「テレビがなかったころ」 イワン・ポモー文・絵;ときありえ訳 西村書店 2008年11月

「テレビみないであそぼうよ」 スタン・ベレンスティン;ジャン・ベレンスティン作;HEART訳 偕成社(ベア・ファミリーえほん8) 1993年6月

「どうしたのだいちゃん」 山本まつ子作・絵 ポプラ社(絵本のひろば26) 1976年8月

「どうしてけんかをするのかな？」 スタン・ベレンスティン;ジャン・ベレンスティン作;HEART訳 偕成社(ベア・ファミリーえほん4) 1992年3月

「とうちゃんのトンネル」 原田泰治作・絵 ポプラ社 1980年4月

「どうぶつえん」 アンソニー・ブラウン作;藤本朝巳訳 平凡社 2003年5月

子どもの世界・生活

「とってもいいひ」 ケビン・ヘンクス作;いしいむつみ訳 BL出版 2008年2月

「ドライブにいこう」 ヘレン・オクセンバリー作・絵;なかむらくみこ訳 ほるぷ出版(はじめてのえほん5) 1983年12月

「ドラキュラくん、うみにいく」 マーティン・ウォッデル文;ジョゼフ・ライト絵;きざきふうこ訳 岩崎書店(リトル・ドラキュラ3) 1993年11月

「ドラキュラくんのクリスマス」 マーティン・ウォッデル文;ジョゼフ・ライト絵;きざきふうこ訳 岩崎書店(リトル・ドラキュラ2) 1993年11月

「トラップ一家物語」 ハンス・ヴィルヘルム作;ロニー・アレキサンダー;岩倉務共訳 平和のアトリエ(特選世界平和の絵本) 2002年7月

「とらねこのパパ」 渡辺有一作・絵 フレーベル館(げんきわくわくえほん) 1997年1月

「とらねこのママ」 渡辺有一作・絵 フレーベル館(げんきわくわくえほん) 1995年10月

「とりかえっこのにちようび」 いそみゆき作・絵 ひさかたチャイルド 1997年8月

「トロルのなみだ」 リン・ストッケ作;ハンス・ノルマン・ダール絵;やまのうちきよこ訳 偕成社 2001年6月

「トントンとうさんとガミガミかあさん」 かこさとし絵・文 ポプラ社(かこさとし こころのほん4) 2005年10月

「トントンとうさんとガミガミかあさん」 加古里子絵・文 ポプラ社(かこさとしこころのほん4) 1982年10月

「なかなおり」 シャーロット・ゾロトウ文;アーノルド・ローベル絵;みらいなな訳 童話屋 2008年3月

「なっちゃんのほくろスイッチ」 平田昌広文;平田景絵 講談社(講談社の創作絵本) 2004年12月

「なみにきをつけて、シャーリー」 ジョン・バーニンガム作;辺見まさなお訳 ほるぷ出版 2004年6月

「なんでぼくだけこうなるの?」 ヤニコヴスキー・エーヴァ文;レーベル・ラースロー絵;マンディ・ハシモト・レナ訳 文渓堂 2010年3月

「にちようび」 山本容子作 福音館書店 1981年5月

「にほんのかきのき」 熊谷元一作・絵 福音館書店(こどものとも傑作集) 1968年11月

「にゃんきちいっかの だいぼうけん」 岡本一郎作;中沢正人絵 金の星社 2006年7月

「にょろへびやのへびんくん」 すとうあさえ作;にしむらあつこ絵 岩崎書店(えほんのぼうけん4) 2009年7月

「にんげんごみばこ」 のぶみ作 えほんの杜 2008年4月

「ぬまばばさまのさけづくり」 イブ・スパング・オルセン作・絵;きむらゆりこ訳 福音館書店(世界傑作絵本シリーズ・デンマークの絵本) 1981年7月

「ねえ ねえ」 内田麟太郎作;長谷川義史絵 鈴木出版 2004年9月

子どもの世界・生活

「ねこさんかぞくの みどりのカーテン」 津田直美作 ブロンズ新社(地球となかよし絵本シリーズ1) 2009年4月

「ねこのオーランドー」 キャスリーン・ヘイル作・画;脇明子訳 福音館書店(世界傑作絵本シリーズ・イギリスの絵本) 1982年7月

「ねこのペンキぬり」 間所ひさこ作;渡辺有一絵 フレーベル館(おはなしメルヘン9) 1994年12月

「ねずみにそだてられたこねこ」 ミリアム・ノートン文;ガース・ウィリアムズ絵 徳間書店 2001年9月

「ねずみのティモシー」 マルチーヌ・ブラン作・絵;矢川澄子訳 偕成社 1975年8月

「のねずみチッチ」 ふくざわゆみこ作 のら書店 2008年4月

「のねずみチッチとほしのみずうみ」 ふくざわゆみこ作 のら書店 2010年7月

「バーバズーとまいごのたまご」 アネット・チゾン;タラス・テイラー作;山下明生訳 講談社(バーバパパ・ミニえほん9) 1977年4月

「バーバズーのすてきなおんしつ」 アネット・チゾン;タラス・テイラー作;山下明生訳 講談社(バーバパパ・ミニえほん13) 1979年4月

「バーバズーのひつじかい」 アネット・チゾン;タラス・テイラー作;山下明生訳 講談社(バーバパパ・ミニえほん19) 1985年3月

「バーバパパ ペンギンのくにへ」 アネット・チゾン;タラス・テイラー作;山下明生訳 講談社(バーバパパ世界をまわる6) 2000年3月

「バーバパパうみにでる」 アネット・チゾン;タラス・テイラー作;山下明生訳 講談社(バーバパパ・ミニえほん5) 1980年2月

「バーバパパうみにでる」 アネット・チゾン;タラス・テイラー作;山下明生訳 講談社(バーバパパのちいさなおはなし6) 1997年7月

「バーバパパかせいへいく」 アネット・チゾン;タラス・テイラー作;山下明生訳 講談社(講談社のバーバパパえほん9) 2005年10月

「バーバパパたびにでる」 アネット・チゾン;タラス・テイラー作;やましたはるお訳 講談社(講談社のバーバパパえほん1) 1975年8月

「バーバパパとうみがめのおやこ」 アネット・チゾン;タラス・テイラー作;山下明生訳 講談社(バーバパパ世界をまわる2) 1999年11月

「バーバパパときえたこぐま」 アネット・チゾン;タラス・テイラー作;山下明生訳 講談社(バーバパパ世界をまわる3) 2000年2月

「バーバパパのアフリカいき」 アネット・チゾン;タラス・テイラー作;山下明生訳 講談社(バーバパパ・ミニえほん1) 1980年9月

「バーバパパのアフリカいき」 アネット・チゾン;タラス・テイラー作;山下明生訳 講談社(バーバパパのちいさなおはなし11) 1997年12月

「バーバパパのいえさがし」 アネット・チゾン;タラス・テイラー作;やましたはるお訳 講談社(講談社のバーバパパえほん2) 1975年11月

子どもの世界・生活

「バーバパパのおんがくかい」アネット・チゾン;タラス・テイラー作;山下明生訳　講談社(バーバパパ・ミニえほん4) 1980年2月

「バーバパパのおんがくかい」アネット・チゾン;タラス・テイラー作;山下明生訳　講談社(バーバパパのちいさなおはなし10) 1997年11月

「バーバパパのがっきやさん」アネット・チゾン;タラス・テイラー作;山下明生訳　講談社(バーバパパのちいさなおはなし8) 1997年9月;講談社(バーバパパ・ミニえほん24) 1993年10月

「バーバパパのがっこう」アネット・チゾン;タラス・テイラー作;やましたはるお訳　講談社(講談社のバーバパパえほん4) 1976年6月

「バーバパパのクリスマス」アネット・チゾン;タラス・テイラー作;山下明生訳　講談社(バーバパパ・ミニえほん12) 1977年5月

「バーバパパのクリスマス」アネット・チゾン;タラス・テイラー作;山下明生訳　講談社(バーバパパのちいさなおはなし9) 1997年10月

「バーバパパのこもりうた」アネット・チゾン;タラス・テイラー作;山下明生訳　講談社(バーバパパ・ミニえほん2) 1980年9月

「バーバパパのこもりうた」アネット・チゾン;タラス・テイラー作;山下明生訳　講談社(バーバパパのちいさなおはなし12) 1998年1月

「バーバパパのさんごしょうたんけん」アネット・チゾン;タラス・テイラー作;山下明生訳　講談社(バーバパパ世界をまわる5) 2000年3月

「バーバパパのしまづくり」アネット・チゾン;タラス・テイラー作;山下明生訳　講談社(講談社のバーバパパえほん7) 1992年9月

「バーバパパのジュースづくり」アネット・チゾン;タラス・テイラー作;山下明生訳　講談社(バーバパパ・ミニえほん3) 1980年8月

「バーバパパのジュースづくり」アネット・チゾン;タラス・テイラー作;山下明生訳　講談社(バーバパパのちいさなおはなし7) 1997年8月

「バーバパパのしんじゅとり」アネット・チゾン;タラス・テイラー作;山下明生訳　講談社(バーバパパ・ミニえほん21) 1985年3月

「バーバパパのしんじゅとり」アネット・チゾン;タラス・テイラー作;山下明生訳　講談社(バーバパパのちいさなおはなし5) 1997年6月

「バーバパパのすいしゃごや」アネット・チゾン;タラス・テイラー作;山下明生訳　講談社(バーバパパ・ミニえほん17) 1979年4月

「バーバパパのすいしゃごや」アネット・チゾン;タラス・テイラー作;山下明生訳　講談社(バーバパパのちいさなおはなし3) 1997年5月

「バーバパパのだいサーカス」アネット・チゾン;タラス・テイラー作;やましたはるお訳　講談社(講談社のバーバパパえほん5) 1979年2月

「バーバパパのたんじょうび」アネット・チゾン;タラス・テイラー作;山下明生訳　講談社(バーバパパ・ミニえほん11) 1985年11月

子どもの世界・生活

「バーバパパのたんじょうび」 アネット・チゾン;タラス・テイラー作;山下明生訳 講談社（バーバパパのちいさなおはなし1） 1997年4月

「バーバパパのどうぶつさがし」 アネット・チゾン;タラス・テイラー作;山下明生訳 講談社（バーバパパ世界をまわる1） 1999年11月

「バーバパパのなつやすみ」 アネット・チゾン;タラス・テイラー作;山下明生訳 講談社（講談社のバーバパパえほん8） 1995年3月

「バーバパパののみたいじ」 アネット・チゾン;タラス・テイラー作;山下明生訳 講談社（バーバパパ・ミニえほん6） 1982年5月

「バーバパパののみたいじ」 アネット・チゾン;タラス・テイラー作;山下明生訳 講談社（バーバパパのちいさなおはなし4） 1997年5月

「バーバパパのはこぶね」 アネット・チゾン;タラス・テイラー作;やましたはるお訳 講談社（講談社のバーバパパえほん3） 1975年11月

「バーバパパのパンダさがし」 アネット・チゾン;タラス・テイラー作;山下明生訳 講談社（バーバパパ世界をまわる4） 2000年2月

「バーバパパのふうせんりょこう」 アネット・チゾン;タラス・テイラー作;山下明生訳 講談社（バーバパパ・ミニえほん7） 1977年4月

「バーバパパのふうせんりょこう」 アネット・チゾン;タラス・テイラー作;山下明生訳 講談社（バーバパパのちいさなおはなし2） 1997年4月

「バーバパパのプレゼント」 アネット・チゾン;タラス・テイラー作;やましたはるお訳 講談社（講談社のバーバパパえほん6） 1982年11月

「バーバピカリのとけいやさん」 アネット・チゾン;タラス・テイラー作;山下明生訳 講談社（バーバパパ・ミニえほん20） 1985年3月

「バーバブラボーのかじやさん」 アネット・チゾン;タラス・テイラー作;山下明生訳 講談社（バーバパパ・ミニえほん16） 1979年4月

「バーバベルのレースあみ」 アネット・チゾン;タラス・テイラー作;山下明生訳 講談社（バーバパパ・ミニえほん14） 1979年4月

「バーバママのかわいいこうし」 アネット・チゾン;タラス・テイラー作;山下明生訳 講談社（バーバパパ・ミニえほん10） 1977年5月

「バーバママのだいくさん」 アネット・チゾン;タラス・テイラー作;山下明生訳 講談社（バーバパパ・ミニえほん22） 1993年10月

「バーバモジャのおしゃれ」 アネット・チゾン;タラス・テイラー作;山下明生訳 講談社（バーバパパ・ミニえほん8） 1977年4月

「バーバモジャのつぼづくり」 アネット・チゾン;タラス・テイラー作;山下明生訳 講談社（バーバパパ・ミニえほん18） 1979年4月

「バーバララのびんづくり」 アネット・チゾン;タラス・テイラー作;山下明生訳 講談社（バーバパパ・ミニえほん23） 1993年10月

子どもの世界・生活

「バーバリブほんをつくる」 アネット・チゾン;タラス・テイラー作;山下明生訳 講談社(バーバパパ・ミニえほん15) 1979年4月

「ハグして ぎゅっ!」 ナンシー・カールソン作;中川千尋訳 瑞雲舎 2007年1月

「はじめてのもり」 小手鞠るい作;たかすかずみ絵 金の星社 2010年6月

「ばしゃでおつかいに」 ウィリアム・スタイグ作;せたていじ訳 評論社(児童図書館・絵本の部屋) 1976年12月

「はちゃめちゃ・ぶたさん」 サリー・クラブツリー作;バーバラ・ナッシムベーニー絵;くどうなおこ訳 小学館 2007年7月

「バナナボート」 バッティル・アルムクビスト絵・文;やまのうちきよこ訳 徳間書店(げんしじんヘーデンホスシリーズ4) 1974年10月

「パパがサーカスと行っちゃった」 エットガール・キャロット文;ルートゥー・モエダン絵;久山太市訳 評論社(児童図書館・絵本の部屋) 2005年1月

「パパだいすきママだいすき」 やすいすえこ作;いもとようこ絵 岩崎書店(えほん・ドリームランド16) 1982年5月

「パパになったペンギンピート」 マーカス・フィスター作・絵;小沢正訳 フレーベル館 1990年3月

「パパのるすばん」 山本祐司作・絵 ポプラ社(かぞくえほん1) 2009年9月

「パパはウルトラセブン・ママだってウルトラセブン」 みやにしたつや作・絵 学習研究社 2001年5月

「パパはまほうつかい」 西山直樹作・絵 福武書店 1988年11月

「はりねずみのパーティ」 ロウエナ・ストット文;エディス・ホールデン絵;恩地三保子訳 文化出版局 1980年12月

「はる・なつ・あき・ふゆ いろいろのいえ」 ロジャー・デュボアザン作;山下明生訳 BL出版 2007年4月

「はる・なつ・あき・ふゆ」 ドゥブラフカ・コラノヴィッチ作;いぬいゆみこ訳 評論社(児童図書館・絵本の部屋) 2005年9月

「バルボンさんとさくらさん」 とよたかずひこ作・絵 アリス館(ワニのバルボン4) 1999年11月

「バルボンさんのおうち」 とよたかずひこ作・絵 アリス館(ワニのバルボン2) 1999年1月

「はんにんはウソツキ鳥?」 スタン・ベレンスティン;ジャン・ベレンスティン作;HEART訳 偕成社(ベア・ファミリーえほん7) 1993年6月

「ビッグママと七ひきのこいぬ」 よどがわきんたろう作 新風舎 2007年3月

「ひつじのメイ ぼくのパパとママ」 穂高順也文;沢田としき絵 キッズメイト 2002年9月

「ヒップくんのしっぽ」 ペトラ・ヘイッキラ作;江口宏志訳 ブロンズ新社 2008年9月

子どもの世界・生活

「ひとりぼっちの気がする」 まつもとまちこ著 マルチモード 2005年11月 ; 清流出版 2000年12月

「ふうせんくまくん」 あきやまただし作・絵 金の星社（新しいえほん） 2000年4月

「ぶたさんいっかの やまのぼり」 浅沼とおる作・絵 鈴木出版 1996年9月

「ぶたさんちのひなまつり」 板橋敦子作・絵 ひさかたチャイルド 2008年1月

「ふぶきにあった日」 トルヴァール・スンド作 ; ヴェンケ・オイエン絵 ; 山内清子訳 福武書店 1992年2月

「フラヴィアとビロードのうさぎ」 マージェリー・ウィリアムズ原作 ; フラヴィア・ウィドゥン ; リサ・ウィドゥン文・絵 ; もきかずこ訳 ビクター音楽産業 1992年11月

「フラヴィアと夢をつむぐ人」 フラヴィア・ウィドゥン文・絵 ; もきかずこ訳 ビクター音楽産業 1992年11月

「フラヴィアのクリスマス」 フラヴィア・ウィドゥン ; リサ・ウィドゥン文・絵 ; もきかずこ訳 ビクター音楽産業 1992年11月

「ぶんとろことたうたう」 わしおとしこ作 ; 黒井健絵 ひさかたチャイルド（ひさかたメルヘン13） 1982年1月

「ベルナとみっつのさようなら」 ぐんじななえ作 ; ひだかやすし画 ハート出版（えほん盲導犬ベルナ5） 2004年6月

「ヘレンのクリスマス」 ナタリー・キンジー＝ワーノック文 ; メアリー．．アゼアリアン絵 ; 千葉茂樹訳 BL出版 2007年11月

「ポゥさんと秋風 グリーンヴァレーものがたり-谷のドクター・ポゥさんシリーズ 秋編」 ふくもとともお作 小池書院 1996年11月

「ポゥさんのカヌー-グリーンヴァレーものがたり」 福本智雄作 小池書院 1996年8月

「ポゥさんの雪だるま-グリーンヴァレーものがたり」 福本智雄作 スタジオ・シップ（谷のドクター・ポゥさんシリーズ） 1993年12月

「ぼく、おへんじは？」 ヤニコフスキ・エーヴァ文 ; レーベル・ラースロー絵 ; いせきょうこ訳 ポプラ社 2008年2月

「ぼくがうれしくなるときは…」 ヤニコヴスキー・エーヴァ文 ; レーベル・ラースロー絵 ; マンディ・ハシモト・レナ訳 文溪堂 2009年8月

「ぼくのかぞく」 ドゥシャン・ロール作 ; ヘレナ・ズマトリーコバー絵 ; 千野栄一訳 福音館書店 1984年8月

「ぼくのしんせき」 青山友美作・絵 岩崎書店（えほんのぼうけん15） 2010年7月

「ぼくのチョパンドス」 小林豊作・絵 光村教育図書 1999年4月

「ぼくのママが生まれた島セブ-フィリピン」 おおともやすお ; なとりちづ作 ; おおともやすお絵 福音館書店 2010年10月

「ぼくのるすばん」 山本祐司作・絵 ポプラ社（かぞくえほん4） 2009年9月

子どもの世界・生活

「ぼくの庭ができたよ」 ゲルダ・ミューラー作;ささきたづこ訳 文化出版局 1989年3月

「ぼくパパになるんだよ」 エルベ・ル・ゴフ絵;ジュヌビエーブ・ノエル文;おかだよしえ訳 講談社(世界の絵本) 2002年8月

「ぼくんちはボクンチ」 山崎克己作 偕成社 2010年5月

「ぼくんちはボクンチ」 山﨑克己作 偕成社 2010年5月

「ほしぞらでポロロン」 つちだよしはる作 佼成出版社(あーあー森のはりねずみ一家3) 1997年7月

「ほんじつまんいん ぽんぽこじゅく」 さくらともこ作;中村景児絵 金の星社(新しいえほん) 1995年8月

「ほんとに ほんとに ほしいもの」 ベラ・B.ウィリアムズ作;佐野洋子訳 あかね書房 1998年4月

「まあちゃんのかぞくりょこう」 ジョン・ウォーラス絵・文;まつかわまゆみ訳 評論社(児童図書館・絵本の部屋) 1997年4月

「マウス一家のふしぎなさんぽ」 カーラ・カスキン作;星川菜津代訳 童話館出版 2005年11月

「マウス一家のむすめたちのさんぽ」 カーラ・カスキン作;星川菜津代訳 童話館 1994年6月

「マジョルカりょこう」 バッティル・アルムクビスト絵・文;やまのうちきよこ訳 徳間書店(げんしじんへーデンホスシリーズ7) 1974年11月

「まちへいく」 ローラ・インガルス・ワイルダー原作;ルネ・グレーフ絵;たにぐちゆみこ訳 文渓堂(絵本・大草原の小さな家4) 1997年11月

「マチルダ・マウスあたらしいせかいへ」 ヘザー・シンクレア・ブキャナン作;田中まや訳 評論社(児童図書館・絵本の部屋) 2005年5月

「マチルダ・マウスのすてきなおうち」 ヘザー・シンクレア・ブキャナン作;田中まや訳 評論社(児童図書館・絵本の部屋) 2005年5月

「マックペリカン一家のアメリカ冒険旅行」 スクーラー・アンダーソン作;きはらえつこ訳 主婦の友社 2008年11月

「まほうつかいのにちようび」 西山直樹作・絵 福武書店 1989年11月

「ママのるすばん」 山本祐司作・絵 ポプラ社(かぞくえほん2) 2009年9月

「ママもおつとめ」 梁敏子;手島悠介文;小泉恵子絵 ほるぷ出版(創作絵本) 1985年12月

「マリーナ」 ルドウィッヒ・ベーメルマンス作;ふしみみさを訳 クレヨンハウス 2009年6月

「ミーアキャットの家族」 内山晟写真;江口絵理文 そうえん社(そうえんしゃ・写真のえほん9) 2010年1月

「みーんないすのすきまから」 マーガレット・マーヒー作;ポリー・ダンバー絵;もとしたいづみ訳 フレーベル館 2007年12月

子どもの世界・生活

「みんなおはよう」つちだよしはる作 偕成出版社(あーあー森のはりねずみ一家1) 1996年4月

「みんなでたのしいクリスマス」クレア・フリードマン文;ゲイル・イェリル絵;ゆりよう子訳 ひさかたチャイルド 2008年10月

「むしばいっかのおひっこし」にしもとやすこ作・絵 講談社(講談社の創作絵本) 2009年5月

「めちゃくちゃはずかしかったこと」リュドヴィック・フラマン文;エマニュエル・エカウト絵;ふしみみさを訳 あすなろ書房 2007年5月

「もうすぐおしょうがつ」西村繁男作 福音館書店 2010年11月

「もうすぐって どのくらい?」北川チハル作;ひだきょうこ絵 岩崎書店(レインボーえほん8) 2007年5月

「もぐてんさん」やぎたみこ作・絵 岩崎書店(キラキラえほん5) 2008年6月

「ももいろのせっけん」つつみちなつ文・絵 東京図書出版会 2004年8月

「もりのうさぎのうたえほん4 のいちごはらのあさのうた」ひろかわさえこ作・絵 あかね書房 2005年5月

「ヤカンのおかんとフトンのおとん」サトシン作;赤川明絵 偕成出版社(クローバーえほんシリーズ) 2008年11月

「やったぜ、ドラキュラくん!」マーティン・ウォッデル文;ジョゼフ・ライト絵;きざきふうこ訳 岩崎書店(リトル・ドラキュラ1) 1993年11月

「やまださんちのてんきよほう」長谷川義史作 絵本館 2005年3月

「ゆかいなおとなり」あきもとかおり作 ひさかたチャイルド 2000年3月

「ゆきがしんしんしん」つちだよしはる作 偕成出版社(あーあー森のはりねずみ一家4) 1997年11月

「ゆきとトナカイのうた」ボディル・ハグブリンク作・絵;山内清子訳 福武書店 1990年11月

「ゆきのひのくまさん」いなつぐかつら作;宮本忠夫絵 鈴木出版(ひまわりえほんシリーズ) 1993年10月

「ゆきみち」梅田俊作;梅田佳子作 ほるぷ出版(ほるぷ創作絵本) 1986年12月

「ゆめみるリジー」ジャン・オーメロッド作・絵;はやかわゆか訳 アールアイシー出版 2007年8月

「よくぞ ごぶじで-きつねのかぞくのおはなし」ルドウィッヒ・ベーメルマンス作;江國香織訳 BL出版 2010年10月

「よるですよ!」ひろかわさえこ作・絵 鈴木出版(たんぽぽえほんシリーズ) 2007年7月

「ラーシアのみずうみ」安井清子文;砂山恵美子絵 こぐま社 2009年10月

「ラビちゃんのおせんたく」ささやすゆき作・絵 PHP研究所(PHPのえほん) 1985年9月

「ラビと9匹の小犬たち。」小田桐昭文・絵 フジテレビ出版 2001年5月

子どもの世界・生活

「りすのパンやさん」 ミミィとミーヤン作 学習研究社（学研おはなし絵本） 2007年3月

「るかちゃんとなみちゃんゆきちゃんかおりちゃん」 梅田俊作；梅田佳子；山内満豊作・絵 佼成出版社（ひわさの四季） 1994年11月

「ローザから キスをいっぱい」 ペトラ・マザーズ；遠藤育枝訳 BL出版 2000年9月

「ローラのクリスマス」 クラウス・バウムガート文・絵；いけだかよこ訳 西村書店 1998年10月

「ロビンソン一家のゆかいな一日」 ウィリアム・ジョイス作；宮坂宏美訳 あすなろ書房 2007年10月

「ワー、たまらん！」 ジル・マーフィ作；まつかわまゆみ訳 評論社（児童図書館・絵本の部屋） 1983年11月

「わたしのるすばん」 山本祐司作・絵 ポプラ社（かぞくえほん3） 2009年9月

「わたしはいまとてもしあわせです」 大住力編；相野谷由起絵 ポプラ社（からだとこころのえほん17） 2010年12月

「わたしはいまとてもしあわせです」 大住力編；相野谷由起絵 ポプラ社（からだとこころのえほん17） 2010年12月

「わんたのるすばん」 山本祐司作・絵 ポプラ社（かぞくえほん5） 2009年9月

「家族の歌」 エイミイ・アーリック作；ロバート・アンドルー・パーカー絵；今江祥智訳 偕成社 1983年8月

「海べのあさ」 マックロスキー文・絵 石井桃子訳 岩波書店 1978年7月

「宮野家のえほん たっくんのおてつだい」 おおさわさとこ作 アリス館 2009年1月

「空をとんだポゥさん－グリーンヴァレーものがたり」 福本智雄作 スタジオ・シップ（谷のドクター・ポゥさんシリーズ） 1994年4月

「私が学校に行かなかったあの年」 ジゼル・ポター絵・文；おがわえつこ訳 セーラー出版 2004年9月

「春になったらあけてください」 増井邦恵作；あべまれこ絵 BL出版 2008年12月

「神の子たち－パヤタスに吹く風」 葉祥明絵・文 中央法規出版 2002年3月

「水晶さがしにいこう ひけつとこころえ」 関屋敏隆作 童心社（絵本・ふしぎはたのしい） 1999年7月

「星空キャンプ」 村上康成作 講談社（講談社の創作絵本ベストセレクション） 2005年7月

「青い大きな家」 ケイト・バンクス作；G.ハレンスレーベン絵；いまえよしとも訳 BL出版 2008年6月

「窓辺の鳩」 ヤン・ナッシンベンネ絵；ナディーヌ・ブルン－コスム作；河野万里子訳 太平社 1994年11月

「灯台守のバーディ」 デボラ・ホプキンソン作；キンバリー・バルケン・ルート絵；掛川恭子訳 BL出版 2006年9月

「猫は生きている」 早乙女勝元作；田島征三絵 理論社 1973年1月

子どもの世界・生活

「猫吉一家物語 秋冬」 大島妙子作 金の星社 2003年9月

「白い牛をおいかけて」 トレイス・シーモア文;ウェンディ・アンダスン・ハルパリン絵;三原泉訳 ゴブリン書房 2008年4月

「彼岸花(ひがんばな)」 林有加著;長田智佐子画 日本短波放送 1999年1月

「氷の海とアザラシのランプ-カールーク号北極探検記」 ジャクリーン・ブリッグズ・マーティン文;ベス・クロムス絵;千葉茂樹訳 BL出版 2002年3月

「風の子ふうた」 いしだとしこ文;おかだみほ絵 アスラン書房 2007年9月

「夜になると」 アン・グットマン;ゲオルグ・ハレンスレーベン作;今江祥智訳 BL出版 2005年12月

家族＞孤児

「ありがとうサンタさん」 内田麟太郎文;かすや昌宏絵 女子パウロ会 2008年10月

「インディアンの男の子 リトル・ムーン」 ヴィンフリード・ヴォルフ文;ナタリー・ドロシー絵;永野ゆう子訳 ほるぷ出版 1996年10月

「エヴァ-花の国」 ラスカル文;ルイ・ジョス絵;山田兼士訳 セーラー出版 2000年5月

「オーパル ひとりぼっち」 オーパル・ウィットリー原作;ジェイン・ボルタン編;バーバラ・クーニー絵;八木田宜子訳 ほるぷ出版 1994年8月

「カヤトとサヤノ」 大石真作;斎藤博之絵 偕成社(創作えほん15) 1973年1月

「きつねのきんた」 かこさとし作;いもとようこ絵 金の星社(大人になっても忘れたくない いもとようこ名作絵本) 2005年12月

「きんいろきつねのきんたちゃん」 かこさとし作 ブッキング 2005年12月

「くらっこ」 ふじかおる作;井口文秀絵 岩崎書店(新・創作絵本10) 1979年8月

「クリスマス人形のねがい」 ルーマー・ゴッデン文;バーバラ・クーニー絵;掛川恭子訳 岩波書店 2001年11月

「こいぬとてぶくろ」 矢部美智代作;義平雅夫絵 PHP研究所(PHPにこにこえほん) 1999年1月

「こころの森」 はせがわゆうじ作・絵 ウオカーズカンパニー 1990年4月

「サラの瞳」 桜田淳子絵・文 みみずくぷれす 1984年1月

「しろいらくだ」 佐川美代太郎作・絵 文研出版(ジョイフルえほん傑作集18) 1976年3月

「すてきな三にんぐみ」 トミー・アンゲラー作;今江祥智訳 偕成社(ミニエディション) 1990年4月

「そのままのきみがすき」 マックス・ルケード作;セルジオ・マルティネス絵;松波史子訳 いのちのことば社 2003年7月

「そばのはな さいたひ」 こわせたまみ作;いもとようこ絵 佼成出版社 1985年1月

子どもの世界・生活

「タタはさばくのロバ」 小林豊作 童心社(絵本・こどものひろば) 2005年11月

「だれをのせるの、ユニコーン？」 エイドリアン・ミッチェル文；スティーブン・ランバート絵；おかだよしえ訳 評論社(児童図書館・絵本の部屋) 2002年5月

「ちゃいろおばさんのたんじょうび」 エルサ・ベスコフ作・絵；ひしきあきらこ訳 福音館書店(世界傑作絵本シリーズ) 2002年2月

「つきのオペラ」 ジャック・プレベール作；ジャクリーヌ・デュエム絵；内藤濯訳 至光社(ブッククラブ国際版絵本) 1980年1月

「なぞをとく少年-モンゴル」 ムンフジン・チュールテミン文・絵；大貫美佐子訳 蝸牛社(かたつむり文庫) 1996年7月

「のうさぎのフルー」 リダ文；ロジャンコフスキー絵；いしいももこ；おおむらゆりこ訳 福音館書店(世界傑作絵本シリーズ21) 1964年9月

「ひとりの正月」 斎藤隆介作；久米宏一絵 佼成出版社 1979年12月

「ひとりぼっちのゼブラ」 井口文秀文・絵 小峰書店(日本のえほん18) 1982年3月

「ひみつの花園」 バーネット原作；市川ジュン著 集英社(ファンタジー・メルヘン) 1983年7月

「ふくふくろう」 松田素子作；秋山巌絵 ポプラ社(えほんはともだち41) 1996年3月

「フローリアとおじさん」 工藤ノリコ作 白泉社 2007年4月

「ペッテルとロッタのぼうけん」 エルサ・ベスコフ作・絵；ひしきあきらこ訳 福音館書店(世界傑作絵本シリーズ) 2001年9月

「ほしのぎんか」 グリム作；坂本知恵子絵；酒寄進一訳 福武書店 1986年1月

「ほしのぎんか-グリム童話」 シュチェパーン・ザブジェル絵；佐々木元訳 フレーベル館 1983年11月

「ポポの青い空」 すいとぴい著；はらのけいじ絵 遊タイム出版 2003年6月

「マッチ売りの少女アルメット」 トミー・アンゲラー文・絵；谷川俊太郎訳 集英社 1982年12月

「マヌエルのクリスマス」 なかむらゆき絵；ひらいうらら文 サンパウロ 1998年11月

「みしょうづかの鬼ばば」 北原綴文；関口将夫絵 創林社 1985年12月

「みどりおばさん、ちゃいろおばさん、むらさきおばさん」 エルサ・ベスコフ作・絵；ひしきあきらこ訳 福音館書店(世界傑作絵本シリーズ) 2001年9月

「みなしごカーサスック(グリーンランド)」 トゥパーナク・ロジン・オルセン作；ミキ・ヤコブセン絵；木村由利子訳 河出書房新社(世界の民族絵本集) 1994年9月

「やさしいライオン」 やなせたかし作・絵 フレーベル館(フレーベル館の大型えほん) 2006年4月

「ゆきんこ」 吉永淳一作；竹田人形座糸あやつり人形制作；梅村豊；塩坪三明撮影 フレーベル館(フレーベルのえほん22) 1978年7月

子どもの世界・生活

「よろこびの木」アストリッド・リンドグレーン文；スヴェン・オットー・S.絵；石井登志子訳　徳間書店　2001年1月

「海をわたったアンメイ」ステファン・モルナー=フェントン文；ヴィヴィアンヌ・フレッシャー絵；まつかわまゆみ訳　評論社（児童図書館・絵本の部屋）　1999年7月

「青い花のじゅうたん－テキサス州のむかしばなし」トミー・デパオラ再話・絵；いけださとる訳　評論社（児童図書館・絵本の部屋）　2003年5月

「冬のオーレ」ベッティーナ・アンゾルゲ作；とおやまあきこ訳　福武書店　1983年10月

「野うさぎのフルー」リダ・フォシェ文；フェードル・ロジャンコフスキー絵；いしいももこ訳編　童話館出版　2002年12月

家族＞五つご

「5つごモンスターがやってきた！」たちもとみちこ作・絵　イースト・プレス　2008年6月

「いつつごちゃんのはるのいちにち」かさいまり作・絵　ひさかたチャイルド　2008年2月

「カータとカーチャのたねまきたねまき」西内ミナミ作；長新太絵　教育研究社（すくすく童話館）　1979年6月

「ボタンのくに」中村成夫；西巻茅子作　こぐま社　1967年8月

「もぐらちゃんのおてておっぱい」角野栄子文；佐々木洋子絵　ポプラ社（ぴょんぴょんえほん10）　1994年9月

「もぐらちゃんのおねしょ」角野栄子文；佐々木洋子絵　ポプラ社（ぴょんぴょんえほん6）　1988年12月

家族＞親と子

「あかっぴょろ」筒井敬介文；太田大八画　あかね書房（新しい日本の絵本3）　1972年10月

「あくびどうぶつえん」花之内雅吉作・絵　岩崎書店（ピチピチえほん2）　1980年2月

「アスカ」司修作　ポプラ社（絵本カーニバル5）　2004年1月

「あたしのサンドイッチ」久保晶太作・絵　教育画劇　2010年4月

「あなたがだいすき」ロビン・クルーズ文；マーガレット・チョドス=アーヴァイン絵；木坂涼訳　コンセル　2008年9月

「あなたがとってもかわいい」みやにしたつや作・絵　金の星社　2008年2月

「あなたのことがだーいすき」ヒド・ファン・ヘネヒテン作・絵；ひしきあきらこ訳　フレーベル館　2003年10月

「あねさんろっかくたこにしき　かえりみち」小川陽作・絵　ポプラ社（絵本・子どもの世界3）　1979年7月

「あまえっこちびた」岡信子作；中村景児絵　ポプラ社（絵本・おはなしのひろば14）　1985年11月

子どもの世界・生活

「あめのさんぽ」 竹下文子文;鈴木まもる絵 リブロポート(リブロの絵本) 1996年5月

「あやねこのるすばん」 征矢清文;和田誠絵 福音館書店 1982年12月

「あやのねがい」 黒河松代作;赤坂三好絵 金の星社 1979年2月

「いいこって どんなこ？」 ジーン・モデシット文;ロビン・スポワート絵;もきかずこ訳 冨山房 1994年10月

「いそがしいっていわないで」 カール・ノラック文;クロード・K.デュボア絵;河野万里子訳 ほるぷ出版 2002年10月

「いたいよ いたいよ」 まつおかたつひで作・絵 ポプラ社(絵本・いつでもいっしょ28) 2009年4月

「いつまでも すきでいてくれる？」 マーガレット・P.ブリッジズ文;メリッサ・スウィート絵;まつかわまゆみ訳 評論社(児童図書館・絵本の部屋) 1999年10月

「いつまでも」 アンナ・ピンヤタロ作;俵万智訳 主婦の友社 2007年11月

「いつもとちがうさんぽみち」 間所ひさこ作;なかのひろたか絵 国土社(えほん横町シリーズ1) 1994年4月

「ウェン王子とトラ」 チェン・ジャンホン作・絵;平岡敦訳 徳間書店 2007年6月

「うそっこうさぎ」 森山京文;広瀬弦絵 文化出版局 1992年1月

「うみ」 岸田衿子文;長新太絵 ひかりのくに(あかちゃんのえほん) 1976年11月;ひかりのくに(あかちゃんのえほん) 1970年11月

「うりぼうのごちそうさがし」 国松エリカ作 佼成出版社(みつばちえほんシリーズ) 2008年11月

「うれしいな おかあさんといっしょ」 熊田千佳慕絵・文 小学館 2009年3月

「うんてんしてるの、だあれ？」 ミシェル・ゲ作・絵;末松氷海子訳 徳間書店 2008年5月

「えいっ」 三木卓作;新野めぐみ絵 サンリオ(サンリオ創作絵本シリーズ) 1988年7月

「えんとつにのぼったふうちゃん」 宮本忠夫作・絵 ポプラ社(絵本のせかい22) 1978年6月

「おうまさんしてー!」 三浦太郎作・絵 こぐま社 2009年6月

「おおきくなりたいちびろばくん」 リンデルト・クロムハウト作;アンネマリー・ファン・ハーリンゲン絵;野坂悦子訳 PHP研究所 2001年12月

「オーロラのひみつ」 マイケル・A.クスガック文;ヴラヤナ・クリコーカ絵;まつうらひろゆき訳 新風舎 2004年12月

「おかあさん どーこ？」 わかやましずこ作 童心社(えほん・いっしょによんで) 2008年5月

「おかあさん、もういちど とんでよ!」 小宮山みのり文;ISUTOSHI絵 講談社 2007年7月

「おかあさんが乳がんになったの」 アビゲイル・アッカーマン;エイドリエン・アッカーマン文・絵;飼牛万里訳 石風社 2007年6月

子どもの世界・生活

「おかあさんともりへ」 ゲオルク・ハレンスレーベン絵;ケイト・バンクス文;さくまゆみこ訳 講談社(世界の絵本) 2002年3月

「おかあさんとおさんぽ」 菅のぶ子作;高見八重子絵 金の星社(こどものくに傑作絵本) 1983年12月

「おかあさんとこども」 H.A.レイ作;石竹光江訳 文化出版局(じぶんでひらく絵本1) 1970年10月

「おかあさんとさくらの木」 柴わらし作;田中清代絵 ひくまの出版 2007年4月

「おかあさんのかさ」 よこやまちはる作・絵 新風舎 2007年4月

「おかあさんの目」 あまんきみこ作;くろいけん絵 あかね書房(あかね創作えほん27) 1988年6月

「おかあさんみてる?」 花井亮子作・絵 金の星社(新しいえほん) 1980年8月

「おかえりたまご」 ひろまつゆきこ作;しまだしほ絵 アリス館 2008年11月

「おきるじかんよ!」 マリサビーナ・ルッソ文・絵;ほしかわなつよ訳 童話館出版 2006年9月

「おしょうがつさん とんできた」 鶴見正夫作;頓田室子絵 金の星社(えほん・こどもの四季) 1980年10月

「おそろしいかようび」 ヘーゼル・タウンスン作;トニー・ロス絵;小沢正訳 フレーベル館 1986年10月

「おっぱいのはなし」 土屋麻由美文;相野谷由起絵 ポプラ社(からだとこころのえほん14) 2009年1月

「おててをつないで」 ジョン・プレイター作;山口文生訳 評論社(児童図書館・絵本の部屋) 1999年8月

「おとうさん」 矢崎節夫作;岡村好文絵 フレーベル館(パパとぼくのえほん3) 1986年4月

「おとうさんだいすき!」 矢崎節夫作;関屋敏隆絵 フレーベル館(パパとぼくのえほん5) 1986年6月

「おとうさんといっしょに-おばあちゃんのうちへ」 白石清春作;いまきみち;西村繁男絵 福音館書店(こどものとも傑作集96) 1993年12月

「おとうさんとうみへいったんだよ」 柴田晋吾作;田村直巳絵 偕成社(創作えほん) 1994年6月

「おとうさんの庭」 ポール・フライシュマン文;バグラム・イバトゥリーン絵;藤本朝巳訳 岩波書店 2006年9月

「おとうさんの木」 最上一平作;長新太絵 教育画劇 2003年8月

「おとうさんはつよいぞ」 花之内雅吉作・絵 フレーベル館 1980年12月

「おとうさんはライオンみたい」 森山京文;椎野利一絵 フレーベル館(キンダーメルヘン傑作選10) 1981年9月

子どもの世界・生活

「おならをしたかかさま」 水谷章三文；太田大八絵　ほるぷ出版(幼児みんわ絵本27)　1986年5月

「おねがいだから なかよくしてね」 キャスリン・ホワイト文；クリフ・ライト絵；山口文生訳　評論社(児童図書館・絵本の部屋)　2003年1月

「おばけなんかいないってさ」 ジュディス・ボースト作；ケイ・コラオ絵；いしいみつる訳　ぬぷん児童図書出版(ぬぷん絵本シリーズ3)　1982年11月

「おはなをどうぞ」 三浦太郎作　のら書店　2009年9月

「おひさまいろのきもの」 広野多珂子作・絵　福音館書店(日本傑作絵本シリーズ)　2007年9月

「おふろでぽっかぽか」 山本省三作　講談社(講談社の創作絵本)　2010年10月

「おべんともって」 森山京文；片山健絵　偕成社　2004年9月

「おめめがさめた」 もりやまみやこ作；ふくだいわお絵　ポプラ社(いろいろえほん2)　1999年9月

「おやこペンギンジェイとドゥ」 片平直樹作；高畠純絵　ひさかたチャイルド　2005年5月

「おやすみのぎゅう」 さいとうしのぶ作　佼成出版社　2007年9月

「おやゆびとうさん」 長野ヒデ子作；スズキコージ絵　佼成出版社(ヒデ子さんのうたあそびえほん)　2009年9月

「おんぶ」 はらみちを作・絵　岩崎書店(ファミリーえほん19)　1979年5月

「お月さま見たいの」 ルイス・バウム文；ニキ・デイリー絵；久山太市訳　評論社(児童図書館・絵本の部屋)　1989年11月

「お父さんのかさはこの子です」 山下明生作；岩村和朗絵　ひくまの出版(幼年絵本シリーズ・あおいうみ3)　1984年5月

「お母さん、ひらけゴマ！」 西本鶏介作；狩野富貴子絵　ポプラ社(えほんとなかよし49)　1997年8月

「かあさん、わたしのことすき？」 バーバラ・ジョシー作；バーバラ・ラヴァレー絵；わたなべいちえ訳　偕成社　1997年8月

「かあさんとじてんしゃにのって」 長谷川知子文・絵　新日本出版社　2004年1月

「かあさんのいす」 ベラ・B.ウィリアムズ作・絵；佐野洋子訳　あかね書房(あかねせかいの本8)　1984年7月

「かあさんまだかな」 イテジュン文；キムドンソン絵；チョンミヘ訳　フレーベル館　2005年10月

「かいてんずし だいさくせん」 平田昌広文；平田景絵　講談社(講談社の創作絵本)　2009年2月

「かえってきたゆうれいコックさん」 正岡慧子文；篠崎三朗絵　PHP研究所(PHPにこにこえほん)　2003年6月

子どもの世界・生活

「かえるのいえさがし」 石井桃子;川野雅代作;中谷千代子絵 福音館書店(こどものとも傑作集) 1967年12月

「カッパとあめだま」 竹崎有斐作;鈴木義治絵 あかね書房(あかね創作えほん21) 1984年11月

「かなちゃん ゆーらりゆーらりこ」 神沢利子文;西巻茅子絵 偕成社 1984年7月

「かばさん」 やべみつのり作 こぐま社 2001年11月

「かみなりのおやこ」 せなけいこ作 童心社(せなけいこ・おばけえほん) 1994年5月

「かもさんおとおり」 ロバート・マックロスキー文・絵;わたなべしげお訳 福音館書店 1965年5月

「カラス」 桂三枝文;黒田征太郎絵 アートン(桂三枝の落語絵本シリーズ6) 2006年6月

「からすじぞう」 田島征彦作 くもん出版 1996年5月

「からすのたまごにいちゃん」 あきやまただし作・絵 鈴木出版(ひまわりえほんシリーズ) 2007年5月

「かわいいかわいい わたしのぼうや」 キャシー・アペルト文;ジェーン・ダイヤー絵;村上真理訳 岩崎書店(海外秀作絵本7) 2002年7月

「がんばる!たまごにいちゃん」 あきやまただし作・絵 鈴木出版(ひまわりえほんシリーズ) 2003年5月

「きがくれたおくりもの」 おおはしえみこ作;高見八重子絵 鈴木出版(ひまわりえほんシリーズ) 2008年5月

「キスなんてだいきらい」 トミー・ウンゲラー作;矢川澄子訳 文化出版局 1974年3月

「キスのおまじない」 オードリー・ペン文;ルース・E.ハーパー;ナンシー・M.リーク絵;入澤依里訳 アシェット婦人画報社 2007年8月

「ぎったんこ ばったんこ」 柚木沙弥郎作 福音館書店(0.1.2.えほん) 2008年1月

「キツネとのやくそく」 立松和平文;黒井健絵 河出書房新社(立松和平との絵本集4) 1998年3月

「きつねとぶどう」 坪田譲治作;いもとようこ絵 金の星社(大人になっても忘れたくない いもとようこ名作絵本) 2005年12月

「きつねのうみほおずき」 しみずみちを作;梅田俊作絵 金の星社(絵本のおくりもの) 1984年8月

「きつねのたなばたさま」 正岡慧子文;松永禎郎絵 世界文化社(ワンダーおはなし絵本) 2003年6月

「きてよきてよ はやくきてー」 かこさとし作・絵 ポプラ社(350シリーズ おはなしえほん17) 2002年4月

「きは なんにも いわないの」 片山健作 学習研究社(学研おはなし絵本) 2005年10月

「ぎゅっぎゅっぎゅっ」 えんどうゆき作;あじまちかこ絵 カゼット出版 2006年6月

子どもの世界・生活

「きょうからおしごと」 七尾純文;むかいながまさ絵 好学社 1986年4月

「きょうはなんのひ?」 瀬田貞二作;林明子絵 福音館書店(日本傑作絵本シリーズ) 1979年8月

「ぎょうれつ ぎょうれつ」 マリサビーナ・ルッソ絵・文;青木久子訳 徳間書店 1994年11月

「きらいっていわないで-ゆみこのアルバム」 阿部はじめ;阿部みきこ作 佼成出版社 1989年6月

「きんのたまごにいちゃん」 あきやまただし作・絵 鈴木出版(ひまわりえほんシリーズ) 2009年6月

「きんようびはいつも」 ダン・ヤッカリーノ作;青山南訳 ほるぷ出版 2007年12月

「くじらのこもりうた」 フローレンス・ストレンジ作;辺見まさなお訳 ほるぷ出版 1979年9月

「くじらのなみだ」 今井鴻象作;富永秀夫絵 岩崎書店(母と子の絵本14) 1974年9月

「くまのおすしやさん」 やまもとたかし作 佼成出版社 2003年4月

「くもをおいかけてごらん、ピープー」 ローレンス・ブルギニオン作;ヴァレリー・ダール絵;柳田邦男訳 文渓堂 2007年10月

「クリスマスプレゼント1 はな」 あいはらひろゆき文;あだちなみ絵 教育画劇 2007年10月

「クリスマスプレゼント2 ほし」 あいはらひろゆき文;あだちなみ絵 教育画劇 2007年10月

「こぐまくんのハーモニカ」 ジョン・セバスチャン作;ガース・ウイリアムズ絵;三木卓訳 リブロポート 1994年1月

「こぐまのブルン あまえんぼ」 ダニエル・ブール作;たくまひがし訳 みみずくぷれす 1982年6月

「こぐまをあらう雨」 松居友作;土田義晴絵 国土社(そよかぜ絵本シリーズ5) 1992年2月

「こころからあいしてる」 ジャン=バプティステ・バロニアン文;ノリス・カーン絵;山口文生訳 評論社(児童図書館・絵本の部屋) 1999年11月

「こすずめのぼうけん」 ルース・エインズワース作;石井桃子訳;堀内誠一画 福音館書店 1976年4月

「こだぬきおーた はっけよいのこった」 かまたのぶこ作 童心社(とことこえほん) 2009年8月

「こちどりおやこ」 岩崎京子作;竹山博絵 福音館書店 1968年5月

「ことりはことりは木でねんね」 チョン・スニ作;松谷みよ子訳 童心社 2007年9月

「こなひきのおやことろば-イソップ物語」 オイゲン・ソプコ絵;佐々木元訳 フレーベル館 1984年9月

「こねずみミコの ママ、おきてあそぼうよ!」 ブリギッテ・ベニンガー文;シュテファニー・ローエ絵;二宮由紀子訳 BL出版 2005年9月

「こんにちはたまごにいちゃん」 あきやまただし作・絵 鈴木出版(ひまわりえほんシリーズ) 2004年7月

子どもの世界・生活

「さかさのこもりくんとおおもり」 あきやまただし作・絵 教育画劇 2007年2月
「さかながふってきたら」 織田信生作 リブロポート 1986年4月
「サラダでげんき」 角野栄子作;長新太絵 福音館書店 1992年1月
「じてんしゃにのって」 笠野裕一作・絵 福音館書店 1981年8月
「シロクマくんのひみつ」 ヒド・ファン・ヘネヒテン作・絵;ひしきあきらこ訳 フレーベル館 2004年11月
「ずーっといっしょ」 市川里美絵;マリアン・クシマノ文;森山京訳 講談社(世界の絵本) 2002年6月
「ずっとママといっしょがいいの！」 ヒド・ファン・ヘネヒテン作;野坂悦子訳 主婦の友社 2006年3月
「すてきなおうちはどこかしら」 M.D.クイッツ作;L.コーリー画;立原えりか訳 小学館(世界の創作童話11) 1980年2月
「すばらしい日曜旅行」 アロイス・シェプフ文;レギーネ・ダプラ絵;なだいなだ訳 CBS・ソニー出版 1979年5月
「スマトラ島の洋服屋さん」 華子作・絵 タリーズコーヒージャパン 2005年11月
「セントバーナードとたびびと-アニーとコラ」 やなせたかし作・絵 フレーベル館(やなせたかしの愛と勇気の絵本3) 1999年12月
「ぞうの せなか」 秋元康作;網中いづる絵 講談社(講談社の創作絵本) 2007年10月
「ぞうのこどもがみたゆめ」 志茂田景樹作;柴崎るり子絵 KIBA BOOK(よい子に読み聞かせ隊の絵本7) 2001年2月
「だいすき ひゃっかい」 村上しいこ作;大島妙子絵 岩崎書店(レインボーえほん12) 2007年8月
「だいすき、ママ！」 マーガレット・ワイルド文;スティーブン・マイケル・キング絵;三辺律子訳 主婦の友社 2007年9月
「だいどころどうぶつえん」 矢玉四郎文・絵 教育研究社(すくすく童話館) 1979年9月
「たいようはいいな」 彦一彦作 ベネッセコーポレーション 1982年12月
「だから?」 ウィリアム・ビー作;たなかなおと訳 セーラー出版 2008年6月
「だきしめてほしくって」 カール・ノラック文;クロード・K.デュボワ絵;河野万里子訳 ほるぷ出版 2000年4月
「だっこして」 エクトル・シエラ文;村上康成絵 佼成出版社 2007年6月
「だっこのおにぎり」 長野ヒデ子作;つちだのぶこ絵 佼成出版社(ヒデ子さんのうたあそびえほん) 2009年8月
「だっこままとだっこちゃん」 ミッシェル・ゲ作;やましたはるお訳 リブロポート 1993年2月
「たのしい ふゆごもり」 片山令子作;片山健絵 福音館書店(日本傑作絵本シリーズ) 1991年10月

「たまごにいちゃん」 あきやまただし作・絵　鈴木出版　2001年9月

「たまごにいちゃんぐみ」 あきやまただし作・絵　鈴木出版(ひまわりえほんシリーズ)　2006年7月

「たまごにいちゃんといっしょ」 あきやまただし作・絵　鈴木出版(ひまわりえほんシリーズ)　2010年4月

「たまごねえちゃん」 あきやまただし作・絵　鈴木出版(ひまわりえほんシリーズ)　2005年9月

「たまごのカーラ」 風木一人文；あべ弘士絵　小峰書店(えほんひろば)　2003年6月

「タラがだいはっせいしたら」 北島光茂文；大橋重信絵　くもん出版　2008年9月

「だれか、あそんでくれないかな」 ウルセル・シェフラー文；ウリス・ヴェンゼル絵；いぬいゆみこ訳　評論社(児童図書館・絵本の部屋)　2000年11月

「ちいさくなったパパ」 ウルフ・スタルク作；菱木晃子訳　小峰書店　1999年5月

「ちいさこべのふえ」 和田登作；北島新平絵　岩崎書店(創作絵本11)　1972年9月

「ちいさなあなたへ」 アリスン・マギー文；ピーター・レイノルズ絵；なかがわちひろ訳　主婦の友社　2008年4月

「ちびっこ ひぐま」 ジョン・ショーエンヘール作；工藤直子訳　偕成社　1993年4月

「ちむどんどん 沖縄戦-母から命へ」 金城明美文・絵　金城明美；那覇出版社発売　1997年5月

「ちゃいます ちゃいます」 内田麟太郎作；大橋重信絵　教育画劇　2007年4月

「ちゅっ、ちゅっ！」 マーガレット・ワイルド文；ブリジット・ストリーブンズ=マルゾー絵；なかがわちひろ訳　主婦の友社　2005年9月

「つきとはくちょうのこ」 志茂田景樹作；石川あゆみ絵　KIBA BOOK　1999年9月

「つきよのくじら」 戸田和代作；沢田としき絵　鈴木出版(ひまわりえほんシリーズ)　1999年9月

「つりはもういいんだけどな、パパ！」 クロード・K.デュボワ作；原光枝訳　平凡社　2006年8月

「てのひらおんどけい」 はまぐちてついち文；すぎたひろみ絵　福音館書店(幼児絵本ふしぎなたねシリーズ)　2003年10月

「てをつなご。」 あいはらひろゆき作；植田真絵　教育画劇　2008年2月

「とうさんのあしのうえで」 いもとようこ作・絵　講談社(講談社の創作絵本)　2008年11月

「とうさんの手」 出口まさあき作・絵　岩崎書店(創作絵本35)　1976年5月

「どうして？」 リンジー・キャンプ；トニー・ロス著；小山尚子訳　徳間書店　1999年5月

「とうちゃん、おかえり」 村中李衣作；あべ弘士絵　ポプラ社　2005年8月

「どこかに生きながら」 小川未明作；いもとようこ絵　白泉社　1982年7月

子どもの世界・生活

「とべ！マナヅル」 中条和代文；井口文秀絵 新日本出版社（新日本ものがたり絵本6） 1984年10月

「なみにゆられて」 今江祥智作；長新太絵 金の星社（こどものくに傑作絵本） 1979年10月

「なんだってしてあげるよ」 ジョン・ウォレス文；ハリー・ホース絵；さくまゆみこ訳 あすなろ書房 2004年3月

「なんでもパパといっしょだよ」 フランク・アッシュ絵・文；山口文生訳 評論社（児童図書館・絵本の部屋） 1985年11月

「にこにこパパがおこった！」 矢崎節夫作；原ゆたか絵 フレーベル館（パパとぼくのえほん4） 1986年5月

「にじをわたった おばば」 浜野卓也作；梅田俊作絵 佼成出版社（創作民話絵本） 1989年1月

「ねえ あそぼ」 まどみちお文；ましませつこ絵 こぐま社 2007年9月

「ねえ あそぼ」 長野ヒデ子作・絵 ひかりのくに 2010年6月

「ねぇ こっちむいて！」 キアラ・ラパッチーニ作；押場靖志；押場由美訳 小学館 2000年7月

「ねえ、ほんとにたすけてくれる?」 平田昌広文；平田景絵 アリス館 2008年5月

「ねぇねぇ、もういちどききたいな わたしがうまれたよるのこと」 ジェイミー・リー・カーティス作；ローラ・コーネル絵；坂上香訳 偕成社 1998年3月

「ねずみのマウスキンと森のたんじょう日」 エドナ・ミラー作；今泉吉晴訳 さ・え・ら書房 1980年3月

「のらさんと5ひきのこねこたち」 にしまきかやこ作 こぐま社 2007年3月

「バージンロード」 高橋まり著；作山優希絵 北水 2005年7月

「ハサミムシのおやこ」 皆越ようせい写真・文 ポプラ社（ふしぎいっぱい写真絵本11） 2008年5月

「はだかんぼうがふたり」 奥田継夫作；関屋敏隆絵 サンリード 1979年12月

「ぱっくんおおかみ おとうさんににてる」 木村泰子作・絵 ポプラ社（えほんはともだち2） 1989年9月

「はなのしずく」 椿宗介作；高畠純絵 フレーベル館（ペーパーバックえほん3） 2002年1月

「パパあそんでくれないの」 としたかひろ文・絵 コーキ出版 1979年12月

「パパが宇宙をみせてくれた」 ウルフ・スタルク作；エヴァ・エリクソン絵；ひしきあきらこ訳 BL出版 2000年10月

「パパだいすき」 セバスチャン・ブラウン作・絵 徳間書店 2007年3月

子どもの世界・生活

「パパと10にんのこども」 ベネディクト・ゲッティエール作;那須田淳訳 ひくまの出版 2001年4月

「パパとあたしのキャンプ」 鈴木永子作・絵 ひさかたチャイルド 2009年6月

「パパといっしょに」 イサンクォン文;ハンビョンホ絵;おおたけきよみ訳 アートン(韓国の絵本10選) 2004年9月

「パパとおさんぽ」 よこやまみなこ作・絵 鈴木出版(たんぽぽえほんシリーズ) 2002年4月

「パパとおはなし」 まどみちお文;にしかわおさむ絵 国土社(国土社の幼年えほん2) 1981年5月

「パパとニルス おやすみなさいのそのまえに」 マーカス・フィスター作;那須田淳訳 講談社(講談社の翻訳絵本) 2010年10月

「パパとニルス もっとおおきくなったらね!」 マーカス・フィスター作;那須田淳訳 講談社(講談社の翻訳絵本) 2010年7月

「パパとママのたからもの」 サム・マクブラットニイ文;アニタ・ジェラーム絵;小川仁央訳 評論社(児童図書館・絵本の部屋) 2004年9月

「パパとミーヌ にわにいるのは、だあれ?」 キティ・クローザー作・絵;平岡敦訳 徳間書店 2008年9月

「パパのいないよる」 矢崎節夫作;宮西達也絵 フレーベル館(パパとぼくのえほん1) 1986年3月

「パパのはなしじゃねむれない」 武谷千保美作;赤川明絵 PHP研究所(PHPにこにこえほん) 2002年3月

「パパはジョニーっていうんだ」 ボー・R.ホルムベルイ作;エヴァ・エリクソン絵;ひしきあきらこ訳 BL出版 2004年1月

「はやおき」 すぎたまきこ文;せべまさゆき絵 草土文化 1982年11月

「はるかな湖」 アレン・セイ作;椎名誠訳 徳間書店 1999年2月

「バルサの翼」 吉田照美作・絵 ランダムハウス講談社(アーティストによる絵本シリーズ2) 2007年4月

「ハルのふえ」 やなせたかし作 小学館(おひさまのほん) 2009年4月

「はんぶんけしゴム」 寺村輝夫文;エム・ナマエ絵 小学館(小学館こども文庫) 1982年12月

「ピートとうさんとティムぼうや」 マーカス・フィスター作;高橋源一郎訳 講談社(世界の絵本) 1996年9月

「ビズの女王さま」 クリスチャン・アールセン作;こやま峰子訳 どりむ社 2003年10月

「ピッツァぼうや」 ウィリアム・スタイグ作;木坂涼訳 セーラー出版 2000年3月

「ひとつふたつみっつ」 いまえよしとも文;ちょうしんた絵 BL出版 2002年11月

子どもの世界・生活

「ヒヨコ、ようこそ！」ミラ・ギンズバーグ文；バイロン・バートン絵；まつかわまゆみ訳　評論社（児童図書館・絵本の部屋）1989年5月

「ふしぎのたね」ケビン・ヘンクス文；アニタ・ローベル絵；伊藤比呂美訳　福音館書店（世界傑作絵本シリーズ・アメリカの絵本）2007年5月

「ふたりだけのキャンプ」松居友文；高田知之写真；西山史真子絵　童心社　2001年3月

「ぶひぶひ こぶた ものがたり」かさいまり作・絵　ひさかたチャイルド　2007年9月

「ベルナもほいくえんにいくよ！」ぐんじななえ作；ひだかやすし画　ハート出版（えほん盲導犬ベルナ2）2002年12月

「へんしん！たまごにいちゃん」あきやまただし作・絵　鈴木出版（ひまわりえほんシリーズ）2008年9月

「ホイップベアーのおせんたく」ロコ・まえだ絵・文　柳原出版　2005年12月

「ぼくたちおやこは だいくさん」アンネ・マール文；パウル・マール絵；新井さやか訳　徳間書店　1999年8月

「ぼくと ママの たからもの」斉藤栄美作；狩野ふきこ絵　金の星社（こどものくに傑作絵本）1999年3月

「ぼくとおかあさん」宮本忠夫作・絵　くもん出版（くもんの絵童話）1996年8月

「ぼくとおとうさんのテッド」トニー・ディテルリッジ作；安藤哲也訳　文渓堂　2008年6月

「ぼくとかあさん」いもとようこ作・絵　金の星社　2010年4月

「ぼくとパパ」セルジュ・ブロック作；金原瑞人訳　講談社（講談社の翻訳絵本）2007年5月

「ぼくのパパは パパ五さい」矢崎節夫作；高畠ひろき絵　フレーベル館（パパとぼくのえほん2）1986年3月

「ぼくはじまんのむすこだよ!?」ヤニコヴスキー・エーヴァ文；レーベル・ラースロー絵；マンディ・ハシモト・レナ訳　文渓堂　2010年8月

「ぼくはほしのこ」志茂田景樹作；柴崎るり子絵　KIBA BOOK（よい子に読み聞かせ隊の絵本6）2001年1月

「ほっほっほー」長崎源之助作；高田勲絵　佼成出版社（大型絵本シリーズ）1994年5月

「ほのおの町の白い花」さねとうあきら文；桜井誠絵　偕成社（絵本・平和のために5）1978年7月

「ほら そっくり」accototo作・絵　教育画劇　2009年2月

「ほんとうにかぞく−このいえに養子にきてよかった」のぐちふみこ作・絵　明石書店　2005年6月

「マーロンおばさんのむすこたち」穂高順也作；西村敏雄絵　偕成社　2008年10月

「まっててね」シャーロット・ゾロトウ文；エリック・ブレグヴァド絵；みらいなな訳　童話屋　1991年3月

「まねしてごらん だっこでぎゅっ」山岡ひかる作・絵　ひかりのくに　2010年3月

子どもの世界・生活

「まねっこ かめちゃん」 ひろかわさえこ作 PHP研究所 1993年3月

「ママ、だいすき！ ペンギンのおやこ」 マリー・マーフィー作；うみのあさ 文渓堂 1997年9月

「ママ、わすれてるじゃない」 エイミー・ヘスト文；アニタ・ジェラーム絵；小川仁央訳 評論社（児童図書館・絵本の部屋） 2001年11月

「ママが いっちゃった…」 ルネ・ギシュー文；オリヴィエ・タレック絵；石津ちひろ訳 あすなろ書房 2004年4月

「ママがおうちにかえってくる！」 トメク・ボガツキ絵；ケイト・バンクス文；木坂涼訳 講談社（世界の絵本） 2004年5月

「ママがたまごをうんだ！」 バベット・コール作；ちばみどり訳 ほるぷ出版 1994年1月

「ママだいすき」 セバスチャン・ブラウン作・絵 徳間書店 2007年2月

「ママったら わたしのなまえを しらないの」 スーザン・ウィリアムズ作；アンドリュー・シャケット絵；石井睦美訳 ブックローン出版 1996年10月

「ママときかんぼうや」 バルブロ・リンドグレン作；エヴァ・エリクソン絵；小野寺百合子訳 佑学社 1981年5月

「ママブタさん、いしになる！」 アナイス・ヴォージュラード作・絵；石津ちひろ訳 徳間書店 2008年2月

「ミリー―天使にであった女の子のお話」 ヴィルヘルム・グリム原作；モーリス・センダック絵；ラルフ・マンハイム英語訳；神宮輝夫日本語訳 ほるぷ出版 1988年12月

「みんなとくべつ」 ジャン・ファーンリー作；まつかわゆみ訳 評論社（児童図書館・絵本の部屋） 2002年7月

「むくどりのゆめ」 浜田広介作；いもとようこ絵 金の星社（大人になっても忘れたくない いもとようこ名作絵本） 2005年9月

「めをとじてごらん」 横井真理子文；上野紀子絵 講談社 1980年8月

「ヤコブと七人の悪党」 マドンナ作；ガナディ・スピリン画；角田光代訳 ホーム社 2004年10月

「やっぱりしあわせ、パパブタさん」 アナイス・ヴォージュラード作・絵；石津ちひろ訳 徳間書店 2008年3月

「やっぱりたまごねえちゃん」 あきやまただし作・絵 鈴木出版（ひまわりえほんシリーズ） 2007年6月

「やねのうえのもも」 織茂恭子作 童心社（絵本・こどものひろば） 2002年3月

「ゆき！ゆき！ゆき！」 オリヴィエ・ダンレイ作；たなかまや訳 評論社（児童図書館・絵本の部屋） 2005年12月

「よかったねこうまさん」 岸田耕造作・絵 バンダイ（バンダイの傑作絵本） 1984年2月

「ラヴ・ユー・フォーエバー」 ロバート・マンチ作；乃木りか訳；梅田俊作絵 岩崎書店 1997年9月

子どもの世界・生活

「リックのおへや」 どいかや作 のら書店 2008年6月

「ろくすけどないしたんや」 灰谷健次郎文;坪谷令子絵 理論社 1980年7月

「ろばうりおやこ-イソップ絵本」 中谷千代子文・絵 講談社 1970年5月

「わたしのママはまほうつかい-せかいいちのママがいるひとみんなに」 カール・ノラック文;イングリッド・ゴドン絵;いずみちほこ訳 セーラー出版 2007年7月

「わたしはだいじなたからもの」 カール・ノラック文;クロード・K.デュボワ絵;河野万里子訳 ほるぷ出版 2000年11月

「ワニぼうのこいのぼり」 内田麟太郎文;高畠純絵 文渓堂 2002年5月

「わらっちゃだめジョー！」 カザ敬子文・絵 西村書店 2001年5月

「愛は空いっぱいのお星さま」 デビ・グリオリ作;山口文生訳 評論社 2000年7月

「会えないパパに聞きたいこと」 新川てるを文;山本久美子絵 太郎次郎社エディタス 2009年4月

「海をわたったアンメイ」 ステファン・モルナー=フェントン文;ヴィヴィアンヌ・フレッシャー絵;まつかわまゆみ訳 評論社(児童図書館・絵本の部屋) 1999年7月

「月夜のみみずく」 ジェイン・ヨーレン詩;ジョン・ショーエンヘール絵;工藤直子訳 偕成社 1989年3月

「狐(きつね)」 新美南吉作;長野ヒデ子絵 偕成社 1999年3月

「孝行手首」 大島妙子作 理論社 2010年4月

「考える絵本6 子ども・大人」 野上暁;ひこ・田中文;ヨシタケシンスケ絵 大月書店 2009年10月

「行こさくら」 西田英二文;荒川のり子絵 解放出版社 2001年3月

「黒うしのはなし」 谷真介文;赤坂三好絵 国土社(雪の絵話3) 1982年5月

「黒グルミのからのなかに」 ミュリエル・マンゴー文;カルメン・セゴヴィア絵;ときありえ訳 西村書店 2007年7月

「私のノアの箱舟」 M.B.ゴフスタイン作・絵;落合恵子訳 アテネ書房 1980年6月

「森の戦士ボノロン 涙のきせきの巻」 北原星望文;永山ゴウ絵 コアミックス(ポラメルブックス) 2008年2月

「森の戦士ボノロン2 よっぱらいのゴンの巻」 北原星望文;永山ゴウ絵 コアミックス(ポラメルブックス) 2008年8月

「森の戦士ボノロン3 雪ホタルの巻」 北原星望文;永山ゴウ絵 コアミックス(ポラメルブックス) 2009年1月

「森の戦士ボノロン4 カミナリ赤ちゃんの巻」 北原星望文;永山ゴウ絵 コアミックス(ポラメルブックス) 2009年4月

「森の戦士ボノロン5 ベジのゆびきりの巻」 北原星望文;永山ゴウ絵 コアミックス(ポラメルブックス) 2009年7月

「森の戦士ボノロン6 ママの宝ものの巻」 北原星望文;永山ゴウ絵　コアミックス(ポラメルブックス)　2009年12月

「森の戦士ボノロン7 幸せのタネの巻」 北原星望文;永山ゴウ絵　コアミックス(ポラメルブックス)　2010年5月

「雪窓」 安房直子作;山本孝絵　偕成社　2006年2月

「天のおくりもの」 グスターボ・マルティン=ガルソ文;エレナ・オドリオゾーラ絵;宇野和美訳　光村教育図書　2009年1月

「日曜日の歌」 長谷川集平作　好学社　1981年9月

「猫のヤーコプ魔法と子ねこ」 トーマス・ヘルトナー作;スヴェン・ハルトマン絵;犬養智子訳　CBSソニー出版　1982年4月

「悲しい本」 マイケル・ローゼン作;クェンティン・ブレイク絵;谷川俊太郎訳　あかね書房(あかね・新えほんシリーズ21)　2004年12月

「父さんと釣りにいった日」 シャロン・クリーチ文;クリス・ラシュカ絵;長田弘訳　文化出版局　2002年11月

「父ちゃんと旅にでた-ぼくの北海道日記」 関屋敏隆絵・文　偕成社　1982年7月

「目が見えなくなったしか」 オラシオ・キロガ作;パブロ・デルフィニ絵;おおいしまりこ訳　新世研　2002年10月

家族＞父子家庭

「4こうねんのぼく」 ひぐちともこ作・絵　草炎社(そうえんしゃ・日本のえほん3)　2005年12月

「とってもふしぎなクリスマス」 ルース・ソーヤー作;バーバラ・クーニー絵;掛川恭子訳　ほるぷ出版　1994年10月

「よるの おさんぽ」 坂元純文;金斗鉉　講談社(講談社の創作絵本)　2004年6月

「大きな大きな船」 長谷川集平作　ポプラ社(おとうさんだいすき2)　2009年8月

家族＞両親の離婚

「あしたてんきになあれ」 薩摩菜々作;永松美穂子絵　未知谷　2005年6月

「いまは話したくないの-親が離婚しようとするとき」 ジニー・フランツ・ランソン作;キャサリン・クンツ・フィニー絵;上田勢子訳　大月書店(心をケアする絵本2)　2007年11月

「おうちがふたつ」 クレール・マジュレル文;カディ・マクドナルド・デントン絵;日野智恵;日野健訳　明石書店(絵本しりーず「パパとママが別れたとき…」2)　2006年9月

「ココ、きみのせいじゃない-はなれてくらすことになるママとパパと子どものための絵本」 ヴィッキー・ランスキー作;ジェーン・プリンス絵;中川雅子訳　太郎次郎社エディタス　2004年5月

「こねずみデジレのふたつのいえ」 L.ドゥボス作;P.コルニュエル絵;長谷川たかこ訳　金の星社(世界の絵本ライブラリー)　1989年12月

子どもの世界・生活

「パパはジョニーっていうんだ」 ボー・R.ホルムベルイ作;エヴァ・エリクソン絵;ひしきあきらこ訳 BL出版 2004年1月

「ぼくとパパはわかれている−りこんってなんだろう」 アニュエス・ロザンスチエール文・絵;庄司洋子訳 草土文化 1984年4月

「ろくすけどないしたんや」 灰谷健次郎文;坪谷令子絵 理論社 1980年7月

「会えないパパに聞きたいこと」 新川てるえ文;山本久美子絵 太郎次郎社エディタス 2009年4月

学校

「あいさつ団長」 よしながこうたく作 長崎出版 2008年7月

「あたしの惑星!クラリス・ビーン」 ローレン・チャイルド作;木坂涼訳 フレーベル館 2003年7月

「あの子はだあれ」 日野多香子作;味戸ケイコ絵 岩崎書店(いのちのえほん16) 2005年2月

「ありがとう、フォルカーせんせい」 パトリシア・ポラッコ作;香咲弥須子訳 岩崎書店(海外秀作絵本6) 2001年12月

「いたずらっこいっちゃった」 黒木まさお文;長谷川知子絵 ポプラ社(絵本のひろば2) 1974年6月

「いちばんまちどおしい日 たらのきだい分校の収穫祭」 土田義晴作・絵 ポプラ社(えほんはともだち36) 1994年11月

「いっちゃん」 二宮由紀子文;村上康成絵 解放出版社 2007年6月

「うさぎ小学校」 アルベルト・ジクストゥス文;フリッツ・コッホ=ゴータ絵;はたさわゆうこ訳 徳間書店 2007年7月

「うさぎ小学校のえんそく」 アルベルト・ジクストゥス文;リヒャルト・ハインリヒ絵;はたさわゆうこ訳 徳間書店 2007年10月

「うさこちゃんがっこうへいく」 ディック・ブルーナ文・絵;石井桃子訳 福音館書店(子どもがはじめてであう絵本) 1985年1月

「うんどうかいをはじめます」 宮川ひろ文;たなかまきこ絵 新日本出版社 1979年9月

「えっちゃんのあけた青いまど」 岸武雄文;宮本忠夫絵 新日本出版社(新日本ものがたり絵本7) 1985年1月

「おさるのジョージ がっこうへいく」 M.レイ;H.A.レイ原作;福本友美子訳 岩波書店 2006年4月

「おそうじ隊長」 よしながこうたく作 長崎出版 2009年12月

「おなら ばんざい」 福田岩緒作・絵 ポプラ社 1984年10月

「オニのぼうや がっこうへいく」 マリ=アニエス・ゴドラ文;デヴィッド・パーキンス絵;石津ちひろ訳 平凡社 2004年10月

子どもの世界・生活

「おばけのがっこうへきてください」 さくらともこ作；いもとようこ絵　岩崎書店（えほん・ワンダーランド3）　1985年7月

「かいじゅうらんどせる」 山中恒作；長新太絵　小峰書店（はじめてのどうわ3）　1977年12月

「かばのハリー 学校へいく」 デリク・ラドフォード作；三枝祐士訳　岩崎書店（かばさんのたんけんえほん6）　1996年4月

「カミーユせんせいはまほうつかい!?」 ジャック・デュケノワ作；石津ちひろ訳　大日本図書（きりんのカミーユ）　2010年2月

「ガラスの玉」 片山進文；飯作俊岩絵　静岡谷島屋　1985年7月

「がんばれ！デメキン」 岸武雄作；福田岩緒絵　教育画劇（スピカのおはなしえほん24）　1986年7月

「きょうはおやすみだよ」 フランツ・ブランデンバーグ作；アリキ・ブランデンバーグ絵；かつおきんや訳　アリス館牧新社　1976年3月

「きょうふのわすれものチェック！」 スギヤマカナヨ作　佼成出版社　2009年11月

「くまのがっこう」 あだちなみ絵；あいはらひろゆき文　ブロンズ新社（くまのがっこうシリーズ）　2002年8月

「くまのこうちょうせんせい」 こんのひとみ作；いもとようこ絵　金の星社　2004年6月

「くものがっこう えんそく」 みらいなな文；いけずみひろこ絵　童話屋　2009年10月

「くものがっこう」 みらいなな文；いけずみひろこ絵　童話屋　2008年10月

「くらべっこのじかん」 レスリー・エリー作；ポリー・ダンバー絵；もとしたいづみ訳　フレーベル館　2008年7月

「こぐまの学校のバザー」 ミシェル・カートリッジ作；せなあつこ訳　偕成社　1982年8月

「こりすのおかあさん」 浜田廣介作；いもとようこ絵　金の星社（大人になっても忘れたくない いもとようこ名作絵本）　2005年12月

「ゴリとぼく」 宮本忠夫作・絵　PHP研究所（PHPのえほん）　1985年12月

「コロにとどけみんなのこえ」 今関信子文；夏目尚吾絵　教育画劇（絵本・ほんとうにあった動物のおはなし）　2002年4月

「さかさのこもりくんとてんこもり」 あきやまただし作・絵　教育画劇　2008年4月

「さよなら しょうがっこう」 小種小学校のみんな；中川ひろたか作　偕成社　2009年3月

「しっぽに ごようじん」 中尾三十里文；しろたにひでお絵　文化出版局　1993年8月

「ジャッキーのいもうと」 あだちなみ絵；あいはらひろゆき文　ブロンズ新社（くまのがっこうシリーズ）　2007年2月

「ジャッキーのうんどうかい」 あだちなみ絵；あいはらひろゆき文　ブロンズ新社（くまのがっこうシリーズ）　2006年8月

「ジャッキーのおせんたく」 あだちなみ絵；あいはらひろゆき文　ブロンズ新社（くまのがっこうシリーズ）　2004年2月

子どもの世界・生活

「ジャッキーのおたんじょうび」 あだちなみ絵；あいはらひろゆき文　ブロンズ新社（くまのがっこうシリーズ）　2005年7月

「ジャッキーのじてんしゃりょこう」 あだちなみ絵；あいはらひろゆき文　ブロンズ新社（くまのがっこうシリーズ）　2003年7月

「ジャッキーのたからもの」 あだちなみ絵；あいはらひろゆき文　ブロンズ新社（くまのがっこうシリーズ）　2009年1月

「ジャッキーのトマトづくり」 あだちなみ絵；あいはらひろゆき文　ブロンズ新社（くまのがっこうシリーズ）　2008年2月

「ジャッキーのはつこい」 あだちなみ絵；あいはらひろゆき文　ブロンズ新社（くまのがっこうシリーズ）　2010年2月

「ジャッキーのパンやさん」 あだちなみ絵；あいはらひろゆき文　ブロンズ新社（くまのがっこうシリーズ）　2003年2月

「ゼロは手品つかい」 竹崎有斐文；山中冬児絵　ポプラ社（絵本・すこしむかし10）　1981年4月

「そらとぶしょうねん」 ミロスラフ・ヤーグル作・絵；千野栄一訳　フレーベル館　1985年1月

「たっちゃん まってるよ」 おくもとゆりこ文；よこみちけいこ絵　アスラン書房　2008年1月

「たんじょうかいのプレゼント」 宮川ひろ文；たなかまきこ絵　新日本出版社　1979年6月

「ダンディーライオン」 リズィ・フィンレイ作；木坂涼訳　幻冬舎エデュケーション　2009年10月

「ついてないねロナルドくん」 パトリシア・R・ギフ作；スザンナ・ナティ絵；舟崎克彦訳　あかね書房（あかねせかいの本5）　1981年3月

「デイビッド がっこうへいく」 デイビッド・シャノン作；小川仁央訳　評論社（児童図書館・絵本の部屋）　2001年9月

「テオとがっこう」 ビオレタ・デノウ絵・文；小西マリ子訳　青玄社（テオくんのぼうけんシリーズ4）　1985年2月

「デンベとドンベ おばけのがっこう」 谷真介文；あかさかいっぽ絵　小峰書店（こみねのえほん12）　1986年12月

「とだなのなかのこぶたくん」 ヘレン・E.バックレイ作；ロブ・ハワード絵；今江祥智訳　佑学社　1984年11月

「ドラキュラくん、がっこうへいく」 マーティン・ウォッデル文；ジョゼフ・ライト絵；きざきふうこ訳　岩崎書店（リトル・ドラキュラ4）　1993年11月

「なけないゆかちゃん」 山中恒作；山下勇三絵　小峰書店（はじめてのどうわ4）　1978年12月

「にわとりの おっぱい」 山本省三作　講談社（講談社の創作絵本）　2005年6月

「ねこのおんがくしつたんけん」 熊木眞見子；竹野栄作；大久保宏昭絵　太平出版社（はじめてのおんがく11）　1997年7月

子どもの世界・生活

「ノロは花になった」 北原綴文；新井五郎絵　創林社（創作絵本）　1986年4月

「バーバパパのがっこう」 アネット・チゾン；タラス・テイラー作；やましたはるお訳　講談社（講談社のバーバパパえほん4）　1976年6月

「はじめてのかていほうもん」 福田岩緒作・絵　ポプラ社（えほんはともだち21）　1992年6月

「バックルさんとめいけんグロリア」 ペギー・ラスマン作・絵；東春見訳　徳間書店　1997年10月

「はなの がっこう」 仁科幸子作　偕成社　2007年4月

「ピアノは知っている 月光の夏」 毛利恒之原作・文；山本静護絵　自由国民社　2004年8月

「ヒュンヒュン ビュンビュン ビュワンビュワン」 ジョン・ハセット；アン・ハセット作；今江祥智；遠藤育枝訳　BL出版　2003年7月

「びゅんびゅんごまがまわったら」 宮川ひろ作；林明子絵　童心社（絵本・ちいさななかまたち）　1982年7月

「ふつうに学校にいくふつうの日」 コリン・マクノートン文；きたむらさとし絵；柴田元幸訳　小峰書店（世界の絵本コレクション）　2005年9月

「ぼくたちを忘れないで」 フリーデル・シュミット；ヴァルトラウト・ランケ作；森村桂訳　CBS・ソニー出版　1978年8月

「ぼくのかえりみち」 ひがしちから作　BL出版　2008年10月

「ますだくんとはじめてのせきがえ」 武田美穂作・絵　ポプラ社（えほんとなかよし46）　1996年12月

「みんなのすきな学校」 シャロン・クリーチ文；ハリー・ブリス絵；長田弘訳　講談社（講談社の翻訳絵本）　2003年3月

「むかし、森のなかで」 トーマス・ティードホルム文；アンナ＝クララ・ティードホルム絵；菱木晃子訳　ほるぷ出版　1995年12月

「めちゃくちゃはずかしかったこと」 リュドヴィック・フラマン文；エマニュエル・エカウト絵；ふしみみさを訳　あすなろ書房　2007年5月

「ユピーがっこうへいく」 ピエール・プロブスト作；やましたはるお訳　BL出版　2004年5月

「るるちゃんのがっこう」 すどうめぐみ作；スドウピウ絵　学習研究社（学研おはなし絵本）　2007年2月

「ろくろっ子」 草山万兎文；清川貞治版画指導　小学館　1981年3月

「わたしもがっこうへいきたいわ」 リンドグレーン作；ヴィークランド絵；いしいみつる訳　ぬぷん児童図書出版（ぬぷん絵本シリーズ2）　1982年6月

「一ねん二くみはまほうのクラス」 岩下郁子作；宮崎耕平絵　ポプラ社（絵本・子どものくに12）　1985年8月

「花の虹」 中島敏作；昭和女子大学絵本制作グループ絵　リブリオ出版　2009年8月

子どもの世界・生活

「学校かカラッポにならない」 田島征三作 えほんの杜 2009年7月
「給食番長」 よしながこうた作 長崎出版 2007年6月
「校長先生のあたま」 長新太作 くもん出版 2001年1月
「山の子どもとソーセージ」 岸武雄作；福田岩緒絵 教育画劇（スピカのおはなしえほん 17） 1986年1月
「私が学校に行かなかったあの年」 ジゼル・ポター絵・文；おがわえつこ訳 セーラー出版 2004年9月
「飼育係長」 よしながこうたく作 長崎出版 2008年2月
「先生のあだなは女すもうとり」 山本なおこ作；宮崎耕平絵 ポプラ社（絵本・子どものくに1） 1983年10月
「先生はシマンチュ一年生」 灰谷健次郎文；坪谷令子絵 童心社 2003年6月
「大きなわるーいオオカミがっこう」 ジョナサン・アレン作；久山太市訳 評論社（児童図書館・絵本の部屋） 2001年2月

学校＞いじめ

「あのときすきになったよ」 薫くみこ作；飯野和好絵 教育画劇（みんなのえほん） 1998年4月
「いじめっ子なんかこわくない」 ナタリー・ナッツ文；モニック・フェリ絵；なだいなだ訳 講談社（うさぎのルー絵本2） 1985年5月
「いじわるちーこのなみだ」 北原綴文；村上昂絵 創林社（創作絵本） 1985年10月
「からす たろう」 八島太郎作 偕成社 1979年5月
「ゲンの花曜日（かようび）」 北原綴文；菊田晶子絵 創林社（創作絵本） 1986年9月
「こんどはけんかしてやる」 宮本忠夫作 童心社（絵本・ちいさななかまたち） 1984年10月
「ツワイオのこと」 いがらしみきお作 竹書房（いがらしみきお・ぼのぼのえほん） 2006年7月
「とべないほたる」 小沢昭巳原作；関重信画 ハート出版（ミニえほん） 2009年6月
「とべないほたる1」 小沢昭巳原作；吉田むねふみ画 ハート出版 1997年5月
「とべないほたる10」 小沢昭巳原作；関重信絵 ハート出版 2002年5月
「とべないほたる11」 小沢昭巳原作；関重信絵 ハート出版 2002年11月
「とべないほたる12」 小沢昭巳原作；関重信絵 ハート出版 2003年4月
「とべないほたる2」 小沢昭巳原作；関重信画 ハート出版 1998年7月
「とべないほたる3」 小沢昭巳原作；関重信画 ハート出版 1998年12月
「とべないほたる4」 小沢昭巳原作；関重信画 ハート出版 1999年4月

子どもの世界・生活

「とべないほたる5」 小沢昭巳原作;関重信画 ハート出版 1999年11月

「とべないほたる6」 小沢昭巳原作;関重信画 ハート出版 2000年5月

「とべないほたる7」 小沢昭巳原作;関重信絵 ハート出版 2000年12月

「とべないほたる8」 小沢昭巳原作;関重信絵 ハート出版 2001年5月

「とべないほたる9」 小沢昭巳原作;関重信絵 ハート出版 2001年11月

「ボロ」 いそみゆき作;長新太絵 ポプラ社(えほんとなかよし) 1998年11月

「わたしから、ありがとう。」 中島啓江原案;河原まり子作・絵 岩崎書店(レインボーえほん2) 2006年10月

「わたしの いもうと」 松谷みよ子文;味戸ケイコ絵 偕成社(新編・絵本平和のために5) 1987年12月

学校＞転校

「おいしいラーメンてんこうせい」 岡田ゆたか作;宮崎耕平絵 ポプラ社(絵本・子どものくに20) 1986年10月

「おかしどろぼう」 リサ・マコート文;メアリー・オキーフ・ヤング絵;宮木陽子訳 岩崎書店(子どものこころのチキンスープ3) 1999年9月

「さらば、ゆきひめ」 宮本忠夫文・絵 童心社(絵本・だいすきおはなし) 2002年7月

「だいきらい、だいすき」 マーティナ・セルウエイ作・絵;いとうちぐさ訳 新世研 1999年10月

「だぶだぶうわぎの男の子」 ジェニー・ウィリス文;スーザン・バーレイ絵;今井祥智訳 ほるぷ出版 1990年2月

「とおいまちのこ」 たかどのほうこ作;ちばちかこ絵 のら書店 2007年10月

「バスにのりたかったおばけ」 あんざいみずまる作 好学社 1981年7月

「ひっこしした子 してきた子」 アリキ文・絵;青木信義訳 ぬぷん児童図書出版(ぬぷん絵本シリーズ4) 1983年4月

「ひみつのリレー」 鈴木久美子文;長野ヒデ子絵 アイキューブ 1996年11月

「ペンギンのルーちゃん」 メラニー・ワット作;福本友美子訳 小学館 2007年10月

「ぼくの町」 岡田ゆたか作・絵 ポプラ社(名作絵本復刊シリーズ3) 2002年1月

学校＞登校拒否

「あづみのひみつ基地」 田中すみ子作;夏目尚吾絵 汐文社(登校拒否を考える絵本2) 1998年3月

「けんだまめいじんおみやげに」 宮川ひろ文;浜田桂子絵 童心社(絵本・ちいさななかまたち) 1992年4月

子どもの世界・生活

「ぜったい がっこうには いかないからね」 ローレン・チャイルド作;木坂涼訳 フレーベル館 2004年3月

「ゆうすけの海」 江口百合子作;赤坂三好絵 新生出版 2006年5月

「山のいのち」 立松和平作;伊勢英子絵 ポプラ社(えほんはともだち10-立松和平・心と感動の絵本1) 1990年9月

学校＞入学

「1年生になりました！」 ジャネット・アルバーグ;アラン・アルバーグ作;佐野洋子訳 文化出版局 1990年1月

「あした、がっこうへいくんだよ」 ミルドレッド・カントロウィッツ文;ナンシー・ウィンスロー・パーカー絵;せたていじ訳 評論社(児童図書館・絵本の部屋) 1981年9月

「いちねんせいの はる・なつ・あき・ふゆ」 おかしゅうぞう作;ふじたひおこ絵 佼成出版社(大型ガイド絵本シリーズ) 2009年2月

「いちねんせいのいちにち」 丘修三作;藤田ひおこ絵 佼成出版社 2004年3月

「いちねんせいのがっこうたんけん」 おかしゅうぞう作;ふじたひおこ絵 佼成出版社 2008年3月

「がっこうのきらいなきょうりゅう-きょうりゅうのこどもたち2」 マイケル・サーモン文・絵;戸田早紀訳 文渓堂 1996年8月

「キスのおまじない」 オードリー・ペン文;ルース・E.ハーパー;ナンシー・M.リーク絵;入澤依里訳 アシェット婦人画報社 2007年8月

「くんちゃんのはじめてのがっこう」 ドロシー・マリノ作;間崎ルリ子訳 ペンギン社 1982年4月

「コロちゃんのランドセルだいすき」 宮本えつよし作 佼成出版社 2007年2月

「さくらいろのランドセル」 さえぐさひろこ作;いしいつとむ絵 教育画劇 2008年2月

「しいちゃん 学校へいく」 あいはらひろゆき作;下田冬子絵 パロル舎 2010年3月

「しまちゃんちゃん」 中野みち子作;林あき子絵 文研出版(文研の創作絵童話5) 1981年3月

「ちびうさがっこうへ！」 ハリー・ホース作;千葉茂樹訳 光村教育図書 2005年2月

「トイレにいっていいですか」 寺村輝夫作;和歌山静子絵 あかね書房 2002年8月

「とくべつな いちにち」 イヴォンヌ・ヤハテンベルフ作;野坂悦子訳 講談社(世界の絵本) 2005年3月

「となりのせきの ますだくん」 武田美穂作・絵 ポプラ社(えほんとなかよし12) 1991年11月

「はやくこいこいランドセル」 竹崎有斐作;渡辺安芸夫絵 銀河社(銀河社の創作絵本) 1983年3月

子どもの世界・生活

「ビリーはもうすぐ1ねんせい」 ローレンス・アンホールト文;キャスリン・アンホールト絵;松野正子訳 岩波書店 1997年5月

「ペーテルとペトラ」 アストリッド・リンドグレーン文;クリスティーナ・ディーグマン絵;大塚勇三訳 岩波書店 2007年10月

「ぼくは一ねんせいだぞ！」 福田岩緒作 童心社（絵本・ちいさななかまたち） 1991年2月

「ますだくんの1ねんせい日記」 武田美穂作・絵 ポプラ社（えほんとなかよし43） 1996年4月

「ミミちゃんのランドセルだいすき」 宮本えつよし作 佼成出版社 2007年2月

「もうすぐ1ねんせい」 つよしゆうこ作 童心社（絵本・こどものひろば） 2009年2月

「やったぞ いちねんせい」 黒沢高明作・絵 評論社（児童図書館・絵本の部屋） 1992年4月

「らいねんは一年生」 竹崎有斐作;遠藤てるよ絵 ひくまの出版（幼年えほんシリーズ・あおいうみ28） 1986年11月

「ランドセルがやってきた」 中川ひろたか文;村上康成絵 徳間書店 2009年1月

「一年生になるんだもん」 角野栄子文;大島妙子絵 文化出版局 1997年9月

「絵本 おとうとⅡ-はじめての学校」 松本春野文・絵 新日本出版社 2010年9月

「小学生になる日」 北見葉胡文・絵 新日本出版社 2010年3月

学校＞勉強・宿題

「いちにちぶんぼうぐ」 ふくべあきひろ文;かわしまななえ絵 PHP研究所（PHPにこにこえほん） 2010年12月

「ウェズレーの国」 ポール・フライシュマン作;ケビン・ホークス絵;千葉茂樹訳 あすなろ書房 1999年6月

「えかき たんじよう」 G.ブライアン・カラス作;石津ちひろ訳 BL出版 2006年1月

「エルフ、がっこうへいく」 ハルメン・ファン・ストラーテン絵・文;野坂悦子訳 セーラー出版（ぞうのしょうぼうし2） 2008年5月

「おまじないは ききますか」 藤田勝治作 童心社（絵本・ちいさななかまたち） 1994年9月

「きのうの よるの できごと」 左近蘭子作;ひらのてつお絵 PHP研究所（PHPにこにこえほん） 1994年3月

「けしゴムおばけ」 末吉暁子作;村上勉絵 小学館（小学館こども文庫-おはなしプレゼント5） 1987年7月

「けしごむくん」 二宮由紀子作;矢島秀之絵 ひかりのくに（ひかりのくに傑作絵本集21） 2002年7月

「こぶとりたろう」 たかどのほうこ作;杉浦範茂絵 童心社 2009年11月

「しゅくだい」 宗正美子原案;いもとようこ文・絵 岩崎書店（えほんのマーチ5） 2003年9月

子どもの世界・生活

「ジョージのがっこう」ポール・ボロフスキー作；やましたはるお訳　佑学社　1991年4月
「ちゃんと作文かかんか！」ヨシトミヤスオ作・絵　偕成社　1982年11月
「てん」ピーター・レイノルズ作；谷川俊太郎訳　あすなろ書房　2004年1月
「はんぶんけしゴム」寺村輝夫文；エム・ナマエ絵　小学館（小学館こども文庫）　1982年12月
「ひらがなにっき」若一の絵本制作実行委員会文；長野ヒデ子絵　解放出版社　2008年9月
「ひらがなむし」山下明生文；渡辺洋二絵　小学館（小学館こども文庫・創作童話6）　1981年12月
「べんきょうなんて やるもんか！」キム・ヨンジン絵；イ・ジェウォン作；チョン・ミヘ訳　フレーベル館　2007年9月
「ぼく図工0点や」ヨシトミヤスオ作・絵　偕成社　1981年9月
「ゆみとやまねこがっこう」木暮正夫作；小沢良吉絵　PHP研究所（PHPおはなしプレゼント）　1979年5月
「わたしはひろがる」岸武雄作；長谷川知子絵　子どもの未来社（教室の絵本シリーズ）　2010年2月
「考える絵本8 ことばメガネ」アーサー・ビナード文；古川タク絵　大月書店　2010年11月

芸術

「考える絵本4 美」日比野克彦作　大月書店　2009年8月

芸術＞音楽・音楽会

「5ひきのすてきなねずみ おんがくかいのよる」たしろちさと作　ほるぷ出版　2007年9月
「U氏とG氏」五味太郎作　エイプリル出版　1978年11月
「ああ うるさい」マックス・ベルジュイス文・絵；清水奈緒子訳　セーラー出版　1990年10月
「あめのひのトランペット」安房直子作；葉祥明絵　金の星社　1980年3月
「ヴァイオリン」R.T.アレン文；G.パスティック写真；藤原義久；藤原千鶴子訳　評論社（児童図書館・絵本の部屋）　1981年6月
「ヴァイオリンをひくネコ」小沢良吉作・絵　岩崎書店（えほん・ハートランド17）　1997年12月
「ウィリーはとくべつ」ノーマン・ロックウェル絵・お話；谷川俊太郎訳　紀伊國屋書店　1995年11月
「うかれバイオリン」滝原章助画；中村美佐子文　ひかりのくに（世界名作えほん全集18）　1966年1月

子どもの世界・生活

「うかれバイオリン-イギリスみんわ」 三上蕃文;池田龍雄絵　世界出版社(ABCブック) 1970年1月

「うさこちゃんとふえ」 ディック・ブルーナ文・絵;松岡享子訳　福音館書店　2007年4月

「うたいましょう おどりましょう」 ベラ・B.ウィリアムズ作;佐野洋子訳　あかね書房(あかねせかいの本) 1999年12月

「うたってうたってかえるくん」 塩田守男絵;さくらともこ文　PHP研究所(PHPわたしのえほんシリーズ) 1988年12月

「うみのがくたい」 大塚勇三作;丸木俊絵　福音館書店(こどものとも傑作集)　1971年6月;福音館書店　1964年2月

「おうさまのしろ-すくすくむらものがたり」 コリン・マクリーン;モイラ・マクリーン作・絵;岡部史訳　カワイ出版　1996年10月

「おおきなラッパとちいさなオリー」 ジャック・ベクドルト文;オーリリアス・バタグリア絵;清水奈緒子訳　徳間書店　2001年11月

「オーケストラの105人」 カーラ・カスキン作;マーク・サイモント絵;岩谷時子訳　ジー・シー・プレス　1985年9月

「おーちゃんのおーけすとら」 ディック・ブルーナ文・絵;松岡享子訳　福音館書店　1985年1月

「おかのうえのふしぎなき」 山本省三作・絵　教育画劇(スピカのおはなしえほん36) 1988年5月

「おじいさんのばいおりん」 藤田圭雄文;谷内こうた絵　至光社(ブッククラブ国際版絵本) 1969年1月

「おじいちゃんのアコーディオン」 おぼまこと作　佼成出版社　2003年12月

「オリビア バンドをくむ」 イアン・ファルコナー著;谷川俊太郎訳　あすなろ書房　2006年11月

「おんがくねずみジェラルディン」 レオ・レオニ作;谷川俊太郎訳　好学社　1979年1月

「おんがくのまち」 青山邦彦作・画　パロル舎　1997年6月

「おんがくはいかが」 栗山邦正作・絵　講談社(講談社の幼児えほん) 2001年2月

「おんぷのお城は大さわぎ」 大田まこと文　リブリオ出版(こてんこてんこ絵本6) 2007年4月

「かえるののどじまん」 さくらともこ作;せべまさゆき絵　PHP研究所(わたしのえほん) 1998年4月

「かぜのふえ」 やなせたかし作　佼成出版社(みつばちえほんシリーズ) 2009年8月

「カティーとすてきなおんがくかい」 マイリー・ヘダーウィック作;大石あさ子訳　朔北社 1999年5月

「カノン」 かんのゆうこ文;北見葉胡絵　講談社(講談社の創作絵本) 2006年2月

子どもの世界・生活

「ギターはともだち」 南本樹作・絵 フレーベル館 1982年2月

「きつねとタンバリン」 安田浩作・柿本幸造絵 ひさかたチャイルド 2009年8月

「きよしこの夜」 アイヴィン・シェイエ文;ヴェンケ・オイエン絵;山内清子訳 福武書店 1989年10月

「くまの楽器店」 安房直子作;こみねゆら絵 小学館 2009年9月

「けんちゃんとにんじんパイプ」 柴田晋吾作;垂石真子絵 偕成社 1995年5月

「ごきげん ぶーた」 さとうめぐみ作・絵 教育画劇 2007年10月

「こぐまくんのハーモニカ」 ジョン・セバスチャン作;ガース・ウィリアムズ絵;三木卓訳 リブリオ出版 2000年4月

「こぐまくんのハーモニカ」 ジョン・セバスチャン作;ガース・ウイリアムズ絵;三木卓訳 リブロポート 1994年1月

「こぶたのまーち」 むらやまけいこ作;ほりうちせいいち絵 福音館書店 2009年4月

「こわれた1000のがっき」 野呂昶作;渡辺あきお画 カワイ出版 1993年3月

「コンサートにいらっしゃい」 アルベルト・ベネヴェリ作;ニコレッタ・ベルテレ絵;にしくらよしか訳 新世研 2000年12月

「サーカスのしろいうま」 石津ちひろ作;ささめやゆき絵 小学館 2010年11月

「ジークの魔法のハーモニカ」 ウィリアム・スタイグ作;木坂涼訳 セーラー出版 1997年2月

「しらかばスズランおんがくかい」 かこさとし文・絵 偕成社(かこさとし七色のおはなしえほん14) 1986年7月

「スーフと馬頭琴」 藤公之介再話;アルタンホヤグ=ラブサル絵 三省堂 2010年5月

「すずおばあさんのハーモニカ」 あまんきみこ作;黒井健絵 ひさかたチャイルド(ひさかたメルヘン40) 1983年9月

「せむしのバイオリン弾き」 ジャン・クラブリー絵;松代洋一訳 ペンタン(ルートヴィヒ・ベヒシュタインの童話) 1986年3月

「たいこじいさん」 なすだみのる文;近藤理恵絵 ひのくま出版 2008年1月

「だから、ここにいるのさ!」 バベット・コール作;せなあいこ訳 評論社(児童図書館・絵本の部屋) 2007年12月

「タコがピアノをひいたとさ」 五木ひろし作;中村景児絵 金の星社(新しいえほん) 1995年12月

「たぬきがいっぱい」 さとうわきこ作・絵 フレーベル館(フレーベルのえほん6) 1975年7月

「タンタカとリンドン」 伊集院静文;アトリエ・ブラヴォ絵 西日本新聞社 2008年4月

「ちいさなよるのおんがくかい」 リブシェ・パレチコバー作;ヨゼフ・パレチェック絵;竹下文子訳 フレーベル館 1981年11月

子どもの世界・生活

「ツイン！ツイン！ツイン！おたのしみのはじまりはじまり」 ロイド・エイモス文；マージョリー・プライスマン絵；角野栄子訳 BL出版 1998年5月

「つちのふえ」 今西祐行作；今西くみ絵 小峰書店（はじめてのどうわ15） 1978年3月

「ティーナとオーケストラ」 マルコ・シムサ文；ヴィンフリート・オプゲノールト絵；宮原峠子訳 カワイ出版 2007年8月

「ティーナとピアノ」 マルコ・シムサ文；ヴィンフリート・オプゲノールト絵；宮原峠子訳 カワイ出版 2007年10月

「ティーナとリコーダー」 マルコ・シムサ文；ヴィンフリート・オプゲノールト絵；宮原峠子訳 カワイ出版 2008年1月

「どうぶつたちのオーケストラ」 イーロー・オーリーンズ文；ティボル・ゲルゲイ絵；小池昌代訳 講談社（講談社の翻訳絵本－クラシックセレクション） 2005年8月

「トーテンくんのオーケストラ」 ジミー大西著 講談社 2001年11月

「ドオン！」 山下洋輔文；長新太絵 福音館書店（日本傑作絵本シリーズ） 1995年3月

「どきどきドンドンおんがくかい－音楽会」 中島寿；高木あきこ作；長野博一絵 太平出版社（つくばシリーズ－はじめてのおんがく12） 1997年10月

「どこからきこえてくるの？」 バイオレット・イーストン文；カルム・ソレ・ヴェンドレル絵；三木卓訳 ほるぷ出版 1988年4月

「どじだよバンジョーラバ」 ライオネル・ウィルソン文；ハロルド・バースン絵；清水真砂子訳 アリス館牧新社 1979年4月

「どんどん とんとん チャチャチャ」 庄司三智子作・絵 ひさかたチャイルド 2007年9月

「なつのおんがく」 谷内こうた絵・文 講談社 1985年7月

「ナンゴーとあし笛」 王烈絵・文；片山和子；荒川豊子訳 蝸牛社（かたつむり文庫） 1991年7月

「にぎやかな音楽バス」 レンナート・ヘルシング文；スティング・リンドベリ絵；いしいとしこ訳 プチグラパブリッシング 2004年6月

「ネコとクラリネットふき」 岡田淳作 クレヨンハウス 1996年4月

「ねこのおんがくしつたんけん」 熊木眞見子；竹野栄作；大久保宏昭絵 太平出版社（はじめてのおんがく11） 1997年7月

「ねずみくんとおんがくかい」 なかえよしを作；上野紀子絵 ポプラ社（ねずみくんの絵本12） 1987年1月

「ねずみくんのおんがくかい」 あさのななみ作；中村景児絵 PHP研究所（わたしのえほん） 1999年5月

「バーバパパのおんがくかい」 アネット・チゾン；タラス・テイラー作；山下明生訳 講談社（バーバパパ・ミニえほん4） 1980年2月

「バーバパパのおんがくかい」 アネット・チゾン；タラス・テイラー作；山下明生訳 講談社（バーバパパのちいさなおはなし10） 1997年11月

子どもの世界・生活

「バーバパパのがっきやさん」 アネット・チゾン;タラス・テイラー作;山下明生訳 講談社(バーバパパのちいさなおはなし8) 1997年9月;講談社(バーバパパ・ミニえほん24) 1993年10月

「ハーメルンのふえふき」 R.ブラウニング作;早乙女忠訳;赤坂三好絵 小学館(世界のメルヘン絵本27) 1970年12月

「ハーメルンのふえふきおとこ-ドイツのはなし」 杉山徑一文;佐藤敬子絵 コーキ出版 1981年10月

「ハーメルンのふえふき-ドイツの伝説」 アンネゲルト・フックスフーバー絵;小澤俊夫文 偕成社 1985年12月

「ハーメルンのふえふき男」 村野四郎詩;鈴木義治絵 岩崎書店(ファミリーえほん27) 1979年10月

「ハーメルンの笛ふき」 サラ・コリン;ステファン・コリン文;エロール・ル・カイン絵;金関寿夫訳 ほるぷ出版 1989年11月

「ハーメルンの笛吹き男」 グリム原作 BL出版 2010年3月

「ハーモニカのめいじん レンティル」 ロバート・マックロスキー文・絵;まさきるりこ訳 国土社 2000年9月

「バイオリンのおとは山のおと」 今西祐行作;中谷千代子絵 偕成社(創作えほん13) 1972年11月

「バイオリンの村」 赤座憲久文;鈴木義治絵 小峰書店(日本のえほん5) 1979年7月

「バイオリンひきのミーシカ」 ヴィクター・アンブラス文・絵;かたおかひかる訳 らくだ出版 1983年11月

「はじめてのえんそうかい」 中山知子文;ユノセイイチ絵 旺文社(旺文社こどもの本) 1978年11月

「はっぴょう会なんか こわくない!」 高瀬義昌文;あかまあきこ絵 佼成出版社 1993年3月

「はなのゆびわ」 川村たかし作;司修絵 サンリード 1979年11月

「ババールのおんがくかい」 L.ド・ブリュノフ作;しまづさとし訳;おのかずこ文 評論社(ミニ・ババール2) 1975年12月

「ハハハのがくたい-長谷川四郎作「アラフラの女王」より」 たかはしゆうじ作;やぎゅうげんいちろう絵 福音館書店 2009年2月

「バラライカねずみのトラブロフ」 ジョン・バーニンガム作;瀬田貞二訳 ほるぷ出版 1976年9月

「バラライカねずみのトラブロフ」 ジョン・バーニンガム作;瀬田貞二訳 童話館出版 1998年3月

「ハルおばあさんのオルガン」 なるみやますみ作;高畠純絵 ひくまの出版 1997年9月

「はるかぜのたいこ」 安房直子作;葉祥明絵 金の星社 1980年11月

「ハルのふえ」 やなせたかし作 小学館(おひさまのほん) 2009年4月

子どもの世界・生活

「ピアノのおけいこ」 ナタリー・ナッツ文;モニック・フェリ絵;なだいなだ訳　講談社(うさぎのルー絵本1)　1985年5月

「ピアノは知っている 月光の夏」 毛利恒之原作・文;山本静護絵　自由国民社　2004年8月

「ピアノ調律師」 M.B.ゴフスタイン作・絵;末盛千枝子訳　すえもりブックス　2005年8月

「ピーヨロロ オーヨロロ」 飛鳥童作　リブリオ出版　1982年2月

「ひみつのかくしあじ-3びきのこぐま」 ヴラスタ・バラーンコヴァー絵;マックス・ボリガー文;ささきたづこ訳　講談社(講談社の翻訳絵本)　1997年7月

「ひみつのがっき」 五味太郎作　偕成社　1975年12月

「ひみつのがっき」 五味太郎作　偕成社　2006年10月

「ヒロシマのピアノ」 指田和子文;坪谷令子絵　文研出版(えほんのもり)　2007年7月

「ブーンとブラムとピーブゥとモコモコメーとコッコのパンクファーム」 ジャレット・J.クロザウスカ作・絵;まえだえいしょ訳　そうえん社(そうえんしゃ・世界のえほん6)　2008年9月

「ふしぎなオルガン」 レアンダー原作;稲垣昌子文;池田浩彰絵　世界出版社(ABCブック)　1969年12月

「ふしぎなおんがく」 かすや昌宏絵・文　至光社　1982年1月

「ふしぎなバイオリン」 クェンティン・ブレイク文・絵;たにかわしゅんたろう訳　岩波書店(岩波の子どもの本)　1976年9月

「ふしぎなバイオリン-ノルウェー昔話」 山内清子訳;小沢良吉絵　小学館(世界のメルヘン絵本15)　1978年10月

「ふたりのぶとうかい-ウェーバー音楽より」 いわさきちひろ絵;筒井敬介文　講談社(いわさきちひろ・名作えほん)　2005年7月

「ふたりはまちのおんがくか」 ガブリエル・バンサン作;森比左志訳　ブック・ローン出版(くまのアーネストおじさんシリーズ)　1983年3月

「ぶちじゃないもん-3びきのこぐま」 ヴラスタ・バラーンコヴァー絵;マックス・ボリガー文;ささきたづこ訳　講談社(講談社の翻訳絵本)　1997年7月

「フラニーとメラニー すてきなおんがくかい」 あいはらひろゆき文;あだちなみ絵　講談社(講談社の創作絵本)　2007年7月

「フローリアとおじさん」 工藤ノリコ作　白泉社　2007年4月

「ペール・ギュント-グリーク音楽物語」 イプセン原作;川崎洋文;ジョン・シェリー絵　評論社(児童図書館・絵本の部屋)　1991年1月

「ペンギン・カルテット ニューヨークへいく」 ペーテル・アルヘニウス作;インゲラ・ペテッション絵;ひしきあきらこ訳　BL出版　1999年6月

「ベンのトランペット」 レイチェル・イザドラ作・絵;谷川俊太郎訳　あかね書房(あかねせかいの本7)　1981年11月

子どもの世界・生活

「ぼくがうまれた音」 近藤等則文;智内兄助絵 福音館書店 2007年3月

「ぼくとオーケストラ」 アンドレア・ホイヤー絵・文;宮原峠子訳 カワイ出版 2000年8月

「ぼくの くじらピアノ」 よねやまえいいち作・絵 PHP研究所(PHPのえほん) 1992年2月

「ぼくのでんしゃ」 あまんきみこ作;宮崎耕平絵 ポプラ社(絵本・子どもの世界4) 1979年7月

「ほしぞらでポロロン」 つちだよしはる作 佼成出版社(あーあー森のはりねずみ一家3) 1997年7月

「ポポくんのおんがくかい」 accototo作 PHP研究所(PHPにこにこえほん) 2010年2月

「まちへいったかばのホレーショ」 マイケル・フォアマン作・絵;竹村美智子訳 佑学社(ヨーロッパ創作絵本シリーズ3) 1978年3月

「まなつのよるのおんがくかい」 木村泰子絵・文 至光社(ブッククラブ国際版絵本) 1981年1月

「ママはだめっていうけど」 サッチャー・ハード作・絵;わきあきこ訳 福音館書店(世界傑作絵本シリーズ) 1990年10月

「マリちゃんのねこふんじゃった」 久保田喜正作・絵 ポプラ社(絵本・子どものくに6) 1984年6月

「みかづきいちざのものがたり」 アイリーン・ハース作・絵;うちだりさこ訳 福音館書店(世界傑作絵本シリーズ・アメリカの絵本) 1981年11月

「みつごのおてんばむすめ ちびっこオーケストラ」 メルセ・コンパニュ文;ルゼ・カプデヴィラ絵;辻昶;竹田篤司訳 DEMPAペンタン 1986年11月

「みどりのふえ」 あまんきみこ作;おぐらひろかず絵 フレーベル館(おはなしえほんシリーズ7) 2007年4月

「ミレドーさんちのこびとたち」 ひだきょうこ作・絵 教育画劇 2007年12月

「むしのおんがくがっこう」 青山邦彦作・絵 あかね書房(あかね・新えほんシリーズ35) 2007年10月

「むしのチロリンコンサート」 菅野由貴子作・絵 教育画劇 2004年8月

「メエメエさんのおんがくかい」 ささやすゆき作・絵 すずき出版 1988年10月

「モーツァルトくん、あ・そ・ぼ!」 ピーター・シス作・絵;きむらみか訳 徳間書店 2007年6月

「もぐらのチクタク」 舟崎克彦文・絵 ポプラ社(絵本のひろば1) 1974年6月

「もぐらのバイオリン」 デイビッド・マクフェイル作・絵;野中ともそ訳 ポプラ社(ポプラせかいの絵本17) 2006年2月

「もりのえんそうかい」 マイケル・ブロック文;パスケール・オーラマンド絵;はらしょう訳 アリス館牧新社 1977年3月

「もりのおんがく」 小林純一作 あい書房(小林純一おはなしえほん) 1978年2月

「もりのおんがく」 谷内こうた絵・文 講談社(講談社の創作絵本) 2008年4月

子どもの世界・生活

「やまのリコーダー」武鹿悦子作；宮本忠夫絵　佼成出版社（創作絵本シリーズ）　1997年9月

「ユックリとジョジョニ」荒井良二作　ほるぷ出版（イメージの森）　1991年3月

「ヨーザとまほうのバイオリン」ヤーノシュ作；矢川澄子訳　偕成社　1981年5月

「よろこびのふえ」フリニイ・ベルツキ作・絵；立原えりか文　学習研究社（国際版せかいのえほん4）　1984年1月

「らくがきフルート」ダニエル・ピンクウォーター作；たにかわしゅんたろう訳　童話屋　1993年9月

「ラッパをならせ」五味太郎作・絵　佼成出版社　1979年5月

「リトルシューベルト」M.B.ゴフスタイン作・絵；落合恵子訳　アテネ書房　1980年4月

「わたしのオーケストラ」渡会純价作・絵　福武書店　1984年3月

「わっしょい わっしょい ぶんぶんぶん」加古里子絵・文　偕成社（かこさとしおはなしのほん3）　1973年2月

「音楽のたねをまいた天使−コロンビア」パトリシア・デュラン文・絵；小林孝子訳　蝸牛社（かたつむり文庫）　1984年12月

「月夜のオーケストラ」イェンス・ラスムス作；斉藤洋訳　小学館　1999年12月

「魔笛」フランチェスカ・クレスピー絵；マーガレット・グリーブズ再話；山口文生訳　評論社（児童図書館・絵本の部屋）　1991年7月

「木ぼっくりのおんがくたい」みずのまさお作　新世研　2001年10月

「野はらの音楽家マヌエロ」ドン・フリーマン作；みはらいずみ訳　あすなろ書房　2006年6月

芸術＞歌

「10ぴきのかえるののどじまん」間所ひさこ作；仲川道子絵　PHP研究所（PHPにこにこえほん）　1995年3月

「うたのすきなぞう」ギーナ・ルック＝ポーケ文；モニカ・レイムグルーバー絵；藤田圭雄訳　ほるぷ出版　1985年2月

「おかしのうたをうたってよ」鈴木まもる作　小峰書店（えほんらんど14）　1982年11月

「おばあちゃんとわらべうた」中島寿；高木あきこ作；池田げんえい絵　太平出版社（つくばシリーズ）　1997年2月

「オペラハウスのなかまたち」リディア・フリーマン；ドン・フリーマン作；山下明生訳　BL出版　2008年10月

「おんちのイゴール」きたむらさとし文・絵　小峰書店（世界の絵本コレクション）　2006年5月

「くじらの歌ごえ」ダイアン・シェルダン作；ゲイリー・ブレイズ絵；角野栄子訳　ブックローン出版　1991年6月

子どもの世界・生活

「クリスマスのうた-きよしこの夜」 ジーノ・ガビオリ絵；リーノ・ランジオ作；わきたあきこ文　女子パウロ会　1978年9月

「だから、ここにいるのさ!」 バベット・コール作；せなあいこ訳　評論社（児童図書館・絵本の部屋）　2007年12月

「とおいひのうた」 ガブリエル・バンサン作；もりひさし訳　ブックローン出版（くまのアーネストおじさん）　1999年11月

「トラップ一家物語」 ハンス・ヴィルヘルム作；ロニー・アレキサンダー；岩倉務共訳　平和のアトリエ（特選世界平和の絵本）　2002年7月

「ぶたのめいかしゅローランド」 ウィリアム・スタイグ作；瀬田貞二訳　評論社（児童図書館・絵本の部屋）　1975年10月

「ベアーズ ソング」 フィオナ・ギャリック作・絵；森敬子訳　文渓堂　1996年3月

「ぼくらのオペラ」 寺門孝之作・絵　イースト・プレス　2009年1月

「ホロンのうたのかい」 ひだきょうこ作・絵　偕成社　1999年9月

「もりのがっしょうだん」 たかどのほうこ作；飯野和好絵　教育画劇　2003年5月

「わたしは生きてるさくらんぼ-ちいちゃな女の子のうた」 デルモア・シュワルツ文；バーバラ・クーニー絵；白石かずこ訳　ほるぷ出版　1981年4月

「わらべうたうたいタイ」 長野ヒデ子作　童心社（せとうちたいこさんシリーズ）　2007年5月

「星つむぎの歌」 覚和歌子文；大野舞絵　響文社　2009年4月

芸術＞絵

「ITSUKA いつかどこかの遠くの空へ」 永田萠ことば・絵　白泉社（えほんらんど2）　1982年11月

「アンガスとモナ・リザ」 ジャクリーン・クーパー作・絵；恩地三保子訳　佑学社　1982年5月

「いのくまさん」 猪熊弦一郎絵；谷川俊太郎文　小学館　2006年3月

「ヴィクターとクリスタベル-そっと恋して」 ペトラ・マザーズ作；今江祥智；遠藤育枝訳　童話館出版　1996年12月

「うしがそらをとぶ」 デーヴィッド・ミルグリム作・絵；吉上恭太訳　徳間書店　1998年10月

「えかき たんじよう」 G.ブライアン・カラス作；石津ちひろ訳　BL出版　2006年1月

「えかきさんとことり」 マックス・ベルジュイス作；長谷川四郎訳　ほるぷ出版　1979年4月

「えかきのチャーリー ひみつのかべ」 穂高順也文；山本孝絵　イースト・プレス　2009年8月

「えかきのポール」 佐々木利明作；小沢良吉絵　PHP研究所（PHPこころのえほん4）　1981年7月

「えからとびだしたねこ」 松谷みよ子作；ナメ川コーイチ絵　フレーベル館（むかしむかしばなし11）　1991年6月

子どもの世界・生活

「えのはなし」ポール・コックス作・デザイン;ふしみみさお訳・文字　青山出版社　2008年1月

「エマおばあちゃん」ウェンディ・ケッセルマン文;バーバラ・クーニー絵;もきかずこ訳　徳間書店　1998年7月

「おじさんのえ」南本樹作・絵　フレーベル館　1980年9月

「おしゃべりくれよん」パトリシア・ハバード文;G.ブライアン・カラス絵;石津ちひろ訳　ほるぷ出版　1998年2月

「かさの女王さま」シリン・イム・ブリッジズ作;ユ・テウン絵;松井るり子訳　セーラー出版　2008年12月

「くまさんのえ、ください」西村祐見子作;土田義晴絵　フレーベル館(げんきわくわくえほん18)　1996年9月

「この世でいちばんすばらしい馬」チェン・ジャンホン作・絵;平岡敦訳　徳間書店　2008年12月

「シェイプ・ゲーム」アンソニー・ブラウン作;藤本朝巳訳　評論社(児童図書館・絵本の部屋)　2004年7月

「シモーヌ」円池茂絵;谷川俊太郎文　CBS・ソニー出版　1979年6月

「シャガールのそらとぶふたり」西村和子文　博雅堂出版(おはなし名画をよむまえに・シリーズ1)　2010年6月

「ジョットという名の少年-羊がかなえてくれた夢」パオロ・グアルニエーリ文;ビンバ・ランドマン絵;せきぐちともこ訳　西村書店　2000年11月

「ダニエルのふしぎな絵」バーバラ・マクリントック作;福本友美子訳　ほるぷ出版　2005年9月

「ちいさなジルはどこへいったの?」ファム・エクマン作;ビヤネール多美子訳　偕成社　1980年12月

「つきの よるの ものがたり」かさいまり作;黒井健絵　ひさかたチャイルド　2007年8月

「てん」ピーター・レイノルズ作;谷川俊太郎訳　あすなろ書房　2004年1月

「てんにのぼったなまず」たじまゆきひこ作　福音館書店(日本傑作絵本シリーズ)　1985年11月

「ネズネズのおえかき」ナカバン作　学習研究社(学研おはなし絵本)　2007年10月

「パブロのてんらんかい」きたむらさとし文・絵　小峰書店(世界の絵本コレクション)　2007年5月

「ピカソとポニーテールの少女」ローレンス・アンホルト作;あべのりこ訳　バベルプレス(アンホルトのアーティストシリーズ)　2007年9月

「フェリックス・クルーソーのふしぎなえ」ジョン・エイジー作;渡辺茂男訳　福武書店　1992年3月

「ブラッキンダー」スズキコージ作・絵　イースト・プレス　2008年8月

子どもの世界・生活

「ブリューゲルのバベルの塔」 西村和子文　博雅堂出版(おはなし名画をよむまえに・シリーズ2)　2010年6月

「ほらあなのたんけん-ラスコーのどうくつ発見ものがたり」 たかしよいち作;石津博典絵　岩崎書店(絵本ノンフィクション3)　1976年8月

「マーリャンとまほうのふで-中国のむかし話」 ホン・シュンタオ文;君島久子訳;若菜珪絵　偕成社　1966年8月

「マーリャンとまほうの絵筆」 ツォウシェンツェ絵;ふせまさこ再話　新世研　2003年11月

「マグリットの はてな?」 西村和子文　博雅堂出版(おはなし名画をよむまえに・シリーズ3)　2010年8月

「マシューのゆめ」 レオ・レオニ作;谷川俊太郎訳　好学社　1992年1月

「ミステリー おいしい博物館盗難事件」 アーサー・ガイサート作;久美沙織訳　BL出版　2005年9月

「ミッフィーのたのしいびじゅつかん」 ディック・ブルーナ作;角野栄子訳　講談社(ミッフィーはじめてのえほん8)　2005年1月;講談社(ブルーナのおはなし文庫19)　1998年3月

「ルルーゆきのひのぼうけん」 ポージー・シモンズ作;かけがわやすこ訳　佑学社　1989年9月

「ワニくんのだいけっさく」 マックス・ベルジュイス文・絵;清水奈緒子訳　セーラー出版　1992年9月

「絵かきさんになりたいな」 トミー・デ・パオラ作;福本友美子訳　光村教育図書　2005年6月

「絵の中のどろぼう」 友部正人文;スズキコージ絵　ぱろん舎(ちいさなつぶやきシリーズ)　1983年6月

「天使のえんぴつ」 クェンティン・ブレイク作;柳瀬尚紀訳　評論社(児童図書館・絵本の部屋)　2008年4月

「名画でメリー・クリスマス」 西村和子文　博雅堂出版(おはなし名画をよむまえに・シリーズ4)　2010年9月

芸術＞劇

「さらば、ゆきひめ」 宮本忠夫文・絵　童心社(絵本・だいすきおはなし)　2002年7月

「しばいっこ」 おぼまこと作　あかね書房(あかね創作えほん28)　1989年5月

「劇をしようよ」 モニカ・レイムグルーパー作;大島かおり訳　ほるぷ出版　1981年12月

芸術＞工作

「あたらしい ともだち」 トミー・ウンゲラー作;若松宣子訳　あすなろ書房　2008年10月

「しらないくにのセラファン」 アラン・グレー文;フィリップ・フィックス絵;弥永みち代訳;大伴昌司文　講談社(世界の絵本フランス)　1972年1月

子どもの世界・生活

「セラファンとにせのセラファン」　アラン・グレー文；フィリップ・フィックス絵；弥永みち代訳；大伴昌司文　講談社(世界の絵本フランス)　1971年12月

「セラファンの大けっさく」　アラン・グレー文；フィリップ・フィックス絵；弥永みち代訳；大伴昌司文　講談社(世界の絵本フランス)　1971年12月

「どうぐでなにがつくれるの?」　マレーク・ベロニカ文・絵；マンディ・ハシモト・レナ訳　風濤社　2010年4月

「時計つくりのジョニー」　エドワード・アーディゾーニ作；あべきみこ訳　こぐま社　1998年7月

「切り紙のじかん　わたしのかえり道」　矢口加奈子作　秋田書店　2009年6月

芸術＞美術館・博物館

「アンジェロとロザリーヌ」　ベッティーナ作；矢川澄子訳　文化出版局　1978年5月

「うさこちゃんびじゅつかんへいく」　ディック・ブルーナ文・絵；松岡享子訳　福音館書店　2008年6月

「おおきな博物館」　つだかつみ絵　フレーベル館(きゅーはくの絵本7建物)　2008年3月

「かいとうドチドチ　びじゅつかんへいく」　柏葉幸子作；神山ますみ絵　講談社　1995年5月

「ババールの美術館」　ロラン・ド・ブリュノフ作；せなあいこ訳　評論社(児童図書館・絵本の部屋)　2005年4月

「ミニ・サウルス ズィンクレア・ゾフォクレス」　フリーデリーケ・マイレッカー作；アンゲーリカ・カウフマン絵；三浦美紀子訳　草土文化　2008年5月

「ミュージアム・トリップ」　バーバラ・レーマン作　評論社(児童図書館・絵本の部屋)　2008年10月

「もろこしのたからもの」　石丸千里絵；九州国立博物館企画・原案　フレーベル館(きゅーはくの絵本10遣唐使)　2009年10月

「わたしのはなし」　松原裕子絵　フレーベル館(きゅーはくの絵本6仏像)　2008年3月

「海のむこうのずっとむこう」　九州国立博物館企画・原案　フレーベル館(きゅーはくの絵本8朱印船絵巻)　2009年4月

「月夜のおおさわぎ」　九州国立博物館企画・原案　フレーベル館(きゅーはくの絵本9埴輪)　2009年6月

「門ばんネズミのノーマン」　ドン・フリーマン作；山下明生訳　BL出版　2008年12月

「夜の博物館」　ミラン・トレンク作；ホンヤク社訳　講談社　2007年2月

芸術＞舞踊・バレエ

「アンジェリーナ　おねえさんになる」　キャサリン・ホラバード文；ヘレン・クレイグ絵；おかだよしえ訳　講談社(講談社の翻訳絵本クラシックセレクション)　2006年10月

「アンジェリーナとおうじょさま」　ヘレン・クレイグ絵；キャサリン・ホラバード文　大日本絵画(かいがのえほん)　1986年1月

子どもの世界・生活

「アンジェリーナとおまつり」 ヘレン・クレイグ絵;キャサリン・ホラバード文 大日本絵画(かいがのえほん) 1985年1月

「アンジェリーナのクリスマス」 キャサリン・ホラバート文;ヘレン・クレイグ絵;おかだよしえ訳 講談社(講談社の翻訳絵本) 2004年10月

「アンジェリーナのクリスマス」 ヘレン・クレイグ絵;キャサリン・ホラバード文;きたむらまさお訳 大日本絵画(かいがのえほん) 1986年1月

「アンジェリーナのはつぶたい」 ヘレン・クレイグ絵;キャサリン・ホラバード文;きたむらまさお訳 大日本絵画(かいがのえほん) 1987年11月

「アンジェリーナはじめてのステージ」 キャサリン・ホラバート文;ヘレン・クレイグ絵;おかだよしえ訳 講談社(講談社の翻訳絵本クラシックセレクション) 2004年3月

「アンジェリーナはバレリーナ」 キャサリン・ホラバード文;ヘレン・クレイグ絵;おかだよしえ訳 講談社(講談社の翻訳絵本クラシックセレクション) 2003年10月

「いつか花の妖精に」 おおた慶文作 偕成社 1985年4月

「イリーナ・ペレンのバレエ絵本」 宮本和沙絵;瀬戸秀美写真 新書館 2009年7月

「うさぎのくれたバレエシューズ」 安房直子作;南塚直子絵 小峰書店(よみかかせ大型絵本) 2005年1月;小峰書店(えほん・こどもとともに) 1989年10月

「エラは小さなバレリーナ エラと「眠れる森の美女」」 ジェイムズ・メイヒュー作;灰島かり訳 小学館 2008年3月

「おどって!ターニャ」 パトリシア・リー・ガウチ文;竹下文子訳;市川里美絵 偕成社 1989年12月

「おどるうさぎ レティス」 マンディー・スタンレイ作;おがわひとみ訳 評論社(児童図書館・絵本の部屋) 2002年7月

「クルミわりにんぎょう」 ホフマン原作;ジーン・リチャードソン再話;フランチェスカ・クレスピー絵;小川仁央訳 評論社(児童図書館・絵本の部屋) 1990年12月

「くるみわりにんぎょう」 ホフマン原作;金山美穂子文;司修絵 世界出版社(ABCブック) 1970年1月

「くるみわり人形」 E.T.A.ホフマン原作;中井貴惠抄訳 ブロンズ新社 2008年10月

「くるみわり人形」 E.T.A.ホフマン作;モーリス・センダック絵;ラルフ・マンハイム英語訳;渡辺茂男日本語訳 ほるぷ出版 1993年5月

「くるみわり人形」 ホフマン原作;ダグマル・ベルコバー絵;高橋ひろゆき文 佑学社(名作バレー物語シリーズ) 1978年11月

「くるみ割り人形」 E.T.A.ホフマン原作;リスベート・ツヴェルガー絵;ズザンネ・コッペ文;池田香代子訳 BL出版 2005年12月

「ケンといわみかぐら」 寺戸恒晴作・絵 岩崎書店(新・創作絵本7) 1979年3月

「ダンスのおけいこ」 ヘレン・オクセンバリー作・絵;なかむらくみこ訳 ほるぷ出版(はじめてのえほん1) 1983年11月

子どもの世界・生活

「ディディ パリ75001ばんちオペラ座にすむネズミのバレリーナのおはなし」 アンドレ・ダーハン作；きたやまようこ訳　講談社(世界の絵本)　2006年8月

「ドガと小さなバレリーナ」 ローレンス・アンホルト作；あべのりこ訳　バベルプレス(アンホルトのアーティストシリーズ)　2007年9月

「はじめてのおどり」 デビッド・コックス作・絵；ほりちえこ訳　新世研　1997年1月

「バレエだいすき!ティアラちゃん1」 しめのゆき作；小野恵理絵　新書館　2009年12月

「バレエだいすき!ティアラちゃん2」 しめのゆき作；小野恵理絵　新書館　2009年12月

「バレエだいすき!ティアラちゃん3」 しめのゆき作；小野恵理絵　新書館　2010年2月

「バレエのすきなアンジェリーナ」 ヘレン・クレイグ絵；キャサリン・ホラバード文　大日本絵画(かいがのえほん)　1985年1月

「バレエ少女」 ルコーニン作；佐伯靖子翻案；ドゥビードフ絵　新読書社　1996年11月

「バレリーナ マノン」 つちだよしはる作　佼成出版社(みつばちえほんシリーズ)　2010年7月

「バレリーナになりたい」 ヴァレリー・コールマン作；サンドラ・ラム絵；もとしたいづみ訳　コンセル　2008年1月

「ぶたのモモコとフルーツパーラー」 森山京作；黒井健絵　小峰書店(プチえほん)　1993年6月

「ぶたのモモコはバレリーナ」 森山京文；黒井健絵　小峰書店　1986年11月

「プリンセス・リリーのちいさなバレリーナ」 ブルクハルト・ヌッペナイ文；モニカ・フィンスターブッシュ絵；栗栖カイ訳　ブロンズ新社　2007年9月

「ペリカンのぶとうかい」 石浜恒夫文；末広真季子絵　三芽出版　1981年7月

「ライラはごきげんななめ」 アレクサンダー・スタッドラー作；かつらあまね訳　セーラー出版　2005年7月

「わたしはバレリーナ」 ピーター・シス作；松田素子訳　BL出版　2002年9月

「火の鳥」 ルジェック・マニャーセック絵；高橋ひろゆき文　佑学社(名作バレー物語シリーズ)　1978年12月

「犬のジミーはバレエスター」 リンダ・メイバーダック文；ジリアン・ジョンソン絵；小澤征良訳　講談社(講談社の翻訳絵本)　2007年3月

「白鳥の湖-ドイツ民話」 ルドゥミラ・イジンツォバー絵；竹村美智子訳　佑学社(名作バレー物語シリーズ)　1978年11月

行事＞イースター

「イースターってなあに」 リースベット・スレーヘルス作；女子パウロ会訳・編　女子パウロ会　2007年2月

「うさぎのだいじなみつけもの」 シャーロット・ゾロトウ作；ヘレン・クレイグ絵；松井るり子訳　ほるぷ出版　1998年10月

子どもの世界・生活

「うさぎのはる」 フライホルト絵；モルゲンシュテルン詩；佐久間彪訳　福武書店　1983年3月

「うさぎのホッパー イースターバニーになりたいな」 カトリン・ゼィーゲンターラ；マーカス・フィスター作；マーカス・フィスター絵；小沢正訳　フレーベル館　1994年1月

「かあさんうさぎと金のくつ」 ドボーズ・ヘイワード原作；加藤久子文；富永秀夫絵　女子パウロ会　1980年3月

「かざみどりの ながーいいちにち」 フィリップ・デュマ作・絵；くりつぼようこ訳　新世研　1999年11月

「チキン・サンデー」 パトリシア・ポラッコ作；福本友美子訳　アスラン書房　1997年3月

「トトちゃんとたまご-イースターのおくりもの」 本間ナナ絵・文　中央出版社　1992年3月

「ふしぎなたまごのおはなし」 マルティナ・シュロースマッヒァー；イスケンダー・ギダー作；山本真司訳　新教出版社　1999年2月

「ふたりでおえかき」 イローナ・ロジャーズ作・絵；かどのえいこ訳　そうえん社（ふたりはなかよしシリーズ4）　2008年3月

「ふわふわしっぽと小さな金のくつ」 デュ・ボウズ・ヘイワード作；マージョリー・フラック絵；羽島葉子訳　パルコ出版　1993年7月

「リーベとおばあちゃん」 ヨー・テンフィヨール作；ハーラル・ノールベルグ絵；山内清子訳　福音館書店　1989年1月

「ロッタのひみつのおくりもの」 アストリッド・リンドグレーン文；イロン・ヴィークランド絵；石井登志子訳　岩波書店　1991年4月

「大うさぎのヘアーとイースターのたまご」 アリスン・アトリー作；マーガレット・テンペスト絵；河野純三訳　評論社（児童図書館・絵本の部屋 グレー・ラビット9）　1983年3月

行事＞いもほり

「14ひきのやまいも」 いわむらかずお作　童心社　1984年7月

「いもほり」 はまのゆか作　ほるぷ出版（ほるぷ創作絵本）　2008年9月

「いもほりバス」 藤本ともひこ作・絵　鈴木出版（チューリップえほんシリーズ）　2009年9月

「いもほりやま」 山岡みね作・絵　岩崎書店（えほんのぼうけん5）　2009年10月

「おいもほり」 七尾純作；高瀬のぶえ絵　河出書房新社（ホッターのびのび6）　1986年8月

「さつまのおいも」 中川ひろたか文；村上康成絵　童心社　1995年6月

「ねずみのいもほり」 山下明生作；いわむらかずお絵　チャイルド本社　2006年1月

「ねずみのいもほり」 山下明生作；いわむらかずお絵　ひさかたチャイルド　1984年8月

行事＞お花見

「いっしょにおはなみ」 武鹿悦子作；つちだよしはる絵　ひさかたチャイルド（ひさかた傑作集19）　1986年4月

子どもの世界・生活

「おばけの花見」内田麟太郎作;山本孝絵　岩崎書店(キラキラえほん1)　2008年4月

「こぶたのブルトン はるはおはなみ」中川ひろたか作;市居みか絵　アリス館　2006年3月

「ピッキーとポッキー」あらしやまこうざぶろう文;あんざいみずまる絵　福音館書店(福音館のペーパーバック絵本)　1976年3月

「まゆみのおはなみ」大石真作;津田光郎絵　金の星社(えほん・こどもの四季)　1980年10月

「春の主役 桜」ゆのきようこ文;早川司寿乃絵　理論社　2006年3月

「木の実のけんか」岩城範枝文;片山健絵　福音館書店　2008年3月

行事＞お月見

「10ぴきのかえるのおつきみ」間所ひさこ作;仲川道子絵　PHP研究所(PHPにこにこえほん)　2009年9月

「うさぎちゃんつきへいく」せなけいこ作・絵　金の星社(せなけいこのうさぎちゃんえほん2)　2002年8月

「うさぎのロロ つきまつりのよる」正道かほる作;渡辺洋二絵　PHP研究所(PHPわたしのえほんシリーズ)　2002年8月

「おおきな おおきな ねこ」せなけいこ作・絵　金の星社(こどものくに傑作絵本)　2004年9月

「おつきさまでたよ」寺村輝夫作;いもとようこ絵　あかね書房(くりのきえんのおともだち9)　1985年9月

「おつきさまのとおるみち」香山美子作;末崎茂樹絵　教育画劇(行事のえほん8)　1993年8月

「おつきみうさぎ」中川ひろたか文;村上康成絵　童心社(ピーマン村の絵本たち)　2001年6月

「おつきみこびとのおはなし」まついのりこ作　童心社(行事こびとのえほん)　1986年4月

「おつきみどろぼう」ねぎしれいこ作;花之内雅吉絵　世界文化社(ワンダーおはなし絵本)　2009年7月

「おつきみピクニック」いちかわなつこ作　ほるぷ出版(ほるぷ創作絵本)　2009年9月

「お月さんはきつねがすき？」神沢利子作;井上洋介絵　ポプラ社(くまの子ウーフの絵本4)　1980年7月

「かえるちゃんのおつきみ」わたなべゆういち作・絵　PHP研究所(PHPわたしのえほんシリーズ)　1989年8月

「こんやはおつきみ」谷真介作;北田卓史絵　金の星社(えほん・こどもの四季)　1980年10月

「たぬきのおつきみ」内田麟太郎作;山本孝絵　岩崎書店(えほんのマーチ7)　2003年9月

「ちいちゃんとじゅうごや」しみずみちを文・絵　銀河社(ちいちゃんえほん8)　1983年10月

子どもの世界・生活

「まんまるおつきみ お月さま」 アン・ハンター作;山口文生訳　評論社　1998年11月
「月へいったうさぎ」 谷真介文;赤坂三好絵　佼成出版社(行事むかしむかし 9月 十五夜のはなし)　1991年8月

行事＞お祭り

「10ぴきのかえるのあきまつり」 間所ひさこ作;仲川道子絵　PHP研究所(PHPにこにこえほん)　2010年9月
「10ぴきのかえるのなつまつり」 間所ひさこ作;仲川道子絵　PHP研究所(PHPのえほん)　1988年6月
「200ぴきのうさぎ」 ロンゾ・アンダーソン作;エイドリアン・アダムズ絵;おおいしまりこ訳　新世研　1999年6月
「アルマジロの晴れ着」 かわだあゆこ文;よねもとくみこ絵　アスラン書房　2008年4月
「アンジェリーナのはるまつり」 キャサリン・ホラバード文;ヘレン・クレイグ絵;おかだよしえ訳　講談社(講談社の翻訳絵本クラシックセレクション)　2010年4月
「いたずらこぎつね」 清水達也作;梅田俊作絵　あかね書房(あかね創作えほん25)　1986年10月
「いちばんまちどおしい日 たらのきだい分校の収穫祭」 土田義晴作・絵　ポプラ社(えほんはともだち36)　1994年11月
「いのこのまつり」 谷真介文;赤坂三好絵　佼成出版社(行事むかしむかし 10月 収穫、感謝のはなし)　1991年9月
「うみうります」 岡田貴久子作;長新太絵　白泉社　1984年5月
「ウルスリのすず」 ゼリーナ・ヘンツ文;アロワ・カリジェ絵;大塚勇三訳　岩波書店　1973年12月
「おしゃかさまのたんじょう日」 谷真介文;赤坂三好絵　佼成出版社(行事むかしむかし 4月 花祭りのはなし)　1992年3月
「おたこまつり」 吉村竹彦作・絵　草炎社(そうえんしゃ・日本のえほん5)　2006年8月
「おまつりの日に」 ターシャ・テューダー著;内藤里永子訳　メディア・ファクトリー(ターシャ・テューダー・クラシックコレクション)　2002年11月
「おまつり村」 後藤竜二文;岡野和絵　ポプラ社(絵本・すこしむかし5)　1980年2月
「お祭りのすきなロバ」 三井小夜子文・絵　偕成社　1984年11月
「カーニバルのおくりもの」 レミイ・シャーリップ;バートン・サプリー作;レミイ・シャーリップ絵;内田莉莎子訳　福音館書店(世界傑作絵本シリーズ・アメリカの絵本)　1984年7月
「カーニバルの終わりに」 ジョアウン・ド・リオ作;クロヴィス・ガルシア絵;おおいしまりこ訳　新世研　2003年11月
「かやかやうま-上総のたなばたまつり」 梶山俊夫作　童心社　1978年6月

子どもの世界・生活

「カロリーヌの カーニバル」 ピエール・プロブスト作;山下明生訳 BL出版(カロリーヌとゆかいな8ひき) 2000年4月

「きつね」 新美南吉作;鎌田暢子絵 大日本図書(絵本・新美南吉の世界) 2005年2月

「きつねのふうせん」 富永秀夫作・絵 フレーベル館(フレーベルのえほん8) 1975年11月

「きつねをつれてむらまつり」 こわせたまみ作;二俣英五郎絵 教育画劇(スピカみんなのえほん10) 1990年6月

「ぎゅうぎゅうでんしゃ」 薫くみこ作;かとうようこ絵 ひさかたチャイルド 2010年5月

「きょじんのおまつり」 マックス・ボリガー文;モニカ・レイムグルーバー絵;田中希代子訳 ほるぷ出版 1978年1月

「きんぎょのおまつり」 高部晴市作 フレーベル館 2000年6月

「くまちゃんのふゆまつり」 ほりかわりまこ文・絵 ハッピーオウル社 2007年12月

「こうたのてんぐ山えにっき-埼玉県荒川村白久「てんぐまつり」」 わたなべゆういち作・絵 リーブル(えほん・こどものまつり) 1992年10月

「コーギビルのむらまつり」 タシャ・テューダー作;渡辺茂男訳 冨山房 1976年7月

「コーギビルの村まつり」 ターシャ・テューダー絵・文;食野雅子訳 メディアファクトリー 1999年11月

「こどもザイレン ひみつのなつまつり」 伊藤秀男作・絵 ポプラ社(名作絵本復刊シリーズ4) 2002年2月

「こわがり太平」 須藤克三作;高嶋祥光絵 岩崎書店(岩崎創作絵本4) 1983年10月

「さいぶりダイちゃん-宮島管絃祭」 はらみちを文・絵 小峰書店(えほん・こどもとともに) 1989年7月

「さかさまつり」 つきおかゆみこ作 佼成出版社 2008年1月

「しかうちまつり」 宮下和男文;北島新平絵 新日本出版社(新日本ものがたり絵本5) 1984年9月

「ソージいじのわっしょい」 おおたしんのすけ文;さかいりえこ絵 里文出版 2009年11月

「たいようまつり」 風木一人作;西村敏雄絵 イースト・プレス 2009年5月

「たかしと お花ぎつね」 大石真文;井口文秀;向井康子絵 PHP研究所(PHPにこにこえほん) 2007年3月

「たちねぶたくん」 中川ひろたか文;村上康成絵 角川学芸出版 2010年10月

「たまごまつりはおおさわぎ」 ラリー・ウィルクス作;もきかずこ訳 DEMPA/ペンタン 1987年12月

「だんじりまつり」 はまのゆか作 ポプラ社(絵本のおもちゃばこ11) 2005年8月

「ちいさなたいこ」 松岡享子作;秋野不矩絵 福音館書店 1974年8月

「てんぐちゃんのおまつり」 もりやまみやこ作;かわかみたかこ絵 理論社 2006年11月

子どもの世界・生活

「てんのおにまつり」宮崎優;宮崎俊枝作 BL出版 2010年12月
「とりおいの日-新潟県上越市桑取谷「とりおい」」なかむらひろし作;わたなべきょうこ絵 リーブル(えほん・こどものまつり) 1993年11月
「トントコはるかぜ」金沢佑光作・絵 ひさかたチャイルド 1988年12月
「なんででんねん天満はん-天神祭」今江祥智文;長新太絵 童心社 2003年6月
「ネズミちゃんとおまつりのふうせん」バレリー・ゴルバチョフ作・絵;なかがわちひろ訳 徳間書店 2009年10月
「ねぶただ」砂山恵美子作 ポトス出版 2008年7月
「ねぶたラッセラー-ねぶたまつり」北彰介作;山口晴温絵 岩崎書店(絵本ノンフィクション16) 1981年7月
「パオちゃんのなつまつり」なかがわみちこ作・絵 PHP研究所 2003年6月
「ばけばけ町のべろろんまつり」たごもりのりこ作・絵 岩崎書店(カラフルえほん4) 2005年3月
「ハナちゃんとバンビさん カーニバルへいく」石津ちひろ文;荒井良二絵 理論社 2007年3月
「はらっぱむらのなつまつり」かとうまふみ作・絵 フレーベル館(わくわくメルヘンシリーズ) 2009年7月
「はるまつり」菊池日出夫作 福音館書店 1985年5月
「ひろとチロのなつまつり」成田雅子作・絵 講談社(講談社の創作絵本) 2009年6月
「ふくの神どっさどっさどっさぁり-羽黒町手向のサイの神」つちだよしはる作 リーブル(えほん・こどものまつり) 2002年1月
「ふしぎなカーニバル」秋山匡作・絵 講談社 1993年3月
「ほうねん まんさく むらまつり-「ありがとう」がいっぱい!」西沢杏子文;うつみのりこ絵 チャイルド本社(エコ育絵本ちきゅうにやさしくなれるかな?6) 2009年9月
「まつり」いせひでこ作 講談社(講談社の創作絵本) 2010年11月
「まつりのよるオスカがよぶ」土田勇作 フレーベル館(リトルツインズ8) 1993年7月
「まりーちゃんとおまつり」フランソワーズ作・絵;ないとうりえこ訳 徳間書店 2005年1月
「みつばちみつひめ どどんとなつまつりの巻」秋山あゆ子作 ブロンズ新社 2010年7月
「みどりのしっぽのねずみ」レオ・レオニ作;谷川俊太郎訳 好学社 1973年1月
「みんなまつりモラモラ」久我通世作・絵 講談社 1990年3月
「むささび星」今西祐行文;斉藤博之絵 ポプラ社(おはなし名作絵本11) 1971年9月
「ヨウカイとむらまつり」ビーゲン・セン作;永井郁子絵 汐文社 2008年4月

「リサとガスパールのマジック・ショー」 アン・グットマン文；ゲオルグ・ハレンスレーベン絵；石津ちひろ訳 ブロンズ新社(リサとガスパールのおおがたえほん) 2005年3月
「仮面のまちがい」 マテオ・ボース作；ムリエル・フレガ絵；おおいしまりこ訳 新世研 2003年12月
「夏祭り きつねと子どもたち」 小泉澄夫文・絵 コーキ出版 1981年8月
「火の笛-祇園祭絵巻」 西口克己；田島征彦作 童心社 1980年7月
「鬼おどり」 谷真介作；赤坂三好絵 PHP研究所(PHPのえほん6) 1983年10月
「祭の晩」 宮沢賢治作；玉井司絵 リブロポート 1985年6月
「七がつエイサー」 儀間比呂志作・画 福音館書店 1978年7月
「七ふくじんとなつまつり」 山末やすえ作；伊東美貴絵 教育画劇 2002年6月
「雪むかえの村」 竹内もと代文；西村繁男絵 アリス館 2004年9月

行事＞お正月
「10ぴきのかえるのおしょうがつ」 間所ひさこ作；仲川道子絵 PHP研究所(PHPにこにこえほん) 1992年11月
「アルゴス、お正月の買い物」 みやかわけんじ作；なかじまけいか絵 新世研 2002年10月
「えびすさんと6人のなかまたち」 中川ひろたか作；井上洋介絵 佼成出版社(七福神ものがたり1) 2004年11月
「おしょうがつこびとのおはなし」 まついのりこ作 童心社(行事こびとのえほん) 1986年10月
「おしょうがつさん とんできた」 鶴見正夫作；頓田室子絵 金の星社(えほん・こどもの四季) 1980年10月
「おしょうがつさん」 矢崎節夫作；尾崎真吾絵 ポプラ社(絵本のせかい6) 1976年11月
「おせちいっかのおしょうがつ」 わたなべあや作 佼成出版社(クローバーえほんシリーズ) 2008年12月
「おせちのおしょうがつ」 ねぎしれいこ作；吉田朋子絵 世界文化社(ワンダーおはなし絵本) 2007年11月
「おばあちゃんの くりきんとん」 山中桃子作 長崎出版(いのちの絵本シリーズ) 2009年11月
「おばあちゃんのおせち」 野村たかあき作・絵 佼成出版社(クローバーえほんシリーズ) 2008年12月
「おめでとう おめでとう」 中川ひろたか文；あおきひろえ絵 自由国民社 2010年12月
「お正月さん ありがとう」 内田麟太郎作；山本孝絵 岩崎書店(えほんのぼうけん23) 2010年12月
「かまくら」 斎藤隆介文；赤坂三好絵 講談社 1972年5月

子どもの世界・生活

「こだぬきとやっこだこ」 小沢正作;村上勉絵　フレーベル館（おはなしえほん2）　1985年12月

「すいすいたこたこ」 とよたかずひこ作・絵　鈴木出版（たんぽぽえほんシリーズ）　2010年11月

「ソルビム－お正月の晴れ着」 ペ・ヒョンジュ絵・文;ピョン・キジャ訳　セーラー出版　2007年1月

「はつゆめはひみつ」 谷真介文;赤坂三好絵　佼成出版社（行事むかしむかし一月 初夢のはなし）　1991年1月

「ひとりの正月」 斎藤隆介作;久米宏一絵　佼成出版社　1979年12月

「ふくねずみ すごろくばなし」 わたりむつこ作;ましませつこ絵　福音館書店　1999年4月

「もうすぐおしょうがつ」 寺村輝夫作;いもとようこ絵　あかね書房（くりのきえんのおともだち12）　1986年12月

「もうすぐおしょうがつ」 西村繁男作　福音館書店　2010年11月

「もちづきくん」 中川ひろたか作;長野ヒデ子絵　ひさかたチャイルド　2005年12月

「赤ひげのとしがみさま」 ファリード・ファルジャーム;ミーム・アザード再話;ファルシード・メスガーリ絵;桜田方子;猪熊葉子訳　ほるぷ出版　1984年9月

行事＞お墓まいり

「いのちのまつり」 草場一壽作;平安座資尚絵　サンマーク出版　2004年10月

行事＞お盆

「エイサーガーエー おきなわのえほん」 儀間比呂志文・絵　ルック　2004年9月

「きつねのぼんおどり」 山下明生文;宇野亜喜良画　解放出版社（エルくらぶ）　2000年6月

「ソリちゃんのチュソク」 イ・オクベ絵・文;みせけい訳　セーラー出版　2000年12月

「たこのタコちゃん」 神沢利子作;田畑精一絵　あかね書房（あかね創作えほん19）　1984年5月

「とおかおくれのぼんおどり」 今関信子作;おぼまこと絵　朔北社　2005年7月

「ぼくのしんせき」 青山友美作・絵　岩崎書店（えほんのぼうけん15）　2010年7月

「海神の姫」 岡本敏子文;塩沢文男絵・原案　佼成出版社　2003年7月

行事＞クリスマス

「12月通り25番地」 ヘレン・ウォード作;ウエイン・アンダースン絵;岡田淳訳　BL出版　2005年11月

「1ねんでいちばんうれしい夜」 岡本颯子作・絵　ポプラ社（えほんはともだち4）　1989年11月

子どもの世界・生活

「6ぴきのこぶたクリスマス」 ブルース・コシールニアック作；うえだまさこ訳 佑学社 1993年11月

「7ひきのこぐまのクリスマス」 たかはしかおり作・絵 ひさかたチャイルド 2009年10月

「あしたはクリスマス」 長崎源之助作；山中冬児絵 銀河社 1980年11月

「あたたかいおくりもの」 たるいしまこ作 福音館書店（もりのおくりもの3） 1992年10月

「アメリカのマドレーヌ」 ルドウィッヒ・ベーメルマンス；ジョン・ベーメルマンス・マルシアーノ；江國香織訳 BL出版 2004年10月

「ありがとうサンタさん」 内田麟太郎文；かすや昌宏絵 女子パウロ会 2008年10月

「アンジェリーナのクリスマス」 キャサリン・ホラバート文；ヘレン・クレイグ絵；おかだよしえ訳 講談社（講談社の翻訳絵本） 2004年10月

「アンナの赤いオーバー」 ハリエット・ジーフェルト文；アニタ・ローベル絵；松川真弓訳 評論社（児童図書館・絵本の部屋） 1990年12月

「イーノとダイジョブのクリスマス サンタさんになったよ」 さこももみ作・絵 講談社（講談社の創作絵本） 2009年10月

「いじわるグリンチのクリスマス」 ドクタースース作；渡辺茂男訳 日本パブリッシング 1971年1月

「いじわるシャルル」 ステファニー・ブレイク作・絵；ふしみみさを訳 PHP研究所 2008年11月

「いちばんうれしいおきゃくさま」 ロバート・クェッケンブッシュ作・絵；中野完二訳 佑学社（アメリカ創作絵本シリーズ5） 1979年11月

「いちばんすてきなクリスマス」 チェン・チーユエン作；片山令子訳 コンセル 2006年9月

「イツクのクリスマスのたび」 エレナ・パスクアーレ文；ドゥブラフカ・コラノヴィチ絵；さくらいずみ訳 ドン・ボスコ社 2005年9月

「うさぎのそり」 武鹿悦子作；宮本忠夫絵 ひかりのくに 2002年11月

「うさぎのぴょんのクリスマス」 ハロルド・ジョーンズ作・絵；早川敦子訳 徳間書店 2004年10月

「うれしいうれしいクリスマス」 長野博一作 小峰書店（くまたんはじめてシリーズ5） 1988年11月

「エマおばあさんとモミの木―アルザスのファンタジー」 こやま峰子作；花房葉子絵 平凡社 2005年11月

「エリーちゃんのクリスマス」 メアリー・チャルマーズ作；おびかゆうこ訳 福音館書店（世界傑作絵本シリーズ・アメリカの絵本） 2009年10月

「エロイーズのクリスマス」 ケイ・トンプソン文；ヒラリー・ナイト絵；井上荒野訳 メディアファクトリー 2001年11月

「オオカミのクリスマス」 そがまい作 小峰書店（えほんひろば） 2008年11月

子どもの世界・生活

「おおかみのクリスマス」 ミッシェル・ゲイ作・絵；やましたはるお訳 佑学社 1982年12月

「おおきなもりのクリスマス」 ローラ・インガルス・ワイルダー原作；ルネ・グレーフ絵；しみずなおこ訳 文渓堂（絵本・大草原の小さな家2） 1996年11月

「おかしなおかしなクリスマス」 プレヴェール作；E.アンリケ絵；宗左近訳 文化出版局 1981年6月

「おくれてきたクリスマス」 ノルベルト・ランダ文；マルリス・シャルフ=クニーマイヤー絵；山口文生訳 評論社（児童図書館・絵本の部屋） 2002年12月

「おじいちゃんグマのクリスマス」 ボニー・プライア文；ブルース・デジャン絵；山口文生訳 評論社（児童図書館・絵本の部屋） 1987年11月

「おじいちゃんとのクリスマス」 リタ・テーンクヴィスト文；マリット・テーンクヴィスト絵；大久保貞子訳 冨山房 1995年10月

「おたすけこびとのクリスマス」 なかがわちひろ文；コヨセ・ジュンジ絵 徳間書店 2009年10月

「おたんじょうびのクリスマス」 小比賀優子文；高林麻里絵 ほるぷ出版（くりんとコロンのおはなし） 1991年10月

「おばあさんの メリークリスマス」 もりやまみやこ作；つちだよしはる絵 国土社（そよかぜ絵本シリーズ1） 1990年10月

「おばあさんのクリスマス」 香山美子作；岡本颯子絵 ひさかたチャイルド 1991年11月

「おばあちゃんのきぐつ」 金川幸子文；中村有希絵 中央出版社 1988年11月

「おもいでのクリスマスツリー」 グロリア・ヒューストン作；バーバラ・クーニー絵；吉田新一訳 ほるぷ出版 1991年11月

「オリビア クリスマスのおてつだい」 イアン・ファルコナー作；谷川俊太郎訳 あすなろ書房 2008年11月

「お星さま さがし」 天野喜孝原作 PHP研究所 2009年11月

「お星さまのおくりもの－グリム童話」 エウゲン・ソプコ絵；中村妙子訳 新教出版社 1989年9月

「かぜがはこんだクリスマス」 つるみゆき文・絵 サン パウロ 2003年10月

「カロリーヌの クリスマス」 ピエール・プロブスト作；山下明生訳 BL出版（カロリーヌとゆかいな8ひき） 1999年11月

「カンスケのクリスマス」 東田直樹作；唐沢睦子絵 交通新聞社 2008年11月

「きかんぼねずみのクリスマス」 今村葦子文；小泉るみ子絵 女子パウロ会 2007年10月

「きつねいろの くつした」 こわせたまみ作；いもとようこ絵 ひかりのくに 1996年12月

「キッパーのクリスマス」 ミック・インクペン作；角野栄子訳 小学館 1999年11月

「キップコップのクリスマス」 マレーク・ベロニカ文・絵；羽仁協子訳 風涛社 2005年10月

子どもの世界・生活

「きみとであったクリスマス-メルローズとクロック」 エマ・チチェスター・クラーク作；たなかまや訳 評論社(児童図書館・絵本の部屋) 2006年10月

「きよし このよる」 セルマ・ラーゲルレーヴ作；ドミニク・ルクレール絵；なかむらたえこ訳 新教出版社 1992年10月

「きよしこの夜」 アイヴィン・シェイエ文；ヴェンケ・オイエン絵；山内清子訳 福武書店 1989年10月

「きらきらてんしのクリスマス」 クレア・フリードマン文；ゲイル・イェリル絵；ゆりよう子訳 ひさかたチャイルド 2009年10月

「ぎんいろのクリスマスツリー」 パット・ハッチンス作；渡辺茂男訳 偕成社(世界の新しい絵本) 1975年11月

「ぎんのまつぼっくり」 金川幸子文；中村有希絵 中央出版社 1984年10月

「クウとポーのクリスマス」 松井雪子著 平凡社 2004年11月

「クッキークリスマス-クリスマスイブのふしぎなおはなし」 うすいのりこ作；きたやまようこ絵 偕成社 1991年11月

「くつしたあみのおばあさん」 おそのえけいこ作；スズキコージ絵 PHP研究所(PHPわたしのえほんシリーズ) 1995年2月

「くまさんクリスマスおめでとう」 矢部美智代作；岡村好文絵 ひさかたチャイルド(ひさかた傑作集16) 1985年11月

「くまじいちゃんのクリスマス」 やすいすえこ作；いもとようこ絵 女子パウロ会 1997年10月

「くまのこミンのクリスマス」 あいはらひろゆき文；あだちなみ絵 講談社(講談社の創作絵本) 2008年10月；ソニー・マガジンズ(にいるぶっくす) 2005年10月

「くまのプーさんのクリスマス」 ブルース・トーキントン作；江國香織訳 講談社 2000年10月

「クリスマス・イブ」 マーガレット・W.ブラウン文；ベニ・モントレソール絵；矢川澄子訳 ほるぷ出版 1976年9月

「クリスマス・イブ」 マーガレット・ワイズ・ブラウン文；ベニ・モントレソール絵；矢川澄子訳 ほるぷ出版 2003年11月

「クリスマス・キャロル」 チャールズ・ディケンズ作；カリーン・テイラースン絵；新倉俊一訳 パルコ出版 1990年11月

「クリスマスイブのきゃく」 フィリス・ネイラー文；パトリシア・ニュートン絵；さいとうゆうこ訳 新世研 1998年11月

「クリスマスがきたよ」 森津和嘉子絵；山元眞文 女子パウロ会 2002年10月

「クリスマスくまくん」 アン・マンガン作；ジョアンナ・モス絵；あまんきみこ訳 学習研究社 2003年11月

「クリスマスケーキをさあどうぞ」 松井紀子作 トモ企画 1984年10月

「クリスマスってなあに？」 マックス・ボリガー文；ジョヴァンニ・マンナ絵；らんぱると・あつこ訳 いのちのことば社フォレストブックス 2004年11月

子どもの世界・生活

「クリスマスに ほしいもの」 星野はしる作;入山さとし絵 ひさかたチャイルド 2001年10月

「クリスマスにきたユニコーン」 アンナ・カーリー作;まつかわまゆみ訳 評論社(児童図書館・絵本の部屋) 2007年10月

「クリスマスにくつしたをさげるわけ」 間所ひさこ作;ふりやかよこ絵 教育画劇(行事の由来えほん) 2000年10月

「クリスマスには とおまわり」 長崎夏海作;小倉正巳絵 文渓堂(まいにちがだいすきシリーズ3) 1993年11月

「クリスマスにはおきててくまさん」 カーマ・ウィルソン文;ジェーン・チャップマン絵;なるさわえりこ訳 BL出版 2005年10月

「クリスマスにやってくるのは?」 ケイト・バンクス作;ゲオルグ・ハレンスレーベン絵;今江祥智訳 BL出版 2010年11月

「クリスマスの おくりもの」 イワン・ガンチェフ作;もきかずこ訳 DEMPA/ペンタン 1993年12月

「クリスマスの ふしぎなはこ」 長谷川摂子文;斉藤俊行絵 福音館書店(幼児絵本シリーズ) 2008年10月

「クリスマスのあたらしいおともだち」 ジェイムズ・スティーブンスン文・絵;谷本誠剛訳 国土社 1982年11月

「クリスマスのインタビュー」 土屋富士夫絵;吉池好高文 女子パウロ会 2003年10月

「クリスマスのうさぎさん」 ウィル;ニコラス作・絵;わたなべしげお訳 福音館書店(世界傑作絵本シリーズ・アメリカの絵本) 1985年9月

「クリスマスのうさぎぼうや」 アンドレ・ダーハン作;石津ちひろ訳 評論社(児童図書館・絵本の部屋) 1999年12月

「クリスマスのうた-きよしこの夜」 ジーノ・ガビオリ絵;リーノ・ランジオ作;わきたあきこ文 女子パウロ会 1978年9月

「クリスマスのおおしごと」 長谷川直子作・絵 教育画劇 2008年10月

「クリスマスのおかいもの」 たしろちさと作 講談社(講談社の創作絵本) 2009年11月

「クリスマスのおきゃくさま」 ダイアナ・ヘンドリー文;ジョン・ロレンス絵;藤井美樹子訳 徳間書店 1994年10月

「クリスマスのおきゃくさま」 武鹿悦子作;中村景児絵 佼成出版社 1987年11月

「クリスマスのおはなし」 ジェーン・レイ絵・文;奥泉光訳 徳間書店 1994年10月

「クリスマスのき」 金川幸子文;中村有希絵 中央出版社(クリスマス伝説シリーズ) 1990年11月

「クリスマスのきせき」 高畠那生作・絵 岩崎書店(えほんのぼうけん18) 2010年11月

「クリスマスのぎんのすず」 ロルフ・クレンツァー文;マーヤ・デュシコーヴァ絵;佐々木田鶴子訳 DEMPA/ペンタン 1994年12月

子どもの世界・生活

「クリスマスのこと」 いがらしみきお作 竹書房(いがらしみきお・ぼのぼのえほん) 1998年11月

「クリスマスのこねこ」 クレア・ターレイ・ニューベリー文・絵;光吉夏弥訳 大日本図書(傑作ねこの絵本) 1988年3月

「クリスマスのころわん」 間所ひさこ作;黒井健絵 ひさかたチャイルド 2003年11月

「クリスマスのつぼ」 ジャック・ケント作・絵;清水真砂子訳 ポプラ社(世界のほんやくえほん9) 1977年11月

「クリスマスのねこヘンリー」 メリー・カルホーン文;エリック・イングラハム絵;猪熊葉子訳 リブリオ出版 2006年12月

「クリスマスのはじまり」 レイチェル・ビリントン作;バーバラ・ブラウン絵;太田愛人訳 佑学社 1983年11月

「クリスマスのひかり」 アルベルト・ベネベッリ文;ロレッタ・セロフィッリ絵;やなぎやけいこ訳 ドン・ボスコ社 1994年9月

「クリスマスのほし」 ジョセフ・スレイト文;フェリチア・ボンド絵 聖文舎 1983年10月

「クリスマスのほし」 マーカス・フィスター作;俵万智訳 講談社(世界の絵本) 1995年11月

「クリスマスのまえのばん」 クレメント・クラーク・ムーア詩;リスベート・ツヴェルガー絵;江國香織 BL出版 2006年10月

「クリスマスのゆきだるま」 アンドレ・ダーハン作;田島かの子訳 小学館 2002年11月

「クリスマスの花」 立原えりか文;江口あさ子絵 サンリオ(サンリオ創作絵本シリーズ) 1990年10月

「クリスマスの祈り」 ブライアン・モーガン作;セルジオ・マルティネス画;斎藤登志子訳 いのちのことば社 2003年10月

「クリスマスの真珠」 ミーシャ・ダムヤン文;アレクサンダー・ライヒシュタイン絵;いずみちほこ訳 いのちのことば社フォレストブックス 2003年11月

「クリスマスの人形たち」 ジョージー・アダムズ文;カーチャ・ミハイロフスカヤ絵;こだまともこ訳 徳間書店 2008年10月

「クリスマスの大そうどう」 デイビッド・シャノン作;小川仁央訳 評論社(児童図書館・絵本の部屋) 2007年11月

「クリスマスはきみといっしょに」 ホリー・ホビー作;二宮由紀子訳 BL出版(トゥートとパドル) 2001年11月

「クリスマスプレゼント1 はな」 あいはらひろゆき文;あだちなみ絵 教育画劇 2007年10月

「クリスマスプレゼント2 ほし」 あいはらひろゆき文;あだちなみ絵 教育画劇 2007年10月

「クリスマスベア」 C.W.ニコル作;堤江実訳 古山浩一絵 アートデイズ 2003年11月

「クリスマスまだかな？」 こわせたまみ作;秋里信子絵 PHP研究所(PHPわたしのえほんシリーズ) 1995年11月

子どもの世界・生活

「クリスマスものがたり」 ブライアン・ワイルドスミス作・絵;曽野綾子訳 太平社 1990年11月

「クリスマスものがたり-ぶたいしかけえほん」 トミー・デ・パオラ作・絵;きたむらまさお訳 大日本絵画 1990年11月

「クリスマスよ、ブルーカンガルー!」 エマ・チチェスター・クラーク作;まつかわまゆみ訳 評論社(評論社の児童図書館) 2007年11月

「クリスマスれっしゃ」 イヴァン・ガンチェフ作・絵;佐々木元訳 フレーベル館 1984年11月

「クリスマスわくわくサンタの日!」 ますだゆうこ作;たちもとみちこ絵 文渓堂 2009年11月

「クリスマスをさがして」 トリーナ・シャート・ハイマン作・絵;若林千鶴訳 金の星社(世界の絵本ライブラリー) 1995年11月

「クリスマスをさがしに」 リースベット・スレーヘルス作;ひらおかただし訳 いのちのことば社フォレストブックス 2005年11月

「クリスマスをさがすレティス」 マンディー・スタンレイ作;おがわひとみ訳 評論社 2005年10月

「クリスマスを見なかった?」 ヴィッキー・ハウイー文;キャロライン・ペドラー絵;つばきうたこ訳・編 ドン・ボスコ社 2006年9月

「クリスマス人形のねがい」 ルーマー・ゴッデン文;バーバラ・クーニー絵;掛川恭子訳 岩波書店 2001年11月

「クリスマス伝説 3びきめのひつじ」 ひろのみずえ再話;広野多珂子絵 女子パウロ会 2009年10月

「グリンチ」 ドクター・スース作・絵;井辻朱美訳 アーティストハウス 2000年11月

「クルミわりにんぎょう」 ホフマン原作;ジーン・リチャードソン再話;フランチェスカ・クレスピー絵;小川仁央訳 評論社(児童図書館・絵本の部屋) 1990年12月

「くるみわりにんぎょう」 ホフマン原作;金山美穂子文;司修絵 世界出版社(ABCブック) 1970年1月

「くるみわり人形」 E.T.A.ホフマン原作;中井貴惠抄訳 ブロンズ新社 2008年10月

「くるみわり人形」 E.T.A.ホフマン作;モーリス・センダック絵;ラルフ・マンハイム英語訳;渡辺茂男日本語訳 ほるぷ出版 1993年5月

「くるみわり人形」 ホフマン原作;ダグマル・ベルコバー絵;高橋ひろゆき文 佑学社(名作バレー物語シリーズ) 1978年11月

「くるみ割り人形」 E.T.A.ホフマン原作;リスベート・ツヴェルガー絵;ズザンネ・コッペ文;池田香代子訳 BL出版 2005年12月

「グレー・ラビットのクリスマス」 アリスン・アトリー作;マーガレット・テンペスト絵;河野純三訳 評論社(児童図書館・絵本の部屋 グレー・ラビット5) 1982年11月

「くろうまブランキー」 伊東三郎再話;堀内誠一画 福音館書店(こどものとも傑作集) 1967年11月

子どもの世界・生活

「こうさぎたちのクリスマス」 エイドリアン・アダムズ作・絵;乾侑美子訳 佑学社(アメリカ創作絵本シリーズ11) 1979年11月

「こうさぎのクリスマス」 松野正子作;荻太郎絵 福音館書店 1976年12月

「こうしは そりにのって」 アストリッド・リンドグレーン作;マーリット・テーンクヴィスト絵;今井冬美訳 金の星社 1997年10月

「コーギビルのいちばん楽しい日」 ターシャ・テューダー絵・文;食野雅子訳 メディア・ファクトリー 2002年11月

「こねこのクリスマス」 ターシャ・デューダー絵;エフナー・テューダー・ホールムス文;辻紀子訳 いのちのことば社フォレストブックス 2006年9月

「こねこのクリスマス」 なかえよしを作;上野紀子絵 教育画劇(スピカみんなのえほん1) 1988年10月

「こねこのみつけたクリスマス」 マーガレット・ワイズ・ブラウン文;アン・モーティマー絵;中川千尋訳 ほるぷ出版 1994年10月

「こびとのおくりもの」 上沢謙二再話;荻太郎画 福音館書店(こどものとも傑作集) 1966年10月

「こびとのくつや-グリム童話」 バーナデット・ワッツ絵;佐々木田鶴子訳 西村書店 1987年9月

「こびとのくつやさん-グリム童話」 エヴ・タルレ絵;遠山明子訳 ほるぷ出版 1990年6月

「こびとの村のクリスマス」 A.シャプートン文;G.ミューラー絵;岸田今日子訳 文化出版局 1984年11月

「こぶたはなこさんのクリスマス」 くどうなおこ文;いけずみひろこ絵 童話屋 1984年11月

「こまどりのクリスマス-スコットランド民話」 渡辺茂男訳;丸木俊子画 福音館書店 1960年12月

「コロちゃんのクリスマスのぼうけん」 エリック・ヒル作;まつかわゆみ訳 評論社(児童図書館・絵本の部屋) 1995年11月

「こんやはねむれないよお」 アラン・パリー文;リンダ・パリー絵;やなぎやけいこ訳 ドン・ボスコ社 2004年9月

「さいしょのくりすます」 上野泰郎絵;佐久間彪文 至光社(ブッククラブ国際版絵本) 1986年1月

「サンタクロースのくるひ」 西巻茅子作・絵 福音館書店(日本傑作絵本シリーズ) 1990年10月

「サンタさんといっしょに」 あまんきみこ作;秋里信子絵 教育画劇(行事のえほん10) 1992年10月

「サンタの国へのふしぎなたび」 まつむらちひで作;林恭三絵 ポプラ社(えほんはともだち16) 1991年11月

「サンタをのせたクリスマス電車」 ジタ・ユッカー絵;ロルフ・クレンツァー作;ウィルヘルム・きくえ訳 太平社 1991年11月

子どもの世界・生活

「しあわせのおくりもの」 カール・ノラック文；クロード・K.デュボワ絵；河野万里子訳　ほるぷ出版　2009年9月

「シーマくんとペギーちゃんのクリスマス」 エミール・ジャドゥール作；石津ちひろ訳　小学館　2006年12月

「ジェイクのクリスマス」 葉祥明絵・文；リッキー・ニノミヤ英訳　自由国民社　1997年12月

「しかのハインリッヒ」 フレッド・ロドリアン作；ヴェルナー・クレムケ絵；上田真而子訳　福音館書店（世界傑作絵本シリーズ）　1988年10月

「しゃしんかんのメリークリスマス」 森山京文；林静一絵　講談社　1985年12月

「ジョニーのクリスマス」 やまだうたこ文・絵　教育画劇　2005年10月

「スーパースノーマン」 ジャック・デュケノワ作；BL出版編集部訳　BL出版　1999年11月

「スプーンおばさんのクリスマス」 アルフ・プリョイセン作；ビョーン・ベルイ絵；大塚勇三訳　偕成社　1979年11月

「ズボンのクリスマス」 林明子作　福音館書店（クリスマスの三つのおくりもの）　1987年10月

「せかいいち おおきな クリスマスツリー」 おおはらひでき作　PHP研究所（PHPにこにこえほん）　2000年11月

「セシのポサダの日－メキシコのものがたり」 マリー・ホール・エッツ；アウロラ・ラバスティダ作；マリー・ホール・エッツ画；田辺五十鈴訳　冨山房　1974年12月

「セレスティーヌのクリスマス」 ガブリエル・バンサン作；森比左志訳　ブックローン出版（くまのアーネストおじさんシリーズ）　1983年11月

「ぞうくんの クリスマス」 おくむらりつこ作　自由国民社　1998年11月

「それぞれのメリークリスマス！」 磯田和一作・絵　PHP研究所（PHPわたしのえほんシリーズ）　1992年11月

「だーいすき！」 ディック・ガッケンバッハ文・絵；いしもとせいいち訳　新世研　1998年11月

「ダーチャのいのり」 木崎さと子文；黒井健絵　女子パウロ会　2005年10月

「ちいさなひつじとちいさなてんし」 三好碩也絵・文　至光社（ブッククラブ国際版絵本）　1977年1月

「ちいさなもみのき」 かすや昌宏絵；佐久間彪文　至光社　1984年1月；至光社（ブッククラブ国際版絵本）　1980年1月

「ちいさなもみのき」 ファビエンヌ・ムニエ文；ダニエル・エノン絵；河野万里子訳　ほるぷ出版　2006年9月

「ちいさなもみの木」 ガブリエル・バンサン作；もりひさし訳　ブックローン出版（くまのアーネストおじさん）　1996年11月

「ちいさなろば」 ルース・エインズワース作；石井桃子訳；酒井信義画　福音館書店（こどものとも傑作集）　2002年11月

子どもの世界・生活

「ちいさな曲芸師バーナビー」 バーバラ・クーニー再話・絵；末盛千枝子訳 すえもりブックス 2006年6月

「ちびうさ クリスマス!」 ハリー・ホース作；千葉茂樹訳 光村教育図書 2008年10月

「ちびくまちゃんちの さんたさんは だあれ」 黒柳徹子文；紙谷元子人形・構成 ケイエス企画 1987年12月

「ちびけちゃんにも やらせて！」 ミレイユ・ダランセ作；いせひでこ訳 朔北社 1999年11月

「チビねずみくんのクリスマス」 ダイアナ・ヘンドリー作；ジェーン・チャップマン絵；若松宣子訳 岩崎書店 2005年10月

「ツリーにやどったおほしさま」 クリスティーン・リースン文；ギャビー・ハンセン絵；小川仁央訳 評論社（児童図書館・絵本の部屋） 2003年11月

「ティリーのクリスマス」 フェイス・ジェイクス作；小林いづみ訳 こぐま社 1995年12月

「テオとかぞく」 ビオレタ・デノウ絵・文；小西マリ子訳 青玄社（テオくんのぼうけんシリーズ1） 1984年12月

「てんしさまがおりてくる」 五味太郎作 リブロポート 1980年11月

「てんしのアンジー－ちいさなてんしのクリスマス」 アラン・バリー絵；リンダ・バリー文；関谷義樹訳 ドン・ボスコ社 1998年9月

「てんしのはな」 丸山明子絵・文 サンパウロ 1996年11月

「どうしてクリスマスには…」 二宮由紀子作；木曽秀夫絵 文研出版（えほんのもり） 2007年10月

「どうぶつたちのクリスマス」 ノーマ・ファーバー作；バーバラ・クーニー絵；太田愛人訳 佑学社 1981年12月

「どうぶつたちのクリスマス」 ノーマ・ファーバー文；バーバラ・クーニー絵；おおたあいと訳 日本キリスト教団出版局 2006年9月

「とおい星からのおきゃくさま」 もいちくみこ作；こみねゆら絵 岩崎書店（のびのび・えほん20） 2002年11月

「トスカのクリスマス」 アン・モーティマー絵；マシュー・スタージス文；木原悦子訳 講談社（講談社の翻訳絵本） 1991年10月

「とってもふしぎなクリスマス」 ルース・ソーヤー作；バーバラ・クーニー絵；掛川恭子訳 ほるぷ出版 1994年10月

「トムとチムのたのしいクリスマス」 おおいしまこと文；きただたくし絵 ひくまの出版（トムとチムのなかよしぼうけんシリーズ1） 1984年11月

「ドラキュラくんのクリスマス」 マーティン・ウォッデル文；ジョゼフ・ライト絵；きざきふうこ訳 岩崎書店（リトル・ドラキュラ2） 1993年11月

「ドラキュラくんのクリスマス」 マーティン・ウォッデル文；ジョゼフ・ライト絵；きざきふうこ訳 岩崎書店（世界の絵本11） 1993年11月

子どもの世界・生活

「どらゴンのメリークリスマス」デーヴ・ピルキー文・絵；マック・コーチャン訳 メディアファクトリー 1997年11月

「とりのクリスマスツリー」フランス・ファン・アンロー文；ヤープ・トル絵；朝倉澄；岸田衿子訳 講談社（世界の絵本オランダ）1971年2月

「とんがとぴんがのプレゼント」西内ミナミ作；スズキコージ絵 福音館書店（日本傑作絵本シリーズ）2008年10月

「どんくまさんのくりすます」柿本幸造絵；蔵富千鶴子文 至光社（ブッククラブ国際版絵本）1974年1月

「ナイトメアー・ビフォア・クリスマス」ティム・バートン作；加島葵訳 リブロポート 1994年10月

「ながれぼしをひろいに」筒井頼子作；片山健絵 福音館書店（こどものとも傑作集）1999年10月

「ニャンタとポンタの クリスマス」たちのけいこ作 あかね書房（ニャンタとポンタのおいしいおはなし3）2010年11月

「ネコが見た"きせき"」マイケル・フォアマン作；せなあいこ訳 評論社（児童図書館・絵本の部屋）2001年12月

「ねこざかなのクリスマス」わたなべゆういち作・絵 フレーベル館 2003年10月

「ネコのもらったおくりもの」ニック・バターワース作；まつかわまゆみ訳 評論社（児童図書館・絵本の部屋）1999年8月

「ねずみくん、どうするどうするクリスマス」ドン・ウッド；オードリー・ウッド作；ドン・ウッド絵；今江祥智訳 BL出版 2003年11月

「ねずみくんのクリスマス」さくらともこ作；中村景児絵 PHP研究所（PHPわたしのえほんシリーズ）2000年11月

「ねずみくんのクリスマス」なかえよしを作；上野紀子絵 ポプラ社（ねずみくんの絵本19）2003年10月

「ねずみにとどいたクリスマス」ルドルフ・オットー・ヴィーマー文；ヨゼフ・ヴィルコン絵；川中子義勝訳 いのちのことば社フォレストブックス 2007年9月

「ねむいねむいねずみのクリスマス」佐々木マキ作・絵 PHP研究所 1982年11月

「ねんにいちどのおきゃくさま」亀岡亜希子作・絵 文渓堂 2000年10月

「のうさぎ村のクリスマス」マリー・H・アンリ作・絵；末松氷海子訳 佑学社 1987年10月

「ノエルのひみつ」G.ソロタレフ作・絵；すえまつひみこ訳 佑学社 1990年10月

「ノーナさまのクリスマス」トミー・デ・パオラ作；ゆあさふみえ訳 偕成社（まほうつかいのノーナさま3）1993年11月

「のどか森のリトル・ジョイ ひみつひみつのプレゼント」柳川茂文；河井ノア絵 クロスロード 1985年12月

「のぶくんのくりすます」丸山明子作・画 中央出版社 1990年9月

子どもの世界・生活

「のぼさんのクリスマスツリー」 蔵冨千鶴子文;いしなべふさこ絵 女子パウロ会 2003年10月
「のらねこサムのクリスマス」 こやま峰子文;宮本忠夫絵 アリス館 1988年11月
「パーティーでいただきます-ごちそうえほん」 つちだよしはる作 小峰書店 1997年11月
「バーナデットのモミの木」 ハンス・クリスチャン・アンデルセン原作;バーナデット絵;ささきたづこ訳 西村書店 1990年12月
「バーバパパのクリスマス」 アネット・チゾン;タラス・テイラー作;山下明生訳 講談社(バーバパパ・ミニえほん12) 1977年5月
「バーバパパのクリスマス」 アネット・チゾン;タラス・テイラー作;山下明生訳 講談社(バーバパパのちいさなおはなし9) 1997年10月
「パオちゃんのクリスマス」 なかがわみちこ作・絵 PHP研究所 1984年11月
「ばすくんのくりすます」 みゆきりか作;なかやみわ絵 小学館 2010年11月
「パディントンのふしぎなクリスマス」 マイケル・ボンド文;デイビッド・マッキー絵;神鳥統夫訳 アリス館 1988年11月
「ハナ・ハート・フエのクリスマス」 和歌山静子作 フレーベル館 1983年11月
「ハネスうさぎの クリスマス」 バーナデット・ワッツ作;森山京訳 講談社(世界の絵本) 2000年10月
「ババールのクリスマスツリー」 L.ド・ブリュノフ作;しまづさとし訳;おのかずこ文 評論社(ミニ・ババール3) 1975年12月
「ハモのクリスマス」 たかおゆうこ作 福音館書店(日本傑作絵本シリーズ) 2008年10月
「バンセスのクリスマス」 ヤン・モーエセン作・絵;矢崎節夫訳 フレーベル館 1984年11月
「ぴちぴちカイサとクリスマスのひみつ」 リンドグレーン作;ヴィークランド絵;山内清子訳 偕成社 1977年12月
「びっくりクリスマス」 シンシア・パターソン;ブライアン・パターソン作・絵;三木卓訳 金の星社(フォックスウッドものがたり6) 1991年11月
「ぴっぴのあしあと」 おざきしんご絵;あきしまのぶひで文 サンパウロ 1998年11月
「ひとりぼっちのおとこのこ」 金川幸子文;中村有希絵 中央出版社 1986年12月
「ピポともりのなかまのクリスマス」 つるみゆき文・絵 サンパウロ 2007年10月
「ピヨピヨ メリークリスマス」 工藤ノリコ作 佼成出版社 2007年11月
「フィンダスのクリスマス」 スベン・ノルドクビスト作;すどうゆみこ訳 宝島社(フィンダス絵本シリーズ) 1993年12月
「フェリックスの手紙4 サンタクロースとクリスマス旅行」 アネッテ・ランゲン話;コンスタンツァ・ドロープ絵;栗栖カイ訳 ブロンズ新社 1997年11月
「ふしぎなあかいぼうし」 大鹿智子作・絵 ポプラ社(えほんはともだち30) 1993年10月

子どもの世界・生活

「ふしぎなもみのき」 河村員子文;拓新太朗絵 いのちのことば社シーアール企画 1991年10月

「ふしぎなゆきの日」 薫くみこ作;さとうゆうこ絵 ポプラ社(えほんとなかよし25) 1993年12月

「ふたりのクリスマスツリー」 トーニ・ジョンストン文;ウォーレス・トリップ絵;中山知子訳 国土社 1980年11月

「ふたりはクリスマスで」 イローナ・ロジャーズ作・絵;かどのえいこ訳 そうえん社(ふたりはなかよしシリーズ2) 2007年10月

「プフとユピーのクリスマス」 ピエール・プロブスト作;やましたはるお訳 BL出版 2004年9月

「フラヴィアとビロードのうさぎ」 マージェリー・ウィリアムズ原作;フラヴィア・ウィドゥン;リサ・ウィドゥン文・絵;もきかずこ訳 ビクター音楽産業 1992年11月

「フラヴィアのクリスマス」 フラヴィア・ウィドゥン;リサ・ウィドゥン文・絵;もきかずこ訳 ビクター音楽産業 1992年11月

「プレゼント」 長谷川集平文;村上康成絵 ブックローン出版 1987年12月

「フロレンチンともりのなかま」 かながわさちこ文;なかむらゆき絵 中央出版社 1991年11月

「ブンブンのクリスマス」 舟崎克彦作・絵 偕成社(ブンブンのえほん1) 1980年11月

「ペチューニアのクリスマス」 ロジャー・デュボアザン作・絵;乾侑美子訳 佑学社(がちょうのペチューニアシリーズ7) 1978年12月

「ヘレンのクリスマス」 ナタリー・キンジー=ワーノック文;メアリー.・アゼアリアン絵;千葉茂樹訳 BL出版 2007年11月

「ポーとメリーのクリスマス」 野村辰寿著 主婦と生活社(ね〜ね〜絵本) 2001年11月

「ポーのクリスマス」 野村辰寿著 主婦と生活社(ね〜ね〜絵本) 1996年11月

「ポールのクリスマス・イブ」 キャロル・キャリック作;ドナルド・キャリック絵;多田ひろみ訳 佑学社(アメリカ創作絵本シリーズ10) 1979年11月

「ぼくたちのホワイト・クリスマス」 ホリー・ホビー作;二宮由紀子訳 BL出版(トゥートとパドル) 2009年11月

「ぼくのママが生まれた島セブーフィリピン」 おおともやすお;なとりちづ作;おおともやすお絵 福音館書店 2010年10月

「ぼくの村のクリスマス」 ソフィー・クニフキー文・絵;波木居慈子訳 リブロポート 1991年11月

「ほしがながれてクリスマス」 谷内こうた絵・文 至光社(ブッククラブ・国際版絵本) 2008年1月

「ホワイトクリスマス」 ジョン・カンリフ文;ジェーン・ヒクソン;ジョーン・ヒクソン絵;おびかゆうこ訳 フジテレビ出版(ポストマンパット ビキナーズシリーズ) 1994年11月

「マーガレットとクリスマスのおくりもの」植田真作 あかね書房 2007年11月

「まじょのぼうし」さとうめぐみ文・絵 ハッピーオウル社（おはなしのほん）2007年12月

「マドレーヌのクリスマス」ルドウィッヒ・ベーメルマンス作;江國香織訳 BL出版 2000年11月

「マドレーヌのクリスマス」ルドウィッヒ・ベーメルマンス作・絵;俵万智訳 佑学社 1989年12月

「マヌエルのクリスマス」なかむらゆき絵;ひらいうらら文 サンパウロ 1998年11月

「まほうつかいのクリスマス」森山京作;佐野洋子絵 あかね書房（あかね創作えほん38）1997年11月

「まめうしのクリスマス」あきやまただし作・絵 PHP研究所（PHPわたしのえほんシリーズ）2008年10月

「まりーちゃんのくりすます」フランソワーズ文・絵;与田準一訳 岩波書店（岩波の子どもの本）1975年11月

「マルガリータ」ルベン・ダリオ作;ムリエル・フレガ絵;ひろかわかずこ訳 新世研 2002年10月

「みかちゃんのクリスマス」こうさけいじ文;たかせのぶえ絵 女子パウロ会 1986年10月

「みたみたほんとのクリスマス」江口まひろ絵;わきたあきこ文 女子パウロ会 1988年10月

「みつごのおてんばむすめ もうすぐクリスマス」メルセ・コンパニュ文;ルゼ・カプデヴィラ絵;辻昶;竹田篤司訳 DEMPAペンタン 1986年11月

「みつごのおてんばむすめ もうすぐクリスマス」メルセ・コンパニュ文;ルゼ・カプデヴィラ絵;辻昶;竹田篤司訳 ペンタン 1985年11月

「みほちゃんのクリスマス」しみずみちを作;山本まつ子絵 岩崎書店（母と子の絵本27）1975年12月

「みみこのクリスマス」間所ひさこ作;田沢梨枝子絵 PHP研究所（PHPこころのえほん12）1981年11月

「みんなでたのしいクリスマス」クレア・フリードマン文;ゲイル・イェリル絵;ゆりよう子訳 ひさかたチャイルド 2008年10月

「みんなでつくったクリスマス・ツリー」キャロライン・ベイリー作;うえさわけんじ訳;こうもとさちこ訳 福音館書店 1996年1月

「メイシーちゃんのクリスマス・イブ」ルーシー・カズンズ作;なぎともこ訳 偕成社 2003年10月

「めがねうさぎのクリスマスったらクリスマス」せなけいこ作・絵 ポプラ社 2002年11月

「メリー・クリスマス」舟崎克彦文;味戸ケイコ絵 偕成社 1979年12月

「メリークリスマスおおかみさん」宮西達也作・絵 女子パウロ会 2000年10月

「メリークリスマスおさるのジョージ」M.レイ原作 岩波書店 2007年11月

子どもの世界・生活

「もうすぐクリスマス」 ターシャ・テューダー著;内藤里永子訳 メディアファクトリー(ターシャ・テューダークラシックコレクション) 2001年12月

「もうすぐクリスマス」 立原えりか作;門田俊明絵 佼成出版社 1991年11月

「モグのクリスマス」 ジュディス・カー作;三原泉訳 あすなろ書房 2007年11月

「モグのクリスマス」 ジュディス・ケル文・絵;わだよしおみ訳 大日本絵画(かいがのえほん) 1979年1月

「もぐらくんとクリスマス」 ハナ・ドスコチロヴァー作;ズデネック・ミレル絵;木村有子訳 偕成社(もぐらくんの絵本) 2009年11月

「モティマー クリスマスのおひっこし」 カーマ・ウィルソン文;ジェーン・チャップマン絵;ホーバード・豊子訳 いのちのことば社フォレストブックス 2009年10月

「モミの手紙」 ロバート・フロスト作;テッド・ランド絵;みらいなな訳 童話屋 1999年10月

「もめんのろばさん」 わたりむつこ作;降矢なな絵 ポプラ社(絵本のおもちゃばこ27) 2007年10月

「モモゴンのクリスマス」 玖保キリコ作・絵 岩崎書店 2003年11月

「モリスのまほうのふくろ」 ローズマリー・ウエルズ作;大庭みな子訳 文化出版局 1977年11月

「やかまし村のクリスマス」 アストリッド・リンドグレーン作;イロン・ヴィークランド絵;おざきよし訳 ポプラ社(ポプラせかいの絵本13) 2003年11月

「やさいのクリスマスおおさわぎ」 さくらともこ作;米山永一絵 PHP研究所(PHPわたしのえほんシリーズ) 2002年11月

「ヤナコッタさんのクリスマス」 ジェイムズ・スティヴンスン著;常盤新平訳 紀伊國屋書店 1996年11月

「ゆうれいからのクリスマスプレゼント」 ヴァルシル・モンテイロ作;類・マリオ・クルス・デ・アルブルケ絵;おおいしまりこ訳 新世研 2003年10月

「ゆかいなゆうびんやさんのクリスマス」 ジャネット・アルバーグ;アラン・アルバーグ作;佐野洋子訳 文化出版局 2006年10月

「ゆきがしんしんしん」 つちだよしはる作 佼成出版社(あーあー森のはりねずみ一家4) 1997年11月

「ゆきがふったら」 いちかわなつこ作・絵 イースト・プレス 2008年11月

「ゆきだるまのクリスマス!」 キャラリン・ビーナー文;マーク・ビーナー絵;せなあいこ訳 評論社(児童図書館・絵本の部屋) 2006年11月

「ゆきだるまのクリスマス」 佐々木マキ作 福音館書店 1991年10月

「ゆきだるまのプレゼント」 いしいつとむ作 佑学社 1989年10月

「ゆきだるまのメリークリスマス」 ヴォルフラム・ヘネル作;ユーリ・ヴァース絵;いずみちほこ訳 文溪堂 2008年11月

子どもの世界・生活

「ゆきのまちかどに」 ケイト・ディカミロ作;バグラム・イバトーリーン絵;もりやまみやこ訳 ポプラ社(ポプラせかいの絵本20) 2008年10月

「ゆきの日のさがしもの」 薫くみこ作;さとうゆうこ絵 ポプラ社(えほんとなかよし30) 1994年10月

「ユリアのクリスマス」 南塚直子作;石井睦美文 小学館(おひさまのほん) 2000年11月

「ようこそクリスマス」 市川里美絵;マリアン・クシマノ・ラヴ文;森山京訳 講談社(世界の絵本) 2006年10月

「よりみちしたてんし」 杉田豊絵・文 至光社(ブッククラブ国際版絵本) 1977年1月

「よるくま クリスマスのまえのよる」 酒井駒子著 白泉社 2000年10月

「よろこびの ひ」 いもとようこ絵・文;ピーター・ミルワード訳 女子パウロ会 2007年10月

「ラーバンとラボリーナのクリスマス」 インゲル・サンドベリ作;ラッセ・サンドベリ絵;きむらゆりこ訳 ポプラ社(ラーバンとアンナちゃんのえほん1) 2006年10月

「ラスコちゃんの クリスマス」 まきむらけいこ作 ひさかたチャイルド 2004年11月

「ラッセルとクリスマスのまほう」 ロブ・スコットン作;ときありえ訳 文化出版局 2007年10月

「リサとガスパールのクリスマス」 アン・グッドマン文;ゲオルグ・ハレンスレーベン絵;石津ちひろ訳 ブロンズ新社 2000年9月

「リッキのクリスマス」 ヒド・ファン・ヘネヒテン作;のざかえつこ訳 フレーベル館 2005年11月

「リトルレッドのクリスマス」 セーラ・ファーガソン作;サム・ウィリアムズ絵;いぬいゆみこ訳 小学館 2008年12月

「ルカのクリスマスケーキ」 フランチェスカ・ボスカ文;ジュリアーノ・フェッリ絵;いずみちほこ訳 いのちのことば社フォレストブックス 2005年11月

「ルララとトーララ クリスマスのプレゼント」 かんのゆうこ文;おくはらゆめ絵 講談社(講談社の創作絵本) 2010年10月

「ローラのクリスマス」 クラウス・バウムガート文・絵;いけだかよこ訳 西村書店 1998年10月

「ロッタちゃんとクリスマスツリー」 アストリッド・リンドグレーン作;イロン・ヴィークランド絵;山室静訳 偕成社 1979年12月

「ろびんのくりすます」 かすや昌宏絵;渡洋子詩 至光社(ブッククラブ国際版絵本) 1984年1月

「ロビンの赤いベスト」 ジャン・フィアンリー作;まつかわまゆみ訳 評論社(児童図書館・絵本の部屋) 1999年11月

「わたしクリスマスツリー」 佐野洋子作・絵 講談社 1990年11月

「ワニのライルのクリスマス」 バーナード・ウェーバー作;小杉佐恵子訳 大日本図書(ワニのライルのおはなし) 1999年11月

子どもの世界・生活

「わんぱくだんのクリスマス」 ゆきのゆみこ；上野与志作；末崎茂樹絵 ひさかたチャイルド 2005年10月

「一まいのクリスマス・カード」 松谷みよ子文；小沢良吉絵 偕成社 1982年12月

「急行「北極号」」 クリス・ヴァン・オールズバーグ絵・文；村上春樹訳 あすなろ書房 2003年11月

「黒い羊のおくりもの」 ジタ・ユッカー絵；エリザベート・ヘック作；ウィルヘルム・きくえ訳 太平社 1985年11月

「子うさぎましろのお話」 佐々木たづ文；三好碩也絵 ポプラ社（おはなし名作絵本3） 1970年1月

「小さなぎんのほし」 たにしんすけ作；あかさかみよし絵 ポプラ社（絵本の時間34） 2003年11月

「森でいちばんのクリスマス・ツリー」 ジョン・ハセット；アン・ハセット作；せなあいこ訳 評論社（児童図書館・絵本の部屋） 2008年11月

「森のクリスマスツリー」 牧野鈴子作 文研出版（えほんのもり） 1982年11月

「人形たちのクリスマス」 ターシャ・テューダー著；内藤里永子訳 メディアファクトリー（ターシャ・テューダークラシックコレクション） 2001年12月

「世界にひとつしかクリスマスツリーがなかったら」 池谷剛一文・絵 パロル舎 2007年10月

「星のひとみ」 ザカリアス・トペリウス作；おのちよ絵；万沢まき訳 アリス館 1992年10月

「聖なる夜」 セルマ・ラーゲルレーヴ文；イロン・ヴィークランド絵；うらたあつこ訳 ラトルズ 2007年11月

「聖夜のおくりもの」 トリシャ・ロマンス文・絵；中村妙子訳 岩波書店 2008年10月

「雪のふる夜」 宮本多命文；江口まひろ絵 講談社 1983年11月

「二つのオランダ人形の冒険」 フローレンス・K.アプトン絵；バーサ・H.アプトン文；百々佑利子訳 ほるぷ出版 1985年12月

「馬小屋のクリスマス」 アストリッド・リンドグレーン文；ラーシュ・クリンティング絵；うらたあつこ訳 ラトルズ 2006年11月

「魔法の夜」 アルブレヒト・リスラー絵；ドミニク・マルシャン原作；木本栄訳 講談社（講談社の翻訳絵本） 2001年11月

行事＞クリスマス＞サンタクロース

「1993年のクリスマス-びっくりぎょうてん・ふしぎなお話」 レスリー・ブリカス文；エロール・ル・カイン絵；北村太郎訳 ほるぷ出版 1988年10月

「あすはたのしいクリスマス」 クレメント・ムーア文；トミー・デ・パオラ絵；金関寿夫訳 ほるぷ出版 1981年11月

「あのね、サンタの国ではね…」 黒井健絵；松本智年；一色恭子原案；嘉納純子文 偕成社 1990年12月

子どもの世界・生活

「アルゴス、サンタのおてつだい」みやかわけんじ作;なかじまけいか絵　新世研　2002年10月

「いちりんしゃにのってきたサンタさん」たなかつねこ文・絵　草土文化　1992年12月

「イプーとまいごのサンタクロース」片岡道子作;ふじしま青年絵　旺文社（イプーファンタジーワールド）　2000年4月

「うさこのサンタクロース」矢崎節夫作;黒井健絵　フレーベル館　1980年11月

「エルマーとサンタさん」デビッド・マッキー文・絵;きたむらさとし訳　BL出版（ぞうのエルマー18）　2010年10月

「おくれてきた サンタさん」木村泰子絵・文　至光社（ブッククラブ 国際版絵本）　1991年6月

「おしゃれのすきなサンタさん」ローラ・レーダー作;たきのしまるな訳　文渓堂　2001年11月

「おばけになったサンタクロース」安田浩作;磯田和一絵　ひさかたチャイルド　1988年11月

「おもちゃの国のノディ ノディとサンタクロース」エニッド・ブライトン原作;瀧ノ島ルナ訳　文渓堂　1995年12月

「かぜひいちゃったサンタさん」手島悠介作;奈良坂智子絵　教育画劇（スピカのおはなしえほん15）　1985年11月

「がまがえるのサンタさん」しのざきみつお絵・文　PHP研究所（PHPにこにこえほん）　2004年11月

「きいろいふくきたサンタさん サンタのおくさんミセス・クロース」磯田和一作・絵　佼成出版社（創作絵本シリーズ）　1989年10月

「きのいいサンタ」さとうわきこ作・絵　金の星社（絵本のおくりもの）　1983年11月

「ぐうたらサンタとはたらきもののひつじ」うすいかなこ文・絵　ソニーマガジンズ（にいるぶっくす）　2005年10月

「クリスマス・クリスマス」なかえよしを作;上野紀子絵　ポプラ社（なかえよしを・上野紀子の絵本3）　1975年11月

「クリスマス・トムテン-スウェーデンのサンタクロース」ヴィクトール・リュードベリイ作;ハーラルド・ヴィベリ絵;岡本浜江訳　佑学社　1982年12月

「クリスマスにはおくりもの」五味太郎作　絵本館　1980年11月

「クリスマスにはおひげがいっぱい-ほんとのサンタさんの話」ロジャー・デュボアザン作;今江祥智,遠藤育枝訳　BL出版　2008年11月

「クリスマスにはやっぱりサンタ」ビル・ピート作・絵;今江祥智訳　ほるぷ出版　1979年11月

「クリスマスのおくりもの」ジョン・バーニンガム作;長田弘訳　ほるぷ出版　1993年11月

「クリスマスのまえのばん」クレメント・C.ムーア文;ウィリアム・W.デンスロウ絵;わたなべしげお訳　福音館書店　1996年10月

子どもの世界・生活

「クリスマスのまえのばん」 クレメント・ムーア作;渡辺茂男訳;大沢昌助画 福音館書店 1959年12月

「クリスマスのまえのばん−サンタクロースがやってきた」 クレメント・クラーク・ムア詩;タシャ・チューダー絵;中村妙子訳 偕成社 1980年11月

「クリスマスの夜はきをつけて！」 ジュリー・サイクス作;ティム・ワーンズ絵;たなかあきこ訳 文渓堂 2003年10月

「クリスマスの夜はしずかにね！」 ジュリー・サイクス作;ティム・ワーンズ絵;なかおえつこ訳 文渓堂 1996年11月

「クリスマスはサンタ・クロースのひげだらけ」 ロジャー・デュボアザン作・絵;岸田衿子訳 佑学社 1978年12月

「クリスマスはまってくれない」 イブ・タルレ文・絵;清水奈緒子訳 くもん出版(くもんの絵童話シリーズ) 1990年11月

「クリスマスをわすれたサンタクロース」 カリン・フォン・オルダースハウゼン文;ガービ・フルック絵;泉典子訳 評論社(児童図書館・絵本の部屋) 2005年11月

「ぐりとぐらのおきゃくさま」 なかがわりえこ作;やまわきゆりこ絵 福音館書店(こどものとも劇場) 2003年11月

「ぐりとぐらのおきゃくさま」 中川李枝子文;山脇百合子絵 福音館書店(こどものとも傑作集) 1967年6月;福音館書店 1966年12月

「クロースのおくりもの」 ライマン・フランク・ボーム作;金子晴美訳;上野保彦絵 扶桑社 1992年12月

「ごきげんなサンタのせかいりょこう」 レイモンド・ブリッグズ作;松川真弓訳 評論社(児童図書館・絵本の部屋) 1996年8月

「ことしのサンタはひげがない」 鬼藤あかね作・絵 金の星社 1988年12月

「こねことサンタクロース」 ユッタ・ゴアシュリューター文;アナトリ・ブーリキネ絵;木本栄訳 ひくまの出版 2001年10月

「こまったクリスマス」 バーナデット・ワッツ絵;ラッセル・ジョンソン文;もきかずこ訳 西村書店 1992年11月

「こまったこまったサンタクロース」 マシュー・プライス文;エロール・ル・カイン絵;岩倉千春訳 ほるぷ出版 1992年10月

「さいこうのおくりもの」 立原えりか作;黒井健絵 ひくまの出版(幼年えほんシリーズ・あおいうみ18) 1984年11月

「さぶろうと空とぶトナカイ」 いぬいとみこ;大友康夫作 童心社(さぶろうのひみつシリーズ2) 1976年11月

「さみしがりやのサンタさん」 内田麟太郎作;沢田としき絵 岩崎書店(カラフルえほん1) 2004年11月

「さむがりやのサンタ」 レイモンド・ブリッグズ作・絵;すがはらひろくに訳 福音館書店(世界傑作絵本シリーズ・イギリスの絵本) 1974年10月

子どもの世界・生活

「サン・サン・サンタ ひみつきち」かこさとし文・絵 偕成社(かこさとし七色のおはなしえほん10) 1986年10月

「サンタ・ハウスのサンタたち」磯田和一作・絵 佼成出版社 1991年11月

「サンタおじさんのいねむり」ルイーズ・ファチオ作;前田三恵子文;柿本幸造絵 偕成社 1969年12月

「サンタかなちがうかな」阪田寛夫;織茂恭子作 童心社 1984年11月

「サンタがまちにやってくる」遠山海彦文;塚田恭子絵 メディアファクトリー 2010年10月

「サンタクロースがかぜひいた!」ジュリー・サイクス作;ティム・ワーンズ絵;ささやまゆうこ訳 文渓堂 2004年10月

「サンタクロースがやってきた」グランマ・モーゼズ絵;くれめんと・C.ムーア文;倉橋由美子訳 JICC出版局 1992年12月

「サンタクロースが二月にやってきた」今江祥智文;あべ弘士絵 文研出版(えほんのもり) 2007年11月

「サンタクロースとぎんのくま」マレーク・ベロニカ文・絵;みやこうせい訳 福音館書店(世界傑作絵本シリーズ) 2007年10月

「サンタクロースとまほうのたいこ」マウリ・クンナス作;稲垣美晴訳 偕成社 1996年10月

「サンタクロースとれいちゃん」林明子作 福音館書店(クリスマスの三つのおくりもの) 1987年10月

「サンタクロースと小人たち」マウリ・クンナス作;稲垣美晴訳 偕成社 1982年1月

「サンタクロースな女の子」さかてしんこ絵・文 新風舎 2004年11月

「サンタクロースの そりに のって」松岡節作;広野多珂子絵 ひかりのくに 2002年11月

「サンタクロースのおくりもの」E.クラーク作;J.オームロッド絵;戸田早紀訳 金の星社(世界の絵本ライブラリー) 1994年11月

「サンタクロースのお手伝い」カトリーン・ジーゲンターラー文;マルクス・フィスター絵;中村妙子訳 新教出版社 1988年9月

「サンタクロースのさいごのプレゼント」鈴木純子作・絵 ブックローン出版 1989年11月

「サンタクロースのしろいねこ」スー・ステイントン文;アン・モーティマー絵;まえざわあきえ訳 徳間書店 2003年10月

「サンタクロースのたんじょうび」たむらともこ作 ほるぷ出版 1993年10月

「サンタクロースのひみつ」アニー・シヴァーディ文;クライヴ・スクリュートン絵;椎直人訳 文化出版局 1992年10月

「サンタクロースの星」安房直子作;新野めぐみ絵 佼成出版社(創作絵本シリーズ) 1989年10月

「サンタクロースは おおいそがし」篠崎三朗作 草土文化 1993年10月

「サンタクロースはおばあさん」佐野洋子作・絵 フレーベル館 1988年11月

子どもの世界・生活

「サンタクロースはおもちゃはかせ」 マーラ・フレイジー作；うぶかたよりこ訳 文渓堂 2006年11月

「サンタクロースはきっとくる」 薫くみこ作；小松咲子絵 ポプラ社（絵本・いつでもいっしょ8） 2003年11月

「サンタさん ありがとう-ちいさなクリスマスのものがたり」 長尾玲子作 福音館書店（日本傑作絵本シリーズ） 1998年10月

「サンタさん」 七尾純作；高瀬のぶえ絵 河出書房新社（ノンノンすくすく3） 1986年11月

「サンタさんがサンタさんになったわけ」 スティーヴン・クレンスキー作；S.D.シンドラー絵；ごうどまち訳 オリコン・エンタテインメント 2004年11月

「サンタさんからきたてがみ」 たんのゆきこ作；垂石眞子絵 福音館書店 1989年12月

「サンタさんが二人いた」 ひろせまさよ文・絵 サンリオ 1989年11月

「サンタさんだよかえるくん」 塩田守男絵・さくらともこ文 PHP研究所（PHPわたしのえほんシリーズ） 1988年12月

「サンタさんとこいぬ」 長尾玲子作 福音館書店（日本傑作絵本シリーズ） 2001年10月

「サンタさんとトナカイクッピ」 ひろせまさよ文・絵 サンリオ（サンリオファンタジー絵本） 1990年11月

「サンタさんのいそがしい1にち」 リチャード・スキャリー作；國眼隆一訳 ブック・ローン出版（スキャリーおじさんのどうぶつえほん15） 1984年8月

「サンタさんのいたずらっこリスト」 ローレンス・デイヴィッド作；デルフィーヌ・デュラン絵；石津ちひろ訳 小学館 2003年12月

「サンタさんのゆめ」 西島三重子文；はせがわゆうじ絵 サンリオ（サンリオ創作絵本シリーズ） 1990年11月

「サンタさんへ 12のプレゼント！」 マウリ・クンナス作；稲垣美晴訳 偕成社 1988年9月

「サンタさんへのおくりもの」 ひろせまさよ文・絵 サンリオ 1989年11月

「サンタさんへのてがみ」 ハイアウィン・オラム文；トニー・ロス絵；ゆあさふみえ訳 ほるぷ出版 1995年10月

「サンタとふしぎなながれ星」 たむらしげる作 メディアファクトリー 1998年12月；リブロポート 1997年10月

「サンタのいちねん トナカイのいちねん」 きしらまゆこ作・絵 ひさかたチャイルド 2008年10月

「サンタのおくさん ミセス・クロース」 磯田和一作・絵 佼成出版社 1980年11月

「サンタのおもちゃ工場」 たむらしげる作 リブロポート 1997年10月；リブロポート（リブロの絵本） 1990年11月

「サンタのクリスマス」 レイモンド・ブリッグズ作；樹山かすみ訳 竹書房 1994年11月

子どもの世界・生活

「サンタのたのしいなつやすみ」 レイモンド・ブリッグズ作・絵;こばやしただお訳　篠崎書林　1976年7月

「サンタのトナカイがいなくなったクリスマス」 シド・ホッフ文・絵;たにかわともこ訳　新世研　1998年11月

「サンタのなつやすみ」 レイモンド・ブリッグズ作;さくまゆみこ訳　あすなろ書房　1998年5月

「サンタのひみつおしえます」 ジェームズ・ソルヘイム作;バリー・ゴット絵;ゆりよう子訳　ひさかたチャイルド　2006年10月

「サンタをたすけたくじら」 ロジャー・デュボアザン作・絵;なかにしゆりこ訳　新世研　1999年11月

「しろくまオント サンタクロースに あいにいく」 アルカディオ・ロバト作;若林ひとみ訳　フレーベル館　1998年10月

「しろくまくんのクリスマス」 H.スティックランド作;P.スティックランド絵;もきかずこ訳　金の星社(世界の絵本ライブリー)　1993年12月

「すてきなクリスマス」 南本樹作　フレーベル館(南本樹ファンタジーランド2)　1984年11月

「そりぬすみ大さくせん」 マイケル・フォアマン作;せたていじ訳　評論社(児童図書館・絵本の部屋)　1978年6月

「そりぬすみ大さくせん」 マイケル・フォアマン作;せたていじ訳　評論社(児童図書館・絵本の部屋)　1999年11月

「そりをひいたルン」 やなぎやけいこ文;あべはじめ絵　女子パウロ会　1984年11月

「だれも知らないサンタの秘密」 アラン・スノウ作;三辺律子訳　あすなろ書房　2005年11月

「ちいさな さんた」 丸山明子絵・文　中央出版社　1992年11月

「ちいさなサンタまちにいく」 アヌ・ストーナー文;ヘンリケ・ウィルソン絵;若松宣子訳　岩崎書店　2005年10月

「ちいさなろば」 ルース・エインワース作;石井桃子訳;酒井信義画　福音館書店　1979年12月

「ちっちゃな サンタさん」 ガブリエル・バンサン作;もりひさし訳　ブックローン出版　1994年11月

「ティムとサンタクロース」 ジュディ・ブルック作;牧田松子訳　冨山房　1980年12月

「ドタバタ・クリスマス」 スティーヴン・クロール作;トミー・デ・パオラ絵;岸田衿子訳　佑学社　1981年12月

「トナカイになったオリーブ」 ジェイ・オットー・シーボルト;ビビアン・ウォルシュ作;小野江重久訳　プロトギャラクシー　1997年12月

「とのさまサンタ」 本田カヨ子文;ながのひでこ絵　佑学社　1988年11月

「にんじゃサンタ」 丸山誠司作　PHP研究所(PHPにこにこえほん)　2010年11月

子どもの世界・生活

「ねすごしたサンタクロース」垣内磯子文;宇野亜喜良絵　小学館　2001年12月

「ねずみのフィリップ　ぼくがサンタクロースだったらね」ハンネ・テュルク絵;ノーベルト・ランダ文;おざわとしお訳　講談社(世界の絵本)　1996年11月

「ノンタン!サンタクロースだよ」キヨノサチコ作・絵　偕成社(ノンタンあそぼうよ7)　1978年12月

「ババールとサンタクロース」ジャン・ド・ブリューノフ原作;那須辰造訳　講談社(フランス生まれのババール絵本4)　1965年12月

「ババールとサンタクロース」ジャン・ド・ブリュノフ作;矢川澄子訳　評論社(児童図書館・絵本の部屋　グランドアルバムぞうのババール5)　1987年12月

「ババールとサンタさん」ジャン・ド・ブリュノフ原作;せなあいこ訳　評論社(ババールのポケット・ブック5)　1994年10月

「はやくおきてよサンタさん」マーカス・フィスター作;那須田淳訳　講談社(世界の絵本)　1998年10月

「はやくかぜなおってね」寺村輝夫作;いもとようこ絵　あかね書房(くりのきえんのおともだち3)　1982年11月

「はりきりサンタがやってきた」つくだよしこ文・絵　コーキ出版　1982年11月

「ひまねこサンタクロース」木暮正夫文;渡辺洋二絵　小峰書店(えほんらんど9)　1981年11月

「ふたりのサンタ」佐々木マキ作　福音館書店　1991年10月

「ふたりのサンタおじいさん」あまんきみこ文;田中槇子絵　偕成社(創作えほん27)　1976年12月

「ふとりすぎですよサンタさん」さくらともこ作;清宮哲絵　岩崎書店(えほん・ドリームランド27)　1984年7月

「ブラザーサンタ」小林ゆき子作・絵　岩崎書店(カラフルえほん12)　2005年10月

「ヘラジカのオーラフが、サンタクロースと友だちになったわけ」フォルカー・クリーゲル作・絵;三浦美紀子訳　草土文化　2008年10月

「ぼくはあったよサンタクロース-ヘンリーとハリーの大冒険2」おおともやすお作　ベネッセコーポレーション　1996年10月

「ほしがりやのサンタさん」福永令三作;松井しのぶ絵　サンリオ(サンリオ創作絵本シリーズ)　1988年11月

「ほしがりやのサンタさん2　サンタさんのふしぎなふくろ」福永令三文;松井しのぶ絵　サンリオ(サンリオ創作絵本シリーズ)　1991年11月

「ほっきょくがとけちゃう!サンタからのSOS」イーサン・キム・マツダ;マイケル・マツダ作;ヴァネッサ・ラム絵;たむらともこ訳　ポプラ社　2006年10月

「まいごのサンタクロース」佐々木潔作・絵　講談社　1994年11月

「まっくろサンタ」としたかひろ作・絵　ポプラ社(絵本のせかい5)　1976年11月

「まってるよ サンタクロース！」 ジュリー・サイクス作;ティム・ワーンズ絵;にしきはるみ訳 文渓堂 1998年11月

「まにあいませんよ サンタさん！」 ルシール・パウニー文;ロブ・ルイス絵;山下明生訳 文渓堂 1993年11月

「まほういぬサンタ」 なすだじゅん作;こんどうりえ絵 ひくまの出版 1998年11月

「ミセス・サンタはおおいそがし」 ペニー・アイブス作・絵;益田宏美訳 文渓堂 1994年11月

「みなみのしまのサンタクロース」 斉藤洋作;高畠純絵 佼成出版社 1993年11月

「みんなのクリスマス」 ナカシマミノル作 日本文学館 2005年12月

「もしも、ぼくがサンタクロースとともだちだったら…」 富安陽子作;YUJI絵 くもん出版 2009年11月

「ゆうびんうさぎとしろくまサンタ」 木暮正夫作;黒井健絵 ひさかたチャイルド(ひさかた傑作集) 1984年11月

「ようこそ、コルバトゥントゥリへ―フィンランド サンタものがたり」 カイヤ・レーナ作;かなすぎさつき絵 パル 1989年12月

「よよちゃんの おつかれサンタ」 広みどり作 早稲田出版 1990年12月

「リサとサンタクロース」 アン・グッドマン文;ゲオルグ・ハレンスレーベン絵;石津ちひろ訳 ブロンズ新社 2007年10月

「七人のサンタの物語」 なかもとはじめ文;たかはしあきら絵 ポプラ社 2000年11月

「十二月の詩」 戸渡阿見作;ゆめのまこ絵 たちばな出版(戸渡阿見絵本シリーズ) 2008年12月

「森のサンタクロース」 エレオノーレ・シュミット著;中村妙子訳 新教出版社 1990年9月

「世界一すてきなおくりもの」 薫くみこ作;えんどうひとみ絵 ポプラ社(絵本・いつでもいっしょ5) 2001年11月

「赤はなのトナカイ ルドルフ」 遠山海彦文;塚田恭子絵 メディアファクトリー 2008年10月

「冬の精」 マルガレート・ハフナー絵;カール・マイトナー＝ヘッケルト文;田中安男訳 福武書店 1991年2月

「飛行機になりたいオーラフを、サンタクロースがどのようにたすけたか」 フォルカー・クリーゲル作・絵;三浦美紀子訳 草土文化 2008年10月

行事＞サーカス

「うんてんしてるの、だあれ?」 ミシェル・ゲ作・絵;末松氷海子訳 徳間書店 2008年5月

「エメライン、サーカスへゆく」 マージョリー・プライスマン作・絵;ほむらひろし訳 フレーベル館 2000年10月

「おしりのサーカス」 さかざきちはる文・絵 ハッピーオウル社(おはなしのほん) 2007年9月

子どもの世界・生活

「おばけサーカス」 佐野洋子作・絵 銀河社(銀河社の創作絵本) 1980年2月

「カギにばけたきつね」 関根栄一作;村上ひさ子絵 小峰書店(えほんらんど8) 1981年10月

「かぶとむしサーカスだん」 矢玉四郎作・絵 教育画劇(スピカのおはなしえほん8) 1985年4月

「カロリーヌのだいサーカス」 ピエール・プロブスト作;山下明生訳 BL出版(カロリーヌとゆかいな8ひき) 1998年10月

「クマコフさん、もういちど」 森山京作;小沢良吉絵 教育画劇(スピカのおはなしえほん28) 1986年10月

「くまのオートバイのり」 ライナー・チムニク作・絵;大塚勇三訳 佑学社(ヨーロッパ創作絵本シリーズ20) 1978年11月

「くまのこチャップ」 ますだゆうこ文;ささめやゆき絵 そうえん社(ケロちゃんえほん7) 2010年1月

「くまのサーカス ザンパーノ」 ヤノッシュ絵・文;さくまゆみこ訳 アリス館牧新社 1978年1月

「こうまのゆき」 深沢邦朗原案・絵 ひさかたチャイルド(ひさかたメルヘン18) 1982年4月

「ゴリラのジュリアス」 シド・ホフ作;乾侑美子訳 文化出版局 1983年12月

「サーカス!」 ピーター・スピア作;ほずみたもつ訳 福音館書店 1993年6月

「サーカス」 たかべせいいち作 講談社(講談社の創作絵本) 2006年9月

「さーかす」 わかやましずこ文・絵 新日本出版社(新日本出版社の絵本) 1971年11月

「サーカスがやってきた」 ガブリエル・バンサン作;もりひさし訳 ブックローン出版(くまのアーネストおじさん) 1989年4月

「サーカスのしろいうま」 石津ちひろ作;ささめやゆき絵 小学館 2010年11月

「サーカスのライオン」 川村たかし文;斎藤博之絵 ポプラ社(おはなし名作絵本16) 1972年11月

「サーカスへいったねこ」 曽田文子作・絵 講談社 1989年8月

「サーカスへいったねずみくん」 なかえよしを作;上野紀子絵 ポプラ社(なかえよしを・上野紀子の絵本6) 1976年8月

「サーカスへようこそ」 すまいるママ作 PHP研究所(PHPにこにこえほん) 2008年2月

「サーカスをみよう」 H.A.レイ作;石竹光江訳 文化出版局(じぶんでひらく絵本4) 1970年10月

「しょう太とねこのサーカス」 かわかみ味智子文・絵 大日本図書 2007年12月

「ずどんといっぱつ-すていぬシンプだいかつやく」 ジョン・バーニンガム作;渡辺茂男訳 童話館 1995年3月

子どもの世界・生活

「たまごぽん！」ルース・ヒュルリマン作・絵；佐藤裕子文　学習研究社（国際版せかいのえほん15）1985年1月

「たよりないもうじゅうつかい」ツウィフェロフ原作；宮川やすえ訳・文；かみやしん絵　国土社（やっちゃん絵本1）1982年7月

「ちいさなよるのおんがくかい」リブシェ・パレチコバー作；ヨゼフ・パレチェック絵；竹下文子訳　フレーベル館　1981年11月

「チェブラーシカ-サーカスがやってきた!」やまちかずひろ文；湯山洋子絵　小学館　2010年12月

「ちびカバのポロリ」ズウ・ジェレン作；ハオウ・ルォウウェン絵；ふせまさこ文　新世研　2004年1月

「つきよのゆめ」いしいつとむ作　ポプラ社（絵本のおもちゃばこ37）2010年12月

「どうぶつサーカス はじまるよ」西村敏雄作　福音館書店　2009年11月

「どうぶつサーカスだん」五味太郎作　リブロポート　1985年5月

「トニオ」ヘルマン・メールス作；ヨゼフ・ウィルコン絵；いずみちほこ訳　セーラー出版（ウィルコンの絵本シリーズ）1990年8月

「どんくまさんのらっぱ」武市八十雄案；柿本幸造絵；蔵冨千鶴子文　至光社　1970年1月

「どんくまさんのらっぱ」武市八十雄案；柿本幸造絵；蔵冨千鶴子文　至光社（ブッククラブ国際版絵本）2006年2月

「にげだしたライオン」ゲーテ作；前川康男文；田名網敬一絵　偕成社（世界おはなし絵本10）1972年1月

「にげだした学者犬」長崎源之助作；鈴木義治絵　岩崎書店（母と子の絵本34）1976年12月

「ネコネコ大サーカス」楠田枝里子作；司修絵　講談社　1986年6月

「ねずみのちょびちょび サーカスのスターになる」フランソワーズ作・絵；ないとうりえこ訳　徳間書店　2005年7月

「ねずみのフィリップ サーカスのゆめをみる」ハビー・ファン・エメリフ文・絵；よこやまかずこ訳　西村書店　2000年12月

「のんびりきかんしゃポーくんとサーカス」なかえよしを作；上野紀子絵　佼成出版社　1978年4月

「バーバパパのだいサーカス」アネット・チゾン；タラス・テイラー作；やましたはるお訳　講談社（講談社のバーバパパえほん5）1979年2月

「バイオリンひきのミーシカ」ヴィクター・アンブラス文・絵；かたおかひかる訳　らくだ出版　1983年11月

「ハックスレーのはらはらサーカス」ロドニー・ペペ作；森下美根子訳　世界文化社（ユメみるこぶたのハックスレー2）1996年2月

子どもの世界・生活

「パディントン サーカスへ」 マイケル・ボンド作；フレッド・バンベリー絵；中村妙子訳 偕成社（パディントン絵本3） 1973年12月

「パディントンサーカスへ」 マイケル・ボンド作；フレッド・バンベリー絵；中村妙子訳 偕成社（パディントン絵本3） 1987年7月

「パパがサーカスと行っちゃった」 エットガール・キャロット文；ルートゥー・モエダン絵；久山太市訳 評論社（児童図書館・絵本の部屋） 2005年1月

「ピンクのぞうをしらないか」 佐々木マキ作・絵 フレーベル館 1983年8月

「フェリックスの手紙5 サーカスの人気者」 アネッテ・ランゲン話；コンスタンツァ・ドロープ絵；栗栖カイ訳 ブロンズ新社 1999年11月

「ふしぎサーカス」 おぼまこと文・絵 小峰書店（日本のえほん29） 1984年7月

「フルーツ島のわんぱくパイレーツ」 きのひなた文；yaku絵 星の環会（星のベイビーサーカス） 2006年3月

「ぼくがサーカスやったなら」 ドクタースース作；渡辺茂男訳 日本パブリッシング 1970年1月

「ぼくの村にサーカスがきた」 小林豊作・絵 ポプラ社（えほんはともだち45） 1996年11月

「ほしのサーカス」 小沢良吉作・画 福音館書店 1978年6月

「ボビンとプッチのアンティークやさん2」 スズキタカオ作・絵 ポプラ社 2005年5月

「ぽんたのすてきなたまのり」 南本樹作・絵 フレーベル館（キンダーおはなしえほん） 1983年10月

「まっかなさる」 マリオ・ヴァレ作；やかべひろみ訳 新世研 1999年6月

「ミスター・ベンとサーカスのなかまたち」 デビッド・マッキー作；まえざわあきえ訳 朔北社（ミスター・ベンのふしぎなぼうけん4） 2009年10月

「むしっこサーカス」 タツトミカオ作・絵 PHP研究所（PHPにこにこえほん） 2010年5月

「ムスティサーカスにいく」 レイ・ゴッセンス作；渡辺和雄訳；上崎美恵子文 小学館（ムスティおはなし絵本8） 1982年6月

「ムスティとサーカス」 スタジオTVデュプイ製作；榊原晃三；那須田稔訳 小学館（ムスティの絵本12） 2001年3月

「めうしとサーカス」 アッティリオ・カッシネリ絵；カレン・グントルプ作；岸田衿子訳 ひかりのくに（アッティリオとカレンのえほん） 1973年1月

「もうじゅうつかいのイバイ」 ヘスス・バリャス作；ミケル・シチャル絵；立花香訳 新世界研究所（イバイぼうけんシリーズ8） 1990年6月

「もしもねこがサーカスにいったら」 石津ちひろ文；ささめやゆき絵 講談社（講談社の創作絵本） 2006年10月

「モルフ君のおかしな恋の物語」 カール・クヌー作；今江祥智訳 BL出版 2005年4月

「ゆめのサーカス」 カタリン・セゲディ作；いとうみゆき訳 ひくまの出版 2003年7月

子どもの世界・生活

「ライオンたちはコチコチびょう」 ビル・ピート作・絵；山下明生訳 佼成出版社(ピートの絵本シリーズ10) 1982年6月

「大グマと綱わたりの少女」 ジャン=クロード・ブリスビル文；ダニエル・ブール絵；新庄嘉章訳 集英社 1980年12月

「天国のサーカスぼうや」 ジョバンニ・ボネット作；ジーノ・ガビオリ絵；えびなひろ文 女子パウロ会 1981年1月

「入場料はどんぐり5つ」 村山寿美枝作・絵 講談社(「創作絵本グランプリ」シリーズ) 2007年12月

行事＞サーカス＞ピエロ

「いぬのザッパさいこうの日！」 アンドレ・ダーハン作；きたやまようこ訳 講談社(世界の絵本) 1997年10月

「いやといったピエロ」 ミーシャ・ダムジャン作；ヨゼフ・ウィルコン絵；いずみちひこ訳 セーラー出版 1988年12月

「うすっぺらいライオン」 とくだよしひろ作；ハシヨシヒサ絵 ゆのき書房 1979年2月

「うみのサーカス」 南本樹作 フレーベル館(フレーベル館のえほん・タイニーシリーズ22) 1981年6月

「ごうじょっぱりのピエロ」 ミッシャ・ダムヤン作；ギアン・カスティ絵；山室静訳 佑学社(ヨーロッパ創作絵本シリーズ5) 1978年4月

「たいほうだまシンプ」 ジョン・バーニンガム作；大川弘子訳 ほるぷ出版 1978年3月

「テコリンちゃんとピエロ」 古内ヨシ作 フレーベル館(テコリンちゃん1) 1996年4月

「ニコロ」 ペレナ・パポーニ絵・文；中山知子訳 西村書店 1986年3月

「ぬけだしたジョーカー」 こわせたまみ作；武井武雄絵 フレーベル館(キンダーおはなしえほん傑作選42) 1979年6月

「パジャマどろぼう パン大作戦！」 きのひなた文；yaku絵 星の環会(星のベイビーサーカス) 2006年1月

「ピエロになったベン」 デイビッド・マッキー文・絵；安西徹雄訳 アリス館 1982年12月

「ピエロになった王様」 おかべぶんめい文・絵 小学館 2003年11月

「ピエロの ニノ」 エリック・バトゥー作；那須田淳訳 講談社(世界の絵本) 2004年2月

「ピエロのおとしもの」 もぎれいこ文・絵 コーキ出版 1982年4月

「ピエロのかがみ」 大内曜子作；永田萌絵 岩崎書店(えほん・ワンダーランド30) 1994年4月

「フルーツ島のわんぱくパイレーツ」 きのひなた文；yaku絵 星の環会(星のベイビーサーカス) 2006年3月

「ぼくのピエロ」 草鹿宏作；鈴木康司画 リブロポート(リブロの絵本) 1980年5月

子どもの世界・生活

「ポップコーン☆パニック」 きのひなた文;yaku絵 星の環会（星のベイビーサーカス）
2005年11月

「神の道化師」 トミー・デ・パオラ作;湯浅フミエ訳 ほるぷ出版 1980年11月

「風時間のピエロたち」 加藤和長写真;竹下文子文 偕成社 1985年9月

「恋のシチューはキスの味」 きのひなた文;yaku絵 星の環会（星のベイビーサーカス）
2006年5月

「老ピエロ レオ」 マリアナ・フェドロバ作;オイゲン・ソプコ絵;河口悟訳 ノルドズッド・ジャパン 2003年9月

行事＞どんどやき

「ふうことどんどやき」 いぬいとみこ作;赤羽末吉絵 偕成社（創作えほん17） 1973年12月

行事＞バレンタインデー

「くまふうふのバレンタイン」 イヴ・バンチング作;ジャン・ブレット絵;とくまるようこ訳 新世研 2000年2月

「コーネリアのおくりもの」 フェリシア・ボンド作・絵;児島なおみ訳 講談社（りとる3） 1994年10月

「だいすきだよ、ハッチさん」 アイリーン・スピネリ文;ポール・ヤロウィッツ絵;こみやまみのり訳 徳間書店 1996年1月

行事＞ハロウィーン

「アンジェリーナのハロウィーン」 キャサリン・ホラバード文;ヘレン・クレイグ絵;おかだよしえ訳 講談社（講談社の翻訳絵本クラシックセレクション） 2007年9月

「おさるのジョージ ハロウィン・パーティーにいく」 M.レイ;H.A.レイ原作;福本友美子訳 岩波書店 2003年10月

「ナイトメアー・ビフォア・クリスマス」 ティム・バートン作;加島葵訳 リブロポート 1994年10月

「ねずみのマウスキンときんいろのいえ」 エドナ・ミラー作;今泉吉晴訳 さ・え・ら書房 1980年1月

「ハロウィーンのおばけ屋敷」 エリカ・シルバーマン文;ジョン・エイジー絵;清水奈緒子訳 セーラー出版 1999年10月

「ハロウィンドキドキおばけの日！」 ますだゆうこ作;たちもとみちこ絵 文渓堂 2008年10月

「ハロウィンのランプ」 小林ゆき子作・絵 岩崎書店（キラキラえほん8） 2008年9月

「パンプキン・ムーンシャイン」 ターシャ・テューダー著;内藤里永子訳 メディア・ファクトリー 2001年11月

「ヘスターとまじょ」 バイロン・バートン作・絵;かけがわやすこ訳 佑学社 1991年8月

「まじょのスーパーマーケット」 スーザン・メドー作；ひがしはるみ訳　フレーベル館　1996年12月

「メグとモグ」 ヘレン・ニコル作；ヤン・ピエンコフスキー絵；ふしみみさを訳　偕成社（メグとモグのおはなし）　2007年2月

「やさしい魔女」 ジーン・マセイ作；エイドリアン・アダムス絵；おおいしまりこ訳　新世研　2002年10月

「魔女たちのハロウィーン」 エイドリアン・アダムズ作；かけがわやすこ訳　佑学社　1993年10月

行事＞ひなまつり

「えんぴつびな」 長崎源之助作；長谷川知子絵　金の星社（絵本のおくりもの）　1984年2月

「おかあさんの紙びな」 長崎源之助作；山中冬児絵　岩崎書店（創作絵本33）　1975年10月

「おどれ!ひなまつりじま」 垣内磯子作；松成真理子絵　フレーベル館（おはなしえほんシリーズ22）　2010年2月

「おばあちゃんのひなまつり」 計良ふき子作；相野谷由起絵　ひさかたチャイルド　2008年1月

「かこちゃんのおひなさま」 高橋昭作；長野ヒデ子絵　ポプラ社（えほんとなかよし54）　1998年1月

「たまごからうまれた女の子」 谷真介文；赤坂三好絵　佼成出版社（行事むかしむかし 3月 ひな祭りのはなし）　1991年3月

「ながしびなのねがいごと ひなまつりに読む絵本」 岡信子文；廣川沙映子絵　世界文化社　1987年6月

「ならんだならんだ! おひなさま」 奥村かよこ絵；中島妙文　ひさかたチャイルド（ものづくり絵本シリーズどうやってできるの?）　2009年2月；チャイルド本社（ものづくり絵本シリーズどうやってできるの?）　2008年3月

「のはらのひなまつり」 神沢利子作；岩村和朗絵　金の星社　1980年10月

「ひなまつりこびとのおはなし」 まついのりこ作　童心社（行事こびとのえほん）　1986年10月

「ひなまつりにおひなさまをかざるわけ」 瀬尾七重作；岡本順絵　教育画劇（行事の由来えほん）　2001年5月

「ひなまつりのおきゃくさま」 高木あきこ作；つちだよしはる絵　ひさかたチャイルド（子どものまつり絵本）　1991年1月

「ぶたさんちのひなまつり」 板橋敦子作・絵　ひさかたチャイルド　2008年1月

「ぼくやってみるよ」 寺村輝夫作；いもとようこ絵　あかね書房（くりのきえんのおともだち4）　1983年2月

子どもの世界・生活

「ぼんぼらみん」藤川智子作・絵　岩崎書店(キラキラえほん13)　2009年2月
「みつこのひなまつり」関根栄一文;草薙静子絵　小峰書店(日本のえほん17)　1982年1月
「ももこのひなまつり」森山京作;ふりやかよこ絵　教育画劇(行事のえほん3)　1993年2月
「もりのひなまつり」こいでやすこ作　福音館書店(こどものとも傑作集)　2000年2月
「ゆうくんのおひなさま」武鹿悦子作;土田義晴絵　佼成出版社(園児のすくすく絵本8)　1988年2月
「わたしのおひなさま」内田麟太郎作;山本孝絵　岩崎書店(カラフルえほん2)　2005年1月

行事＞縁日

「お化けの縁日」川端誠作　リブロポート(リブロの絵本)　1988年6月

行事＞感謝祭

「アルバートの感謝祭」レスリー・トライオン作;川端誠訳　BL出版　1997年10月
「おたのしみ！おたのしみ！」ローナ・バリアン作;塚原博訳　アスラン書房　1995年10月
「かんしゃさいのできごと」土田勇作　フレーベル館(リトルツインズ9)　1993年10月
「ナーサリー・クライムズ-しちめんどうくさい七面鳥盗難事件」アーサー・ガイサート作;久美沙織訳　BL出版　2003年9月

行事＞行事一般

「あとかくしの雪」谷真介文;赤坂三好絵　佼成出版社(行事むかしむかし 11月 大師講のはなし)　1991年10月
「カミさま全員集合!」内田麟太郎作;山本孝絵　岩崎書店(レインボーえほん4)　2006年10月
「こよみともだち」わたりむつこ作;ましませつこ絵　福音館書店(日本傑作絵本シリーズ)　2006年12月
「ババールのはくらんかい」ロラン・ド・ブリュノフ作;矢川澄子訳　評論社(評論社の児童図書館・絵本の部屋 ぞうのババール8)　1975年10月
「はまうり」石垣幸代;秋野和子文;秋野亥佐牟絵　福音館書店(こどものとも傑作集)　1999年4月
「わらでっぽうとよるのみち-群馬県六合村「十日夜」」なかむらひろし作;つだろとう絵　リーブル(えほん・こどものまつり)　1991年8月
「雨をよぶ龍 4年にいちどの雨ごい行事」秋山とも子文・絵　童心社　2009年5月

子どもの世界・生活

行事＞市

「おなら犬ウォルター のみの市で大さわぎ!」ウィリアム・コツウィンクル;グレン・マリー作;オードリー・コールマン絵;三辺律子訳 サンマーク出版 2008年12月

「どじだよバンジョーラバ」ライオネル・ウィルソン文;ハロルド・バースン絵;清水真砂子訳 アリス館牧新社 1979年4月

「にちよういち」 西村繁男作 童心社(童心社の絵本) 1979年9月

「ボビンとプッチのアンティークやさん あしたはバザーのひ」スズキタカオ作・絵 ポプラ社(ボビンとプッチのアンティークやさん3) 2006年3月

「月夜のねこいち」 越水利江子文;はたよしこ絵 毎日新聞社 2004年11月

行事＞七五三

「ぎゅっとだっこ七五三」 内田麟太郎作;山本孝絵 岩崎書店(キラキラえほん9) 2008年10月

「みんなげんきで七五三」 寺村輝夫作;いもとようこ絵 あかね書房(くりのきえんのおともだち11) 1986年10月

「七・五・三きょうだい」 なかえよしを作;上野紀子絵 教育画劇(行事のえほん9) 1992年9月

行事＞七夕

「10ぴきのかえるのたなばたまつり」 間所ひさこ作;仲川道子絵 PHP研究所(PHPにこにこえほん) 2001年6月

「うしかいとおりひめ-中国民話」 君島久子訳;丸木俊絵 偕成社 1977年6月

「おこだでませんように」 くすのきしげのり作;石井聖岳絵 小学館 2008年7月

「おりひめとひこぼし」 矢部美智代文;新野めぐみ絵 世界文化社(七夕に読む絵本) 1987年5月

「かやかやうま-上総のたなばたまつり」 梶山俊夫作 童心社 1978年6月

「きつねのたなばたさま」 正岡慧子文;松永禎郎絵 世界文化社(ワンダーおはなし絵本) 2003年6月

「たけのはさやさや」 長崎源之助作;山中冬児絵 金の星社(えほん・こどもの四季) 1980年7月

「たなばた」 岩崎京子文;鈴木まもる絵 フレーベル館(にほんむかしばなし) 1984年3月

「たなばた」 君島久子再話;初山滋画 福音館書店(こどものとも傑作集) 1977年4月

「たなばた」 君島久子再話;初山滋画 福音館書店(こどものとも傑作集) 1983年6月

「たなばたウキウキねがいごとの日!」 ますだゆうこ作;たちもとみちこ絵 文渓堂 2010年6月

子どもの世界・生活

「たなばたこびとのおはなし」 まついのりこ作　童心社(行事こびとのえほん)　1986年4月

「たなばたさま」 住井すゑ;滝平二郎作　ブッキング(住井すゑとの絵本集4)　2007年2月；河出書房新社(住井すゑとの絵本集4)　1982年11月

「たなばたひめ」 たけざきゆうひ文;原ゆたか絵　フレーベル館(フレーベルのえほん125)　1979年2月

「たなばたまつり」 熊谷元一作・絵　福音館書店　1970年7月

「たなばたまつり」 松成真理子作　講談社(講談社の創作絵本)　2010年6月

「たなばたむかし」 大川悦生作;石倉欣二絵　ポプラ社(子どもがはじめてであう民話7)　1979年5月

「ねがいぼし かなえぼし」 内田麟太郎作;山本孝絵　岩崎書店(えほんのマーチ14)　2004年6月

「ほしにおねがい」 武鹿悦子作;新野めぐみ絵　教育画劇(行事のえほん6)　1993年6月

「まーふぁのはたおりうた」 小野かおる文・絵　福音館書店(日本傑作絵本シリーズ)　1988年10月

「もうおねしょしません」 寺村輝夫作;いもとようこ絵　あかね書房(くりのきえんのおともだち1)　1982年5月

「天人にょうぼう」 谷真介文;赤坂三好絵　佼成出版社(行事むかしむかし 7月 七夕のはなし)　1991年6月

行事＞節分

「いなくなった小おに」 しみずみちを作;鈴木義治絵　岩崎書店(ファミリーえほん15)　1979年1月

「おにたのぼうし」 あまんきみこ文;岩崎ちひろ絵　ポプラ社(おはなし名作絵本2)　1969年8月

「おにとこぎつね」 小沢正作;近藤薫美子絵　PHP研究所(PHPおはなしプレゼント)　1979年3月

「おにのおめん-まめまきのおはなし」 神沢利子作;狩野富貴子絵　教育画劇(行事のえほん2)　1993年1月

「おにはうち！」 中川ひろたか文;村上康成絵　童心社(ピーマン村の絵本たち)　2000年11月

「おにはうちふくはそと」 西本鶏介文;村上豊絵　ひさかたチャイルド(ひさかた傑作集5)　1983年12月

「おにばらいの まめまき」 鶴見正夫文;つぼのひでお絵　世界文化社(節分に読む絵本)　1988年2月

「おにをくったじっちゃ」 渡辺節子文;矢野徳絵　フレーベル館(むかしむかしばなし17)　1992年9月

「おばあちゃんのえほうまき」 野村たかあき作・絵　佼成出版社　2010年1月

「かえるをのんだととさん」 日野十成再話;斎藤隆夫絵　福音館書店(こどものとも絵本)　2008年1月

「がったいオニだぞ つよいんだい」 さくらともこ作;二本柳泉絵　佼成出版社(園児のすくすく絵本7)　1988年1月

「トコちゃんとあまめはぎ」 鶴見正夫作;福田岩緒絵　ひさかたチャイルド(子どものまつり絵本)　1990年12月

「なきむしおにのオニタン」 上野与志作;藤本四郎絵　ひさかたチャイルド　2008年12月

「ふくはうち」 中川ひろたか文;長谷川義史絵　自由国民社　2010年12月

「ぼくもうなかないぞ」 守屋正恵作;いもとようこ絵　あかね書房(くりのきえんのおともだち8)　1985年1月

「まめまきこびとのおはなし」 まついのりこ作　童心社(行事こびとのえほん)　1986年10月

「らしょうもんのおに」 馬場のぼる作・絵　こぐま社　1994年12月

「ロボットおに」 浅沼とおる作・絵　フレーベル館(げんきわくわくえほん23)　1997年2月

「鬼といりまめ」 谷真介文;赤坂三好絵　佼成出版社(行事むかしむかし 2月 節分のはなし)　1991年1月

「狂言えほん せつぶん」 もとしたいづみ文;野村たかあき絵　講談社(講談社の創作絵本)　2009年1月

行事＞端午の節句

「108ぴきこいのぼり」 しみずみちを作;長谷川知子絵　銀河社　1980年5月

「くわずにょうぼう」 谷真介文;赤坂三好絵　佼成出版社(行事むかしむかし 5月 節句のはなし)　1992年3月

「げんきにおよげこいのぼり」 今関信子作;福田岩緒絵　教育画劇(行事の由来えほん)　2001年3月

「こいのぼりこびとのおはなし」 まついのりこ作　童心社(行事こびとのえほん)　1986年4月

「そらとぶこいのぼり」 西本鶏介作;かみやしん絵　金の星社(えほん・こどもの四季)　1980年10月

「そらまでとんでけ」 寺村輝夫作;いもとようこ絵　あかね書房(くりのきえんのおともだち5)　1983年4月

「ちいさなこいのぼりのぼうけん」 岩崎京子作;長野ヒデ子絵　教育画劇(行事のえほん4)　1993年4月

「とらのこさんきょうだい かえうたかえうたこいのぼり」 石井聖岳作　講談社(講談社の創作絵本)　2010年4月

「りゅうもんのたき」 矢崎節夫文;村上豊絵　世界文化社(こどもの日に読む絵本)　1987年11月

子どもの世界・生活

「ワニぼうのこいのぼり」 内田麟太郎文;高畠純絵　文渓堂　2002年5月

行事＞田植え

「あんちゃんのたんぼ」 梅田俊作作　童心社(童心社の絵本19)　1982年7月

「おむすびさんちのたうえのひ」 かがくいひろし作・絵　PHP研究所(わたしのえほん) 2007年5月

「どろだらけのじぞうさん」 谷真介文;赤坂三好絵　佼成出版社(行事むかしむかし 6月 田植えのはなし)　1991年6月

行事＞年越し

「14ひきのもちつき」 いわむらかずお作　童心社　2007年11月

「かさじぞう」 谷真介文;赤坂三好絵　佼成出版社(行事むかしむかし 12月 年越のはなし)　1991年11月

「くまのこのとしこし」 高橋和枝作　講談社(講談社の創作絵本)　2010年11月

行事＞母の日

「おかあさん どーこ」 ローナ・バリアン作;小河内芳子訳　アスラン書房　1994年4月

「こねこのははのひ」 やすいすえこ作;しのざきみつお絵　教育画劇(行事の由来えほん)　2001年4月

「ははのひのおくりもの」 ジョン・カンリフ文;ジェーン・ヒクソン絵;おびかゆうこ訳　フジテレビ出版(ポストマンパット ビギナーズシリーズ)　1995年4月

「リサ ママへプレゼント」 アン・グッドマン文;ゲオルグ・ハレンスレーベン絵;石津ちひろ訳　ブロンズ新社　2006年3月

山の子ども

「あまがえるどこさいった－わが西山風土記・春」 梶山俊夫作　冨山房　1979年7月

「あやまわらしきえた－わが西山風土記・冬」 梶山俊夫作　冨山房　1980年6月

「うみへいった やまへかえってきた」 沢井一三郎絵・文　至光社　1986年1月

「おおきくなあれ みどりになあれ」 沢井一三郎絵・文　至光社(ブッククラブ国際版絵本) 1985年1月

「こんこんさまよめいりいつじゃ－わが西山風土記・秋」 梶山俊夫作　冨山房　1979年11月

「そりにのって」 神沢利子文;平山英三画　童心社(くまのえほん2)　1981年1月

「だむのおじさんたち」 加古里子作・絵　ブッキング　2007年11月

「だんごどっこいしょ」 大川悦生作;長谷川知子絵　ポプラ社(子どもがはじめてであう民話 1)　1975年12月

子どもの世界・生活

「はるがきたよ」 神沢利子文;平山英三画 童心社(くまのえほん3) 1983年4月
「ばんどりだいこ」 宮下和男文;北島新平絵 ポプラ社(おはなし名作絵本15) 1972年3月
「フルリーナと山の鳥」 ゼリーナ・ヘンツ文;アロワ・カリジェ絵;大塚勇三訳 岩波書店 1974年12月
「ぼくのブック・ウーマン」 ヘザー・ヘンソン文;デイビッド・スモール絵;藤原宏之訳 さ・え・ら書房 2010年4月
「マウルスとマドライナ」 アロワ・カリジェ文・絵;大塚勇三訳 岩波書店 1976年5月
「マウルスと三びきのヤギ」 アロワ・カリジェ文・絵;大塚勇三訳 岩波書店 1969年11月
「やまのえき」 野村たかあき絵・文 講談社 1985年6月
「やまのおみやげ」 原田泰治作・絵 講談社 1982年10月
「やまのこどもたち」 石井桃子文;深沢紅子絵 岩波書店(岩波の子どもの本) 1956年12月
「やまのこのぶのたんけん」 白石かずこ作;菱沼真彦絵 小峰書店(こみね創作えほん10) 1978年3月
「やまのたけちゃん」 石井桃子文;深沢紅子絵 岩波書店(岩波の子どもの本) 1959年12月
「やまわらし だれや-わが西山風土記・夏」 梶山俊夫作 冨山房 1979年7月
「ゆうやけの女の子」 長崎源之助作;青木一美画 童心社 1980年7月
「ゆきぐにのこじか」 大石真作;鈴木義治絵 ひさかたチャイルド(ひさかたメルヘン26) 1982年9月
「ろくろっ子」 草山万兎文;清川貞治版画指導 小学館 1981年3月
「わしにさらわれた子ども」 関英雄文;松井行正絵 国土社(絵本むかしばなし27) 1977年12月
「山の子ども」 椋鳩十作;梶山俊夫絵 あすなろ書房(椋鳩十・梶山俊夫ものがたりえほん4) 1973年1月
「山の子どもとソーセージ」 岸武雄作;福田岩緒絵 教育画劇(スピカのおはなしえほん17) 1986年1月
「小さな青い馬」 いまえよしとも文;うのあきら絵 ポプラ社(おはなし名作絵本6) 1970年7月

散歩

「12345あひるのさんぽ」 森比左志;油野誠一作 こぐま社 1969年9月
「あおむしチムリのおさんぽ」 得田之久作 童心社(とびだす虫のえほん) 2003年6月
「あきいろおさんぽ」 村上康成作・絵 ひかりのくに 2002年9月

子どもの世界・生活

「あきのさんぽ」 山本まつ子文・絵 新日本出版社(新日本出版社の絵本 ふれあいシリーズ9) 1984年11月

「あしたはわたしのたんじょうび」 ガンチェフ作・絵;佐々木田鶴子訳 偕成社 1982年6月

「あひるちゃんとひよこちゃん」 ステーエフ作;小林純一文;二俣英五郎絵 いかだ社 1973年7月

「あひるのさんぽ」 ロン・ロイ作;ポール・ガルドン絵;谷川俊太郎訳 瑞木書房 1981年9月

「あひるのさんぽ」 ロン・ロイ作;ポール・ガルドン絵;谷川俊太郎訳 童話館出版 1995年6月

「あめのさんぽ」 竹下文子文;鈴木まもる絵 リブロポート(リブロの絵本) 1996年5月

「ありさんとぞうさんのおさんぽ」 林木林作;ふくだとしお・ふくだあきこ絵 鈴木出版(たんぽぽえほんシリーズ) 2009年7月

「ありたちのサンバ」 リリアナ;ミシェレ・ヤコカ作・絵;おおのまみこ訳 新世研 2002年7月

「あるいてゆこう-おさんぽえほん1」 五味太郎作・絵 ポプラ社 2006年9月

「あれあれなんだろうな?」 すぎはらけいたろう作 キッズレーベル 2010年6月

「いすがあるいた」 妹尾猶文;ユノセイイチ画 こぐま社 1983年6月

「いち、に、のさんぽ」 シャーロット・ゾロトウ作;シンディ・ウィーラー絵;三宅興子訳 トモ企画 1983年1月

「いつもとちがうさんぽみち」 間所ひさこ作;なかのひろたか絵 国土社(えほん横町シリーズ1) 1994年4月

「いどにおちたぞうさん」 マリー・ホール・エッツ作;田辺五十鈴訳 冨山房 1978年2月

「いぬのマーサがさんぽにいったら」 スーザン・メドー作・絵;ひがしはるみ訳 フレーベル館 1999年10月

「うさぎのえるなちゃん ひみつのさんぽ」 小林裕児作 福武書店 1986年9月

「うさちゃんたいへん」 リロ・フロム作;飯吉光夫訳 ほるぷ出版 1985年9月

「おかあさんとおさんぽ」 菅のぶ子作;高見八重子絵 金の星社(こどものくに傑作絵本) 1983年12月

「おさんぽ くろくま」 たかいよしかず作・絵 くもん出版(おはなし・くろくま) 2008年11月

「おさんぽ」 和歌山静子作 フレーベル館(フレーベル館のえほん・タイニーシリーズ6) 1980年1月

「おさんぽかいじゅう ぽっこらんらん」 今井弓子作・絵 岩崎書店(えほん・おもしろランド4) 1987年1月

「おさんぽトコちゃん トコトコトコ」 宮西達也作・絵 教育画劇 2007年1月

「おじいちゃんと森へ」 ダグラス・ウッド原作;P.J.リンチ絵;加藤則芳訳 平凡社 2004年6月

子どもの世界・生活

「おはいんなさい えりまきに」 角野栄子作；牧野鈴子絵 金の星社 1984年1月

「お月さまのさんぽ」 ブライアン・ワイルドスミス文・絵；わたなべひさよ訳 らくだ出版 1983年11月

「かいくんのおさんぽ」 中川ひろたか作；荒井良二絵 岩崎書店（えほん・ハートランド21） 1998年4月

「かいものさんぽゴムゾウリ」 荒井良二作；古賀鈴鳴絵 岩崎書店 2008年11月

「かたつむりののんちゃん」 高家博成；仲川道子作 童心社 1999年6月

「かばくんのさんぽ」 矢崎節夫文；尾崎真吾絵 小峰書店（こみねのえほん5） 1986年3月

「かめさんのさんぽ」 中谷千代子作・絵 福音館書店 1978年3月

「キャベツばたけのねこ」 アリソン・バートレット文・絵；工藤直子訳 メディアファクトリー 1997年9月

「きょうりゅうくんとさんぽ」 シド・ホフ作；乾侑美子訳 ペンギン社 1980年5月

「ぎんいろのしゃぼんだま」 おびかゆうこ文；たかばやしまり絵 ほるぷ出版（くりんとコロンのおはなし） 1991年4月

「ぐっすりメーメさん 夜のおさんぽ？」 マウリ・クンナス作；いながきみはる訳 猫の言葉社 2009年10月

「くまくんのさんぽ」 ミシュリーヌ・ベルトラン作；リーズ・マラン絵；辻昶訳 ペンタン（くまくんの絵本） 1985年12月

「くまさん おでかけ」 中川李枝子文；中川宗弥絵 福音館書店（幼児絵本シリーズ） 2010年3月

「くまさんのたのしいまいにち くまさんとおちば」 森山京作；Yokococo絵 ポプラ社（こんにちは！えほん9） 2005年10月

「くるくるさんぽ」 梅田俊作；梅田佳子作 新日本出版社（ゆびでおはなし） 2007年11月

「くろくまくん」 松澤由佳作 小学館 2008年3月

「こうえんのさんぽ」 アンソニー・ブラウン作・絵；谷川俊太郎訳 佑学社（ヨーロッパ創作絵本シリーズ34） 1980年2月

「こぶた かげこぶた」 小野かおる作 福音館書店 1981年11月

「ころちゃんはだんごむし」 高家博成；仲川道子作 童心社 1998年6月

「さんぽがえる」 高橋宏一文・絵 新日本出版社（新日本出版社の絵本ふれあいシリーズ10） 1985年6月

「さんぽくまさん」 ひらやまえいぞう作 福音館書店（おやすみくまさんの絵本1） 1985年3月

「さんぽだいすき」 岸田衿子文；長新太絵 ひかりのくに（あかちゃんのえほん） 1976年10月；ひかりのくに（あかちゃんのえほん） 1970年11月

「さんぽみちのおきゃくさま」 長田鞆絵文；鈴木まもる絵 講談社 1983年11月

子どもの世界・生活

「さんぽみちは はなばたけ」 広野多珂子作・絵 佼成出版社 2007年3月

「しずかなおはなし」 サムイル・マルシャーク文;ウラジミル・レーベデフ絵;うちだりさこ訳 福音館書店 1963年12月

「ぞうくんの おおかぜさんぽ」 なかのひろたか作・絵 福音館書店 2010年4月

「ぞうくんのさんぽ」 なかのひろたか作・絵;なかのまさたかレタリング 福音館書店(こどものとも傑作集) 1977年4月

「たかいたかい」 七尾純作;高瀬のぶえ絵 河出書房新社(ノンノンすくすく1) 1986年5月

「たこしんごう」 赤川明作・絵 ひかりのくに(ひかりのくに傑作絵本集15) 2000年12月

「たのしいおさんぽ-ポピーとこいぬのピップ」 イアン・ベック作・絵;たきのしまるな訳 文渓堂 1996年8月

「たまちゃんのすてきなかさ」 かわかみたかこ作 偕成社 2001年4月

「ちいさなきいろいかさ」 にしまきかやこイラスト;もりひさしシナリオ 金の星社(よみかかせ大型絵本) 2003年10月;金の星社(きんのほしストーリー絵本) 2003年4月

「ちいちゃんのさんぽ」 しみずみちを文・絵 銀河社(ちいちゃんえほん1) 1983年7月

「ちょっと おさんぽ」 かさいまり作・絵 ひさかたチャイルド 2008年9月

「つきよにさんぽ」 みやもとただお作・絵 佼成出版社(創作絵本シリーズ) 1992年4月

「でっかいさんぽ」 とよたかずひこ作・絵 ポプラ社(えほんはともだち43) 1996年5月

「てのひらおんどけい」 はまぐちてついち文;すぎたひろみ絵 福音館書店(幼児絵本ふしぎなたねシリーズ) 2003年10月

「てんてんおやすみ」 梅田俊作;梅田佳子作 新日本出版社(ゆびでおはなし) 2007年11月

「トコトコさんぽ」 長野ヒデ子作;スズキコージ絵 鈴木出版(たんぽぽえほんシリーズ) 2007年4月

「とっときのとっかえっこ」 サリー・ウィットマン文;カレン・ガンダーシーマー絵;谷川俊太郎訳 童話館 1995年3月

「トムとピッポ さんぽへおでかけ」 ヘレン・オクセンベリー作・絵;ほしかわなつよ訳 童話館出版 2001年3月

「トムとピッポとおさんぽ」 ヘレン・オクセンベリー作;児島なおみ訳 リブロポート(ピッポ3) 1990年1月

「ともだちになっちゃった」 ますだゆうこ文;にごまりこ絵 そうえん社(ケロちゃんえほん8) 2010年4月

「にぎやかなさんぽ」 ふくだいわお作 フレーベル館(よちよちえほんシリーズ6) 2009年4月

「ねんどママ おそらのさんぽ」 ゆきのゆみこ;ヒダオサム作・絵 ひさかたチャイルド 2007年7月

子どもの世界・生活

「のまどくん」片山健作　文渓堂　2010年9月

「パオちゃんのたのしいおさんぽ」なかがわみちこ作・絵　PHP研究所　2000年10月

「はっぱじゃないよぼくがいる」姉崎一馬文・写真　アリス館（森をあるけば1）　2006年9月

「はっぱのおちゃかい」小比賀優子文；高林麻里絵　ほるぷ出版（くりんとコロンのおはなし）　1991年9月

「バナナをかぶって」中川ひろたか文；あべ弘士絵　クレヨンハウス　1998年3月

「パパとおさんぽ」よこやまみなこ作・絵　鈴木出版（たんぽぽえほんシリーズ）　2002年4月

「はらぺこな しろくまくん」なりたまさこ作・絵　ポプラ社（絵本の時間28）　2003年7月

「はるちゃんのぼんぼりぼうし」とくながまり作；とよたかずひこ絵　ひさかたチャイルド　2006年1月

「バルボンさんのおさんぽ」とよたかずひこ作・絵　アリス館（ワニのバルボン5）　2000年3月

「パンちゃんのおさんぽ」どいかや作・絵　ブックローン出版　1997年4月

「ピートとうさんとティムぼうや」マーカス・フィスター作；高橋源一郎訳　講談社（世界の絵本）　1996年9月

「ひよこちゃん」ますだゆうこ文；あおきひろえ絵　そうえん社（ケロちゃんえほん6）　2009年7月

「ひよことあひるのこ」ミラ・ギンズバーグ文；ホセ・アルエーゴ；エーリアン・アルエーゴ絵；さとうとしお訳　アリス館　1983年4月

「へんだな？へんだな？」ひらのてつお作・絵　ポプラ社（えへん ごほん えほん4）　1996年11月

「ヘンなさんぽ」井上洋介作・絵　銀河社（銀河社の創作絵本）　1978年5月

「ぽっけちゃんのおでかけ」那須田淳作；黒井健絵　ひくまの出版　2003年3月

「マーシャよるのおさんぽ」ガリーナ・レーベジェワ作；みやしたひろこ訳　新読書社　1983年12月

「マウス一家のふしぎなさんぽ」カーラ・カスキン作；星川菜津代訳　童話館出版　2005年11月

「マウス一家のむすめたちのさんぽ」カーラ・カスキン作；星川菜津代訳　童話館　1994年6月

「まくらのせんにん さんぽみちの巻」かがくいひろし作　佼成出版社（クローバーえほんシリーズ）　2009年1月

「みどりがめ ゆうゆうのびっくりおさんぽ」志茂田景樹作；藤井景絵　KIBA BOOk　2002年4月

「もしゃもしゃマクレリー おさんぽにゆく」リンリー・ドッド文・絵；たまのまさと訳　あづき　2004年4月

「ものしり五郎丸」にしむらかえ作・絵　文渓堂　2010年4月

「もものすけのおさんぽ」やまちかずひろ作；荒井良二絵　小学館（おひさまのほん）2001年3月

「ももんちゃんのっしのっし」とよたかずひこ作・絵　童心社（ももんちゃんあそぼう）2002年11月

「もりのおくりもの」小比賀優子文；高林麻里絵　ほるぷ出版（くりんとコロンのおはなし）1991年11月

「もりのくうちゅうさんぽ－あまがえるりょこうしゃ」松岡たつひで作　福音館書店　2007年6月

「もりのさんぽ」サイモン・ジェイムズ作；木島治訳　偕成社　1995年3月

「やっぱりこうらはかめのもの」森町長子作・絵　鈴木出版（たんぽぽえほんシリーズ）2000年6月

「ゆかいなさんぽ」土方久功作・絵　福音館書店　1965年11月

「ゆっくりおじいちゃんとぼく」ヘレン・バックレイ作；ポール・ガルドン絵；大庭みな子訳　佑学社（アメリカ創作絵本シリーズ4）1979年10月

「よーい よーい よい」さいとうしのぶ作・絵　ひさかたチャイルド　2009年6月

「よるの おさんぽ」坂元純文；金斗鉉　講談社（講談社の創作絵本）2004年6月

「ライオンのながいいちにち」あべ弘士作　佼成出版社　2004年1月

「ライオンのよいいちにち」あべ弘士作　佼成出版社　2001年1月

「りすさんのさんぽ」花之内雅吉文・絵　フレーベル館（キンダーメルヘン傑作選8）1981年9月

「リリィのさんぽ」きたむらさとし作・絵　平凡社　2005年7月；大日本絵画　1989年7月

「ルールくん」香山美子文；杉浦範茂絵　国土社　1969年5月

「わんぱくちびくん みてみて」イングル・サンドベルイ；ラッセ・サンドベルイ作；木村由利訳　講談社（講談社の幼児えほん）1985年11月

「黄昏猫のロンド」永田萠絵・文　CBS・ソニー出版　1981年12月

「散歩するねこ」中山あい子作；入山さとし絵　サンリオ（サンリオ創作絵本シリーズ）1988年7月

子どもの個性

「LITTLE MISS LUCKY ラッキーちゃん」ロジャー・ハーグリーブス作；ほむらひろし訳　ポプラ社（MR.MEN and LITTLE MISS2）2008年11月

「LITTLE MISS SUNSHINE ニコニコちゃん」ロジャー・ハーグリーブス作；ほむらひろし訳　ポプラ社（MR.MEN and LITTLE MISS4）2008年11月

「MR.BUMP ドジドジくん」ロジャー・ハーグリーブス作；ほむらひろし訳　ポプラ社（MR.MEN and LITTLE MISS3）2008年11月

子どもの世界・生活

「MR.HAPPY ハッピーくん」 ロジャー・ハーグリーブス作；ほむらひろし訳 ポプラ社 (MR.MEN and LITTLE MISS1) 2008年11月

「いやはや」 メアリー=ルイズ・ゲイ作；江國香織訳 光村教育図書 2006年5月

「ウエズレーの国」 ポール・フライシュマン作；ケビン・ホークス絵；千葉茂樹訳 あすなろ書房 1999年6月

「ええやん そのままで」 トッド・パール作；つだゆうこ訳 エルくらぶ 2008年12月

「おおきくなったらね」 菊地清作 大日本絵画（かわりんこえほん） 1989年12月

「おまけのペンギン・タッキー」 ヘレン・レスター作；リン・マンシンガー絵；黒沢浩訳 文渓堂 1996年7月

「オレンジいろのペンギン」 葉祥明絵・文 佼成出版社 2003年10月

「がっくん-どうしてボクだけしかくいの？」 クリスチャン・メルベイユ文；ジョス・ゴフィン絵；乙武洋匡訳 講談社（講談社の翻訳絵本ピュア・セレクション） 2001年4月

「かっちゃん ワニになる」 あかさかひろこ作・絵 解放出版社 1997年11月

「くいしんぼのハチ」 本多豊国絵・文 清流出版 2001年7月

「くろってかわいい」 アナ・マリア・マシャド作；ロサナ・ファリア絵；もちづきひろあき訳 新世研 2001年12月

「しろいゴリラとくろいゴリラ」 こやま峰子作；渡辺あきお絵 金の星社 2003年2月

「ズーミンのまゆげのひみつ」 友永コリエ文；原あいみ絵 フレーベル館（ズーミンのえほん） 2010年2月

「ストライプ たいへん！しまもようになっちゃった」 デヴィッド・シャノン文・絵；清水奈緒子訳 セーラー出版 1999年7月

「タッキーはチアリーダー」 ヘレン・レスター作；リン・マンシンガー絵；黒沢浩訳 文渓堂（おまけのペンギン・タッキー） 1997年6月

「ダッくんお花ばたけへいく」 なかえよしを作；山崎ゆきこ絵 ポプラ社（絵本のぼうけん6） 2002年6月

「たっちゃん まってるよ」 おくもとゆりこ文；よこみちけいこ絵 アスラン書房 2008年1月

「ちいさなおんどり」 ウィル；ニコラス作；はるみこうへい訳 童話館出版 2001年8月

「チキンマスク-やっぱりぼくはぼくでいい」 宇都木美帆作 汐文社 2006年7月

「ちびっこぞうのカルロ」 G.ヘルツ作；エーベルハルト；エルフリーデ画；渡辺和雄訳 小学館（世界の創作童話20） 1983年7月

「とべないほたる」 小沢昭巳原作；関重信画 ハート出版（ミニえほん） 2009年6月

「とべないほたる1」 小沢昭巳原作；吉田むねふみ画 ハート出版 1997年5月

「とべないほたる10」 小沢昭巳原作；関重信絵 ハート出版 2002年5月

「とべないほたる11」 小沢昭巳原作；関重信絵 ハート出版 2002年11月

子どもの世界・生活

「とべないほたる12」 小沢昭巳原作;関重信絵 ハート出版 2003年4月
「とべないほたる2」 小沢昭巳原作;関重信画 ハート出版 1998年7月
「とべないほたる3」 小沢昭巳原作;関重信画 ハート出版 1998年12月
「とべないほたる4」 小沢昭巳原作;関重信画 ハート出版 1999年4月
「とべないほたる5」 小沢昭巳原作;関重信画 ハート出版 1999年11月
「とべないほたる6」 小沢昭巳原作;関重信画 ハート出版 2000年5月
「とべないほたる7」 小沢昭巳原作;関重信絵 ハート出版 2000年12月
「とべないほたる8」 小沢昭巳原作;関重信絵 ハート出版 2001年5月
「とべないほたる9」 小沢昭巳原作;関重信絵 ハート出版 2001年11月
「ながいおはなのハンス」 ジェームス・クリュス文;スタシス・エイドリゲビシウス絵;天沼春樹訳 ほるぷ出版 1991年12月
「ひとまねまねっことりだらけ」 井上正治作・絵 岩崎書店(のびのび・えほん5) 2000年11月
「ひとりぼっちのしか」 ジャムシード・セパーヒ作;アズユタ・アーザルギン絵;たけだなつえ訳 新世研 2001年5月
「ヘンテコリン」 東田直樹作・絵 エスコアール出版部 2008年11月
「ぼくのいいところ」 高杉尚子作・絵 らくだ出版(しろくまくんのえほん1) 2007年6月
「ぼくはぼくなんだ ぼくとわたしのちいさなしゅちょう」 ジェイミー・リー・カーティス文;ローラ・コーネル絵;くまざきようこ訳 バベルプレス 2008年10月
「マイケルはとんでもない」 トニー・ブラッドマン文;トニー・ロス絵;せなあいこ訳 評論社(児童図書館・絵本の部屋) 1993年2月
「まるで てんで すみません」 佐野洋子文;長新太絵 偕成社 2006年9月
「みけねこキャラコ」 土井香弥作・絵 偕成社 1998年11月
「わたしとなかよし」 ナンシー・カールソン作;なかがわちひろ訳 瑞雲舎 2007年3月
「ワニくんのおおきなあし」 みやざきひろかず作・絵 ブックローン出版 1996年12月
「わらって！リッキ」 ヒド・ファン・ヘネヒテン作・絵;野坂悦子訳 フレーベル館 2001年1月
「時計つくりのジョニー」 エドワード・アーディゾーニ作;あべきみこ訳 こぐま社 1998年7月

子どもの交通安全

「あひるくん あぶないよ」 松岡節文;伊東美貴絵 ひかりのくに(こうつうあんぜんえほん) 1992年10月
「あぶない!くうぴい」 なかやみわ作・絵 ミキハウス(こぐまのくうぴい) 2010年4月
「おおとかげしんごう」 きたがわめぐみ著 ゴマブックス 2006年9月

子どもの世界・生活

「おとうとのビー玉-身近な人を交通事故で失ったとき」K.ディールティエンス；P.アドリヤーンセンス作；サンネ・テ・ロー絵；野坂悦子；林由紀訳　大月書店（心をケアする絵本4）2008年1月

「かえるのこうつうあんぜん」　さくらともこ作；せべまさゆき絵　PHP研究所（PHPわたしのえほんシリーズ）1998年4月

「きんいろのあさ」吉田とし作；倉石琢也絵　金の星社　1980年12月

「たろうのおでかけ」村山桂子作；堀内誠一絵　福音館書店（こどものとも傑作集）　1966年7月；福音館書店　1963年4月

「ねこくん、みぎみてひだりみて」　田中秀幸作・絵　岩崎書店（えほん・おもしろランド10）1988年9月

「ふみきりの赤とんぼ」那須正幹文；渡辺有一絵　ポプラ社（おはなし創作えほん14）　1976年9月

「ルールくん」香山美子文；杉浦範茂絵　国土社　1969年5月

「星になったあかねちゃん」ひょうごきたみ文；よしのえんりゅう絵　ルネッサンスブックス　2006年5月

子どもの心

「"むぎゅっ"とっちゃった」イザベル・アスマ絵；ロランス・クレインベルジェ文；久保純子訳　にいるぶっくす　ソニー・マガジンズ　2004年4月

「あかが いちばん」キャシー・スティンスン文；ロビン・ベアード・ルイス絵；ふしみみさを訳　ほるぷ出版　2005年11月

「あさ おきられないニワトリ」宮田雄吾文；ほりえあつし絵　情報センター出版局　2010年2月

「あしたはてんき」小春久一郎作；杉浦範茂絵　ひかりのくに（ひかりのくに傑作絵本集22）　2003年2月

「あたまにきちゃう！」ノーマ・サイモン作；ドーラ・リーダー絵；中村妙子訳　朔北社（「うん、そうなんだ！」シリーズ1）1996年11月

「あのころ」ふくだすぐる作・絵　岩崎書店（えほん・ハートランド25）1999年9月

「あのね」かさいまり作・絵　ひさかたチャイルド　2002年10月

「あやのいぬ」たきざわさおり作　アスラン書房（心の絵本）2002年3月

「ありがとうにありがとう」やすいすえこ作；つちだよしはる絵　金の星社　2004年7月

「ありがとうフクロウじいさん」武鹿悦子作；中村悦子絵　教育画劇（みんなのえほん）2000年7月

「あるげつようびのあさ」ユリ・シュルヴィッツ作；谷川俊太郎訳　徳間書店　1994年5月

「アルド・わたしだけのひみつのともだち」ジョン・バーニンガム作；谷川俊太郎訳　ほるぷ出版　1991年12月

子どもの世界・生活

「アンナ」 ギーセラ・デーグラー＝ルンメル作;津川園子訳 ほるぷ出版 1988年3月

「いいたくない」 かさいまり作・絵 ひさかたチャイルド 1998年2月

「いたいのいたいのとんでいけ！」 山岡ひかる作 絵本館 2006年4月

「いまがたのしいもん」 シャーロット・ゾロトウ文;エリック・ブレグヴァド絵;みらいなな訳 童話屋 1991年7月

「いまは話したくないの－親が離婚しようとするとき」 ジニー・フランツ・ランソン作;キャサリン・クンツ・フィニー絵;上田勢子訳 大月書店（心をケアする絵本2） 2007年11月

「いやだいやだのスピンキー」 ウィリアム・スタイグ作;おがわえつこ訳 セーラー出版 1989年10月

「いらいら ちびっこビースティー」 モーリン・ロフィー絵;シェン・ロッディ文;きたむらまさお訳 大日本絵画 1994年9月

「うれしくて うれしくて」 かさいまり作 くもん出版（はじめてであうえほんシリーズ） 2010年2月

「エンとケラとプン」 いわむらかずお作 あかね書房 1982年9月

「オーガスタスのたび」 キャサリン・レイナー作・絵;すぎもとえみ訳 アールアイシー出版 2007年11月

「おーきくなったら」 あきやまただし作・絵 ポプラ社（えへんごほんえほん1） 1996年6月

「おおきくなったら」 ふくだとしお;ふくだあきこ作 幻冬舎 2006年9月

「おおきくなりたい」 瀬名恵子作・絵 偕成社（おおきくなりたい絵本） 1974年3月

「おかしどろぼう」 リサ・マコート文;メアリー・オキーフ・ヤング絵;宮木陽子訳 岩崎書店（子どものこころのチキンスープ3） 1999年9月

「おくりもの」 公文みどり作 玉川大学出版部 2009年10月

「おこる」 中川ひろたか作;長谷川義史絵 金の星社 2008年9月

「おそろしいかようび」 ヘーゼル・タウンスン作;トニー・ロス絵;小沢正訳 フレーベル館 1986年10月

「おとうとのビー玉－身近な人を交通事故で失ったとき」 K.ディールティエンス;P.アドリャーンセンス作;サンネ・テ・ロー絵;野坂悦子;林由紀訳 大月書店（心をケアする絵本4） 2008年1月

「おとなをつかまえよう」 イブ・スパン・オルセン作;木村由利子訳 文化出版局 1992年5月

「おなかのいしころ」 みやもとただお作 フレーベル館 1996年6月

「オニヤンマ空へ」 最上一平作;市居みか絵 岩崎書店（のびのび・えほん16） 2002年7月

「おばけバッタ」 最上一平作;石井勉絵 ポプラ社（絵本の時間37） 2003年12月

子どもの世界・生活

「おひさまようちえんのひみつのともだち」 斉藤栄美文;岡本順絵 ポプラ社(絵本・いつでもいっしょ12) 2005年5月

「かいじゅうなんかこわくない」 ホリー・ケラー作;末吉暁子訳 BL出版 2002年1月

「かえるくんは かなしい」 マックス・ベルジュイス文・絵;清水奈緒子訳 セーラー出版 2006年1月

「かなちゃんがいっぱい」 竹下文子作;新野めぐみ絵 教育画劇(みんなのえほん) 1999年11月

「カミーユの庭」 マルチーヌ・ドゥレルム文・絵;工藤直子訳 偕成社 1992年11月

「かみさまのほん」 フローレンス・メアリ・フィッチ作;レオナード・ワイスガード絵;たにかわしゅんたろう訳 福音館書店(世界傑作絵本シリーズ・アメリカの絵本) 1969年11月

「かわっちゃうの?」 アンソニー・ブラウン作;さくまゆみこ訳 評論社(児童図書館・絵本の部屋) 2005年3月

「がんばりこぶたのブン」 たかどのほうこ作 あかね書房(えほん、よんで!8) 2003年11月

「きみのきもち」 サトシン;相田毅作;ミスミヨシコ絵 教育画劇 2010年8月

「きもち」 谷川俊太郎文;長新太絵 福音館書店 2008年2月

「きょうのわたしはソワソワワクワク」 ジェイミー・リー・カーティス作;ローラ・コーネル絵;坂上香訳 偕成社 2000年6月

「きらいさ きらい」 中川ひろたか文;工藤ノリコ絵 理論社 2009年7月

「きらめく船のあるところ」 ネレ・モースト作;ユッタ・ビュッカー絵;小森香折訳 BL出版 2004年6月

「くじらのだいすけ」 天野祐吉作;梶山俊夫絵 福音館書店 1998年3月

「けんかのきもち」 柴田愛子文;伊藤秀男絵 ポプラ社(からだとこころのえほん2) 2001年12月

「げんこのキモチ」 礒みゆき作・絵 ポプラ社(絵本のおもちゃばこ8) 2005年6月

「けんたのぼうし」 やすいすえこ作;田頭よしたか絵 偕成社 1991年6月

「こぎつねキッコ あめふりのまき」 松野正子文;梶山俊夫絵 童心社(キッコシリーズ) 1993年6月

「こぐまくんのハーモニカ」 ジョン・セバスチャン作;ガース・ウイリアムズ絵;三木卓訳 リブロポート 1994年1月

「ココロのヒカリ」 谷川俊太郎文;元永定正絵 文研出版(みるみる絵本) 2010年9月

「こころはっぱ」 やすいすえこ作;黒井健絵 佼成出版社 2003年6月

「コップをわったねずみくん」 なかえよしを作;上野紀子絵 ポプラ社(絵本のひろば34) 1980年6月

「こびとくんのしあわせないちにち」 マックス・ベルジュイス文・絵;清水奈緒子訳 セーラー出版 1992年1月

子どもの世界・生活

「こぶたくんのめいそう」 ケリー・リー・マクリーン作；日野原重明訳 産経新聞出版 2008年3月

「さかながこわいクジラ」 宮田雄吾文；海谷泰水絵 情報センター出版局 2010年2月

「さとしとすてネコ」 福田岩緒作・絵 ポプラ社（えほんはともだち38） 1995年4月

「さびしいは さびしくない」 内田麟太郎作；田頭よしたか絵 教育画劇（みんなのえほん） 2002年8月

「じゆうのつばさ-こどもたちの心と身体をまもるために」 葉祥明文・絵 国土社 2001年12月

「しんぱい しんぱい ウェンベリー」 ケビン・ヘンクス作；いしいむつみ訳 BL出版 2001年9月

「すいみんぶそく」 長谷川集平作 童心社 1996年1月

「すぅすぅすぅ」 佐野洋子作；広瀬弦絵 リブロポート（かばのなんでもや1） 1990年1月

「すみっこのおばけ」 武田美穂作・絵 ポプラ社（絵本・いつでもいっしょ1） 2000年7月

「スンカン そらをとぶ！」 バルブロ=リンドグレン作；オロフ=ランドストローム絵；とやままり訳 偕成社 1993年1月

「ぜっこう」 柴田愛子文；伊藤秀男絵 ポプラ社（からだとこころのえほん3） 2002年7月

「ソフィーはとってもおこったの！」 モリー・バング作；おがわひとみ訳 評論社（児童図書館・絵本の部屋） 2002年1月

「そらとぶアヒル」 内田麟太郎文；長新太絵 童心社（絵本・ちいさななかまたち） 1995年5月

「そらみみがきこえたひ」 宮田雄吾文；北村友弘絵 情報センター出版局（こころの病気がわかる絵本4 統合失調症） 2010年4月

「だーれもいない だーれもいない」 片山健作 福音館書店 1983年10月

「だったらいいな」 かべやふよう作 アスラン書房（心の絵本） 2001年12月

「だってぼくは犬なんだい！」 アラン・ブラウン文；ジョナサン・アレン絵；久山太市訳 評論社（児童図書館・絵本の部屋） 2002年9月

「だれか ないてる」 岩瀬成子作；味戸ケイコ絵 佼成出版社 2008年3月

「ちいさなしんぱい」 アンネ・エルボー作；木本栄訳 ひくまの出版 2000年11月

「ちいさなひつじフリスカ」 ロブ・ルイス作；金原瑞人訳 ほるぷ出版 1991年8月

「チミ」 鈴木タカオ作・絵 ポプラ社 2002年5月

「てあらいがとまらないアライグマ」 宮田雄吾文；霜田あゆ美絵 情報センター出版局（こころの病気がわかる絵本2 強迫性障害） 2010年2月

「でっかいでっかいモヤモヤ袋」 ヴァージニア・アイアンサイド作；フランク・ロジャース絵；左近リベカ訳 草炎社（そうえんしゃ・世界のえほん1） 2005年11月

子どもの世界・生活

「でてこーい！よるくん」 山脇恭文；梶山俊夫絵 PHP研究所（PHPにこにこえほんシリーズ） 1993年4月

「てをみてごらん」 中村牧江作；林健造絵 PHP研究所（PHPわたしのえほん） 2007年5月

「テントがとってもこわいもの」 リカルド・アルカンターラ作；グスティ絵；しまむらかよ訳 ポプラ社（こいぬのテント5） 2002年6月

「トイレにいっていいですか」 寺村輝夫作；和歌山静子絵 あかね書房 2002年8月

「どうしちゃったの?ねずみくん」 なかえよしを作；上野紀子絵 ポプラ社（ねずみくんの絵本27） 2010年5月

「どうしようかな」 灰谷健次郎作；坪谷令子絵 サンリード 1979年11月

「ドキドキかいじゅうモコちゃん」 わだことみ作；あきやまただし絵 岩崎書店（のびのび・えほん） 2002年4月

「トゲトゲぼうや」 今村葦子作；西村繁男絵 金の星社 2004年10月

「どっちーぬくん」 あきやまただし作・絵 鈴木出版（ひまわりえほんシリーズ） 2002年9月

「となりのイカン」 中山千夏文；長谷川義史絵 自由国民社 2004年10月

「となりのモモゴン」 玖保キリコ作・絵 岩崎書店（モモゴンシリーズ） 2002年11月

「ともだちがほしいの」 柴田愛子文；長野ヒデ子絵 ポプラ社（からだとこころのえほん6） 2004年3月

「トリゴラス」 長谷川集平作 文研出版（みるみる絵本-ぽっぽライブラリ） 1995年1月

「どろぼうだ どろぼうよ」 フランツ・ブランデンバーグ文；アリキ絵；かつおきんや訳 アリス館牧新社 1976年10月

「ないしょにしといて」 間所ひさこ作；田沢梨枝子絵 PHP研究所（わたしのえほん） 2003年7月

「なみだ どこ どこ？」 左近蘭子作；童きみか絵 フレーベル館（げんきわくわくえほん26） 1997年5月

「なみだあめ」 みおちづる作；よしざわけいこ絵 岩崎書店（えほんのぼうけん14） 2010年7月

「なみにきをつけて、シャーリー」 ジョン・バーニンガム作；辺見まさなお訳 ほるぷ出版 2004年6月

「にこちゃんのママのて」 あきやまただし作・絵 教育画劇 2010年2月

「にこりん」 えんどうゆき作・絵 カゼット出版 2006年6月

「ねずみくんのきもち」 なかえよしを作；上野紀子絵 ポプラ社 2007年3月

「のはらのおみせ」 やすいすえこ作；ほりかわまこ絵 岩崎書店（えほんのマーチ9） 2003年12月

「のはらひめ-おひめさま城のひみつ」 中川千尋作 徳間書店 1995年5月

子どもの世界・生活

「はずかしがりやのぞう」 つかさおさむ作 にっけん教育出版社 2002年8月
「ピカピカのこころ」 かしまたかまさ文;れもん絵 出帆新社 2008年4月
「ひつじくんのほしいもの」 柳瀬智子作・絵 タリーズコーヒージャパン 2005年11月
「ひろくんときょうちゃんのエンケラプン」 いわむらかずお作 あかね書房 1983年9月
「ふうせんくまくん」 あきやまただし作・絵 金の星社(新しいえほん) 2000年4月
「フォルケはチュッとしたいきぶん」 オーサ・カシーン作;ひしきあきらこ訳 くもん出版 2003年4月
「ふとるのがこわいチーター」 宮田雄吾文;二見正直絵 情報センター出版局(こころの病気がわかる絵本5 摂食障害) 2010年3月
「プンプンぷんかちゃん」 薫くみこ作;山西ゲンイチ絵 ポプラ社(絵本・いつでもいっしょ20) 2007年5月
「ペンペンのなやみごと」 オオサワチカ作・画 フーコー 1999年11月
「ぼく、とびたくないんだ」 のらり&くらり作 アスラン書房(心の絵本) 2003年1月
「ぼく、ムシになっちゃった」 ローレンス・デイヴィッド文;デルフィーン・デュラーンド絵;青山南訳 小峰書店(世界の絵本コレクション) 2002年7月
「ぼくうそついちゃった」 マージョリー・ワインマン・シャーマット作;デーヴィッド・マクフェイル絵;大庭みな子訳 佑学社(アメリカ創作絵本シリーズ16) 1980年10月
「ぼくが父さんなら」 シャーロット・ゾロトウ文;ヒラリー・ナイト絵;みらいなな訳 童話屋 1998年4月
「ぼくとおとうさんのテッド」 トニー・ディテルリッジ作;安藤哲也訳 文渓堂 2008年6月
「ぼくとタロー」 森野さかな絵・文 自由国民社 2002年8月
「ぼくのうたをきいとくれ」 山下ケンジ作・絵 講談社(講談社の創作絵本) 2001年7月
「ぼくは まる」 南本樹絵・文 至光社(ブッククラブ・国際版絵本) 2007年1月
「ぼくは まる」 南本樹絵・文 至光社(ブッククラブ国際版絵本) 2007年1月
「ぼくはいかない」 柴田愛子文;伊藤秀男絵 ポプラ社(からだとこころのえほん5) 2003年4月
「ぼくはおこった」 ハーウィン・オラム文;きたむらさとし絵・訳 佑学社 1988年4月
「ぽっかぽか」 諸橋精光作 小学館 2008年2月
「ぽっかぽかのおまじない」 三枝三七子お話・絵 偕成社 2006年12月
「ぽんちとちりん」 志茂田景樹作;柴崎るり子絵 KIBA BOOK(よい子に読み聞かせ隊の絵本5) 2000年10月
「ほんとうのことをいってもいいの？」 パトリシア・C.マキサック文;ジゼル・ポター絵;ふくもとゆきこ訳 BL出版 2002年4月

子どもの世界・生活

「ほんとだってば!」 マーサ・メイヤー作;今江祥智訳 偕成社 1988年7月

「まるごとたべたい」 山脇恭作;小田桐昭絵 偕成社 2006年9月

「みそっぱのまほう」 来栖良夫文;鈴木義治絵 草土文化 1981年2月

「むぎわらぼうし」 竹下文子作;いせひでこ絵 講談社(講談社の創作絵本) 2006年7月

「むく鳥のゆめ」 浜田広介作;網中いづる絵 集英社(ひろすけ童話絵本) 2004年12月

「もう、めちゃめちゃにおこってんだから!」 エークホルム夫妻作・絵;ビヤネール多美子訳 偕成社 1979年8月

「もうぜったいうさちゃんってよばないで」 グレゴアール・ソロタレフ作・絵;すえまつひみこ訳 佑学社 1989年1月

「モモ、いったいどうしたの?」 ナジャ作;伏見操訳 文化出版局 2001年9月

「やいトカゲ」 舟崎靖子作;渡辺洋二絵 あかね書房(あかね創作えほん18) 1984年4月

「やさしいトントン」 やまぐちすわこ作 アスラン書房(心の絵本) 2001年10月

「やねのうえのもも」 織茂恭子作 童心社(絵本・こどものひろば) 2002年3月

「ゆうかんなねずみくん」 ミカエラ・モーガン文;ミシェル・カートリッジ絵;たなかまや訳 評論社(児童図書館・絵本の部屋) 2008年2月

「よわむし らいおん」 八木田宜子絵;長新太絵 徳間書店(らいおんえほん1) 2002年4月

「よわむしワタル」 川滝かおり作;林静一絵 ウオーカーズカンパニー(創作絵本シリーズ) 1989年9月

「わがままな ながれぼし」 間瀬なおかた作・絵 フレーベル館(げんきわくわくえほん11) 1996年2月

「わくわくするね」 五味太郎作 教育画劇 2007年9月

「わすれられない人形」 リサ・マコート文;メアリー・オキーフ・ヤング絵;宮木陽子訳 岩崎書店(子どものこころのチキンスープ1) 1999年9月

「わたしが母さんなら」 シャーロット・ゾロトウ文;ヒラリー・ナイト絵;みらいなな訳 童話屋 1998年4月

「絵本 極楽ごくらく」 西川隆範文;桝田英伸監修 風涛社 2009年7月

「考える絵本1 こころ」 香山リカ文;益田ミリ絵 大月書店 2009年6月

「車いすのおねえちゃん-障害のあるきょうだいがいるとき」 ステファン・ボーネン作;イナ・ハーレマンス絵;野坂悦子訳 大月書店(心をケアする絵本3) 2007年12月

「心をビンにとじこめて」 オリヴァー・ジェファーズ文・絵;三辺律子絵 あすなろ書房 2010年2月

「新装版 かぜひきたまご」 舟崎克彦文;杉浦範茂絵 講談社(講談社の創作絵本ベストセレクション) 2001年12月

子どもの世界・生活

子どもの心＞まいご

「あしたも よかった」 森山京文；渡辺洋二絵 小峰書店（こみねのえほん17） 1989年11月

「あひるちゃん」 ミック・インクペン作；角野栄子訳 小学館（リトルキッパー絵本） 1998年10月

「ありの子ギータ」 渡辺一枝文；杉浦範茂絵 クレヨンハウス（おはなし広場） 1993年12月

「アルフレッドとまいごの子ひつじ—ベリーベアシリーズ」 ふじおかきょうこ文；まえだなつき絵 パールネスコ・ジャパン 2000年5月

「うさぎちゃんどうしたの？」 岡田昌子作・絵 金の星社 1984年9月

「エミリーちゃん」 ドミティーユ・ドゥ・プレサンセ作；箕浦万里子訳 偕成社 1976年5月

「おさるのジョージ まいごになる」 M.レイ；H.A.レイ原作；渡辺茂男訳 岩波書店 2003年10月

「かえりみち」 あまんきみこ作；西巻茅子画 童心社（あまんきみこおはなしえほん） 1979年7月

「かえりみち」 あまんきみこ作；西巻茅子絵 童心社（あまんきみこおはなしえほん） 1984年1月；あい書房（あまんきみこおはなしえほん） 1979年7月

「きいろちゃん」 塩田守男作・絵 ひかりのくに（ひかりのくにお話絵本） 1988年1月

「こいぬのくんくん」 ディック・ブルーナ文・絵；松岡享子訳 福音館書店（子どもがはじめてであう絵本） 1972年7月

「こぐまちゃんのありがとう」 わかやまけん作 こぐま社（こぐまちゃんえほん） 1972年10月

「こぐまの森」 本田ちえこ作；本田哲也絵 偕成社 2005年7月

「こぞうのぷんが」 井口文秀絵・文 至光社（ブッククラブ国際版絵本） 1981年1月

「こねこちゃんはどこへ」 かんざわとしこ作；ちょうしんた絵 福音館書店 1978年12月

「ころわんはおにいちゃん」 間所ひさこ作；黒井健絵 ひさかたチャイルド 1986年3月

「ころわんはおにいちゃん」 間所ひさこ作；黒井健絵 ひさかたチャイルド（プチころわん） 1999年1月

「こわくなんかないよ、モーリッツ」 パロマ・ヴェンゼル文；ウリス・ヴェンゼル絵；いぬいゆみこ訳 評論社（児童図書館・絵本の部屋） 2000年11月

「さがしてさがしてみんなでさがして」 ナンシー・タフリ作；とうまゆか訳 福武書店 1986年1月

「さよならペンギン」 湯村輝彦絵；糸井重里文 すばる書房 1977年3月

「ジャッキーのいもうと」 あだちなみ絵；あいはらひろゆき文 ブロンズ新社（くまのがっこうシリーズ） 2007年2月

「しろふくろうのまいご日記」 斉藤洋作；高畠純絵 ほるぷ出版 1994年4月

子どもの世界・生活

「ステゴザウルスはまいごです」 舟崎克彦作;スズキコージ絵 くもん出版(きょうりゅうがやってきた2) 1991年6月

「ちびうさまいご！」 ハリー・ホース作;千葉茂樹訳 光村教育図書 2003年3月

「ちびっこ ぴいた」 こばやしえりこ作 こぐま社 2009年2月

「テディとアニー2 また忘れられて」 マリア・オニール文;モーリーン・ガルバーニ絵;井辻朱美訳 河出書房新社 2000年7月

「とこちゃんはどこ」 松岡享子作;加古里子絵 福音館書店(こどものとも傑作集) 1970年7月

「どこどこどこ？」 山口亜耶作・絵 ART BOXインターナショナル 2007年9月

「トッキーさんのボタン」 かとうまゆみ作・絵 イースト・プレス 2010年3月

「ともだちになって」 アレクシス・ディーコン作・絵;いずむらまり訳 徳間書店 2004年1月

「どんくまさんのこもりうた」 柿本幸造絵;蔵冨千鶴子文 至光社(ブッククラブ国際版絵本) 1977年1月

「ねぼすけクンちゃん」 のらり＆くらり作 アスラン書房(心の絵本) 2002年8月

「はじめのちいさないっぽ」 サイモン・ジェームズ作;小川仁央訳 評論社(児童図書館・絵本の部屋) 2004年1月

「ひとりだって かえれるもん」 篠原良隆作・絵 ポプラ社(えほんはともだち20) 1992年2月

「ピピンちゃんとポッドくん」 ミッチェル・カートリッジ作;石沢泰子訳 偕成社 1981年11月

「ひよことむぎばたけ」 フランチシェク・フルビーン文;ズデネック・ミレル絵;きむらゆうこ訳 ひさかたチャイルド 2008年4月

「ヒラリーとライオン」 フランク・ディサイクス文;デビー・デューランド・ディサイクス絵;たかはしけいすけ訳 セーラー出版 1992年6月

「ピンとペン」 ディック・ブルーナ作;角野栄子訳 講談社(ブルーナのおはなし文庫23) 2000年6月

「フィフィのそら」 村上康成作 ひさかたチャイルド 2005年3月

「ぶくぶくしげみを くるーり」 フィリス・ルート文;クリストファー・デニス絵;山口文生訳 評論社(児童図書館・絵本の部屋) 2002年11月

「ふしぎなめいろ」 深見春夫作・絵 PHP研究所(PHPにこにこえほん) 2006年10月

「ふわふわあひるのこ」 ジェーンメワーナー・ワトソン文;アリス・プロベンセン;マーティン・プロベンセン絵;劉優貴子訳 講談社(講談社の翻訳絵本クラシックセレクション) 2004年2月

「ペンギン まいごになる」 ジャック・デュケノワ作;大澤晶訳 ほるぷ出版 1998年7月

「ぼくのママはどこ？」 ジュリア・ドナルドソン文;アクセル・シェフラー絵;久山太市訳 評論社(児童図書館・絵本の部屋) 2001年6月

子どもの世界・生活

「ぼくまいごになったんだ」 わたなべしげお作;おおともやすお絵 あかね書房(くまくんのえほん4) 1980年3月

「ほしべそくん—はじめてのおともだち」 おぐらひろかず文・絵 フレーベル館 2003年11月

「まいごだピィ きのいいビーバー」 かみやしん作・絵 佼成出版社 1988年11月

「まいごになったセレスティーヌ」 ガブリエル・バンサン作;森比左志訳 ブックローン出版(くまのアーネストおじさんシリーズ) 1985年11月

「まいごになったぞう」 寺村輝夫文;村上勉絵 偕成社 1989年1月

「まいごになったメイベル」 アリータ・リチャードソン文;メアリー・オキーフ・ヤング絵;なかむらたえこ訳 朔北社 1995年11月

「まいごになったモップ」 鹿目佳代子作 福武書店 1989年2月

「まいごになった子ひつじ」 ゴールデン・マクドナルド作;レナード・ワイスガード絵;あんどうのりこ訳 長崎出版 2009年10月

「まいごのアンガス」 マージョリー・フラック作・絵;瀬田貞二訳 福音館書店(世界傑作絵本シリーズ・アメリカの絵本) 1974年10月

「まいごのきたかぜ」 ちばみなこ作 偕成社 2010年2月

「まいごのくじら」 松谷みよ子文;渡辺三郎絵 ブッキング(復刊傑作幼児絵本シリーズ10) 2008年4月

「まいごのクロード」 ふくもとともお作 ほるぷ出版 1989年3月

「まいごのころわん」 間所ひさこ作;黒井健絵 ひさかたチャイルド 1996年10月

「まいごのサイはなにがすき?」 マーサー・メイヤー文;スティーブン・ケロッグ絵;鈴木昌子訳 ほるぷ出版 1990年4月

「まいごのしろくま」 アンドレ・ダーハン作;角田光代訳 学研教育出版 2010年8月

「まいごのちろ」 中谷千代子作・絵 福音館書店 1965年3月

「まいごのとむ」 与田凖一作;井口文秀絵 童心社(与田凖一おはなしえほん) 1982年1月;あい書房(与田凖一おはなしえほん) 1977年9月

「まいごのどんぐり」 松成真理子作 童心社 2002年9月

「まいごのひよこ」 さとうわきこ文;二俣英五郎絵 いかだ社 1974年12月

「まいごのフォクシー」 イングリ・ドーレア;エドガー・ドーレア文・絵;うらべちえこ訳 岩波書店 2002年6月

「まいごのふくろうくん」 しのざきみつお作・絵 ぎょうせい(そうさくえほん館14 やさしさをもって) 1992年5月

「まいごのふたご」 アイネス・ホーガン文;石井桃子訳;野口彌太郎絵 岩波書店(岩波の子どもの本) 1954年4月

「まいごのプックン」 おおともやすおみ作 あかね書房(こぐまのプックン1) 1993年11月

「まいごのペンギン」 オリヴァー・ジェファーズ作;三辺律子訳 ソニー・マガジンズ(にいるぶっくす) 2005年12月

「まいごのペンギンだるま」 渡辺有一作・絵 金の星社(絵本のおくりもの) 1985年7月

「まいごのペンギンピコ どっちこっちあっち」 スヴェトラン・ユナコビッチ作;那須田淳訳 講談社(世界の絵本) 2006年4月

「まいごのまいごのフーとクー」 神沢利子作;井上洋介絵 ポプラ社(くまの子ウーフの絵本8) 1983年5月

「まいごのマイロ」 大島妙子作 あかね書房(あかね・新えほんシリーズ24) 2005年10月

「まいごのミーミ」 加藤潤子絵・文 至光社(ブッククラブ・国際版絵本) 2008年1月

「まいごのロボット」 大石真作;北田卓史絵 ひさかたチャイルド(ひさかたメルヘン44) 1983年12月

「ますだくんとまいごのみほちゃん」 武田美穂作・絵 ポプラ社(えほんとなかよし53) 1997年12月

「まるくて おっきくて まっくろで」 尾崎美紀作;大島妙子絵 ひさかたチャイルド 2008年7月

「ミナとリナのデパートたんけんごっこ」 鈴木路可作・絵 ポプラ社(えほんはともだち34) 1994年3月

「みみりんの おうちはどこ」 ウルフ・ニルソン作;エバ・エリクソン絵;木村由利子訳 ブックローン出版(みみりんシリーズ) 1989年5月

「もしもママとはぐれたら…」 カール・ノラック文;カトリーヌ・ピヌール絵;石津ちひろ訳 講談社(講談社の翻訳絵本) 2006年9月

「モリーとまいごのなかまたち」 アントニオ・ヴィンチェンティ著;杉本詠美訳 少年写真新聞社(ガラスのうしモリーのおはなし2) 2004年4月

「もりでひとりぼっち」 ボリスラフ・ストエフ作・.絵;高村喜美子文 学習研究社(国際版せかいのえほん24) 1985年1月

「ゆうかんなミミと大きなクマさん」 アンジェラ・マカリスター文;ティファニー・ビーク絵;おがわひとみ訳 評論社(児童図書館・絵本の部屋) 2006年9月

「ラッコのろっこちゃん」 かわだあゆこ文;まなかきょうこ絵 アスラン書房 2002年6月

「見えなくてもだいじょうぶ?」 フランツヨーゼフ・ファイニク作;フェレーナ・バルハウス絵;ささきたづこ訳 あかね書房(あかね・新えほんシリーズ22) 2005年4月

「二ひきのこぐま」 イーラ作;松岡享子訳 こぐま社 1990年11月

子どもの心＞自分発見

「あなたは、だあれ?」 あまんきみこ作;武田美穂絵 小学館 2005年10月

「カえるくんのたからもの」 田中章義作;とりごえまり絵 東京新聞出版局 2000年4月

子どもの世界・生活

「カカシのアタシ」舟崎克彦文;鈴木ほたる絵　ひさかたチャイルド（Heart Oasis）　1997年11月

「きみの行く道」ドクター・スース作;いとうひろみ訳　河出書房新社　2008年2月

「ちいさなごるり」松居スーザン文;堀川真絵　童心社（絵本・ちいさななかまたち）　1996年11月

「ねずみのラリーまちへいく」さくらともこ作;おぐらひろかず絵　金の星社（新しいえほん）　1993年7月

「ペツェッティーノ」レオ・レオニ作;谷川俊太郎訳　好学社　1975年1月

「ペンギンのヘクター」ルイーズ・ファティオ文;ロジャー・デュボアザン;岡本浜江訳　童話館出版　1997年7月

「ぼくができること」スティーブ・スモールマン文;ティム・ワーンズ絵;左近リベカ訳　草炎社（そうえんしゃ・世界のえほん2）　2006年2月

「ぼくってなんだろう」梅田俊作作・絵　ポプラ社（ポプラ社の幼年文学5）　1980年6月

「ぼくのふうちゃんをかえして！」ジョン・プレイター作・絵;ちくきよしみ訳　新世研　1997年1月

「ぼくはぼくなんだ ぼくとわたしのちいさなしゅちょう」ジェイミー・リー・カーティス文;ローラ・コーネル絵;くまざきようこ訳　バベルプレス　2008年10月

「まことくんて、だあれ」吉田秀樹作;山口みねやす絵　ほるぷ出版（ほるぷ創作絵本）　1990年11月

「よかったな」矢崎節夫文;中村景児絵　ひかりのくに（思いやり絵本シリーズ5）　1996年5月

「わたしとなかよし」ナンシー・カールソン作;なかがわちひろ訳　瑞雲舎　2007年3月

「考える絵本5 悪」石坂啓作　大月書店　2009年9月

子どもの防災

「うさぎのホッパー ちかみちにはきをつけて」マーカス・フィスター作;角野栄子訳　講談社（世界の絵本）　1996年6月

「おっとあぶない」マンロー・リーフ作;渡辺茂男訳　フェリシモ　2003年11月

「ガスパール びょういんへいく」アン・グッドマン文;ゲオルグ・ハレンスレーベン絵;石津ちひろ訳　ブロンズ新社　2001年9月

「きをつけなくちゃ！」なかやみわ作・絵　ミキハウス（こぐまのくうぴい）　2010年4月

「こぎつねのおねがい」鈴木清子作;ふりやかよこ絵　文研出版（えほんのもり31）　1996年9月

「はやくしらせなくちゃ」鈴木義治作;すずきみち絵　PHP研究所（PHPおはなしプレゼント）　1979年11月

子どもの世界・生活

「ベアくんのなつやすみ」 スタン・ベレンスタイン；ジャン・ベレンスタイン作・絵；緒方安雄文　日本パブリッシング　1969年1月
「わたしをみて、おかあさん！」 星みつる文；シマザキミユキ絵　瑞雲舎　2007年3月

手紙

「あ・り・が・と・う」 おぼまこと著　フレーベル館　1986年5月
「アントワーヌからのてがみ」 ガブリエル・バンサン作；もりひさし訳　ブックローン出版（くまのアーネストおじさん）　1991年4月
「うさこちゃんのてがみ」 ディック・ブルーナ文・絵；松岡享子訳　福音館書店　2009年4月
「おてがみ」 中川李枝子作；中川宗弥絵　福音館書店　1969年4月
「おばあちゃんの絵てがみ」 そうまこうへい作・絵　PHP研究所（PHPにこにこえほん）　2009年5月
「おへんじください。」 山脇恭作；小田桐昭絵　偕成社　2004年9月
「かえるちゃんの ゆうびん」 わたなべゆういち作・絵　PHP研究所（PHPわたしのえほんシリーズ）　1987年2月
「かっぱのつかい」 渡辺三郎絵；藤田よし子文　ひかりのくに（ひかりのくに傑作シリーズ7）　1971年1月
「かなえちゃんへ―おとうさんからのてがみ」 原田宗典文；西巻茅子絵　福音館書店（日本傑作絵本シリーズ）　1996年3月
「きつねのホーシュ」 小沢正作；佐々木マキ絵　サンリード　1979年7月
「きょうはなんのひ？」 瀬田貞二作；林明子絵　福音館書店（日本傑作絵本シリーズ）　1979年8月
「くまにてがみをかきました」 ジョアナ・ハリスン作；竹下文子訳　偕成社　1996年9月
「こじまのもりのきんいろのてがみ」 あんびるやすこ作・絵　ひさかたチャイルド　2004年9月
「サンタさんからきたてがみ」 たんのゆきこ作；垂石眞子絵　福音館書店　1989年12月
「サンタさんへのてがみ」 ハイアウィン・オラム文；トニー・ロス絵；ゆあさふみえ訳　ほるぷ出版　1995年10月
「じがかけなかったライオンのおうさま」 マルティン・バルトシャイト作・絵；かのうのりたか訳　フレーベル館　2007年10月
「そよかぜのてがみ」 立原えりか作；黒井健絵　ひくまの出版（幼年絵本シリーズ・あおいうみ7）　1984年12月
「たんじょうびのふしぎなてがみ」 エリック・カール作・絵；もりひさし訳　偕成社　1978年11月
「ちいさな魔女からの手紙」 角野栄子作　ポプラ社（魔女からの手紙2）　2008年10月

子どもの世界・生活

「つるになったてがみ」 岸川悦子文;稲本みえ子絵 銀河社(わたしねちこちゃん6) 1984年3月

「てがみ」 竹下文子作;合原幸夫絵 フレーベル館 1982年3月

「てがみが もしも とどくなら」 池谷剛一文・絵 パロル舎 2009年7月

「てがみをください」 山下明生作;村上勉絵 文研出版(みるみる絵本) 1976年12月

「とらくんへのてがみ」 ヤーノシュ作;野口純江訳 文化出版局 1982年9月

「トントンのおてがみ」 長島克夫作・絵 佼成出版社 1981年5月

「ながーいながーい手紙」 エリザベス・スパー作;デヴィッド・キャトロウ絵;青山南訳 偕成社 1997年8月

「にゃんのてがみわんのてがみ」 いもとようこ作・絵 岩崎書店(レインボーえほん6) 2007年3月

「はっぱのてがみ」 岡田昌子作・絵 金の星社(こどものくに傑作絵本) 1979年12月

「ピーターのてがみ」 エズラ・ジャック・キーツ作・画;木島始訳 偕成社(キーツの絵本) 1974年7月

「ふしぎなとびら-手紙絵本」 なかたあきこ著 光村推古書院 2006年9月

「ぼくのおとぎ話からの手紙」 荒井良二作 フレーベル館 2007年10月

「まさこおばさんありがとう」 田上千枝;和泉雅子作;長野ヒデ子絵 PHP研究所 1986年1月

「まどのおてがみ」 北川チハル作;おおしまりえ絵 文研出版(えほんのもり) 2009年3月

「ミッフィーのてがみ」 ディック・ブルーナ作;角野栄子訳 講談社(ミッフィーはじめてのえほん6) 2005年1月;講談社(ブルーナのおはなし文庫28) 2004年3月

「メリッサと12のてがみ」 マリア・クラレット文・絵;岸田今日子訳 文化出版局 1985年9月

「モミの手紙」 ロバート・フロスト作;テッド・ランド絵;みらいなな訳 童話屋 1999年10月

「もりのてがみ」 片山令子作;片山健絵 福音館書店(こどものとも傑作集) 2006年11月

「やまからのてがみ」 千世繭子作;高野紀子絵;富田京一監修 フレーベル館(みのりのえほん1) 2003年11月

「ゆうびんやさん おねがいね」 サンドラ・ホーニング文;バレリー・ゴルバチョフ絵;なかがわちひろ訳 徳間書店 2007年9月

「ワニのライルとなぞの手紙」 バーナード・ウェーバー作;小杉佐恵子訳 大日本図書(ワニのライルのおはなし4) 1984年8月

「赤いポストとはいしゃさん」 薫くみこ作;黒井健絵 ポプラ社(絵本のおもちゃばこ31) 2009年3月

「魔女ネコのてがみ おてんば魔女ぜったいおひめさま!」 ハーウィン・オラム作;サラ・ウォーバートン絵;田中亜希子訳 評論社(ポプラせかいの絵本21) 2008年12月

子どもの世界・生活

「木のまたてがみ」 大川悦生文;那須良輔絵 偕成社(創作えほん22) 1974年12月

少女・女の子

「1000の星のむこうに」 アネッテ・ブライ文・絵;木本栄訳 岩波書店 2007年2月

「12のつきのおくりもの-スロバキア民話」 内田莉莎子再話;丸木俊画 福音館書店 1971年12月

「12月通り25番地」 ヘレン・ウォード作;ウエイン・アンダースン絵;岡田淳訳 BL出版 2005年11月

「1999年6月29日」 デイヴィッド・ウィーズナー作;江國香織訳 ブックローン出版 1993年8月

「1ねん1くみペット大会」 アンドリュー・デイビス;ダイアナ・デイビス作;ポール・ドーリング絵;おかせいこ訳 岩崎書店(世界の絵本20) 1995年1月

「3びきのゆきぐま」 ジャン・ブレット作;松井るり子訳 ほるぷ出版 2008年10月

「7月12日」 長谷川集平作 あかね書房(あかね創作えほん7) 1981年12月

「COCO(ココ)はとびきりかわったコ」 エリザベス・マシューズ作;佐伯誠訳 イプシロン出版企画 2008年10月

「ITSUKA いつかどこかの遠くの空へ」 永田萠ことば・絵 白泉社(えほんらんど2) 1982年11月

「MIMIKOそれでいいんだよ」 木村桂子作 小峰書店 2007年7月

「あーちゃんちはパンやさん」 ねじめ正一作;井上洋介絵 福音館書店 1986年1月

「あーちゃんのおにいちゃん」 ねじめ正一作;長野ヒデ子絵 偕成社 2008年11月

「あーちゃんのたんじょうび」 ほりかわりまこ作 偕成社 2008年9月

「あいにいくよ、ボノム」 ロラン・ド・ブリュノフ作;ふしみみさを訳 講談社(講談社の翻訳絵本クラシックセレクション) 2005年1月

「あおいイヌ」 ナジャ作;山中きよみ訳 福武書店 1991年1月

「あおぞらえんのおとまりかい」 斉藤栄美作;土田義晴絵 ポプラ社(あおぞらえんシリーズ3) 2001年3月

「あかいかさ」 ロバート・ブライト作;清水真砂子訳 ほるぷ出版 1975年10月

「あかいくつ」 アンデルセン作;神沢利子文;いわさきちひろ絵 偕成社 1981年9月;偕成社 1968年8月

「あかいくまくんいいにおい!」 わたりむつこ作;つおみちこ絵 国土社(あかいくまくんシリーズ3) 1993年9月

「あかいくまくんこんにちは!」 わたりむつこ作;つおみちこ絵 国土社(あかいくまくんシリーズ1) 1993年4月

「あかいサンダル」 米田かよ作・絵 偕成社 1981年1月

子どもの世界・生活

「あかいサンダル」 米田かよ作・絵 偕成社(はじめてよむ絵本4) 1987年4月
「あかいスリッパ」 こうざきみえこ作;おざきしんご絵 教育研究社(すくすく童話館) 1978年5月
「あかいてぶくろ」 中尾彰作 童心社(童心社の絵本6) 1979年2月
「あかいてぶくろみなかった?」 スティーブン・ケロッグ作・絵;岸田衿子訳 偕成社 1978年3月
「あかが いちばん」 キャシー・スティンスン文;ロビン・ベアード・ルイス絵;ふしみみさを訳 ほるぷ出版 2005年11月
「あかずきん」 グリム原作;大塚勇三訳;宮脇公実画 福音館書店 1962年11月
「あかずきん」 グリム作;矢川澄子訳;純子デイビス絵 小学館(世界のメルヘン絵本8) 1978年3月
「あかずきん」 すぎうらさやか絵・文 白泉社 2009年3月
「あかずきん」 ディック・ブルーナ作;角野栄子訳 講談社(ブルーナのおはなし文庫8) 1994年7月
「あかずきん」 水野二郎画;天神しずえ文 ひかりのくに(世界名作えほん全集5) 1966年1月
「あかずきん」 矢崎節夫文;鬼藤あかね絵 フレーベル館(せかいむかしばなし10) 1986年2月
「あかずきん-グリムの昔話」 大塚勇三訳;堀内誠一絵 福音館書店 1987年11月
「あかずきんちゃん」 グリム原作 金の星社 2007年6月
「あかずきんちゃん」 ジョナサン・ラングレイ著;斉藤洋訳 岩崎書店(ジョナサン・ラングレイのえほん1) 1995年10月
「あかずきんちゃん」 谷真介文;赤坂三好絵 あかね書房(えほんせかいのめいさく1) 1981年5月
「あかちゃんのおへや」 松谷みよ子作;岡本半三画 講談社(松谷みよ子・どうわえほん) 1976年10月
「あかちゃんのくるひ」 岩崎ちひろ絵・文;武市八十雄案 至光社(ブッククラブ国際版絵本) 1970年1月
「あきいろおさんぽ」 村上康成作・絵 ひかりのくに 2002年9月
「あきちゃんのとけい」 なかえよしを作;上野紀子絵 PHP研究所(PHPのえほん8) 1983年11月
「あきにであった おともだち」 亀岡亜希子作・絵 文渓堂 2007年9月
「あこちゃんがいなくなったの」 安井淡作・絵 金の星社(こどものくに傑作絵本) 1976年5月

子どもの世界・生活

「あこちゃんのかがみのむこう」 佐藤ひろこ作・絵 PHP研究所(PHPわたしのえほんシリーズ) 1993年4月

「あさえとちいさいいもうと」 筒井頼子作;林明子絵 福音館書店(こどものとも傑作集) 1982年4月;福音館書店 1979年5月

「アサガオ 1945年8月6日ひろしま」 むらはしこまち文・絵 らくだ出版 1982年5月

「あさごはんのまえに」 竹下文子作;牧野鈴子絵 ひかりのくに(ひかりのくにお話絵本) 1988年1月

「あざみ姫」 ヴィヴィアン・フレンチ文;エリザベス・ハーバー絵;中川千尋訳 徳間書店 2000年2月

「あじさいの六月」 北原綴文;いがらしひろたか絵 創林社(創作絵本) 1986年7月

「あした あそびにいきます」 わこけいこ作 ART BOXインターナショナル 2010年9月

「あしたのうた」 舟崎克彦文;味戸ケイコ絵 偕成社 1978年5月

「あしたはうれしいうんどうかい」 いなつぐかつら作;むかいながまさ絵 金の星社(こどものくに傑作絵本) 1998年4月

「あしたはわたしのたんじょうび」 ガンチェフ作・絵;佐々木田鶴子訳 偕成社 1982年6月

「あそぼ!ティリー」 ポリー・ダンバー作・絵;もとしたいづみ訳 偕成社(ティリーとおともだちブック) 2009年1月

「あたし クラリス・ビーン」 ローレン・チャイルド作;木坂涼訳 フレーベル館 2002年5月

「あたしいいこなの」 井上林子作・絵 岩崎書店(カラフルえほん3) 2005年3月

「あたしのいもうと」 武鹿悦子作;おおた慶文絵 白泉社(こころの創作童話) 1975年3月

「あたしのいもうと」 武鹿悦子作;樋口千登世絵 佼成出版社 2000年3月

「あたしのスーパーマックス」 ラルフ・ブチュコウ作;ひらのきょうこ訳 岩崎書店(世界の絵本21) 1995年8月

「あたしの惑星!クラリス・ビーン」 ローレン・チャイルド作;木坂涼訳 フレーベル館 2003年7月

「あたまにきちゃう!」 ノーマ・サイモン作;ドーラ・リーダー絵;中村妙子訳 朔北社(「うん、そうなんだ!」シリーズ1) 1996年11月

「あっちゃんとエビフライ」 西巻茅子作 童心社(あっちゃんのえほん1) 1980年9月

「あっちゃんとちょうちょ」 西巻茅子作 童心社(あっちゃんのえほん3) 1980年9月

「あっちゃんとトランポリン」 西巻茅子作 童心社(あっちゃんのえほん2) 1980年9月

「あづみのひみつ基地」 田中すみ子作;夏目尚吾絵 汐文社(登校拒否を考える絵本2) 1998年3月

「あなたは、だあれ?」 あまんきみこ作;武田美穂絵 小学館 2005年10月

子どもの世界・生活

「アニーとおばあちゃん」 ミスカ・マイルス作;ピーター・パーノール絵;北面ジョーンズ和子訳 あすなろ書房 1993年12月

「アニーのにじ」 ロン・ブルックス作・絵;岸田理生訳 偕成社 1979年1月

「あのこがみえる」 舟崎克彦文;味戸ケイコ絵 偕成社 1975年10月

「あのこはだーれ」 岸田衿子文;長新太絵 ひかりのくに(あかちゃんのえほん9) 1982年2月

「あのこはだあれ」 竹下文子作;鈴木まもる絵 フレーベル館(フレーベル館のえほん・タイニーシリーズ30) 1982年7月

「あのときすきになったよ」 薫くみこ作;飯野和好絵 教育画劇(みんなのえほん) 1998年4月

「アビニョンのりゅう」 ユルゲン・タムヒーナ文;ハイドルン・ペトリーデス絵;宮下啓三訳 講談社(世界の絵本スイス) 1971年2月

「あまがさ」 やしまたろう作 福音館書店(世界傑作絵本シリーズ) 1963年8月

「あみちゃんとやさいのでんしゃ」 高木さんご作;ひこねのりお絵 PHP研究所(PHPわたしのえほん) 2000年11月

「あみものライオン」 なかえよしを作;上野紀子画 絵本館 1979年7月

「あめこんこん」 松谷みよ子文;中谷千代子絵 講談社(ちいさいモモちゃんえほん) 1971年12月

「あめこんこん」 松谷みよ子文;武田美穂絵 講談社(ちいさいモモちゃんえほん1) 1995年6月

「あめのひ」 ユリー・シュルヴィッツ作・画;矢川澄子訳 福音館書店(世界傑作絵本シリーズ・アメリカの絵本) 1972年9月

「あめのひのおるすばん」 岩崎ちひろ絵・文;武市八十雄案 至光社(ブッククラブ国際版絵本) 1968年1月

「アメリカのマドレーヌ」 ルドウィッヒ・ベーメルマンス;ジョン・ベーメルマンス・マルシアーノ;江國香織訳 BL出版 2004年10月

「あやちゃんのうまれたひ」 浜田桂子作・絵 福音館書店 1984年12月

「あやちゃんのおきゃくさま」 栃折ちえこ文・絵 女子パウロ会 1986年5月

「あやのいぬ」 たきざわさおり作 アスラン書房(心の絵本) 2002年3月

「あやのねがい」 黒河松代作;赤坂三好絵 金の星社 1979年2月

「ありがとう どういたしまして」 おおともやすお作 童心社(とことこえほん) 2009年11月

「ありがとう、フォルカーせんせい」 パトリシア・ポラッコ作;香咲弥須子訳 岩崎書店(海外秀作絵本6) 2001年12月

「ありがとう」 石津ちひろ作;メグホソキ絵 イースト・プレス 2009年3月

「ありこちゃんのおてつだい」 高家博成;仲川道子作 童心社 1998年6月

子どもの世界・生活

「アリスンの百日草」 アニタ・ローベル文・絵;セーラー出版編集部訳 セーラー出版 1992年12月

「アルザスのおばあさん」 プーパ・モントフィエ絵・文;末松氷海子訳 西村書店 1986年8月

「アルド・わたしだけのひみつのともだち」 ジョン・バーニンガム作;谷川俊太郎訳 ほるぷ出版 1991年12月

「あるひおねえちゃんは」 みやにしいづみ作;宮西達也絵 フレーベル館 1983年9月

「アルプスの少女」 スピリ原作;沖倉利津子著 集英社(ファンタジーメルヘン) 1983年6月

「アローハンと羊—モンゴルの雲の物語」 興安作;蓮見治雄文・解説 こぐま社 2007年2月

「アローハンと羊—モンゴルの雲の物語」 興安作;蓮見治雄文・解説 こぐま社 2007年2月

「あわびとりのおさとちゃん」 かこさとし作・画 童心社(かこさとし・むかしばなしの本) 1979年1月

「アンジェラのおねがい」 こやま峰子文;藤本将画 教育画劇 2008年10月

「アンジェリーナ おねえさんになる」 キャサリン・ホラバード文;ヘレン・クレイグ絵;おかだよしえ訳 講談社(講談社の翻訳絵本クラシックセレクション) 2006年10月

「アンジェリーナとおうじょさま」 ヘレン・クレイグ絵;キャサリン・ホラバード文 大日本絵画(かいがのえほん) 1986年1月

「アンジェリーナとおまつり」 ヘレン・クレイグ絵;キャサリン・ホラバード文 大日本絵画(かいがのえほん) 1985年1月

「アンジェリーナとなかよしアリス」 キャサリン・ホラバード文;ヘレン・クレイグ絵;きたむらまさお訳 大日本絵画(かいがのえほん) 1988年11月

「アンジェリーナのクリスマス」 キャサリン・ホラバート文;ヘレン・クレイグ絵;おかだよしえ訳 講談社(講談社の翻訳絵本) 2004年10月

「アンジェリーナのクリスマス」 ヘレン・クレイグ絵;キャサリン・ホラバード文;きたむらまさお訳 大日本絵画(かいがのえほん) 1986年1月

「アンジェリーナのバースデイ」 キャサリン・ホラバード文;ヘレン・クレイグ絵;おかだよしえ訳 講談社(講談社の翻訳絵本クラシックセレクション) 2009年9月

「アンジェリーナのはるまつり」 キャサリン・ホラバード文;ヘレン・クレイグ絵;おかだよしえ訳 講談社(講談社の翻訳絵本クラシックセレクション) 2010年4月

「アンジェリーナのハロウィーン」 キャサリン・ホラバード文;ヘレン・クレイグ絵;おかだよしえ訳 講談社(講談社の翻訳絵本クラシックセレクション) 2007年9月

「アンジェリーナはじめてのステージ」 キャサリン・ホラバート文;ヘレン・クレイグ絵;おかだよしえ訳 講談社(講談社の翻訳絵本クラシックセレクション) 2004年3月

「アンジェリーナはスケーター」 キャサリン・ホラバード文;ヘレン・クレイグ絵;おかだよしえ訳 講談社(講談社の翻訳絵本クラシックセレクション) 2008年11月

子どもの世界・生活

「アンジェリーナはバレリーナ」 キャサリン・ホラバード文；ヘレン・クレイグ絵；おかだよしえ訳 講談社（講談社の翻訳絵本クラシックセレクション） 2003年10月

「アンジェロとロザリーヌ」 ベッティーナ作；矢川澄子訳 文化出版局 1978年5月

「アンナ」 ギーセラ・デーグラー＝ルンメル作；津川園子訳 ほるぷ出版 1988年3月

「アンナちゃん、なにがみえた？」 インゲル・サンドベリ作；ラッセ・サンドベリ絵；きむらゆりこ訳 ポプラ社（ラーバンとアンナちゃんのえほん3） 2006年12月

「アンナちゃんのねこ」 井口文秀作・絵 岩崎書店（創作絵本24） 1975年1月

「アンナのともだち」 アーヒム・ブレーガー作；ミシェル・サンバン絵；かしわぎみつ訳 佑学社 1978年5月

「アンナの赤いオーバー」 ハリエット・ジィーフェルト文；アニタ・ローベル絵；松川真弓訳 評論社（児童図書館・絵本の部屋） 1990年12月

「いいおかお」 松谷みよ子文；瀬川康男絵 童心社（松谷みよ子あかちゃんの本） 1967年4月

「いいかお わるいかお」 グニラ・ボルデ作；たかむらきみこ訳 偕成社（エミーちゃんシリーズ） 1977年1月

「いいこと三つ」 大石真作；中谷千代子絵 秋書房（創作どうわ絵本） 1979年3月

「イゴールの金のすず」 ミレイユ・ダランセ作；おかだよしえ訳 評論社（児童図書館・絵本の部屋） 2003年12月

「いじっぱりっ子なみだっ子」 奥田継夫作；奈良坂智子絵 ポプラ社（ポプラ社の幼年文学10） 1982年3月

「いしょうをぬいだおうさま」 サリー・シーダ作；リータ・ヴァン・ビルゼン絵；まつしろよういち訳 佑学社（ヨーロッパ創作絵本シリーズ11） 1978年5月

「いじわるちーこのなみだ」 北原綴文；村上昂絵 創林社（創作絵本） 1985年10月

「いじわるブッチー」 バーバラ・ボットナー文；ペギー・ラスマン絵；東春見訳 徳間書店 1994年5月

「いたずらララちゃん」 なかえよしを作；上野紀子絵 ポプラ社 1986年11月

「いたちのこもりうた」 松谷みよ子作；石倉欣二絵 ポプラ社 1981年2月

「いち、に、のさんぽ」 シャーロット・ゾロトウ作；シンディ・ウィーラー絵；三宅興子訳 トモ企画 1983年1月

「いちごだいすき」 森山京文；大森翠絵 フレーベル館（ぴよぴよえほんシリーズ4） 1984年1月

「いちごだいふくちゃん」 わたなべあや作・絵 PHP研究所（PHPわたしのえほん） 2009年12月

「いつか、会いにいくよ」 Shinzi Katoh作 講談社 2008年3月

「いつか花の妖精に」 おおた慶文作 偕成社 1985年4月

子どもの世界・生活

「いっしょにおはなみ」 武鹿悦子作;つちだよしはる絵 ひさかたチャイルド(ひさかた傑作集19) 1986年4月

「いっちゃんはね、おしゃべりがしたいのにね」 灰谷健次郎文;長谷川集平絵 理論社 1979年7月

「いってきまーす」 アルセア作;ニタ・スーター絵 偕成社 1978年9月

「いってらっしゃーい いってきまーす」 神沢利子作;林明子絵 福音館書店 1983年7月

「いっぱいの おめでとう」 あまんきみこ作;狩野富貴子絵 あかね書房 2009年5月

「いっぽんの木」 渡辺藤一絵;立原えりか文 国土社(国土社の創作えほん6) 1974年2月

「いなくなった少女と小人-ガーナ」 ヤオ・ボアチ・ガナッタ文・絵;若林千鶴子訳 蝸牛社(かたつむり文庫) 1984年12月

「いのちのまつり おかげさま」 草場一壽作;平安座資尚絵 サンマーク出版 2010年5月

「いまがたのしいもん」 シャーロット・ゾロトウ文;エリック・ブレグヴァド絵;みらいなな訳 童話屋 1991年7月

「イルカとおどった夜」 フランク・ディサイクス文;デビー・デューランド・ディサイクス絵;たかはしけいすけ訳 セーラー出版 1992年7月

「イングリッシュ ローズイズ」 マドンナ作;ジェフリー・フルビマーリ絵;江國香織訳 ホーム社 2003年11月

「うさぎがそらをなめました」 あまんきみこ作;黒井健絵 フレーベル館(おはなしえほんシリーズ24) 2010年9月

「うさぎくんとはるちゃん」 おかだちあき;おかだこう作;おかだちあき絵 岩崎書店(えほんのぼうけん21) 2010年12月

「うさぎさんてつだってほしいの」 シャーロット・ゾロトウ文;モーリス・センダック絵;小玉知子訳 冨山房 1974年11月

「うさぎのくれたバレエシューズ」 安房直子作;南塚直子絵 小峰書店(よみきかせ大型絵本) 2005年1月;小峰書店(えほん・こどもとともに) 1989年10月

「うさぎのしるし」 ひだきょうこ作 あかね書房(えほん、よんで！13) 2006年7月

「うさぎ座の夜」 安房直子作;味戸ケイコ絵 偕成社 2008年1月

「うしろのまきちゃん」 矢崎節夫作;高畠純絵 フレーベル館 1987年1月

「うみちゃんのまど」 中川ひろたか文;長新太絵 偕成社 1997年7月

「うみとモモちゃん」 松谷みよ子文;中谷千代子絵 講談社(ちいさいモモちゃんえほん) 1977年7月

「うみとモモちゃん」 松谷みよ子文;武田美穂絵 講談社(ちいさいモモちゃんえほん3) 1995年7月

「うみの ともだち」 カタリーナ・クルースヴァル作;ひしきあきらこ訳 文化出版局 1997年8月

子どもの世界・生活

「うみのいろのバケツ」 立原えりか文;永田萠絵 講談社 1983年7月

「うみのジャンルとソフィ」 マルセル・マルリエ作・絵;黒木義典訳;板谷和雄文 ブックローン出版(ファランドールえほん22) 1984年1月

「うみのひまわり」 小比賀優子文;高林麻里絵 ほるぷ出版(くりんとコロンのおはなし) 1991年6月

「うみべのステラ」 メアリー=ルイーズ・ゲイ作;江國香織訳 光村教育図書 2004年6月

「うりこひめとあまんじゃく」 木下順二文;初山滋絵 岩波書店 1984年11月

「うるわしのワシリーサーロシアの昔話から」 イヴァン・ビリービン絵;田中泰子訳 ほるぷ出版 1986年5月

「エヴァー花の国」 ラスカル文;ルイ・ジョス絵;山田兼士訳 セーラー出版 2000年5月

「エスカルゴの夜明け」 蜂飼耳文;宇野亜喜良絵 アートン 2006年12月

「えっちゃんのなまえ」 赤座憲久文;藤田三歩絵 佼成出版社 1982年2月

「エッフェルとうのあしおと」 前川康男文;南塚直子絵 小峰書店(えほん・こどもとともに) 1992年8月

「えどのこどものくらし」 岡本一郎文;沢田真理絵 チャイルド本社(れきし絵本館) 2008年12月

「エプロンのはな」 舟崎靖子作;渡辺洋二絵 秋書房 1979年10月

「えほん まるみちゃんの冒険」 しかたしん文;高桑敏子絵 ささら書房 1987年5月

「えほんしろいむすめマニ」 稲村哲也再話;アントニオ・ポテイロ絵 福音館書店 1997年11月

「エマのしごと」 グニラ・ヴォルデ文・絵;つばきはらななこ訳 童話館出版 2006年10月

「エマのまほうのめがね」 マリー・ブランド文・絵;河津千代訳 アリス館牧新社 1976年2月

「えみちゃんのたんぽぽ」 高羽賢一作・絵 岩崎書店(母と子の絵本32) 1976年7月

「エミリーちゃん」 ドミティーユ・ドゥ・プレサンセ作;箕浦万里子訳 偕成社 1976年5月

「エミリーちゃんとアルチュール」 ドミティーユ・ドゥ・プレサンセ作;箕浦万里子訳 偕成社 1976年5月

「エミリーちゃんとシドニーちゃん」 ドミティーユ・ドゥ・プレサンセ作;箕浦万里子訳 偕成社 1976年10月

「エミリーちゃんとちょうちょ」 ドミティーユ・ドゥ・プレサンセ作;箕浦万里子訳 偕成社 1976年10月

「エミリーのぞう」 フィリパ・ピアス文;ジョン・ローレンス絵;猪熊葉子訳 岩波書店 1989年6月

「エメライン、サーカスへゆく」 マージョリー・プライスマン作・絵;ほむらひろし訳 フレーベル館 2000年10月

子どもの世界・生活

「エラは小さなバレリーナ エラと「眠れる森の美女」」 ジェイムズ・メイヒュー作;灰島かり訳 小学館 2008年3月

「エリーちゃんのクリスマス」 メアリー・チャルマーズ作;おびかゆうこ訳 福音館書店(世界傑作絵本シリーズ・アメリカの絵本) 2009年10月

「エリザベスは本の虫」 サラ・スチュワート文;デイビッド・スモール絵;福本友美子訳 アスラン書房 2003年10月

「えりちゃんつまんないの」 やまなかさちこ作・絵 岩崎書店(ファミリーえほん17) 1979年2月

「エルシー・ピドック、ゆめでなわとびをする」 エリナー・ファージョン作;シャーロット・ヴォーグ絵;石井桃子訳 岩波書店 2004年6月

「エルミンカと赤いブーツ」 マージェリー・クラーク作;モード・ピーターシャム;ミスカ・ピーターシャム絵;渡辺茂男訳 ペンギン社(絵本童話けしつぶクッキーシリーズ) 1984年10月

「エレーナのセレナーデ」 キャンベル・ギースリン文;アナ・フアン絵;小島希里訳 BL出版 2004年8月

「エレンのプレゼント」 カタリーナ・クルースヴァル作;菱木晃子訳 文化出版局 1997年8月

「エレンのりんごの木」 カタリーナ・クルースヴァル作;ひだにれいこ訳 評論社(児童図書館・絵本の部屋) 2009年3月

「エロイーズ、パリへいく」 ケイ・トンプソン文;ヒラリー・ナイト絵;井上荒野訳 メディアファクトリー 2001年4月

「エロイーズ、モスクワへいく」 ケイ・トンプソン文;ヒラリー・ナイト絵;井上荒野訳 メディアファクトリー 2001年11月

「エロイーズ」 ケイ・トンプソン文;ヒラリー・ナイト絵;井上荒野訳 メディアファクトリー 2001年4月

「エロイーズのクリスマス」 ケイ・トンプソン文;ヒラリー・ナイト絵;井上荒野訳 メディアファクトリー 2001年11月

「えんとつにのぼったふうちゃん」 宮本忠夫作・絵 ポプラ社(絵本のせかい22) 1978年6月

「えんのしたのみっちゃん」 清水道尾作;梅田俊作絵 ポプラ社(絵本・子どものくに23) 1987年3月

「おいしいパンがたべたいな」 やまだうたこ作 学習研究社(学研おはなし絵本) 2008年3月

「おいしいもののすきなくまさん」 松谷みよ子文;中谷千代子絵 講談社(ちいさいモモちゃんえほん) 1972年4月

「おいしいもののすきなくまさん」 松谷みよ子文;武田美穂絵 講談社(ちいさいモモちゃんえほん6) 1995年12月

子どもの世界・生活

「おいしゃさん」 ディディエ・デュフレーヌ作;アルメール・モデレ絵;やましたはるお訳 佼成出版社 (きょうもごきげんアポリーヌシリーズ4) 2005年4月

「おいたしちゃったの」 だんちあん作;清宮哲絵 あしぶえ出版 2007年1月

「おうじょさまとなかまたち」 アローナ・フランケル文・絵;もたいなつう訳 すずき出版 2008年6月

「おうじょさまのぼうけん」 エルサ・ベスコフ作・絵;石井登志子訳 フレーベル館 1985年4月

「おうじょマーガリンとおばけのこ」 おだしんいちろう作;こばようこ絵 学研教育出版 2010年6月

「おーきくなったら」 あきやまただし作・絵 ポプラ社(えへんごほんえほん1) 1996年6月

「おおきくなったらなににになる」 みやにしいづみ文;宮西達也絵 講談社 1984年4月

「おおきくなりたい」 瀬名恵子作・絵 偕成社(おおきくなりたい絵本) 1974年3月

「おおきな なみ」 バーバラ・クーニー作;掛川恭子訳 ほるぷ出版 1991年8月

「おおきなもりのクリスマス」 ローラ・インガルス・ワイルダー原作;ルネ・グレーフ絵;しみずなおこ訳 文渓堂(絵本・大草原の小さな家2) 1996年11月

「おおきなもりのなつ」 ローラ・インガルス・ワイルダー原作;ルネ・グレーフ絵;しみずなおこ訳 文渓堂(絵本・大草原の小さな家5) 1998年6月

「おおきなもりのふゆ」 ローラ・インガルス・ワイルダー原作;ルネ・グレーフ絵;たにぐちゆみこ訳 文渓堂(絵本・大草原の小さな家1) 1996年9月

「おおさこのかや」 かとうよういち文;木村かよこ絵 海鳥社 1991年10月

「おおさこの灯」 かとうよういち文;木村かよこ絵 海鳥社(おおさこのかや3) 1992年9月

「オーパル ひとりぼっち」 オーパル・ウィットリー原作;ジェイン・ボルタン編;バーバラ・クーニー絵;八木田宜子訳 ほるぷ出版 1994年8月

「おかあさん あのね」 阪口笑子作 小峰書店 2008年6月

「おかあさんのひがさ」 みねかわなおみ作;狩野富貴子絵 PHP研究所(PHPにこにこえほん) 1998年7月

「おかあさんの紙びな」 長崎源之助作;山中冬児絵 岩崎書店(創作絵本33) 1975年10月

「おかえり くまくん」 森山京作;柿本幸造絵 佼成出版社 1993年5月

「おかえりたまご」 ひろまつゆきこ作;しまだしほ絵 アリス館 2008年11月

「おかえりなさいおとうさん」 奥田継夫作;小野千世絵 PHP研究所(PHPおはなしえほん4) 1980年5月

「おがわのおとをきいていました」 スズキコージ著 学習研究社(学研おはなし絵本) 2005年8月

「おきなぐさ」 今村葦子作;長谷川知子絵 文研出版(えほんのもり29) 1995年11月

子どもの世界・生活

「おきなわ・メッセージ つるちゃん」 金城明美文・絵 絵本『つるちゃん』を出版する会 1997年4月
「おきゃくさま」 ヘレン・オクセンバリー作・絵；なかむらくみこ訳 ほるぷ出版（はじめてのえほん8） 1985年3月
「おきよのかんのんさま」 岡本文良文；井上洋介絵 佼成出版社（民話こころのふるさとシリーズ） 1989年4月
「おくりもの」 公文みどり作 玉川大学出版部 2009年10月
「おさかなになったおんなのこーせかいのはなし（フィンランド）」 森本ヤス子文；伊藤悌夫絵 コーキ出版（絵本ファンタジア36） 1977年6月
「おさよつばき」 森はな作；梶山俊夫絵 PHP研究所（PHPのえほん9） 1984年4月
「おさんぽトコちゃん トコトコトコ」 宮西達也作・絵 教育画劇 2007年1月
「おじいさんのハーモニカ」 ヘレン・V.グリフィス作；ジェイムズ・スティーブンソン絵；今村葦子訳 あすなろ書房 1995年7月；佑学社 1987年10月
「おじいちゃん」 ジョン・バーニンガム作；谷川俊太郎訳 ほるぷ出版 1985年8月
「おじいちゃんといっしょに」 アリキ作・絵；代田昇訳 佑学社（アメリカ創作絵本シリーズ13） 1981年2月
「おじいちゃんとおばあちゃん」 ヘレン・オクセンバリー作・絵；なかむらくみこ訳 ほるぷ出版（はじめてのえほん7） 1985年3月
「おじいちゃんとテオのすてきな庭」 アンドリュー・ラースン文；アイリーン・ルックスバーカー絵；みはらいずみ訳 あすなろ書房 2009年10月
「おじいちゃんにあいに」 ハンス・ピーターソン文；スベン・オットー絵；奥田継夫；木村由利子訳 アリス館牧新社 1976年11月
「おじいちゃんのいえのダンスパーティー」 ローラ・インガルス・ワイルダー原作；ルネ・グレーフ絵；しみずなおこ訳 文渓堂（絵本・大草原の小さな家3） 1996年9月
「おじいちゃんのところ」 ヘレン・V.グリフィス文；ジェイムズ・スティーブンソン絵；秋野翔一郎訳 童話館出版 2007年9月
「おじいちゃんの銀時計」 はらみちを作・絵 らくだ出版 1995年6月
「おしゃぶりだいすきニーナちゃん」 クリスチーヌ・ノーマン・ビールマン作；マリアンヌ・バルシロン絵；やましたはるお訳 佼成出版社 2003年11月
「おしゃれがしたいビントゥ」 シルヴィアン・A.ディウフ文；シェーン・W.エヴァンス絵；さくまゆみこ訳 アートン 2007年2月
「おしゃれカナちゃん」 もりとるい作 ひさかたチャイルド 2010年2月
「おしゃれだいすきエリエットひめ」 クリスチーヌ・ノーマン・ビールマン作；マリアンヌ・バルシロン絵；やましたはるお訳 佼成出版社 2003年11月
「おしゃれなサリちゃん」 たちばなはるか作・絵 PHP研究所（PHPにこにこえほん） 2010年3月

子どもの世界・生活

「おしゃれなプルー」 ポリー・ダンバー作・絵;もとしたいづみ訳 偕成社(ティリーとおともだちブック) 2009年9月

「おしらさま」 菊池敬一文;丸木俊絵 小峰書店(民話のえほん) 1976年5月

「おそうじできるよ」 グニラ・ボルデ作;たかむらきみこ訳 偕成社(エミーちゃんシリーズ) 1977年1月

「おそろいパンツ」 今井弓子作・絵 岩崎書店(ピチピチえほん18) 1981年10月

「おだんごちゃん」 おかべりか作 童心社(絵本・こどものひろば) 2010年5月

「おたんじょうびのクリスマス」 小比賀優子文;高林麻里絵 ほるぷ出版(くりんとコロンのおはなし) 1991年10月

「おちばとかぜのこ」 神宮輝夫文;赤坂三好絵 小学館(小学館こども文庫・創作童話2) 1981年12月

「おちびのネル-ファースト・レディーになった女の子」 バーバラ・クーニー作;掛川恭子訳 ほるぷ出版 1997年11月

「おつかい さえこちゃん」 伊東美貴作・絵 偕成社 1996年12月

「おつかい」 さとうわきこ作・絵 福音館書店(福音館のペーパーバック絵本) 1974年5月

「おつきさまのキス」 リン・マヌエル文;ロビン・スポワート絵;片山令子訳 ほるぷ出版 1997年10月

「おっきょちゃんとかっぱ」 長谷川摂子文;降矢奈々絵 福音館書店(「こどものとも」傑作集) 1997年8月

「おでかけのまえに」 筒井頼子作;林明子絵 福音館書店(福音館の幼児絵本) 1981年10月;福音館書店 1980年10月

「おでっちょさん」 まつしたきのこ文;伊藤秀男絵 学習研究社(学研おはなし絵本) 2005年7月

「おてんばルル」 イヴ・サンローラン著;東野純子訳 河出書房新社 2006年1月

「おとうさんありがとう」 としたかひろ文・絵 あすなろ書房 1984年11月;コーキ出版 1980年12月

「おとうとはだいすきよ」 グニラ・ボルデ作;たかむらきみこ訳 偕成社(エミーちゃんシリーズ) 1977年1月

「おとぎの"アリス"」 ルイス・キャロル文;ジョン・テニエル絵;高山宏訳 ほるぷ出版(ほるぷクラシック絵本) 1986年2月

「おどって！ターニャ」 パトリシア・リー・ガウチ文;竹下文子訳;市川里美絵 偕成社 1989年12月

「おとなをつかまえよう」 イブ・スパン・オルセン作;木村由利子訳 文化出版局 1992年5月

「おなかのなかにおにがいる」 小沢孝子作;西村達馬絵 ひさかたチャイルド 1982年12月

子どもの世界・生活

「おにまるとももこ うみへ」 岸田衿子作;堀内誠一絵 文化出版局 1987年7月

「おにまるの ヘリコプター」 岸田衿子作;堀内誠一絵 ブッキング(復刊傑作幼児絵本シリーズ13) 2008年5月;文化出版局 1987年7月

「おにんぎょうさんのおひっこし」 石井睦美作;長崎訓子絵 ポプラ社(絵本のおもちゃばこ34) 2010年4月

「おにんぎょうちゃん」 ファン・バレラ作;アルフレッド・ベナヴィデス・ベドジャ絵;おおいしまりこ訳 新世研 2003年8月

「おねえさんがほしいの」 生源寺美子作;米山京子人形製作;三科博写真 あかね書房(あかね創作えほん13) 1983年2月

「おねえさんといもうと」 ル=ホェン・ファム作;ひろはたえりこ訳 小峰書店(わくわく世界の絵本) 2008年5月

「おねえさんになったのりちゃん」 三原佐知子文;中谷貞彦絵 福音館書店 1980年11月

「おねえさんになるひ」 ローレンス・アンホルト文;キャサリン・アンホルト絵;吉上恭太訳 徳間書店 1998年6月

「おばあちゃんとわたし」 シャーロット・ゾロトウ作;ジェームズ・スチブンソン絵;掛川恭子訳 あかね書房(あかねせかいの本15) 1986年7月

「おばあちゃんのしまで」 ふりやかよこ作・絵 文研出版(えほんのもり28) 1995年9月

「おばあちゃんの日」 くりたさおり作 偕成社(日本の絵本) 2002年3月

「おはいんなさい えりまきに」 角野栄子作;牧野鈴子絵 金の星社 1984年1月

「おばけとモモちゃん」 松谷みよ子文;中谷千代子絵 講談社(ちいさいモモちゃんえほん) 1982年10月

「おばけとモモちゃん」 松谷みよ子文;武田美穂絵 講談社(ちいさいモモちゃんえほん4) 1995年8月

「おばこふき」 高橋宏幸作・絵 小峰書店 1976年3月

「おばさんはいつ空をとぶの」 長谷川知子作・絵 ポプラ社(絵本のおもちゃばこ) 2005年9月

「おはなしまどかちゃん」 しかたしん作;黒井健絵 PHP研究所(PHPおはなしプレゼント) 1979年9月

「おはなのすきなトラリーヌ」 どいかや作 偕成社 2001年7月

「おはようのプレゼント」 アンドレ・ダーハン作;田島かの子訳 小学館 2002年8月

「おひさまアコちゃん あそびましょ」 角野栄子作;黒井健絵 小学館 1999年1月

「おひさまアコちゃん まいにちまいにち」 角野栄子作;黒井健絵 小学館(おひさまのほん) 1996年4月

「おひさまいろのきもの」 広野多珂子作・絵 福音館書店(日本傑作絵本シリーズ) 2007年9月

子どもの世界・生活

「おひさまはどこ?」 フィリス・.ルート作;メアリー・グランプレ絵;岩崎たまゑ訳 岩崎書店 2008年9月

「おひめさまと小さいおとうと」 ゲルダ・ヴァーゲナー文;マリー・ジョゼ・サクレ絵;佐々木田鶴子訳 DEMPA/ペンタン 1993年7月

「おひめさまはぼろぼろふくがすき」 藤田桜作・絵;面谷哲郎文 学習研究社(国際版せかいのえほん第19巻) 1985年1月

「おひめさまようちえん」 のぶみ作 えほんの杜 2009年4月

「おひめさまようちえんのにんぎょひめ」 のぶみ作 えほんの杜 2010年3月

「おひるね」 ディディエ・デュフレーヌ作;アルメール・モデリ絵;やましたはるお訳 佼成出版社(きょうもごきげんアポリーヌシリーズ1) 2005年3月

「おふくとおに-日本の昔話」 西本鶏介文;塩田守男絵 ひかりのくに(おはなし絵本) 1992年6月

「おべんとうをたべたのはだあれ」 神沢利子作;柿本幸造絵 ひさかたチャイルド 1983年5月

「おほしさまにたんぽぽをうえてあげましょう」 岡村登久子作;赤坂三好絵 ひさかたチャイルド(ひさかたメルヘン48) 1984年8月

「おまるがない!」 トニー・ロス作;かねはらみずひと訳 偕成社 1993年12月

「おまるでおしっこ」 ディディエ・デュフレーヌ作;アルメール・モデリ絵;やましたはるお訳 佼成出版社(きょうもごきげんアポリーヌシリーズ3) 2005年3月

「おめでとう、ブルーカンガルー!」 エマ・チチェスター・クラーク作;まつかわまゆみ訳 評論社(評論社の児童図書館) 2008年10月

「おもんほおずき」 さねとうあきら文;いしくらきんじ絵 国土社(創作民話絵本3) 1981年10月

「おやすみなさいコッコさん」 片山健作・絵 福音館書店(幼児絵本シリーズ) 1988年1月

「おゆうとおながどり」 市原麒一郎文;井口文秀絵 ポプラ社(おはなし創作えほん1) 1975年6月

「およめにいった三人のむすめ」 マブリナ絵;ブラートフ再話;宮川やすえ訳 岩崎書店(ファミリーえほん14) 1978年11月

「おりがみのうみ」 岸川悦子文;稲本みえ子絵 銀河社(わたしねちこちゃん2) 1983年1月

「おりこうなアニカ」 エルサ・ベスコフ作・絵;いしいとしこ訳 福音館書店(世界傑作絵本シリーズ・スウェーデンの絵本) 1985年5月

「オリビア」 イアン・ファルコナー作;谷川俊太郎訳 あすなろ書房 2001年11月

「おりぼんちゃん」 まえをけいこ作 佼成出版社 2005年9月

「おんなのことあめ」 ミレナ・ルケショバー文;ヤン・クドゥラーチェク絵;竹田裕子訳 ほるぷ出版 1977年3月

子どもの世界・生活

「おんにょろにょろ」松谷みよ子文；中谷千代子絵　講談社（ちいさいモモちゃんえほん）1977年7月

「お月お星」斉藤彰吾文；関口コオ絵　佼成出版社　1979年7月

「お月さまをめざして」ゲルダ・ワーグナー文；リロ・フロム絵；佐々木田鶴子訳　ほるぷ出版　1990年7月

「お月さん ももいろ」松谷みよ子文；井口文秀絵　ポプラ社（ポプラ社の創作絵本）　1973年3月

「お手玉いくつ」長崎源之助作；山中冬児絵　教育画劇（みんなのえほん）　1996年12月

「お星さまのいるところ ノラとおもちゃとお星さま」市川里美作　偕成社　1988年5月

「お星さまのおくりもの－グリム童話」エウゲン・ソプコ絵；中村妙子訳　新教出版社　1989年9月

「お正月さん ありがとう」内田麟太郎作；山本孝絵　岩崎書店（えほんのぼうけん23）　2010年12月

「かあさん、わたしのことすき？」バーバラ・ジョシー作；バーバラ・ラヴァレー絵；わたなべいちえ訳　偕成社　1997年8月

「かあさんとじてんしゃにのって」長谷川知子文・絵　新日本出版社　2004年1月

「かあさんのだったおにんぎょう」和歌山静子文・絵　小峰書店（日本のえほん25）　1984年1月

「カーリンのじかん」ウラジミール・シュクティナ文；マリー・ジョゼ・サクレ絵；いぬいゆみこ訳　アスラン書房　1993年5月

「かいのなかのアリス」立原えりか作；太田大八絵　フレーベル館（おはなしえほん5）　1986年2月

「かいぶつトロルのまほうのおしろ」たなか鮎子作・絵　アリス館　2009年12月

「かえでが走る」落合恵子文；石倉欣二絵　ティービーエス・ブリタニカ　1979年10月

「かえりみち」あまんきみこ作；西巻茅子画　童心社（あまんきみこおはなしえほん）　1979年7月

「かがみよかがみ…」奥田継夫；長新太作　サンリード　1982年12月

「かくれんぼ タンプティ」ポリー・ダンバー作・絵；もとしたいづみ訳　偕成社（ティリーとおともだちブック）　2009年9月

「かくれんぼの国」武鹿悦子作；牧野鈴子絵　小峰書店　1986年12月

「カコちゃんのおてつだい」山中恒文；樋泉雪子絵　偕成社　1990年6月

「かこちゃんのおひなさま」高橋昭作；長野ヒデ子絵　ポプラ社（えほんとなかよし54）　1998年1月

「かさの女王さま」シリン・イム・ブリッジズ作；ユ・テウン絵；松井るり子訳　セーラー出版　2008年12月

子どもの世界・生活

「かさもって おむかえ」征矢清作;長新太絵 福音館書店(こどものとも傑作集) 1969年10月

「かしこいビル」ウィリアム・ニコルソン作;松岡享子;吉田新一訳 ペンギン社 1982年6月

「かしこいモリー」ウォルター・デ・ラ・メア再話;エロール・ル・カイン絵;中川千尋訳 ほるぷ出版 2009年10月

「かぜとわたし」竹下文子文;松永禎郎絵 フレーベル館(キンダーおはなしえほん) 1982年2月

「かぜひいちゃった日」キム・ドンス作・絵;ピョン・キジャ訳 岩崎書店 2004年2月

「カタリンのなつやすみ」ヘルメ・ハイネ作・絵;矢川澄子訳 佑学社(ヨーロッパ創作絵本シリーズ36) 1980年8月

「がちょうになったむすめ-アムールの民話」D.ナギーシキン再話;G.パヴリシン絵;宮川やすえ訳 岩崎書店(新・創作絵本18) 1980年8月

「かっこ からんこ からりんこん」川崎大治作;遠藤てるよ画 童心社(川崎大治おはなしえほん) 1976年11月

「カティーとすてきなおんがくかい」マイリー・ヘダーウィック作;大石あさ子訳 朔北社 1999年5月

「かなえちゃんへ-おとうさんからのてがみ」原田宗典文;西巻茅子絵 福音館書店(日本傑作絵本シリーズ) 1996年3月

「かなちゃん ゆーらりゆーらりこ」神沢利子文;西巻茅子絵 偕成社 1984年7月

「かなちゃんがいっぱい」竹下文子作;新野めぐみ絵 教育画劇(みんなのえほん) 1999年11月

「かなとだいこん」彦一彦作 福武書店 1990年6月

「カプチーヌ」タンギー・グレバン作;カンタン・グレバン絵;江國香織訳 小峰書店 2003年10月

「カミーユの庭」マルチーヌ・ドゥレルム文・絵;工藤直子訳 偕成社 1992年11月

「かみつきドゥードゥル」ポリー・ダンバー作・絵;もとしたいづみ訳 フレーベル館(ティリーとおともだちブック) 2010年10月

「かみのけ ちょっきん」松竹いね子作;織茂恭子絵 福音館書店(こどものとも傑作集) 2005年11月

「ガムふんじゃった」シェリー・B.ガール著;カーク・ワーナー画;ケント・デリカット訳 白泉社 2005年10月

「かもさんどんぐりとシチューをおあがり」ルース・オーバック作・絵;厨川圭子訳 偕成社 1978年12月

「カラスのクロと花子」椋鳩十作;藤沢友一絵 ひくまの出版(幼年絵本シリーズ・あおいうみ1) 1983年12月

子どもの世界・生活

「ガラスの花よめさん」 長崎源之助文；鈴木義治絵 偕成社（絵本・平和のために8） 1978年5月

「カリンどうぶつえんへ いく」 相馬ゆみ作 こぐま社 1991年11月

「カレーのしまのおひめさま」 岡田ゆたか作；宮崎耕平絵 ポプラ社（絵本・子どものくに34） 1988年3月

「カロリーヌ インドへいく」 ピエール・プロブスト作；山下明生訳 BL出版（カロリーヌとゆかいな8ひき） 1999年8月

「カロリーヌ うまにのる」 ピエール・プロブスト作；山下明生訳 BL出版（カロリーヌとゆかいな8ひき） 2000年7月

「カロリーヌ うみへいく」 ピエール・プロブスト作；山下明生訳 BL出版（カロリーヌとゆかいな8ひき） 1998年10月

「カロリーヌ えいがをとる」 ピエール・プロブスト作；山下明生訳 BL出版（カロリーヌとゆかいな8ひき） 2009年8月

「カロリーヌ エジプトへいく」 ピエール・プロブスト作；山下明生訳 BL出版（カロリーヌとゆかいな8ひき） 2000年6月

「カロリーヌ カナダへいく」 ピエール・プロブスト作；山下明生訳 BL出版（カロリーヌとゆかいな8ひき） 1999年6月

「カロリーヌ キャンプにいく」 ピエール・プロブスト作；山下明生訳 BL出版（カロリーヌとゆかいな8ひき） 1998年12月

「カロリーヌ つきへいく」 ピエール・プロブスト作；山下明生訳 BL出版（カロリーヌとゆかいな8ひき） 1998年11月

「カロリーヌ のうじょうへいく」 ピエール・プロブスト作；山下明生訳 BL出版（カロリーヌとゆかいな8ひき） 2000年4月

「カロリーヌ パリへいく」 ピエール・プロブスト作；山下明生訳 BL出版（カロリーヌとゆかいな8ひき） 1999年2月

「カロリーヌ ぼくじょうへいく」 ピエール・プロブスト作；山下明生訳 BL出版（カロリーヌとゆかいな8ひき） 1999年7月

「カロリーヌ ほっきょくへいく」 ピエール・プロブスト作；山下明生訳 BL出版（カロリーヌとゆかいな8ひき） 1999年1月

「カロリーヌ むかしのくにへ」 ピエール・プロブスト作；山下明生訳 BL出版（カロリーヌとゆかいな8ひき） 1998年11月

「カロリーヌと いなかのべっそう」 ピエール・プロブスト作；山下明生訳 BL出版（カロリーヌとゆかいな8ひき） 1999年5月

「カロリーヌと おうさまケーキ」 ピエール・プロブスト作；山下明生訳 BL出版（カロリーヌとゆかいな8ひき） 2000年5月

「カロリーヌと おしごとロボット」 ピエール・プロブスト作；山下明生訳 BL出版（カロリーヌとゆかいな8ひき） 1999年6月

子どもの世界・生活

「カロリーヌと なぞのいし」 ピエール・プロブスト作;山下明生訳 BL出版（カロリーヌとゆかいな8ひき） 1999年5月

「カロリーヌと なぞのしま」 ピエール・プロブスト作;山下明生訳 BL出版（カロリーヌとゆかいな8ひき） 2000年5月

「カロリーヌと びょうきのティトス」 ピエール・プロブスト作;山下明生訳 BL出版（カロリーヌとゆかいな8ひき） 2000年7月

「カロリーヌと ふねのたび」 ピエール・プロブスト作;山下明生訳 BL出版（カロリーヌとゆかいな8ひき） 1999年7月

「カロリーヌと ブムせんにん」 ピエール・プロブスト作;山下明生訳 BL出版（カロリーヌとゆかいな8ひき） 2000年6月

「カロリーヌと やどなしさん」 ピエール・プロブスト作;山下明生訳 BL出版（カロリーヌとゆかいな8ひき） 2000年8月

「カロリーヌとネスこのゆうれい」 ピエール・プロブスト作;山下明生訳 BL出版（カロリーヌとゆかいな8ひき） 2009年6月

「カロリーヌとまほうのやさい」 ピエール・プロブスト作;山下明生訳 BL出版（カロリーヌとゆかいな8ひき） 2009年5月

「カロリーヌとユピーいっしょにあそぼう」 ピエール・プロブスト作;やましたはるお訳 BL出版 2004年4月

「カロリーヌとユピーうみへいく」 ピエール・プロブスト作;やましたはるお訳 BL出版 2004年7月

「カロリーヌの カーニバル」 ピエール・プロブスト作;山下明生訳 BL出版（カロリーヌとゆかいな8ひき） 2000年4月

「カロリーヌの ガリバーりょこう」 ピエール・プロブスト作;山下明生訳 BL出版（カロリーヌとゆかいな8ひき） 1999年1月

「カロリーヌの クリスマス」 ピエール・プロブスト作;山下明生訳 BL出版（カロリーヌとゆかいな8ひき） 1999年11月

「カロリーヌの サイクリング」 ピエール・プロブスト作;山下明生訳 BL出版（カロリーヌとゆかいな8ひき） 1999年8月

「カロリーヌの じどうしゃレース」 ピエール・プロブスト作;山下明生訳 BL出版（カロリーヌとゆかいな8ひき） 1999年4月

「カロリーヌの だいパーティー」 ピエール・プロブスト作;山下明生訳 BL出版（カロリーヌとゆかいな8ひき） 1999年4月

「カロリーヌの ひっこし」 ピエール・プロブスト作;山下明生訳 BL出版（カロリーヌとゆかいな8ひき） 2000年8月

「カロリーヌの ゆきあそび」 ピエール・プロブスト作;山下明生訳 BL出版（カロリーヌとゆかいな8ひき） 1998年12月

子どもの世界・生活

「カロリーヌのだいサーカス」ピエール・プロブスト作;山下明生訳 BL出版(カロリーヌとゆかいな8ひき) 1998年10月

「カロリーヌは めいたんてい」ピエール・プロブスト作;山下明生訳 BL出版(カロリーヌとゆかいな8ひき) 1999年2月

「カロリーヌはベビーシッター」ピエール・プロブスト作;山下明生訳 BL出版(カロリーヌとゆかいな8ひき) 2009年7月

「カロリーヌはめいコーチ」ピエール・プロブスト作;山下明生訳 BL出版(カロリーヌとゆかいな8ひき) 2009年4月

「かわいいサルマ-アフリカのあかずきんちゃん」ニキ・ダリー作;さくまゆみこ訳 光村教育図書 2008年1月

「かわいいスザンネ」ハナ・ゼリノバー作;ラディスラフ・ネッセルマン絵 柏木美津訳 佑学社(チェコスロバキアの創作絵本シリーズ4) 1978年9月

「かわのジャンルとソフィ」マルセル・マルリエ作・絵;黒木義典訳;板谷和雄文 ブックローン出版(ファランドールえほん26) 1984年1月

「かんがるーぽけっと」岩村和朗作 偕成社(ちいさいえほん) 1975年10月

「かんごふさんて すてきだな」加藤秀文;田中槇子絵 偕成社 1987年9月

「きいちゃんとどろんこピッピ」おおしまたえこ作;かわかみたかこ絵 ポプラ社(きいちゃんのたからもの絵本2) 2000年3月

「きいちゃんとドロンじいさん」おおしまたえこ作;かわかみたかこ絵 ポプラ社(きいちゃんのたからもの絵本5) 2004年7月

「きいちゃんとゆきだるまちゃん」おおしまたえこ作;かわかみたかこ絵 ポプラ社(きいちゃんのたからもの絵本3) 2000年11月

「きいちゃんのどんぐり」おおしまたえこ作;かわかみたかこ絵 ポプラ社(きいちゃんのたからもの絵本1) 1999年10月

「きいちゃんのひまわり」おおしまたえこ作;かわかみたかこ絵 ポプラ社(きいちゃんのたからもの絵本4) 2001年7月

「きいろいりぼん」小林純一作;山本まつ子画 あい書房(小林純一おはなしえほん) 1978年6月

「キクときくちゃん」松野正子文;広野多珂子絵 童心社(絵本・こどものひろば) 1995年11月

「きつねとタンバリン」安田浩作;柿本幸造絵 ひさかたチャイルド 1986年8月

「きつねと私の12か月」リュック・ジャケ原作;フレデリック・マンソ絵;さくらゆき訳 そうえん社(そうえんしゃ・世界のえほん7) 2008年12月

「きつねと私の12か月-オフィシャル・フォトブック」リュック・ジャケ作;野澤真理子訳 ソフトバンククリエイティブ 2008年12月

「きつねのよめとり」大友康夫作・絵 福音館書店 1986年1月

子どもの世界・生活

「キミちゃんとかっぱのはなし」 神沢利子作；田畑精一絵 ポプラ社（絵本のせかい8） 1977年2月

「キャサリンとライオン」 クレア・ジャレット作；かけがわやすこ訳 小峰書店 1996年12月

「キャシーのぼうし」 トルーディ・クリシャー文；ナディーン・バーナード・ウェストコット絵；かつらあまね訳 評論社（児童図書館・絵本の部屋） 2007年6月

「きょうのわたしはソワソワワクワク」 ジェイミー・リー・カーティス作；ローラ・コーネル絵；坂上香訳 偕成社 2000年6月

「きょうはなんのひ？」 瀬田貞二作；林明子絵 福音館書店（日本傑作絵本シリーズ） 1979年8月

「きょうはへんな日」 末吉暁子文；村上勉絵 ベネッセコーポレーション（ベネッセの絵本） 1998年3月

「きょうはわたしのおたんじょうびよ」 キャスリーン・アンホールト作；角野栄子訳 文化出版局 1993年11月

「きょうふのわすれものチェック！」 スギヤマカナヨ作 佼成出版社 2009年11月

「きらいっていわないで-ゆみこのアルバム」 阿部はじめ；阿部みきこ作 佼成出版社 1989年6月

「きりの村」 今江祥智文；宇野亜喜良絵 フェリシモ出版（おはなしのたからばこ20） 2010年1月

「キリンのキリコ」 いのうえゆみこ文；さとうゆみ絵 構造社出版 1998年5月

「きんいろのあめ」 立原えりか文；永田萠絵 講談社 1985年11月

「ぎんいろのしゃぼんだま」 おびかゆうこ文；たかばやしまり絵 ほるぷ出版（くりんとコロンのおはなし） 1991年4月

「きんいろの雨」 中川なをみ文；舟橋全二絵 くもん出版 2008年9月

「キンキラッケと三びきのくま」 トニー・ロス作・絵；安西徹雄訳 アリス館牧新社 1979年11月

「ぎんのまつぼっくり」 金川幸子文；中村有希絵 中央出版社 1984年10月

「グースにあった日」 キャリ・ベスト文；ホリー・ミード絵；まえざわあきえ訳 福音館書店 2003年11月

「くまさん」 レイモンド・ブリッグズ作；角野栄子訳 小学館 1994年12月

「クマさんのキルトはセリーナのたからもの」 バーバラ・スマッカー作；田中治美訳；ジャネット・ウィルソン絵 ぬぷん児童図書出版（ぬぷん絵本シリーズ6） 1997年7月

「くまにてがみをかきました」 ジョアナ・ハリスン作；竹下文子訳 偕成社 1996年9月

「グミとさちこさん」 大宮エリー文；荒井良二絵 講談社（講談社の創作絵本） 2010年10月

「くもがふってきた」 赤川明作 ポプラ社（絵本のおもちゃばこ13） 2005年9月

子どもの世界・生活

「くもとともだちになったおんなのこのおはなし」 ベルトラン・リュイエ作;ミラ・ブータン絵;多田智満子訳　偕成社　1978年7月

「くもりガラスのむこうには」 あまんきみこ作;黒井健絵　岩崎書店(キラキラえほん11)　2009年1月

「グラグラ」 ダニエル・バルボー作;ジアン・カルヴィ絵;かめいあさこ訳　新世研　1999年10月

「くらっこ」 ふじかおる作;井口文秀絵　岩崎書店(新・創作絵本10)　1979年8月

「くらべっこのじかん」 レスリー・エリー作;ポリー・ダンバー絵;もとしたいづみ訳　フレーベル館　2008年7月

「クリストルのこねこ」 マルタ・コチ絵;ヘルマン・ハスリンガー文;楠田枝里子訳　ほるぷ出版　1980年1月

「クリスマスプレゼント1 はな」 あいはらひろゆき文;あだちなみ絵　教育画劇　2007年10月

「クリスマスよ、ブルーカンガルー!」 エマ・チチェスター・クラーク作;まつかわまゆみ訳　評論社(評論社の児童図書館)　2007年11月

「クリスマスれっしゃ」 イヴァン・ガンチェフ作・絵;佐々木元訳　フレーベル館　1984年11月

「クリスマスわくわくサンタの日!」 ますだゆうこ作;たちもとみちこ絵　文溪堂　2009年11月

「クリスマスをさがして」 トリーナ・シャート・ハイマン作・絵;若林千鶴訳　金の星社(世界の絵本ライブラリー)　1995年11月

「グリム あかずきん」 リスベート・ツヴェルガー画;池田香代子訳　冨山房　1983年11月

「くろいライオン」 ジスン・リー作　スカイフィッシュ・グラフィックス　2008年7月

「くろってかわいい」 アナ・マリア・マシャド作;ロサナ・ファリア絵;もちづきひろあき訳　新世研　2001年12月

「くろぼうしちゃん」 なかえよしお文;上野紀子絵　文化出版局　1974年7月

「グワオのさようなら」 柴田翔文;三宅榛名曲;石渡萬里子絵　筑摩書房　1980年6月

「くわの木になったむすめ」 古世古和子文;東本つね絵　ポプラ社(絵本・すこしむかし3)　1979年9月

「くんちゃんはあきらめないもん」 つちだのぶこ作・絵　偕成社　2001年2月

「けいこちゃん」 あまんきみこ作;西巻茅子絵　ポプラ社(絵本・いつでもいっしょ24)　2008年7月

「ケイコちゃんごめんね」 奥田貞子作;宮本忠夫絵　ポプラ社(絵本・子どもの世界)　1983年5月

「けいことおねえちゃん」 ますだけいこ作　評論社(児童図書館・絵本の部屋-手づくり絵本の本棚)　1989年12月

「ケイティー」 ポリー・ダンバー作;もとしたいづみ訳　フレーベル館　2004年8月

子どもの世界・生活

「ケイティーとおおきなくまさん」ヨゼフ・ウィルコン絵;ヘルマン・メールス文;鷺沢萠訳　講談社(世界の絵本)　1995年11月

「けいとのたまご」いしいつとむ作　小峰書店(えほんひろば)　2009年10月

「げんきなマドレーヌ」ルドウィッヒ・ベーメルマンス作・画;瀬田貞二訳　福音館書店(世界傑作絵本シリーズ・アメリカの絵本)　1972年11月

「げんきになったひ」岩崎ちひろ絵;松本猛文;武市八十雄案　至光社(ブッククラブ国際版絵本)　1978年1月

「げんきになるって!-リサがびょういんへいったとき」アン・フォッシュリンド作・絵;菱木晃子訳　岩崎書店(いのちのえほん3)　1996年7月

「ゲンの花曜日(かようび)」北原綴文;菊田晶子絵　創林社(創作絵本)　1986年9月

「げんまんげんまん」あまんきみこ作;いしいつとむ絵　小峰書店(えほんひろば)　2008年2月

「ごあいさつはすごいぞ」きむらゆういち作;いそみゆき絵　国土社(えほん横町3)　1995年4月

「こいぬのこん」松成真理子著　学習研究社(学研おはなし絵本)　2005年7月

「こうえんのかみさま」すぎはらともこ作・絵　徳間書店　2009年8月

「コーネリアのおくりもの」フェリシア・ボンド作・絵;児島なおみ訳　講談社(りとる3)　1994年10月

「コーラルの海」サイモン・パトック作;スティーブン・ランバート絵;かけがわやすこ訳　小峰書店(世界の絵本コレクション)　2000年2月

「ゴールディーのお人形」M.B.ゴフスタイン作・絵;末盛千枝子訳　すえもりブックス　2003年10月

「ごきげんボッラはなぞ人間!?」グニッラ・ベリィストロム文・絵;ビヤネール多美子訳　偕成社　1982年6月

「こくはくします!」もとしたいづみ文;のぶみ絵　くもん出版　2007年2月

「こけしとおじいさん」小沢良吉作・絵　フレーベル館(キンダーおはなしえほん傑作選45)　1979年9月

「コスモスさんからおでんわです」杉みき子作;津田櫓冬絵　教育画劇(スピカのおはなしえほん31)　1986年11月

「コスモスのはながさいたの」やすいすえこ作;山本まつ子絵　フレーベル館(フレーベル館のえほん・タイニーシリーズ23)　1981年9月

「コッコさんとあめふり」片山健作・絵　福音館書店(幼児絵本シリーズ)　2003年5月

「コッコさんのおみせ」片山健作・絵　福音館書店(幼児絵本シリーズ)　1995年1月

「コッコさんのかかし」片山健作　福音館書店(日本傑作絵本シリーズ)　1996年4月

子どもの世界・生活

「こっちむいて」宮本忠夫作　新日本出版社（宮本忠夫　みっちゃんのえほん3）　1988年3月

「コップのなかののはら」岸川悦子文；稲本みえ子絵　銀河社（わたしねちこちゃん5）　1983年10月

「ことこちゃんのおちゃかい」おくだともこ文；かわかみたかこ絵　ブロンズ新社　2008年3月

「こどもほじょりん製作所」安井寿磨子作　講談社　2010年10月

「ことりだいすき」なかがわちひろ作　偕成社　1999年6月

「ことりのくるひ」岩崎ちひろ絵・文；武市八十雄案　至光社（ブッククラブ国際版絵本）　1972年1月

「ことりのピチコ」どいかや作　学習研究社（学研おはなし絵本）　2009年1月

「ことりのゆうえんち」たちもとみちこ作・絵　PHP研究所（PHPにこにこえほん）　2007年6月

「ことりはどこ！」シャーロット・ゾロトウ文；ナンシー・タフリ絵；みらいなな訳　童話屋

「こなやのむすめとふしぎなこびと」ジョナサン・ラングレイ著；斉藤洋訳　岩崎書店（ジョナサン・ラングレイのえほん3）　1996年1月

「コニーちゃんがあそびにきたよ」ジル・ペイトン・ウォルシュ文；スティーブン・ランバート絵；まつかわまゆみ訳　評論社（児童図書館・絵本の部屋）　1998年3月

「こねこのグレ」本多豊国絵・文　清流出版　2001年7月

「こねこのチョコレート」B.K.ウィルソン作；小林いづみ訳；大社玲子絵　こぐま社　2004年11月

「このゆび、とーまれ」あまんきみこ作；いしいつとむ絵　小峰書店（えほんひろば）　2009年1月

「こびとのおくりもの」上沢謙二再話；荻太郎画　福音館書店（こどものとも傑作集）　1966年10月

「こま子」阿部笙子文・絵　ほるぷ出版　1986年10月

「こやをたてるジャンルとソフィ」マルセル・マルリエ作・絵；黒木義典訳；板谷和雄文　ブッククローン出版（ファランドールえほん28）　1984年1月

「コレットちゃんはおかあさん」フランソワーズ・セニョーボ作・絵；ないとうりえこ訳　徳間書店　2005年7月

「ごんじいさんとおちよちゃん」辻信太郎文；たまいいずみ絵　サンリオ　1982年1月

「こんとあき」林明子作　福音館書店（日本傑作絵本シリーズ）　1989年6月

「こんにちは、長くつ下のピッピ」アストリッド・リンドグレーン作；イングリッド・ヴァン・ニイマン絵；いしいとしこ訳　徳間書店　2004年2月

「こんにちは・さようなら　まど」ノートン・ジャスター文；クリス・ラシュカ絵；石津ちひろ訳　BL出版　2007年8月

子どもの世界・生活

「こんやはおつきみ」 谷真介作;北田卓史絵 金の星社(えほん・こどもの四季) 1980年10月
「さあちゃんのぶどう」 みのしまさゆみ文;ふくだいわお絵 くもん出版 2001年2月
「さかなのくに」 夢野凡天文・絵 講談社(ティンクルちゃんえほん3) 1984年6月
「サキちゃんとおおきなさかな」 上崎美恵子作;鈴木博絵 PHP研究所(PHPおはなしプレゼント) 1979年3月
「さきちゃんとおばあちゃん」 松田素子作;瀬戸口昌子絵 ポプラ社(えほんはともだち17) 1991年12月
「さくらいろのランドセル」 さえぐさひろこ作;いしいつとむ絵 教育画劇 2008年2月
「さくらことがんば」 横田稔作 福武書店 1984年12月
「さくらとふじお」 しもぞのまゆみ作 白泉社 2008年3月
「さくら子のたんじょう日」 宮川ひろ作;こみねゆら絵 童心社 2004年11月
「さだ子と千羽づる」 SHANTI著 オーロラ自由アトリエ 1994年8月
「さっきは ごめんね」 山本なおこ作;渡辺有一絵 PHP研究所(PHPわたしのえほん) 2007年10月
「さっきはごめんね」 赤星亮衛作・絵 岩崎書店(母と子の絵本20) 1975年7月
「さっちゃんとなっちゃん」 浜田桂子作・絵 教育画劇(教育画劇みんなのえほん) 2002年7月
「さっちゃんのかさ」 金森三千雄作;鈴木博子絵 岩崎書店(えほん・おもしろランド6) 1987年6月
「サナとそらとぶおばけ」 なりたまさこ作・絵 ポプラ社(絵本の時間46) 2006年10月
「サナとはじめてのスケート」 なりたまさこ作・絵 ポプラ社(絵本の時間) 2006年1月
「サナとはやしのぼうしやさん」 なりたまさこ作・絵 ポプラ社(絵本の時間43) 2005年5月
「サナのあかいセーター」 なりたまさこ作・絵 ポプラ社(絵本の時間18) 2002年11月
「サナのゆきのでんしゃ」 なりたまさこ作・絵 ポプラ社(絵本の時間) 2003年11月
「サナのゆめのにわ」 なりたまさこ作・絵 ポプラ社(絵本の時間40) 2004年8月
「さようならうさぎさん」 なかえよしを文;上野紀子絵 講談社 1978年7月
「さよなら、おばあちゃん」 ゼフラ・セイエド・アラブ作;コブラ・イブラヒミ絵;こにしすみこ訳 新世研 2002年2月
「さよなら、ルーネ」 ヴェンケ・オイエン絵;マーリット・カルホール文;山内清子訳 福武書店 1989年1月
「さよならムッちゃん」 宮本忠夫作・絵 ポプラ社(絵本・子どもの世界16) 1981年6月

「サラーのおへや」 D.オーゲル作；M.センダック画；藤沢房俊訳 小学館（世界の創作童話2） 1979年5月

「サラちゃんとおおきなあかいバス」 ジェーン・ゴドウィン文；アンナ・ウォーカー絵；石津ちひろ訳 光村教育図書 2009年10月

「サラの瞳」 桜田淳子絵・文 みみずくぷれす 1984年1月

「サラフィナ！」 ムボンゲニ＝ングマ；マオアキラ文；多田治良絵 汐文社 1992年7月

「サリーとライオン」 クレア・ターレー・ニューベリー作；さくまゆみこ訳 光村教育図書 2000年2月

「サリーのこけももつみ」 ロバート・マックロスキー文・絵；石井桃子訳 岩波書店 1986年5月；岩波書店（岩波の子どもの本） 1976年12月

「サリンカときんのことり」 アーサー・ショレイ文；ベルナデッテ・ワッツ絵；もきかずこ訳 ほるぷ出版 1979年11月

「サンタクロースの くるひ」 西巻茅子作・絵 福音館書店（日本傑作絵本シリーズ） 1990年10月

「サンタクロースはきっとくる」 薫くみこ作；小松咲子絵 ポプラ社（絵本・いつでもいっしょ8） 2003年11月

「サンタさんといっしょに」 あまんきみこ作；秋里信子絵 教育画劇（行事のえほん10） 1992年10月

「サンドリヨン」 ペロー文；そややすこ訳；三好碩也絵 小学館（世界のメルヘン絵本17） 1978年12月

「しあわせヘクター」 ポリー・ダンバー作・絵；もとしたいづみ訳 偕成社（ティリーとおともだちブック） 2009年1月

「しいちゃん ふうちゃん ほしのよる」 こみねゆら作 佼成出版社（みつばちえほんシリーズ） 2008年10月

「しいちゃん 学校 へいく」 あいはらひろゆき作；下田冬子絵 パロル舎 2010年3月

「しいちゃん」 友部正人文；沢野ひとし絵 フェリシモ出版（おはなしのたからばこ28） 2010年4月

「しーっしずかに」 いちかわけいこ作；つるたようこ画 佼成出版社（みつばちえほんシリーズ） 2008年7月

「ジェシカがいちばん」 ケヴィン・ヘンクス作；小風さち訳 福武書店 1991年11月

「ジェニー・エンジェル」 マーガレット・ワイルド作；アン・スパッドヴィラス絵；もりうちすみこ訳 岩崎書店（海外秀作絵本3） 2001年4月

「ジェフィのパーティー」 ジーン・ジオン文；マーガレット・ブロイ・グレアム絵；わたなべしげお訳 新風舎 2004年6月

「しおとおひめさま」 シュチェパーン・ザブジェル作・絵；しおやたけお訳 佑学社（ヨーロッパ創作絵本シリーズ9） 1978年5月

子どもの世界・生活

「しずかなフリル」 長谷川直子著 学習研究社（学研おはなし絵本） 2006年2月

「しっているのはソニアだけ」 マリー・ジョゼ・サクレ作・.絵；寺村輝夫文 学習研究社（国際版せかいのえほん9） 1985年1月

「じどうしゃ」 ディディエ・デュフレーヌ作；アルメール・モデレ絵；やましたはるお訳 佼成出版社（きょうもごきげんアポリーヌシリーズ5） 2005年4月

「しのちゃんと4ひきのともだち」 織茂恭子作・絵 岩崎書店（のびのび・えほん2） 2000年3月

「しのちゃんと4ひきのともだち」 織茂恭子作・絵 金の星社（絵本のおくりもの） 1985年10月

「しほちゃんのシフォンケーキ」 中川ひろたか文；西巻茅子絵 にいるぶっくす 2007年7月

「シモーヌ」 円池茂絵；谷川俊太郎文 CBS・ソニー出版 1979年6月

「シャーロットとしろいうま」 ルース・クラウス文；モーリス・センダック絵；小玉知子訳 冨山房 1978年11月

「しゃくなげ山のけもんぶろ」 服部玲子文・絵 コーキ出版 1983年5月

「シャムねこせんせい おげんき？」 あまんきみこ作；鈴木まもる絵 フレーベル館（こねこのミュウ6） 1990年6月

「じゃんけんぽんでかくれんぼ！」 わたりむつこ作；つおみちこ絵 国土社（あかいくまくんシリーズ2） 1993年6月

「じゆうのつばさ－こどもたちの心と身体をまもるために」 葉祥明文・絵 国土社 2001年12月

「ショコラちゃんうみにいく」 中川ひろたか文；はたこうしろう絵 講談社（講談社の幼児えほん） 2005年7月

「ショコラちゃんのおでかけドライブ」 中川ひろたか文；はたこうしろう絵 講談社（講談社の幼児えほん） 2001年12月

「ショコラちゃんのスキーだいすき」 中川ひろたか文；はたこうしろう絵 講談社（講談社の幼児えほん） 2005年11月

「ショコラちゃんのパジャマ」 中川ひろたか文；はたこうしろう絵 講談社（講談社の幼児えほん） 2001年12月

「ショコラちゃんのレストラン」 中川ひろたか文；はたこうしろう絵 講談社（講談社の幼児えほん） 2004年1月

「ショコラちゃんはおいしゃさん」 中川ひろたか文；はたこうしろう絵 講談社（講談社の幼児えほん） 2003年8月

「ショコラちゃんふねにのる」 中川ひろたか文；はたこうしろう絵 講談社（講談社の幼児えほん） 2001年12月

「ジョディのいんげんまめ」 マラキー・ドイル文；ジュディス・アリボーン絵；山口文生訳 評論社（児童図書館・絵本の部屋） 2002年4月

子どもの世界・生活

「ジリーちゃんとちょうちょのあかちゃん」 ロコ・まえだ作・絵 金の星社 2002年1月

「ジリーちゃんとトト」 ロコ・まえだ作・絵 金の星社 2002年1月

「ジリーちゃんのおたんじょうび」 ロコ・まえだ作・絵 金の星社 2001年8月

「シルキーアイランド物語」 キャロル・モーリー作；栗栖カイ訳 ブロンズ新社 1993年10月

「しろいおくりもの」 立原えりか文；永田萠絵 講談社 1985年2月

「しろいは うさぎ」 クォン・ユンドク文・絵；チョン・ミヘ訳 福音館書店（世界傑作絵本シリーズ・韓国の絵本） 2007年5月

「しろいはんかち」 竹下文子作；鈴木まもる絵 教育画劇（スピカのおはなしえほん1） 1984年11月

「しろいやぎビケット」 フランソワーズ絵・文；曽野綾子訳 講談社（世界の絵本アメリカ） 1971年7月

「シンダー・エリー－ガラスのスニーカーをはいた女の子」 フランセス・ミンターズ文；G.ブライアン・カラス絵；早川麻百合訳 ほるぷ出版 1996年2月

「シンデレラ」 グリム原作；ノニー・ホグローギアン文・絵；矢川澄子訳 佑学社（アメリカ創作絵本シリーズ28） 1984年3月

「シンデレラ」 グリム作 岩崎書店（絵本・グリム童話2） 2009年9月

「シンデレラ」 シャルル・ペロー文；ヤン・ピアンコフスキー絵；内海宜子訳 ほるぷ出版（ふぇありい・ぶっく） 1985年11月

「シンデレラ」 ディック・ブルーナ作；角野栄子訳 講談社（ブルーナのおはなし文庫9） 1994年8月

「シンデレラ」 ベラ・サウスゲイト再話；エリック・ウインター絵；秋晴二，敷地松二郎訳編 アドアンゲン 1974年6月

「シンデレラ」 ペロー原作；ぽっぷ絵 ポプラ社 2008年1月

「シンデレラ」 奥本大三郎文；宇野亜喜良絵 小学館（世界名作おはなし絵本） 2007年4月

「シンデレラのおしり」 ニコラス・アラン作・絵；とたにようこ訳 徳間書店 2003年8月

「シンデレラひめ」 谷真介文；赤坂三好絵 あかね書房（えほんせかいのめいさく4） 1977年12月

「シンデレラ－または、小さなガラスのくつ」 エロール・ル・カイン絵；中川千尋訳 ほるぷ出版 1999年5月

「シンデレラ姫」 西田静二画；新谷峰子文 ひかりのくに（世界名作えほん全集12） 1966年1月

「すいせん村のねこやしき」 丸橋賢作；剣持宏；剣持奈々絵絵 ストーク 2004年5月

「すいとりじいさん」 今井弓子作・絵 講談社 1983年11月

「スーザンのかくれんぼ」 ルイス・スロボドキン作；やまぬしとしこ訳 偕成社 2006年6月

子どもの世界・生活

「スーザンはね…」 ジーン・ウィリス文;トニー・ロス絵;もりかわみわ訳　評論社(児童図書館・絵本の部屋)　2002年9月

「スージーちゃんのスパゲッティ」 ペータ・コプランズ作・絵;ひろせみちこ訳　金の星社(世界の絵本ライブラリー)　1992年9月

「すーちゃんとねこ」 さのようこ文・絵　こぐま社　1973年6月

「すーちゃんのなつやすみ」 やまぐちすわこ作　アスラン書房(心の絵本)　2002年6月

「スキップスキップ」 あまんきみこ作;鈴木まもる絵　フレーベル館(こねこのミュウ3)　1989年5月

「スキャーリーのあかずきん」 リチャード・スキャーリー文・絵;くまがいこうじ訳　金の星社(スキャーリーのえほん1)　1993年9月

「スティーナとあらしの日」 レーナ・アンデション作;佐伯愛子訳　文化出版局　2002年5月

「すてきなぼうし」 あまんきみこ作;黒井健絵　あかね書房(えほん、よんで!4)　2003年3月

「ステラのえほんさがし」 リサ・キャンベル・エルンスト作;藤原宏之訳　童心社　2006年6月

「ストライプ たいへん!しまもようになっちゃった」 デヴィッド・シャノン文・絵;清水奈緒子訳　セーラー出版　1999年7月

「スノウローズ」 サンドラ・ラロッシュ絵;ミシェル・ラロッシュ文;中山知子訳　西村書店　1986年3月

「スノー・ホワイト・イン・ニューヨーク」 フィオナ・フレンチ著;麻生圭子訳　河出書房新社　1988年11月

「すばらしい季節」 タシャ・チューダー;末盛千枝子訳　すえもりブックス　2000年9月

「すばらしい日曜旅行」 アロイス・シェプフ文;レギーネ・ダプラ絵;なだいなだ訳　CBS・ソニー出版　1979年5月

「ズボンだいすき」 もりやまみやこ作;ふくだいわお絵　ポプラ社(いろいろえほん3)　1999年9月

「すみれいろのちいさなはこ」 立原えりか文;渡辺藤一絵　講談社(メロディーブック)　1984年1月

「せかいいち大きな女の子のものがたり」 ポール・O.ゼリンスキー絵;アン・アイザックス文;落合恵子訳　冨山房　1996年2月

「セシのポサダの日-メキシコのものがたり」 マリー・ホール・エッツ;アウロラ・ラバスティダ作;マリー・ホール・エッツ画;田辺五十鈴訳　冨山房　1974年12月

「せっけんつけてぶくぶくぷわー」 岸田衿子文;山脇百合子絵　福音館書店(日本傑作絵本シリーズ)　1999年6月

「セミのたね」 阿部夏丸文;とりごえまり絵　講談社　2005年8月

子どもの世界・生活

「ゼラルダと人喰い鬼」　トミー・ウンゲラー作；たむらりゅういち；あそうくみ訳　評論社（児童図書館・絵本の部屋）　1977年9月

「せんせいのあかちゃん」　スージー・モルゲンステルン作；セヴリーヌ・コルディエ絵；みやまさくら訳　ジュリアン（エマといっしょに4）　2008年7月

「せんたくばさみのたび」　矢崎節夫作；尾崎真吾絵　フレーベル館　1980年8月

「せんだんよもぎ」　加古里子作　偕成社（かこさとし語り絵本4）　1979年5月

「ぞうって、こまっちゃう」　クリス・リデル作・絵；田中薫子訳　徳間書店　1999年1月

「ソースなんてこわくない」　松谷みよ子文；中谷千代子絵　講談社（ちいさいモモちゃんえほん）　1975年12月

「ソースなんてこわくない」　松谷みよ子文；武田美穂絵　講談社（ちいさいモモちゃんえほん12）　1997年1月

「そのウサギはエミリー・ブラウンのっ！」　クレシッダ・コーウェル文；ニール・レイトン絵；まつかわまゆみ訳　評論社（児童図書館・絵本の部屋）　2008年3月

「ソフィーはとってもおこったの！」　モリー・バング作；おがわひとみ訳　評論社（児童図書館・絵本の部屋）　2002年1月

「そらの木」　北見葉胡作・絵　岩崎書店（キラキラえほん2）　2008年4月

「ソリちゃんのチュソク」　イ・オクベ絵・文；みせけい訳　セーラー出版　2000年12月

「それぞれのメリークリスマス！」　磯田和一作・絵　PHP研究所（PHPわたしのえほんシリーズ）　1992年11月

「だあいすき」　岸川悦子作；味戸ケイコ絵　教育画劇（スピカ絵本の森4）　1991年5月

「ターちゃんのてぶくろ」　おおしまたえこ作　ポプラ社（絵本のおもちゃばこ5）　2004年12月

「だーれもいない　だーれもいない」　片山健作　福音館書店　1983年10月

「だーれもいない　だーれもいない」　片山健作・絵　福音館書店（幼児絵本シリーズ）　1990年1月

「ダイアナと大きなサイ」　エドワード・アーディゾーニ作；あべきみこ訳　こぐま社　2001年10月

「だいじな、だいじな！」　ジョナサン・ラングレー作；まつかわまゆみ訳　評論社（児童図書館・絵本の部屋）　2001年9月

「だいじなものは？」　うめだよしこ文；うめだゆみ絵　新日本出版社（すえっこななちゃんシリーズ3）　2006年9月

「だいすきがいっぱい」　ジリアン・シールズ文；ゲイリー・ブライズ絵；おびかゆうこ訳　主婦の友社　2007年10月

「だいすきっていいたくて」　カール・ノラック文；クロード・K.デュボワ絵；河野万里子訳　ほるぷ出版　1998年11月

「だいすきな　ママへ」　マーティナ・セルウェイ作・絵；はなしまみきこ訳　新世研　1998年6月

子どもの世界・生活

「だいすきよ、ブルーカンガルー？」エマ・チチェスター・クラーク作;まつかわまゆみ訳　評論社(児童図書館・絵本の部屋)　1999年11月

「だいそうげんへのおひっこし」ローラ・インガルス・ワイルダー原作;ルネ・グレーフ絵;しみずなおこ訳　文溪堂(絵本・大草原の小さな家6)　1999年9月

「たいへん はが ないの」エイミー・マクドナルド文;マージョリー・プライスマン絵;角野栄子訳　BL出版　1999年5月

「たいようはいいな」彦一彦作　ベネッセコーポレーション　1982年12月

「タエちゃんとうさぎのモネ-いつもいっしょだよ」阿部多絵子絵・文　めるくまーる　2007年11月

「たけむすめ-中国の昔話」君島久子訳;丸木俊絵　小学館(世界のメルヘン絵本30)　1981年4月

「ただいまー」きたやまようこ作　偕成社　1975年12月

「だったらいいな」かべやふよう作　アスラン書房(心の絵本)　2001年12月

「たっちゃんしりませんか」さかぐちえみこ作　小峰書店(えほんひろば)　2007年6月

「ダニエルのふしぎな絵」バーバラ・マクリントック作;福本友美子訳　ほるぷ出版　2005年9月

「たのしいおさんぽ-ポピーとこいぬのピップ」イアン・ベック作・絵;たきのしまるな訳　文溪堂　1996年8月

「たのしいほいくえん」グニラ・ボルデ作;たかむらきみこ訳　偕成社(エミーちゃんシリーズ)　1977年1月

「ダフィと小鬼」ハーヴ・ツェマック文;マーゴット・ツェマック画;木庭茂夫訳　冨山房　1977年10月

「たまたまのめだまやき」渡辺有一作・絵　ポプラ社(絵本のせかい16)　1977年12月

「たまちゃんとボウルさん」やまだうたこ文・絵　文溪堂　2004年10月

「たまちゃんのすてきなかさ」かわかみたかこ作　偕成社　2001年4月

「たまのり おたまちゃん」高科正信作;小林美佐緒絵　フレーベル館(おはなしえほんシリーズ18)　2009年6月

「だめだめ、デイジー」ケス・グレイ文;ニック・シャラット絵;よしがみきょうた　小峰書店(世界の絵本コレクション)　2004年3月

「だれか ないてる」岩瀬成子作;味戸ケイコ絵　佼成出版社　2008年3月

「だれかあたしとあそんで」マーサ・アレクサンダー作・絵;岸田衿子訳　偕成社　1980年4月

「だれかさんのうしろに」松谷みよ子文;遠藤てるよ絵　講談社　1976年9月

「だれかたすけて」角野栄子文;宇野亜喜良絵　国土社(絵本といっしょ1)　1996年12月

「だれがないてるの」今西祐行作;松永禎郎絵　金の星社　1981年1月

子どもの世界・生活

「だれのあしかな？」 ジャネット・ロウ作；きたむらまさお訳　大日本絵画　2004年12月

「ダンスのおけいこ」 ヘレン・オクセンバリー作・絵；なかむらくみこ訳　ほるぷ出版（はじめてのえほん1）　1983年11月

「ダンスのすきな悪魔」 ヴァツラフ・ポコルニー作；池田香代子訳　宝島社　1994年4月

「ダンスのできないおひめさま」 ツウィフェロフ原作；宮川やすえ訳・文；かみやしん絵　国土社（やっちゃん絵本4）　1982年11月

「たんぽぽのこと」 竹内敏晴文；長谷川集平絵　温羅書房　1996年6月

「ちいさいおおきな女の子」 ウーリー・オルレブ文；ジャッキー・グライヒ絵；もたいなつう訳　講談社（講談社の翻訳絵本）　2002年6月

「ちいさいオーちゃん」 エディス・ウンネルシュタード文；マイ・ファーゲルベリイ絵；溝口真実訳　徳間書店　2000年3月

「ちいさいちゃん」 ジェシカ・ミザーヴ作；さくまゆみこ訳　主婦の友社　2007年8月

「ちいさいみちこちゃん」 なかがわりえこ作；やまわきゆりこ絵　福音館書店　1994年1月

「ちいさいモモちゃんえほん うみとモモちゃん」 松谷みよ子文；武田美穂絵　講談社（講談社の創作絵本）　2009年7月

「ちいさいモモちゃんえほん おばけとモモちゃん」 松谷みよ子文；武田美穂絵　講談社（講談社の創作絵本）　2009年11月

「ちいさな あかい バス」 高羽賢一作・絵　ひさかたチャイルド　2009年9月

「ちいさな ちいさなひみつのおうち」 森津和嘉子作・絵　PHP研究所（PHPのえほん）　1989年10月

「ちいさなおとうと」 リスベット・スレーヘルス作；木坂涼訳　小学館（ピピとトントンのえほん）　2008年11月

「ちいさなおひめさま」 かどのえいこ文；にしまきかやこ絵　ポプラ社（みんなで絵本1）　2001年11月

「ちいさなきいろいかさ」 にしまきかやこイラスト；もりひさしシナリオ　金の星社（よみきかせ大型絵本）　2003年10月；金の星社（きんのほしストーリー絵本）　2003年4月

「ちいさなくし」 M.ポプルトン原作；掛川恭子文；佐野洋子絵　福音館書店（幼児絵本シリーズ）　1999年3月

「ちいさなジルはどこへいったの？」 ファム・エクマン作；ビヤネール多美子訳　偕成社　1980年12月

「ちいさなたんぽぽさん」 高橋宏幸作・絵　秋書房　1978年12月

「ちいさなちいさなものがたり」 かこさとし文・絵　偕成社（かこさとし七色のおはなしえほん3）　1984年12月

「ちいさなちいさな青いそら」 岩淵慶造作・絵　岩崎書店（創作絵本15）　1973年5月

「ちいさなチャンタラ」 狩野富貴子絵；女子パウロ会文　女子パウロ会　1992年4月

子どもの世界・生活

「ちいさなふたり」エルズビエタ絵・文；嶋田完蔵訳　小峰書店（世界の絵本コレクション）2002年9月

「ちいさなミリーとイルカ」トルヴァル・ステーン文；マルゴルザータ・ピオトロヴスカ絵；やまのうちきよこ訳　岩波書店　1997年11月

「ちいさなミリーととり」トルヴァル・ステーン文；マルゴルザータ・ピオトロヴスカ絵；やまのうちきよこ訳　岩波書店　1997年10月

「ちいさなミリーとにじ」トルヴァル・ステーン文；マルゴルザータ・ピオトロヴスカ絵；やまのうちきよこ訳　岩波書店　1997年10月

「ちいさなワニのおうさま」イアン・リュック・アングルベール作；ゆづきかやこ訳　小峰書店（わくわく世界の絵本）2008年9月

「ちいちゃんとおふとん」岸川悦子文；稲本みえ子絵　銀河社（わたしねちこちゃん4）1983年6月

「ちいちゃんとおみこし」しみずみちを文・絵　銀河社（ちいちゃんえほん9）1983年10月

「ちいちゃんとかくれんぼ」しみずみちを文・絵　銀河社（ちいちゃんえほん2）1983年4月

「ちいちゃんとかわあそび」しみずみちを文・絵　銀河社（ちいちゃんえほん4）1983年7月

「ちいちゃんときのぼり」しみずみちを文・絵　銀河社（ちいちゃんえほん5）1983年7月

「ちいちゃんとこどもぶんこ」しみずみちを文・絵　銀河社（ちいちゃんえほん7）1983年10月

「ちいちゃんとさんりんしゃ」しみずみちを文・絵　銀河社（ちいちゃんえほん3）1983年4月

「ちいちゃんとじゅうごや」しみずみちを文・絵　銀河社（ちいちゃんえほん8）1983年10月

「ちいちゃんとまめまき」しみずみちを文・絵　銀河社（ちいちゃんえほん12）1983年12月

「ちいちゃんとゆきだるま」しみずみちを文・絵　銀河社（ちいちゃんえほん10）1978年12月

「ちいちゃんのかげおくり」あまんきみこ作；上野紀子絵　あかね書房（あかね創作えほん11）1982年8月

「ちいちゃんのさんぽ」しみずみちを文・絵　銀河社（ちいちゃんえほん1）1983年7月

「ちいちゃんのたからもの」杉浦さやか作　学習研究社（学研おはなし絵本）2008年10月

「ちいちゃんのたんじょうび」しみずみちを文・絵　銀河社（ちいちゃんえほん11）1983年12月

「ちいちゃんのはいしゃさん」しみずみちを文・絵　銀河社（ちいちゃんえほん6）1983年7月

「ちかい」ポール・ジェラティ作；せなあいこ訳　評論社（児童図書館・絵本の部屋）1996年8月

子どもの世界・生活

「チコちゃんのあかいチョッキ」ふりやかよこ作・絵 ポプラ社(絵本・子どものくに31) 1987年12月

「ちことゆうのおだんごやさん」まつしたさゆり作 学研教育出版(学研おはなし絵本) 2010年3月

「チコとゆきのあひる」神沢利子作;さのようこ絵 ポプラ社(絵本のせかい7) 1977年1月

「チチンプイプイ いたいのいたいのとんでけー」おおともやすお作 童心社(とことこえほん) 2009年11月

「ちっちゃなちっちゃなおんなのこ」バイロン・バーン作・絵;村田さち子訳 PHP研究所 2004年12月

「ちびまる子ちゃんはなまるえほん3 ひみつ基地をつくろうの巻」さくらももこ原作;岡部優子文;日本アニメーション絵 永岡書店 2007年1月

「チューインガム一つ」灰谷健次郎文;坪谷令子絵 理論社 1982年2月

「ちょうちょホテル」松谷みよ子作;しのとおすみこ絵 にっけん教育出版社 2006年8月

「ちょうちょむすびができたらね」村山桂子文;高畠純絵 フレーベル館(キンダーおはなしえほん) 1986年4月

「ちょうどいいよ」竹下文子作;鈴木まもる絵 佼成出版社(どんぐりえほんシリーズ) 2010年11月

「チョコレータひめ」深山さくら作;樋上公実子絵 教育画劇 2008年10月

「チョコレート・ウェディング」ポージー・シモンズ文・絵;角野栄子訳 リブロポート 1992年4月

「ちょっとだけ」瀧村有子作;鈴木永子絵 福音館書店(こどものとも絵本) 2007年11月

「チョンコのおてつだい」宇野和子文・絵 講談社 1975年7月

「チリとチリリ まちのおはなし」どいかや作 アリス館 2005年11月

「チリとチリリ」どいかや作 アリス館 2003年5月

「チリとチリリうみのおはなし」どいかや作 アリス館 2004年11月

「チリとチリリはらっぱのおはなし」どいかや作 アリス館 2007年6月

「チリとチリリゆきのひのおはなし」どいかや作 アリス館 2010年2月

「チロルちゃんとプクプク ながれぼしにおねがいのまき」おざきえみ作 学研教育出版(学研おはなし絵本) 2009年11月

「つきにでかけたおんなのこ」ジェラール・フランカン作;ほりえとしゆき訳 フレーベル館 1999年9月

「つきよのりぼん」安井淡作;大塚たみえ絵 岩崎書店(えほん・ドリームランド21) 1982年11月

「つつじのむすめ」松谷みよ子文;丸木俊画 あかね書房(新しい日本の絵本8) 1974年11月

子どもの世界・生活

「つつみのおひなっこ-仙台空襲ものがたり」 野本和子;高倉勝子作 仙台文化出版社 1980年7月

「つばきとあまさん」 小畑昭八郎文;小沢良吉絵 小峰書店(民話のえほん) 1977年12月

「つりばしわたれ」 長崎源之助作;鈴木義治絵 岩崎書店(母と子の絵本28) 1976年2月

「つるつる」 正道かほる文;村上康成絵 童心社(絵本・ちいさななかまたち) 1994年3月

「つるになったてがみ」 岸川悦子文;稲本みえ子絵 銀河社(わたしねちこちゃん6) 1984年3月

「ティーナとオーケストラ」 マルコ・シムサ文;ヴィンフリート・オプゲノールト絵;宮原峠子訳 カワイ出版 2007年8月

「ティーナとピアノ」 マルコ・シムサ文;ヴィンフリート・オプゲノールト絵;宮原峠子訳 カワイ出版 2007年10月

「ティーナとリコーダー」 マルコ・シムサ文;ヴィンフリート・オプゲノールト絵;宮原峠子訳 カワイ出版 2008年1月

「ティーピーとふしぎなおしろ」 西巻かな作 学習研究社(学研おはなし絵本) 2007年10月

「デイジー、スパイになる」 ケス・グレイ文;ニック・シャラット絵;よしがみきょうた訳 小峰書店(世界の絵本コレクション) 2007年1月

「ティナとおおきなくま」 ウテ・クラウス作・絵;青木久子訳 徳間書店 1998年1月

「ティムとトリーネ」 スベン・オットー絵;奥田継夫;木村由利子訳 評論社(児童図書館・絵本の部屋) 1979年9月

「でこちゃん」 つちだのぶこ作・絵 PHP研究所(わたしのえほん) 2000年1月

「でこちゃんとらすたくん」 つちだのぶこ作・絵 PHP研究所(わたしのえほん) 2001年10月

「テコリンちゃんとアイスクリーム」 古内ヨシ作 フレーベル館(テコリンちゃん2) 1996年4月

「テコリンちゃんとピエロ」 古内ヨシ作 フレーベル館(テコリンちゃん1) 1996年4月

「でたぁ」 山中恒文;金子三蔵絵 小峰書店(えほんらんど13) 1982年3月

「でっかいでっかいモヤモヤ袋」 ヴァージニア・アイアンサイド作;フランク・ロジャース絵;左近リベカ訳 草炎社(そうえんしゃ・世界のえほん1) 2005年11月

「テッドおじさんとあたし クラリス・ビーン」 ローレン・チャイルド作;木坂涼訳 フレーベル館 2002年6月

「てっぽうをもったキジムナー」 たじまゆきひこ作 童心社(童心社の絵本) 1996年6月

「てのひら」 瀧村有子作;ふじたひおこ絵 PHP研究所(わたしのえほん) 2010年3月

「てぶくろの木」 クヌー・ホルスト文;木村由利子訳;松村雅子絵 ブックローン出版 1990年10月

「てまりのき」 あまんきみこ文;大島妙子絵 講談社 2002年10月

子どもの世界・生活

「てをつなご。」 あいはらひろゆき作;植田真絵 教育画劇 2008年2月

「てんさらばさら てんさらばさら」 わたりむつこ作;ましませつこ絵 福音館書店(こどものとも傑作集80) 1988年9月

「てんしのはな」 丸山明子絵・文 サンパウロ 1996年11月

「でんしゃにのって」 とよたかずひこ作・絵 アリス館 1997年6月

「トイちゃんとミーミーとナーナー」 どいかや文;さかいあいも絵 アリス館 2009年10月

「トイレの神様」 うえむらかな作;とりごえまり絵 講談社 2010年9月

「どうしたの、バブルス？」 トレイシー・ウエスト作;クレイグ・マクラッケン原案;瀬谷玲子訳 イースト・プレス(パワーパフガールズおはなし絵本1) 2002年3月

「どうしたらいい、ブルーカンガルー？」 エマ・チチェスター・クラーク作;まつかわまゆみ訳 評論社(児童図書館・絵本の部屋) 2006年3月

「どうして？」 リンジー・キャンプ;トニー・ロス著;小山尚子訳 徳間書店 1999年5月

「どうしておひるねするのかな」 生源寺美子作;橘田美智子絵 銀河社(銀河社の創作絵本) 1975年11月

「どうしてかなしいの?/どこにいるの？」 マイケル・グレイニエツ作・絵;ほそのあやこ訳 ポプラ社 1999年2月

「とうだいのひまわり」 にいざわかずお作・絵 福音館書店 1973年9月

「とうちゃんのひざし」 かとうよういち文;木村かよこ絵 海鳥社(おおさこのかや2) 1992年4月

「とおいまちのこ」 たかどのほうこ作;ちばちかこ絵 のら書店 2007年10月

「トーベのあたらしい耳」 トーベ・クルベリ作;エッマ・アードボーゲ絵;ひだにれいこ訳 少年写真新聞社 2010年4月

「ドガと小さなバレリーナ」 ローレンス・アンホルト作;あべのりこ訳 バベルプレス(アンホルトのアーティストシリーズ) 2007年9月

「トキ子のカボチャ」 黒川常幸文;遠藤てるよ絵 ポプラ社(絵本・すこしむかし2) 1979年8月

「とげとげ」 内田麟太郎文;佐藤茉莉子絵 童心社(絵本・こどものひろば) 2010年9月

「どこかちがうマリア」 リセロッテ・セルピーターセン作;木村由利子訳 偕成社 1979年8月

「とこちゃんの しゅっちょうひきうけます」 かわかみたかこ作・絵 フレーベル館(とこちゃんのえほん2) 2004年7月

「とこちゃんのながぐつ」 かとうまふみ作 学習研究社(学研おはなし絵本) 2007年5月

「とことこちゃんのおかいもの」 なかそねまりこ著 佼成出版社 2006年8月

「どこどこどこ？」 山口亜耶作・絵 ART BOXインターナショナル 2007年9月

子どもの世界・生活

「どこへいったの、ブルーカンガルー?」エマ・チチェスター・クラーク作;まつかわまゆみ訳　評論社(児童図書館・絵本の部屋)　2003年6月

「とっときのとっかえっこ」サリー・ウィットマン文;カレン・ガンダーシーマー絵;谷川俊太郎訳　童話館　1995年3月

「トトンぎつね」今江祥智文;植田真絵　フェリシモ出版(おはなしのたからばこ23)　2010年2月

「となりにきたこ」岩崎ちひろ絵・文;武市八十雄案　至光社(ブッククラブ国際版絵本)　1979年1月

「となりのモモゴン」玖保キリコ作・絵　岩崎書店(モモゴンシリーズ)　2002年11月

「トマニ式の生き方」クリスチーネ・ネストリンガー作;ヘルメ・ハイネ絵;星新一訳　CBS・ソニー出版　1978年10月

「トム・チット・トット」ジェイコブズ文;吉田新一訳;スズキコージ絵　ブッキング　2006年4月

「トム・チット・トット」ジェイコブズ文;吉田新一訳;鈴木康司絵　小学館(世界のメルヘン絵本10)　1978年4月

「ともこのあさごはん」ニタ・ソウター原作;ばんどうゆみこ文;おかべりか絵　福音館書店　1978年10月

「ともだち つくろう」スージー・モルゲンステルン作;セヴリーヌ・コルディエ絵;みやまさくら訳　ジュリアン(エマといっしょに2)　2008年7月

「ともだちがほしいの」柴田愛子文;長野ヒデ子絵　ポプラ社(からだとこころのえほん6)　2004年3月

「ともだちかもん」黒須美彦文;タカノ綾絵　コクヨS&T(たいせつなものシリーズ2ともだち)　2007年11月

「ともだちはモモー」佐野洋子作　リブロポート　1983年3月

「ともちゃんとこぐまくんの うんどうかい」あまんきみこ作;西巻茅子絵　福音館書店(日本傑作絵本シリーズ)　1992年6月

「トラリーヌとあおむしさん」どいかや作　偕成社　2002年7月

「トランプリンセス」薫くみこ作;つじむらあゆこ絵　佼成出版社(どんぐりえほんシリーズ)　2008年12月

「トルテのピンクケーキ」やまだうたこ作　学習研究社(学研おはなし絵本)　2006年6月

「どれにしようかな」つちだのぶこ作　学研教育出版(学研おはなし絵本)　2010年2月

「トロルのもり」エドワード・マーシャル作;ジェイムズ・マーシャル絵;ももゆりこ訳　さ・え・ら書房　1983年6月

「どろんこのおともだち」バーバラ・マクリントック作;福本友美子訳　ほるぷ出版　2010年10月

「とんがりぼうや」アマンダ・ハーヴェイ作;今村葦子訳　あすなろ書房　1994年9月

子どもの世界・生活

「どんぐりしいちゃん」 かとうまふみ作・絵 教育画劇 2005年9月

「とんでいったおなべ」 神沢利子作;岩村和朗絵 ひさかたチャイルド 1982年2月

「とんでけとんでけおおいたい」 梅田俊作;梅田佳子作・絵 岩崎書店(ピチピチえほん10) 1980年11月

「とんでった とんでった」 神沢利子作;長野ヒデ子絵 PHP研究所(PHPこころのえほん6) 1981年7月

「どんなともだちできるかな」 斉藤栄美作;土田義晴絵 ポプラ社(あおぞらえんシリーズ1) 2000年5月

「ナーベルちゃんとマーブルちゃん」 たんじあきこ作 白泉社 2008年4月

「なぁんくくるん なぁんくくるん」 中川まちこ文;いまきみち絵 そうえん社(そうえん社・日本のえほん16) 2009年8月

「なおちゃんのおはなやさん」 やまむろさやか作;頓田室子絵 金の星社 1985年4月

「なおみ」 谷川俊太郎作;沢渡朔写真 福音館書店 2007年10月

「ながいかみのむすめ」 王敏文;李暁軍絵 小峰書店(えほん・こどもとともに) 1994年1月

「ながいかみのラプンツェル-グリム童話」 フェリクス・ホフマン絵;せたていじ訳 福音館書店(世界傑作絵本シリーズ) 1970年4月

「ながいながい旅 エストニアからのがれた少女」 イロン・ヴィークランド絵;ローセ・ラーゲルクランツ文;石井登志子訳 岩波書店 2008年5月

「ながしびなのねがいごと ひなまつりに読む絵本」 岡信子文;廣川沙映子絵 世界文化社 1987年6月

「なかよくしたら？」 カレン・バーバー作;こだまともこ訳 冨山房 1993年7月

「ながれぼしをひろいに」 筒井頼子作;片山健絵 福音館書店(こどものとも傑作集) 1999年10月

「なぎさの小枝」 今村葦子作;降矢なな絵 ほるぷ出版 1997年5月

「なきむし やぎのさん」 かしわばさちこ作;しもだともみ絵 偕成社(またきてね2) 2005年9月

「なきむしのおひめさま」 織田信生作 リブロポート 1984年10月

「なきむしようちえん」 長崎源之助作;西村繁男絵 童心社(童心社の絵本) 1983年11月

「なけないゆかちゃん」 山中恒作;山下勇三絵 小峰書店(はじめてのどうわ4) 1978年12月

「なつさがし」 杉田比呂美作 講談社(講談社の創作絵本) 2008年8月

「ナッチのおかいもの」 新沢としひこ文;かわかみたかこ絵 ポプラ社(みんなで絵本5) 2002年7月

「なっちゃんのほくろスイッチ」 平田昌広文;平田景絵 講談社(講談社の創作絵本) 2004年12月

子どもの世界・生活

「なつみのきいろいかさ」 新冬二作；渡辺三郎絵　小峰書店（はじめてのどうわ20）　1979年2月

「ナツメグとまほうのスプーン」 デイヴィッド・ルーカス作；なかがわちひろ訳　偕成社　2006年6月

「ナナコとよるのにじ」 かわばたあきなり文；おぐらてるひさ；おかもとのりこ絵　主婦と生活社　2009年12月

「ナナちゃんはかんごしさん」 ニック・シャラット作；石津ちひろ訳　小学館（はじめてのおはなし）　2005年12月

「ななつのほし」 アンナ・ツスソウバ作・絵；高村喜美子文　学習研究社（国際版せかいのえほん21）　1985年1月

「なのはなおつきさん」 生源寺美子作；鈴木義治絵　ひくまの出版（幼年絵本シリーズ・あおいうみ4）　1984年1月

「なべなべ おかゆをにておくれ」 ルットミラ・コーバ作・絵；西内ミナミ文　学習研究社（国際版せかいのえほん6）　1984年1月

「なまえをみてちょうだい」 あまんきみこ作；鈴木まもる絵　フレーベル館（こねこのミュウ1）　1989年5月

「ナミチカのきのこがり」 降矢なな作　童心社（絵本・こどものひろば）　2010年9月

「なみにきをつけて、シャーリー」 ジョン・バーニンガム作；辺見まさなお訳　ほるぷ出版　1978年9月

「なみにきをつけて、シャーリー」 ジョン・バーニンガム作；辺見まさなお訳　ほるぷ出版　2004年6月

「ならこのかきのき」 伊藤昭作・絵　福音館書店（日本傑作絵本シリーズ）　1986年11月

「なりちゃんのブル太さん」 高橋三千綱作；宮崎博和絵　サンリオ（サンリオ創作絵本シリーズ）　1988年7月

「なんでもできる日」 ジェニファ・ベック作；ロビン・ベルトン絵；たかはしえいこ訳　すぐ書房　1990年12月

「ニーナはおちびさん」 ジャック・ケント作；中川健蔵訳　好学社　1982年11月

「にこちゃんとぷんぷんまる」 真珠まりこ作・絵　ひさかたチャイルド　2010年7月

「にこにこ エマ」 グニラ・ヴォルデ文・絵；つばきはらななこ訳　童話館出版　2007年2月

「にこにこおやすみ−ポピーとこいぬのピップ2」 イアン・ベック作・絵；なかおえつこ訳　文渓堂　1996年8月

「ニコラはパンツをはいてない」 カラ・メー文；ドフィー・ヴィア絵；小川仁央訳　評論社（児童図書館・絵本の部屋）　1992年9月

「ニビーとちいさなクマ」 大鹿知子作・絵　ポプラ社（絵本のおもちゃばこ3）　2004年8月

「にゃんこだぞ！」 なかえよしを作；上野紀子絵　教育画劇（スピカのおはなしえほん6）　1985年2月

子どもの世界・生活

「にわのジャンルとソフィ」 マルセル・マルリエ作・絵；黒木義典訳；板谷和雄文 ブックローン出版（ファランドールえほん23） 1984年1月

「ぬくぬく」 天野祐吉作；梶山俊夫画 福音館書店 2009年2月

「ねぇ、キティおしえてよ」 ミラ・ギンズバーグ作；ロジャー・デュボアザン絵；新井有子訳 ペンギン社 1979年2月

「ねえ、どれがいい？」 ジョン・バーニンガム作；まつかわまゆみ訳 評論社（児童図書館・絵本の部屋） 1983年12月

「ねえさんといもうと」 シャーロット・ゾロトウ作；マーサ・アレキサンダー絵；やがわすみこ訳 福音館書店（世界傑作絵本シリーズ・アメリカの絵本） 1974年3月

「ねぇねぇ、もういちどききたいな わたしがうまれたよるのこと」 ジェイミー・リー・カーティス作；ローラ・コーネル絵；坂上香訳 偕成社 1998年3月

「ねこが ほしい！」 トニー・ロス作；みむらみちこ訳 ジー・シー 1992年6月

「ねことわたしのねずみさん」 スージー・ボーダル作；佐々木田鶴子訳 偕成社 1983年10月

「ねずみとよめいり」 村上勉絵；佐藤さとる文 童心社 1984年11月

「ねないこだあれ」 松谷みよ子文；さとうわきこ絵 講談社（松谷みよ子ふうちゃんえほん1） 1982年7月

「ねないこティップ」 ポリー・ダンバー作・絵；もとしたいづみ訳 フレーベル館（ティリーとおともだちブック） 2010年10月

「ねぼすけスーザのおかいもの」 広野多珂子作 福音館書店（こどものとも傑作集） 1997年2月

「ねんねんねん」 あまんきみこ文；南塚直子絵 小峰書店 2001年9月

「のうえんのジャンルとソフィ」 マルセル・マルリエ作・絵；黒木義典訳；板谷和雄文 ブックローン出版（ファランドールえほん24） 1984年1月

「ノエルの不思議な冒険」 イルカ絵・お話 主婦と生活社 1983年4月

「のはらうさぎでございます」 山花郁子作；とりごえまり絵 佼成出版社（創作絵本シリーズ） 1997年5月

「のはらにおはながさきはじめたら」 シャーロット・ゾロトウ文；ガース・ウィリアムス絵；きやまともこ訳 福武書店 1984年2月

「のはらのおみせ」 やすいすえこ作；ほりかわまこ絵 岩崎書店（えほんのマーチ9） 2003年12月

「のはらのスカート」 赤羽じゅんこ作；南塚直子絵 岩崎書店（キラキラえほん12） 2009年3月

「のはらひめ－おひめさま城のひみつ」 中川千尋作 徳間書店 1995年5月

「のんちゃんはおとうばんです」 今関信子文；垂石真子絵 童心社（だいすきはなまるえん） 1999年12月

子どもの世界・生活

「バージンロード」 高橋まり著;作山優希絵　北水　2005年7月

「はいしゃさんへ」 グニラ・ボルデ作;たかむらきみこ訳　偕成社(エミーちゃんシリーズ)　1977年1月

「はこちゃんのおひなさま」 丸田かね子文;牧野鈴子絵　銀の鈴社　2010年2月

「はしかになりたがったエミー」 グニラ・ボルデ作;たかむらきみこ訳　偕成社(エミーちゃんシリーズ)　1977年1月

「はじめての おてつだい」 キム・ルイス作;にったゆうこ訳　新世研　1998年4月

「はじめてのえんそうかい」 中山知子文;ユノセイイチ絵　旺文社(旺文社こどもの本)　1978年11月

「はじめてのおどり」 デビッド・コックス作・絵;ほりちえこ訳　新世研　1997年1月

「はじめてのおるすばん」 しみずみちを作;山本まつ子絵　岩崎書店(ビッグ・えほん)　2004年9月

「はじめまして おでこちゃんとニッキ」 まなべなみえ作;ときのりょうこ絵　フォイル　2009年3月

「はじめまして スミレひめよ」 ハーウィン・オラム文;スーザン・バーレイ絵;小川仁央訳　評論社(児童図書館・絵本の部屋)　1999年2月

「はじめましてカジパンちゃん」 きたやまようこ作・絵　講談社(ピッポちゃんのおとなりさん1)　1978年9月

「ぱたぱたすりっぱ」 間所ひさこ作;おぼまこと絵　金の星社(こどものくに傑作絵本)　1978年10月

「パッチン☆どめ子ちゃん」 山西ゲンイチ作　佼成出版社　2007年4月

「はっぱくん」 伊藤正道作・絵　丸善プラネット　2007年6月

「はっぱのおうち」 征矢清作;林明子絵　福音館書店　1985年4月

「はっぱのおうち」 征矢清作;林明子絵　福音館書店(幼児絵本シリーズ)　1989年5月

「はっぱのおちゃかい」 小比賀優子文;高林麻里絵　ほるぷ出版(くりんとコロンのおはなし)　1991年9月

「はっぴぃさん」 荒井良二作　偕成社　2003年9月

「はっぴょう会なんか こわくない！」 高瀬義昌文;あかまあきこ絵　佼成出版社　1993年3月

「ハナちゃんとバンビさん カーニバルへいく」 石津ちひろ文;荒井良二絵　理論社　2007年3月

「ハナとひげじい」 三上敏夫文;遠藤てるよ絵　草土文化(ふるさとの民話8)　1985年1月

「はなとひみつ」 星新一作;和田誠絵　フレーベル館(キンダーおはなしえほん傑作選46)　1979年10月

「バナナのおふろ」 スージー・モルゲンステルン作;セヴリーヌ・コルディエ絵;みやまさくら翻案　ジュリアン(エマといっしょに3)　2008年7月

子どもの世界・生活

「ハナノマチ」 大畑いくの作　白泉社　2008年9月

「はなのゆびわ」 川村たかし作;司修絵　サンリード　1979年11月

「はなやのおばさん」 ねじめ正一文;大島妙子絵　童心社(絵本・こどものひろば)　2008年4月

「ハニーちゃんのいちごつみ」 末吉暁子作;ダン・ボンフィリ絵　金の星社　1980年2月

「ハニーンちゃんのお人形」 加藤ユカリ文;梍野ヒカリ絵　めるくまーる　2010年2月

「パパ、おはなしして」 モイラ・ケンプ作;たなかまや訳　評論社(児童図書館・絵本の部屋)　2008年6月

「パパとミーヌ にわにいるのは、だあれ?」 キティ・クローザー作・絵;平岡敦訳　徳間書店　2008年9月

「はやくあいたいな」 五味太郎作・画　絵本館　1979年8月

「ばらいろのもり」 立原えりか文;永田萌絵　講談社　1984年4月

「バラがさいた」 市川里美作　偕成社　1991年6月

「バランティヌとあかちゃん」 ボリス・モアサール文;ミシェル・ゲイ絵;末松氷海子訳　文化出版局　1983年1月

「バランティヌと小犬のツッキー」 ボリス・モアサール文;ミシェル・ゲイ絵;末松氷海子訳　文化出版局　1981年12月

「バランティヌのおしゃれ作戦」 ボリス・モアサール文;ミシェル・ゲイ絵;末松氷海子訳　文化出版局　1984年11月

「バランティヌの夏休み」 ボリス・モアサール文;ミシェル・ゲイ絵;末松氷海子訳　文化出版局　1983年5月

「はりねずみのはりこ」 なかやみわ作・絵　福音館書店(日本傑作絵本シリーズ)　1998年10月

「ハルコネコ」 あおきひろえ作・絵　教育画劇　2009年1月

「はるちゃん、ね」 さいとうしのぶ作・絵　ひさかたチャイルド　2002年5月

「ハルとカミナリ」 ちばみなこ作・絵　BL出版　2006年12月

「はるになったら」 シャーロット・ゾロトウ文;ガース・ウィリアムズ絵;おびかゆうこ訳　徳間書店　2003年4月

「はるのともだち」 山本まつ子文・絵　新日本出版社(新日本出版社の絵本ふれあいシリーズ8)　1984年3月

「はるのよるのおきゃくさん」 あまんきみこ作;鈴木まもる絵　フレーベル館(こねこのミュウ5)　1990年5月

「バレエのすきなアンジェリーナ」 ヘレン・クレイグ絵;キャサリン・ホラバード文　大日本絵画(かいがのえほん)　1985年1月

「バレエ少女」 ルコーニン作;佐伯靖子翻案;ドゥビードフ絵　新読書社　1996年11月

子どもの世界・生活

「パレッタとふしぎなもくば」 千葉史子作・絵 講談社(「創作絵本グランプリ」シリーズ) 2008年12月

「パレッタとふしぎなもくば」 千葉史子作・絵 講談社(「創作絵本グランプリ」シリーズ) 2008年12月

「はれときどきこぶた-すなぶた・たまごぶた・はみがきぶた」 矢玉四郎作 小学館(おひさまのほん) 1998年5月

「バレリーナ マノン」 つちだよしはる作 佼成出版社(みつばちえほんシリーズ) 2010年7月

「バレリーナになりたい」 ヴァレリー・コールマン作;サンドラ・ラム絵;もとしたいづみ訳 コンセル 2008年1月

「バロチェとくまのスノウト」 イヴォンヌ・ヤハテンベルフ作;野坂悦子訳 講談社(世界の絵本) 2008年6月

「はんかちひろげて」 岸川悦子文;稲本みえ子絵 銀河社(わたしねちこちゃん1) 1982年11月

「ハンダのびっくりプレゼント」 アイリーン・ブラウン作;福本友美子訳 光村教育図書 2006年4月

「ハンナのあたらしいふく」 イツァク・シュヴァイゲル・ダミエル作;オラ・アイタン絵;小風さち訳 福音館書店(世界傑作絵本シリーズ-アメリカの絵本) 1998年4月

「はんの木のみえるまど」 杉みき子作;村山陽絵 PHP研究所 1981年1月

「ピアノをひくのはだれ?」 やすいすえこ作;いもとようこ絵 佼成出版社 1987年12月

「ピーコはすてきなおともだち」 メルセ・C.ゴンザレス作;アグスティ・A.サウリ絵;浜祥子文 学習研究社(国際版せかいのえほん22) 1985年1月

「ピーターとエミーはちがうよ」 グニラ・ボルデ作;たかむらきみこ訳 偕成社(エミーちゃんシリーズ) 1977年1月

「ピカソとポニーテールの少女」 ローレンス・アンホルト作;あべのりこ訳 バベルプレス(アンホルトのアーティストシリーズ) 2007年9月

「ひかりのオルガン」 味戸ケイコ作・絵 白泉社(えほんらんど9) 1983年6月

「ピクニックにいかない?」 マグリット・ヘイマン作・絵;関根栄一文 エミール館 1979年11月

「ひげなしねこ みゃん」 岸川悦子文;稲本みえ子絵 銀河社(わたしねちこちゃん3) 1983年4月

「ひさの星」 斎藤隆介作;岩崎ちひろ絵 岩崎書店(よみきかせ大型絵本) 2004年2月

「ひさの星」 斎藤隆介作;岩崎ちひろ絵 岩崎書店(創作絵本7) 1972年3月

「ビズの女王さま」 クリスチャン・アールセン作;こやま峰子訳 どりむ社 2003年10月

「ぴちぴちカイサとクリスマスのひみつ」 リンドグレーン作;ヴィークランド絵;山内清子訳 偕成社 1977年12月

子どもの世界・生活

「びっくりばこびっくり」 大西ひろみ作 リブロポート(リブロの絵本) 1988年7月

「ひつじをかぞえるかこちゃん」 沼田光代作;安井淡絵 金の星社(こどものくに傑作絵本20) 1977年4月

「ピッピ南の島で大かつやく」 アストリッド・リンドグレーン作;イングリッド・ニイマン絵;いしいとしこ訳 徳間書店 2006年6月

「ひとりできれるよ」 ディディエ・デュフレーヌ作;アルメール・モデレ絵;やましたはるお訳 佼成出版社(きょうもごきげんアポリーヌシリーズ2) 2005年3月

「ひなまつりのおきゃくさま」 高木あきこ作;つちだよしはる絵 ひさかたチャイルド(子どものまつり絵本) 1991年1月

「ビバリー としょかんへいく」 アレクサンダー・スタッドラー作;まえざわあきえ訳 文化出版局 2003年6月

「ピパルクとイルカたち」 ジョン・ヒンメルマン作;はねだせつこ訳 岩崎書店(海外秀作絵本9) 2003年5月

「ひまねこさんこんにちは」 木暮正夫文;渡辺洋二絵 小峰書店(はじめてのどうわ18) 1979年2月

「ひみつのノート」 スージー・モルゲンステルン作;セヴリーヌ・コルディエ絵;みやまさくら翻案 ジュリアン(エマといっしょに1) 2008年7月

「ヒミツのヒミツの…」 トニー・ロス作;せなあいこ訳 評論社 1993年9月

「ひみつの花園」 バーネット原作;市川ジュン著 集英社(ファンタジー・メルヘン) 1983年7月

「ヒメちゃん」 荒井良二作・絵 小学館(おひさまのほん) 2008年3月

「ひめりんごの木の下で」 安房直子文;伊藤正道絵 クレヨンハウス(おはなし広場) 1993年12月

「ビューティとビースト」 ベラ・サウスゲイト再話;エリック・ウインター絵;秋晴二;敷地松二郎訳編 アドアンゲン 1974年6月

「ピューマをたすけたむすめ」 パブロ・デルフィニ再話・絵;おおいしまりこ訳 新世研 2003年9月

「ひよこ組のいんちきりえぽん」 まつざわりえ著 オデッセウス 2000年6月

「ヒラリーとライオン」 フランク・ディサイクス文;デビー・デューランド・ディサイクス絵;たかはしけいすけ訳 セーラー出版 1992年6月

「ひろしまのピカ」 丸木俊文・絵 小峰書店(記録のえほん1) 1980年6月

「ぴんちゃんのかさ」 林原玉枝作;清重伸之絵 こずえ(おはなしのえほん) 1989年5月

「ぴんちゃんのハンカチ」 林原玉枝作;清重伸之絵 こずえ(おはなしのえほん2) 1989年1月

「フィーンチェのあかいキックボード」 ペッツィー・バックス作;野坂悦子訳 BL出版 2000年12月

子どもの世界・生活

「フィフィのみぎ・ひだり」 クリスティーナ・ビヨルク文；レーナ・アンダーソン絵；野花かほる訳 文化出版局 1981年3月

「ふうことどんどやき」 いぬいとみこ作；赤羽末吉絵 偕成社（創作えほん17） 1973年12月

「ふうせんがとんだ」 もりもとかずこ作；そめのちづる絵；青木美由紀英訳 アースメディア 2006年12月

「ふうちゃんうみへいく」 松谷みよ子文；さとうわきこ絵 講談社（松谷みよ子ふうちゃんえほん3） 1982年7月

「ふうちゃんとじしんかいじゅう」 やまがみえいこ絵・文 小さな出合いの家 1995年12月

「ふうちゃんとチャチャ」 松谷みよ子作；遠藤てるよ絵 金の星社（新しいえほん） 1978年9月

「ふうちゃんのおたんじょうび」 松谷みよ子作；にしまきかやこ絵 新日本出版社（新日本出版社の絵本） 1971年8月

「ふうちゃんのしっぽ」 松谷みよ子文；さとうわきこ絵 講談社（松谷みよ子ふうちゃんえほん5） 1983年1月

「ふえふきかんのん」 さねとうあきら文；いしくらきんじ絵 国土社（創作民話絵本2） 1983年4月

「ふき」 斎藤隆介作；滝平二郎絵 岩崎書店（えほん・ハートランド） 1998年11月

「ふきまんぶく」 田島征三文・絵 偕成社（創作大型えほん） 1973年4月

「ふくのゆのけいちゃん」 秋山とも子作 福音館書店（こどものともセレクション） 2006年1月

「ふしぎ ふしぎ」 片山令子文；長新太絵 国土社（絵本といっしょ3） 1997年7月

「ふしぎなあおいバケツ」 なりたまさこ作・絵 ポプラ社（絵本の時間5） 2001年6月

「ふしぎなおきゃくさま」 椿宗介文；篠崎三朗絵 フレーベル館（キンダーおはなしえほん） 1985年3月

「ふしぎなみずたまり」 久我通世作・絵 フレーベル館 1979年9月

「ふしぎな青いボタン」 安房直子作；田中槇子絵 ひくまの出版（幼年えほんシリーズ・あおいうみ17） 1984年11月

「ふたりでおえかき」 イローナ・ロジャーズ作・絵；かどのえいこ訳 そうえん社（ふたりはなかよしシリーズ4） 2008年3月

「ふたりでおかいもの」 イローナ・ロジャーズ作・絵；かどのえいこ訳 そうえん社（ふたりはなかよしシリーズ5） 2008年6月

「ふたりでブランコ」 イローナ・ロジャーズ作・絵；かどのえいこ訳 そうえん社（ふたりはなかよしシリーズ3） 2008年1月

「ふたりはクリスマスで」 イローナ・ロジャーズ作・絵；かどのえいこ訳 そうえん社（ふたりはなかよしシリーズ2） 2007年10月

子どもの世界・生活

「ふたりはなかよし」 イローナ・ロジャーズ作・絵;かどのえいこ訳 そうえん社(ふたりはなかよしシリーズ1) 2007年10月

「ふたり衣女」 ふくだしょうすけ絵;かんべじゅんきち文 国土社(絵本むかしばなし15) 1976年4月

「ふってきました」 もとしたいづみ文;石井聖岳絵 講談社(講談社の創作絵本) 2007年1月

「ふとっちょローザ」 クリステル・デスモワノー作;工藤直子訳 ブロンズ新社 2001年3月

「ふぶきの道(カナダ)」 マリリン・レイノルズ作;スティーヴン・マッカラム絵;松本侑子訳 河出書房新社(世界の民族絵本集) 1994年10月

「フミとあにいとつばきの木」 宮川ひろ文;石倉欣二絵 国土社(現代絵本シリーズ1) 1985年1月

「ふむふむふーん」 ふなこしゆり文;坂口知香絵 風涛社 2006年4月

「ふゆねこ」 かんのゆうこ文;こみねゆら絵 講談社(講談社の創作絵本) 2010年11月

「ふゆのうま」 手島圭三郎絵・文 福武書店 1987年10月

「ふゆのおるすばん」 山本まつ子文・絵 新日本出版社(新日本出版社の絵本ふれあいシリーズ7) 1983年12月

「ふゆのひのトラリーヌ」 どいかや作 偕成社 2005年11月

「ふようどのふよこちゃん」 飯野和好作 理論社 2005年10月

「フラヴィアとビロードのうさぎ」 マージェリー・ウィリアムズ原作;フラヴィア・ウィドゥン;リサ・ウィドゥン文・絵;もきかずこ訳 ビクター音楽産業 1992年11月

「フラヴィアと夢をつむぐ人」 フラヴィア・ウィドゥン文・絵;もきかずこ訳 ビクター音楽産業 1992年11月

「フラヴィアのクリスマス」 フラヴィア・ウィドゥン;リサ・ウィドゥン文・絵;もきかずこ訳 ビクター音楽産業 1992年11月

「ふらにー・B・クラニー、あたまにとりがすんでるよ!」 ハリエット・ラーナー作;スーザン・ゴルドール文;ヘレン・オクセンバリー絵;ふしみみさを訳 PHP研究所 2006年7月

「フランボヤン」 アーノルド・アドフ文;カレン・バーバー絵;南風椎訳 パルコ出版 1991年6月

「ふりそでの少女」 松添博作・絵 汐文社(長崎平和絵本シリーズ6) 1992年2月

「プリンセス・リリー ユニコーンと王子さま」 ブルクハルト・ヌッペナイ話;モニカ・フィンスターブッシュ絵;栗栖カイ訳 ブロンズ新社 2006年10月

「プリンセス・リリーのちいさなバレリーナ」 ブルクハルト・ヌッペナイ文;モニカ・フィンスターブッシュ絵;栗栖カイ訳 ブロンズ新社 2007年9月

「プリンセスプリプリとハナちゃん-ふたりのおひめさま」 たかばやしまり作・絵 教育画劇 2006年9月

子どもの世界・生活

「ブルーカンガルーがやったのよ?」 エマ・チチェスター・クラーク作;まつかわまゆみ訳 評論社(児童図書館・絵本の部屋) 2003年9月

「フルートふいたのだあれ」 生源寺美子作;山中冬児絵 教育画劇(スピカのおはなしえほん29) 1986年12月

「ブルくんとかなちゃん」 ふくざわゆみこ作 福音館書店(幼児絵本シリーズ) 2007年11月

「フルリーナと山の鳥」 ゼリーナ・ヘンツ文;アロワ・カリジェ絵;大塚勇三訳 岩波書店 1974年12月

「ブルンミとアンニパンニ」 マレーク・ベロニカ文・絵;羽仁協子訳 風涛社 2003年11月

「ふれ、ふれ、あめ!」 カレン・ヘス作;ジョン・J.ミュース絵;さくまゆみこ訳 岩崎書店(海外秀作絵本4) 2001年7月

「ふれふれ なんだあめ こんなあめ」 梅田俊作;梅田佳子作・絵 岩崎書店(えほん・ワンダーランド7) 1986年7月

「フローリアとおじさん」 工藤ノリコ作 白泉社 2007年4月

「プンクマインチャーネパール民話」 大塚勇三再話;秋野亥左牟画 福音館書店 1968年2月

「ふんふん なんだかいいにおい」 西巻茅子絵・文 こぐま社 1977年7月

「プンプンぷんかちゃん」 薫くみこ作;山西ゲンイチ絵 ポプラ社(絵本・いつでもいっしょ20) 2007年5月

「ベスとベラ」 アイリーン・ハース作・絵;たがきょうこ訳 福音館書店 2006年10月

「ベッドのしたにワニがいる!」 イングリッド・シューベルト;ディーター・シューベルト作・絵;うらべちえこ訳 佑学社 1984年10月

「ベルのともだち」 サラ・スチュワート文;デイビッド・スモール絵;福本友美子訳 アスラン書房 2006年9月

「ヘレンのクリスマス」 ナタリー・キンジー=ワーノック文;メアリー..アゼアリアン絵;千葉茂樹訳 BL出版 2007年11月

「ペローの赤ずきん」 シャルル・ペロー文;エリック・バトゥー絵;池田香代子訳 講談社(講談社の翻訳絵本) 2001年8月

「べんけいさんのしゃぼんだま」 大海赫文・絵 小峰書店(はじめてのどうわ6) 1978年1月

「へんてこりんなサムとねこ」 エヴァリン・ネス作・絵;猪熊葉子訳 佑学社(アメリカ創作絵本シリーズ24) 1981年10月

「ペンペンぐさとおにいちゃん」 小薗江圭子作;佐野洋子絵 銀河社 1974年2月

「ほいくえんなんていきたくない」 グニラ・ボルデ作;たかむらきみこ訳 偕成社(エミーちゃんシリーズ) 1977年1月

「ぼうしをつかまえて!」 エンマ・チチェスター・クラーク作;はしもとみほ訳 ほるぷ出版 1994年1月

子どもの世界・生活

「ぼくがラーメンたべてるとき」 長谷川義史作・絵 教育画劇 2007年7月
「ポケットに砂と雪」 和田誠文・絵 フェリシモ出版(おはなしのたからばこ19) 2010年1月
「ほしにあげた三つのおにぎり〈九州・こしき島の民話〉」 荒木博之文;小沢良吉絵 小峰書店(民話のえほん) 1977年2月
「ほしのぎんか」 グリム作;坂本知恵子絵;酒寄進一訳 福武書店 1986年1月
「ほしのぎんか-グリム童話」 シュチェパーン・ザブジェル絵;佐々木元訳 フレーベル館 1983年11月
「ほしのこのひみつ」 アルカディオ・ロバト作;若林ひとみ訳 フレーベル館 1998年5月
「ほしのブローチ」 武鹿悦子作;宮本忠夫絵 佼成出版社(創作絵本シリーズ) 1993年6月
「ほそい ほそい きんのいと」 立原えりか作;薄久保友司絵 ひさかたチャイルド 2007年11月
「ほそいほそいきんのいと」 立原えりか作;薄久保友司絵 ひさかたチャイルド 1985年11月
「ほたるの星」 松田もとこ作;宮本忠夫絵 ポプラ社(絵本の時間13) 2002年6月
「ぽちのきたうみ」 岩崎ちひろ絵・文;武市八十雄案 至光社(ブッククラブ国際版絵本) 1974年1月
「ぽっかぽかのおまじない」 三枝三七子お話・絵 偕成社 2006年12月
「ポッケのワンピース」 つちだのぶこ著 学習研究社(学研おはなし絵本) 2005年2月
「ポピーとマックス おおきくなったらなんになる?」 リンジー・ガーディナー作;石津ちひろ訳 小学館 2002年12月
「ポピーとマックス ものまねだいすき」 リンジー・ガーディナー作;石津ちひろ訳 小学館 2002年10月
「ポポリン」 木村昭平絵・文 福武書店 1985年5月
「ほらみてて、ブルーカンガルー!」 エマ・チチェスター・クラーク作;まつかわまゆみ訳 評論社(評論社の児童図書館) 2007年2月
「ボロ」 いそみゆき作;長新太絵 ポプラ社(えほんとなかよし) 1998年11月
「ポロポロのすてきなかさ」 なりたまさこ作・絵 ポプラ社(絵本の時間11) 2002年5月
「ボンジュールスクレ スクレないちにち」 たむらたまら作・絵 ベック 2007年10月
「ポンちゃん」 オイリ・タンニネン作;渡部翠訳 講談社(講談社の幼児えほん) 2008年9月
「ほんとうにかぞく-このいえに養子にきてよかった」 のぐちふみこ作・絵 明石書店 2005年6月
「ほんとうのことをいってもいいの?」 パトリシア・C.マキサック文;ジゼル・ポター絵;ふくもとゆきこ訳 BL出版 2002年4月

子どもの世界・生活

「ほんとうのまほうつかい」 北原綴文;村上昴絵 創林社(創作絵本) 1986年12月

「ほんとに ほんと」 ケス・グレイ文;ニック・シャラット絵;よしがみきょうた訳 小峰書店(世界の絵本コレクション) 2006年1月

「ほんとに ほんとに ほしいもの」 ベラ・B.ウィリアムズ作;佐野洋子訳 あかね書房 1998年4月

「ほんとにみたんだもん」 宮城まり子文・絵 至光社(ブッククラブ国際版絵本) 1982年1月

「ぽんぽのいたいくまさん」 松谷みよ子文;中谷千代子絵 講談社(ちいさいモモちゃんえほん) 1981年12月

「ぽんぽのいたいくまさん」 松谷みよ子文;武田美穂絵 講談社(ちいさいモモちゃんえほん8) 1996年5月

「まあ、なんてこと!」 デイビッド・スモール作;藤本朝巳訳 平凡社 2008年1月

「マーガレットとクリスマスのおくりもの」 植田真作 あかね書房 2007年11月

「マーシャとくま」 E.ラチョフ絵;M.ブラトフ再話;うちだりさこ訳 福音館書店(世界傑作絵本シリーズ・ソビエトの絵本) 1963年5月

「マーシャとくま」 三木卓文;片山健絵 小学館(世界名作おはなし絵本) 2007年10月

「マーシャとババヤガーのおおきなとり」 宮川やすえ文;太田大八絵 ひさかたチャイルド 2007年11月

「マーシャよるのおさんぽ」 ガリーナ・レーベジェワ作;みやしたひろこ訳 新読書社 1983年12月

「まあちゃんのまほう」 たかどのほうこ作 福音館書店(こどものとも傑作集) 2003年4月

「マーブルひめのりっぱなおしろ」 長谷川直子作 ほるぷ出版(おうちの絵本) 2006年9月

「マーヤのやさいばたけ」 レーナ・アンダション作;山内清子訳 冨山房 1996年3月

「マーヤの植物だより」 レーナ・アンデション作;ひしきあきらこ訳 小峰書店 1995年9月

「まあるいいのち-ノエルの不思議な冒険」 イルカ絵・お話 小学館 2010年9月

「まいごになったおにんぎょう」 A.アーディゾーニ文;E.アーディゾーニ絵;石井桃子訳 岩波書店(岩波の子どもの本) 1983年11月

「まいごになったメイベル」 アリータ・リチャードソン文;メアリー・オキーフ・ヤング絵;なかむらたえこ訳 朔北社 1995年11月

「まいごのきたかぜ」 ちばみなこ作 偕成社 2010年2月

「まいにちまいにちたんじょうび」 正高もとこ作・絵 偕成社 2010年10月

「マウルスとマドライナ」 アロワ・カリジェ文・絵;大塚勇三訳 岩波書店 1976年5月

「マギーとかいぞく」 エズラ・ジャック・キーツ作;木島始訳 ほるぷ出版 1982年9月

「マギーとモンスター」 エリザベス・ウィンスロップ作;トミー・デパオラ絵;ゆあさふみえ訳 アルク 1990年7月

子どもの世界・生活

「マキちゃんの山のぼり」 山本なおこ作;鈴木幸枝絵 ポプラ社(絵本・子どもの世界13) 1980年5月

「マコちゃんとねむの花」 あまんきみこ作;牧野鈴子絵 秋書房 1986年3月

「まこちゃんのおたんじょうび」 にしまきかやこ絵・文 こぐま社 1968年12月

「まさか おさかな」 フェイ・ロビンソン文;ウエイン・アンダースン絵;岡田淳訳 BL出版 2007年6月

「まさか」 木島始文;三輪滋絵 ぱるん舎(ちいさなつぶやきシリーズ) 1983年2月

「まさこおばさんありがとう」 田上千枝、和泉雅子作;長野ヒデ子絵 PHP研究所 1986年1月

「ますだくんとはじめてのせきがえ」 武田美穂作・絵 ポプラ社(えほんとなかよし46) 1996年12月

「またあえるよね」 あいはらひろゆき作;こみねゆら絵 教育画劇 2008年2月

「またあしたね」 きたやまようこ作 偕成社 1975年12月

「まち」 新井洋行作・絵 自由国民社 2010年8月

「まちこちゃん」 ふりやかよこ作・絵 ポプラ社(えほんはともだち52) 1998年7月

「まちへいく」 ローラ・インガルス・ワイルダー原作;ルネ・グレーフ絵;たにぐちゆみこ訳 文渓堂(絵本・大草原の小さな家4) 1997年11月

「まちんと」 松谷みよ子文;司修絵 偕成社 1978年2月

「まっかないちごがまってるよ」 森津和嘉子作・絵 金の星社(絵本のおくりもの) 1987年9月

「マッチうりのしょうじょ」 アンデルセン原作;竹崎有斐案;初山滋画 福音館書店 1956年1月

「マッチうりのしょうじょ」 アンデルセン原作;馬場正男文;菊池貞雄、浦田又治絵 ポプラ社(オールカラー名作絵本8) 1983年2月

「マッチうりの女の子」 ハンス・クリスチャン・アンデルセン作;スベン・オットー絵;乾侑美子訳 童話館 1994年12月

「マッチうりの少女」 アンデルセン作;山室静訳;渡辺藤一絵 小学館(世界のメルヘン絵本6) 1978年2月

「マッチ売りの女の子」 ハンス・クリスチャン・アンデルセン原作;黒井健絵;角野栄子文 小学館(アンデルセンの絵本) 2004年12月

「マッチ売りの少女」 H.C.アンデルセン作;G.ルモワーヌ絵;吉原幸子訳 文化出版局 1980年12月

「マッチ売りの少女」 ハンス・クリスチャン・アンデルセン原作;トリル・マレ・ヘンリクセン絵;中嶋典子訳 CS成長センター 1991年2月

子どもの世界・生活

「マッチ売りの少女」ハンス・クリスチャン・アンデルセン文；クヴィエタ・パツォウスカー絵；掛川恭子訳　ほるぷ出版　2006年5月

「マッチ売りの少女アルメット」トミー・アンゲラー文・絵；谷川俊太郎訳　集英社　1982年12月

「まっててね」シャーロット・ゾロトウ文；エリック・ブレグヴァド絵；みらいなな訳　童話屋　1991年3月

「マディーのダンス」クレア・ジャレット作；かけがわやすこ訳　小峰書店（世界の絵本コレクション）　1999年2月

「マディケンとリサベット」アストリッド・リンドグレーン作；イロン・ヴィークランド絵；いしいとしこ訳　篠崎書林　1986年1月

「まてまてマロン」おおのきょうこ文；わたなべたかこ絵　アスラン書房（心の絵本）　2001年12月

「まどのおてがみ」北川チハル作；おおしまりえ絵　文研出版（えほんのもり）　2009年3月

「マトリョーシカとヘッヘホイのまほう」たざわちぐさ作　白泉社　2007年10月

「マドレーヌといたずらっこ」ルドウィッヒ・ベーメルマンス作・画；瀬田貞二訳　福音館書店（世界傑作絵本シリーズ・アメリカの絵本）　1973年5月

「マドレーヌといぬ」ルドウィッヒ・ベーメルマンス作・画；瀬田貞二訳　福音館書店（世界傑作絵本シリーズ・アメリカの絵本）　1973年5月

「マドレーヌとジプシー」ルドウィッヒ・ベーメルマンス作・画；瀬田貞二訳　福音館書店（世界傑作絵本シリーズ・アメリカの絵本）　1973年5月

「マドレーヌのクリスマス」ルドウィッヒ・ベーメルマンス作；江國香織訳　BL出版　2000年11月

「マドレーヌのクリスマス」ルドウィッヒ・ベーメルマンス作・絵；俵万智訳　佑学社　1989年12月

「マドレンカ」ピーター・シス作；松田素子訳　BL出版　2001年7月

「マドレンカのいぬ」ピーター・シス作；松田素子訳　BL出版　2004年4月

「まねっこルビー」ペギー・ラスマン作；東春見訳　徳間書店　1997年1月

「まほうのえのぐ」林明子作　福音館書店（こどものとも傑作集）　1997年8月

「まほうのたいこ-シベリアの昔話」うちだりさこ文；シェイマ・ソイダン絵　福音館書店（世界傑作絵本シリーズ）　2000年6月

「ママ、おこらないで」ポール・ドーリング作・絵；きざきふうこ訳　岩崎書店（世界の絵本6）　1992年12月

「ままごとしましょ」はるなしげこ作；黒井健絵　フレーベル館（ぴよぴよえほんシリーズ7）　1985年6月

「ままごとのすきな女の子」あまんきみこ作；安井淡絵　岩崎書店（母と子の絵本23）　1974年12月

子どもの世界・生活

「ママったら わたしのなまえを しらないの」スーザン・ウィリアムズ作;アンドリュー・シャケット絵;石井睦美訳 ブックローン出版 1996年10月

「ママのおなか」リスベット・スレーヘルス作;木坂涼訳 小学館(ピピとトントンのえほん) 2008年11月

「ママのちいさいころのおはなし」キャサリン・ラスキー文;リウェン・ファム絵;こんどうきくこ訳 バベルプレス 2008年3月

「ママのまえかけ」今井弓子作 フレーベル館(ぴよぴよえほんシリーズ8) 1985年7月

「ママはやくかえってきて」ルイス・バウム作;スーザン・バーレイ絵;佐伯靖子訳 フレーベル館 1986年2月

「まゆみのおはなみ」大石真作;津田光郎絵 金の星社(えほん・こどもの四季) 1980年10月

「まよなかのぼうけん」フィリップ・デュマ作・絵;山口智子訳 福音館書店(世界傑作絵本シリーズ・フランスの絵本) 1982年2月

「マリアとコンドル」稲村哲也再話;ハイメ・ロサン;ヘオルヒーナ・デ・ロサン絵 福音館書店 1997年11月

「マリアンナとパルーシャ」東ちづる絵・文 主婦と生活社 2001年6月

「まりーちゃんとおおあめ」フランソワーズ文・絵;木島始訳 福音館書店(世界傑作絵本シリーズ・アメリカの絵本) 1968年6月

「まりーちゃんとおまつり」フランソワーズ作・絵;ないとうりえこ訳 徳間書店 2005年1月

「まりーちゃんとひつじ」フランソワーズ文・絵;与田準一訳 岩波書店(岩波の子どもの本) 1956年12月

「マリーちゃんとぼく」グニラ・ボルデ作;たかむらきみこ訳 偕成社(トミーちゃんシリーズ) 1976年1月

「まりーちゃんのくりすます」フランソワーズ文・絵;与田準一訳 岩波書店(岩波の子どもの本) 1975年11月

「マリーと森のねこ」ダニエル・ブール絵;ジャック・シェセックス文;山口智子訳 メルヘン社 1980年12月

「マリーのお人形」ルイーズ・ファティオ文;ロジャー・デュボアザン絵;江國香織訳 BL出版 2007年9月

「マリーマリー」サラ・ヘイズ文;ヘレン・クレイグ絵;清水奈緒子訳 セーラー出版 1991年5月

「まりこちゃんとこねこ」なかのひろたか作・絵 PHP研究所(PHPのえほん) 1985年10月

「マリコちゃんのまくら」たにしんすけ作;あかさかみよし絵 PHP研究所(PHPおはなしプレゼント) 1979年6月

「マリちゃんのねこふんじゃった」久保田喜正作・絵 ポプラ社(絵本・子どものくに6) 1984年6月

子どもの世界・生活

「マルーシカと12の月」 かんのゆうこ文;たなか鮎子絵 講談社(講談社の創作絵本) 2007年11月

「マルチーヌおばさんのいえへ」 ジルベール・ドラエイ作;マルセル・マルリエ絵;黒木義典訳;板谷和雄文 ブック・ローン出版(ファランドールえほん18) 1980年9月

「マルチーヌおよぎをならう」 ジルベール・ドラエイ作;マルセル・マルリエ絵;黒木義典訳;板谷和雄文 ブック・ローン出版(ファランドールえほん20) 1981年1月

「マルチーヌかぜをひく」 ジルベール・ドラエイ作;マルセル・マルリエ絵;黒木義典訳;板谷和雄文 ブックローン出版(ファランドールえほん17) 1984年1月

「マルチーヌどうぶつえんへ」 ジルベール・ドラエイ作;マルセル・マルリエ絵;黒木義典訳;板谷和雄文 ブックローン出版(ファランドールえほん16) 1984年1月

「マルチーヌとさびしがりやのろば」 ジルベール・ドラエイ作;マルセル・マルリエ絵;曽我四郎訳 ブック・ローン出版(ファランドールコレクション) 1982年5月

「マルチーヌはじめてのじてんしゃ」 ジルベール・ドラエイ作;マルセル・マルリエ絵;黒木義典訳;板谷和雄文 ブックローン出版(ファランドールえほん15) 1984年1月

「マルチーヌひこうきでりょこう」 ジルベール・ドラエイ作;マルセル・マルリエ絵;黒木義典訳;板谷和雄文 ブック・ローン出版(ファランドールえほん22) 1981年1月

「マルチーヌりょうりのべんきょう」 ジルベール・ドラエイ作;マルセル・マルリエ絵;黒木義典訳;板谷和雄文 ブックローン出版(ファランドールえほん19) 1984年1月

「マルチーヌれっしゃでりょこう」 ジルベール・ドラエイ作;マルセル・マルリエ絵;黒木義典訳;板谷和雄文 ブック・ローン出版(ファランドールえほん23) 1981年1月

「まるちゃんのけが」 山田愛子作 偕成社(しまちゃんえほん2) 1974年12月

「マルラゲットとオオカミ」 マリイ・コルモン作;ゲルダ・ミューラー絵;ふしみみさを訳 パロル舎 2004年2月

「みえとコウノトリ」 池田啓作;永田萌絵 フレーベル館 2010年3月

「ミエルのクッキー」 池田まり子作 佼成出版社 2002年10月

「みかちゃんのクリスマス」 こうさけいじ文;たかせのぶえ絵 女子パウロ会 1986年10月

「みかんちゃん」 かわかみたかこ作 学習研究社(学研おはなし絵本) 2009年1月

「みかんちゃんとりんごちゃん」 しばたこうじ作・絵 フーコー 2000年5月

「みそっぱのまほう」 来栖良夫文;鈴木義治絵 草土文化 1981年2月

「みつあみちゃん」 くみこ文・絵 大日本図書 2008年6月

「みつごのおてんばむすめ いたずらだいすき」 メルセ・コンパニュ文;ルゼ・カプデヴィラ絵;竹田篤司;辻昶訳 DEMPA/ペンタン 1989年9月

「みつごのおてんばむすめ いよいよようちえん」 メルセ・コンパニュ文;ルゼ・カプデヴィラ絵;竹田篤司;辻昶訳 DEMPA/ペンタン 1989年9月

子どもの世界・生活

「みつごのおてんばむすめ おかねもうけはたいへん」メルセ・コンパニュ文；ルゼ・カプデヴィラ絵；竹田篤司；辻昶訳 DEMPA/ペンタン 1988年11月

「みつごのおてんばむすめ こんにちはみなさん」メルセ・コンパニュ文；ルゼ・カプデヴィラ絵；竹田篤司；辻昶訳 DEMPA/ペンタン 1989年9月

「みつごのおてんばむすめ すてきないろのまち」メルセ・コンパニュ文；ルゼ・カプデヴィラ絵；辻昶；竹田篤司訳 DEMPAペンタン 1986年11月

「みつごのおてんばむすめ すてきないろのまち」メルセ・コンパニュ文；ルゼ・カプデヴィラ絵；辻昶；竹田篤司訳 ペンタン 1985年11月

「みつごのおてんばむすめ スポーツだいすき」メルセ・コンパニュ文；ルゼ・カプデヴィラ絵；竹田篤司；辻昶訳 DEMPA/ペンタン 1988年11月

「みつごのおてんばむすめ たのしいキャンプ」メルセ・コンパニュ文；ルゼ・カプデヴィラ絵；竹田篤司；辻昶訳 DEMPA/ペンタン 1988年11月

「みつごのおてんばむすめ ちびっこオーケストラ」メルセ・コンパニュ文；ルゼ・カプデヴィラ絵；辻昶；竹田篤司訳 DEMPAペンタン 1986年11月

「みつごのおてんばむすめ もうすぐクリスマス」メルセ・コンパニュ文；ルゼ・カプデヴィラ絵；辻昶；竹田篤司訳 DEMPAペンタン 1986年11月

「みつごのおてんばむすめ もうすぐクリスマス」メルセ・コンパニュ文；ルゼ・カプデヴィラ絵；辻昶；竹田篤司訳 ペンタン 1985年11月

「みつこのひなまつり」関根栄一文；草薙静子絵 小峰書店（日本のえほん17） 1982年1月

「みっちゃんのくつはどこ」宮本忠夫作 新日本出版社（宮本忠夫 みっちゃんのえほん1） 1988年3月

「ミドリがひろったふしぎなかさ」岡野かおる子文；遠藤てるよ画 童心社（童心社の絵本1） 1977年4月

「ミドリちゃんとよっつのけいと」おおしまたえこ作・絵 ポプラ社（絵本の時間17） 2002年11月

「みどりのふえ」あまんきみこ作；おぐらひろかず絵 フレーベル館（おはなしえほんシリーズ7） 2007年4月

「みにくいむすめ」レイフ・マーティン作；デイヴィッド・シャノン絵；常盤新平訳 岩崎書店（世界の絵本23） 1996年9月

「みほちゃんとわごわごわー」武鹿悦子文；西巻茅子絵 小峰書店（えほんらんど） 1982年2月

「みほちゃんのクリスマス」しみずみちを作；山本まつ子絵 岩崎書店（母と子の絵本27） 1975年12月

「みほといのはなぼうず」筒井頼子作；山内ふじ江絵 福音館書店 2001年4月

「ミミ・クラクラ ゆきであそぼう！」アニエス・ロゼンスティール作；いちきようこ訳 白泉社 2007年10月

子どもの世界・生活

「ミミちゃんのタマゴ」 宮下森作・絵 ポプラ社(絵本のひろば7) 1975年1月

「ミミちゃんのランドセルだいすき」 宮本えつよし作 佼成出版社 2007年2月

「みやらびのしまく沖縄ものがたり>」 大川悦生文;儀間比呂志版画 ポプラ社(ポプラ社の創作絵本1) 1973年3月

「ミュウのいえ」 あまんきみこ作;鈴木まもる絵 フレーベル館(こねこのミュウ2) 1989年5月

「ミランダの大ぼうけん」 ジェームズ・メイヒュー作;佐藤見果夢訳 評論社(児童図書館・絵本の部屋) 2003年10月

「ミリーのすてきなぼうし」 きたむらさとし作 BL出版 2009年6月

「ミリー－天使にであった女の子のお話」 ヴィルヘルム・グリム原作;モーリス・センダック絵;ラルフ・マンハイム英語訳;神宮輝夫日本語訳 ほるぷ出版 1988年12月

「ミルカちゃんとはちみつおためしかい」 令丈ヒロ子文;高林麻里絵 講談社(講談社の創作絵本) 2005年5月

「みんなおひるね」 生源寺美子作;牧村慶子絵 PHP研究所(PHPおはなしえほん3) 1980年4月

「みんながおしえてくれました」 五味太郎作 絵本館 1979年8月

「みんなどうしているかしら」 こやまあけみ作;前田秀信絵 フレーベル館(フレーベル館のえほん・タイニーシリーズ26) 1982年2月

「みんなにあげる」 みやもとただお作・絵 草炎社(そうえんしゃ・日本のえほん6) 2006年12月

「ムウといじわるねこグワオ」 柴田翔文;三宅榛名曲;石渡萬里子絵 筑摩書房 1979年12月

「ムウと月夜の大えんかい」 柴田翔文;三宅榛名曲;石渡萬里子絵 筑摩書房 1980年2月

「むぎわらぼうし」 竹下文子作;いせひでこ絵 講談社 1985年5月

「むぎわらぼうし」 竹下文子作;いせひでこ絵 講談社(講談社の創作絵本) 2006年7月

「むこうさまでも しあわせに」 野村昇司作;阿部公洋絵 ぬぷん児童図書出版(ぬぷん ふるさと絵本シリーズ19) 1992年7月

「むしのすきなおひめさま」 神沢利子文;梅田俊作絵 フレーベル館(キンダーおはなしえほん) 1985年10月

「ムッちゃん」 中尾町子原案;中川正文文;四国五郎絵 山口書店 1982年12月

「ムッピ、どうしてないてるの?」 たはらともみ作 ポプラ社(ムッピのえほん2) 2007年9月

「メリーちゃんのみちくさ」 立岡月英絵・文 福武書店 1988年4月

「メルヘンの国」 なかえよしを作;上野紀子絵 ポプラ社(なかえよしを・上野紀子の絵本7) 1980年3月

「めをとじてごらん」 横井真理子文;上野紀子絵 講談社 1980年8月

子どもの世界・生活

「もう、めちゃめちゃにおこってんだから！」 エークホルム夫妻作・絵；ビヤネール多美子訳 偕成社 1979年8月

「もうおふろからあがったら、シャーリー」 ジョン・バーニンガム作；あきのしょういちろう訳 童話館 1994年5月

「もうすぐおねえちゃん」 しみずみちを作；山本まつ子絵 岩崎書店（母と子の絵本16） 1974年12月

「もうねんね」 松谷みよ子文；瀬川康男絵 童心社（松谷みよ子あかちゃんの本） 1968年1月

「モーリーのすてきなひ」 マイケル・ローゼン作；チンルン・リー絵；きたやまようこ訳 フレーベル館 2006年8月

「モグラおじさんのたいくつたいじ」 マージョリー・ワインマン・シャーマット文；サミス・マックリーン絵；池本佐恵子訳 国土社 1981年10月

「もこちゃんとむくむく」 岡村登久子作；赤坂三好絵 ひさかたチャイルド（ひさかたメルヘン45） 1984年1月

「もしもおばあちゃんが」 伊東美貴作・絵 講談社 1985年4月

「もしもしおでんわ」 松谷みよ子文；いわさきちひろ絵 童心社（松谷みよ子あかちゃんの本） 1970年5月

「もしもしとんとん」 松谷みよ子文；さとうわきこ絵 講談社（松谷みよ子ふうちゃんえほん4） 1983年1月

「もじゃもじゃあたまのナナちゃん」 神沢利子文；西巻茅子絵 偕成社 1985年6月

「もしゃもしゃちゃん」 マレーク・ベロニカ文・絵；みやこうせい訳 福音館書店 2005年2月

「モジョ・ジョジョの秘密」 ローラ・ダウワー作；クレイグ・マクラッケン原案；瀬谷玲子訳 イースト・プレス（パワーパフガールズ） 2002年8月

「ものいうほね」 ウィリアム・スタイグ作；せたていじ訳 評論社（児童図書館・絵本の部屋） 1978年6月

「もみちゃんともみの木」 たかどのほうこ作；いちかわなつこ絵 あかね書房 2004年10月

「ももこのひなまつり」 森山京作；ふりやかよこ絵 教育画劇（行事のえほん3） 1993年2月

「モモゴンのクリスマス」 玖保キリコ作・絵 岩崎書店 2003年11月

「ももちゃんといちご」 メグホソキ作・絵 佼成出版社 2001年7月

「モモちゃんとこや」 松谷みよ子文；中谷千代子絵 講談社（ちいさいモモちゃんえほん） 1971年12月

「モモちゃんとこや」 松谷みよ子文；武田美穂絵 講談社（ちいさいモモちゃんえほん10） 1996年10月

「ももちゃんねずみのくにへ」 松谷みよ子作；堀内誠一画 岩崎書店（松谷みよ子・どうわえほん） 1975年8月

子どもの世界・生活

「モモちゃんのおいのり」 松谷みよ子文;中谷千代子絵 講談社(ちいさいモモちゃんえほん) 1972年4月

「モモちゃんのおいのり」 松谷みよ子文;武田美穂絵 講談社(ちいさいモモちゃんえほん7) 1996年2月

「ももちゃんのおきゃくさま」 かわかみたかこ著 学習研究社(学研おはなし絵本) 2005年4月

「モモちゃんのおくりもの」 松谷みよ子文;中谷千代子絵 講談社(ちいさいモモちゃんえほん) 1977年7月

「モモちゃんのおくりもの」 松谷みよ子文;武田美穂絵 講談社(ちいさいモモちゃんえほん5) 1995年10月

「ももちゃんのおさかなズボン」 メグ・ホソキ著 佼成出版社(メグホソキのももちゃんシリーズ) 2003年1月

「モモちゃんのまほう」 松谷みよ子文;武田美穂絵 講談社(ちいさいモモちゃんえほん2) 1995年6月

「モモの子ねこ」 八島太郎作・絵 岩崎書店(新・創作絵本20) 1981年2月

「もりでうまれたおんなのこ」 磯みゆき作;宇野亞喜良絵 ポプラ社(絵本のおもちゃばこ25) 2007年4月

「もりのおくの おちゃかいへ」 みやこしあきこ作 偕成社 2010年11月

「もりのおくりもの」 小比賀優子文;高林麻里絵 ほるぷ出版(くりんとコロンのおはなし) 1991年11月

「もりのさんぽ」 サイモン・ジェイムズ作;木島治訳 偕成社 1995年3月

「もりのジャンルとソフィ」 マルセル・マルリエ作・絵;黒木義典訳;板谷和雄文 ブックローン出版(ファランドールえほん25) 1984年1月

「もりのてがみ」 片山令子作;片山健絵 福音館書店(こどものとも傑作集) 2006年11月

「やさいすーぷとりえちゃん」 まじませつこ作 フレーベル館(フレーベル館のえほん・タイニーシリーズ18) 1981年7月

「やさしいたんぽぽ」 安房直子文;南塚直子絵 小峰書店(こみねのえほん2) 1985年9月

「やさしい女の子とやさしいライオン」 ふくだすぐる作 アリス館 2010年12月

「ヤチのおにんぎょう-ブラジル民話より」 C.センドレラ文;グロリア・カラスサン・バイベ絵;長谷川四郎訳 ほるぷ出版 1976年9月

「やねのうえのもも」 織茂恭子作 童心社(絵本・こどものひろば) 2002年3月

「やまのジャンルとソフィ」 マルセル・マルリエ作・絵;黒木義典訳;板谷和雄文 ブックローン出版(ファランドールえほん27) 1984年1月

「ヤンメイズとりゅう」 松居直;関野喜久子再話;譚小勇絵 福音館書店(世界傑作絵本シリーズ) 1994年6月

子どもの世界・生活

「ゆい子のゆうき」 宮里きみよ文;米田晴彦絵 汐文社(沖縄平和絵本シリーズ5) 1998年3月

「ゆうかんなアイリーン」 ウィリアム・スタイグ作;おがわえつこ訳 セーラー出版 1988年12月

「ゆうことふみばあちゃん」 宮川ひろ作;石倉欣二絵 あかね書房(あかね創作えほん14) 1983年4月

「ゆうこのキャベツぼうし」 やまわきゆりこ作・絵 福音館書店 2008年5月

「ゆうちゃんとこびと」 野長瀬正夫作;安野光雅絵 フレーベル館(キンダーおはなしえほん傑作選40) 1979年2月

「ゆうやけのじかんです」 柴田香苗作;上野紀子絵 文研出版(みるみる絵本) 1986年8月

「ゆうやけの女の子」 長崎源之助作;青木一美画 童心社 1980年7月

「ゆかりのおてつだい」 庄野英二文;白根美代子絵 国土社(国土社の幼年えほん7) 1982年9月

「ゆかりのでんぐりがえり」 白根美代子絵;庄野英二文 国土社(国土社の創作えほん15) 1979年2月

「ゆきのうえのあしあと」 ウォン・ハーバート・イー作;福本友美子訳 ひさかたチャイルド 2008年12月

「ゆきのこミレ」 金沢一彦絵・文 福武書店 1992年1月

「ゆきのじょおう-デンマークのはなし」 三田村信行文;高木真知子絵 コーキ出版(絵本ファンタジア45) 1981年12月

「ゆきのねこ」 ダイヤル・コー・カルサ文・絵;あきのしょういちろう訳 童話館 1995年2月

「ゆきのひのたんじょうび」 岩崎ちひろ絵・文;武市八十雄案 至光社(ブッククラブ国際版絵本) 1985年1月

「ゆきのまちかどに」 ケイト・ディカミロ作;バグラム・イバトーリーン絵;もりやまみやこ訳 ポプラ社(ポプラせかいの絵本20) 2008年10月

「ゆきむすめ(青森県)」 桜井信夫文;小沢良吉絵 第一法規(日本の民話絵本1) 1980年12月

「ゆきむすめ」 I.カルナウーホワ再話;田中かな子訳;土方重巳絵 小学館(世界のメルヘン絵本23) 1980年2月

「ゆきむすめ」 宮川やすえ訳・文;岩本康之亮絵 ひさかたチャイルド(ひさかた絵本館10) 1982年1月

「ゆきんこ」 日高正子作 福武書店 1983年9月

「ゆずちゃん」 肥田美代子作;石倉欣二絵 ポプラ社(えほんとなかよし34) 1995年5月

「ゆっくとすっく きょうからおともだち」 さこももみ絵;たかてらかよ文 ひかりのくに 2010年6月

子どもの世界・生活

「ゆっくとすっく トイレでちっち」 さこももみ絵;たかてらかよ文 ひかりのくに 2010年6月

「ゆっくり かめのさん」 かしわばさちこ作;しもだともみ絵 偕成社（またきてね3） 2005年9月

「ゆっくりのんびり」 いとうひろし作 絵本館 2010年7月

「ゆみとやまねこがっこう」 木暮正夫作;小沢良吉絵 PHP研究所（PHPおはなしプレゼント） 1979年5月

「ゆめくい雲とアッコちゃん」 黒崎美千子作・絵 汐文社（長崎平和絵本シリーズ5） 1992年2月

「ゆめみるリジー」 ジャン・オーメロッド作・絵;はやかわゆか訳 アールアイシー出版 2007年8月

「ゆらゆらぶらんこ」 宮本忠夫作 新日本出版社（宮本忠夫 みっちゃんのえほん2） 1988年3月

「ユリアのクリスマス」 南塚直子作;石井睦美文 小学館（おひさまのほん） 2000年11月

「ようせいアリス」 デイビッド・シャノン作;小川仁央訳 評論社（児童図書館・絵本の部屋） 2009年12月

「ようちえんにいった ともちゃんとこぐまくん」 あまんきみこ作;西巻茅子絵 福音館書店（日本傑作絵本シリーズ） 1988年3月

「よじはん よじはん」 ユン・ソクチュン文;イ・ヨンギョン絵;かみやにじ訳 福音館書店（世界傑作絵本シリーズ・韓国の絵本） 2007年5月

「よぞらをみあげて」 ジョナサン・ビーン作;さくまゆみこ訳 ほるぷ出版 2009年2月

「よるだけまほうつかい」 鈴木悦夫文;岡本颯子絵 小学館（小学館こども文庫・創作童話9） 1981年12月

「よるですよう」 松谷みよ子文;中谷千代子絵 講談社（ちいさいモモちゃんえほん） 1980年9月

「よるですよう」 松谷みよ子文;武田美穂絵 講談社（ちいさいモモちゃんえほん9） 1996年7月

「よるのおはなし」 ヘアツ作;クランテ絵;木村由利子訳 偕成社（くまくんえほん） 1978年12月

「よろこびの木」 アストリッド・リンドグレーン文;スヴェン・オットー・S.絵;石井登志子訳 徳間書店 2001年1月

「よわむしケンとなきむしトン」 加古里子絵・文 ポプラ社（かこさとしこころのほん7） 1985年7月

「ヨンイのビニールがさ」 ユン・ドンジェ作;キム・ジェホン絵;ピョン・キジャ訳 岩崎書店（海外秀作絵本14） 2006年5月

「ライラはごきげんななめ」 アレクサンダー・スタッドラー作;かつらあまね訳 セーラー出版 2005年7月

子どもの世界・生活

「ラウラとふしぎなたまご」ビネッテ・シュレーダー文・絵；ささきたづこ訳　岩波書店　2000年1月

「ラニーのねがい-ガンダーラの少女のはなし」アズラー；アービダ話；金田卓也文；金田常代絵　偕成社　1984年6月

「ラプンゼル」ベラ・サウスゲイト再話；エリック・ウインター絵；秋晴二；敷地松二郎訳編　アドアンゲン　1974年6月

「ラプンツェル」グリム兄弟作；伊藤亘画；天沼春樹訳　パロル舎(絵本グリムの森1)　1996年11月

「ラプンツェル」グリム原作；バーナデット・ワッツ文・絵；大島かおり訳　佑学社(ヨーロッパ創作絵本シリーズ24)　1979年2月

「ラプンツェル」グリム原作；バーナデット・ワッツ文・絵；福本友美子訳　BL出版　2006年6月

「ラプンツェル」バーナディット・ワッツ絵；相良守峯訳　岩波書店　1985年7月

「ラプンツェル」内田也哉子文；水口理恵子絵　フェリシモ出版(おはなしのたからばこ15)　2009年12月

「ラプンツェル-グリム童話」マイケル・ヘイグ絵；酒寄進一訳　西村書店(ワンス・アポンナ・タイム・シリーズ)　1991年8月

「ラプンツェル-グリム童話より」バーバラ・ロガスキー再話；トリナ・シャート・ハイマン絵；大庭みな子訳　ほるぷ出版　1985年6月

「ラルーシとひつじのぼうや」サゾン・スラザーコフ作；松谷さやか訳；ベーラ・フレーブニコワ絵　福音館書店(世界傑作絵本シリーズ)　2001年11月

「リーサの庭のはなまつり」エルサ・ベスコフ作；石井登志子訳　文化出版局　1982年6月

「リーベとおばあちゃん」ヨー・テンフィヨール作；ハーラル・ノールベルグ絵；山内清子訳　福音館書店　1989年1月

「リーラちゃんとすいか」マリリン・ハーシュ文・絵；マヤ・ナラヤン絵；岡部うた子訳　ほるぷ出版　1976年9月

「リサのあかいくつ」ハリー・ゲーレン絵；インメ・ドロス文；いずみちひこ訳　セーラー出版　1993年8月

「リゼッテとかたつむりのうばぐるま」カタリーナ・ヴァルクス作；ふしみみさを訳　クレヨンハウス　2008年7月

「リゼッテとみどりのくつしたかたいっぽう」カタリーナ・ヴァルクス作；ふしみみさを訳　クレヨンハウス　2008年7月

「リッランとねこ」イーヴァル・アロセニウス作；菱木晃子訳　福音館書店(世界傑作童話シリーズ)　1993年4月

「リディアのガーデニング」サラ・スチュワート文；デイビッド・スモール絵；福本友美子訳　アスラン書房　1999年10月

子どもの世界・生活

「リトルレッドのクリスマス」 セーラ・ファーガソン作;サム・ウィリアムズ絵;いぬいゆみこ訳 小学館 2008年12月

「リナとちいさなドラゴン」 ヒルデガルト・ミュラー作;小森香折訳 BL出版 2002年7月

「りゅう子の白い旗-沖縄いくさものがたり」 新川明文;儀間比呂志版画 築地書館 1985年8月

「りらのひみつのへや」 杉浦さやか作 学研教育出版(学研おはなし絵本) 2010年10月

「リリィおばあさん、なげキッス!」 ナンシー・ホワイト・カールストローム作;すずきひさこ訳;堀川理万子絵 偕成社 1998年4月

「リリィのさんぽ」 きたむらさとし作・絵 平凡社 2005年7月;大日本絵画 1989年7月

「リルリルちゃんとおかしパーティー」 きたがわめぐみ作 白泉社 2008年10月

「りんごころりん-ロシア民話」 パホーモフ絵;宮川やすえ再話 岩崎書店(母と子の絵本4) 1973年3月

「りんごまつりにいらっしゃい」 ルース・オーバック作・絵;厨川圭子訳 偕成社 1981年7月

「ルーシーのしあわせ」 エドワード・アーディゾーニ作;多田ひろみ訳 冨山房 1976年2月

「ルウとリンデン 旅とおるすばん」 小手鞠るい作;北見葉胡絵 講談社(講談社の創作絵本) 2008年9月

「ルウのおうち」 松谷みよ子文;中谷千代子絵 講談社(ちいさいモモちゃんえほん) 1971年12月

「ルウのおうち」 松谷みよ子文;武田美穂絵 講談社(ちいさいモモちゃんえほん11) 1996年11月

「るかちゃんとなみちゃんゆきちゃんかおりちゃん」 梅田俊作;梅田佳子;山内満豊作・絵 佼成出版社(ひわさの四季) 1994年11月

「ルフラン ルフラン」 荒井良二著 プチグラパブリッシング 2005年5月

「ルフランルフラン2 本のあいだのくにへ」 荒井良二著 プチグラパブリッシング 2006年5月

「ルミちゃんの赤いリボン」 奥田貞子作;宮本忠夫絵 ポプラ社(絵本・子どもの世界) 1983年2月

「るるちゃんのがっこう」 すどうめぐみ作;スドウピウ絵 学習研究社(学研おはなし絵本) 2007年2月

「ルル-ゆきのひのぼうけん」 ポージー・シモンズ作;かけがわやすこ訳 佑学社 1989年9月

「レイチェルのバラ」 バーナデット・ワッツ絵;カレン・クリステンセン文;八木田宜子訳 西村書店 2000年7月

「レナレナ」 ハリエット・ヴァン・レーク作 野坂悦子訳 リブロポート 1989年7月

「ローザから キスをいっぱい」 ペトラ・マザーズ;遠藤育枝訳 BL出版 2000年9月

子どもの世界・生活

「ロージーのおひっこし」ジュディ・ヒンドレイ文;ヘレン・クレイグ絵;まつかわまゆみ訳　評論社(児童図書館・絵本の部屋)　2003年4月

「ローズとアイリス」メグ・ホソキ文・絵　文渓堂　2003年9月

「ローラのおほしさま」クラウス・バウムガート文・絵;いずみちほこ訳　西村書店　1997年12月

「ロサリンドとこじか」エルサ・ベスコフ作;石井登志子訳　フェリシモ出版　2001年12月

「ロザリンドとこじか」エルサ・ベスコフ作・絵;石井登志子訳　フレーベル館　1984年8月

「ロッタちゃんとクリスマスツリー」アストリッド・リンドグレーン作;イロン・ヴィークランド絵;山室静訳　偕成社　1979年12月

「ロッタちゃんとじてんしゃ」アストリッド・リンドグレーン作;イロン・ヴィークランド絵;山室静訳　偕成社　1976年4月

「ロッテ おひめさまになりたい」ドーリス・デリエ文;ユリア・ケーゲル絵;若松宣子訳　理論社　2004年11月

「ロッテ ニューヨークにいく」ドーリス・デリエ文;ユリア・ケーゲル絵;若松宣子訳　理論社　2005年3月

「ロミラのゆめ－ヒマラヤの少女のはなし」金田卓也文;金田常代絵　偕成社　1982年11月

「ロンドンのマドレーヌ」ルドウィッヒ・ベーメルマンス作;江國香織訳　BL出版　2001年11月

「わかれのけむり」下嶋哲朗文・絵　新日本出版社　1983年12月

「わすれられた庭」アンネゲルト・フッスクフーバー作;酒寄進一訳　福武書店　1988年10月

「わたげちゃん」ポール・エリュアール作;ジャクリーヌ・デュエム絵;薩摩忠訳　至光社(ブッククラブ国際版絵本)　1982年1月

「わたし」大橋歩作　CBS・ソニー出版　1981年3月

「わたしうれしいの」長田鞆絵文;荒野直恵絵　講談社　1979年11月

「わたしから、ありがとう。」中島啓江原案;河原まり子作・絵　岩崎書店(レインボーえほん2)　2006年10月

「わたしきょうりゅう!?マイちゃんよ！」塩田守男作;冨田幸光監修　教育画劇(きょうりゅうだいすき！)　1999年8月

「わたしと雨のふたりだけ」ジョアン・ライダー作;ドナルド・カリック絵;田中とき子訳　岩崎書店(新・創作絵本15)　1980年3月

「わたしと魔術師」中江嘉男文;上野紀子絵　エイプリル・ミュージック　1978年10月

「わたしのあかちゃんえんじぇる」大友康匠;大友幸子;大友美佳作　講談社　1984年10月

「わたしのオーケストラ」渡会純价作・絵　福武書店　1984年3月

「わたしのおひなさま」内田麟太郎作;山本孝絵　岩崎書店(カラフルえほん2)　2005年1月

子どもの世界・生活

「わたしのおひめさま」 エリサ・クレヴェン作;多賀京子訳 徳間書店 1996年12月

「わたしのおふねマギーB」 アイリーン・ハース作・絵;うちだりさこ訳 福音館書店 1976年7月

「わたしのかわいいめんどり」 アリス・プロベンセン;マーチン・プロベンセン作;岸田衿子訳 ほるぷ出版 1976年9月

「わたしのかわいいワニ」 イアン・リュック・アングルベール作;ゆづきかやこ訳 小峰書店(わくわく世界の絵本) 2008年9月

「わたしのデイジーがあかちゃんをうんだの」 サンディ・ラビノビッツ作・絵;箕浦万里子訳 偕成社 1982年5月

「わたしのともだち」 南本樹作 フレーベル館(南本樹ファンタジーランド5) 1985年4月

「わたしのなまえはゴリラ・リラ」 森山京作;林静一絵 小峰書店 1986年12月

「わたしのパパ」 ジャネット・ケインズ文;ロナルド・ハイムラー絵;代田昇訳 岩崎書店(新・創作絵本5) 1979年1月

「わたしのぼうし」 さのようこ絵 ポプラ社 1976年7月

「わたしのまっかなバスケット」 川端誠作 講談社 1987年4月

「わたしのメリーゴーランド」 ブライアン・ワイルドスミス作・絵;長瀬礼子訳 太平社 1989年5月

「わたしのゆきちゃん」 いしいつとむ文・絵 童心社(絵本・こどものひろば) 2009年11月

「わたしのろば ベンジャミン」 ハンス・リマー文;レナート・オスベック写真;松岡享子訳 こぐま社 1994年7月

「わたしの社稷洞」 キム・イネ文;ハン・ソンオク絵;おおたけきよみ訳 アートン 2004年10月

「わたしはバレリーナ」 ピーター・シス作;松田素子訳 BL出版 2002年9月

「わたしは生きてるさくらんぼ-ちいちゃな女の子のうた」 デルモア・シュワルツ文;バーバラ・クーニー絵;白石かずこ訳 ほるぷ出版 1981年4月

「わたしもえんそく」 梅田俊作;梅田佳子作 新日本出版社(新日本えほんのひろば1) 1986年12月

「わたしやってあげる」 清水えみ子;にしまきかやこ作;にしまきかやこ絵 童心社(清水えみ子・3歳児のえほん) 1973年12月

「わらむすめ」 アニタ・ローベル文・絵;松井るり子訳 セーラー出版 1991年8月

「わんぱくこぞうとおんなのこ」 石松知磨子作・絵 福音館書店 1974年6月

「愛についてのちいさなおはなし」 マリット・テーンクヴィスト;野坂悦子訳 小峰書店 1998年8月

「悪魔のりんご」 舟崎克彦作;宇野亜喜良絵 小学館 2006年12月

「一つの花」 今西祐行文;鈴木義治絵 ポプラ社(おはなし名作絵本21) 1975年8月

子どもの世界・生活

「一年生になるんだもん」 角野栄子文;大島妙子絵 文化出版局 1997年9月
「可奈子のお人形」 宮良瑛子文・絵 汐文社(沖縄平和絵本シリーズ2) 1998年3月
「火の鳥」 斎藤隆介作;滝平二郎絵 岩崎書店(創作絵本37) 1982年1月
「花さき山」 斎藤隆介作;滝平二郎絵 岩崎書店 2003年3月
「花さき山」 斎藤隆介文;滝平二郎絵 岩崎書店(ものがたり絵本20) 1969年12月
「怪物ヌングワマをたいじしたむすめの話-中国の昔話」 エド・ヤング再話・絵;渡辺茂男訳 偕成社 1982年1月
「海のおくりもの」 ルイス・ブリアリー絵;アン・カーター文;清水奈緒子訳 セーラー出版 1992年3月
「海の子パレード」 パスカル・アラモン絵;エステル・パラモア文;浅田牧子訳 福武書店 1987年12月
「海べのあさ」 マックロスキー文・絵;石井桃子訳 岩波書店 1978年7月
「灰かぶり-グリム童話より」 スベン・オットー絵;矢川澄子訳 評論社(児童図書館・絵本の部屋) 1980年12月
「絵本 東京大空襲」 早乙女勝元作;おのざわさんいち絵 理論社 1978年6月
「絵本のなかへ」 なかえよしを作;上野紀子絵 ポプラ社(なかえよしを・上野紀子の絵本2) 1975年11月
「宮野家のえほん ももちゃんとおかあさん」 おおさわさとこ作 アリス館 2007年5月
「金の瓜と銀の豆」 チャオ・エンイ文;ホー・ミン絵;君島久子訳 ほるぷ出版 1980年8月
「空をとんだマルビンヒェン」 ベッティーナ・アンゾルゲ作;とおやまあきこ訳 福武書店 1986年5月
「月の娘-日本の民話より」 フラヴィア・ウィードゥン絵;リサ・W・ギルバート文;ときありえ訳 評論社(児童図書館・絵本の部屋) 1996年3月
「月光公園」 東逸子絵;宙野素子文 三起商行 1993年11月
「月夜のオーケストラ」 イェンス・ラスムス作;斉藤洋訳 小学館 1999年12月
「月夜のみみずく」 ジェイン・ヨーレン詩;ジョン・ショーエンヘール絵;工藤直子訳 偕成社 1989年3月
「月夜の誕生日」 岩瀬成子作;味戸ケイコ絵 金の星社 2004年3月
「原爆の少女ちどり」 山下まさと作・絵 汐文社(原爆絵本シリーズ3) 1989年4月
「孝女白菊」 富田千秋画;千葉幹夫文 講談社(新・講談社の絵本20) 2003年3月
「幸せをよぶ魚」 ダン・チェンシー作;リー・ハンムン絵;おおいしまりこ訳 新世研 2003年11月
「紅花ものがたり」 佐々木悦文;井口文秀画 童心社(童心社の絵本15) 1981年6月

子どもの世界・生活

「紅子」阿部笙子文・絵　ほるぷ出版　1984年10月

「菜緒のふしぎ物語」竹内もと代文；こみねゆら絵　アリス館　2006年3月

「三つのお願い―いちばん大切なもの」ルシール・クリフトン作；金原瑞人訳；はたこうしろろう絵　あかね書房（あかね・新えほんシリーズ15）　2003年3月

「三びきのくまときんぱつちゃん」ジョナサン・ラングレイ著；斉藤洋訳　岩崎書店（ジョナサン・ラングレイのえほん2）　1995年11月

「山おとこのてぶくろ」松谷みよ子文；田島征三絵　ほるぷ出版（幼児みんわ絵本3）　1984年11月

「山と川と海と―サチとユウタの物語」森山京文；太田大八絵　小峰書店　2005年12月

「四月の坂道」かとうよういち文；木村かよこ絵　海鳥社（おおさこのかや4）　1992年11月

「子てんぐたろう」松田もとこ作；ふりやかよこ絵　文研出版（えほんのもり）　1997年7月

「子どもの景色」M.ブーテ・ド・モンヴェル絵；アナトール・フランス文；石沢小枝子訳　ほるぷ出版（ほるぷクラシック絵本）　1986年4月

「子もりじぞう」はまみつを文；鈴木義治絵　ポプラ社（ポプラ社の創作絵本9）　1974年7月

「私が学校に行かなかったあの年」ジゼル・ポター絵・文；おがわえつこ訳　セーラー出版　2004年9月

「私の国は海のむこう」秋間恵美子文；井上爽子絵　リフレ出版　2008年11月

「紙の町のおはなし」クヴィエタ・パツォウスカー作；ゆうきまさこ訳　小学館（ちひろ美術館コレクション絵本2）　2000年7月

「紙ぶくろの王女さま」ロバート・マンチ文；マイケル・マーチェンコ絵；加島葵訳　カワイ出版　1999年5月

「七つのほしのものがたり―ロシア民話より」西本鶏介文；佐藤忠良絵　フレーベル館（キンダーおはなしえほん傑作選33）　1978年12月

「車いすのレイチェル」エリザベス・ファンショー作；マイケル・チャールトン絵；邑田晶子訳　偕成社　1979年8月

「手のひらのねこ」舟崎靖子文；小泉孝司絵　偕成社　1983年7月

「十二の月たち」ボジェナ・ニェムツォヴァー再話；出久根育文・絵　偕成社　2008年12月

「春の足音」那須正幹作；永田萠絵　ポプラ社（絵本の時間10）　2002年2月

「初雪のふる日」安房直子作；こみねゆら絵　偕成社　2007年12月

「小さな赤いてぶくろ」西野綾子文；渡辺俊明絵　ひくまの出版　1983年2月

「小学生になる日」北見葉胡文・絵　新日本出版社　2010年3月

「消えてしまったお人形」ジーン・リチャードソン文；マイク・ドッド絵；渡辺一枝訳　アスラン書房　1995年4月

子どもの世界・生活

「心をビンにとじこめて」 オリヴァー・ジェファーズ文・絵;三辺律子絵 あすなろ書房 2010年2月

「森のなかのふたり―ロビンとマリアン」 トーマス・ティードホルム;アンナ＝クララ・ティードホルム文・絵;菱木晃子訳 ほるぷ出版 1996年9月

「森の謝肉祭」 舟崎克彦文;野村直子絵 パロル舎 2010年3月

「森の大きな女の子」 レナーテ・ゼーリッヒ絵;エヴェリン・ハスラー文;服部いつみ訳 セーラー出版 1998年10月

「森の娘マリア・シャプドレーヌ」 ルイ・エモン原作;ライカ・クペイジック画;小池昌代訳 岩波書店 2005年5月

「森は生きている 12月のものがたり」 マルシャーク作;エリョーミナ絵;斎藤公子編 青木書店(斎藤公子の保育絵本) 1986年12月

「人形の家」 キャサリン・マンスフィールド原作;藤沢友一絵・反案 岩崎書店(新・創作絵本25) 1981年8月

「水晶の箱―みたがりやのアソリーナ」 アデラ・トゥーリン文;ネッラ・ボスニア絵;岸田今日子訳 文化出版局 1982年6月

「水曜日の本屋さん」 シルヴィ・ネーマン文;オリヴィエ・タレック絵;平岡敦訳 光村教育図書 2009年10月

「星になったあかねちゃん」 ひょうごきたみ文;よしのえんりゅう絵 ルネッサンスブックス 2006年5月

「星のひとみ」 ザカリアス・トペリウス作;おのちよ絵;万沢まき訳 アリス館 1992年10月

「星の少女」 パトリシア・ロビンズ文;シャーリー・デイ絵;河津千代訳 アリス館牧新社 1976年7月

「星砂がくる海」 下嶋哲朗文・絵 新日本出版社(新日本ものがたり絵本1) 1983年7月

「声の森」 安房直子作;ひろかわさえこ絵 偕成社 2006年5月

「青い花」 安房直子作;南塚直子絵 岩崎書店(岩崎創作絵本1) 1983年2月

「青い花のじゅうたん―テキサス州のむかしばなし」 トミー・デパオラ再話・絵;いけださとる訳 評論社(児童図書館・絵本の部屋) 2003年5月

「青い傘のノエル」 イルカ絵・お話 小学館(イルカの絵本ちいさな空1) 1977年12月

「石になったマーペー―沖縄・八重山地方の伝説から」 儀間比呂志絵;谷真介文 ほるぷ出版 1985年5月

「赤いかささーしてた女の子」 奥田継夫作;遠藤てるよ絵 あかね書房(あかね創作えほん12) 1982年10月

「赤いくし」 古世古和子文;箕田源二郎絵 童心社(童心社の絵本17) 1981年7月

「赤いくつ」 郭充良文;はらみちを絵 子ども書房 1992年9月

子どもの世界・生活

「赤いくつ-アンデルセン童話」 角田光代文;網中いづる絵 フェリシモ出版(おはなしのたからばこ11) 2009年10月

「赤いソテツの実」 儀間比呂志作・絵 岩崎書店(創作絵本25) 1975年2月

「赤いちょうちょうのいる島」 久保喬文;桜井誠絵 国土社(国土社の創作えほん22) 1981年2月

「赤ずきん」 いしいしんじ文;ほしよりこ絵 フェリシモ出版(おはなしのたからばこ24) 2008年11月

「赤ずきん」 バーナデット・ワッツ絵;生野幸吉訳 岩波書店 1978年7月;岩波書店(岩波の子どもの本) 1976年12月

「赤ぼうしちゃん」 グリム作 子ども文庫の会 2009年7月

「雪の女王」 ハンス・C.アンデルセン原作;ナオミ・ルイス文;エロール・ル・カイン絵;内海宜子訳 ほるぷ出版 1981年1月

「雪の女王」 ハンス・クリスチャン・アンデルセン原作;バーナデット・ワッツ絵;佐々木田鶴子訳 西村書店 1987年11月

「雪の夜の幻想」 いぬいとみこ作;つかさおさむ画 童心社 1981年11月

「雪わらしのうた」 谷真介文;赤坂三好絵 国土社(雪の絵話1) 1982年3月

「千代とまり」 松谷みよ子作;ほりかわりまこ絵 にっけん教育出版社 2007年8月

「千代とまり」 松谷みよ子作;丸木俊画 講談社(松谷みよ子・どうわえほん) 1977年11月

「窓の下で」 ケイト・グリーナウェイ絵・詩;岸田理生訳 新書館 1976年12月

「窓の下で」 ケイト・グリーナウェイ作;白石かずこ訳 ほるぷ出版 1987年9月

「草原の少女 プージェ」 関野吉晴著 小峰書店(えほんひろば) 2006年12月

「大グマと綱わたりの少女」 ジャン=クロード・ブリスビル文;ダニエル・ブール絵;新庄嘉章訳 集英社 1980年12月

「大男ボルス」 松居スーザン文;佐藤国男絵 北水 2001年4月

「地下鉄」 ジミー作・絵;宝迫典子訳 小学館 2002年11月

「中田くん、うちゅうまで行こ!」 さえぐさひろこ文;佐藤繁絵 童心社(絵本・こどものひろば) 2009年11月

「超じいちゃん」 ステファニー・ローゼンハイム文;エレナ・オドリオゾーラ絵;青山南訳 光村教育図書 2007年8月

「長崎のふしぎな女の子」 大川悦生作;宮崎耕平絵 ポプラ社(絵本・子どもの世界) 1983年5月

「庭のよびごえ」 ダイアン・シェルダン作;ゲイリー・ブライズ絵;角野栄子訳 ブックローン出版 1994年9月

「天からのおくりもの-イザベルとふしぎな枝」 ジャクリーン・ブリッグズ・マーティン;リンダ・S.ウィンガーター訳 BL出版 2004年12月

子どもの世界・生活

「天の虫」友川かずき画;立松和平文 読売新聞社 1994年12月
「灯台守のバーディ」デボラ・ホプキンソン作;キンバリー・バルケン・ルート絵;掛川恭子訳 BL出版 2006年9月
「動物園は大さわぎ」トレイシー・ウエスト作;クレイグ・マクラッケン原案;瀬谷玲子訳 イースト・プレス(パワーパフガールズおはなし絵本2) 2002年3月
「道成寺 大蛇になった乙女」片山清司文;白石皓大絵 BL出版(能の絵本) 2008年2月
「虹色の街」木の実ナナ文;勝川克志絵 みみずくぷれす 1984年4月
「日本のお米」和久井昌代作;梅田俊作絵 PHP研究所 1983年12月
「入場料はどんぐり5つ」村山寿美枝作・絵 講談社(「創作絵本グランプリ」シリーズ) 2007年12月
「白い花のさく木」杉みき子作;村山陽絵 金の星社(新しいえほん) 1978年2月
「白い牛をおいかけて」トレイス・シーモア文;ウェンディ・アンダスン・ハルパリン絵;三原泉訳 ゴブリン書房 2008年4月
「白バラはどこに」クリストフ・ガラーツ;ロベルト・イーノセンティ作;ロベルト・イーノセンティ絵;長田弘訳 みすず書房(詩人が贈る絵本) 2000年9月
「悲しい顔のマリア」原之夫作・絵 汐文社(長崎平和絵本シリーズ2) 1991年11月
「美女と野獣」ボーモン夫人作;ビネッテ・シュレーダー絵;ささきたづこ訳 岩波書店 2004年11月
「美女と野獣」ローズマリー・ハリス再話;エロール・ル・カイン絵;矢川澄子訳 ほるぷ出版 1984年10月
「氷の宮殿」アンジェラ・マクアリスター文;アンジェラ・バレット絵;島式子訳 BL出版 1997年9月
「不思議のヤッポ島 プキブキとポイ」ヤーミー絵・文 小学館 2004年5月
「風のじゅうたん」野村たかあき文・絵 講談社(講談社の創作絵本) 2003年4月
「風のメルヘン」なかえよしを作;上野紀子絵 ポプラ社(なかえよしを・上野紀子の絵本10) 1978年7月
「魔もののおくりもの」舟崎克彦作;宇野亜喜良絵 小学館 2008年4月
「夢につばさを-世界中の子どもたちに」こやま峰子作;葉祥明絵;リッキー・ニノミヤ英訳 金の星社 1997年12月
「夜になると」アン・グットマン;ゲオルグ・ハレンスレーベン作;今江祥智訳 BL出版 2005年12月
「野うまになったむすめ」ポール・ゴーブル作;神宮輝夫訳 ほるぷ出版 1980年7月
「野麦峠」山本茂実文;渡辺皓司絵 草土文化(山本茂実の絵本1) 1986年7月
「野麦峠をこえて」山本茂実文;佐藤忠良絵 ポプラ社(ポプラ社の創作絵本4) 1973年10月

子どもの世界・生活

「友だちという名の宝箱」 パム・ライアン作;メアリー・ホワイト絵;橋本和訳 エヌ・ティ・エス 2001年8月

「竜宮城へいった娘-韓国」 エドワード・アダムス文;チョイ・ドン・ホー絵;小林孝子訳 蝸牛社(かたつむり文庫) 1984年12月

「龍の小沼」 村野守美文・絵 汐文社(もりび絵本箱1) 1984年7月

「林檎の木のうた」 神沢利子詩;大島哲以画 童心社 1979年6月

少年・男の子

「5さいってたいへん どうやってぼくをそうじゅうするか」 ジェイミー・リーカーティス文;ローラ・コーネル絵;もりべちか訳 バベルプレス 2007年12月

「アーサーのめがね」 マーク・ブラウン作・絵;上野瞭訳 佑学社 1981年4月

「アーチボルドのほっぺた」 ビネッテ・シュレーダー作;矢川澄子訳 ほるぷ出版 1979年7月

「あーのるどのおねがい」 スティーブン・ケロッグ作;至光社編集部訳 至光社(ブッククラブ国際版絵本) 1976年1月

「あいうえ おちあいくん」 武田美穂作・絵 ポプラ社(えほんとなかよし29) 1994年10月

「アイスととりかえっこ」 高橋宏幸作 小峰書店(けんちゃんえほん2) 1977年12月

「あいにいくよ、ボノム」 ロラン・ド・ブリュノフ作;ふしみみさを訳 講談社(講談社の翻訳絵本クラシックセレクション) 2005年1月

「あお」 ポリー・ダンバー作;もとしたいづみ訳 フレーベル館 2005年1月

「あおいねこ」 谷内こうた作・絵 講談社(講談社の創作絵本) 2001年5月

「あおいぼうしののんちゃん」 松谷みよ子文;渡辺三郎絵 ブッキング(復刊傑作幼児絵本シリーズ6) 2008年3月

「あかいチョウチョ」 市川里美作 小学館 2008年3月

「あかいてぶくろ」 中尾彰作 童心社(童心社の絵本6) 1979年2月

「あかっぴょろ」 筒井敬介文;太田大八画 あかね書房(新しい日本の絵本3) 1972年10月

「あかりもり」 野村昇司作;阿部公洋絵 ぬぷん児童図書出版(ぬぷん ふるさと絵本シリーズ14) 1989年12月

「あきのかぜとサイモン」 ギリス・ティボ作;嶋田宏一訳 好学社(サイモンシリーズ) 1995年7月

「アキラやまにのぼる」 熊谷榧お話・画 婦人之友社(よくみる・よくきく・よくするえほん6) 1971年11月

「あこがれの機関車」 アンジェラ・ジョンソン作;ロレン・ロング絵;本間浩輔;本間真由美訳 小峰書店(世界の絵本コレクション) 2008年9月

子どもの世界・生活

「アザラシのくる海」 マイケル・フォアマン作;せなあいこ訳 評論社(児童図書館・絵本の部屋) 1998年12月

「あじさいの六月」 北原綴文;いがらしひろたか絵 創林社(創作絵本) 1986年7月

「あした、がっこうへいくんだよ」 ミルドレッド・カントロウィッツ文;ナンシー・ウィンスロー・パーカー絵;せたていじ訳 評論社(児童図書館・絵本の部屋) 1981年9月

「あしたは うみ」 梅田俊作;梅田佳子作・絵 岩崎書店(えほん・おもしろランド2) 1986年7月

「アズールとアスマール」 ミッシェル・オスロ作;平岡敦訳 スタジオジブリ 2007年7月

「あたまにきちゃう!」 ノーマ・サイモン作;ドーラ・リーダー絵;中村妙子訳 朔北社(「うん、そうなんだ!」シリーズ1) 1996年11月

「アツーク 少年がみつけたもの」 ミーシャ・ダムヤン物語;ヨゼフ・ウィルコン絵;宮内勝典訳 ノルドズッド・ジャパン 2002年10月

「アツーク-ツンドラの子」 ミッシャ・ダムヤン作;ジャン・カスティ絵;尾崎賢治訳 ペンギン社 1978年2月

「あっちへいけよ」 ヌッドセット作;ボンサル絵;岡本浜江訳 偕成社 1977年6月

「アティと森のともだち」 イェン・シュニュィ作;チャン・ヨウラン絵;中由美子訳 岩崎書店(海外秀作絵本13) 2005年1月

「あな」 谷川俊太郎作;和田誠画 福音館書店(こどものとも傑作集) 1983年3月;福音館書店 1976年11月

「あなぐまたろう」 鶴見正夫作;太田大八絵 佼成出版社(創作民話絵本) 1992年8月

「あのおとなんだ」 谷内こうた絵;武市八十雄文 至光社(ブッククラブ国際版絵本) 1972年1月

「あのみちこのみち」 森山京作;太田大八絵 フレーベル館 1985年7月

「アブドルのぼうけん-アフガニスタンの少年のものがたり」 金田卓也作 偕成社 1982年11月

「アフマドのおるすばん」 ターイェルプール文;マアスーミヤーン絵;愛甲恵子訳 ブルース・インターアクションズ 2006年6月

「あふりかのたいこ」 瀬田貞二作;寺島龍一絵 福音館書店(こどものとも傑作集) 1962年8月

「あべこべくん」 ロジャー・ハーグレーヴス作;たむらりゅういち訳 評論社(みすた・ぶっくす8) 1976年7月

「あめあめふれふれ」 小納弘作;山中冬児絵 ポプラ社(絵本のひろば14) 1975年6月

「あめがふってよかったね」 よしいたかこ作;石倉ヒロユキ絵 佼成出版社(どんぐりえほんシリーズ) 2010年5月

「あめたろう」 今井弓子作・絵 岩崎書店(ファミリーえほん6) 1978年2月

子どもの世界・生活

「あめのうた」さかいせいじゅ作　至光社（ブッククラブ国際版絵本）　1972年1月

「あめのひのおかいもの」こわせたまみ作；秋里信子絵　PHP研究所（PHPわたしのえほんシリーズ）　1998年5月

「あめふり あっくん」浜田桂子作　佼成出版社（クローバーえほんシリーズ）　2009年2月

「アラジンとふしぎなランプ」小沢正文；島田コージ絵　小学館（世界名作おはなし絵本）　2007年7月

「アラジンとまほうのランプ」山本忠敬画；新谷峰子文　ひかりのくに（世界名作えほん全集15）　1966年1月

「アラジンとまほうのランプ－アラビアン・ナイトより」岩崎京子文；市川恒夫絵　世界出版社（ABCブック）　1967年1月

「アラジンとまほうのランプ－せかいのはなし（アラビア）」山主敏子文；宇田川佑子絵　コーキ出版（絵本ファンタジア34）　1979年6月

「ありがとう…どういたしまして」ルイス・スロボトキン作；渡辺茂男訳　偕成社　1969年12月

「ありがとうサンタさん」内田麟太郎文；かすや昌宏絵　女子パウロ会　2008年10月

「アリババと40人のとうぞく」ロバート・マン文；エマニュエル・ルザッティ絵；湯浅フミエ訳　ほるぷ出版　1979年2月

「アリババと40人のとうぞく」小沢正文；赤坂三好絵　小学館（世界名作おはなし絵本）　2007年7月

「アリョーシャと風のひみつ」シルヴィ・ボルテン；ヴィオレッタ・ヴォツァーク文；サンドラ・デマズィエール絵；寺岡襄訳　BL出版　2007年10月

「あるあさ、ぼくは…」マリー・ホール・エッツ作；間崎ルリ子訳　ペンギン社　1981年4月

「あるある のはら」きどのりこ作；原ゆたか絵　PHP研究所（PHPおはなしプレゼント）　1979年9月

「あるげつようびのあさ」ユリ・シュルヴィッツ作；谷川俊太郎訳　徳間書店　1994年5月

「アルビンとそらとぶかさ」ウルフ・ロフグレン作・絵；木村由利子訳　フレーベル館　1982年5月

「アルビンとブンブンじてんしゃ」ウルフ・ロフグレン作・絵；木村由利子訳　フレーベル館　1982年5月

「アルビンのわくわくおてつだい」ウルフ・ロフグレン作・絵；木村由利子訳　フレーベル館　1982年5月

「アルビンはスーパーマン？」ウルフ・ロフグレン作・絵；木村由利子訳　フレーベル館　1982年5月

「アルフィーとフェリーボート」チャールズ・キーピング絵・文；じんぐうてるお訳　らくだ出版　1971年11月

「アルフォンスのヘリコプター」グニッラ・ベリィストロム作；山内清子訳　偕成社（アルフォンスのえほん）　1981年12月

子どもの世界・生活

「あるふゆのものがたり」 マックス・ボリガー作;ベアトリックス・シェーレン絵;藤田圭雄訳 フレーベル館 1981年12月

「ある朝ジジ・ジャン・ボウはおったまげた」 ひらいたかこ作 絵本館 1981年6月

「アレキサンダーとりゅう」 キャサリン・ホラバート文;ヘレン・クレイグ絵;ごとうかずこ訳 福武書店 1992年9月

「アンジェロとロザリーヌ」 ベッティーナ作;矢川澄子訳 文化出版局 1978年5月

「アンディとらいおん」 ジェームズ・ドーハーティ文・絵;村岡花子訳 福音館書店(世界傑作絵本シリーズ・アメリカの絵本) 1961年8月

「アントニーなんかやっつけちゃう」 ジュディス・ヴィオースト文;アーノルド・ローベル絵;渡辺茂男訳 文化出版局 1979年12月

「アントン・ベリーのながいたび」 天沼春樹作;出久根育絵 鈴木出版(ひまわりえほんシリーズ) 2007年2月

「あんぽとこぞう」 井口文秀絵・文 至光社(ブッククラブ国際版絵本) 1984年1月

「いいかおしてごらん」 那須田稔文;福田庄助絵 新日本出版社(新日本出版社の絵本) 1972年3月

「いいってどんなこと?わるいってどんなこと?」 マヤコフスキー作;キリロフ・ヴェ絵;松谷さやか訳 新読書社(ソビエトの子どもの本) 1981年11月

「イエペさんぽにいく」 石亀泰郎写真;文化出版局編集部文 文化出版局 1980年6月

「いさむくんまたないたの?」 やすいすえこ作;安井淡絵 岩崎書店(ファミリーえほん28) 1979年11月

「いさむのかばん」 舟崎靖子文;上野紀子絵 偕成社(ちいさいえほん16) 1977年10月

「いじめっこがふたり」 佐藤さとる作;村上勉絵 偕成社(創作えほん23) 1975年1月

「いたずらけんぼう」 小寺瑞枝編;津田櫓冬絵 岩崎書店(母と子の絵本5) 1973年8月

「いたずらっこいっちゃった」 黒木まさお文;長谷川知子絵 ポプラ社(絵本のひろば2) 1974年6月

「いたずらハーブ えほんのなかにおっこちる」 ローレン・チャイルド作;なかがわちひろ訳 フレーベル館 2003年8月

「いたずらロラン」 ネリー・ステファヌ作;アンドレ・フランソワ絵;かわぐちけいこ訳 福音館書店 1994年10月

「いつかきっとみつかるさ!」 マーク・スペリング文;アレクサンドラ・スティール=モーガン絵;久山太市訳 評論社(児童図書館・絵本の部屋) 2004年6月

「イツクのクリスマスのたび」 エレナ・パスクアーレ文;ドゥブラフカ・コラノヴィチ絵;さくらいずみ訳 ドン・ボスコ社 2005年9月

「いつまでもいっしょだよ-日航ジャンボ機御巣鷹山墜落事故で逝った健ちゃんへ」 美谷島邦子作・画 扶桑社 1988年8月

子どもの世界・生活

「いつもちこくのおとこのこ―ジョン・パトリック・ノーマン・マクヘネシー」 ジョン・バーニンガム作；たにかわしゅんたろう訳　あかね書房　1988年9月

「いぬかって！」 のぶみ作・絵　岩崎書店(レインボーえほん5)　2006年11月

「いぬなんてだいきらい」 ジョアン・L.ノドセット作；クロスビー・ボンサル絵；いしいしんじ訳　講談社(ちいさな絵童話りとる4)　1994年10月

「イバラードの旅」 井上直久作・絵　講談社　1983年1月

「いまは だめ」 デイビッド・マッキー文・絵；はらしょう訳　アリス館　1983年3月

「いもほり」 はまのゆか作　ほるぷ出版(ほるぷ創作絵本)　2008年9月

「いらっしゃいいらっしゃーい」 とくながまり；みやざわはるこ作　アリス館(ゆうちゃんは3さい3)　1999年11月

「イルカと少年」 津田光郎文・絵　新日本出版社(新日本ものがたり絵本8)　1985年6月

「いるかのうみ」 菅瞭三作　福音館書店(日本傑作絵本シリーズ)　1997年9月

「インディアンの男の子 リトル・ムーン」 ヴィンフリード・ヴォルフ文；ナタリー・ドロシー絵；永野ゆう子訳　ほるぷ出版　1996年10月

「ヴィックは本なんてだいきらい！」 リタ・マーシャル文；エティエンヌ・ドレセール絵；うみひかる訳　西村書店　2000年10月

「ウィリアムズウィッシュウェリントンズ3 ウィリアムとバークショア」 キャロル・ラップワース文；アトゥル・マクドナルド絵；おびかゆうこ訳　フジクリエイティブコーポレーション　1997年12月

「ウィリーはまほうつかい」 高羽賢一作・絵　バンダイ(バンダイの傑作絵本)　1984年2月

「ウィルキィのちきゅう」 エディス・サッチャー・ハード作；クレメント・ハード絵；みやけおきこ訳　トモ企画　1984年1月

「ウエズレーの国」 ポール・フライシュマン作；ケビン・ホークス絵；千葉茂樹訳　あすなろ書房　1999年6月

「ウェンデリンはどこかな？」 ヴィルフリード・ブレヒャー文・絵；前川康男訳　偕成社　1969年10月

「ウェン王子とトラ」 チェン・ジャンホン作・絵；平岡敦訳　徳間書店　2007年6月

「うしお」 伊藤秀男作　ビリケン出版　2007年8月

「うしおくんとはすひめちゃん」 伊藤秀男作・絵　農山漁村文化協会(わくわくたべものおはなしえほん6)　2007年11月

「うしろのまきちゃん」 矢崎節夫作；高畠純絵　フレーベル館　1987年1月

「うそみーるめがね」 いわむらかずお文・絵　新日本出版社(新日本出版社の絵本)　1972年1月

「うちがいっけんあったとさ」 ルース・クラウス文；モーリス・センダック絵；わたなべしげお訳　岩波書店　1978年11月

子どもの世界・生活

「うっかりとらたくんの はるなつあきふゆ」 宇田川幸子作・絵 ひかりのくに(くすくす生活絵本2) 2000年5月

「うっかりとらたくんのいちにち」 宇田川幸子作・絵 ひかりのくに(くすくす生活絵本1) 2000年5月

「うみにあいに」 いわさゆうこ著 アリス館 2003年5月

「うみにあるのはあしただけ」 灰谷健次郎文;坪谷令子絵 理論社 1985年5月

「うみのジャンルとソフィ」 マルセル・マルリエ作・絵;黒木義典訳;板谷和雄文 ブックローン出版(ファランドールえほん22) 1984年1月

「うみのひかり」 緒島英二作;土田義晴絵 教育画劇(みんなのえほん) 1997年6月

「うみべ」 織茂恭子作 サンリード 1986年7月

「うみへいった やまへかえってきた」 沢井一三郎絵・文 至光社 1986年1月

「うみべのまちのタッソー」 ウイリアム・パパズ絵・文;バートン・サプリー作;じんぐうてるお訳 らくだ出版 1971年11月

「うみをあげるよ」 山下明生作;村上勉絵 偕成社 1999年6月

「ウルサイくん」 ロジャー・ハーグレーヴス作;おのかずこ訳 評論社(みすた・ぶっくす23) 1985年12月

「ウルスリのすず」 ゼリーナ・ヘンツ文;アロワ・カリジェ絵;大塚勇三訳 岩波書店 1973年12月

「エイサーガーエー おきなわのえほん」 儀間比呂志文・絵 ルック 2004年9月

「えかきむしのきもち」 中川洋典作 童心社(絵本・こどものひろば) 2009年4月

「エディー・リーのおくりもの」 バージニア・フレミング作;フロイド・クーパー絵;香咲弥須子訳 小学館 2000年4月

「えどのこどものくらし」 岡本一郎文;沢田真理絵 チャイルド本社(れきし絵本館) 2008年12月

「エドワルドーせかいでいちばんおぞましいおとこのこ」 ジョン・バーニンガム作;千葉茂樹訳 ほるぷ出版 2006年3月

「エンソくん きしゃにのる」 スズキコージ作 福音館書店(こどものとも傑作集) 1990年9月

「エンとケラとプン」 いわむらかずお作 あかね書房 1982年9月

「おいしゃさんへ」 グニラ・ボルデ作;たかむらきみこ訳 偕成社(トミーちゃんシリーズ) 1976年1月

「おいで おいでよ」 高志孝子作 小峰書店(えほんらんど) 1981年3月

「おいぼれ馬、さらば」 ギリエルモ・ブランコ作;フアン・アスティカ絵;おおいしまりこ訳 新世研 2003年10月

「おうさまでかけましょう」 寺村輝夫作;和歌山静子絵 フレーベル館(キンダーおはなしえほん傑作選35) 1979年1月

子どもの世界・生活

「おうしのアダムがおこりだすと」 アストリッド・リンドグレーン作；マーリット・テーンクヴィスト絵；今井冬美訳 金の星社 1997年5月

「おうちをつくろう」 グニラ・ボルデ作；たかむらきみこ訳 偕成社（トミーちゃんシリーズ） 1976年1月

「おーい、ぼくのボール」 久我通世作 フレーベル館 1985年5月

「おおかみがきた！」 イソップ原作；トニー・ロス絵；小沢正訳 フレーベル館 1986年9月

「オオカミがきた」 イソップ原作；蜂飼耳文 岩崎書店（イソップえほん1） 2009年10月

「おおかみのでんわ」 せなけいこ作・絵 金の星社（こどものくに傑作絵本） 2001年3月

「おおきくおおきくおおきくなると」 佐藤ひとみ文；谷口靖子絵 福音館書店 2008年7月

「おおきくなりすぎたくま」 リンド・ワード文・画；渡辺茂男訳 ほるぷ出版 1985年1月；福音館書店 1969年10月

「おおきなきがほしい」 佐藤さとる文；村上勉絵 偕成社（創作えほん4） 1971年1月

「おおきなラッパとちいさなオリー」 ジャック・ベクドルト文；オーリリアス・バタグリア絵；清水奈緒子訳 徳間書店 2001年11月

「おおきな木」 シエル・シルヴァスタイン作・絵；ほんだきんいちろう訳 篠崎書林 1976年11月

「おーこれ おこれ」 小納弘作；金沢佑光絵 ポプラ社（絵本のせかい18） 1978年2月

「おおどろぼうごーちゃん」 森野さかな作・絵 ひさかたチャイルド 1999年4月

「オーファンとテオ」 駒宮録郎作・絵 金の星社（きんのほしストーリー絵本） 1974年2月

「オーラのたび」 ドーレア夫妻作；吉田新一訳 福音館書店（世界傑作絵本シリーズ・アメリカの絵本） 1983年3月

「おかあさんだいすき」 マージョリー・フラック文・絵；大沢昌助絵；光吉夏弥訳 岩波書店（岩波の子どもの本） 1954年4月

「おかあさんのスリッパ」 ごとうりゅうじ文；鈴木義治絵 フレーベル館（キンダーおはなしえほん傑作選44） 1979年8月

「おかえりなさい キリンさん」 遠藤邦夫作；近藤理恵絵 ポプラ社（絵本の時間19） 2002年12月

「おかしなやんぼ」 寺村輝夫文；岩村和朗絵 偕成社（創作えほん6） 1971年9月

「おこだでませんように」 くすのきしげのり作；石井聖岳絵 小学館 2008年7月

「おこる」 中川ひろたか作；長谷川義史絵 金の星社 2008年9月

「おさむ、ムクション」 長谷川集平作 リブロポート 1981年5月

「おじいさんの机」 立松和平文；鈴木まもる絵 河出書房新社（立松和平と絵本集3） 1997年3月

子どもの世界・生活

「おじいちゃんちで おとまり」 なかがわちひろ作・絵 ポプラ社（絵本・いつでもいっしょ18） 2006年8月

「おじいちゃんと日の出を見たよ」 後路好章文;小林ゆき子絵 佼成出版社（クローバーえほんシリーズ） 2008年4月

「おじさんの青いかさ」 宮本忠夫作 すばる書房 1976年12月

「おしたくできたよ」 グニラ・ボルデ作;たかむらきみこ訳 偕成社（トミーちゃんシリーズ） 1976年1月

「おしっこぼうや-せんそうにおしっこをひっかけたぼうやのはなし」 ウラジーミル・ラドゥンスキー作;木坂涼訳 セーラー出版 2003年7月

「おしゃれなサムとバターになったトラ」 ジュリアス・レスター文;ジェリー・ピンクニー絵;さくまゆみこ訳 ブルース・インターアクションズ 1997年11月

「おしょうがつさん とんできた」 鶴見正夫作;頓田室子絵 金の星社（えほん・こどもの四季） 1980年10月

「オスカーとフー いつまでも」 テオ文;マイケル・デュドク・ドゥ・ヴィット絵;さくまゆみこ訳 評論社（児童図書館・絵本の部屋） 2005年10月

「オスカーとフー」 テオ文;マイケル・デュドク・ドゥ・ヴィット絵;さくまゆみこ訳 評論社（児童図書館・絵本の部屋） 2004年7月

「おちば きょうそう」 白土あつこ作・絵 ひさかたチャイルド 2010年8月

「おつかいマーくん」 こわせたまみ作;佐々木洋子絵 PHP研究所（PHPおはなしえほん8） 1980年10月

「オッコーと魔法のカモメ」 ベッティーナ・アンゾルゲ作;とおやまあきこ訳 福武書店 1984年5月

「おとうとなんかだいきらい」 大友康夫作 童心社（えほん・ぼくらはきょうだい3） 1979年6月

「オトカル王の杖」 エルジェ作;川口恵子訳 福音館書店（タンタンの冒険旅行17） 1999年11月

「おとなジュース！」 山脇恭作;福田岩緒絵 フレーベル館 1993年4月

「おなかのなかにおにがいる」 小沢孝子作;西村達馬絵 ひさかたチャイルド 1982年12月

「おにいちゃんはいいな」 みやにしいづみ文;宮西達也絵 講談社 1984年6月

「おにのこくんがやってきた！」 こわせたまみ作;秋里信子絵 PHP研究所（PHPわたしのえほんシリーズ） 2000年1月

「おにべのかけはし」 武田英子文;黒谷太郎絵 さ・え・ら書房 1980年10月

「オニヤンマ空へ」 最上一平作;市居みか絵 岩崎書店（のびのび・えほん16） 2002年7月

「おによりつよいおれまーい-サトワヌ島民話」 土方久功再話・画 福音館書店 1975年7月

子どもの世界・生活

「おねぼうニコライ」 マリー・ブランド作・絵;奥田継夫;木村由利子訳 岩崎書店(新・創作絵本29) 1982年11月

「おばぁちゃん だいすき」 葉祥明絵・文 至光社 1975年1月

「おばあちゃんのきおく」 メム・フォックス文;ジュリー・ビバス絵;日野原重明訳 講談社 2007年11月

「おはよう」 八木田宜子作;島田光雄絵 文化出版局(八木田宜子みどりのえほん10) 1971年6月

「おはようサム」 メアリー=ルイーズ・ゲイ作;江國香織訳 光村教育図書 2004年4月

「おひさま おはよう!」 アンドレ・ダーハン作;石津ちひろ訳 小学館 2008年7月

「おひさまにキッス-お話の贈りもの」 谷山浩子作;高林麻里絵 小学館(おひさまのほんシリーズ) 1997年10月

「おふろだいすき」 松岡享子作;林明子絵 福音館書店(日本傑作絵本シリーズ) 1982年4月

「おふろにはいる」 グニラ・ボルデ作;たかむらきみこ訳 偕成社(トミーちゃんシリーズ) 1976年1月

「おふろのじかん」 リスベット・スレーヘルス作;木坂涼訳 小学館(ピピとトントンのえほん) 2008年11月

「おやおや、まあくん」 西島三重子文;黒井健絵 サンリオ(サンリオ創作絵本シリーズ) 1992年7月

「おやすみアルフォンス!」 グニッラ・ベリィストロム作;山内清子訳 偕成社(アルフォンスのえほん) 1981年2月

「おやすみサム」 メアリー=ルイーズ・ゲイ作;江國香織訳 光村教育図書 2004年4月

「おやすみ時計」 山岡ひかる著 偕成社 2000年9月

「おやゆびこぞう」 グリム作;小沢俊夫訳;こさかしげる絵 小学館(世界のメルヘン絵本25) 1970年6月

「おやゆびこぞう-グリム童話」 フェリックス・ホフマン絵;大塚勇三訳 ペンギン社 1979年7月

「おやゆびこぞう-グリム童話より」 スベン・オットー絵;矢川澄子訳 評論社(児童図書館・絵本の部屋) 1981年12月

「おやゆびたろう」 おざわとしお;たかはしやすこ再話;おのかおる絵 くもん出版(子どもとよむ日本の昔ばなし22) 2006年11月

「おやゆびトム」 若菜珪画;中村美佐子文 ひかりのくに(世界名作えほん全集17) 1966年1月

「おやゆびトム-ペロー童話」 リディア・ポストマ文・絵;矢川澄子訳 福音館書店(世界傑作絵本シリーズ・オランダの絵本) 1984年4月

「おんぼロボット」 アキヤマレイ作 理論社 2007年12月

子どもの世界・生活

「お月さんのんだ」 早船ちよ文;石倉欣二絵 ポプラ社(おはなし創作えほん11) 1976年2月

「カーニバルのおくりもの」 レミイ・シャーリップ;バートン・サプリー作;レミイ・シャーリップ絵;内田莉莎子訳 福音館書店(世界傑作絵本シリーズ・アメリカの絵本) 1984年7月

「かいくんのおさんぽ」 中川ひろたか作;荒井良二絵 岩崎書店(えほん・ハートランド21) 1998年4月

「かいじゅうなんかこわくない」 デニーズ・トレッツ文;アラン・トレッツ絵;田谷多枝子訳 偕成社 1969年12月

「かいぞくのうた」 和田誠著 あかね書房(あかねピクチャーブックス4) 1996年4月

「かいていりょこう」 フレッド・フレガー;マージョリー・フレガー作;ウォード・ブラケット絵;神宮輝夫文 日本パブリッシング(ビギナーシリーズ) 1969年1月

「かえってきたドロンコ」 みやもとただお作 文研出版(えほんのもり) 2010年6月

「かえってきたはくちょう」 花岡大学作;柿本幸造絵 ひかりのくに 2008年10月

「かえりみち」 谷内こうた絵・文 至光社(ブッククラブ国際版絵本) 1978年1月

「かおるとみんな くりんくりん」 竹下文子文;鈴木まもる絵 小峰書店(えほんひろば) 2004年10月

「かおるとみんな ときときとき」 竹下文子文;鈴木まもる絵 小峰書店(えほんひろば) 2004年9月

「かげ」 篠原勝之作 すばる書房 1976年12月

「かこいをこえたホームラン」 ケン・モチヅキ作;ドム・リー絵;ゆりよう子訳 岩崎書店(世界の絵本9) 1993年12月

「かしてあげたいな」 八木田宜子作;長新太絵 文化出版局(八木田宜子みどりのえほん2) 1970年11月

「かずくんのきいろいながぐつ」 山下明生作;柏村勲絵 福音館書店 1973年7月

「カスタフィオーレ夫人の宝石」 エルジェ作;川口恵子訳 福音館書店(タンタンの冒険旅行9) 1988年4月

「かずちゃんのおつかい」 石井桃子文;中谷千代子絵 福音館書店 1979年3月

「カスペルとぼうや」 ミヒャエル・エンデ文;ロスビータ・クォードフリーク画;矢川澄子訳 ほるぷ出版 1977年10月

「かぜが ふいたら」 ルース・パーク文;デボラ・ナイランド絵;前沢明枝訳 朔北社 1999年1月

「かぜのふえ」 やなせたかし作 佼成出版社(みつばちえほんシリーズ) 2009年8月

「かぜはどこへいくの」 シャーロット・ゾロトウ作;ハワード・ノッツ絵;松岡享子訳 偕成社 1981年4月

子どもの世界・生活

「かたづけ いやだもん」 たきもとつみき作;わたなべあきお絵 こずえ(やだもんくんシリーズ) 1984年6月

「ガップとケイ」 イルゼ・ロス作;多田裕美訳 図書文化 1978年7月

「かつやとヒコヤン」 井口文秀絵;赤座憲久作 PHP研究所 1982年8月

「カヌーはまんいん」 ナサニエル・ベンチリー文;アーノルド・ローベル絵;三木卓訳 文化出版局 1978年12月

「カブトくん」 タダサトシ作 こぐま社 1999年7月

「ガボンバのバット」 牛窪良太作・絵 講談社 2000年4月

「カマキリくん」 タダサトシ作 こぐま社 2002年6月

「かみなりじいさんとぼく」 みぞぶちまさる作 講談社(講談社の創作絵本) 2010年10月

「カモメがくれた三かくのうみ」 山下明生作;鈴木義治絵 秋書房 1980年8月

「からす たろう」 八島太郎作 偕成社 1979年5月

「ガラスの玉」 片山進文;飯作俊岩絵 静岡谷島屋 1985年7月

「ガリガリ君 山へ行く」 高橋俊之イラスト 汐文社 2009年8月

「ガリガリ君 山へ行く」 高橋俊之イラスト 汐文社 2010年3月

「かわいいスザンヌ」 ハナ・ゼリノバー作;ラディスラフ・ネッセルマン絵;柏木美津訳 佑学社(チェコスロバキアの創作絵本シリーズ4) 1978年9月

「かわいくなんか ないっ！」 ジョナサン・アレン作;せなあいこ訳 評論社(児童図書館・絵本の部屋) 2006年10月

「かわっちゃうの？」 アンソニー・ブラウン作;さくまゆみこ訳 評論社(児童図書館・絵本の部屋) 2005年3月

「かわのジャンルとソフィ」 マルセル・マルリエ作・絵;黒木義典訳;板谷和雄文 ブックローン出版(ファランドールえほん26) 1984年1月

「かんがえるアルバート ぼくのいるところ」 ラニ・ヤマモト作;谷川俊太郎訳 講談社(講談社の翻訳絵本) 2008年6月

「かんがえるアルバート ぼくのおおきさ」 ラニ・ヤマモト作;谷川俊太郎訳 講談社(講談社の翻訳絵本) 2008年10月

「かんがえるアルバート ぼくのじかん」 ラニ・ヤマモト作;谷川俊太郎訳 講談社(講談社の翻訳絵本) 2008年8月

「がんばれ！デメキン」 岸武雄作;福田岩緒絵 教育画劇(スピカのおはなしえほん24) 1986年7月

「ガンバレあかつかくん」 としたかひろ作・絵;たかしな久美文;赤塚俊哉原文 あすなろ書房 1984年11月

「カンポンのガキ大将」 ラット作;荻島早苗;末吉美栄子訳 晶文社 1984年12月

子どもの世界・生活

「きかんぼぼうやといぬ」 バルブロ・リンドグレン作；エヴァ・エリクソン絵；おのでらゆりこ訳 佑学社 1987年3月

「きかんぼぼうやのうみのたび」 バルブロ・リンドグレン作；エヴァ・エリクソン絵；小野寺百合子訳 佑学社 1984年10月

「きこえるきこえる」 マリー・ホール・エッツ文・絵；ふなざきやすこ訳 らくだ出版 1981年12月

「きずついたつばさをなおすには」 ボブ・グラハム作；まつかわまゆみ訳 評論社（児童図書館・絵本の部屋） 2008年12月

「きたかぜとピオ」 アラン・バルトマン作；谷川俊太郎文 福武書店 1989年9月

「きのぼりとかげへのおくりもの」 今関信子作；西村繁男絵 朔北社 2001年4月

「きみなんかだいきらいさ」 ジャニス・メイ・ユードリー文；モーリス・センダック絵；小玉知子訳 冨山房 1975年5月

「きみのともだち」 竹内通雅作・絵 岩崎書店（キラキラえほん6） 2008年10月

「きゅうなんたいのイバイ」 ヘス・バリャス作；ミケル・シチャル絵；立花香訳 新世界研究所（イバイぼうけんシリーズ2） 1990年6月

「きょうはすてきなくらげの日！」 武田美穂作・絵 ポプラ社（えほんとなかよし55） 1998年7月

「きょうもいいてんき」 宇野文雄作 フレーベル館 1980年12月

「きらきら きらら おつきさま」 デイヴィッド・コンウェイ文；ドゥブラフカ・コラノヴィッチ絵；おがわひとみ訳 評論社（児童図書館・絵本の部屋） 2007年9月

「きりのまちのステパン」 アルカディオ・ロバート作；ささきたづこ訳 DEMPA/ペンタン 1988年3月

「きれいずき ティッチ」 パット・ハッチンス作；つばきはらゆき訳 童話館 1994年9月

「きんいろのとけい」 片山令子文；柳生まち子絵 クレヨンハウス（おはなし広場） 1993年12月

「ぎんぎんあそべ かんかんあそぼ」 梅田俊作；梅田佳子作・絵 岩崎書店（岩崎創作絵本19） 1993年6月

「きんたろう」 さねとうあきら文；田島征三画 教育画劇（日本の民話えほん） 1996年8月

「きんのえんとつ」 ミシェル・マリオネット絵；藤田圭雄訳 至光社（ブッククラブ・国際版絵本） 2007年1月

「くいしんぼくん」 ロジャー・ハーグレーヴス作；たむらりゅういち訳 評論社（みすた・ぶっくす6） 1979年4月

「クータのくも」 はとりきみひろ作・絵 日本放送出版協会 1999年4月

「くうちゃんは いいな」 いのうえようすけ作 ほるぷ出版（いのうえようすけのちいさなエホン） 1992年3月

子どもの世界・生活

「クェンティン・ハーター三世」 エイミー・マクドナルド文;ジゼル・ポター絵;福本由紀子訳 BL出版 2003年6月

「くじらをたすけたピーター」 C.ラッシュ作;M.ヘダーウィック絵;さとりまりこ訳 金の星社（世界の絵本ライブラリー） 1991年12月

「くすぐりくん」 ロジャー・ハーグレーヴス作;たむらりゅういち訳 評論社（みすた・ぶっくす10） 1985年12月

「くすりいやだもん」 たきもとつみき作;わたなべあきお絵 こずえ（やだもんくんシリーズ） 1984年6月

「くまくんどこ？」 グニラ・ボルデ作;たかむらきみこ訳 偕成社（トミーちゃんシリーズ） 1976年1月

「くまさんといっしょ」 中谷千代子作 偕成社（けんちゃんえほん1） 1975年2月

「くものくまさん」 レスリー・ウィリアムズ文;カルム・ソレ・ヴェンドレル絵;舟崎克彦訳 ほるぷ出版 1983年9月

「くものライオンもこもこ」 こわせたまみ作;小泉澄夫絵 PHP研究所（PHPこころのえほん5） 1981年7月

「くらくらしちゃった」 今江祥智文;宇野亜喜良絵 旺文社（旺文社こどもの本） 1977年7月

「くらやみのかみさま」 長谷川知子文・絵 新日本出版社 2002年8月

「くらやみのキジムナー」 とくだきよ文;さいとうひろゆき絵 偕成社 1984年10月;西日本図書館コンサルタント協会（かっぱシリーズ3） 1980年11月

「くりでんたろうのなつやすみ」 大谷正紀文;菊地義彦絵 仙台文化出版社 1982年7月

「クルトがどうぶつえんにいったとき」 ハリー・ゲーレン絵・文;いずみちほこ訳 セーラー出版 1994年4月

「ケイコちゃんごめんね」 奥田貞子作;宮本忠夫絵 ポプラ社（絵本・子どもの世界） 1983年5月

「けいたのボタン」 岩崎京子文;降矢なな絵 にっけん教育出版社 1999年5月

「けいちゃんのくすりゆび」 あきやまただし作 佼成出版社 2003年6月

「けーきをつくる」 グニラ・ボルデ作;たかむらきみこ訳 偕成社（トミーちゃんシリーズ） 1976年1月

「けしつぶクッキーとアンドルーシク」 マージェリー・クラーク作;モード・ピーターシャム;ミスカ・ピーターシャム絵;渡辺茂男訳 ペンギン社（絵本童話けしつぶクッキーシリーズ） 1984年10月

「けんかのけんた」 岡信子作;末崎茂樹絵 ひさかたチャイルド（ひさかた傑作集13） 1985年6月

「げんきなグレゴリー」 ロバート・ブライト作・絵;中務秀子訳 徳間書店 2003年12月

「けんけんけんのケン「ふたりでるすばん」のまき」 山下明生作;広瀬弦絵 ひさかたチャイルド 2010年9月

子どもの世界・生活

「ケンケンとびのけんちゃん」 角野栄子作；大島妙子絵 あかね書房（あかね創作えほん37） 1995年12月

「げんこのキモチ」 礒みゆき作・絵 ポプラ社（絵本のおもちゃばこ8） 2005年6月

「けんたのかきの木」 いわさきさよみ作・絵 けやき書房（けやきの絵本） 1999年5月

「けんたのにんぎょう」 梅田智江文；今木道画 童心社（童心社の絵本4） 1978年9月

「けんだまめいじんおみやげに」 宮川ひろ文；浜田桂子絵 童心社（絵本・ちいさななかまたち） 1992年4月

「けんちゃんでんしゃ」 神戸淳吉文；太田大八絵 偕成社 1973年7月

「けんちゃんとぼくじょう」 中谷千代子作 偕成社（けんちゃんえほん3） 1975年4月

「けんちゃんともぐりん」 薄井理子文；夏目尚吾絵 くもん出版 2005年7月

「けんちゃんのおともだち」 中谷千代子作 偕成社（けんちゃんえほん2） 1975年3月

「けんちゃんのおばけ」 灰谷健次郎文；長谷川集平絵 旺文社（旺文社ジュニア図書館） 1977年12月

「けんちゃんのたからもの」 中谷千代子作 偕成社（けんちゃんえほん4） 1975年5月

「ケンといわみかぐら」 寺戸恒晴作・絵 岩崎書店（新・創作絵本7） 1979年3月

「ゲンの花曜日（かようび）」 北原綴文；菊田晶子絵 創林社（創作絵本） 1986年9月

「こうしてぼくは海賊になった」 メリンダ・ロング文；デイビッド・シャノン絵；小川仁央訳 評論社（児童図書館・絵本の部屋） 2006年8月

「こうしは そりにのって」 アストリッド・リンドグレーン作；マーリット・テーンクヴィスト絵；今井冬美訳 金の星社 1997年10月

「こうたのてんぐ山えにっき-埼玉県荒川村白久「てんぐまつり」」 わたなべゆういち作・絵 リーブル（えほん・こどものまつり） 1992年10月

「こうちゃんのいちょうの木」 石鍋芙佐子作・絵 偕成社 1985年8月

「こうちゃんのたんけんぼう」 神田恵美子文；福田岩緒絵 てらいんく 2005年7月

「こしぬけウィリー」 アンソニー・ブラウン作；久山太市訳 評論社（児童図書館・絵本の部屋） 2000年1月

「こぞうさんとおばけ」 はせがわかこ文・絵 大日本図書 2008年7月

「こぞうさんとりゅうのたま」 はせがわかこ文・絵 大日本図書 2010年4月

「こっぺくん ほっぺ」 寮美千子作；田中四郎絵 鈴木出版（たんぽぽえほんシリーズ） 1989年5月

「このゆびとーまれ」 梅田俊作；梅田佳子作 講談社 1983年10月

「このよでいちばん大きな男の子」 キム・セシル文；クォン・ジェリョン絵；かみやにじ訳 少年写真新聞社 2005年2月

子どもの世界・生活

「こまったおきゃくさん」 山本まつ子作・絵 岩崎書店(えほん・おもしろランド8) 1988年1月

「ゴムあたまポンたろう」 長新太作 童心社(絵本・こどものひろば) 1998年3月

「ごめんね ボスコ」 ミレイユ・ダランセ作;あおやぎひでゆき訳 朔北社 1999年6月

「こやをたてるジャンルとソフィ」 マルセル・マルリエ作・絵;黒木義典訳;板谷和雄文 ブッククローン出版(ファランドールえほん28) 1984年1月

「ゴリとぼく」 宮本忠夫作・絵 PHP研究所(PHPのえほん) 1985年12月

「ごろうくんとふくろう」 浜田廣介文;深沢紅子絵 偕成社(ひろすけ絵本) 1966年2月

「コロちゃんのランドセルだいすき」 宮本えつよし作 佼成出版社 2007年2月

「こわがりハーブ えほんのオオカミにきをつけて」 ローレン・チャイルド作;なかがわちひろ訳 フレーベル館 2003年1月

「こわや おとろし おにやかた」 かこさとし文・絵 偕成社(かこさとし七色のおはなしえほん12) 1986年5月

「コンスタンティノープルの渡し守」 塩野七生作;司修絵 ティビーエス・ブリタニカ 1980年7月

「ごんちゃんだいすき」 後藤竜二文;花井亮子絵 ポプラ社(絵本・おはなしのひろば17) 1986年9月

「こんどはけんかしてやる」 宮本忠夫作 童心社(絵本・ちいさななかまたち) 1984年10月

「こんな町、つまんない!」 マーク・ローゼンタール作・絵 徳間書店 2008年7月

「サーカスのすいせい-ナンとあおいほしのなかまたち」 たちのけいこ作・絵 PHP研究所(PHPわたしのえほんシリーズ) 1994年11月

「さあ羽をあげるよ」 ジャック・タラヴァン文;ピーター・シス絵;いしづちひろ訳 BL出版 2003年5月

「さいぶりダイちゃん-宮島管絃祭」 はらみちを文・絵 小峰書店(えほん・こどもとともに) 1989年7月

「さくらとふじお」 しもぞのまゆみ作 白泉社 2008年3月

「さくらの木の下で」 立原えりか文;日隈泉絵 講談社(メロディーブック) 1984年1月

「サザンちゃんのおともだち」 加古里子絵・文 偕成社(かこさとしおはなしのほん9) 1973年12月

「さすがのナジョーク船長もトムには手も足もでなかったこと」 ラッセル・ホーバン文;クェンティン・ブレイク絵;乾侑美子訳 評論社(児童図書館・絵本の部屋) 1980年5月

「さとしとすてネコ」 福田岩緒作・絵 ポプラ社(えほんはともだち38) 1995年4月

「サバンナのともだち」 キャロライン・ピッチャー文;ジャッキー・モリス絵;さくまゆみこ訳 光村教育図書 2002年8月

子どもの世界・生活

「さぶろうとひみつの海」 いぬいとみこ；大友康夫作　童心社(さぶろうのひみつシリーズ1)　1975年9月

「さぶろうと空とぶトナカイ」 いぬいとみこ；大友康夫作　童心社(さぶろうのひみつシリーズ2)　1976年11月

「サムくんおいかける」 こわせたまみ作；佐々木洋子絵　PHP研究所(PHPおはなしプレゼント)　1979年11月

「サムぼうやのおまる」 バルブロ・リンドグレン作；エバ・エリクソン絵；あきのしょういちろう訳　童話館　1993年12月

「サムぼうやのぬいぐるみ」 バルブロ・リンドグレン作；エバ・エリクソン絵；あきのしょういちろう訳　童話館　1993年12月

「サムぼうやのボール」 バルブロ・リンドグレン作；エバ・エリクソン絵；あきのしょういちろう訳　童話館　1993年12月

「さよなら、おばあちゃん」 西本鶏介作；狩野富貴子絵　佼成出版社(どんぐりえほんシリーズ)　2010年6月

「さよならマックス」 ホリー・ケラー作・絵；谷口由美子訳　佑学社　1987年11月

「さらば、ゆきひめ」 宮本忠夫文・絵　童心社(絵本・だいすきおはなし)　2002年7月

「さんねんねたろう」 ダイアン・スナイダー作；アレン・セイ絵；もりたきよみ訳　新世研　2000年11月

「サンポくんのたび」 多々良直樹作・絵　岩崎書店(えほん・ハートランド3)　1994年5月

「しあわせくん」 ロジャー・ハーグレーヴス作；たむらりゅういち訳　評論社(みすた・ぶっくす1)　1980年1月

「ジップくんこんどはなにになるの」 シルビア・ケイブニー作；サイモン・スターン絵；乾侑美子訳　評論社(児童図書館・絵本の部屋)　1979年10月

「ジップくんどうぶつえんへゆく」 シルビア・ケイブニー作；サイモン・スターン絵；乾侑美子訳　評論社(児童図書館・絵本の部屋)　1979年10月

「しっぽに ごようじん」 中尾三十里文；しろたにひでお絵　文化出版局　1993年8月

「じてんしゃこぞう」 もりひさし文・絵　学習研究社(学研カラー絵ばなし10)　1974年1月

「じてんしゃにのれたよ！」 国松俊英作；長谷川知子絵　ポプラ社(絵本・子どものくに26)　1987年7月

「しばいっこ」 おぼまこと作　あかね書房(あかね創作えほん28)　1989年5月

「ジプシーしょうねんのおまもり」 リカルド・アルカンタラ作；アスン・バルソーラ絵；佐藤秀美訳　新世研　1992年12月

「しまちゃんちゃん」 中野みち子作；林あき子絵　文研出版(文研の創作絵童話5)　1981年3月

「ジミーのムーンパイ・アドベンチャー」 トニー・ディテルリッジ作；安藤哲也訳　文渓堂　2008年6月

子どもの世界・生活

「ジム・ボタンがやってきた」 ミヒャエル・エンデ作；酒寄進一訳 長崎出版 2010年4月

「ジム・ボタンのたびだち」 ミヒャエル・エンデ作；酒寄進一訳 長崎出版 2010年9月

「ジムとまめの木」 レイモンド・ブリッグズ作；矢川澄子訳 評論社（児童図書館・絵本の部屋） 1978年8月

「シモンのおとしもの」 バーバラ・マクリントック作；福本友美子訳 あすなろ書房 2007年3月

「ジャックとまめのき」 さくらともこ再話 米山永一絵 PHP研究所（わたしのえほん） 2008年7月

「ジャックとまめのき」 ベラ・サウスゲイト再話；エリック・ウインター絵；秋晴二；敷地松二郎訳編 アドアンゲン 1974年6月

「ジャックとまめのき」 武井武雄絵；柴野民三文 フレーベル館（キンダーおはなしえほん傑作選22） 1978年4月

「ジャックとまめのき－せかいのはなし（イギリス）」 山主敏子文；近藤薫美子絵 コーキ出版（絵本ファンタジア33） 1978年6月

「ジャックとまめのつる」 トニー・ロス作；田村隆一訳 文化出版局 1981年7月

「ジャックとマメの木」 ジョセフ・ジェイコブス作；ヤン・ピアンコフスキー絵；内海宜子訳 ほるぷ出版（ふぇありい・ぶっく） 1985年11月

「ジャックとまめの木」 森山京文；村上勉絵 小学館（世界名作おはなし絵本） 2007年5月

「ジャックと豆の木」 ジェイコブズ作；乾侑美子訳；菊池貞雄絵 小学館（世界のメルヘン絵本22） 1979年11月

「ジャックと豆の木」 リチャード・ウォーカー話；阿川佐和子訳；ニーアム・シャーキー絵 ブロンズ新社 2000年2月

「ジャックと豆の木」 石田武雄画；新谷峰子文 ひかりのくに（世界名作えほん全集1） 1966年1月

「ジャックと豆の木－イギリスむかし話」 間所ひさこ文；山下芳郎絵 講談社（講談社の絵本21） 1979年8月

「ジャックと豆の木－イギリス民話」 しらいしあい著 集英社 1983年4月

「ジャックのあたらしいヨット」 サラ・マクメナミー作；いしいむつみ訳 BL出版 2005年6月

「ジャンがきいたあさのおと」 アラン・グレ作・絵；黒木義典訳；板谷和雄文 ブックローン出版（ファランドールえほん11） 1984年1月

「じゃんぐる・じゃんはいたずらっこ」 磯田和一作・絵 ひさかたチャイルド（ひさかたメルヘン39） 1983年8月

「ジャングル・ブック」 キップリング原作；林陽子文；清水勝絵 世界出版社（ABCブック） 1969年9月

「しゅてんどうじ」 たかしよいち文；那須良輔絵 偕成社（創作大型えほん） 1972年4月

子どもの世界・生活

「ジュリアンにきいてごらん」 レジス;アルディ作;ジュルジュ;ルモワンヌ絵;鶴見圭訳　CBS・ソニー出版　1979年11月

「じゅりじゅりのなつやすみ！」 こわせたまみ作;秋里信子絵　PHP研究所(PHPわたしのえほん)　1994年5月

「ジョイバルー」 ハーウィン・オラム文;きたむらさとし絵・訳　文化出版局　1992年6月

「しょうたのケンカ」 柴門ふみ作　主婦と生活社(宇知んちものがたり1)　1995年10月

「しょうねんとおおやまねこ」 シートン原作;小林清之介文;伊藤悌夫絵　チャイルド本社(チャイルド絵本館・シートン動物記12)　1985年3月

「しょうねんとやせいのうま」 ヨゼフ・ヴィルコン作;木村光一訳　図書文化　1978年7月

「しょうぼうじどうしゃはしごくん」 砂田弘作;倉石琢也絵　PHP研究所(PHPのりものえほん)　1992年9月

「しょう太とねこのサーカス」 かわかみ味智子文・絵　大日本図書　2007年12月

「ジョゼフのにわ」 チャールズ・キーピング文・絵;いのくまようこ訳　らくだ出版　1971年11月

「ジョニー パーティーへいく」 やまだうたこ作・絵　教育画劇　2008年9月

「ジョニーのクリスマス」 やまだうたこ文・絵　教育画劇　2005年10月

「ジョンのお月さま」 カルム・ソーレ・バンドレル文・絵;熊井明子訳　集英社　1983年5月

「ジョンのたんじょうび」 ヘレン・オクセンバリー作・絵;なかむらくみこ訳　ほるぷ出版　1983年11月

「ジョンのふしぎなぼうけん」 ラッセル・ホーバン作;パトリック・ベンソン絵;永田徹子訳　金の星社(世界の絵本ライブラリー)　1995年12月

「しらないくにのセラファン」 アラン・グレー文;フィリップ・フィックス絵;弥永みち代訳;大伴昌司文　講談社(世界の絵本フランス)　1972年1月

「ジルベルトとかぜ」 マリー・ホール・エッツ作;田辺五十鈴訳　冨山房　1975年8月

「ジローとぼく」 大島妙子作・絵　偕成社　1999年6月

「しろへびでんせつ」 山下ケンジ作・絵　講談社　1995年2月

「しんすけくん」 谷川俊太郎作;大久保千広写真　サンリード　1984年6月

「しんちゃんのひつじ」 川村みどり文;すぎはらともこ絵　文化出版局　1999年12月

「シンドバッドの冒険」 石田武雄画;新谷峰子文　ひかりのくに(世界名作えほん全集16)　1966年1月

「しんはつめい じどうちらかしき」 北川幸比古作;和歌山静子絵　岩崎書店(母と子の絵本21)　1974年10月

「しんはつめい じどうぽちぽちき」 北川幸比古作;和歌山静子絵　岩崎書店(母と子の絵本29)　1976年3月

子どもの世界・生活

「しんはつめい じどうむだづかいき」 北川幸比古作;和歌山静子絵 岩崎書店(母と子の絵本24) 1975年3月

「シンプキン」 クエンティン・ブレイク作;まえざわあきえ訳 朔北社 1999年11月

「しんぶんきしゃのイバイ」 ヘス・バリヤス作;ミケル・シチャル絵;立花香訳 新世界研究所(イバイぼうけんシリーズ6) 1990年6月

「しん太の昔遊び」 安川眞慈絵・文 木耳社 2006年8月

「ずいてんさんときつね」 こわせたまみ文;関屋敏隆絵 フレーベル館(キンダーおはなしえほん) 1985年1月

「スーフと馬頭琴」 藤公之介再話;アルタンホヤグ=ラブサル絵 三省堂 2010年5月

「スーホの白い馬-モンゴル民話」 大塚勇三再話;赤羽末吉画 福音館書店 1967年10月

「すき ときどき きらい」 東君平文;和歌山静子絵 童心社(絵本・ちいさななかまたち) 1986年1月

「すぐにともだちできるから」 清水達也作;狩野富貴子絵 PHP研究所(わたしのえほん) 1997年1月

「すっぽんぽん」 中川ひろたか文;藤本ともひこ絵 世界文化社 2008年7月

「すべりこみセーフ!」 ほたてまりこ文;保立浩司絵 講談社 1985年6月

「スンカン そらをとぶ!」 バルブロ=リンドグレン作;オロフ=ランドストローム絵;とやままり訳 偕成社 1993年1月

「せいくらべ」 八木田宜子作;井上洋介絵 文化出版局(八木田宜子みどりのえほん1) 1970年11月

「せいくんとねこ」 矢崎節夫作;長新太絵 フレーベル館(ペーパーバックえほん1) 2002年1月

「せいちゃん」 松成真理子作・絵 ひさかたチャイルド 2008年2月

「せーのジャンプ!」 深川直美作・絵 福音館書店(日本傑作絵本シリーズ) 2006年9月

「せかいいちうつくしいぼくの村」 小林豊作・絵 ポプラ社(えほんはともだち40) 1995年12月

「せかいにパーレただひとり」 シースゴール作;ウンガーマン絵;山野辺五十鈴訳 偕成社 1978年8月

「せかいにパーレただひとり」 シースゴール作;西郷竹彦文;太田大八絵 偕成社(世界おはなし絵本16) 1966年1月

「ゼドとかいぶつのちえくらべ」 ペギー・パリッシュ文;ポール・ガルドン絵;谷本誠剛訳 国土社 1981年11月

「セラファンとにせのセラファン」 アラン・グレー文;フィリップ・フィックス絵;弥永みち代訳;大伴昌司文 講談社(世界の絵本フランス) 1971年12月

子どもの世界・生活

「セラファンの大けっさく」 アラン・グレー文；フィリップ・フィックス絵；弥永みち代訳；大伴昌司文　講談社（世界の絵本フランス）　1971年12月

「ゼロは手品つかい」 竹崎有斐文；山中冬児絵　ポプラ社（絵本・すこしむかし10）　1981年4月

「せんすいふのイバイ」 ヘスス・バリャス作；ミケル・シチャル絵；立花香訳　新世界研究所（イバイぼうけんシリーズ3）　1990年6月

「そこがちょっとちがうんだ」 今江祥智作；杉浦範茂絵　文研出版（みるみる絵本）　1976年12月

「その気になった!」 五味太郎作　絵本館　2009年1月

「そばにきみがいたから」 志茂田景樹作・画　KIBA BOOK（よい子に読み聞かせ隊・隊長の絵本3）　2008年8月

「そらいろのたね」 なかがわりえこ文；おおむらゆりこ絵　福音館書店（こどものとも傑作集）　1964年4月

「そらからきたさかな」 多田ヒロシ文・絵　金の星社　1972年1月

「そらとぶしょうねん」 ミロスラフ・ヤーグル作・絵；千野栄一訳　フレーベル館　1985年1月

「そらのむこうは」 南本樹作　フレーベル館（南本樹ファンタジーランド3）　1984年12月

「それは、あらしの夜だった」 ジャネット・アルバーグ；アラン・アルバーグ作；佐野洋子訳　文化出版局　1994年7月

「それゆけ、ブラシ」 ペーレ・カルデルス文；カルム・ソレ・ヴェンドレル絵；早川麻百合訳　ほるぷ出版　1987年4月

「そんなことって、ある?」 奥田継夫文；西村繁男絵　サンリード　1981年6月

「たあくん」 間所ひさこ文；長谷川知子絵　偕成社　1980年5月

「ターちゃんとペリカン」 ドン・フリーマン作；西園寺祥子訳　ほるぷ出版　1975年10月

「たいくつした王子さま」 ルイス・デ・オルナ作・絵；大島かおり訳　佑学社（ヨーロッパ創作絵本シリーズ14）　1978年8月

「だいちゃんとうみ」 太田大八作・絵　福音館書店（こどものとも傑作集）　1992年4月

「だいちゃんとはな」 今西祐行作；久保雅勇絵　ひさかたチャイルド（ひさかたメルヘン17）　1982年4月

「だいちゃんなみのどうぶつえん」 ごつじみつる作　福武書店　1984年8月

「だいちゃんのおんどり」 山本まつ子作・絵　ポプラ社（絵本のひろば4）　1974年8月

「だいちゃんはコックさん」 山本まつ子文・絵　ポプラ社（絵本・おはなしのひろば10）　1985年2月

「タオルおばけ」 松原巌樹作・絵　フレーベル館（キンダーおはなしえほん傑作選4）　1976年5月

「たかし、たかし」 長谷川集平作　リブロポート（リブロの絵本）　1980年11月

子どもの世界・生活

「たかしと お花ぎつね」 大石真文；井口文秀；向井康子絵 PHP研究所（PHPにこにこえほん） 2007年3月
「だから?」 ウィリアム・ビー作；たなかなおと訳 セーラー出版 2008年6月
「たからさがし」 なかがわりえこ作；おおむらゆりこ絵 福音館書店 1964年11月
「たけしくんのて」 岡部房子作；西村達馬絵 ひさかたチャイルド（ひさかたメルヘン41） 1983年10月
「たけしのえんそく」 征矢清作；石鍋芙佐子絵 福音館書店 1972年5月
「たけしのくも」 木虎徹雄作・絵 福武書店 1992年5月
「たことしょうねん」 マックス・ベルジュイス作；楠田枝里子訳 ほるぷ出版 1980年12月
「たこのコータ」 星野はしる作；西川おさむ絵 ひさかたチャイルド 2000年11月
「タックそらをゆく」 たむらしげる作 小峰書店（えほんらんど2） 1980年2月
「たっくんごはん」 中川ひろたか文；石倉ヒロユキ絵 文渓堂 2005年3月
「たっくんの おしろ」 土屋富士夫作・絵 ひさかたチャイルド 2010年10月
「たつくんのおみせばん」 松野正子作；西巻茅子絵 福音館書店 1999年5月
「たっちゃんとでんしんばしら」 佐藤さとる作；村上勉絵 ひくまの出版（幼年絵本シリーズ・あおいうみ5） 1984年6月
「たっちゃんのおねしょ」 くりかみのぶこ絵・文 コーキ出版（であいのえほん11） 1982年9月
「たっちゃんのズボン」 宮川ひろ作；西村達馬絵 ひさかたチャイルド（ひさかたメルヘン3） 1981年9月
「たつのこたろう」 朝倉摂絵；松谷みよ子文 講談社（新装版日本の名作） 1978年8月；講談社（日本の名作） 1969年5月
「たにむらくん」 岡本けん作 リブロポート 1990年4月
「だぶだぶ」 なかのひろたか作・絵 福音館書店 2009年2月
「だぶだぶうわぎの男の子」 ジェニー・ウィリス文；スーザン・バーレイ絵；今井祥智訳 ほるぷ出版 1990年2月
「ダボちゃんとみんなのレストラン」 きしもとけいじ作；やぎしげる；ちかみかずよ絵 コーチャル出版部 2000年8月
「だめだめ すいか」 白土あつこ作・絵 ひさかたチャイルド 2007年6月
「だめよ、デイビッド」 デイビッド・シャノン作；小川仁央訳 評論社（児童図書館・絵本の部屋） 2001年4月
「たよりないもうじゅうつかい」 ツウィフェロフ原作；宮川やすえ訳・文；かみやしん絵 国土社（やっちゃん絵本1） 1982年7月
「だれかがぼくを ころさないで」 内田麟太郎作；黒井健絵 PHP研究所 2010年8月

子どもの世界・生活

「たろうとおじいちゃん」 としまさひろ作・絵 PHP研究所(PHPのえほん31) 1988年5月

「たろうとつばき」 渡辺有一作・絵 ポプラ社(絵本のせかい27) 1978年12月

「たろうのおでかけ」 村山桂子作;堀内誠一絵 福音館書店(こどものとも傑作集) 1966年7月;福音館書店 1963年4月

「たろうのともだち」 村山桂子作;堀内誠一絵 福音館書店(こどものとも傑作集) 1977年4月;福音館書店 1967年4月

「たろうのばけつ」 村山桂子作;堀内誠一絵 福音館書店(こどものとも傑作集) 1968年7月;福音館書店 1960年6月

「だん ふねにのる」 ディック・ブルーナ文・絵;石井桃子訳 福音館書店(子どもがはじめてであう絵本) 1985年1月

「たんけんかのイバイ」 ヘスス・バリャス作;ミケル・シチャル絵;立花香訳 新世界研究所(イバイぼうけんシリーズ1) 1990年6月

「だんごのすけのにんじゅつしゅぎょう」 山口マサル作・絵 フレーベル館(わくわくメルヘンシリーズ) 2010年1月

「タンタンチベットをゆく」 エルジェ作;川口恵子訳 福音館書店(タンタンの冒険旅行5) 1983年11月

「タンタンとアルファアート」 エルジェ作;川口恵子訳 福音館書店(タンタンの冒険旅行24) 2007年12月

「タンタンとピカロたち」 エルジェ作;川口恵子訳 福音館書店(タンタンの冒険旅行23) 2007年12月

「タンタンのコンゴ探険」 エルジェ作;川口恵子訳 福音館書店(タンタンの冒険旅行22) 2007年1月

「ダンディーライオン」 リズィ・フィンレイ作;木坂涼訳 幻冬舎エデュケーション 2009年10月

「たんていのイバイ」 ヘスス・バリャス作;ミケル・シチャル絵;立花香訳 新世界研究所(イバイぼうけんシリーズ5) 1990年6月

「だんろのまえで」 鈴木まもる作・絵 教育画劇 2008年10月

「ちいさなあかいきかんしゃ」 鶴見正夫文;高橋透絵 小峰書店(のりものえほん) 1989年2月

「ちいさなアルベルトーアッペンツェルのある男の子のお話」 アルベルト・マンゼル絵・文;田中安男訳 福武書店 1989年9月

「ちいさなスリッパぼうや」 マンフレッド・キーバー文;モニカ・レイムグルーバー絵;楠田枝里子訳 ほるぷ出版 1976年9月

「ちいさなちいさなぞうのひみつ」 志茂田景樹作;石川あゆみ絵 KIBA BOOK(よい子に読み聞かせ隊の絵本3) 2000年1月

「ちいさなちいさなものがたり」 かこさとし文・絵 偕成社(かこさとし七色のおはなしえほん3) 1984年12月

子どもの世界・生活

「ちいさなチョーじん スーパーぼうや」 ボブ・グラハム作；まつかわまゆみ訳　評論社（児童図書館・絵本の部屋）　2000年11月

「ちいさなふたり」 エルズビエタ絵・文；嶋田完蔵訳　小峰書店（世界の絵本コレクション）　2002年9月

「ちいさなヘーヴェルマン」 リスベート・ツヴェルガー絵；テオドーア・シュトルム作；池内紀訳　太平社　1997年11月

「ちいさな曲芸師バーナビー」 バーバラ・クーニー再話・絵；末盛千枝子訳　すえもりブックス　2006年6月

「チーズ」 戸渡阿見作；ゆめのまこ絵　たちばな出版（戸渡阿見絵本シリーズ）　2008年3月

「ちからたろう」 いまえよしとも作；たしませいぞう絵　ポプラ社（むかしむかし絵本5）　1967年6月

「ちからたろう」 いまえよしとも文；たしませいぞう絵　ポプラ社（ポプラ社のよみきかせ大型絵本）　2004年11月

「ちからたろう」 杉山亮文；伊藤秀男絵　小学館（日本名作おはなし絵本）　2010年2月

「ちからたろう」 西本鶏介文；飯野和好絵　フレーベル館（日本むかしばなしライブラリー13）　1999年10月

「ちからたろう」 片岡輝文；村上豊絵　チャイルド本社（にほんのむかしばなし2-3）　1980年6月

「ちきゅうになった少年」 みやざきひろかず作・絵　フレーベル館（リーヴル・リーブル1）　1994年2月

「チキンマスク-やっぱりぼくはぼくでいい」 宇都木美帆作　汐文社　2006年7月

「ちっちゃなかいぞく」 デニス・トレ；アレイン・トレ絵・文；麻生九美訳　評論社（児童図書館・絵本の部屋）　1979年10月

「ちびくろ・さんぼ」 へれん・ばんなーまん文；ふらんく・どびあす絵；光吉夏弥訳　岩波書店（岩波の子どもの本）　1953年12月

「ちびくろ・サンボ」 井江春代画；天神しずえ文　ひかりのくに（世界名作えほん全集19）　1966年1月

「ちびくろサンボ」 バンナーマン原作；名木田恵子文；福田隆義絵　講談社（講談社のおともだち絵本11）　1976年6月

「ちびくろサンボ」 ヘレン・バナーマン作；フランク・ドビアス絵　径書房　2008年6月

「ちびくろサンボのぼうけん」 バンナーマン原作；神宮輝夫文；瀬川康男絵　偕成社　1966年7月

「ちびくん」 ロジャー・ハーグレーヴス作；たむらりゅういち訳　評論社（みすた・ぶっくす5）　1976年6月

「チビタンとおおきなメンドリ」 マーティン・ワッデル文；ポール・ハワード絵；小川仁央訳　評論社（児童図書館・絵本の部屋）　1998年11月

子どもの世界・生活

「ちびっこカウボーイ」 アン・ハーバート・スコット作；ロナルド・ハイムラー絵；しらいしすみこ訳　新世研　1997年2月

「ちびのムック」 ヴィルヘルム・ハウフ文；モニカ・レイムグルーバー絵；大島かおり訳　ほるぷ出版　1979年10月

「チム、ジンジャーをたすける」 エドワード・アーディゾーニ作；なかがわちひろ訳　福音館書店（世界傑作絵本シリーズ・イギリスの絵本）　2001年6月

「チムききいっぱつ」 エドワード・アーディゾーニ作；なかがわちひろ訳　福音館書店（世界傑作絵本シリーズ・イギリスの絵本）　2001年7月

「チムさいごのこうかい」 エドワード・アーディゾーニ作；なかがわちひろ訳　福音館書店（世界傑作絵本シリーズ・イギリスの絵本）　2001年10月

「チムとうだいをまもる」 エドワード・アーディゾーニ作；なかがわちひろ訳　福音館書店（世界傑作絵本シリーズ・イギリスの絵本）　2001年9月

「チムとシャーロット」 エドワード・アーディゾーニ作；なかがわちひろ訳　福音館書店（世界傑作絵本シリーズ・イギリスの絵本）　2001年7月

「チムともうひとつのものがたり コックのジンジャー」 エドワード・アーディゾーニ作；なかがわちひろ訳　福音館書店（世界傑作絵本シリーズ・イギリスの絵本）　2001年10月

「チムともだちをたすける」 エドワード・アーディゾーニ文・絵；瀬田貞二訳　福音館書店（世界傑作絵本シリーズ・イギリスの絵本）　1979年6月

「チムとゆうかんなせんちょうさん」 エドワード・アーディゾーニ作；せたていじ訳　福音館書店（世界傑作絵本シリーズ・イギリスの絵本）　2001年6月

「チムとゆうかんなせんちょうさん」 エドワード・アーディゾーニ文・絵；せたていじ訳　福音館書店（世界傑作絵本シリーズ・イギリスの絵本）　1963年6月

「チムとルーシーとかいぞく」 エドワード・アーディゾーニ作；なかがわちひろ訳　福音館書店（世界傑作絵本シリーズ・イギリスの絵本）　2001年6月

「チムのいぬタウザー」 エドワード・アーディゾーニ作；なかがわちひろ訳　福音館書店（世界傑作絵本シリーズ・イギリスの絵本）　2001年9月

「チムのさいごのこうかい」 エドワード・アーディゾーニ作・絵；渡辺茂男訳　瑞木書房　1981年5月

「チムひとりぼっち」 エドワード・アーディゾーニ作；なかがわちひろ訳　福音館書店（世界傑作絵本シリーズ・イギリスの絵本）　2001年7月

「チムひょうりゅうする」 エドワード・アーディゾーニ作；なかがわちひろ訳　福音館書店（世界傑作絵本シリーズ・イギリスの絵本）　2001年9月

「チムふねをすくう」 エドワード・アーディゾーニ作・絵；渡辺茂男訳　瑞木書房　1982年8月

「ちゃっかりクラケールのおたんじょうび」 レンナート・ヘルシング文；スティグ・リンドベリ絵；いしいとしこ訳　プチグラパブリッシング　2003年9月

「ちゃっかりこぞうは まるもうけ？」 マラキー・ドイル文；ジェーン・レイ絵；きむらみか訳　徳間書店　2002年10月

子どもの世界・生活

「チャマコとみつあみのうま-メキシコ・ミステカ族のお話」 竹田鎮三郎作・絵 福音館書店 1986年11月

「チャロとライオン」 ウルフ・ニルソン文;アンナ・ヘグルンド絵;オスターグレン晴子訳 文化出版局 1998年10月

「ちゅうしゃなんかこわくない」 穂高順也作;長谷川義史絵 岩崎書店(えほんのぼうけん10) 2010年3月

「チューピィ おもちゃはぼくのもの」 ティエリー・クルタン絵;ソフィー・クルタン色;ひがしのじゅんこ訳 リーガル出版 2006年7月

「ちょうだい！」 エルフリーダ・ヴァイポント作;レイモンド・ブリッグズ絵;こばやしただお訳 篠崎書林 1977年9月

「チョークランドのサイモン」 エドワード・マクラクラン文・絵;奥田継夫訳 アリス館牧新社 1979年7月

「ちょっとかして」 木下惇子作・絵 偕成社(ちいさいえほん23) 1979年4月

「ついてないねロナルドくん」 パトリシア・R・ギフ作;スザンナ・ナティ絵;舟崎克彦訳 あかね書房(あかねせかいの本5) 1981年3月

「つきのオペラ」 ジャック・プレベール作;ジャクリーヌ・デュエム絵;内藤濯訳 至光社(ブッククラブ国際版絵本) 1980年1月

「つきよのばんのさよなら」 中川正文作;太田大八絵 福音館書店 1975年12月

「つとむくんのかばみがき」 松谷みよ子作;金沢佑光絵 偕成社(創作えほん14) 1973年3月

「つとむのかいたねこ」 前田秀信作・絵 フレーベル館 1983年7月

「つばめがはこんだ南のたね」 斎藤公子編集;チエルシノヴァ絵 創風社 1992年11月

「ツバメの歌」 レオ・ポリティ文・絵;石井桃子訳 岩波書店(岩波の子どもの本) 1954年12月

「つまんないな」 清水哲男作;高氏雅昭絵 サンリード 1979年6月

「ティアックのぼうけん」 ミシェル・マリオネット絵;藤田圭雄文 至光社(ブッククラブ国際版絵本) 1971年1月

「ティッチ」 パット・ハッチンス作・画;石井桃子訳 福音館書店 1975年4月

「デイビッド がっこうへいく」 デイビッド・シャノン作;小川仁央訳 評論社(児童図書館・絵本の部屋) 2001年9月

「デイビッドがやっちゃった！」 デイビッド・シャノン作;小川仁央訳 評論社(児童図書館・絵本の部屋) 2004年11月

「ティモシーとおじいちゃん」 ロン・ブルックス作;村松定史訳 偕成社 1981年8月

「テーブルのしたにはふしぎがいっぱい」 オレリー・ギュレ絵・文;石津ちひろ訳 講談社(講談社の翻訳絵本) 2002年10月

子どもの世界・生活

「テオとかいもの」ビオレタ・デノウ絵・文;こにしまりこ訳 青玄社(テオくんのぼうけんシリーズ8) 1982年11月

「テオとかぞく」ビオレタ・デノウ絵・文;小西マリ子訳 青玄社(テオくんのぼうけんシリーズ1) 1984年12月

「テオとがっこう」ビオレタ・デノウ絵・文;小西マリ子訳 青玄社(テオくんのぼうけんシリーズ4) 1985年2月

「テオときしゃ」ビオレタ・デノウ絵・文;小西マリ子訳 青玄社(テオくんのぼうけんシリーズ3) 1984年12月

「テオとディミトリとはし」ラルフ・ステッドマン作・絵;いけもとさえこ訳 佑学社(ヨーロッパ創作絵本シリーズ8) 1978年5月

「テオとどうぶつえん」ビオレタ・デノウ絵・文;小西マリ子訳 青玄社(テオくんのぼうけんシリーズ7) 1985年10月

「テオとひこうき」ビオレタ・デノウ絵・文;小西マリ子訳 青玄社(テオくんのぼうけんシリーズ5) 1985年4月

「テオとふね」ビオレタ・デノウ絵・文;小西マリ子訳 青玄社(テオくんのぼうけんシリーズ6) 1985年7月

「テオとゆき」ビオレタ・デノウ絵・文;小西マリ子訳 青玄社(テオくんのぼうけんシリーズ2) 1984年12月

「デキナイさん」ロジャー・ハーグレーヴス作;おのかずこ訳 評論社(みすた・ぶっくす14) 1985年12月

「でこあてすりすり」朝川照雄作;長谷川知子絵 岩崎書店(わくわくえほん13) 2007年10月

「でっかいさんぽ」とよたかずひこ作・絵 ポプラ社(えほんはともだち43) 1996年5月

「でっかい木」ガブリエル・バンサン作;今江祥智・中井珠子訳 ブックローン出版(パプーリとフェデリコ3) 1996年6月

「デックとねこ」ベラ・サウスゲイト再話;エリック・ウインター絵;秋晴二;敷地松二郎訳編 アドアンゲン 1974年6月

「てつだいなんてするものか」クルト・バウマン作;マイケル・フォアマン絵;矢川澄子訳 佑学社(ヨーロッパ創作絵本シリーズ22) 1979年1月

「てっぽうこぞう」バルドメロ・リリョ作;ファン・アスティカ絵;おおいしまりこ訳 新世研 2003年10月

「テディベアにそだてられたおとこのこ」ジェニー・ウィリス文;スーザン・バーレイ絵;河野万里子訳 ほるぷ出版 2002年7月

「テル」藤川秀之文・絵 コーキ出版 1981年3月

「テレビがなかったころ」イワン・ポモー文・絵;ときありえ訳 西村書店 2008年11月

「でんぐりでんぐり」くろいけん作・絵 あかね書房(けんちゃんとあそぼう2) 1982年3月

子どもの世界・生活

「トイレでうんち」リスベット・スレーヘルス作;木坂涼訳 小学館(ピピとトントンのえほん) 2008年11月

「トゥーレとびゅんびゅんかぜ」トーマス・ティードホルム文;アンナ=クララ・ティードホルム絵;菱木晃子訳 ほるぷ出版 1996年1月

「トゥーレのたねまき」トーマス・ティードホルム文;アンナ・クララ・ティードホルム絵;ひしきあきらこ訳 ほるぷ出版 1996年1月

「どうしたのだいちゃん」山本まつ子作・絵 ポプラ社(絵本のひろば26) 1976年8月

「どうしてかなしいの?/どこにいるの?」マイケル・グレイニエツ作・絵;ほそのあやこ訳 ポプラ社 1999年2月

「どうしようかな」灰谷健次郎作;坪谷令子絵 サンリード 1979年11月

「どうぞかんべん」椋鳩十作;五百住乙絵 あすなろ書房 1977年3月

「どうだ いかすだろ!」アンソニー・ブラウン作・絵;山下明生訳 あかね書房(あかねせかいの本11) 1985年3月

「どうぶつごやをつくったら」ヘレン・パーマー作;リン・フェイマン絵;岸田衿子文 日本パブリッシング(ビギナーシリーズ) 1970年1月

「とおいところへいきたいな」モーリス・センダック作;神宮輝夫訳 冨山房 1978年11月

「とおくへいったたくちゃん」出口まさあき作・絵 岩崎書店(母と子の絵本6) 1973年12月

「トーマスぼうや」グニラ・ヴォルデ文・絵;つばきはらななこ訳 童話館出版 2007年2月

「トーヤ海へいく」メシャック・エイサー作;代田昇訳 ほるぷ出版 1976年9月

「トカゲがぴこん ベンチがぶんっ」水谷章三文;藤田勝治絵 にっけん教育出版社 1998年6月

「どきどきドンドンおんがくかい-音楽会」中島寿;高木あきこ作;長野博一絵 太平出版社(つくばシリーズ-はじめてのおんがく12) 1997年10月

「トケビにかったバウイ-朝鮮民話」きむやんき再話;呉炳学画 福音館書店 1974年12月

「とこちゃんはどこ」松岡享子作;加古里子絵 福音館書店(こどものとも傑作集) 1970年7月

「どこまでもおおきい」佐久間彪文;かすや昌宏絵 至光社(ブッククラブ国際版絵本) 1983年1月

「とこやさんにいったニッセ」オロフ・ランドストローム;レーナ・ランドストローム作;外山真理訳 偕成社 1993年10月

「ドスンドスンドスン」西川おさむ作 フレーベル館(フレーベル館のえほん・タイニーシリーズ29) 1982年7月

「ドスンくん」ロジャー・ハーグレーヴス作;たむらりゅういち訳 評論社(みすた・ぶっくす7) 1976年7月

子どもの世界・生活

「とっちゃんこぞう」 舟崎克彦作;長谷川集平絵 ポプラ社(絵本・子どもの世界) 1981年9月

「トトとタロー」 米倉斉加年絵;かの文 アートン 2003年7月

「トトとライヨ じてんしゃのれた!」 さこももみ作 アリス館 2008年7月

「トトとライヨ じてんしゃのれた!」 さこももみ作 アリス館 2008年7月

「となりのうまとおとこのこ」 チャールズ・キーピング絵・文;せたていじ訳 らくだ出版 1971年11月

「となりのせきの ますだくん」 武田美穂作・絵 ポプラ社(えほんとなかよし12) 1991年11月

「トマスと図書館のおねえさん」 パット・モーラ文;ラウル・コローン絵;藤原宏之訳 さ・え・ら書房 2010年2月

「トマと無限」 ミシェル・デオン作;エティエンヌ・ドゥルセール絵;塚原亮一訳 篠崎書林 1979年3月

「トム」 トミー・デ・パオラ作;福本友美子訳 光村教育図書 2008年6月

「ともだちつれてよろしいですか」 ビアトリス・シェンク・ドゥ・レニア文;ベニ・モントレソール絵;渡辺茂男訳 冨山房 1974年11月

「ドラゴンだいかんげい?」 デイヴィッド・ラロシェル文;脇山華子絵;長友恵子訳 徳間書店 2004年11月

「トらやんの世界 ラッキードラゴンのおはなし」 ヤノベケンジ作・絵 サンリード 2009年9月

「トリクシーのくたくたうさぎ」 モー・ウィレムズ作;中川ひろたか訳 ヴィレッジブックス 2006年10月

「トリゴラス」 長谷川集平作 文研出版(みるみる絵本-ぽっぽライブラリ) 1995年1月

「トリッポンとおばけ」 萩尾望都作;こみねゆら絵 教育画劇 2007年2月

「トリッポンと王様」 萩尾望都作;こみねゆら絵 教育画劇 2007年2月

「トリッポンのこねこ」 萩尾望都作;こみねゆら絵 教育画劇 2007年2月

「トリとボク」 長新太文・絵 あかね書房(あかね創作えほん23) 1985年5月

「ドルジェのたび−チベットの少年のはなし」 ペマ・ギャルポ話;金田卓也文・絵 偕成社 1985年5月

「どれかな?」 八木田宜子作;司修絵 文化出版局(八木田宜子みどりのえほん4) 1970年12月

「どれがぼくかわかる?」 カーラ・カスキン文・絵 奥田静訳 偕成社 1970年7月

「どろぼうとおんどりこぞう」 ナニー・ホグロギアン文・絵;はらしょう訳 アリス館牧新社 1976年3月

「どん たん ぴん」 福田繁雄作 至光社(ブッククラブ国際版絵本) 1986年1月

子どもの世界・生活

「トン・ウーとはち」 小風さち作;小野かおる絵 講談社(講談社の創作絵本) 2009年5月
「トンカチぼうや」 いとうひろし作・絵 クレヨンハウス 1994年9月
「どんぐりどらや」 どうめきともこ作;かべやふよう絵 佼成出版社 2005年9月
「どんぐりほいくえんのくじらのかせき」 後藤竜二文;遠藤てるよ絵 童心社 1981年7月
「とんちゃんのトマト」 子どもの生活研究会編;きよしげのぶゆき絵 こずえ 1984年4月
「トントとりんご」 高畠ひろき作・絵 フレーベル館(キンダーおはなしえほん) 1984年12月
「どんどん どんどん」 片山健作 文研出版(えほんのもり) 1984年9月
「トントンドア」 山崎ゆかり文;荒井良二絵 偕成社 2007年9月
「とんぼとりの日々」 長谷川集平作 すばる書房 1978年8月
「とんまくん」 ロジャー・ハーグレーヴス作;たむらりゅういち訳 評論社(みすた・ぶっくす4) 1976年6月
「ないしょのゆきだるま」 角野栄子作;大島妙子絵 あかね書房(あかね創作えほん39) 1998年1月
「ナイトシミー-元気になる魔法」 アンソニー・ブラウン絵;グエン・ストラウス文;灰島かり訳 平凡社 2002年7月
「ナイナイ ナイナイ」 角野栄子作;渡辺三郎絵 ひくまの出版(幼年えほんシリーズ・あおいうみ22) 1985年7月
「ながいおはなのハンス」 ジェームス・クリュス文;スタシス・エイドリゲビシウス絵;天沼春樹訳 ほるぷ出版 1991年12月
「ながぐつのごめんね」 大石真作;北田卓史画 童心社(大石真おはなしえほん) 1979年1月
「なかよしのくまさん」 ロバート・ブライト作;小林いづみ訳 冨山房 1994年1月
「なきすぎてはいけない」 内田麟太郎作;たかすかずみ絵 岩崎書店(えほんのぼうけん3) 2009年5月
「なきたろう」 松野正子作;赤羽末吉絵 文研出版(文研ジョイフルえほん傑作集4) 1974年7月
「なきむしぼうや」 エルサ・ベスコフ作・絵;石井登志子訳 徳間書店 2002年5月
「なくしたもの みつけた」 五味太郎作・絵 サンリード 1984年1月
「なぞのユニコーン号」 エルジェ作;川口恵子訳 福音館書店(タンタンの冒険旅行3) 1983年10月
「なぞをとく少年-モンゴル」 ムンフジン・チュールテミン文・絵;大貫美佐子訳 蝸牛社(かたつむり文庫) 1996年7月
「なつのあさ」 谷内こうた文・画 至光社(ブッククラブ国際版絵本) 1970年1月

子どもの世界・生活

「なつをたのしむサイモン」 ギリス・ティボ作;嶋田宏一訳 好学社(サイモンシリーズ) 1995年7月

「ななつの水晶球」 エルジェ作;川口恵子訳 福音館書店(タンタンの冒険旅行6) 1985年10月

「なにがほしいの、おうじさま」 クロード・K.デュボワ作;河野万里子訳 ほるぷ出版 2008年4月

「なにしてるの、サム?」 メアリー=ルイーズ・ゲイ作;江國香織訳 光村教育図書 2007年6月

「なにわのでっち こまめどん どっちもどっちの巻」 村上しいこ作;たごもりのりこ絵 佼成出版社(どんぐりえほんシリーズ) 2010年3月

「なにわのでっち こまめどん どろぼうどいつやの巻」 村上しいこ作;たごもりのりこ絵 佼成出版社(どんぐりえほんシリーズ) 2010年5月

「なにわのでっち こまめどん ねずみこわいでちゅうの巻」 村上しいこ作;たごもりのりこ絵 佼成出版社(どんぐりえほんシリーズ) 2010年4月

「なのなの」 内田麟太郎文;大島妙子絵 童心社(とことこえほん) 2008年11月

「なまいきくん」 ロジャー・ハーグレーヴス作;たむらりゅういち訳 評論社(みすた・ぶっくす9) 1976年7月

「なまけもののタレッシュ」 ウイリアム・パパズ絵・文;じんぐうてるお訳 らくだ出版(オックスフォードえほんシリーズ10) 1971年11月

「なりくんのだんぼーる」 斎藤彰吾作;山本まつ子絵 銀河社(銀河社の創作絵本) 1974年4月

「ナルシス」 ジャン・シャロン文;マルチーヌ・ドゥレルム絵;工藤直子訳 偕成社 1992年11月

「なんだかうれしくなってきた」 五味太郎作・絵 佼成出版社 1981年4月

「なんでぼくだけこうなるの?」 ヤニコヴスキー・エーヴァ文;レーベル・ラースロー絵;マンディ・ハシモト・レナ訳 文渓堂 2010年3月

「なんでものたね―ナンとあおいほしのなかまたち」 たちのけいこ作・絵 PHP研究所(PHPわたしのえほんシリーズ) 1993年10月

「にげだした てじなのたね」 田中友佳子作・絵 徳間書店 2008年10月

「にこちゃんとぷんぷんまる」 真珠まりこ作・絵 ひさかたチャイルド 2010年7月

「ニコラスのペット」 インゲル・サンドベルイ文;ラッセ・サンドベルイ絵;たなかみちお訳 講談社(世界の絵本スウェーデン) 1971年2月

「にちようのあさはすてき」 ジュディス・ヴィオースト文;ヒラリー・ナイト絵;入江真佐子訳 ほるぷ出版 1989年8月

「ニッセのあたらしいぼうし」 オロフ・ランドストローム;レーナ・ランドストローム作;外山真理訳 偕成社 1993年10月

子どもの世界・生活

「ニューワと九とうの水牛」小野かおる文・絵 福音館書店(日本傑作絵本シリーズ) 2007年1月

「にわのジャンルとソフィ」マルセル・マルリエ作・絵;黒木義典訳;板谷和雄文 ブックローン出版(ファランドールえほん23) 1984年1月

「にんじんのたね」ルース・クラウス作;クロケット・ジョンソン絵;小塩節訳 こぐま社 2008年11月

「ヌーチェの水おけ」神沢利子文;赤羽末吉絵 ポプラ社(おはなし名作絵本8) 1970年8月

「ヌング少年とマダムヒッポのお話」バベット・コール作;兼高かおる訳 CBS・ソニー出版 1979年4月

「ねえさんのけっこん」ヒュー・ルーウィン文;リサ・コッパー絵;多田ひろみ訳 すぐ書房 1989年8月

「ねこちゃんあそぼうよ」グニラ・ボルデ作;たかむらきみこ訳 偕成社(トミーちゃんシリーズ) 1976年1月

「ねんどの神さま」那須正幹作;武田美穂絵 ポプラ社(えほんはともだち27) 1992年12月

「のうえんのイバイ」ヘスス・バリャス作;ミケル・シチャル絵;立花香訳 新世界研究所(イバイぼうけんシリーズ7) 1990年6月

「のうえんのジャンルとソフィ」マルセル・マルリエ作・絵;黒木義典訳;板谷和雄文 ブックローン出版(ファランドールえほん24) 1984年1月

「ノエルのひみつ」G.ソロタレフ作・絵;すえまつひみこ訳 佑学社 1990年10月

「のってのって」くろいけん作・絵 あかね書房(けんちゃんとあそぼう1) 1982年2月

「のぼっちゃう」八木田宜子作;太田大八絵 文化出版局(八木田宜子みどりのえほん7) 1971年4月

「のまどくん」片山健作 文渓堂 2010年9月

「のりおのふしぎなぼうえんきょう」平田昌広文;平田景絵 講談社(講談社の創作絵本) 2006年11月

「ノロは花になった」北原綴文;新井五郎絵 創林社(創作絵本) 1986年4月

「ハーモニカのめいじん レンティル」ロバート・マックロスキー文・絵;まさきるりこ訳 国土社 2000年9月

「バイオリンひきのミーシカ」ヴィクター・アンブラス文・絵;かたおかひかる訳 らくだ出版 1983年11月

「はいけいさとるくん」大森真貴乃作 ベネッセコーポレーション(ベネッセのえほん) 1997年11月

「はいしゃさんにきたのはだれ?」トム・バーバー作;リン・チャップマン絵;ひろはたえりこ訳 小峰書店(わくわく世界の絵本) 2008年11月

子どもの世界・生活

「ハクションくん」 ロジャー・ハーグレーヴス作;たむらりゅういち訳 評論社(みすた・ぶっくす12) 1985年12月

「パコ」 森山京作;広瀬弦絵 ポプラ社(絵本・いつでもいっしょ21) 2007年5月

「はじめてのかていほうもん」 福田岩緒作・絵 ポプラ社(えほんはともだち21) 1992年6月

「はしるチンチン」 しりあがり寿作・絵 岩崎書店(えほんのぼうけん2) 2009年5月

「はせがわくんきらいや」 長谷川集平著 温羅書房 1994年6月

「はだしのゲン」 中沢啓治作・絵 汐文社 1980年8月

「はちうえはぼくにまかせて」 ジーン・ジオン作;マーガレット・ブロイ・グレアム絵;森比左志訳 ペンギン社 1981年8月

「はっぴぃさん」 荒井良二作 偕成社 2003年9月

「ハッピーハッピーバースデー」 新沢としひこ作;いとうみき絵 金の星社(新しいえほん) 2010年7月

「はなたれこぞうさま」 千葉幹夫文;荒井良二絵 小学館(日本名作おはなし絵本) 2010年5月

「はなたれこぞうさま」 川崎大治文;太田大八絵 そしえて(そしえて民話絵本) 1977年2月

「はなたれこぞうさま」 川崎大治文;太田大八絵 童話館出版 2000年7月

「はなたれこぞうさま」 川村たかし文;梶山俊夫画 教育画劇(日本の民話えほん) 1998年5月

「はなたれこぞうさま」 長谷川摂子文;福知伸夫絵 岩波書店(てのひらむかしばなし) 2008年10月

「パパ、ちょっとまって!」 グニッラ・ベリィストロム作;山内清子訳 偕成社(アルフォンスのえほん) 1981年7月

「パパにあいたい」 ビーゲン・セン作;オームラトモコ絵 アリス館 2008年7月

「パブロくんのぼうしは、まほうのぼうし」 モンセ・ヒネスタ作・絵;佐藤秀美訳 新世研 1992年10月

「はやおき」 すぎたまきこ文;せべまさゆき絵 草土文化 1982年11月

「はやての童子」 木暮正夫作;秋野不矩絵 岩崎書店(創作絵本30) 1975年12月

「ばらいろのもり」 立原えりか文;永田萠絵 講談社 1984年4月

「ハリィの山」 デイヴィッド・H.シャピロ作;広瀬弦絵 ブロンズ新社 2002年1月

「はるじゃの ばけつ」 白土あつこ作・絵 ひさかたチャイルド 2009年2月

「はるまつり」 菊池日出夫作 福音館書店 1985年5月

「はるをよぶサイモン」 ギリス・ティボ作;嶋田宏一訳 好学社(サイモンシリーズ) 1995年2月

子どもの世界・生活

「バレンティンのおくりもの」 マリー・ジョゼ・サクレ作・絵;長浜宏訳 佑学社(オーストリア創作絵本シリーズ5) 1978年4月

「はろるどとむらさきのくれよん」 クロケット・ジョンソン作;岸田衿子訳 文化出版局 1972年6月

「はろるどのふしぎなぼうけん」 クロケット・ジョンソン作;岸田衿子訳 文化出版局 1971年11月

「はろるどまほうのくにへ」 クロケット・ジョンソン作;岸田衿子訳 文化出版局 1972年6月

「パンケーキにのっけたバターみたい」 ジョナサン・ロンドン文;G.ブライアン・カラス絵;若松由子訳 ほるぷ出版 1996年9月

「ハンスのダンス」 中川ひろたか作;荒井良二絵 文渓堂 2008年3月

「パンタのパンの木」 そがまい作 小峰書店(えほんひろば) 2004年9月

「パンチョギ」 ソ・ジュンエ文;ハン・ビョンホ絵;かみやにじ訳 少年写真新聞社 2006年5月

「パンやのろくちゃん うんとね」 長谷川義史作 小学館(おひさまのほんシリーズ) 2007年9月

「パンやのろくちゃん」 長谷川義史作 小学館(おひさまのほん) 2006年10月

「びいすけのそら」 さえぐさひろこ作;デュフォ恭子絵 ひさかたチャイルド 2008年8月

「ピーターとエミーはちがうよ」 グニラ・ボルデ作;たかむらきみこ訳 偕成社(エミーちゃんシリーズ) 1977年1月

「ピーターとおおかみ」 セルゲイ・プロコフィエフ作;アラン・ハワード絵;小倉朗訳 岩波書店 1975年11月

「ピーターとおおかみ」 プロコフィエフ作;内田莉莎子文;三好碩也絵 偕成社 1966年8月

「ピーターとおおかみ-セルゲイ・プロコフィエフの音楽童話より」 エルナ・フォークト絵;山本太郎訳 佑学社 1984年7月

「ピーターとねこ」 スミコ・デイビス作;植松佐知子訳 文化出版局 1989年11月

「ピーターのいす」 エズラ・ジャック・キーツ作・画;木島始訳 偕成社(キーツの絵本) 1969年10月

「ピーターのくちぶえ」 エズラ・ジャック・キーツ作・画;木島始訳 偕成社(キーツの絵本) 1974年2月

「ピーターのてがみ」 エズラ・ジャック・キーツ作・画;木島始訳 偕成社(キーツの絵本) 1974年7月

「ピーターのとおいみち」 バーバラ・クーニー絵;リー・キングマン文;三木卓訳 講談社(世界の絵本) 1997年3月

「ピーターのめがね」 エズラ・ジャック・キーツ作・画;木島始訳 偕成社(キーツの絵本) 1975年11月

子どもの世界・生活

「ピーターの自転車」 ヴァージニア・アレン・イェンセン文；イブ・スパン・オルセン絵；木村由利子訳 文化出版局 1980年7月

「ピーターの浜べ」 サリー・グリンドレー文；マイケル・フォアマン絵；川島亜紗訳 評論社(児童図書館・絵本の部屋) 1997年11月

「ピートとポロの ぶくぶくうみのぼうけん」 エイドリアン・レイノルズ作；まつかわまゆみ訳 評論社(児童図書館・絵本の部屋) 2001年5月

「ピエールとライオン」 モーリス・センダック作；神宮輝夫訳 冨山房 1986年8月

「ピカドンたけやぶ」 はらみちを作・絵 岩崎書店(岩崎創作絵本3) 1983年7月

「ひかりの二じゅうまる」 志茂田景樹作；石川あゆみ絵 KIBA BOOK(よい子に読み聞かせ隊の絵本シリーズ2) 1999年10月

「びくびくビリー」 アンソニー・ブラウン作；灰島かり訳 評論社(児童図書館・絵本の部屋) 2006年9月

「ビップとちょうちょう」 与田準一作；堀文子画 福音館書店 1956年4月

「ひでちゃんのにっき」 永瀬清子作；堀内誠一絵 福音館書店 1981年1月

「ひとりだって かえれるもん」 篠原良隆作・絵 ポプラ社(えほんはともだち20) 1992年2月

「ひとりでできるよ」 小林純一文；多田ヒロシ絵 国土社(ルールくんの本2) 1974年1月

「ひとりの正月」 斎藤隆介作；久米宏一絵 佼成出版社 1979年12月

「ひとりぼっちのキャンプ」 キャロル・カリック作；ドナルド・カリック絵；渡辺安佐子訳 岩崎書店(新・創作絵本19) 1980年12月

「ひとりぼっちのハンス」 バーナデット・ワッツ絵・文；宮下啓三訳 講談社(世界の絵本スイス) 1972年3月

「ひねくれとんぼ」 なかえよしを作；上野紀子絵 金の星社 1982年12月

「ひみつのともだちモルガン」 グニッラ・ベリィストロム作；山内清子訳 偕成社(アルフォンスのえほん) 1982年9月

「ヒミツのヒミツの…」 トニー・ロス作；せなあいこ訳 評論社 1993年9月

「ひみつのもり」 ジーニー・ベイカー作；さくまゆみこ訳 光村教育図書 2006年6月

「ひみつのリレー」 鈴木久美子文；長野ヒデ子絵 アイキューブ 1996年11月

「ひょうとくさま」 岩崎京子文；石倉欣二絵 ほるぷ出版(幼児みんわ絵本20) 1985年10月

「ビリーとなかまたち」 はるなまき文；いしくらきんじ絵 小峰書店(えほんひろば) 2006年11月

「ビリーはもうすぐ1ねんせい」 ローレンス・アンホールト文；キャスリン・アンホールト絵；松野正子訳 岩波書店 1997年5月

「ひろくんときょうちゃんのエンケラプン」 いわむらかずお作 あかね書房 1983年9月

子どもの世界・生活

「ひろしくんは空がすき」木下小夜子作;木下蓮三絵 ウオカーズカンパニー(創作絵本シリーズ) 1989年7月

「ピロとしょうぼうたい」クルト・バウマン文;イジー・ベルナルド絵;楠田枝里子訳 文化出版局 1982年7月

「ひろとチロのなつまつり」成田雅子作・絵 講談社(講談社の創作絵本) 2009年6月

「ピンピーとおくびょう犬」G.R.パウケット作;H.ランゲンファス画;桂芳樹訳 小学館(世界の創作童話16) 1980年11月

「ファラオの葉巻」エルジェ作;川口恵子訳 福音館書店(タンタンの冒険旅行8) 1987年3月

「ファンファンとおおかみ」ピエール・プロブスト文・絵;那須辰造訳 講談社(世界の絵本フランス) 1971年8月

「ファンファンとこうのとり」ピエール・プロブスト文・絵;那須辰造訳 講談社(世界の絵本フランス) 1971年5月

「ファンファンとふね」ピエール・プロブスト文・絵;那須辰造訳 講談社(世界の絵本フランス) 1971年3月

「ファンファンとみどりのさる」ピエール・プロブスト文・絵;那須辰造訳 講談社(世界の絵本フランス) 1971年3月

「ファンファンとやぎ」ピエール・プロブスト文・絵;那須辰造訳 講談社(世界の絵本フランス) 1971年6月

「ファンファンとやまかじ」ピエール・プロブスト文・絵;那須辰造訳 講談社(世界の絵本フランス) 1971年7月

「フィリップぼうず」L.トルストイ作;A.パホーモフ画;樹下節訳 理論社(ソビエト絵本傑作シリーズ) 1977年3月;理論社 1973年1月

「フィリポのまほうのふで」ミッシヤ・ダムヤン作;ヤーノシュ絵;藤田圭雄訳 佑学社(ヨーロッパ創作絵本シリーズ21) 1978年12月

「ぷうとぷっぷう」鈴木悦夫作;加藤晃絵 ひくまの出版(幼年絵本シリーズ・あおいうみ27) 1986年6月

「プープーのぼうけん」河原淳作 大日本図書(大日本の創作絵本) 1972年9月

「プールーとセバスティアン」ルネ・エスキュディエ作;ウリセス・ヴェンセル絵;末松氷海子訳 セーラー出版 1990年2月

「フォルケはチュッとしたいきぶん」オーサ・カシーン作;ひしきあきらこ訳 くもん出版 2003年4月

「フォルケはプッとしたいきぶん」オーサ・カシーン作;ひしきあきらこ訳 くもん出版 2003年4月

「ぶかぶかティッチ」パット・ハッチンス作・画;石井桃子訳 福音館書店 1984年7月

「ふくふくろう」松田素子作;秋山巌絵 ポプラ社(えほんはともだち41) 1996年3月

子どもの世界・生活

「ふくろにいれられたおとこのこ―フランス民話」 山口智子再話;堀内誠一画 福音館書店 1982年10月

「ふしぎないきもの」 アネリース・シュヴァルツ文;クヴィエタ・パツォウスカー絵;池内紀訳 ほるぷ出版 1990年12月

「ふしぎなおんがく」 かすや昌宏絵・文 至光社 1982年1月

「ふしぎなガラス玉」 アルカディオ・ロバト作・絵;菊江・ウィルヘルム訳 講談社(講談社の翻訳絵本) 1991年2月

「ふしぎなかんざし」 斎藤田鶴子文;中村景児絵 コーキ出版 1982年3月

「ふしぎなともだち」 サイモン・ジェームズ作;小川仁央訳 評論社(児童図書館・絵本の部屋) 1999年4月

「ふしぎなふしぎなみずたまり」 高橋宏幸作 小峰書店(けんちゃんえほん3) 1977年12月

「ふしぎなボール」 フィリパ・ピアス文;ヘレン・ガンリー絵;猪熊葉子訳 岩波書店 1989年6月

「ふしぎなもみのき」 河村員子文;拓新太朗絵 いのちのことば社シーアール企画 1991年10月

「ふしぎな少年ナーゾオ」 ルー・ピン文;ティ・シーファ絵;森住和弘訳 ほるぷ出版 1980年9月

「ふしぎな流れ星」 エルジェ作;川口恵子訳 福音館書店(タンタンの冒険旅行2) 1983年4月

「ふじさん」 梅田俊作作 小峰書店(こみね創作えほん14) 1979年8月

「ブタはともだち」 マーク・ティーグ作・絵;小宮山みのり訳 徳間書店 1998年6月

「ふたりのあか毛」 ウィル;ニコラス作;はるみこうへい訳 童話館出版 2001年9月

「ふたりのぶとうかい―ウェーバー音楽より」 いわさきちひろ絵;筒井敬介文 講談社(いわさきちひろ・名作えほん) 2005年7月

「ふたりはだだっこ」 今村葦子文;降矢なな絵 童心社(絵本・こどものひろば) 1995年10月

「ふつうに学校にいくふつうの日」 コリン・マクノートン文;きたむらさとし絵;柴田元幸訳 小峰書店(世界の絵本コレクション) 2005年9月

「ブッレブッセとまほうのもり」 シールス・グラネール文;ルイス・モー絵;山内清子訳 徳間書店 1998年8月

「ふみきりの赤とんぼ」 那須正幹文;渡辺有一絵 ポプラ社(おはなし創作えほん14) 1976年9月

「フランダースのいぬ」 ウィーダ原作;有馬志津子文;辰巳まさえ絵 世界出版社(ABCブック) 1970年1月

「フランダースの犬」 ウィーダ原作;立原あゆみ著 集英社(ファンタジーメルヘン) 1983年7月

子どもの世界・生活

「ブリキのいえ」 森本清彦作 フレーベル館 1985年2月

「ブルーベリーもりでのプッテのぼうけん」 エルサ・ベスコフ作・絵;ルゼ・カプデヴィラ絵;おのでらゆりこ訳 福音館書店(世界傑作絵本シリーズ・スウェーデンの絵本) 1977年5月

「ヘクター・プロテクター」 モーリス・センダック作;神宮輝夫訳 冨山房 1978年12月

「ベニーはおにいちゃん」 バルブロ・リンドグレーン文;オーロフ・ランドストローム絵;うらたあつこ訳 ラトルズ 2009年10月

「ぺにろいやるのおにたいじ」 吉田甲子太郎訳;山中春雄画 福音館書店 1957年6月

「ペレのあたらしいふく」 エルサ・ベスコフ作・絵;おのでらゆりこ訳 福音館書店(世界傑作絵本シリーズ・スウェーデンの絵本) 1976年2月

「べろだしぼうや」 クロード・ブージョン文・絵;末松氷海子訳 セーラー出版 1991年11月

「べんきょうなんて やるもんか!」 キム・ヨンジン絵;イ・ジェウォン作;チョン・ミヘ訳 フレーベル館 2007年9月

「ヘンなさんぽ」 井上洋介作・絵 銀河社(銀河社の創作絵本) 1978年5月

「ベンのトランペット」 レイチェル・イザドラ作・絵;谷川俊太郎訳 あかね書房(あかねせかいの本7) 1981年11月

「ヘンリー・ブラウンの誕生日」 エレン・レヴァイン作;カディール・ネルソン絵;千葉茂樹訳 鈴木出版 2008年12月

「ヘンリーのごじまんは…」 メアリー・ホフマン作;スーザン・ウィンター絵;せなあいこ訳 評論社(児童図書館・絵本の部屋) 1996年10月

「ぼうぼうあたま」 ハインリッヒ・ホフマン作;伊藤庸二訳 教育出版センター 1980年10月

「ポウンくん」 ロジャー・ハーグレーヴス作;おのかずこ訳 評論社(みすた・ぶっくす19) 1985年12月

「ホームランを打ったことのない君に」 長谷川集平作 理論社 2006年4月

「ポールとペリカン」 ブライアン・ワイルドスミス作・絵;長瀬禮子訳 太平社 1987年5月

「ポールのクリスマス・イブ」 キャロル・キャリック作;ドナルド・キャリック絵;多田ひろみ訳 佑学社(アメリカ創作絵本シリーズ10) 1979年11月

「ぼくいえでするんだい」 にしむらひろみ作;末崎茂樹絵 佼成出版社(創作絵本シリーズ) 1989年9月

「ぼくかいじゅうだって」 さねとうあきら作;宮本忠夫絵 教育画劇(スピカのおはなしえほん19) 1986年2月

「ぼく ねじだいすき」 武市八十雄文;北田卓史絵 至光社(ブッククラブ国際版絵本) 1986年1月

「ぼく ねむくないよ」 アストリッド・リンドグレーン文;イロン・ヴィークランド絵;ヤンソン由実子訳 岩波書店 1990年1月

子どもの世界・生活

「ぼく はなたろう」 杉田豊絵;蔵冨千鶴子文;武市八十雄案 至光社(ブッククラブ国際版絵本) 1968年1月

「ぼく、いってくるよ！」 江崎雪子作;永田治子絵 ポプラ社(絵本の時間15) 2002年10月

「ぼく、イヌじゃないよ」 結城昌治作;マリー・ジョゼ・サクレ絵 河出書房新社(メルヘンの森) 1985年6月

「ぼく、すてごです」 宮本忠夫作 文研出版(えほんのもり4) 1984年10月

「ぼく、なきむし」 長谷川知子作 文研出版(えほんのもり) 2010年6月

「ぼく、ブタになっちゃった！」 ラルフ・ブチュコウ作;ひらのきょうこ訳 岩崎書店(世界の絵本18) 1994年10月

「ぼく、ムシになっちゃった」 ローレンス・デイヴィッド文;デルフィーン・デュラーンド絵;青山南訳 小峰書店(世界の絵本コレクション) 2002年7月

「ぼく、仮面ライダーになる! オーズ編」 のぶみ作 講談社(講談社の創作絵本) 2010年11月

「ぼく、仮面ライダーになる！」 のぶみ作 講談社(講談社の創作絵本) 2010年2月

「ぼくあかんぼなんかほしくなかったのに」 マーサ・アレクサンダー作・絵;岸田衿子訳 偕成社 1980年2月

「ぼくうそついちゃった」 マージョリー・ワインマン・シャーマット作;デーヴィッド・マクフェイル絵;大庭みな子訳 佑学社(アメリカ創作絵本シリーズ16) 1980年10月

「ぼくおおきくなった？」 荒川薫作;長縄栄子絵 福音館書店 1984年1月

「ぼくがうれしくなるときは…」 ヤニコヴスキー・エーヴァ文;レーベル・ラースロー絵;マンディ・ハシモト・レナ訳 文渓堂 2009年8月

「ぼくがサーカスやったなら」 ドクタースース作;渡辺茂男訳 日本パブリッシング 1970年1月

「ぼくがのぞいたうみのなか」 ながはらたつや作 こぐま社 1984年6月

「ぼくがラーメンたべてるとき」 長谷川義史作・絵 教育画劇 2007年7月

「ぼくが病院で会った仲間たち」 バーナード・ストーン文;ラルフ・ステッドマン絵;植草甚一訳 CBS・ソニー出版 1980年9月

「ぼくきょうだけいえでする！」 福田岩緒作 童心社(絵本・ちいさななかまたち) 1995年7月

「ぼくぐずっぺじゃないぞ」 竹崎有斐作;山本まつ子絵 銀河社 1980年12月

「ぼくじゃないよ ジェイクだよ」 アニタ・ジェラーム作・絵;常陸宮妃華子訳 国土社 1997年11月

「ぼくたいやだいすき」 武市八十雄文;北田卓史絵 至光社(ブッククラブ国際版絵本) 1985年1月

子どもの世界・生活

「ぼくだけのきょうりゅう」今江祥智文;太田大八絵　ベネッセコーポレーション(ベネッセの絵本)　1998年3月

「ぼくたちおばあちゃん」グニラ・ボルデ作;たかむらきみこ訳　偕成社(トミーちゃんシリーズ)　1976年1月

「ぼくだってできるさ！」エドアルド・ペチシカ作;ヘレナ・ズマトリーコバー絵;むらかみけんた訳　冨山房インターナショナル　2005年12月

「ぼくちいさくないよ」グニラ・ボルデ作;たかむらきみこ訳　偕成社(トミーちゃんシリーズ)　1976年1月

「ぼくとアプー」ジャグデシュ・ジョシー作;渡辺茂男訳　講談社　1984年5月

「ぼくとアルベスにいちゃん」大井戸百合子絵;秋尾晃正文　福武書店　1985年6月

「ぼくとガジュマル」下嶋哲朗作　童心社(絵本・ちいさななかまたち)　1985年6月

「ぼくとくまさん」ユリ・シュルヴィッツ作;さくまゆみこ訳　あすなろ書房　2005年5月

「ぼくとじょうえつしんかんせん」関根榮一文;横溝英一絵　小峰書店(のりものえほん)　1988年3月

「ぼくとタロー」森野さかな絵・文　自由国民社　2002年8月

「ぼくとパパ」セルジュ・ブロック作;金原瑞人訳　講談社(講談社の翻訳絵本)　2007年5月

「ぼくとパパはわかれている－りこんってなんだろう」アニュエス・ロザンスチエール文・絵;庄司洋子訳　草土文化　1984年4月

「ぼくとバブーン－はじめてのおとまり」ベッテ・ウェステラ作;スザンヌ・ディーデレン絵;野坂悦子訳　にいるぶっくす　ソニー・マガジンズ　2005年5月

「ぼくと大だこマストン」西川おさむ作　フレーベル館　1983年5月

「ぼくにはひみつがあります」羽仁進作;堀内誠一画　好学社(羽仁進のえほんとあそぼう)　1973年1月

「ぼくね、すっごいプレゼントがほしいの」フローランス・ラングロワ作;わたなべのりこ訳　メディアファクトリー　1998年11月

「ぼくネコになる」きたむらさとし作　小峰書店(世界の絵本コレクション)　2003年5月

「ぼくの、ぼくの、ぼくのー！」マイク・リース文;デイビッド・キャトロウ絵;ふしみみさを訳　ポプラ社(ポプラせかいの絵本22)　2008年9月

「ぼくのあしがあひるのあしだったら」セオ・レスィーグ作;ビー・トビィー絵;横山泰三文　日本パブリッシング(ビギナーブックシリーズ)　1968年1月

「ぼくのアフリカ」イングリッド・メンネン;ニキ・ダリー文;ニコラース・マリッツ絵;渡辺茂男訳　冨山房　1993年1月

「ぼくのウサギ」イヴォンヌ・ヤハテンベルフ作;野坂悦子訳　講談社(世界の絵本)　2007年6月

「ぼくのうばぐるま」七尾純作;松永禎郎絵　好学社(カンガルーブック5)　1971年1月

子どもの世界・生活

「ぼくのおじいちゃん」南本樹作・絵 フレーベル館 1982年8月

「ぼくのおとうと」かどのえいこ;いとうひろし作 童心社 2009年8月

「ぼくのおにいさん」アルセア作;ニタ・スーター絵 偕成社 1978年9月

「ぼくのかあさん」ヒュー・ルーウィン文;リサ・コッパー絵;多田ひろみ訳 すぐ書房 1991年3月

「ぼくのかえりみち」ひがしちから作 BL出版 2008年10月

「ぼくのかお」杉田豊絵・文 至光社（ブッククラブ国際版絵本） 1986年1月

「ぼくのかぞく」ドゥシャン・ロール作;ヘレナ・ズマトリーコバー絵;千野栄一訳 福音館書店 1984年8月

「ぼくのきいろいバス」荒井良二作 学習研究社（学研おはなし絵本） 2007年11月

「ぼくのきしゃ」デーヴィッド・マクフェイル作・絵;三木卓訳 佑学社（アメリカ創作絵本シリーズ22） 1981年9月

「ぼくのきゅうきゅうしゃ」若谷和子文;長谷川知子絵 偕成社 1988年10月

「ぼくのくつちゃんトベルマン」安井淡作・絵 岩崎書店（えほん・ワンダーランド4） 1985年8月

「ぼくのくまくんフローラ」デイジー・ムラースコバー作・絵;千野栄一訳 偕成社 1979年7月

「ぼくのくりのき」七尾純作;早川博唯絵 好学社（カンガルーブック11） 1974年1月

「ぼくのさんりんしゃ」トラウテ・ジーモンス作;スージー・ボーダル絵;佐々木田鶴子訳 偕成社 1982年5月

「ぼくのさんりんしゃ」津田櫓冬作・絵 福音館書店 1979年7月

「ぼくのせいじゃないのに」トニー・ロス作;幾島幸子訳 アルク 1990年6月

「ぼくのつくった家」インゲル・サンドベルイ文;ラッセ・サンドベルイ絵;鈴木徹郎訳 講談社（世界の絵本スウェーデン） 1972年2月

「ぼくのてぶくろ」ふくだすぐる作・絵 岩崎書店（えほんのぼうけん7） 2009年11月

「ぼくのにんじん」ルース・クラウス作;クロケット・ジョンソン絵;渡辺茂男訳 ペンギン社 1980年9月

「ぼくのひこうき」阿部肇作・絵 ポプラ社（絵本のひろば27） 1976年8月

「ぼくのひこうき」佐藤さとる文;村上勉絵 偕成社（ちいさいえほん14） 1977年9月

「ぼくのふうちゃんをかえして！」ジョン・プレイター作・絵;ちくきよしみ訳 新世研 1997年1月

「ぼくのふとんはともだちもよう」清水朋子作;田頭よしたか絵 PHP研究所（PHPにこにこえほん） 1998年11月

子どもの世界・生活

「ぼくのへやにうみがある」 マーガレット・ワイルド文;ジェーン・タナー絵;代田昇訳 ほるぷ出版 1987年5月

「ぼくのもらったすごいやつ」 バーリー・ドーアティ作;クリスチャン・バーミンガム絵;まつかわまゆみ訳 評論社(児童図書館・絵本の部屋) 1995年7月

「ぼくのわなげ」 杉田豊絵・文 至光社(ブッククラブ国際版絵本) 1976年1月

「ぼくのワンちゃん」 シャリー・ヒューズ作;新井有子訳 偕成社 1981年12月

「ぼくの観察日記」 アストリッド・B.スックスドルフ作・写真;木村由利子訳 偕成社 1983年4月

「ぼくの犬」 リサ・マコート文;キャティヤ・クレニナ絵;宮木陽子訳 岩崎書店(子どものこころのチキンスープ2) 1999年9月

「ぼくの犬いじめないで」 池田みち子文;中島保彦絵 草土文化 1979年7月

「ぼくの七面鳥をかえせ!!」 カルロス・ヴィギ再話・絵;おおいしまりこ訳 新世研 2002年11月

「ぼくの大きな木」 鈴木守絵・文;鶴見正夫文 偕成社 1980年9月

「ぼくの町」 岡田ゆたか作・絵 ポプラ社(名作絵本復刊シリーズ3) 2002年1月

「ぼくの庭ができたよ」 ゲルダ・ミューラー作;ささきたづこ訳 文化出版局 1989年3月

「ぼくはあるいた まっすぐまっすぐ」 マーガレット・ワイズ・ブラウン作;坪井郁美文;林明子絵 ペンギン社 1984年11月

「ぼくはいかない」 柴田愛子文;伊藤秀男絵 ポプラ社(からだとこころのえほん5) 2003年4月

「ぼくはおおきなくまなんだ」 ヤーノシュ作;楠田枝里子訳 文化出版局 1979年8月

「ぼくはおこった」 ハーウィン・オラム文;きたむらさとし絵・訳 佑学社 1988年4月

「ぼくはおにいちゃん」 かどのえいこ;いとうひろし作 童心社 2009年8月

「ぼくはじまんのむすこだよ!?」 ヤニコヴスキー・エーヴァ文;レーベル・ラースロー絵;マンディ・ハシモト・レナ訳 文渓堂 2010年8月

「ぼくはジャガーだ」 ウルフ・スタルク作;アンナ・ヘグルンド絵;いしいとしこ訳 ブッキング 2007年7月

「ぼくはジャフタ」 ヒュー・ルーウィン文;リサ・コッパー絵;多田ひろみ訳 すぐ書房 1989年8月

「ぼくはせんせい」 杉田豊絵・文 至光社(ブッククラブ国際版絵本) 1973年1月

「ぼくはひげにいちゃん」 としたかひろ作;山本まつ子絵 岩崎書店(母と子の絵本38) 1977年7月

「ぼくはブラーだ!」 ジャック・ケント作・絵;舟崎克彦訳 佑学社(アメリカ創作絵本シリーズ3) 1979年8月

子どもの世界・生活

「ぼくはまほうつかい」 マヤ・アンジェロウ文;マーガレット・コートニー=クラーク写真;さくまゆみこ訳 アートン(アジア・アフリカ絵本シリーズ) 2006年9月

「ぼくパンツはかないよ」 田中秀幸作 フレーベル館 1985年9月

「ぼくは生きている」 尾崎正義作・絵 汐文社(長崎平和絵本シリーズ4) 1992年2月

「ぼくは赤ちゃんがほしいの」 シャーロット・ゾロトウ文;ペネ・デュボア絵;みらいなな訳 童話屋 2007年9月

「ぼくは孫」 板橋雅弘作;西村敏雄絵 岩崎書店(レインボーえほん13) 2007年9月

「ぼくは大ちゃん」 白岩清子文;山本まつ子絵 コーキ出版 1982年2月

「ぼくひとりでかえったんだ」 しみずみちを作;山中冬児絵 PHP研究所(PHPおはなしプレゼント) 1979年3月

「ぼくぼうしとらないぞ」 しみずみちを作;長谷川知子絵 銀河社 1977年7月

「ぼくもだっこ」 西條剛央作;大島妙子絵 講談社(講談社の創作絵本) 2009年11月

「ぼくもぱーるもぐんぐんぐん」 赤木由子作;安和子絵 銀河社(銀河社の創作絵本) 1973年1月

「ぼくらのやくそく」 舟崎靖子作;黒井健絵 小峰書店(はじめてのどうわ27) 1979年9月

「ぼくらは知床探検隊」 関屋敏隆文・型染版画 岩崎書店(絵本の泉11) 2000年7月

「ボク風船にのったんだ」 平田実写真・文 講談社 1985年1月

「ほしい」 藤田浩子作;小林恭子絵 一声社 2007年7月

「ほしをつくったけんちゃん」 前川かずお作・絵 フレーベル館(キンダーおはなしえほん) 1985年11月

「ぽすとにきいたはなし」 さとうさとる作;竹川功三郎絵 小峰書店(はじめてのどうわ2) 1977年12月

「ほたる」 山本真理子作;佐伯和子絵 岩崎書店(新・創作絵本28) 1982年7月

「ホタルの川」 おおつきひとみ作;ひろいのりこ絵 BL出版 2007年12月

「ほたるの里で」 澄志田瓢策文;鈴木まり子絵 パロル舎 2008年7月

「ぽっかりこ」 今井弓子作・絵 教育画劇(スピカのおはなしえほん18) 1986年3月

「ポポと少年」 蛍大介作;橋本浩之絵 エフエー出版 1992年9月

「ぼんやり山のぼんたろう」 清水崑文・絵 学習研究社(学研カラー絵ばなし1) 1972年11月

「まーくんとくま」 ジェズ・オールバラ作・絵;野口絵美訳 徳間書店 2004年9月

「マーティンより大きく」 スティーブン・ケロッグ作;内田莉莎子訳 ほるぷ出版 1979年6月

「マーリャンとまほうのふで-中国のむかし話」 ホン・シュンタオ文;君島久子訳;若菜珪絵 偕成社 1966年8月

子どもの世界・生活

「マイケルはとんでもない」 トニー・ブラッドマン文;トニー・ロス絵;せなあいこ訳 評論社(児童図書館・絵本の部屋) 1993年2月

「まいごくじらとぼんたろう」 清水崑文・絵 学習研究社(学研カラー絵ばなし6) 1973年10月

「まいごのどんぐり」 松成真理子作 童心社 2002年9月

「マウルスとマドライナ」 アロワ・カリジェ文・絵;大塚勇三訳 岩波書店 1976年5月

「マウルスと三びきのヤギ」 アロワ・カリジェ文・絵;大塚勇三訳 岩波書店 1969年11月

「マカンバ・マギーがたべたソーセージ」 パトリック・ロア作;青山南訳 光村教育図書 2007年11月

「まことくんて、だあれ」 吉田秀樹作;山口みねやす絵 ほるぷ出版(ほるぷ創作絵本) 1990年11月

「まことのドライブ」 おおともやすお作 偕成社(げんきなまこと4) 1990年4月

「まことは おいしゃさん」 おおともやすお作 偕成社(げんきなまこと1) 1989年7月

「まことは どろんこぶた」 おおともやすお作 偕成社(げんきなまこと2) 1989年10月

「まさるとあまがえる」 西本鶏介文;田中ヒデユキ絵 フレーベル館(キンダーおはなしえほん) 1984年6月

「ますだくんの1ねんせい日記」 武田美穂作・絵 ポプラ社(えほんとなかよし43) 1996年4月

「マスとミラリクーグリーンランドの絵本」 スベン・オットー作;奥田継夫;木村由利子訳 評論社(児童図書館・絵本の部屋) 1979年12月

「まち-ぼくたちのいちにち」 小林豊作・絵 ポプラ社(えほんはともだち50) 1997年11月

「まっかなまっかな木」 みうらあやこ文;おかもとよしこ絵 北海道新聞社 2002年4月

「マックスとモーリッツ」 ヴィルヘルム・ブッシュ作;佐々木田鶴子訳 ほるぷ出版(ほるぷクラシック絵本) 1986年1月

「マックスのクッキー」 バルブロ・リンドグレン作;エヴァ・エリクソン絵;おのでらゆりこ訳 佑学社 1982年10月

「マックスのくまちゃん」 バルブロ・リンドグレン作;エヴァ・エリクソン絵;おのでらゆりこ訳 佑学社 1982年10月

「マックスのじどうしゃ」 バルブロ・リンドグレン作;エヴァ・エリクソン絵;おのでらゆりこ訳 佑学社 1982年10月

「マックと三びきのあざらし」 大石真作;北田卓史絵 PHP研究所(PHPえほんのひろば1) 1981年5月

「まつげの海のひこうせん」 山下明生作;杉浦範茂絵 偕成社 1983年1月

「まどのむこう」 チャールズ・キーピング絵・文;いのくまようこ訳 らくだ出版 1971年11月

「まねっこまねっこ」 くろいけん作・絵 あかね書房(けんちゃんとあそぼう3) 1982年4月

子どもの世界・生活

「マフィーくんとジオじいさん ふしぎなぼうし」伊藤正道作 小学館 2008年10月
「マブウとたいよう」三浦幸子絵;レスリー・ゲルティンガー作 福武書店 1983年10月
「まほうのはしご」佐藤さとる作;鈴木幸枝絵 佼成出版社 1978年11月
「まほうの船」ラオ・ショ文;チェン・インチン絵;君島久子訳 ほるぷ出版 1981年7月
「ママときかんぼぼうや」バルブロ・リンドグレン作;エヴァ・エリクソン絵;小野寺百合子訳 佑学社 1981年5月
「まめたろう」今西祐行文;渡辺三郎絵 ひさかたチャイルド(ひさかた絵本館12) 1982年3月
「まよなかのだいどころ」モーリス・センダック作;神宮輝夫訳 冨山房 1982年9月
「まよなかのもりで」ドロテ・ド・モンフレッド作;ふしみみさを訳 ほるぷ出版 2008年6月
「マリーちゃんとぼく」グニラ・ボルデ作;たかむらきみこ訳 偕成社(トミーちゃんシリーズ) 1976年1月
「マリオのゆめのまち」ルイス・ボルフガンク・ノイパー作;ミシェル・サンバン絵;松代洋一訳 佑学社 1978年4月
「マルチンとかぼちゃおばけのまほうのたね」イングリート・オストヘーレン作;クリスタ・ウンツナー絵;ささきたづこ訳 あかね書房(あかね・新えほんシリーズ) 1999年5月
「マルチンとナイフ」エドアルド・ペチシカ文;ヘレナ・ズマトリーコバー絵;うちだりさこ訳 福音館書店(世界傑作絵本シリーズ・チェコの絵本) 1981年6月
「マルベリーどおりのふしぎなできごと」ドクタースース作;渡辺茂男訳 日本パブリッシング 1969年1月
「マンヒのいえ」クォン・ユンドク絵・文;みせけい訳 セーラー出版 1998年7月
「みさき」内田麟太郎文;沢田としき絵 佼成出版社(どんぐりえほんシリーズ) 2009年7月
「みつけたぞ ぼくのにじ」ドン・フリーマン文・絵;大岡信訳 岩波書店 1977年6月
「みつけたよ、ぼくだけのほし」オリヴァー・ジェファーズ作;三辺律子訳 ソニー・マガジンズ(にいるぶっくす) 2004年12月
「みっけちゃん-グリム童話」つつみあれい文・絵 フェリシモ出版(おはなしのたからばこ12) 2008年7月
「みどりのめのりどみ」しばはらち作・絵 講談社 1984年7月
「みにくいシュレック」ウィリアム・スタイグ文・絵;おがわえつこ訳 セーラー出版 1991年3月
「ミラクル・ボーイ」ウルフ・スタルク文;マルクス・マヤルオマ絵;菱木晃子訳 ほるぷ出版 2008年6月
「ミラクルゴール!」マイケル・フォアマン;せなあいこ訳 評論社(児童図書館・絵本の部屋) 2002年7月

子どもの世界・生活

「みんななかよし りんらんろん」 マリー・コールマン文;フェオドール・ロジャンコフスキー絵;みらいなな訳 童話屋 2002年10月

「みんなの世界」 マンロー・リーフ文・絵;光吉夏弥訳 岩波書店(岩波の子どもの本) 1953年12月

「みんなはらぺこ」 井上正治作・絵 岩崎書店(えほん・ドリームランド22) 1983年3月

「むかし、森のなかで」 トーマス・ティードホルム文;アンナ=クララ・ティードホルム絵;菱木晃子訳 ほるぷ出版 1995年12月

「めがねをかけたらコン」 寺村輝夫作;尾崎真吾絵 ひくまの出版(幼年絵本シリーズ・あおいうみ13) 1984年8月

「メチャクチャくん」 ロジャー・ハーグレーヴス作;おのかずこ訳 評論社(みすた・ぶっくす15) 1985年12月

「もうあきたなんていわないよ」 松田もとこ作;織茂恭子絵 ポプラ社(絵本の時間3) 2000年11月

「もうじゅうつかいのイバイ」 ヘスス・バリャス作;ミケル・シチャル絵;立花香訳 新世界研究所(イバイぼうけんシリーズ8) 1990年6月

「もうすぐおにいちゃん」 大友のり子作;大友康夫絵 童心社(えほん・ぼくらはきょうだい2) 1978年9月

「もうすぐどきどきうんどうかい」 こわせたまみ作;秋里信子絵 PHP研究所(わたしのえほん) 2001年9月

「もうすぐママは星になる-がんの母親とジェイミー」 スー・ローソン原作;レベッカ・ウィーラー絵;神田由布子訳 汐文社(生きかたを考える絵本) 2007年5月

「もえたじゃがいも」 入野忠芳作・絵 汐文社(原爆絵本シリーズ2) 1989年4月

「モーリッツと空とぶ船」 ディーテル・ヴィースミュラー作・絵 徳間書店 1999年6月

「もくもくドーム」 岩国哲人作;土田義晴絵 女子パウロ会 1993年4月

「モコちゃん」 未唯mie作・絵 ランダムハウス講談社(アーティストによる絵本シリーズ8) 2008年4月

「もしもぼくのせいがのびたら」 西巻茅子作 こぐま社 1980年12月

「もしもまほうがつかえたら」 モーリス・センダック画;ロバート・グレイブズ文;原もと子訳 冨山房 1984年4月

「もじゃもじゃペーター」 ハインリッヒ・ホフマン作;佐々木田鶴子訳 ほるぷ出版 1985年9月

「もじゃもじゃペーター」 ハインリヒ・ホフマン作;矢川澄子訳 暁教育図書 1979年7月

「モチモチの木」 斎藤隆介作;滝平二郎絵 岩崎書店(創作絵本6) 1971年11月

「もどってきたガバタばん-エチオピアのお話」 渡辺茂男訳;ギルマ・ベラチョウ絵 福音館書店(こどものとも世界昔ばなしの旅) 1997年11月

子どもの世界・生活

「ものぐさトミー」ペーン・デュボア文・絵;松岡享子訳　岩波書店(岩波の子どもの本)　1977年6月

「もみの木森のグンナル」ボリェ・リンドストロム文;エーヴァ・リンドストロム絵;オスターグレン晴子訳　ほるぷ出版　1997年1月

「もものすけのおさんぽ」やまちかずひろ作;荒井良二絵　小学館(おひさまのほん)　2001年3月

「ももの里」毛利まさみち文・絵　リブリオ出版　2005年7月

「もりでみつけたからすのこ」鈴木まもる文・絵　小峰書店(日本のえほん15)　1981年8月

「もりのえんそうかい」マイケル・ブロック文;パスケール・オーラマンド絵;はらしょう訳　アリス館牧新社　1977年3月

「もりのジャンルとソフィ」マルセル・マルリエ作・絵;黒木義典訳;板谷和雄文　ブックローン出版(ファランドールえほん25)　1984年1月

「もりのなか」マリー・ホール・エッツ文・絵;まさきるりこ訳　福音館書店(世界傑作絵本シリーズ・アメリカの絵本)　1963年12月

「モンゴルのしろいうま」水沢泱絵;槇晧志文　フレーベル館(キンダーおはなしえほん傑作選28)　1978年4月

「やあ、ねこくん！」エズラ・ジャック・キーツ作・画;木島始訳　偕成社(キーツの絵本)　1978年12月

「やいトカゲ」舟崎靖子作;渡辺洋二絵　あかね書房(あかね創作えほん18)　1984年4月

「ヤクーバとライオン I 勇気」ティエリー・デデュー作;柳田邦男訳　講談社(講談社の翻訳絵本)　2008年3月

「やくそく」高田桂子作;杉浦範茂絵　ポプラ社(絵本のせかい29)　1979年5月

「やくろうの犬」おぐらはじむ文;みとせいこう絵　東京書籍　1985年10月

「やったね！ぼくおにいちゃんだ」こわせたまみ作;秋里信子絵　PHP研究所(PHPわたしのえほんシリーズ)　2003年1月

「ヤッピーのふしぎなおもちゃ」すまいるママ作・絵　教育画劇　2010年5月

「やっほーどろんこたいしょう」まきのけいいち作・画　童心社(ゆうもあえほん2)　1973年4月

「やねの上のふしぎなまど」村山陽絵;杉みき子文　国土社(国土社の創作えほん18)　1980年2月

「やまのこどもたち」石井桃子文;深沢紅子絵　岩波書店(岩波の子どもの本)　1956年12月

「やまのジャンルとソフィ」マルセル・マルリエ作・絵;黒木義典訳;板谷和雄文　ブックローン出版(ファランドールえほん27)　1984年1月

「やまのたけちゃん」石井桃子文;深沢紅子絵　岩波書店(岩波の子どもの本)　1959年12月

子どもの世界・生活

「やまのリコーダー」 武鹿悦子作;宮本忠夫絵　佼成出版社(創作絵本シリーズ)　1997年9月

「ゆうかんなちびのお針子」 メアリー・ポープ・オズボーン文;ジゼル・ポター絵;おがわえつこ訳　セーラー出版　2005年8月

「ゆうかんなちびの仕立屋さん-グリム童話より」 スベン・オットー絵　矢川澄子訳　評論社(児童図書館・絵本の部屋)　1982年4月

「ゆうくんだいすき」 朝川照雄作;長谷川知子絵　岩崎書店(わくわくえほん12)　2006年9月

「ゆうくんとぼうし」 神沢利子文;織茂恭子絵　サンリード(創作えほん)　1983年5月

「ゆうすけの海」 江口百合子作;赤坂三好絵　新生出版　2006年5月

「ゆうちゃんとめんどくさいサイ」 西内みなみ作;なかのひろたか絵　福音館書店　1981年12月

「ゆかいなさんにんきょうだい2 なきむしぞうきんのまき」 たかどのほうこ作・絵　アリス館　2008年11月

「ゆかいなさんにんきょうだい3 すごいはたきのまき」 たかどのほうこ作・絵　アリス館　2009年1月

「ゆき ゆき ぼくに」 小野寺悦子作;遠藤てるよ絵　ポプラ社(絵本のせかい17)　1978年1月

「ゆきごんのおくりもの」 長崎源之助作;岩崎ちひろ絵　新日本出版社(新日本出版社の絵本)　1971年10月

「ゆきのじょおう-デンマークのはなし」 三田村信行文;高木真知子絵　コーキ出版(絵本ファンタジア45)　1981年12月

「ゆきのふったあさ」 ソフィ・ジャンヌ作;エリザベト・イバノブスキ絵;黒木義典訳;板谷和雄文　ブック・ローン出版(ファランドールえほん14)　1981年1月

「ゆきのよる」 二俣英五郎作　童心社　1984年2月

「ゆきをかぞえるサイモン」 ギリス・ティボ作;嶋田宏一訳　好学社(サイモンシリーズ)　1994年11月

「ゆたかとしゃしょうさん」 山崎馨作;絵　佼成出版社　1975年9月

「ゆっくとすっく きょうからおともだち」 さこももみ絵;たかてらかよ文　ひかりのくに　2010年6月

「ゆっくとすっく トイレでちっち」 さこももみ絵;たかてらかよ文　ひかりのくに　2010年6月

「ゆっくりおじいちゃんとぼく」 ヘレン・バックレイ作;ポール・ガルドン絵;大庭みな子訳　佑学社(アメリカ創作絵本シリーズ4)　1979年10月

「ゆびくん」 五味太郎作・絵　岩崎書店(ファミリーえほん3)　1977年11月

「ゆみたろう」 舟崎克彦文;林恭三絵　講談社　1982年2月

子どもの世界・生活

「ゆめみくん」 ロジャー・ハーグレーヴス作；たむらりゅういち訳　評論社（みすた・ぶっくす3）　1980年1月

「よあけ」 ユリー・シュルヴィッツ作・画；瀬田貞二訳　福音館書店　1977年6月

「よーい どんけつ いっとうしょう」 梅田俊作；梅田佳子作・絵　岩崎書店（えほん・ワンダーランド2）　1985年5月

「ヨーザとまほうのバイオリン」 ヤーノシュ作；矢川澄子訳　偕成社　1981年5月

「よかったなあ、かあちゃん」 西本鶏介文；伊藤秀男絵　講談社（講談社の創作絵本）　2009年8月

「よかったねネッドくん」 レミー・チャーリップ文・絵；八木田宜子訳　偕成社　1969年8月

「よしおくんがぎゅうにゅうをこぼしてしまったおはなし」 及川賢治；竹内繭子作・絵　岩崎書店（レインボーえほん）　2007年4月

「よにもふしぎな本をたべるおとこのこのはなし」 オリヴァー・ジェファーズ作；三辺律子訳　にいるぶっくす　2007年9月

「よばわりやま」 舟崎克彦文；福田庄助絵　フレーベル館（フレーベルのえほん5）　1975年5月

「よも太のおうぎ」 川口志保子文；皆川千恵子絵　ポプラ社（ポプラ社の創作絵本10）　1974年10月

「よりみちエレベーター」 土屋富士夫作・絵　徳間書店　2000年12月

「よるのにわ-よるのにわでおきたこときみにはなすよ」 鈴木翁二著　アスカ・コーポレーション　1992年9月

「よろこびのふえ」 フリニイ・ベルツキ作・絵；立原えりか文　学習研究社（国際版せかいのえほん4）　1984年1月

「よわむしケンとなきむしトン」 加古里子絵・文　ポプラ社（かこさとしこころのほん7）　1985年7月

「よわむしよわむしたべちゃうぞ」 さとうまきこ文；井上洋介絵　講談社　1983年12月

「よわむしワタル」 川滝かおり作；林静一絵　ウオカーズカンパニー（創作絵本シリーズ）　1989年9月

「ライオンとぼく」 垂石眞子作　偕成社　2008年12月

「らくがきフルート」 ダニエル・ピンクウォーター作；たにかわしゅんたろう訳　童話屋　1993年9月

「ラチとらいおん」 マレーク・ベロニカ文・絵；とくながやすもと訳　福音館書店（世界傑作絵本シリーズ・ハンガリーの絵本）　1965年7月

「ラッパをならせ」 五味太郎作・絵　佼成出版社　1979年5月

「りすがたねをおとした」 ハリス・ペティ作；渡部洋子訳　ペンギン社　1978年7月

子どもの世界・生活

「リュウのたからもの-ナンとあおいほしのなかまたち」 たちのけいこ作・絵 PHP研究所（わたしのえほん） 1997年6月

「りょうくん」 清水道尾作;山内ふじ江絵 教育画劇（スピカ絵本の森） 1996年4月

「りんごのき」 エドアルド・ペチシカ文;ヘレナ・ズマトリーコバー絵;うちだりさこ訳 福音館書店 1972年3月

「ルイのひこうき」 エズラ・ジャック・キーツ作・画;木島始訳 偕成社（キーツの絵本） 1981年2月

「ルールくん」 香山美子文;杉浦範茂絵 国土社 1969年5月

「るすばん ジョージ ちいさくなる」 ウィリアム・ジョイス作;中川千尋訳 徳間書店 1995年9月

「レイトン教授 ルークと森のともだち」 原優子文・ぬいぐるみ 小学館 2010年12月

「レーサーのイバイ」 ヘス・バリャス作;ミケル・シチャル絵;立花香訳 新世界研究所（イバイぼうけんシリーズ4） 1990年6月

「レオナールのき」 マリ・トナーユ作;シュザンヌ・ボラン絵;黒木義典訳;板谷和雄文 ブッククローン出版（ファランドールえほん14） 1984年1月

「レッド・ラッカムの宝」 エルジェ作;川口恵子訳 福音館書店（タンタンの冒険旅行4） 1983年10月

「ロバートのふしぎなともだち」 マーガレット・マヒー文;スティーブン・ケロッグ絵;内田莉莎子訳 ほるぷ出版 1978年11月

「ロバのトーマスとわんぱくヒューゴ」 リンダ・エム・ジェニングス文;ラリー・ウィルクス絵;もきかずこ訳 DEMPA/ペンタン 1989年1月

「ロビンと海賊」 エルマンノ・リベンツィ文;アデルキ・ガッローニ絵;河島英昭訳 ほるぷ出版 1979年3月

「わゴムはどのくらいのびるかしら?」 マイク・サーラー文;ジェリー・ジョイナー絵;岸田衿子訳 ほるぷ出版 1976年9月

「わんぱくこぞうとおんなのこ」 石松知磨子作・絵 福音館書店 1974年6月

「わんぱくちびくん おてつだい」 インゲル・サンドベルイ;ラッセ・サンドベルイ作;木村由利子訳 講談社（講談社の幼児えほん） 1985年11月

「わんぱくちびくん みてみて」 インゲル・サンドベルイ;ラッセ・サンドベルイ作;木村由利子訳 講談社（講談社の幼児えほん） 1985年11月

「わんぱくビーテック」 ボフミル・ジーハ作;イジー・トゥルンカ絵;千野栄一訳 ほるぷ出版 1984年9月

「悪ガキ絵日記」 村上勉著 フレーベル館 1995年7月

「雨ごいの少年ピック-古代マヤのお話」 デイビッド・ウィズネスキー作;寺岡襄訳 偕成社 1993年3月

子どもの世界・生活

「雨のぼうや フロリーノ」 バルバラ・ハウプト文;トメク・ボガッキー絵;池田香代子訳 ほるぷ出版 1992年6月

「王女さまは4時におみえになる-ある愛のお話」 ヴォルフディートリヒ・シュヌレ文;ロートラウト・ズザンネ・ベルナー絵;平野卿子訳 偕成社(世界の絵本) 2001年10月

「黄金伝説 清拭篇」 戸渡阿見作;いとうのぶや絵 たちばな出版(戸渡阿見絵本シリーズ) 2009年3月

「夏のおわり」 長谷川集平作 理論社 1982年8月

「海がやってきた」 アルビン・トレッセルト文;ロジャー・デュボアザン絵;山下明生訳 BL出版 2007年7月

「海からきたおじちゃん」 織茂恭子作 童心社 2010年6月;童心社(童心社の絵本16) 1981年7月

「海からきたカサゴン」 いとうじゅんいち作・絵 徳間書店 1998年7月

「海は広いね、おじいちゃん」 五味太郎作・画 絵本館 1979年3月

「海べで」 ガブリエル・バンサン作;今江祥智;中井珠子訳 ブックローン出版(パプーリとフェデリコ2) 1996年6月

「海をかっとばせ」 山下明生作;杉浦範茂絵 偕成社 2000年7月

「海をからっぽにしたかった男の子」 ジョルジュ・レモアーヌ絵;マドレイヌ・レイ文;かいずみのる訳 エミール館(フランスのオリジナル絵本) 1981年9月

「海賊モーガンはぼくの友だち」 那須正幹作;関屋敏隆絵 ポプラ社(那須正幹の絵本1) 1993年7月

「絵本 まっ黒なおべんとう」 児玉辰春文;長沢靖絵 新日本出版社 1995年4月

「絵本 佐賀のがばいばあちゃん」 島田洋七作;安藤勇寿絵 徳間書店 2007年11月

「鬼丸」 深沢邦朗文・絵 岩崎書店(新・創作絵本4) 1978年12月

「金のはさみのカニ」 エルジェ作;川口恵子訳 福音館書店(タンタンの冒険旅行18) 2003年9月

「金のゆき」 梅宮英亮絵・文 福武書店 1987年10月

「金の瓜と銀の豆」 チャオ・エンイ文;ホー・ミン絵;君島久子訳 ほるぷ出版 1980年8月

「金色のひばり」 渡辺茂男文;中谷千代子絵 偕成社 1979年3月;偕成社 1976年10月

「空とぶホッケー・スティック」 ジョリー・ロジャー・ブラッドフィールド文・絵;飯沢匡訳 講談社(世界の絵本アメリカ) 1971年4月

「君といたとき、いないとき」 ジミー作;宝迫典子訳 小学館 2001年11月

「敬虔な幼子」 エドワード・ゴーリー著;柴田元幸訳 河出書房新社 2002年9月

「月と少年」 エリック・ピュイバレ文・絵;中井珠子訳 アシェット婦人画報社(絵本シリーズ) 2004年4月

子どもの世界・生活

「月のひかりをあびて…」リズ・ローゼンバーグ文;スティーブン・ランバート絵;東村京子訳　ほるぷ出版　1999年6月

「月のみずうみ」イワン・ガンチェフ作・絵;岡しのぶ訳　偕成社　1982年5月

「月へいった小さなジャン」エレーヌ・テルサック文;ルナート・マニエ絵;小海永二訳　草土文化　1980年11月

「五分次郎」谷真介文;高田勲絵　佼成出版社（民話こころのふるさとシリーズ）　1992年9月

「光のゲンちゃん」西村緋禄司絵;花散里文　日本放送出版協会（NHKみんなのうたえほん）　2008年5月

「洪吉童（ほんぎるどん）」洪永佑文・絵　朝鮮青年社（朝鮮名作絵本シリーズ1）　1982年10月

「紅海のサメ」エルジェ作;川口恵子訳　福音館書店（タンタンの冒険旅行11）　1989年12月

「行こさくら」西田英二文;荒川のり子絵　解放出版社　2001年3月

「黒いちょう」松谷みよ子文;遠藤てるよ絵　ポプラ社（おはなし名作絵本22）　1975年8月

「黒い島のひみつ」エルジェ作;川口恵子訳　福音館書店（タンタンの冒険旅行1）　1983年4月

「黒グルミのからのなかに」ミュリエル・マンゴー文;カルメン・セゴヴィア絵;ときありえ訳　西村書店　2007年7月

「三つの金の鍵」ピーター・シス作;柴田元幸訳　BL出版　2005年3月

「三ねんねたろう」大川悦生文;渡辺三郎絵　ポプラ社（むかしむかし絵本8）　1967年7月

「三びきのおばけ」赤星亮衛作・絵　岩崎書店（母と子の絵本11）　1975年2月

「三月のかぜ」イネス・ライス文;ブラディミール・ボブリ絵;神宮輝夫訳　講談社（世界の絵本アメリカ）　1972年3月

「三枚のカード－日本昔話「三枚のお札」より」谷川俊太郎文;下谷二助絵　フェリシモ出版（おはなしのたからばこ8）　2009年9月

「山と川と海とーサチとユウタの物語」森山京文;太田大八絵　小峰書店　2005年12月

「山のいのち」立松和平文;伊勢英子絵　ポプラ社（えほんはともだち10-立松和平・心と感動の絵本1）　1990年9月

「子どもの景色」M.ブーテ・ド・モンヴェル絵;アナトール・フランス文;石沢小枝子訳　ほるぷ出版（ほるぷクラシック絵本）　1986年4月

「時計つくりのジョニー」エドワード・アーディゾーニ作;あべきみこ訳　こぐま社　1998年7月

「手のなかのすずめ」アンネゲルト・フックスフーバー作;さんもりゆりか;おつきゆきえ訳　一声社　2002年12月

子どもの世界・生活

「十三夜はおそろしい」 梅田俊作;梅田佳子作 童心社(絵本・ちいさななかまたち) 1995年10月

「少年と子だぬき」 佐々木たづ文;杉浦範茂絵 ポプラ社(おはなし名作絵本30) 1977年7月

「少年と大きなさかな」 マックス・フェルタイス絵・文;植田敏郎訳 講談社(世界の絵本スイス) 1971年9月

「色がうまれる星」 ミカル・グレーニィエツ文・絵;いずみちひこ訳 教育社 1993年3月

「伸ちゃんのさんりんしゃ」 児玉辰春作;おぼまこと絵 童心社 1992年6月

「新装版 かぜひきたまご」 舟崎克彦文;杉浦範茂絵 講談社(講談社の創作絵本ベストセレクション) 2001年12月

「森にくらして」 ガブリエル・バンサン作;今江祥智;中井珠子訳 ブックローン出版(パプーリとフェデリコ1) 1996年6月

「森のなかのふたり-ロビンとマリアン」 トーマス・ティードホルム;アンナ=クララ・ティードホルム文・絵;菱木晃子訳 ほるぷ出版 1996年9月

「森のなかへ」 アンソニー・ブラウン作;灰島かり訳 評論社(児童図書館・絵本の部屋) 2004年7月

「森の地図」 阿部夏丸文;あべ弘士絵 ブロンズ新社 2005年4月

「森へ」 ボブ・グラハム作;加島牧史訳 架空社 1993年2月

「水たまりおじさん」 レイモンド・ブリッグズ作;青山南訳 BL出版 2005年6月

「星の子」 オスカー・ワイルド原作;ジェニファー・ウェストウッド文;フィオナ・フレンチ絵;矢川澄子訳 ほるぷ出版 1981年5月

「西風号の遭難」 クリス・ヴァン・オールズバーグ絵・文;村上春樹訳 河出書房新社 1985年9月

「青いカモメ」 ウラジミール・スクティーナ文;オイゲン・ソプコ絵;いずみちひこ訳 セーラー出版 1991年1月

「青いひこうせん」 宮本忠夫作・絵 ポプラ社(絵本の時間6) 2001年8月

「青い馬の少年」 ビル・マーティン・ジュニア;ジョン・アーシャンボルト文;テッド・ランド絵;金原瑞人訳 アスラン書房 1995年2月

「青い目のペサラク」 ジャヴァード・モジャービー作;ファルシード・メスガーリ絵;桜田方子;猪熊葉子訳 ほるぷ出版 1984年11月

「青い蓮」 エルジェ作;川口恵子訳 福音館書店(タンタンの冒険旅行14) 1993年5月

「石になった男」 蛍大介作;みのしまきぬよ絵 知玄舎 2000年8月

「石のラジオ-野坂昭如戦争童話集沖縄篇」 野坂昭如作;黒田征太郎絵 講談社 2010年5月

子どもの世界・生活

「雪のかえりみち」 藤原一枝作;はたこうしろう絵 岩崎書店(えほん・ハートランド28) 2000年1月

「雪の女王」 ハンス・C.アンデルセン原作;ナオミ・ルイス文;エロール・ル・カイン絵;内海宜子訳 ほるぷ出版 1981年1月

「雪の女王」 ハンス・クリスチャン・アンデルセン原作;バーナデット・ワッツ絵;佐々木田鶴子訳 西村書店 1987年11月

「雪太郎やーい」 谷真介文;赤坂三好絵 国土社(雪の絵話2) 1982年12月

「先生のおしりがやぶけた!」 山本なおこ作;伊勢英子絵 ポプラ社(絵本・子どもの世界) 1982年5月

「窓の下で」 ケイト・グリーナウェイ絵・詩;岸田理生訳 新書館 1976年12月

「窓の下で」 ケイト・グリーナウェイ作;白石かずこ訳 ほるぷ出版 1987年9月

「太陽の神殿」 エルジェ作;川口恵子訳 福音館書店(タンタンの冒険旅行7) 1985年10月

「大森林の少年」 キャスリン・ラスキー作;ケビン・ホークス絵;灰島かり訳 あすなろ書房 1999年11月

「男の子とおおきなさかな」 マックス・ベルジュイス作;野坂悦子訳 ほるぷ出版 2007年2月

「男の子とチカラ-グルジアの民話」 かんざわとらお訳;小宮山量平編 理論社 1973年4月

「鳥少年マイケル」 トミー・デ・パオラ作;湯浅フミエ訳 ほるぷ出版 1983年9月

「笛ふきイワーヌシカ」 ミハイル・ブラートフ再話;松谷さやか訳;ワレーリー・ワシーリエフ絵 偕成社 2001年5月

「鉄のキリンの海わたり」 あさばみゆき作;石崎正次絵 BL出版 2009年12月

「鉄の子カナヒル」 儀間比呂志作 岩波書店(大型絵本23) 1975年12月

「天からきた大力童子」 高橋健文;福田庄助絵 佼成出版社(民話こころのふるさとシリーズ) 1990年4月

「天からふってきたふんどしのはなし」 代田昇文;箕田源二郎絵 国土社(国土社の幼年えほん8) 1985年5月

「天国のサーカスぼうや」 ジョバンニ・ボネット作;ジーノ・ガビオリ絵;えびなひろ文 女子パウロ会 1981年1月

「土手の上で」 長谷川集平作 リブロポート 1982年5月

「冬のオーレ」 ベッティーナ・アンゾルゲ作;とおやまあきこ訳 福武書店 1983年10月

「特急キト号」 ルドウィッヒ・ベーメルマンス作;ふしみみさを訳 PHP研究所 2006年6月

「燃える水の国」 エルジェ作;川口恵子訳 福音館書店(タンタンの冒険旅行10) 1988年12月

「波の白馬」 阿部夏丸文;あべ弘士絵 ブロンズ新社 2006年4月

子どもの世界・生活

「白い風とりんごの花」 熊谷まちこ作・絵 PHP研究所（PHPにこにこえほん） 1997年3月
「白くまになりたかった子ども」 ヤニック・ハストラップ；ステファヌ・フラッティーニ作；永田千奈訳 晶文社 2004年7月
「白銀色の友はどこへ」 蛍大介作；黒木ひろたか絵 七賢出版 1995年10月
「半日村」 斎藤隆介作；滝平二郎絵 岩崎書店（創作絵本36） 1980年9月
「彼の手は語りつぐ」 パトリシア・ポラッコ文・絵；千葉茂樹訳 あすなろ書房 2001年5月
「飛びアンリー 沖縄の鳥人」 儀間比呂志作 海風社（南島叢書81） 2000年4月
「漂流物」 デイヴィッド・ウィーズナー作 BL出版 2007年5月
「父ちゃんのオカリナ」 岸本進一作；池内悦子絵 汐文社 1996年1月
「牧場のチビちゃん」 シモエンス・ロペス・ネット作；クラリーセ・イエゲル絵；津田幸子、渡辺真弓訳 新世研 2002年11月
「本好きカピール」 マノラマ・ジャファ作；ジャグデシュ・ジョシー絵；さいとうゆうこ訳 新世研 2003年11月
「魔術師の弟子」 バーバラ・ヘイズン文；トミー・ウンゲラー絵；たむらりゅういち；あそうくみ訳 評論社（児童図書館・絵本の部屋） 1977年12月
「眠い町」 小川未明作；堀越千秋絵 架空社 2006年10月
「木の国の旅」 ル・クレジオ作；H.ギャルロン絵；大岡信訳 文化出版局 1981年7月
「木は ぼくの ともだち」 カルメ・ソレ作・絵；大脇美智子訳 新世研 1992年12月
「木はいいなあ」 ジャニス・メイ・ユードリイ作；マーク・シーモント絵；西園寺祥子訳 偕成社 1976年1月
「夜、空をとぶ」 ランダル・ジャレル作；モーリス・センダック絵；長田弘訳 みすず書房 2000年11月
「陽気なロジャーと海賊アブダルとなかまたち」 コリン・マクノートン作・絵；渡辺鉄太訳 童話館出版 1996年4月
「虔十公園林-宮沢賢治の童話絵本」 宮沢賢治作；高田勲絵 にっけん教育出版社 2004年5月

障害のある子

「14の心をきいて」 つちだよしはる作・絵 PHP研究所（PHPにこにこえほん） 2002年1月
「アイのことばのコップ」 つちだよしはる作・絵 PHP研究所（PHPにこにこえほん） 2005年7月
「あつおのぼうけん」 田島征彦；吉村敬子作 童心社（童心社の絵本） 1983年5月
「あの子はだあれ」 日野多香子作；味戸ケイコ絵 岩崎書店（いのちのえほん16） 2005年2月

子どもの世界・生活

「イルカの子」 姫野ちとせ絵・文 主婦の友社 2010年8月

「えっちゃんのあけた青いまど」 岸武雄文；宮本忠夫絵 新日本出版社（新日本ものがたり絵本7） 1985年1月

「エディー・リーのおくりもの」 バージニア・フレミング作；フロイド・クーパー絵；香咲弥須子訳 小学館 2000年4月

「おかあさん先生」 竹村陽子作；じゅうりかおり絵 メリー出版 1998年10月

「オチツケオチツケこうたオチツケーこうたはADHD」 さとうとしなお作；みやもとただお絵 岩崎書店（いのちのえほん14） 2003年12月

「おひさまいろのきもの」 広野多珂子作・絵 福音館書店（日本傑作絵本シリーズ） 2007年9月

「おゆうとおながどり」 市原麒一郎文；井口文秀絵 ポプラ社（おはなし創作えほん1） 1975年6月

「およげなかったかも」 福井達雨文；止揚学園の子どもたち絵 偕成社 1985年5月

「おんぶ」 はらみちを作・絵 岩崎書店（ファミリーえほん19） 1979年5月

「がんばれ！ウィリー－大空への冒険」 デボラ・ターナー；ダイアナ・モーラー作；ジューン・タナカ訳；スーザン・アーレンド絵 キッズネット 2004年12月

「きょう のぶに あったよ」 いとうえみこ；伊藤泰寛作 ポプラ社 2005年12月

「こわいことなんかあらへん」 福井達雨編；馬嶋克美絵 偕成社 1981年1月

「ゴンタとカンター14の心をきいて」 つちだよしはる作 PHP研究所（PHPにこにこえほん） 2004年4月

「さっちゃんのまほうのて」 たばたせいいち；先天性四肢障害児父母の会；のべあきこ；しざわさよこ共同制作 偕成社 1985年10月

「サルくんとブタさん」 たどころみなみ作・絵 汐文社（音が見える絵本） 2009年4月

「スーザンはね…」 ジーン・ウィリス文；トニー・ロス絵；もりかわみわ訳 評論社（児童図書館・絵本の部屋） 2002年9月

「たっちゃんぼくがきらいなの－たっちゃんはじへいしょう」 さとうとしなお作；みやもとただお絵 岩崎書店（いのちのえほん2） 1996年7月

「だれがわたしたちをわかってくれるの」 トーマス・ベリイマン作；ビヤネール多美子訳 偕成社 1979年1月

「だれもしらない」 灰谷健次郎作；長谷川集平絵 あかね書房 1981年2月

「ちいさなあかちゃん、こんにちは！未熟児ってなあに」 リヒャルト・デ・レーウ；マーイケ・シーゲル作；ディック・ブルーナ絵；野坂悦子訳 講談社 2007年3月

「ちいさなもみのき」 マーガレット・ワイズ・ブラウン作；バーバラ・クーニー絵；上條由美子訳 福音館書店 1993年10月

子どもの世界・生活

「ちいさなロッテ」 ディック・ブルーナ作；角野栄子訳 講談社（ブルーナのおはなし文庫21） 2000年5月
「ちえちゃんの卒業式」 星川ひろ子写真・文 小学館 2000年10月
「ツルのとぶ大地で」 こやま峰子文；小泉るみ子絵 女子パウロ会 2008年4月
「トーベのあたらしい耳」 トーベ・クルベリ作；エッマ・アードボーゲ絵；ひだにれいこ訳 少年写真新聞社 2010年4月
「どこかちがうマリア」 リセロッテ・セルピーターセン作；木村由利子訳 偕成社 1979年8月
「となりのしげちゃん」 星川ひろ子写真・文 小学館 1999年9月
「ともこちゃんは銀メダル」 細川佳代子お話；東郷聖美絵 ミネルヴァ書房 2009年3月
「どんなかんじかなあ」 中山千夏文；和田誠絵 自由国民社 2005年7月
「なっちゃん」 小笠原大輔文；梅田俊作絵 女子パウロ会 1989年3月
「にわとりさんはネ…」 福井達雨編；止揚学園園生絵 偕成社 1989年7月
「のんちゃん」 ただのゆみこ作 小峰書店（えほん・こどもとともに） 1996年10月
「はしれムンシー！」 福井達雨編；止揚学園園生絵 偕成社 1989年9月
「はせがわくんきらいや」 長谷川集平作 すばる書房 1978年8月
「はせがわくんきらいや」 長谷川集平著 温羅書房 1994年6月
「ハナちゃんの帽子」 まさごゆき作；きよたたかよ絵 毎日新聞社（ハッピーとハナちゃん） 2007年12月
「パンチョギ」 ソ・ジュンエ文；ハン・ビョンホ絵；かみやにじ訳 少年写真新聞社 2006年5月
「ふしぎなつえ」 ヨーレン作；チャーリップ；マラスリス絵；きみしまひさこ訳 偕成社 1983年7月
「ぼく、どこにでもいるカバです」 みやざきひろかず作・絵 ブックローン出版 1988年11月
「ぼくのおにいちゃん」 星川ひろ子写真・文；星川治雄写真 小学館 1997年7月
「ぼくのだいじなあおいふね」 ディック・ブルーナ絵；ピーター・ジョーンズ文；中川健蔵訳 偕成社 1986年11月
「ぼくは海くんちのテーブル」 西原敬治文；福田岩緒絵 新日本出版社 2002年10月
「ボスがきた」 たけうちまさき絵；まじまかつみ字；ふくいたつう編 偕成社 1980年3月
「ボッラはすごくごきげんだ！」 グニラ・ベリィストロム文・絵；ビヤネール多美子訳 偕成社 1981年6月
「みなみの島へいったんや」 止揚学園の子ども作；馬嶋克美字；福井達雨編 偕成社 1982年2月
「みほちゃんがすき」 しらうちみほ絵；野々川輝一文 偕成社 1981年9月

子どもの世界・生活

「みんなで7だんね」宮川ひろ作;長谷川知子絵 ポプラ社(絵本のおもちゃばこ1) 2004年5月

「みんなみんなぼくのともだち」福井義人文;竹内雅輝;高田真理子;堀晋輔;馬嶋純子絵 偕成社 1980年5月

「モーニングバード」蛍大介作;黒木ひろたか絵 知玄舎 2002年12月

「もりのシランプリ」舟崎克彦作・絵 秋書房 1980年12月

「もりへ さがしに」村田清司絵;田島征三文 偕成社 1991年10月

「ゆみ子の絵日記」宮本/ゆみ子文;宮本美音子絵 福武書店 1985年6月

「ゆめのおはなし きいてェなあ」吉村敬子作;佐々木麻こ絵 偕成社 1980年10月

「わたし いややねん」吉村敬子文;松下香住絵 偕成社 1980年10月

「わたしたち手で話します」フランツ・ヨーゼフ・ファイニク作;フェレーナ・バルハウス絵;ささきたづこ訳 あかね書房(あかね・新えほんシリーズ27) 2006年1月

「わたしの足は車いす」フランツ=ヨーゼフ・ファイニク作;フェレーナ・バルハウス絵;ささきたづこ訳 あかね書房(あかね・新えほんシリーズ19) 2004年10月

「わたしの妹は耳がきこえません」ジーン・W.ピーターソン作;デボラ・レイ絵;土井美代子訳 偕成社 1982年11月

「雨のにおい 星の声」赤座憲久文;鈴木義治絵 小峰書店(えほん・こどもとともに) 1987年12月

「音のない川」サラ・バーテルス作;キャサリン・ヒューイット絵;松井たかえ訳 ブックローン出版 1994年5月

「子ぎつねヘレンの10のおくりもの」いまいまさこ作;田中伸介画 文芸社 2006年3月

「車いすのおねえちゃん-障害のあるきょうだいがいるとき」ステファン・ボーネン作;イナ・ハーレマンス絵;野坂悦子訳 大月書店(心をケアする絵本3) 2007年12月

「車いすのレイチェル」エリザベス・ファンショー作;マイケル・チャールトン絵;邑田晶子訳 偕成社 1979年8月

「水たまりの王子さま」山崎陽子作;安井淡絵 岩崎書店(岩崎創作絵本5) 1983年10月

「水色の足ひれ」佐藤まどか作;大西ひろみ絵 BL出版 2006年12月

「走れ!ウィリー-すてきなおくりもの」デボラ・ターナー;ダイアナ・モーラー作;ジューン・タナカ訳;ロンダ・マクヒュー画 キッズネット 2004年2月

「地下鉄」ジミー作・絵;宝迫典子訳 小学館 2002年11月

「天使と話す子」エスター・ワトソン作;山中康裕訳 BL出版 1999年4月

「妖怪バリャーをやっつけろ!-きりふだは、障害の社会モデル」三島亜紀子文;みしまえつこ絵 生活書院(ともに生きる力をつける絵本第1巻) 2010年4月

子どもの世界・生活

食べもの＞おべんとう

「あいうえおべんとう」 山岡ひかる作 くもん出版 2009年5月

「えんそく おにぎりちゃん」 西内ミナミ作;和歌山静子絵 偕成社 1985年7月

「おべんとうかくれんぼ」 中林影作・絵 岩崎書店(ピチピチえほん15) 1981年7月

「おべんとうのえんそく」 矢玉四郎作・絵 教育画劇(ユーモアえほん) 1995年5月

「おべんとうバス」 真珠まりこ作・絵 ひさかたチャイルド 2006年1月

「おべんとうをたべたのはだあれ」 神沢利子作;柿本幸造絵 ひさかたチャイルド 1983年5月

「おむすびとおに」 あおきとおる作・絵 らくだ出版 2002年2月

「おやおやべんとうくまべんとう」 富盛菊枝作;篠原良隆絵 ポプラ社(絵本・子どものくに16) 1986年2月

「かえるちゃんのあくび」 わたなべゆういち作・絵 PHP研究所(PHPわたしのえほんシリーズ) 1999年3月

「こぶたはなこさんのおべんとう」 くどうなおこ文;いけずみひろこ絵 童話屋 1983年10月

「こりすのトトの おべんとう」 あすかけん作 偕成社(こりすのトトの本) 1987年5月

「じゃがいもポテトくん」 長谷川義史作・絵 小学館 2010年7月

「じゃんけんほかほかほっかいどう」 長野ヒデ子作;あおきひろえ絵 佼成出版社(ヒデ子さんのうたあそびえほん) 2008年8月

「だから おむすび だいすき!!」 浅野知寿子作・絵 偕成社(だだっ子プンちゃん1) 1987年6月

「だっこべんとう」 木坂涼文;いりやまさとし絵 教育画劇 2009年6月

「なかじゃもんじゃはかせの おべんとう」 長新太作 福音館書店 2009年2月

「にんじんさんとじゃかじゃかじゃん」 長野ヒデ子作・絵 世界文化社(ワンダーおはなし絵本) 2010年12月

「パンダくんのおにぎり」 いしかわこうじ作・絵 PHP研究所(PHPわたしのえほん) 2009年10月

「ブンブンのおべんとう」 舟崎克彦作・絵 偕成社(ブンブンのえほん3) 1981年4月

「べべべん べんとう」 さいとうしのぶ作・絵 教育画劇 2010年2月

「るーぱくんのおべんとう」 もりたかず作 アスラン書房(心の絵本) 2002年5月

「ワオとレオンのぱっくんごろごろおべんとう」 きむらゆういち作;えむらしんいち絵 長崎出版 2009年1月

「わたしは おにぎり」 赤川明作・絵 ひさかたチャイルド 2008年4月

子どもの世界・生活

食べもの＞おやつ・お菓子

「アイスクリーム かんながかんなをつくったはなし」 マルシャーク文；レーベデフ絵；うちだりさこ訳 岩波書店 1978年4月

「アイスととりかえっこ」 髙橋宏幸作 小峰書店（けんちゃんえほん2） 1977年12月

「あおいこねことおさらいっぱいのクッキー」 エインズリー・プライヤー作；いくしまさちこ訳 アルク 1989年9月

「あきちゃんのとけい」 なかえよしを作；上野紀子絵 PHP研究所（PHPのえほん8） 1983年11月

「アップルおばさんのアップルパイ」 竹下文子作；上條滝子絵 フレーベル館（げんきわくわくえほん8） 1995年11月

「アップルパイはどこいった？」 バレリー・ゴルバチョフ作・絵；なかがわちひろ訳 徳間書店 2003年7月

「あのはなし」 八木田宜子作；和歌山静子絵 文化出版局（八木田宜子みどりのえほん11） 1971年8月

「あるくおだんごくん」 深見春夫作・絵 PHP研究所（PHPにこにこえほん） 2005年4月

「いちごだいふくちゃん」 わたなべあや作・絵 PHP研究所（PHPわたしのえほん） 2009年12月

「うさぎおばさんのケーキ」 おぼまこと作・絵 講談社 1984年6月

「うさこちゃんときゃらめる」 ディック・ブルーナ文・絵；松岡享子訳 福音館書店 2009年4月

「おうさまのペロペロキャンディー」 そのやすじ作・絵 岩崎書店（えほん・ドリームランド7） 1981年4月

「おうさまはケーキだーいすき」 谷真介作；赤坂三好絵 ポプラ社（絵本・おはなしのひろば2） 1983年12月

「オオカミくんのホットケーキ」 ジャン・フィアンリ作；まつかわまゆみ訳 評論社 2002年3月

「おおきなホットケーキ」 ベラ・サウスゲイト再話；ロバート・ラムレイ絵；秋晴二，敷地松二郎訳編 アドアンゲン 1974年6月

「おかし・な・ごはん」 山岡ひかる作 偕成社（日本の絵本） 2002年4月

「おかしだいすき」 オフェリエ・テクシエ作・絵；きむらゆういち訳 そうえん社（ぼくはワニオオカミ3） 2009年2月

「おかしのくに」 タチアーナ・アレクセーブナ・マブリナ文・絵；みやかわやすえ訳 福音館書店（世界傑作絵本シリーズ） 1971年9月

「おかしのくにのうさこちゃん」 ディック・ブルーナ文・絵；松岡享子訳 福音館書店 2007年4月

412

子どもの世界・生活

「おかしのぼうや」 ベラ・サウスゲイト再話；ロバート・ラムレイ絵；秋晴二；敷地松二郎訳編 アドアンゲン 1974年6月

「おかしのほしのくいしんぼう」 さくらともこ作；米山永一絵 PHP研究所（PHPわたしのえほんシリーズ） 1988年7月

「おさるのケーキやさん」 安西水丸作 教育画劇 2007年6月

「おさるのジョージ チョコレートこうじょうへいく」 M.レイ；H.A.レイ原作；福本友美子訳 岩波書店 1999年10月

「おさるのジョージ パンケーキをつくる」 M.レイ；H.A.レイ原作；渡辺茂男；福本友美子訳 岩波書店 1999年10月

「おしりかじり虫ものがたり2 だいすきプリン」 うるまでるび作 バジリコ 2008年3月

「おせんべタクシー」 山﨑克己作 偕成社 2009年5月

「おちゃのおきゃくさま」 マージェリー・クラーク作；モード・ピーターシャム；ミスカ・ピーターシャム絵；渡辺茂男訳 ペンギン社（絵本童話けしつぶクッキーシリーズ） 1984年10月

「おにいちゃんにははちみつケーキ」 ジル・ローベル文；セバスチャン・ブラウン絵；中川千尋訳 主婦の友社 2006年5月

「おねだりグウ」 梅田千鶴作・絵 フレーベル館（げきわくわくえほん20） 1996年11月

「おばあちゃんのアップルパイ」 ローラ・ラングストン；リンジイ・ガーディナー作；白石かずこ訳 にいるぶっくす ソニー・マガジンズ 2004年8月

「おばあちゃんのかぼちゃパイ」 芭蕉みどり作・絵 ポプラ社（ティモシーとサラの絵本1） 1992年11月

「おほしさま」 たちもとみちこ作・絵 教育画劇 2006年9月

「おまたせクッキー」 パット・ハッチンス作；乾侑美子訳 偕成社 1987年8月

「おやつがほーい どっさりほい」 梅田俊作；梅田佳子作 新日本出版社（新日本出版社の絵本ふれあいシリーズ3） 1982年9月

「おやつですよー」 夏目尚吾作・絵 チャイルド本社（はじめましてのえほん7） 2009年10月

「おやつのじかん」 軽部武宏作 長崎出版（ciel books） 2006年10月

「おやつは なあに？」 スタン・ベレンスティン；ジャン・ベレンスティン作；HEART訳 偕成社（ベア・ファミリーえほん3） 1991年12月

「オルソンさんのパイ工場」 ペーテル・コーエン作；オロフ・ランドストローム絵；とやままり訳 偕成社 1992年4月

「かえるちゃんとかばおばさん」 わたなべゆういち作・絵 PHP研究所（PHPわたしのえほんシリーズ） 1987年9月

「かえるののどあめやさん」 戸田和代作；よしおかひろこ絵 岩崎書店（えほんのマーチ13） 2004年6月

子どもの世界・生活

「かっこわるいよ!だいふくくん」 宇治勲絵・文 PHP研究所(PHPにこにこえほん) 2005年5月

「かにのケーキやさん」 谷真介作;赤坂三好絵 ポプラ社(絵本・おはなしのひろば1) 1983年10月

「がまんのケーキ」 かがくいひろし作・絵 教育画劇 2009年9月

「かみなりケーキ」 パトリシア・ポラッコ作;小島希里訳 あかね書房 1993年7月

「かめのこせんべい」 長崎源之助作;鈴木義治絵 岩崎書店(母と子の絵本26) 1975年9月

「カロリーヌと おうさまケーキ」 ピエール・プロブスト作;山下明生訳 BL出版(カロリーヌとゆかいな8ひき) 2000年5月

「きえたおかしのまき」 たかどのほうこ作・絵 アリス館(ゆかいなさんにんきょうだい1) 2008年10月

「きのみのケーキ」 たるいしまこ作 福音館書店(もりのおくりもの2) 1992年10月

「くっきーだぁいすき」 間所ひさこ作;岩村和朗絵 金の星社(こどものくに傑作絵本) 1983年4月

「クマくんのおめでとうクッキー」 柳生まち子作 福音館書店(日本傑作絵本シリーズ) 1998年4月

「くまさんアイス」 とりごえまり著 アリス館 2003年11月

「グレー・ラビットパンケーキをやく」 アリソン・アトリー作;マーガレット・テンペスト絵;河野純三訳 評論社(児童図書館・絵本の部屋 グレー・ラビット12) 1983年3月

「ケーキやさんのゆうれい」 ジャクリーン・K.オグバン作;マージョリー・プライスマン絵;福本友美子訳 フレーベル館 2007年12月

「ケーキをさがせ!」 テー・チョンキン作・絵 徳間書店 2008年4月

「ケーキをさがせ!2 ケーキをもってピクニック」 テー・チョンキン作・絵 徳間書店 2008年12月

「けーきをつくる」 グニラ・ボルデ作;たかむらきみこ訳 偕成社(トミーちゃんシリーズ) 1976年1月

「けしつぶクッキーとアンドルーシク」 マージェリー・クラーク作;モード・ピーターシャム;ミスカ・ピーターシャム絵;渡辺茂男訳 ペンギン社(絵本童話けしつぶクッキーシリーズ) 1984年10月

「こぐまのブルン ケーキづくり」 ダニエル・ブール作;たくまひがし訳 みみずくぷれす 1982年6月

「こねこのきょうだいグルグルとゴロゴロ―ビスケットこうじょう」 江川智穂作 小学館 2005年12月

「こねこのチョコレート」 B.K.ウィルソン作;小林いづみ訳;大社玲子絵 こぐま社 2004年11月

子どもの世界・生活

「こねずみディディ・ボンボン」 オルガ・ルカイユ文・絵；こだましおり訳 岩波書店 2008年7月
「こぶたのポーくん1 おやつがいっぱい」 きむらゆういち作・絵 講談社 2000年2月
「こぶたのポーくん2 おおかみがでた！」 きむらゆういち作・絵 講談社 2000年2月
「ころころパンケーキ-ノルウェー民話」 アスビヨルン；モー文；スヴェン・オットー絵；山内清子訳 偕成社 1983年12月
「さとうねずみのケーキ」 ジーン・ジオン文；マーガレット・ブロイ・グレアム絵；わたなべしげお訳 アリス館 2006年1月
「サムならきっとできるから」 エイミー・ヘスト文；アニタ・ジェラーム絵；小川仁央訳 評論社 (児童図書館・絵本の部屋) 2003年11月
「さるくんのまほうのふえ」 手島悠介作；田沢梨枝子絵 岩崎書店 (えほん・ドリームランド20) 1982年10月
「サンタさんへのおくりもの」 ひろせまさよ文・絵 サンリオ 1989年11月
「しほちゃんのシフォンケーキ」 中川ひろたか文；西巻茅子絵 にいるぶっくす 2007年7月
「ジミーのムーンパイ・アドベンチャー」 トニー・ディテルリッジ作；安藤哲也訳 文渓堂 2008年6月
「ジャムおじゃま」 マーガレット・マーヒー文；ヘレン・クレイグ絵；田中薫子訳 徳間書店 1998年10月
「じゃむじゃむどんくまさん」 柿本幸造絵；蔵冨千鶴子文 至光社 (ブッククラブ国際版絵本) 1984年1月
「ジョニー パーティーへいく」 やまだうたこ作・絵 教育画劇 2008年9月
「しろくまちゃんのほっとけーき」 わかやまけん作 こぐま社 (こぐまちゃんえほん) 1972年10月
「しろくまパパのソフトクリーム」 とおやましげとし作・絵 金の星社 (絵本のおくりもの) 2000年6月
「スズメと子ネズミとホットケーキ-ロシアのむかしむかし」 イリーナ・カルナウーホヴァ再話；アナトーリー・ネムチーノフ絵；斎藤君子訳 ネット武蔵野 2003年2月
「すてきなすてきなアップルパイ」 寮美千子作；篠崎三朗絵 鈴木出版 (たんぽぽえほんシリーズ) 2006年9月
「せかいでひとつだけのケーキ」 あいはらひろゆき作；あだちなみ絵 教育画劇 2006年4月
「ぜったいわけてあげないからね」 かとうまふみ文・絵 偕成社 2008年4月
「だいすきプリン」 うるまでるび作 バジリコ (おしりかじり虫ものがたり2) 2008年3月
「たべられたくなかったチョコねずみとさとうがしのブーのぼうけん」 イリーナ・ヘイル作・絵；熊谷伊久栄訳 偕成社 1981年9月

子どもの世界・生活

「タルトくんとケーキのたね」 おだしんいちろう作；こばようこ絵 偕成社 2006年6月

「ちいくまちゃんのケーキづくり」 しまだけんじろう作 ベネッセコーポレーション（ちいくまちゃんシリーズ） 1997年7月

「ちびくまちゃんのくっきーづくり」 黒柳徹子文；紙谷元子人形・構成 偕成社 1985年1月

「チャイブスとりんごパーティー-CHIVES'STORY2」 高野紀子作・絵 講談社 1999年2月

「チャイブスのとくせいケーキ-いっしょにつくれるよ」 高野紀子作・絵 講談社 （CHIVES'STORY1） 1997年5月

「チューインガムはかせとガムかむマン」 矢崎節夫作；尾崎真吾絵 教育画劇（スピカのおはなしえほん5） 1984年12月

「チュピは くいしんぼう」 チィエリ・クールタン作・絵；やまだたくみ訳 ポプラ社（ペンギンぼうやのチュピ2） 2001年3月

「チョコだるま」 真珠まりこ作 ほるぷ出版（ほるぷ創作絵本） 2008年11月

「チョコレータひめ」 深山さくら作；樋上公実子絵 教育画劇 2008年10月

「チョコレート・ウェディング」 ポージー・シモンズ文・絵；角野栄子訳 リブロポート 1992年4月

「チョコレート・ムース」 S.マスコウィッツ作；舟崎克彦訳 角川書店 1984年5月

「チョコレートがおいしいわけ」 はんだのどか作 アリス館 2010年2月

「チョコレートのじどうしゃ」 立原えりか作；太田大八絵 ひさかたチャイルド（ひさかたメルヘン10） 1981年12月

「チョコレートものがたり」 新倉みずよ作；杉山吉伸絵 岩崎書店（絵本ノンフィクション26） 1985年2月

「チョコレートをたべた さかな」 みやざきひろかず作・絵 ブックローン出版 1989年10月

「ティモシーとサラ てづくりケーキコンテスト」 芭蕉みどり作・絵 ポプラ社（えほんとなかよし67） 2010年11月

「できたてジャムはいいにおい」 ピーター・クロス絵；ジュディ・テイラー作；長谷川たかこ訳 金の星社（ダドリーのちいさな絵本3） 1987年8月

「テコリンちゃんとアイスクリーム」 古内ヨシ作 フレーベル館（テコリンちゃん2） 1996年4月

「てんぐのそばまんじゅう」 深山さくら作；長谷川義史絵 ひさかたチャイルド 2010年9月

「てんじつきさわるえほん しろくまちゃんのほっとけーき」 わかやまけん作 こぐま社 2009年7月

「ドーナッツちゃんとモンブラリン」 つつみあれい作 小峰書店（世界の絵本コレクション） 2002年6月

「トムとチムのアイスクリーム」 大石真作；北田卓史絵 ひくまの出版（幼年えほんシリーズ・あおいうみ6） 1984年6月

「トルテのピンクケーキ」 やまだうたこ作 学習研究社（学研おはなし絵本） 2006年6月

子どもの世界・生活

「ドロップ」シルビア・フォン・オメン作;よこやまかずこ訳　竹書房　2003年12月

「ドロップロップ」村山早紀作;杉田比呂美絵　佼成出版社(みつばちえほんシリーズ)　2009年1月

「とんだドーナツ」田沢梨枝子作・絵　岩崎書店(ピチピチえほん5)　1980年4月

「ニャンタとポンタの クリスマス」たちのけいこ作　あかね書房(ニャンタとポンタのおいしいおはなし3)　2010年11月

「にんじんケーキ」ノニー・ホグローギアン作;乾侑美子訳　評論社(児童図書館・絵本の部屋)　1979年11月

「ねこねこきっちん」はらだみどり作　サンリード(えほんランド2)　1986年11月

「ねずみくんとホットケーキ」なかえよしを作;上野紀子絵　ポプラ社(ねずみくんの絵本14)　2000年9月

「ねずみのルルとおかしのくに」さかざきちはる作　文渓堂　2008年3月

「ねらわれたチョコレートケーキ」デビッド・マクフェイル文・絵;吉田新一訳　国土社　1980年11月

「のんびりやまのひげはちぎつね」木暮正夫作;柿本幸造絵　教育画劇(スピカのおはなしえほん31)　1987年10月

「はじめてやいたすてきなケーキ-ダドリーの絵本」ピーター・クロス絵;ジュディ・テイラー作;長谷川たかこ訳　金の星社(世界の絵本ライブラリー)　1988年7月

「はちみつチーズケーキ」たちもとみちこ作　ほるぷ出版(ほるぷ創作絵本)　2008年10月

「パディントンのアイスクリーム」マイケル・ボンド文;デイビッド・マッキー絵;かんどりのぶお訳　アリス館(えほんくまのパディントン1)　1985年10月

「ババールケーキをつくります」L.ド・ブリュノフ作;しまづさとし訳;おのかずこ文　評論社(ミニ・ババール10)　1976年4月

「パパがやいたアップルパイ」ローレン・トンプソン文;ジョナサン・ビーン絵;谷川俊太郎訳　ほるぷ出版　2008年9月

「ばばばあちゃんのなんでもおこのみやき」さとうわきこ作　福音館書店　2009年3月

「はらぺこシーマくん」エミール・ジャドゥール作;石津ちひろ訳　小学館(シーマくんとペギーちゃん)　2006年6月

「パンケーキのおはなし」岸田衿子作;おおば比呂司絵　ひかりのくに(ひかりのくに傑作絵本集16)　2002年1月

「パンケーキのおはなし」岸田衿子文;おおば比呂司絵　ひかりのくに(ひかりのくにお話絵本)　1985年12月

「パンケーキのはなし-ノルウェーのはなし」山室静文;福田岩緒絵　コーキ出版(絵本ファンタジア4)　1977年4月

「ピーナッちゃんとドーナッちゃん」つつみあれい作　小峰書店(世界の絵本コレクション)　2001年5月

子どもの世界・生活

「ビスケットくん」YASU文・絵 海豹舎 2007年1月

「フォクシー クッキーこげた？」コリン・ホーキンス;ジャッキー・ホーキンス共著;左近蘭子訳 学習研究社(フォクシー絵本2) 1995年9月

「ぶたのチェリーのおはなし」やまだうたこ文・絵 偕成社(日本のえほん) 2002年9月

「ふわふわホットケーキ」さこももみ作・画 小学館(おひざ絵本シリーズ) 2010年3月

「ポーラーちゃんのおやつ」国松エリカ作・絵 学習研究社 2008年3月

「ぼく、すてごです」宮本忠夫作 文研出版(えほんのもり4) 1984年10月

「ぼくのいもうとみなかった?」エロール・ル・カイン絵;マシュー・プライス文;岩倉千春訳 ほるぷ出版 1993年10月

「マーブルひめのりっぱなおしろ」長谷川直子作 ほるぷ出版(おうちの絵本) 2006年9月

「まさか」木島始文;三輪滋絵 ぱるん舎(ちいさなつぶやきシリーズ) 1983年2月

「まじょのケーキ」たむらしげる作 あかね書房(あかね・新えほんシリーズ13) 2002年11月

「まぜまぜ ぷーちゃん」たるいしまこ作 ポプラ社(ぷーちゃんのえほん2) 2007年11月

「また!ねずみくんのホットケーキ」なかえよしを作;上野紀子絵 ポプラ社(ねずみくんの絵本18) 2003年7月

「マックスとたんじょうびケーキ」ローズマリー・ウェルズ;さくまゆみこ訳 光村教育図書(マックスとルビーのえほん) 2005年9月

「マックスのクッキー」バルブロ・リンドグレン作;エヴァ・エリクソン絵;おのでらゆりこ訳 佑学社 1982年10月

「まほうのケーキをつくりましょ」北川チハル作;ひだきょうこ絵 岩崎書店(カラフルえほん) 2006年4月

「ミエルのクッキー」池田まり子作 佼成出版社 2002年10月

「みつばちのアデリーヌ」アラン・グレ文;ルイ・カン絵;いはらじゅんこ訳 ペンタン(ナターンのもりのなかまたち2) 1984年10月

「みんなだいすき!チョコレート」古谷野哲夫監修;ひらのてつお絵;中島妙文 チャイルド本社(ものづくり絵本シリーズ どうやってできるの?1) 2007年1月

「もしもこぶたにホットケーキをあげると」ローラ・ジョフィ・ニューメロフ文;フェリシア・ボンド絵;青山南訳 岩崎書店 1999年9月

「もしもムースにマフィンをあげると」ローラ・ジョフィ・ニューメロフ文;フェリシア・ボンド絵;青山南訳 岩崎書店 2000年1月

「ものすごくおおきなプリンのうえで」二宮由紀子文;中新井純子絵 教育画劇 2010年4月

「ももちゃんといちご」メグホソキ作・絵 佼成出版社 2001年7月

「モモちゃんのおいのり」松谷みよ子文;中谷千代子絵 講談社(ちいさいモモちゃんえほん) 1972年4月

子どもの世界・生活

「モモちゃんのおいのり」松谷みよ子文；武田美穂絵　講談社（ちいさいモモちゃんえほん7）　1996年2月

「もりのおやつやさん」とりごえまり作　学習研究社（学研おはなし絵本）　2008年4月

「もりのオルゴール・ケーキ」谷真介作；赤坂三好絵　ポプラ社（絵本・おはなしのひろば6）　1984年4月

「ゆきの日のおかしのいえ」薫くみこ作；さとうゆうこ絵　ポプラ社（えほんとなかよし38）　1995年10月

「よりみちせんべい」山﨑克己作・絵　農山漁村文化協会（わくわくたべものおはなしえほん11）　2008年8月

「ライオンとソフトクリーム」井上ひさし作；高橋透絵　チャイルド本社（おはなしチャイルドリクエストシリーズ2）　1983年3月

「リルリルちゃんとおかしパーティー」きたがわめぐみ作　白泉社　2008年10月

「りんちゃんとあおくんのレストラン」あいはらひろゆき文；あだちなみ絵　ポプラ社（りんちゃんとあおくん2）　2009年7月

「ルカのクリスマスケーキ」フランチェスカ・ボスカ文；ジュリアーノ・フェッリ絵；いずみちほこ訳　いのちのことば社フォレストブックス　2005年11月

「わたしやってあげる」清水えみ子；にしまきかやこ作；にしまきかやこ絵　童心社（清水えみ子・3歳児のえほん）　1973年12月

「ワニがケーキになっちゃった」岡本颯子文・絵　ポプラ社（絵本・おはなしのひろば24）　1988年6月

「ワニくんのアップルパイ」みやざきひろかず作・絵　BL出版　2009年2月

「王さまのすきなピックル＝パイ」ジョリー・ロジャー・ブラッドフィールド文；飯沢匡訳　講談社（世界の絵本アメリカ）　1971年4月

「公爵夫人のふわふわケーキ」ヴァージニア・カール作；灰島かり訳　平凡社　2007年2月

「砂糖菓子の王子」フィオナ・ムーディー絵・文；高木あき子訳　西村書店　1986年3月

「砂糖菓子の男−ギリシアのむかしばなし」ユーリア・グコーヴァ絵；アルニカ・エステル再話；酒寄進一訳　西村書店　1998年6月

食べもの＞きのこ

「カペリートのかかし−すきすき!カペリート1」ロドルフォ・パストール原作；きたやまようこ構成・文　講談社（講談社こどもクラブ1）　2005年12月

「カペリートのかかし−すきすき!カペリート2」ロドルフォ・パストール原作；きたやまようこ構成・文　講談社（講談社こどもクラブ2）　2005年12月

「さるの　こしかけ」宮沢賢治作；さいとうよしみ絵　小学館（宮沢賢治名作絵本）　2007年3月

「シオドアとものいうきのこ」レオ・レオニ作；谷川俊太郎訳　ペンギン社　1977年9月

子どもの世界・生活

「ナミチカのきのこがり」 降矢なな作 童心社(絵本・こどものひろば) 2010年9月
「ほな また」 こしだミカ作・絵 農山漁村文化協会(わくわくたべものおはなしえほん9) 2008年3月
「みほといのはなぼうず」 筒井頼子作;山内ふじ江絵 福音館書店 2001年4月
「狂言えほん くさびら」 もとしたいづみ文;竹内通雅絵 講談社(講談社の創作絵本) 2007年6月
「権大納言とおどるきのこ」 ほりかわりまこ作 偕成社(今昔物語絵本) 2009年9月

食べもの>パン

「あきっぽいまじょとなかまたち そらとぶパンがま」 うえつじとしこ文・絵 大日本図書 2009年1月
「アバディのパン」 木葉井悦子作 ほるぷ出版 2005年8月
「おいしいパンがたべたいな」 やまだうたこ作 学習研究社(学研おはなし絵本) 2008年3月
「おだんごぱん」 ブラートフ再話;エフゲーニ・M.ラチョフ絵;遠藤のり子訳 らくだ出版(世界の絵本シリーズ ソ連編4) 1975年1月
「おだんごぱん」 瀬田貞二訳;井上洋介画 福音館書店 1966年5月
「おとうさんはパンやさん」 平田昌広作;鈴木まもる絵 佼成出版社(おとうさん・おかあさんのしごとシリーズ) 2010年9月
「おひさまぱん ころりん」 さくらともこ再話;くるみれな絵 PHP研究所 2008年7月
「おひさまパン」 エリサ・クレヴェン作・絵;江國香織訳 金の星社 2003年7月
「からすのパンやさん」 加古里子絵・文 偕成社(かこさとしおはなしのほん7) 1973年9月
「きつねのぱんとねこのぱん」 小沢正文;藤枝リュウジ絵 国土社(絵本といっしょ2) 1996年12月
「ぎょうれつのできるパンやさん」 ふくざわゆみこ作・絵 教育画劇 2007年4月
「ころころころパン」 ジョゼフ・ジェイコブス作;アンドレイ・デューギン;オルガ・デューギナー絵;今江祥智訳 ブックローン出版 1992年11月
「ジャイアント・ジャム・サンド」 ジョン・ヴァーノン・ロード文・絵;安西徹雄訳 アリス館 1976年4月
「ジャッキーのパンやさん」 あだちなみ絵;あいはらひろゆき文 ブロンズ新社(くまのがっこうシリーズ) 2003年2月
「ジャムつきパンとフランシス」 ラッセル・ホーバン作;リリアン・ホーバン絵;松岡享子訳 好学社 1972年1月
「しょうがパンこぞう」 リチャード・スキャナー作;吉田純子訳 ブック・ローン出版(スキャリーおじさんのどうぶつえほん8) 1984年8月

420

子どもの世界・生活

「しんかんくんの パンやさん」 のぶみ作 あかね書房(あかね・新えほんシリーズ42) 2008年10月

「スキャーリーのしょうがパンぼうや」 リチャード・スキャーリー文・絵;くまがいこうじ訳 金の星社(スキャーリーのえほん5) 1993年9月

「ぞうのパンやさん」 岸田衿子文;長新太絵 ひかりのくに(あかちゃんのえほん) 1976年11月;ひかりのくに(あかちゃんのえほん) 1970年11月

「たのしいパンのくに」 深見春夫作・絵 PHP研究所(PHPにこにこえほん) 2005年11月

「ちいさなパンや」 いそべひとし作・絵 鹿砦社 1996年9月

「チョコレートパン」 長新太作 福音館書店(幼児絵本シリーズ) 2010年3月

「どれどれパン」 真木文絵文;石倉ヒロユキ絵 岩崎書店(ママと赤ちゃんのたべもの絵本4) 2008年11月

「どんくまさんのぱん」 柿本幸造絵;蔵冨千鶴子文 至光社 1981年1月

「にげだしたじゃむぱんさん」 松谷みよ子作;赤星亮衛画 講談社(松谷みよ子・どうわえほん) 1976年6月

「ねこのパンヤ」 おかだなおこ絵・文 小学館 2008年3月

「ねこのパンやさん」 ポージー・シモンズ作・絵;松波佐知子訳 徳間書店 2006年7月

「ノッポさんのえほん4 にげだしたパンがし」 高見ノッポ文;瀧原愛治絵 世界文化社 2001年1月

「ぱん だいすき」 征矢清文;ふくしまあきえ絵 福音館書店(0.1.2.えほん) 2007年6月

「パンタのパンの木」 そがまい作 小峰書店(えほんひろば) 2004年9月

「パンのかけらとちいさなあくま-リトワニア民話」 内田莉莎子再話;堀内誠一画 福音館書店 1979年11月

「パンはころころ-ロシアのものがたり」 マーシャ・ブラウン作;八木田宜子訳 冨山房 1976年12月

「パンはころころ-ロシアのものがたり」 マーシャ・ブラウン作;八木田宜子訳 冨山房 1994年2月

「パンやのろくちゃん」 長谷川義史作 小学館(おひさまのほん) 2006年10月

「パンをたべるのはだれですか?」 ジャニナ・ドマンスカ作;岩田みみ訳 ほるぷ出版 1979年10月

「ひこうきパン」 たかはまなおこ作;ふるかわひでお絵 PHP研究所(PHPおはなしえほん12) 1980年12月

「ひこうきパンはぷるぷるぷー」 岡信子作;中村景児絵 ポプラ社(絵本・おはなしのひろば3) 1984年2月

「ビッグパーン!」 中谷靖彦作・絵 農山漁村文化協会(わくわくたべものおはなしえほん10) 2008年2月

子どもの世界・生活

「ひみつのかくしあじ-3びきのこぐま」 ヴラスタ・バラーンコヴァー絵;マックス・ボリガー文;ささきたづこ訳　講談社(講談社の翻訳絵本)　1997年7月

「ふくらむふくらむぱん」 深沢省三絵　婦人之友社(よくみる・よくきく・よくするえほん3)　1970年11月

「ブタ ベイカリー」 角野栄子作;100%ORANGE絵　文渓堂　2007年3月

「ぶたのほかほかパンやさん」 正岡慧子文;神山ますみ絵　PHP研究所(PHPにこにこえほん)　2002年7月

「プリンちゃんのかいじゅうパンだよっ」 ささきようこ作・絵　ポプラ社(プリンちゃんシリーズ)　2001年4月

「ふわふわくもパン」 ペク・ヒナ文・絵;キム・ヒャンス写真;星あキラ;キム・ヨンジョン共訳　小学館　2006年4月

「へそパンあげます」 山根多紀子文;沼野正子絵　草土文化　1985年1月

「へんしん!ぱんやさん」 さこももみ作・絵　教育画劇　2008年2月

「へんてこパン」 小沢正作;国井節絵　ポプラ社(絵本カーニバル)　2006年11月

「ぼくはロボットパン」 桜井信夫作;西川おさむ絵　小峰書店(はじめてのどうわ23)　1979年2月

「まちのパンやさん」 香山美子文;和歌山静子絵　新日本出版社(新日本出版社の絵本ふれあいシリーズ11)　1986年6月

「マフィンおばさんのぱんや」 竹林亜紀作;河本祥子絵　福音館書店　1981年2月

「まよなかのだいどころ」 モーリス・センダック作;神宮輝夫訳　冨山房　1982年9月

「よみきかせお仕事えほん はやおきふっくらパンやさん」 山本省三作;はせがわかこ絵　講談社(講談社の創作絵本)　2010年11月

「リュック、コンクールへいく」 いちかわなつこ作・絵　ポプラ社(絵本の時間42)　2005年2月

「わーいおばあちゃんのパン」 つるみゆき絵・文　至光社(至光社ブッククラブ 国際版絵本)　2005年1月

食べもの＞果物＞いちご

「あかくなりたいな」 いのうえあきこ絵・文　コーキ出版(であいのえほん12)　1983年8月

「あまいいちごはどこにある?」 ピーター・クロス絵;ジュディ・テイラー作;長谷川たかこ訳　金の星社(ダドリーのちいさな絵本2)　1987年8月

「あまがえる先生 みつけてたべよう!野いちご教室」 松岡達英作　旺文社(旺文社創作童話)　2008年4月

「いちごがうれた」 神沢利子作;渡辺洋二絵　新日本出版社(うさぎのモコのおはなし4)　1994年3月

「いちごくまさん」 ひらやまえいぞう作　福音館書店(おやすみくまさんの絵本2)　1985年3月

子どもの世界・生活

「いちごだいすき」 森山京文;大森翠絵 フレーベル館(ぴよぴよえほんシリーズ4) 1984年1月

「いちごでなかよし」 じゃんぼかめ作・絵 国土社(えほん・くだものむら3) 1990年10月

「いちごとおひさま」 真木文絵作;石倉ヒロユキ絵 学習研究社(学研おはなし絵本) 2007年2月

「いちごばたけでつかまえた」 清水達也作;土田義晴絵 教育画劇(スピカみんなのえほん12) 1990年10月

「いちごばたけのちいさなおばあさん」 わたりむつこ作;中谷千代子絵 福音館書店(こどものとも傑作集) 1983年11月;福音館書店 1973年5月

「いちごばたけのパトロールたい」 竹下文子文;鈴木まもる絵 偕成社 1992年7月

「くまとりすのおやつ」 きしだえりこ文;ほりうちせいいち;ほりうちもみこ絵 福音館書店(幼児絵本シリーズ) 2008年2月

「こぐまのたろ」 きたむらえり作・絵 福音館書店(こぐまのたろの絵本1) 1973年3月

「ちいくまちゃんのきいちごつみ」 しまだけんじろう作 ベネッセコーポレーション(ちいくまちゃんシリーズ) 1998年3月

「ちいくまちゃんのきいちごつみ」 嶋田健二郎作 ベネッセコーポレーション 1998年3月

「どうするどうする ねずみくん」 ドン・ウッド;オードリー・ウッド作;ドン・ウッド絵;今江祥智訳 ブックローン出版 1989年4月

「トンガの きいちごつみ」 広野多珂子作・絵 ひさかたチャイルド 2002年3月

「のいちごそうはどこにある?」 エヴァ・ビロウ作;佐伯愛子訳 フレーベル館 2008年2月

「のいちごはだれのもの」 くろせひさこ作・絵 タリーズコーヒージャパン 2008年4月

「ハニーちゃんのいちごつみ」 末吉暁子作;ダン・ボンフィリ絵 金の星社 1980年2月

「ピーのおはなし」 きもとももこ作 福音館書店(幼児絵本シリーズ) 2008年5月

「ブルンミとアンニパンニ」 マレーク・ベロニカ文・絵;羽仁協子訳 風涛社 2003年11月

「ホイップベアーときいちご」 ロコ・まえだ絵・文 柳原出版 2006年7月

「まっかないちごがまってるよ」 森津和嘉子作・絵 金の星社(絵本のおくりもの) 1987年9月

「みみとみん いちごだいすき」 いりやまさとし作・絵 学研教育出版 2010年6月

「野いちごのたからもの」 田中章義作;とりごえまり絵 東京新聞出版局 2008年12月

食べもの＞果物＞かき

「かきのみいっぱい」 日高正子絵・文 福武書店 1990年3月

「ざぼんじいさんのかきのき」 すとうあさえ文;織茂恭子絵 岩崎書店(のびのび・えほん4) 2000年9月

子どもの世界・生活

「ならこのかきのき」伊藤昭作・絵　福音館書店(日本傑作絵本シリーズ)　1986年11月

「にほんのかきのき」熊谷元一作・絵　福音館書店(こどものとも傑作集)　1968年11月

食べもの＞果物＞さくらんぼ

「さくらんぼのふくろ」マリア・プンセル作；ビビー・エスクリバー絵；いのはらようこ訳　新世研　1999年3月

「すきすき さくらんぼ」じゃんぼかめ作・絵　国土社(えほん・くだものむら4)　1991年7月

食べもの＞果物＞すいか

「ありとすいか」たむらしげる作・絵　ポプラ社(ポプラ社のよみきかせ大型絵本)　2004年4月；ポプラ社(名作絵本復刊シリーズ5)　2002年3月

「うたうすいか」神沢利子文；わかやまけん絵　ポプラ社(おはなし創作えほん5)　1975年6月

「かっぱのすいか」三輪映子作・絵　福武書店　1989年8月

「こぶたくんのすいかじけん」わたなべゆういち文・絵　ぎょうせい(そうさくえほん館12)　1992年11月

「すいかくんがね…」とよたかずひこ作・絵　童心社(おいしいともだち)　2010年5月

「すいかのたね」さとうわきこ作・絵　福音館書店　1982年7月

「スイカのたび」大森翠作・絵　ひさかたチャイルド　1989年6月

「スイカぼうず」とみた真矢作・絵　BL出版　2007年12月

「だめだめ すいか」白土あつこ作・絵　ひさかたチャイルド　2007年6月

「ねらってるねらってる」東君平文；杉浦範茂絵　大日本図書　1973年6月

「ゆうれいとすいか」くろだかおる作；せなけいこ絵　ひかりのくに　1997年6月

「リーラちゃんとすいか」マリリン・ハーシュ文・絵；マヤ・ナラヤン絵；岡部うた子訳　ほるぷ出版　1976年9月

食べもの＞果物＞なし

「おっこちたせいようなし」エドゥアルト・ペチシュカ作；千野栄一訳；森茂子絵　福音館書店　1984年10月

「なしうりとおじいさん」柴野民三文；黒谷太郎絵　フレーベル館(キンダーおはなしえほん傑作選第2集5)　1977年5月

「ファニーとマルガリータ－なかよしふたりの5つのおはなし」ケイト・スポーン作；木坂涼訳　セーラー出版　1995年5月

「リベックじいさんのなしの木」テオドール・フォンターネ文；ナニー・ホグロギアン絵；藤本朝巳訳　岩波書店　2006年5月

子どもの世界・生活

「リベックじいさんのなしの木」テオドール・フォンターネ文；マルタ・コーチー絵；ささきたづこ訳　DEMPA／ペンタン　1992年3月

食べもの＞果物＞バナナ

「ゴリラのドンドコ」田頭よしたか作・絵　フレーベル館（げんきわくわくえほん30）　1997年9月

「しーらんぺったん」中川ひろたか文；藤本ともひこ絵　世界文化社　2007年7月

「センシュちゃんとウオットちゃんのバナナじま」工藤ノリコ作　小学館（おひさまのほん）　2010年2月

「はだかんぼばなな」じゃんぼかめ作・絵　国土社（えほん・くだものむら2）　1990年9月

「バナナインパジャマ1 カドルスどおりのなかまたち」サイモン・ホプキンソン原作；村田さち子訳　講談社（げんきおはなしえほん1）　1996年7月

「バナナインパジャマ2 まほうのじゅうたん」サイモン・ホプキンソン原作；村田さち子訳　講談社（げんきおはなしえほん2）　1996年7月

「バナナインパジャマ3 おいしゃさんになったバナナくん」サイモン・ホプキンソン原作；村田さち子訳　講談社（げんきおはなしえほん3）　1996年8月

「バナナインパジャマ4 ラットくんのレストラン」サイモン・ホプキンソン原作；村田さち子訳　講談社（げんきおはなしえほん4）　1996年8月

「バナナででんわをかけました」おだのぶお作・絵　鈴木出版（たんぽぽえほんシリーズ）　1996年5月

「バナナのおふろ」スージー・モルゲンステルン作；セヴリーヌ・コルディエ絵；みやまさくら翻案　ジュリアン（エマといっしょに3）　2008年7月

「バナナのかわですべったら」もりひさし作；西川おさむ絵　金の星社（こどものくに傑作絵本）　1976年10月

「バナナをかぶって」中川ひろたか文；あべ弘士絵　クレヨンハウス　1998年3月

「ファニーとマルガリーターなかよしふたりの5つのおはなし」ケイト・スポーン作；木坂涼訳　セーラー出版　1995年5月

「ぺったんサルさん」パウロ・カンポス再話；ジョゼ・トリンダデ絵；さいとうゆうこ訳　新世研　2003年12月

「リンゴとバナナ」戸渡阿見作；いとうのぶや絵　たちばな出版（戸渡阿見絵本シリーズ）　2008年3月

「ワニくんのバナナ」やすいすえこ作；中村景児絵　佼成出版社　1991年6月

食べもの＞果物＞ぶどう

「ぶどう畑のアオさん」馬場のぼる作　婦人之友社（小さいえほん2）　1980年4月

子どもの世界・生活

食べもの＞果物＞ブルーベリー

「ブルーベリーつみならまかせて」 イレーヌ・シュバルツ文；フレデリック・ステール絵；いしづちひろ訳 文化出版局 1985年9月

「ブルーベリーもりでのプッテのぼうけん」 エルサ・ベスコフ作・絵；ルゼ・カプデヴィラ絵；おのでらゆりこ訳 福音館書店（世界傑作絵本シリーズ・スウェーデンの絵本） 1977年5月

食べもの＞果物＞みかん

「きつねの しっぱい」 小沢正作；井上洋介絵 鈴木出版（ひまわりえほんシリーズ） 1991年10月

「なつみかんのおへそ」 深見春夫作 福武書店 1988年8月

「はっぱみかん」 風木一人作；山口マオ絵 佼成出版社 2007年12月

「はりきりみかん」 じゃんぼかめ作・絵 国土社（えほん・くだものむら6） 1991年11月

「みかん」 中川李枝子文；山脇百合子絵 ブッキング（復刊傑作幼児絵本シリーズ9） 2008年4月

「みかんちゃん」 かわかみたかこ作 学習研究社（学研おはなし絵本） 2009年1月

食べもの＞果物＞もも

「こどもももちゃん」 たちばなはるか作・絵 偕成社 2005年6月

「ジャイアントピーチ ダールのおばけ桃の冒険」 レイン・スミス絵；ケアリー・カークパトリック文；小川仁央訳 評論社（児童図書館・絵本の部屋） 1996年12月

「ももでげんき」 じゃんぼかめ作・絵 国土社（えほん・くだものむら5） 1991年9月

「ももの里」 毛利まさみち文・絵 リブリオ出版 2005年7月

食べもの＞果物＞りんご

「アオさんとリンゴ」 馬場のぼる作 婦人之友社（小さいえほん1） 1979年11月

「あかいりんご」 なかのひろたか作・絵 福音館書店（福音館のペーパーバック絵本） 1971年4月

「あくまのりんご」 舟崎克彦作；岩切美子絵 秋書房 1984年8月

「あたまのうえにりんごがいくつ？」 セオ・レスィーグ作；ロイ・マッキー絵；田村隆一訳 ペンギン社 1977年9月

「あわてんぼりんご」 じゃんぼかめ作・絵 国土社（えほん・くだものむら1） 1990年7月

「エレンのりんごの木」 カタリーナ・クルースヴァル作；ひだにれいこ訳 評論社（児童図書館・絵本の部屋） 2009年3月

「おおきな木」 シエル・シルヴァスタイン作・絵；ほんだきんいちろう訳 篠崎書林 1976年11月

子どもの世界・生活

「オーパーさんのおいしいりんご」 みおちづる作;にしむらあつこ絵 金の星社 2003年9月

「おなかいっぱいのしゅうかくさい」 城田ふみ作・絵 フレーベル館 1993年7月

「おばけリンゴ」 ヤーノシュ作;やがわすみこ訳 福音館書店(世界傑作絵本シリーズ・ドイツの絵本) 1969年3月

「おふろや」 黒田愛作 白泉社 2008年9月

「きえたりんご」 ヤン・レーフ作;渡辺茂男訳 講談社(講談社のピクチュアブック10) 1979年11月

「しーらんぺったん」 中川ひろたか文;藤本ともひこ絵 世界文化社 2007年7月

「しずくとりんご」 ボフダン・ブテンコ絵;うちだりさこ訳 福音館書店(福音館のペーパーバック絵本) 1981年6月

「ジャンボとりんご」 さかざきちはる文・絵 ハッピーオウル社(おはなしのほん) 2005年5月

「ジョニー・アップルシード-りんごの木を植えた男」 リーブ・リンドバーグ詩;キャシー・ジェイコブセン絵;稲本正訳 アーバン・コミュニケーションズ 1992年11月

「それは ひ・み・つ」 エリック・バトゥー作;石津ちひろ訳 講談社(世界の絵本) 2005年9月

「タウザーとまほうのりんご」 トニー・ロス作;山脇恭訳 ペンタン(タウザーの本) 1985年10月

「チャイブスとりんごパーティー-CHIVES'STORY2」 高野紀子作・絵 講談社 1999年2月

「チョロコロトロ りんごのくにへ」 ナカバン作 学習研究社(学研おはなし絵本) 2008年6月

「つんつくせんせいとふしぎなりんご」 たかどのほうこ作・絵 フレーベル館(えほんあらかると8) 2002年9月

「とんでいったりんご」 ふくだとしお作 学習研究社(学研おはなし絵本) 2007年5月

「トントとりんご」 高畠ひろき作・絵 フレーベル館(キンダーおはなしえほん) 1984年12月

「なあくんとりんごのき」 神沢利子作;山内ふじ江絵 あかね書房(あかね創作えほん29) 1990年4月

「のねずみウィスカー」 北三季絵・文 サクラクレパス出版部 1979年10月

「パパがやいたアップルパイ」 ローレン・トンプソン文;ジョナサン・ビーン絵;谷川俊太郎訳 ほるぷ出版 2008年9月

「ひつじのメェーリング」 マヌエラ・.サルヴィ作;ルーシー・ミュレロヴァ絵;鈴木敦子訳 岩崎書店 2008年9月

「ひめりんごの木の下で」 安房直子文;伊藤正道絵 クレヨンハウス(おはなし広場) 1993年12月

「フーベルトとりんごの木」 アルブレヒト・リスラー絵;ブルーノ・ヘヒラー文;木本栄訳 講談社(講談社の翻訳絵本) 2001年8月

「ぶたちゃん りんごちゃん」 まついのりこ作 童心社(よんでよんでのえほん) 2009年10月

子どもの世界・生活

「ブルンミのドライブ」 マレーク・ベロニカ文・絵;羽仁協子訳 風涛社 2008年4月

「へんてこりんご」 ひらのよしと作 国土社(たいへんマーチ4) 1984年9月

「ポムポムポンムりんごのたび」 遠山繁年作 偕成社 1998年4月

「マジック・アップル まほうのりんご」 レイナー・サセックス作;デイヴィッド・ハイアム絵;城田あい子;城田安幸訳 成星出版 1998年6月

「ミーちゃんとりんご」 寺岡邦夫;寺岡紀久子作・絵 偕成社(ミーちゃんえほん4) 1982年3月

「もりのどうぶつかいぎ」 ホフマン作;山主敏子文;柿本幸造絵 偕成社 1966年12月

「りんご ごーごー」 庄司三智子作・絵 ひさかたチャイルド 2007年9月

「りんご ぽいぽい」 デビッド・マッキー作;なかがわちひろ訳 光村教育図書 2006年8月

「りんご」 三木卓文;スーザン・バーレイ絵・訳 かまくら春夏社 2000年10月

「りんごあかくなーれ」 岸田衿子文;長新太絵 ひかりのくに(あかちゃんのえほん) 1982年6月;ひかりのくに(あかちゃんのえほん) 1972年1月

「りんごがたべたいねずみくん」 なかえよしを作;上野紀子絵 ポプラ社(ねずみくんの小さな絵本2) 2004年10月

「りんごがたべたいねずみくん」 なかえよしを作;上野紀子絵 ポプラ社(絵本のひろば13) 1975年5月

「りんごがドスーン」 多田ヒロシ作・絵 文研出版(ジョイフルえほん傑作集16) 1981年2月

「りんごがひとつ」 間所ひさこ作;田中恒子絵 教育画劇(スピカのおはなしえほん4) 1984年12月

「りんごがひとつ」 岩村和朗作 銀河社 1979年12月

「りんごころころいいとこへ」 神沢利子文;渡辺洋二絵 偕成社(ちいさいえほん26) 1980年5月

「りんごころりん-ロシア民話」 パホーモフ絵;宮川やすえ再話 岩崎書店(母と子の絵本4) 1973年3月

「りんごちゃん」 ディック・ブルーナ作;角野栄子訳 講談社(ブルーナのおはなし文庫14) 1995年7月

「りんごちゃんとビートルカード」 中川ひろたか文;酒井絹恵絵 偕成社 2010年9月

「リンゴちゃんのおきにいり」 ベネディクト・ゲチエ作;野崎歓訳 クレヨンハウス(ラプーたんていのじけんぼ3) 2010年10月

「リンゴとカラス麦」 フランク・アッシュ絵・文;山口文生訳 評論社(児童図書館・絵本の部屋) 1992年7月

「リンゴとバナナ」 戸渡阿見作;いとうのぶや絵 たちばな出版(戸渡阿見絵本シリーズ) 2008年3月

子どもの世界・生活

「りんごどろぼうはだーれ？」ジーグリット・ホイック作；佐々木田鶴子訳　偕成社　1982年7月

「りんごになったねこ」としたかひろ作・絵　岩崎書店（ファミリーえほん4）　1978年1月

「りんごのえほん」ヨレル・K.ネースルンド文；クリスティーナ・ディーグマン絵；たけいのりこ訳　偕成社　2008年3月

「りんごのおくりもの」李錦玉文；朴民宜絵　朝鮮青年社（朝鮮名作絵本シリーズ4）　1987年9月

「りんごのおじさん」竹下文子文；鈴木まもる絵　ハッピーオウル社（おはなしのほん）　2008年7月

「りんごのき」エドアルド・ペチシカ文；ヘレナ・ズマトリーコバー絵；うちだりさこ訳　福音館書店　1972年3月

「りんごのきにこぶたがなったら」アニタ・ローベル絵；アーノルド・ローベル文；佐藤涼子訳　評論社（児童図書館・絵本の部屋）　1980年7月

「りんごのなかのビリー」ひだきょうこ作　あかね書房（あかね・新えほんシリーズ41）　2008年9月

「りんごの花」後藤竜二文；長谷川知子絵　新日本出版社　1993年12月

「リンゴの木」アンゲーリカ・カウフマン絵；ミーラ・ローベ文；八木博訳　女子パウロ会　1991年4月

「りんごの木」後藤竜二作；佐藤真紀子絵　ポプラ社（えほんとなかよし60）　2000年3月

「りんごまつりにいらっしゃい」ルース・オーバック作・絵；厨川圭子訳　偕成社　1981年7月

「りんご畑の九月」後藤竜二文；長谷川知子絵　新日本出版社　1995年12月

「りんちゃんとあおくん」あいはらひろゆき文；あだちなみ絵　ポプラ社（りんちゃんとあおくん1）　2008年11月

「りんちゃんとあおくんのおでかけ」あいはらひろゆき文；あだちなみ絵　ポプラ社（りんちゃんとあおくん3）　2009年11月

「りんちゃんとあおくんのレストラン」あいはらひろゆき文；あだちなみ絵　ポプラ社（りんちゃんとあおくん2）　2009年7月

「悪魔のりんご」舟崎克彦作；宇野亜喜良絵　小学館　2006年12月

「王さまのリンゴの木-ギリシャの民話」ソフィア・ザランボウカ再話・絵；いけざわなつき訳　ほるぷ出版　1982年11月

「海をわたったリンゴ」北川幸比古作；金森達絵　岩崎書店（絵本ノンフィクション24）　1983年7月

「金のりんご」マックス・ボリガー文；チェレスティーノ・ピアッティ絵；いずみちほこ訳　徳間書店　1999年7月

「白い風とりんごの花」熊谷まちこ作・絵　PHP研究所（PHPにこにこえほん）　1997年3月

子どもの世界・生活

「林檎の木のうた」 神沢利子詩；大島哲以画　童心社　1979年6月

食べもの＞果物＞果物一般

「アボカド・ベイビー」 ジョン・バーニンガム作；青山南訳　ほるぷ出版　1993年8月
「かくれんぼ」 せなけいこ作・絵　鈴木出版（チューリップえほんシリーズ）　2007年11月
「がたごと ばん たん」 パット・ハッチンス作・絵；いつじあけみ訳　福音館書店（世界傑作絵本シリーズ・アメリカの絵本）　2007年4月
「キウイじいさん」 渡辺茂男文；長新太絵　クレヨンハウス　2005年11月
「くだものだもの」 石津ちひろ文；山村浩二絵　福音館書店（福音館の幼児絵本シリーズ）　2006年6月
「くだものぱっくん」 真木文絵文；石倉ヒロユキ絵　岩崎書店（ママと赤ちゃんのたべもの絵本3）　2008年2月
「セレスティーヌとプラム」 ガブリエル・バンサン作；もりひさし訳　ブックローン出版（くまのアーネストおじさん）　1993年2月
「ちんとすあまと ふしぎなくり」 ヨシナガ、いとうみわ作；ヨシナガ絵　教育画劇　2007年8月
「トゥーレのたねまき」 トーマス・ティードホルム文；アンナ・クララ・ティードホルム絵；ひしきあきらこ訳　ほるぷ出版　1996年1月
「バーバパパのジュースづくり」 アネット・チゾン；タラス・テイラー作；山下明生訳　講談社（バーバパパ・ミニえほん3）　1980年8月
「バーバパパのジュースづくり」 アネット・チゾン；タラス・テイラー作；山下明生訳　講談社（バーバパパのちいさなおはなし7）　1997年8月
「ぼくなにをたべてたかわかる？」 みやにしたつや作・絵　鈴木出版（たんぽぽえほんシリーズ）　2010年9月
「ポポくんのミックスジュース」 accototo作　PHP研究所（PHPにこにこえほん）　2009年3月
「マンゴーとバナナ－まめじかカンチルのおはなし」 ネイサン・クマール・スコット文；T.バラジ絵；なかがわちひろ訳　アートン　2006年4月
「もぐおばさんのすももジャム」 吉田道子作　童心社（絵本・こどものひろば）　1998年7月
「りんちゃんとあおくん」 あいはらひろゆき文；あだちなみ絵　ポプラ社（りんちゃんとあおくん1）　2008年11月
「りんちゃんとあおくんのおでかけ」 あいはらひろゆき文；あだちなみ絵　ポプラ社（りんちゃんとあおくん3）　2009年11月
「りんちゃんとあおくんのレストラン」 あいはらひろゆき文；あだちなみ絵　ポプラ社（りんちゃんとあおくん2）　2009年7月

食べもの＞食べもの一般

「6ちょうめのわんたくん」 いたやゆきえ作　アスラン書房　2001年10月

子どもの世界・生活

「あずきまる」 早川純子作・絵 農山漁村文化協会（わくわくたべもののおはなしえほん12） 2008年10月

「あたしのサンドイッチ」 久保晶太作・絵 教育画劇 2010年4月

「あたたかいこおり たこるくんとタコベエのえほん」 サカモトタカフミ絵・文 講談社 2004年8月

「いーれーてー」 わたなべあや作 アリス館 2010年3月

「いーれーてー」 わたなべあや作 アリス館 2010年3月

「うめぼしくん」 わたなべあや作 学習研究社（学研おはなし絵本） 2007年7月

「おいしいおかゆ」 富安陽子作；尾崎幸絵 フェリシモ出版（おはなしのたからばこ21） 2010年1月

「おいしいもののすきなくまさん」 松谷みよ子文；武田美穂絵 講談社（ちいさいモモちゃんえほん6） 1995年12月

「おすしのせかいりょこう」 竹下文子文；鈴木まもる絵 金の星社 2008年3月

「おそばおばけ」 谷川俊太郎文；しりあがり寿絵 クレヨンハウス 2009年10月

「おばあのものがたり」 つかさおさむ作 偕成社 2008年6月

「おはぎちゃん」 やぎたみこ作 偕成社 2009年10月

「おもちのきもち」 かがくいひろし作・絵 講談社（講談社の創作絵本） 2005年12月

「おもちぶとん」 わたなべゆういち作 あかね書房（えほん、よんで！11） 2005年11月

「おもち一つでだんまりくらべ」 大川悦生作；二俣英五郎絵 ポプラ社（絵本・子どものくに9） 1984年10月

「からすの カラッポ」 舟崎克彦作；黒井健絵 ひさかたチャイルド 1991年7月

「かんぱいごっくん」 真木文絵文；石倉ヒロユキ絵 岩崎書店（ママと赤ちゃんのたべもの絵本6） 2008年11月

「きょうはなんてうんがいいんだろう」 宮西達也作・絵 鈴木出版（ひまわりえほんシリーズ） 1998年11月

「くいしんぼうず」 つきおかゆみこ文・絵 くもん出版 2007年3月

「くいしんぼうのグウ」 梅田千鶴作・絵 フレーベル館（げんきわくわくえほん） 1998年1月

「ぐるうん ぐるん」 山福朱実作・絵 農山漁村文化協会（わくわくたべもののおはなしえほん13） 2009年2月

「コキヘ・フカシーモ3世−おいものすきな王さま」 芭蕉みどり作・絵 ポプラ社（えほんはともだち32） 1993年12月

「ごちそうのでるテーブルかけ−ロシア民話」 宮川やすえ再話；田島征彦絵 文研出版（ジョイフルえほん傑作集17） 1979年11月

子どもの世界・生活

「しおとおひめさま」シュチェパーン・ザブジェル作・絵;しおやたけお訳 佑学社(ヨーロッパ創作絵本シリーズ9) 1978年5月

「じっくりおまめさん」たちもとみちこ作 学習研究社 2005年11月

「せいくんとねこ」矢崎節夫作;長新太絵 フレーベル館(ペーパーバックえほん1) 2002年1月

「そらとぶハンバーガー」中村まさあき作・絵 ポプラ社(絵本・おはなしのひろば5) 1984年3月

「そらのおっぱい」スズキコージ作;大畑いくの絵 農山漁村文化協会(わくわくたべものおはなしえほん7) 2008年3月

「だいふくもち」田島征三作 福音館書店(こどものとも傑作集) 1977年4月;福音館書店 1976年2月

「たこやきようちえん たのしいえんそく」さいとうしのぶ作 ポプラ社(絵本・いつでもいっしょ35) 2010年4月

「たこやきようちえん」さいとうしのぶ作 ポプラ社(絵本・いつでもいっしょ27) 2009年2月

「だっこのおにぎり」長野ヒデ子作;つちだのぶこ絵 佼成出版社(ヒデ子さんのうたあそびえほん) 2009年8月

「たぬきいっかの はらぺこ横丁」国松エリカ作 学習研究社(学研おはなし絵本) 2008年12月

「たべることはつながること-しょくもつれんさのはなし」パトリシア・ローバー作;ホリー・ケラー絵;くらたたかし訳 福音館書店 2009年5月

「たらふくまんま」馬場のぼる文・絵 学習研究社(学研カラー絵ばなし3) 1972年11月

「だんまりくらべ」遊子文・絵 鈴木出版(チューリップえほんシリーズ) 1992年9月

「チーズ」戸渡阿見作;ゆめのまこ絵 たちばな出版(戸渡阿見絵本シリーズ) 2008年3月

「ちょうにんのたべもの」岡本一郎文;間瀬なおかた絵 チャイルド本社(れきし絵本館) 2008年11月

「とうふさんがね…」とよたかずひこ作・絵 童心社(おいしいともだち) 2009年9月

「どうぶつ どどいつ ドーナッツ」もとしたいづみ作;たごもりのりこ絵 鈴木出版(たんぽぽえほんシリーズ) 2008年11月

「とうもろこしおばあさん-アメリカ・インディアン民話」秋野和子再話;秋野亥左牟画 福音館書店 1982年8月

「トコロウとテンジロウ」天野碧海作;山口マオ絵 農山漁村文化協会(わくわくたべものおはなしえほん1) 2007年3月

「どっから たべよう」井上洋介絵・文 農山漁村文化協会(わくわくたべものおはなしえほん14) 2009年2月

子どもの世界・生活

「とろーりあまい！ はちみつ」相野谷由起絵；中島妙文　ひさかたチャイルド（ものづくり絵本シリーズどうやってできるの?）2009年2月；チャイルド本社（ものづくり絵本シリーズどうやってできるの?）2007年5月

「とんだトウモロコシ」田沢梨枝子作・絵　岩崎書店（わくわくえほん2）1995年1月

「どんどん とんとん チャチャチャ」庄司三智子作・絵　ひさかたチャイルド　2007年9月

「なっとうくん西へいく」三輪一雄作・絵　PHP研究所（PHPわたしのえほん）2008年12月

「なにわくいしんぼうくらぶ」土橋とし子作　理論社　2010年4月

「なにをたべてきたの？」岸田衿子文；長野博一絵　佼成出版社　1978年5月

「なべなべ おかゆをにておくれ」ルットミラ・コーバ作・絵；西内ミナミ文　学習研究社（国際版せかいのえほん6）1984年1月

「ニャンタとポンタの わたあめやさん」たちのけいこ作　あかね書房（ニャンタとポンタのおいしいおはなし1）2008年8月

「のこさないもん たべちゃうもん-たべものはどこからくるの?」山本和子文；森のくじら絵　チャイルド本社（エコ育絵本ちきゅうにやさしくなれるかな）9）2009年12月

「ばけばけばけばけ ばけたくん」岩田明子文・絵　大日本図書　2009年2月

「はちみつ だいすき（くまさんときつねさんの絵本）」なかのひろたか作；二俣英五郎絵　童心社　1991年2月

「はちみつってどこからきたの？」ナンシー・エリザベス・ウォーレス作・絵；ふしみみさを訳　PHP研究所（PHPにこにこえほん）2004年3月

「はらぺことのさま」つきおかゆみこ作　あかね書房　2010年9月

「パンやのろくちゃん うんとね」長谷川義史作　小学館（おひさまのほんシリーズ）2007年9月

「ひょろのっぽくん」かとうまふみ作・絵　農山漁村文化協会（わくわくたべものおはなしえほん8）2008年1月

「ふしぎなたけのこ」松野正子作；瀬川康男絵　福音館書店（こどものとも傑作集）1966年9月；福音館書店　1963年6月

「ぷるぷるやわらか！ とうふ」日本豆腐協会監修；佐久間洋子絵；中島妙文　チャイルド本社（ものづくり絵本シリーズ どうやってできるの?10）2008年1月

「ペコルちゃんの たべものでんしゃ」さこももみ作　くもん出版（はじめてであうえほんシリーズ）2010年4月

「ほうねん まんさく むらまつり-「ありがとう」がいっぱい！」西沢杏子文；うつみのりこ絵　チャイルド本社（エコ育絵本ちきゅうにやさしくなれるかな?6）2009年9月

「ぼくじゃない」木村泰子絵・文　至光社（ブッククラブ国際版絵本）1979年1月

「ポムとナナ はちみつのたね」ちばみなこ作　岩崎書店（えほんのぼうけん20）2010年11月

子どもの世界・生活

「マカンバ・マギーがたべたソーセージ」 パトリック・ロア作;青山南訳　光村教育図書　2007年11月

「まちへいったきつねどん」 さとうわきこ作・絵　フレーベル館（ペーパーバックえほん2）　2002年1月

「まるごとたべたい」 山脇恭作;小田桐昭絵　偕成社　2006年9月

「まんまるおつきさん」 ねじめ正一作;さいとうしのぶ絵　偕成社　2009年10月

「ミルカちゃんとはちみつおためしかい」 令丈ヒロ子文;高林麻里絵　講談社（講談社の創作絵本）　2005年5月

「めいじ・たいしょうのたべもの」 岡本一郎文;尾崎曜子絵　チャイルド本社（れきし絵本館）　2009年2月

「メイシーちゃんレモネードをつくります」 ルーシー・カズンズ作;なぎともこ訳　偕成社　2003年3月

「もちづきくん」 中川ひろたか作;長野ヒデ子絵　ひさかたチャイルド　2005年12月

「もちもちおもち」 庄司三智子作　岩崎書店（えほんのぼうけん24）　2010年12月

「もったいないばあさんの いただきます」 真珠まりこ作・絵　講談社（講談社の創作絵本）　2009年6月

「もっとぱくっ」 せきゆうこ作　小学館（おひさまのほん）　2006年10月

「もりで もぐもぐ」 土田義晴作　福武書店　1989年11月

「もりにいちばができる」 五味太郎作　玉川大学出版部　2008年4月

「やいた やいた」 まどかななみ作;みやにしたつや絵　鈴木出版（たんぽぽえほんシリーズ）　2009年6月

「ラーメンてんぐ イカニモあらわるのまき」 林家木久扇作;林家木久扇＋コランダム絵　チャイルド本社　2008年10月

「ロッコくん ジュースのまちへ」 にしまきかや作・絵　福音館書店（日本傑作絵本シリーズ）　2001年5月

「わくわくちくわくん」 尾崎美紀作;はらだゆうこ絵　ストーク　2008年3月

「王さまとチーズとねずみ」 ナンシー・ガーニー;エリック・ガーニー作・絵;渡辺茂男訳　ペンギン社　1984年1月

「鬼がくれ山のソバの花」 石倉欣二絵;木暮正夫文　国土社（国土社の創作えほん14）　1979年1月

「山の子どもとソーセージ」 岸武雄作;福田岩緒絵　教育画劇（スピカのおはなしえほん17）　1986年1月

「世界を動かした 塩の物語」 マーク・カーランスキー文;S.D.シンドラー絵;遠藤育枝訳　BL出版　2008年9月

子どもの世界・生活

「大阪うまいもんのうた」長谷川義史作　佼成出版社(クローバーえほんシリーズ)　2009年9月
「落語絵本十二　ときそば」川端誠作　クレヨンハウス　2008年1月

食べもの＞食事・料理

「14ひきのあさごはん」いわむらかずお作　童心社　1983年7月
「あさごはんのまえに」竹下文子作；牧野鈴子絵　ひかりのくに(ひかりのくにお話絵本)　1988年1月
「あつあつほかほか！ごはん」小松光一監修；うつみのりこ絵；中島妙文　チャイルド本社(ものづくり絵本シリーズ　どうやってできるの?6)　2007年9月
「あっちゃんとエビフライ」西巻茅子作　童心社(あっちゃんのえほん1)　1980年9月
「アンドレのぼうし」児島なおみ作　リブロポート　1986年5月
「いかりのギョーザ」苅田澄子作；大島妙子絵　佼成出版社　2006年12月
「いただきまーす」いもとようこ作・絵　金の星社(こねこちゃんえほん8)　1986年6月
「いっしょにコーボくん！ムギッポのまんぷくクレープ」やすいすえこ作；わたなべゆういち絵　岩崎書店(のびのび・えほん13)　2002年7月
「いぬのマーサとスープのひみつ」スーザン・メドー作・絵；ひがしはるみ訳　フレーベル館　1997年6月
「いろいろごはん」山岡ひかる作　くもん出版　2007年7月
「うさぎおばさんのとくべつりょうり」おぼまこと文・絵　ぎょうせい(そうさくえほん館3-なかまっていいな)　1992年6月
「うちの　コロッケ」谷口國博文；村上康成絵　世界文化社　2007年8月
「ウポポ　ウポポポ　ポタージュスープ」越智のりこ作；みうらしーまる絵　鈴木出版(ひまわりえほんシリーズ)　2006年9月
「うみべでいただきます」つちだよしはる作　小峰書店(ごちそうえほん)　1998年3月
「えほんもやしもん「きんのオリゼー」いただきます」いしかわまさゆき作・絵　講談社　2009年10月
「おいしいおと」さんのみやまゆこ文；ふくしまあきえ絵　福音館書店(幼児絵本ふしぎなたねシリーズ)　2008年12月
「おいしいラーメンてんこうせい」岡田ゆたか作；宮崎耕平絵　ポプラ社(絵本・子どものくに20)　1986年10月
「おおとかげそば」きたがわめぐみ著　ゴマブックス　2006年9月
「おおなべこなべ」森山京文；松成真理子絵　童心社(絵本・こどものひろば)　2009年6月
「おこのみやき」おだしんひぐちともこ作；中川洋典絵　解放出版社　2009年12月

435

子どもの世界・生活

「おさじさん」 松谷みよ子文;東光寺啓絵　童心社(松谷みよ子あかちゃんの本)　1969年8月

「おせちいっかのおしょうがつ」 わたなべあや作　佼成出版社(クローバーえほんシリーズ)　2008年12月

「おせちのおしょうがつ」 ねぎしれいこ作;吉田朋子絵　世界文化社(ワンダーおはなし絵本)　2007年11月

「おたまさんのおかいさん」 日之出の絵本制作実行委員会文;長谷川義史絵　解放出版社　2002年12月

「おだんごスープ」 角野栄子文;市川里美絵　偕成社　1997年11月

「おでんのゆ」 真珠まりこ作・絵　ひさかたチャイルド　2008年11月

「おとうふちゃん」 わたなべあや作　学習研究社(学研おはなし絵本)　2009年9月

「おなかがすいた」 伊東友香文;kazuko絵　創芸社　2009年8月

「おにぎりくんがね…」 とよたかずひこ作・絵　童心社(おいしいともだち)　2008年9月

「おばあちゃんの くりきんとん」 山中桃子作　長崎出版(いのちの絵本シリーズ)　2009年11月

「おばあちゃんのえほうまき」 野村たかあき作・絵　佼成出版社　2010年1月

「おばあちゃんのおせち」 野村たかあき作・絵　佼成出版社(クローバーえほんシリーズ)　2008年12月

「おばけの ひやめしや」 ささきみお作・絵　ひさかたチャイルド　2010年6月

「おばけのてんぷら」 せなけいこ作・絵　ポプラ社　1976年11月

「おばけのレストラン」 山本省三作;菅谷暁美絵　PHP研究所(PHPにこにこえほん)　1996年3月

「おばさんのごちそう」 五味太郎作　絵本館　1979年4月

「おまかせコックさん」 竹下文子文;鈴木まもる絵　金の星社　2007年5月

「おむすびさんちのたうえのひ」 かがくいひろし作・絵　PHP研究所(わたしのえほん)　2007年5月

「おやまごはん」 西内ミナミ文;和歌山静子絵　偕成社(できるよできる2)　1982年6月

「おりょうりとうさん」 さとうわきこ作・絵　フレーベル館(フレーベルのえほん15)　1976年12月

「かいてんずし だいさくせん」 平田昌広文;平田景絵　講談社(講談社の創作絵本)　2009年2月

「かえるのレストラン」 松岡節作;いもとようこ絵　ひかりのくに　2001年7月

「かなづちスープ」 ユルゲン・ヴルフ作・絵;楠田枝里子訳　佑学社　1979年4月

「かぼちゃスープ」 ヘレン・クーパー作;せなあいこ訳　アスラン書房　2002年4月

子どもの世界・生活

「カレーせんにんをさがせ」 山本省三文;マスカワサエコ絵 PHP研究所(ペッパーとゆかいななかまたち) 1995年4月

「カレーのしまのおひめさま」 岡田ゆたか作;宮崎耕平絵 ポプラ社(絵本・子どものくに34) 1988年3月

「カレーライスがにげだした」 しばはらち作・絵 教育画劇(ゆかいなたべものえほん2) 1995年5月

「きつねとレストラン」 小沢正作;織茂恭子絵 教育研究社(すくすく童話館) 1983年5月

「きつねのフラときつねずし」 西内ミナミ文;西村繁男絵 草土文化 1981年1月

「きょうはソンミのうちでキムチをつけるひ!」 チェ・インソン文;パン・ジョンファ絵;ピョン・キジャ訳 セーラー出版 2005年12月

「きょうりゅうのラーメン」 しばはらち作・絵 教育画劇(ユーモアえほん) 1995年9月

「ぎょうれつのできるすうぷやさん」 ふくざわゆみこ作・絵 教育画劇 2009年4月

「ギョーザるくん」 さとうとしゆき作・絵 汐文社 2009年4月

「きんようびはいつも」 ダン・ヤッカリーノ作;青山南訳 ほるぷ出版 2007年12月

「くいしんぼうさぎ」 せなけいこ作・絵 ポプラ社(せなけいのえ・ほ・ん2) 2004年11月

「くいしんぼうのマロンとメロン ピザのくにへいく」 うすいかなこ作・絵 教育画劇 2010年4月

「くぎのスープ」 菱木晃子文;スズキコージ絵 フェリシモ出版(おはなしのたからばこ12) 2009年10月

「くまくんのおひるごはん」 ミシュリーヌ・ベルトラン作;リーズ・マラン絵;辻昶訳 ペンタン(くまくんの絵本) 1985年12月

「くまのおすしやさん」 やまもとたかし作 佼成出版社 2003年4月

「くまのグーのあつあつピザ」 ハオ・グワンツァイ文;ジュリアーノ・フェッリ絵;市川真由美訳 ブロンズ新社 2008年6月

「クリスティーヌといわし」 エレーヌ・レイ文;エヴ・タルレ絵;波木居慈子訳 ほるぷ出版 1988年2月

「クリスマスケーキをさあどうぞ」 松井紀子作 トモ企画 1984年10月

「くるくるくるみ」 松岡達英作・絵 そうえん社(そうえん社・日本のえほん8) 2007年9月

「くれよん れすとらん」 まつながあき作;はやしるい絵 くもん出版(はじめてであうえほんシリーズ) 2010年12月

「くろひげレストラン」 西山直樹作・絵 PHP研究所(PHPわたしのえほんシリーズ) 1993年10月

「げきおちくんとべとべとベータ」 かとうけいこ作;いのうえかおり絵 PHPパブリッシング 2010年3月

「ごちそう くろくま」 たかいよしかず作・絵 くもん出版(おはなし・くろくま) 2010年10月

子どもの世界・生活

「こねこのごちそう」 リンダ・ジェニングス文;ターニャ・リンチ絵;木坂涼訳　あすなろ書房　1998年4月

「このすしなあに」 塚本やすし作　ポプラ社(絵本のおもちゃばこ36)　2010年6月

「ころころおむすび」 真木文絵文;石倉ヒロユキ絵　岩崎書店(ママと赤ちゃんのたべもの絵本1)　2008年2月

「ゴロリともりのレストラン」 かとうまふみ作・絵　岩崎書店(キラキラえほん4)　2008年6月

「こわくておいしいオムライス」 山末やすえ作;大沢幸子絵　PHP研究所(PHPにこにこえほん)　1993年5月

「コンコンたまご」 真木文絵文;石倉ヒロユキ絵　岩崎書店(ママと赤ちゃんのたべもの絵本5)　2008年11月

「さかなのおいしいレストラン」 さんじまりこ作・絵　ポプラ社(えほんはともだち53)　1999年5月

「サラダでげんき」 角野栄子作;長新太絵　福音館書店　1992年1月

「サンドイッチ サンドイッチ」 小西英子作　福音館書店(幼児絵本シリーズ)　2008年9月

「じごくのラーメンや」 苅田澄子作;西村繁男絵　教育画劇　2010年4月

「しゃかしゃか じゅうじゅう」 若菜ひとし;若菜きよこ作・絵　ひさかたチャイルド　2008年3月

「じゃまねこのレストラン」 もりたかず作　新風舎　2007年3月

「ジュリアスは どこ？」 ジョン・バーニンガム作;谷川俊太郎絵　あかね書房(あかねせかいの本16)　1987年7月

「ショコラちゃんのレストラン」 中川ひろたか文;はたこうしろう絵　講談社(講談社の幼児えほん)　2004年1月

「スーおばさんのレストランバス」 やすいすえこ作;土田義晴絵　フレーベル館(えほんあらかると3)　2000年3月

「スージーちゃんのスパゲッティ」 ペータ・コプランズ作・絵;ひろせみちこ訳　金の星社(世界の絵本ライブラリー)　1992年9月

「スパイダー屋敷の晩餐会」 メアリー・ハウイット文;トニー・ディテルリッジ絵;別所哲也訳　文溪堂　2008年3月

「スプーンさんとフォークちゃん」 西巻かな作　講談社(講談社の創作絵本)　2007年3月

「せかい1おいしいスープ」 マーシャ・ブラウン再話・絵;渡辺茂男訳　ペンギン社　1979年10月

「せかいいちおいしいバナナ・スープ」 リチャード・スキャリー作;奥田継夫訳　ブックローン出版(スキャリーおじさんのえほん)　1996年9月

「そばうちばば」 はまみつを文;鈴木義治絵　小峰書店(日本のえほん27)　1984年2月

「だいちゃんはコックさん」 山本まつ子文・絵　ポプラ社(絵本・おはなしのひろば10)　1985年2月

子どもの世界・生活

「たこやきかぞく」にしもとやすこ作・絵　講談社(講談社の創作絵本) 2008年5月

「たまたまのめだまやき」渡辺有一作・絵　ポプラ社(絵本のせかい16) 1977年12月

「たまちゃんとボウルさん」やまだうたこ文・絵　文渓堂　2004年10月

「たんじょうびのごちそう」木村裕一作;黒井健絵　偕成社(木村裕一・しかけ絵本7) 1985年3月

「ちいさなうたえほん　ごはんのうた」いまむらあしこ作;いちかわなつこ絵　ポプラ社(こんにちは！えほん14) 2006年5月

「チロルちゃんとプクプク ながれぼしにおねがいのまき」おざきえみ作　学研教育出版(学研おはなし絵本) 2009年11月

「テーブルのしたにはふしぎがいっぱい」オレリー・ギュレ絵・文;石津ちひろ訳　講談社(講談社の翻訳絵本) 2002年10月

「でんきがまちゃんとおなべちゃん」長野ヒデ子著　学習研究社(学研おはなし絵本) 2006年7月

「とっくりうなぎ」前川かずお作・絵　フレーベル館(キンダーおはなしえほん) 1983年8月

「とびきりおいしい・スープができた！」ヘレン・クーパー作;かわだあゆこ訳　アスラン書房　2007年4月

「ともこのあさごはん」ニタ・ソウター原作;ばんどうゆみこ文;おかべりか絵　福音館書店　1978年10月

「どんどんめんめん」平田昌広文;平田景絵　えほんの杜　2010年8月

「なっとうさんがね…」とよたかずひこ作・絵　童心社(おいしいともだち) 2009年9月

「にくがにげた。-おにくのメアティ」森チャック絵・文　ポニーキャニオン　2006年10月

「ニャンタとポンタの こいのぼり」たちのけいこ作　あかね書房(ニャンタとポンタのおいしいおはなし2) 2009年4月

「ねえカレーつくってよ」早坂優子作　視覚デザイン研究所　2010年3月

「ねこのおすしやさん」鈴木まもる作・絵　偕成社　2009年9月

「ねずみのごちそう」杉田豊絵・文　講談社　1978年8月

「バーガーボーイ」アラン・デュラント文;松岡芽衣絵;真珠まりこ訳　主婦の友社　2006年8月

「はじめてのおきゃくさん」田中秀幸作・絵　岩崎書店(えほん・ドリームランド25) 1984年3月

「はじめてのやさいスープ」ジェーン・モデシット文;ロビン・スパウォート絵;おびかゆうこ訳　福武書店　1992年4月

「ぱぱごはん」はまぐちさくらこ作　ビリケン出版　2010年6月

「はらぺこがはらのメエメエさん」ささやすゆき作・絵　金の星社(こどものくに傑作絵本) 1980年8月

子どもの世界・生活

「ばんごはんのごちそうは…」 水野はるみ作・絵 フレーベル館（わくわくメルヘンシリーズ） 2008年2月
「ハンバーガーちゃんのおみせやさん」 のぶみ作 扶桑社 2009年9月
「ハンバーグハンバーグ」 武田美穂作 ほるぷ出版 2009年12月
「ピーマン大王」 住井すゑ文；ラヨス・コンドル絵 河出書房新社（住井すゑとの絵本集2） 1982年12月
「びっくりレストラン」 舟崎克彦作；奥田怜子絵 佼成出版社 1979年9月
「ピッツァぼうや」 ウィリアム・スタイグ作；木坂涼訳 セーラー出版 2000年3月
「ひみつのカレーライス」 井上荒野作；田中清代絵 アリス館 2009年4月
「ひみつのもりのドラゴンカレー」 山末やすえ作；新野めぐみ絵 PHP研究所（PHPにこにこえほん） 1994年10月
「ふしぎなおきゃく」 肥田美代子作；岡本颯子絵 ひさかたチャイルド 2006年12月
「ふしぎなおきゃく」 肥田美代子作；岡本颯子絵 ひさかたチャイルド（ひさかたメルヘン9） 1981年11月
「ふしぎなでまえ」 かがくいひろし作 講談社（講談社の創作絵本） 2008年1月
「ふしぎなレストラン」 にしむらひろみ作；川上尚子絵 佼成出版社 1980年6月
「フライパンパパ」 高畠ひろき作・絵 フレーベル館（げんきわくわくえほん27） 1997年6月
「ほしぞらのピーマンおじさん」 岡村好文作 フレーベル館（フレーベル館のえほん・タイニーシリーズ27） 1982年4月
「ホットケーキ できあがり!」 エリック・カール作；アーサー・ビナード訳 偕成社 2009年9月
「ほら みてみて」 花之内雅吉作・絵 鈴木出版（たんぽぽえほんシリーズ） 2008年2月
「まいごのまめのつる」 こだまともこ作；織茂恭子絵 福音館書店 1982年9月
「まいにちまいにちたんじょうび」 正高もとこ作・絵 偕成社 2010年10月
「まないたにりょうりをあげないこと」 シゲタサヤカ作・絵 講談社（講談社の創作絵本） 2009年8月
「まほうのおなべ」 ポール・ガルドン再話・絵；田中とき子訳 岩崎書店（えほん・ドリームランド3） 1980年9月
「まほうのかゆなべ」 ベラ・サウスゲイト再話；ロバート・ラムレイ絵；秋晴二；敷地松二郎訳編 アドアンゲン 1974年6月
「まほうのなべ」 ポール・ガルドン再話・絵；晴海耕平訳 童話館出版 1998年1月
「マルチーヌりょうりのべんきょう」 ジルベール・ドラエイ作；マルセル・マルリエ絵；黒木義典訳；板谷和雄文 ブックローン出版（ファランドールえほん19） 1984年1月
「まるまる まるごと いただきます」 岡本颯子作・絵 ポプラ社（絵本のおもちゃばこ29） 2008年6月

子どもの世界・生活

「まんま」さこももみ作　講談社(講談社の幼児えほん)　2008年7月

「まんまるひみつのおじさん」のぶみ作・絵　草炎社(そうえんしゃ・日本のえほん4)　2006年4月

「もっともっとおおきなおなべ」寮美千子作;どいかや絵　フレーベル館(わくわくメルヘンシリーズ)　2008年11月

「ももんちゃんあーん」とよたかずひこ作・絵　童心社(ももんちゃんあそぼう)　2007年4月

「もりもりくまさん」長野ヒデ子作;スズキコージ絵　鈴木出版(たんぽぽえほんシリーズ)　2009年6月

「ゆうこのあさごはん」やまわきゆりこ作・絵　福音館書店　1971年10月

「よしおくんがぎゅうにゅうをこぼしてしまったおはなし」及川賢治;竹内繭子作・絵　岩崎書店(レインボーえほん)　2007年4月

「ラージャのカレー」国松エリカ作・絵　偕成社　1993年9月

「ラーメンおおいそぎ」大石真作;宇野文雄絵　佼成出版社　1981年2月

「リサとガスパールのレストラン」アン・グッドマン文;ゲオルグ・ハレンスレーベン絵;石津ちひろ訳　ブロンズ新社　2005年10月

「りょうりをしてはいけないなべ」シゲタサヤカ作・絵　講談社(講談社の創作絵本)　2010年8月

「ルラルさんのごちそう」いとうひろし著　ほるぷ出版　1994年12月

「レストランこんこんてい」木暮正夫作;小沢良吉絵　佼成出版社　1980年2月

「レストランのおしょくじ」ヘレン・オクセンバリー作・絵;なかむらくみこ訳　ほるぷ出版(はじめてのえほん2)　1983年11月

「わにわにのごちそう」小風さち文　福音館書店　2002年9月

「わんこそば」戸渡阿見作;いとうのぶや絵　たちばな出版(戸渡阿見絵本シリーズ)　2008年3月

「給食番長」よしながこうた作　長崎出版　2007年6月

「落語絵本 めぐろのさんま」川端誠作　クレヨンハウス(落語絵本シリーズ6)　2001年12月

食べもの＞野菜＞かぶ

「おじいちゃんのカブづくり」つちだよしはる作・絵　そうえん社(日本のえほん12)　2008年2月

「かぶさんとんだ」五味太郎作　福音館書店(福音館の幼児絵本)　1985年3月;福音館書店　1983年5月

食べもの＞野菜＞かぼちゃ

「おじいさんのかぼちゃ」長崎源之助作;山中冬児絵　銀河社　1979年12月

子どもの世界・生活

「かぼちゃおじさんとわがままつる草」 マーガレット・マーヒー文；ヘレン・クレイグ絵；清水奈緒子訳 セーラー出版 1992年10月

「かぼちゃのおうち-すくすくむらものがたり」 コリン・マクリーン；モイラ・マクリーン作・絵；岡部史訳 カワイ出版 1996年2月

「かぼちゃひこうせんぷっくらこ」 レンナート・ヘルシング文；スベン・オットー絵；奥田継夫；木村由利子訳 アリス館牧新社 1976年10月

「ぐりとぐらとすみれちゃん」 なかがわりえこ作；やまわきゆりこ絵 福音館書店（こどものとも傑作集） 2003年10月

「こぐまのはっぱ」 ほんままゆみ作；ちばみなこ絵 小峰書店（えほんひろば） 2010年9月

「ごちそう くろくま」 たかいよしかず作・絵 くもん出版（おはなし・くろくま） 2010年10月

「たまごからうま」 酒井公子再話；織茂恭子絵 偕成社（世界の民話傑作選） 2003年6月

「ちいさなたいこ」 松岡享子作；秋野不矩絵 福音館書店 1974年8月

「トキ子のカボチャ」 黒川常幸文；遠藤てるよ絵 ポプラ社（絵本・すこしむかし2） 1979年8月

「ねずみのマウスキンときんいろのいえ」 エドナ・ミラー作；今泉吉晴訳 さ・え・ら書房 1980年1月

「はしれ!カボチャ-ポルトガルのむかしばなし」 エバ・メフト文；アンドレ・レトリア絵；宇野和美訳 小学館 2008年10月

「ハロウィンのランプ」 小林ゆき子作・絵 岩崎書店（キラキラえほん8） 2008年9月

「パンプキン・ムーンシャイン」 ターシャ・テューダー著；内藤里永子訳 メディア・ファクトリー 2001年11月

「びっくりカボチャ」 天野喜孝原作 PHP研究所（やさいのようせいN.Y.SALAD） 2009年10月

「マルチンとかぼちゃおばけのまほうのたね」 イングリート・オストヘーレン作；クリスタ・ウンツナー絵；ささきたづこ訳 あかね書房（あかね・新えほんシリーズ） 1999年5月

食べもの＞野菜＞キャベツ

「9ひきのうさぎ」 せなけいこ作・絵 ポプラ社（せなけいこのえ・ほ・ん1） 2004年6月

「ウサギの畑」 ながいももこ作 講談社 1993年3月

「おおかみとキャベツばたけ」 ひだきょうこ作・絵 教育画劇 2006年4月

「おおきなキャベツ」 岡信子作；中村景児絵 金の星社（新しいえほん） 2001年11月

「キャベツくん」 長新太作・絵 文研出版（みるみる絵本） 1980年9月

「キャベツくんとブタヤマさん」 長新太作 文研出版（えほんのもり17） 1990年7月

「キャベツくんの おもいで」 村上純子作；童きみか絵 フレーベル館（げんきわくわくえほん） 1996年5月

子どもの世界・生活

「キャベツくんのにちようび」 長新太作　文研出版(えほんのもり21)　1992年5月
「キャベツ姫」 エロール・カイン作；灰島かり訳　ほるぷ出版　2002年3月
「つきよのキャベツくん」 長新太作　文研出版(えほんのもり)　2003年8月
「ディクーのたんじょうび」 エルズビエタ作；なかむらえりこ訳　セーラー出版　1989年5月
「ディクーのちいさなほし」 エルズビエタ作；なかむらえりこ訳　セーラー出版　1989年9月
「ディクーのふさぎむしたいじ」 エルズビエタ作；なかむらえりこ訳　セーラー出版　1989年5月
「ディクーのふしぎなひつじ」 エルズビエタ作；なかむらえりこ訳　セーラー出版　1989年5月
「ビッグママと七ひきのこいぬ」 よどがわきんたろう作　新風舎　2007年3月
「ふとっちょエルシーさんのキャベツスープ」 エリカ・オラー作；おかまゆみ訳　バベルプレス　2007年12月
「ゆうこのキャベツぼうし」 やまわきゆりこ作・絵　福音館書店　2008年5月
「知りたがりやの芽キャベツ」 天野喜孝原作　PHP研究所(やさいのようせいN.Y.SALAD)　2008年11月

食べもの＞野菜＞きゅうり

「いろはカッピー黄金のきゅうり」 おぐまこうじ；ほりえいくよ作・絵　チクマ秀版社　2007年8月
「かっぱのかっぺいとおおきなきゅうり」 田中友佳子作・絵　徳間書店　2006年6月
「きゅうりさんあぶないよ」 スズキコージ作　福音館書店(幼児絵本シリーズ)　1998年11月
「きゅうりさんととまとさんとたまごさん」 松谷みよ子文；ひらやまえいぞう絵　童心社(あかちゃんのおいしい本)　1999年10月
「だれか、そいつをつかまえろ！」 ピーター・アーマー作；アンドリュー・ジャケット絵；二宮由紀子訳　ブッククローン出版　1995年7月

食べもの＞野菜＞さつまいも

「あおき・こんよう」 小沢正文；夏目尚吾絵　チャイルド本社(絵本版こども伝記ものがたり)　2009年10月
「いもじぞう」 いけがみいわお著；井出文蔵絵　岩崎書店(絵本ノンフィクション17)　1981年11月
「ウリ坊、サツマイモ王国へいく」 溝江玲子作；青羽空絵　東京経済　1997年10月
「おいもを どうぞ！」 柴野民三原作；いもとようこ文・絵　ひかりのくに　2005年9月
「くいしんぼのもぐら」 いわきたかし文；しまだみつお絵　童話屋　1982年10月

「さつまのおいも」 中川ひろたか文;村上康成絵 童心社 1995年6月

「そんしたくんの はなし」 さとうわきこ作 文研出版(えほんのもり18) 1991年9月

「ぬーくぬく」 飯野和好作;山本孝絵 農山漁村文化協会(わくわくたべものおはなしえほん2) 2007年3月

「モリくんのおいもカー」 かんべあやこ作 くもん出版 2010年9月

「やきいもの日」 村上康成作・絵 徳間書店 2006年9月

食べもの＞野菜＞じゃがいも

「アイルランドのむかしばなし ジェイミー・オルークとおばけイモ」 トミー・デ・パオラ再話・絵;福本友美子訳 光村教育図書 2007年2月

「いもいも おいも」 リオネル・ル・ヌウアニック;栗栖カイ訳 ブロンズ新社 2002年10月

「いろいろじゃがいも」 山岡ひかる作 くもん出版 2008年4月

「がんばれじゃがいも」 バリー・ルート絵;トビー・スピード作;那須田淳訳 講談社(世界の絵本) 2004年4月

「じゃがいもかあさん」 アニータ・ローベル作;今江祥智訳 偕成社 1982年7月

「じゃがいもくん」 ポリー・ピンダー作;井出弘子訳 偕成社 1977年12月

「じゃがいもポテトくん」 長谷川義史作・絵 小学館 2010年7月

食べもの＞野菜＞そらまめ

「あし にょきにょき」 深見春夫作・絵 岩崎書店(えほん・ドリームランド4) 1980年10月

「そらまめくんとながいながいまめ」 なかやみわ作・絵 小学館 2009年4月

「そらまめくんとめだかのこ」 なかやみわ作・絵 福音館書店(こどものとも傑作集) 2000年9月

「そらまめくんのベッド」 なかやみわ作・絵 福音館書店(こどものとも傑作集) 1999年9月

「そらまめくんのぼくのいちにち」 なかやみわ作・絵 小学館 2006年7月

「そらまめとわらとすみ」 川上越子絵 鈴木出版(たんぽぽえほんシリーズ) 2008年1月

食べもの＞野菜＞たまねぎ

「ウサギとタマネギ」 まめこ絵・お話 ゴマブックス 2007年8月

「たまねぎあたまのたまねぎこぞう」 二宮由紀子文;スズキコージ絵 ポプラ社(みんなで絵本7) 2002年12月

「ちいさなたまねぎさん」 せなけいこ作・絵 金の星社(こどものくに傑作絵本) 1977年3月

「なきなきたまねぎ」 野村昇司作;阿部公洋絵 ぬぷん児童図書出版(ぬぷん ふるさと絵本シリーズ10) 1987年11月

子どもの世界・生活

「怪僧タマネギ坊」川端誠作　BL出版　2010年10月

食べもの＞野菜＞トマト

「あたし、ピーカンちゃん」大森裕子作　教育画劇　2009年7月

「エルミンカと赤いブーツ」マージェリー・クラーク作；モード・ピーターシャム；ミスカ・ピーターシャム絵；渡辺茂男訳　ペンギン社（絵本童話けしつぶクッキーシリーズ）1984年10月

「きゅうりさんととまとさんとたまごさん」松谷みよ子文；ひらやまえいぞう絵　童心社（あかちゃんのおいしい本）1999年10月

「ジャッキーのトマトづくり」あだちなみ絵；あいはらひろゆき文　ブロンズ新社（くまのがっこうシリーズ）2008年2月

「トマトひめのかんむり」真木文絵作；石倉ヒロユキ絵　ひかりのくに　2007年5月

「とんちゃんのトマト」子どもの生活研究会編；きよしげのぶゆき絵　こずえ　1984年4月

「プチトマトの誕生日」天野喜孝原作　PHP研究所（やさいのようせいN.Y.SALAD）2010年9月

食べもの＞野菜＞なす

「なすの与太郎」川端誠作　BL出版　2009年9月

食べもの＞野菜＞にんじん

「うさぎのにんじん」中川李枝子文；山脇百合子絵　ブッキング（復刊傑作幼児絵本シリーズ5）2008年3月

「うさこちゃんのはたけ」ディック・ブルーナ文・絵；まつおかきょうこ訳　福音館書店　2005年4月

「おしゃべりなニンジン」ジャン・マーク文；トニー・ロス絵；田中薫子訳　徳間書店　1997年7月

「おばけニンジン」クロード・ブージョン文・絵；末松氷海子訳　セーラー出版　1990年6月

「おばけのトッカビと朝鮮人参」水谷章三作；村上豊絵　太平出版社（絵本＝かんこく・ちょうせんのみんわ）1999年3月

「たくさんたべてね！ウサギさん」クロード・ブージョン文・絵；末松氷海子訳　セーラー出版　1990年6月

「チコちゃん　こまった　こまったね」たんじあきこ作　ほるぷ出版（ほるぷ創作絵本）2010年3月

「テーブルのうえで」なかえよしを作；上野紀子絵　講談社　1975年11月

「にんじんさんがあかいわけ」松谷みよ子著；ひらやまえいぞう絵　童心社（あかちゃんのむかしむかし）1989年1月

「にんじんのたね」ルース・クラウス作;クロケット・ジョンソン絵;小塩節訳　こぐま社　2008年11月

「にんじんばたけのパピプペポ」加古里子絵・文　偕成社（かこさとしおはなしのほん8）1973年11月

「ぼくのにんじん」ルース・クラウス作;クロケット・ジョンソン絵;渡辺茂男訳　ペンギン社　1980年9月

「まこちゃんのおべんとう」こわせたまみ作;尾崎真吾絵　佼成出版社（園児のすくすく絵本9）1988年4月

食べもの＞野菜＞ピーマン

「ピーマンなんてこわくない―えんじぇるまもたん」リサ・オーバー絵;比良凛文　アリス館　2002年11月

「ピーマン大王」住井すゑ作;ラヨス・コンドル絵　ブッキング（住井すゑとの絵本集2）2006年12月

食べもの＞野菜＞大根

「かいわれざむらいとだいこんひめ」川北亮司文;国松エリカ絵　童心社（絵本・こどものひろば）2008年11月

「かなとだいこん」彦一彦作　福武書店　1990年6月

「だいこんどのむかし」渡辺節子文;二俣英五郎絵　ほるぷ出版（幼児みんわ絵本1）1984年9月

「ぬーくぬく」飯野和好作;山本孝絵　農山漁村文化協会（わくわくたべものおはなしえほん2）2007年3月

食べもの＞野菜＞野菜一般

「1999年6月29日」デイヴィッド・ウィーズナー作;江國香織訳　ブックローン出版　1993年8月

「あっぱれアスパラ郎」川端誠作　BL出版　2007年2月

「あみちゃんとやさいのでんしゃ」高木さんご作;ひこねのりお絵　PHP研究所（PHPわたしのえほん）2000年11月

「いもほりきょうだい　ホーリーとホーレ」石井聖岳作・絵　農山漁村文化協会（わくわくたべものおはなしえほん5）2007年3月

「うしおくんとはすひめちゃん」伊藤秀男作・絵　農山漁村文化協会（わくわくたべものおはなしえほん6）2007年11月

「ウルフさんのやさい畑」クレイアー・ボーリエー作;カンタン・グレバン絵;ゆづきかやこ訳　小峰書店（世界の絵本コレクション）2005年12月

「おたねさん」竹内通雅作・絵　農山漁村文化協会（わくわくたべものおはなしえほん3）2007年3月

子どもの世界・生活

「おばあちゃんの はたけ」 大西ひろみ作 リブロポート(リブロの絵本) 1989年8月
「おやおや、おやさい」 石津ちひろ文；山村浩二絵 福音館書店(幼児絵本シリーズ) 2010年6月
「おやさいとんとん」 真木文絵文；石倉ヒロユキ絵 岩崎書店(ママと赤ちゃんのたべもの絵本2) 2008年2月
「お花畑みつけた!」 天野喜孝原作 PHP研究所(やさいのようせいN.Y.SALAD) 2010年5月
「お星さま さがし」 天野喜孝原作 PHP研究所 2009年11月
「お野菜戦争」 デハラユキノリ作 長崎出版 2006年7月
「がたごと ばん たん」 パット・ハッチンス作・絵；いつじあけみ訳 福音館書店(世界傑作絵本シリーズ・アメリカの絵本) 2007年4月
「カロリーヌとまほうのやさい」 ピエール・プロブスト作；山下明生訳 BL出版(カロリーヌとゆかいな8ひき) 2009年5月
「くもかいじゅう」 深見春夫作・絵 PHP研究所(PHPわたしのえほん) 2004年11月
「グリーンピースのあかちゃん」 カレン・ベイカー文；サム・ウィリアムズ絵；石津ちひろ訳 主婦の友社 2007年6月
「グリーンピースはおおあわて」 ベネディクト・ゲチェ作；野崎歓訳 クレヨンハウス(ラプーたんていのじけんぼ2) 2010年7月
「げんきなやさいたち」 小田まゆみ作 こぐま社 1986年6月
「ジャスマンさんのジャンボやさい」 ダニエル・ドゥブリッキ作；マルゴザータ・ジェルジャフスカ絵；福原洋子訳 フレーベル館 1985年9月
「ぜったいたべないからね」 ローレン・チャイルド作；木坂涼訳 フレーベル館(ほんやくえほん140) 2002年1月
「ちいさなたまねぎさん」 せなけいこ作・絵 金の星社(こどものくに傑作絵本) 1977年3月
「ちゃんとたべなさい」 ケス・グレイ文；ニック・シャラット絵；よしがみきょうた訳 小峰書店(世界の絵本コレクション) 2002年5月
「なきむしえんは おおさわぎ」 さくらともこ作；吉村司絵 PHP研究所(PHPわたしのえほんシリーズ) 1990年2月
「にんじんさんとじゃかじゃかじゃん」 長野ヒデ子作・絵 世界文化社(ワンダーおはなし絵本) 2010年12月
「にんじんと ごぼうと だいこん」 和歌山静子絵 鈴木出版(たんぽぽえほんシリーズ) 1991年4月
「はたけづくり-くまくんのなつ」 なとりちづ文；おおともやすお絵 福音館書店(日本傑作絵本シリーズ) 2005年4月
「はたけのともだち」 田島征三作 童心社 1984年11月

子どもの世界・生活

「はっきよい畑場所」 かがくいひろし作 講談社(講談社の創作絵本) 2008年8月
「はっぱのそり」 天野喜孝原作 PHP研究所(やさいのようせいN.Y.SALAD) 2009年8月
「ばばちゃんやさいがいっぱいだ!」 長谷川知子著 文研出版(えほんのもり) 1998年9月
「ピーマン にんじん たまねぎ トマト!」 平田昌広文;平田景絵 文化出版局 2005年10月
「ピーマンマンとかぜひきキン」 さくらともこ作;中村景児絵 岩崎書店(えほん・ハートランド5) 1994年7月
「びっくりカボチャ」 天野喜孝原作 PHP研究所(やさいのようせいN.Y.SALAD) 2009年10月
「プチトマトの誕生日」 天野喜孝原作 PHP研究所(やさいのようせいN.Y.SALAD) 2010年9月
「ブロッコリーの逆襲」 ローラ・ダウワー作;瀬谷玲子訳 イースト・プレス 2002年8月
「べろりん べろりん」 福田庄助作・絵 佼成出版社(創作民話絵本) 1992年5月
「マーヤのやさいばたけ」 レーナ・アンダション作;山内清子訳 冨山房 1996年3月
「まいごのまめのつる」 こだまともこ作;織茂恭子絵 福音館書店 1982年9月
「むしゃ!むしゃ!むしゃ!-マグリーリさんとはらぺこウサギ」 カンダス・フレミング文;G.ブライアン・カラス絵;いしづちひろ訳 BL出版 2002年3月
「やさいさんごめんね」 志茂田景樹;石川あゆみ絵 KIBA BOOK(よい子に読み聞かせ隊の絵本8) 2001年3月
「やさいすーぷとりえちゃん」 まじませつこ作 フレーベル館(フレーベル館のえほん・タイニーシリーズ18) 1981年7月
「やさいとさかなのかずくらべ」 いしだとしこ文;つるたようこ絵 アスラン書房 2010年4月
「やさいなんて、だいすき!」 服部由美作;あさいとおる絵 新風舎 2007年7月
「やさいのえんそくおおさわぎ」 さくらともこ作;米山永一絵 PHP研究所(PHPわたしのえほんシリーズ) 2006年3月
「やさいのおしゃべり」 泉なほ作;いもとようこ絵 金の星社 2005年5月
「やさいのかいいすよくおおさわぎ」 さくらともこ作;吉村司絵 PHP研究所(PHPわたしのえほんシリーズ) 1989年7月
「やさいのくにがっしょうだん」 おかとしふみ作;せべまさゆき絵 フレーベル館(おはなしメルヘン1) 1990年8月
「やさいのクリスマスおおさわぎ」 さくらともこ作;米山永一絵 PHP研究所(PHPわたしのえほんシリーズ) 2002年11月
「やさいのちいさなようせいたち」 早坂優子作;坂井聡一郎文;佐藤直行絵 視覚デザイン研究所 2009年10月

子どもの世界・生活

「やさいのパーティーおおさわぎ」 さくらともこ作；吉村司絵　PHP研究所（PHPわたしのえほんシリーズ）　1988年7月

「やさいのはっぴょうかいおおさわぎ」 さくらともこ作；米山永一絵　PHP研究所（わたしのえほん）　2007年3月

「やさいペット」 宮本えつよし作・絵　教育画劇（ゆかいなたべものえほん1）　1995年5月

「やさいやさい おおきくな〜れ!」 深山さくら文；大西ひろみ絵　チャイルド本社（エコ育絵本ちきゅうにやさしくなれるかな?1）　2009年5月

「ワイワイばたけはおおさわぎ」 つちだよしはる作　PHP研究所（PHPにこにこえほん）　1998年8月

「菜食主義のねこ－インド」 キティシュ・チャタジー文・絵；くろかわたえこ訳　蝸牛社（かたつむり文庫）　1996年7月

「水あそび」 天野喜孝原作　PHP研究所（やさいのようせいN.Y.SALAD）　2009年4月

「知りたがりやの芽キャベツ」 天野喜孝原作　PHP研究所（やさいのようせいN.Y.SALAD）　2008年11月

「地球はふしぎなベイビー農園」 きのひなた著；yaku絵　星の環会（星のベイビーサーカス）　2006年4月

「眠れるレタス姫」 天野喜孝著　主婦の友社　2005年6月

食べもの＞卵

「3つのたまご」 福田いわお絵；福田じろう作　岩崎書店（ファミリーえほん20）　1979年5月

「66このたまご」 おくやまたえこ作・絵　福音館書店　1977年5月

「あれこれ たまご」 とりやまみゆき文；中の滋絵　福音館書店（かがくのとも傑作集）　2007年5月

「イースターってなあに」 リースベット・スレーヘルス作；女子パウロ会訳・編　女子パウロ会　2007年2月

「いろいろたまご」 山岡ひかる作　くもん出版　2007年7月

「うちゅうたまご」 荒井良二作・絵　イースト・プレス　2009年8月

「おおきなオムレツ」 もりやまみやこ作；ふくだいわお絵　ポプラ社（いろいろえほん1）　1999年9月

「おおきなたまご」 寺村輝夫作；和歌山静子絵　あかね書房（たまごのほん4）　1970年1月

「おかえりたまご」 ひろまつゆきこ作；しまだしほ絵　アリス館　2008年11月

「おしゃべりなたまごやき」 寺村輝夫作；長新太画　福音館書店（日本傑作絵本シリーズ）　1972年12月

「おつきさんのめだまやき」 高橋宏幸作・絵　岩崎書店（ピチピチえほん4）　1980年3月

子どもの世界・生活

「おばけたまごのいりたまご」ドクタースース作；渡辺茂男訳　日本パブリッシング　1971年1月

「かぜひきたまご」　舟崎克彦文；杉浦範茂絵　講談社　1986年2月

「がちょうのたまごのぼうけん」　エバ・ザレンビーナ作；内田莉莎子訳；太田大八画　福音館書店　1985年4月

「きつねのたまご」　伊佐見育代絵・文　福武書店　1986年12月

「きゅうりさんととまとさんとたまごさん」松谷みよ子文；ひらやまえいぞう絵　童心社(あかちゃんのおいしい本)　1999年10月

「きんのたまご」　ソコロフきょうだい原作；中村融文；センバ・太郎絵　世界出版社（ABCブック）　1970年2月

「きんのたまごのほん」　マーガレット・ワイズ・ブラウン作；レナード・ワイスガード絵；わたなべしげお訳　童話館出版　2004年7月

「こびととたまご」　多田ヒロシ絵・文　大日本図書　1972年11月

「コロコロどんどん」　太田大八作・絵　偕成社　1985年7月

「コンコンたまご」　真木文絵文；石倉ヒロユキ絵　岩崎書店（ママと赤ちゃんのたべもの絵本5）　2008年11月

「さばくのめだまやき」　石橋正次作・絵　ブックローン出版　1995年3月

「しあわせのちいさなたまご」　ルース・クラウス文；クロケット・ジョンソン絵；覚和歌子訳　あすなろ書房　2005年7月

「しゃかしゃか じゅうじゅう」　若菜ひとし；若菜きよこ作・絵　ひさかたチャイルド　2008年3月

「せかいいちのたまご」　ヘルメ・ハイネ作・絵；佐々木元訳　フレーベル館　1984年6月

「ぞうのたまごのたまごやき」　寺村輝夫作；長新太画　福音館書店（日本傑作絵本シリーズ）　1984年3月

「そらをとんだたまごやき」　落合恵子文；和田誠絵　クレヨンハウス（おはなし広場）　1993年11月

「たたくとぽん」　寺村輝夫作；和歌山静子絵　あかね書房（たまごのほん1）　1970年1月

「たまご」　中川ひろたか文；平田利之絵　金の星社（はじめての絵本たいむ）　2008年2月

「たまごころころ」　岩崎京子文；佐々木マキ絵　フレーベル館（キンダーメルヘン傑作選20）　1985年9月

「たまごさんがね…」　とよたかずひこ作・絵　童心社（おいしいともだち）　2008年9月

「たまごのおうさま」　かとうまふみ作　ビリケン出版　2007年1月

「たまごのはなし　かしこくておしゃれでふしぎな、ちいさないのち」ダイアナ・アストン文；シルビア・ロング絵；千葉茂樹訳　ほるぷ出版　2007年4月

「てんからふってきたたまごのはなし」　チャペック作；三好碩也文・画　福音館書店　1962年12月

子どもの世界・生活

「なんだこりゃ たまご」 ジェラルド・ローズ作;若木ひとみ訳 ほるぷ出版 1980年3月

「にじいろたまご」 すずきあゆみ作・絵 新風舎 2005年11月

「にわとりコッコのだいぼうけん」 ともえだやすこ作・絵 銀の鈴社(もの知り絵本シリーズ) 2010年7月

「ねことふしぎなたまご」 奥田怜子作・絵 白泉社(えほんらんど5) 1983年3月

「びっくりたまご」 レオ・レオニ作;谷川俊太郎訳 好学社 1996年5月

「ふうがわりなたまご−三人のおひゃくしょうのはなし2」 ソニア・レヴィティン作;ジョン・ラレック絵;清水真砂子訳 佑学社(アメリカ創作絵本シリーズ8) 1979年12月

「ふしぎなたまご」 ディック・ブルーナ文・絵;石井桃子訳 福音館書店(子どもがはじめてであう絵本) 1964年6月

「ふしぎなたまごのおはなし」 マルティナ・シュロースマッハー;イスケンダー・ギダー作;山本真司訳 新教出版社 1999年2月

「ふたごのたまご」 寺村輝夫作;和歌山静子絵 あかね書房(たまごのほん2) 1970年1月

「ぼくのひよこ」 高部晴市作・絵 農山漁村文化協会(わくわくたべものおはなしえほん4) 2007年3月

「ミミちゃんのタマゴ」 宮下森作・絵 ポプラ社(絵本のひろば7) 1975年1月

「メグとふしぎなたまご」 ヘレン・ニコル作;ヤン・ピエンコフスキー絵;ふしみみさを訳 偕成社(メグとモグのおはなし) 2007年2月

「やさしい女の子とやさしいライオン」 ふくだすぐる作 アリス館 2010年12月

「ゆうこのあさごはん」 やまわきゆりこ作・絵 福音館書店 1971年10月

「ラウラとふしぎなたまご」 ビネッテ・シュレーダー文・絵;ささきたづこ訳 岩波書店 2000年1月

「わんわん ぴよぴよ」 桑原伸之絵・文 あすなろ書房 2008年9月

「馬のたまご−バングラデシュの民話」 ビプラダス・バルア再話;アブル・ハシム・カーン絵;田島伸二訳 ほるぷ出版 1985年5月

村の子ども

「あかいチョウチョ」 市川里美作 小学館 2008年3月

「あくまっぱらい！」 ゲイル・E.ヘイリー作;芦野あき訳 ほるぷ出版 1980年5月

「あじさいの六月」 北原綴文;いがらしひろたか絵 創林社(創作絵本) 1986年7月

「アフリカへいったクマ」 市川里美作・絵 徳間書店 1999年10月

「アルプスのきょうだい」 ゼリーナ・ヘンツ文;アロワ・カリジェ絵;光吉夏弥訳 岩波書店(岩波の子どもの本) 1954年9月

子どもの世界・生活

「いちばんまちどおしい日 たらのきだい分校の収穫祭」 土田義晴作・絵 ポプラ社(えほんはともだち36) 1994年11月

「いっかいばなしいっかいだけ」 あまんきみこ作；高橋国利絵 あかね書房(新しい日本の絵本7) 1974年6月

「いるかのうみ」 ティツィアーノ・チペレッティ作；ミシェル・サンバン絵；安藤美紀夫訳 佑学社(ヨーロッパ創作絵本シリーズ32) 1979年9月

「うまおいどり」 梶山俊夫作 あかね書房(新しい日本の絵本1) 1972年5月

「ウルスリのすず」 ゼリーナ・ヘンツ文；アロワ・カリジェ絵；大塚勇三訳 岩波書店 1973年12月

「えちごちぢみうた」 岩崎京子文；井口文秀絵 ポプラ社(おはなし創作えほん) 1975年11月

「エンザロ村のかまど」 さくまゆみこ文；沢田としき絵 福音館書店 2009年6月

「おうさまのしろ－すくすくむらものがたり」 コリン・マクリーン；モイラ・マクリーン作・絵；岡部史訳 カワイ出版 1996年10月

「おうしのアダムがおこりだすと」 アストリッド・リンドグレーン作；マーリット・テーンクヴィスト絵；今井冬美訳 金の星社 1997年5月

「おおいそがし、こいそがし」 ユン・クビョン文；イ・テス絵；小倉紀蔵；黛まどか訳 平凡社(韓国の四季の絵本・秋) 2003年10月

「おおむかしのかりうど－縄文時代のくらし」 たかしよいち著；石津博典絵 岩崎書店(絵本ノンフィクション4) 1977年2月

「おかっさまごっこ－小さい小さいこいものがたり」 代田昇文；二俣英五郎絵 童心社(絵本・こどものひろば) 1996年3月

「おこったつき」 ウィリアム・スリーター文；ブレア・レント画；多田ひろみ 冨山房 1975年8月

「おちよさん」 木村正子作；梅田俊作絵 あかね書房(あかね創作えほん15) 1983年7月

「おとうさんのいなか」 福田岩緒作・絵 ポプラ社(えほんはともだち6) 1989年12月

「おにばらいの まめまき」 鶴見正夫文；つぼのひでお絵 世界文化社(節分に読む絵本) 1988年2月

「おにべのかけはし」 武田英子文；黒谷太郎絵 さ・え・ら書房 1980年10月

「おばあちゃんにおみやげを－アフリカの数のお話」 イフェオマ・オニェフル作・写真；さくまゆみこ訳 偕成社 2000年10月

「おばこふき」 高橋宏幸作・絵 小峰書店 1976年3月

「おはなしのもうふ」 フェリーダ・ウルフ；ハリエット・メイ・サヴィッツ文；エレナ・オドリオゾーラ絵；さくまゆみこ訳 光村教育図書 2008年10月

「おひさまむらのこどもたち」 あいはらひろゆき文；あだちなみ絵 教育画劇 2008年7月

子どもの世界・生活

「おへんろさん」宮脇紀雄文;井口文秀絵　小峰書店(日本のえほん7)　1979年10月

「おまつり村」後藤竜二文;岡野和絵　ポプラ社(絵本・すこしむかし5)　1980年2月

「おもいでのクリスマスツリー」グロリア・ヒューストン作;バーバラ・クーニー絵;吉田新一訳　ほるぷ出版　1991年11月

「おもんほおずき」さねとうあきら文;いしくらきんじ絵　国土社(創作民話絵本3)　1981年10月

「オラたちのたけやぶ」シリマラ・スワンポキン作;プリプレム・プリアンバムルン絵;はまだちぐさ訳　新世研　2003年7月

「かさの女王さま」シリン・イム・ブリッジズ作;ユ・テウン絵;松井るり子訳　セーラー出版　2008年12月

「かぜこぞうとこどもたち」谷真介文;赤坂三好絵　ひかりのくに(おはなしひかりのくに)　1979年1月

「かぜのかみとこども」山中恒文;瀬川康男絵　フレーベル館(キンダーおはなしえほん傑作選12)　1978年2月

「かっぱのかげぼうし」清水達也作;北島新平絵　岩崎書店(創作絵本21)　1974年8月

「かぼちゃのおうち-すくすくむらものがたり」コリン・マクリーン;モイラ・マクリーン作・絵;岡部史訳　カワイ出版　1996年2月

「かまくら」斎藤隆介文;赤坂三好絵　講談社　1972年5月

「かやかやうま-上総のたなばたまつり」梶山俊夫作　童心社　1978年6月

「かわんたろ」西小路修一作　新風舎　2007年7月

「カンポンのガキ大将」ラット作;荻島早苗、末吉美栄子訳　晶文社　1984年12月

「キコと愛犬ベイク-パプアニューギニア」ケリナド絵・文;アラキ・トキ訳　蝸牛社　1991年7月

「ぎざみみのうさぎ」植松要作文;岡野和絵　ポプラ社(絵本・すこしむかし8)　1980年11月

「きりの村」今江祥智文;宇野亜喜良絵　フェリシモ出版(おはなしのたからばこ20)　2010年1月

「くさいろのマフラー」後藤竜二文;岡野和絵　草土文化　1978年12月

「くすのきの村」萩坂昇文;井出文蔵絵　草土文化(ふるさとの民話3)　1977年2月

「くずのはやまのきつね」大友康夫作;西村繁男絵　福音館書店　2006年10月

「くつのおうち-すくすくむらものがたり」コリン・マクリーン;モイラ・マクリーン作・絵;岡部史訳　カワイ出版　1995年9月

「クマはどこへいくの」松田もとこ作;ふりやかよこ絵　ポプラ社(絵本のおもちゃばこ6)　2005年9月

「クリスマスの花」立原えりか文;江口あさ子絵　サンリオ(サンリオ創作絵本シリーズ)　1990年10月

子どもの世界・生活

「げんきなグレゴリー」 ロバート・ブライト作・絵;中務秀子訳 徳間書店 2003年12月

「げんこつやまのあかおに」 川崎大治作;鈴木寿雄絵 フレーベル館(キンダーおはなしえほん傑作選14) 1978年2月

「こぶしの花さくころ」 若谷和子作;井口文秀絵 岩崎書店(新・創作絵本27) 1982年5月

「こわがり太平」 須藤克三作;高嶋祥光絵 岩崎書店(岩崎創作絵本4) 1983年10月

「ごんごろう」 北島新平作・絵 岩崎書店(創作絵本27) 1975年7月

「ごんじいさんとおちよちゃん」 辻信太郎文;たまいいずみ絵 サンリオ 1982年1月

「さだおばさん」 原田泰治作・絵 ポプラ社(絵本のひろば19) 1975年12月

「さだおばさん」 原田泰治作・絵 講談社 1994年9月

「さっぱりペレとめちゃめちゃ村のこどもたち」 オッティリア・アーデルボリ文・絵;オスターグレン・晴子訳 ブックグローブ社 1997年8月

「さんねんごい」 菊池日出夫作・絵 福音館書店 1984年7月

「しばてん」 田島征三文・絵 偕成社(創作えほん5) 1971年4月

「じぶんの木」 最上一平作;松成真理子絵 岩崎書店(えほんのぼうけん8) 2009年12月

「しろふくろうのまんと」 高橋健文;松永禎郎絵 小峰書店(日本のえほん9) 1980年1月

「すいせん村のねこやしき」 丸橋賢作;剣持宏;剣持奈々絵絵 ストーク 2004年5月

「スニちゃん、どこゆくの」 ユン・クビョン文;イ・テス絵;小倉紀蔵;黛まどか訳 平凡社(韓国の四季の絵本・春) 2003年6月

「せかいいちうつくしいぼくの村」 小林豊作・絵 ポプラ社(えほんはともだち40) 1995年12月

「せかいいちうつくしい村へかえる」 小林豊作・絵 ポプラ社(えほんはともだち) 2003年8月

「せんどうじいさん むーやん」 ふりやかよこ作・絵 PHP研究所(PHPのえほん) 1989年12月

「そばうちばば」 はまみつを文;鈴木義治絵 小峰書店(日本のえほん27) 1984年2月

「ソメコとオニ」 斎藤隆介作;滝平二郎絵 岩崎書店(岩崎創作絵本11) 1987年7月

「たいこじいさん」 なすだみのる文;近藤理恵絵 ひのくま出版 2008年1月

「たつのこたろう」 朝倉摂絵;松谷みよ子文 講談社(新装版日本の名作) 1978年8月;講談社(日本の名作) 1969年5月

「たぬきチームはバッカース」 鶴見正夫作;岩村和朗画 童心社(童心社の絵本8) 1979年8月

「たぬきと人力車」 大西伝一郎文;難波淳郎絵 ポプラ社(おはなし創作えほん12) 1976年3月

子どもの世界・生活

「たろうといるか」 中谷千代子文・画 福音館書店(日本傑作絵本シリーズ) 1969年3月
「ちいさなこまいぬ」 キム・シオン作;長田弘訳 コンセル 2007年5月
「つばきの花のおよめさん」 末吉暁子文;村上勉絵 偕成社(創作えほん) 1985年11月
「ツバメの歌」 レオ・ポリティ文・絵;石井桃子訳 岩波書店(岩波の子どもの本) 1954年12月
「つまんなくってさ」 ユン・クビョン文;イ・テス絵;小倉紀蔵;黛まどか訳 平凡社(韓国の四季の絵本・夏) 2003年6月
「つりばしわたれ」 長崎源之助作;鈴木義治絵 岩崎書店(母と子の絵本28) 1976年2月
「ティナとおおきなくま」 ウテ・クラウス作・絵;青木久子訳 徳間書店 1998年1月
「テオとディミトリとはし」 ラルフ・ステッドマン作・絵;いけもとさえこ訳 佑学社(ヨーロッパ創作絵本シリーズ8) 1978年5月
「テル」 藤川秀之文・絵 コーキ出版 1981年3月
「でれすけほうほう」 木下順二作;梶山俊夫絵 筑摩書房 1979年10月
「てんぐとアジャ」 松谷みよ子文;井口文秀絵 岩崎書店(新・創作絵本2) 1978年7月
「てんさらばさら てんさらばさら」 わたりむつこ作;ましませつこ絵 福音館書店(こどものとも傑作集80) 1988年9月
「てんりゅう」 しろたのぼる作;きたじましんぺい絵 岩崎書店(創作絵本4) 1971年10月
「トントコはるかぜ」 金沢佑光作・絵 ひさかたチャイルド 1988年12月
「なしのきのうえん-すくすくむらものがたり」 コリン・マクリーン;モイラ・マクリーン作・絵;岡部史訳 カワイ出版 1996年7月
「ナシの木とシラカバとメギの木」 アロイス・カリジェ文・絵;大塚勇三訳 岩波書店 1970年11月
「なぞかけ鬼」 川村たかし作;斎藤博之絵 岩崎書店(創作絵本20) 1974年4月
「なまはげ正月」 さねとうあきら文;いしくらきんじ絵 国土社(創作民話絵本1) 1982年2月
「ぬくぬく」 天野祐吉作;梶山俊夫画 福音館書店 2009年2月
「ねぼすけ はとどけい」 ルイス・スロボドキン作;くりやがわけいこ訳 偕成社 2007年9月
「ノロは花になった」 北原綴文;新井五郎絵 創林社(創作絵本) 1986年4月
「バイオリンの村」 赤座憲久文;鈴木義治絵 小峰書店(日本のえほん5) 1979年7月
「はちまんさまのこまいぬ」 岩崎京子作;田木宗太絵 ひさかたチャイルド(ひさかた傑作集14) 1985年8月
「ハナノマチ」 大畑いくの作 白泉社 2008年9月
「はなをよぶしろいとり」 久井ひろこ作;伊藤悌夫絵 フレーベル館(キンダーおはなしえほん) 1984年4月

子どもの世界・生活

「はやての童子」 木暮正夫作;秋野不矩絵 岩崎書店(創作絵本30) 1975年12月

「はるふぶき」 加藤多一文;小林豊絵 童心社 1999年3月

「ハンダのめんどりさがし」 アイリーン・ブラウン作;福本友美子訳 光村教育図書 2007年4月

「ふえふきとうげ」 谷真介作;赤坂三好絵 金の星社 1978年2月

「ふしぎなたけのこ」 松野正子作;瀬川康男絵 福音館書店(こどものとも傑作集) 1966年9月;福音館書店 1963年6月

「ぼくのだいすきなケニアの村」 ケリー・クネイン文;アナ・フアン絵;小島希里訳 BL出版 2007年4月

「ぼくの村にジェレムがおりた」 小林豊作 理論社(大地とくらす ぼくの村シリーズ) 2010年4月

「ぼくの村のクリスマス」 ソフィー・クニフキー文・絵;波木居慈子訳 リブロポート 1991年11月

「ぼくの村は美しい国-竜太の日記」 岡林信康作・絵 ランダムハウス講談社(アーティストによる絵本シリーズ5) 2007年5月

「マクスとモーリツのいたずら」 ヴィルヘルム・ブッシュ文・絵;上田真而子訳 岩波書店 1986年4月

「まさぼうのうちのばんどり」 赤座憲久作;石倉欣二絵 教育画劇(スピカのおはなしえほん39) 1988年9月

「マックスとモーリッツ」 ヴィルヘルム・ブッシュ作;佐々木田鶴子訳 ほるぷ出版(ほるぷクラシック絵本) 1986年1月

「マブウとたいよう」 三浦幸子絵;レスリー・ゲルティンガー作 福武書店 1983年10月

「みさきがらす」 武田英子文;清水耕蔵絵 講談社 1987年10月

「みしょうづかの鬼ばば」 北原綴文;関口将夫絵 創林社 1985年12月

「みずうみにきえた村」 ジェーン・ヨーレン文;バーバラ・クーニー絵;掛川恭子訳 ほるぷ出版 1996年10月

「みんななかよし りんらんろん」 マリー・コールマン文;フェオドール・ロジャンコフスキー絵;みらいなな訳 童話屋 2002年10月

「むぎうちヨナス」 クルト・バウマン文;マルタ・コチー絵;大塚勇三訳 リブリオ出版 2004年4月

「むらのゆうびんきょく-すくすくむらものがたり」 コリン・マクリーン;モイラ・マクリーン作・絵;岡部史訳 カワイ出版 1996年3月

「モーブのはなをさがすホピとカティ」 F.クレナル作;アンドリ絵;黒木義典訳;板谷和雄文 ブック・ローン出版(ファランドールえほん13) 1981年1月

「ももの里」 毛利まさみち文・絵 リブリオ出版 2005年7月

子どもの世界・生活

「やいちとふじまる」今西祐行作;井口文秀絵 小峰書店(こみね創作えほん4) 1977年2月

「やかまし村のクリスマス」アストリッド・リンドグレーン作;イロン・ヴィークランド絵;おざきよし訳 ポプラ社(ポプラせかいの絵本13) 2003年11月

「ヤクーバとライオンⅠ勇気」ティエリー・デデュー作;柳田邦男訳 講談社(講談社の翻訳絵本) 2008年3月

「やまなし村の風の音」鈴木靖将画;谷ロミサヲ文 トモ企画 1987年6月

「ユキエちゃんをさがせ」橋本ときお作;津田櫓冬絵 ポプラ社(絵本・子どもの世界10) 1980年2月

「ゆきのおうま」ミレナ・ルケショバー文;ヤン・クドゥラーチェク絵;千野栄一訳 ほるぷ出版 1984年4月

「ゆきのひ」加古里子作・絵 福音館書店(こどものとも傑作集) 1967年10月;福音館書店 1966年2月

「ゆきんこ」吉永淳一作;竹田人形座糸あやつり人形制作;梅村豊;塩坪三明撮影 フレーベル館(フレーベルのえほん22) 1978年7月

「ゆきんこ」日高正子作 福武書店 1983年9月

「ゆびきりげんまんーうめばあちゃんのはなし」富田ききとり絵本製作実行委員会文;岡島礼子絵 解放出版社 2000年12月

「よしおのしょうりょう舟」中田幸作文;赤星亮衛絵 ポプラ社(おはなし創作えほん7) 1975年8月

「ラーシアのみずくみ」安井清子文;砂山恵美子絵 こぐま社 2009年10月

「羽田の水舟」野村昇司作;阿部公洋絵 ぬぷん児童図書出版(ぬぷんふるさと絵本シリーズ1) 1982年8月

「夏祭り きつねと子どもたち」小泉澄夫文・絵 コーキ出版 1981年8月

「火の鳥」斎藤隆介作;滝平二郎絵 岩崎書店(創作絵本37) 1982年1月

「花と風と子どもたち」宮川大助文;宮川花子絵 京都書院(大助・花子の日本昔ばなし) 1990年11月

「花のくる道」筒井敬介文;太田大八絵 小峰書店(えほん・こどもとともに) 1992年3月

「海神島」鶴見正夫文;清水耕蔵作・絵 講談社 1985年7月

「海浜物語」八島太郎文・絵 白泉社 1983年3月

「学校かカラッポにならない」田島征三作 えほんの杜 2009年7月

「鬼おどり」谷真介作;赤坂三好絵 PHP研究所(PHPのえほん6) 1983年10月

「鬼丸」深沢邦朗文・絵 岩崎書店(新・創作絵本4) 1978年12月

「金のりす」江崎雪子作;永田治子絵 ポプラ社 2006年2月

子どもの世界・生活

「紅花ものがたり」佐々木悦文;井口文秀画　童心社(童心社の絵本15)　1981年6月

「祭の晩」宮沢賢治作;玉井司絵　リブロポート　1985年6月

「祭の晩」宮沢賢治文;荻野宏幸絵　福武書店　1991年10月

「山と川と海ーサチとユウタの物語」森山京文;太田大八絵　小峰書店　2005年12月

「山太郎」川路重之文;梶山俊夫画　冨山房　1977年4月

「子どものすきな神さま-新美南吉ようねん童話絵本」新美南吉作;渡辺洋二絵;保坂重政編　にっけん教育出版社　2004年5月

「子もりじぞう」はまみつを文;鈴木義治絵　ポプラ社(ポプラ社の創作絵本9)　1974年7月

「十月の末」宮沢賢治原作;児玉房子絵　草の根出版会(ガラス絵の宮沢賢治6)　2006年4月

「十三の砂山」鈴木喜代春作;野村邦夫絵　岩崎書店(新・創作絵本11)　1979年10月

「小さな小さなキツネ」鈴木義治絵;長崎源之助文　国土社(国土社の創作えほん2)　1973年3月

「雪むかえの村」竹内もと代文;西村繁男絵　アリス館　2004年9月

「村にダムができる」クレーヤ・ロードン文;ジョージ・ロードン絵;光吉夏弥訳　岩波書店(岩波の子どもの本)　1954年9月

「村のお医者さん」三芳悌吉作　福音館書店(日本傑作絵本シリーズ)　1989年11月

「村の樹」やしまたろう絵・文　白泉社　1983年10月

「大雪」ゼリーナ・ヘンツ文;アロイス・カリジェ絵;生野幸吉訳　岩波書店　1965年12月

「長助のいちょう」小林けひこ作;吉村竹彦絵　ストーク　2003年2月

「鳥たちの木-ドミニカ共和国」カンディド・ビド文・絵;山本真梨子訳　蝸牛社(かたつむり文庫)　1984年12月

「天まであがれ」斎藤晴輝;須々木博作　童心社(童心社の絵本21)　1983年4月

「日がくれる」椋鳩十作;梶山俊夫絵　あすなろ書房(椋鳩十・梶山俊夫ものがたりえほん3)　1973年1月

「八重のいちょう」小林けひこ作;吉村竹彦絵　ストーク　2004年9月

「半日村」斎藤隆介作;滝平二郎絵　岩崎書店(創作絵本36)　1980年9月

「碧空のかけら チベットの子どもからのおくりもの」かんのゆうこ文;たなか鮎子絵;大久保ひろし英訳　エイト社　2005年12月

「魔女と笛ふき」武田和子作・絵　岩崎書店(新・創作絵本26)　1982年3月

「満月のいちょう」小林けひこ作;吉村竹彦絵　ストーク　2008年1月

「茂吉たんぼ」野村昇司作;阿部公洋絵　ぬぷん児童図書出版(ぬぷんふるさと絵本シリーズ6)　1984年6月

子どもの世界・生活

「野麦峠をこえて」山本茂実文;佐藤忠良絵　ポプラ社(ポプラ社の創作絵本4)　1973年10月

「雷の落ちない村」三橋節子作　小学館　1977年4月

「龍になった鯉のぼり」岡坂拓造作;山本和代絵　ゆみる出版　2007年3月

「龍の小沼」村野守美文・絵　汐文社(もりび絵本箱1)　1984年7月

誕生日

「1ねんに365のたんじょう日-プレゼントをもらったベンジャミンのおはなし」ジュディ・バレット作;ロン・バレット絵;松岡享子訳　偕成社　1978年8月

「Tシャツの ライオン」ウーリー・オルレブ文;ジャッキー・グライヒ絵;もたいなつう訳　講談社(講談社の翻訳絵本)　2001年1月

「アーサーのたんじょうび」マーク・ブラウン作;ふたみあやこ訳　青山出版社　1999年11月

「あーちゃんのたんじょうび」ほりかわりまこ作　偕成社　2008年9月

「あしたはわたしのたんじょうび」ガンチェフ作・絵;佐々木田鶴子訳　偕成社　1982年6月

「あっちへいけよ」ヌッドセット作;ボンサル絵;岡本浜江訳　偕成社　1977年6月

「あやちゃんのうまれたひ」浜田桂子作・絵　福音館書店　1984年12月

「アンジェリーナのバースデイ」キャサリン・ホラバード文;ヘレン・クレイグ絵;おかだよしえ訳　講談社(講談社の翻訳絵本クラシックセレクション)　2009年9月

「いたずらうさぎデイビー おたんじょうびだもん」イブ・タルレ絵;ブリギッテ・ヴェニンガー文;立原えりか訳　講談社(世界の絵本)　2001年10月

「いたずらかいじゅうのたんじょうび」ハッチンス作;乾侑美子訳　偕成社　2000年10月

「いま、なんさい?」ひがしちから作　BL出版　2009年4月

「ウーリー家のすてきなバースデー」西村玲子文・絵　あすなろ書房(あすなろ書房 新しい絵本シリーズ)　1987年4月

「うさぎさんのたんじょうび」若山雪江作・絵　ポプラ社(どんぐりむらのおはなし1)　1995年11月

「うさぎのペパンとねずみのフワリ おめでとう、フワリ」ブリジット・ミンネ作;イングリッド・ゴドン絵;ほりうちもみこ訳　ポプラ社(ポプラせかいの絵本10)　2002年7月

「うさこちゃんのたんじょうび」ディック・ブルーナ文・絵;石井桃子訳　福音館書店(子どもがはじめてであう絵本)　1982年5月

「うみべでいただきます」つちだよしはる作　小峰書店(ごちそうえほん)　1998年3月

「ウララちゃんのたんじょうび」山本なおこ作;黒井健絵　ポプラ社(えほんとなかよし47)　1997年5月

「エルフのびっくりプレゼント」ハルメン・ファン・ストラーテン絵・文;野坂悦子訳　セーラー出版(ぞうのしょうぼうし3)　2008年5月

子どもの世界・生活

「おかあさんのたんじょうび」 ミヤハラヨウコ作 理論社 2008年9月

「おさるのジョージ びっくりたんじょうび」 M.レイ;H.A.レイ原作;福本友美子訳 岩波書店 2006年4月

「おたすけこびと」 なかがわちひろ文;コヨセ・ジュンジ絵 徳間書店 2007年2月

「おたんじょうかい1・2・3」 とりごえまり作 アリス館 2010年4月

「おたんじょうびおめでとう あまのじゃくのてんこちゃん」 アニタ・ジェラーム作;おがわひとみ訳 評論社(児童図書館・絵本の部屋) 1998年3月

「おたんじょうびおめでとう！」 パット・ハッチンス作;渡辺茂男訳 偕成社 1980年11月

「おたんじょうびおめでとう」 栗林三郎作・絵 金の星社(こどものくに傑作絵本) 1984年12月

「おたんじょうびおめでとう」 守屋正恵作;いもとようこ絵 あかね書房(くりのきえんのおともだち7) 1983年11月

「おたんじょうびに きてください」 竹下文子作;田中四郎絵 フレーベル館(げんきわくわくえほん13) 1996年4月

「おたんじょうびのエルンスト」 エリサ・クレヴェン作・絵;香山美子訳 学習研究社 2003年5月

「おたんじょうびのおくりもの」 村山桂子作;やまわきゆりこ絵 教育画劇(スピカのおはなしえほん3) 1984年11月

「おたんじょうびのおくりもの」 芭蕉みどり作・絵 ポプラ社(えほんとなかよし1-ティモシーとサラのえほん1) 1989年11月

「おたんじょうびのクリスマス」 小比賀優子文;高林麻里絵 ほるぷ出版(くりんとコロンのおはなし) 1991年10月

「おたんじょうびのひ」 中川ひろたか文;長谷川義史絵 朔北社 2006年8月

「おたんじょう日おめでとう」 ドクタースース作;渡辺茂男訳 日本パブリッシング 1971年1月

「おばあちゃんのたんじょうび」 フランツ・ブランデンバーグ作;アリキ・ブランデンバーグ絵;かつおきんや訳 アリス館 1975年12月

「おばけたんじょうかい」 久保田喜正作・絵 ポプラ社(絵本・子どものくに22) 1986年11月

「おめでとう、ブルーカンガルー!」 エマ・チチェスター・クラーク作;まつかわまゆみ訳 評論社(評論社の児童図書館) 2008年10月

「かえるくんのとくべつな日」 マックス・ベルジュイス文・絵;清水奈緒子訳 セーラー出版 2001年10月

「がちょうのたんじょうび」 新美南吉作;黒井健絵 にっけん教育出版社 2005年2月

「キッパーのおたんじょうび」 ミック・インクペン作;角野栄子訳 小学館 1993年8月

子どもの世界・生活

「きょうはカメくんのたんじょうび」　エリザベス・ショー作・絵；さいとうひさこ訳　徳間書店　2001年5月

「きょうはわたしのおたんじょうびよ」　キャスリーン・アンホールト作；角野栄子訳　文化出版局　1993年11月

「きりかぶのたんじょうび」　なかやみわ作　偕成社　2003年10月

「くいしんぼ らいおん」　八木田宜子作　長新太絵　徳間書店（らいおんえほん4）　2003年1月

「クマくんのおめでとうクッキー」　柳生まち子作　福音館書店（日本傑作絵本シリーズ）　1998年4月

「くまくんのたんじょうび」　ミシュリーヌ・ベルトラン作；リーズ・マラン絵；辻昶訳　ペンタン（くまくんの絵本）　1985年12月

「くまさんおたんじょうびおめでとう」　矢部美智代作；岡村好文絵　ひさかたチャイルド（ひさかた絵本傑作集）　1989年9月

「くまたくんのたんじょうび」　わたなべしげお作；おおともやすお絵　あかね書房（くまたくんのえほん10）　1984年2月

「グレー・ラビットのおたんじょうび」　アリスン・アトリー作；マーガレット・テンペスト絵；河野純三訳　評論社（児童図書館・絵本の部屋　グレー・ラビット7）　1982年9月

「こうさぎちゃん」　ささやすゆき作　フレーベル館（フレーベル館のえほん・タイニーシリーズ24）　1981年9月

「ごうた、1年生でしょっ」　すとうあさえ文；おおしまりえ絵　文研出版（えほんのもり）　2010年1月

「こぐまのクッキー きょうはおたんじょうび」　ジュディス・コッペン絵・文；東森プリン訳　アシェット婦人画報社　2005年12月

「こねずみミコの おたんじょうびだよ！」　ブリギッテ・ベニンガー文；シュテファニー・ローエ絵；二宮由紀子訳　BL出版　2006年3月

「こぶたのぶうぶ そらをとぶ」　あまんきみこ作；武田美穂絵　教育画劇　2008年7月

「こぶたのヘンリ おたんじょうびがやってくる」　イブ・タルレ文・絵；清水奈緒子訳　くもん出版　1992年7月

「こぶたはなこさんのたんじょうび」　くどうなおこ文；いけずみひろこ絵　童話屋　1985年11月

「こまっちゃったな たんじょうび」　アンジェラ・マカリスター作；スージー・ジェンキン＝ピアス絵；しまむらまさえ訳　フレーベル館　1994年6月

「ザ・ボーン」　南部和也文；田島征三絵　アリス館　2007年10月

「さあ、おきて、おきて！」　クリスティン・モートン＝ショー；グレッグ・ショー文；ジョン・バトラー絵；おがわひとみ訳　評論社（児童図書館・絵本の部屋）　2007年3月

「さくら子のたんじょう日」　宮川ひろ作；こみねゆら絵　童心社　2004年11月

子どもの世界・生活

「しいちゃん 学校へいく」 あいはらひろゆき作;下田冬子絵 パロル舎 2010年3月

「ジャッキーのおたんじょうび」 あだちなみ絵;あいはらひろゆき文 ブロンズ新社(くまのがっこうシリーズ) 2005年7月

「じゃんけんロード」 藤本ともひこ作 リブロポート(リブロの絵本) 1992年6月

「ジョンのたんじょうび」 ヘレン・オクセンバリー作・絵;なかむらくみこ訳 ほるぷ出版 1983年11月

「ジリーちゃんのおたんじょうび」 ロコ・まえだ作・絵 金の星社 2001年8月

「すてきなおくりもの」 フィオナ・レンプト作;ノエル・スミット絵;えもとくによ訳 コクヨS&T(コクヨのえほん 海外絵本シリーズ4) 2008年7月

「せかいいちゆかいなとうさんねこのたんじょうび」 リチャード・スキャリー作;奥田継夫訳 ブックローン出版(スキャリーおじさんのえほん) 1996年9月

「たろうのおでかけ」 村山桂子作;堀内誠一絵 福音館書店(こどものとも傑作集) 1966年7月;福音館書店 1963年4月

「たんじょうかいがはじまるよ」 みやざきこうへい作・絵 PHP研究所(わたしのえほんシリーズ) 1995年3月

「たんじょうかいのプレゼント」 宮川ひろ文;たなかまきこ絵 新日本出版社 1979年6月

「たんじょうび」 ハンス・フィッシャー文・絵;おおつかゆうぞう訳 福音館書店(世界傑作絵本シリーズ・スイスの絵本) 1965年10月

「たんじょうび」 七尾純作;高瀬のぶえ絵 河出書房新社(ホッターのびのび7) 1986年11月

「たんじょうびおめでとう」 森比左志;わだよしおみ;若山憲作 こぐま社 1977年2月

「たんじょうびがきえた」 羽田竹美文;長谷川知子絵 童心社(絵本・ちいさななかまたち) 1983年11月

「たんじょうびだねちびかばくん」 ひろかわさえこ作・絵 あかね書房(かばくんとちびかばくん3) 1999年11月

「たんじょうびにともだちなんびきくるかな?」 リュボスラウ・パリョ作;ささきたづこ訳 小学館 2007年11月

「たんじょうびにはコスモスを」 あまんきみこ作;つちだよしはる絵 ひさかたチャイルド(ひさかた傑作集20) 1986年10月

「たんじょうびのおきゃくさま」 松岡節作;いもとようこ絵 ひかりのくに 2002年10月

「たんじょうびのごちそう」 木村裕一作;黒井健絵 偕成社(木村裕一・しかけ絵本7) 1985年3月

「たんじょうびのふしぎなてがみ」 エリック・カール作・絵;もりひさし訳 偕成社 1978年11月

「たんじょうびはいつも」 マーカス・フィスター作;斉藤洋訳 講談社(世界の絵本) 2000年5月

子どもの世界・生活

「たんじょうびをわすれたきょうりゅう―きょうりゅうのこどもたち1」 マイケル・サーモン文・絵；戸田早紀訳 文渓堂 1996年8月

「ちいちゃんのたんじょうび」 しみずみちを文・絵 銀河社(ちいちゃんえほん11) 1983年12月

「ちびうさぎくん たんじょうびパーティにいく」 ジョン・ウォーラス絵・文；おかだよしえ訳 評論社(児童図書館・絵本の部屋) 1999年9月

「ちびうさまいご！」 ハリー・ホース作；千葉茂樹訳 光村教育図書 2003年3月

「チャイブスのとくせいケーキ―いっしょにつくれるよ」 高野紀子作・絵 講談社(CHIVES'STORY1) 1997年5月

「ちゃっかりクラケールのおたんじょうび」 レンナート・ヘルシング文；スティグ・リンドベリ絵；いしいとしこ訳 プチグラパブリッシング 2003年9月

「ちょうちょむすびができたらね」 村山桂子文；高畠純絵 フレーベル館(キンダーおはなしえほん) 1986年4月

「ディクーのたんじょうび」 エルズビエタ作；なかむらえりこ訳 セーラー出版 1989年5月

「とうさんねこのたんじょうび」 末吉暁子文；垂石眞子絵 BL出版 2008年4月

「となりのおと」 岡井美穂作・絵 岩崎書店(いっしょによんで!1) 2009年7月

「ともだちをパーティーによぼう」 クロード・クレマン文；ナディーヌ・アーン絵；辻昶訳 DEMPA/ペンタン 1990年9月

「どんくまさんとおたんじょうび」 柿本幸造絵；蔵冨千鶴子文 至光社(ブッククラブ国際版絵本) 1985年1月

「なんでもできる日」 ジェニファ・ベック作；ロビン・ベルトン絵；たかはしえいこ訳 すぐ書房 1990年12月

「ねこあかちゃんのたんじょうび」 リチャード・スキャリー作；國眼隆一訳 ブックローン出版(スキャリーおじさんのどうぶつえほん12) 1984年8月

「ねずみくんのたんじょうかい」 あさのななみ作；中村景児絵 PHP研究所(わたしのえほん) 2001年7月

「ねずみくんのたんじょうび」 なかえよしを作；上野紀子絵 ポプラ社(絵本のひろば32) 1978年6月

「のねずみチッチ」 ふくざわゆみこ作 のら書店 2008年4月

「ノンタンのたんじょうび」 キヨノサチコ作・絵 偕成社(ノンタンあそぼうよ9) 1981年1月

「バーニーのたんじょう日」 ピーター・ボニッチ作；リサ・コッパー絵；おかだよしえ訳 岩崎書店(ゆかいなバーニー1) 1994年5月

「バーバパパのたんじょうび」 アネット・チゾン；タラス・テイラー作；山下明生訳 講談社(バーバパパ・ミニえほん11) 1985年11月

「バーバパパのたんじょうび」 アネット・チゾン；タラス・テイラー作；山下明生訳 講談社(バーバパパのちいさなおはなし1) 1997年4月

子どもの世界・生活

「パオちゃんのおたんじょうび」　仲川道子作・絵　PHP研究所　1997年8月

「ハッピーハッピーバースデー」　新沢としひこ作;いとうみき絵　金の星社(新しいえほん)　2010年7月

「はねーるのたんじょうび」　村山桂子作;柿本幸造絵　フレーベル館(おはなしえほんシリーズ4)　2006年11月

「ハネスうさぎの たんじょうび」　バーナデット・ワッツ作;森山京訳　講談社(世界の絵本)　2000年4月

「ババールのたんじょうパーティー」　ロラン・ド・ブリュノフ作;せなあいこ訳　評論社(児童図書館・絵本の部屋)　2007年8月

「ひみつ」　クリストフ・ル・マスヌ文;アラン・シッシュ絵;石津ちひろ訳　評論社(児童図書館・絵本の部屋)　2004年11月

「フィンダスのたんじょうび」　スベン・ノルドクビスト作;すどうゆみこ訳　宝島社(フィンダス絵本シリーズ)　1993年6月

「ふうちゃんのおたんじょうび」　松谷みよ子作;にしまきかやこ絵　新日本出版社(新日本出版社の絵本)　1971年8月

「ふしぎですてきなおたんじょうび」　林ともこ案;林春菜文・絵　ポプラ社(絵本のおもちゃばこ19)　2006年4月

「ふしぎなおたまじゃくし」　スティーブン・ケロッグ作;鈴木昌子訳　錨といるか社　2001年2月

「ふしぎなじどうしゃ」　ヤーノシュ作・画;志賀朝子訳　小学館(世界の創作童話15)　1980年8月

「ふしぎなパーティー屋さん」　さとうまきこ作;岡本颯子絵　ひくまの出版(幼年絵本シリーズ・あおいうみ15)　1984年9月

「ぶたくんのたんじょうび」　あきやまただし作・絵　ポプラ社(えへんごほんえほん5)　1997年4月

「プチトマトの誕生日」　天野喜孝原作　PHP研究所(やさいのようせいN.Y.SALAD)　2010年9月

「ブッレブッセとまほうのもり」　シールス・グラネール文;ルイス・モー絵;山内清子訳　徳間書店　1998年8月

「フランシスとたんじょうび」　ラッセル・ホーバン作;リリアン・ホーバン絵;松岡享子訳　好学社　1972年1月

「ブルンミのたんじょうび」　マレーク・ベロニカ文・絵;羽仁協子訳　風涛社(マレーク・ベロニカの本)　2003年6月

「プレゼント なあに?」　たちもとみちこ作　ブロンズ新社　2007年9月

「ブンブンのたんじょうび」　舟崎克彦作・絵　偕成社(ブンブンのえほん2)　1981年1月

「ペギーちゃんのたんじょうび」　エミール・ジャドゥール作;石津ちひろ訳　小学館(シーマくんとペギーちゃん)　2006年6月

子どもの世界・生活

「ベロニカとバースデープレゼント」ロジャー・デュボアザン作・絵;神宮輝夫訳　佑学社（かばのベロニカシリーズ5）1979年5月

「ぼくの はな さいたけど…」山崎陽子作;末崎茂樹絵　金の星社（こどものくに傑作絵本）1990年6月

「ぼくのたんじょうび」バーンバウム絵・文;松本理子訳　福武書店　1982年3月

「まあばあさんのゆきのひピクニック」すとうあさえ文;織茂恭子絵　岩崎書店（えほんのマーチ2）2002年12月

「マーロンおばさんのむすこたち」穂高順也作;西村敏雄絵　偕成社　2008年10月

「まいにちが たんじょうび」ジェイン・ヒッセイ作;ちばみか訳　偕成社　1998年6月

「まいにちまいにちたんじょうび」正高もとこ作・絵　偕成社　2010年10月

「まこちゃんのおたんじょうび」にしまきかやこ絵・文　こぐま社　1968年12月

「まことは おいしゃさん」おおともやすお作　偕成社（げんきなまこと1）1989年7月

「まち」新井洋行作・絵　自由国民社　2010年8月

「ミーちゃん」オイリ・タンニネン作;渡部翠訳　講談社（講談社の幼児えほん）2008年10月

「みどりいろのたんじょうび」川北亮司文;長新太絵　草土文化　1980年6月

「むねにキラキラぼくのおとうと」みやにしいづみ作;宮西達也絵　フレーベル館　1984年4月

「メエメエさんのおたんじょうかい」ささやすゆき作・絵　金の星社（こどものくに傑作絵本）1984年2月

「めんどりヒルダのたんじょうび」メリー・ウォーメル文・絵;ほんじょうまなみ訳　新風舎　2004年9月

「もくようびはどこへいくの？」ジャニーン・ブライアン文;スティーブン・マイケル・キング絵;すえよしあきこ訳　主婦の友社　2005年12月

「もこちゃんとむくむく」岡村登久子作;赤坂三好絵　ひさかたチャイルド（ひさかたメルヘン45）1984年1月

「ももことごろうのおくりもの」大友康夫作　童心社（えほん・ぼくらはきょうだい1）1978年9月

「もりのみっつのたんじょうび」三田村信行作;佐々木マキ絵　教育画劇（スピカのおはなしえほん16）1987年7月

「ゆきのひのたんじょうび」岩崎ちひろ絵・文;武市八十雄案　至光社（ブッククラブ国際版絵本）1985年1月

「リトル・チャローキャンディのたんじょうび」わかぎゑふ作;Spooky graphic絵　小学館　2009年7月

「ルラルさんのたんじょうび」いとうひろし作　ポプラ社（いとうひろしの本13）2010年9月

子どもの世界・生活

「るるのたんじょうび」 征矢清作;中谷千代子絵 福音館書店 1971年4月
「ろうそくいっぽん」 市居みか作 小峰書店(えほんひろば) 2008年10月
「わすれんぼうのはりねずみ」 竹下文子作;ミヤハラヨウコ絵 あかね書房(あかね・新えほんシリーズ23) 2005年5月
「わすれんぼのぼう」 木村研文;田中恒子絵 草土文化 1980年9月
「わたしおしゃれをするの」 おおともやすお文・絵 童心社(こねずみリリのえほん2) 2008年7月
「わたしのたんじょうび」 竹下文子文;黒井健絵 フレーベル館(キンダーおはなしえほん) 1985年2月
「わにくんのたんじょうび」 矢崎節夫作;尾崎真吾絵 小峰書店(えほんらんど6) 1980年11月
「月夜の誕生日」 岩瀬成子作;味戸ケイコ絵 金の星社 2004年3月
「黒ねこジェニーの誕生日」 エスター・アベリル作・絵;羽島葉子訳 パルコ出版 1992年8月
「切り紙のじかん わたしのかえり道」 矢口加奈子作 秋田書店 2009年6月

電話

「あかたろうの1・2・3・4・5」 北山葉子作・絵 偕成社(おにの子あかたろうのほん1) 1977年2月
「いとでんわ」 おのちよ文・絵 至光社(ブッククラブ国際版絵本) 1971年1月
「いぬのマーサがでんわをしたら」 スーザン・メドー作・絵;ひがしはるみ訳 フレーベル館 1995年7月
「おおとかげでんわ」 きたがわめぐみ著 ゴマブックス 2006年9月
「おでんわ るるる」 桜井あさを作;いもとようこ絵 佼成出版社 1980年10月
「だれかしら だれかしら」 生源寺美子文;安井淡絵 講談社 1978年6月
「ちゃいます ちゃいます」 内田麟太郎作;大橋重信絵 教育画劇 2007年4月
「でんわでおはなし」 五味太郎作 絵本館 1980年4月
「でんわなんか大きらい」 ナタリー・ナッツ文;モニック・フェリ絵;なだいなだ訳 講談社(うさぎのルー絵本4) 1985年6月
「はじめてでんわがひけた」 来栖良夫作;斎藤博之絵 岩崎書店(絵本ノンフィクション11) 1979年7月
「ふしぎなけいたいでんわ」 岡本颯子作・絵 PHP研究所(PHPわたしのえほんシリーズ) 1997年9月
「メアリー・アリス いまなんじ?」 ジェフリー・アレン作;ジェームズ・マーシャル絵;小沢正訳 あかね書房(あかねせかいの本4) 1981年2月

子どもの世界・生活

「もしもし」岸田衿子文;長新太絵　ひかりのくに(あかちゃんのえほん)　1976年11月；ひかりのくに(あかちゃんのえほん)　1970年11月

「もしもしおでんわ」松谷みよ子文;いわさきちひろ絵　童心社(松谷みよ子あかちゃんの本)　1970年5月

「もしもしはいはいでんわです」長野博一作　小峰書店(くまたんのはじめてシリーズ9)　1990年7月

「りすでんわ」高橋和枝作　白泉社　2010年9月

島の子ども

「オンロックがやってくる」小野かおる文・絵　福音館書店(日本傑作絵本シリーズ)　1995年9月

「カヤトとサヤノ」大石真作;斎藤博之絵　偕成社(創作えほん15)　1973年1月

「ぎんのなみ おどる」今関信子作;飯野和好絵　朔北社　2003年7月

「くじらのバース」村上康成作・絵　ひさかたチャイルド　2008年2月

「サシバ舞う空」石垣幸代;秋野和子文;秋野亥左牟絵　福音館書店　2001年10月

「サンカクノニホン-6852の日本島物語」伊勢華子写真・文　ポプラ社(自然 いのち ひと12)　2009年3月

「しまのおしろのとのさまは」梅田俊作作・絵　ポプラ社(絵本・子どもの世界1)　1979年6月

「たいのしま」野村たかあき作・絵　講談社　1994年4月

「タキワロ」岩崎千夏作　長崎出版(cub label)　2006年11月

「だれも知らない南の島で」北原綴文;平田智香絵　創林社　1985年6月

「はばたけ はとさん」手島悠介作;岩淵慶造絵　岩崎書店(創作絵本23)　1974年11月

「はまうり」石垣幸代;秋野和子文;秋野亥佐牟絵　福音館書店(こどものとも傑作集)　1999年4月

「ぷかぷかランド すてきなおくりもの」川北亮司作;門野真理子絵　理論社　2006年7月

「フランボヤン」アーノルド・アドフ文;カレン・バーバー;南風椎訳　パルコ出版　1991年6月

「ぼくの島」バーバラ・クーニー作;掛川恭子訳　ほるぷ出版　1990年3月

「みなみのしまのプトゥ」むらまつたみこ著　アリス館　2003年7月

「みやらびのしま〈沖縄ものがたり〉」大川悦生文;儀間比呂志版画　ポプラ社(ポプラ社の創作絵本1)　1973年3月

「やんばるの森がざわめく」本木洋子文;高田三郎絵　新日本出版社　2001年3月

「海べのあさ」マックロスキー文・絵;石井桃子訳　岩波書店　1978年7月

「山つつじのさくころ」津田櫓冬文・絵　ほるぷ出版　1982年7月

子どもの世界・生活

「先生はシマンチュ一年生」 灰谷健次郎文;坪谷令子絵 童心社 2003年6月
「村の樹」 やしまたろう絵・文 白泉社 1983年10月

読書

「いたずらハーブ えほんのなかにおっこちる」 ローレン・チャイルド作;なかがわちひろ訳 フレーベル館 2003年8月
「イチ、ニのサン！」 筒井康隆作;ミハエル・リューバ絵 童心社(メルヘンの森) 1986年9月
「ヴィックは本なんてだいきらい！」 リタ・マーシャル文;エティエンヌ・ドレセール絵;うみひかる訳 西村書店 2000年10月
「えほんからとびだせ」 高橋宏幸作 小峰書店(けんちゃんえほん1) 1977年12月
「えほんのこども」 荒井良二作 講談社(講談社の創作絵本) 2008年11月
「えほんはしずかによむもの」 シュテファン・ゲンメル文;マリー・ジョゼ・サクレ絵;はやしけいこ訳 新世研 2000年5月
「えほんをよんで、ローリーポーリー」 リリ・シャルトラン作;ロジェ絵;徳永玲子訳 ポプラ社 2006年11月
「エリザベスは本の虫」 サラ・スチュワート文;デイビッド・スモール絵;福本友美子訳 アスラン書房 2003年10月
「オオカミ」 エミリー・グラヴェット作;ゆづきかやこ訳 小峰書店(世界の絵本コレクション) 2007年12月
「オオカミだって…！」 ベッキー・ブルーム作;パスカル・ビエ絵;中井貴恵訳 あかね書房(あかね・新えほんシリーズ5) 2003年3月
「おさるのジョージ としょかんへいく」 M.レイ;H.A.レイ原作;福本友美子訳 岩波書店 2006年4月
「おばけとしょかん」 デイヴィッド・メリング作;山口文生訳 評論社(児童図書館・絵本の部屋) 2005年9月
「カモシカとしょかん」 魚瀬ゆう子文;水上悦子絵 桂書房 2009年7月
「きみのえほん」 山岡ひかる作・絵 文渓堂 2005年5月
「ごほん!ごほん!ごほん!」 デボラ・ブラス文;ティファニー・ビーク絵;おがわひとみ訳 評論社(児童図書館・絵本の部屋) 2005年3月
「しずかに!ここはどうぶつのとしょかんです」 ドン・フリーマン作;なかがわちひろ訳 BL出版 2008年4月
「ステラのえほんさがし」 リサ・キャンベル・エルンスト作;藤原宏之訳 童心社 2006年6月
「だいすきな ほんくん」 クリスティン・オコンネル・ジョージ文;マギー・スミス絵:山口文生訳 評論社(児童図書館・絵本の部屋) 2006年2月

子どもの世界・生活

「ちいちゃんとこどもぶんこ」 しみずみちを文・絵 銀河社(ちいちゃんえほん7) 1983年10月

「としょかん たんてい ゆめきちくん」 J-B.バロニアン文;L.L.アファノ絵;佐藤見果夢訳 評論社(児童図書館・絵本の部屋) 1999年11月

「としょかんのねこ」 みやかわけんじ作;たばたごろう絵;おのみちよ文 新世研 2001年9月

「としょかんへいくピープちゃん」 クレシッダ・コーウェル作;佐藤見果夢訳 評論社(児童図書館・絵本の部屋) 1999年5月

「としょかんライオン」 ミシェル・.ヌードセン作;ケビン・ホークス絵;福本友美子訳 岩崎書店(海外秀作絵本17) 2007年4月

「トマスと図書館のおねえさん」 パット・モーラ文;ラウル・コローン絵;藤原宏之訳 さ・え・ら書房 2010年2月

「トムとピッポがほんをよむ」 ヘレン・オクセンベリー作;児島なおみ訳 リブロポート(ピッポ1) 1989年11月

「ナーベルちゃんとマーブルちゃん」 たんじあきこ作 白泉社 2008年4月

「ビバリー としょかんへいく」 アレクサンダー・スタッドラー作;まえざわあきえ訳 文化出版局 2003年6月

「ブックバード」 さとうゆりえ作 扶桑社 2009年5月

「ぼくのブック・ウーマン」 ヘザー・ヘンソン文;デイビッド・スモール絵;藤原宏之訳 さ・え・ら書房 2010年4月

「ぼくはぼくのほんがすき」 アニタ・ジェラーム作;おがわひとみ訳 評論社(児童図書館・絵本の部屋) 2002年5月

「ポチポチのとしょかん」 井川ゆり子文・絵 文渓堂 2003年11月

「ほんがすき！」 D.マクフエイル文・絵;しみずゆうすけ訳 アリス館 1987年2月

「ほんちゃん」 スギヤマカナヨ作 偕成社 2009年6月

「ほんとに本はやくにたつ」 クロード・ブージョン文・絵;末松氷海子訳 セーラー出版 1991年7月

「みさきめぐりのとしょかんバス」 松永伊知子作;梅田俊作絵 岩崎書店(絵本の泉5) 1996年6月

「ものしり五郎丸」 にしむらかえ作・絵 文渓堂 2010年4月

「よにもふしぎな本をたべるおとこのこのはなし」 オリヴァー・ジェファーズ作;三辺律子訳 にいるぶっくす 2007年9月

「山のとしょかん」 肥田美代子文;小泉るみ子絵 文研出版(えほんのもり) 2010年4月

「水曜日の本屋さん」 シルヴィ・ネーマン文;オリヴィエ・タレック絵;平岡敦訳 光村教育図書 2009年10月

子どもの世界・生活

「大草原のとしょかんバス-としょかんバス・シリーズ2」岸田純一作;梅田俊作絵 岩崎書店(絵本の泉6) 1996年9月

「本好きカピール」マノラマ・ジャファ作;ジャグデシュ・ジョシー絵;さいとうゆうこ訳 新世研 2003年11月

病気やアレルギーの子

「BUDDY(バディ)-ぼくのパートナードッグ」オードリー・オソフスキー文;テッド・ランド絵;よしだみおり訳 燦葉出版社 1996年9月

「あいちゃんの そら」小林優華作・絵 ひさかたチャイルド 2007年5月

「いのちをつないで-ぼくは18トリソミー」わたなべえいこ絵・文 汐文社 2010年4月

「えほん いのちのあさがお」あやのまさる作;まつもときょうこ画 ハート出版 2001年6月

「おとうさんありがとう」としたかひろ文・絵 あすなろ書房 1984年11月;コーキ出版 1980年12月

「おにいちゃん」浜田桂子作 童心社(絵本・ちいさななかまたち) 1993年6月

「おにいちゃんが病気になったその日から」佐川奈津子文;黒井健絵 小学館 2001年8月

「おばあちゃんに届いた花」水上みのり絵;社団法人「小さな親切」運動本部監修 河出書房新社(「涙が出るほどいい話」の絵本) 2004年7月

「ガンバレあかつかくん」としたかひろ作・絵;たかしな久美文;赤塚俊哉原文 あすなろ書房 1984年11月

「キャシーのぼうし」トルーディ・クリシャー文;ナディーン・バーナード・ウェストコット絵;かつらあまね訳 評論社(児童図書館・絵本の部屋) 2007年6月

「キリンのキリコ」いのうえゆみこ文;さとうゆみ絵 構造社出版 1998年5月

「くませんせいはおいしゃさん」正岡慧子文;末崎茂樹絵 PHP研究所(PHPにこにこえほん) 2001年12月

「げんきになったひ」岩崎ちひろ絵;松本猛文;武市八十雄案 至光社(ブッククラブ国際版絵本) 1978年1月

「げんきになるって!-リサがびょういんへいったとき」アン・フォッシュリンド作・絵;菱木晃子訳 岩崎書店(いのちのえほん3) 1996年7月

「ゼンソクなんてとんでいけ」としたかひろ文・絵 あすなろ書房 1984年11月

「そらみみがきこえたひ」宮田雄吾文;北村友弘絵 情報センター出版局(こころの病気がわかる絵本4 統合失調症) 2010年4月

「てあらいがとまらないアライグマ」宮田雄吾文;霜田あゆ美絵 情報センター出版局(こころの病気がわかる絵本2 強迫性障害) 2010年2月

「パッチワークのかけぶとん」ウィリーマイン・ミン文・絵;清水奈緒子訳 セーラー出版 1991年2月

子どもの世界・生活

「はまべのいす」山下明生作；渡辺洋二絵　あかね書房（あかね創作えほん1）　1979年12月

「びょういんの木」岡村理作・絵　汐文社　1996年2月

「ふとるのがこわいチーター」宮田雄吾文；二見正直絵　情報センター出版局（こころの病気がわかる絵本5 摂食障害）　2010年3月

「ぼくがげんきにしてあげる」ヤーノシュ作・絵；石川素子訳　徳間書店　1996年12月

「みみちゃんとヤギのビケット」フランソワーズ・セニョーボ作・絵；ないとうりえこ訳　徳間書店　2003年9月

「みみちゃんの まど」西内ミナミ作；黒井健絵　ひさかたチャイルド　1987年4月

「むっちゃんのしょくどうしゃ」国本りか絵・文　芽ばえ社（アトピーっ子絵本）　2002年4月

「むらさきふうせん」クリス・ラシュカ作；谷川俊太郎訳　BL出版　2008年6月

「ヤコブと七人の悪党」マドンナ作；ガナディ・スピリン画；角田光代訳　ホーム社　2004年10月

「レアの星-友だちの死」パトリック・ジルソン文；クロード・K.デュボア絵；野坂悦子訳　くもん出版　2003年9月

「わたしのメリーゴーランド」ブライアン・ワイルドスミス作・絵；長瀬礼子訳　太平社　1989年5月

「わたしはいまとてもしあわせです」大住力編；相野谷由起絵　ポプラ社（からだとこころのえほん17）　2010年12月

「わたしはいまとてもしあわせです」大住力編；相野谷由起絵　ポプラ社（からだとこころのえほん17）　2010年12月

「火」斎藤隆介作；箕田源二郎絵　岩崎書店（創作絵本29）　1975年10月

「大輝くんのくじら」清水久美子文；笹尾俊一絵　講談社（講談社のノンフィクション絵本）　2002年11月

「夕あかりの国」アストリッド・リンドグレーン文；マリット・テルンクヴィスト絵；石井登志子訳　徳間書店　1999年3月

夢

「10人の子どもたち」B.ブンツェル作・画；桂芳樹訳　小学館（世界の創作童話8）　1979年9月

「うさこちゃんのゆめ」ディック・ブルーナ文・絵；松岡享子訳　福音館書店　2010年9月

「おおきなきがほしい」佐藤さとる文；村上勉絵　偕成社（創作えほん4）　1971年1月

「おとぎの"アリス"」ルイス・キャロル文；ジョン・テニエル絵；高山宏訳　ほるぷ出版（ほるぷクラシック絵本）　1986年2月

「おとなになったら…」イワン・ガンチェフ作・.絵；間所ひさこ文　学習研究社（国際版せかいのえほん11）　1985年1月

子どもの世界・生活

「おばけだゾォー!!」川上尚子作・絵　PHP研究所(わたしのえほんシリーズ)　1992年10月

「おまめくんビリーのゆめ」シーモン・リア作・絵;青山南訳　岩崎書店(海外秀作絵本5)　2001年10月

「おりづるのゆめ」金井直作;早川良雄絵　小峰書店(はじめてのどうわ11)　1978年2月

「カラスのジャック」ディーター・シューベルト作;田村隆一訳　ほるぷ出版　1985年9月

「きしゃがはしるよ、まどのそと」ウェンディ・ケッセルマン文;トニー・チェン絵;八木田宜子訳　ほるぷ出版　1985年4月

「きょうはカバがほしいな」ヴィルヘルム・シュローテ絵;エリザベス・ボルヒャース文;武井直紀訳　偕成社　1980年3月

「きんのえんとつ」ミシェル・マリオネット絵;藤田圭雄訳　至光社(ブッククラブ・国際版絵本)　2007年1月

「コケコッコー」ラインホルト・エーアハルト文;ベルナデッテ・ワッツ絵;長谷川四郎訳　ほるぷ出版　1976年9月

「こねずみトトのこわいゆめ」ルイス・バウム文;スー・ヘラード絵;ゆらしょうこ訳　徳間書店　2008年1月

「こりすのはつなめ」浜田広介;いもとようこ絵　金の星社(大人になっても忘れたくない いもとようこ名作絵本)　2005年3月

「こわーいゆめ」ナタリー・ナッツ文;モニック・フェリ絵;なだいなだ訳　講談社(うさぎのルー絵本5)　1985年6月

「ズーミンそらをとぶ」友永コリエ文;原あいみ絵　フレーベル館(ズーミンのえほん)　2009年4月

「たねのゆめ」立岡佐智央作　あかね書房(あかね創作えほん24)　1986年7月

「ちいさいちいさいぞうのゆめ…です」ルース・ボーンスタイン作;奥田継夫訳　ほるぷ出版　1979年8月

「ちいさないぬのゆめ…でした」ルース・ボーンスタイン作;奥田継夫訳　ほるぷ出版　1981年8月

「ちゃっくのゆめ」木曽秀夫作・絵　フレーベル館　1982年9月

「つきよのゆめ」いしいつとむ作　ポプラ社(絵本のおもちゃばこ37)　2010年12月

「とらのゆめ」タイガー立石作・絵　福音館書店　1984年11月

「トリゴラスの逆襲」長谷川集平作　文研出版(えほんのもり)　2010年12月

「ナイト・ブック−夜、おきていたら…？」マウリ・クンナス作;稲垣美晴訳　偕成社　1985年1月

「ねこになりたいにゃあ」としたかひろ作・絵　岩崎書店(ファミリーえほん11)　1978年8月

「ねずみのフィリップサーカスのゆめをみる」ハビー・ファン・エメリフ文・絵;よこやまかずこ訳　西村書店　2000年12月

子どもの世界・生活

「バクのなみだ」あまんきみこ作；安井淡絵　岩崎書店（母と子の絵本25）　1975年7月

「ハックスレーのうきうきひこうき」ロドニー・ペペ作；森下美根子訳　世界文化社（ユメみるこぶたのハックスレー3）　1996年2月

「ハックスレーのハッスルじどうしゃレース」ロドニー・ペペ作；森下美根子訳　世界文化社（ユメみるこぶたのハックスレー4）　1996年2月

「ハックスレーのはらはらサーカス」ロドニー・ペペ作；森下美根子訳　世界文化社（ユメみるこぶたのハックスレー2）　1996年2月

「はつゆめはひみつ」谷真介文；赤坂三好絵　佼成出版社（行事むかしむかし一月　初夢のはなし）　1991年1月

「はるまちくまさん」ケビン・ヘンクス作；石井睦美訳　BL出版　2009年12月

「パンディはまほうつかい」トニー・ウルフ作；おかもとはまえ訳　ブック・ローン出版（パンダのパンディえほん12）　1982年6月

「パンプキンのゆめのたび」ショーン・ライス絵；ポール・ライス文；斉藤たける訳　福武書店　1984年12月

「ペネロペ　こわいゆめをやっつける」アン・グットマン文；ゲオルグ・ハレンスレーベン絵；ひがしかずこ訳　岩崎書店　2009年7月

「へんしんでんしゃ　デンデコデーン」みやもとただお作・絵　あかね書房（あかね・新えほんシリーズ18）　2004年4月

「ヘンなあさ」笹公人作；本秀康絵　岩崎書店（キラキラえほん7）　2008年10月

「ぼくきょうりゅうになったんだ」ステラ・ブラックストーン文；クレア・ビートン絵；藤田千枝訳　光村教育図書　2007年2月

「ぼくとせかいのどこかのなにか」むとうだいじろう文・絵　扶桑社　2010年6月

「ポケットに砂と雪」和田誠文・絵　フェリシモ出版（おはなしのたからばこ19）　2010年1月

「マシューのゆめ」レオ・レオニ作；谷川俊太郎訳　好学社　1992年1月

「マリオのゆめのまち」ルイス・ボルフガンク・ノイパー作；ミシェル・サンバン絵；松代洋一訳　佑学社　1978年4月

「もうすぐ1ねんせい」つよしゆうこ作　童心社（絵本・こどものひろば）　2009年2月

「もしもかいぶつになれたら」S.バウアークラムス作・画；森下研訳　小学館（世界の創作童話19）　1982年8月

「ゆめ」エズラ・ジャック・キーツ作・画；木島始訳　偕成社　1976年9月

「ゆめうりおじさん」リーゼロッテ・シュヴァルツ作；矢川澄子訳　冨山房　1978年12月

「ゆめくい小人」ミヒャエル・エンデ作；アンネゲルト・フックスフーバー絵；佐藤真理子訳　偕成社　1981年11月

「ゆめってとてもふしぎだね」ウィリアム・ジェイ・スミス文；ドン・アルムクィスト絵；那須辰造訳　偕成社（世界の新しい絵本）　1969年10月

子どもの世界・生活

「ゆめどろぼう」 みやざきひろかず作・絵 PHP研究所(PHPにこにこえほん) 1996年9月
「ゆめのくに」 マイケル・フォーマン作・絵;佐野洋子訳 フレーベル館 1985年2月
「ゆめのけんきゅう」 佐野美津男文;山口みねやす絵 小学館(小学館こども文庫・創作童話5) 1984年2月
「ゆめのまたゆめ」 ジャン=バプティスト・バロニアン文;ガブリエル・ルフェブル絵;牧すみ訳 フレーベル館 2001年11月
「ゆめみ こぞう」 田島征三絵;神沢利子文 ひかりのくに(いつまでも伝えたい日本の民話6) 1994年12月
「ゆめみくん」 ロジャー・ハーグレーヴス作;たむらりゅういち訳 評論社(みすた・ぶっくす3) 1980年1月
「ゆめみこぞう(長崎県)」 今西祐行作;つぼのひでお絵 第一法規出版(日本の民話絵本10) 1981年7月
「ゆめゆめえほん」 井上洋介作 学習研究社(学研おはなし絵本) 2008年6月
「ゆめをみた」 佐野洋子作;広瀬弦絵 リブロポート(かばのなんでもや6) 1991年4月
「よあけのゆめ」 舟崎克彦文;味戸ケイコ絵 偕成社 1976年9月
「リサのこわいゆめ」 アン・グッドマン文;ゲオルグ・ハレンスレーベン絵;石津ちひろ訳 ブロンズ新社 2001年9月
「リッキのゆめ」 ヒド・ファン・ヘネヒテン作・絵;野坂悦子訳 フレーベル館 2007年6月
「悪夢のニュートラリーノ」 縄文リー文;チーム・リー絵 てらいんく 2008年11月
「天国のいねむり男」 遠藤周作作;ヨゼフ・ウィルコン絵 河出書房新社(メルヘンの森) 1985年11月
「日付のない夢」 ジャン・ジュベール文;アラン・ゴーチェ絵;朝吹由紀子訳 エイプリル・ミュージック 1978年7月
「夢になったわかもの」 ハーヴ・ツェマック文;マーゴット・ツェマック画;木庭茂夫訳 冨山房 1975年12月
「夢はワールドカップ」 ティム・ヴァイナー作;川平慈英訳 あかね書房(あかね・新えほんシリーズ10) 2001年11月
「龍になった鯉のぼり」 岡坂拓造作;山本和代絵 ゆみる出版 2007年3月

友達・仲間

「10ぴきのかえるうみへいく」 間所ひさこ作;仲川道子絵 PHP研究所(PHPにこにこえほん) 2004年6月
「10ぴきのかえるざんざんやまへ」 間所ひさこ作;仲川道子絵 PHP研究所(PHPにこにこえほん) 2003年3月
「10ぴきのかえるのあきまつり」 間所ひさこ作;仲川道子絵 PHP研究所(PHPにこにこえほん) 2010年9月

子どもの世界・生活

「10ぴきのかえるのうんどうかい」 間所ひさこ作;仲川道子絵 PHP研究所(PHPにこにこえほん) 1999年9月

「10ぴきのかえるのおくりもの」 間所ひさこ作;仲川道子絵 PHP研究所(PHPにこにこえほん) 2005年5月

「10ぴきのかえるのおしょうがつ」 間所ひさこ作;仲川道子絵 PHP研究所(PHPにこにこえほん) 1992年11月

「10ぴきのかえるのおつきみ」 間所ひさこ作;仲川道子絵 PHP研究所(PHPにこにこえほん) 2009年9月

「10ぴきのかえるのたなばたまつり」 間所ひさこ作;仲川道子絵 PHP研究所(PHPにこにこえほん) 2001年6月

「10ぴきのかえるのなつまつり」 間所ひさこ作;仲川道子絵 PHP研究所(PHPのえほん) 1988年6月

「10ぴきのかえるののどじまん」 間所ひさこ作;仲川道子絵 PHP研究所(PHPにこにこえほん) 1995年3月

「10ぴきのかえるのピクニック」 間所ひさこ作;仲川道子絵 PHP研究所(PHPにこにこえほん) 2006年3月

「10ぴきのかえるのプールびらき」 間所ひさこ作;仲川道子絵 PHP研究所(PHPにこにこえほん) 2007年6月

「10ぴきのかえるのふゆごもり」 間所ひさこ作;仲川道子絵 PHP研究所(PHPのえほん) 1990年11月

「11ぴきのねことへんなねこ」 馬場のぼる作 こぐま社 1989年12月

「12月くんの友だちめぐり」 ミーシャ・ダミヤン文;ドゥシャン・カーライ絵;矢川澄子訳 西村書店 1988年12月

「3にんぐみはめいたんてい」 シンシア・パターソン;ブライアン・パターソン作・絵;三木卓訳 金の星社(フォックスウッドものがたり5) 1990年10月

「あ、そ、ぼ」 ジャック・フォアマン文;マイケル・フォアマン絵;さくまゆみこ訳 小学館 2007年12月

「あーそーぼ」 いいづかみちこ著 草土出版 2006年10月

「アーリー・バードとくねくねむし」 リチャード・スキャリー作;國眼隆一訳 ブックローン出版(スキャリーおじさんのどうぶつえほん6) 1984年8月

「あいさつはなかまのしるし」 高見のっぽ文;伊藤有壱絵 世界文化社 2007年5月

「あいさつ団長」 よしながこうたく作 長崎出版 2008年7月

「アイスクリーム おいしいね」 エマ・クエイ作;アナ・ウォーカー絵;まえざわあきえ訳 ひさかたチャイルド(いっしょにあそぼう!) 2010年8月

「あいたい 友だち」 小林豊作 佼成出版社(どんぐりえほんシリーズ) 2009年11月

「あいつもともだち」 内田麟太郎作;降矢なな絵 偕成社 2004年10月

子どもの世界・生活

「あいにいくよ、ボノム」 ロラン・ド・ブリュノフ作;ふしみみさを訳 講談社(講談社の翻訳絵本クラシックセレクション) 2005年1月

「アウルアパートのなかまたち」 すぎぶちのりこ作 ART BOXインターナショナル 2010年5月

「あえたら いいな」 かさいまり作・絵 ひさかたチャイルド 2005年11月

「あえるといいな」 ネレ・モースト作;ユッタ・ビュッカー絵;小森香折訳 BL出版 2001年7月

「あおいめ くろいめ ちゃいろのめ」 加古里子絵・文 偕成社(かこさとしおはなしのほん1) 1972年12月

「あおくんときいろちゃん」 レオ・レオーニ作;藤田圭雄訳 至光社(ブッククラブ国際版絵本) 1967年1月

「あかいことりとライオン」 エリサ・クレヴェン作;多賀京子訳 徳間書店 1995年7月

「あかいろくん とびだす」 矢部光徳作 童心社(絵本・ちいさななかまたち) 1994年3月

「あかねこくん」 エリック・バテュ作;もきかずこ訳 フレーベル館 2001年9月

「あかんべノンタン」 キヨノサチコ作・絵 偕成社(ノンタンあそぼうよ3) 1976年10月

「あきにであった おともだち」 亀岡亜希子作・絵 文渓堂 2007年9月

「あしたはてんき」 小春久一郎作;杉浦範茂絵 ひかりのくに(ひかりのくに傑作絵本集22) 2003年2月

「あしたも あそぼうね」 あまんきみこ作;いもとようこ絵 金の星社(こどものくに傑作絵本) 1987年5月

「あしたもいっしょにあそんでくれる」 ジョン・ウォーラス絵・文;まつかわまゆみ訳 評論社(児童図書館・絵本の部屋) 1996年9月

「あしたもともだち」 内田麟太郎作;降矢なな絵 偕成社 2000年10月

「あしなが」 あきやまただし作・絵 講談社 1999年9月

「あそびにきたの だあーれ?」 なかむらふう作;篠崎三朗絵 ストーク 2008年11月

「あそびにきてください」 なかえよしを作;上野紀子絵 ポプラ社(絵本・子どもの世界7) 1979年11月

「あそびましょ」 もりやまみやこ作;ミヤハラヨウコ絵 草炎社(そうえんしゃ・日本のえほん1) 2005年10月

「あそぼ!ティリー」 ポリー・ダンバー作・絵;もとしたいづみ訳 偕成社(ティリーとおともだちブック) 2009年1月

「あそぼう」 さいとうやすひさ作・画 教育画劇(スピカみんなのえほん5) 1989年9月

「あそぼうマクス」 ナジャ;ナシュカ作;伏見操訳 文化出版局 2000年7月

「あたらしい ともだち」 トミー・ウンゲラー作;若松宣子訳 あすなろ書房 2008年10月

子どもの世界・生活

「あたらしいともだち」 ペトラ・マザーズ作;今江祥智;遠藤育枝訳 BL出版(ロッティーとハービー) 2000年7月

「あたらしい友だち」 ビショニエ文;ロバン;オトレオー絵;山口智子訳 文化出版局(クレマンチーヌとセレスタン) 1983年7月

「あったまろう」 もろはらじろう作・絵 鈴木出版(たんぽぽえほんシリーズ) 2001年1月

「あつぼうのゆめ」 岡花見著 学習研究社(名犬チャンス物語2) 2001年11月

「アナグマさんはごきげんななめ」 ハーウィン・オラム文;スーザン・バーレイ絵;小川仁央訳 評論社(児童図書館・絵本の部屋) 1998年6月

「あのこはだあれ」 竹下文子作;鈴木まもる絵 フレーベル館(フレーベル館のえほん・タイニーシリーズ30) 1982年7月

「あのときすきになったよ」 薫くみこ作;飯野和好絵 教育画劇(みんなのえほん) 1998年4月

「あのね」 かさいまり作・絵 ひさかたチャイルド 2002年10月

「アミーゴは、ぼくのともだち」 G.ウィリアムス絵;B.シュヴァイツァー文;堀口香代子訳 福武書店 1987年10月

「あめのもりのおくりもの」 ふくざわゆみこ作 福音館書店(日本傑作絵本シリーズ) 2006年4月

「あらしのよるに」 木村裕一作;あべ弘士絵 講談社(大型版あらしのよるにシリーズ1) 2003年1月;講談社(ちいさな絵童話 りとる2) 1994年10月

「ありがとうシロちゃん」 関屋敏隆作 文研出版(えほんのもり26) 1994年2月

「ありがとうともだち」 内田麟太郎作;降矢なな絵 偕成社 2003年6月

「アルド・わたしだけのひみつのともだち」 ジョン・バーニンガム作;谷川俊太郎訳 ほるぷ出版 1991年12月

「あるはれたひに」 きむらゆういち作;あべ弘士絵 講談社(大型版あらしのよるにシリーズ2) 2003年1月;講談社(ちいさな絵童話 りとる20) 1996年6月

「あわてんぼ ころたの にちようび」 森山京文;木村かほる絵 講談社 1987年10月

「アンジェリーナとなかよしアリス」 キャサリン・ホラバード文;ヘレン・クレイグ絵;きたむらまさお訳 大日本絵画(かいがのえほん) 1988年11月

「あんなになかよしだったのに…」 かさいまり作・絵 ひさかたチャイルド 2009年6月

「アンナのともだち」 アーヒム・ブレーガー作;ミシェル・サンバン絵;かしわぎみつ訳 佑学社 1978年5月

「いいかんがえでしょ トンとポン」 いわむらかずお作・絵 偕成社 1980年1月

「いいことをしたぞう」 寺村輝夫文;村上勉絵 偕成社(はじめてよむ絵本) 1989年3月

「いいたくない」 かさいまり作・絵 ひさかたチャイルド 1998年2月

子どもの世界・生活

「イーヨーの あたらしい家」A.A.ミルン原作；末吉暁子訳　フレーベル館（おはなしプーさんえほん）　2000年12月

「イーヨーのあたらしいうち」A.A.ミルン文；E.H.シェパード絵；石井桃子訳　岩波書店（クマのプーさんえほん9）　1982年9月

「イーヨーのしあわせなたんじょうび」A.A.ミルン原作；末吉暁子訳　フレーベル館　2003年12月

「イーヨーのたんじょうび」A.A.ミルン文；E.H.シェパード絵；石井桃子訳　岩波書店（クマのプーさんえほん4）　1982年6月

「イーライじいさんのすてきなともだち」ビル・ピート作・絵；山下明生訳　佼成出版社（ピートの絵本シリーズ13）　1986年2月

「いじっぱりタックのほんとう？ぼくがいちばんなの？」あべはじめ作・絵　くもん出版（くすくすもりのなかまたち3）　1992年4月

「いじわるねことねずみくん」なかえよしを作；上野紀子絵　ポプラ社（ねずみくんのしかけ絵本3）　1998年2月

「いそいで、しょもしょも」武鹿悦子作；牧野鈴子絵　教育画劇（スピカのおはなしえほん21）　1986年4月

「いたずらうさぎデイビー とってもともだちなんだもん」イブ・タルレ絵；ブリギッテ・ヴェニンガー文；立原えりか訳　講談社（世界の絵本）　2001年5月

「いたずらコヨーテ キュウ」どいかや作　BL出版　1999年1月

「いたずらっ子とおまわりさん」P.バイスマン作；D.ズイラッフ画；桂芳樹訳　小学館（世界の創作童話5）　1979年7月

「いちごばたけでつかまえた」清水達也作；土田義晴絵　教育画劇（スピカみんなのえほん12）　1990年10月

「いちばん たいせつな ともだち」ドーン・アパリー作・絵；垣内磯子訳　フレーベル館　2002年9月

「いちばんすごいプレゼント」ホリー・ホビー作；二宮由紀子訳　BL出版（トゥートとパドル）　2000年9月

「いっしょがいちばん」フリードリヒ・カール・ヴェヒター作・絵；吉原高志訳　徳間書店　2001年6月

「いっしょに いたら たのしいね」パズ・ロディロ文；ジョゼフ・ウィルコン絵；久山太市訳　評論社（児童図書館・絵本の部屋）　1996年11月

「いつだってともだち」エリック・バトゥー絵；モニカ・バイツェ文；那須田淳訳　講談社（世界の絵本）　2000年6月

「いっとうしょうはだあれ」シンシア・パターソン；ブライアン・パターソン作・絵；三木卓訳　金の星社（フォックスウッドものがたり3）　1986年12月

「いっぱいなかよし」かさいまり著　岩崎書店（カラフルえほん10）　2005年7月

子どもの世界・生活

「いっぴきおおかみのそろり」 福田岩緒作・画 教育画劇(スピカみんなのえほん13) 1990年12月

「いつまでも ともだち」 新沢としひこ作;市居みか絵 金の星社 2009年7月

「いつもいっしょに」 こんのひとみ作;いもとようこ絵 金の星社 2008年2月

「いぬとくま いつもふたりは」 ローラ・ヴァッカロ・シーガー作;落合恵子訳 クレヨンハウス 2008年9月

「イノザブロウとあたらしいともだち」 ふくざわゆみこ作・絵 PHP研究所 2007年4月

「イノシシをたすけて」 ネストル・カンディ作;ディエゴ・エグリ絵;おおいしまりこ訳 新世研 2003年12月

「いろいろ1ねん」 レオ・レオーニ著;谷川俊太郎訳 あすなろ書房 2000年1月

「ウィッツィーとブーフ」 スージー・スパッフォード作;三原泉訳 BL出版 2008年8月

「うさぎちゃん ともだちできた」 きむらゆういち作;ふくざわゆみこ絵 ポプラ社(12支キッズのしかけえほん) 2010年11月

「うさぎのペパンとねずみのフワリ ずっと、いっしょに」 ブリジット・ミンネ作;イングリット・ゴドン絵;ほりうちもみこ訳 ポプラ社(ポプラせかいの絵本5) 2001年10月

「うさぎのホッパー きのうえのぼうけん」 マーカス・フィスター作;角野栄子訳 講談社(世界の絵本) 1997年9月

「ウサギまいごになる」 A.A.ミルン文;E.H.シェパード絵;石井桃子訳 岩波書店(クマのプーさんえほん13) 1983年2月

「うさくんの ともだち」 ゲルダ・ヴァーゲナー文;マリー・ジョゼ・サクレ絵;佐々木田鶴子訳 DEMPA/ペンタン 1991年6月

「うさくんのあたらしいともだち」 ゲルダ・ヴァーゲナー文;マリー・ジョゼ・サクレ絵;佐々木田鶴子訳 DEMPA/ペンタン 1994年5月

「うたいましょう おどりましょう」 ベラ・B・ウィリアムズ作;佐野洋子訳 あかね書房(あかねせかいの本) 1999年12月

「うちへおいで」 もりやまみやこ作;ふくだいわお絵 ポプラ社(いろいろえほん7) 2000年1月

「うちゅうからきたこぎつね」 沖井千代子作;さとうわきこ絵 ひくまの出版(幼年絵本シリーズ・あおいうみ23) 1985年7月

「うまのディジーとねこのルイジ」 ジェレミー・スタイグ文;小畠直子絵;赤木かん子訳 角川SSコミュニケーションズ 2008年11月

「うみの ともだち」 カタリーナ・クルースヴァル作;ひしきあきらこ訳 文化出版局 1997年8月

「うみのジャンルとソフィ」 マルセル・マルリエ作・絵;黒木義典訳;板谷和雄文 ブックローン出版(ファランドールえほん22) 1984年1月

「えがおがいいね」 下田冬子作・絵 鈴木出版(たんぽぽえほんシリーズ) 2010年4月

子どもの世界・生活

「エプロンでおてつだい」 薫くみこ作;関岡麻由巳絵 ポプラ社(チャップとチュチュおとなりどうし2) 1997年2月

「エマとピーター」 グニラ・ヴォルデ文・絵;つばきはらななこ訳 童話館出版 2006年10月

「エリザベスとラリー」 マリリン・サドラー文;ロジャー・ボレン絵 徳間書店 1995年3月

「えりまきの花」 中島和子作;いもとようこ絵 ひかりのくに 2008年10月

「えんそくのおみやげは」 宮川ひろ文;たなかまきこ絵 新日本出版社 1980年3月

「おうちをつくろう」 エマ・クエイ作;アナ・ウォーカー絵;まえざわあきえ訳 ひさかたチャイルド(いっしょにあそぼう!) 2010年7月

「オオカミクン」 グレゴワール・ソロタレフ作;堀内紅子訳 福武書店 1991年7月

「オオカミと羊」 アンドレ・ダーハン作;倉橋由美子訳 宝島社 1993年11月

「オオカミのおうさま」 きむらゆういち文;田島征三絵 偕成社 2009年3月

「オオカミのともだち」 きむらゆういち文;田島征三絵 偕成社 2001年10月

「おおきいトンとちいさいポン」 いわむらかずお作・絵 偕成社 1980年1月

「おおきくなりすぎたエルくん」 立原えりか作;薄久保友司絵 佼成出版社 1990年9月

「おくりものってうれしいな」 薫くみこ作;関岡麻由巳絵 ポプラ社(チャップとチュチュおとなりどうし5) 1997年10月

「おさかなぼうやとっぺくん」 わたりむつこ文;ましませつこ絵 講談社(講談社の幼児えほん) 1988年11月

「おさむ、ムクション」 長谷川集平作 リブロポート 1981年5月

「おしゃれなプルー」 ポリー・ダンバー作・絵;もとしたいづみ訳 偕成社(ティリーとおともだちブック) 2009年9月

「オスカーとフー いつまでも」 テオ文;マイケル・デュドク・ドゥ・ヴィット絵;さくまゆみこ訳 評論社(児童図書館・絵本の部屋) 2005年10月

「オスカーとフー」 テオ文;マイケル・デュドク・ドゥ・ヴィット絵;さくまゆみこ訳 評論社(児童図書館・絵本の部屋) 2004年7月

「おそうじ隊長」 よしながこうたく作 長崎出版 2009年12月

「オットーともだちをさがしに」 トッド・パール作・絵;ほむらひろし訳 フレーベル館(オットーのほん1) 2003年7月

「おとなになる日」 シャーロット・ゾロトウ文;ルース・ロビンス絵;みらいなな訳 童話屋 1996年8月

「おともだちあつまれ」 木村裕一文・案;中村泰敏画 河出書房新社(まほうのぺったん5) 1983年11月

「おともだちがほしいな」 アスン・パルソーラ作・絵;佐藤秀美訳 新世研 1992年12月

子どもの世界・生活

「おともだちに なってね」岡本一郎作；つちだよしはる絵　金の星社（新しいえほん）　1999年7月

「おともだちのほしかったこねずみ」エリック・カール作；もりひさし訳　メルヘン社　1981年8月

「おばあちゃんとセブン」山崎陽子文；鈴木まもる絵　女子パウロ会　1989年7月

「オパールちゃんのなつやすみ」ホリー・ホビー作；二宮由紀子訳　BL出版（トゥートとパドル）　2004年7月

「おばけのどろんどろんとぽこぽこぽこ」わかやまけん作・絵　ポプラ社（えほんはともだち3）　1989年11月

「おばけバッタ」最上一平作；石井勉絵　ポプラ社（絵本の時間37）　2003年12月

「おひさまがつれてきたおともだち」カレン・ホレンダー作；クリスティーネ・レトル絵；ふせまさこ訳　新世研　2000年5月

「おひさまもりでよろしくね」やすいすえこ作；秋里信子絵　フレーベル館（げんきわくわくえほん1）　1995年4月

「おへんじください。」山脇恭作；小田桐昭絵　偕成社　2004年9月

「おまたせクッキー」パット・ハッチンス作；乾侑美子訳　偕成社　1987年8月

「おれ、うさぎのラビィ」マーティン・ワッデル文；バーバラ・ファース絵；山口文生訳　評論社（児童図書館・絵本の部屋）　2001年1月

「お友だちのほしかったルピナスさん」ビネッテ・シュレーダー文・絵；矢川澄子訳　岩波書店　1976年12月

「カーくんと森のなかまたち」夢ら丘実果絵；吉沢誠文　ワイズ・アウル　2007年9月

「かいじゅうなんかこわくない」ホリー・ケラー作；末吉暁子訳　BL出版　2002年1月

「かいぞく リラちゃん」ジョージー・バーケット作；まつかわまゆみ訳　評論社（児童図書館・絵本の部屋）　2007年7月

「かいぶつのおとしもの―しんくんとのんちゃん」とりごえまり著　アリス館　2001年1月

「かえってきたミーシャ」チェスワフ・ヤンチャルスキ文；ズビグニエフ・ルイフリツキ絵；坂倉千鶴訳　ほるぷ出版　1985年5月

「かえるくんのあたらしいともだち」マックス・ベルジュイス文・絵；清水奈緒子訳　セーラー出版　2003年2月

「かえるくんのたからさがし」マックス・ベルジュイス文・絵；清水奈緒子訳　セーラー出版　2005年3月

「かがみよかがみ…」奥田継夫；長新太作　サンリード　1982年12月

「かくれぼっちであそぼ」真島節子作　こぐま社　1986年5月

「かくれんぼ タンプティ」ポリー・ダンバー作・絵；もとしたいづみ訳　偕成社（ティリーとおともだちブック）　2009年9月

子どもの世界・生活

「かたあしだちょうのエルフ」おのきがく文・絵 ポプラ社(おはなし名作絵本9) 1970年10月

「がちょうときつね」ジャック・ケント作;いしざわひろこ訳 リブリオ出版(復刊みんなで読みたい絵本) 2002年3月

「かっちゃん ワニになる」あかさかひろこ作・絵 解放出版社 1997年11月

「かってなくま」佐野洋子文;広瀬弦絵 偕成社 2000年11月

「カバなふたりはきょうもいっしょ」ジェイムズ・マーシャル作;安藤紀子訳 偕成社(おかしなカバのジョージとマーサ) 2002年1月

「かばのエーゴンとアガーテ」J.マーシャル作・画;桂芳樹訳 小学館(世界の創作童話12) 1980年2月

「がまくんかろくん」馬場のぼる作 こぐま社 2000年7月

「かみつきドゥードゥル」ポリー・ダンバー作・絵;もとしたいづみ訳 フレーベル館(ティリーとおともだちブック) 2010年10月

「かみなりむすめ」斎藤隆介作;滝平二郎絵 岩崎書店(岩崎創作絵本13) 1988年7月

「かもさんどんぐりとシチューをおあがり」ルース・オーバック作・絵;厨川圭子訳 偕成社 1978年12月

「かわのジャンルとソフィ」マルセル・マルリエ作・絵;黒木義典訳;板谷和雄文 ブックローン出版(ファランドールえほん26) 1984年1月

「カンガとルー森にくる」A.A.ミルン文;E.H.シェパード絵;石井桃子訳 岩波書店(クマのプーさんえほん5) 1982年6月

「かんたはつよい！」おりもきょうこ作 童心社(絵本・ちいさななかまたち) 1987年7月

「がんばれ！ねずみのおてつだい」浅野ななみ作;中村景児絵 PHP研究所(わたしのえほん) 2009年7月;金の星社(新しいえほん) 1992年7月

「きいろかな、みどりかな」ダビッド・モリション絵;ベッキー・ブルーム文;こみやえつこ訳 小学館 2000年5月

「きえないでしゃぼんだま」ルーク・コープマン作・絵;わたりむつこ文 エミール館 1979年11月

「キツネ」マーガレット・ワイルド文;ロン・ブルックス絵;寺岡襄訳 BL出版 2001年10月

「きつねと私の12か月」リュック・ジャケ原作;フレデリック・マンソ絵;さくらゆき訳 そうえん社(そうえんしゃ・世界のえほん7) 2008年12月

「きつねはらっぱの おじぞうさん」清水達也作;石倉欣二絵 佼成出版社 1987年11月

「きのうのおひさま、どこにいったの？」薫くみこ作;いもとようこ絵 ポプラ社(絵本いつでもいっしょ15) 2006年6月

「きみがそばにいてくれたら」ホリー・ホビー作;二宮由紀子訳 BL出版(トゥートとパドル) 2006年7月

子どもの世界・生活

「きみがわらってくれるなら」ホリー・ホビー作；二宮由紀子訳　BL出版（トゥートとパドル）2001年5月

「きみとぼく」みやもとただお作・絵　PHP研究所（PHPにこにこえほん）2003年2月

「きみなんかだいきらいさ」ジャニス・メイ・ユードリー文；モーリス・センダック絵；小玉知子訳　冨山房　1975年5月

「きみのきもち」サトシン；相田毅作；ミスミヨシコ絵　教育画劇　2010年8月

「きみのともだち」竹内通雅作・絵　岩崎書店（キラキラえほん6）2008年10月

「きみはほんとうにステキだね」宮西達也作・絵　ポプラ社（絵本の時間41）2004年9月

「キャベツ畑へいそげ！」北山葉子作・絵　偕成社（トボトボの絵ことば日記2）1985年5月

「きりかぶのともだち」なかやみわ作　偕成社　2003年10月

「きりのなかで」きむらゆういち作；あべ弘士絵　講談社（大型版あらしのよるにシリーズ4）2002年12月；講談社（ちいさな絵童話 りとる25）1999年3月

「クークーとおおきなともだち」よこたみのる作　理論社　2002年7月

「くじらのだいすけ」天野祐吉作；梶山俊夫絵　福音書店　1998年3月

「くまくんだったら どうしたとおもう？」香山美子作；むかいながまさ絵　すずき出版；金の星社（こどものくに傑作絵本）1989年5月

「クマくんのえんそく」ジョン・ヨーマン文；クェンティン・ブレイク絵；山口文生訳　評論社（児童図書館・絵本の部屋）1992年3月

「くまくんのおともだち」E.H.ミナリック文；モーリス・センダック絵；まつおかきょうこ訳　福音館書店（はじめてよむどうわ3）1972年6月

「くまくんのたまご」イングリット・シューベルト；ディーター・シューベルト著；にれけいこ訳　星の環会　2004年5月

「くまくんのにわのともだち」ミシュリーヌ・ベルトラン作；リーズ・マラン絵；辻昶訳　ペンタン（くまくんの絵本）1985年12月

「クマくんの冬の家」ジョン・ヨーマン文；クウェンティン・ブレイク絵；山口文生訳　評論社（児童図書館・絵本の部屋）1992年2月

「くまさんじゃなくてきつねさん」戸田和代作；三井小夜子絵　鈴木出版（ひまわりえほんシリーズ）1997年9月

「くまさんのともだち」ウィルヘルム・シュローテ作・絵；矢崎節夫訳　フレーベル館　1982年1月

「くまとやまねこ」湯本香樹実文；酒井駒子絵　河出書房新社　2008年4月

「クマのプーさん」A.A.ミルン文；E.H.シェパード絵；石井桃子訳　岩波書店　1968年12月

「くまのプーさんとはちみつ」テディ・スレイター文；ビル・ラングレー；ダイアナ・ウェイクマン絵；中川千尋訳　講談社　1994年3月

子どもの世界・生活

「くまのプーさんと大あらし」 テディ・スレイター文;ビル・ラングレー;ダイアナ・ウェイクマン絵;中川千尋訳　講談社　1994年3月

「くもとともだちになったおんなのこのおはなし」 ベルトラン・リュイエ作;ミラ・ブータン絵;多田智満子訳　偕成社　1978年7月

「くものきれまに」 きむらゆういち作;あべ弘士絵　講談社（大型版あらしのよるにシリーズ3）　2002年12月;講談社（ちいさな絵童話 りとる24）　1997年10月

「くものこくーとそらのなかまたち」 さとうめぐみ作・絵　教育画劇　2009年6月

「くらっぷ くらっぷす くらっぷぽん」 松村雅子文;松村太三郎絵　偕成社　1982年6月

「くらべっこのじかん」 レスリー・エリー作;ポリー・ダンバー絵;もとしたいづみ訳　フレーベル館　2008年7月

「クラリとティン」 野村辰寿著　主婦と生活社　2004年5月

「クリスマスには とおまわり」 長崎夏海作;小倉正巳絵　文渓堂（まいにちがだいすきシリーズ3）　1993年11月

「クリスマスのあたらしいおともだち」 ジェイムズ・スティーブンスン文・絵;谷本誠剛訳　国土社　1982年11月

「クリスマスはきみといっしょに」 ホリー・ホビー作;二宮由紀子訳　BL出版（トゥートとパドル）　2001年11月

「くりちゃんとピーとナーとツー」 どいかや作　ポプラ社（くりちゃんのえほん2）　2005年4月

「くりちゃんとひまわりのたね」 どいかや作　ポプラ社（くりちゃんのえほん1）　2004年8月

「くるくるのひみつ」 寺村輝夫作;和歌山静子絵　ひさかたチャイルド（ひさかたメルヘン11）　1981年12月

「くろいひつじ」 エレオノーレ・シュミット作・絵;大島かおり訳　佑学社（ヨーロッパ創作絵本シリーズ）　1978年5月

「ぐろう」 佐川美代太郎作　こぐま社　1971年6月

「クローバーのくれたなかなおり」 仁科幸子作・絵　フレーベル館（フレーベル館の秀作絵本）　2003年4月

「くろとゆき」 吉本隆子作・絵　福音館書店　1966年1月

「くろねこ ピーポー」 オイゲン・ソプコ絵;ドロテア・ラフナー文;那須田淳訳　講談社（世界の絵本）　1997年12月

「けいこちゃん」 あまんきみこ作;西巻茅子絵　ポプラ社（絵本・いつでもいっしょ24）　2008年7月

「けやきとけやこ」 阪田寛夫文;織茂恭子絵　童心社（絵本・ちいさななかまたち）　1988年11月

「けんか」 シャーロット・ゾロトウ文;ベン・シェクター絵;みらいなな訳　童話屋（ともだち絵本）　1997年5月

子どもの世界・生活

「けんかの なかよしさん」あまんきみこ作;長野ヒデ子絵 あかね書房(あかね・新えほんシリーズ32) 2007年2月

「けんかのきもち」柴田愛子文;伊藤秀男絵 ポプラ社(からだとこころのえほん2) 2001年12月

「けんかのけんた」岡信子作;末崎茂樹絵 ひさかたチャイルド(ひさかた傑作集13) 1985年6月

「げんきになってねもこもこさん」木村泰子絵・文 至光社(ブッククラブ国際版絵本) 1980年1月

「げんきをだして ウィリアム」ヒッテ・スペー作;のざかえつこ訳 金の星社(世界の絵本ライブラリー) 1996年5月

「けんちゃんのおともだち」中谷千代子作 偕成社(けんちゃんえほん2) 1975年3月

「こうさぎけんたのたからさがし」松野正子文;かまたのぶこ絵 童心社(絵本・ともだちあつまれ) 2002年6月

「こうさぎジャック ぼくたちともだち」バーナデット・ワッツ作;角野栄子訳 小学館 2008年12月

「こうさぎジャノがさらわれた」クロード・ブージョン文・絵;末松氷海子訳 セーラー出版 1993年5月

「ごうた、1年生でしょっ」すとうあさえ文;おおしまりえ絵 文研出版(えほんのもり) 2010年1月

「こぎつねとオルガン」矢崎節夫文;福原ゆきお絵 フレーベル館(キンダーおはなしえほん) 1988年4月

「こぐまくん、ないしょだよ」ふくだじゅんこ文・絵 大日本図書 2010年5月

「ここはみんなのばしょだから」ジャンルカ・ガロファロ絵;ウド・バイゲルト文;今福仁訳 ノルドズッド・ジャパン 2002年6月

「こころはっぱ」やすいすえこ作;黒井健絵 佼成出版社 2003年6月

「ゴシーのともだち」オリビア・ダンリー作;ゆづきかやこ訳 小峰書店(世界の絵本コレクション) 2006年11月

「コッコさんのともだち」片山健作・絵 福音館書店(幼児絵本シリーズ) 1991年4月

「こどもたちのはし」マックス・ボリガー作;シュテパン・ザヴレル絵;福田佐智子訳;岩倉務文 平和のアトリエ(世界・平和の絵本シリーズ7) 1990年3月

「ことりはどこ!」シャーロット・ゾロトウ文;ナンシー・タフリ絵;みらいなな訳 童話屋

「ことりをすきになった山」エリック・カール絵;アリス・マクレーラン文;ゆあさふみえ訳 偕成社 1987年10月

「こねこのネリーとまほうのボール」エリサ・クレヴェン作・絵;たがきょうこ訳 徳間書店 2007年11月

子どもの世界・生活

「こびとくんのきゅうじょたい」 マックス・ベルジュイス文・絵；清水奈緒子訳 セーラー出版 1992年1月

「こぶたくんにキスキスキス」 わたなべゆういち文・絵 ぎょうせい（そうさくえほん館18） 1993年1月

「コブタと大こうずい」 A.A.ミルン文；E.H.シェパード絵；石井桃子訳 岩波書店（クマのプーさんえほん7） 1982年9月

「コブタのおてがら」 A.A.ミルン文；E.H.シェパード絵；石井桃子訳 岩波書店（クマのプーさんえほん14） 1983年2月

「こぶたのハーモニカ」 こわせたまみ文；奥田怜子絵 ひかりのくに（思いやり絵本シリーズ3） 1995年7月

「こぶたのプープ」 神沢利子作；渡辺洋二絵 ポプラ社（絵本のひろば12） 1975年4月

「ごめんね ボスコ」 ミレイユ・ダランセ作；あおやぎひでゆき訳 朔北社 1999年6月

「ごめんねともだち」 内田麟太郎作；降矢なな絵 偕成社 2001年3月

「こもものともだち」 小出保子作 福音館書店（もぐらのこもも3） 1993年11月

「こやをたてるジャンルとソフィ」 マルセル・マルリエ作・絵；黒木義典訳；板谷和雄文 ブックローン出版（ファランドールえほん28） 1984年1月

「ゴリとぼく」 宮本忠夫作・絵 PHP研究所（PHPのえほん） 1985年12月

「これ、なあに？」 バージニア・A.イエンセン；ドーカス・W.ハラー作；くまがいいくえ訳 偕成社 1979年1月

「ごろりんごろんころろろろ」 香山美子作；柿本幸造絵 ひさかたチャイルド（ひさかた傑作集） 1984年1月

「ころりんやまのなかまたち ブーブーヤッホー」 いしいつとむ作・絵 ひさかたチャイルド 2007年4月

「ころわん ちょろわん」 間所ひさこ作；黒井健絵 ひさかたチャイルド 2007年2月

「こわがりチッチのわあい、ぼくにだって できるんだよ」 あべはじめ作 くもん出版（くすくすねもりのなかまたち4） 1992年4月

「こわがりやのクリス ともだちだいさくせん」 メラニー・ワット作；福本友美子訳 ブロンズ新社 2008年10月

「こわく ないよ にじいろの さかな」 マーカス・フィスター作；谷川俊太郎訳 講談社（世界の絵本） 2002年8月

「こわれたガラス箱」 小林時子絵・文；松井智原案 新風舎 2001年4月

「コンスタンティノープルの渡し守」 塩野七生作；司修絵 ティビーエス・ブリタニカ 1980年7月

「コンタンと みみこちゃん」 鈴木ひろ子作；岩本康之亮絵 ひさかたチャイルド 1987年2月

子どもの世界・生活

「ごんちゃんだいすき」 後藤竜二文;花井亮子絵 ポプラ社(絵本・おはなしのひろば17) 1986年9月

「こんどはけんかしてやる」 宮本忠夫作 童心社(絵本・ちいさななかまたち) 1984年10月

「こんなときってなんていう?-ともだちできたよ」 たかてらかよ文;さこももみ絵 ひかりのくに 2006年4月

「こんにちは、長くつ下のピッピ」 アストリッド・リンドグレーン作;イングリッド・ヴァン・ニイマン絵;いしいとしこ訳 徳間書店 2004年2月

「さあ、おきて、おきて!」 クリスティン・モートン=ショー;グレッグ・ショー文;ジョン・バトラー絵;おがわひとみ訳 評論社(児童図書館・絵本の部屋) 2007年3月

「サーカスのすいせい-ナンとあおいほしのなかまたち」 たちのけいこ作・絵 PHP研究所(PHPわたしのえほんシリーズ) 1994年11月

「さいのゴンはとりがすき」 武井博作;なかしま潔絵 フレーベル館(おはなしえほん11) 1987年1月

「さくらの さくひ」 矢崎節夫文;福原ゆきお絵 フレーベル館(おはなしえほんシリーズ6) 2007年3月

「サザンちゃんのおともだち」 加古里子絵・文 偕成社(かこさとしおはなしのほん9) 1973年12月

「さっきは ごめんね」 山本なおこ作;渡辺有一絵 PHP研究所(PHPわたしのえほん) 2007年10月

「さっきはごめんね」 赤星亮衛作・絵 岩崎書店(母と子の絵本20) 1975年7月

「サッサとモタの はじめまして」 ひがしあきこ文・絵 偕成社 2008年11月

「さっちゃんとなっちゃん」 浜田桂子作・絵 教育画劇(教育画劇みんなのえほん) 2002年7月

「サバイとピリィ ふたりのたんじょうび」 はぎのちなつ作・絵 ひさかたチャイルド 2003年8月

「さびしいは さびしくない」 内田麟太郎作;田頭よしたか絵 教育画劇(みんなのえほん) 2002年8月

「サボテンマルティ 大あらしがやってくる」 川端誠作・絵 BL出版 2000年10月

「さみしがりやのちゅうたくん」 リチャード・スキャリー作;國眼隆一訳 ブックローン出版(スキャリーおじさんのどうぶつえほん5) 1984年8月

「さみしくなかったよ」 つちだよしはる作 PHP研究所(PHPにこにこえほん) 2000年5月

「さよなら、ルーネ」 ヴェンケ・オイエン絵;マーリット・カルホール文;山内清子訳 福武書店 1989年1月

「さよならまたね-ぼくとクッキー」 かさいまり作・絵 ひさかたチャイルド 2000年1月

「さよならムッちゃん」 宮本忠夫作・絵 ポプラ社(絵本・子どもの世界16) 1981年6月

子どもの世界・生活

「ザラザラくん、どうしたの？」 バージニア・A.イエンセン作;きくしまいくえ訳 偕成社 1983年1月

「さるくんごめんね」 関根栄一文;大道あや絵 小峰書店（日本のえほん2） 1979年2月

「さるのオズワルド」 エゴン・マーチセン作;松岡享子訳 こぐま社 1998年3月

「サンキューベア ありがとう子ぐまくん」 グレッグ・フォリー作;藤井郁弥訳 マガジンハウス 2008年5月

「さんせーい!」 宮西達也作・絵 フレーベル館 2009年8月

「さんびきねこの かいぞくごっこ」 上野与志作;礒みゆき絵 ひさかたチャイルド 2006年5月

「しあわせ」 アンドレ・ダーハン作;角田光代訳 学習研究社 2009年1月

「しあわせってなあに？ JAKE'S FRIENDS」 葉祥明絵・文;スネル博子英訳 自由国民社 2002年1月

「しあわせどおりのカナリヤ」 チャールズ・キーピング絵・文;よごひろこ訳 らくだ出版 1971年1月

「しあわせヘクター」 ポリー・ダンバー作・絵;もとしたいづみ訳 偕成社（ティリーとおともだちブック） 2009年1月

「ジェイクのむぎわらぼうし」 葉祥明絵・文;リッキー・ニノミヤ英訳 自由国民社 1997年6月

「しずかにしてよ！」 アンネ・ヴァン・デァ・エッセン作;エティエンヌ・ドゥルセール絵;いしづかひでき訳 篠崎書林 1978年6月

「シチューはさめたけど…」 きむらゆういち作;黒田征太郎絵 フレーベル館 2001年5月

「しのちゃんと4ひきのともだち」 織茂恭子作・絵 金の星社（絵本のおくりもの） 1985年10月

「しばいっこ」 おぼまこと作 あかね書房（あかね創作えほん28） 1989年5月

「じめんのしたのなかまたち」 ケティ・ベント絵;エベリーン・ハスラー文;若林ひとみ訳 冨山房 1990年10月

「ジョイバルー」 ハーウィン・オラム文;きたむらさとし絵・訳 文化出版局 1992年6月

「しょうたのケンカ」 柴門ふみ作 主婦と生活社（宇知んちものがたり1） 1995年10月

「ショーティーとねこ」 バーナディン・クック文;小風さち訳;小笠原まき絵 福音館書店 1999年6月

「ショコラシビリとぼく」 南椌椌著 フレーベル館（リーヴル・リーブル2） 1997年5月

「ジョニーのにっき」 ヘルメ・ハイネ作・絵;大島かおり訳 佑学社 1987年4月

「しろいとり」 浅沼とおる文・絵 偕成社（創作えほん19） 1974年12月

「しろいやみのはてでーあらしのよるに特別編」 きむらゆういち作;あべ弘士絵 講談社 2004年10月

子どもの世界・生活

「ジロがなく」 山下ケンジ作・絵 講談社 1996年8月

「ジロがなく」 山下ケンジ作・絵 講談社（講談社の創作絵本） 2007年2月

「しんかんくん うちにくる」 のぶみ作 あかね書房（あかね・新えほんシリーズ33） 2007年6月

「しんかんくん けんかする」 のぶみ作 あかね書房 2010年7月

「しんせつなともだち」 フアン・イーチュン作；君島久子訳；村山知義画 福音館書店 1965年4月

「しんせつなともだち」 方軼羣作；君島久子訳；村山知義画 福音館書店（こどものとも傑作集） 1987年1月

「ジンベエのなかまさがしの旅」 くのきょうこ作 けやき出版 2008年7月

「スイスイ!フィジー!1 おにわをかざろう」 ルーシー・カズンズ原作；むらたさちこ文 岩崎書店 2009年5月

「スイスイ!フィジー!2 ありがとう」 ルーシー・カズンズ原作；むらたさちこ文 岩崎書店 2009年5月

「スイスイ!フィジー!3 うみのメリーゴーランド」 ルーシー・カズンズ原作；むらたさちこ文 岩崎書店 2009年8月

「スイスイ!フィジー!4 なかなおりしよう」 ルーシー・カズンズ原作；むらたさちこ文 岩崎書店 2009年8月

「すーちゃんとねこ」 さのようこ文・絵 こぐま社 1973年6月

「すぐにともだちできるから」 清水達也作；狩野富貴子絵 PHP研究所（わたしのえほん） 1997年1月

「すごいぞ かえるくん」 マックス・ベルジュイス文・絵；清水奈緒子訳 セーラー出版 1996年5月

「ずっとともだち」 本間正樹文；福田岩緒絵 佼成出版社（しつけ絵本シリーズ7） 2004年10月

「ずっとなかよし-くまのジェイビーときつねのソックス1」 サリー・グリンドリー文；ペニー・ダン絵；やまもとけいこ訳 文渓堂 2001年12月

「すてきな子どもたち」 アリス・マクレラン文；バーバラ・クーニー絵；北村太郎訳 ほるぷ出版 1992年1月

「スマイル」 葉加瀬太郎作・絵 ランダムハウス講談社（アーティストによる絵本シリーズ4） 2007年5月

「せいちゃん」 松成真理子作・絵 ひさかたチャイルド 2008年2月

「せいちゃんのおんどり」 しみずみちを作；小林和子絵 銀河社（銀河社の創作絵本） 1973年6月

「せかいいちのおともだち」 カール・ノラック文；クロード・K.デュボア絵；河野万里子訳 ほるぷ出版 2005年9月

子どもの世界・生活

「ぜっこう」柴田愛子文;伊藤秀男絵 ポプラ社(からだとこころのえほん3) 2002年7月

「センシュちゃんとウオットちゃん」工藤ノリコ作 小学館(おひさまのほん) 2001年12月

「ぞうくん ねずみくん」森山京文;梶山俊夫絵 小峰書店 1985年9月

「そめごろうと からす」河原まり子絵;藤田圭雄文 至光社(ブッククラブ 国際版絵本) 1989年6月

「そらとぶソーセージとさんびきのくま」エルヴィン・モーザー作;吉原高志訳 福武書店 1988年1月

「そらとぶラムチャプッチャ」ますだゆうこ文;竹内通雅絵 学習研究社 2007年5月

「それいけ!ねずみくんのチョッキ」なかえよし作;上野紀子絵 ポプラ社(ねずみくんのしかけ絵本1) 1997年7月

「た、たん」かさいまり作・絵 ひさかたチャイルド 1996年3月

「だいきらい、だいすき」マーティナ・セルウエイ作・絵;いとうちぐさ訳 新世研 1999年10月

「だから、ここにいるのさ!」バベット・コール作;せなあいこ訳 評論社(児童図書館・絵本の部屋) 2007年12月

「だからきみがだいすき」ホリー・ホビー作;二宮由紀子訳 BL出版(トゥートとパドル) 2007年9月

「ダサいぬ」ダン・ヤッカリーノ作;もとしたいづみ訳 講談社(講談社の翻訳絵本) 2003年11月

「たすけて!」ホリー・ケラー作;福本友美子訳 光村教育図書 2009年2月

「たなばたウキウキねがいごとの日!」ますだゆうこ作;たちもとみちこ絵 文渓堂 2010年6月

「たぬきくんなんてだいきらい」木村裕一作;渡辺雅之絵 PHP研究所(PHPにこにこえほん) 1994年4月

「たぬきちのともだち」せなけいこ作・絵 鈴木出版(チューリップえほんシリーズ) 1996年11月

「たろうのともだち」村山桂子作;堀内誠一絵 福音館書店(こどものとも傑作集) 1977年4月;福音館書店 1967年4月

「たんじょうびにともだちなんびきくるかな?」リュボスラヴ・パリョ作;ささきたづこ訳 小学館 2007年11月

「たんじょうびのおきゃくさま」松岡節作;いもとようこ絵 ひかりのくに 2002年10月

「ダンディーライオン」リズィ・フィンレイ作;木坂涼訳 幻冬舎エデュケーション 2009年10月

「ダンボールくん」ジェローム・リュイエ作;しまだかんぞう訳 小峰書店(世界の絵本コレクション) 2003年7月

子どもの世界・生活

「たんぽぽのこと」 竹内敏晴文；長谷川集平文・絵 温羅書房 1996年6月

「ちいくまちゃんのきいちごつみ」 嶋田健二郎作 ベネッセコーポレーション 1998年3月

「ちいくまちゃんのてぶくろ」 嶋田健二郎作 ベネッセコーポレーション 1997年11月

「ちいさいすのはなし」 竹下文子文；鈴木まもる絵 ハッピーオウル社（おはなしのほん） 2006年12月

「ちいさな ふね」 ステーエフ作；宮川やすえ訳；なかのひろたか絵 ひさかたチャイルド 1987年6月

「ちいさなおんどり」 ウィル；ニコラス作；はるみこうへい訳 童話館出版 2001年8月

「ちいさなくまくんのともだち」 ハリー・ホース文・絵；よこやまかずえ訳 少年写真新聞社 2007年11月

「ちいさなくも」 ジャン・ルイーシュバリエ・ボゼ作；リュト・アンホフ絵；石川晴子；間崎ルリ子訳 ブック・ローン出版 1983年4月

「ちいさなしろいさかなのバイバイまたあした！」 ヒド・ファン・ヘネヒテン作；ひしきあきらこ訳 フレーベル館 2005年5月

「ちいさなひつじフリスカ」 ロブ・ルイス作；金原瑞人訳 ほるぷ出版 1991年8月

「ちいさな星の子と山ねこ」 にしまきかやこ作・絵 こぐま社 1987年6月

「チコときんいろのつばさ」 レオ・レオーニ作；さくまゆみこ訳 あすなろ書房 2008年8月

「ちっぽけマリウス」 クリステル・デスモワノー作；工藤直子訳 ブロンズ新社 2000年11月

「チビクマちゃんのだいじなともだち」 クレア・フリードマン文；ドゥブラフカ・コラノヴィッチ絵；おがわひとみ訳 評論社（児童図書館・絵本の部屋） 2007年10月

「ちびっこぞうのカルロ」 G.ヘルツ作；エーベルハルト；エルフリーデ画；渡辺和雄訳 小学館（世界の創作童話20） 1983年7月

「ちびねこくん でかとらくん」 こわせたまみ作；いもとようこ絵 金の星社（こどものくに傑作絵本） 1981年2月

「ちびまる子ちゃんはなまるえほん3 ひみつ基地をつくろうの巻」 さくらももこ原作；岡部優子文；日本アニメーション絵 永岡書店 2007年1月

「ちびろばくんとなかよしのヤッキー」 リンデルト・クロムハウト作；アンネマリー・ファン・ハーリンゲン絵；野坂悦子訳 PHP研究所 2002年12月

「ちゃいろうさぎとしろいうさぎ いっしょにすもうね」 マーガレット・W.ブラウン文；ガース・ウィリアムズ絵；中川健蔵訳 文化出版局 1984年10月

「ちゃんがら町」 山本孝作・絵 岩崎書店（えほんのマーチ19） 2004年10月

「ちょっとのけんかもときにはゆかい」 ジェイムズ・マーシャル作；安藤紀子訳 偕成社（おかしなカバのジョージとマーサ） 2002年2月

「チョンタのくびかざり」 ささやすゆき作・絵 金の星社（こどものくに傑作絵本） 1986年11月

子どもの世界・生活

「つきよのぼうけん」 シンシア・パターソン；ブライアン・パターソン作・絵；三木卓訳　金の星社（フォックスウッドものがたり2）　1986年7月

「つなひき」 たかはしとおる文・絵　ぎょうせい（そうさくえほん館4-なかまっていいな）　1992年6月

「つのたくんのともだちできたよ」 なかがわみちこ作　童心社　2005年8月

「つのたくんのなかなおり」 なかがわみちこ作　童心社　2005年9月

「ティガーの　朝ごはん」 A.A.ミルン原作；末吉暁子訳　フレーベル館（おはなしプーさんえほん）　2000年12月

「ティガーの　木のぼり」 A.A.ミルン原作；末吉暁子訳　フレーベル館（おはなしプーさんえほん）　2001年3月

「ティガーのはねとびをとめるには」 A.A.ミルン原作；末吉暁子訳　フレーベル館　2003年12月

「テオとディミトリとはし」 ラルフ・ステッドマン作・絵；いけもとさえこ訳　佑学社（ヨーロッパ創作絵本シリーズ8）　1978年5月

「でかワン・ちびワンものがたり」 P.D.イーストマン作；久米穣訳　講談社（講談社のピュクチュアブック1）　1979年5月

「でこちゃんとらすたくん」 つちだのぶこ作・絵　PHP研究所（わたしのえほん）　2001年10月

「でべそでかでか」 久保田喜正作・絵　ポプラ社（絵本・子どものくに15）　1986年1月

「テモちゃんとマメちゃん」 竹崎有斐作；西川おさむ絵　あかね書房（あかね創作えほん2）　1980年9月

「テントとおともだち」 リカルド・アルカンターラ作；グスティ絵；しまむらかよ訳　ポプラ社（こいぬのテント1）　2002年2月

「テントのガールフレンド」 リカルド・アルカンターラ作；グスティ絵；しまむらかよ訳　ポプラ社（こいぬのテント6）　2002年6月

「テントはあかちゃんじゃないよ」 リカルド・アルカンターラ作；グスティ絵；しまむらかよ訳　ポプラ社（こいぬのテント3）　2002年4月

「トアトアのいちばんのともだち」 クラウス・バウムガルト文・絵；いのうえあつこ訳　草土文化　1997年10月

「どうだ　いかすだろ！」 アンソニー・ブラウン作・絵；山下明生訳　あかね書房（あかねせかいの本11）　1985年3月

「とおかおくれのぼんおどり」 今関信子作；おぼまこと絵　朔北社　2005年7月

「トーマスのもくば」 小風さち作；長新太絵　福音館書店（日本傑作絵本シリーズ）　1994年4月

「とかいのネズミといなかのネズミ」 ケイト・サマーズ文；マギー・ニーン絵；まつかわまゆみ訳　評論社（児童図書館・絵本の部屋）　1998年12月

子どもの世界・生活

「トゲトゲぼうや」 今村葦子作;西村繁男絵　金の星社　2004年10月

「どこまでいってもはんぶんこ」 安東みきえ文;塩田守男絵　ひかりのくに(思いやり絵本シリーズ7)　1996年8月

「どしゃぶりのひに」 木村裕一作;あべ弘士絵　講談社(大型版あらしのよるにシリーズ)2003年1月;講談社(ちいさな絵童話 りとる26)　2000年5月

「どっちーぬくん」 あきやまただし作・絵　鈴木出版(ひまわりえほんシリーズ)　2002年9月

「とってもとってもいいところ」 香山美子作;末崎茂樹絵　金の星社(こどものくに傑作絵本)　1994年5月

「とっときのとっかえっこ」 サリー・ウィットマン文;カレン・ガンダーシーマー絵;谷川俊太郎訳　童話館　1995年3月

「ドドさん結婚おめでとう」 ペトラ・マザーズ作;今江祥智;遠藤育枝訳　BL出版(ロッティーとハービー)　2003年4月

「となりにきたこ」 岩崎ちひろ絵・文;武市八十雄案　至光社(ブッククラブ国際版絵本)　1979年1月

「となりのイカン」 中山千夏文;長谷川義史絵　自由国民社　2004年10月

「となりのうまとおとこのこ」 チャールズ・キーピング絵・文;せたていじ訳　らくだ出版　1971年11月

「となりのたぬき」 せなけいこ作・絵　鈴木出版(チューリップえほん)　1996年9月

「となりのモリタ」 神沢利子文;片山健絵　クレヨンハウス(おはなし広場)　1993年9月

「とべ！へんてこどり」 かわきたりょうじ作;たばたせいいち絵　童心社　1982年11月

「とべたよ ハリー」 キム・ルイス作;もりやまみやこ訳　小学館　2006年1月

「とべないほたる」 小沢昭巳原作;関重信画　ハート出版(ミニえほん)　2009年6月

「とべないほたる1」 小沢昭巳原作;吉田むねふみ画　ハート出版　1997年5月

「とべないほたる10」 小沢昭巳原作;関重信絵　ハート出版　2002年5月

「とべないほたる11」 小沢昭巳原作;関重信絵　ハート出版　2002年11月

「とべないほたる12」 小沢昭巳原作;関重信絵　ハート出版　2003年4月

「とべないほたる2」 小沢昭巳原作;関重信画　ハート出版　1998年7月

「とべないほたる3」 小沢昭巳原作;関重信画　ハート出版　1998年12月

「とべないほたる4」 小沢昭巳原作;関重信画　ハート出版　1999年4月

「とべないほたる5」 小沢昭巳原作;関重信画　ハート出版　1999年11月

「とべないほたる6」 小沢昭巳原作;関重信画　ハート出版　2000年5月

「とべないほたる7」 小沢昭巳原作;関重信絵　ハート出版　2000年12月

「とべないほたる8」 小沢昭巳原作;関重信絵　ハート出版　2001年5月

子どもの世界・生活

「とべないほたる9」 小沢昭巳原作;関重信絵 ハート出版 2001年11月

「ともだち いっぱい」 新沢としひこ作;大島妙子絵 ひかりのくに(ひかりのくに傑作絵本集18) 2002年3月

「ともだち くろくま」 たかいよしかず作・絵 くもん出版(おはなし・くろくま) 2010年3月

「ともだち つくろう」 スージー・モルゲンステルン作;セヴリーヌ・コルディエ絵;みやまさくら訳 ジュリアン(エマといっしょに2) 2008年7月

「ともだち みつけた」 森山京作;松成真理子絵 あかね書房(あかね・新えほんシリーズ39) 2008年4月

「ともだち」 ヘルメ・ハイネ作;池田香代子訳 ほるぷ出版 1996年4月

「ともだち」 ロブ・ルイス作;まつかわまゆみ訳 評論社(児童図書館・絵本の部屋) 2001年10月

「ともだち」 松谷みよ子文;渡辺三郎絵 ブッキング(復刊傑作幼児絵本シリーズ2) 2008年2月

「ともだち」 太田大八作・絵 講談社 1985年2月

「ともだち」 太田大八作・絵 講談社(講談社の創作絵本Best Selection) 2004年10月

「ともだちおもいのろばくん」 アレッシア・ガリッツ作;パトリツィア・ラ・ポルタ絵;せきぐちともこ訳 フレーベル館 2000年6月

「ともだちがほしいの」 柴田愛子文;長野ヒデ子絵 ポプラ社(からだとこころのえほん6) 2004年3月

「ともだちがほしかったこいぬ」 奈良美智絵・文 マガジンハウス 1999年11月

「ともだちかもん」 黒須美彦文;タカノ綾絵 コクヨS&T(たいせつなものシリーズ2ともだち) 2007年11月

「ともだちからともだちへ」 アンソニー・フランス作;ティファニー・ビーク絵;木坂涼訳 理論社 2003年3月

「ともだちキリン」 ねじめ正一詩;村上康成絵 教育画劇 2009年10月

「ともだちくるかな」 内田麟太郎作;降矢なな絵 偕成社 1999年2月

「ともだちごっこ」 内田麟太郎作;降矢なな絵 偕成社 2010年3月

「ともだちだいすき」 オフェリエ・テクシエ作・絵;きむらゆういち訳 そうえん社(ぼくはワニオオカミ2) 2008年11月

「ともだちたくさんできるかな!-ぬいぐるみロボはな&マナ」 山藤實江子絵・話 丸善プラネット 2007年10月

「ともだちつれてよろしいですか」 ビアトリス・シェンク・ドゥ・レニア文;ベニ・モントレソール絵;渡辺茂男訳 冨山房 1974年11月

「ともだちになったイヌとネコ」 白川三雄作・絵 フレーベル館 1983年11月

「ともだちになって」 アレクシス・ディーコン作・絵;いずむらまり訳 徳間書店 2004年1月

子どもの世界・生活

「ともだちになって」まつおかたつひで作・絵　ポプラ社（絵本・いつでもいっしょ22）　2007年8月

「ともだちのき」奥田怜子作・絵　フレーベル館（フレーベルのえほん24）　1978年9月

「ともだちのたまご」さえぐさひろこ文；石井勉絵　童心社（絵本・だいすきおはなし）　2005年7月

「ともだちのネロ」いもとようこ絵；新井真弓作　小学館（ビーバーのムーくんシリーズ2）　1998年12月

「ともだちはくまくん」ルイーゼ・ファティオ作；ロジャー・デュボアザン絵；今江祥智；遠藤育枝訳　佑学社（ごきげんなライオン5）　1979年5月

「ともだちはドラゴン」アソル・マクドナルド著；戸田早紀訳　文渓堂（なかよしザウルス3）　2001年2月

「ともだちはモモー」佐野洋子作　リブロポート　1983年3月

「ともだちひきとりや」内田麟太郎作；降矢なな絵　偕成社（「おれたち、ともだち！」絵本）　2002年2月

「ともだちふやそ」熊谷まちこ作・絵　PHP研究所（PHPわたしのえほんシリーズ）　1998年3月

「ともだちほしいな おおかみくん」さくらともこ作；いもとようこ絵　岩崎書店（えほん・ワンダーランド8）　1986年7月

「ともだちほしいな」まつやかずえ作・絵　タリーズコーヒージャパン　2006年2月

「ともだちみつけた おばけのオリバー」おおともやすお作・絵　偕成社　1996年10月

「ともだちや」内田麟太郎作；降矢なな絵　偕成社　1998年1月

「トラーのあさごはん」A.A.ミルン文；E.H.シェパード絵；石井桃子訳　岩波書店（クマのプーさんえほん10）　1982年9月

「トラー木にのぼる」A.A.ミルン文；E.H.シェパード絵；石井桃子訳　岩波書店（クマのプーさんえほん11）　1983年2月

「とらくんとぼく」カザ敬子文・絵　西村書店　1996年9月

「どらゴンのともだち」デーヴ・ピルキー文・絵；マック・コーチャン訳　メディアファクトリー　1997年12月

「とりちゃん」長谷川知子作　文研出版　2006年3月

「どろんこようちえん」長崎源之助文；梅田俊作絵　童心社（絵本・ちいさななかまたち）　1986年4月

「ドングリとドングラ」北原綴文；矢野ひかる絵　創林社（創作絵本）　1986年11月

「どんぐりほいくえんのくじらのかせき」後藤竜二文；遠藤てるよ絵　童心社　1981年7月

「ドングリ小屋」いしいつとむ作　佼成出版社（クローバーえほんシリーズ）　2008年10月

「とんことり」筒井頼子作；林明子絵　福音館書店　1986年4月

子どもの世界・生活

「どんちゃんぐりちゃんまつぼっちゃん」 こじましほ作 文渓堂 2005年9月

「ドントウォーリーベア だいじょうぶだよ子ぐまくん」 グレッグ・フォリー作;藤井郁弥訳 マガジンハウス 2008年11月

「トントコトンが あいずだよ」 柴田晋吾作;津田櫓冬絵 金の星社 2002年6月

「とんとんとん こんにちは!」 まついのりこ作 童心社(よんでよんでのえほん) 2009年10月

「どんなにきみがすきだかあててごらん」 サム・マクブラットニィ文;アニタ・ジェラーム絵;小川仁央訳 評論社(児童図書館・絵本の部屋) 1995年10月

「どんなにきみがすきだかあててごらん-あきのおはなし」 サム・マクブラットニィ文;アニタ・ジェラーム絵;小川仁央訳 評論社(児童図書館・絵本の部屋) 2007年9月

「どんなにきみがすきだかあててごらん-なつのおはなし」 サム・マクブラットニィ文;アニタ・ジェラーム絵;小川仁央訳 評論社(児童図書館・絵本の部屋) 2008年1月

「どんなにきみがすきだかあててごらん-はるのおはなし」 サム・マクブラットニィ文;アニタ・ジェラーム絵;小川仁央訳 評論社(児童図書館・絵本の部屋) 2008年1月

「どんなにきみがすきだかあててごらん-ふゆのおはなし」 サム・マクブラットニィ文;アニタ・ジェラーム絵;小川仁央訳 評論社(児童図書館・絵本の部屋) 2007年9月

「ないしょにしといて」 間所ひさこ作;田沢梨枝子絵 PHP研究所(PHPおはなしプレゼント) 1979年7月

「ナイトシミー-元気になる魔法」 アンソニー・ブラウン絵;グエン・ストラウス文;灰島かり訳 平凡社 2002年7月

「なかよくしたら?」 カレン・バーバー作;こだまともこ訳 冨山房 1993年7月

「なかよし かめちゃん」 ひろかわさえこ作 PHP研究所 1994年2月

「なかよし!おえかきクッキング」 すとうあさえ作;秋里信子絵 金の星社(新しいえほん) 2001年7月

「なかよし」 さとうわきこ作・絵 PHP研究所(わたしのえほん) 2003年11月

「なかよし」 シャーロット・ゾロトウ文;ベン・シェクター絵;みらいなな訳 童話屋(ともだち絵本) 1997年5月

「なつのおうさま」 薫くみこ作;ささめやゆき絵 ポプラ社(絵本のおもちゃばこ26) 2007年6月

「なつのおきゃくさま」 山本まつ子文・絵 新日本出版社(新日本出版社の絵本ふれあいシリーズ4) 1983年8月

「なつのおしゃべり」 長崎夏海作;小倉正巳絵 文渓堂(まいにちがだいすきシリーズ2) 1993年8月

「なつのやくそく」 亀岡亜希子作・絵 文渓堂 2006年6月

「なにわくいしんぼうくらぶ」 土橋とし子作 理論社 2010年4月

子どもの世界・生活

「なにわのでっち こまめどん ねずみこわいでちゅうの巻」 村上しいこ作；たごもりのりこ絵 佼成出版社（どんぐりえほんシリーズ） 2010年4月

「なんてったってせかいいち」 ホリー・ホビー作；二宮由紀子訳 BL出版（トゥートとパドル） 2003年5月

「なんでものたね－ナンとあおいほしのなかまたち」 たちのけいこ作・絵 PHP研究所（PHPわたしのえほんシリーズ） 1993年10月

「ニーナのねがい み～んなともだち」 木田真穂子文；竹内永理亜絵 フォーラム・A 2002年8月

「ニコラスどこにいってたの？」 レオ・レオニ作・絵；谷川俊太郎訳 佑学社 1988年9月

「にじいろの さかなしましまを たすける！」 マーカス・フィスター作；谷川俊太郎訳 講談社（世界の絵本） 1997年10月

「にじいろの さかな まいごに なる」 マーカス・フィスター作；谷川俊太郎訳 講談社（世界の絵本） 2005年7月

「にじいろの さかな」 マーカス・フィスター作；谷川俊太郎訳 講談社（世界の絵本） 1995年11月

「にじいろの さかなと おおくじら」 マーカス・フィスター作；谷川俊太郎訳 講談社（世界の絵本） 1999年10月

「にじのきつね」 さくらともこ作；島田コージ絵 ポプラ社（えほんとなかよし9） 1991年7月

「にゃんこおうじ」 いもとようこ作・絵 金の星社 2007年9月

「にわのジャンルとソフィ」 マルセル・マルリエ作・絵；黒木義典訳 板谷和雄文 ブックローン出版（ファランドールえほん23） 1984年1月

「にわのともだち」 おおのやよい文・絵 偕成社 2009年10月

「にんげんごみばこ」 のぶみ作 えほんの杜 2008年4月

「ね、ぼくのともだちになって！」 エリック・カール作・絵 偕成社 1997年9月

「ねえ ツチブタくん」 木坂涼文；いちかわようこ絵 朔北社 2004年12月

「ねことねずみ－ともだちになれるかな？」 トメク・ボガツキ作；アグネス・チャン訳 講談社（世界の絵本） 2001年1月

「ねこのポグとことり」 ジェーン・シモンズ作；吉井知代子訳 文渓堂 2005年4月

「ねこのミルとねずみのチムニー ミルとひみつのちかみち」 原裕朗作；森山杏里子絵 ブロンズ新社 2010年5月

「ねこのミルとねずみのチムニー」 原裕朗作；森山杏里子絵 ブロンズ新社 2009年9月

「ねずみくんとホットケーキ」 なかえよし作；上野紀子絵 ポプラ社（ねずみくんの絵本14） 2000年9月

「ねずみくんのおともだち－ねみちゃんとねずみくんのえほん」 なかえよし作；上野紀子絵 ポプラ社（えほんはともだち1） 1989年9月

子どもの世界・生活

「ねずみくんのおやくそく-ねみちゃんとねずみくんのえほん」 なかえよしを作;上野紀子絵　ポプラ社(えほんはともだち7)　1990年6月

「ねずみくんのチョッキ」 なかえよしを作;上野紀子絵　ポプラ社(ポプラ社のよみきかせ大型絵本)　2004年4月;ポプラ社(ねずみくんの小さな絵本1)　2004年3月

「ねずみくんのひみつ」 なかえよしを作;上野紀子絵　ポプラ社(絵本のひろば35)　1981年5月

「ねずみくんをつかまえて!」 みきすぐる作;高畠邦生絵　教育画劇　2010年5月

「ネズミちゃんとおまつりのふうせん」 バレリー・ゴルバチョフ作・絵;なかがわちひろ訳　徳間書店　2009年10月

「ねずみちゃんとりすちゃん おしゃべりの巻」 どいかや著　学習研究社(学研おはなし絵本)　2004年10月

「ねずみちゃんとりすちゃん なかよしの巻」 どいかや作　学習研究社(学研おはなし絵本)　2006年3月

「ねずみのしっぱい」 小沢正作;井上洋介絵　すずき出版;アリス館　1989年2月

「ねずみのともだちさがし」 ヘレン・ピアス作;まつおかきょうこ訳　童話屋(ねずみのほん2)　1984年11月

「ネズミはひとり森のなか」 トニー・ジョンストン文;ダイアン・スタンレー絵;小川仁央訳　評論社(児童図書館・絵本の部屋)　1987年12月

「ねないこティップ」 ポリー・ダンバー作・絵;もとしたいづみ訳　フレーベル館(ティリーとおともだちブック)　2010年10月

「ねぼすけクーのぼくきょうはいそがしいんだ」 あべはじめ作　くもん出版(くすくすもりのなかまたち1)　1992年4月

「ネルとマリのたからもの」 亀岡亜希子作　PHP研究所(PHPわたしのえほん)　2010年11月

「ねんころカメのこもりうた」 さくらともこ作;にしうちとしお絵　PHP研究所(わたしのえほん)　2001年7月

「のうえんのジャンルとソフィ」 マルセル・マルリエ作・絵;黒木義典訳;板谷和雄文　ブックローン出版(ファランドールえほん24)　1984年1月

「ノックがとんとん」 にしかわおさむ作・絵　PHP研究所(PHPわたしのえほんシリーズ)　1988年10月

「ノッポさんのえほん5 おおかみガロとあさがお」 高見ノッポ作;赤坂三好絵　世界文化社　2001年3月

「のらねこのポラ」 ふりやかよこ作・絵　ポプラ社(絵本・いつでもいっしょ33)　2009年11月

「のんびり森はおおゆきです」 かわきたりょうじ作;みやざきひろかず絵　岩崎書店(のびのび・えほん)　2000年2月

「ハートのはな」 TakiTaro作・絵　キッズネット　2005年8月

子どもの世界・生活

「バーニーのおおそうじ」ピーター・ボニッチ作；リサ・コッパー絵；おかだよしえ訳　岩崎書店（ゆかいなバーニー4）1994年6月

「バーニーのたからさがし」ピーター・ボニッチ作；リサ・コッパー絵；おかだよしえ訳　岩崎書店（ゆかいなバーニー2）1994年5月

「バーニーのたんじょう日」ピーター・ボニッチ作；リサ・コッパー絵；おかだよしえ訳　岩崎書店（ゆかいなバーニー1）1994年5月

「はいけい、たべちゃうぞ」福島サトル作；はらだゆうこ絵　BL出版　2004年12月

「パオちゃんのなかよしハウス」なかがわみちこ作・絵　PHP研究所　1995年10月

「ハグして ぎゅっ！」ナンシー・カールソン作；中川千尋訳　瑞雲舎　2007年1月

「ハコベちゃん大好き！」北山葉子作・絵　偕成社（トボトボの絵ことば日記1）1983年2月

「バジー、ともだちできるかな」ハリエット・ザイファート作；エミリー・ボーラム絵；三辺律子訳　理論社（ほのぼのバジー2）2008年5月

「はじめてのふゆ」ロブ・ルイス作；ふなとよしこ訳　ほるぷ出版　1992年11月

「はじめまして」五味太郎作　ブロンズ新社　2010年1月

「はじめまして」新沢としひこ作；大和田美鈴絵　鈴木出版（大きな絵本）2006年3月

「バジルとともだち」ロージー作；金原瑞人訳　ほるぷ出版　1994年6月

「パセリともみの木」ルドウィッヒ・ベーメルマンス作；覚和歌子訳　あすなろ書房　2007年4月

「はっくしょんしてよ かばくん」矢崎節夫文；岡村好文絵　小峰書店（こみねのえほん）1987年10月

「はなかっぱ アゲルちゃんげんきになーれ」あきやまただし作　メディアファクトリー（はなかっぱおともだちえほん）2010年12月

「はなかっぱ おおきくなるぞ～！」あきやまただし作　メディアファクトリー（はなかっぱおともだちえほん）2010年12月

「バニーとビーの みんなでおやすみ」サム・ウィリアムズ作；おびかゆうこ訳　主婦の友社　2005年5月

「はねとびティガー」A.A.ミルン原作；末吉暁子訳　フレーベル館（おはなしプーさんえほん）2001年3月

「はりねずみのピックル」山崎陽子文；いもとようこ絵　女子パウロ会　1988年10月

「ハリモグラ ハーモイとおともだち」宇治勲絵・文　PHP研究所（PHPにこにこえほん）2007年7月

「はるだはるだよ！10ぴきのかえる」間所ひさこ作；仲川道子絵　PHP研究所（PHPにこにこえほん）1997年2月

「はるのともだち」山本まつ子文・絵　新日本出版社（新日本出版社の絵本ふれあいシリーズ8）1984年3月

子どもの世界・生活

「ハワイの3にんぐみ」 笹尾俊一画・文 講談社 1997年6月

「はんしろうがおこった」 せなけいこ文・絵 講談社（ちいさなちいさなうさぎシリーズ） 1983年12月

「ピース・ブック」 トッド・パール作；堀尾輝久訳 童心社 2007年7月

「ピーターとねこ」 スミコ・デイビス作；植松佐知子訳 文化出版局 1989年11月

「ビーバーくんとふしぎなともだち」 エイミー・マクドナルド文；セーラ・フォックス＝デイビス絵；木原悦子訳 講談社（講談社の翻訳絵本） 1993年10月

「びーばーくんのおうち」 イングリット・シューベルト；ディーター・シューベルト著；にれけいこ訳 星の環会 2004年5月

「ピエロのかがみ」 大内曜子作；永田萠絵 岩崎書店（えほん・ワンダーランド30） 1994年4月

「ひかり」 ドゥブラヴカ・コラノヴィッチ作；立原えりか訳 講談社（世界の絵本） 2008年11月

「ピグレット おふろにはいる」 A.A.ミルン作；末吉暁子訳 フレーベル館 2003年12月

「ピグレット ゾッシーにであう」 A.A.ミルン原作；末吉暁子訳 フレーベル館 2006年4月

「ピグレット だいかつやく」 A.A.ミルン原作；末吉暁子訳 フレーベル館（おはなしプーさんえほん） 2000年12月

「ピグレットを すくいだせ」 A.A.ミルン原作；末吉暁子訳 フレーベル館（おはなしプーさんえほん） 2001年3月

「びっくりクリスマス」 シンシア・パターソン；ブライアン・パターソン作・絵；三木卓訳 金の星社（フォックスウッドものがたり6） 1991年11月

「ひっこしした子 してきた子」 アリキ文・絵；青木信義訳 ぬぷん児童図書出版（ぬぷん絵本シリーズ4） 1983年4月

「ピッチとあおいふく」 井川ゆり子作・絵 PHP研究所 2006年2月

「ピットとパットのけんか」 スーズ作・絵；むらやまあど訳 JULA出版局 2003年5月

「ひでちゃんとよばないで」 おぼまこと作 小峰書店（えほんひろば） 2003年11月

「ひとくい岩」 津田櫓冬文・絵 新日本出版社（新日本ものがたり絵本4） 1984年2月

「ひとりじめ」 本間正樹文；いもとようこ絵 佼成出版社 2004年9月

「ひとりじゃないよ。」 ようふゆか作・絵 ポプラ社（絵本・いつでもいっしょ6） 2002年9月

「ひとりぼっち？」 フィリップ・ヴェヒター作・絵；アーサー・ビナード訳 徳間書店 2007年11月

「ひとりぼっちのおじさん」 B.リンドグレーン文；U.ヴェンセル絵；末松氷海子訳 文化出版局 1987年5月

「ひとりぼっちのかみさま」 竹崎有斐作；伊勢英子絵 金の星社（えほん・こどもの四季） 1980年10月

子どもの世界・生活

「ひとりぼっちのハンス」 バーナデット・ワッツ絵・文;宮下啓三訳 講談社(世界の絵本スイス) 1972年3月

「ひとりぼっちのモンスター」 おぼまこと作 ベネッセコーポレーション(ベネッセのえほん) 1997年10月

「ひとりぼっちのライオン」 長野ひろかず作・絵 ひさかたチャイルド 2008年7月

「ひとりぼっちのライオン」 長野博一作・絵 福音館書店(福音館のペーパーバック絵本) 1972年2月

「ひまわりにとこらら」 あきやまただし作・絵 PHP研究所(PHPわたしのえほんシリーズ) 2002年6月

「ひみつがいっぱい」 シンシア・パターソン;ブライアン・パターソン作・絵;三木卓訳 金の星社(フォックスウッドものがたり4) 1987年2月

「ひみつのともだちモルガン」 グニッラ・ベリィストロム作;山内清子訳 偕成社(アルフォンスのえほん) 1982年9月

「ヒメちゃん」 荒井良二作・絵 小学館(おひさまのほん) 2008年3月

「びゅんびゅんごまがまわったら」 宮川ひろ作;林明子絵 童心社(絵本・ちいさななかまたち) 1982年7月

「ビリーとなかまたち」 はるなまき文;いしくらきんじ絵 小峰書店(えほんひろば) 2006年11月

「ひろくんときょうちゃんのエンケラプン」 いわむらかずお作 あかね書房 1983年9月

「ひろくんとわたし」 土田義晴絵;小比賀優子文 福武書店 1989年6月

「ビンチッヒとおともだち」 エルビン・モーザー作;若林ひとみ訳 ほるぷ出版 1988年6月

「ファーディとおちば」 ジュリア・ローリンソン作;ティファニー・ビーク絵;木坂涼訳 理論社 2006年10月

「ファニーとマルガリータ-なかよしふたりの5つのおはなし」 ケイト・スポーン作;木坂涼訳 セーラー出版 1995年5月

「ファルファリーナとマルセル」 ホリー・ケラー作;河野一郎訳 岩波書店 2006年5月

「プーあなにつまる・ふしぎなあしあと」 A.A.ミルン文;E.H.シェパード絵;石井桃子訳 岩波書店(クマのプーさんえほん2) 1982年6月

「フーゴのともだち」 ヘルマン・メールス作;ヨゼフ・ウィルコン絵;いずみちほこ訳 セーラー出版 1990年3月

「プーさん ともだちをたずねる」 A.A.ミルン原作;末吉暁子訳 フレーベル館 2003年12月

「プーさんの ぼうあそび」 A.A.ミルン原作;末吉暁子訳 フレーベル館(おはなしプーさんえほん) 2000年12月

「プーさんのたてたいえ」 A.A.ミルン原作;末吉暁子訳 フレーベル館 2005年12月

「プーさんのぼうきれあそび」 A.A.ミルン原作;末吉暁子訳 フレーベル館 2005年1月

子どもの世界・生活

「ブーツのともだち」 きたむらさとし絵・文 評論社（児童図書館・絵本の部屋） 1999年3月

「プーのゾゾがり」 A.A.ミルン文；E.H.シェパード絵；石井桃子訳 岩波書店（クマのプーさんえほん3） 1982年6月

「プーのたのしいパーティー」 A.A.ミルン文；E.H.シェパード絵；石井桃子訳 岩波書店（クマのプーさんえほん8） 1982年9月

「プーのはちみつとり」 A.A.ミルン文；E.H.シェパード絵；石井桃子訳 岩波書店（クマのプーさんえほん1） 1982年6月

「プーのほっきょくたんけん」 A.A.ミルン文；E.H.シェパード絵；石井桃子訳 岩波書店（クマのプーさんえほん6） 1982年9月

「プールーとセバスティアン」 ルネ・エスキュディエ作；ウリセス・ヴェンセル絵；末松氷海子訳 セーラー出版 1990年2月

「ふかい森のふたりはなかよし」 セルゲイ・コズロフ文；スーザン・バーレイ絵；おかだよしえ訳 評論社（児童図書館・絵本の部屋） 1999年6月

「フクロのひっこし」 A.A.ミルン文；E.H.シェパード絵；石井桃子訳 岩波書店（クマのプーさんえほん15） 1983年2月

「ふしぎなともだち」 サイモン・ジェームズ作；小川仁央訳 評論社（児童図書館・絵本の部屋） 1999年4月

「ふたりいっしょだね ちいくまくん」 マーティン・ワッデル文；バーバラ・ファース絵；角野栄子訳 評論社（児童図書館・絵本の部屋） 1997年4月

「ふたりでおえかき」 イローナ・ロジャーズ作・絵；かどのえいこ訳 そうえん社（ふたりはなかよしシリーズ4） 2008年3月

「ふたりでおかいもの」 イローナ・ロジャーズ作・絵；かどのえいこ訳 そうえん社（ふたりはなかよしシリーズ5） 2008年6月

「ふたりでブランコ」 イローナ・ロジャーズ作・絵；かどのえいこ訳 そうえん社（ふたりはなかよしシリーズ3） 2008年1月

「ふたりのすてきな12か月」 ホリー・ホビー作；二宮由紀子訳 BL出版（トゥートとパドル） 1999年10月

「ふたりはいつもともだち」 もいちくみこ作；つちだよしはる絵 金の星社（絵本のおくりもの） 1999年4月

「ふたりはクリスマスで」 イローナ・ロジャーズ作・絵；かどのえいこ訳 そうえん社（ふたりはなかよしシリーズ2） 2007年10月

「ふたりはともだち」 アーノルド・ローベル作；三木卓訳 文化出版局 1972年11月

「ふたりはなかよし」 イローナ・ロジャーズ作・絵；かどのえいこ訳 そうえん社（ふたりはなかよしシリーズ1） 2007年10月

「ふたをとったらびんのなか」 大西ひろみ作・絵 ブックローン出版 1986年12月

「ぶどう畑のアオさん」 馬場のぼる文・絵 こぐま社 2001年5月

子どもの世界・生活

「ふとんやまトンネル」 那須正幹作;長野ヒデ子絵　童心社　1994年12月

「ぶな森のキッキ」 今村葦子作;遠藤てるよ絵　童心社(絵本・ちいさななかまたち)　1991年5月

「ぶな森のなかまたち」 今村葦子作;遠藤てるよ絵　童心社(絵本・ちいさななかまたち)　1995年9月

「ぶな森の子」 今村葦子作;遠藤てるよ絵;西尾誠写真　童心社(絵本・ちいさななかまたち)　1997年6月

「ふねをつくってこぎだそう」 アソル・マクドナルド著;戸田早紀訳　文渓堂(なかよしザウルス4)　2001年2月

「ふぶきのあした」 きむらゆういち作;あべ弘士絵　講談社(大型版あらしのよるにシリーズ6)　2003年1月;講談社(ちいさな絵童話 りとる27)　2002年2月

「ふむふむふーん」 ふなこしゆり文;坂口知香絵　風涛社　2006年4月

「ふゆごもりのくまのクークへ」 やすいすえこ作;岡本颯子絵　教育画劇(みんなのえほん)　2000年11月

「フランシスのおともだち」 ラッセル・ホーバン作;リリアン・ホーバン絵;松岡享子訳　好学社　1972年1月

「ブルくんとねずみくん」 なかえよしを作;上野紀子絵　ポプラ社(ねずみくんのしかけ絵本2)　1997年9月

「ぷるるるる ももんが」 高橋宏幸作・絵　佼成出版社　1986年11月

「フロレンチンともりのなかま」 かながわさちこ文;なかむらゆき絵　中央出版社　1991年11月

「ふわふわくんとアルフレッド」 ドロシー・マリノ文・絵;石井桃子訳　岩波書店(岩波の子どもの本)　1977年6月

「プンプンぷんかちゃん」 薫くみこ作;山西ゲンイチ絵　ポプラ社(絵本・いつでもいっしょ20)　2007年5月

「ベイブ こいぬをさがす」 M.ケーツ作;J.ジェラルディ絵;すずきえみ;松井聡訳　小学館(ベイブ絵本1)　1999年4月

「ベイブ そらをとぶ」 K.ラフレニエール作;F.マービン絵;すずきえみ;松井聡訳　小学館(ベイブ絵本2)　1999年4月

「ベッドに10にん」 メアリ・リース作・絵;おかせいこ訳　岩崎書店(世界の絵本17)　1994年9月

「へびじまんのこと」 MAJODE MAJORA作・絵　ポプラ社(えほん村みんな物語・1)　2001年10月

「ベルのともだち」 サラ・スチュワート文;デイビッド・スモール絵;福本友美子訳　アスラン書房　2006年9月

「ペンギンのピートのともだち」 マーカス・フィスター作・絵;遠藤文子訳　ノルドズット・ジャパン　2002年7月

子どもの世界・生活

「ペンちゃんギンちゃん おおきいのをつりたいね!」 宮西達也作 ポプラ社(絵本のおもちゃばこ7) 2005年4月

「ヘンリーのごじまんは…」 メアリー・ホフマン作;スーザン・ウィンター絵;せなあいこ訳 評論社(児童図書館・絵本の部屋) 1996年10月

「ボートがしずんだの、だれのせい?」 パメラ・アレン作;ゆあさふみえ訳 あすなろ書房 1997年9月

「ぼく、いってくるよ!」 江崎雪子作;永田治子絵 ポプラ社(絵本の時間15) 2002年10月

「ぼくがおうちでまっていたのに」 ヤーノシュ作・絵;石川素子訳 徳間書店 1999年11月

「ぼくがげんきにしてあげる」 ヤーノシュ作・絵;石川素子訳 徳間書店 1996年12月

「ぼくぐずっぺじゃないぞ」 竹崎有斐作;山本まつ子絵 銀河社 1980年12月

「ぼくたちともだち」 ヘルメ・ハイネ作・絵;大島かおり訳 佑学社 1984年9月

「ぼくたちともだち」 中川ひろたか作;ひろかわさえこ絵 アリス館 2008年9月

「ぼくたちなかよし おきゃくさま」 ヘルメ・ハイネ作・絵;佐々木元訳 フレーベル館 1985年11月

「ぼくたちなかよし にぐるま」 ヘルメ・ハイネ作・絵;佐々木元訳 フレーベル館 1985年11月

「ぼくたちなかよし めざましどけい」 ヘルメ・ハイネ作・絵;佐々木元訳 フレーベル館 1985年11月

「ぼくたちのホワイト・クリスマス」 ホリー・ホビー作;二宮由紀子訳 BL出版(トゥートとパドル) 2009年11月

「ぼくといっしょにあそんでよ」 ドルフ・フェルルーン文;ヴォルフ・エァルブルッフ絵;上野陽子訳 BL出版 2001年9月

「ぼくの どーつぶ」 ローナ・バリアン作;金原瑞人訳 アスラン書房 1994年10月

「ぼくのくりのき」 七尾純作;早川博唯絵 好学社(カンガルーブック11) 1974年1月

「ぼくのせいじゃないのに」 トニー・ロス作;幾島幸子訳 アルク 1990年6月

「ぼくのともだちおつきさま」 アンドレ・ダーハン作;きたやまようこ文 講談社(世界の絵本) 1999年6月

「ぼくのともだちおつきさま2 おやすみなさいをいうまえに」 アンドレ・ダーハン作;きたやまようこ文 講談社(世界の絵本) 2002年2月

「ぼくのともだちおつきさま3 もうひとりのともだち」 アンドレ・ダーハン作;きたやまようこ文 講談社(世界の絵本) 2002年7月

「ぼくのばけつあながあいてる」 イングリット・シューベルト;ディーター・シューベルト著;にれけいこ訳 星の環会 2004年2月

「ぼくの町」 岡田ゆたか作 ほるぷ出版(ほるぷ創作絵本) 1985年3月

「ぼくの町」 岡田ゆたか作・絵 ポプラ社(名作絵本復刊シリーズ3) 2002年1月

子どもの世界・生活

「ぼくはマーくん くまのこです!」 岩井田治行作・絵 ポプラ社(えへんごほんえほん7) 1998年2月

「ぼくは一ねんせいだぞ!」 福田岩緒作 童心社(絵本・ちいさななかまたち) 1991年2月

「ぼくもいれて」 ジャネット・トーマス文;アリソン・バートレット絵;山口文生訳 評論社(児童図書館・絵本の部屋) 2004年4月

「ぼくらさんびき ぼうけんたい」 ヘルメ・ハイネ作;ひらのきょうこ訳 小学館 1997年8月

「ぼくらのびゅんびゅん」 やすいすえこ作;みずさわけん絵 金の星社(こどものくに傑作絵本) 1980年3月

「ぼくらのやくそく」 舟崎靖子作;黒井健絵 小峰書店(はじめてのどうわ27) 1979年9月

「ほしべソくん―はじめてのおともだち」 おぐらひろかず文・絵 フレーベル館 2003年11月

「ホタルの川」 おおつきひとみ作;ひろいのりこ絵 BL出版 2007年12月

「ボッチとナナ」 かんのゆうこ作;南塚直子絵 佼成出版社 2005年6月

「ボビーとともだちグリセット」 ピエール・プロブスト作;やましたはるお訳 BL出版 2004年5月

「ボブとオットー」 ロバート・O.ブリュエル文;ニック・ブリュエル絵;きたのゆきこ訳 バベルプレス 2007年12月

「ポムおばさんの家」 ビショニエ文;ロバン;オトレオー絵;山口智子訳 文化出版局(クレマンチーヌとセレスタン) 1983年7月

「ボリスとバーバラ」 ディック・ブルーナ作;角野栄子訳 講談社(ブルーナのおはなし文庫3) 1994年4月

「ほんとにさよなら?」 中島和子作;田中四郎絵 フレーベル館(げんきわくわくえほん) 1998年3月

「ほんとは ちがうよ」 かさいまり作・絵 岩崎書店(えほんのマーチ17) 2004年6月

「まいごのたまご」 アソル・マクドナルド著;戸田早紀訳 文渓堂(なかよしザウルス1) 1999年9月

「マギーとかいぞく」 エズラ・ジャック・キーツ作;木島始訳 ほるぷ出版 1982年9月

「ますだくんとはじめてのせきがえ」 武田美穂作・絵 ポプラ社(えほんとなかよし46) 1996年12月

「ますだくんとまいごのみほちゃん」 武田美穂作・絵 ポプラ社(えほんとなかよし53) 1997年12月

「また あした」 さえぐさひろこ作;ひろかわさえこ絵 ひさかたチャイルド 2007年2月

「また!ねずみくんのホットケーキ」 なかえよしを作;上野紀子絵 ポプラ社(ねずみくんの絵本18) 2003年7月

「またあえるよね」 あいはらひろゆき作;こみねゆら絵 教育画劇 2008年2月

「まち―ぼくたちのいちにち」 小林豊作・絵 ポプラ社(えほんはともだち50) 1997年11月

子どもの世界・生活

「まつげの海のひこうせん」 山下明生作;杉浦範茂絵 偕成社 1983年1月

「まめうしとありす」 あきやまただし作・絵 PHP研究所(PHPわたしのえほんシリーズ) 1998年2月

「まめうしとつぶた」 あきやまただし作・絵 PHP研究所(PHPわたしのえほんシリーズ) 1999年3月

「マルチーヌおばさんのいえへ」 ジルベール・ドラエイ作;マルセル・マルリエ絵;黒木義典訳;板谷和雄文 ブック・ローン出版(ファランドールえほん18) 1980年9月

「まんげつのよるに」 きむらゆういち作;あべ弘士絵 講談社(大型版 あらしのよるにシリーズ7) 2006年2月;講談社(シリーズあらしのよるに7) 2005年11月

「ミイラくんあそぼうよ」 にしかわおさむ作・絵 PHP研究所(わたしのえほん) 2006年12月

「みかづきいけのカッパ」 かわだあゆこ文;みやじまともみ絵 アスラン書房(心の絵本) 2002年11月

「みずたまり ぴょん」 エマ・クエイ作;アナ・ウォーカー絵;まえざわあきえ訳 ひさかたチャイルド(いっしょにあそぼう!) 2010年9月

「みずたまりのメダカくん-アマガエルくんとなかまたち」 ふくざわゆみこ作・絵 PHP研究所(PHPにこにこえほん) 1998年4月

「ミッフィーとメラニー」 ディック・ブルーナ作;角野栄子訳 講談社(ミッフィーはじめてのえほん5) 2005年1月;講談社(ブルーナのおはなし文庫20) 2000年5月

「みてみておめめ」 梅田俊作;梅田佳子作 新日本出版社(新日本えほんのひろば5) 1990年10月

「みどりのネコとあかいワニ」 ブノア・ドゥベッケール作;及川美枝訳 ソニー・マガジンズ(にいるぶっくす) 2004年12月

「みみずの かんたろう」 田島征彦作 くもん出版 1992年6月

「ミンクのチム」 なかのてるし作;ながしまよういち絵 フレーベル館 1987年9月

「みんな だいじな なかま」 中村文人作;狩野富貴子絵 金の星社(新しいえほん) 2007年7月

「みんないっしょに」 ロブ・ルイス作;まつかわまゆみ訳 評論社(児童図書館・絵本の部屋) 2003年7月

「みんながおしゃべりはじめるぞ」 いとうひろし作 絵本館 2009年3月

「みんなでかいた」 清水えみ子;はせがわともこ作;はせがわともこ絵 童心社(清水えみ子・3歳児のえほん) 1976年7月

「みんなでつくったネズミごう」 谷真介作;草間俊行絵 佼成出版社 1986年11月

「みんなでわいわい」 大友幸子作・絵 講談社(こぎつねこんちゃん3) 1985年4月

「みんなでわたろう」 小池タミ子作;三好碩也絵 ひさかたチャイルド(ひさかたメルヘン4) 1981年9月

子どもの世界・生活

「みんなどうしているかしら」 こやまあけみ作；前田秀信絵 フレーベル館（フレーベル館のえほん・タイニーシリーズ26） 1982年2月

「みんななかよし りんらんろん」 マリー・コールマン文；フェオドール・ロジャンコフスキー絵；みらいなな訳 童話屋 2002年10月

「みんなのベロニカ」 ロジャー・デュボアザン作・絵；神宮輝夫訳 童話館出版 1997年6月

「みんなの空 みんなの心」 パム・ライアン作；メアリー・ホワイト絵；橋本和訳 エヌ・ティ・エス 2003年11月

「みんなペンギン」 フィリップ・ヴェヒター絵；ドロテー・ヘンティス文；服部いつみ訳 セーラー出版 1998年8月

「みんなみんなぼくのともだち」 福井義人文；竹内雅輝；高田真理子；堀晋輔；馬嶋純子絵 偕成社 1980年5月

「むらさきふうせん」 クリス・ラシュカ作；谷川俊太郎訳 BL出版 2008年6月

「メエメエさんとくろやぎくん」 ささやすゆき作・絵 金の星社（こどものくに傑作絵本） 1987年7月

「もうすぐ夏休み」 那須正幹作；永田萠絵 ポプラ社（絵本の時間26） 2003年6月

「もうひとり のれるよ」 イングリット・シューベルト；ディーター・シューベルト著；にれけいこ訳 星の環会 2004年2月

「モグとコロロ モグのおともだち」 なだゆみこ文；おまたたかこ絵 ひさかたチャイルド 2006年9月

「モグラさんとカエルさんのおはなしです」 舟崎靖子作；かみやしん絵 小峰書店（プチえほん8） 1988年11月

「もぐらのホリーともぐらいも」 あさみいくよ作 偕成社 2005年9月

「もごもご わにくん」 ひらのてつお作・絵 ポプラ社（えへんごほんえほん6） 1997年5月

「もりいちばんのおともだち―おおきなクマさんとちいさなヤマネくん」 ふくざわゆみこ作 福音館書店（日本傑作絵本シリーズ） 2002年10月

「もりでみつけたおともだち」 舟崎靖子作；建石修志絵 偕成社 1979年6月

「もりのジャンルとソフィ」 マルセル・マルリエ作・絵；黒木義典訳；板谷和雄文 ブックローン出版（ファランドールえほん25） 1984年1月

「もりのともだち」 アンドレ・ダーハン作；田島かの子訳 小学館 2002年11月

「もりのなかよし はたがすき」 赤星亮衛作 PHP研究所（PHPおはなしえほん7） 1980年7月

「もりへ さがしに」 村田清司絵；田島征三文 偕成社 1991年10月

「やきいもの日」 村上康成作・絵 徳間書店 2006年9月

「ヤギさんミルクは ともだちじるし」 はらだゆうこ作・絵；芳岡倫子英訳 旺文社（旺文社創作童話） 2005年2月

子どもの世界・生活

「やくそく」高田桂子作;杉浦範茂絵 ポプラ社(絵本のせかい29) 1979年5月

「やっぱり ぞうくん!」さくらともこ作;尾崎真吾絵 金の星社(新しいえほん) 1995年8月

「やっぱりともだち」ヘルメ・ハイネ作・絵;さかきなおこ訳 佑学社 1991年3月

「やっぱりなかよしおかしなふたり」ジェイムズ・マーシャル作;安藤紀子訳 偕成社(おかしなカバのジョージとマーサ) 2002年2月

「やっぱりねずみくんのチョッキ-ねみちゃんとねずみくんのえほん」なかえよしを作;上野紀子絵 ポプラ社(えほんはともだち28) 1993年5月

「やまからきたともだち」秋原秀夫作;鈴木義治絵 金の星社(こどものくに傑作絵本16) 1976年11月

「ヤマセミのうた」菊池日出夫著 童心社(絵本・ちいさななかまたち) 1994年4月

「やまのジャンルとソフィ」マルセル・マルリエ作・絵;黒木義典訳;板谷和雄文 ブックローン出版(ファランドールえほん27) 1984年1月

「ゆうきをだしてとぼう」アソル・マクドナルド著;戸田早紀訳 文渓堂(なかよしザウルス2) 1999年9月

「ゆうくんとぼうし」神沢利子文;織茂恭子絵 サンリード(創作えほん) 1983年5月

「ゆうくんのおひなさま」武鹿悦子作;土田義晴絵 佼成出版社(園児のすくすく絵本8) 1988年2月

「ゆうだちのともだち」いわむらかずお絵・文 至光社(こりすのシリーズ) 2002年7月

「ゆうたのオオムラサキ」ふりやかよこ著 文研出版(えほんのもり) 2005年6月

「ゆかいな いす」桑原伸之絵・文 あすなろ書房(小さなこどもえほん) 2007年5月

「ゆかいなクレヨンぐみ」真木文絵作;石倉ヒロユキ絵 ひさかたチャイルド 2005年1月

「ゆきぐにのこじか」大石真作;鈴木義治絵 ひさかたチャイルド(ひさかたメルヘン26) 1982年9月

「ゆきだるまのプレゼント」いしいつとむ作 佑学社 1989年10月

「ゆきのともだち」イアン・ホワイブロウ作;ティファニー・ビーク絵;木坂涼訳 理論社 2003年10月

「ゆっくとすっく きょうからおともだち」さこももみ絵;たかてらかよ文 ひかりのくに 2010年6月

「ユックリとジョジョニ」荒井良二作 ほるぷ出版(イメージの森) 1991年3月

「よかったな」矢崎節夫文;中村景児絵 ひかりのくに(思いやり絵本シリーズ5) 1996年5月

「よかったなあ、かあちゃん」西本鶏介文;伊藤秀男絵 講談社(講談社の創作絵本) 2009年8月

「よもぎのはらのおともだち」あまんきみこ作;やまわきゆりこ絵 PHP研究所(PHPのえほん) 1985年11月

子どもの世界・生活

「よるのともだち」 岩村和朗絵・文;三浦万寿子原案 至光社 1982年1月

「よわむしルーとミーのあらしの ひって たのしいな」 あべはじめ作 くもん出版(くすくすもりのなかまたち2) 1992年4月

「ライオンくんはひとりぼっち」 ジョン・アストロップ作・絵;舟崎克彦訳 ポプラ社(世界のほんやくえほん13) 1979年9月

「ライオンとぼく」 垂石眞子作 偕成社 2008年12月

「らいおんのがお」 寺村輝夫文;多田ヒロシ絵 ブッキング(復刊傑作幼児絵本シリーズ4) 2008年2月

「ららちゃんのさようなら」 さいとうきみこ文;ないとうさだお絵 実業之日本社 1981年11月

「リサとガスパールのであい」 アン・グッドマン文;ゲオルグ・ハレンスレーベン絵;石津ちひろ訳 ブロンズ新社 2002年5月

「リッキーとアンリ-みなしごチンパンジーと犬の友情物語」 ジェーン・グドール作;アラン・マークス絵;赤尾秀子訳 BL出版 2005年6月

「リッキとアニー」 ヒド・ファン・ヘネヒテン作・絵;のざかえつこ訳 フレーベル館 2002年3月

「リッキとおともだち」 ヒド・ファン・ヘネヒテン作・絵;のさかえつこ訳 フレーベル館 2004年8月

「リトルクワック おともだち」 ローレン・トンプソン文;デレック・アンダーソン絵;オオノトモコ訳 ジェネオンエンタテインメント 2007年11月

「リュウのたからもの-ナンとあおいほしのなかまたち」 たちのけいこ作・絵 PHP研究所(わたしのえほん) 1997年6月

「りんご ぽいぽい」 デビッド・マッキー作;なかがわちひろ訳 光村教育図書 2006年8月

「りんごがたべたいねずみくん」 なかえよしを作;上野紀子絵 ポプラ社(ねずみくんの小さな絵本2) 2004年10月

「リンゴとカラス麦」 フランク・アッシュ絵・文;山口文生訳 評論社(児童図書館・絵本の部屋) 1992年7月

「ルーシーのしあわせ」 エドワード・アーディゾーニ作;多田ひろみ訳 冨山房 1976年2月

「レアの星-友だちの死」 パトリック・ジルソン文;クロード・K.デュボア絵;野坂悦子訳 くもん出版 2003年9月

「レモネードはいかが」 シンシア・パターソン;ブライアン・パターソン作・絵;三木卓訳 金の星社(フォックスウッドものがたり1) 1986年7月

「ローズとアイリス」 メグ・ホソキ文・絵 文渓堂 2003年9月

「ろくすけどないしたんや」 灰谷健次郎文;坪谷令子絵 理論社 1980年7月

「ろくべえまってろよ」 灰谷健次郎作;長新太絵 文研出版(みるみる絵本) 1975年8月

「ロバートのふしぎなともだち」 マーガレット・マヒー文;スティーブン・ケロッグ絵;内田莉莎子訳 ほるぷ出版 1978年11月

子どもの世界・生活

「ワオとレオンのどっきりやっぱりまちあわせ」 きむらゆういち作；えむらしんいち絵　長崎出版　2008年10月

「わたし」　大橋歩作　CBS・ソニー出版　1981年3月

「わたしのゆきちゃん」 いしいつとむ文・絵　童心社（絵本・こどものひろば）　2009年11月

「わたしようちえんにいくの」 ローレンス・アンホールト文；キャスリーン・アンホールト絵；角野栄子訳　文化出版局　1993年3月

「わんぱくだんの ガリバーランド」 ゆきのゆみこ；上野与志作；末崎茂樹絵　ひさかたチャイルド　2007年9月

「わんぱくだんのかいていたんけん」 ゆきのゆみこ；上野与志作；末崎茂樹絵　ひさかたチャイルド　1996年6月

「わんぱくだんのきょうりゅうたんけん」 ゆきのゆみこ；上野与志作；末崎茂樹絵　ひさかたチャイルド　2005年8月

「わんぱくだんのクリスマス」 ゆきのゆみこ；上野与志作；末崎茂樹絵　ひさかたチャイルド　2005年10月

「わんぱくだんのたからじま」 ゆきのゆみこ；上野与志作；末崎茂樹絵　ひさかたチャイルド　1992年5月

「わんぱくだんのにんじゃごっこ」 ゆきのゆみこ；上野与志作；末崎茂樹絵　ひさかたチャイルド　2003年10月

「わんぱくだんのはらっぱジャングル」 ゆきのゆみこ；上野与志作；末崎茂樹絵　ひさかたチャイルド　2001年3月

「わんぱくだんのゆきまつり」 ゆきのゆみこ；上野与志作；末崎茂樹絵　ひさかたチャイルド　1997年1月

「わんぱくだんのロボットランド」 ゆきのゆみこ；上野与志作；末崎茂樹絵　ひさかたチャイルド　1995年4月

「わんぱくだんはしれ！いちばんぼし」 ゆきのゆみこ；上野与志作；末崎茂樹絵　チャイルド本社（大きな大きな絵本9）　2006年3月；ひさかたチャイルド　1993年4月

「悪ガキ絵日記」 村上勉著　フレーベル館　1995年7月

「雨の日のふたりーしんくんとのんちゃん」 とりごえまり著　アリス館　2003年4月

「海からきたカサゴン」 いとうじゅんいち作・絵　徳間書店　1998年7月

「海のやくそく」 山下明生作；しまだしほ絵　佼成出版社　2002年6月

「劇をしようよ」 モニカ・レイムグルーパー作；大島かおり訳　ほるぷ出版　1981年12月

「古いお城のおともだち」 市川里美作　偕成社　1984年11月

「山小屋の冬休み」 ビショニエ文；ロバン；オトレオー絵；山口智子訳　文化出版局（クレマンチーヌとセレスタン）　1983年11月

子どもの世界・生活

「子うさぎヌップのふわふわふとん」 タルリーサ・ヴァルスタ作;稲垣美晴訳 あかね書房(あかね・新えほんシリーズ4) 2000年2月

「飼育係長」 よしながこうたく作 長崎出版 2008年2月

「信じるきもち」 岡花見著 学習研究社(名犬チャンス物語1) 2001年11月

「森にうまれた愛の物語-野生チンパンジーのなかまたち」 ジェーン・グドール文;アラン・マークス絵;河合雅雄訳 講談社(講談社の翻訳絵本) 1998年11月

「森のかいぶつドギモヌキ」 ゲオルグ・ハレンスレーベン作;今江祥智訳 ブロンズ新社 2001年12月

「森の大パーティー」 A.A.ミルン原作;末吉暁子訳 フレーベル館(おはなしプーさんえほん) 2001年3月

「森の中のピクニック」 ビショニエ文;ロバン;オトレオー絵;山口智子訳 文化出版局(クレマンチーヌとセレスタン) 1983年11月

「親友だってひみつはひみつ」 ジェイムズ・マーシャル作;安藤紀子訳 偕成社(おかしなカバのジョージとマーサ) 2002年1月

「青いかいじゅうと赤いかいじゅう」 デイビッド・マッキー作;北沢杏子文 アーニ出版(あいとへいわのえほん) 1989年11月

「大だこマストンとかいぞくせんのたから」 にしかわおさむ文・絵 ぎょうせい(そうさくえほん館7-空想の世界であそぼう) 1992年8月

「中田くん、うちゅうまで行こ!」 さえぐさひろこ文;佐藤繁絵 童心社(絵本・こどものひろば) 2009年11月

「天の笛」 斎藤隆介作;藤城清治絵 佼成出版社 1978年10月

「天使のつばさ」 Tama文;百瀬博之絵 サンリオ(サンリオ創作絵本) 2007年12月

「白銀色の友はどこへ」 蛍大介作;黒木ひろたか絵 七賢出版 1995年10月

「帆かけ舟、空を行く」 クェンティン・ブレイク作;柳瀬尚紀訳 評論社(児童図書館・絵本の部屋) 2007年9月

「風切る翼」 木村裕一作;黒田征太郎絵 講談社 2002年9月

「魔女の庭」 リディア・ポストマ作;熊倉美康訳 偕成社 1983年4月

「木からおちたことりさん」 赤星亮衛作・絵 岩崎書店(えほん・ドリームランド8) 1981年5月

「木は ぼくの ともだち」 カルメ・ソレ作・絵;大脇美智子訳 新世研 1992年12月

「友だちという名の宝箱」 パム・ライアン作;メアリー・ホワイト絵;橋本和訳 エヌ・ティ・エス 2001年8月

遊び＞いたずら

「いたずら かまきり キリリ」 得田之久作 童心社(とびだす虫のえほん) 2003年6月

子どもの世界・生活

「いたずらうさぎチュローチュ」 たじまゆきひこ著　童心社(絵本・こどものひろば)　1999年10月

「いたずらうさぎデイビー わざとじゃないもん」 イブ・タルレ絵;ブリギッテ・ヴェニンガー文;立原えりか訳　講談社(世界の絵本)　1997年5月

「いたずらおうむパパガヨ」 ジェラルド・マクダーモット作;辺見まさなお訳　ほるぷ出版　1985年7月

「いたずらけんぼう」 小寺瑞枝編;津田櫓冬絵　岩崎書店(母と子の絵本5)　1973年8月

「いたずらこねこ」 バーナディン・クック文;レミイ・シャーリップ絵;まさきるりこ訳　福音館書店(世界傑作絵本シリーズ・アメリカの絵本)　1964年11月

「いたずらコヨーテ キュウ」 どいかや作　BL出版　1999年1月

「いたずらしゅるるーん」 みのわむねひろ作・絵　ポプラ社(くまの子たんたん2)　1982年1月

「いたずらっこいっちゃった」 黒木まさお文;長谷川知子絵　ポプラ社(絵本のひろば2)　1974年6月

「いたずらっこのきたかぜさん」 山脇恭文;村上康成絵　ひさかたチャイルド　2007年11月

「いたずらっ子とおまわりさん」 P.バイスマン作;D.ズイラッフ画;桂芳樹訳　小学館(世界の創作童話5)　1979年7月

「いたずらボギーのファンガスくん」 レイモンド・ブリッグズ作;かたやまあつし訳　篠崎書林　1979年5月

「いたずらララちゃん」 なかえよしを作;上野紀子絵　ポプラ社　1986年11月

「いたずらロラン」 ネリー・ステファヌ作;アンドレ・フランソワ絵;かわぐちけいこ訳　福音館書店　1994年10月

「えっ、木がしゃべった?」 ジョン・ヒメルマン作;もりひさ志訳　佑学社　1987年7月

「エルマー!エルマー!」 デビッド・マッキー文・絵;きたむらさとし訳　BL出版(ぞうのエルマー2)　2002年5月

「おいかけっこ」 もろはらじろう作・絵　岩崎書店(ピチピチえほん16)　1981年10月

「おうむのいたずら」 カザけいこ作絵・文　さ・え・ら書房(さ・え・ら創作絵本)　1981年4月

「おえかきだいすき」 井上よう子作;滝原愛治絵　偕成社(まじょっこチャッピー5)　1994年10月

「オオカミだー!」 ステファニー・ブレイク作・絵;ふしみみさを訳　PHP研究所　2006年12月

「おおかみのでんわ」 せなけいこ作・絵　金の星社(こどものくに傑作絵本)　2001年3月

「おさるのジョージ パレードにでる」 M.レイ;H.A.レイ原作;渡辺茂男訳　岩波書店　2000年10月

「おばけだ わいわいピンキー・ブウ」 マルタ・コチ作・絵;保富康午文　学習研究社(国際版せかいのえほん14)　1985年1月

子どもの世界・生活

「くすぐりくん」 ロジャー・ハーグレーヴス作；たむらりゅういち訳　評論社（みすた・ぶっくす10）　1985年12月

「こうしてぼくは海賊になった」 メリンダ・ロング文；デイビッド・シャノン絵；小川仁央訳　評論社（児童図書館・絵本の部屋）　2006年8月

「ごうた、1年生でしょっ」 すとうあさえ文；おおしまりえ絵　文研出版（えほんのもり）　2010年1月

「こちょこちょももんちゃん」 とよたかずひこ作・絵　童心社（ももんちゃんあそぼう）　2010年3月

「ごろはちだいみょうじん」 中川正文作；梶山俊夫絵　福音館書店（こどものとも傑作集）　1969年8月；福音館書店　1969年1月

「さあ、犬になるんだ！」 C.V.オールズバーグ絵・文；村上春樹訳　河出書房新社　2006年12月

「じゃんぐる・じゃんはいたずらっこ」 磯田和一作・絵　ひさかたチャイルド（ひさかたメルヘン39）　1983年8月

「タウザーのあっかんべえ！」 トニー・ロス作；山脇恭訳　ペンタン（タウザーの本）　1985年10月

「タオルおばけ」 松原巖樹作・絵　フレーベル館（キンダーおはなしえほん傑作選4）　1976年5月

「だめよ、デイビッド」 デイビッド・シャノン作；小川仁央訳　評論社（児童図書館・絵本の部屋）　2001年4月

「チック タック」 アイリーン・ブラウン文；デビット・パーキンズ絵；小川仁央訳　評論社（児童図書館・絵本の部屋）　1996年8月

「デイビッド がっこうへいく」 デイビッド・シャノン作；小川仁央訳　評論社（児童図書館・絵本の部屋）　2001年9月

「デイビッドがやっちゃった！」 デイビッド・シャノン作；小川仁央訳　評論社（児童図書館・絵本の部屋）　2004年11月

「ティル・オイレンシュピーゲルのゆかいないたずら」 リスベート・ツヴェルガー絵；ハインツ・ヤーニッシュ文；阿部謹也訳　太平社　1991年6月

「どうぞかんべん」 椋鳩十作；五百住乙絵　あすなろ書房　1977年3月

「トム」 トミー・デ・パオラ作；福本友美子訳　光村教育図書　2008年6月

「どろんこ」 アラン・メッツ作；石津ちひろ訳　パロル舎　2005年10月

「にちようのあさはすてき」 ジュディス・ヴィオースト文；ヒラリー・ナイト絵；入江真佐子訳　ほるぷ出版　1989年8月

「にゅぐにゅぐ ぷちゅぷちゅ」 間所ひさこ文；河本祥子絵　講談社　1978年6月

「はねーるのいたずら」 村山桂子作；柿本幸造絵　フレーベル館（うさぎのはねーるくんシリーズ1）　1981年7月

子どもの世界・生活

「ペネロペ たねをまく」 アン・グットマン文；ゲオルグ・ハレンスレーベン絵；ひがしかずこ訳 岩崎書店（ペネロペアニメえほん4） 2009年9月

「へびのたまご?」 accototo作 遊タイム出版 2008年12月

「べんきょうなんて やるもんか!」 キム・ヨンジン絵；イ・ジェウォン作；チョン・ミヘ訳 フレーベル館 2007年9月

「ぼくキッパー」 ミック・インクペン作；角野栄子訳 小学館 1991年12月

「ぽつんこかっぱ」 佐川美代太郎作 こぐま社 1986年4月

「ぽんこちゃんのどろろんぱ」 たかどのほうこ作 あかね書房（えほん、よんで！12） 2005年12月

「まあちゃんのまほう」 たかどのほうこ作 福音館書店（こどものとも傑作集） 2003年4月

「マクスとモーリツのいたずら」 ヴィルヘルム・ブッシュ文・絵；上田真而子訳 岩波書店 1986年4月

「マックスとモーリッツ」 ヴィルヘルム・ブッシュ作；佐々木田鶴子訳 ほるぷ出版（ほるぷクラシック絵本） 1986年1月

「まっくろけ」 北村想作；荒井良二絵 小峰書店（えほんひろば） 2004年11月

「ママ、おこらないで」 ポール・ドーリング作・絵；きざきふうこ訳 岩崎書店（世界の絵本6） 1992年12月

「みつごのおてんばむすめ いたずらだいすき」 メルセ・コンパニュ文；ルゼ・カプデヴィラ絵；竹田篤司；辻祀訳 DEMPA/ペンタン 1989年9月

「みんなびっくり」 長新太作 こぐま社 1983年5月

「めがねのたっくん」 しみずみちを作；渡辺有一絵 岩崎書店（ピチピチえほん14） 1981年6月

「もぐらのおとしあな」 いわきたかし文；しまだみつお絵 童話屋 1982年2月

「もっくりやまのごろったぎつね」 征矢清作；小沢良吉絵 小峰書店 2002年3月

「モモルのびっくりばこ」 関屋栄一文；大道あや絵 小峰書店（こみね創作えほん7） 1978年1月

「リサとガスパールデパートのいちにち」 アン・グットマン著；ゲオルグ・ハレンスレーベン絵；石津ちひろ訳 ブロンズ新社（リサとガスパールのおおがたえほん） 2003年11月

「リサとガスパールのたいくつないちにち」 アン・グッドマン文；ゲオルグ・ハレンスレーベン絵；石津ちひろ訳 ブロンズ新社 2004年2月

「わゴムはどのくらいのびるかしら？」 マイク・サーラー文；ジェリー・ジョイナー絵；岸田衿子訳 ほるぷ出版 1976年9月

「わんぱくえほん-ひとつひとつのひとくちばなし」 飯野和好作 偕成社 1981年11月

子どもの世界・生活

遊び＞おしくらまんじゅう

「おしくら・まんじゅう」 かがくいひろし作 ブロンズ新社 2009年5月

遊び＞お絵かき

「あおいでんしゃにのって」 穂高順也文・絵 日本標準 2009年11月

「あおいはねのえんぴつ」 武藤三郎作;A.カウフマン絵 岩崎書店(母と子の絵本31) 1976年6月

「あかくん あおくん きいろちゃん」 あかぼしりょうえ文・絵 国土社(国土社の幼年えほん4) 1981年9月

「アリスとパトー えのコンクール」 エリザベス・ミラー;ジェイン・コーエン文;ヴィクトリア・チェス絵;西園寺知子訳 文化出版局 1982年9月

「ウィルキィのちきゅう」 エディス・サッチャー・ハード作;クレメント・ハード絵;みやけおきこ訳 トモ企画 1984年1月

「うんこ日記」 村中李衣;川端誠作 BL出版 2004年7月

「えかきむしのきもち」 中川洋典作 童心社(絵本・こどものひろば) 2009年4月

「えのすきなねこさん」 にしまきかやこ作 童心社 1986年2月

「えをかくどんくまさん」 柿本幸造絵;蔵冨千鶴子文 至光社(ブッククラブ国際版絵本) 1985年1月

「えんぴつくん」 アラン・アルバーグ作;ブルース・イングマン絵;福本友美子訳 小学館 2008年11月

「えんぴつはかせ」 山岡ひかる作 偕成社 2004年7月

「おえかきしたいえのぐちゃん」 のぶみ作・絵 PHP研究所(PHPにこにこえほん) 2007年10月

「おえかきだいすき! クレヨン」 岡井禎浩監修;柿田ゆかり絵;中島妙文 チャイルド本社(ものづくり絵本シリーズ どうやってできるの?8) 2007年11月

「おえかきだいすき」 井上よう子作;滝原愛治絵 偕成社(まじょっこチャッピー5) 1994年10月

「お月さまのかお」 ゲルダ・マリー・シャイドル文;アントニー・ボラチンスキー絵;神品友子訳 ほるぷ出版 1976年9月

「がたごとごーごー」 戸田和代文;三井小夜子絵 文化出版局 1999年5月

「がんばれ!ぺったんのりたろう」 磯みゆき作・絵 ひさかたチャイルド 2009年9月

「グレー・ラビットのスケッチ・ブック」 アリスン・アトリー作;マーガレット・テンペスト絵;河野純三訳 評論社(児童図書館・絵本の部屋 グレー・ラビット10) 1982年11月

「くれよん ぐるぐる」 まつながあき作;はやしるい絵 くもん出版(はめてであうえほんシリーズ) 2009年2月

子どもの世界・生活

「くれよんおばけ」 山花郁子作；瀬名恵子絵 小峰書店（えほんらんど11） 1982年2月

「クレヨンの はしご」 板橋敦子作・絵 ひさかたチャイルド 2007年3月

「くれよんのはなし」 ドン・フリーマン作；西園寺祥子訳 ほるぷ出版 1976年10月

「くろくんとなぞのおばけ」 なかやみわ作・絵 童心社（絵本・こどものひろば） 2009年7月

「くろくんとふしぎなともだち」 なかやみわ作・絵 童心社 2004年8月

「さかなはおよぐ」 ヒルミー・トウニイ絵；ハサン・アブダッラー文；ぬたはらのぶあき訳 すばる書房 1983年1月

「しあわせヘクター」 ポリー・ダンバー作・絵；もとしたいづみ訳 偕成社（ティリーとおともだちブック） 2009年1月

「しましまってすばらしい」 ポウル・マール作・画；志賀朝子訳 小学館（世界の創作童話17） 1981年4月

「しろいくれよん」 山元清多作；きったみちこ絵 PHP研究所（PHPおはなしプレゼント） 1979年3月

「しろいことり」 司修絵；岸田今日子作 フレーベル館 1986年5月

「しろいふね」 南本樹作 フレーベル館（南本樹ファンタジーランド8） 1985年7月

「そらとぶクレヨン」 竹下文子文；鈴木まもる絵 金の星社 2006年3月

「ちいさなくれよん」 篠塚かをり作；安井淡絵 金の星社（読みきかせ大型絵本） 2002年5月

「チョークランドのサイモン」 エドワード・マクラクラン文・絵；奥田継夫訳 アリス館牧新社 1979年7月

「つばさをちょうだい」 ハインツ・ヤーニッシュ作；ゼルダ・マルリン・ソーガンツィ絵；中村智子訳 フレーベル館 2008年5月

「てのひらどうぶつえん」 ハン・テヒ作；星あキラ；キム・ヨンジョン共訳 瑞雲舎 2007年4月

「なにをかこうかな」 マーグレット・レイ；H.A.レイ作；中川健蔵訳 文化出版局 1984年9月

「なにをかこうかな」 七尾純作；今井弓子絵 好学社（カンガルーブック8） 1973年1月

「ねこのエレメノピオ」 ハリエット・ジーフェルト文；ドナルド・サーフ絵；泉山真奈美訳 朔北社 2002年2月

「のりののりこさん」 かとうまふみ作 BL出版 2007年3月

「のりののりこさん」 かとうまふみ作 BL出版 2007年3月

「はじめてのお絵かき」 ジュディス・コッペン絵・文；東森プリン訳 アシェット婦人画報社 2005年12月

「パディントンのてんらんかい」 マイケル・ボンド文；デイビッド・マッキー絵；かんどりのぶお訳 アリス館（えほんくまのパディントン3） 1985年11月

子どもの世界・生活

「ババールのえかきさん」 L.ド・ブリュノフ作；しまづさとし訳；おのかずこ文　評論社（ミニ・ババール5）　1979年4月

「はろるどとむらさきのくれよん」 クロケット・ジョンソン作；岸田衿子訳　文化出版局　1972年6月

「はろるどのふしぎなぼうけん」 クロケット・ジョンソン作；岸田衿子訳　文化出版局　1971年11月

「はろるどまほうのくにへ」 クロケット・ジョンソン作；岸田衿子訳　文化出版局　1972年6月

「ひげなしねこ みゃん」 岸川悦子文；稲本みえ子絵　銀河社（わたしねちこちゃん3）　1983年4月

「ひみつのノート」 スージー・モルゲンステルン作；セヴリーヌ・コルディエ絵；みやまさくら翻案　ジュリアン（エマといっしょに1）　2008年7月

「ペンキやさんの白えのぐ」 松村雅子作；松村太三郎絵　偕成社　1983年4月

「ペンギンのルーちゃん」 メラニー・ワット作；福本友美子訳　小学館　2007年10月

「ぼくのくれよん」 長新太作・絵　銀河社（銀河社の創作絵本）　1977年6月

「ぼくのスケッチブック」 山下奈美作；ひろいのりこ絵　BL出版　2005年12月

「ぼくはブラーだ！」 ジャック・ケント作・絵；舟崎克彦訳　佑学社（アメリカ創作絵本シリーズ3）　1979年8月

「ぼくはぼくのえをかくよ」 荒井良二作　学研教育出版（学研おはなし絵本）　2010年10月

「まほうのえのぐ」 林明子作　福音館書店（こどものとも傑作集）　1997年8月

「みつけたね、ちびくまくん！」 デイヴィッド・ルーカス作；成沢栄里子訳　BL出版　2009年10月

「みんなでかいた」 清水えみ子；はせがわともこ作；はせがわともこ絵　童心社（清水えみ子・3歳児のえほん）　1976年7月

「ムッピ、どうしてないてるの？」 たはらともみ作　ポプラ社（ムッピのえほん2）　2007年9月

「モモちゃんのまほう」 松谷みよ子文；武田美穂絵　講談社（ちいさいモモちゃんえほん2）　1995年6月

「ゆかいなクレヨンぐみ」 真木文絵作；石倉ヒロユキ絵　ひさかたチャイルド　2005年1月

「ラビとペン 空とぶクレヨン電車」 速見真作・絵　エクセル・パブリケーションズ　2007年10月

「天使のえんぴつ」 クェンティン・ブレイク作；柳瀬尚紀訳　評論社（児童図書館・絵本の部屋）　2008年4月

遊び＞かくれんぼ

「7ひきのこぐまのかくれんぼ」 たかはしかおり作・絵　ひさかたチャイルド　2009年5月

子どもの世界・生活

「いちょうかくれんぼ」 久野陽子文;梶山俊夫絵 童心社(絵本・ちいさななかまたち)
1999年11月
「うずらちゃんのかくれんぼ」 きもとももこ作 福音館書店(幼児絵本シリーズ) 1994年2月
「うわさのようちえん かくれんぼのうわさ」 きたやまようこ作 講談社(講談社の創作絵本)
2009年7月
「おさるのかくれんぼ」 いとうひろし作・絵 講談社(講談社の創作絵本) 2007年4月
「おじいちゃんとかくれんぼ」 ロブ・ルイス作;かねはらみずひと訳 ほるぷ出版 1997年5月
「おべんとうかくれんぼ」 中林影作・絵 岩崎書店(ピチピチえほん15) 1981年7月
「おもちゃの かくれんぼ」 桑原伸之作 あすなろ書房 2009年7月
「かくれんぼ かくれんぼ」 五味太郎作 偕成社(ちいさいえほん20) 1978年8月
「かくれんぼ タンプティ」 ポリー・ダンバー作・絵;もとしたいづみ訳 偕成社(ティリーとおともだちブック) 2009年9月
「かくれんぼ」 さとうわきこ作・絵 講談社(ちっちゃなひよこちゃんのえほん) 1975年10月
「かくれんぼ」 せなけいこ作・絵 鈴木出版(チューリップえほんシリーズ) 2007年11月
「かくれんぼ」 七尾純作;高瀬のぶえ絵 河出書房新社(ホッターのびのび1) 1986年2月
「かくれんぼ」 神沢利子文;佐々木麻こ絵 偕成社 1983年10月
「かくれんぼ」 杉田豊絵・文 至光社(ブッククラブ国際版絵本) 1982年1月
「かくれんぼうさぎ」 松野正子作;古川暢子絵 文研出版(ジョイフルえほん傑作集9)
1974年10月
「かくれんぼおに」 こいでやすこ作・絵 ぎょうせい(そうさくえほん館5-なかまっていいな)
1992年7月
「かくれんぼころわん」 間所ひさこ作;黒井健絵 ひさかたチャイルド 2001年1月
「かくれんぼぞうさん」 デービッド・マクフェイル作・絵;中川健蔵訳 トモ企画 1983年1月
「かくれんぼぞろぞろ」 木村裕一;礒みゆき作・絵 PHP研究所(PHPにこにこえほん)
1994年8月
「かくれんぼだいすき」 大友幸子作・絵 講談社(こぎつねこんちゃん2) 1985年4月
「かくれんぼの国」 武鹿悦子作;牧野鈴子絵 小峰書店 1986年12月
「かくれんぼももんちゃん」 とよたかずひこ作・絵 童心社(ももんちゃんあそぼう) 2003年4月
「かくれんぼをしたシマハギ」 永原達也作 こぐま社 1982年10月
「かぜのこタアチ」 たざきれいこ絵;まきはらともみ文 さ・え・ら書房(さ・え・ら創作絵本)
1980年11月
「かにのかくれんぼ」 平田良一作;久保雅勇絵 金の星社(しぜんくにえほん) 1978年6月

子どもの世界・生活

「キビタン-かくれんぼ絵本」ジタ・ユッカー絵;クルト・バウマン作;ウィルヘルム・きくえ訳 太平社 1984年5月

「これ、なあに？」バージニア・A.イエンセン;ドーカス・W.ハラー作;くまがいいくえ訳 偕成社 1979年1月

「じゃんけんぽんでかくれんぼ！」わたりむつこ作;つおみちこ絵 国土社(あかいくまくんシリーズ2) 1993年6月

「スーザンのかくれんぼ」ルイス・スロボドキン作;やまぬしとしこ訳 偕成社 2006年6月

「タツノオトシゴのかくれんぼ」ステラ・ブラックストーン文;クレア・ビートン絵;藤田千枝訳 光村教育図書 2007年3月

「ちいさなおひめさま」かどのえいこ文;にしまきかやこ絵 ポプラ社(みんなで絵本1) 2001年11月

「ちいさなしろいさかなの10ぴきみーつけた！」ヒド・ファン・ヘネヒテン作;ひしきあきらこ訳 フレーベル館 2004年11月

「ちいちゃんとかくれんぼ」しみずみちを文・絵 銀河社(ちいちゃんえほん2) 1983年4月

「どこへいったの、お月さま」フランク・アッシュ絵・文;山口文生訳 評論社(児童図書館・絵本の部屋) 1987年10月

「ねずみきょうだいのだいかくれんぼたいかい」まつもとしゅんすけ作・絵 教育画劇 2010年7月

「ねずみくんとかくれんぼ」なかえよしを作;上野紀子絵 ポプラ社(ねずみくんの絵本22) 2005年9月

「パオちゃんのかくれんぼ」なかがわみちこ作・絵 PHP研究所 1983年9月

「プリンちゃんのかくれんぼ」ささきようこ作・絵 ポプラ社(プリンちゃんシリーズ2) 2000年11月

「ぼくとかれんの かくれんぼ」あきびんご作 くもん出版 2010年3月

「み〜つけた！」上野与志作;間瀬なおかた絵 ひさかたチャイルド 2008年4月

「みーつけた」もろはらじろう作・絵 鈴木出版(たんぽぽえほんシリーズ) 2008年3月

「むしたちのかくれんぼ」得田之久文;久住卓也絵 童心社(絵本・こどものひろば) 2009年4月

「もういいかい まぁだだよ」岩村和朗作 偕成社(創作えほん26) 1978年10月

「もういいかい？」ファン・ウェンユー作・絵;ふせまさこ文 新世研 2004年1月

「もういーかい」いもとようこ作・絵 金の星社(こねこちゃんえほん5) 1983年5月

「もういいかい」岡野薫子文;太田大八絵 講談社 1976年6月

「もういいかいもういいかいのかくれんぼ」長谷川知子作・絵 白泉社(えほんらんど10) 1984年1月

「もりのかくれんぼう」末吉暁子作;林明子絵 偕成社 1978年11月

子どもの世界・生活

「ライオンのかくれんぼ」 やすいすえこ作;黒井健絵　ひかりのくに(ひかりのくに傑作絵本集12)　2000年5月

「リトルクワック かくれんぼ」 ローレン・トンプソン文;デレック・アンダーソン絵;オオノトモコ訳　ジェネオンエンタテインメント　2007年9月

「ワオとレオンのぐるぐるぽかぽかかくれんぼ」 きむらゆういち作;えむらしんいち絵　長崎出版　2009年4月

「森のなかへ」 アンソニー・ブラウン作;灰島かり訳　評論社(児童図書館・絵本の部屋)　2004年7月

遊び＞かげ遊び

「か・げ」 武田美穂絵・文　理論社　2007年3月

「かげ」 篠原勝之作　すばる書房　1976年12月

「かげは ぜったい とれない」 アン・トンパート作;リン・マンシンガー絵;レヴィン幸子訳　新世研　1992年11月

「かげふみあそび」 武鹿悦子作;末崎茂樹絵　フレーベル館(おはなしえほんシリーズ13)　2008年8月

「くいしんぼうず」 つきおかゆみこ文・絵　くもん出版　2007年3月

「こぶた かげこぶた」 小野かおる作　福音館書店　1981年11月

「テントとまねっこおばけ」 リカルド・アルカンターラ作;グスティ絵;しまむらかよ訳　ポプラ社(こいぬのテント4)　2002年4月

「ぼくのかげ-かげあそび」 さぶさちえ作　あかね書房(あそびみつけた4)　2007年2月

遊び＞ゲーム

「ザスーラ」 クリス・バン・オールスバーグ作;金原瑞人訳　ほるぷ出版　2003年9月

遊び＞ごっこ遊び

「3びきのこぶたのおみせやさんごっこ」 あさのななみ作;長浜宏絵　PHP研究所(PHPわたしのえほんシリーズ)　2002年7月

「イサムのひこうき」 佐藤さとる文;岩村和朗絵　偕成社　1974年6月

「うさぎのロロ かぜとびごっこ」 正道かほる作;渡辺洋二絵　PHP研究所(PHPわたしのえほんシリーズ)　2000年3月

「うさぎのロロ かぜとびごっこ」 正道かほる作;渡辺洋二絵　PHP研究所(わたしのえほん)　2000年3月

「うみをあげるよ」 山下明生作;村上勉絵　秋書房　1977年12月

「おかっさまごっこ-小さい小さいこいものがたり」 代田昇文;二俣英五郎絵　童心社(絵本・こどものひろば)　1996年3月

子どもの世界・生活

「おさるのまねっこ」 いとうひろし作・絵 講談社(講談社の創作絵本) 2007年7月

「おじいちゃんとテオのすてきな庭」 アンドリュー・ラースン文;アイリーン・ルックスバーカー絵;みはらいずみ訳 あすなろ書房 2009年10月

「おにごっこだいすき」 今江祥智文;村上康成絵 文研出版(えほんのもり) 2010年1月

「おへやだいぼうけん」 ほりかわりまこ作・絵 教育画劇 2009年10月

「おるすばんごっこ」 キャサリーナ・グロスマン・ヘンゼル作;今江祥智訳 BL出版 2005年3月

「カイジュウゴッコ」 山本孝作・絵 教育画劇 2010年7月

「かっちゃん ワニになる」 あかさかひろこ作・絵 解放出版社 1997年11月

「かばのもっこり ぼくはかばつむり」 おおはしえみこ作;いけずみひろこ絵 ひさかたチャイルド 2008年5月

「クマさんのトラック」 篠塚かをり作;いしいじゅね絵 けやき書房(けやきの絵本) 2004年10月

「くまのヌーヌーとこやへいく」 クロード・レイデュ文;ポール・デュラン絵;木村庄三郎訳 講談社(世界の絵本フランス) 1971年10月

「くものはらクリーニングてん」 矢崎節夫文;福原ゆきお絵 フレーベル館(キンダーおはなしえほん) 1985年4月

「コッコさんのおみせ」 片山健作・絵 福音館書店(幼児絵本シリーズ) 1995年1月

「こりすのおかあさん」 浜田広介文;柿本幸造絵 偕成社(ひろすけ絵本) 1966年3月

「こりすのトトはしゃしんやさん」 あすかけん作 偕成社 1986年1月

「さばくごっこしようよ!」 インガー・サンドベリ文;ラッセ・サンドベリ絵;木村由利子訳 アリス館牧新社 1976年11月

「さんびきねこの かいぞくごっこ」 上野与志作;礒みゆき絵 ひさかたチャイルド 2006年5月

「たっくんの おしろ」 土屋富士夫作・絵 ひさかたチャイルド 2010年10月

「だれかしら だれかしら」 生源寺美子文;安井淡絵 講談社 1978年6月

「たんけんごっこ」 竹田裕子文;ルドルフ・ルケシュ絵 岩崎書店(世界の絵本2) 1976年1月

「ちいちゃんのはいしゃさん」 しみずみちを文・絵 銀河社(ちいちゃんえほん6) 1983年7月

「つばきの花のおよめさん」 末吉暁子文;村上勉絵 偕成社(創作えほん) 1985年11月

「テレビごっこ」 高木さんご作;古内ヨシ絵 ひさかたチャイルド 2009年3月

「どうしようかな」 灰谷健次郎作;坪谷令子絵 サンリード 1979年11月

「とべとりとべ」 ヤーノシュ作;楠田枝里子訳 文化出版局 1979年8月

子どもの世界・生活

「どろんこおおかみと7ひきのこやぎ」 柴田愛子文;あおきひろえ絵 アリス館 2007年11月
「にゃんにゃんにゃん」 阪田寛夫;織茂恭子作 国土社(ねこねこえほん5) 1975年4月
「にんげんごっこ」 木村裕一作;長新太絵 講談社 1997年4月
「パオちゃんのでんしゃごっこ」 なかがわみちこ作・絵 PHP研究所 1982年11月
「パンディはおいしゃさま」 トニー・ウルフ作;おかもとはまえ訳 ブック・ローン出版(パンダのパンディえほん10) 1982年6月
「パンディはきかんし」 トニー・ウルフ作;おかもとはまえ訳 ブック・ローン出版(パンダのパンディえほん8) 1982年6月
「パンディはたんけんか」 トニー・ウルフ作;おかもとはまえ訳 ブック・ローン出版(パンダのパンディえほん) 1982年5月
「パンディはつよいせんし」 トニー・ウルフ作;おかもとはまえ訳 ブック・ローン出版(パンダのパンディえほん) 1982年5月
「パンディはドライバー」 トニー・ウルフ作;おかもとはまえ訳 ブック・ローン出版(パンダのパンディえほん) 1982年6月
「ピートとポロの ぶくぶくうみのぼうけん」 エイドリアン・レイノルズ作;まつかわまゆみ訳 評論社(児童図書館・絵本の部屋) 2001年5月
「ピッツァぼうや」 ウィリアム・スタイグ作;木坂涼訳 セーラー出版 2000年3月
「ひゃくおくえんのぼうし」 後藤竜二文;花井亮子絵 国土社(国土社の幼年えほん5) 1982年5月
「ふしぎなふしぎなみずたまり」 高橋宏幸作 小峰書店(けんちゃんえほん3) 1977年12月
「ぼくはせんせい」 杉田豊絵・文 至光社(ブッククラブ国際版絵本) 1973年1月
「ぼくらのやくそく」 舟崎靖子作;黒井健絵 小峰書店(はじめてのどうわ27) 1979年9月
「まねっこにゃんこ」 末吉暁子作;伊勢英子絵 BL出版 1984年6月
「まねっこまねっこ」 くろいけん作・絵 あかね書房(けんちゃんとあそぼう3) 1982年4月
「まねっこルビー」 ペギー・ラスマン作;東春見訳 徳間書店 1997年1月
「ミッフィーのおばけごっこ」 ディック・ブルーナ作;角野栄子訳 講談社(ミッフィーはじめてのえほん9) 2005年1月;講談社(ブルーナのおはなし文庫24) 2001年10月
「もぐらごっこしよう」 ますだえつこ文;渡辺有一絵 新日本出版社(新日本出版社の絵本ふれあいシリーズ6) 1983年10月
「ものまねくろちゃん」 杉田豊絵・文 至光社(ブッククラブ国際版絵本) 1974年1月
「モモちゃんとこや」 松谷みよ子文;中谷千代子絵 講談社(ちいさいモモちゃんえほん) 1971年12月
「モモちゃんとこや」 松谷みよ子文;武田美穂絵 講談社(ちいさいモモちゃんえほん10) 1996年10月

子どもの世界・生活

「ももんちゃんぽっぽー」 とよたかずひこ作・絵 童心社(ももんちゃんあそぼう) 2006年4月

「よるですよう」 松谷みよ子文；中谷千代子絵 講談社(ちいさいモモちゃんえほん) 1980年9月

「よるですよう」 松谷みよ子文；武田美穂絵 講談社(ちいさいモモちゃんえほん9) 1996年7月

「わんぱくだんのにんじゃごっこ」 ゆきのゆみこ；上野与志作；末崎茂樹絵 ひさかたチャイルド 2003年10月

「雨の日のうちゅうせんごっこ」 スザンナ・グレッツ作・絵；各務三郎訳 岩崎書店(テディベアのえほん3) 1984年10月

「夏のおわり」 長谷川集平作 理論社 1982年8月

「魔女ごっこ」 武鹿悦子作；牧野鈴子絵 小峰書店 1986年11月

遊び＞さかなつり

「いちくん にいくん さんちゃん」 中川李枝子文；山脇百合子絵 ブッキング(復刊傑作幼児絵本シリーズ1) 2008年2月

「おばあちゃんの魚つり」 M.B.ゴフスタイン作・絵；落合恵子訳 アテネ書房 1980年4月

「かしこいちいさなさかな」 バーナディン・クック文；クロケット・ジョンソン絵；こかぜさち訳 福音館書店(世界傑作絵本シリーズ) 2001年6月

「かものテオクリート－釣り修行」 ジャン=リュック・クードレイ文；フィリップ・クードレイ絵；大沢類訳 リブロポート 1992年7月

「くまのこくまたろうのさかなつり」 鶴見正夫作；黒井健絵 PHP研究所(PHPのえほん) 1989年6月

「くろべえのさかなつり」 おおすみまさこ作・絵 ひかり出版 1996年5月

「サキちゃんとおおきなさかな」 上崎美恵子作；鈴木博絵 PHP研究所(PHPおはなしプレゼント) 1979年3月

「さんねんごい」 菊池日出夫作・絵 福音館書店 1984年7月

「シューリクのまほう」 エヌ・ノーソフ作；イ・セミョーノフ絵；福井研介訳 新読書社 1982年1月

「ちいくまちゃんのさかなつり」 嶋田健二郎作 ベネッセコーポレーション 1997年10月

「ちいさなミリーとにじ」 トルヴァル・ステーン文；マルゴルザータ・ピオトロヴスカ絵；やまのうちきよこ訳 岩波書店 1997年10月

「つりめいじん めだる」 東君平作・絵 ひくまの出版(幼年絵本シリーズ・あおいうみ21) 1985年6月

「トリッポンとおばけ」 萩尾望都作；こみねゆら絵 教育画劇 2007年2月

子どもの世界・生活

「ニャンタとポンタの こいのぼり」 たちのけいこ作 あかね書房(ニャンタとポンタのおいしい おはなし2) 2009年4月

「ねえ、ほんとにたすけてくれる?」 平田昌広文;平田景絵 アリス館 2008年5月

「ねずみのさかなつり」 山下明生作;いわむらかずお絵 チャイルド本社(おはなしチャイル ドリクエストシリーズ47) 1995年2月

「ねずみのさかなつり」 山下明生作;岩村和朗絵 ひさかたチャイルド 1986年1月

「ハリーとラリーはりょうしがだいすき」 リチャード・スキャリー作;奥田継夫訳 ブックローン 出版(スキャリーおじさんのえほん) 1989年7月

「フィンダスのさかなつり」 スベン・ノルドクビスト作;すどうゆみこ訳 宝島社(フィンダス絵本 シリーズ) 1994年3月

「ふうた さかなつり」 村上康成作 文化出版局 1985年5月

「ぶうとこんのさかなつり」 吉本宗作・絵 PHP研究所(PHPわたしのえほんシリーズ) 1997 年9月

「やっほーどろんこたいしょう」 まきのけいいち作・画 童心社(ゆうもあえほん2) 1973年4 月

「少年と大きなさかな」 マックス・フェルタイス絵・文 植田敏郎訳 講談社(世界の絵本スイ ス) 1971年9月

「川はたまげたことだらけ」 田島征三著 学習研究社 1997年10月

「男の子とおおきなさかな」 マックス・ベルジュイス作;野坂悦子訳 ほるぷ出版 2007年2 月

「父さんと釣りにいった日」 シャロン・クリーチ文;クリス・ラシュカ絵;長田弘訳 文化出版局 2002年11月

遊び>シーソー

「こぐまとシーソー」 ヘレナ・ベフレロヴァ作;内田莉莎子訳;なかのひろたか絵 福音館書 店 1986年4月

「ねずみくんとシーソー」 なかえよしを作;上野紀子絵 ポプラ社(ねずみくんの絵本23) 2006年9月

遊び>しゃぼんだま

「きえないでしゃぼんだま」 ルーク・コープマン作・絵;わたりむつこ文 エミール館 1979年 11月

「しゃぼんだまひとつ」 南本樹作 フレーベル館(南本樹ファンタジーランド6) 1985年5月

「しゃぼんだまぼうや」 マーガレット・マーヒー作;ポリー・ダンバー絵;もとしたいづみ訳 フ レーベル館 2009年2月

「ふわ ふわ しゃぼんだま」 桑原伸之絵・文 あすなろ書房(小さなこどもえほん5) 2007年 7月

子どもの世界・生活

「べんけいさんのしゃぼんだま」 大海赫文・絵 小峰書店(はじめてのどうわ6) 1978年1月
「ムウのしゃぼんだま」 石井綾子文・絵 新日本出版社(新日本出版社の絵本ふれあいシリーズ5) 1983年9月

遊び＞じゃんけん

「うみとモモちゃん」 松谷みよ子文；武田美穂絵 講談社(ちいさいモモちゃんえほん3) 1995年7月
「おこりんぼうの王さま」 山室和子作；松村太三郎絵 ひさかたチャイルド(ひさかた傑作集25) 1988年6月
「じゃんけんゴリラ」 矢崎節夫作；尾崎真吾絵 教育画劇(ユーモアえほん) 1995年9月
「じゃんけんじゃらすけ」 織田信生作 リブロポート 1983年6月
「じゃんけんほかほかほっかいどう」 長野ヒデ子作；あおきひろえ絵 佼成出版社(ヒデ子さんのうたあそびえほん) 2008年8月
「じゃんけんぽん」 七尾純作；杉田豊絵 好学社(カンガルーブック4) 1971年1月
「じゃんけんロード」 藤本ともひこ作 リブロポート(リブロの絵本) 1992年6月
「つよくてよわいぞ じゃんけんぽん」 浅野ななみ文；米山永一絵 ポプラ社(絵本・おはなしのひろば25) 1989年7月
「森のじゃんけんぽん！」 はらだゆうこ作・絵 旺文社(旺文社創作童話) 2009年4月

遊び＞スキー・スケート

「アンジェリーナはスケーター」 キャサリン・ホラバード文；ヘレン・クレイグ絵；おかだよしえ訳 講談社(講談社の翻訳絵本クラシックセレクション) 2008年11月
「うさぎちゃんスキーへいく」 せなけいこ作・絵 金の星社(せなけいこのうさぎちゃんえほん3) 2002年10月
「うちゅうスケート」 たむらしげる作 リブロポート(リブロの絵本) 1983年11月
「ウッレのスキーのたび」 エルサ・ベスコフ作；石井登志子訳 フェリシモ出版 2002年2月
「かぜをひいたケイティ」 シャーロット・コーワン文；ケイティ・ブラウン絵；にしむらひでかず訳 サイエンティスト社 2009年10月
「グレー・ラビットスケートにゆく」 アリスン・アトリー作；マーガレット・テンペスト絵；神宮輝夫；河野純三訳 評論社(児童図書館・絵本の部屋 グレー・ラビット1) 1978年12月
「こぶたのブルトン ふゆはスキー」 中川ひろたか作；市居みか絵 アリス館 2004年11月
「サナとはじめてのスケート」 なりたまさこ作・絵 ポプラ社(絵本の時間) 2006年1月
「ショコラちゃんのスキーだいすき」 中川ひろたか文；はたこうしろう絵 講談社(講談社の幼児えほん) 2005年11月

「スキーだ やっほう」 よしもとそう作・絵 PHP研究所(PHPわたしのえほんシリーズ) 1990年11月

「スキーをはいたねこのヘンリー」 メリー・カルホーン作;エリック・イングラハム絵;猪熊葉子訳 佑学社(アメリカ創作絵本シリーズ12) 1980年3月

「スキーをはいたねこのヘンリー」 メリー・カルホーン文;エリック・イングラハム絵;猪熊葉子訳 リブリオ出版 2002年4月

「だんだんやまのそりすべり」 あまんきみこ作;西村繁男絵 福音館書店(日本傑作絵本シリーズ) 2002年11月

「テオとゆき」 ビオレタ・デノウ絵・文 小西マリ子訳 青玄社(テオくんのぼうけんシリーズ2) 1984年12月

「トムとチムのはじめてのスキー」 大石真作;北田卓史絵 ひくまの出版(幼年えほんシリーズ・あおいうみ29) 1986年11月

「にげだしたローラー・スケート」 ジョン・ヴァーノン・ロード文・絵;安西徹雄訳 アリス館牧新社 1976年7月

「ババールスキーじょうへ」 L.ド・ブリュノフ作;しまづさとし訳;おのかずこ文 評論社(ミニ・ババール4) 1975年12月

「まほうつかいの そりあそび」 西山直樹作・絵 福武書店 1990年11月

「山小屋の冬休み」 ビショニエ文;ロバン;オトレオー絵;山口智子訳 文化出版局(クレマンチーヌとセレスタン) 1983年11月

「冬の精」 マルガレート・ハフナー絵;カール・マイトナー＝ヘッケルト文;田中安男訳 福武書店 1991年2月

遊び＞すべりだい

「すい すい すべりだい」 桑原伸之絵・文 あすなろ書房(小さなこどもえほん) 2007年2月

「すべるぞすべるぞどこまでも」 スミス夫妻作;今江祥智訳 ほるぷ出版 1982年3月

「パオちゃんのすべりだい」 なかがわみちこ作・絵 PHP研究所 1986年6月

「はっぱのそり」 天野喜孝原作 PHP研究所(やさいのようせいN.Y.SALAD) 2009年8月

遊び＞ダンス

「うさぎのダンス」 彩樹かれん作・絵 ひさかたチャイルド 1998年8月

「うさこちゃんのだんす」 ディック・ブルーナ文・絵;松岡享子訳 福音館書店 2009年9月

「おじいちゃんのいえのダンスパーティー」 ローラ・インガルス・ワイルダー原作;ルネ・グレーフ絵;しみずなおこ訳 文渓堂(絵本・大草原の小さな家3) 1996年9月

「かばくんのラジオ」 遠山繁年作・絵 鈴木出版(ひまわりえほんシリーズ) 2007年6月

「ダンス ダンス タッタッタ」 かどのえいこ作;ボコヤマクリタ絵 ポプラ社(かどのえいこのちいさなえほん1) 2009年3月

子どもの世界・生活

「ダンスのできないおひめさま」 ツウィフェロフ原作；宮川やすえ訳・文；かみやしん絵　国土社（やっちゃん絵本4）　1982年11月

「ハンスのダンス」 中川ひろたか作；荒井良二絵　文渓堂　2008年3月

「ピーター・ペニーのダンス」 ジャネット・クイン＝ハーキン文；アニタ・ローベル絵；掛川恭子訳　ほるぷ出版　1980年2月

「マディーのダンス」 クレア・ジャレット作；かけがわやすこ訳　小峰書店（世界の絵本コレクション）　1999年2月

「まんげつダンス」 パット・ハッチンス作・絵；なかがわちひろ訳　福音館書店（世界傑作絵本シリーズ・アメリカの絵本）　2008年4月

「ミッフィーとおどろう」 ディック・ブルーナ作；角野栄子訳　講談社（ブルーナのおはなし文庫26）　2003年7月

「ララちゃんのダンス」 大和田美鈴文・絵　大日本図書　2007年6月

遊び＞どろんこ遊び

「あわぶくかいじゅうモクモクだい！」 浅野ななみ作；米山永一絵　金の星社（新しいえほん）　1991年7月

「エプロンのはな」 舟崎靖子作；渡辺洋二絵　秋書房　1979年10月

「おかあさんもようちえん-まるごとえんものがたり」 梅田俊作；梅田佳子作　NPO法人「絵本で子育て」センター　2010年3月

「おじぞうさまとこぶた」 長野ひろかず作・絵　ひさかたチャイルド　2008年3月

「きいちゃんとドロンじいさん」 おおしまたえこ作；かわかみたかこ絵　ポプラ社（きいちゃんのたからもの絵本5）　2004年7月

「こぐまちゃんのどろあそび」 わかやまけん作　こぐま社（こぐまちゃんえほん）　1973年10月

「こぐまのエンデ みんなでドボーン」 さとうわきこ作；岩井田治行絵　ポプラ社（絵本・子どものくに29）　1987年9月

「こぶたのぶうぶは こぶたのぶうぶ」 あまんきみこ文；福田岩緒絵　童心社　1987年3月

「どろだんご つくろ」 とくながまり；みやざわはるこ作　アリス館（ゆうちゃんは3さいシリーズ2）　1999年8月

「どろんこ」 アラン・メッツ作；石津ちひろ訳　パロル舎　2005年10月

「どろんこおおかみと7ひきのこやぎ」 柴田愛子文；あおきひろえ絵　アリス館　2007年11月

「どろんこおそうじ」 さとうわきこ作・絵　福音館書店（こどものとも傑作集83）　1990年3月

「どろんここぶた」 アーノルド・ローベル作；岸田衿子訳　文化出版局　1971年11月

「どろんこそうべえ」 たじまゆきひこ作　童心社　2007年1月

「どろんこどろちゃん」 いとうひろし作　ポプラ社（いとうひろしの本8）　2003年7月

「どろんこのおともだち」 バーバラ・マクリントック作;福本友美子訳 ほるぷ出版 2010年10月
「どろんこハリー」 ジーン・ジオン文;マーガレット・ブロイ・グレアム絵;わたなべしげお訳 福音館書店(世界傑作絵本シリーズ・アメリカの絵本) 1964年3月
「どろんこももんちゃん」 とよたかずひこ作・絵 童心社(ももんちゃんあそぼう) 2009年3月
「パンディとどろんこ」 トニー・ウルフ作;おかもとはまえ訳 ブック・ローン出版(パンダのパンディえほん) 1982年5月
「ぼくらなかよしどろんこマン」 飯島敏子作;井上洋介絵 ひかりのくに(ひかりのくにお話絵本) 1985年6月
「まことは どろんこぶた」 おおともやすお作 偕成社(げんきなまこと2) 1989年10月
「よごれたってへいき」 清水えみ子;おりもきょうこ作 童心社(清水えみ子・3歳児のえほん) 1974年9月

遊び＞なわとび

「きつねのかみさま」 あまんきみこ作;酒井駒子絵 ポプラ社(絵本・いつでもいっしょ9) 2003年12月
「とらねこさん おはいんなさい」 山脇恭作;小田桐昭絵 偕成社 2008年9月
「なわとびしましょ」 長谷川義史作 学習研究社(学研おはなし絵本) 2008年3月
「にじでなわとび」 きみじまみちこ絵;やすいみつえ文 さ・え・ら書房(さ・え・ら創作絵本) 1980年12月
「まあすけのなわとび」 馬場のぼる作・絵 ポプラ社(馬場のぼるのえほん4) 1982年12月
「ものすごくおおきなプリンのうえで」 二宮由紀子文;中新井純子絵 教育画劇 2010年4月

遊び＞ピクニック・遠足・キャンプ

「10ぴきのかえるのピクニック」 間所ひさこ作;仲川道子絵 PHP研究所(PHPにこにこえほん) 2006年3月
「14ひきのぴくにっく」 いわむらかずお作 童心社 1986年11月
「あきのえんそくはたからさがし」 立原えりか作;薄久保友司絵 佼成出版社(園児のすくすく絵本5) 1987年7月
「あしたえんそくだから」 守屋正恵作;いもとようこ絵 あかね書房(くりのきえんのおともだち2) 1982年9月
「あめのひのピクニック」 ガブリエル・バンサン作;森比左志訳 ブック・ローン出版(くまのアーネストおじさん) 1983年5月
「あらいぐまのアリス」 竹下文子作;こみねゆら絵 童心社(絵本・こどものひろば) 2008年6月

子どもの世界・生活

「うさぎ小学校のえんそく」 アルベルト・ジクストゥス文；リヒャルト・ハインリヒ絵；はたさわゆうこ訳　徳間書店　2007年10月

「えんそく おにぎりちゃん」　西内ミナミ作；和歌山静子絵　偕成社　1985年7月

「えんそく」　山本まつ子作　金の星社　1984年8月

「えんそくのおみやげは」　宮川ひろ文；たなかまきこ絵　新日本出版社　1980年3月

「えんそくバス」　中川ひろたか文；村上康成絵　童心社（ピーマン村の絵本たち）　1998年3月

「おうちピクニック」　きむらゆういち作；とりごえまり絵　世界文化社（ワンダーおはなし絵本）　2010年5月

「おこったテルテル大王」　中野幸隆作；宮本忠夫絵　ウオカーズカンパニー（創作絵本シリーズ）　1989年11月

「おさるのジョージ キャンプにいく」　M.レイ；H.A.レイ原作；福本友美子訳　岩波書店　2000年10月

「おつきみピクニック」　いちかわなつこ作　ほるぷ出版（ほるぷ創作絵本）　2009年9月

「おでかけのまえに」　筒井頼子作；林明子絵　福音館書店（福音館の幼児絵本）　1981年10月；福音館書店　1980年10月

「おとうさんねこのおくりもの」　メアリー・チャルマーズ作・絵；まつのまさこ訳　福音館書店（世界傑作絵本シリーズ・アメリカの絵本）　1980年8月

「おべんとうのえんそく」　矢玉四郎作・絵　教育画劇（ユーモアえほん）　1995年5月

「おべんとうバス」　真珠まりこ作・絵　ひさかたチャイルド　2006年1月

「おやつがほーい どっさりほい」　梅田俊作；梅田佳子作　新日本出版社（新日本出版社の絵本ふれあいシリーズ3）　1982年9月

「ガーコちゃんのえんそく」　国松エリカ作　学習研究社（学研おはなし絵本）　2007年8月

「カメのえんそく-イギリス民話」　新沢としひこ文；後藤美月絵　フェリシモ出版（おはなしのたからばこ4）　2009年8月

「カロリーヌ キャンプにいく」　ピエール・プロブスト作；山下明生訳　BL出版（カロリーヌとゆかいな8ひき）　1998年12月

「きつねえんでおべんとう」　こわせたまみ作；秋里信子絵　PHP研究所（わたしのえほん）　1996年9月

「きょうはえんそく」　ニック・バターワース；ミック・インクペン作；石沢泰子訳　DEMPA／ペンタン　1992年10月

「きんぎょのえんそく」　高部晴市作　フレーベル館　2004年9月

「くいしんぼうのグウ」　梅田千鶴作・絵　フレーベル館（げんきわくわくえほん）　1998年1月

「クマくんのえんそく」　ジョン・ヨーマン文；クェンティン・ブレイク絵；山口文生訳　評論社（児童図書館・絵本の部屋）　1992年3月

子どもの世界・生活

「クマとうさんのピクニック」 デビ・グリオリ作;山口文生訳 評論社(児童図書館・絵本の部屋) 1997年11月

「くものがっこう えんそく」 みらいなな文;いけずみひろこ絵 童話屋 2009年10月

「クリフォード なつのおもいでの巻」 ノーマン・ブリッドウェル作;もきかずこ訳 ソニー・マガジンズ(にいるぶっくす) 2005年11月

「くんちゃんのもりのキャンプ」 ドロシー・マリノ作;間崎ルリ子訳 ペンギン社 1983年1月

「ケーキをさがせ!2 ケーキをもってピクニック」 テー・チョンキン作・絵 徳間書店 2008年12月

「ごあいさつごあいさつ」 渡辺有一作・絵 あかね書房(あかね・新えほんシリーズ2) 1999年9月

「こぎつねキッコ えんそくのまき」 松野正子文;梶山俊夫絵 童心社(キッコシリーズ) 1988年4月

「こじまのもりのかわべのピクニック」 あんびるやすこ作・絵 ひさかたチャイルド 2007年6月

「コロちゃんのピクニック」 エリック・ヒル作;まつかわまゆみ訳 評論社 1988年3月

「サリー、山へいく」 スティーヴン・ヒューネック作;くぼしまりお訳 ポプラ社(ポプラせかいの絵本7) 2002年4月

「しっぽの でんしゃ」 平塚ウタ子作;田頭よしたか絵 フレーベル館(げんきわくわくえほん24) 1997年3月

「しましまゼビー キャンプにいく」 ブライアン・パターソン作;ほむらひろし訳 岩波書店 2003年11月

「しらないまち」 田島征三作 偕成社 2006年7月

「ジロちゃんとキャンプ」 やすいすえこ作;田中四郎絵 フレーベル館(ウルトラジロちゃんシリーズ8) 1996年7月

「すてきな バスケット」 森山京作;鈴木幸枝絵 フレーベル館(げんきわくわくえほん28) 1997年7月

「すてきなバスケット」 小沢正作;佐々木マキ画 福音館書店 1977年8月

「すてきなピクニック」 ポール・ロジャース作;ジョン・プレイター絵;おおいしまりこ訳 新世研 1997年2月

「ステラのほしぞら」 メアリー=ルイーズ・ゲイ作;江國香織訳 光村教育図書 2005年8月

「せとうちたいこさん えんそくいきタイ」 長野ヒデ子作 童心社(絵本・ちいさななかまたち) 1999年10月

「センシュちゃんとウオットちゃんのはらぺこキャンプ」 工藤ノリコ作 小学館(おひさまのほん) 2010年2月

「ターちゃんとペリカン」 ドン・フリーマン作;西園寺祥子訳 ほるぷ出版 1975年10月

子どもの世界・生活

「だから おむすび だいすき!!」 浅野知寿子作・絵 偕成社(だだっ子プンちゃん1) 1987年6月

「たけしのえんそく」 征矢清作;石鍋芙佐子絵 福音館書店 1972年5月

「たこやきようちえん たのしいえんそく」 さいとうしのぶ作 ポプラ社(絵本・いつでもいっしょ35) 2010年4月

「たのしいたのしいキャンプ」 長野博一作 小峰書店(くまたんのはじめてシリーズ4) 1988年6月

「ちいくまちゃんのキャンプ」 しまだけんじろう作 ベネッセコーポレーション(ちいくまちゃんシリーズ) 1998年6月

「ちいくまちゃんのキャンプ」 嶋田健二郎作 ベネッセコーポレーション 1998年6月

「ちいさなサジマのぴくにっく」 にしざとせんこ作;にしざとせい絵 燦葉出版社 1987年10月

「ティモシーとサラのピクニック」 芭蕉みどり作・絵 ポプラ社(えほんとなかよし23) 1993年11月

「テディとないしょのピクニック-テディのちいさなぼうけん」 イアン・ベック作;こはまはるか訳 文溪堂 2001年2月

「どうぶつえんのピクニック」 アーノルド・ロベル文・絵;舟崎克彦訳 岩波書店 1978年11月

「なんでかな?」 おおさわちか作 長崎出版 2009年4月

「にちようび」 山本容子作 福音館書店 1981年5月

「ねこのオーランドー」 キャスリーン・ヘイル作・画;脇明子訳 福音館書店(世界傑作絵本シリーズ・イギリスの絵本) 1982年7月

「のねずみチッチとほしのみずうみ」 ふくざわゆみこ作 のら書店 2010年7月

「のはらのおみせ」 やすいすえこ作;ほりかわまこ絵 岩崎書店(えほんのマーチ9) 2003年12月

「パオちゃんのたのしいキャンプ」 仲川道子作・絵 PHP研究所 1993年7月

「パオちゃんのたのしいピクニック」 仲川道子作・絵 PHP研究所 1987年10月

「ババールくるまでピクニック」 L.ド・ブリュノフ作;しまづさとし訳;おのかずこ文 評論社(ミニ・ババール7) 1976年3月

「ババールのキャンピング」 L.ド・ブリュノフ作;しまづさとし訳;おのかずこ文 評論社(ミニ・ババール8) 1976年3月

「ババールのピクニック」 ローランド・ド・ブリューノフ原作;那須辰造訳 講談社(フランス生まれのババール絵本6) 1966年1月

「パパとあたしのキャンプ」 鈴木永子作・絵 ひさかたチャイルド 2009年6月

「はるかな湖」 アレン・セイ作;椎名誠訳 徳間書店 1999年2月

子どもの世界・生活

「ピクニックに いこう！」 パット・ハッチンス作・絵；たなかあきこ訳 徳間書店 2003年4月

「ピクニックにいかない？」 マグリット・ヘイマン作・絵；関根栄一文 エミール館 1979年11月

「ひとりぼっちのキャンプ」 キャロル・カリック作；ドナルド・カリック絵；渡辺安佐子訳 岩崎書店(新・創作絵本19) 1980年12月

「ピラトのピクニック」 クロード・クレマン文；ナディーヌ・アーン絵；辻昶訳 DEMPA/ペンタン 1992年8月

「フィンダスのキャンプ」 スベン・ノルドクビスト作；すどうゆみこ訳 宝島社(フィンダス絵本シリーズ) 1994年8月

「ふしぎなたまご」 谷真介作；ませなおかた絵 PHP研究所(PHPこころのえほん9) 1981年9月

「ふたりだけのキャンプ」 松居友文；高田知之写真；西山史真子絵 童心社 2001年3月

「プフとノワローたのしいキャンプ」 ピエール・プロブスト作；やましたはるお訳 BL出版 2004年4月

「ふらいぱんスキー」 ひらのよしと作 国土社(たいへんマーチン5) 1984年11月

「ブルンミのピクニック」 マレーク・ベロニカ文・絵；羽仁協子訳 風涛社(マレーク・ベロニカの本) 2006年5月

「ベアくんのピクニック」 スタン・ベレンスタイン；ジャン・ベレンスタイン作・絵；今江祥智文 日本パブリッシング 1969年1月

「ベアくんのボーイスカウト」 スタン・ベレンスタイン；ジャン・ベレンスタイン作・絵；小堀杏奴文 日本パブリッシング 1968年1月

「ペコタンじまはきょうもはれ」 関屋敏隆作・絵 PHP研究所(PHPわたしのえほんシリーズ) 1989年5月

「ぼくキャンプにいったんだ」 わたなべしげお作；おおともやすお絵 あかね書房(くまたくんのえほん7) 1981年6月

「ぼくたちともだち」 中川ひろたか作；ひろかわさえこ絵 アリス館 2008年9月

「ぼくはいかない」 柴田愛子文；伊藤秀男絵 ポプラ社(からだとこころのえほん5) 2003年4月

「まあばあさんのゆきのひピクニック」 すとうあさえ文；織茂恭子絵 岩崎書店(えほんのマーチ2) 2002年12月

「みつごのおてんばむすめ たのしいキャンプ」 メルセ・コンパニュ文；ルゼ・カプデヴィラ絵；竹田篤司；辻昶訳 DEMPA/ペンタン 1988年11月

「ミッフィーのたのしいテント」 ディック・ブルーナ作；角野栄子訳 講談社(ミッフィーはじめてのえほん7) 2005年1月；講談社(ブルーナのおはなし文庫16) 1995年9月

「みんなの空 みんなの心」 パム・ライアン作；メアリー・ホワイト絵；橋本和訳 エヌ・ティ・エス 2003年11月

子どもの世界・生活

「むしたちのえんそく」 得田之久文;久住卓也絵 童心社(絵本・こどものひろば) 2007年5月

「もりのキャンプ」 ロザモンド・ドーアー作;バイロン・バートン絵;掛川恭子訳 講談社(りとる5) 1994年11月

「やさいのえんそくおおさわぎ」 さくらともこ作;米山永一絵 PHP研究所(PHPわたしのえほんシリーズ) 2006年3月

「やまねこせんせいのはまべでキャンプ」 末崎茂樹作・絵 PHP研究所(PHPにこにこえほん・やまねこせんせいシリーズ) 1993年4月

「ゆうこのてるてるぼうず」 清水達也作;いもとようこ絵 ひくまの出版(幼年絵本シリーズ・あおいうみ16) 1984年12月

「リサとガスパールのはくぶつかん」 アン・グッドマン文;ゲオルグ・ハレンスレーベン絵;石津ちひろ訳 ブロンズ新社 2001年11月

「リサとガスパールのピクニック」 アン・グッドマン文;ゲオルグ・ハレンスレーベン絵;石津ちひろ訳 ブロンズ新社 2006年9月

「リュックのピクニック」 いちかわなつこ作・絵 ポプラ社(絵本の時間30) 2003年9月

「りんごろうくんのもりあるき」 渡辺鉄太作;中川画太絵 アリス館 2008年8月

「りんちゃんとあおくんのおでかけ」 あいはらひろゆき文;あだちなみ絵 ポプラ社(りんちゃんとあおくん3) 2009年11月

「レイトン教授 ルークと森のともだち」 原優子文・ぬいぐるみ 小学館 2010年12月

「わたしのまっかなバスケット」 川端誠作 講談社 1987年4月

「わたしもえんそく」 梅田俊作;梅田佳子作 新日本出版社(新日本えほんのひろば1) 1986年12月

「春のピクニック」 ジル・バークレム作;岸田衿子訳 講談社(のばらの村のものがたり) 1981年5月

「春のピクニック」 ジル・バークレム作;岸田衿子訳 講談社(のばらの村のものがたり1) 1996年7月

「森の中のピクニック」 ビショニエ文;ロバン;オトレオー絵;山口智子訳 文化出版局(クレマンチーヌとセレスタン) 1983年11月

「星空キャンプ」 村上康成作 講談社(講談社の創作絵本ベストセレクション) 2005年7月

「先生のおしりがやぶけた！」 山本なおこ作;伊勢英子絵 ポプラ社(絵本・子どもの世界) 1982年5月

遊び＞ぶらんこ

「ぞうくんのぶらんこ」 大石真作;北田卓史絵 小峰書店(はじめてのどうわ13) 1978年3月

「たこぼうやとぶらんこ」 山下明生文;渡辺洋二絵 偕成社(ちいさいえほん24) 1979年8月

子どもの世界・生活

「ちゅーりっぷこうえんのぶらんこちゃん」のぶみ作　文渓堂　2007年3月

「ねずみくんとブランコ」なかえよしを作；上野紀子絵　ポプラ社（絵本のひろば37）　1983年2月

「ノンタンぶらんこのせて」キヨノサチコ作・絵　偕成社（ノンタンあそぼうよ1）　1976年8月

「ふたりでブランコ」イローナ・ロジャーズ作・絵；かどのえいこ訳　そうえん社（ふたりはなかよしシリーズ3）　2008年1月

「ぶらんこ ギー コイコイコイ」角野栄子作；小泉晃子絵　学習研究社（学研おはなし絵本）　2010年4月

「ブランコあそびにいくんだい！」ケイト・クランチィ文；ジェマイマ・バード絵；やなせなおき訳　評論社（児童図書館・絵本の部屋）　2005年5月

「ぶらんこのすきなワニくん」エミーリオ・ウルベルアーガ絵；カトリン・キッス文；那須田淳訳　講談社（世界の絵本）　1999年1月

「ぶらんこをこいだら…」フラン・マヌシュキン作；トマス・ディ・グラッジャー絵；松永ふみこ訳　偕成社　1982年6月

「ムスティとブランコ」レイ・ゴッセンス作；渡辺和雄訳；上崎美恵子文　小学館（ムスティおはなし絵本3）　1981年11月

「ゆうやけのじかんです」柴田香苗作；上野紀子絵　文研出版（みるみる絵本）　1986年8月

「ゆーらりももんちゃん」とよたかずひこ作・絵　童心社（ももんちゃんあそぼう）　2008年4月

「ゆらゆらぶらんこ」宮本忠夫作　新日本出版社（宮本忠夫 みっちゃんのえほん2）　1988年3月

「中田くん、うちゅうまで行こ！」さえぐさひろこ文；佐藤繁絵　童心社（絵本・こどものひろば）　2009年11月

遊び＞ボール遊び

「おーい、ぼくのボール」久我通世作　フレーベル館　1985年5月

「きゃっちぼーる きゃっちぼーる」長谷川知子文・絵　新日本出版社　2008年6月

「くさむら」田島征三作　偕成社　1989年5月

「こぐまちゃんのぼーる」わかやまけん作　こぐま社（こぐまちゃんえほん）　1970年10月

「サカボーのぼうけん」清水圭絵・文　梛出版社　2009年6月

「ノンタン ボールまてまてまて」キヨノサチコ作・絵　偕成社（ノンタンあそぼうよ10）　1982年9月

「パオちゃんのボールどこかな」仲川道子作・絵　PHP研究所　1989年4月

「パンディとボール」トニー・ウルフ作；おかもとはまえ訳　ブック・ローン出版（パンダのパンディえほん）　1982年5月

子どもの世界・生活

「はんにんはウソツキ鳥？」 スタン・ベレンスティン；ジャン・ベレンスティン作；HEART訳 偕成社（ベア・ファミリーえほん7） 1993年6月

「ピラトのボールあそび」 クロード・クレマン文；ナディーヌ・アーン絵；辻昶訳 DEMPA/ペンタン 1992年6月

「ボールさんどこへいったの」 竹田裕子文；ヨゼフ・パレチェック絵 岩崎書店（世界の絵本） 1976年1月

「ポンちゃん」 オイリ・タンニネン作；渡部翠訳 講談社（講談社の幼児えほん） 2008年9月

遊び＞ままごと

「ままごとしましょ」 はるなしげこ作；黒井健絵 フレーベル館（ぴよぴよえほんシリーズ7） 1985年6月

「ままごとのすきな女の子」 あまんきみこ作；安井淡絵 岩崎書店（母と子の絵本23） 1974年12月

遊び＞まりつき

「きりの村」 今江祥智文；宇野亜喜良絵 フェリシモ出版（おはなしのたからばこ20） 2010年1月

「てまりのき」 あまんきみこ文；大島妙子絵 講談社 2002年10月

「千代とまり」 松谷みよ子作；ほりかわりまこ絵 にっけん教育出版社 2007年8月

「千代とまり」 松谷みよ子作；丸木俊画 講談社（松谷みよ子・どうわえほん） 1977年11月

遊び＞花火

「かえるのはなび」 長新太作・絵 佼成出版社 1981年7月

「かわうそドンのはなび」 小沢良吉作・絵 フレーベル館 1981年3月

「きこえる きこえる」 ながせきかずお作・絵 フレーベル館 1982年8月

「ねこのはなびや」 渡辺有一作 フレーベル館（えほんあらかると5） 2001年6月

「はなび」 浅沼とおる作・絵 フレーベル館（ころころえほんぷち7） 2010年5月

「はなびのはなし」 たかとうしょうはち作 福音館書店（かがくのとも傑作集） 2008年6月

「ひかりのはなびら」 福田庄助作 文研出版（えほんのもり15） 1989年10月

「花火の夜に」 佐々木貴行作 ART BOXインターナショナル 2008年8月

遊び＞海水浴・プール

「10ぴきのおばけのかいすいよく」 にしかわおさむ作・絵 ひかりのくに（10ぴきのおばけシリーズ4） 2006年6月

子どもの世界・生活

「10ぴきのかえるのプールびらき」 間所ひさこ作；仲川道子絵 PHP研究所(PHPにこにこえほん) 2007年6月

「D.W.うみにいく」 マーク・ブラウン作；ふたみあやこ訳 青山出版社 2000年1月

「あしたは うみ」 梅田俊作；梅田佳子作・絵 岩崎書店(えほん・おもしろランド2) 1986年7月

「あしたプールだがんばるぞ」 寺村輝夫作；いもとようこ絵 あかね書房(くりのきえんのおともだち10) 1986年5月

「あたらしい友だち」 ビショニエ文；ロバン；オトレオー絵；山口智子訳 文化出版局(クレマンチーヌとセレスタン) 1983年7月

「いこうよいこうよかいすいよく」 長野博一作 小峰書店(くまたんのはじめてシリーズ7) 1989年7月

「いっしょに およごう おつきさま」 立原えりか作；こうのこのみ絵 佼成出版社(園児のすくすく絵本3) 1987年6月

「うさぎちゃんうみへいく」 せなけいこ作・絵 金の星社(せなけいこのうさぎちゃんえほん1) 2002年6月

「うみがだいすきさ」 ほんままゆみ著；みちいずみ絵 小峰書店 2006年6月

「うみだーいすき」 いもとようこ作・絵 金の星社(こねこちゃんえほん7) 1985年8月

「うみだよざっぶーん！」 こわせたまみ作；秋里信子絵 PHP研究所(わたしのえほん) 1999年6月

「うみの ともだち」 カタリーナ・クルースヴァル作；ひしきあきらこ訳 文化出版局 1997年8月

「うみのいえのなつやすみ」 青山友美作 偕成社 2008年6月

「うみへいこうよ」 スザンナ・グレッツ作・絵；各務三郎訳 岩崎書店(テディベアのえほん1) 1984年8月

「うみべの くろくま」 たかいよしかず作・絵 くもん出版(おはなし・くろくま) 2009年6月

「うみへゆこう」 宮本忠夫作・絵 佼成出版社 1986年7月

「おおおとこエルンストーうみにいく」 寮美千子作；篠崎正喜絵 小学館 1996年7月

「おさるのジョージ うみへいく」 M.レイ；H.A.レイ原作；福本友美子訳 岩波書店 2000年10月

「おとうさんとうみへいったんだよ」 柴田晋吾作；田村直巳絵 偕成社(創作えほん) 1994年6月

「かいじゅうがうみにいるよ」 キャスリーン・スティーブンス作；レイ・ボーラー絵；各務三郎訳 岩崎書店(世界の絵本1) 1992年7月

「かいすいよく」 七尾純作；高瀬のぶえ絵 河出書房新社(ホッターのびのび5) 1986年6月

子どもの世界・生活

「ガリガリ君 山へ行く」 高橋俊之イラスト 汐文社 2009年8月

「きんぎょのかいすいよく」 高部晴市著 フレーベル館 1999年6月

「くまの子ウーフのかいすいよく」 神沢利子作;井上洋介絵 ポプラ社(くまの子ウーフの絵本6) 1982年7月

「コウモリうみへいく」 ブライアン・リーズ作・絵;さいごうようこ訳 徳間書店 2009年6月

「コーラルの海」 サイモン・パトック作;スティーブン・ランバート絵;かけがわやすこ訳 小峰書店(世界の絵本コレクション) 2000年2月

「こぶたのブルトン なつはプール」 中川ひろたか作;市居みか絵 アリス館 2005年6月

「しましまゼビーのダイビング」 ブライアン・パターソン作;ほむらひろし訳 岩波書店 2004年4月

「ショコラちゃんうみにいく」 中川ひろたか文;はたこうしろう絵 講談社(講談社の幼児えほん) 2005年7月

「だれもしらないうきわのたび」 生源寺美子作;牧村慶子絵 PHP研究所(PHPおはなしえほん6) 1980年6月

「なみにきをつけて、シャーリー」 ジョン・バーニンガム作;辺見まさなお訳 ほるぷ出版 1978年9月

「ねずみおことわり」 中谷幸子案;小野かおる作・絵 福音館書店 1965年9月

「ねずみくん うみへいく」 なかえよし作;上野紀子絵 ポプラ社(ねずみくんの絵本26) 2009年6月

「ねずみのかいすいよく」 山下明生作;いわむらかずお絵 チャイルド本社 1992年7月

「ねずみのかいすいよく」 山下明生作;いわむらかずお絵 ひさかたチャイルド 1983年6月

「ノンタンおよぐのだいすき」 キヨノサチコ作・絵 偕成社(ノンタンあそぼうよ4) 1977年8月

「のんびり森のかいすいよく」 かわきたりょうじ作;みやざきひろかず絵 岩崎書店(のびのび・えほん15) 2002年6月

「パオちゃんのかいすいよく」 なかがわみちこ作・絵 PHP研究所 1985年7月

「ババールうみへいく」 L.ド・ブリュノフ作;しまづさとし訳;おのかずこ文 評論社(ミニ・ババール9) 1979年4月

「ピッキーとポッキーのかいすいよく」 あらしやまこうざぶろう文;あんざいみずまる絵 福音館書店(福音館のペーパーバック絵本) 1980年8月

「プールがぷしゅー」 ミック・インクペン作;角野栄子訳 小学館(リトルキッパー絵本) 2000年8月

「ぷしゅー」 風木一人作;石井聖岳絵 岩崎書店(カラフルえほん17) 2006年6月

「ぼくおよげるよ」 西内ミナミ文;いまきみち絵 童心社 1985年5月

子どもの世界・生活

「ぼくおよげるんだ」 わたなべしげお作；おおともやすお絵 あかね書房（くまたくんのえほん2） 1979年7月

「ぼくがのぞいたうみのなか」 ながはらたつや作 こぐま社 1984年6月

「ぼくのうちに波がきた」 キャサリン・コーワン文；マーク・ブエナー絵；中村邦生訳 岩波書店 2003年6月

「マルチーヌおよぎをならう」 ジルベール・ドラエイ作；マルセル・マルリエ絵；黒木義典訳；板谷和雄文 ブック・ローン出版（ファランドールえほん20） 1981年1月

「みっぷちゃっぷやっぷ うみにいく」 筒井頼子文；はたこうしろう絵 童心社（絵本・こどものひろば） 2008年6月

「みみりんの かいすいよく」 ウルフ・ニルソン作；エバ・エリクソン絵；木村由利子訳 ブックローン出版（みみりんシリーズ） 1989年5月

「めちゃくちゃひめのプールあそび プールのまえに読む絵本」 いとういずみ文；廣川沙映子絵 世界文化社 1988年4月

「やさいのかいいすよくおおさわぎ」 さくらともこ作；吉村司絵 PHP研究所（PHPわたしのえほんシリーズ） 1989年7月

「ワニぼうのかいすいよく」 内田麟太郎文；高畠純絵 文渓堂 2003年6月

遊び＞言葉遊び

「あいうえ おちあいくん」 武田美穂作・絵 ポプラ社（えほんとなかよし29） 1994年10月

「あいうえおがすき」 谷川俊太郎文；桑原伸之絵 国土社（やってきたアラマせんせい3） 1988年11月

「あかさたなっちゃんのはつおんえほん」 もとしたいづみ文；大沢幸子絵 講談社（講談社の創作絵本） 2006年12月

「あっはっは」 谷川俊太郎作；堀内誠一絵 くもん出版（ことばのえほん3） 2009年6月

「あなたはだあれ？」 五味太郎作 絵本館 2006年8月

「おばけのもり」 石津ちひろ作；長谷川義史絵 小学館（ことばあそび絵本） 2006年7月

「かいじんハテナ？」 舟崎克彦作；スズキコージ絵 小学館 1999年2月

「カケルがかける」 きむらゆういち文；ひらのてつお絵 えほんの杜 2008年8月

「かっきくけっこ」 谷川俊太郎作；堀内誠一絵 くもん出版（ことばのえほん2） 2009年6月

「かっぱくんのしりとりどうぶつずかん」 あきやまただし作・絵 ポプラ社（えへんごほんえほん3） 1996年10月

「かばがおこった」 谷川俊太郎文；桑原伸之絵 国土社（やってきたアラマせんせい1） 1988年4月

「くだものだもの」 石津ちひろ文；山村浩二絵 福音館書店（福音館の幼児絵本シリーズ） 2006年6月

子どもの世界・生活

「げんごろうをさがせ」 谷川俊太郎文;桑原伸之絵 国土社(やってきたアラマせんせい2) 1988年5月

「これはジャックのたてたいえ」 シムズ・タバック作;木坂涼訳 フレーベル館 2003年5月

「サカサかぞくの だんなキスがスキなんだ」 宮西達也作 ほるぷ出版 2010年3月

「サカサかぞくのだんながなんだ」 宮西達也作 ほるぷ出版(ほるぷ創作絵本) 2009年3月

「さんざんまたせてごめんなさい」 スズキコージ著 ブッキング 2006年10月

「しりとりのだいすきなおうさま」 中村翔子作;はたこうしろう絵 鈴木出版(チューリップえほんシリーズ) 2001年6月

「ちちんぷいぷい」 わだよしおみ作;わかやまけん絵 ポプラ社(絵本のせかい1) 1976年7月

「どんどん とんとん チャチャチャ」 庄司三智子作・絵 ひさかたチャイルド 2007年9月

「なぞかけ鬼」 川村たかし作;斎藤博之絵 岩崎書店(創作絵本20) 1974年4月

「なぞなぞかけた」 こいでたん文;こいでやすこ絵 小峰書店(こみねのえほん6) 1985年12月

「なぞなぞねこ」 小野ルミ作;渡辺有一絵 ポプラ社(絵本・子どもの世界23) 1982年8月

「なぞなぞの好きな王さま」 マリア・ビクトリア・コセ再話;マルセーロ・マラガンバ絵;おおいしまりこ訳 新世研 2003年1月

「はる・なつ・あき・ふゆ これなあに」 わたなべゆういち作 あかね書房(あかね・新えほんシリーズ31) 2006年12月

「へんしんコンサート」 あきやまただし作・絵 金の星社 2006年10月

「ぼくとかれんの かくれんぼ」 あきびんご作 くもん出版 2010年3月

「ぼくの どーつぶ」 ローナ・バリアン作;金原瑞人訳 アスラン書房 1994年10月

「ほっぺのすきなこ」 木坂涼作;杉田比呂美絵 岩崎書店(レインボーえほん15) 2007年10月

「りんご ごーごー」 庄司三智子作・絵 ひさかたチャイルド 2007年9月

遊び＞山登り

「あかありちゃんの やまのぼり」 かこさとし作 偕成社 1988年11月

「アキラやまにのぼる」 熊谷椛お話・画 婦人之友社(よくみる・よくきく・よくするえほん6) 1971年11月

「ウィルフレッドの山登り」 ジル・バークレム作;岸田衿子訳 講談社(のばらの村のものがたり) 1986年1月

「ウィルフレッドの山登り」 ジル・バークレム作;岸田衿子訳 講談社(のばらの村のものがたり5) 1997年7月;講談社(講談社の翻訳絵本 のばらの村のものがたり5) 1992年11月

子どもの世界・生活

「ガリガリ君 山へ行く」 高橋俊之イラスト 汐文社 2010年3月

「きょうはぴったりのひ」 ジャン・ファーンリー作;まつかわまゆみ訳 評論社(児童図書館・絵本の部屋) 2002年10月

「こぐまのやま」 マックス・ボリガー文;ヨゼフ・ウィルコン絵;いずみちひこ訳 セーラー出版 1988年2月

「じいちゃんと ないしょないしょの やまのぼり」 わたなべさもじろう作・絵 鈴木出版(ひまわりえほんシリーズ) 2007年8月

「ちいさなちいさなおやまのぼうけん」 さかいさちえ作・絵 教育画劇 2010年11月

「パパといっしょに」 イサンクォン文;ハンビョンホ絵;おおたけきよみ訳 アートン(韓国の絵本10選) 2004年9月

「ぶたさんいっかの やまのぼり」 浅沼とおる作・絵 鈴木出版 1996年9月

「ヘンリー やまにのぼる」 D.B.ジョンソン文・絵;今泉吉晴訳 福音館書店(世界傑作絵本シリーズ) 2005年4月

「ボリスのやまのぼり」 ディック・ブルーナ作;角野栄子訳 講談社(ブルーナのおはなし文庫5) 1994年5月

「まあすけやまのぼり」 馬場のぼる作・絵 ポプラ社 1981年11月

「マキちゃんの山のぼり」 山本なおこ作;鈴木幸枝絵 ポプラ社(絵本・子どもの世界13) 1980年5月

「メエメエさんのやまのぼり」 ささやすゆき作・絵 金の星社(こどものくに傑作絵本) 1989年8月

「めしもり山のまねっこ木」 椎名誠文;及川賢治絵 国書刊行会 2009年1月

「やまのぼり-ばばばあちゃんのおはなし」 さとうわきこ作・絵 福音館書店(こどものとも傑作集103) 1992年9月

「ワニぼうの やまのぼり」 内田麟太郎文;高畠純絵 文渓堂 2007年3月

遊び>色遊び

「6つのいろのこぶた」 内田広由紀原作;早坂優子作;池上薫絵 視覚デザイン研究所 2009年10月

「あかいてんてん」 エリック・バトゥー絵;マリタ・マーリンガー文;那須田淳訳 講談社(世界の絵本) 2003年4月

「いろ いきてる!」 谷川俊太郎文;元永定正絵 福音館書店 2008年11月

「いろいろおんせん」 ますだゆうこ文;長谷川義史絵 そうえん社(ケロちゃんえほん2) 2008年8月

「いろいろこねこ」 マーガレット・ワイズ・ブラウン文;アリス・プロベンセン;マーティン・プロベンセン絵;木原悦子訳 講談社(講談社の翻訳絵本) 2002年8月

子どもの世界・生活

「エルマーのとくべつな日」デビッド・マッキー文・絵;きたむらさとし訳 BL出版(ぞうのエルマー17) 2009年11月

「おしゃべりくれよん」パトリシア・ハバード文;G.ブライアン・カラス絵;石津ちひろ訳 ほるぷ出版 1998年2月

「おふろばをそらいろにぬりたいな」ルース・クラウス文;モーリス・センダック絵;大岡信訳 岩波書店(岩波の子どもの本) 1979年9月

「きょうのいろはなあに」中村宜世文;近藤理恵絵 ひくまの出版 1995年8月

「くっついて くっついて」早坂優子作 視覚デザイン研究所 2010年4月

「くもにいろをぬったこどもたち」ミシェル・ババレル作;ルイース・カンプス絵;川口志保子訳 ブックローン出版(ファランドールコレクション) 1982年5月

「くれよん れすとらん」まつながあき作;はやしるい絵 くもん出版(はじめてであうえほんシリーズ) 2010年12月

「ケイティー」ポリー・ダンバー作;もとしたいづみ訳 フレーベル館 2004年8月

「トムとピッポとペンキぬり」ヘレン・オクセンベリー作;児島なおみ訳 リブロポート(ピッポ2) 1989年11月

「のりもの くれよん」まつながあき作;はやしるい絵 くもん出版(はじめてであうえほんシリーズ) 2010年12月

「はいいろこくのはいいろひめさま」ささきまき作 福音館書店 1981年3月

「はいいろねずみのフレイシェ」アンケ・デ・フリース作;ウィレミーン・ミン絵;野坂悦子訳 文渓堂 2007年12月

「はる・なつ・あき・ふゆ いろいろのいえ」ロジャー・デュボアザン作;山下明生訳 BL出版 2007年4月

「ヒューゴといろどろぼう」トニー・ロス作・絵;やまだよしこ訳 篠崎書林 1978年7月

「ぼくのいろ」林蘭作 フレーベル館(フレーベル館のえほん・タイニーシリーズ13) 1980年9月

「まるまる ころころ」得田之久文;織茂恭子絵 童心社(とことこえほん) 2007年10月

「もようをつけたかたつむり」オルガ・プロセンク作・絵;寺村輝夫文 学習研究社(国際版せかいのえほん14) 1984年1月

「色の女王」ユッタ・バウアー作;橋本香折訳 小学館 1999年2月

遊び＞人形・玩具

「"むぎゅっ"とっちゃった」イザベル・アスマ絵;ロランス・クレインベルジェ文;久保純子訳 にいるぶっくす ソニー・マガジンズ 2004年4月

「10このちいさなおもちゃのあひる」エリック・カール作;くどうなおこ訳 偕成社 2005年10月

子どもの世界・生活

「Eddy Bear なんてすてきな日」 アンドレ・ダーハン作;角田光代訳 学研教育出版 2009年11月

「Qはせかいいいち」 舟崎克彦文;東逸子絵 偕成社 1982年11月

「アイドル ベア」 ロバート・イングペン作・絵;ももゆりこ訳 金の星社(世界の絵本ライブラリー) 1988年6月

「あかいくまくんいいにおい!」 わたりむつこ作;つおみちこ絵 国土社(あかいくまくんシリーズ3) 1993年9月

「あかいくまくんこんにちは!」 わたりむつこ作;つおみちこ絵 国土社(あかいくまくんシリーズ1) 1993年4月

「あかくんとまっかちゃん」 長谷川摂子文;田宮俊和構成 福音館書店(つみきのえほん2) 2008年4月

「あした、がっこうへいくんだよ」 ミルドレッド・カントロウィッツ文;ナンシー・ウィンスロー・パーカー絵;せたていじ訳 評論社(児童図書館・絵本の部屋) 1981年9月

「あたらしいおふとん」 アン・ジョナス作;角野栄子訳 あかね書房 1992年2月

「アヒルのぼうけん かわのたび」 間瀬なおかた作 岩崎書店(レインボーえほん20) 2008年3月

「あやつり人形ピッパ」 ユーリア・グコーヴァ絵;エーディト・ターベット文;酒寄進一訳 西村書店 1996年11月

「あら、たいへん!こんなじかん くるみちゃんはおおいそがし」 おおしまたえこ作 ポプラ社(絵本のおもちゃばこ33) 2009年5月

「あらってあげる」 さとうわきこ作 フレーベル館(ぴよぴよえほんシリーズ6) 1985年6月

「アルフォンスのヘリコプター」 グニッラ・ベリィストロム作;山内清子訳 偕成社(アルフォンスのえほん) 1981年12月

「いちにちおもちゃ」 ふくべあきひろ作;かわしまななえ絵 PHP研究所(PHPにこにこえほん) 2009年7月

「いちにちおもちゃ」 ふくべあきひろ作;かわしまななえ絵 PHP研究所(PHPにこにこえほん) 2009年7月

「いつか、会いにいくよ」 Shinzi Katoh作 講談社 2008年3月

「いつも いっしょ」 かさいまり作 くもん出版(はじめてであうえほんシリーズ) 2009年7月

「いぬとくま いつもふたりは」 ローラ・ヴァッカロ・シーガー作;落合恵子訳 クレヨンハウス 2008年9月

「うさぎのぴょんのクリスマス」 ハロルド・ジョーンズ作・絵;早川敦子訳 徳間書店 2004年10月

「うさぎのララ・ローズ」 市川里美作 講談社(世界の絵本) 2005年6月

「うさぎ座の夜」 安房直子作;味戸ケイコ絵 偕成社 2008年1月

子どもの世界・生活

「うまにのったお人形」アイヒンガー絵;ボリガー文;矢川澄子訳 メルヘン社 1981年9月

「エマのしごと」グニラ・ヴォルデ文・絵;つばきはらななこ訳 童話館出版 2006年10月

「エルマーとまいごのクマ」デビッド・マッキー文・絵;きたむらさとし訳 BL出版(ぞうのエルマー6) 2002年9月

「おいしゃさん」ディディエ・デュフレーヌ作;アルメール・モデレ絵;やましたはるお訳 佼成出版社(きょうもごきげんアポリーヌシリーズ4) 2005年4月

「おうちでんてつ「テレビ城ひかる!」」もろほしあきひろ作 エリエイ(それいけ!おうちでんてつ1) 2008年7月

「おうちをつくろう」角野栄子作;おざきえみ絵 学習研究社(学研おはなし絵本) 2006年6月

「おーくんおんぶ」かたやまけん作 福音館書店(0.1.2.えほん) 2007年3月

「おかえりくまくん」森山京作;柿本幸造絵 佼成出版社 1993年5月

「おかえりなさい キリンさん」遠藤邦夫作;近藤理恵絵 ポプラ社(絵本の時間19) 2002年12月

「おかえりなさいオールド・ベア」ジェイン・ヒッセイ作;千葉美香訳 偕成社 1990年6月

「おさるのジョージ おもちゃやさんへいく」M.レイ;H.A.レイ原作;福本友美子訳 岩波書店 2003年10月

「おさるのちゃっぷ」佐々木利明文;こだちかつお絵 小峰書店(えほんらんど3) 1980年3月

「おしゃれなべべちゃん」末吉暁子作;藤田三歩絵 偕成社 1988年11月

「おつかいしんかんせん」福田岩緒作・絵 そうえん社(そうえん社・日本のえほん11) 2007年12月

「オットー―戦火をくぐったテディベア」トミー・ウンゲラー作;鏡哲生訳 評論社(児童図書館・絵本の部屋) 2004年12月

「おとうさんを まって」片山令子作;スズキコージ絵 福音館書店 2007年11月

「おどりだしたにんぎょう」ささもとけい作・絵 岩崎書店(ファミリーえほん12) 1978年9月

「おにんぎょうさんのおひっこし」石井睦美作;長崎訓子絵 ポプラ社(絵本のおもちゃばこ34) 2010年4月

「おにんぎょうちゃん」ファン・バレラ作;アルフレッド・ベナヴィデス・ベドジャ絵;おおいしまりこ訳 新世研 2003年8月

「おばけのおもちゃばこ」ジャック・デュケノワ作;おおさわあきら訳 ほるぷ出版 2009年8月

「おひさまアコちゃん あそびましょ」角野栄子作;黒井健絵 小学館 1999年1月

「おひさまアコちゃん まいにちまいにち」角野栄子作;黒井健絵 小学館(おひさまのほん) 1996年4月

子どもの世界・生活

「おひっこしとぬいぐるみ」 ナタリー・ナッツ文;モニック・フェリ絵;なだいなだ訳 講談社(うさぎのルー絵本3) 1985年5月

「おふろぼうや」 パム・コンラッド文;リチャード・エギエルスキー絵;たかはしけいすけ訳 セーラー出版 1994年10月

「おまるでおしっこ」 ディディエ・デュフレーヌ作;アルメール・モデレ絵;やましたはるお訳 佼成出版社(きょうもごきげんアポリーヌシリーズ3) 2005年3月

「おめでとう、ブルーカンガルー!」 エマ・チチェスター・クラーク作;まつかわまゆみ訳 評論社(評論社の児童図書館) 2008年10月

「おもいでがいっぱい」 いもとようこ絵;新井真弓作 小学館(ビーバーのムーくん1) 1998年8月

「おもしろいこと ないかな?!」 岡本颯子作・絵 ポプラ社(絵本・子どものくに10) 1985年2月

「おもちゃの かくれんぼ」 桑原伸之作 あすなろ書房 2009年7月

「おもちゃの ほしの ぱぴぷぺぽい」 さくらともこ作;米山氷一絵 PHP研究所(わたしのえほん) 1994年7月

「おもちゃのくにのノディえほん1 ノディのおくりもの」 エニッド・ブライトン原作;小田島則子訳 主婦の友社 2006年4月

「おもちゃのくにのノディえほん2 ビッグイヤーのじてんしゃ」 エニッド・ブライトン原作;小田島則子訳 主婦の友社 2006年4月

「おもちゃのくにのノディえほん3 まほうのパウダー」 エニッド・ブライトン原作;小田島則子訳 主婦の友社 2006年4月

「おもちゃのまち」 ツウィフェロフ原作;宮川やすえ訳・文;かみやしん絵 国土社(やっちゃん絵本2) 1983年11月

「おもちゃの国のノディ ノディとサンタクロース」 エニッド・ブライトン原作;瀧ノ島ルナ訳 文渓堂 1995年12月

「おもちゃの国のノディ1 ノディとおとしもの」 エニッド・ブライトン原作;中尾悦子訳 文渓堂 1995年8月

「おもちゃの国のノディ10 ノディのおまわりさん」 エニッド・ブライトン原作;中尾悦子訳 文渓堂 1995年12月

「おもちゃの国のノディ2 たいへんくるまがぬすまれた」 エニッド・ブライトン原作;ゆきたけのりこ訳 文渓堂 1995年8月

「おもちゃの国のノディ3 まほうのケシゴム」 エニッド・ブライトン原作;下村昌子訳 文渓堂 1995年8月

「おもちゃの国のノディ4 ノディとあめのひ」 エニッド・ブライトン原作;瀧ノ島ルナ訳 文渓堂 1995年9月

「おもちゃの国のノディ5 びょうきになったくるま」 エニッド・ブライトン原作;ゆきたけのりこ訳 文渓堂 1995年9月

子どもの世界・生活

「おもちゃの国のノディ6 ノディのたこあげ」 エニッド・ブライトン原作;中尾悦子訳 文渓堂 1995年10月

「おもちゃの国のノディ7 あたらしいおともだち」 エニッド・ブライトン原作;下村昌子訳 文渓堂 1995年10月

「おもちゃの国のノディ8 ノディのついてないひ」 エニッド・ブライトン原作;瀧ノ島ルナ訳 文渓堂 1995年12月

「おもちゃの国のノディ9 ノディのぎゅうにゅうやさん」 エニッド・ブライトン原作;中尾悦子訳 文渓堂 1995年12月

「おやすみハリー」 キム・ルイス作;もりやまみやこ訳 小学館 2003年12月

「オリビア…ときえたにんぎょう」 イアン・ファルコナー作;谷川俊太郎訳 あすなろ書房 2003年10月

「お星さまのいるところ ノラとおもちゃとお星さま」 市川里美作 偕成社 1988年5月

「かあさんのだったおにんぎょう」 和歌山静子文・絵 小峰書店(日本のえほん25) 1984年1月

「かえってきたおにんぎょう」 ガブリエル・バンサン作;森比左志訳 ブックローン出版(くまのアーネストおじさん) 1983年3月

「かしこいビル」 ウィリアム・ニコルソン作;松岡享子,吉田新一訳 ペンギン社 1982年6月

「カスペルとぼうや」 ミヒャエル・エンデ文;ロスビータ・クォードフリーク画;矢川澄子訳 ほるぷ出版 1977年10月

「カッチョマンがやってきた!」 ミニ・グレイ作・絵;吉上恭太訳 徳間書店 2008年6月

「かめのヘンリー」 ゆもとかずみ作,ほりかわりまこ絵 福音館書店 2003年4月

「きいろとピンク」 ウィリアム・スタイグ作;おがわえつこ訳 セーラー出版 1989年3月

「きせかえくまちゃん」 末吉暁子作,藤田三歩絵 偕成社 1987年2月

「キッパーのおもちゃばこ」 ミック・インクペン作;角野栄子訳 小学館 1992年12月

「きみとあそびだいな」 ニコライ・ストヤノフ作;.絵;山元護久文 学習研究社(国際版せかいのえほん7) 1985年1月

「きみはきみらしく」 マックス・ルケード作;セルジオ・マルティネス絵;松波史子訳 いのちのことば社 フォレストブックス 2002年10月

「クマキカイ絵本 ずっといっしょにいてもいい?」 森チャック絵・文 ポニーキャニオン 2006年4月

「くまくんどこ?」 グニラ・ボルデ作;たかむらきみこ訳 偕成社(トミーちゃんシリーズ) 1976年1月

「くまくんのおもちゃばこ」 ヘアツ作;クランテ絵;木村由利子訳 偕成社(くまくんえほん) 1978年11月

子どもの世界・生活

「くまくんのおもちゃばこ」ミシュリーヌ・ベルトラン作;リーズ・マラン絵;辻昶訳　ペンタン(くまくんの絵本)　1985年12月

「くまくんのじてんしゃ」エミリー・ウォレン・マクラウド文;デイビッド・マクフェイル絵;清水真砂子訳　アリス館牧新社　1976年2月

「くまごろう」フィリップ・ド・ケメテー作・絵;くぼじゅんこ訳　金の星社　2005年7月

「くまさんといっしょ」中谷千代子作　偕成社(けんちゃんえほん1)　1975年2月

「くまさんの　おなか」長新太作・絵　学習研究社　1999年7月

「くまとクマ」松成真理子作　童心社　2005年10月

「くまのオルソン」ラスカル文;マリオ・ラモ絵;堀内紅子訳　徳間書店　1999年6月

「くまのニュートン あめのひだいすき」ロリー・タイガー作;きむらゆういち訳　学習研究社　2008年5月

「くまのビーディーくん」ドン・フリーマン作;松岡享子訳　偕成社　1976年2月

「クリスマスくまくん」アン・マンガン作;ジョアンナ・モス絵;あまんきみこ訳　学習研究社　2003年11月

「クリスマスのあたらしいおともだち」ジェイムズ・スティーブンスン文・絵;谷本誠剛訳　国土社　1982年11月

「クリスマスの人形たち」ジョージー・アダムズ文;カーチャ・ミハイロフスカヤ絵;こだまともこ訳　徳間書店　2008年10月

「クリスマスよ、ブルーカンガルー!」エマ・チチェスター・クラーク作;まつかわまゆみ訳　評論社(評論社の児童図書館)　2007年11月

「クリスマス人形のねがい」ルーマー・ゴッデン文;バーバラ・クーニー絵;掛川恭子訳　岩波書店　2001年11月

「クリフォード さがしものをするの巻」ノーマン・ブリッドウェル作;もきかずこ訳　ソニー・マガジンズ(にいるぶっくす)　2005年11月

「グルーミー絵本 ぼくにひろわれてよかった…?」森チャック絵・文　ポニーキャニオン　2006年4月

「くるみの もりの チューさん」人形製作;山田亜友美作　ひさかたチャイルド　2008年9月

「クルミわりにんぎょう」ホフマン原作;ジーン・リチャードソン再話;フランチェスカ・クレスピー絵;小川仁央訳　評論社(児童図書館・絵本の部屋)　1990年12月

「くるみわりにんぎょう」ホフマン原作;金山美穂子文;司修絵　世界出版社(ABCブック)　1970年1月

「くるみわり人形」E.T.A.ホフマン原作;中井貴惠抄訳　ブロンズ新社　2008年10月

「くるみわり人形」E.T.A.ホフマン作;モーリス・センダック絵;ラルフ・マンハイム英語訳;渡辺茂男日本語訳　ほるぷ出版　1993年5月

子どもの世界・生活

「くるみわり人形」ホフマン原作;ダグマル・ベルコバー絵;高橋ひろゆき文　佑学社(名作バレー物語シリーズ) 1978年11月

「くるみ割り人形」E.T.A.ホフマン原作;リスベート・ツヴェルガー絵;ズザンネ・コッペ文;池田香代子訳　BL出版　2005年12月

「クルリン」ミラ・ローベ文;ズージ・ヴァイゲル絵;斎藤尚子訳　徳間書店　1999年10月

「けんたのにんぎょう」梅田智江文;今木道画　童心社(童心社の絵本4) 1978年9月

「こいぬのこん」松成真理子著　学習研究社(学研おはなし絵本) 2005年7月

「こうまのウーラ」とづかかよこ作・絵　偕成社　2008年5月

「コーちゃんのポケット」ドン・フリーマン作;西園寺祥子訳　ほるぷ出版　1982年10月

「ゴールディーのお人形」M.B.ゴフスタイン作・絵;末盛千枝子訳　すえもりブックス　2003年10月

「こぐまちゃんのうんてんしゅ」わかやまけん作　こぐま社(こぐまちゃんえほん) 1971年11月

「こけしとおじいさん」小沢良吉作・絵　フレーベル館(キンダーおはなしえほん傑作選45) 1979年9月

「こけしめいじん」みやかわけんじ作;むらおかみか絵　新世研　2001年8月

「このおもちゃ、もういらない!-すてられたごみはどうなるの?」かなだたえ文;白土あつこ絵　チャイルド本社(エコ育絵本ちきゅうにやさしくなれるかな?1) 2009年4月

「このへや あけて」はせがわせつこ作;ましませつこ絵　ポプラ社(絵本・いつでもいっしょ26) 2008年11月

「ゴリラのビックリばこ」長新太文・絵　旺文社(旺文社こどもの本) 1978年5月

「ころわんとおにんぎょう」間所ひさこ作;黒井健絵　ひさかたチャイルド　1999年9月

「さびしいくま」クレイ・カーミッシェル作;江國香織訳　BL出版　2004年8月

「さびしがりやのしろくまくん」アン・マンガン文;グウィネス・ウィリアムソン絵;よこやまかずこ訳　西村書店　1997年11月

「サムぼうやのぬいぐるみ」バルブロ・リンドグレン作;エバ・エリクソン絵;あきのしょういちろう訳　童話館　1993年12月

「さらわれたおにんぎょう」浜田廣介文;桜井誠絵　偕成社(ひろすけ絵本4) 1965年12月

「サリンカときんのことり」アーサー・ショレイ文;ベルナデッテ・ワッツ絵;もきかずこ訳　ほるぷ出版　1979年11月

「サンタクロースとぎんのくま」マレーク・ベロニカ文・絵;みやこうせい訳　福音館書店(世界傑作絵本シリーズ) 2007年10月

「サンタとふしぎなながれ星」たむらしげる作　メディアファクトリー　1998年12月;リブロポート　1997年10月

子どもの世界・生活

「しっかりもののすずのへいたい」アンデルセン作;山室静訳;中谷千代子絵 小学館(世界のメルヘン絵本16) 1978年11月

「ジャングルの人形」カルラ・ソアレス・ペレイラ作;スアミ・アンタル・ロイット絵;ふせまさこ訳 新世研 2003年10月

「じゃんけんぽんでかくれんぼ!」わたりむつこ作;つおみちこ絵 国土社(あかいくまくんシリーズ2) 1993年6月

「しゅっしゅぽっぽ」新井洋行作・絵 教育画劇 2009年1月

「しろいクマ ちゃいろいクマ」スヴェトラーナ・ペトロヴィック作;ヴィンセント・ハーディー絵;ゆづきかやこ訳 小峰書店(世界の絵本コレクション) 2007年7月

「しろくまボビーとはじめてのゆき」マリー・ジョゼ・サクレ絵;ピエール・コラン文;木本栄訳 講談社(世界の絵本) 2006年11月

「しんかんくん うちにくる」のぶみ作 あかね書房(あかね・新えほんシリーズ33) 2007年6月

「しんかんくん けんかする」のぶみ作 あかね書房 2010年7月

「しんかんくん ひっこしする」のぶみ作 あかね書房 2009年8月

「しんかんくん ようちえんにいく」のぶみ作 あかね書房(あかね・新えほんシリーズ37) 2008年2月

「しんかんくんの パンやさん」のぶみ作 あかね書房(あかね・新えほんシリーズ42) 2008年10月

「すきですゴリラ」アントニー・ブラウン作・絵;山下明生訳 あかね書房(あかねせかいの本12) 1985年12月

「すずの兵隊」H.C.アンデルセン原作;ジョルジュ・ルモワン絵;宮坂希美江訳 西村書店 1990年6月

「すずの兵隊」ハンス・クリスチャン・アンデルセン作;モニカ・レイムグルーバー絵;木村由利子訳 ほるぷ出版 1978年9月

「すずの兵隊」石津ちひろ文;宇野亜喜良絵 フェリシモ出版(おはなしのたからばこ14) 2009年11月

「すずの兵隊さん」フレッド・マルチェリーノ絵;トーア・サイドラー再話;おぐらあゆみ訳 評論社(児童図書館・絵本の部屋) 1996年12月

「ソックモンキーのおくりもの」秋山花作 講談社(講談社の創作絵本) 2010年11月

「そのウサギはエミリー・ブラウンのっ!」クレシッダ・コーウェル文;ニール・レイトン絵;まつかわまゆみ訳 評論社(児童図書館・絵本の部屋) 2008年3月

「ソファーのうえで」川端誠作・絵 講談社(講談社の創作絵本) 1991年7月

「それいけ!おもちゃだいさくせん」土屋富士夫作・絵 徳間書店 2008年2月

「だいきらい だいすき」やすいすえこ作;黒井健絵 金の星社(こどものくに傑作絵本) 1982年11月

子どもの世界・生活

「だいじなだいじな あかいズボン」 ジェイン・ヒッセイ作;千葉美香訳 偕成社 1990年12月

「だいすきがいっぱい」 ジリアン・シールズ文;ゲイリー・ブライズ絵;おびかゆうこ訳 主婦の友社 2007年10月

「だいすきよ、ブルーカンガルー？」 エマ・チチェスター・クラーク作;まつかわまゆみ訳 評論社(児童図書館・絵本の部屋) 1999年11月

「たいせつなきみ」 マックス・ルケード作;セルジオ・マルティネス絵;松波史子訳 いのちのことば社 フォレストブックス 2002年12月

「たけとんぼありがとう」 しみずみちを作;福田岩緒絵 教育画劇(スピカみんなのえほん7) 1989年11月

「だっこちゃんどこ？」 あんびるやすこ著 アリス館 2002年11月

「だっこはいや」 角野栄子文;黒井健絵 講談社(ねこのパジャマのえほん) 1985年7月

「たっぷどこへいく」 アンナ・ベングトソン作;オスターグレン晴子訳 福音館書店 2005年6月

「たんけんイエイエイ」 角野栄子文;黒井健絵 講談社(ねこのパジャマのえほん) 1985年2月

「ちいちゃんとパンダちゃん おるすばんこわくないよ」 まめこ作・絵 PHP研究所(PHPにこにこえほん) 2010年4月

「ちいちゃんのたからもの」 杉浦さやか作 学習研究社(学研おはなし絵本) 2008年10月

「チチンプイプイ いたいのいたいのとんでけー」 おおともやすお作 童心社(とことこえほん) 2009年11月

「ちびくまの かくれんぼ」 ジェイン・ヒッセイ作;千葉美香訳 偕成社 1991年12月

「ちびっこきかんしゃ だいじょうぶ」 ワッティー・パイパー文;ローレン・ロング絵;ふしみみさを訳 ヴィレッジブックス 2007年4月

「チューさんのスノーレース」 人形製作;山田亜友美作 ひさかたチャイルド 2007年11月

「チューピィ おもちゃはぼくのもの」 ティエリー・クルタン絵;ソフィー・クルタン色;ひがしのじゅんこ訳 リーガル出版 2006年7月

「ちょっとかして」 木下惇子作・絵 偕成社(ちいさいえほん23) 1979年4月

「つきがまあるくなるよるに ぬいぐるみいあんりょう」 大坪奈古作・画 新風舎 2005年9月

「つきのあかるい よるのおはなし」 ジョン・プレイター作;山口文生訳 評論社(児童図書館・絵本の部屋) 1999年10月

「つきよのぼうけん」 エドワード・アーディゾーニ絵;エインゲルダ・アーディゾーニ文;なかがわちひろ訳 徳間書店 2004年9月

「つつみのおひなっこ-仙台空襲ものがたり」 野本和子;高倉勝子作 仙台文化出版社 1980年7月

「つみき」 中川ひろたか文;平田利之絵 金の星社(はじめての絵本たいむ) 2007年4月

子どもの世界・生活

「つみきくん」いしかわこうじ作・絵 ポプラ社(絵本のおもちゃばこ32) 2009年5月

「ティリーのクリスマス」フェイス・ジェイクス作;小林いづみ訳 こぐま社 1995年12月

「ティリーのねがい」フェイス・ジェイクス作;小林いづみ訳 こぐま社 1995年12月

「テディ・ベアの おいしゃさん」ガブリエル・バンサン作;今江祥智訳 ブックローン出版 1995年3月

「テディとアニー」マリア・オニール文;モーリーン・ガルバーニ絵;井辻朱美訳 河出書房新社 1999年12月

「テディとアニー2 また忘れられて」マリア・オニール文;モーリーン・ガルバーニ絵;井辻朱美訳 河出書房新社 2000年7月

「テディとアニー3 遊園地はだいきらい」マリア・オニール文;モーリーン・ガルバーニ絵;井辻朱美訳 河出書房新社 2000年7月

「テディとアニー4 世界一せまいどうぶつえん」ノーマン・レッドファーン文;モーリーン・ガルバーニ絵;井辻朱美訳 河出書房新社 2000年8月

「テディとアニー5 どろぼうをつかまえろ!」ノーマン・レッドファーン文;レス・ギバード絵;井辻朱美訳 河出書房新社 2000年11月

「テディとアニー6 びょういんは大さわぎ」ノーマン・レッドファーン文;レス・ギバード絵;井辻朱美訳 河出書房新社 2000年12月

「テディとあらしのかえりみち-テディのちいさなぼうけん」イアン・ベック作;山本桂子訳 文渓堂 2001年6月

「テディとないしょのピクニック-テディのちいさなぼうけん」イアン・ベック作;こはまはるか訳 文渓堂 2001年2月

「テディベアにそだてられたおとこのこ」ジェニー・ウィリス文;スーザン・バーレイ絵;河野万里子訳 ほるぷ出版 2002年7月

「テディベアのハミッシュ」モイラ・マンロー作;ごうどまち訳 オリコン・エンタテインメント 2004年6月

「てろんてろんちゃん」ジョイス・デュンバー文;スーザン・バーレイ絵;江國香織訳 ほるぷ出版 1992年4月

「どうしたの」シャーロッテ・デーマートンス作;小池昌代訳 あかね書房(あかね・新えほんシリーズ17) 2003年12月

「どうしたらいい、ブルーカンガルー?」エマ・チチェスター・クラーク作;まつかわまゆみ訳 評論社(児童図書館・絵本の部屋) 2006年3月

「どうしてかなしいの?/どこにいるの?」マイケル・グレイニエツ作・絵;ほそのあやこ訳 ポプラ社 1999年2月

「どこへいったの、ブルーカンガルー?」エマ・チチェスター・クラーク作;まつかわまゆみ訳 評論社(児童図書館・絵本の部屋) 2003年6月

「とっくん トラック うみへ ぶぶー」いわむらかずお作・絵 ひさかたチャイルド 2009年7月

子どもの世界・生活

「とっくん トラック のはらへ ぶぶー」 いわむらかずお作・絵 ひさかたチャイルド 2007年4月

「トトとライヨ じてんしゃのれた!」 さこももみ作 アリス館 2008年7月

「トトとライヨ じてんしゃのれた!」 さこももみ作 アリス館 2008年7月

「とべたよ ハリー」 キム・ルイス作；もりやまみやこ訳 小学館 2006年1月

「トムとピッポ さんぽへおでかけ」 ヘレン・オクセンベリー作・絵；ほしかわなつよ訳 童話館出版 2001年3月

「トムとピッポがほんをよむ」 ヘレン・オクセンベリー作；児島なおみ訳 リブロポート(ピッポ1) 1989年11月

「トムとピッポとおさんぽ」 ヘレン・オクセンベリー作；児島なおみ訳 リブロポート(ピッポ3) 1990年1月

「トムとピッポとせんたくき」 ヘレン・オクセンベリー作；児島なおみ訳 リブロポート(ピッポ4) 1990年1月

「トムとピッポとペンキぬり」 ヘレン・オクセンベリー作；児島なおみ訳 リブロポート(ピッポ2) 1989年11月

「ともだちたくさんできるかな!-ぬいぐるみロボはな&マナ」 山藤實江子絵・話 丸善プラネット 2007年10月

「トらやんの世界 ラッキードラゴンのおはなし」 ヤノベケンジ作・絵 サンリード 2009年9月

「トリクシーのくたくたうさぎ」 モー・ウィレムズ作；中川ひろたか訳 ヴィレッジブックス 2006年10月

「どれにしようかな」 つちだのぶこ作 学研教育出版(学研おはなし絵本) 2010年2月

「どろにんぎょう-北欧民話」 内田莉莎子文；井上洋介画 福音館書店 1985年10月

「どろんこのおともだち」 バーバラ・マクリントック作；福本友美子訳 ほるぷ出版 2010年10月

「とんでいきたいなあ」 市川里美作 BL出版 2010年7月

「なぞなぞのおうち」 角野栄子文；黒井健絵 講談社(ねこのパジャマのえほん) 1984年11月

「なまいきヴォルク」 ごうだつねお作 講談社 2010年3月

「ナマリの兵隊」 ハンス・アンデルセン文；マーシア・ブラウン絵；光吉夏弥訳 岩波書店 (岩波の子どもの本) 1954年4月

「ならんだならんだ! おひなさま」 奥村かよこ絵；中島妙文 ひさかたチャイルド(ものづくり絵本シリーズどうやってできるの?) 2009年2月；チャイルド本社(ものづくり絵本シリーズどうやってできるの?) 2008年3月

「にんぎょう いかが」 ガブリエル・バンサン絵；森比左志文 ブックローン出版(ちいさなコアラシリーズ) 1984年11月

551

子どもの世界・生活

「にんぎょうげきだん」こみねゆら作　白泉社　2010年5月

「にんぎょうしばい」エズラ・ジャック・キーツ作・画;木島始訳　偕成社　1977年7月

「にんぎょうのくに」ドン・フリーマン作・絵;西園寺祥子訳　偕成社　1979年4月

「ぬいぐるみだいすき」オフェリエ・テクシエ作・絵;きむらゆういち訳　そうえん社(ぼくはワニオオカミ6)　2009年9月

「ねえくまちゃん、なにしてるの？」ブルーノ・ヘクラー文;ビルテ・ムゥラー絵;くぼじゅんこ訳　BL出版　2005年10月

「ねえくまちゃん、はやくねなくっちゃ！」ブルーノ・ヘクラー文;ビルテ・ムゥラー絵;くぼじゅんこ訳　BL出版　2006年4月

「ねこがすき、くまがすき」キャロル・グリーン文;アン・モーティマー絵;前沢明枝訳　徳間書店　1998年11月

「ねこのミューとブラン」メグ・ラザーフォード作・絵;矢崎節夫訳　フレーベル館　1986年1月

「ねじまき鳩がとぶ」青山邦彦作・画;多田敬一画　パロル舎　1998年5月

「ねんねがだいすき」角野栄子文;黒井健絵　講談社(ねこのパジャマのえほん)　1984年11月

「のせてのせて」松谷みよ子文;東光寺啓絵　童心社(松谷みよ子あかちゃんの本)　1969年7月

「のっぽのジョリーがやってきた！」ジェイン・ヒッセイ作;ちばみか訳　偕成社　1995年12月

「パオちゃんのみんなでおかたづけ」仲川道子作・絵　PHP研究所　1999年2月

「パコ」森山京作;広瀬弦絵　ポプラ社(絵本・いつでもいっしょ21)　2007年5月

「はこちゃんのおひなさま」丸田かね子文;牧野鈴子絵　銀の鈴社　2010年2月

「パトカーのピーすけ」相良敦子文;柳生弦一郎絵　福音館書店(日本傑作絵本シリーズ)　1992年11月

「ハニーンちゃんのお人形」加藤ユカリ文;榧野ヒカリ絵　めるくまーる　2010年2月

「バビちゃんのおひっこし」木村かほる作　偕成社(おにんぎょうのえほん1)　1997年2月

「パレッタとふしぎなもくば」千葉史子作・絵　講談社(「創作絵本グランプリ」シリーズ)　2008年12月

「バロチェとくまのスノウト」イヴォンヌ・ヤハテンベルフ作;野坂悦子訳　講談社(世界の絵本)　2008年6月

「バンセきをつけて」ヤン・モーエセン作・絵;矢崎節夫訳　フレーベル館　1985年2月

「バンセスのクリスマス」ヤン・モーエセン作・絵;矢崎節夫訳　フレーベル館　1984年11月

「バンセスのともだち」ヤン・モーエセン作・絵;矢崎節夫訳　フレーベル館　1985年1月

「ピアノをひくのはだれ？」やすいすえこ作;いもとようこ絵　佼成出版社　1987年12月

子どもの世界・生活

「ピートとポロの ぶくぶくうみのぼうけん」 エイドリアン・レイノルズ作；まつかわまゆみ訳　評論社(児童図書館・絵本の部屋)　2001年5月

「びくびくビリー」 アンソニー・ブラウン作；灰島かり訳　評論社(児童図書館・絵本の部屋)　2006年9月

「ひとりぼっちのくうくう」 杉田比呂美作　小峰書店(えほんひろば)　2010年6月

「ピノキオ」 若菜珪画；天神しずえ文　ひかりのくに(世界名作えほん全集3)　1966年1月

「ピノキオの冒険」 カルロ・コルローディ原作；ロベルト・インノチェンティ絵；金原瑞人訳　西村書店　1992年11月

「ピノッキオ」 コッロウディ原作；神沢利子文；三好碩也絵　世界出版社(ABCブック)　1969年12月

「ビロードうさぎ」 マージェリィ・W.ビアンコ原作；酒井駒子絵・抄訳　ブロンズ新社　2007年4月

「ビロードうさぎ」 マージェリィ・ウィリアムズ文；石井桃子訳；ウィリアム・ニコルソン絵　童話館出版　2002年3月

「フィッツェブッツェ」 パウラ・デーメル；リヒャルト・デーメル文；エルンスト・クライドルフ絵；若林ひとみ訳　ほるぷ出版(ほるぷクラシック絵本)　1986年12月

「フェリックスの手紙 小さなウサギの世界旅行」 アネッテ・ランゲン話；コンスタンツァ・ドロープ絵；栗栖カイ訳　ブロンズ新社　1994年9月

「フェリックスの手紙2 小さなウサギの時間旅行」 アネッテ・ランゲン話；コンスタンツァ・ドロープ絵；栗栖カイ訳　ブロンズ新社　1995年7月

「フェリックスの手紙3 小さなウサギの地球探検」 アネッテ・ランゲン話；コンスタンツァ・ドロープ絵；栗栖カイ訳　ブロンズ新社　1996年11月

「フェリックスの手紙4 サンタクロースとクリスマス旅行」 アネッテ・ランゲン話；コンスタンツァ・ドロープ絵；栗栖カイ訳　ブロンズ新社　1997年11月

「フェリックスの手紙5 サーカスの人気者」 アネッテ・ランゲン話；コンスタンツァ・ドロープ絵；栗栖カイ訳　ブロンズ新社　1999年11月

「ふしぎなお人形ミラベル」 アストリッド・リンドグレーン作；ピア・リンデンバウム絵；武井典子訳　偕成社　2005年7月

「ふゆのくまさん」 ルース・クラフト文；エリック・ブレッグバッド絵；やまだしゅうじ訳　アリス館牧新社　1976年2月

「ブリキのいえ」 森本清彦作　フレーベル館　1985年2月

「ブルーカンガルーがやったのよ？」 エマ・チチェスター・クラーク作；まつかわまゆみ訳　評論社(児童図書館・絵本の部屋)　2003年9月

「ふるびたくま」 クレイ・カーミッシェル作；江國香織訳　BL出版　1999年8月

「ふわふわくんとアルフレッド」 ドロシー・マリノ文・絵；石井桃子訳　岩波書店(岩波の子どもの本)　1977年6月

子どもの世界・生活

「ペギーのちいさな家」 エレイン・ミルズ作;なかむらますみ訳 セーラー出版 1996年11月

「ベルベットうさぎのなみだ」 マージェリィ・ウィリアムズ原作;L.ファンチャー文;S.ジョンソン;L.ファンチャー絵;成沢栄里子訳 BL出版 2004年11月

「ぽいぽい ぷーちゃん」 たるいしまこ作 ポプラ社(ぷーちゃんのえほん1) 2007年5月

「ほう ほう」 おのちよ作 大日本絵画(かいがの創作えほん) 1980年1月

「ぼうし ころころ」 長谷川摂子文;田宮俊和構成 福音館書店(つみきのえほん1) 2008年4月

「ポーラー—タイタニック号にのったぬいぐるみのクマのお話」 デイジー・C.S.スペドゥン作;ローリー・マクガウ絵;河津千代訳 リブリオ出版 1997年5月

「ぼくができること」 スティーブ・スモールマン文;ティム・ワーンズ絵;左近リベカ訳 草炎社(そうえんしゃ・世界のえほん2) 2006年2月

「ぼくちいさくないよ」 グニラ・ボルデ作;たかむらきみこ訳 偕成社(トミーちゃんシリーズ) 1976年1月

「ぼくとくまさん」 ユリ・シュルヴィッツ作;さくまゆみこ訳 あすなろ書房 2005年5月

「ぼくとバブーン まちへおかいもの」 ベッテ・ウェステラ作;スザンネ・ディーデレン絵;野坂悦子訳 ソニー・マガジンズ(にいるぶっくす) 2006年8月

「ぼくの、ぼくの、ぼくのー!」 マイク・リース文;デイビッド・キャトロウ絵;ふしみみさを訳 ポプラ社(ポプラせかいの絵本22) 2008年9月

「ぼくのおじいちゃん」 パム・コンラッド文;リチャード・エギエルスキー絵;たかはしけいすけ訳 セーラー出版(おふろぼうや2) 1994年10月

「ぼくのきかんしゃ」 マイケル・グレイニエツ作;いとうひろし訳 講談社(世界の絵本) 1998年2月

「ぼくのくまくんフローラ」 デイジー・ムラースコバー作・絵;千野栄一訳 偕成社 1979年7月

「ぼくのジープ」 さとうさとる文;村上勉絵 偕成社(ちいさいえほん15) 1977年11月

「ぼくのダーナマン」 本間正樹文;末崎茂樹絵 佼成出版社(しつけ絵本シリーズ9) 2004年11月

「ぼくのだっこ」 磯みゆき作 ポプラ社(絵本・いつでもいっしょ34) 2009年12月

「ぼくのちいさなせんちょうさん」 クラウディオ・ムニョス作;山口文生訳 評論社(児童図書館・絵本の部屋) 2000年6月

「ぼくのなまえはイラナイヨ」 ミック・インクペン著;角野栄子訳 小学館 1997年6月

「ぼくのひこうき」 阿部肇作・絵 ポプラ社(絵本のひろば27) 1976年8月

「ぼくのひこうき」 佐藤さとる文;村上勉絵 偕成社(ちいさいえほん14) 1977年9月

「ぼくのワンちゃん」 シャリー・ヒューズ作;新井有子訳 偕成社 1981年12月

「ぼくはくま」 ごうだつねお作 小学館 2007年1月

子どもの世界・生活

「ぼくは赤ちゃんがほしいの」 シャーロット・ゾロトウ文;ぺネ・デュボア絵;みらいなな訳 童話屋 2007年9月

「ボタンのくに」 中村成夫;西巻茅子作 こぐま社 1967年8月

「ほらみてて、ブルーカンガルー!」 エマ・チチェスター・クラーク作;まつかわまゆみ訳 評論社(評論社の児童図書館) 2007年2月

「ボリボン」 マレーク・ベロニカ文・絵;みやこうせい訳 福音館書店 2002年9月

「ぽんぽのいたいくまさん」 松谷みよ子文;中谷千代子絵 講談社(ちいさいモモちゃんえほん) 1981年12月

「ぽんぽのいたいくまさん」 松谷みよ子文;武田美穂絵 講談社(ちいさいモモちゃんえほん8) 1996年5月

「まーくんとくま」 ジェズ・オールバラ作・絵;野口絵美訳 徳間書店 2004年9月

「まいごになったおにんぎょう」 A.アーディゾーニ文;E.アーディゾーニ絵;石井桃子訳 岩波書店(岩波の子どもの本) 1983年11月

「まいごのゴンベ」 高橋宏幸作・絵 岩崎書店(ファミリーえほん21) 1979年6月

「まいごのロボット」 大石真作;北田卓史絵 ひさかたチャイルド(ひさかたメルヘン44) 1983年12月

「まいにちが たんじょうび」 ジェイン・ヒッセイ作;ちばみか訳 偕成社 1998年6月

「まくまくんの かいがいりょこう」 ごうだつねお作 小学館 2008年1月

「マックスのくまちゃん」 バルブロ・リンドグレン作;エヴァ・エリクソン絵;おのでらゆりこ訳 佑学社 1982年10月

「マックスのじどうしゃ」 バルブロ・リンドグレン作;エヴァ・エリクソン絵;おのでらゆりこ訳 佑学社 1982年10月

「マトリョーシカちゃん」 ヴェ・ヴィクトロフ;イ・ベロポーリスカヤ原作;加古里子文・絵 福音館書店 1984年12月

「まよなかの1ねんせい」 ミシェル・ゲイ作;すえまつひみこ訳 文化出版局 1991年5月

「まよなかのぼうけん」 フィリップ・デュマ作・絵;山口智子訳 福音館書店(世界傑作絵本シリーズ・フランスの絵本) 1982年2月

「マリアンの海」 フランス・ファン・アンローイ文;ヤープ・トウル絵;奥田継夫訳 アリス館 1986年3月

「マリーのお人形」 ルイーズ・ファティオ文;ロジャー・デュボアザン絵;江國香織訳 BL出版 2007年9月

「まるちゃんのけが」 山田愛子作 偕成社(しまちゃんえほん2) 1974年12月

「ミーシャのぼうけん」 チェスワフ・ヤンチャルスキ文;ズビグニエフ・ルィフリツキ絵;坂倉千鶴訳 ほるぷ出版 1985年5月

「ミーちゃんとポポ」 寺岡邦夫;寺岡紀久子・絵作 偕成社(ミーちゃんえほん) 1979年7月

子どもの世界・生活

「ミシュカ」 マリイ・コルモン作；ジェラール・フランカン絵；末松氷海子訳 セーラー出版 1993年11月

「ミッフィーどうしたの？」 ディック・ブルーナ作；角野栄子訳 講談社(ミッフィーはじめてのえほん1) 2004年10月

「ミッフィーどうしたの」 ディック・ブルーナ作；角野栄子訳 講談社(ブルーナのおはなし文庫2) 1994年3月

「ミニカーミュート だいかつやく!」 福田利之作 アリス館 2009年4月

「みみこのゆうびん」 矢崎節夫文；高畠純絵 JULA出版局 1983年10月

「ムスティとひこうき」 レイ・ゴッセンス作；渡辺和雄訳；上崎美恵子文 小学館(ムスティおはなし絵本7) 1982年5月

「むすめにんぎょう」 黒谷太郎文・絵 小峰書店(こみね創作えほん15) 1980年3月

「メルヘンの国」 なかえよしを作；上野紀子絵 ポプラ社(なかえよしを・上野紀子の絵本7) 1980年3月

「もうだいじょうぶ」 リチャード・エドワーズ文；ソフィー・ウィリアムズ絵；まつかわまゆみ訳 評論社(児童図書館・絵本の部屋) 2000年7月

「モグとうさちゃん」 ジュディス・カー作；きたむらまさお訳 大日本絵画 1989年10月

「モグとうさポン」 ジュディス・カー作；三原泉訳 あすなろ書房 2008年3月

「もぐるぞもぐるぞどこまでも」 スミス夫妻作；今江祥智訳 ほるぷ出版 1985年10月

「もこもこは どこ？」 マリー・ワップ作・絵；おかべりか訳 フレーベル館 2001年11月

「もめんのろばさん」 わたりむつこ作；降矢なな絵 ポプラ社(絵本のおもちゃばこ27) 2007年10月

「もらったものはもらったもの」 ステファニー・ブレイク作・絵；ふしみみさを訳 PHP研究所(PHPわたしのえほん) 2007年11月

「もりのくまとテディベア」 谷川俊太郎詩；和田誠絵 金の星社 2010年9月

「もりのにんぎょう」 朝比奈かおる作・絵 文渓堂 2005年9月

「ヤチのおにんぎょうーブラジル民話より」 C.センドレラ文；グロリア・カラスサン・バイベ絵；長谷川四郎訳 ほるぷ出版 1976年9月

「ヤッピーのふしぎなおもちゃ」 すまいるママ作・絵 教育画劇 2010年5月

「やねうらべやの おにんぎょうさん」 柳生まち子作 福音館書店(日本傑作絵本シリーズ) 2003年1月

「ゆきを みつけたよ！」 ジェイン・ヒッセイ作；ちばみか訳 偕成社 1996年3月

「よかったね もくば」 南本樹絵 文化出版局 1993年11月

「ルウのおうち」 松谷みよ子文；中谷千代子絵 講談社(ちいさいモモちゃんえほん) 1971年12月

子どもの世界・生活

「ルウのおうち」 松谷みよ子文;武田美穂絵 講談社(ちいさいモモちゃんえほん11) 1996年11月

「ろばのトコちゃん スープをつくる」 ベネディクト・ゲティエ;ふしみみさを訳 ほるぷ出版 2006年9月

「わすれものですよ」 舟崎靖子作;上野紀子絵 佼成出版社 1981年10月

「わすれられない人形」 リサ・マコート文;メアリー・オキーフ・ヤング絵;宮木陽子訳 岩崎書店(子どものこころのチキンスープ1) 1999年9月

「わたしのバーニー いつもいっしょ」 ドロシー・バトラー作;エリザベス・フラー絵;百々佑利子訳 のら書店 1997年4月

「わたしのゆきちゃん」 いしいつとむ文・絵 童心社(絵本・こどものひろば) 2009年11月

「わたしはレナのおにんぎょう」 たかばやしまり作 朔北社 2006年7月

「火よう日のおはなし」 デイジー・ムラースコバ作;千野栄一訳 偕成社 1981年7月

「回転木馬」 エヌ・カルパコーヴァ作;タチャーナ・マーヴリナ絵;田中泰子訳 ほるぷ出版 1984年12月

「鬼丸」 深沢邦朗文・絵 岩崎書店(新・創作絵本4) 1978年12月

「九つの泣きべそ人形-ポーランドの民話より」 アン・ペロウスキー文;チャールズ・ミコライカ絵;岩田みみ訳 ほるぷ出版 1982年11月

「私の船長さん」 M.B.ゴフスタイン作;谷川俊太郎訳 ジー・シー 1996年10月

「消えてしまったお人形」 ジーン・リチャードソン文;マイク・ドッド絵;渡辺一枝訳 アスラン書房 1995年4月

「森かげの家」 マーティン・ウォデル文;アンジェラ・バレット絵;前沢浩子訳 パルコ出版 1992年3月

「人形たちのクリスマス」 ターシャ・テューダー著;内藤里永子訳 メディアファクトリー(ターシャ・テューダークラシックコレクション) 2001年12月

「人形の家」 キャサリン・マンスフィールド原作;藤沢友一絵・反案 岩崎書店(新・創作絵本25) 1981年8月

「雪のふる夜」 宮本多命文;江口まひろ絵 講談社 1983年11月

「鳥おじさん」 ウィレミーン・ミン作・絵;野坂悦子訳 徳間書店 1999年1月

「南の国へ おもちゃの旅」 ハンス・ウルリッヒ・シュテーガー作;佐々木田鶴子訳 童話館出版 1996年3月

「二つのオランダ人形の冒険」 フローレンス・K.アプトン絵;バーサ・H.アプトン文;百々佑利子訳 ほるぷ出版 1985年12月

「白鳥になった人形」 須藤克三文;箕田源二郎絵 ポプラ社(ポプラ社の創作絵本8) 1977年8月

子どもの世界・生活

遊び＞水遊び

「こぐまちゃんのみずあそび」 わかやまけん作 こぐま社（こぐまちゃんえほん） 1971年11月
「こぶたはなこさんのみずあそび」 くどうなおこ文；いけずみひろこ絵 童話屋 1985年7月
「ころわんちゃぷちゃぷ」 間所ひさこ作；黒井健絵 ひさかたチャイルド 2004年6月
「せっけんつけてぶくぶくぷわー」 岸田衿子文；山脇百合子絵 福音館書店（日本傑作絵本シリーズ） 1999年6月
「にじものがたり あめあがりのやくそく」 いわぶちけいぞう作・絵 PHP研究所（PHPにこにこえほん） 1993年8月
「にわか雨はざんざんぶり」 若山憲作 こぐま社 1985年7月
「ぴちゃん・ばしゃん・ざぶん」 中林影作 福音館書店 1984年6月
「ぼくの水たまりバケツ」 エリサ・クレヴェン作・絵；多賀京子訳 徳間書店 1999年1月
「みどりのホース」 安江リエ文；やぎゅうげんいちろう絵 福音館書店（こどものとも傑作集） 2006年7月
「ムックとチャッピー はじめてのかわあそび」 みぞぶちまさる作・絵 ひさかたチャイルド 2007年6月
「メイシーちゃんのプール」 ルーシー・カズンズ作；なぎともこ訳 偕成社 1999年9月
「リサ かぜをひく」 アン・グッドマン文；ゲオルグ・ハレンスレーベン絵；石津ちひろ訳 ブロンズ新社 2004年10月
「水あそび」 天野喜孝原作 PHP研究所（やさいのようせいN.Y.SALAD） 2009年4月
「水たまりおじさん」 レイモンド・ブリッグズ作；青山南訳 BL出版 2005年6月

遊び＞折り紙

「あっちゃんとちょうちょ」 西巻茅子作 童心社（あっちゃんのえほん3） 1980年9月
「おりがみじゃぶじゃぶ」 来栖良夫文；遠藤てるよ絵 草土文化 1979年5月
「おりがみのうみ」 岸川悦子文；稲本みえ子絵 銀河社（わたしねちこちゃん2） 1983年1月
「へんしん おりがみぐみ」 真木文絵作；石倉ヒロユキ絵 ひさかたチャイルド 2008年1月
「みんなでつくっちゃった」 長新太作 大日本図書（大日本の創作絵本） 1975年1月

遊び＞雪遊び

「14ひきのさむいふゆ」 いわむらかずお作 童心社 1985年11月
「あかいそり」 真島節子作・絵 福音館書店（日本傑作絵本シリーズ） 1975年1月

子どもの世界・生活

「あかいそりにのったウーフ」 神沢利子作;井上洋介絵 ポプラ社(くまの子ウーフの絵本7) 1982年11月

「あしあと あしあと」 としたかひろ文・絵 草土文化 1981年12月

「あっ!ゆきだ」 フランクリン・M.ブランリー作;ホリー・ケラー絵;たかはしつねや訳 福音館書店 2008年10月

「ウィリーのそりものがたり」 ダニイル・ハルムス文;ウラジーミル・ラドゥンスキー絵;たかはしけいすけ訳 セーラー出版 1996年2月

「エルマーとゆき」 デイビッド・マッキー作;斉藤洋訳 ほるぷ出版 1995年12月

「エルマーのゆきあそび」 デビッド・マッキー文・絵;きたむらさとし訳 BL出版(ぞうのエルマー8) 2002年11月

「かいじゅうゆきらあ」 渡辺有一作・絵 岩崎書店(ピチピチえほん19) 1981年12月

「かまくらかまくらゆきのいえ」 あまんきみこ作;黒井健絵 ひくまの出版(幼年絵本シリーズ・あおいうみ14) 1984年11月

「カロリーヌの ゆきあそび」 ピエール・プロブスト作;山下明生訳 BL出版(カロリーヌとゆかいな8ひき) 1998年12月

「カンスケとゆきこちゃん」 東田直樹作;唐沢睦子絵 交通新聞社 2007年12月

「きいちゃんとゆきだるまちゃん」 おおしまたえこ作;かわかみたかこ絵 ポプラ社(きいちゃんのたからもの絵本3) 2000年11月

「きっとあしたもいいひなの-ふたごのこうさぎポリーとトミー3」 ふじおかきょうこ文;まえだなつき絵 パールネスコ・ジャパン 2000年5月

「キッパーのゆきだるま」 ミック・インクペン作;角野栄子訳 小学館 1996年12月

「くまの子ウーフ ゆきのあさ」 神沢利子作;井上洋介絵 ポプラ社(絵本のひろば10) 1975年2月

「クリスマスのゆきだるま」 アンドレ・ダーハン作;田島かの子訳 小学館 2002年11月

「クレオのゆきあそび」 ステラ・ブラックストーン作;キャロライン・モックフォード絵;俵万智訳 教育画劇 2003年11月

「こぎつねダイダイのおはなし ゆきゆきどんどん」 西内ミナミ作;和歌山静子絵 ポプラ社(絵本の時間22) 2003年2月

「このゆび、とーまれ」 あまんきみこ作;いしいつとむ絵 小峰書店(えほんひろば) 2009年1月

「サボテンたちのゆきあそび」 川端誠作・絵 ブックローン出版 1996年2月

「そりにのって」 神沢利子文;平山英三画 童心社(くまのえほん2) 1981年1月

「ちいちゃんとゆきだるま」 しみずみちを文・絵 銀河社(ちいちゃんえほん10) 1978年12月

「チコとゆきのあひる」 神沢利子作;さのようこ絵 ポプラ社(絵本のせかい7) 1977年1月

子どもの世界・生活

「ちびうさ クリスマス!」 ハリー・ホース作;千葉茂樹訳 光村教育図書 2008年10月

「チューくん」 オイリ・タンニネン作;渡部翠訳 講談社(講談社の幼児えほん) 2008年10月

「チューさんのスノーレース」 人形製作;山田亜友美作 ひさかたチャイルド 2007年11月

「とらたとおおゆき」 中川李枝子文;中川宗弥絵 福音館書店(幼児絵本シリーズ) 1993年2月

「ないしょのゆきだるま」 角野栄子作;大島妙子絵 あかね書房(あかね創作えほん39) 1998年1月

「ねずみくんとゆきだるま」 なかえよしを作;上野紀子絵 ポプラ社(ねずみくんの絵本15) 2001年10月

「はじめてのゆきのひ」 バーネット・フォード文;セバスチャン・ブラウン絵;たなかまや訳 評論社(児童図書館・絵本の部屋) 2006年11月

「パンディとゆき」 トニー・ウルフ作;おかもとはまえ訳 ブック・ローン出版(パンダのパンディえほん6) 1982年6月

「ブルンミとゆきだるま」 マレーク・ベロニカ文・絵;羽仁協子訳 風涛社(マレーク・ベロニカの本) 2004年11月

「ホウキさんとメガネさん」 ハンスペーター・シュミット作;いぬいゆみこ訳 評論社(児童図書館・絵本の部屋) 2004年12月

「ぼくたち ゆきんこ」 マーティン・ワッデル文;サラ・フォックス=デイビーズ絵;山口文生訳 評論社(児童図書館・絵本の部屋) 2002年11月

「ボリスのゆきあそび」 ディック・ブルーナ作;角野栄子訳 講談社(ブルーナのおはなし文庫12) 1994年11月

「まあばあさんのゆきのひピクニック」 すとうあさえ文;織茂恭子絵 岩崎書店(えほんのマーチ2) 2002年12月

「まま、そりにのる」 長崎源之助文;西巻茅子絵 偕成社(ちいさいえほん) 1976年12月

「ミミ・クラクラ ゆきであそぼう!」 アニエス・ロゼンスティール作;いちきようこ訳 白泉社 2007年10月

「ゆーきーこんこん」 長野ヒデ子作;堀川真絵 佼成出版社(ヒデ子さんのうたあそびえほん) 2010年1月

「ゆき こんこん あめ こんこん」 かこさとし;なかじままり作 偕成社 1987年12月

「ゆき ふふふ」 東直子作;木内達朗絵 くもん出版(はじめてであうえほんシリーズ) 2010年11月

「ゆき ふふふ」 東直子作;木内達朗絵 くもん出版(はじめてであうえほんシリーズ) 2010年11月

「ゆき,ゆき」 ロイ・マッキー;P.D.イーストマン作・絵;岸田衿子訳 ペンギン社 1984年1月

子どもの世界・生活

「ゆきあそび-くまくんのふゆ」 なとりちづ文;おおともやすお絵 福音館書店(日本傑作絵本シリーズ) 2005年4月

「ゆきがふったら」 いちかわなつこ作・絵 イースト・プレス 2008年11月

「ゆきごんのおくりもの」 長崎源之助作;岩崎ちひろ絵 新日本出版社(新日本出版社の絵本) 1971年10月

「ゆきだるまさんだいすき-マリエットとスピール」 イレーヌ・シュバルツ文;フレデリック・ステール絵;いしづちひろ訳 文化出版局 1985年11月

「ゆきのおうま」 ミレナ・ルケショバー文;ヤン・クドゥラーチェク絵;千野栄一訳 ほるぷ出版 1984年4月

「ゆきのはな」 たちもとみちこ作・絵 PHP研究所(PHPにこにこえほん) 2008年11月

「ゆきのひ くろくま」 たかいよしかず作・絵 くもん出版(おはなし・くろくま) 2008年11月

「ゆきのひ」 エズラ・ジャック・キーツ作;木島始訳 偕成社 1969年12月

「ゆきのひのようちえん」 こわせたまみ作;秋里信子絵 PHP研究所(ゆうちゃんのえほん) 1994年12月

「ゆきのひはあついあつい」 いわむらかずお絵・文 至光社(ブッククラブ国際版絵本) 1985年1月

「ゆきゆきこんこんゆきあそび」 長野博一作 小峰書店(くまたんのはじめてシリーズ10) 1991年1月

「ゆきんこ」 日高正子作 福武書店 1983年9月

「わんぱくだんのゆきまつり」 ゆきのゆみこ;上野与志作;末崎茂樹絵 ひさかたチャイルド 1997年1月

遊び＞凧揚げ

「あかっぴょろ」 筒井敬介文;太田大八画 あかね書房(新しい日本の絵本3) 1972年10月

「おさるのボーボたこをあげる」 ハンス・デ・ビア絵;セリーナ・ロマネリ作;今福仁訳 ノルドズッド・ジャパン 2003年5月

「こだぬきとやっこだこ」 小沢正作;村上勉絵 フレーベル館(おはなしえほん2) 1985年12月

「こぶたのぶうぶ そらをとぶ」 あまんきみこ作;武田美穂絵 教育画劇 2008年7月

「サナとそらとぶおばけ」 なりたまさこ作・絵 ポプラ社(絵本の時間46) 2006年10月

「すいすいたこたこ」 とよたかずひこ作・絵 鈴木出版(たんぽぽえほんシリーズ) 2010年11月

「たことしょうねん」 マックス・ベルジュイス作;楠田枝里子訳 ほるぷ出版 1980年12月

「たこぼうやのたこあげ」 山下明生文;渡辺洋二絵 偕成社(ちいさいえほん19) 1978年3月

子どもの世界・生活

「ひろいそら あおいそら」 ベラ・B.ウィリアムズ作;佐野洋子訳 ほるぷ出版 1999年11月
「父さんのたこはせかいいち」 あまんきみこ文;荒井良二絵 にっけん教育出版社 2001年7月

遊び＞土いじり・砂遊び

「あかいシャベル」 坂本いつこ作;古川日出夫画 佼成出版社 1976年4月
「いってきまーす」 やすいすえこ作;いもとようこ絵 フレーベル館(ころころえほんぷち6) 2010年1月
「おすなばぼしのぴっぴかりん」 さくらともこ作;米山永一絵 PHP研究所(PHPわたしのえほんシリーズ) 2002年7月
「ガタゴト シュットン なんのおと?」 富安陽子作;はたこうしろう絵 学習研究社(学研おはなし絵本) 2008年8月
「かなしいすな売り」 レヴェイエ作;R.サバティエ絵;なだいなだ訳 文化出版局(フランスの傑作絵本) 1981年12月
「しゃ しゃ しゃべるであなをほろう」 北田卓史絵;佐久間彪文 至光社(ブッククラブ国際版絵本) 1973年1月
「すなあそび」 ミック・インクペン作;角野栄子訳 小学館(リトルキッパー絵本) 1998年10月
「だいちゃんなみのどうぶつえん」 ごつじみつる作 福武書店 1984年8月
「ちことゆうのおだんごやさん」 まつしたさゆり作 学研教育出版(学研おはなし絵本) 2010年3月
「でべそでかでか」 久保田喜正作・絵 ポプラ社(絵本・子どものくに15) 1986年1月
「どろんこ どろんこ!」 渡辺茂男文;大友康夫絵 福音館書店(福音館の幼児絵本) 1983年2月;福音館書店 1981年4月
「ふうちゃんうみへいく」 松谷みよ子文;さとうわきこ絵 講談社(松谷みよ子ふうちゃんえほん3) 1982年7月
「ぼくらはかいじゅう」 川北亮司文;田中槇子絵 フレーベル館(キンダーおはなしえほん) 1983年6月
「ポットくんのおしり」 真木文絵文;石倉ヒロユキ絵 福音館書店 1998年4月
「海がやってきた」 アルビン・トレッセルト文;ロジャー・デュボアザン絵;山下明生訳 BL出版 2007年7月

遊び＞風船

「あおいふうせん」 ミック・インクペン作;角野栄子訳 小学館 1990年12月
「あかいふうせんとぞうさん」 おおみあらた作・絵 金の星社 1979年10月

子どもの世界・生活

「あそびにきたふうせん」 かとうまさこ絵;かとうあきを文　至光社(ブッククラブ国際版絵本)　1980年1月

「きつねのふうせん」 富永秀夫作・絵　フレーベル館(フレーベルのえほん8)　1975年11月

「くまのまあすけ」 馬場のぼる作・絵　ポプラ社(馬場のぼるのえほん1)　1980年12月

「こぐまちゃんとふうせん」 わかやまけん作　こぐま社(こぐまちゃんえほん)　1972年10月

「すーちゃんとねこ」 さのようこ文・絵　こぐま社　1973年6月

「せーのジャンプ！」 深川直美作・絵　福音館書店(日本傑作絵本シリーズ)　2006年9月

「ぞうのふうせんやさん」 安西水丸作　教育画劇　2008年6月

「たつくんのおみせばん」 松野正子作;西巻茅子絵　福音館書店　1999年5月

「ねこガム」 きむらよしお作　福音館書店(幼児絵本シリーズ)　2009年3月

「ネズミちゃんとおまつりのふうせん」 バレリー・ゴルバチョフ作・絵;なかがわちひろ訳　徳間書店　2009年10月

「ノンタンほわほわほわわ」 キヨノサチコ;大友康匠作・絵　偕成社(ノンタンあそぼうよ5)　1977年12月

「はるのふうせん」 椿宗介文;高畠純絵　フレーベル館(キンダーおはなしえほん)　1984年2月

「ビルのふうせんりょこう」 ライナー・チムニク文・絵;尾崎賢治訳　アリス館牧新社　1976年10月

「ふうせんいす」 柳谷圭子作;五味太郎絵　教育研究社(すくすく童話館)　1979年4月

「ふうせんがとんだ」 もりもとかずこ作;そめのちづる絵;青木美由紀英訳　アースメディア　2006年12月

「ふうせんクジラ」 わたなべゆういち文・絵　実業之日本社　1975年9月

「ふうせんとおじさん」 南本樹作・絵　フレーベル館　1979年8月

「ふうせんどこにとんでいく? ふわふわしたふしぎなせかい」 ジェイミー・リー・カーティス文;ローラ・コーネル絵;さくらいえりこ訳　バベルプレス　2008年8月

「ふうせんのおしらせ」 与田準一作;竹山博絵　福音館書店　1959年4月

「ふうせんのき」 清水達也作;髙見八重子絵　佼成出版社　1979年11月

「ふうせんばたけのひみつ」 ジャーディン・ノーレン文;マーク・ビーナー絵;山内智恵子訳　徳間書店　1998年2月

「ふうせんまってー」 三好碩也作;いもとようこ絵　金の星社(こどものくに傑作絵本)　1980年5月

「ブルンミとななつのふうせん」 マレーク・ベロニカ文・絵;羽仁協子訳　風涛社(マレーク・ベロニカの本)　2004年4月

「ベリンダのふうせん」 エミリー・ブーン作・絵;こわせたまみ訳　フレーベル館　1986年5月

子どもの世界・生活

「ボク風船にのったんだ」 平田実写真・文 講談社 1985年1月

遊び＞変身

「あかまるちゃんとくろまるちゃん」 上野与志作;村松カツ絵 ひさかたチャイルド 1996年9月

「いたずらクロードのへんしん」 エドワード・マクラクラン文・絵;谷本誠剛訳 国土社 1980年9月

「おうむ ねこ」 ニコラ・ベーリー作;八木田宜子訳 ほるぷ出版（5ひきのねこのゆめ） 2006年3月

「おとぞうさん」 マイケル・グレイニエツ絵・文;ほそのあやこ訳 セーラー出版 2005年3月

「おとなジュース！」 山脇恭作;福田岩緒絵 フレーベル館 1993年4月

「おにいちゃんはアニマン」 あきやまただし作・絵 学研教育出版 2010年9月

「かいぞくになったウィリアム」 キャロル・ラップワース文;グラハム・ラルフ絵;おびかゆうこ訳 フジクリエイティブコーポレーション 1995年11月

「かに ねこ」 ニコラ・ベーリー作;やぎたよしこ訳 ほるぷ出版 2006年3月

「くぎになったソロモン」 ウィリアム・スタイグ作;おがわえつこ訳 セーラー出版 1989年3月

「くまはおうじさま」 ヘルメ・ハイネ作・絵;大島かおり訳 佑学社 1988年3月

「くもねこ」 ニコラ・ベーリー作;やぎたよしこ訳 ほるぷ出版（5ひきのねこのゆめ） 2006年3月

「こうさぎけんたのへんそう」 松野正子文;かまたのぶこ絵 童心社 2006年4月

「こりすのトトの へんしんだいすき」 あすかけん作 偕成社（こりすのトトの本） 1988年7月

「ジップくんこんどはなにになるの」 シルビア・ケイブニー作;サイモン・スターン絵;乾侑美子訳 評論社（児童図書館・絵本の部屋） 1979年10月

「じゃーん！」 トール・フリーマン作・絵;たなかかおるこ訳 徳間書店 2002年9月

「セレスティーヌのきまぐれ」 ガブリエル・バンサン作;もりひさし訳 ブックローン出版（くまのアーネストおじさん） 2000年10月

「ぞう ねこ」 ニコラ・ベーリー作;八木田宜子訳 ほるぷ出版（5ひきのねこのゆめ） 2006年3月

「その気になった！」 五味太郎作 絵本館 2009年1月

「そらとぶセーターくん」 山脇恭作;中沢正人絵 偕成社 1994年2月

「ダンボールくん」 ジェローム・リュイエ作;しまだかんぞう訳 小峰書店（世界の絵本コレクション） 2003年7月

「ちいさくなったウィリアム」 キャロル・ラップワース文;グラハム・ラルフ絵;おびかゆうこ訳 フジクリエイティブコーポレーション 1995年11月

子どもの世界・生活

「ちいさなくも」エリック・カール作 ; もりひさし訳　偕成社　1996年12月

「デイジー、スパイになる」ケス・グレイ文 ; ニック・シャラット絵 ; よしがみきょうた訳　小峰書店（世界の絵本コレクション）　2007年1月

「どうしたの？へんてこライオン」長新太作　小学館（おひさまのほん）　2006年3月

「どれがぼくかわかる？」カーラ・カスキン文・絵 ; 奧田静訳　偕成社　1970年7月

「なりたがりやのくも」しらいしかずこ作 ; ゆむらてるひこ絵　岩崎書店（ファミリーえほん8）　1978年6月

「にゃんこだぞ！」なかえよしを作 ; 上野紀子絵　教育画劇（スピカのおはなしえほん6）　1985年2月

「ぶたぬきくん ナースになっちゃった」斉藤洋作 ; 森田みちよ絵　佼成出版社　2007年7月

「ぶたぬきくんおまわりさんになっちゃった」斉藤洋作 ; 森田みちよ絵　佼成出版社　2005年7月

「へんしん！ぱんやさん」さこももみ作・絵　教育画劇　2008年2月

「へんしんコンサート」あきやまただし作・絵　金の星社　2006年10月

「へんしんしまーす-へんしんごっこ」植垣歩子作　あかね書房（あそびみつけた5）　2007年2月

「へんしんへんしん」ヘルメ・ハイネ作・絵 ; 矢川澄子訳　佑学社　1979年10月

「へんしんマラソン」あきやまただし作・絵　金の星社　2005年9月

「へんてこライオン-たべものなのよ」長新太作・絵　小学館（おひさまのミニ絵本）　2008年3月

「へんてこライオン-どうぶつなのよ」長新太作・絵　小学館（おひさまのミニ絵本）　2008年3月

「へんてこライオン-のりものなのよ」長新太作・絵　小学館（おひさまのミニ絵本）　2008年3月

「ぼく、仮面ライダーになる！オーズ編」のぶみ作　講談社（講談社の創作絵本）　2010年11月

「ぼく、仮面ライダーになる！」のぶみ作　講談社（講談社の創作絵本）　2010年2月

「ぼくたちおばあちゃん」グニラ・ボルデ作 ; たかむらきみこ訳　偕成社（トミーちゃんシリーズ）　1976年1月

「ぼくはおおきなくまなんだ」ヤーノシュ作 ; 楠田枝里子訳　文化出版局　1979年8月

「ほっきょくぐま ねこ」ニコラ・ベーリー作 ; やぎたよしこ訳　ほるぷ出版（5ひきのねこのゆめ）　1985年11月

「ほっきょくぐまねこ」ニコラ・ベーリー作 ; やぎたよしこ訳　ほるぷ出版（5ひきのねこのゆめ）　2006年3月

子どもの世界・生活

「まほうつかいミッフィー」ディック・ブルーナ作;角野栄子訳 講談社(ブルーナのおはなし文庫25) 2002年7月

「むくいぬローラのへんしんごっこ」リンジー・ガーディナー作;石津ちひろ訳 小学館 2007年6月

「メイシーちゃんのおいしゃさん」ルーシー・カズンズ作;なぎともこ訳 偕成社 2003年3月

「メイシーちゃんのバス」ルーシー・カズンズ作;なぎともこ訳 偕成社 2000年11月

「もしゃもしゃちゃん」マレーク・ベロニカ文・絵;みやこうせい訳 福音館書店 2005年2月

「やったね！へんてこライオン」長新太作 小学館(おひさまのほん) 2006年5月

「やっぱりゾウがいちばん」藁はマド・ユソフ・ビン・イスマイル作;きむらたけお文 オリコン・エンタテインメント 2004年6月

「ゆかいなくらげくん へんしんだいすき」山脇恭作;にしかわおさむ絵 PHP研究所(PHPわたしのえほんシリーズ) 1991年8月

「ルティおばさん 女王さまにへんしーん！」ジビレ・ハイン作;川西芙沙訳 瑞雲舎 2008年3月

「わにになった子ども」シンシア・ライラント文;ダイアン・グッド絵;こしばはじめ訳 新樹社 2008年11月

遊び＞迷路

「ふしぎなめいろ」深見春夫作・絵 PHP研究所(PHPにこにこえほん) 2006年10月

「ふたりでめいろへ」ガブリエル・バンサン作;もりひさし訳 ブックローン出版(くまのアーネストおじさん) 1999年11月

遊び＞遊び一般

「1と7」二宮由紀子作;高畠純絵 ひかりのくに 2004年4月

「3びきのこぶたとちいかみちゃん」あさのななみ作;長浜宏絵 PHP研究所(わたしのえほん) 1999年7月

「D.W.じてんしゃにのる」マーク・ブラウン作;ふたみあやこ訳 青山出版社 2000年1月

「あ、そ、ぼ」ジャック・フォアマン文;マイケル・フォアマン絵;さくまゆみこ訳 小学館 2007年12月

「あおいふね」谷内こうた絵・文 講談社 1983年7月

「あそびがいっぱい！」マリョレイン・バスティン作;こもりときこ訳 偕成社(ベラ・ザ・マウス5) 1991年9月

「あそびにきたの だあーれ?」なかむらふう作;篠崎三朗絵 ストーク 2008年11月

「あそぼ!ティリー」ポリー・ダンバー作・絵;もとしたいづみ訳 偕成社(ティリーとおともだちブック) 2009年1月

子どもの世界・生活

「あそぼうよセイウチ」佐々木マキ作　絵本館　1993年5月

「あちゃらさんとこちゃらさん」すとうあさえ作；前田まゆみ絵　岩崎書店（のびのび・えほん）　2002年7月

「あっちゃんとトランポリン」西巻茅子作　童心社（あっちゃんのえほん2）　1980年9月

「あな」谷川俊太郎作；和田誠画　福音館書店（こどものとも傑作集）　1983年3月；福音館書店　1976年11月

「あやねこのるすばん」征矢清文；和田誠絵　福音館書店　1982年12月

「あるくおだんごくん」深見春夫作・絵　PHP研究所（PHPにこにこえほん）　2005年4月

「アンナのあたらしいじてんしゃ」カタリーナ・クルースヴァル作；菱木晃子訳　光村教育図書　2010年4月

「いいおかおってどんなかお？」花形恵子作；北山葉子絵　偕成社（ロミちゃんムーちゃんえほん2）　1983年12月

「イーノとダイジョブのおはなし もりでみつけたよ」さこももみ作・絵　講談社（講談社の創作絵本）　2007年10月

「いっしょにあそぼうよ」フリードリヒ・カール・ヴェヒター文・絵；尾崎賢治訳　アリス館　1978年4月

「いっしょにあそぼうよ」フリードリヒ・カール・ヴェヒター文・絵；尾崎賢治訳　アリス館　1983年3月

「いないいないばあ・たのしいよ」早坂優子作　視覚デザイン研究所　2010年6月

「いぬのハンニバル」ピエール・コラン文；マリー・ジョゼ・サクレ絵；木本栄訳　ひくまの出版　2002年10月

「いろがみ びりびり」まつながあき作；はやしるい絵　くもん出版（はめてであうえほんシリーズ）　2009年1月

「ウィッツィーとブーフ」スージー・スパッフォード作；三原泉訳　BL出版　2008年8月

「うごいちゃ だめ！」エリカ・シルヴァマン文；S.D.シンドラー絵；せなあいこ訳　アスラン書房　1996年3月

「うさぎきゅうこう」ミシェル・ゲー作・絵；こばやしさきこ訳　新世研　1999年10月

「うさぎのえるなちゃん ひみつのおうち」小林裕児作・絵　福武書店　1988年10月

「うさぎのマジック」せなけいこ作・絵　鈴木出版（チューリップえほんシリーズ）　1993年9月

「うさぎをつくろう」レオ・レオニ作；谷川俊太郎訳　好学社　1982年7月

「うずまき貝のロケット」なすだみのる文；吉田稔美絵　ひくまの出版　2007年9月

「うたって、ペネロペ」アン・グットマン文；ゲオルグ・ハレンスレーベン絵；ひがしかずこ訳　岩崎書店（ペネロペおはなしえほん9）　2007年4月

「うまさん うまとび」水野翠作　小峰書店（えほんひろば）　2008年5月

子どもの世界・生活

「うわさのようちえん あきばこのうわさ」 きたやまようこ作 講談社(講談社の創作絵本) 2010年10月

「エルシー・ピドック、ゆめでなわとびをする」 エリナー・ファージョン作;シャーロット・ヴォーグ絵;石井桃子訳 岩波書店 2004年6月

「エルマーのたけうま」 デビッド・マッキー文・絵;きたむらさとし訳 BL出版(ぞうのエルマー3) 2002年5月

「おうちをつくろう」 グニラ・ボルデ作;たかむらきみこ訳 偕成社(トミーちゃんシリーズ) 1976年1月

「おうまさんしてー!」 三浦太郎作・絵 こぐま社 2009年6月

「おさるのおいかけっこ」 いとうひろし作・絵 講談社(講談社の創作絵本) 2007年6月

「おさるのジョージ えいがをみる」 M.レイ;H.A.レイ原作;福本友美子訳 岩波書店 1999年10月

「おしたくできたよ」 グニラ・ボルデ作;たかむらきみこ訳 偕成社(トミーちゃんシリーズ) 1976年1月

「おそとだいすき」 オフェリエ・テクシエ作・絵;きむらゆういち訳 そうえん社(ぼくはワニオオカミ4) 2009年5月

「おつきさまとあそんだよる」 神山ますみ作 講談社(講談社の創作絵本) 2007年9月

「おねぼうこうてい」 ホウ・コウサイ作;リー・ハンムン絵;もりつぐまり訳 新世研 2001年5月

「おばけと あそぼう」 あすかけん作・絵 金の星社(ねずみちゃんのポシェット3) 1989年9月

「おひさまがおかのこどもたち」 エルサ・ベスコフ作・絵;石井登志子訳 徳間書店 2003年6月

「おもたいなあ」 岸田衿子文;長新太絵 ひかりのくに(あかちゃんのえほん) 1982年6月;ひかりのくに(あかちゃんのえほん) 1972年1月

「オヤジの海」 さくらせかい作 自由国民社 2010年6月

「おやゆびとうさん」 長野ヒデ子作;スズキコージ絵 佼成出版社(ヒデ子さんのうたあそびえほん) 2009年9月

「お日さま はだかんぼ」 神沢利子作;井上洋介絵 ポプラ社(くまの子ウーフの絵本5) 1981年7月

「かいじゅうみんなでつくりませんか?」 斎藤浩誠作;阿部肇絵 ポプラ社(絵本のひろば23) 1976年4月

「かくれぼっちであそぼ」 真島節子作 こぐま社 1986年5月

「かぜのひ だあいすき」 間所ひさこ作;いもとようこ絵 金の星社(こどものくに傑作絵本) 1984年12月

「かぜのひのおはなし」 かこさとし作 小峰書店(かこさとしのちいさいこのえほん) 1998年1月

568

子どもの世界・生活

「かぜのひのころわん」間所ひさこ作;黒井健絵　ひさかたチャイルド（プチころわん）1998年8月

「カモノハシのプラティ うれしいいちにち」クリス・リデル作;おかだよしえ訳　講談社（講談社の翻訳絵本）2003年6月

「カモノハシのプラティ たからさがしにいく」クリス・リデル作;おかだよしえ訳　講談社（講談社の翻訳絵本）2003年6月

「カロリーヌ うまにのる」ピエール・プロブスト作;山下明生訳　BL出版（カロリーヌとゆかいな8ひき）2000年7月

「カロリーヌとユピーいっしょにあそぼう」ピエール・プロブスト作;やましたはるお訳　BL出版　2004年4月

「カロリーヌの サイクリング」ピエール・プロブスト作;山下明生訳　BL出版（カロリーヌとゆかいな8ひき）1999年8月

「かんがるーぽけっと」岩村和朗作　偕成社（ちいさいえほん）1975年10月

「ガンピーさんのドライブ」ジョン・バーニンガム作;光吉夏弥訳　ほるぷ出版　1978年4月

「ガンピーさんのふなあそび」ジョン・バーニンガム作;光吉夏弥訳　ほるぷ出版　1976年9月

「ガンピーさんのふなあそび」ジョン・バーニンガム作;光吉夏弥訳　ほるぷ出版（ほるぷ出版の大きな絵本）2004年3月

「きいちゃんのどんぐり」おおしまたえこ作;かわかみたかこ絵　ポプラ社（きいちゃんのたからもの絵本1）1999年10月

「ぎったんこ ばったんこ」柚木沙弥郎作　福音館書店（0.1.2.えほん）2008年1月

「ぎったんばっこん」なかえよしを文;上野紀子絵　文化出版局（どうぶつあれあれえほん）1977年12月

「きつねのうみほおずき」しみずみちを作;梅田俊作絵　金の星社（絵本のおくりもの）1984年8月

「きのうきょうあした」マレーク・ベロニカ文・絵;マンディ・ハシモト・レナ訳　風涛社　2008年10月

「きのぼりまあすけ」馬場のぼる作・絵　ポプラ社（馬場のぼるのえほん5）1983年11月

「きょうもいいてんき」宇野文雄作　フレーベル館　1980年12月

「ぎょうれつ ぎょうれつ」マリサビーナ・ルッソ絵・文;青木久子訳　徳間書店　1994年11月

「くまくん」二宮由紀子作;あべ弘士絵　ひかりのくに　2004年5月

「くまくんのトロッコ」ブライアン・ワイルドスミス作・絵;はぎようこ訳　らくだ出版　1976年5月

「くまのヌーヌーいなかへいく」クロード・レイデュ文;ポール・デュラン絵;木村庄三郎訳　講談社（世界の絵本フランス）1971年10月

子どもの世界・生活

「くまのヌーヌー海へいく」 クロード・レイデュ文;ポール・デュラン絵;木村庄三郎訳 講談社(世界の絵本フランス) 1971年10月

「くまのプルプルのさんりんしゃ」 リオネル・コクラン作;フィリップ・プチ=ルーレ絵;貴田奈津子訳 ブロンズ新社 1999年8月

「くもりのひのおはなし」 かこさとし作 小峰書店(かこさとしのちいさいこのえほん) 1998年4月

「ぐりとぐらとくるりくら」 なかがわりえこ作;やまわきゆりこ絵 福音館書店(こどものとも傑作集91) 1992年10月

「くるりんこん」 なかえよしを文;上野紀子絵 文化出版局(どうぶつあれあれえほん) 1977年12月

「くんちゃんはおおいそがし」 ドロシー・マリノ作;間崎ルリ子訳 ペンギン社 1983年1月

「ケンケンとびのけんちゃん」 角野栄子作;大島妙子絵 あかね書房(あかね創作えほん37) 1995年12月

「げんまんげんまん」 あまんきみこ作;いしいつとむ絵 小峰書店(えほんひろば) 2008年2月

「こうえんのかみさま」 すぎはらともこ作・絵 徳間書店 2009年8月

「こうちゃんのたんけんぼう」 神田恵美子文;福田岩緒絵 てらいんく 2005年7月

「こぐまのブルン あそびにいく」 ダニエル・ブール作;たくまひがし訳 みみずくぷれす 1982年6月

「こっちおいでクレオ」 ステラ・ブラックストーン作;キャロライン・モックフォード絵;俵万智訳 教育画劇 2004年2月

「コニーちゃんがあそびにきたよ」 ジル・ペイトン・ウォルシュ文;スティーブン・ランバート絵;まつかわまゆみ訳 評論社(児童図書館・絵本の部屋) 1998年3月

「こねこと7にんのこどもたち」 森津和嘉子作・絵 金の星社(絵本のおくりもの) 1988年7月

「こぶたはなこさんのかがみ」 くどうなおこ文;いけずみひろこ絵 童話屋 1984年3月

「ごりらのごんちゃん」 馬場のぼる作 PHP研究所(PHPわたしのえほんシリーズ) 2004年4月

「ころりんやまのなかまたち ブーブーヤッホー」 いしいつとむ作・絵 ひさかたチャイルド 2007年4月

「ころわんとふわふわ」 間所ひさこ作;黒井健絵 ひさかたチャイルド 2003年4月

「こんこん こんなかお」 ますだゆうこ文;村上康成絵 そうえん社(ケロちゃんえほん4) 2009年1月

「ごんちゃんとぞうさん」 馬場のぼる作 PHP研究所(PHPわたしのえほんシリーズ) 2004年1月

子どもの世界・生活

「サムぼうやのボール」 バルブロ・リンドグレン作；エバ・エリクソン絵；あきのしょういちろう訳 童話館 1993年12月

「サリー、海へいく」 スティーヴン・ヒューネック作；くぼしまりお訳 ポプラ社(ポプラせかいの絵本8) 2002年6月

「ジグソーパズルのくに」 深見春夫作・絵 PHP研究所(PHPにこにこえほん) 2010年3月

「じてんしゃにのるアヒルくん」 デイビッド・シャノン作；小川仁央訳 評論社(児童図書館・絵本の部屋) 2006年5月

「じどうしゃ」 ディディエ・デュフレーヌ作；アルメール・モデレ絵；やましたはるお訳 佼成出版社(きょうもごきげんアポリーヌシリーズ5) 2005年4月

「じゃんけんほかほかほっかいどう」 長野ヒデ子作；あおきひろえ絵 佼成出版社(ヒデ子さんのうたあそびえほん) 2008年8月

「ショコラシビリとぼく」 南椌椌著 フレーベル館(リーヴル・リーブル2) 1997年5月

「ショコラちゃんのおでかけドライブ」 中川ひろたか文；はたこうしろう絵 講談社(講談社の幼児えほん) 2001年12月

「しん太の昔遊び」 安川眞慈絵・文 木耳社 2006年8月

「スージーをさがして」 バーナディン・クック文；まさきるりこ訳；降矢なな絵 福音館書店 1997年10月

「スダジイのなつ」 谷口国博文；村上康成絵 ひさかたチャイルド 2006年5月

「すてきなおかねのつかいかた」 ロブ・ルイス作・絵 片山令子訳 福武書店 1995年2月

「すてきな子どもたち」 アリス・マクレラン文；バーバラ・クーニー絵；北村太郎訳 ほるぷ出版 1992年1月

「スマイル」 葉加瀬太郎作・絵 ランダムハウス講談社(アーティストによる絵本シリーズ4) 2007年5月

「すりすりももんちゃん」 とよたかずひこ作・絵 童心社(ももんちゃんあそぼう) 2002年5月

「そりあそび-ばばばぁちゃんのおはなし」 さとうわきこ作・絵 福音館書店(「こどものとも」傑作集102) 1994年10月

「だいすき、バードウォッチング」 サイモン・ジェームズ作；小川仁央訳 評論社(児童図書館・絵本の部屋) 2002年10月

「たいへん!たいへん!はさみどり」 古川日出夫作・絵 PHP研究所(PHPこころのえほん15) 1982年3月

「たかいたかいらいおん」 八木田宜子文；長新太絵 徳間書店(らいおんえほん3) 2002年7月

「たこさんあそぼう」 アンドレ・ダーハン著；田島かの子訳 小学館 2002年8月

「だっこのおにぎり」 長野ヒデ子作；つちだのぶこ絵 佼成出版社(ヒデ子さんのうたあそびえほん) 2009年8月

子どもの世界・生活

「たまのり おたまちゃん」 高科正信作；小林美佐緒絵　フレーベル館（おはなしえほんシリーズ18）　2009年6月
「だれかあたしとあそんで」 マーサ・アレクサンダー作・絵；岸田衿子訳　偕成社　1980年4月
「だれかさんのうしろに」 松谷みよ子文；遠藤てるよ絵　講談社　1976年9月
「ちいさな ちいさなひみつのおうち」 森津和嘉子作・絵　PHP研究所（PHPのえほん）　1989年10月
「ちいちゃんとおみこし」 しみずみちを文・絵　銀河社（ちいちゃんえほん9）　1983年10月
「ちいちゃんとかわあそび」 しみずみちを文・絵　銀河社（ちいちゃんえほん4）　1983年7月
「ちいちゃんときのぼり」 しみずみちを文・絵　銀河社（ちいちゃんえほん5）　1983年7月
「ちいちゃんとまめまき」 しみずみちを文・絵　銀河社（ちいちゃんえほん12）　1983年12月
「ちちんぷいのぷい」 北田卓史作・絵　金の星社　1984年10月
「チックタックチックタック」 レーナ・アンデション作・絵；長下日々訳　フレーベル館　1998年6月
「ちびくんと100台の自動車」 インゲル・サンドベルイ文；ラッセ・サンドベルイ絵；鈴木徹郎訳　講談社（世界の絵本スウェーデン）　1972年1月
「ちびっこジョーイ」 ジャック・ケント作；石沢泰子訳　DEMPA／ペンタン　1989年11月
「ちびまる子ちゃんはなまるえほん3 ひみつ基地をつくろうの巻」 さくらももこ原作；岡部優子文；日本アニメーション絵　永岡書店　2007年1月
「つなひきライオン」 まどみちお作；北田卓史絵　ひさかたチャイルド　2005年11月
「デイジーとあそぼう」 リサ・コッパー作；いわきとしゆき訳　アスラン書房　2004年3月
「でてこーい！ よるくん」 山脇恭文；梶山俊夫絵　PHP研究所（PHPにこにこえほんシリーズ）　1993年4月
「てんぐのきのかくれが」 青山邦彦作・絵　教育画劇　2010年5月
「てんぐのくれためんこ」 安房直子作；早川純子絵　偕成社　2008年3月
「でんぐりでんぐり」 くろいけん作・絵　あかね書房（けんちゃんとあそぼう2）　1982年3月
「トーマスのもくば」 小風さち作；長新太絵　福音館書店（日本傑作絵本シリーズ）　1994年4月
「どっちがどっち？」 岩井俊雄著　紀伊国屋書店　2006年11月
「どっちがピンチ？」 岩井俊雄著　紀伊国屋書店　2006年11月
「どっちがへん？」 岩井俊雄著　紀伊国屋書店　2006年6月
「となりの オジー」 藤本ともひこ作・絵　鈴木出版（ひまわりえほんシリーズ）　2007年1月
「とべ！へんてこどり」 かわきたりょうじ作；たばたせいいち絵　童心社　1982年11月

子どもの世界・生活

「ドライブにいこう」ヘレン・オクセンバリー作・絵;なかむらくみこ訳　ほるぷ出版(はじめてのえほん5)　1983年12月

「ドライブにいこう-読み聞かせ用テキスト」間瀬なおかた作・絵　チャイルド本社(大きな大きな絵本8)　2006年2月

「とりかえっこ！ねずみくんのチョッキ」なかえよしを作;上野紀子絵　ポプラ社(ねずみくんの絵本13)　1999年9月

「とりかえっこ」さとうわきこ作;二俣英五郎絵　ポプラ社　1978年6月

「トンカチぼうや」いとうひろし作・絵　クレヨンハウス　1994年9月

「とんでもないおいかけっこ」クレメント・ハード作;江國香織訳　BL出版　2006年5月

「どんどこももんちゃん」とよたかずひこ作・絵　童心社(ももんちゃんあそぼう)　2001年9月

「なにしてあそぶ？」エミール・ジャドゥール作;石津ちひろ訳　小学館(シーマくんとペギーちゃん)　2006年8月

「なりくんのだんぼーる」斎藤彰吾作;山本まつ子絵　銀河社(銀河社の創作絵本)　1974年4月

「ねえ ねえ あそぼ」ガース・ウィリアムズ作;木本栄訳　講談社(講談社の翻訳絵本クラシックセレクション)　2006年5月

「のってのって」くろいけん作・絵　あかね書房(けんちゃんとあそぼう1)　1982年2月

「のりおのふしぎなぼうえんきょう」平田昌広文;平田景絵　講談社(講談社の創作絵本)　2006年11月

「ハービーのかくれが」ラッセル・ホーバン作;リリアン・ホーバン絵;谷口由美子訳　あかね書房　1979年5月

「はい、こちらぞうのパオパオ ゆうえんちはぼくです」木村裕一作・絵　ポプラ社(木村裕一のもしもしえほん4)　1990年6月

「ぱかぽこ はしろ！」ニコラ・スミー作;せなけいこ訳　評論社(児童図書館・絵本の部屋)　2008年3月

「はこ は はこ?」アントワネット・ポーティス作;中川ひろたか訳　光村教育図書　2007年10月

「はっぱとミー」いもとようこ作・絵　金の星社(こどものくに傑作絵本)　1984年7月

「バナナででんわをかけました」おだのぶお作・絵　鈴木出版(たんぽぽえほんシリーズ)　1996年5月

「パレード いっぴきのねずみではパレードはできません」リダ・ダイクストラ作;ノエル・スミット絵;えもとくによ訳　コクヨS&T(コクヨのえほん 海外絵本シリーズ3)　2008年6月

「パンディとうみ」トニー・ウルフ作;おかもとはまえ訳　ブック・ローン出版(パンダのパンディえほん)　1982年6月

「パンディのサーカス」トニー・ウルフ作;おかもとはまえ訳　ブック・ローン出版(パンダのパンディえほん)　1982年6月

子どもの世界・生活

「ハンフリーのあそびばしょ」 サリー・ハンター作;山口知代子訳 文渓堂 2003年9月

「びっくりばこ」 桑原伸之絵・文 あすなろ書房(小さなこどもえほん4) 2007年6月

「ピッピ南の島で大かつやく」 アストリッド・リンドグレーン作;イングリッド・ニイマン絵;いしいとしこ訳 徳間書店 2006年6月

「ひみつのばしょ」 ひがしちから作 PHP研究所(PHPわたしのえほん) 2010年7月

「びゅんびゅんごまがまわったら」 宮川ひろ作;林明子絵 童心社(絵本・ちいさななかまたち) 1982年7月

「びよ〜んぱっちん!ワゴム」 西島歩監修;森のくじら絵;中島妙文 チャイルド本社(ものづくり絵本シリーズ どうやってできるの?11) 2008年2月

「ピラトとなかまたちのかるわざ」 クロード・クレマン文;ナディーヌ・アーン絵;辻昶訳 DEMPA/ペンタン 1990年9月

「フィーンチェのあかいキックボード」 ペッツィー・バックス作;野坂悦子訳 BL出版 2000年12月

「プーさんのぼうきれあそび」 A.A.ミルン原作;末吉暁子訳 フレーベル館 2005年1月

「ふくねずみ すごろくばなし」 わたりむつこ作;ましませつこ絵 福音館書店 1999年4月

「ふしぎなあおいバケツ」 なりたまさこ作・絵 ポプラ社(絵本の時間5) 2001年6月

「ぶた すきなこといろいろ」 ユリア・ヴォリ作;迫村裕子訳 文渓堂 2008年9月

「ふたごのひよちゃんぴよちゃん はじめてのすべりだい」 バレリー・ゴルバチョフ作・絵;なかがわちひろ訳 徳間書店 2004年5月

「ふたをとったらびんのなか」 大西ひろみ作・絵 ブックローン出版 1986年12月

「ぶんかいきょうだい」 西平あかね作 アリス館 2009年8月

「ペネロペ かたちをおぼえる」 アン・グットマン文;ゲオルグ・ハレンスレーベン絵;ひがしかずこ訳 岩崎書店(ペネロペおはなしえほん10) 2007年4月

「ペネロペのカーニバル」 アン・グットマン文;ゲオルグ・ハレンスレーベン絵;ひがしかずこ訳 岩崎書店(ペネロペアニメえほん1) 2009年7月

「ペペと大きならっぱ」 ポール・ストロイエル絵・文;たなかみちお訳 講談社(世界の絵本スウェーデン) 1971年1月

「ぼくたいやだいすき」 武市八十雄文;北田卓史絵 至光社(ブッククラブ国際版絵本) 1985年1月

「ぼくといっしょにあそんでよ」 ドルフ・フェルルーン文;ヴォルフ・エァルブルッフ絵;上野陽子訳 BL出版 2001年9月

「ぼくのあき」 葉祥明作・絵 金の星社(こぐまのトムトム4) 1987年9月

「ぼくのわなげ」 杉田豊絵・文 至光社(ブッククラブ国際版絵本) 1976年1月

「ぼくはおばけのおにいちゃん」 あまんきみこ作;武田美穂絵 教育画劇 2005年7月

子どもの世界・生活

「ぽけっとくらべ」 今江祥智文;和田誠絵 文研出版(えほんのもり) 2005年12月
「ぽっぽぉー よぎしゃ」 北田卓史絵;矢崎節夫文 至光社 1981年1月
「ポムおばさんの家」 ビショニエ文;ロバン;オトレオー絵;山口智子訳 文化出版局(クレマンチーヌとセレスタン) 1983年7月
「ぽんたのじどうはんばいき」 加藤ますみ作;水野二郎絵 ひさかたチャイルド 1984年2月
「まちーぼくたちのいちにち」 小林豊作・絵 ポプラ社(えほんはともだち50) 1997年11月
「まねっこねこちゃん」 長新太文・絵 文溪堂 2003年7月;ベネッセコーポレーション 1996年11月
「ママのまえかけ」 今井弓子作 フレーベル館(ぴよぴよえほんシリーズ8) 1985年7月
「まわる まわる」 みやにしたつや作・絵 鈴木出版(たんぽぽえほんシリーズ) 2009年7月
「みーせーて」 スギヤマカナヨ作 アリス館 2010年12月
「みかんちゃんとりんごちゃん」 しばたこうじ作・絵 フーコー 2000年5月
「みどりの船」 クェンティン・ブレイク作;千葉茂樹訳 あかね書房(あかねせかいの本) 1998年5月
「ミミイがとんじゃった」 きったみちこ絵;生源寺美子文 国土社(国土社の創作えほん17) 1979年6月
「みみりんの あそびましょ」 ウルフ・ニルソン作;エバ・エリクソン絵;木村由利子訳 ブックローン出版(みみりんシリーズ) 1989年4月
「みんなであそぶ」 天明幸子作 教育画劇 2010年5月
「みんなのあたまにりんごが十こ」 セオ・レスィーグ作;ロイ・マッキィー絵;坂西志保文 日本パブリッシング(ビギナーブック) 1968年1月
「ムッピ、なにしてあそぶ?」 たはらともみ作 ポプラ社(ムッピのえほん1) 2006年7月
「もうすこし もうすこし」 アン・トンパート文;リン・マンシンガー絵;山本れい子訳 福武書店 1994年6月
「もくもくもっくん」 やすいすえこ作;島田コージ絵 ひかりのくに(ひかりのくに傑作絵本集9) 1998年7月
「もぐらくんとパラソル」 ハナ・ドスコチロヴァー作;ズデネック・ミレル絵;木村有子訳 偕成社(もぐらくんの絵本) 2004年11月
「もしもしとんとんここですよ」 尾崎曜子作 岩崎書店(いっしょによんで!2) 2009年11月
「もしもねずみをえいがにつれていくと」 ローラ・ジョフィ・ニューメロフ文;フェリシア・ボンド絵;青山南訳 岩崎書店 2000年11月
「モリくんのおいもカー」 かんべあやこ作 くもん出版 2010年9月
「ゆびぬきをさがして」 フィオナ・フレンチ文・絵;かたおかひかる訳 らくだ出版 1983年11月

子どもの世界・生活

「ゆらゆらパンダ」 いりやまさとし作 講談社(講談社の幼児えほん) 2008年6月

「ゆらゆらハンモック」 神尾万里作;山本祐司絵 新風舎 2007年6月

「ヨットがおしえてくれること」 みやざきこうへい作・絵 岩崎書店(えほん・ハートランド15) 1997年10月

「リコちゃんのおうち」 さかいこまこ作・絵 偕成社 1998年10月

「リサ れっしゃにのる」 アン・グッドマン文;ゲオルグ・ハレンスレーベン絵;石津ちひろ訳 ブロンズ新社 2003年7月

「リサとガスパール えいがにいく」 アン・グッドマン文;ゲオルグ・ハレンスレーベン絵;石津ちひろ訳 ブロンズ新社 2009年10月

「リサとガスパールのローラーブレード」 アン・グッドマン文;ゲオルグ・ハレンスレーベン絵;石津ちひろ訳 ブロンズ新社 2001年1月

「ルイのひこうき」 エズラ・ジャック・キーツ作・画;木島始訳 偕成社(キーツの絵本) 1981年2月

「ルネちゃん ひっぱれ」 つるみゆき作 くもん出版(はじめてであうえほんシリーズ) 2008年9月

「ルネちゃんおして」 つるみゆき作 くもん出版(はじめてであうえほんシリーズ) 2008年9月

「ろばのトコちゃん じてんしゃにのる」 ベネディクト・ゲティエ;ふしみみさを訳 ほるぷ出版 2006年8月

「わすれられた もり」 ローレンス・アンホルト作・絵;さくまゆみこ訳 徳間書店 2008年11月

「わたしのおうち」 神沢利子作;山脇百合子絵 あかね書房(あかね創作えほん8) 1982年3月

「王さまの竹うま」 ドクター・スース作・絵;渡辺茂男訳 偕成社 1983年8月

「海うさぎのきた日」 あまんきみこ文;南塚直子絵 小峰書店 1998年6月

「空とぶホッケー・スティック」 ジョリー・ロジャー・ブラッドフィールド文・絵;飯沢匡訳 講談社(世界の絵本アメリカ) 1971年4月

「月夜のこどもたち」 ジャニス・メイ・アドレー文;モーリス・センダク絵;岸田衿子訳 講談社(講談社の翻訳絵本) 1983年12月;講談社(世界の絵本アメリカ) 1972年6月

「四季の子どもたち」 市川里美作 偕成社 1981年9月

「紙しばい屋さん」 アレン・セイ作 ほるぷ出版 2007年3月

「春のうたがきこえる」 市川里美作 偕成社 1978年3月

「森のイスくん」 石井聖岳作 ゴブリン書房 2008年1月

「風さん」 ジビュレ・フォン・オルファース作;秦理絵子訳 平凡社 2003年9月

「木のはをつかってパラシュート」 ピーター・クロス絵;ジュディ・テイラー作;長谷川たかこ訳 金の星社(ダドリーのちいさな絵本4) 1987年8月

子どもの世界・生活

遊び＞遊園地

「うさこちゃんとゆうえんち」ディック・ブルーナ文・絵；石井桃子訳　福音館書店（子どもがはじめてであう絵本）　1982年5月

「おとぼけ山のジェット・コースター」木暮正夫作；おぼまこと絵　佼成出版社　1987年10月

「ことりのゆうえんち」たちもとみちこ作・絵　PHP研究所（PHPにこにこえほん）　2007年6月

「ちびうさまいご！」ハリー・ホース作；千葉茂樹訳　光村教育図書　2003年3月

「テディとアニー3 遊園地はだいきらい」マリア・オニール文；モーリーン・ガルバーニ絵；井辻朱美訳　河出書房新社　2000年7月

「トランプリンセス」薫くみこ作；つじむらあゆこ絵　佼成出版社（どんぐりえほんシリーズ）　2008年12月

「どんくまさん　ぶるぶる」柿本幸造絵；蔵冨千鶴子文　至光社（ブッククラブ国際版絵本）　1984年1月

「パディントンとゆうえんち」マイケル・ボンド文；デイビッド・マッキー絵；かんどりのぶお訳　アリス館（えほんくまのパディントン4）　1985年11月

「ひみつのムシムシランド」ハンダトシヒト作・絵　イースト・プレス　2009年7月

「ピヨピヨ メリークリスマス」工藤ノリコ作　佼成出版社（みつばちえほんシリーズ）　2009年10月

「ふしぎなめりーごーらんど」木村泰子絵・文　至光社（ブッククラブ国際版絵本）　1983年1月

「ほしのメリーゴーランド」寮美千子作；鮫江光二絵　フレーベル館（わくわくメルヘンシリーズ）　2008年6月

「メイシーちゃんのゆうえんち」ルーシー・カズンズ作；なぎともこ訳　偕成社　2001年9月

「メリーゴーランド」なかえよしを作；上野紀子絵　ポプラ社（なかえよしを・上野紀子の絵本1）　1975年9月

「ゆっちゅとめっぴとほしのゆうえんち」橋本晋治文・絵　スタジオジブリ　2007年8月

「よるのゆうえんち」谷真介作；赤坂三好絵　小峰書店（はじめてのどうわ16）　1978年11月

幼稚園・保育園

「あおぞらえんのおとまりかい」斉藤栄美作；土田義晴絵　ポプラ社（あおぞらえんシリーズ3）　2001年3月

「あおぞらえんのおんがくかい」斉藤栄美作；土田義晴絵　ポプラ社（あおぞらえんシリーズ2）　2000年10月

「あきのえんそくはたからさがし」立原えりか作；薄久保友司絵　佼成出版社（園児のすくすく絵本5）　1987年7月

「あさですよ　よるですよ」かこさとし作　福音館書店　1986年8月

子どもの世界・生活

「あしたえんそくだから」 守屋正恵作;いもとようこ絵 あかね書房(くりのきえんのおともだち2) 1982年9月

「あしたはうんどうかい」 こわせたまみ作;福田岩緒絵 佼成出版社 1986年5月

「あしたはクリスマス」 長崎源之助作;山中冬児絵 銀河社 1980年11月

「あしたプールだがんばるぞ」 寺村輝夫作;いもとようこ絵 あかね書房(くりのきえんのおともだち10) 1986年5月

「あたしいいこなの」 井上林子作・絵 岩崎書店(カラフルえほん3) 2005年3月

「あっちゃんとエビフライ」 西巻茅子作 童心社(あっちゃんのえほん1) 1980年9月

「あっちゃんとちょうちょ」 西巻茅子作 童心社(あっちゃんのえほん3) 1980年9月

「あっちゃんとトランポリン」 西巻茅子作 童心社(あっちゃんのえほん2) 1980年9月

「あっちゃんとむしばきんおう」 こわせたまみ作;わたなべあきお絵 佼成出版社(園児のすくすく絵本1) 1987年5月

「あのみちこのみち」 森山京作;太田大八絵 フレーベル館 1985年7月

「あめふり あっくん」 浜田桂子作 佼成出版社(クローバーえほんシリーズ) 2009年2月

「いっしょに およごう おつきさま」 立原えりか作;こうのこのみ絵 佼成出版社(園児のすくすく絵本3) 1987年6月

「いっちゃんはね、おしゃべりがしたいのにね」 灰谷健次郎文;長谷川集平絵 理論社 1979年7月

「いってらっしゃーい いってきまーす」 神沢利子作;林明子絵 福音館書店 1983年7月

「いらっしゃいいらっしゃーい」 とくながまり;みやざわはるこ作 アリス館(ゆうちゃんは3さい3) 1999年11月

「うさぎぐみとこぐまぐみ」 かこさとし絵・文 ポプラ社(かこさとし こころのほん1) 2005年10月

「うさぎぐみとこぐまぐみ」 加古里子絵・文 ポプラ社(かこさとしこころのほん1) 1980年4月

「うわさのようちえん あきばこのうわさ」 きたやまようこ作 講談社(講談社の創作絵本) 2010年10月

「うわさのようちえん かくれんぼのうわさ」 きたやまようこ作 講談社(講談社の創作絵本) 2009年7月

「うんどうかいがはじまった」 寺村輝夫作;いもとようこ絵 あかね書房(くりのきえんのおともだち6) 1983年9月

「えんそくバス」 中川ひろたか文;村上康成絵 童心社(ピーマン村の絵本たち) 1998年3月

「えんふねにのって」 ひがしちから作 ビリケン出版 2006年3月

「おおかみようちえんにようこそ」 ひがしあきこ文・絵 偕成社 2009年9月

子どもの世界・生活

「おおきくなったら なりたいなあ」 かこさとし絵・文 ポプラ社(かこさとし こころのほん5) 2005年10月

「おおきなさくらのきのしたで」 森山京文;大森翠絵 フレーベル館 1980年3月

「おかあさんもようちえん-まるごとえんものがたり」 梅田俊作;梅田佳子作 NPO法人「絵本で子育て」センター 2010年3月

「おかしなたまごのはなし」 象形文平作;西川おさむ絵 金の星社(しぜんのくにえほん) 1976年12月

「おたんじょうびおめでとう」 守屋正恵作;いもとようこ絵 あかね書房(くりのきえんのおともだち7) 1983年11月

「おつきさまでたよ」 寺村輝夫作;いもとようこ絵 あかね書房(くりのきえんのおともだち9) 1985年9月

「おつきみうさぎ」 中川ひろたか文;村上康成絵 童心社(ピーマン村の絵本たち) 2001年6月

「おにいちゃんは2とうしょう」 しみずみちを作;渡辺有一絵 銀河社 1981年7月

「おにはうち!」 中川ひろたか文;村上康成絵 童心社(ピーマン村の絵本たち) 2000年11月

「おばあちゃんすごい!」 中川ひろたか文;村上康成絵 童心社(ピーマン村のおともだち) 2002年6月

「おばけなんてこわくない」 中川ひろたか文;村上康成絵 童心社(ピーマン村の絵本たち) 1999年5月

「おひさまようちえんのひみつのともだち」 斉藤栄美文;岡本順絵 ポプラ社(絵本・いつでもいっしょ12) 2005年5月

「おひめさまようちえん」 のぶみ作 えほんの杜 2009年4月

「おひめさまようちえんのにんぎょひめ」 のぶみ作 えほんの杜 2010年3月

「かあさんとじてんしゃにのって」 長谷川知子文・絵 新日本出版社 2004年1月

「かえってきたカエル」 中川ひろたか文;村上康成絵 童心社(ピーマン村の絵本たち) 2000年4月

「がったいオニだぞ つよいんだい」 さくらともこ作;二本柳泉絵 佼成出版社(園児のすくすく絵本7) 1988年1月

「きいろいりぼん」 小林純一作;山本まつ子画 あい書房(小林純一おはなしえほん) 1978年6月

「きかんぼピラト」 クロード・クレマン文;ナディーヌ・アーン絵;辻昶訳 DEMPA/ペンタン 1990年9月

「きつねえんでおべんとう」 こわせたまみ作;秋里信子絵 PHP研究所(わたしのえほん) 1996年9月

子どもの世界・生活

「きつねさんがあそびにきた」 なかのひろたか作;二俣英五郎絵 PHP研究所(PHPにこにこえほん) 1994年8月

「きつねとタンバリン」 安田浩作;柿本幸造絵 ひさかたチャイルド 1986年8月

「きつねとタンバリン」 安田浩作;柿本幸造絵 ひさかたチャイルド 2009年8月

「きのうえのほいくえん」 しょうのえいじ文;なかたにちよこ絵 偕成社 1980年6月

「きょうから おはし」 とくながまり;みやざわはるこ作 アリス館(ゆうちゃんは3さいシリーズ1) 1999年1月

「くしゃくしゃびりびりえん」 山田節子文・絵 新日本出版社(新日本出版社の絵本ふれあいシリーズ) 1986年11月

「くつしたのはら」 村中李衣文;こやまこいこ絵 日本標準 2009年11月

「くもきちせんせい」 深見春夫作・絵 PHP研究所(PHPにこにこえほん) 2008年9月

「くらやみえんのたんけん」 石川ミツ子作;二俣英五郎絵 福音館書店 1980年7月

「くりの木のこと」 島本一男作;ひろかわさえこ絵 アリス館 2004年10月

「ぐるんぱのようちえん」 西内みなみ作;堀内誠一絵 福音館書店(こどものとも傑作集) 1966年12月;福音館書店 1965年5月

「けんかの なかよしさん」 あまんきみこ作;長野ヒデ子絵 あかね書房(あかね・新えほんシリーズ32) 2007年2月

「こうまがうまれたよ」 長崎源之助文;夏目尚吾絵 童心社(絵本・ちいさななかまたち) 1997年11月

「こぎつねキッコ」 松野正子文;梶山俊夫絵 童心社(キッコシリーズ) 1985年10月

「こだぬきの こいのぼり」 西本鶏介作;長浜宏絵 佼成出版社(園児のすくすく絵本10) 1988年4月

「コッコさんのともだち」 片山健作・絵 福音館書店(幼児絵本シリーズ) 1991年4月

「さくらの木の下で」 立原えりか文;日隈泉絵 講談社(メロディーブック) 1984年1月

「しんかんくん ようちえんにいく」 のぶみ作 あかね書房(あかね・新えほんシリーズ37) 2008年2月

「せんせいのあかちゃん」 スージー・モルゲンステルン作;セヴリーヌ・コルディエ絵;みやまさくら訳 ジュリアン(エマといっしょに4) 2008年7月

「そらまでとんでけ」 寺村輝夫作;いもとようこ絵 あかね書房(くりのきえんのおともだち5) 1983年4月

「たあくん」 間所ひさこ文;長谷川知子絵 偕成社 1980年5月

「たこやきようちえん たのしいえんそく」 さいとうしのぶ作 ポプラ社(絵本・いつでもいっしょ35) 2010年4月

「たこやきようちえん」 さいとうしのぶ作 ポプラ社(絵本・いつでもいっしょ27) 2009年2月

子どもの世界・生活

「たのしいほいくえん」 グニラ・ボルデ作;たかむらきみこ訳 偕成社(エミーちゃんシリーズ) 1977年1月

「ダンプえんちょうやっつけた」 古田足日;田畑精一作 童心社(ぼくたちこどもだ2) 1978年4月

「ちいさいみちこちゃん」 なかがわりえこ作;やまわきゆりこ絵 福音館書店 1994年1月

「つばめのピーちゃん」 正高もとこ作・絵 岩崎書店(えほんのぼうけん12) 2010年4月

「つんつくせんせい かめにのる」 たかどのほうこ作・絵 フレーベル館 2005年6月

「つんつくせんせい どうぶつえんにいく」 たかどのほうこ作・絵 フレーベル館 1998年9月

「つんつくせんせいとくまのゆめ」 たかどのほうこ作・絵 フレーベル館 2007年11月

「つんつくせんせいとつんくまえんのくま」 たかどのほうこ作・絵 フレーベル館(えほんあらかると7) 2002年1月

「つんつくせんせいととんがりぼうし」 たかどのほうこ作・絵 フレーベル館(えほんあらかると6) 2002年1月

「つんつくせんせいとふしぎなりんご」 たかどのほうこ作・絵 フレーベル館(えほんあらかると8) 2002年9月

「てのひら」 瀧村有子作;ふじたひおこ絵 PHP研究所(わたしのえほん) 2010年3月

「てるてるぼうず いちまんこ」 さくらともこ作;三井小夜子絵 佼成出版社(園児のすくすく絵本2) 1987年5月

「どらせんせい-『たべちゃいたーい』のまき」 山下明生作;いもとようこ絵 チャイルド本社(おはなしチャイルドリクエストシリーズ38) 1994年5月;ひさかたチャイルド 1992年3月

「どらせんせい-『どっちがすき?』のまき」 山下明生作;いもとようこ絵 ひさかたチャイルド 1997年8月

「どらせんせい-『にげたさかなはおおきい』のまき」 山下明生作;いもとようこ絵 ひさかたチャイルド 1993年5月

「どろだんご つくろ」 とくながまり;みやざわはるこ作 アリス館(ゆうちゃんは3さいシリーズ2) 1999年8月

「どろんこおおかみと7ひきのこやぎ」 柴田愛子文;あおきひろえ絵 アリス館 2007年11月

「どろんこようちえん」 長崎源之助文;梅田俊作絵 童心社(絵本・ちいさななかまたち) 1986年4月

「どんぐりほいくえんのくじらのかせき」 後藤竜二文;遠藤てるよ絵 童心社 1981年7月

「なきむしえんは おおさわぎ」 さくらともこ作;吉村司絵 PHP研究所(PHPわたしのえほんシリーズ) 1990年2月

「のらねこようちえん」 久保喬文;渡辺あきお絵 ほるぷ出版 1990年7月

「のんちゃんはおとうばんです」 今関信子文;垂石真子絵 童心社(だいすきはなまるえん) 1999年12月

子どもの世界・生活

「はやくかぜなおってね」 寺村輝夫作；いもとようこ絵　あかね書房（くりのきえんのおともだち3）　1982年11月

「はるばるえんのあたらしいともだち」 戸田和代作；村田エミコ絵　鈴木出版（ひまわりえほんシリーズ）　2010年7月

「びっくり かけっこ いっとうしょう」 西本鶏介作；西村達馬絵　佼成出版社（園児のすくすく絵本4）　1987年7月

「ひゃくおくえんのぼうし」 後藤竜二文；花井亮子絵　国土社（国土社の幼年えほん5）　1982年5月

「ひよこ組のいんちきりえぽん」 まつざわりえ著　オデッセウス　2000年6月

「ぼくおよげるよ」 西内ミナミ文；いまきみち絵　童心社　1985年5月

「ぼくぐずっぺじゃないぞ」 竹崎有斐作；山本まつ子絵　銀河社　1980年12月

「ぼくたちだっていそがしい」 ノーマ・サイモン作；ドーラ・リーダー絵；中村妙子訳　朔北社（「うん、そうなんだ!」シリーズ3）　1997年1月

「ぼくたちのいちょうの木」 清水道尾文；福田岩緒絵　童心社（絵本・こどものひろば）　2000年7月

「ぼくたちのコンニャク先生」 星川ひろこ写真・文　小学館　1996年2月

「ぼくのいもうと」 浜田桂子作　福音館書店　1986年11月

「ぼくはオニじゃない！」 福田岩緒作　童心社　2002年9月

「ぼくひとりでかえったんだ」 しみずみちを作；山中冬児絵　PHP研究所（PHPおはなしプレゼント）　1979年3月

「ぼくぼうしとらないぞ」 しみずみちを作；長谷川知子絵　銀河社　1977年7月

「ぼくもうなかないぞ」 守屋正恵作；いもとようこ絵　あかね書房（くりのきえんのおともだち8）　1985年1月

「ぼくやってみるよ」 寺村輝夫作；いもとようこ絵　あかね書房（くりのきえんのおともだち4）　1983年2月

「ぼくらはかいじゅう」 川北亮司文；田中槇子絵　フレーベル館（キンダーおはなしえほん）　1983年6月

「まこちゃんのおべんとう」 こわせたまみ作；尾崎真吾絵　佼成出版社（園児のすくすく絵本9）　1988年4月

「まじょまじょせんせいやってきた！」 鶴岡千代子作；長谷川知子絵　カワイ出版　1993年5月

「みんなげんきで七五三」 寺村輝夫作；いもとようこ絵　あかね書房（くりのきえんのおともだち11）　1986年10月

「ムッピ、どうしてないてるの?」 たはらともみ作　ポプラ社（ムッピのえほん2）　2007年9月

子どもの世界・生活

「むねにキラキラぼくのおとうと」 みやにしいづみ作;宮西達也絵 フレーベル館 1984年4月

「もうおねしょしません」 寺村輝夫作;いもとようこ絵 あかね書房(くりのきえんのおともだち1) 1982年5月

「もうすぐおしょうがつ」 寺村輝夫作;いもとようこ絵 あかね書房(くりのきえんのおともだち12) 1986年12月

「もうふくん」 山脇恭作;西巻茅子絵 ひさかたチャイルド 2005年10月

「ももことごろうのおくりもの」 大友康夫作 童心社(えほん・ぼくらはきょうだい1) 1978年9月

「やぎのゆきちゃん」 桜井信夫文;田沢梨枝子絵 草土文化 1979年10月

「ゆきがふったよ」 はしもとれいこ作;山本まつ子絵 アリス館(こどものゆめ創作えほん1) 1982年1月

「ゆきのひのようちえん」 こわせたまみ作;秋里信子絵 PHP研究所(ゆうちゃんのえほん) 1994年12月

「ゆびきりげんまん」 中川正文作;金沢佑光絵 文研出版(ジョイフルえほん傑作集1) 1973年10月

「ゆめみるたっちゃん」 工藤直子文;広瀬弦絵 クレヨンハウス(おはなし広場) 1993年7月

「ようちえん」 ディック・ブルーナ文・絵;いしいももこ訳 福音館書店(子どもがはじめてであう絵本) 1968年11月

「ようちえんにいったあまがえる」 樋口通子作 こぐま社 1985年10月

「ようちえんにおばけがいるよ」 大川悦生作;長野ヒデ子絵 金の星社(絵本のおくりもの) 1984年9月

「ようちえんバスマイちゃん どうぶつえんにいく」 藤本四郎;鍋島よしつぐ作・絵 ポプラ社(アニメのりものえほん14) 1988年10月

「よわむしケンとなきむしトン」 加古里子絵・文 ポプラ社(かこさとしこころのほん7) 1985年7月

「らいおんごう がんばれ！」 松野正子作;山本忠敬絵 サンリード 1980年2月

「りょうくん」 清水道尾作;山内ふじ江絵 教育画劇(スピカ絵本の森) 1996年4月

幼稚園・保育園＞入園

「いたずらビリーとほしワッペン」 パット・ハッチンス作;いぬいゆみこ訳 偕成社 1995年12月

「えっちゃんのなまえ」 赤座憲久文;藤田三歩絵 佼成出版社 1982年2月

「おはよう かめちゃん」 ひろかわさえこ作 PHP研究所 1993年3月

「おひさまえんの さくらのき」 あまんきみこ作;石井勉絵 あかね書房 2005年11月

子どもの世界・生活

「ことりようちえんのいちねんかん」 たかてらかよ文;鴨下潤絵 講談社(講談社の創作絵本) 2010年2月

「こぶたほいくえん」 中川李枝子文;山脇百合子絵 福音館書店(幼児絵本シリーズ) 2001年3月

「しんぱい しんぱい ウェンベリー」 ケビン・ヘンクス作;いしいむつみ訳 BL出版 2001年9月

「すぐにともだちできるから」 清水達也作;狩野富貴子絵 PHP研究所(わたしのえほん) 1997年1月

「ちいくまちゃんのようちえん」 しまだけんじろう作 ベネッセコーポレーション(ちいくまちゃんシリーズ) 1997年2月

「チューピィ きょうからようちえん」 ティエリー・クルタン絵;ソフィー・クルタン色;ひがしのじゅんこ訳 リーガル出版 2006年7月

「ともだち つくろう」 スージー・モルゲンステルン作;セヴリーヌ・コルディエ絵;みやまさくら訳 ジュリアン(エマといっしょに2) 2008年7月

「どんなともだちできるかな」 斉藤栄美作;土田義晴絵 ポプラ社(あおぞらえんシリーズ1) 2000年5月

「なきむしようちえん」 長崎源之助作;西村繁男絵 童心社(童心社の絵本) 1983年11月

「はじめてのようちえん」 ジェラルド・ステール作;オオサワチカ絵;水野千津子;水野尚訳 新風舎 2001年2月

「ふたごのひよちゃんぴよちゃん はじめてのようちえん」 バレリー・ゴルバチョフ作・絵;なかがわちひろ訳 徳間書店 2006年1月

「ペンギンぼうやのチュピ1 チュピようちえんにいく」 チィエリ・クールタン作・絵;やまだたくみ訳 ポプラ社 2001年3月

「ほいくえんなんていきたくない」 グニラ・ボルデ作;たかむらきみこ訳 偕成社(エミーちゃんシリーズ) 1977年1月

「みつごのおてんばむすめ いよいよようちえん」 メルセ・コンパニュ文;ルゼ・カプデヴィラ絵;竹田篤司;辻昶訳 DEMPA/ペンタン 1989年9月

「メルくんようちえんにいく」 おおともやすお作 福音館書店(日本傑作絵本シリーズ) 2000年3月

「もくちゃんもこちゃんのはじめてのようちえん」 神沢利子作;多田ヒロシ絵 PHP研究所(PHPにこにこえほん) 2005年3月

「もくちゃんもこちゃんのはじめてのようちえん」 神沢利子作;多田ヒロシ絵 PHP研究所(PHPのえほん15) 1985年3月

「ようちえん」 ヘレン・オクセンバリー作・絵;なかむらくみこ訳 ほるぷ出版(はじめてのえほん4) 1983年12月

「ようちえんがまってるよ!」 こわせたまみ作;秋里信子絵 PHP研究所(PHPわたしのえほん) 1993年2月

子どもの世界・生活

「ようちえんっていうところ」 ジェシカ・ハーパー文；G.ブライアン・カラス絵；石津ちひろ訳　BL出版　2007年2月

「ようちえんにいった ともちゃんとこぐまくん」 あまんきみこ作；西巻茅子絵　福音館書店（日本傑作絵本シリーズ）　1988年3月

「ようちえんのはる・なつ・あき・ふゆ」 おかしゅうぞう作；ふじたひおこ絵　佼成出版社　2010年2月

「わたしようちえんにいくの」 ローレンス・アンホールト文；キャスリーン・アンホールト絵；角野栄子訳　文化出版局　1993年3月

旅

「あじのひらき」 井上洋介絵・文　福音館書店（福音館の幼児絵本シリーズ）　2006年6月

「アツーク 少年がみつけたもの」 ミーシャ・ダムヤン物語；ヨゼフ・ウィルコン絵；宮内勝典訳　ノルドズッド・ジャパン　2002年10月

「アフリカにいきたい！」 フィリップ・コランタン作・絵；のむらまりこ訳　佑学社　1992年5月

「アメリカりょこう」 バッティル・アルムクビスト絵・文；やまのうちきよこ訳　徳間書店（げんしじんヘーデンホスシリーズ5）　1974年10月

「アントン・ベリーのながいたび」 天沼春樹作；出久根育絵　鈴木出版（ひまわりえほんシリーズ）　2007年2月

「いいたび ボンボン」 山下明生作；渡辺三郎絵　小峰書店（渡辺三郎＋山下明生えほん2）　2007年7月

「イギリスりょこう」 バッティル・アルムクビスト絵・文；やまのうちきよこ訳　徳間書店（げんしじんヘーデンホスシリーズ8）　1974年11月

「いしがけちょうのたび」 亀山市立野登小学校一年作　らくだ出版　1980年7月

「イツクのクリスマスのたび」 エレナ・パスクアーレ文；ドゥブラフカ・コラノヴィチ絵；さくらいずみ訳　ドン・ボスコ社　2005年9月

「イバラードの旅」 井上直久作・絵　講談社　1983年1月

「うさぎのだいじなみつけもの」 シャーロット・ゾロトウ作；ヘレン・クレイグ絵；松井るり子訳　ほるぷ出版　1998年10月

「うちゅうりょこう」 バッティル・アルムクビスト絵・文；やまのうちきよこ訳　徳間書店（げんしじんヘーデンホスシリーズ6）　1974年8月

「うみがめのたび」 きたがわさちひこ文；かなおけいこ絵　草土文化　1982年2月

「エジプトりょこう」 バッティル・アルムクビスト絵・文；やまのうちきよこ訳　徳間書店（げんしじんヘーデンホスシリーズ2）　1974年9月

「オーガスタスのたび」 キャサリン・レイナー作・絵；すぎもとえみ訳　アールアイシー出版　2007年11月

子どもの世界・生活

「オーラのたび」ドーレア夫妻作;吉田新一訳 福音館書店(世界傑作絵本シリーズ・アメリカの絵本) 1983年3月

「おさじさんのたび」 松谷みよ子作;ささめやゆき画 にっけん教育出版社 1997年12月

「おさつのジョニー」 中治信博文;升ノ内朝子絵 コクヨS&T(たいせつなものシリーズ3おかね) 2007年11月

「おじいちゃんをさがしに」 トーマス・ティードホルム文;アンナ=クララ・ティードホルム絵;外山真理訳 ほるぷ出版 1995年11月

「おすしのせかいりょこう」 竹下文子文;鈴木まもる絵 金の星社 2008年3月

「おへそがえる ごん1」 赤羽末吉作・絵 福音館書店 1986年10月

「おへそがえる ごん2」 赤羽末吉作・絵 福音館書店 1986年10月

「おへそがえる ごん3」 赤羽末吉作・絵 福音館書店 1986年10月

「おまかせツアー」 高畠那生作 理論社 2007年4月

「オルガの世界一周」 ローレンス・ブルギニョン作;カンタン・グレバン絵;石津ちひろ訳 平凡社 2007年9月

「かいていりょこう」 フレッド・フレガー;マージョリー・フレガー作;ウォード・ブラケット絵;神宮輝夫文 日本パブリッシング(ビギナーシリーズ) 1969年1月

「かえるくん たびにでる」 マックス・ベルジュイス文・絵;清水奈緒子訳 セーラー出版 2000年6月

「カカシのアタシ」 舟崎克彦文;鈴木ほたる絵 ひさかたチャイルド(Heart Oasis) 1997年11月

「ガクの絵本」 和田誠文・絵 ほるぷ出版 1999年5月

「かめじまのぺち」 カルラ・ハンセン;ウィルヘルム・ハンセン原作;水木しげる訳 フレーベル館(こぐまのぺちの絵本6) 1972年8月

「がわっぱ」 たかしよいち作;斎藤博之絵 岩崎書店(創作絵本3) 1971年9月

「きかんぼぼうやのうみのたび」 バルブロ・リンドグレン作;エヴァ・エリクソン絵;小野寺百合子訳 佑学社 1984年10月

「キャッツ ボス猫・グロウルタイガー絶体絶命」 T.S.エリオット文;エロール・ル・カイン絵;田村隆一訳 ほるぷ出版 1988年6月

「くまくまさんのがいこくりょこう」 中川ひろたか文;はたこうしろう絵 ポプラ社(みんなで絵本3) 2002年2月

「くまのおうじょ」 カルラ・ハンセン;ウィルヘルム・ハンセン原作;水木しげる訳 フレーベル館(こぐまのぺちの絵本2) 1972年8月

「クラリとティンのたび1 空からおちてきたタマゴ」 野村辰寿作 汐文社 2009年8月

「クラリとティンのたび2 歩く草むら」 野村辰寿作 汐文社 2009年8月

「クラリとティンのたび3 白い友だち」 野村辰寿作 汐文社 2009年8月

子どもの世界・生活

「くんちゃんのだいりょこう」ドロシー・マリノ文・絵；石井桃子訳　岩波書店　1986年5月；岩波書店　1977年11月

「こうのとりぼうや はじめてのたび」イワン・ガンチェフ作；佐々木田鶴子訳　偕成社　1985年5月

「こおりにのったペンギン」　野村辰寿作　ダイヤモンド社（ポーとちきゅう1）　2008年5月

「こづつみになってたびをしたブルーノーのはなし」アーヒム・ブローガー作；ギーゼラ・カーロウ絵；与田静訳　偕成社　1982年2月

「コバンツアーかぶしきがいしゃ」工藤ノリコ作・絵　偕成社　1999年3月

「ゴムあたまポンたろう」長新太作　童心社（絵本・こどものひろば）　1998年3月

「こんがらかって こんがらかって」東民正利作；村田まり子絵　パロル舎　1989年4月

「こんとあき」林明子作　福音館書店（日本傑作絵本シリーズ）　1989年6月

「サーくんと紙さんと11ぴきの旅」たにけいこ文・画　グリーン購入ネットワーク鹿児島　2001年11月

「サーくんと箱さんとアマゾンの旅」たにけいこ文・画　グリーン購入ネットワーク鹿児島　2002年12月

「サンゴのおうち」野村辰寿作　ダイヤモンド社（ポーとちきゅう2）　2008年9月

「サンポくんのたび」多々良直樹作・絵　岩崎書店（えほん・ハートランド3）　1994年5月

「しあわせミシュカ」マーカス・フィスター作；斉藤洋訳　講談社（世界の絵本）　2000年9月

「ジェイクそらをとぶ」葉祥明絵・文　日本航空文化事業センター　1993年11月

「シナモンとちいさな木」マルク・ブタヴァン絵；せきちさとお話　小学館（シナモントラベルえほん）　2007年3月

「シモンのアメリカ旅行」バーバラ・マクリントック作；福本友美子絵　あすなろ書房　2010年11月

「ジャッキーのじてんしゃりょこう」あだちなみ絵；あいはらひろゆき文　ブロンズ新社（くまのがっこうシリーズ）　2003年7月

「ジョージ・マウスのかぞくりょこう」ヘザー・シンクレア・ブキャナン作；田中まや訳　評論社（児童図書館・絵本の部屋）　2005年7月

「ショコラちゃんふねにのる」中川ひろたか文；はたこうしろう絵　講談社（講談社の幼児えほん）　2001年12月

「しろくまピップ ハワイへ行く!」ロイド・ベラディ作；あべのりこ訳　リア・インターナショナル　2008年4月

「ジンベエのなかまさがしの旅」くのきょうこ作　けやき出版　2008年7月

「すずきのおやこ」カルラ・ハンセン；ウィルヘルム・ハンセン原作；水木しげる訳　フレーベル館（こぐまのぺちの絵本3）　1972年8月

子どもの世界・生活

「すばらしい日曜旅行」アロイス・シェプフ文；レギーネ・ダプラ絵；なだいなだ訳　CBS・ソニー出版　1979年5月

「せかいいちさわがしいかばのヒルダさん」リチャード・スキャリー作；奥田継夫訳　ブックローン出版（スキャリーおじさんのえほん）　1996年8月

「せかいのはててどこですか？」アルビン・トレッセルト作；ロジャー・デュボアザン絵；三木卓訳　佑学社　1979年3月

「せんたくばさみのたび」矢崎節夫作；尾崎真吾絵　フレーベル館　1980年8月

「ぞうのたび」椋鳩十作；須田寿絵　あすなろ書房　1986年5月

「そらからきたボーボ」わたりむつこ作；ましませつこ絵　PHP研究所（PHPにこにこえほん）　1998年10月

「ダールンの雲」青島美幸作・絵　パロディ社　2006年6月；パロディ社　1992年11月

「ダールンの虹」青島美幸作・絵　パロディ社　2006年6月；パロディ社　1990年11月

「ダールンの波」青島美幸作・絵　パロディ社　2006年6月；パロディ社　1996年10月

「ダールンの風」青島美幸作・絵　パロディ社　2006年6月；パロディ社　1994年11月

「だがしかし」内田麟太郎文；西村繁男絵　文渓堂　2010年12月

「たからもの」ユリ・シュルヴィッツ作；安藤紀子訳　偕成社　2006年5月

「タネゴロウのたび」立岡月英作　福武書店　1990年2月

「たのしいそらのたび」ルイーゼ・ファティオ作；ロジャー・デュボアザン絵；今江祥智；遠藤育枝訳　佑学社（ごきげんなライオン6）　1979年4月

「たびだちのとき」エリック・バテュ作・絵；木坂涼文　フレーベル館　2004年12月

「だれかいるの？」マイケル・グレイニエツ作；ほそのあやこ訳　ポプラ社　2004年11月

「だれもしらないうきわのたび」生源寺美子作；牧村慶子絵　PHP研究所（PHPおはなしえほん6）　1980年6月

「たろうとつばき」渡辺有一作・絵　ポプラ社（絵本のせかい27）　1978年12月

「たんぽぽ ふわり」須田貢正文；津田櫓冬絵　ほるぷ出版　1990年7月

「ちいさなリスのだいりょこう」ビル・ピート作・絵；山下明生訳　佼成出版社（ピートの絵本シリーズ7）　1982年3月

「チップとチャップのわくわくじどうしゃ」谷真介作；あかさかいっぽ絵　佼成出版社　1989年6月

「チモレオン アジアへ行く」ジャック・ガラン絵；ダニエル・フランソワ文；久米みのる訳　金の星社（チモレオンの世界りょこう2）　1974年11月

「チモレオン アフリカへ行く」ジャック・ガラン絵；ダニエル・フランソワ文；久米みのる訳　金の星社（チモレオンの世界りょこう1）　1974年10月

子どもの世界・生活

「チモレオン アメリカへ行く」 ジャック・ガラン絵;ダニエル・フランソワ文;久米みのる訳 金の星社(チモレオンの世界りょこう3) 1974年11月

「チモレオン オセアニアへ行く」 ジャック・ガラン絵;ダニエル・フランソワ文;久米みのる訳 金の星社(チモレオンの世界りょこう4) 1974年12月

「チモレオン ヨーロッパへ行く」 ジャック・ガラン絵;ダニエル・フランソワ文;久米みのる訳 金の星社(チモレオンの世界りょこう5) 1974年12月

「ツバメのたび-5000キロのかなたから」 鈴木まもる作・絵 偕成社 2009年2月

「ティーピーとふしぎなおしろ」 西巻かな作 学習研究社(学研おはなし絵本) 2007年10月

「ディロの樹の下で アピのいた海」 尾崎真澄文;川上越子絵 架空社 2001年2月

「ティンカーとタンカーアフリカへ」 リチャード・スカーリー作;小野和子訳 評論社(ティンカーとタンカーの絵本6) 1978年11月

「ティンカーとタンカーえんたくのくにへ」 リチャード・スカーリー作;小野和子訳 評論社(ティンカーとタンカーの絵本4) 1978年11月

「ティンカーとタンカーせいぶをゆく」 リチャード・スカーリー作;小野和子訳 評論社(ティンカーとタンカーの絵本2) 1975年12月

「ティンカーとタンカーのうちゅうせん」 リチャード・スカーリー作;小野和子訳 評論社(ティンカーとタンカーの絵本3) 1975年12月

「とざんかぺち」 カルラ・ハンセン;ウィルヘルム・ハンセン原作;水木しげる訳 フレーベル館(こぐまのぺちの絵本8) 1972年8月

「ドラゴンとあおいチョウのたび」 なかようこ文;いけだほなみ絵 長崎出版(いのちの絵本シリーズ) 2009年10月

「ドルジェのたび-チベットの少年のはなし」 ペマ・ギャルポ話;金田卓也文・絵 偕成社 1985年5月

「どれくらいひろいの?」 ブリッタ・テッケントラップ作・絵;えもとくによ訳 コクヨS&T(コクヨのえほん 海外絵本シリーズ1) 2008年4月

「どんくまさんのかわのたび」 蔵冨千鶴子文;柿本幸造絵 至光社(ブッククラブ国際版絵本) 1983年1月

「とんでったペチコート」 ペッカ・ヴオリ作;坂井玲子訳 福武書店 1988年11月

「トントン、たびにでる」 ダイフェズウ作・絵;ふせまさこ文 新世研 2004年1月

「ながいながいカメのたび-百万長者になりそこねた男の話」 スティーブ・サンフィールド作;ダーク・ズィマー絵;ひがしはるみ訳 フレーベル館 1997年10月

「なぞのたびびと フー」 アランジアロンゾ著 主婦と生活社(セントレアフレンズえほん) 2006年2月

「なんてこった!」 藤本ともひこ作・絵 講談社 1993年11月

子どもの世界・生活

「にげたパンツ」 高木あきこ文;なかのひろたか絵 童心社(絵本・ちいさななかまたち) 1985年10月

「ニコライのゆかいなたび」 イェアン・クレヴィン絵・文;木村由利子訳 講談社(世界の絵本 デンマーク) 1972年4月

「にんぎょうげきだん」 こみねゆら作 白泉社 2010年5月

「ねこくん、わが家をめざす」 ケイト・バンクス作;G.ハレンスレーベン絵;いまえよしとも訳 BL出版 2007年3月

「ねむいねむいねずみ」 佐々木マキ作・絵 PHP研究所 1979年6月

「ねむいねむいねずみとおつきさま」 佐々木マキ作・絵 PHP研究所 1985年3月

「ねむいねむいねずみとなきむしぼうや」 佐々木マキ作・絵 PHP研究所 1984年4月

「ねむいねむいねずみともりのおばけ」 佐々木マキ作・絵 PHP研究所 1985年3月

「ねむいねむいねずみのクリスマス」 佐々木マキ作・絵 PHP研究所 1982年11月

「ねむいねむいねずみはおなかがすいた」 佐々木マキ作・絵 PHP研究所 1982年5月

「バーバパパかせいへいく」 アネット・チゾン;タラス・テイラー作;山下明生訳 講談社(講談社のバーバパパえほん9) 2005年10月

「バーバパパたびにでる」 アネット・チゾン;タラス・テイラー作;やましたはるお訳 講談社(講談社のバーバパパえほん1) 1975年8月

「バーバパパのふうせんりょこう」 アネット・チゾン;タラス・テイラー作;山下明生訳 講談社(バーバパパ・ミニえほん7) 1977年4月

「バーバパパのふうせんりょこう」 アネット・チゾン;タラス・テイラー作;山下明生訳 講談社(バーバパパのちいさなおはなし2) 1997年4月

「ハイク犬」 石津ちひろ作;原田治絵 学習研究社(学研おはなし絵本) 2008年8月

「バナナボート」 バッティル・アルムクビスト絵・文;やまのうちきよこ訳 徳間書店(げんしじんヘーデンホスシリーズ4) 1974年10月

「パナマってすてきだな」 ヤーノシュ作・絵;矢川澄子訳 あかね書房(あかねせかいの本3) 1979年9月

「パノラマえほん でんしゃのたび」 間瀬なおかた作・絵 ひさかたチャイルド 2008年4月

「ババールのしんこんりょこう」 ジャン・ド・ブリュノフ作;矢川澄子訳 評論社(児童図書館・絵本の部屋 グランドアルバムぞうのババール2) 1987年12月

「ババールのハネムーン」 ジャン・ド・ブリュノフ原作;せなあいこ訳 評論社(ババールのポケット・ブック2) 1994年10月

「ババールの旅行」 ジャン・ド・ブリューノフ原作;那須辰造訳 講談社(フランス生まれのババール絵本3) 1965年12月

「バムとケロのそらのたび」 島田ゆか作・絵 文溪堂 1995年10月

子どもの世界・生活

「パンやのろくちゃん でんしゃにのって」 長谷川義史作 小学館（おひさまのほん） 2009年6月

「ピーマン大王」 住井すゑ文；ラヨス・コンドル絵 河出書房新社（住井すゑとの絵本集2） 1982年12月

「ひかり」 ドゥブラヴカ・コラノヴィッチ作；立原えりか訳 講談社（世界の絵本） 2008年11月

「ひっくりかえる」 木住野利明絵・文 すばる書房 1975年3月

「ビルのふうせんりょこう」 ライナー・チムニク文・絵；尾崎賢治訳 アリス館牧新社 1976年10月

「ビンチッヒたびにでる」 エルビン・モーザー作；若林ひとみ訳 ほるぷ出版 1988年12月

「ビンチッヒのあたらしいたび」 エルビン・モーザー作；若林ひとみ訳 ほるぷ出版 1989年11月

「ふうせんどこにとんでいく? ふわふわしたふしぎなせかい」 ジェイミー・リー・カーティス文；ローラ・コーネル絵；さくらいえりこ訳 バベルプレス 2008年8月

「ぷうとぷっぷう」 鈴木悦夫作；加藤晃絵 ひくまの出版（幼年絵本シリーズ・あおいうみ27） 1986年6月

「フェリックスの手紙 小さなウサギの世界旅行」 アネッテ・ランゲン話；コンスタンツァ・ドロープ絵；栗栖カイ訳 ブロンズ新社 1994年9月

「フェリックスの手紙2 小さなウサギの時間旅行」 アネッテ・ランゲン話；コンスタンツァ・ドロープ絵；栗栖カイ訳 ブロンズ新社 1995年7月

「ふしぎなエレベーター」 パウル・マール文；ニコラウス・ハイデルバッハ絵；関口裕昭訳 ほるぷ出版 1995年1月

「ふたり ミーナ、中国へ」 アンナ・グルンド作；菱木晃子訳 ほるぷ出版 2002年1月

「ぷっちんとちゃっぷん-ふうせんりょこう」 藤城清治絵；舟崎克彦文 講談社（講談社の幼児えほん） 2001年4月

「ぶどう酒びんのふしぎな旅」 藤城清治影絵；H.C.アンデルセン原作；町田仁訳 講談社 2010年4月

「ふねくんのたび」 いしかわこうじ作・絵 ポプラ社（絵本のおもちゃばこ28） 2008年5月

「ぶらぶらばあさん」 馬渕公介作；西村繁男絵 小学館（おひさまのほん） 1996年11月

「ぶらぶらばあさん-やまからうみへ」 馬渕公介作；西村繁男絵 小学館（「おひさまのほん」シリーズ） 1999年5月

「ふわふわブイブイ気球旅行」 アーサー・ガイサート作；たかはしけいすけ訳 セーラー出版 1995年4月

「ぺちとぴらみっど」 カルラ・ハンセン；ウィルヘルム・ハンセン原作；水木しげる訳 フレーベル館（こぐまのぺちの絵本5） 1972年8月

「ぺちのほっきょくたんけん」 カルラ・ハンセン；ウィルヘルム・ハンセン原作；水木しげる訳 フレーベル館（こぐまのぺちの絵本7） 1972年8月

子どもの世界・生活

「ペチューニアのだいりょこう」 ロジャー・デュボアザン作・絵；松岡享子訳 佑学社(がちょうのペチューニアシリーズ3) 1978年7月

「ペチューニアのだいりょこう」 ロジャー・デュボワザン作；まつおかきょうこ訳 冨山房 2002年11月

「ペンギンきょうだい れっしゃのたび」 工藤ノリコ作 ブロンズ新社 2007年5月

「ペンギンくんせかいをまわる」 M.レイ；H.A.レイ作；山下明生訳 岩波書店 2000年11月

「ペンギンピングのたび」 ライフ・エリクソン作・絵；山内清子訳 佑学社 1988年3月

「ベンジーのふねのたび」 マーガレット・ブロイ・グレアム作；渡辺茂男訳 福音館書店(世界傑作絵本シリーズ・アメリカの絵本) 1980年4月

「ボーボだいすき」 わたりむつこ作；ましませつこ絵 PHP研究所(PHPにこにこえほん) 2002年9月

「ぼくとじょうえつしんかんせん」 関根榮一文；横溝英一絵 小峰書店(のりものえほん) 1988年3月

「ぼくは弟とあるいた」 小林豊作・絵 岩崎書店(絵本の泉12) 2002年5月

「ほしになったふね」 武宮秀鵬作・絵 金の星社(絵本のおくりもの) 1997年5月

「ポムポムポンむりんごのたび」 遠山繁年作 偕成社 1998年4月

「ポヤップとリーナ京都へいく」 たちもとみちこ作・絵 ワニマガジン社(ポヤップとリーナの旅えほん) 2007年4月

「まあちゃんのかぞくりょこう」 ジョン・ウォーラス絵・文；まつかわまゆみ訳 評論社(児童図書館・絵本の部屋) 1997年4月

「マカマカ タスマニアへ行く」 かみおゆりこ作・絵 本の泉社(マカマカの地球歩き3) 2007年6月

「まくまくんの かいがいりょこう」 ごうだつねお作 小学館 2008年1月

「マジョルカりょこう」 バッティル・アルムクビスト絵・文；やまのうちきよこ訳 徳間書店(げんじんヘーデンホスシリーズ7) 1974年11月

「マックペリカン一家のアメリカ冒険旅行」 スクーラー・アンダーソン作；きはらえつこ訳 主婦の友社 2008年11月

「マフィーくんとジオじいさん ふしぎなぼうし」 伊藤正道作 小学館 2008年10月

「まりーごうのしんすい」 カルラ・ハンセン；ウィルヘルム・ハンセン原作；水木しげる訳 フレーベル館(こぐまのぺちの絵本1) 1972年8月

「マリオのゆめのまち」 ルイス・ボルフガンク・ノイパー作；ミシェル・サンバン絵；松代洋一訳 佑学社 1978年4月

「マルチーヌひこうきでりょこう」 ジルベール・ドラエイ作；マルセル・マルリエ絵；黒木義典訳；板谷和雄文 ブック・ローン出版(ファランドールえほん22) 1981年1月

子どもの世界・生活

「マルチーヌれっしゃでりょこう」ジルベール・ドラエイ作；マルセル・マルリエ絵；黒木義典訳；板谷和雄文　ブック・ローン出版（ファランドールえほん23）　1981年1月

「みなみの島へいったんや」止揚学園の子ども作；馬嶋克美字；福井達雨編　偕成社　1982年2月

「みんなで りょこうにいきました」いせひでこ作　偕成社（おばあちゃん だいすき2）　1992年4月

「めだかさんたろう」椎名誠文；村上康成絵　講談社　2000年8月

「モコちゃん」未唯mie作・絵　ランダムハウス講談社（アーティストによる絵本シリーズ8）　2008年4月

「モンゴルの白い馬」原子修作；たかたのりこ絵　柏艪舎　2006年7月

「モンテロッソのピンクの壁」江国香織作；荒井良二絵　ほるぷ出版　1992年12月

「やってきたティンカーとタンカー」リチャード・スカーリー作；小野和子訳　評論社（児童図書館・絵本の部屋）　1975年12月

「ゆきだるまのふしぎなたび」尾崎淳子作・絵　岩崎書店（えほん・ドリームランド5）　1980年12月

「ゆきのおじさんありがとう」高畠純作　ひかりのくに　1997年11月

「ゆめきちくんとオリエント急行じけん」J-B.バロニアン文；L.L.アファノ絵；佐藤見果夢訳　評論社（児童図書館・絵本の部屋）　2000年10月

「ゆめのくにへいく」カルラ・ハンセン；ウィルヘルム・ハンセン原作；水木しげる訳　フレーベル館（こぐまのぺちの絵本4）　1972年8月

「リサ ニューヨークへいく」アン・グッドマン文；ゲオルグ・ハレンスレーベン絵；石津ちひろ訳　ブロンズ新社　2001年1月

「リサ ひこうきにのる」アン・グッドマン文；ゲオルグ・ハレンスレーベン絵；石津ちひろ訳　ブロンズ新社　2000年9月

「リサとガスパール にほんへいく」アン・グッドマン文；ゲオルグ・ハレンスレーベン絵；石津ちひろ訳　ブロンズ新社　2007年3月

「ルウとリンデン 旅とおるすばん」小手鞠るい作；北見葉胡絵　講談社（講談社の創作絵本）　2008年9月

「レオポルドたびにでる」ラルス・トリアー絵・文；すぎやまじゅんこ訳　らくだ出版（デンマークのえほん2）　1977年6月

「ロング先生と犬のシロくん南の島へいく」関屋敏隆作・絵　ポプラ社（えほんはともだち9）　1990年7月

「わたり鳥の旅」樋口広芳作；重原美智子絵　偕成社　2010年3月

「わらいかたをおしえてよ」ラルフ・イーザウ作；おおさわちか絵；さかよりしんいち訳　長崎出版　2008年6月

子どもの世界・生活

「海へいった話」ジル・バークレム作;岸田衿子訳 講談社(のばらの村のものがたり5) 1997年7月;講談社(講談社の翻訳絵本 のばらの村のものがたり5) 1991年8月

「空をとんだマルビンヒェン」ベッティーナ・アンゾルゲ作;とおやまあきこ訳 福武書店 1986年5月

「笹舟のカヌー」野田知佑文;藤岡牧夫絵 小学館 1999年4月

「自転車父ちゃん旅だより」関屋敏隆版画・文 小学館 1985年11月

「小さなピスケのはじめてのたび」二木真希子作・絵 ポプラ社(えほんはともだち33) 1993年12月

「星になった福ジロー」安川眞慈絵・文 木耳社 2006年8月

「地下鉄」ジミー作・絵;宝迫典子訳 小学館 2002年11月

「鉄のキリンの海わたり」あさばみゆき作;石崎正次絵 BL出版 2009年12月

「天にのぼったチプ」四辻一朗絵・文 国土社(国土社の創作えほん21) 1980年5月

「南の国へ おもちゃの旅」ハンス・ウルリッヒ・シュテーガー作;佐々木田鶴子訳 童話館出版 1996年3月

「馬のゴン太旅日記」島崎保久原作;関屋敏隆版画・文 小学館 1984年5月

「父ちゃんと旅にでた-ぼくの北海道日記」関屋敏隆絵・文 偕成社 1982年7月

「風のじゅうたん」野村たかあき文・絵 講談社(講談社の創作絵本) 2003年4月

「木の国の旅」ル・クレジオ作;H.ギャルロン絵;大岡信訳 文化出版局 1981年7月

「旅するベッド」ジョン・バーニンガム作;長田弘訳 ほるぷ出版 2003年1月

「旅する猫たち モン・サン・ミシェル」高野玲子文・銅版画 東宣出版 2009年10月

恋愛

「7月12日」長谷川集平作 あかね書房(あかね創作えほん7) 1981年12月

「イザベルと天使」ティエリー・マニエ作;ゲオルグ・ハレンスレーベン絵;石津ちひろ訳 金の星社 2003年8月

「いちばん優しい花」立原えりか文;林静一絵 講談社(メロディーブック) 1984年4月

「いっしょにいたいないつまでも-2ひきのいぬのおはなし」ジリアン・シールズ文;エリザベス・ハーバー絵;おびかゆうこ訳 徳間書店 2008年6月

「イボンヌとさんきち」小沢良吉作 小峰書店 1999年11月

「ヴィクターとクリスタベル-そっと恋して」ペトラ・マザーズ作;今江祥智;遠藤育枝訳 童話館出版 1996年12月

「えほん チコタン-ぼくのおよめさん」蓬莱泰三作 カワイ出版 1995年6月

「おおかみのネクタイ」ふじはらなるみ著 RTBOXインターナショナル 2005年7月

子どもの世界・生活

「おかっさまごっこ-小さい小さいこいものがたり」 代田昇文;二俣英五郎絵　童心社（絵本・こどものひろば）　1996年3月

「かえるくん どうしたの」 マックス・ベルジュイス文・絵;清水奈緒子訳　セーラー出版　1990年4月

「かえるくん どうしたの」 マックス・ベルジュイス文・絵;清水奈緒子訳　セーラー出版　2007年2月

「カヤベヌプリ物語」 ディトリンデ=ユスト原作;瀬戸英樹絵;鵜川章子詩　講談社　1981年11月

「きつね三吉」 佐藤さとる作;村上勉絵　偕成社　1984年12月

「きになるともだち」 内田麟太郎作;降矢なな絵　偕成社　2008年10月

「キャッツ・ウェディング」 リンダ・ジェイン・スミス作・絵;なぎともこ訳　ブックローン出版　1993年5月

「キャメルン人魚に恋をする」 空羽ファティマ文;海扉アラジン切り絵　ひくまの出版　2009年11月

「キューピットとプシケー」 ウォルター・ペーター文;エロール・ル・カイン絵;柴鉄也訳　ほるぷ出版　1990年8月

「コオロギくんの恋」 のじましんじ;くろさきげん著　ワニブックス　2001年1月

「こくはくします!」 もとしたいづみ文;のぶみ絵　くもん出版　2007年2月

「こぶたくんの恋ものがたり」 ウルフ・ニルソン作;フィベン・ハルト絵;あおのともこ訳　PARCO出版　1993年10月

「さんしょっ子」 安房直子文;いもとようこ絵　小峰書店（絵本・感動のおくりもの1）　1989年7月

「しっかりもののすずのへいたい」 アンデルセン作;山室静訳;中谷千代子絵　小学館（世界のメルヘン絵本16）　1978年11月

「ジャッキーのはつこい」 あだちなみ絵;あいはらひろゆき文　ブロンズ新社（くまのがっこうシリーズ）　2010年2月

「シューラの婚約」 パトリック・モディアーノ文;ドミニク・ゼルフュス絵;末松氷海子訳　セーラー出版　1990年10月

「すきすきだいすき-ブルーノのプロポーズ」 ピョートル・ウィルコン文;ヨゼフ・ウィルコン絵;いずみちほこ訳　セーラー出版　1992年5月

「すずの兵隊」 H.C.アンデルセン原作;ジョルジュ・ルモワン絵;宮坂希美江訳　西村書店　1990年6月

「すずの兵隊」 ハンス・クリスチャン・アンデルセン作;モニカ・レイムグルーバー絵;木村由利子訳　ほるぷ出版　1978年9月

「すずの兵隊」 石津ちひろ文;宇野亜喜良絵　フェリシモ出版（おはなしのたからばこ14）　2009年11月

子どもの世界・生活

「すずの兵隊さん」 フレッド・マルチェリーノ絵;トーア・サイドラー再話;おぐらあゆみ訳　評論社(児童図書館・絵本の部屋)　1996年12月

「だいすき。」 アンドレ・ダーハン作;角田光代訳　学習研究社　2007年2月

「たにむらくん」 岡本けん作　リブロポート　1990年4月

「だれも知らない南の島で」 北原綴文;平田智香絵　創林社　1985年6月

「ちいさなたからもの」 きどのりこ作;渕上昭広絵　岩崎書店(母と子の絵本11)　1975年2月

「ちいさなワニでもこころはいっぱい」 ダニエラ・クロート作;中村智子訳　にいるぶっくす ソニー・マガジンズ　2004年5月

「ちいさなワニのおおきなこい」 ダニエラ・クロート作;中村智子訳　ソニー・マガジンズ(にいるぶっくす)　2004年8月

「ちっちゃくたっておっきな愛」 ジーン・ウイリス作;ジャン・ファーンリー絵;金原瑞人訳　小峰書店(世界の絵本コレクション)　2004年10月

「つつじのむすめ」 松谷みよ子文;丸木俊画　あかね書房(新しい日本の絵本8)　1974年11月

「つるつる」 正道かほる文;村上康成絵　童心社(絵本・ちいさななかまたち)　1994年3月

「とかいのネズミ ミリーのけっこん」 ケイト・サマーズ文;マギー・ニーン絵;まつかわまゆみ訳　評論社(児童図書館・絵本の部屋)　2000年10月

「どきっ！恋するってこんなこと」 みやにしたつや作・絵　岩崎書店(フレンド・ブック3)　1998年9月

「となりのミッちゃん」 宮本忠夫作・絵　ポプラ社(絵本・子どもの世界9)　1980年2月

「ねことねずみ 愛のものがたり」 ナネット・ニューマン作;マイケル・フォアマン絵;岩倉務訳・文　平和のアトリエ(世界・平和の絵本シリーズ5)　1990年3月

「ねみちゃんとねずみくん」 なかえよしお作;上野紀子絵　ポプラ社(ねずみくんの小さな絵本3)　2004年3月

「ねみちゃんとねずみくん」 なかえよしを作;上野紀子絵　ポプラ社(絵本のひろば30)　1976年11月

「はずかしがりやのカバくん」 肥田美代子作;藤本四郎絵　教育画劇(スピカのおはなしえほん32)　1987年3月

「はつこい ロザリーとトルーフ」 ユッタ・ブッカー絵;カーチャ・ライダー作;おーなり由子訳　学習研究社　2006年2月

「はまゆう」 ジュン・ヒライ絵・文　主婦の友社　1980年9月

「はり猫とすてきな恋人」 木村泰子作　CBS・ソニー出版　1979年5月

「ひとりぼっちのアヒル」 きむらゆういち作;くろだせいたろう絵　童心社(絵本・こどものひろば)　2008年10月

子どもの世界・生活

「ひとりぼっちのこねずみ」 エゴン・マチーセン作・絵;大塚勇三訳 福音館書店(世界傑作絵本シリーズ・デンマークの絵本) 1986年10月

「ピラトのこいびと」 クロード・クレマン文;ナディーヌ・アーン絵;辻昶訳 DEMPA/ペンタン 1990年9月

「ふくろうくんとこねこちゃん」 おおぶちみきお著;エドワード・リア原作;おおくぼきょうこ訳 青心社 2005年1月

「ぶたのピグウィグ」 ジョン・ダイク作;八木田宜子訳 文化出版局 1980年12月

「ふたりがかけた橋」 大川悦生文;佐藤忠良絵 ポプラ社(日本のみんわえほん4) 1975年7月

「ふたりの花どけい」 こさかしげる絵;大石真文 童心社(絵本・ちいさななかまたち) 1985年4月

「ふたりはおとしごろ」 ロブ・ルイス作;金原瑞人訳 ほるぷ出版 1993年3月

「ポーのロマンス」 野村辰寿著 主婦と生活社(ね〜ね〜絵本) 1999年11月

「ぼくは こころ」 アンドレ・ダーハン作;角田光代訳 学習研究社 2008年1月

「ボリスとバーバラのあかちゃん」 ディック・ブルーナ作;角野栄子訳 講談社(ブルーナのおはなし文庫11) 1994年12月

「まーふぁのはたおりうた」 小野かおる文・絵 福音館書店(日本傑作絵本シリーズ) 1988年10月

「まちこちゃん」 ふりやかよこ作・絵 ポプラ社(えほんはともだち52) 1998年7月

「ルサちゃんのさんぽみち」 内田麟太郎文;村上康成絵 佼成出版社 2006年4月

「ルルとモモーヌ ずっといっしょに」 たけのみつえ文・絵 大日本図書 2010年6月

「ロメオとジュリエット」 マリオ・ラモ作;原光枝訳 平凡社 2004年9月

「ワニ夫のなみだ」 戒田節子作;青木のりあき絵 創風社出版 2000年6月

「愛についてのちいさなおはなし」 マリット・テーンクヴィスト;野坂悦子訳 小峰書店 1998年8月

「紅花ものがたり」 佐々木悦文;井口文秀画 童心社(童心社の絵本15) 1981年6月

「山と川と海とーサチとユウタの物語」 森山京文;太田大八絵 小峰書店 2005年12月

「小さな恋」 エルズビエタ作;柴田都志子訳 宝島社 1994年2月

「森のなかのふたり-ロビンとマリアン」 トーマス・ティードホルム;アンナ=クララ・ティードホルム文・絵;菱木晃子訳 ほるぷ出版 1996年9月

「森の大きな女の子」 レナーテ・ゼーリッヒ絵;エヴェリン・ハスラー文;服部いつみ訳 セーラー出版 1998年10月

「森の娘マリア・シャプドレーヌ」 ルイ・エモン原作;ライカ・クペイジック画;小池昌代訳 岩波書店 2005年5月

子どもの世界・生活

「二羽のツグミ」ユゼフ・ヴィルコン作;さかくらちづる訳 評論社(児童図書館・絵本の部屋) 2004年6月

「猫のヤーコブの恋」トーマス・ヘルトナー作;スヴェン・ハルトマン絵;犬養智子訳 CBSソニー出版 1978年10月

「美女と野獣」ローズマリー・ハリス再話;エロール・ル・カイン絵;矢川澄子訳 ほるぷ出版 1984年10月

「恋するアルバート」マイケル・グレイニエツ作・絵;ほそのあやこ訳 PHP研究所 2003年12月

「恋するひと」レベッカ・ドートゥルメール作;うちだややこ訳 朔北社 2005年2月

【架空のもの・ファンタジー】

あまのじゃく

「いたずらあまんじゃく」 山中恒文；太田大八絵　偕成社（創作えほん1）　1970年11月

「うりこひめ にほんのはなし」 竹本員子文；田木宗太絵　コーキ出版（絵本ファンタジア30）　1977年7月

「うりこひめ」 松谷みよ子文；瀬川康男絵　すばる書房（おとぎばなし絵本）　1979年5月

「うりこひめとあまんじゃく」 西本鶏介文；深沢邦朗絵　チャイルド本社（にほんのむかしばなし）　1980年5月

「うりこひめとあまんじゃく」 堀尾青史文；赤羽末吉絵　フレーベル館（キンダーおはなしえほん傑作選1）　1976年5月

「うりこひめとあまんじゃく」 木島始文；朝倉摂絵　岩崎書店（ものがたり絵本7）　1981年11月

「うりこひめとあまんじゃく」 木島始文；朝倉摂絵　岩崎書店（復刊・日本の名作絵本4）　2002年4月

うみぼうず

「うみぼうず」 岩崎京子文；村上豊画　教育画劇（日本の民話えほん）　2000年4月

「うみぼうずのにらめっこ」 峠兵太作；小松修絵　金の星社（こどものくに傑作絵本18）　1976年12月

えんま

「えんまさまのしっぱい」 おざわとしお；こばやししょうき文；ささめやゆき絵　くもん出版（子どもとよむ日本の昔ばなし8）　2005年11月

「えんまさんがまいったぞ」 清野淳作；石倉喜美男絵　岩崎書店（新・創作絵本23）　1981年6月

「えんまとおっかさん」 内田麟太郎作；山本孝絵　岩崎書店（カラフルえほん9）　2005年7月

「おひゃくしょうとえんまさま-中国民話」 君島久子再話；佐藤忠良画　福音館書店　1969年9月

「じごくのラーメンや」 苅田澄子作；西村繁男絵　教育画劇　2010年4月

「しばいのすきなえんまさん」 渋谷勲文；松谷春男絵　ほるぷ出版（幼児みんわ絵本26）　1986年5月

「地獄めぐり 鬼の大宴会」 沼野正子文・絵　汐文社　2010年11月

「地獄めぐり 針山つなわたり」 沼野正子文・絵　汐文社　2010年8月

「地獄めぐり 閻魔庁から」 沼野正子文・絵　汐文社　2010年7月

架空のもの・ファンタジー

おばけ・ゆうれい

「10ぴきのおばけとおとこのこ」 にしかわおさむ作・絵　ひかりのくに(10ぴきのおばけシリーズ2)　2003年8月

「10ぴきのおばけのかいすいよく」 にしかわおさむ作・絵　ひかりのくに(10ぴきのおばけシリーズ4)　2006年6月

「あいうえおばけのおまつりだ」 うえのあきお文；美濃瓢吾絵　長崎出版　2010年7月

「あかちゃんおばけまちにいく」 しらかたみお作・絵　新風舎　2003年8月

「いいから いいから2」 長谷川義史作　絵本館　2007年8月

「いたずらおばけ－イギリス民話」 瀬田貞二再話；和田義三画　福音館書店　1978年2月

「いるいる おばけがすんでいる」 モーリス・センダーク原作・画；ウエザヒル翻訳委員会訳　ウエザヒル出版社　1966年5月

「うえきばちです」 川端誠作　BL出版　2007年9月

「うさこちゃんおばけになる」 ディック・ブルーナ文・絵；松岡享子訳　福音館書店　2010年3月

「うしとトッケビ」 イ・サン文；ハン・ビョンホ絵；おおたけきよみ訳　アートン　2004年3月

「おいしいおばけ」 ささもとけい作・絵　岩崎書店(えほん・ドリームランド11)　1981年10月

「おうじょマーガリンとおばけのこ」 おだしんいちろう作；こばようこ絵　学研教育出版　2010年6月

「おじいさんと10ぴきのおばけ」 にしかわおさむ作・絵　ひかりのくに(10ぴきのおばけシリーズ1)　2002年6月

「おしいれ おばけ」 マーサ・メイヤー作；今江祥智訳　偕成社　1987年8月

「おしっこおばけ」 高橋宏幸作・絵　岩崎書店(ピチピチえほん12)　1981年1月

「おそばおばけ」 谷川俊太郎文；しりあがり寿絵　クレヨンハウス　2009年10月

「おでんさむらい しらたきのまき」 内田麟太郎文；西村繁男絵　くもん出版　2008年3月

「おでんさむらい ちくわのまき」 内田麟太郎文；西村繁男絵　くもん出版　2008年10月

「おでんさむらい ひやしおでんのまき」 内田麟太郎文；西村繁男絵　くもん出版　2010年6月

「おでんさむらい－こぶまきのまき」 内田麟太郎文；西村繁男絵　くもん出版　2006年1月

「おばけ、ネス湖へいく」 ジャック・デュケノワ作；大澤晶訳　ほるぷ出版　1996年4月

「おばけいしゃ」 瀬名恵子著　童心社(せなけいこ・おばけえほん)　1992年6月

「おばけがいっぱい」 長島克夫作・絵　岩崎書店(ピチピチえほん3)　1980年2月

「おばけかな?」 いちかわけいこ作；西村敏雄絵　教育画劇　2010年6月

架空のもの・ファンタジー

「おばけかな?」 いちかわけいこ作;西村敏雄絵 教育画劇 2010年6月
「おばけサーカス」 佐野洋子作・絵 銀河社(銀河社の創作絵本) 1980年2月
「おばけじま」 長新太著 あかね書房(あかねピクチャーブックス3) 1995年6月
「おばけだゾォー!!」 川上尚子作・絵 PHP研究所(わたしのえほんシリーズ) 1992年10月
「おばけだぞぉー!」 ジャック・デュケノワ作;大澤晶訳 ほるぷ出版 2001年10月
「おばけたち でておいで」 深見春夫作・絵 PHP研究所(PHPにこにこえほん) 2007年6月
「おばけたんじょうかい」 久保田喜正作・絵 ポプラ社(絵本・子どものくに22) 1986年11月
「おばけちゃんのぷよぷよ」 メルセ・C.ゴンザレス作;アグスティ・A.サウリ絵;鈴木悦夫訳 学習研究社(国際版せかいのえほん2) 1984年1月
「おばけでんしゃ」 内田麟太郎文;西村繁男絵 童心社(絵本・こどものひろば) 2007年6月
「おばけと あそぼう」 あすかけん作・絵 金の星社(ねずみちゃんのポシェット3) 1989年9月
「おばけとこどものおうさま」 にしかわおさむ作・絵 PHP研究所(PHPにこにこえほん) 2005年7月
「おばけとこどものおうさま」 にしかわおさむ作・絵 PHP研究所(PHPのえほん10) 1984年5月
「おばけとしょかん」 デイヴィッド・メリング作;山口文生訳 評論社(児童図書館・絵本の部屋) 2005年9月
「おばけとどろぼう」 佐々木マキ作・絵 教育画劇 2006年6月
「おばけとモモちゃん」 松谷みよ子文;中谷千代子絵 講談社(ちいさいモモちゃんえほん) 1982年10月
「おばけとモモちゃん」 松谷みよ子文;武田美穂絵 講談社(ちいさいモモちゃんえほん4) 1995年8月
「おばけドライブ」 スズキコージ作 ビリケン出版 2003年8月
「おばけなんかいないってさ」 ジュディス・ボースト作;ケイ・コラオ絵;いしいみつる訳 ぬぷん児童図書出版(ぬぷん絵本シリーズ3) 1982年11月
「おばけなんかこわくない」 長島克夫作・絵 岩崎書店(ピチピチえほん23) 1982年8月
「おばけなんてこわくない」 中川ひろたか文;村上康成絵 童心社(ピーマン村の絵本たち) 1999年5月
「おばけニンジン」 クロード・ブージョン文・絵;末松氷海子訳 セーラー出版 1990年6月
「おばけの ひやめしや」 ささきみお作・絵 ひさかたチャイルド 2010年6月
「おばけのアイスクリームやさん」 安西水丸作・絵 教育画劇 2006年6月

架空のもの・ファンタジー

「おばけのいちにち」 長新太作・絵 偕成社 1986年7月
「おばけのウー」 アナ・マルティン・ララニャガ作;森山京訳 小学館 2000年12月
「おばけのおつかい」 西平あかね作 福音館書店 2008年7月
「おばけのおはるさん」 末吉暁子作;岡本颯子絵 秋書房 1980年3月
「おばけのおひっこし」 山本省三作;菅谷暁美絵 PHP研究所(PHPにこにこえほん) 1995年5月
「おばけのおもちゃばこ」 ジャック・デュケノワ作;おおさわあきら訳 ほるぷ出版 2009年8月
「おばけのがっこうへきてください」 さくらともこ作;いもとようこ絵 岩崎書店(えほん・ワンダーランド3) 1985年7月
「おばけのかんづめ ぽぽのだいさくせん」 なかやみわ作 ブロンズ新社 2005年5月
「おばけのきもち」 きむらゆういち作;のぶみ絵 ソニー・マガジンズ(にいるぶっくす) 2006年6月
「おばけのくねりと おばけのねねり」 三浦園子作 福武書店 1992年9月
「おばけのジョージー」 ロバート・ブライト作・絵;光吉夏弥訳 福音館書店(世界傑作絵本シリーズ・アメリカの絵本) 1978年6月
「おばけのてんぷら」 せなけいこ作・絵 ポプラ社 1976年11月
「おばけのてんぷら」 せなけいこ作・絵 ポプラ社(めがねうさぎの小さな絵本2) 2005年11月;ポプラ社(ポプラ社のよみきかせ大型絵本) 2004年4月
「おばけのドジドジ」 安藤美紀夫文;長谷川集平絵 草土文化 1981年2月
「おばけのトッカビと朝鮮人参」 水谷章三作;村上豊絵 太平出版社(絵本=かんこく・ちょうせんのみんわ) 1999年3月
「おばけのドラゴンたいじ」 ジャック・デュケノワ作;大澤晶訳 ほるぷ出版 2009年8月
「おばけのどろんどろん」 わかやまけん作・絵 ポプラ社(絵本・子どもの世界12) 1980年5月
「おばけのどろんどろんとぴかぴかおばけ」 わかやまけん作・絵 ポプラ社 1981年8月
「おばけのどろんどろんとぽこぽこぽこ」 わかやまけん作・絵 ポプラ社(えほんはともだち3) 1989年11月
「おばけのどろんどろんのおかあさん」 わかやまけん作・絵 ポプラ社(絵本・子どものくに17) 1986年7月
「おばけのどんぶら」 たかしよいち作;赤星亮衛絵 岩崎書店(ファミリーえほん23) 1979年7月
「おばけのバーバパパ」 アネット・チゾン;タラス・テイラー作・画;山下明生訳 偕成社 1989年9月

架空のもの・ファンタジー

「おばけのババヤガー―ロシア民話」 カロリコフ再話;カバーリョフ絵;宮川やすえ訳文 岩崎書店(えほん・ワンダーランド13) 1988年2月

「おばけのばむけ」 佐々木マキ作・絵 教育画劇 2009年7月

「おばけのぶるぶる」 町田紀久子作;津田櫓冬絵 銀河社(銀河社の創作絵本) 1974年7月

「おばけのペロちゃん ひえひえゆきだるまランド」 なかがわみちこ作・絵 教育画劇 2003年11月

「おばけのペロリン」 わたなべゆういち作・絵 あかね書房(おばけのえほん1) 1984年4月

「おばけのまほうレッスン」 ジャック・デュケノワ作;大澤晶訳 ほるぷ出版 2008年7月

「おばけのムニムニ」 古内ヨシ作 あかね書房(えほん、よんで！3) 2002年6月

「おばけのめをみて おとうとうさぎ!」 ヨンナ・ビョルンシェーナ作;菱木晃子訳 クレヨンハウス 2008年8月

「おばけのもり」 石津ちひろ作;長谷川義史絵 小学館(ことばあそび絵本) 2006年7月

「おばけのもりはめいろがいっぱい」 長島克夫作・絵 フレーベル館(げんきわくわくえほん6) 1995年9月

「おばけのレストラン」 山本省三作;菅谷暁美絵 PHP研究所(PHPにこにこえほん) 1996年3月

「おばけの花見」 内田麟太郎作;山本孝絵 岩崎書店(キラキラえほん1) 2008年4月

「おばけの地下室たんけん」 ジャック・デュケノワ作;大澤晶訳 ほるぷ出版 1999年1月

「おばけパーティ」 ジャック・デュケノワ作;大澤晶訳 ほるぷ出版 1995年6月

「おばけびょうきになる」 ジャック・デュケノワ作;大澤晶訳 ほるぷ出版 1999年8月

「おばけぼうやの みずじごく うたうためめぐり」 川北亮司文;中谷靖彦絵 くもん出版 2009年6月

「おばけまほうにかかる」 ジャック・デュケノワ作;大澤晶訳 ほるぷ出版 2000年5月

「おばけむら」 南部和也文;田島征三絵 教育画劇 2004年6月

「おばけやしきなんてこわくない」 ローリー・フリードマン文;テレサ・マーフィン絵;よしいかずみ訳 国土社 2008年8月

「おばけやしきのなぞ」 木村泰子作・絵 講談社 1987年12月

「おばけやしきへようこそ！」 キッキ・ストリード作;エヴァ・エリクソン絵;晴子・オスターグレン訳 偕成社 1996年8月

「おばけれっしゃにのる」 アラン・アルバーグ作;アンドレ・アムスタッツ絵;角野栄子訳 ポプラ社(ゆかいながいこつくん1) 1992年11月

「おばけをとりにいこうよ」 よこやまままさお作;やまぐちみねやす絵 草炎社(そうえんしゃハッピィぶんこ8) 2006年9月

架空のもの・ファンタジー

「おふろおばけ」 チュコフスキー作;メシュコーワ絵;ばばともこ訳 新読書社 1983年3月
「おふろおばけ」 村田エミコ文・絵 大日本図書 2008年10月
「オラウーちゃんとまほうのやかた」 工藤ノリコ作 文渓堂 2001年3月
「おんぶおばけ」 松谷みよ子文;ひらやまえいぞう絵 童心社(あかちゃんのむかしむかし) 1990年2月
「お化けの縁日」 川端誠作 リブロポート(リブロの絵本) 1988年6月
「お化けの真夏日」 川端誠作 BL出版 2001年8月
「お化けの冬ごもり」 川端誠作 BL出版 2003年12月
「お化けの夕涼み」 川端誠作 リブロポート 1984年6月
「お化け屋敷へようこそ」 川端誠作 BL出版 2008年7月
「かえってきたゆうれいコックさん」 正岡慧子文;篠崎三朗絵 PHP研究所(PHPにこにこえほん) 2003年6月
「ガチャガチャ ゆうれい」 マイケル・コールマン文;クリス・モルド絵;ながくぼれいこ訳 ほるぷ出版 1996年8月
「かみさまになったゆうれい」 ドン・メイリン作;ジャン・シーミン絵;おおさかまさこ訳 新世研 2003年8月
「カロリーヌとネスこのゆうれい」 ピエール・プロブスト作;山下明生訳 BL出版(カロリーヌとゆかいな8ひき) 2009年6月
「キューピー物語 キューピーとおばけやしきの巻」 ローズ・オニール作;北川美佐子訳 如月出版 2002年10月
「きょうはすてきなおばけの日！」 武田美穂作・絵 ポプラ社(えほんとなかよし15) 1992年5月
「くずかごおばけ」 せなけいこ作 童心社(せなけいこ・おばけえほん) 1975年8月
「くれよんおばけ」 山花郁子作;瀬名恵子絵 小峰書店(えほんらんど11) 1982年2月
「くろくんとなぞのおばけ」 なかやみわ作・絵 童心社(絵本・こどものひろば) 2009年7月
「ケーキやさんのゆうれい」 ジャクリーン・K.オグバン作;マージョリー・プライスマン絵;福本友美子訳 フレーベル館 2007年12月
「けしゴムおばけ」 末吉暁子作;村上勉絵 小学館(小学館こども文庫-おはなしプレゼント5) 1987年7月
「けんちゃんのおばけ」 灰谷健次郎文;長谷川集平絵 旺文社(旺文社ジュニア図書館) 1977年12月
「こいぬと10ぴきのおばけ」 中川ひろたか文;村上康成絵 ひかりのくに(10ぴきのおばけシリーズ3) 2005年6月
「こぞうさんとおばけ」 はせがわかこ文・絵 大日本図書 2008年7月

架空のもの・ファンタジー

「こぞうさんのおばけたいじ」 川村たかし作・文;石部虎二絵　文研出版(ジョイフルえほん傑作集11)　1995年1月

「こそだてゆうれい」 さねとうあきら文;いのうえようすけ画　教育画劇(日本の民話えほん)　1996年7月

「こっそりどこかに」 軽部武宏作　長崎出版(cub label)　2006年6月

「こわーいおはなし」 トーネ・ジョンストン作;トミー・デ・パオラ絵;三木卓訳　佑学社(アメリカ創作絵本シリーズ20)　1981年3月

「こわがりおばけのブー」 ビルヒッテ・ミンネ作;リスケ・レッメンス絵;ひしきあきらこ訳　フレーベル館　2000年12月

「こわくておいしいオムライス」 山末やすえ作;大沢幸子絵　PHP研究所(PHPにこにこえほん)　1993年5月

「こんた、バスでおつかい」 田中友佳子作・絵　徳間書店　2009年6月

「こんばんはおばけです」 さとうまきこ作;岡本颯子絵　教育画劇(スピカのおはなしえほん23)　1986年7月

「コンビニエンス・ドロンパ」 富安陽子文;つちだのぶこ絵　童心社(絵本・こどものひろば)　2008年6月

「サナとそらとぶおばけ」 なりたまさこ作・絵　ポプラ社(絵本の時間46)　2006年10月

「さびしがりやのトッケビ」 ハン・ビョンホ作・絵;藤本朝巳訳　平凡社　2006年8月

「サンタさんにあっちゃった」 薫くみこ作;colobockle絵　ポプラ社(絵本・いつでもいっしょ11)　2004年10月

「しりっぽおばけ」 ジョアンナ・ガルドン再話;ポール・ガルドン絵;代田昇訳　ほるぷ出版　1997年8月

「しりっぽおばけ」 ジョアンナ・ガルドン再話;ポール・ガルドン絵;代田昇訳　岩崎書店(新・創作絵本9)　1979年9月

「しろいおばけのふるよる」 木村泰子作・絵　白泉社(えほんらんど11)　1984年3月

「すみっこのおばけ」 武田美穂作・絵　ポプラ社(絵本・いつでもいっしょ1)　2000年7月

「せかいいっしゅうおばけツアー」 星川遙作;長野ヒデ子絵　小学館(おひさまのほん)　2005年7月

「せんたくおばけ」 左近蘭子作;島田コージ絵　フレーベル館(おひざのうえで)　2002年3月

「そらとぶハンバーガー」 中村まさあき作・絵　ポプラ社(絵本・おはなしのひろば5)　1984年3月

「タウザーのおばけだぞー!」 トニー・ロス作;山脇恭訳　ペンタン　1985年10月

「たこぷーとぷよよんおばけ」 おおいじゅんこ作・絵　教育画劇　2010年6月

「たぬきち おばけになる」 せなけいこ作　童心社　1997年5月

架空のもの・ファンタジー

「たぬきちのともだち」 せなけいこ作・絵　鈴木出版（チューリップえほんシリーズ）　1996年11月

「だるまのマーくんとはいたのおばけ」 小沢正作;片山健絵　ポプラ社（絵本カーニバル8）　2005年11月

「だれかいるの？」 マイケル・グレイニエツ作;ほそのあやこ訳　ポプラ社　2004年11月

「ちいさいモモちゃんえほん　おばけとモモちゃん」 松谷みよ子文;武田美穂絵　講談社（講談社の創作絵本）　2009年11月

「ちいさなおばけ」 すどうめぐみ作;スドウピウ絵　学習研究社（学研おはなし絵本）　2005年8月

「ちびっこおばけウィッキー」 Yokococo作・絵;西田佳子訳　理論社　2008年9月

「ティーニイ タイニイ ちいちゃいおばちゃん－イギリスのこわーい昔話」 トミー・デ・パオラ絵;ジル・ベネット再話;ゆあさふみえ訳　偕成社　1988年9月

「デンベとドンベ　おばけのがっこう」 谷真介文;あかさかいっぽ絵　小峰書店（こみねのえほん12）　1986年12月

「どうぐのおばけ」 瀬名恵子著　童心社（せなけいこ・おばけえほん）　1993年6月

「とうふこぞう」 せなけいこ作　童心社（せなけいこ・おばけえほん）　2000年6月

「とこちゃんとおばけちゃん」 かわかみたかこ作・絵　フレーベル館（とこちゃんのえほん1）　2003年6月

「トマと無限」 ミシェル・デオン作;エティエンヌ・ドゥルセール絵;塚原亮一訳　篠崎書林　1979年3月

「ともだちみつけた　おばけのオリバー」 おおともやすお作・絵　偕成社　1996年10月

「トリッポンとおばけ」 萩尾望都作;こみねゆら絵　教育画劇　2007年2月

「トリッポンと王様」 萩尾望都作;こみねゆら絵　教育画劇　2007年2月

「どろんじゅうやまのぷよよんおばけ」 おおいじゅんこ作・絵　教育画劇　2009年6月

「ドロンはかせのおばけかばん」 長島克夫作・絵　岩崎書店（えほん・おもしろランド7）　1987年9月

「ナイトメアー・ビフォア・クリスマス」 ティム・バートン作;加島葵訳　リブロポート　1994年10月

「なかよしおばけといたずらネッシー」 ジャック・デュケノワ作;大澤晶訳　ほるぷ出版　2003年5月

「なかよしおばけとちびちびおばけ」 ジャック・デュケノワ作;大澤晶訳　ほるぷ出版　2003年5月

「なかよしおばけのびっくりおふろ」 ジャック・デュケノワ作;大澤晶訳　ほるぷ出版　2003年6月

架空のもの・ファンタジー

「なかよしおばけのゆかいなけっこんしき」 ジャック・デュケノワ作;大澤晶訳 ほるぷ出版 2003年6月

「なんてこった！」 藤本ともひこ作・絵 講談社 1993年11月

「ニコラス・グリーブの ゆうれい」 トニー・ジョンストン文;S.D.シンドラー絵;きたむらさとし訳 BL出版 1998年11月

「ねむいねむいねずみとおばけたち」 佐々木マキ作 PHP研究所(PHPわたしのえほん) 2007年3月

「ねむいねむいねずみともりのおばけ」 佐々木マキ作・絵 PHP研究所 1985年3月

「ねんどぼうや」 ミラ・ギンズバーグ文;ジョス・A.スミス絵;覚和歌子訳 徳間書店 2003年8月

「ノコギリザメのなみだ」 長新太著 フレーベル館(リーヴル・リーブル3) 1999年5月

「ノックがとんとん」 にしかわおさむ作・絵 PHP研究所(PHPわたしのえほんシリーズ) 1988年10月

「のっぺらぼう」 杉山亮作;軽部武宏絵 ポプラ社(杉山亮のおばけ話絵本 壱) 2010年7月

「のんのんばあ おばけどろぼう」 水木しげる作 文研出版(みるみる絵本) 2007年8月

「バーバズーとまいごのたまご」 アネット・チゾン;タラス・テイラー作;山下明生訳 講談社(バーバパパ・ミニえほん9) 1977年4月

「バーバズーのすてきなおんしつ」 アネット・チゾン;タラス・テイラー作;山下明生訳 講談社(バーバパパ・ミニえほん13) 1979年4月

「バーバズーのひつじかい」 アネット・チゾン;タラス・テイラー作;山下明生訳 講談社(バーバパパ・ミニえほん19) 1985年3月

「バーバパパ ペンギンのくにへ」 アネット・チゾン;タラス・テイラー作;山下明生訳 講談社(バーバパパ世界をまわる6) 2000年3月

「バーバパパうみにでる」 アネット・チゾン;タラス・テイラー作;山下明生訳 講談社(バーバパパ・ミニえほん5) 1980年2月

「バーバパパうみにでる」 アネット・チゾン;タラス・テイラー作;山下明生訳 講談社(バーバパパのちいさなおはなし6) 1997年7月

「バーバパパかせいへいく」 アネット・チゾン;タラス・テイラー作;山下明生訳 講談社(講談社のバーバパパえほん9) 2005年10月

「バーバパパたびにでる」 アネット・チゾン;タラス・テイラー作;やましたはるお訳 講談社(講談社のバーバパパえほん1) 1975年8月

「バーバパパとうみがめのおやこ」 アネット・チゾン;タラス・テイラー作;山下明生訳 講談社(バーバパパ世界をまわる2) 1999年11月

「バーバパパときえたこぐま」 アネット・チゾン;タラス・テイラー作;山下明生訳 講談社(バーバパパ世界をまわる3) 2000年2月

架空のもの・ファンタジー

「バーバパパのアフリカいき」 アネット・チゾン；タラス・テイラー作；山下明生訳 講談社（バーバパパ・ミニえほん1） 1980年9月

「バーバパパのアフリカいき」 アネット・チゾン；タラス・テイラー作；山下明生訳 講談社（バーバパパのちいさなおはなし11） 1997年12月

「バーバパパのいえさがし」 アネット・チゾン；タラス・テイラー作；やましたはるお訳 講談社（講談社のバーバパパえほん2） 1975年11月

「バーバパパのおんがくかい」 アネット・チゾン；タラス・テイラー作；山下明生訳 講談社（バーバパパ・ミニえほん4） 1980年2月

「バーバパパのおんがくかい」 アネット・チゾン；タラス・テイラー作；山下明生訳 講談社（バーバパパのちいさなおはなし10） 1997年11月

「バーバパパのがっきやさん」 アネット・チゾン；タラス・テイラー作；山下明生訳 講談社（バーバパパのちいさなおはなし8） 1997年9月；講談社（バーバパパ・ミニえほん24） 1993年10月

「バーバパパのがっこう」 アネット・チゾン；タラス・テイラー作；やましたはるお訳 講談社（講談社のバーバパパえほん4） 1976年6月

「バーバパパのクリスマス」 アネット・チゾン；タラス・テイラー作；山下明生訳 講談社（バーバパパ・ミニえほん12） 1977年5月

「バーバパパのクリスマス」 アネット・チゾン；タラス・テイラー作；山下明生訳 講談社（バーバパパのちいさなおはなし9） 1997年10月

「バーバパパのこもりうた」 アネット・チゾン；タラス・テイラー作；山下明生訳 講談社（バーバパパ・ミニえほん2） 1980年9月

「バーバパパのこもりうた」 アネット・チゾン；タラス・テイラー作；山下明生訳 講談社（バーバパパのちいさなおはなし12） 1998年1月

「バーバパパのさんごしょうたんけん」 アネット・チゾン；タラス・テイラー作；山下明生訳 講談社（バーバパパ世界をまわる5） 2000年3月

「バーバパパのしまづくり」 アネット・チゾン；タラス・テイラー作；山下明生訳 講談社（講談社のバーバパパえほん7） 1992年9月

「バーバパパのジュースづくり」 アネット・チゾン；タラス・テイラー作；山下明生訳 講談社（バーバパパ・ミニえほん3） 1980年8月

「バーバパパのジュースづくり」 アネット・チゾン；タラス・テイラー作；山下明生訳 講談社（バーバパパのちいさなおはなし7） 1997年8月

「バーバパパのしんじゅとり」 アネット・チゾン；タラス・テイラー作；山下明生訳 講談社（バーバパパ・ミニえほん21） 1985年3月

「バーバパパのしんじゅとり」 アネット・チゾン；タラス・テイラー作；山下明生訳 講談社（バーバパパのちいさなおはなし5） 1997年6月

「バーバパパのすいしゃごや」 アネット・チゾン；タラス・テイラー作；山下明生訳 講談社（バーバパパ・ミニえほん17） 1979年4月

架空のもの・ファンタジー

「バーバパパのすいしゃごや」 アネット・チゾン;タラス・テイラー作;山下明生訳 講談社(バーバパパのちいさなおはなし3) 1997年5月

「バーバパパのだいサーカス」 アネット・チゾン;タラス・テイラー作;やましたはるお訳 講談社(講談社のバーバパパえほん5) 1979年2月

「バーバパパのたんじょうび」 アネット・チゾン;タラス・テイラー作;山下明生訳 講談社(バーバパパ・ミニえほん11) 1985年11月

「バーバパパのたんじょうび」 アネット・チゾン;タラス・テイラー作;山下明生訳 講談社(バーバパパのちいさなおはなし1) 1997年4月

「バーバパパのどうぶつさがし」 アネット・チゾン;タラス・テイラー作;山下明生訳 講談社(バーバパパ世界をまわる1) 1999年11月

「バーバパパのなつやすみ」 アネット・チゾン;タラス・テイラー作;山下明生訳 講談社(講談社のバーバパパえほん8) 1995年3月

「バーバパパののみたいじ」 アネット・チゾン;タラス・テイラー作;山下明生訳 講談社(バーバパパ・ミニえほん6) 1982年5月

「バーバパパののみたいじ」 アネット・チゾン;タラス・テイラー作;山下明生訳 講談社(バーバパパのちいさなおはなし4) 1997年5月

「バーバパパのはこぶね」 アネット・チゾン;タラス・テイラー作;やましたはるお訳 講談社(講談社のバーバパパえほん3) 1975年11月

「バーバパパのパンダさがし」 アネット・チゾン;タラス・テイラー作;山下明生訳 講談社(バーバパパ世界をまわる4) 2000年2月

「バーバパパのふうせんりょこう」 アネット・チゾン;タラス・テイラー作;山下明生訳 講談社(バーバパパ・ミニえほん7) 1977年4月

「バーバパパのふうせんりょこう」 アネット・チゾン;タラス・テイラー作;山下明生訳 講談社(バーバパパのちいさなおはなし2) 1997年4月

「バーバパパのプレゼント」 アネット・チゾン;タラス・テイラー作;やましたはるお訳 講談社(講談社のバーバパパえほん6) 1982年11月

「バーバピカリのとけいやさん」 アネット・チゾン;タラス・テイラー作;山下明生訳 講談社(バーバパパ・ミニえほん20) 1985年3月

「バーバブラボーのかじやさん」 アネット・チゾン;タラス・テイラー作;山下明生訳 講談社(バーバパパ・ミニえほん16) 1979年4月

「バーバベルのレースあみ」 アネット・チゾン;タラス・テイラー作;山下明生訳 講談社(バーバパパ・ミニえほん14) 1979年4月

「バーバママのかわいいこうし」 アネット・チゾン;タラス・テイラー作;山下明生訳 講談社(バーバパパ・ミニえほん10) 1977年5月

「バーバママのだいくさん」 アネット・チゾン;タラス・テイラー作;山下明生訳 講談社(バーバパパ・ミニえほん22) 1993年10月

架空のもの・ファンタジー

「バーバモジャのおしゃれ」 アネット・チゾン；タラス・テイラー作；山下明生訳 講談社（バーバパパ・ミニえほん8） 1977年4月

「バーバモジャのつぼづくり」 アネット・チゾン；タラス・テイラー作；山下明生訳 講談社（バーバパパ・ミニえほん18） 1979年4月

「バーバララのびんづくり」 アネット・チゾン；タラス・テイラー作；山下明生訳 講談社（バーバパパ・ミニえほん23） 1993年10月

「バーバリブほんをつくる」 アネット・チゾン；タラス・テイラー作；山下明生訳 講談社（バーバパパ・ミニえほん15） 1979年4月

「ばけねこになりたい」 せなけいこ作 童心社（せなけいこ・おばけえほん） 2001年7月

「ばけばけばけばけ ばけたくん」 岩田明子文・絵 大日本図書 2009年2月

「ばけばけ町でどろんちゅう」 たごもりのりこ作・絵 岩崎書店（カラフルえほん18） 2006年6月

「ばけばけ町のべろろんまつり」 たごもりのりこ作・絵 岩崎書店（カラフルえほん4） 2005年3月

「ばけばけ町へおひっこし」 たごもりのりこ作・絵 岩崎書店（えほんのマーチ16） 2004年5月

「バケミちゃん」 おくはらゆめ作 講談社（講談社の創作絵本） 2010年7月

「ばけものづかい」 せなけいこ作 童心社（せなけいこ・おばけえほん） 1999年6月

「バスにのりたかったおばけ」 あんざいみずまる作 好学社 1981年7月

「ぱっくんおおかみとおばけたち」 木村泰子作・絵 ポプラ社（絵本のせかい24） 1978年9月

「はやおきおばけ」 くろだかおる作；せなけいこ絵 フレーベル館（ころころえほんぷち8） 2010年5月

「パラパラ山のおばけ」 ライマー作・絵；中由美子訳 岩崎書店（海外秀作絵本16） 2006年9月

「はらぺこゆうれい」 せなけいこ作 童心社（せなけいこ・おばけえほん） 1999年6月

「ハロウィーンのおばけ屋敷」 エリカ・シルバーマン文；ジョン・エイジー絵；清水奈緒子訳 セーラー出版 1999年10月

「ハロウィンドキドキおばけの日！」 ますだゆうこ作；たちもとみちこ絵 文渓堂 2008年10月

「はんしろうがわらった」 せなけいこ文・絵 講談社（ちいさなちいさなうさぎシリーズ） 1983年12月

「ハンタイおばけ」 トム・マックレイ文；エレナ・オドリオゾーラ絵；青山南訳 光村教育図書 2006年10月

「ぴーちゃん くもにとぶ」 松井紀子作 偕成社（ちっちゃなちっちゃなおばけ2） 1976年3月

架空のもの・ファンタジー

「ぴーちゃん にじにのる」 松井紀子作 偕成社(ちっちゃなちっちゃなおばけ1) 1976年3月

「ぴーちゃん ほしのことあそぶ」 松井紀子作 偕成社(ちっちゃなちっちゃなおばけ3) 1976年3月

「ピックとニックおばけやしき」 田中秀幸作・絵 フレーベル館 1984年9月

「ピピとミミとミドリオバケ」 しげつらまさよし文・絵 キャロットステージ 2006年10月

「ひょうたんめん」 神沢利子文;赤羽末吉絵 偕成社(日本のむかし話3) 1984年11月

「ふくろおばけ」 戸田和代作;岡村好文絵 ひさかたチャイルド(ひさかた傑作集12) 1985年2月

「ふたごのおばけ」 大川悦生作;藤本四郎絵 ポプラ社(絵本・子どものくに28) 1987年9月

「ふでこぞう」 せなけいこ作 童心社(せなけいこ・おばけえほん) 2002年7月

「ふゆのおばけ」 せなけいこ作・絵 金の星社(こどものくに傑作絵本) 2003年3月

「プンプンペリーニョ」 ひだきょうこ著 学習研究社(学研おはなし絵本) 2005年6月

「ベッドのまわりはおばけがいっぱい」 ジェイムズ・スティーブンソン作・絵;岡本浜江訳 佑学社 1984年1月

「ベッドフォード公爵夫人のいたずらおばけワンセスラス」 ルイ・ブール構成;ダニエル・ブール絵;岸田今日子訳 集英社 1980年12月

「ペロリンとねこべんとう」 わたなべゆういち作・絵 あかね書房(おばけのえほん2) 1984年7月

「ペロリンはおいしゃさん」 わたなべゆういち作・絵 あかね書房(おばけのえほん3) 1985年5月

「ぼうしおばけは おばけじゃない」 今井弓子作 文研出版(えほんのもり11) 1988年5月

「ぼく、ようかいにあっちゃった」 白土あつこ作・絵 新風舎 2007年6月

「ぼくのおとうと」 かどのえいこ;いとうひろし作 童心社 2009年8月

「ぼくはおにいちゃん」 かどのえいこ;いとうひろし作 童心社 2009年8月

「ぼくはおばけだぞ」 木村泰子作・絵 講談社 1986年11月

「ぼくはおばけのおにいちゃん」 あまんきみこ作;武田美穂絵 教育画劇 2005年7月

「ホントにいるかも?コワーイなかまたち」 なかたかおる文;モロオカタカブミ絵 ミリオン出版 2009年7月

「まちへ いった おばけ」 藤島生子著 文研出版(えほんのもり10) 1991年10月

「め め めんたま」 西郷竹彦作;樋口智子絵 ひかりのくに(ひかりのくにお話絵本) 1985年6月

「めかくしおに」 もとしたいづみ文;たんじあきこ絵 ほるぷ出版 2010年6月

架空のもの・ファンタジー

「めがねうさぎ」 せなけいこ作・絵 ポプラ社 1975年2月
「めがねうさぎのうみぼうずがでる!!」 せなけいこ作・絵 ポプラ社 2005年5月
「めめめんたま」 西郷竹彦作;樋口智子絵 ひかりのくに(ひかりのくに傑作絵本集17) 2002年1月
「やねうら おばけ」 マーサ・メイヤー作;今江祥智訳 偕成社 1989年7月
「ゆうれいからのクリスマスプレゼント」 ヴァルシル・モンテイロ作;類・マリオ・クルス・デ・アルブルケ絵;おおいしまりこ訳 新世研 2003年10月
「ゆうれいとすいか」 くろだかおる作;せなけいこ絵 ひかりのくに 1997年6月
「ゆうれいとたたかって」 オスカル・シアンシオ再話・絵;おおいしまりこ訳 新世研 2003年3月
「ゆうれいとなきむし」 くろだかおる作;せなけいこ絵 ひかりのくに 2005年6月
「ゆうれいのたまご」 瀬名恵子著 童心社(せなけいこ・おばけえほん) 1992年6月
「ゆうれいフェルピンの話」 リンドグレーン文;ヴィークランド絵;石井登志子訳 岩波書店 1993年7月
「ようこそ おばけパーティーへ」 おぼまこと作・絵 ひさかたチャイルド 2010年11月
「ようちえんにおばけがいるよ」 大川悦生作;長野ヒデ子絵 金の星社(絵本のおくりもの) 1984年9月
「よっぱらったゆうれい」 岩崎京子文;村上豊画 教育画劇(日本の民話えほん) 2003年5月
「よるのおるすばん」 ひろかわさえこ作・絵 アリス館(おばけのフワリちゃんポワリちゃん1) 1998年12月
「よわむしとらちび」 木村泰子作・絵 講談社 1991年10月
「ラーバンとラボリーナの「はぁい、いますぐ」」 インゲル・サンドベリ作;ラッセ・サンドベリ絵;きむらゆりこ訳 ポプラ社(ラーバンとアンナちゃんのえほん2) 2006年11月
「ラーバンとラボリーナのクリスマス」 インゲル・サンドベリ作;ラッセ・サンドベリ絵;きむらゆりこ訳 ポプラ社(ラーバンとアンナちゃんのえほん1) 2006年10月
「レオポルドおばけにあう」 ラルス・トリアー絵・文;すぎやまじゅんこ訳 らくだ出版(デンマークのえほん1) 1977年5月
「レオポルドたびにでる」 ラルス・トリアー絵・文;すぎやまじゅんこ訳 らくだ出版(デンマークのえほん2) 1977年6月
「ろくろっくび」 せなけいこ作 童心社(せなけいこ・おばけえほん) 1995年6月
「一つめどん」 梶山俊夫作 童心社(童心社の絵本18) 1981年12月
「歌う悪霊-北アフリカサエル地方の昔話から」 ナセル・ケミル文;エムル・オルン絵;シマダカンゾウ訳 小峰書店 2004年10月
「学校かカラッポにならない」 田島征三作 えほんの杜 2009年7月

架空のもの・ファンタジー

「三びきのおばけ」 赤星亮衛作・絵 岩崎書店(母と子の絵本11) 1975年2月

「四谷怪談」 さねとうあきら文;岡田嘉夫絵 ポプラ社(日本の物語絵本14) 2005年8月

「子そだてゆうれい」 桜井信夫文;若山憲絵 ほるぷ出版(幼児みんわ絵本4) 1984年11月

「耳なし芳一」 小泉八雲原作;船木裕文;さいとうよしみ絵 小学館 2006年3月

「七福おばけ団」 大島妙子作 童心社(絵本・こどものひろば) 2010年6月

「十三夜はおそろしい」 梅田俊作;梅田佳子作 童心社(絵本・ちいさななかまたち) 1995年10月

「舌ながばあさん」 武建華絵;千葉幹夫文 小学館(ちひろ美術館コレクション絵本5) 2001年3月

「大時計のおばけたち」 マウリ・クンナス作;稲垣美晴訳 偕成社 1997年11月

「本所ななふしぎ」 斉藤洋文;山本孝絵 偕成社 2009年7月

「幽霊海賊船-ホログラム絵本」 ジュリアンナ・ベスレン作;ブライアン・リー絵;集文社編集部訳 集文社 1996年7月

かかし

「おひゃくしょうのやん」 ディック・ブルーナ文・絵;石井桃子訳 福音館書店(子どもがはじめてであう絵本) 1984年1月

「かかし」 シド・フライシュマン文;ピーター・シス絵;小池昌代訳 ゴブリン書房 2007年4月

「カカシのアタシ」 舟崎克彦文;鈴木ほたる絵 ひさかたチャイルド(Heart Oasis) 1997年11月

「かかしのペーター」 バーナデット・ワッツ絵・文;佐々木田鶴子訳 西村書店 1989年6月

「ぼくはとびたい」 杉田豊絵・文 講談社 1981年1月

かっぱ

「「とうさん」」 内田麟太郎文;つよしゆうこ絵 ポプラ社(おとうさんだいすき4) 2010年5月

「○かってなんだ?」 おのやすこ作;あべまれこ絵 BL出版 2002年12月

「ありがとう しょうぼうじどうしゃ」 内田麟太郎文;西村繁男絵 ひかりのくに 2009年7月

「いろはカッピー黄金のきゅうり」 おぐまこうじ;ほりえいくよ作・絵 チクマ秀版社 2007年8月

「おおきな おおきな ねこ」 せなけいこ作・絵 金の星社(こどものくに傑作絵本) 2004年9月

「おっきょちゃんとかっぱ」 長谷川摂子文;降矢奈々絵 福音館書店(「こどものとも」傑作集) 1997年8月

架空のもの・ファンタジー

「カッパがついてる」　村上康成作　ポプラ社(絵本のおもちゃばこ18)　2006年3月

「かっぱくんのしりとりどうぶつずかん」　あきやまただし作・絵　ポプラ社(えへんごほんえほん3)　1996年10月

「かっぱたろうとさかなぶえ」　かつらこ作　BL出版　2008年7月

「かっぱちゃん」　やすいすえこ作;梅田俊作絵　すずき出版;金の星社(こどものくに傑作絵本)　1988年9月

「カッパとあめだま」　竹崎有斐作;鈴木義治絵　あかね書房(あかね創作えほん21)　1984年11月

「かっぱどっくり(神奈川県)」　萩坂昇文;村上豊絵　第一法規出版(日本の民話絵本14)　1982年3月

「かっぱどっくり」　萩坂昇文;村上豊絵;鳥越信;松谷みよ子監修　童心社(ぼくとわたしのみんわ絵本)　2000年7月

「かっぱとてんぐとかみなりどん」　かこさとし作・画　童心社(かこさとし・むかしばなしの本)　1978年6月

「かっぱとひょうたん」　若林一郎文;西山三郎絵　ほるぷ出版(幼児みんわ絵本23)　1986年5月

「カッパと三日月」　佐藤さとる作;斎藤博之画　あかね書房(新しい日本の絵本6)　1974年12月

「カッパのあいさつ」　高畠那生作　長崎出版　2010年2月

「カッパのいちにち」　おぐまこうじ作　くもん出版　2007年6月

「かっぱのかげぼうし」　清水達也作;北島新平絵　岩崎書店(創作絵本21)　1974年8月

「かっぱのかっぺいとおおきなきゅうり」　田中友佳子作・絵　徳間書店　2006年6月

「かっぱのサルマタ」　住井すゑ;佐野洋子作　河出書房新社(住井すゑとの絵本集3)　1983年1月

「かっぱのすいえいれんしゅう」　みくりみゆう作　日本テレビ放送網(みならい天使みっちゃんの冒険2)　2002年6月

「かっぱのすいか」　三輪映子作・絵　福武書店　1989年8月

「かっぱのすもう」　小沢正文;太田大八画　教育画劇(日本の民話えほん)　2003年8月

「かっぱのつかい」　渡辺三郎絵;藤田よし子文　ひかりのくに(ひかりのくに傑作シリーズ7)　1971年1月

「かっぱのてがみ」　さねとうあきら文;かたやまけん画　教育画劇(日本の民話えほん)　1998年8月

「かっぱのむこどの」　水谷章三文;赤坂三好絵　フレーベル館(むかしむかしばなし4)　1988年11月

「かっぱのめだま」　さねとうあきら作;井上洋介絵　理論社　1978年3月

架空のもの・ファンタジー

「かっぱの恩がえし」 宮川大助文;宮川花子絵 京都書院(大助・花子の日本昔ばなし) 1989年2月

「カッパひゅるるん」 おぐまこうじ作 くもん出版 2010年10月

「カッパぽかぽか」 おぐまこうじ作 くもん出版 2010年4月

「かっぱわくわく」 やすいすえこ作;高見八重子絵 金の星社(新しいえほん) 2000年7月

「カッピーのぼうけん」 わしみよしえ;あべじゅんいちろう点字;ひまたまさみ絵;わたなべひろこ文 創栄出版 2000年1月

「ガラッパとススキの矢」 椋鳩十作;斎藤博之絵 西日本図書コンサルタント協会(九州かっぱシリーズ4) 1980年12月

「ガラッパ大王」 椋鳩十作;斎藤博之絵 岩崎書店(新・創作絵本16) 1980年7月

「かわたろう」 ぬまのまさこ作・絵 福音館書店(福音館のペーパーバック絵本) 1980年5月

「がわっぱ」 たかしよいち作;斎藤博之絵 岩崎書店(創作絵本3) 1971年9月

「かわんたろ」 西小路修一作 新風舎 2007年7月

「キミちゃんとかっぱのはなし」 神沢利子作;田畑精一絵 ポプラ社(絵本のせかい8) 1977年2月

「げんさんと100がっぱ」 さねとうあきら文;いしくらきんじ絵 佼成出版社(創作民話絵本) 1994年3月

「つりがねぶちのかっぱたち」 北島新平作・絵 フレーベル館(フレーベルのえほん26) 1978年11月

「はなかっぱ アゲルちゃんげんきになーれ」 あきやまただし作 メディアファクトリー(はなかっぱおともだちえほん) 2010年12月

「はなかっぱ おおきくなるぞ～!」 あきやまただし作 メディアファクトリー(はなかっぱおともだちえほん) 2010年12月

「はなかっぱ」 あきやまただし著 メディアファクトリー 2006年7月

「はなかっぱとグチャットン」 あきやまただし著 メディアファクトリー 2006年10月

「はなかっぱのだいぼうけん」 あきやまただし作 メディアファクトリー 2010年6月

「ひゅるひゅる」 せなけいこ作 童心社(せなけいこ・おばけえほん) 1993年6月

「ふしぎないけ」 清水達也文;北島新平絵 フレーベル館(フレーベルのえほん1) 1975年1月

「フラカッパーは へのかっぱ」 谷田部勝義文;大橋幸子絵 長崎出版 2008年7月

「へのかっぱ」 山下ケンジ作 講談社(講談社の創作絵本) 2010年9月

「ほうまんの池のカッパ」 椋鳩十文;赤羽末吉絵 銀河社(創作絵本) 1975年3月

「ぽつんこかっぱ」 佐川美代太郎作 こぐま社 1986年4月

架空のもの・ファンタジー

「ぼんやり山のぽんたろう」 清水崑文・絵 学習研究社(学研カラー絵ばなし1) 1972年11月

「みかづきいけのカッパ」 かわだあゆこ文;みやじまともみ絵 アスラン書房(心の絵本) 2002年11月

「わたしのおひなさま」 内田麟太郎作;山本孝絵 岩崎書店(カラフルえほん2) 2005年1月

「映画 河童のクゥと夏休み」 木暮正夫原作;原恵一監督・脚本 小学館(小学館のアニメ絵本) 2007年7月

「河童ガタロー」 宮ゆり子作;斎藤博之絵 西日本図書館コンサルタント協会(かっぱシリーズ2) 1980年5月

「河童九千坊」 たかしよいち作;斎藤博之絵 西日本図書館コンサルタント協会(かっぱシリーズ1) 1979年11月

「沼のばあさん」 清水達也作;阿部公洋絵 ぬぷん児童図書出版(ふるさと絵本シリーズ7) 1985年6月

「川はたまげたことだらけ」 田島征三著 学習研究社 1997年10月

かみなりさま

「いいからいいから」 長谷川義史作 絵本館 2006年10月

「オニさん こちら」 毛利まさみち文・絵 汐文社 2008年9月

「おほしさまになったたいこ」 松谷みよ子作;長谷川知子画 講談社(松谷みよ子・どうわえほん) 1976年6月

「かっぱとてんぐとかみなりどん」 かこさとし作・画 童心社(かこさとし・むかしばなしの本) 1978年6月

「かみなり」 内田麟太郎文;よしながこうたく絵 ポプラ社(狂言えほん4) 2008年12月

「かみなりコゴロウ」 本間正樹文;とよたかずひこ絵 佼成出版社(しつけ絵本シリーズ2) 2004年9月

「かみなりこぞう」 神戸淳吉文;田木宗太絵 フレーベル館(フレーベルのえほん126) 1979年2月

「カミナリこぞうがふってきた」 シゲリカツヒコ作 ポプラ社(絵本のおもちゃばこ35) 2010年6月

「かみなりごろうた」 小野かおる文・絵 偕成社(創作えほん9) 1972年1月

「かみなりゴロスケ」 なかのひろたか作・絵 ひさかたチャイルド 2010年5月

「かみなりになったごろべえ」 大川悦生作;村上豊絵 ひさかたチャイルド(ひさかたメルヘン33) 1983年1月

「かみなりのおやこ」 せなけいこ作 童心社(せなけいこ・おばけえほん) 1994年5月

「かみなりむすめ」 斎藤隆介作;滝平二郎絵 岩崎書店(岩崎創作絵本13) 1988年7月

架空のもの・ファンタジー

「クリーナおばさんとカミナリおばさん」 西内ミナミ作;堀内誠一絵 福音館書店 2009年2月;福音館書店 1974年5月

「くわばらくわばら」 長谷川摂子文;飯野和好絵 岩波書店(てのひらむかしばなし) 2009年2月

「ごろぴかど〜ん」 小野かおる作・絵 福音館書店 1999年7月

「ゴロンちゃんのどきどきクリーニングやさん」 藤真知子作;いがわひろこ絵 PHP研究所(PHPにこにこえほん) 1994年5月

「せんたくかあちゃん」 さとうわきこ作・絵 福音館書店(こどものとも傑作集) 1982年8月;福音館書店 1978年8月

「そらにのぼった かさや」 高橋宏幸作・絵 岩崎書店(母と子の絵本19) 1975年2月

「たいこをどん」 八木田宜子作;司修絵 文化出版局(八木田宜子みどりのえほん9) 1971年6月

「だるまちゃんとかみなりちゃん」 加古里子作・絵 福音館書店(こどものとも傑作集) 1968年8月

「とらねこのしましまパンツ」 高木さんご作;渡辺有一絵 PHP研究所(PHPにこにこえほん) 1998年10月

「ハルとカミナリ」 ちばみなこ作・絵 BL出版 2006年12月

「へそどろぼう」 たかしよいち作;長野ヒデ子絵 岩崎書店(岩崎創作絵本2) 1983年4月

「へそもち」 渡辺茂男作;赤羽末吉絵 福音館書店(こどものとも傑作集) 1980年7月;福音館書店 1966年8月

「ホットケーキがふってきた」 藤木てるみ作・絵 岩崎書店(ピチピチえほん22) 1982年8月

「虹色の街」 木の実ナナ文;勝川克志絵 みみずくぷれす 1984年4月

「雷の落ちない村」 三橋節子作 小学館 1977年4月

キャラクター絵本

「LITTLE MISS LUCKY ラッキーちゃん」 ロジャー・ハーグリーブス作;ほむらひろし訳 ポプラ社(MR.MEN and LITTLE MISS2) 2008年11月

「LITTLE MISS SUNSHINE ニコニコちゃん」 ロジャー・ハーグリーブス作;ほむらひろし訳 ポプラ社(MR.MEN and LITTLE MISS4) 2008年11月

「MR.BUMP ドジドジくん」 ロジャー・ハーグリーブス作;ほむらひろし訳 ポプラ社(MR.MEN and LITTLE MISS3) 2008年11月

「MR.HAPPY ハッピーくん」 ロジャー・ハーグリーブス作;ほむらひろし訳 ポプラ社(MR.MEN and LITTLE MISS1) 2008年11月

「アートコンテスト インチキおことわり」 スティーブン・バンクス文;ロバート・ドレス絵 ゴマブックス 2008年1月

架空のもの・ファンタジー

「あかちゃんひまわりに」 あきやまただし作・絵 PHP研究所(PHPわたしのえほんシリーズ) 2002年11月

「あかちゃんまん」 やなせたかし文・絵 フレーベル館(キンダーメルヘン傑作選18) 1982年9月

「アニメ絵本 昆虫物語みつばちハッチ-勇気のメロディ」 内田ぼちぼち;武田樹里;小山薫堂脚本;竜の子プロダクション原作 毎日新聞社 2010年7月

「いーとんの大冒険」 なばたとしたか作 長崎出版 2007年12月

「イカタコさんの ブーブーじどうしゃ」 長新太作 佼成出版社 1993年5月

「いっぱい ぱくっ」 せきゆうこ作 小学館 2007年9月

「イプーとイルカの海」 片岡道子作;ふじしま青年絵 旺文社(イプーファンタジーワールド) 1998年12月

「イプーとにじの森」 片岡道子作;ふじしま青年絵 旺文社(イプーファンタジーワールド) 1998年12月

「イプーとまいごのサンタクロース」 片岡道子作;ふじしま青年絵 旺文社(イプーファンタジーワールド) 2000年4月

「イプーとまほうのトンネル」 片岡道子作;ふじしま青年絵 旺文社(イプーファンタジーワールド) 2000年4月

「イプーと空とぶじてんしゃ」 片岡道子作;ふじしま青年絵 旺文社(イプーファンタジーワールド) 1999年3月

「いもうとだいすき」 オフェリエ・テクシエ作・絵;きむらゆういち訳 そうえん社(ぼくはワニオオカミ5) 2009年7月

「イワクマクマときずなのえほん」 岩隈まどか;岩隈羽音作 主婦の友社 2010年7月

「ウッキウキーブターラとクマーラ」 高畠純作 フレーベル館 2000年12月

「オウラーちゃん」 工藤ノリコ著 文渓堂 2000年2月

「おかしだいすき」 オフェリエ・テクシエ作・絵;きむらゆういち訳 そうえん社(ぼくはワニオオカミ3) 2009年2月

「おしりかじり虫ものがたり かじりのがっこう」 うるまでるび作 バジリコ 2007年11月

「おしりかじり虫ものがたり2 だいすきプリン」 うるまでるび作 バジリコ 2008年3月

「おそとだいすき」 オフェリエ・テクシエ作・絵;きむらゆういち訳 そうえん社(ぼくはワニオオカミ4) 2009年5月

「おでんさむらい しらたきのまき」 内田麟太郎文;西村繁男絵 くもん出版 2008年3月

「おでんさむらい ちくわのまき」 内田麟太郎文;西村繁男絵 くもん出版 2008年10月

「おでんさむらい ひやしおでんのまき」 内田麟太郎文;西村繁男絵 くもん出版 2010年6月

「おでんさむらいーこぶまきのまき」 内田麟太郎文;西村繁男絵 くもん出版 2006年1月

架空のもの・ファンタジー

「おへそがえる ごん1」 赤羽末吉作・絵 福音館書店 1986年10月

「おへそがえる ごん2」 赤羽末吉作・絵 福音館書店 1986年10月

「おへそがえる ごん3」 赤羽末吉作・絵 福音館書店 1986年10月

「おもちゃのくにのノディえほん1 ノディのおくりもの」 エニッド・ブライトン原作；小田島則子訳 主婦の友社 2006年4月

「おもちゃのくにのノディえほん2 ビッグイヤーのじてんしゃ」 エニッド・ブライトン原作；小田島則子訳 主婦の友社 2006年4月

「おもちゃのくにのノディえほん3 まほうのパウダー」 エニッド・ブライトン原作；小田島則子訳 主婦の友社 2006年4月

「おもちゃの国のノディ ノディとサンタクロース」 エニッド・ブライトン原作；瀧ノ島ルナ訳 文渓堂 1995年12月

「おもちゃの国のノディ1 ノディとおとしもの」 エニッド・ブライトン原作；中尾悦子訳 文渓堂 1995年8月

「おもちゃの国のノディ10 ノディのおまわりさん」 エニッド・ブライトン原作；中尾悦子訳 文渓堂 1995年12月

「おもちゃの国のノディ2 たいへんくるまがぬすまれた」 エニッド・ブライトン原作；ゆきたけのりこ訳 文渓堂 1995年8月

「おもちゃの国のノディ3 まほうのケシゴム」 エニッド・ブライトン原作；下村昌子訳 文渓堂 1995年8月

「おもちゃの国のノディ4 ノディとあめのひ」 エニッド・ブライトン原作；瀧ノ島ルナ訳 文渓堂 1995年9月

「おもちゃの国のノディ5 びょうきになったくるま」 エニッド・ブライトン原作；ゆきたけのりこ訳 文渓堂 1995年9月

「おもちゃの国のノディ6 ノディのたこあげ」 エニッド・ブライトン原作；中尾悦子訳 文渓堂 1995年10月

「おもちゃの国のノディ7 あたらしいおともだち」 エニッド・ブライトン原作；下村昌子訳 文渓堂 1995年10月

「おもちゃの国のノディ8 ノディのついてないひ」 エニッド・ブライトン原作；瀧ノ島ルナ訳 文渓堂 1995年12月

「おもちゃの国のノディ9 ノディのぎゅうにゅうやさん」 エニッド・ブライトン原作；中尾悦子訳 文渓堂 1995年12月

「おんぷのお城は大さわぎ」 大田まこと文 リブリオ出版（こてんこてんこ絵本6） 2007年4月

「かぜひきスポンジ・ボブ」 スティーブン・バンクス文；ジーナ・サンダース絵 ゴマブックス 2008年1月

「ガチャピンとムックのものがたり2 きょうりゅうミルクとあざらしミルク」 谷川俊太郎文；大野彰子絵 扶桑社 2009年8月

架空のもの・ファンタジー

「ガチャピンとムックのものがたり3 ガチャピンさんばムックはるんば」 谷川俊太郎文；大野彰子絵　扶桑社　2009年12月

「キップコップ どこにいるの?」 マレーク・ベロニカ文・絵；羽仁協子訳　風涛社　2009年3月

「キップコップと12のつき」 マレーク・ベロニカ絵・文；羽仁協子訳　風涛社　2007年6月

「キップコップとティップトップ」 マレーク・ベロニカ文・絵；羽仁協子訳　風涛社　2005年7月

「キップコップのクリスマス」 マレーク・ベロニカ文・絵；羽仁協子訳　風涛社　2005年10月

「キップコップのこどもたち」 マレーク・ベロニカ絵・文；羽仁協子訳　風涛社　2006年10月

「キレイにしましょう!」 大田まこと文　リブリオ出版（こてんこてんこ絵本3）　2007年2月

「くさのなかのキップコップ」 マレーク・ベロニカ文・絵；羽仁協子訳　風涛社　2005年4月

「クマキカイ絵本 ずっといっしょにいてもいい?」 森チャック絵・文　ポニーキャニオン　2006年4月

「くものすおやぶん とりものちょう」 秋山あゆ子作　福音館書店（こどものとも傑作集）　2005年10月；福音館書店（こどものとも 563号）　2003年2月

「くものすおやぶん ほとけのさばき」 秋山あゆ子作　福音館書店　2010年4月

「クリスマスのこと」 いがらしみきお作　竹書房（いがらしみきお・ぼのぼのえほん）　1998年11月

「グルーミー絵本 ぼくにひろわれてよかった…?」 森チャック絵・文　ポニーキャニオン　2006年4月

「ゴーヤーマン オバアはめいたんてい」 浜野えつひろ文；荒木慎司絵；岡田恵和原案　長崎出版　2003年5月

「ゴーヤーマン ちゅらうみのたから」 浜野えつひろ文；荒木慎司絵；岡田恵和原案　長崎出版　2003年4月

「ゴーヤーマン 東京へ行く」 浜野えつひろ文；荒木慎司絵　インターメディア出版　2001年9月

「ゴーヤーマン」 浜野えつひろ文；荒木慎司絵　インターメディア出版　2001年7月

「コケッコーさんとおたすけひよこ」 かろくこうぼう作　フレーベル館（コケッコーさんシリーズ4）　2008年4月

「コケッコーさんところりんたまご」 かろくこうぼう作　フレーベル館（コケッコーさんシリーズ2）　2007年2月

「コケッコーさんとさんりんしゃ」 かろくこうぼう作　フレーベル館（コケッコーさんシリーズ6）　2010年4月

「コケッコーさんとはらぺこひよこ」 かろくこうぼう作　フレーベル館（コケッコーさんシリーズ3）　2007年2月

「コケッコーさんのなつやすみ」 かろくこうぼう作　フレーベル館（コケッコーさんシリーズ5）　2009年7月

架空のもの・ファンタジー

「コケッコーさんはこだくさん」かろくこうぼう作　フレーベル館（コケッコーさんシリーズ1）
2007年1月

「こたつ1 こたつとともだち」あまのよしたか作・絵　講談社　2001年8月

「こたつ2 こたつの1しゅうかん」あまのよしたか作・絵　講談社　2001年8月

「ゴリララくんのおぼうさん」きむらよしお作　絵本館　2010年10月

「ゴリララくんのコックさん」きむらよしお作　絵本館　2009年9月

「ゴリララくんのしちょうさん」きむらよしお作　絵本館　2010年1月

「ころんちゃん」あきやまただし作・絵　PHP研究所（PHPわたしのえほんシリーズ）　2006年7月

「ころんちゃんとかろんちゃん」あきやまただし作・絵　PHP研究所（PHPわたしのえほん）
2008年4月

「ころんちゃんのおともだち」あきやまただし作・絵　PHP研究所（PHPわたしのえほん）
2007年3月

「こわいのだいすき」オフェリエ・テクシエ作・絵；きむらゆういち訳　そうえん社（ぼくはワニオオカミ1）　2008年11月

「サカサマン」海老沢航平文；本信公久絵　くもん出版　2007年9月

「サバティとなぞのかげ」天野めぐみ作　新風舎　2007年7月

「サンサンマンとジャマスルマン もぐもぐもくばでリサイクル」櫻田のりこ文；やなせたかし絵
　フレーベル館　2002年4月

「サンダーバニー」ロドニー・アラン・グリーンブラット文・絵；大貫亜美訳　ソニー・マガジンズ　1997年8月

「ジャム・ザ・ハウスネイル」野村辰寿著　主婦と生活社　2000年12月

「しょくぱんまん」やなせたかし文・絵　フレーベル館（キンダーメルヘン傑作選15）　1982年9月

「スージー・ズー いつまでもともだち」スージー・スパッフォード作；三原泉訳　BL出版
2010年3月

「スージー・ズー ブーフはどこ?」スージー・スパッフォード作；三原泉訳　BL出版　2010年3月

「ズーミン おはようはまほうのコトバ」友永コリエ文；原あいみ絵　フレーベル館（ズーミンのえほん）　2010年8月

「ズーミンそらをとぶ」友永コリエ文；原あいみ絵　フレーベル館（ズーミンのえほん）　2009年4月

「ズーミンそらをとぶ」友永コリエ文；原あいみ絵　フレーベル館（ズーミンのえほん）　2009年4月

架空のもの・ファンタジー

「ズーミのまゆげのひみつ」 友永コリエ文;原あいみ絵　フレーベル館(ズーミンのえほん)　2010年2月

「スクープ反対!」 スティーブン・バンクス文;ヴィンス・ディポーター絵　ゴマブックス　2007年12月

「すっぽんぽんのすけ せんとうへいくのまき」 もとしたいづみ作;荒井良二絵　鈴木出版(たんぽぽえほんシリーズ)　2002年1月

「すっぽんぽんのすけ デパートへいく」 もとしたいづみ作;荒井良二絵　鈴木出版(たんぽぽえほんシリーズ)　2004年2月

「すっぽんぽんのすけ」 もとしたいづみ作;荒井良二絵　鈴木出版(たんぽぽえほんシリーズ)　1999年11月

「スポンジ・ボブのミラクルクリスマス」 デイヴィッド・ルーマン文;ロバート・ドレス絵　ゴマブックス　2007年12月

「センシュちゃんとウオットちゃん」 工藤ノリコ作　小学館(おひさまのほん)　2001年12月

「センシュちゃんとウオットちゃんのバナナじま」 工藤ノリコ作　小学館(おひさまのほん)　2010年2月

「センシュちゃんとウオットちゃんのはらぺこキャンプ」 工藤ノリコ作　小学館(おひさまのほん)　2010年2月

「そうじき ずうた」 瀬辺雅之文・絵　草土文化　1983年11月

「そらまめくんとめだかのこ」 なかやみわ作・絵　福音館書店(こどものとも傑作集)　2000年9月

「そらまめくんのベッド」 なかやみわ作・絵　福音館書店(こどものとも傑作集)　1999年9月

「タコぞうくん」 フランクいながき著　フーコー　1999年9月

「ダボちゃんとドドちゃん」 かみやひろ作;みやもときょうこ絵　コーチャル出版部　2002年6月

「ダボちゃんとトマトン」 ちかみかずよ作・絵;やまおかじゅんこ作　コーチャル出版部　2002年7月

「ダボちゃんとメルちゃん」 みやもときょうこ作・絵　コーチャル出版部　2002年9月

「だんご3兄弟 3時のけっとう」 佐藤雅彦;内野真澄作　メディアファクトリー　1999年6月

「タンポポ畑でつかまえて」 大田まこと文　リブリオ出版(こてんこてんこ絵本5)　2007年4月

「チクチク」 舘内ノリオ作・絵　岩崎書店(母と子の絵本15)　1974年10月

「ツワイオのこと」 いがらしみきお作　竹書房(いがらしみきお・ぼのぼのえほん)　2006年7月

「テレビさんのおともだち」 五味太郎作　ブロンズ新社　2005年6月

「ドードーとせいちゃん1 おやすみせいちゃん」 わたせせいぞう作　三起商行　2000年10月

622

架空のもの・ファンタジー

「ドードーとせいちゃん2 おかえりせいちゃん」 わたせせいぞう作 三起商行 2001年3月

「ドッキドキーブターラとクマーラ」 高畠純著 フレーベル館 2002年2月

「とびだせ!ガチャピン-ムックはかせのはつめいひん」 ガチャピン・ムック作;まめこ絵 学習研究社 2009年1月

「ともだちだいすき」 オフェリエ・テクシエ作・絵;きむらゆういち訳 そうえん社(ぼくはワニオオカミ2) 2008年11月

「ドラゴンVSスポンジ騎士」 スティーブン・バンクス文;アーティファクト・グループ絵 ゴマブックス 2007年12月

「ドロンマン1 なぞのたまごのまき」 古内ヨシ作 小学館 2000年8月

「ドロンマン2 かぼちゃたいけつのまき」 古内ヨシ作 小学館 2000年8月

「どんちゃん ぐりちゃん」 こじましほ作 文渓堂 2003年6月

「なぞのたびびと フー」 アランジアロンゾ著 主婦と生活社(セントレアフレンズえほん) 2006年2月

「ななみちゃん ななみ空を飛ぶ」 野村辰寿;稲葉卓也作 日本放送出版協会 2008年7月

「ななみちゃん 流れ星の夜」 野村辰寿;稲葉卓也作 日本放送出版協会 2008年2月

「ぬいぐるみだいすき」 オフェリエ・テクシエ作・絵;きむらゆういち訳 そうえん社(ぼくはワニオオカミ6) 2009年9月

「ネコダルマンの宝島」 たかいよしかず作・絵 青心社 2003年10月

「ねこのくにのごちそう」 やなせたかし作・絵 フレーベル館(あかちゃんまん1) 1986年4月

「ネポス・ナポス ネポとそらいろのたまご」 郷司望作;城哲也絵 講談社(講談社の創作絵本) 2002年10月

「ねんどママ おそらのさんぽ」 ゆきのゆみこ;ヒダオサム作・絵 ひさかたチャイルド 2007年7月

「ねんどママ ぞうさんになった」 ゆきのゆみこ;ヒダオサム作・絵 ひさかたチャイルド 2007年7月

「のうさいぼう」 バングオンザドア作・絵;すえよしあきこ訳 あかね書房(バングオンザドアのおかしなおかしな絵本4) 1999年2月

「はい、どうぞ。ありがとう。」 tezuka moderno作 ゴマブックス 2007年11月

「ぱくっ」 せきゆうこ作 小学館(おひさまのほん) 2005年10月

「バナナインパジャマ1 カドルスどおりのなかまたち」 サイモン・ホプキンソン原作;村田さち子訳 講談社(げんきおはなしえほん1) 1996年7月

「バナナインパジャマ2 まほうのじゅうたん」 サイモン・ホプキンソン原作;村田さち子訳 講談社(げんきおはなしえほん2) 1996年7月

「バナナインパジャマ3 おいしゃさんになったバナナくん」 サイモン・ホプキンソン原作;村田さち子訳 講談社(げんきおはなしえほん3) 1996年8月

架空のもの・ファンタジー

「バナナインパジャマ4 ラットくんのレストラン」 サイモン・ホプキンソン原作;村田さち子訳 講談社(げんきおはなしえほん4) 1996年8月

「バムとケロのおかいもの」 島田ゆか作・絵 文渓堂 1999年2月

「バムとケロのさむいあさ」 島田ゆか作・絵 文渓堂 1996年12月

「バムとケロのそらのたび」 島田ゆか作・絵 文渓堂 1995年10月

「バムとケロのにちようび」 島田ゆか作・絵 文渓堂 1994年9月

「バレエだいすき!ティアラちゃん1」 しめのゆき作;小野恵理絵 新書館 2009年12月

「バレエだいすき!ティアラちゃん2」 しめのゆき作;小野恵理絵 新書館 2009年12月

「バレエだいすき!ティアラちゃん3」 しめのゆき作;小野恵理絵 新書館 2010年2月

「ハロー!オズワルド-あたらしいともだち」 ダン・ヤッカリーノ作;青山南訳 小峰書店(世界の絵本コレクション) 2003年3月

「ピーナッくんのたんじょうび」 つつみあれい作 小峰書店(世界の絵本コレクション) 2004年8月

「ピーマンなんてこわくない-えんじぇるまもたん」 リサ・オーバー絵;比良凛文 アリス館 2002年11月

「ビーンワールド ビーノルタ火山とビーンの誕生」 メライン・ジョセフィーヌ・バンクス著;杉山愛訳 如月出版 2005年8月

「ぴかくんめをまわす」 松居直作;長新太絵 福音館書店(こどものとも傑作集) 1979年9月;福音館書店 1966年12月

「ピッカリ王子とあっかんソケット」 宮本忠夫著 ほるぷ出版 1987年11月

「ビッグママと七ひきのこいぬ」 よどがわきんたろう作 新風舎 2007年3月

「ひつじちゃんはごきげんななめ」 高森共子著 ブロンズ新社(ケイトとバッチのあみぐるみ絵本) 2000年5月

「ひまわに」 あきやまただし作・絵 PHP研究所(PHPわたしのえほんシリーズ) 1999年5月

「ひまわにとこらら」 あきやまただし作・絵 PHP研究所(PHPわたしのえほんシリーズ) 2002年6月

「ファービーの絵本」 鵜川薫作 ソニー・マガジンズ 1999年9月

「フィルとパム かぞえてみよう1・2・3」 ファビエンヌ・テイセードル作・絵;ひがしかずこ訳 PHP研究所 2008年1月

「ぶーちゃんとおにいちゃんのえはがき」 島田ゆか著 白泉社 2006年12月

「ぶたのうたこさん」 ディック・ブルーナ文;松岡享子訳 福音館書店(ブルーナのうたこさんのえほん1) 1991年10月

「ブンブンききいっぱつ-さらわれたママをすくいだせ!のまき」 むらやまゆか作;せとまさこ絵 文渓堂 1992年9月

架空のもの・ファンタジー

「ベッタベター ブターラとクマーラ」 高畠純作 フレーベル館 2003年3月
「ほしのうみ」 やなせたかし作・絵 フレーベル館(あかちゃんまん4) 1986年4月
「ほしのこノレンダーくろいほしのナナイ」 やなせたかし作・絵 ポプラ社(ママとパパとわたしの本36) 2006年1月
「ほしべソくん ふたたびちきゅうへ」 おぐらひろかず文・絵 フレーベル館 2004年5月
「ポットくんとわたげちゃん」 真木文絵文;石倉ヒロユキ絵 福音館書店(福音館のかがくのほん) 2003年5月
「ホネのことならガイコツマン」 のぶみ作 ART BOXインターナショナル 2007年2月
「ポンポンポロロ そらをとびたい」 森清美和訳 竹書房 2007年4月
「まくむくんの かいがいりょこう」 ごうだつねお作 小学館 2008年1月
「ママ だいすき!」 森はるな文 講談社(ディズニー バニーズ) 2007年10月
「ミラクルクレヨンのクレヨンまる-スペシャルプレゼント」 有賀忍作 小学館 1998年7月
「ミラクルクレヨンのクレヨンまる-たいへん!かじだ」 有賀忍作 小学館 1998年7月
「ムッピ、なにしてあそぶ?」 たはらともみ作 ポプラ社(ムッピのえほん1) 2006年7月
「メガネヤマネくんのこと」 いがらしみきお作 竹書房(ぼのぼの絵本3) 1989年5月
「もぐらくんとオオワシ」 ハナ・ドスコチロヴァー作;ズデネック・ミレル絵;木村有子訳 偕成社 2007年8月
「もりのヒーロー ハリーとマルタン1 アクマのたにのまき」 やなせたかし作・絵 新日本出版社 2005年3月
「もりのヒーロー ハリーとマルタン2 みずのアクマのまき」 やなせたかし作・絵 新日本出版社 2005年3月
「もりのヒーロー ハリーとマルタン3 ゴロゴロせんせいのまき」 やなせたかし作・絵 新日本出版社 2005年3月
「もりのヒーロー ハリーとマルタン4 マキマキマンのまき」 やなせたかし作・絵 新日本出版社 2005年12月
「もりのヒーロー ハリーとマルタン5 ドクラのたにのまき」 やなせたかし作・絵 新日本出版社 2005年12月
「もりのヒーロー ハリーとマルタン6 なみだのもりのまき」 やなせたかし作・絵 新日本出版社 2006年3月
「ゆかいなマキバオー 1とうしょうはだ～れだ?」 つの丸作 集英社 2010年10月
「ゆかいなマキバオー おかあさんはど～こだ?」 つの丸作 集英社 2010年4月
「ゆきのなかのキップコップ」 マレーク・ベロニカ文・絵;羽仁協子訳 風涛社 2005年2月
「ゆっちゅとめっぴとほしのゆうえんち」 橋本晋治文・絵 スタジオジブリ 2007年8月

架空のもの・ファンタジー

「よなよなペンギン ココ、ちきゅうをすくう」 寺田克也作;りんたろう;林すみこ原作 徳間書店 2009年12月

「ラーメンてんぐ イカニモあらわるのまき」 林家木久扇作;林家木久扇＋コランダム絵 チャイルド本社 2008年10月

「ローリー・ポーリー・オーリー」 ウィリアム・ジョイス作・絵;早見優訳 PHP研究所（PHPにこにこえほん） 2002年5月

「わたしのフモフモさん」 高橋和枝著 ポプラ社 2006年4月

「高星切りバサミくん 大ついせき」 大田まこと文 リブリオ出版（こてんこてんこ絵本4） 2007年2月

「森の戦士ボノロン 涙のきせきの巻」 北原星望文;永山ゴウ絵 コアミックス（ポラメルブックス） 2008年2月

「森の戦士ボノロン2 よっぱらいのゴンの巻」 北原星望文;永山ゴウ絵 コアミックス（ポラメルブックス） 2008年8月

「森の戦士ボノロン3 雪ホタルの巻」 北原星望文;永山ゴウ絵 コアミックス（ポラメルブックス） 2009年1月

「森の戦士ボノロン4 カミナリ赤ちゃんの巻」 北原星望文;永山ゴウ絵 コアミックス（ポラメルブックス） 2009年4月

「森の戦士ボノロン5 ベジのゆびきりの巻」 北原星望文;永山ゴウ絵 コアミックス（ポラメルブックス） 2009年7月

「森の戦士ボノロン6 ママの宝ものの巻」 北原星望文;永山ゴウ絵 コアミックス（ポラメルブックス） 2009年12月

「森の戦士ボノロン7 幸せのタネの巻」 北原星望文;永山ゴウ絵 コアミックス（ポラメルブックス） 2010年5月

キャラクター絵本＞アンパンマン

「あかちゃんまんとねがいぼしかなえぼし」 やなせたかし原作;トムス・エンタテインメント作画 フレーベル館（アンパンマンアニメギャラリー22） 2007年7月

「あんぱんまん」 やなせたかし作・絵 フレーベル館（キンダーおはなしえほん傑作選8） 1976年5月

「アンパンマンとあおいなみだ」 やなせたかし作・絵 フレーベル館（アンパンマンのおはなしわくわく8） 2005年10月

「アンパンマンとあおばひめ」 やなせたかし作・絵 フレーベル館（アンパンマンのおはなしでてこい2） 1994年7月

「アンパンマンとあくびどり」 やなせたかし作・絵 フレーベル館（アンパンマンミニ・ブックス11） 1984年4月

「アンパンマンといわおとこ」 やなせたかし作・絵 フレーベル館（アンパンマンのふしぎなくに10） 1991年2月

架空のもの・ファンタジー

「アンパンマンとうずまきまん」やなせたかし作・絵　フレーベル館(アンパンマンのふしぎなくに5)　1990年9月

「アンパンマンとえんぴつじま」やなせたかし作・絵　フレーベル館(アンパンマンメルヘン11)　1992年12月

「アンパンマンとおえかきベレちゃん」やなせたかし作・絵　フレーベル館(アンパンマンのおはなしるんるん3)　2009年11月

「アンパンマンとおばけのもり」やなせたかし作・絵　フレーベル館(アンパンマンミニ・ブックス5)　1983年4月

「アンパンマンとかいじゅうアンコラ」やなせたかし作・絵　フレーベル館(アンパンマンミニ・ブックス2)　1983年4月

「アンパンマンとかぜこんこん」やなせたかし作・絵　フレーベル館(アンパンマンミニ・ブックス9)　1983年11月

「アンパンマンとかっぱのみず」やなせたかし作・絵　フレーベル館(アンパンマンメルヘン3)　1991年8月

「アンパンマンとかびるんるん」やなせたかし作・絵　フレーベル館(アンパンマンミニ・ブックス4)　1983年4月

「アンパンマンとかみなりぴかたん」やなせたかし作・絵　フレーベル館(アンパンマンミニ・ブックス15)　1984年4月

「アンパンマンとカレーパンマン」やなせたかし作・絵　フレーベル館(アンパンマンミニ・ブックス10)　1983年11月

「アンパンマンとカレンのもり」やなせたかし作・絵　フレーベル館(アンパンマンのぼうけん14)　1989年9月

「アンパンマンとぎんいろまん」やなせたかし作・絵　フレーベル館(アンパンマンのふしぎなくに6)　1990年10月

「アンパンマンとくろゆきひめ」やなせたかし作・絵　フレーベル館(アンパンマンのおはなしわくわく7)　2004年11月

「あんぱんまんとごりらまん」やなせたかし作　フレーベル館(キンダーおはなしえほん傑作選31)　1977年12月

「アンパンマンとさばくのたから」やなせたかし作・絵　フレーベル館(アンパンマンのおはなしわくわく6)　2004年3月

「アンパンマンとしくしくばくだん」やなせたかし作・絵　フレーベル館(アンパンマンミニ・ブックス19)　1984年8月

「アンパンマンとシャボンダマン」やなせたかし作・絵　フレーベル館(アンパンマンのおはなしわくわく)　2007年2月

「アンパンマンとショウ・ロン・ポー」やなせたかし原作;トムス・エンタテインメント作画　フレーベル館(アンパンマンアニメギャラリー28)　2009年4月

架空のもの・ファンタジー

「あんぱんまんとしょくぱんまん」 やなせたかし文・絵　フレーベル館(キンダーメルヘン傑作選7)　1981年9月

「アンパンマンとすいこみどり」 やなせたかし作・絵　フレーベル館(アンパンマンメルヘン4)　1991年10月

「アンパンマンとスピードばいきんまん」 やなせたかし原作；トムス・エンタテインメント作画　フレーベル館(アンパンマンアニメギャラリー32)　2010年4月

「アンパンマンとそっくりぱん」 やなせたかし作・絵　フレーベル館(アンパンマンミニ・ブックス6)　1983年4月

「アンパンマンとそらとぶうめのみ」 やなせたかし作・絵　フレーベル館(アンパンマンのおはなしわくわく10)　2006年9月

「アンパンマンとタータン」 やなせたかし作・絵　フレーベル館(アンパンマンのぼうけん12)　1989年4月

「アンパンマンとたこやきまん」 やなせたかし作・絵　フレーベル館(アンパンマンミニ・ブックス24)　1985年3月

「アンパンマンとたんこぶまん」 やなせたかし作・絵　フレーベル館(アンパンマンミニ・ブックス7)　1983年11月

「アンパンマンとちくりん」 やなせたかし作・絵　フレーベル館(アンパンマンのぼうけん10)　1988年10月

「アンパンマンとちびぞうくん」 やなせたかし作・絵　フレーベル館(アンパンマンのおはなしでてこい12)　1997年1月

「アンパンマンとつばきひめ」 やなせたかし作・絵　フレーベル館(アンパンマンのふしぎなくに2)　1990年6月

「アンパンマンとつみきのしろ」 やなせたかし作・絵　フレーベル館(アンパンマンのぼうけん5)　1988年1月

「アンパンマンとつみきのしろ」 やなせたかし作・絵　フレーベル館(キンダーおはなしえほん)　1984年5月

「アンパンマンとてんどんまん」 やなせたかし作・絵　フレーベル館(アンパンマンミニ・ブックス20)　1984年9月

「アンパンマンとドキン」 やなせたかし作・絵　フレーベル館(アンパンマンのぼうけん6)　1988年2月

「アンパンマンとドキンちゃんのゆめ」 やなせたかし作・絵　フレーベル館(アンパンマンのおはなしわくわく5)　2002年7月

「アンパンマンとドド」 やなせたかし作・絵　フレーベル館(アンパンマンのぼうけん11)　1989年4月

「アンパンマンとナガネギマン」 やなせたかし作・絵　フレーベル館(アンパンマンのおはなしわくわく4)　2001年12月

架空のもの・ファンタジー

「アンパンマンとなかゆびひめ」 やなせたかし作・絵 フレーベル館(アンパンマンのふしぎなくに7) 1990年11月

「アンパンマンとなめくじら」 やなせたかし作・絵 フレーベル館(アンパンマンミニ・ブックス17) 1984年6月

「アンパンマンとナンカヘンダー」 やなせたかし作・絵 フレーベル館(アンパンマンミニ・ブックス13) 1984年4月

「アンパンマンとにじおばけ」 やなせたかし作・絵 フレーベル館(アンパンマンのおはなしわくわく2) 1999年12月

「アンパンマンとはいおに」 やなせたかし作・絵 フレーベル館(アンパンマンのふしぎなくに12) 1991年4月

「アンパンマンとぱしぱしぱしーん」 やなせたかし作・絵 フレーベル館(アンパンマンのおはなしでてこい9) 1996年4月

「アンパンマンとハテナのとう」 やなせたかし作・絵 フレーベル館(アンパンマンのおはなしわくわく9) 2006年4月

「アンパンマンとバナナマン」 やなせたかし作・絵 フレーベル館(アンパンマンのふしぎなくに4) 1990年8月

「アンパンマンとはなのしろ」 やなせたかし作・絵 フレーベル館(アンパンマンのおはなしるんるん4) 2010年3月

「アンパンマンとはみがきまん」 やなせたかし作・絵 フレーベル館(アンパンマンミニ・ブックス16) 1984年5月

「アンパンマンとはみがきやま」 やなせたかし作・絵 フレーベル館(アンパンマンのおはなしでてこい5) 1995年4月

「アンパンマンとびいだまん」 やなせたかし作・絵 フレーベル館(アンパンマンのおはなしでてこい8) 1996年1月

「アンパンマンとぴいちくもり」 やなせたかし作・絵 フレーベル館(アンパンマンのぼうけん2) 1987年9月

「アンパンマンとひのたまこぞう」 やなせたかし作・絵 フレーベル館(アンパンマンミニ・ブックス21) 1984年10月

「アンパンマンとふたごのほし」 やなせたかし作・絵 フレーベル館(アンパンマンのおはなしるんるん2) 2009年3月

「アンパンマンとぶたまんまん」 やなせたかし作・絵 フレーベル館(アンパンマンミニ・ブックス8) 1983年11月

「アンパンマンとブックマン」 やなせたかし作・絵 フレーベル館(アンパンマンのおはなしるんるん1) 2008年11月

「アンパンマンとぶんぶんぶん」 やなせたかし作・絵 フレーベル館(アンパンマンメルヘン12) 1993年1月

架空のもの・ファンタジー

「アンパンマンとへどろまん」 やなせたかし作・絵 フレーベル館(アンパンマンミニ・ブックス12) 1984年4月

「アンパンマンとべろべろまん」 やなせたかし作・絵 フレーベル館(アンパンマンミニ・ブックス18) 1984年7月

「アンパンマンとペンキマン」 やなせたかし作・絵 フレーベル館(アンパンマンメルヘン7) 1992年4月

「アンパンマンとポットちゃん」 やなせたかし作・絵 フレーベル館(アンパンマンのぼうけん3) 1987年9月

「アンパンマンとホラ・ホラコ」 やなせたかし作・絵 フレーベル館(アンパンマンのおはなしわくわく12) 2007年4月

「アンパンマンとぽんぽんじま」 やなせたかし作・絵 フレーベル館(アンパンマンのぼうけん8) 1988年6月

「アンパンマンとまいごのうちゅうじん」 やなせたかし作・絵 フレーベル館(アンパンマンミニ・ブックス1) 1983年4月

「アンパンマンとまほうのふで」 やなせたかし作・絵 フレーベル館(アンパンマンのおはなしでてこい11) 1996年10月

「アンパンマンとまほうのもくば」 やなせたかし作・絵 フレーベル館(アンパンマンのおはなしでてこい3) 1994年10月

「アンパンマンとまりもくん」 やなせたかし作・絵 フレーベル館(アンパンマンのおはなしでてこい6) 1995年7月

「アンパンマンとみえないまん」 やなせたかし作・絵 フレーベル館(アンパンマンのぼうけん9) 1988年7月

「アンパンマンとみかづきまん」 やなせたかし作・絵 フレーベル館(アンパンマンのぼうけん13) 1989年5月

「アンパンマンとみずうみひめ」 やなせたかし作・絵 フレーベル館(アンパンマンミニ・ブックス23) 1985年2月

「アンパンマンとみずのしろ」 やなせたかし作・絵 フレーベル館(アンパンマンのおはなしでてこい1) 1994年4月

「アンパンマンとみみせんせい」 やなせたかし作・絵 フレーベル館(アンパンマンメルヘン1) 1991年4月

「アンパンマンとみるくぼうや」 やなせたかし作・絵 フレーベル館(アンパンマンミニ・ブックス25) 1985年3月

「アンパンマンともえるほし」 やなせたかし作・絵 フレーベル館 1989年10月

「アンパンマンともぐりん」 やなせたかし作・絵 フレーベル館(アンパンマンのぼうけん4) 1987年12月

「アンパンマンともりのたから」 やなせたかし作・絵 フレーベル館(アンパンマンのおはなしるんるん5) 2010年11月

架空のもの・ファンタジー

「アンパンマンとゆうきりんりん」 やなせたかし作・絵　フレーベル館（アンパンマンメルヘン5）　1991年12月

「アンパンマンとゆきだるまん」 やなせたかし作・絵　フレーベル館（アンパンマンのふしぎなくに11）　1991年3月

「アンパンマンとゆめのくに」 やなせたかし作・絵　フレーベル館（アンパンマンのおはなしでてこい7）　1995年11月

「アンパンマンとらーめんてんし」 やなせたかし作・絵　フレーベル館（アンパンマンミニ・ブックス14）　1984年4月

「アンパンマンとらくがきこぞう」 やなせたかし作・絵　フレーベル館（アンパンマンミニ・ブックス3）　1983年4月

「アンパンマンとりんごちゃん」 やなせたかし作・絵　フレーベル館（アンパンマンミニ・ブックス22）　1984年12月

「アンパンマンとりんごのくに」 やなせたかし作・絵　フレーベル館（アンパンマンのふしぎなくに8）　1990年12月

「アンパンマンとロールパンナ」 やなせたかし作・絵　フレーベル館（アンパンマンのおはなしでてこい4）　1995年1月

「アンパンマンにはないしょ」 やなせたかし作・絵　フレーベル館（アンパンマンのおはなしわくわく3）　2000年2月

「アンパンマンのクリスマス」 やなせたかし作・絵　フレーベル館　1988年11月

「アンパンマンのクリスマス・イブ」 やなせたかし作・絵　フレーベル館　2004年11月

「アンパンマンのサンタクロース」 やなせたかし作・絵　フレーベル館　1981年11月

「アンパンマンのひみつ」 やなせたかし作・絵　フレーベル館（アンパンマンのおはなしわくわく1）　1999年7月

「アンパンマンのマーチ」 やなせたかし原作；トムス・エンタテインメント作画　フレーベル館（アンパンマンアニメギャラリー30）　2009年10月

「アンパンマンまじょのくにへ」 やなせたかし作・絵　フレーベル館（キンダーおはなしえほん）　1983年6月

「がんばれ！カレーパンマン」 やなせたかし原作；トムス・エンタテインメント作画　フレーベル館（アンパンマンアニメギャラリー26）　2008年1月

「きょうりゅうノッシーのだいぼうけん」 やなせたかし作・絵　フレーベル館（それいけ！アンパンマン）　1993年6月

「クリームパンダとチョコレートじま」 やなせたかし原作；トムス・エンタテインメント作画　フレーベル館（アンパンマンアニメギャラリー29）　2009年7月

「コキンちゃんとカレーパンマン」 やなせたかし原作；トムス・エンタテインメント作画　フレーベル館（アンパンマンアニメギャラリー34）　2010年1月

「ゴミラのほし」 やなせたかし作・絵　フレーベル館（アンパンマン プチシアター）　2006年11月；フレーベル館（それいけ！アンパンマン）　2001年7月

架空のもの・ファンタジー

「シャボンだまのプルン」 やなせたかし作・絵 フレーベル館（それいけ！アンパンマン） 2007年7月

「そらとぶえほんとガラスのくつ」 やなせたかし作・絵 フレーベル館（アンパンマン プチシアター） 2006年5月；フレーベル館（それいけ！アンパンマン） 1996年7月

「それいけ！アンパンマン だだんだんとふたごのほし」 やなせたかし作 フレーベル館 2009年6月

「それいけ！アンパンマン ブラックノーズとまほうのうた」 やなせたかし作 フレーベル館 2010年6月

「それいけ！アンパンマン ようせいリンリンのひみつ」 やなせたかし作 フレーベル館 2008年7月

「それいけ！アンパンマン」 やなせたかし作・絵 フレーベル館（フレーベルのえほん9） 1975年11月

「てのひらをたいように」 やなせたかし作・絵 フレーベル館（アンパンマンプチシアター） 2006年7月；フレーベル館（それいけ！アンパンマン） 1998年7月

「ドクター・ヒヤリのパンおばけ」 やなせたかし原作；トムス・エンタテインメント作画 フレーベル館（アンパンマンアニメギャラリー33） 2010年7月

「とべ！アンパンマン」 やなせたかし原作；トムス・エンタテインメント作画 フレーベル館（アンパンマンアニメギャラリー21） 2007年4月

「どんぶりまんトリオとまじゅつしドロロン」 やなせたかし原作；トムス・エンタテインメント作画 フレーベル館（アンパンマンアニメギャラリー25） 2008年7月

「ナガネギマンとSLマン」 やなせたかし原作；トムス・エンタテインメント作画 フレーベル館（アンパンマンアニメギャラリー24） 2008年1月

「にじのピラミッド」 やなせたかし作・絵 フレーベル館（アンパンマン プチシアター） 2006年7月；フレーベル館（それいけ！アンパンマン） 1997年7月

「にんぎょひめのなみだ」 やなせたかし作・絵 フレーベル館（アンパンマンプチシアター） 2006年9月；フレーベル館（それいけ！アンパンマン） 2000年7月

「ハンバーガーキッドとかせきのまおう」 やなせたかし原作；トムス・エンタテインメント作画 フレーベル館（アンパンマンアニメギャラリー27） 2009年1月

「みんなのヒーロー！アンパンマン」 やなせたかし原作；トムス・エンタテインメント作画 フレーベル館（アンパンマンアニメギャラリー） 2008年4月

「めいけんチーズそらのぼうけん」 やなせたかし原作；トムス・エンタテインメント作画 フレーベル館（アンパンマンアニメギャラリー20） 2007年2月

「ゆずひめとピーター」 やなせたかし原作；トムス・エンタテインメント作画 フレーベル館（アンパンマンアニメギャラリー23） 2007年11月

「リリカル☆マジカルまほうのがっこう」 やなせたかし作・絵 フレーベル館（それいけ！アンパンマン） 1994年7月

架空のもの・ファンタジー

「ルビーのねがい」 やなせたかし作・絵 フレーベル館（それいけ！アンパンマン） 2003年7月

「ロールとローラ うきぐもじょうのひみつ」 やなせたかし作・絵 フレーベル館（アンパンマンプチシアター） 2006年11月

「ロールパンナのひみつ」 やなせたかし原作;トムス・エンタテインメント作画 フレーベル館（アンパンマンアニメギャラリー31） 2010年1月

キャラクター絵本＞おむすびまん

「あぶくちゃんとみずおに」 やなせたかし作・絵 フレーベル館（おむすびまんたびにっき3） 1990年4月

「おそれだきのひみつ」 やなせたかし作・絵 フレーベル館（おむすびまんたびにっき1） 1990年1月

「くらやみだにと ひかりひめ」 やなせたかし作・絵 フレーベル館（おむすびまんたびにっき5） 1991年9月

「こつぶひめとふうせんおに」 やなせたかし作・絵 フレーベル館（おむすびまんたびにっき2） 1990年2月

「こむすびまんとすみれひめ」 やなせたかし作・絵 フレーベル館（おむすびまんたびにっき4） 1991年1月

キャラクター絵本＞キューピー

「キューピーたちの小さなおはなし」 ローズ・オニール作;岸田衿子;岸田琴訳 フレーベル館 1999年7月

「キューピー物語 キューピーとおてつだいの巻」 ローズオニール作;北川美佐子訳 如月出版 2004年12月

「キューピー物語 キューピーとおばけやしきの巻」 ローズ・オニール作;北川美佐子訳 如月出版 2002年10月

「キューピー物語 キューピーとサンタの巻」 ローズオニール作;北川美佐子訳 如月出版 2002年12月

「キューピー物語 キューピーと妖精のこどもの巻」 ローズ・オニール著;北川美佐子訳 如月出版 2003年7月

キャラクター絵本＞くまのプーさん

「イーヨーの あたらしい家」 A.A.ミルン原作;末吉暁子訳 フレーベル館（おはなしプーさんえほん） 2000年12月

「イーヨーのあたらしいうち」 A.A.ミルン文;E.H.シェパード絵;石井桃子訳 岩波書店（クマのプーさんえほん9） 1982年9月

「イーヨーのしあわせなたんじょうび」 A.A.ミルン原作;末吉暁子訳 フレーベル館 2003年12月

架空のもの・ファンタジー

「イーヨーのたんじょうび」 A.A.ミルン文；E.H.シェパード絵；石井桃子訳 岩波書店（クマのプーさんえほん4） 1982年6月

「ウサギまいごになる」 A.A.ミルン文；E.H.シェパード絵；石井桃子訳 岩波書店（クマのプーさんえほん13） 1983年2月

「カンガとルー森にくる」 A.A.ミルン文；E.H.シェパード絵；石井桃子訳 岩波書店（クマのプーさんえほん5） 1982年6月

「クマのプーさん」 A.A.ミルン文；E.H.シェパード絵；石井桃子訳 岩波書店 1968年12月

「くまのプーさんとはちみつ」 テディ・スレイター文；ビル・ラングレー；ダイアナ・ウェイクマン絵；中川千尋訳 講談社 1994年3月

「くまのプーさんと大あらし」 テディ・スレイター文；ビル・ラングレー；ダイアナ・ウェイクマン絵；中川千尋訳 講談社 1994年3月

「くまのプーさんのクリスマス」 ブルース・トーキントン作；江國香織訳 講談社 2000年10月

「コブタと大こうずい」 A.A.ミルン文；E.H.シェパード絵；石井桃子訳 岩波書店（クマのプーさんえほん7） 1982年9月

「コブタのおてがら」 A.A.ミルン文；E.H.シェパード絵；石井桃子訳 岩波書店（クマのプーさんえほん14） 1983年2月

「ティガーの 朝ごはん」 A.A.ミルン原作；末吉暁子訳 フレーベル館（おはなしプーさんえほん） 2000年12月

「ティガーの 木のぼり」 A.A.ミルン原作；末吉暁子訳 フレーベル館（おはなしプーさんえほん） 2001年3月

「ティガーのはねとびをとめるには」 A.A.ミルン原作；末吉暁子訳 フレーベル館 2003年12月

「トラーのあさごはん」 A.A.ミルン文；E.H.シェパード絵；石井桃子訳 岩波書店（クマのプーさんえほん10） 1982年9月

「トラー木にのぼる」 A.A.ミルン文；E.H.シェパード絵；石井桃子訳 岩波書店（クマのプーさんえほん11） 1983年2月

「はねとびティガー」 A.A.ミルン原作；末吉暁子訳 フレーベル館（おはなしプーさんえほん） 2001年3月

「ピグレット おふろにはいる」 A.A.ミルン作；末吉暁子訳 フレーベル館 2003年12月

「ピグレット ゾッシーにであう」 A.A.ミルン原作；末吉暁子訳 フレーベル館 2006年4月

「ピグレット だいかつやく」 A.A.ミルン原作；末吉暁子訳 フレーベル館（おはなしプーさんえほん） 2000年12月

「ピグレットを すくいだせ」 A.A.ミルン原作；末吉暁子訳 フレーベル館（おはなしプーさんえほん） 2001年3月

「プーあなにつまる・ふしぎなあしあと」 A.A.ミルン文；E.H.シェパード絵；石井桃子訳 岩波書店（クマのプーさんえほん2） 1982年6月

架空のもの・ファンタジー

「プーさん ともだちをたずねる」 A.A.ミルン原作；末吉暁子訳 フレーベル館 2003年12月

「プーさんの ぼうあそび」 A.A.ミルン原作；末吉暁子訳 フレーベル館（おはなしプーさんえほん） 2000年12月

「プーさんのたてたいえ」 A.A.ミルン原作；末吉暁子訳 フレーベル館 2005年12月

「プーのゾゾがり」 A.A.ミルン文；E.H.シェパード絵；石井桃子訳 岩波書店（クマのプーさんえほん3） 1982年6月

「プーのたのしいパーティー」 A.A.ミルン文；E.H.シェパード絵；石井桃子訳 岩波書店（クマのプーさんえほん8） 1982年9月

「プーのはちみつとり」 A.A.ミルン文；E.H.シェパード絵；石井桃子訳 岩波書店（クマのプーさんえほん1） 1982年6月

「プーのほっきょくたんけん」 A.A.ミルン文；E.H.シェパード絵；石井桃子訳 岩波書店（クマのプーさんえほん6） 1982年9月

「フクロのひっこし」 A.A.ミルン文；E.H.シェパード絵；石井桃子訳 岩波書店（クマのプーさんえほん15） 1983年2月

「森の大パーティー」 A.A.ミルン原作；末吉暁子訳 フレーベル館（おはなしプーさんえほん） 2001年3月

キャラクター絵本＞セサミストリート

「"もうちゃん"といっしょ」 アンナ・ディクソン作；キャロル・ニクラウス絵；せなあいこ訳 評論社（児童図書館・絵本の部屋 セサミストリートのなかまたち1） 1994年1月

「アーニー かえってきて！」 サラ・ロバーツ文；ジョー・マシュー絵；野中しぎ訳 偕成社（セサミストリートえほん1） 1993年11月

「アーニーっていかしてる！」 エミリー・トンプソン作；トム・クーク絵；せなあいこ訳 評論社（児童図書館・絵本の部屋 セサミストリートのなかまたち11） 1995年4月

「あかちゃんがやってきた」 エミリー・P.キングズリー作；リチャード・ウォールズ絵；せなあいこ訳 評論社（児童図書館・絵本の部屋 セサミストリートのなかまたち4） 1994年7月

「エルモもつれてって！」 モリー・クロス文；ジョー・マシュー絵；野中しぎ訳 偕成社（セサミストリートえほん4） 1993年11月

「おいしゃさんに なりたいな」 ライザ・アレクサンダー作；ローレン・アティネロ絵；しばたよういち訳 フレーベル館（セサミストリート おおきくなったら1） 1994年9月

「おちびちゃんてよばないで」 ライザ・アレクサンダー作；トム・ブラノン絵；せなあいこ訳 評論社（児童図書館・絵本の部屋 セサミストリートのなかまたち7） 1995年4月

「おとぼけグローバー」 ティッシュ・レイブ作；マギー・スワンソン絵；いわくらちはる訳 フレーベル館（セサミストリート リトル ブック3） 1994年7月

「がっこうのせんせいはスーパーマン」 ミケラ・マンティン作；デビッド・プレベナ絵；しばたよういち訳 フレーベル館（セサミストリート おおきくなったら3） 1994年9月

架空のもの・ファンタジー

「クッキーモンスターはくいしんぼう」 リンダ・ヘイワード文;ジョー・ユーワーズ絵;野中しぎ訳 偕成社(セサミストリートえほん5) 1993年11月

「げんきだしてヘリーモンスター」 ダン・エリオット文;ジョー・マシュー絵;野中しぎ訳 偕成社(セサミストリートえほん6) 1993年11月

「こわいよ こわいよ」 ライザ・アレクサンダー作;トム・クーク絵;せなあいこ訳 評論社(児童図書館・絵本の部屋 セサミストリートのなかまたち2) 1994年1月

「しょうぼうしになりたいな」 リンダ・リー・マイフェア作;トム・クック絵;しばたよういち訳 フレーベル館(セサミストリート おおきくなったら3) 1994年9月

「たんじょう日っていいな」 レイ・シィファード作;トム・クーク絵;せなあいこ訳 評論社(児童図書館・絵本の部屋 セサミストリートのなかまたち12) 1995年4月

「どうぶつのおいしゃさんになりたいな」 ミケラ・マンティン作;トム・クック絵;しばたよういち訳 フレーベル館(セサミストリート おおきくなったら3) 1994年11月

「なかないでビッグバード」 サラ・ロバーツ文;トム・レイ絵;野中しぎ訳 偕成社(セサミストリートえほん2) 1993年11月

「なかまはずれは いや！」 ライザ・アレクサンダー作;デビッド・プレベンナ絵;せなあいこ訳 評論社(児童図書館・絵本の部屋 セサミストリートのなかまたち6) 1994年7月

「なんてついてない日なの！」 アンナ・ディクソン作;トム・ブラノン絵;せなあいこ訳 評論社(児童図書館・絵本の部屋 セサミストリートのなかまたち10) 1995年4月

「ビッグバードのたからもの」 ティッシュ・ソマーズ作;マギー・スワンソン絵;せなあいこ訳 評論社(児童図書館・絵本の部屋 セサミストリートのなかまたち9) 1995年4月

「へそまがり オスカー」 ライザ・アレクサンダー作;マギー・スワンソン絵;いわくらちはる訳 フレーベル館(セサミストリート リトルブック4) 1994年7月

「まいごになっちゃった！」 ライザ・アレクサンダー作;トム・クーク絵;せなあいこ訳 評論社(児童図書館・絵本の部屋 セサミストリートのなかまたち8) 1995年4月

「やんちゃな エルモ」 コンスタンス・アレン作;マギー・スワンソン絵;いわくらちはる訳 フレーベル館(セサミストリート リトルブック2) 1994年5月

「ようきな ビッグバード」 コンスタンス・アレン作;マギー・スワンソン絵;いわくらちはる訳 フレーベル館(セサミストリート リトルブック1) 1994年5月

「わたしのゆめはバレリーナ」 ライザ・アレクサンダー作;キャロル・ニクラス絵;しばたよういち訳 フレーベル館(セサミストリート おおきくなったら2) 1994年9月

「わっ、たいへん！」 アンナ・ディクソン作;トム・クーク絵;せなあいこ訳 評論社(児童図書館・絵本の部屋 セサミストリートのなかまたち3) 1994年1月

キャラクター絵本＞ぞうのエルマー

「エルマー！エルマー！」 デビッド・マッキー文・絵;きたむらさとし訳 BL出版(ぞうのエルマー2) 2002年5月

「エルマーがとんだ」 デビッド・マッキー文・絵;きたむらさとし訳 BL出版(ぞうのエルマー5) 2002年7月

架空のもの・ファンタジー

「エルマーとウイルバー」 デビッド・マッキー文・絵;きたむらさとし訳 BL出版(ぞうのエルマー4) 2002年7月

「エルマーとエルドーおじいちゃん」 デビッド・マッキー文・絵;きたむらさとし訳 BL出版(ぞうのエルマー9) 2002年11月

「エルマーとおおきなとり」 デビッド・マッキー文・絵;きたむらさとし訳 BL出版(ぞうのエルマー16) 2008年7月

「エルマーとカバ」 デビッド・マッキー文・絵;きたむらさとし訳 BL出版(ぞうのエルマー11) 2005年9月

「エルマーとカンガルー」 デビッド・マッキー文・絵;きたむらさとし訳 BL出版(ぞうのエルマー7) 2002年9月

「エルマーとサンタさん」 デビッド・マッキー文・絵;きたむらさとし訳 BL出版(ぞうのエルマー18) 2010年10月

「エルマーとゼルダおばさん」 デビッド・マッキー文・絵;きたむらさとし訳 BL出版(ぞうのエルマー14) 2007年1月

「エルマーとちょうちょ」 デビッド・マッキー文・絵;きたむらさとし訳 BL出版(ぞうのエルマー10) 2002年12月

「エルマーとにじ」 デビッド・マッキー文・絵;きたむらさとし訳 BL出版(ぞうのエルマー15) 2007年10月

「エルマーとヘビ」 デビッド・マッキー文・絵;きたむらさとし訳 BL出版(ぞうのエルマー12) 2005年10月

「エルマーとまいごのクマ」 デビッド・マッキー文・絵;きたむらさとし訳 BL出版(ぞうのエルマー6) 2002年9月

「エルマーとゆき」 デイビッド・マッキー作;斉藤洋訳 ほるぷ出版 1995年12月

「エルマーとローズ」 デビッド・マッキー文・絵;きたむらさとし訳 BL出版(ぞうのエルマー13) 2005年11月

「エルマーのたけうま」 デビッド・マッキー文・絵;きたむらさとし訳 BL出版(ぞうのエルマー3) 2002年5月

「エルマーのとくべつな日」 デビッド・マッキー文・絵;きたむらさとし訳 BL出版(ぞうのエルマー17) 2009年11月

「エルマーのゆきあそび」 デビッド・マッキー文・絵;きたむらさとし訳 BL出版(ぞうのエルマー8) 2002年11月

「ぞうのエルマー」 デイビッド・マッキー文・絵;安西徹雄訳 アリス館 1985年4月

「ぞうのエルマー」 デビッド・マッキー文・絵;きたむらさとし訳 BL出版(ぞうのエルマー1) 2002年4月

「またまたぞうのエルマー」 デイビッド・マッキー文・絵;安西徹雄訳 アリス館牧新社 1977年3月

架空のもの・ファンタジー

キャラクター絵本＞ぞうのババール

「おうさまババール」ジャン・ド・ブリュノフ作；矢川澄子訳　評論社（児童図書館・絵本の部屋　グランドアルバムぞうのババール2）　1988年1月

「こんにちはババールいっか」ローラン・ド・ブリュノフ作；久米穣訳　講談社（講談社のピクチュアブック5）　1979年7月

「ゼフィールのなつやすみ」ジャン・ド・ブリュノフ原作；せなあいこ訳　評論社（ババールのポケット・ブック6）　1994年10月

「ぞうさんババール」ジャン・ド・ブリューノフ原作；那須辰造訳　講談社（フランス生まれのババール絵本1）　1965年11月

「ぞうさんばばーる」ジャン・ド・ブリューノフ原作；鈴木力衛訳　岩波書店（岩波の子どもの本）　1956年12月

「ぞうのババール」ジャン・ド・ブリュノフ作；矢川澄子訳　評論社（児童図書館・絵本の部屋　グランドアルバムぞうのババール1）　1987年12月

「ぞうのババール」ジャン・ド・ブリュノフ作；矢川澄子訳　評論社（評論社の児童図書館・絵本の部屋）　1974年10月

「ババールうみへいく」L.ド・ブリュノフ作；しまづさとし訳；おのかずこ文　評論社（ミニ・ババール9）　1979年4月

「ババールおうさま」ジャン・ド・ブリュノフ原作；せなあいこ訳　評論社（ババールのポケット・ブック3）　1994年10月

「ババールくるまでピクニック」L.ド・ブリュノフ作；しまづさとし訳；おのかずこ文　評論社（ミニ・ババール7）　1976年3月

「ババールケーキをつくります」L.ド・ブリュノフ作；しまづさとし訳；おのかずこ文　評論社（ミニ・ババール10）　1976年4月

「ババールスキーじょうへ」L.ド・ブリュノフ作；しまづさとし訳；おのかずこ文　評論社（ミニ・ババール4）　1975年12月

「ババールといたずらアルチュール」ロラン・ド・ブリュノフ作；矢川澄子訳　評論社（評論社の児童図書館・絵本の部屋　ぞうのババール6）　1975年6月

「ババールとおいしゃさん」L.ド・ブリュノフ作；しまづさとし訳；おのかずこ文　評論社（ミニ・ババール1）　1975年12月

「ババールとおちびのイザベル」ロラン・ド・ブリュノフ作；せなあいこ訳　評論社（児童図書館・絵本の部屋）　2009年2月

「ババールとグリファトンきょうじゅ」ロラン・ド・ブリュノフ作；矢川澄子訳　評論社（評論社の児童図書館・絵本の部屋　ぞうのババール9）　1975年10月

「ババールとこどもたち」ジャン・ド・ブリュノフ原作；せなあいこ訳　評論社（ババールのポケット・ブック4）　1994年10月

「ババールとサンタクロース」ジャン・ド・ブリューノフ原作；那須辰造訳　講談社（フランス生まれのババール絵本4）　1965年12月

架空のもの・ファンタジー

「ババールとサンタクロース」 ジャン・ド・ブリュノフ作；矢川澄子訳　評論社（児童図書館・絵本の部屋 グランドアルバムぞうのババール5）　1987年12月

「ババールとサンタさん」 ジャン・ド・ブリュノフ原作；せなあいこ訳　評論社（ババールのポケット・ブック5）　1994年10月

「ババールとスポーツ」 L.ド・ブリュノフ作；しまづさとし訳　おのかずこ文　評論社（ミニ・ババール11）　1976年4月

「ババールとりのしまへ」 ロラン・ド・ブリュノフ作；矢川澄子訳　評論社（評論社の児童図書館・絵本の部屋 ぞうのババール7）　1975年10月

「ババールと子どもたち」 ジャン・ド・ブリューノフ原作；那須辰造訳　講談社（フランス生まれのババール絵本5）　1966年1月

「ババールのえかきさん」 L.ド・ブリュノフ作；しまづさとし訳；おのかずこ文　評論社（ミニ・ババール5）　1979年4月

「ババールのおにわ」 L.ド・ブリュノフ作；しまづさとし訳；おのかずこ文　評論社（ミニ・ババール6）　1976年3月

「ババールのおんがくかい」 L.ド・ブリュノフ作；しまづさとし訳；おのかずこ文　評論社（ミニ・ババール2）　1975年12月

「ババールのキャンピング」 L.ド・ブリュノフ作；しまづさとし訳；おのかずこ文　評論社（ミニ・ババール8）　1976年3月

「ババールのクリスマスツリー」 L.ド・ブリュノフ作；しまづさとし訳；おのかずこ文　評論社（ミニ・ババール3）　1975年12月

「ババールのこどもたち」 ジャン・ド・ブリュノフ作；矢川澄子訳　評論社（児童図書館・絵本の部屋 グランドアルバムぞうのババール4）　1988年1月

「ババールのしんこんりょこう」 ジャン・ド・ブリュノフ作；矢川澄子訳　評論社（児童図書館・絵本の部屋 グランドアルバムぞうのババール2）　1987年12月

「ババールのたんじょうパーティー」 ロラン・ド・ブリュノフ作；せなあいこ訳　評論社（児童図書館・絵本の部屋）　2007年8月

「ババールのどろぼうをさがせ！」 ロラン・ド・ブリュノフ作；せなあいこ訳　評論社（児童図書館・絵本の部屋）　2008年6月

「ババールのはくらんかい」 ロラン・ド・ブリュノフ作；矢川澄子訳　評論社（評論社の児童図書館・絵本の部屋 ぞうのババール8）　1975年10月

「ババールのハネムーン」 ジャン・ド・ブリュノフ原作；せなあいこ訳　評論社（ババールのポケット・ブック2）　1994年10月

「ババールのピクニック」 ローランド・ド・ブリューノフ原作；那須辰造訳　講談社（フランス生まれのババール絵本6）　1966年1月

「ババールのひっこし」 ロラン・ド・ブリュノフ作；矢川澄子訳　評論社（評論社の児童図書館・絵本の部屋 ぞうのババール10）　1975年10月

架空のもの・ファンタジー

「ババールの美術館」 ロラン・ド・ブリュノフ作；せなあいこ訳　評論社（児童図書館・絵本の部屋）2005年4月

「ババールの旅行」 ジャン・ド・ブリューノフ原作；那須辰造訳　講談社（フランス生まれのババール絵本3）1965年12月

「ババールひこうきにのる」 L.ド・ブリュノフ作；しまづさとし訳；おのかずこ文　評論社（ミニ・ババール12）1976年4月

「ババール王さまのかんむり」 ロラン・ド・ブリュノフ作・絵；渡辺茂男文　日本パブリッシング（ビギナーブックシリーズ）1969年1月

「王さまババール」 ジャン・ド・ブリューノフ原作；那須辰造訳　講談社（フランス生まれのババール絵本2）1965年11月

キャラクター絵本＞たこやきマントマン

「うちゅうかいじゅうドンギャー」 高田ひろお作；中村泰敏絵　金の星社（たこやきマントマン・ミニえほん2）1991年7月

「たこやきマントマン-うちゅうのぼうけんのまき」 高田ひろお作；中村泰敏絵　金の星社（新しいえほん）1995年12月

「たこやきマントマン-おばけのくにのぼうけんのまき」 高田ひろお作；中村泰敏絵　金の星社（新しいえほん）1991年7月

「たこやきマントマン-にぎやかもりのぼうけんのまき」 高田ひろお作；中村泰敏絵　金の星社（新しいえほん）1994年2月

「たこやきマントマン-にんじゃじまのぼうけんのまき」 高田ひろお作；中村泰敏絵　金の星社（新しいえほん）1996年7月

「たこやきマントマン-はじめてのぼうけんのまき」 高田ひろお作；中村泰敏絵　金の星社（新しいえほん）1990年7月

「たこやきマントマン-マリンランドのぼうけんのまき」 高田ひろお作；中村泰敏絵　金の星社（新しいえほん）1999年7月

「たこやきマントマン-やさいばたけのぼうけんのまき」 高田ひろお作；中村泰敏絵　金の星社（新しいえほん）1992年7月

「のこぎりざめガリピー」 高田ひろお作；中村泰敏絵　金の星社（たこやきマントマン・ミニえほん3）1991年11月

キャラクター絵本＞たまごにいちゃん

「からすのたまごにいちゃん」 あきやまただし作・絵　鈴木出版（ひまわりえほんシリーズ）2007年5月

「がんばる！たまごにいちゃん」 あきやまただし作・絵　鈴木出版（ひまわりえほんシリーズ）2003年5月

「きんのたまごにいちゃん」 あきやまただし作・絵　鈴木出版（ひまわりえほんシリーズ）2009年6月

「こんにちはたまごにいちゃん」 あきやまただし作・絵　鈴木出版(ひまわりえほんシリーズ)　2004年7月

「たまごにいちゃん」 あきやまただし作・絵　鈴木出版　2001年9月

「たまごにいちゃんぐみ」 あきやまただし作・絵　鈴木出版(ひまわりえほんシリーズ)　2006年7月

「たまごにいちゃんといっしょ」 あきやまただし作・絵　鈴木出版(ひまわりえほんシリーズ)　2010年4月

「たまごねえちゃん」 あきやまただし作・絵　鈴木出版(ひまわりえほんシリーズ)　2005年9月

「へんしん!たまごにいちゃん」 あきやまただし作・絵　鈴木出版(ひまわりえほんシリーズ)　2008年9月

「やっぱりたまごねえちゃん」 あきやまただし作・絵　鈴木出版(ひまわりえほんシリーズ)　2007年6月

キャラクター絵本＞チューリップさん

「チューリップさんのおきにいり」 五味太郎作　ブロンズ新社　2005年9月

キャラクター絵本＞テディベア

「うみへいこうよ」 スザンナ・グレッツ作・絵;各務三郎訳　岩崎書店(テディベアのえほん1)　1984年8月

「かいものいっぱい」 スザンナ・グレッツ作・絵;各務三郎訳　岩崎書店(テディベアのえほん4)　1984年10月

「かぜひいちゃった」 スザンナ・グレッツ作・絵;各務三郎訳　岩崎書店(テディベアのえほん8)　1985年3月

「テディ・ベアの おいしゃさん」 ガブリエル・バンサン作;今江祥智訳　ブックローン出版　1995年3月

「テディとアニー」 マリア・オニール文;モーリーン・ガルバーニ絵;井辻朱美訳　河出書房新社　1999年12月

「テディとアニー2 また忘れられて」 マリア・オニール文;モーリーン・ガルバーニ絵;井辻朱美訳　河出書房新社　2000年7月

「テディとアニー3 遊園地はだいきらい」 マリア・オニール文;モーリーン・ガルバーニ絵;井辻朱美訳　河出書房新社　2000年7月

「テディとアニー4 世界一せまいどうぶつえん」 ノーマン・レッドファーン文;モーリーン・ガルバーニ絵;井辻朱美訳　河出書房新社　2000年8月

「テディとアニー5 どろぼうをつかまえろ!」 ノーマン・レッドファーン文;レス・ギバード絵;井辻朱美訳　河出書房新社　2000年11月

「テディとアニー6 びょういんは大さわぎ」 ノーマン・レッドファーン文;レス・ギバード絵;井辻朱美訳 河出書房新社 2000年12月

「テディベアにそだてられたおとこのこ」 ジェニー・ウィリス文;スーザン・バーレイ絵;河野万里子訳 ほるぷ出版 2002年7月

「テディベアのハミッシュ」 モイラ・マンロー作;ごうどまち訳 オリコン・エンタテインメント 2004年6月

「ひっこしおおさわぎ」 スザンナ・グレッツ作・絵;各務三郎訳 岩崎書店(テディベアのえほん2) 1984年10月

「雨の日のうちゅうせんごっこ」 スザンナ・グレッツ作・絵;各務三郎訳 岩崎書店(テディベアのえほん3) 1984年10月

キャラクター絵本＞ななみちゃん

「ななみのここち」 稲葉卓也作 主婦と生活社 2005年5月

キャラクター絵本＞ねぎぼうずのあさたろう

「ねぎぼうずのあさたろう その1 とうげのまちぶせ」 飯野和好作 福音館書店(日本傑作絵本シリーズ) 1999年11月

「ねぎぼうずのあさたろう その2」 飯野和好作 福音館書店(日本傑作絵本シリーズ) 2000年4月

「ねぎぼうずのあさたろう その3」 飯野和好著 福音館書店(日本傑作絵本シリーズ) 2001年3月

「ねぎぼうずのあさたろう その4 火の玉おてつのあだうち」 飯野和好作 福音館書店(日本傑作絵本シリーズ) 2003年3月

「ねぎぼうずのあさたろう その5」 飯野和好作 福音館書店(日本傑作絵本シリーズ) 2005年6月

「ねぎぼうずのあさたろう その6」 飯野和好作 福音館書店(日本傑作絵本シリーズ) 2006年11月

「ねぎぼうずのあさたろう その7」 飯野和好作 福音館書店(日本傑作絵本シリーズ) 2008年10月

「ねぎぼうずのあさたろう その8」 飯野和好作 福音館書店(日本傑作絵本シリーズ) 2010年6月

キャラクター絵本＞バーバパパ

「バーバズーとまいごのたまご」 アネット・チゾン;タラス・テイラー作;山下明生訳 講談社(バーバパパ・ミニえほん9) 1977年4月

「バーバズーのすてきなおんしつ」 アネット・チゾン;タラス・テイラー作;山下明生訳 講談社(バーバパパ・ミニえほん13) 1979年4月

架空のもの・ファンタジー

「バーバズーのひつじかい」 アネット・チゾン；タラス・テイラー作；山下明生訳　講談社（バーバパパ・ミニえほん19）　1985年3月

「バーバパパ ペンギンのくにへ」 アネット・チゾン；タラス・テイラー作；山下明生訳　講談社（バーバパパ世界をまわる6）　2000年3月

「バーバパパうみにでる」 アネット・チゾン；タラス・テイラー作；山下明生訳　講談社（バーバパパ・ミニえほん5）　1980年2月

「バーバパパうみにでる」 アネット・チゾン；タラス・テイラー作；山下明生訳　講談社（バーバパパのちいさなおはなし6）　1997年7月

「バーバパパかせいへいく」 アネット・チゾン；タラス・テイラー作；山下明生訳　講談社（講談社のバーバパパえほん9）　2005年10月

「バーバパパたびにでる」 アネット・チゾン；タラス・テイラー作；やましたはるお訳　講談社（講談社のバーバパパえほん1）　1975年8月

「バーバパパとうみがめのおやこ」 アネット・チゾン；タラス・テイラー作；山下明生訳　講談社（バーバパパ世界をまわる2）　1999年11月

「バーバパパときえたこぐま」 アネット・チゾン；タラス・テイラー作；山下明生訳　講談社（バーバパパ世界をまわる3）　2000年2月

「バーバパパのアフリカいき」 アネット・チゾン；タラス・テイラー作；山下明生訳　講談社（バーバパパ・ミニえほん1）　1980年9月

「バーバパパのアフリカいき」 アネット・チゾン；タラス・テイラー作；山下明生訳　講談社（バーバパパのちいさなおはなし11）　1997年12月

「バーバパパのいえさがし」 アネット・チゾン；タラス・テイラー作；やましたはるお訳　講談社（講談社のバーバパパえほん2）　1975年11月

「バーバパパのおんがくかい」 アネット・チゾン；タラス・テイラー作；山下明生訳　講談社（バーバパパ・ミニえほん4）　1980年2月

「バーバパパのおんがくかい」 アネット・チゾン；タラス・テイラー作；山下明生訳　講談社（バーバパパのちいさなおはなし10）　1997年11月

「バーバパパのがっきやさん」 アネット・チゾン；タラス・テイラー作；山下明生訳　講談社（バーバパパのちいさなおはなし8）　1997年9月；講談社（バーバパパ・ミニえほん24）　1993年10月

「バーバパパのがっこう」 アネット・チゾン；タラス・テイラー作；やましたはるお訳　講談社（講談社のバーバパパえほん4）　1976年6月

「バーバパパのクリスマス」 アネット・チゾン；タラス・テイラー作；山下明生訳　講談社（バーバパパ・ミニえほん12）　1977年5月

「バーバパパのクリスマス」 アネット・チゾン；タラス・テイラー作；山下明生訳　講談社（バーバパパのちいさなおはなし9）　1997年10月

「バーバパパのこもりうた」 アネット・チゾン；タラス・テイラー作；山下明生訳　講談社（バーバパパ・ミニえほん2）　1980年9月

架空のもの・ファンタジー

「バーバパパのこもりうた」 アネット・チゾン;タラス・テイラー作;山下明生訳　講談社(バーバパパのちいさなおはなし12)　1998年1月

「バーバパパのさんごしょうたんけん」 アネット・チゾン;タラス・テイラー作;山下明生訳　講談社(バーバパパ世界をまわる5)　2000年3月

「バーバパパのしまづくり」 アネット・チゾン;タラス・テイラー作;山下明生訳　講談社(講談社のバーバパパえほん7)　1992年9月

「バーバパパのジュースづくり」 アネット・チゾン;タラス・テイラー作;山下明生訳　講談社(バーバパパ・ミニえほん3)　1980年8月

「バーバパパのジュースづくり」 アネット・チゾン;タラス・テイラー作;山下明生訳　講談社(バーバパパのちいさなおはなし7)　1997年8月

「バーバパパのしんじゅとり」 アネット・チゾン;タラス・テイラー作;山下明生訳　講談社(バーバパパ・ミニえほん21)　1985年3月

「バーバパパのしんじゅとり」 アネット・チゾン;タラス・テイラー作;山下明生訳　講談社(バーバパパのちいさなおはなし5)　1997年6月

「バーバパパのすいしゃごや」 アネット・チゾン;タラス・テイラー作;山下明生訳　講談社(バーバパパ・ミニえほん17)　1979年4月

「バーバパパのすいしゃごや」 アネット・チゾン;タラス・テイラー作;山下明生訳　講談社(バーバパパのちいさなおはなし3)　1997年5月

「バーバパパのだいサーカス」 アネット・チゾン;タラス・テイラー作;やましたはるお訳　講談社(講談社のバーバパパえほん5)　1979年2月

「バーバパパのたんじょうび」 アネット・チゾン;タラス・テイラー作;山下明生訳　講談社(バーバパパ・ミニえほん11)　1985年11月

「バーバパパのたんじょうび」 アネット・チゾン;タラス・テイラー作;山下明生訳　講談社(バーバパパのちいさなおはなし1)　1997年4月

「バーバパパのどうぶつさがし」 アネット・チゾン;タラス・テイラー作;山下明生訳　講談社(バーバパパ世界をまわる1)　1999年11月

「バーバパパのなつやすみ」 アネット・チゾン;タラス・テイラー作;山下明生訳　講談社(講談社のバーバパパえほん8)　1995年3月

「バーバパパののみたいじ」 アネット・チゾン;タラス・テイラー作;山下明生訳　講談社(バーバパパ・ミニえほん6)　1982年5月

「バーバパパののみたいじ」 アネット・チゾン;タラス・テイラー作;山下明生訳　講談社(バーバパパのちいさなおはなし4)　1997年5月

「バーバパパのはこぶね」 アネット・チゾン;タラス・テイラー作;やましたはるお訳　講談社(講談社のバーバパパえほん3)　1975年11月

「バーバパパのパンダさがし」 アネット・チゾン;タラス・テイラー作;山下明生訳　講談社(バーバパパ世界をまわる4)　2000年2月

架空のもの・ファンタジー

「バーバパパのふうせんりょこう」 アネット・チゾン；タラス・テイラー作；山下明生訳　講談社（バーバパパ・ミニえほん7）　1977年4月

「バーバパパのふうせんりょこう」 アネット・チゾン；タラス・テイラー作；山下明生訳　講談社（バーバパパのちいさなおはなし2）　1997年4月

「バーバパパのプレゼント」 アネット・チゾン；タラス・テイラー作；やましたはるお訳　講談社（講談社のバーバパパえほん6）　1982年11月

「バーバピカリのとけいやさん」 アネット・チゾン；タラス・テイラー作；山下明生訳　講談社（バーバパパ・ミニえほん20）　1985年3月

「バーバブラボーのかじやさん」 アネット・チゾン；タラス・テイラー作；山下明生訳　講談社（バーバパパ・ミニえほん16）　1979年4月

「バーバベルのレースあみ」 アネット・チゾン；タラス・テイラー作；山下明生訳　講談社（バーバパパ・ミニえほん14）　1979年4月

「バーバママのかわいいこうし」 アネット・チゾン；タラス・テイラー作；山下明生訳　講談社（バーバパパ・ミニえほん10）　1977年5月

「バーバママのだいくさん」 アネット・チゾン；タラス・テイラー作；山下明生訳　講談社（バーバパパ・ミニえほん22）　1993年10月

「バーバモジャのおしゃれ」 アネット・チゾン；タラス・テイラー作；山下明生訳　講談社（バーバパパ・ミニえほん8）　1977年4月

「バーバモジャのつぼづくり」 アネット・チゾン；タラス・テイラー作；山下明生訳　講談社（バーバパパ・ミニえほん18）　1979年4月

「バーバララのびんづくり」 アネット・チゾン；タラス・テイラー作；山下明生訳　講談社（バーバパパ・ミニえほん23）　1993年10月

「バーバリブほんをつくる」 アネット・チゾン；タラス・テイラー作；山下明生訳　講談社（バーバパパ・ミニえほん15）　1979年4月

キャラクター絵本＞ピーターラビット

「「ジンジャーとピクルズや」のおはなし」 ビアトリクス・ポター作・絵；いしいももこ訳　福音館書店（ピーターラビットの絵本12）　1973年1月

「「ジンジャーとピクルズや」のおはなし」 ビアトリクス・ポター作・絵；いしいももこ訳　福音館書店（ピーターラビットの絵本12）　2002年10月；福音館書店（ピーターラビットの絵本12）　1988年4月

「2ひきのわるいねずみのおはなし」 ビアトリクス・ポター作・絵；いしいももこ訳　福音館書店（ピーターラビットの絵本7）　1972年5月

「2ひきのわるいねずみのおはなし」 ビアトリクス・ポター作・絵；いしいももこ訳　福音館書店（ピーターラビットの絵本7）　2002年10月；福音館書店（ピーターラビットの絵本7）　1988年4月

「あひるのジマイマのおはなし」 ビアトリクス・ポター作・絵；いしいももこ訳　福音館書店（ピーターラビットの絵本11）　1973年1月

架空のもの・ファンタジー

「あひるのジマイマのおはなし」ビアトリクス・ポター作・絵；いしいももこ訳　福音館書店（ピーターラビットの絵本11）　2002年10月；福音館書店（ピーターラビットの絵本11）　1988年4月

「カルアシ・チミーのおはなし」ビアトリクス・ポター作・絵；いしいももこ訳　福音館書店（ピーターラビットの絵本18）　1983年6月

「カルアシ・チミーのおはなし」ビアトリクス・ポター作・絵；いしいももこ訳　福音館書店（ピーターラビットの絵本18）　2002年10月；福音館書店（ピーターラビットの絵本18）　1988年4月

「キツネどんのおはなし」ビアトリクス・ポター作・絵；いしいももこ訳　福音館書店（ピーターラビットの絵本13）　1974年2月

「キツネどんのおはなし」ビアトリクス・ポター作・絵；いしいももこ訳　福音館書店（ピーターラビットの絵本13）　2002年10月；福音館書店（ピーターラビットの絵本13）　1988年4月

「グロースターのしたて屋のおはなし」ビアトリクス・ポター作・絵；おびかゆうこ訳　フジテレビ出版（ピーターラビットとなかまたち）　1993年11月

「グロースターの仕たて屋」ビアトリクス・ポター作・絵；いしいももこ訳　福音館書店（ピーターラビットの絵本15）　1974年2月

「グロースターの仕たて屋」ビアトリクス・ポター作・絵；いしいももこ訳　福音館書店（ピーターラビットの絵本15）　2002年10月；福音館書店（ピーターラビットの絵本15）　1988年4月

「こねこのトムとあひるのジマイマのおはなし」ビアトリクス・ポター作・絵；おびかゆうこ訳　フジテレビ出版（ピーター・ラビットとなかまたち）　1994年4月

「こねこのトムのおはなし」ビアトリクス・ポター作・絵；いしいももこ訳　福音館書店（ピーターラビットの絵本4）　1971年11月

「こねこのトムのおはなし」ビアトリクス・ポター作・絵；いしいももこ訳　福音館書店（ピーターラビットの絵本4）　2002年10月；福音館書店（ピーターラビットの絵本4）　1988年4月

「こぶたのピグリン・ブランドのおはなし」ビアトリクス・ポター作・絵；おびかゆうこ訳　フジテレビ出版（ピーターラビットとなかまたち）　1994年10月

「こぶたのピグリン・ブランドのおはなし」ビアトリクス・ポター作・絵；まさきるりこ訳　福音館書店（ピーターラビットの絵本21）　2002年10月；福音館書店（ピーターラビットの絵本21）　1988年6月

「こぶたのロビンソンのおはなし」ビアトリクス・ポター作・絵；まさきるりこ訳　福音館書店（ピーターラビットの絵本24）　2002年10月；福音館書店（ピーターラビットの絵本24）　1993年9月

「こわいわるいうさぎのおはなし」ビアトリクス・ポター作・絵；いしいももこ訳　福音館書店（ピーターラビットの絵本6）　1971年11月

「こわいわるいうさぎのおはなし」ビアトリクス・ポター作・絵；いしいももこ訳　福音館書店（ピーターラビットの絵本6）　2002年10月；福音館書店（ピーターラビットの絵本6）　1988年4月

架空のもの・ファンタジー

「ジェレミー=フィッシャーどんのおはなし」ビアトリクス・ポター作・絵;いしいももこ訳　福音館書店(ピーターラビットの絵本17)　2002年10月;福音館書店(ピーターラビットの絵本17)　1988年4月

「ジェレミー・フィッシャーどんのおはなし」ビアトリクス・ポター作・絵;いしいももこ訳　福音館書店(ピーターラビットの絵本17)　1983年6月

「ずるいねこのおはなし」ビアトリクス・ポター作・絵;まさきるりこ訳　福音館書店(ピーターラビットの絵本20)　2002年10月;福音館書店(ピーターラビットの絵本20)　1988年6月

「ティギーおばさんとジェレミー・フィッシャーどんのおはなし」ビアトリクス・ポター作・絵;おびかゆうこ訳　フジテレビ出版(ピーターラビットとなかまたち)　1994年6月

「ティギーおばさんのおはなし」ビアトリクス・ポター作・絵;いしいももこ訳　福音館書店(ピーターラビットの絵本16)　1983年6月

「ティギーおばさんのおはなし」ビアトリクス・ポター作・絵;いしいももこ訳　福音館書店(ピーターラビットの絵本16)　2002年10月;福音館書店(ピーターラビットの絵本16)　1988年4月

「のねずみチュウチュウおくさんのおはなし」ビアトリクス・ポター作・絵;いしいももこ訳　福音館書店(ピーターラビットの絵本8)　1972年5月

「のねずみチュウチュウおくさんのおはなし」ビアトリクス・ポター作・絵;いしいももこ訳　福音館書店(ピーターラビットの絵本8)　2002年10月;福音館書店(ピーターラビットの絵本8)　1988年4月

「パイがふたつあったおはなし」ビアトリクス・ポター作・絵;いしいももこ訳　福音館書店(ピーターラビットの絵本19)　2002年10月;福音館書店(ピーターラビットの絵本19)　1988年6月

「ピーター・ラビットのおはなし」ビアトリクス・ポター作・絵;いしいももこ訳　福音館書店(ピーターラビットの絵本1)　2002年10月;福音館書店(ピーターラビットの絵本1)　1988年4

「ピーターラビットとベンジャミンバニーのおはなし」ビアトリクス・ポター作・絵;おびかゆうこ訳　フジテレビ出版(ピーターラビットとなかまたち)　1993年9月

「ピーターラビットのおはなし」ビアトリクス・ポター作・絵;いしいももこ訳　福音館書店(ピーターラビットの絵本1)　1971年11月

「ひげのサムエルのおはなし」ビアトリクス・ポター作・絵;いしいももこ訳　福音館書店(ピーターラビットの絵本14)　1974年2月

「ひげのサムエルのおはなし」ビアトリクス・ポター作・絵;いしいももこ訳　福音館書店(ピーターラビットの絵本14)　2002年10月;福音館書店(ピーターラビットの絵本14)　1988年4月

「ひげのサムエルのおはなし」ビアトリクス・ポター作・絵;おびかゆうこ訳　フジテレビ出版(ピーターラビットとなかまたち)　1994年4月

「フロプシーのこどもたち」ビアトリクス・ポター作・絵;いしいももこ訳　福音館書店(ピーターラビットの絵本3)　1971年11月

「フロプシーのこどもたち」ビアトリクス・ポター作・絵;いしいももこ訳　福音館書店(ピーターラビットの絵本3)　2002年10月;福音館書店(ピーターラビットの絵本3)　1988年4月

架空のもの・ファンタジー

「ベンジャミン・バニーのおはなし」ビアトリクス・ポター作・絵 ; いしいももこ訳　福音館書店（ピーターラビットの絵本2）　1971年11月

「ベンジャミンバニーのおはなし」ビアトリクス・ポター作・絵 ; いしいももこ訳　福音館書店（ピーターラビットの絵本2）　2002年10月 ; 福音館書店（ピーターラビットの絵本2）　1988年4月

「まちねずみジョニーのおはなし」ビアトリクス・ポター作・絵 ; いしいももこ訳　福音館書店（ピーターラビットの絵本9）　1972年5月

「まちねずみジョニーのおはなし」ビアトリクス・ポター作・絵 ; いしいももこ訳　福音館書店（ピーターラビットの絵本9）　2002年10月 ; 福音館書店（ピーターラビットの絵本9）　1988年4月

「モペットちゃんのおはなし」ビアトリクス・ポター作・絵 ; いしいももこ訳　福音館書店（ピーターラビットの絵本5）　1971年11月

「モペットちゃんのおはなし」ビアトリクス・ポター作・絵 ; いしいももこ訳　福音館書店（ピーターラビットの絵本5）　2002年10月 ; 福音館書店（ピーターラビットの絵本5）　1988年4月

「りすのナトキンのおはなし」ビアトリクス・ポター作・絵 ; いしいももこ訳　福音館書店（ピーターラビットの絵本10）　1973年1月

「りすのナトキンのおはなし」ビアトリクス・ポター作・絵 ; いしいももこ訳　福音館書店（ピーターラビットの絵本10）　2002年10月 ; 福音館書店（ピーターラビットの絵本10）　1988年4月

キャラクター絵本＞ピーマンマン

「グリーンマントのピーマンマン」さくらともこ作 ; 中村景児絵　岩崎書店（えほん・ドリームランド23）　1983年7月

「ピーマンマンとかぜひきキン」さくらともこ作 ; 中村景児絵　岩崎書店（えほん・ハートランド5）　1994年7月

「ピーマンマンとよふかし大まおう」さくらともこ作 ; 中村景児絵　岩崎書店（えほん・ハートランド22-ピーマンマンシリーズ）　1998年9月

「ピーマンマンのあ・そ・ぼっていえるかな」さくらともこ作 ; 中村景児絵　PHP研究所（まほうのP・P・Pランプ）　2003年6月

「ピーマンマンのありがとうっていえるかな」さくらともこ作 ; 中村景児絵　PHP研究所（まほうのP・P・Pランプ）　2004年3月

「ピーマンマンのごめんなさいっていえるかな」さくらともこ作 ; 中村景児絵　PHP研究所（まほうのP・P・Pランプ）　2003年11月

キャラクター絵本＞ペネロペ

「うたって、ペネロペ」アン・グットマン文 ; ゲオルグ・ハレンスレーベン絵 ; ひがしかずこ訳　岩崎書店（ペネロペおはなしえほん9）　2007年4月

「おなかすいたね、ペネロペ」アン・グットマン文 ; ゲオルグ・ハレンスレーベン絵 ; ひがしかずこ訳　岩崎書店（ペネロペおはなしえほん4）　2005年2月

架空のもの・ファンタジー

「ペネロペ あいさつできるかな」 アン・グットマン文；ゲオルグ・ハレンスレーベン絵；ひがしかずこ訳 岩崎書店（ペネロペおはなしえほん8） 2006年11月

「ペネロペ うみへいく」 アン・グットマン文；ゲオルグ・ハレンスレーベン絵；ひがしかずこ訳 岩崎書店（ペネロペおはなしえほん3） 2005年2月

「ペネロペ かたちをおぼえる」 アン・グットマン文；ゲオルグ・ハレンスレーベン絵；ひがしかずこ訳 岩崎書店（ペネロペおはなしえほん10） 2007年4月

「ペネロペ こわいゆめをやっつける」 アン・グットマン文；ゲオルグ・ハレンスレーベン絵；ひがしかずこ訳 岩崎書店 2009年7月

「ペネロペ たねをまく」 アン・グットマン文；ゲオルグ・ハレンスレーベン絵；ひがしかずこ訳 岩崎書店（ペネロペアニメえほん4） 2009年9月

「ペネロペ ひとりでふくをきる」 アン・グットマン文；ゲオルグ・ハレンスレーベン絵；ひがしかずこ訳 岩崎書店（ペネロペおはなしえほん1） 2005年1月

「ペネロペとふたごちゃん」 アン・グットマン文；ゲオルグ・ハレンスレーベン絵；ひがしかずこ訳 岩崎書店（ペネロペアニメえほん2） 2009年7月

「ペネロペのいちにち」 アン・グットマン文；ゲオルグ・ハレンスレーベン絵；ひがしかずこ訳 岩崎書店（ペネロペおはなしえほん12） 2010年2月

「ペネロペのカーニバル」 アン・グットマン文；ゲオルグ・ハレンスレーベン絵；ひがしかずこ訳 岩崎書店（ペネロペアニメえほん1） 2009年7月

「ペネロペのはるなつあきふゆ」 アン・グットマン文；ゲオルグ・ハレンスレーベン絵；ひがしかずこ訳 岩崎書店（ペネロペおはなしえほん11） 2009年5月

キャラクター絵本＞まめうし

「まめうしとひめうし」 あきやまただし作・絵 PHP研究所（PHPわたしのえほんシリーズ） 2005年3月

「まめうしとまめばあ」 あきやまただし作・絵 PHP研究所（PHPわたしのえほんシリーズ） 2006年6月

「まめうしのあついなつ」 あきやまただし作・絵 PHP研究所（PHPわたしのえほんシリーズ） 2005年7月

「まめうしのおとうさん」 あきやまただし作・絵 PHP研究所（PHPわたしのえほんシリーズ） 1998年9月

「まめうしのクリスマス」 あきやまただし作・絵 PHP研究所（PHPわたしのえほんシリーズ） 2008年10月

「まめうしのびっくりなあき」 あきやまただし作・絵 PHP研究所（PHPわたしのえほんシリーズ） 2007年9月

「まめうしのまんまるいふゆ」 あきやまただし作・絵 PHP研究所（PHPわたしのえほんシリーズ） 2005年12月

「まめうしのももいろのはる」 あきやまただし作・絵 PHP研究所（PHPわたしのえほんシリーズ） 2007年3月

架空のもの・ファンタジー

キャラクター絵本＞ミッフィー・うさこちゃん

「うさこちゃんおとまりにいく」　ディック・ブルーナ文・絵；まつおかきょうこ訳　福音館書店（ブルーナのゆかいななかま5）　1993年4月

「うさこちゃんおばけになる」　ディック・ブルーナ文・絵；松岡享子訳　福音館書店　2010年3月

「うさこちゃんがっこうへいく」　ディック・ブルーナ文・絵；石井桃子訳　福音館書店（子どもがはじめてであう絵本）　1985年1月

「うさこちゃんとあかちゃん」　ディック・ブルーナ文・絵；まつおかきょうこ訳　福音館書店　2005年4月

「うさこちゃんとうみ」　ディック・ブルーナ文・絵；石井桃子訳　福音館書店　2010年4月；福音館書店（子どもがはじめてであう絵本）　1964年6月

「うさこちゃんときゃらめる」　ディック・ブルーナ文・絵；松岡享子訳　福音館書店　2009年4月

「うさこちゃんとじてんしゃ」　ディック・ブルーナ文・絵；石井桃子訳　福音館書店（子どもがはじめてであう絵本）　1984年1月

「うさこちゃんとたれみみくん」　ディック・ブルーナ文・絵；松岡享子訳　福音館書店　2008年6月

「うさこちゃんとどうぶつえん」　ディック・ブルーナ文・絵；石井桃子訳　福音館書店（子どもがはじめてであう絵本）　1964年6月

「うさこちゃんとふえ」　ディック・ブルーナ文・絵；松岡享子訳　福音館書店　2007年4月

「うさこちゃんとゆうえんち」　ディック・ブルーナ文・絵；石井桃子訳　福音館書店（子どもがはじめてであう絵本）　1982年5月

「うさこちゃんのおうち」　ディック・ブルーナ文・絵；松岡享子訳　福音館書店　2010年3月

「うさこちゃんのおじいちゃんとおばあちゃん」　ディック・ブルーナ文・絵；まつおかきょうこ訳　福音館書店（ブルーナのゆかいななかま4）　1993年4月

「うさこちゃんのおじいちゃんへのおくりもの」　ディック・ブルーナ文・絵；松岡享子訳　福音館書店　2009年9月

「うさこちゃんのさがしもの」　ディック・ブルーナ文・絵；松岡享子訳　福音館書店　2008年9月

「うさこちゃんのだいすきなおばあちゃん」　ディック・ブルーナ文・絵；松岡享子訳　福音館書店　2008年9月

「うさこちゃんのたんじょうび」　ディック・ブルーナ文・絵；石井桃子訳　福音館書店（子どもがはじめてであう絵本）　1982年5月

「うさこちゃんのだんす」　ディック・ブルーナ文・絵；松岡享子訳　福音館書店　2009年9月

「うさこちゃんのてがみ」　ディック・ブルーナ文・絵；松岡享子訳　福音館書店　2009年4月

架空のもの・ファンタジー

「うさこちゃんのてんと」 ディック・ブルーナ文・絵；松岡享子訳 福音館書店 2008年6月

「うさこちゃんのにゅういん」 ディック・ブルーナ文・絵；石井桃子訳 福音館書店（子どもがはじめてであう絵本） 1982年5月

「うさこちゃんのはたけ」 ディック・ブルーナ文・絵；まつおかきょうこ訳 福音館書店 2005年4月

「うさこちゃんのゆめ」 ディック・ブルーナ文・絵；松岡享子訳 福音館書店 2010年9月

「うさこちゃんはじょおうさま」 ディック・ブルーナ文・絵；松岡享子訳 福音館書店 2009年9月

「うさこちゃんひこうきにのる」 ディック・ブルーナ文・絵；石井桃子訳 福音館書店（子どもがはじめてであう絵本） 1982年5月

「うさこちゃんびじゅつかんへいく」 ディック・ブルーナ文・絵；松岡享子訳 福音館書店 2008年6月

「おかしのくにのうさこちゃん」 ディック・ブルーナ文・絵；松岡享子訳 福音館書店 2007年4月

「ちいさなうさこちゃん」 ディック・ブルーナ文・絵；石井桃子訳 福音館書店（子どもがはじめてであう絵本） 1964年6月

「まほうつかいミッフィー」 ディック・ブルーナ作；角野栄子訳 講談社（ブルーナのおはなし文庫25） 2002年7月

「ミッフィーどうしたの？」 ディック・ブルーナ作；角野栄子訳 講談社（ミッフィーはじめてのえほん1） 2004年10月

「ミッフィーどうしたの」 ディック・ブルーナ作；角野栄子訳 講談社（ブルーナのおはなし文庫2） 1994年3月

「ミッフィーとおどろう」 ディック・ブルーナ作；角野栄子訳 講談社（ブルーナのおはなし文庫26） 2003年7月

「ミッフィーとメラニー」 ディック・ブルーナ作；角野栄子訳 講談社（ミッフィーはじめてのえほん5） 2005年1月；講談社（ブルーナのおはなし文庫20） 2000年5月

「ミッフィーのおうち」 ディック・ブルーナ作；角野栄子訳 講談社（ミッフィーはじめてのえほん2） 2004年10月；講談社（ブルーナのおはなし文庫6） 1994年5月

「ミッフィーのおばあちゃん」 ディック・ブルーナ作；角野栄子訳 講談社（ミッフィーはじめてのえほん4） 2005年1月；講談社（ブルーナのおはなし文庫17） 1997年6月

「ミッフィーのおばけごっこ」 ディック・ブルーナ作；角野栄子訳 講談社（ミッフィーはじめてのえほん9） 2005年1月；講談社（ブルーナのおはなし文庫24） 2001年10月

「ミッフィーのたのしいテント」 ディック・ブルーナ作；角野栄子訳 講談社（ミッフィーはじめてのえほん7） 2005年1月；講談社（ブルーナのおはなし文庫16） 1995年9月

「ミッフィーのたのしいびじゅつかん」 ディック・ブルーナ作；角野栄子訳 講談社（ミッフィーはじめてのえほん8） 2005年1月；講談社（ブルーナのおはなし文庫19） 1998年3月

架空のもの・ファンタジー

「ミッフィーのてがみ」 ディック・ブルーナ作;角野栄子訳　講談社(ミッフィーはじめてのえほん6) 2005年1月;講談社(ブルーナのおはなし文庫28) 2004年3月

「ミッフィーのゆめ」 ディック・ブルーナ作;角野栄子訳　講談社(ミッフィーはじめてのえほん3) 2004年10月;講談社(ブルーナのおはなし文庫13) 1995年6月

「ゆきのひのうさこちゃん」 ディック・ブルーナ文・絵;石井桃子訳　福音館書店(子どもがはじめてであう絵本) 1964年6月

キャラクター絵本＞ムーミン

「さびしがりやの クニット」 トーベ・ヤンソン作・絵;渡部翠訳　講談社(トーベ=ヤンソンのムーミン絵本) 1991年6月

「それから どうなるの？」 トーベ・ヤンソン作・絵;渡部翠訳　講談社(トーベ=ヤンソンのムーミン絵本) 1991年4月

「ムーミンのともだち」 トーベ・ヤンソン原作;松田素子文;スタジオ・メルファン絵　講談社 2008年8月

「ムーミンのふしぎ」 トーベ・ヤンソン原作;松田素子文;スタジオ・メルファン絵　講談社 2009年12月

「ムーミン谷への ふしぎな旅」 トーベ・ヤンソン作・絵;渡部翠訳　講談社(トーベ=ヤンソンのムーミン絵本) 1991年7月

「ムーミン谷へのふしぎな旅」 トーベ・ヤンソン作;小野寺百合子訳　講談社 1980年4月

キャラクター絵本＞リサとガスパール

「ガスパール うみへいく」 アン・グッドマン文;ゲオルグ・ハレンスレーベン絵;石津ちひろ訳　ブロンズ新社 2003年5月

「ガスパール こいぬをかう」 アン・グッドマン文;ゲオルグ・ハレンスレーベン絵;石津ちひろ訳　ブロンズ新社 2002年11月

「ガスパール びょういんへいく」 アン・グッドマン文;ゲオルグ・ハレンスレーベン絵;石津ちひろ訳　ブロンズ新社 2001年9月

「リサ かぜをひく」 アン・グッドマン文;ゲオルグ・ハレンスレーベン絵;石津ちひろ訳　ブロンズ新社 2004年10月

「リサ こねこをかう」 アン・グッドマン文;ゲオルグ・ハレンスレーベン絵;石津ちひろ訳　ブロンズ新社 2007年6月

「リサ ジャングルへいく」 アン・グッドマン文;ゲオルグ・ハレンスレーベン絵;石津ちひろ訳　ブロンズ新社 2002年11月

「リサ ニューヨークへいく」 アン・グッドマン文;ゲオルグ・ハレンスレーベン絵;石津ちひろ訳　ブロンズ新社 2001年1月

「リサ ひこうきにのる」 アン・グッドマン文;ゲオルグ・ハレンスレーベン絵;石津ちひろ訳　ブロンズ新社 2000年9月

架空のもの・ファンタジー

「リサ ママヘプレゼント」アン・グッドマン文；ゲオルグ・ハレンスレーベン絵；石津ちひろ訳 ブロンズ新社 2006年3月

「リサ れっしゃにのる」アン・グッドマン文；ゲオルグ・ハレンスレーベン絵；石津ちひろ訳 ブロンズ新社 2003年7月

「リサとガスパール えいがにいく」アン・グッドマン文；ゲオルグ・ハレンスレーベン絵；石津ちひろ訳 ブロンズ新社 2009年10月

「リサとガスパール にほんへいく」アン・グッドマン文；ゲオルグ・ハレンスレーベン絵；石津ちひろ訳 ブロンズ新社 2007年3月

「リサとガスパールデパートのいちにち」アン・グッドマン著；ゲオルグ・ハレンスレーベン絵；石津ちひろ訳 ブロンズ新社（リサとガスパールのおおがたえほん）2003年11月

「リサとガスパールのクリスマス」アン・グッドマン文；ゲオルグ・ハレンスレーベン絵；石津ちひろ訳 ブロンズ新社 2000年9月

「リサとガスパールのたいくつないちにち」アン・グッドマン文；ゲオルグ・ハレンスレーベン絵；石津ちひろ訳 ブロンズ新社 2004年2月

「リサとガスパールのちいさなともだち」アン・グッドマン文；ゲオルグ・ハレンスレーベン絵；石津ちひろ訳 ブロンズ新社 2008年9月

「リサとガスパールのであい」アン・グッドマン文；ゲオルグ・ハレンスレーベン絵；石津ちひろ訳 ブロンズ新社 2002年5月

「リサとガスパールのはくぶつかん」アン・グッドマン文；ゲオルグ・ハレンスレーベン絵；石津ちひろ訳 ブロンズ新社 2001年11月

「リサとガスパールのピクニック」アン・グッドマン文；ゲオルグ・ハレンスレーベン絵；石津ちひろ訳 ブロンズ新社 2006年9月

「リサとガスパールのマジック・ショー」アン・グッドマン文；ゲオルグ・ハレンスレーベン絵；石津ちひろ訳 ブロンズ新社（リサとガスパールのおおがたえほん）2005年3月

「リサとガスパールのレストラン」アン・グッドマン文；ゲオルグ・ハレンスレーベン絵；石津ちひろ訳 ブロンズ新社 2005年10月

「リサとガスパールのローラーブレード」アン・グッドマン文；ゲオルグ・ハレンスレーベン絵；石津ちひろ訳 ブロンズ新社 2001年1月

「リサとサンタクロース」アン・グッドマン文；ゲオルグ・ハレンスレーベン絵；石津ちひろ訳 ブロンズ新社 2007年10月

「リサのいもうと」アン・グッドマン文；ゲオルグ・ハレンスレーベン絵；石津ちひろ訳 ブロンズ新社 2001年11月

「リサのおうち」アン・グッドマン文；ゲオルグ・ハレンスレーベン絵；石津ちひろ訳 ブロンズ新社 2002年5月

「リサのこわいゆめ」アン・グッドマン文；ゲオルグ・ハレンスレーベン絵；石津ちひろ訳 ブロンズ新社 2001年9月

架空のもの・ファンタジー

「リサのすてきなスカーフ」 アン・グッドマン文；ゲオルグ・ハレンスレーベン絵；石津ちひろ訳　ブロンズ新社　2006年6月

ざしき童子

「ざしき童子のはなし」 宮沢賢治文；伊勢英子絵　講談社（宮沢賢治どうわえほん4）　1985年11月

だるま

「こぶたのブルトン あきはうんどうかい」 中川ひろたか作；市居みか絵　アリス館　2006年9月

「こぶたのブルトン なつはプール」 中川ひろたか作；市居みか絵　アリス館　2005年6月

「こぶたのブルトン はるはおはなみ」 中川ひろたか作；市居みか絵　アリス館　2006年3月

「こぶたのブルトン ふゆはスキー」 中川ひろたか作；市居みか絵　アリス館　2004年11月

「だるまさん とんでった」 みたにゆきひこ作　小峰書店　1984年8月

「だるまさんがころんだ」 小沢正文；武井武雄絵　小峰書店（日本のえほん11）　1980年6月

「だるまだ!」 高畠那生作　長崎出版　2008年1月

「だるまちゃんとうさぎちゃん」 加古里子作・絵　福音館書店（こどものとも傑作集）　1977年4月

「だるまちゃんとかみなりちゃん」 加古里子作・絵　福音館書店（こどものとも傑作集）　1968年8月

「だるまちゃんとだいこくちゃん」 加古里子作　福音館書店（こどものとも傑作集）　2001年1月

「だるまちゃんとてんぐちゃん」 加古里子作・絵　福音館書店（こどものとも傑作集）　1967年11月

「だるまちゃんととらのこちゃん」 加古里子作・絵　福音館書店（こどものとも傑作集73）　1987年1月

「だるまてんぐのあかてんくろてん きょうだいばんざいの巻」 廣嶋玲子作；山西ゲンイチ絵　教育画劇　2009年11月

「だるまのマーくんとはいたのおばけ」 小沢正作；片山健絵　ポプラ社（絵本カーニバル8）　2005年11月

てんぐ

「かえってきた茂十」 さねとうあきら文；梅田俊作絵　偕成社（絵本・平和のために2）　1978年2月

「かっぱとてんぐとかみなりどん」 かこさとし作・画　童心社（かこさとし・むかしばなしの本）　1978年6月

架空のもの・ファンタジー

「がんこな天狗どん」 毛利まさみち文・絵 汐文社 2008年12月
「がんばれ！とびまる」 本間正樹文;森田みちよ絵 佼成出版社(しつけ絵本シリーズ8) 2004年11月
「げんこつどろぼう」 たかしよいち作;斎藤博之絵 岩崎書店(新・創作絵本13) 1979年12月
「こぶとりじい」 宮川ひろ文;箕田源二郎絵 ほるぷ出版(幼児みんわ絵本13) 1985年6月
「こぶとりじいさん」 三田村信行文;福田庄助絵 チャイルド本社(にほんのむかしばなし) 1979年6月
「さらわれたりゅう」 沼野正子作 福音館書店 1974年1月
「さらわれたりゅう」 沼野正子作 福音館書店 1994年1月
「すってんてんぐ」 木曽秀夫作・絵 サンリード(創作えほん) 1984年6月
「そらとぶはちの物語」 馬場のぼる著 童心社 1992年2月
「そんしたくんの はなし」 さとうわきこ作 文研出版(えほんのもり18) 1991年9月
「だるまちゃんとてんぐちゃん」 加古里子作・絵 福音館書店(こどものとも傑作集) 1967年11月
「だるまてんぐのあかてんくろてん きょうだいばんざいの巻」 廣嶋玲子作;山西ゲンイチ絵 教育画劇 2009年11月
「てんぐ」 西本鶏介文;赤坂三好絵 佼成出版社(絵本メルヘン博物館シリーズ) 1996年7月
「てんぐさてんぐ」 せなけいこ作 童心社(せなけいこ・おばけえほん) 1994年5月
「てんぐちゃんのおまつり」 もりやまみやこ作;かわかみたかこ絵 理論社 2006年11月
「てんぐとアジャ」 松谷みよ子文;井口文秀絵 岩崎書店(新・創作絵本2) 1978年7月
「てんぐの うちわ」 松岡節文;水沢研絵 ひかりのくに(ひかりのくに名作・昔話絵本) 1991年12月
「てんぐのかくれみの にほんのはなし」 阿武世音子文;中西伸司絵 コーキ出版(絵本ファンタジア46) 1982年6月
「てんぐのかくれみの」 さねとうあきら文;赤坂三好絵 世界文化社(ワンダー民話館) 2005年11月
「てんぐのかくれみの」 松谷みよ子文;朝倉摂絵 偕成社 1968年11月
「てんぐのきのかくれが」 青山邦彦作・絵 教育画劇 2010年5月
「てんぐのくれためんこ」 安房直子作;早川純子絵 偕成社 2008年3月
「てんぐのこま」 岸なみ再話;山中春雄画 福音館書店 1958年6月
「てんぐのそばまんじゅう」 深山さくら作;長谷川義史絵 ひさかたチャイルド 2010年9月

架空のもの・ファンタジー

「てんぐのはうちわ」 香山美子文;長新太画 教育画劇(日本の民話えほん) 2000年3月

「てんぐのはなかくし」 さねとうあきら文;きそひでお絵 文研出版(えほんのもり3) 1983年9月

「なきたろう」 松野正子作;赤羽末吉絵 文研出版(文研ジョイフルえほん傑作集4) 1974年7月

「ぬればやまのちいさなにんじゃ」 かこさとし作・画 童心社(かこさとし・むかしばなしの本) 1978年12月

「のっぽてんぐとちびてんぐ」 川村たかし作・文;村上豊絵 文研出版(ジョイフルえほん傑作集5) 1995年1月

「ひとしずくのなみだ」 赤坂三好絵;谷真介文 国土社(絵本むかしばなし19) 1976年10月

「ひなとてんぐ」 瀬川康男作 童心社(こいぬのひな1) 2004年10月

「へんなゆめ-桂米朝・上方落語「天狗さばき」より」 たじまゆきひこ文・絵 フェリシモ出版(おはなしのたからばこ6) 2009年8月

「ほらふきてんぐ」 斎藤博之絵;たかしよいち作 岩崎書店(創作絵本9) 1972年8月

「まぬけてんぐ」 村上豊絵;飯島敏子文 ひかりのくに(ひかりのくに傑作シリーズ5) 1971年1月

「子てんぐたろう」 松田もとこ作;ふりやかよこ絵 文研出版(えほんのもり) 1997年7月

「手ながの目」 たかしよいち作;丸木位里;丸木俊絵 岩崎書店(創作絵本18) 1974年2月

「天狗のかくれみの」 若谷和子文;梶山俊夫絵 公文数学研究センター(漢字で読める日本の昔話絵本7) 1981年8月

トロル

「5ひきのトロル」 ハルフダン・ラスムッセン作;イブ・スパング・オルセン絵;山内清子訳 ほるぷ出版 1984年10月

「かいぶつトロルのまほうのおしろ」 たなか鮎子作・絵 アリス館 2009年12月

「がらがらやぎとかいぶつトロル」 ジョナサン・ラングレイ著;斉藤洋訳 岩崎書店(ジョナサン・ラングレイのえほん5) 1996年3月

「さびしがりやのクニット」 トーベ・ヤンソン作;山室静訳 講談社(世界の絵本フィンランド) 1971年2月

「ティムとトリーネ」 スベン・オットー絵;奥田継夫;木村由利子訳 評論社(児童図書館・絵本の部屋) 1979年9月

「トロールのばけものどり」 イングリ・ドーレア;エドガー・ドーレア作;いつじあけみ訳 福音館書店 2000年6月

「トロールものがたり」 イングリ・ドーレア;エドガー・ドーレア作・絵;へんみまさなお訳 童話館出版 2001年9月

「トロールものがたり」エドガー・パリン・ダウレア；イングリ・モルテンソン・ダウレア作；辺見まさなお訳　ほるぷ出版　1976年9月

「トロルのなみだ」リン・ストッケ作；ハンス・ノルマン・ダール絵；やまのうちきよこ訳　偕成社　2001年6月

「トロルのもり」エドワード・マーシャル作；ジェイムズ・マーシャル絵；ももゆりこ訳　さ・え・ら書房　1983年6月

「ふたりのクリスマスツリー」トーニ・ジョンストン文；ウォーレス・トリップ絵；中山知子訳　国土社　1980年11月

「やぎのブッキラボー 3きょうだい」ポール・ガルドン作；青山南訳　小峰書店（世界の絵本コレクション）　2005年8月

「三びきのかなしいトロル」マリー・ブランド作・絵；奥田継夫，木村由利子訳　岩崎書店（新・創作絵本24）　1981年8月

「三びきのやぎのがらがらどん-北欧民話」マーシャ・ブラウン絵；せたていじ訳　福音館書店　1965年7月

「女トロルと8人の子どもたち-アイスランドの巨石ばなし」グズルン・ヘルガドッティル作；ブリアン・ピルキングトン絵；山内清子訳　偕成社　1993年12月

「大きな山のトロル」アンナ・ヴァーレンベルイ文；織茂恭子絵；菱木晃子訳　岩崎書店（絵本の泉10）　1999年7月

ペガサス

「ペガサスにのって！」メアリー・ポープ・オズボーン作；セイリグ・ギャラガー絵；野中しぎ訳　偕成社　1993年11月

やまんば

「あおい玉 あかい玉 しろい玉」稲田和子再話；太田大八絵　童話館出版　2006年4月

「うしかたとやまんば にほんのはなし」土家由岐雄文；平岡望見版画　コーキ出版（絵本ファンタジア23）　1977年4月

「うしかたと山んば」坪田譲治文；村上豊絵　ほるぷ出版（幼児みんわ絵本28）　1986年7月

「うしかたやまんば」千葉幹夫文；スズキコージ絵　小学館（日本名作おはなし絵本）　2009年7月

「うまかたやまんば」おざわとしお再話；赤羽末吉画　福音館書店（日本傑作絵本シリーズ）　1988年10月

「おどれ！ひなまつりじま」垣内磯子作；松成真理子絵　フレーベル館（おはなしえほんシリーズ22）　2010年2月

「くわずにょうぼう」稲田和子再話；赤羽末吉画　福音館書店（こどものとも傑作集）　1980年7月

架空のもの・ファンタジー

「くわずにょうぼう」 谷真介文;赤坂三好絵　佼成出版社(行事むかしむかし 5月 節句のはなし)　1992年3月

「こぞっこまだだが」 きたしょうすけ作;やまぐちせいおん絵　新世研　2001年8月

「ことろのばんば」 長谷川摂子文;川上越子絵　福音館書店　1990年11月

「ことろのばんば」 長谷川摂子文;川上越子絵　福音館書店　2009年2月

「こめんぶく あわんぶく」 松谷みよ子文;太田大八絵　ほるぷ出版(幼児みんわ絵本31)　1986年11月

「ごんごろう」 北島新平作・絵　岩崎書店(創作絵本27)　1975年7月

「さばうりとやまんば」 水谷章三文;宮本忠夫絵　第一法規出版(日本の民話絵本4)　1980年12月

「さばうりどん」 長谷川摂子文;伊藤秀男絵　岩波書店(てのひらむかしばなし)　2004年10月

「さんまいのおふだ」 松谷みよ子;遠藤てるよ著　童心社(松谷みよ子むかしばなし)　1993年11月

「さんまいのおふだ」 水沢謙一再話;梶山俊夫画　福音館書店(こどものとも傑作集)　1985年2月;福音館書店　1978年1月

「さんまいのおふだ」 千葉幹夫文;早川純子絵　小学館(日本名作おはなし絵本)　2010年7月

「さんまいのおふだ」 木暮正夫文;箕田源二郎絵　チャイルド本社(にほんのむかしばなし)　1980年10月

「たべられたやまんば」 松谷みよ子文;瀬川康男絵　すばる書房(民話絵本)　1979年5月

「たべられたやまんば」 瀬川康男絵;松谷みよ子文　フレーベル館(日本むかし話6)　2002年12月

「たべられたやまんば」 瀬川康男絵;松谷みよ子文　講談社(日本のむかし話)　1972年2月

「てんとうさんかねんつな(岡山県)」 大川悦生文;斎藤博之絵　第一法規出版(日本の民話絵本12)　1981年9月

「にげだしたおにばんば」 中村博文;石倉欣二絵　ほるぷ出版(幼児みんわ絵本11)　1985年1月

「にまい舌のやまんば」 江口百合子作;赤坂三好絵　新生出版　2004年1月

「ばんごはんのごちそうは…」 水野はるみ作・絵　フレーベル館(わくわくメルヘンシリーズ)　2008年2月

「ぽんぽん山の月」 あまんきみこ文;渡辺洋二絵　文研出版(えほんのもり)　1985年12月

「まゆとおに-やまんばのむすめ まゆのおはなし」 富安陽子文;降矢なな絵　福音館書店(こどものとも傑作集)　2004年3月

架空のもの・ファンタジー

「まゆとりゅう－やまんばのむすめまゆのおはなし」富安陽子文;降矢なな絵　福音館書店　2009年2月

「やまんば」須藤克三作;久米宏一絵　岩崎書店(創作絵本32)　1976年3月

「やまんばしみず」高橋忠治作;高田勲絵　佼成出版社(創作民話絵本)　1993年11月

「やまんばとうしかた」森比左志文;村上勉絵　フレーベル館(おはなしえほん9)　1976年6月;フレーベル館(フレーベルのえほん)　1978年12月

「やまんばとがら」長谷川摂子文;沼野正子絵　岩波書店(てのひらむかしばなし)　2004年11月

「やまんばとこぞうさん」松岡節文;箕田源二郎絵　ひかりのくに(いつまでも伝えたい日本の民話)　1994年11月

「やまんばのにしき」まつたにみよこ文;せがわやすお絵　ポプラ社(むかしむかし絵本2)　1967年5月

「やまんばの木」木暮正夫作;井上洋介絵　佼成出版社(創作民話絵本シリーズ)　1989年11月

「火くいばあ」清水達也文;福田庄助絵　ポプラ社(おはなし名作絵本14)　1972年6月

「花さき山」斎藤隆介作;滝平二郎絵　岩崎書店　2003年3月

「花さき山」斎藤隆介文;滝平二郎絵　岩崎書店(ものがたり絵本20)　1969年12月

「三まいのおふだ」おざわとしお再話;金井田英津子絵　くもん出版　2007年7月

「三まいのおふだ」長谷川摂子文;きむらよしお絵　岩波書店(てのひらむかしばなし)　2008年10月

「三枚のカード－日本昔話「三枚のお札」より」谷川俊太郎文;下谷二助絵　フェリシモ出版(おはなしのたからばこ8)　2009年9月

ゆきだるま

「あるきだしたゆきだるま」ミラ・ローベ作;ヴィンフリート・オプゲノールト絵;佐々木田鶴子訳　偕成社　1984年11月

「うさぎのゆきだるま」佐藤さとる作;しんしょうけん絵　にっけん教育出版社　2002年11月

「おばけのペロちゃん　ひえひえゆきだるまランド」なかがわみちこ作・絵　教育画劇　2003年11月

「およぎたいゆきだるま」くぼりえ作・絵　ひさかたチャイルド　2006年7月

「ごろんごゆきだるま」たむらしげる作　福音館書店(0.1.2.えほん)　2007年10月

「さむがりやのゆきだるま」三田村信行作;小野かおる絵　小峰書店(はじめてのどうわ)　1979年2月

「サンタの国へのふしぎなたび」まつむらちひで作;林恭三絵　ポプラ社(えほんはともだち16)　1991年11月

架空のもの・ファンタジー

「しあわせ」 アンドレ・ダーハン作；角田光代訳　学習研究社　2009年1月

「しろいおじさん」 やすいすえこ文；いもとようこ絵　サンリオ　1991年11月

「スノーマン」 レイモンド・ブリッグズ作；樹山かすみ訳　竹書房　1994年11月

「そらにいちばんちかいところ」 長谷川直子作　学研教育出版（学研おはなし絵本）　2009年11月

「チビクマちゃんのだいじなともだち」 クレア・フリードマン文；ドゥブラフカ・コラノヴィッチ絵；おがわひとみ訳　評論社（児童図書館・絵本の部屋）　2007年10月

「チョコだるま」 真珠まりこ作　ほるぷ出版（ほるぷ創作絵本）　2008年11月

「てっちゃんけんちゃんとゆきだるま」 おくやまたえこ作　福音館書店　1980年12月

「ねこちゃんとゆきだるま」 高部晴市作　アリス館　2008年12月

「バイバイおやゆびゆきだるま」 かさいまり作；本信公久絵　岩崎書店（おはなしトントン1）　2006年11月

「はるのゆきだるま」 石鍋芙佐子作・絵　偕成社　1983年3月

「ホウキさんとメガネさん」 ハンスペーター・シュミット作；いぬいゆみこ訳　評論社（児童図書館・絵本の部屋）　2004年12月

「まいごのペンギンだるま」 渡辺有一作・絵　金の星社（絵本のおくりもの）　1985年7月

「もぐらくんとゆきだるまくん」 ハナ・ドスコチロヴァー作；ズデネック・ミレル絵；木村有子訳　偕成社（もぐらくんの絵本）　2004年1月

「やまのおふろやさん」 とよたかずひこ著　ひさかたチャイルド（ぽかぽかおふろシリーズ）　2006年11月

「ゆーきーこんこん」 長野ヒデ子作；堀川真絵　佼成出版社（ヒデ子さんのうたあそびえほん）　2010年1月

「ゆきがたくさんつもったら」 ルク・デュポン作；ヒド・ファン・ヘネヒテン絵；ひしきあきらこ訳　フレーベル館　2002年11月

「ゆきだるま ストーリー・ブック」 レイモンド・ブリッグズ絵・文；松川真弓訳　評論社（児童図書館・絵本の部屋）　1994年11月

「ゆきだるまのあたま」 黒田かおる作；せなけいこ絵　金の星社（こどものくに傑作絵本）　2008年10月

「ゆきだるまのクリスマス！」 キャラリン・ビーナー文；マーク・ビーナー絵；せなあいこ訳　評論社（児童図書館・絵本の部屋）　2006年11月

「ゆきだるまのクリスマス」 佐々木マキ作　福音館書店　1991年10月

「ゆきだるまのさがしもの」 ゲルダ・マリー・シャイドル作；ヨゼフ・ウィルコン絵；いずみちほこ訳　セーラー出版（ウィルコンの絵本シリーズ）　1988年10月

「ゆきだるまのふしぎなたび」 尾崎淳子作・絵　岩崎書店（えほん・ドリームランド5）　1980年12月

架空のもの・ファンタジー

「ゆきだるまのメリークリスマス」ヴォルフラム・ヘネル作;ユーリ・ヴァース絵;いずみちひこ訳　文溪堂　2008年11月

「ゆきだるまはよるがすき！」キャラリン・ビーナー文;マーク・ビーナー絵;せなあいこ訳　評論社(児童図書館・絵本の部屋)　2005年11月

「ゆきダルムくん」伊藤正道作・絵　教育画劇　2008年10月

「ゆきのおじさんありがとう」高畠純作　ひかりのくに　1997年11月

「ゆきのひ くろくま」たかいよしかず作・絵　くもん出版(おはなし・くろくま)　2008年11月

「ゆきべえ」渡辺有一作・絵　フレーベル館(キンダーおはなしえほん)　1983年1月

ユニコーン

「クリスマスにきたユニコーン」アンナ・カーリー作;まつかわまゆみ訳　評論社(児童図書館・絵本の部屋)　2007年10月

「だれをのせるの、ユニコーン？」エイドリアン・ミッチェル文;スティーブン・ランバート絵;おかだよしえ訳　評論社(児童図書館・絵本の部屋)　2002年5月

「ユニコーンと海」フィオナ・ムーディー文・絵;高木あきこ訳　西村書店　1987年3月

「ユニコーン伝説」オトフリート・プロイスラー作;ゲンナージー・スピーリン絵;高橋洋子訳　偕成社　1989年12月

ロボット

「PINO－ピノのおるすばん」くろいけん絵;もきかずこ文　フレーベル館　2002年6月

「おてつだいロボット」北川幸比古作;中村景児絵　教育画劇(スピカのおはなしえほん25)　1986年8月

「おんぼロボット」アキヤマレイ作　理論社　2007年12月

「かにロボットのぼうけん」森田文文;佐々木マキ絵　フレーベル館(キンダーおはなしえほん)　1983年12月

「ガピタンの森」黒田勇樹文;夢ら丘実果絵　自由国民社　2000年8月

「カロリーヌと おしごとロボット」ピエール・プロブスト作;山下明生訳　BL出版(カロリーヌとゆかいな8ひき)　1999年6月

「カロリーヌと びょうきのティトス」ピエール・プロブスト作;山下明生訳　BL出版(カロリーヌとゆかいな8ひき)　2000年7月

「きみとぼく」みやもとただお作・絵　PHP研究所(PHPにこにこえほん)　2003年2月

「そらいろのロボット たこるくんとタコベエのえほん2」サカモトタカフミ絵・文　講談社　2005年7月

「テンサイちゃんとロボママ」サイモン・ジェームズ作;こだまともこ訳　小学館　2007年12月

「ドッコイのびっくりロボットやさん」 たかしよいち作；ながしまかつお絵　ひくまの出版（ドッコイのなんでもできるよシリーズ2）　1985年1月

「トムとチムといぬのロボット」　おおいしまこと文；きただたくし絵　ひくまの出版（トムとチムのなかよしぼうけんシリーズ2）　1985年7月

「ながれ星のよる」　たむらしげる作　ブッキング　2005年4月；リブロポート　1996年6月

「のびろ!レーゴム」　きだつよし文・絵　情報センター出版局　2008年12月

「パパさんロボット　買いました」　森野さかな絵・文　論創社　2010年5月

「ぼくはロボットパン」　桜井信夫作；西川おさむ絵　小峰書店（はじめてのどうわ23）　1979年2月

「まいごのロボット」　大石真作；北田卓史絵　ひさかたチャイルド（ひさかたメルヘン44）　1983年12月

「ランスロットとパブロくん―ロボットのランスロット」　たむらしげる作　偕成社　2003年10月

「ランスロットのきのこがり―ロボットのランスロット」　たむらしげる作　偕成社　2004年10月

「ランスロットのはちみつケーキ―ロボットのランスロット」　たむらしげる作　偕成社　2005年10月

「ロボットおに」　浅沼とおる作・絵　フレーベル館（げんきわくわくえほん23）　1997年2月

「ロボットとあおいことり」　デイヴィッド・ルーカス作；なかがわちひろ訳　偕成社　2007年12月

「ロボットのくに」　フィリップ・ケレン作・絵；土屋政雄訳　エミール館　1981年1月

「ロボットのロボたん」　香山美子文；北田卓史絵　フレーベル館（キンダーメルヘン傑作選25）　1985年9月

「ロボット犬とっちー」　山下友弘作・絵　文渓堂　2001年3月

「ロボット犬とっちーとライバル犬ぺぺ」　山下友弘作・絵　文渓堂　2002年5月

「わんぱくだんのロボットランド」　ゆきのゆみこ；上野与志作；末崎茂樹絵　ひさかたチャイルド　1995年4月

悪魔・魔物

「あくまっぱらい!」　ゲイル・E.ヘイリー作；芦野あき訳　ほるぷ出版　1980年5月

「あくまとかけをした男」　マリア・ビクトリア・コセ再話；アルフレッド・ベナヴィデス・ベドジャ絵；おおいしまりこ訳　新世研　2003年12月

「あくまのおよめさん」　稲村哲也；結城史隆再話；イシュワリ・カルマチャリャ絵　福音館書店（こどものとも世界昔ばなしの旅）　1997年11月

「あくまのクライネ　たいへんだしっぽがだんだんみじかくなる」　太田良作文・絵　草土文化　1984年9月

「あくまのクライネ2　ぼくたちてんしじゃない」　太田良作文・絵　草土文化　1985年10月

架空のもの・ファンタジー

「あくまのりんご」 舟崎克彦作；岩切美子絵　秋書房　1984年8月

「あくまの三本の金のかみの毛-グリム童話」 ナニー・ホグロギアン再話・絵；芦野あき訳　ほるぷ出版　1985年5月

「うみにしずんだあくま」 西本鶏介文；太田大八絵　フレーベル館（キンダーおはなしえほん）　1985年6月

「オンロックがやってくる」 小野かおる文・絵　福音館書店（日本傑作絵本シリーズ）　1995年9月

「かえる ごようじん」 ウィリアム・ビー作；たなかなおと訳　セーラー出版　2009年1月

「くまおとこ-グリムどうわより」 フェリクス・ホフマン画；酒寄進一訳　福武書店　1984年7月

「けちんぼジャックとあくま」 エドナ・バース文；ポール・ガルドン絵；湯浅フミエ訳　ほるぷ出版　1979年3月

「こぐまと二ひきのまもの」 西川おさむ作　童心社　2004年9月

「ダンスのすきな悪魔」 ヴァツラフ・ポコルニー作；池田香代子訳　宝島社　1994年4月

「ちいさなオキクルミ」 松谷みよ子文；西山三郎絵　ほるぷ出版（幼児みんわ絵本17）　1985年10月

「にげだしたぴょん」 渕上昭広作・絵　岩崎書店（母と子の絵本7）　1978年3月

「のんのんばあ おばけどろぼう」 水木しげる作　文研出版（みるみる絵本）　2007年8月

「パンのかけらとちいさなあくま-リトワニア民話」 内田莉莎子再話；堀内誠一画　福音館書店　1979年11月

「ひとはどれだけのとちがいるか-トルストイ（ロシア）のはなし」 米川和夫文；水氣隆義絵　コーキ出版（絵本ファンタジア9）　1977年4月

「みどりのめのりどみ」 しばはらち作・絵　講談社　1984年7月

「やさしいあくま」 なかむらみつる著　幻冬舎　2000年4月

「わたりぼうこ」 天野祐吉文；梶山俊夫絵　ポプラ社（おはなし創作えほん2）　1974年9月

「わっしょい わっしょい ぶんぶんぶん」 加古里子絵・文　偕成社（かこさとしおはなしのほん3）　1973年2月

「悪魔のりんご」 舟崎克彦作；宇野亜喜良絵　小学館　2006年12月

「月へいった魔術師」 クリスチーナ・トゥルスカ作；矢川澄子訳　評論社（児童図書館・絵本の部屋）　1978年12月

「大きな悪魔のディンゴ」 ディック・ラウジィ作・絵；白石かずこ訳　集英社　1980年12月

「猫と悪魔」 ジェイムズ・ジョイス作；ジェラルド・ローズ画；丸谷才一訳　小学館　1976年5月

「兵士の物語」 中原佑介文；山本容子絵　評論社　1992年9月

「魔もののおくりもの」 舟崎克彦作；宇野亜喜良絵　小学館　2008年4月

架空のもの・ファンタジー

宇宙人

「いがぐり星人グリたろう」 大島妙子作 あかね書房(あかね・新えほんシリーズ28) 2006年9月

「うさぎちゃんつきへいく」 せなけいこ作・絵 金の星社(せなけいこのうさぎちゃんえほん2) 2002年8月

「うちゅうスケート」 たむらしげる作 リブロポート(リブロの絵本) 1983年11月

「こんにちはE.T.」 メリッサ・マシスン脚本;ゲイル・ハーマン文;小笠原雅美訳 ポプラ社(E.T.のえほん1) 2002年3月

「さよなら、E.T.」 メリッサ・マシスン脚本;ゲイル・ハーマン文;小笠原雅美訳 ポプラ社(E.T.のえほん2) 2002年3月

「ジミーのムーンパイ・アドベンチャー」 トニー・ディテルリッジ作;安藤哲也訳 文渓堂 2008年6月

「ジャミジャミ星人」 スソアキコ絵;ミヤハラタカオ作 自由国民社 2000年1月

「せいぎのみかた ドラフラ星人の巻」 みやにしたつや作・絵 学研教育出版 2010年9月

「でたーっ」 内田麟太郎文;メグ・ホソキ絵 国土社(絵本といっしょ4) 1997年7月

「どうして?」 リンジー・キャンプ;トニー・ロス著;小山尚子訳 徳間書店 1999年5月

「ビス・ビス・ビス星ものがたり」 手塚治虫著 河出書房新社(手塚治虫のえほん館 別巻2) 1990年6月

「ビス・ビス・ビス星ものがたり」 手塚治虫著 大都社(ファミリー絵本1) 1975年12月

「ぼくのともだち」 藤縄涼子作 フレーベル館(フレーベル館のえほん) 1981年3月

「モコちゃん」 未唯mie作・絵 ランダムハウス講談社(アーティストによる絵本シリーズ8) 2008年4月

「ワニくんのふしぎなよる」 みやざきひろかず作・絵 BL出版 2002年8月

「ワンプのほし」 ビル・ピート作・絵;代田昇訳 佼成出版社(ピートの絵本シリーズ12) 1985年10月

「宇宙人のしゃしん」 ニール・レイトン作;まつかわまゆみ訳 評論社(児童図書館・絵本の部屋) 1999年12月

架空の生きもの

「あかてぬぐいのおくさんと7にんのなかま」 イ・ヨンギョン文・絵;かみやにじ訳 福音館書店 1999年11月

「あまつぶいっぴきくものうえ」 いぐちゆうた文;すぎやまゆき絵 学習研究社 2005年3月

「イエコさん」 角野栄子文;ユリア・ヴォリ絵 ブロンズ新社 2007年8月

架空のもの・ファンタジー

「いじけむし あーちゃんとの出会い編」KAZUKI作;きたむらえ画お絵 JDC出版 2005年5月
「おおぼーぬーとちぃぼーぬー」冨樫義博絵;武内直子文 講談社 2005年10月
「おかねのタマゴ」岩間就暁作・絵 新風舎 2006年3月
「おさつのジョニー」中治信博文;升ノ内朝子絵 コクヨS&T(たいせつなものシリーズ3おかね) 2007年11月
「おどるねこざかな」わたなべゆういち作・絵 フレーベル館 2001年6月
「おねだりグウ」梅田千鶴作・絵 フレーベル館(げんきわくわくえほん20) 1996年11月
「かばんうりのガラゴ」島田ゆか作・絵 文渓堂 1997年11月
「くいしんぼうのグウ」梅田千鶴作・絵 フレーベル館(げんきわくわくえほん) 1998年1月
「くうたん」やぎたみこ作 講談社(講談社の創作絵本) 2007年6月
「くちだけせいじん」相田彩作;藤本かおり絵 新生出版 2008年8月
「グラファロのおじょうちゃん」ジュリア・ドナルドソン文;アクセル・シェフラー絵;久山太市訳 評論社(児童図書館・絵本の部屋) 2008年11月
「クリーナおばさんとカミナリおばさん」西内ミナミ作;堀内誠一絵 福音館書店 2009年2月;福音館書店 1974年5月
「サトシくんとめんたくん」デハラユキノリ作 長崎出版 2007年8月
「シーツうさぎ フウフウ」やすいすえこ作;長野ひろかず絵 佼成出版社 2002年11月
「シャベルのスピローヘンリーおじさんのにわ」サイモン・ヒックス文;ジル・ブルックス絵;わかまつゆうこ訳 ほるぷ出版 1997年3月
「シュシナーナとサバリコビレ」松居友文;小林裕児絵 福武書店 1990年4月
「ジョイバルー」ハーウィン・オラム文;きたむらさとし絵・訳 文化出版局 1992年6月
「すきまのじかん」アンネ・エルボー作;木本栄訳 ひくまの出版 2002年3月
「ずぶろく園2」みやざきひろかず作 BL出版 2005年4月
「そっくり そらに」西岡千晶作 長崎出版 2006年9月
「そらとぶ ねこざかな」わたなべゆういち作・絵 フレーベル館 2004年9月
「だっこだっこのねこざかな」わたなべゆういち作・絵 フレーベル館 2005年6月
「たっちゃんとでんしんばしら」佐藤さとる作;村上勉絵 ひくまの出版(幼年絵本シリーズ・あおいうみ5) 1984年6月
「ちいさないす」津田櫓冬作 ほるぷ出版 1984年7月
「ちいさなそうじきトルトル1号」おだしんいちろう作;こばようこ絵 ポプラ社(絵本カーニバル12) 2007年3月

架空のもの・ファンタジー

「チェブラーシカ-サーカスがやってきた!」 やまちかずひろ文;湯山洋子絵 小学館 2010年12月

「ティーズルの結婚式-ティーズル物語」 テリー・バーバー作;ゆみ;さち訳 ルック 1996年1月

「てんぐのきのかくれが」 青山邦彦作・絵 教育画劇 2010年5月

「ドドとヒー こぶねのぼうけん」 おだしんいちろう作;こばようこ絵 金の星社 2005年3月

「にげろ!ねこざかな」 わたなべゆういち作・絵 フレーベル館 2008年1月

「ぬまばばさまのさけづくり」 イブ・スパング・オルセン作・絵;きむらゆりこ訳 福音館書店 (世界傑作絵本シリーズ・デンマークの絵本) 1981年7月

「ねこざかな」 わたなべゆういち作・絵 フレーベル館 1982年6月

「ねこざかなとうみのおばけ」 わたなべゆういち作・絵 フレーベル館 2007年9月

「ねこざかなの たまご」 わたなべゆういち作・絵 フレーベル館 2010年2月

「ねこざかなのおしっこ」 わたなべゆういち作・絵 フレーベル館 2010年8月

「ねこざかなのクリスマス」 わたなべゆういち作・絵 フレーベル館 2003年10月

「ねっこぼっこ」 ジビュレ・フォン・オルファース作;秦理絵子訳 平凡社 2005年4月

「ねむるねこざかな」 わたなべゆういち作・絵 フレーベル館 2003年6月

「はさみがあるいたはなし」 佐藤さとる作;村上勉絵 小学館(小学館こども文庫・おはなしプレゼント1) 1986年7月

「はちぞうのぼうけん」 葉祥明原案・絵;室生あゆみ文 朝日学生新聞社 2010年4月

「ばんごはんはねこざかな」 わたなべゆういち作・絵 フレーベル館 2008年6月

「ピーナツどりのちいさなたび」 山岸カフェ絵・文 主婦と生活社 2002年12月

「ピーナツ鳥が飛ぶ夜」 山岸カフェ絵;鍬本良太郎文 新潮社 2002年11月

「ふしぎないきもの」 アネリース・シュヴァルツ文;クヴィエタ・パツォウスカー絵;池内紀訳 ほるぷ出版 1990年12月

「ふしぎなトイレくん」 ニコラス・アラン作・絵;山内智恵子訳 徳間書店 1997年4月

「ぼくは はちぞう HUMMING ELEPHANT」 葉祥明絵・文 愛育社 2000年12月;U4出版 1996年11月

「ほしのこピコとぽこぽん」 前川かずお作 小峰書店(えほんらんど15) 1982年11月

「ほしの子ピコまちにくる」 前川かずお作 小峰書店(こみね創作えほん12) 1978年10月

「ポップアップねこざかな」 わたなべゆういち作・絵 フレーベル館 2001年12月

「ポポと少年」 蛍大介作;橋本浩之絵 エフエー出版 1992年9月

「ほわほわちゃんの"ひとりじゃないよ"」 原琴乃絵・文;水戸岡鋭治色のデザイン 福武書店(ほわほわちゃん絵本2) 1988年12月

架空のもの・ファンタジー

「ほわほわちゃんのみどりはんかち」原琴乃絵・文;水戸岡鋭治色のデザイン　福武書店(ほわほわちゃん絵本3)　1988年12月

「まいごのねこざかな」わたなべゆういち作・絵　フレーベル館　2006年5月

「まうてんばいぬ2」ながたのぶやす作　自由国民社　1998年11月

「まねする まねする ほわほわちゃん」原琴乃絵・文;水戸岡鋭治色のデザイン　福武書店(ほわほわちゃん絵本1)　1988年12月

「ミイラくんあそぼうよ」にしかわおさむ作・絵　PHP研究所(わたしのえほん)　2006年12月

「みずのまちのフープウ」山岸カフェ作　講談社　2007年1月

「みみかきめいじん」かがくいひろし作　講談社(講談社の創作絵本)　2009年9月

「ムニュ」みやざきひろかず作・絵　PHP研究所(PHPにこにこえほん)　2000年5月

「もくもくやかん」かがくいひろし作　講談社(講談社の創作絵本)　2007年5月

「ものいうほね」ウィリアム・スタイグ作;せたていじ訳　評論社(児童図書館・絵本の部屋)　1978年6月

「もりでいちばんつよいのは？」ジュリア・ドナルドソン文;アクセル・シェフラー絵;久山太市訳　評論社(児童図書館・絵本の部屋)　2001年2月

「もりへいったすとーぶ」神沢利子文;片山健絵　ビリケン出版　1999年3月

「ゆめみるピンピキ」深見春夫作・絵　岩崎書店(えほん・おもしろランド16)　1990年2月

「空とぶラビ」手塚治虫著　河出書房新社(手塚治虫のえほん館3)　1988年12月

「空になったかがみ」住井すゑハタオ作　ブッキング(住井すゑとの絵本集5)　2007年3月;河出書房新社(住井すゑとの絵本集5)　1983年6月

「孝行手首」大島妙子作　理論社　2010年4月

「山太郎」川路重之文;梶山俊夫画　冨山房　1977年4月

「森のふくろう リトル・ブルーの大冒険」ラビンドラ・ダンクス絵・文;石井杏林訳　アシェット婦人画報社　2004年12月

「大だこマストンとかいぞくせんのたから」にしかわおさむ文・絵　ぎょうせい(そうさくえほん館7-空想の世界であそぼう)　1992年8月

「鳳凰と黄金のカボチャ」崔岩崎文;楊永青画;片桐園訳　岩崎書店(岩崎創作絵本15)　1990年5月

怪物・怪獣

「11ぴきのねこ ふくろのなか」馬場のぼる作　こぐま社　1982年12月

「5つごモンスターがやってきた!」たちもとみちこ作・絵　イースト・プレス　2008年6月

「7ひきのいたずらかいじゅう」モーリス・センダック作;なかがわけんぞう訳　好学社　1980年8月

架空のもの・ファンタジー

「あかちゃんとおるすばん」 ローズ・インピ文；ジョナサン・アレン絵；いわきとしゆき訳　アスラン書房（かいじゅうくんとかえるくん）　1996年6月

「あまみのけんむん」　西郷竹彦文；こさかしげる絵　ほるぷ出版（幼児みんわ絵本30）　1986年9月

「アマンダとまほうのはたけ」　ジョン・ヒンメルマン作；幾島幸子訳　アルク　1989年12月

「あわかいじゅう ぶくぶく」　山本省三作；鈴木博子絵　佼成出版社（創作絵本シリーズ）　1989年5月

「あわてんぼうさん」　ライマ作；宝迫典子訳　朔北社　2006年2月

「あわびとりのおさとちゃん」　かこさとし作・画　童心社（かこさとし・むかしばなしの本）　1979年1月

「アンソニー・ブラウンのキング・コング」　アンソニー・ブラウン作；藤本朝巳訳　平凡社　2005年12月

「いたいのかいじゅう ネババババをやっつけろ！」　キヨノサチコ作・絵　偕成社　2006年3月

「いたずらかいじゅうトアトア」　クラウス・バウムガルト文・絵；みずのるりこ訳　草土文化　1992年10月

「いたずらかいじゅうのたんじょうび」　ハッチンス作；乾侑美子訳　偕成社　2000年10月

「いたずらかいじゅうは どこ？」　パット＝ハッチンス作；乾侑美子訳　偕成社　1991年5月

「いたずらかいじゅうビリー！」　パット・ハッチンス作；乾侑美子訳　偕成社　1993年11月

「いたずらビリーとほしワッペン」　パット・ハッチンス作；いぬいゆみこ訳　偕成社　1995年12月

「いまは だめ」　デイビッド・マッキー文・絵；はらしょう訳　アリス館　1983年3月

「うみのぼうけん」　ローズ・インピ文；ジョナサン・アレン絵；いわきとしゆき訳　アスラン書房（かいじゅうくんとかえるくんシリーズ）　1996年8月

「えほんをよんで、ローリーポーリー」　リリ・シャルトラン作；ロジェ絵；徳永玲子訳　ポプラ社　2006年11月

「おこりんぼうのアングリー」　ライマ作；宝迫典子訳　朔北社　2006年12月

「おさんぽかいじゅう ぽっこらんらん」　今井弓子作・絵　岩崎書店（えほん・おもしろランド4）　1987年1月

「おしろのすきなかいじゅうたち」　ロビン・ワイルド；ジョセリン・ワイルド作・絵；あしのあき訳　佑学社（ヨーロッパ創作絵本シリーズ13）　1978年7月

「おったまげたとごさくどん」　サトシン作；たごもりのりこ絵　鈴木出版（ひまわりえほんシリーズ）　2008年2月

「おひさまはどこ？」　フィリス・．ルート作；メアリー・グランプレ絵；岩崎たまゑ訳　岩崎書店　2008年9月

架空のもの・ファンタジー

「おまえをたべちゃうぞーっ！」トニー・ロス作・絵；神鳥統夫訳　岩崎書店（えほん・ワンダーランド6）　1986年5月

「かいじゅう いろごん」高畠ひろき作・絵　フレーベル館（げんきわくわくえほん4）　1995年7月

「かいじゅうがうみにいるよ」キャスリーン・スティーブンス作；レイ・ボーラー絵；各務三郎訳　岩崎書店（世界の絵本1）　1992年7月

「かいじゅうがおふろにいるよ」キャスリーン・スティーブンス作；レイ・ボーラー絵；各務三郎訳　岩崎書店（えほん・ドリームランド19）　1982年8月

「カイジュウゴッコ」山本孝作・絵　教育画劇　2010年7月

「かいじゅうじまのなつやすみ」風木一人作；早川純子絵　ポプラ社（絵本カーニバル10）　2006年7月

「かいじゅうズングリのピザやさん」末吉暁子作；西川おさむ絵　ポプラ社（絵本のぼうけん8）　2002年10月

「かいじゅうたちのいるところ」モーリス・センダック作；神宮輝夫訳　冨山房　1975年12月

「かいじゅうドッコイ」たかしよいち作；長島克夫絵　ひくまの出版（幼年絵本シリーズ・あおいうみ2）　1983年12月

「かいじゅうなんかこわくない」デニーズ・トレッツ文；アラン・トレッツ絵；田谷多枝子訳　偕成社　1969年12月

「かいじゅうのうろこ」長谷川集平文；村上康成絵　ブックローン出版　1987年4月

「かいじゅうポヨーン」みやざきひろかず作・絵　PHP研究所　2008年4月

「かいぶつになっちゃった」木村泰子作・絵　ポプラ社（絵本のひろば6）　1974年12月

「キラキラ」やなせたかし作・絵　フレーベル館（キンダーおはなしえほん傑作選32）　1978年12月

「くまの王子-アルメニアの民話」アンドラニク・エルバンドヴィチ・キリキャン絵；北畑静子訳　ほるぷ出版　1989年12月

「くもかいじゅう」深見春夫作・絵　PHP研究所（PHPわたしのえほん）　2004年11月

「グリンチ」ドクター・スース作・絵；井辻朱美訳　アーティストハウス　2000年11月

「くれくれコヤマジラ」柏葉幸子作；赤星亮衛絵　ひくまの出版（幼年絵本シリーズ・あおいうみ8）　1984年4月

「こころのやさしいかいじゅうくん」マックス・ベルジュイス作；楠田枝里子訳　ほるぷ出版　1978年5月

「ゴリラおとこ・ブタおとこ・ワニおとこ」巻左千夫文；西内としお絵　ソニーマガジンズ　2005年7月

「ごんがねらっているよ」山元護久作；田畑精一絵　ひさかたチャイルド（ひさかたメルヘン2）　1981年9月

架空のもの・ファンタジー

「ゴンの山父たいじ」市原麟一郎文;西村繁男絵　草土文化（ふるさとの民話11）　1977年10月

「さんびきめのかいじゅう」デビッド・マッキー作;なかがわちひろ訳　光村教育図書　2006年2月

「しばてん」田島征三文・絵　偕成社（創作えほん5）　1971年4月

「ジャックせんせいのおどろ木」ブライアン・ワイルドスミス;レベッカ・ワイルドスミス絵;曽野綾子訳　太平社　1994年6月

「せかいいち おおきな クリスマスツリー」おおはらひでき作　PHP研究所（PHPにこにこえほん）　2000年11月

「せかい一わるいかいじゅう」パット・ハッチンス作;乾侑美子訳　偕成社　1990年8月

「ゼドとかいぶつのちえくらべ」ペギー・パリッシュ文;ポール・ガルドン絵;谷本誠剛訳　国土社　1981年11月

「だいかいじゅう ゾロリ」末崎茂樹作・絵　PHP研究所（PHPわたしのえほんシリーズ）　1988年4月

「たいくつなかいじゅう」松村雅子作;松村大三郎絵　フレーベル館　1984年6月

「タウザーのかいぶつたいじ」トニー・ロス作;山脇恭訳　ペンタン（タウザーの本）　1985年10月

「たのしいうんどう」ローズ・インピ文;ジョナサン・アレン絵;いわきとしゆき訳　アスラン書房（かいじゅうくんとかえるくんシリーズ）　1996年8月

「ちいさなごるり」松居スーザン文;堀川真絵　童心社（絵本・ちいさななかまたち）　1996年11月

「チーズ」戸渡阿見作;ゆめのまこ絵　たちばな出版（戸渡阿見絵本シリーズ）　2008年3月

「チャマコとみつあみのうま-メキシコ・ミステカ族のお話」竹田鎮三郎作・絵　福音館書店　1986年11月

「つきよにさんぽ」みやもとただお作・絵　佼成出版社（創作絵本シリーズ）　1992年4月

「つよいのだれだ？」森野さかな作・絵　岩崎書店（えほん・ハートランド12）　1996年6月

「でっかいさんぽ」とよたかずひこ作・絵　ポプラ社（えほんはともだち43）　1996年5月

「トアトアのいちばんのともだち」クラウス・バウムガルト文・絵;いのうえあつこ訳　草土文化　1997年10月

「トアトアふしぎのくにへ」クラウス・バウムガルト文・絵;水野るりこ訳　草土文化　1993年10月

「トアトアまよなかのぼうけん」クラウス・バウムガルト文・絵;水野るりこ訳　草土文化　1993年5月

「ドキドキかいじゅうモコちゃん」わだことみ作;あきやまただし絵　岩崎書店（のびのび・えほん）　2002年4月

架空のもの・ファンタジー

「ドッコイのそれいけがんばれロケット」 たかしよいち作;ながしまかつお絵 ひくまの出版(ドッコイのなんでもできるよシリーズ3) 1985年6月

「ドッコイのびっくりロボットやさん」 たかしよいち作;ながしまかつお絵 ひくまの出版(ドッコイのなんでもできるよシリーズ2) 1985年1月

「トリゴラス」 長谷川集平作 文研出版(みるみる絵本-ぽっぽライブラリ) 1995年1月

「トリゴラスの逆襲」 長谷川集平作 文研出版(えほんのもり) 2010年12月

「なかよしおばけといたずらネッシー」 ジャック・デュケノワ作;大澤晶訳 ほるぷ出版 2003年5月

「なのなの」 内田麟太郎文;大島妙子絵 童心社(とことこえほん) 2008年11月

「にっこりねこ」 エリック・バトゥー作;石津ちひろ訳 講談社(世界の絵本) 2005年2月

「ぬくぬく」 天野祐吉作;梶山俊夫画 福音館書店 1980年1月

「ぬくぬく」 天野祐吉作;梶山俊夫画 福音館書店 2009年2月

「ぬすまれたかいじゅうくん」 マックス・ベルジュイス作;楠田枝里子訳 ほるぷ出版 1978年8月

「ぬまのかいぶつボドニック」 シュテパン・ツァオレル作;藤田圭雄訳 ほるぷ出版 1978年7月

「ねこのばけものたいじ(福井県)」 中村博文;二俣英五郎絵 第一法規出版(日本の民話絵本11) 1981年9月

「ネス湖のネッシー大あばれ」 テッド・ヒューズ作;ジェラルド・ローズ絵;丸谷才一訳 小学館 1980年12月

「ねんねだよ、ちびかいじゅう!」 マリオ・ラモ絵・文;原光枝訳 平凡社 2003年1月

「はがいたい かいじゅうくん」 ローズ・インピ文;ジョナサン・アレン絵;いわきとしゆき訳 アスラン書房(かいじゅうくんとかえるくん) 1996年6月

「ばけものでら」 岩崎京子文;田島征三絵 教育画劇(日本の民話えほん) 2000年2月

「ぱっくんおおかみとくいしんぼん」 木村泰子作・絵 ポプラ社(絵本のひろば20) 1976年1月

「はなかっぱとグチャットン」 あきやまただし著 メディアファクトリー 2006年10月

「はらぺこかいじゅう」 ニーアム・シャーキー作;中井貴恵訳 ブロンズ新社 2004年8月

「ぴちゃりちゃんうまれたよ」 松居スーザン文;堀川真絵 童心社(絵本・ちいさななかまたち) 1999年6月

「ひとりぼっちのかいぶつといしのうさぎ」 クリス・ウォーメル作・絵;吉上恭太訳 徳間書店 2004年8月

「ひとりぼっちのモンスター」 おぼまこと作 ベネッセコーポレーション(ベネッセのえほん) 1997年10月

架空のもの・ファンタジー

「ビューティとビースト」 ベラ・サウスゲイト再話；エリック・ウインター絵；秋晴二；敷地松二郎訳編　アドアンゲン　1974年6月

「ふしぎの森のミンピン」 ロアルド・ダール作；パトリック・ベンソン絵；おぐらあゆみ訳　評論社（児童図書館・絵本の部屋）　1993年12月

「へこき三良」 儀間比呂志作・絵　岩崎書店（創作絵本12）　1972年11月

「ヘチとかいぶつ」 チョン・ハソプ文；ハン・ビョンホ絵；おおたけきよみ訳　アートン　2004年5月

「ヘラクレスのぼうけん」 北村順治文；赤羽末吉絵　岩崎書店（ものがたり絵本12）　1969年1月

「へんなこがきた」 木村泰子絵・文　至光社（ブッククラブ国際版絵本）　1982年1月

「ぼくはへいたろう―「稲生物怪録」より」 小沢正文；宇野亜喜良絵　ビリケン出版　2002年8月

「マギーとモンスター」 エリザベス・ウィンスロップ作；トミー・デパオラ絵；ゆあさふみえ訳　アルク　1990年7月

「まどのそとのそのまたむこう」 モーリス・センダック作・絵；脇明子訳　福音館書店　1983年4月

「まんもす ぷう」 たかしよいち作；いわむらかずお絵　岩崎書店（母と子の絵本2）　1972年12月

「めうしのブーコトラ―アイスランドの民話」 フリングル・ヨウハンネスソン絵；すがわらくにしろ訳　ほるぷ出版　1981年5月

「めっきらもっきらどおんどん」 長谷川摂子作；ふりやなな画　福音館書店（こどものとも傑作集）　1990年3月

「モンスター・ストーム―あらしがきたぞ」 ジョニー・ウィリス文；スーザン・バーレイ絵；前沢明枝訳　ほるぷ出版　1996年1月

「モンスター・ベッド―こわいか こわいぞ」 ジェニー・ウィリス文；スーザン・バーレイ絵；今江祥智訳　ほるぷ出版　1989年5月

「モンスター・ムシューとめんどり」 おぼまこと作・画　絵本館　1979年5月

「モンスターのなみだ」 おぼまこと作・絵　教育画劇（スピカみんなのえほん18）　1992年12月

「やりたがりやのかいじゅう」 松村雅子作；松村大三郎絵　フレーベル館　1983年6月

「ゆきごんのおくりもの」 長崎源之助作；岩崎ちひろ絵　新日本出版社（新日本出版社の絵本）　1971年10月

「ヨウカイとむらまつり」 ビーゲン・セン作；永井郁子絵　汐文社　2008年4月

「わたしのかいじゅう」 もとしたいづみ作；長野ヒデ子絵　すずき出版（たんぽぽえほんシリーズ）　2005年11月

架空のもの・ファンタジー

「わたしのモンスターかんさつにっき」 ジャン・カー文；G.ブライアン・カラス絵；石津ちひろ訳 ほるぷ出版 1998年3月

「ワニ夫のなみだ」 戒田節子作；青木のりあき絵 創風社出版 2000年6月

「怪獣コダ」 高田好胤話；花岡大学文；福田庄助絵 徳間書店（とくまの創作絵本） 1974年11月

「怪物ヌングワマをたいじしたむすめの話-中国の昔話」 エド・ヤング再話・絵；渡辺茂男訳 偕成社 1982年1月

「海からきたカサゴン」 いとうじゅんいち作・絵 徳間書店 1998年7月

「絵本しっぺい太郎」 清水達也文；北島新平絵 そしえて（そしえて民話絵本） 1978年12月

「手ながの目」 たかしよいち作；丸木位里；丸木俊絵 岩崎書店（創作絵本18） 1974年2月

「青いかいじゅうと赤いかいじゅう」 デイビッド・マッキー作；北沢杏子文 アーニ出版（あいとへいわのえほん） 1989年11月

「島ひきおにとケンムン」 山下明生文；梶山俊夫絵 偕成社 1986年8月

「美女と野獣」 ボーモン夫人作；ビネッテ・シュレーダー絵；ささきたづこ訳 岩波書店 2004年11月

「美女と野獣」 ローズマリー・ハリス再話；エロール・ル・カイン絵；矢川澄子訳 ほるぷ出版 1984年10月

「茂吉のねこ」 松谷みよ子文；辻司絵 ポプラ社（おはなし名作絵本19） 1973年2月

「夜がくるまでは」 イヴ・バンティング作；デイヴィッド・ウィーズナー絵；江國香織訳 ブックローン出版 1996年3月

「与兵衛とオバンバー」 宮川大助文；宮川花子絵 京都書院（大助・花子の日本昔ばなし） 1988年12月

「妖怪絵巻」 常光徹文；飯野和好絵 童心社 1997年6月

鬼

「あかおにのつのかざり」 蛍大介作；わしづかただよし絵 エフエー出版 1990年12月

「あかたろうの1・2・3・4・5」 北山葉子作・絵 偕成社（おにの子あかたろうのほん1） 1977年2月

「あかどん あおどん きいどん」 みやじまともみ作 アスラン書房（心の絵本） 2002年4月

「いっすんぼうし にほんのはなし」 竹本員子文；赤羽まゆみ絵 コーキ出版（絵本ファンタジア27） 1977年9月

「いっすんぼうし」 いもとようこ文・絵 金の星社 2009年3月

「いっすんぼうし」 おおかわえっせい文；えんどうてるよ絵 ポプラ社（むかしむかし絵本11） 1967年8月

架空のもの・ファンタジー

「いっすんぼうし」 おざわとしお；もちづきみどり文；たしろさんぜん絵　くもん出版（子どもとよむ日本の昔ばなし2）　2005年11月

「いっすんぼうし」 こわせたまみ文；高見八重子絵　鈴木出版　2006年1月

「いっすんぼうし」 関根栄一文；村上豊絵　チャイルド本社（にほんのむかしばなし）　1979年4月

「いっすんぼうし」 今西祐行文；志村立美絵　講談社（講談社の絵本28）　1979年11月

「いっすんぼうし」 松谷みよ子作；太田大八絵　にっけん教育出版社　2008年8月

「いっすんぼうし」 松谷みよ子文；赤坂三好絵　フレーベル館（むかしむかしばなし10）　1989年6月

「いっすんぼうし」 石井桃子文；秋野不矩絵　福音館書店（日本傑作絵本シリーズ）　1965年12月

「いっすんぼうし」 村山知義文・絵　フレーベル館（フレーベルのえほん107）　1976年8月

「いっすんぼうし」 長谷川摂子文；荒井良二絵　岩波書店（てのひらむかしばなし）　2008年10月

「いっすんぼうし」 筒井敬介文；村上勉絵　あかね書房（えほんむかしばなし5）　1980年10月

「いっすんぼうし」 筒井敬介文；箕田源二郎絵　小学館（日本のむかし話絵本シリーズ3）　1976年12月

「いっすんぼうし」 那須田稔文；滝平二郎絵　すばる書房（おとぎばなし絵本）　1979年5月

「いっすんぼうし」 百々佑利子文；小沢良吉絵　ほるぷ出版（幼児みんわ絵本2）　1984年9月

「いっすんぼうし」 礒みゆき文；及川賢治絵　小学館（日本名作おはなし絵本）　2010年1月

「いなくなった小おに」 しみずみちを作；鈴木義治絵　岩崎書店（ファミリーえほん15）　1979年1月

「おおわるもののバルマレイ」 コルネイ・チュコフスキー作；マイ・ミトウリッチ絵；宮川やすえ訳　らくだ出版　1974年12月

「おにがわら」 前川かずお作・絵　フレーベル館（キンダーおはなしえほん傑作選6）　1976年5月

「おにころちゃんとりゅうのはな」 やぎたみこ作・絵　岩崎書店（えほんのぼうけん16）　2010年9月

「オニさん こちら」 毛利まさみち文・絵　汐文社　2008年9月

「おにたのぼうし」 あまんきみこ文；岩崎ちひろ絵　ポプラ社（おはなし名作絵本2）　1969年8月

「おにと あかんぼう」 西本鶏介作；梅田俊作絵　すずき出版；金の星社（こどものくに傑作絵本）　1987年12月

架空のもの・ファンタジー

「おにとこぎつね」小沢正作;近藤薫美子絵 PHP研究所(PHPおはなしプレゼント) 1979年3月

「おにのいしだん」梶山俊夫文・絵 コーキ出版 1982年1月

「おにのかたなかじ」松谷みよ子文;斎藤博之絵 草土文化(ふるさとの民話1) 1977年5月

「おにのくび」水谷章三文;矢野徳絵 フレーベル館(むかしむかしばなし12) 1991年7月

「おにのここづな」さねとうあきら文;かたやまけん画 教育画劇(日本の民話えほん) 2000年5月

「おにのこくんがやってきた!」こわせたまみ作;秋里信子絵 PHP研究所(PHPわたしのえほんシリーズ) 2000年1月

「オニのぼうや がっこうへいく」マリ=アニエス・ゴドラ文;デヴィッド・パーキンス絵;石津ちひろ訳 平凡社 2004年10月

「おにのよめさん」岸なみ文;福田庄助絵 偕成社 1969年6月

「おにの子こづな」松居直再話;安藤徳香絵 岩崎書店(絵本の泉3) 1993年11月

「おにの子こづな」木暮正夫文;斎藤博之絵 ほるぷ出版(幼児みんわ絵本29) 1986年11月

「おにはうち!」中川ひろたか文;村上康成絵 童心社(ピーマン村の絵本たち) 2000年11月

「おにはうちふくはそと」西本鶏介文;村上豊絵 ひさかたチャイルド(ひさかた傑作集5) 1983年12月

「おにばらいの まめまき」鶴見正夫文;つぼのひでお絵 世界文化社(節分に読む絵本) 1988年2月

「おにまるとももこうみへ」岸田衿子作;堀内誠一絵 文化出版局 1987年7月

「おにまるの ヘリコプター」岸田衿子作;堀内誠一絵 ブッキング(復刊傑作幼児絵本シリーズ13) 2008年5月;文化出版局 1987年7月

「おにまるのヘリコプター」岸田衿子文;堀内誠一絵 ブッキング(復刊傑作幼児絵本シリーズ13) 2008年5月

「おによりつよいおれまーいーサトワヌ島民話」土方久功再話・画 福音館書店 1975年7月

「おにろくのはなし にほんのはなし」岡信子文;鈴木裕子絵 コーキ出版(絵本ファンタジア40) 1980年5月

「おにをくったじっちゃ」渡辺節子文;矢野徳絵 フレーベル館(むかしむかしばなし17) 1992年9月

「おふくとおに-日本の昔話」西本鶏介文;塩田守男絵 ひかりのくに(おはなし絵本) 1992年6月

「おむすびたべたい!」黒河松代作;赤坂三好絵 佼成出版社(創作民話絵本) 1992年11月

架空のもの・ファンタジー

「おむすびとおに」あおきとおる作・絵　らくだ出版　2002年2月
「おやゆびトム－ペロー童話」リディア・ポストマ文・絵；矢川澄子訳　福音館書店(世界傑作絵本シリーズ・オランダの絵本)　1984年4月
「かえってきた小おに」しみずみちを作；鈴木義治絵　岩崎書店(えほん・ドリームランド30)　1985年1月
「かくれんぼおに」こいでやすこ作・絵　ぎょうせい(そうさくえほん館5-なかまっていいな)　1992年7月
「かたなよりつよいこころ」西本鶏介文；小松修絵　すずき出版(るんびに絵本5)　1983年12月
「かまくら」斎藤隆介文；赤坂三好絵　講談社　1972年5月
「きえた権大納言」ほりかわりまこ作　偕成社(今昔物語絵本)　2010年9月
「きつねとごんろく」馬場のぼる作　童心社(新ユーモア絵本)　1984年9月
「くにさきの鬼どん」宮ゆり子作；斎藤博之絵　岩崎書店(新・創作絵本30)　1982年12月
「げんこつどろぼう」たかしよいち作；斎藤博之絵　岩崎書店(新・創作絵本13)　1979年12月
「げんこつやまのあかおに」川崎大治作；鈴木寿雄絵　フレーベル館(キンダーおはなしえほん傑作選14)　1978年2月
「こおにのたからもの」西本鶏介文；本信公久絵　すずき出版(るんびに絵本7)　1983年12月
「こぞうのはつゆめ」長谷川摂子文；長谷川義史絵　岩波書店(てのひらむかしばなし)　2008年12月
「こぶとりじいさん」筒井敬介文；村上勉絵　あかね書房(えほんむかしばなし)　1976年7月
「こぶとりたろう」たかどのほうこ作；杉浦範茂絵　童心社　2009年11月
「こわーいおはなし」トーネ・ジョンストン作；トミー・デ・パオラ絵；三木卓訳　佑学社(アメリカ創作絵本シリーズ20)　1981年3月
「こわや　おとろし　おにやかた」かこさとし文・絵　偕成社(かこさとし七色のおはなしえほん12)　1986年5月
「こんにちはおにさん」内田麟太郎作；広野多珂子絵　教育画劇　2004年12月
「じごくのラーメンや」苅田澄子作；西村繁男絵　教育画劇　2010年4月
「ジャックとまめのき」ベラ・サウスゲイト再話；エリック・ウインター絵；秋晴二；敷地松二郎訳編　アドアンゲン　1974年6月
「ジャックとまめのき-せかいのはなし(イギリス)」山主敏子文；近藤薫美子絵　コーキ出版(絵本ファンタジア33)　1978年6月
「ジャックとマメの木」ジョセフ・ジェイコブス作；ヤン・ピアンコフスキー絵；内海宜子訳　ほるぷ出版(ふぇありい・ぶっく)　1985年11月

676

架空のもの・ファンタジー

「ジャックと豆の木」 ジェイコブズ作;乾侑美子訳;菊池貞雄絵　小学館(世界のメルヘン絵本22)　1979年11月

「ジャックと豆の木-イギリス民話」 しらいしあい著　集英社　1983年4月

「しゅてんどうじ」 たかしよいち文;那須良輔絵　偕成社(創作大型えほん)　1972年4月

「しゅてんどうじ」 木島始構成・文　リブロポート(リブロの絵本)　1993年10月

「しょうとのおにたいじ」 稲田和子再話;川端健生画　福音館書店　2010年1月

「ゼラルダと人喰い鬼」 トミー・ウンゲラー作;たむらりゅういち;あそうくみ訳　評論社(児童図書館・絵本の部屋)　1977年9月

「せんりのくつ」 大石真文;若菜珪絵　ひさかたチャイルド(ひさかた絵本館2)　1981年9月

「せんりのくつ-日本昔話より」 西本鶏介文;塩田守男絵　フレーベル館(日本むかしばなしライブラリー10)　1996年1月

「ソメコとオニ」 斎藤隆介作;滝平二郎絵　岩崎書店(岩崎創作絵本11)　1987年7月

「それからのおにがしま」 川崎洋作;国松エリカ絵　岩崎書店(えほんのマーチ4)　2004年2月

「だいくとおにろく」 小川洋文;井上洋介絵　鈴木出版(チューリップえほんシリーズ)　1993年2月

「だいくとおにろく」 松居直再話;赤羽末吉画　福音館書店(こどものとも傑作集)　1967年2月;福音館書店　1962年6月

「だいくとおにろく」 川崎大治作;瀬名恵子絵　童心社(川崎大治おはなしえほん)　1976年12月

「たいこのすきな赤鬼」 松谷みよ子作;石倉欣二絵　にっけん教育出版社　2005年7月

「だごだご ころころ」 石黒漢子;梶山俊夫再話;梶山俊夫絵　福音館書店　1993年9月

「たつのこたろう」 朝倉摂絵;松谷みよ子文　講談社(新装版日本の名作)　1978年8月;講談社(日本の名作)　1969年5月

「ダフィと小鬼」 ハーヴ・ツェマック文;マーゴット・ツェマック画;木庭茂夫訳　冨山房　1977年10月

「ちびっこ ちびおに」 あまんきみこ文;若山憲絵　偕成社(創作えほん20)　1975年1月

「つのはなんにもならないか」 北山葉子作・絵　偕成社(おにの子あかたろうのほん3)　1977年3月

「でっかいまめたろう」 大川悦生作;長谷川知子絵　ポプラ社(子どもがはじめてであう民話3)　1976年12月

「てんのおにまつり」 宮崎優;宮崎俊枝作　BL出版　2010年12月

「ドオン！」 山下洋輔文;長新太絵　福音館書店(日本傑作絵本シリーズ)　1995年3月

「トケビにかったバウイ-朝鮮民話」 きむやんき再話;呉炳学画　福音館書店　1974年12月

架空のもの・ファンタジー

「トッケビのこんぼう」 チョン・チャンジュン文;ハン・ビョンホ絵;藤本朝巳訳 平凡社 2003年7月

「トム・チット・トット」 ジェイコブズ文;吉田新一訳;スズキコージ絵 ブッキング 2006年4月

「トム・チット・トット」 ジェイコブズ文;吉田新一訳;鈴木康司絵 小学館(世界のメルヘン絵本10) 1978年4月

「ないたあかおに」 浜田広介文;岩本康之亮絵 世界文化社(ワンダーおはなし絵本) 2003年2月

「ないたあかおに」 浜田廣介文;池田龍雄絵 偕成社(ひろすけ絵本) 1965年12月

「ないた赤おに」 浜田広介作;nakaban絵 集英社(ひろすけ童話絵本) 2005年3月

「ないた赤おに」 浜田広介作;いもとようこ絵 金の星社(大人になっても忘れたくない いもとようこ名作絵本) 2005年5月

「ないた赤おに」 浜田広介作;いもとようこ絵 白泉社(いもとようこの名作絵本) 1988年8月

「なきむしおにのオニタン」 上野与志作;藤本四郎絵 ひさかたチャイルド 2008年12月

「なぞかけ鬼」 川村たかし作;斎藤博之絵 岩崎書店(創作絵本20) 1974年4月

「なまはげ正月」 さねとうあきら文;いしくらきんじ絵 国土社(創作民話絵本1) 1982年2月

「ぬればやまのちいさなにんじゃ」 かこさとし作・画 童心社(かこさとし・むかしばなしの本) 1978年12月

「ねずみのうちわ」 小沢正作;村上勉絵 小峰書店(こみね創作えほん5) 1977年7月

「ねんねどこなの」 小野寺悦子作;佐藤直行絵 ポプラ社(絵本のひろば21) 1976年2月

「ひとくいおにベビーのは」 アラン・ブリオン作;木本栄訳 ひくまの出版(あかちゃんモンスターシリーズ) 2002年5月

「ビモのおにたいじ-ジャワの影絵しばい」 ヌロールスティッヒサーリン・スラムット再話;ノノ・スグルノー絵;松本亮訳 ほるぷ出版 1985年3月

「ふき」 斎藤隆介作;滝平二郎絵 岩崎書店(えほん・ハートランド) 1998年11月

「ふくろにいれられたおとこのこ-フランス民話」 山口智子再話;堀内誠一画 福音館書店 1982年10月

「へえーすごいんだね」 北山葉子作・絵 偕成社(おにのこあかたろうのほん2) 1977年3月

「へえ六がんばる」 北彰介作;箕田源二郎絵 岩崎書店(創作絵本10) 1972年10月

「へそパンあげます」 山根多紀子文;沼野正子絵 草土文化 1985年1月

「ぺにろいやるのおにたいじ」 吉田甲子太郎訳;山中春雄画 福音館書店 1957年6月

「まちへきたおに」 長崎源之助作;司修絵 偕成社(創作えほん12) 1972年1月

架空のもの・ファンタジー

「まゆとおに-やまんばのむすめ まゆのおはなし」 富安陽子文；降矢なな絵　福音館書店（こどものとも傑作集）　2004年3月

「みしょうづかの鬼ばば」 北原綴文；関口将夫絵　創林社　1985年12月

「みつごやまのおに」 小川陽作・絵　岩崎書店（新・創作絵本12）　1979年10月

「もういいかい」 岡野薫子文；太田大八絵　講談社　1976年6月

「ももたろう」 いもとようこ文・絵　金の星社　2008年11月

「ももたろう」 おざわとしお；ながさきももこ再話；こばやしゆたか絵　くもん出版（子どもとよむ日本の昔ばなし13）　2006年11月

「ももたろう」 こわせたまみ文；赤坂三好絵　チャイルド本社（にほんのむかしばなし）　1979年5月

「ももたろう」 わらべきみか絵　ひさかたチャイルド（はじめてめいさく）　2007年12月

「ももたろう」 岩崎京子文；宇野文雄絵　フレーベル館（にほんむかしばなし）　1984年4月

「ももたろう」 五味太郎作　絵本館　2007年4月

「ももたろう」 広松由希子文；伊藤秀男絵　岩崎書店（いまむかしえほん2）　2009年12月

「ももたろう」 高橋宏幸作・絵　岩崎書店（二どひらくむかしばなし絵本2）　1983年6月

「ももたろう」 山下明生文；加藤休ミ絵　あかね書房（日本の昔話えほん1）　2009年10月

「ももたろう」 市川宣子文；長谷川義史絵　小学館（日本名作おはなし絵本）　2010年12月

「ももたろう」 舟崎克彦文；石倉欣二絵　講談社　1979年8月

「ももたろう」 松岡節文；二俣英五郎絵　ひかりのくに（子どもと読みたいおはなし1）　2002年10月

「ももたろう」 松居直文；赤羽末吉画　福音館書店（日本傑作絵本シリーズ）　1965年2月

「ももたろう」 松谷みよ子作；和歌山静子絵　童心社（松谷みよ子むかしむかし）　2006年12月

「ももたろう」 松谷みよ子文；和歌山静子画　童心社（松谷みよ子 むかしばなし）　1993年11月

「ももたろう」 水谷章三作；スズキコージ絵　にっけん教育出版社　2003年5月

「ももたろう」 水谷章三文；杉田豊絵　世界文化社（ワンダー民話館）　2005年11月

「ももたろう」 瀬川康男絵；松谷みよ子文　フレーベル館（日本むかし話5）　2002年12月

「ももたろう」 瀬川康男絵；松谷みよ子文　講談社（日本のむかし話）　1970年5月

「ももたろう」 代田昇文；箕田源二郎絵　講談社　1978年9月

「ももたろう」 代田昇文；箕田源二郎絵　講談社（講談社の創作絵本ベストセレクション）　2005年1月

架空のもの・ファンタジー

「ももたろう」 長谷川摂子文;はたこうしろう絵 岩波書店(てのひらむかしばなし) 2004年7月

「ももたろう」 那須田稔文;福田庄助絵 すばる書房(おとぎばなし絵本) 1979年5月

「ももたろう」 馬場のぼる文・絵 こぐま社 1999年12月

「ももの子たろう」 おおかわええっせい文;みたげんじろう絵 ポプラ社(むかしむかし絵本14) 1967年11月

「もも里」 毛利まさみち文・絵 リブリオ出版 2005年7月

「ゆみたろう」 舟崎克彦文;林恭三絵 講談社 1982年2月

「ゆめみこぞう(長崎県)」 今西祐行作;つぼのひでお絵 第一法規出版(日本の民話絵本10) 1981年7月

「らしょうもんのおに」 馬場のぼる作・絵 こぐま社 1994年12月

「らしょうもんのおに」 馬場のぼる文・絵 学習研究社(学研カラー絵ばなし8) 1974年5月

「ロボットおに」 浅沼とおる作・絵 フレーベル館(げんきわくわくえほん23) 1997年2月

「一寸法師」 笠松紫浪絵;千葉幹夫文 講談社(新・講談社の絵本2) 2001年4月

「一寸法師」 三輪良平絵;斉藤洋文 「京の絵本」刊行委員会 1999年10月

「海にしずんだ鬼」 松谷みよ子文;斎藤博之絵 ポプラ社(日本のみんわえほん1) 1975年2月

「鬼」 今江祥智作;瀬川康男絵 あかね書房(新しい日本の絵本2) 1972年7月

「鬼おどり」 谷真介作;赤坂三好絵 PHP研究所(PHPのえほん6) 1983年10月

「鬼がくれ山のソバの花」 石倉欣二絵;木暮正夫文 国土社(国土社の創作えほん14) 1979年1月

「鬼がら」 たかしよいち作;斎藤博之絵 岩崎書店(創作絵本28) 1975年7月

「鬼さんこちら手の鳴る方へ」 安川眞澄絵・文 木耳社 2008年9月

「鬼ぞろぞろ」 舟崎克彦文;赤羽末吉絵 偕成社 1978年8月

「鬼といりまめ」 谷真介文;赤坂三好絵 佼成出版社(行事むかしむかし 2月 節分のはなし) 1991年1月

「鬼と三人きょうだい」 斎藤博之絵;たかしよいち文 国土社(国土社の創作えほん8) 1974年5月

「鬼のうで」 赤羽末吉文・絵 偕成社 1976年12月

「鬼の子ダボラ」 高橋忠治作;村上勉絵 佼成出版社(創作民話絵本) 1992年11月

「鬼の助」 畑中弘子作;辻恵子画 てらいんく 2005年10月

「鬼まつり」 峠兵太作;高田勲絵 佼成出版社(創作民話絵本) 1990年10月

「泣いた赤おに」 浜田広介作;梶山俊夫絵 偕成社(日本の童話名作選) 1993年1月

架空のもの・ファンタジー

「九ひきの小おに」 たにしんすけ文;あかさかみよし絵 ポプラ社(おはなし名作絵本7) 1970年7月

「三びきのやぎ」 ベラ・サウスゲイト再話;ロバート・ラムレイ絵;秋晴二;敷地松二郎訳編 アドアンゲン 1974年6月

「三まいのおふだ」 おざわとしお;まつもとなおこ文;たけとみまさえ絵 くもん出版(子どもとよむ日本の昔ばなし9) 2005年11月

「舎利 韋駄天と足疾鬼−能の絵本」 片山清司文;小田切恵子絵 BL出版 2008年2月

「酒呑童子」 川村たかし文;石倉欣二絵;西本鶏介監修 ポプラ社(日本の物語絵本3) 2003年9月

「人くいおに」 安藤操文;浜田清絵 ほるぷ出版(房総むかしむかし絵本4) 1976年4月

「青おにとふしぎな赤い糸」 岩神愛作・絵 PHP研究所 2010年4月

「赤いソテツの実」 儀間比呂志作・絵 岩崎書店(創作絵本25) 1975年2月

「赤ノッポ青ノッポ」 武井武雄作 集英社 1982年10月

「舌ながばあさん」 武建華絵;千葉幹夫文 小学館(ちひろ美術館コレクション絵本5) 2001年3月

「地獄めぐり 鬼の大宴会」 沼野正子文・絵 汐文社 2010年11月

「地獄めぐり 針山つなわたり」 沼野正子文・絵 汐文社 2010年8月

「地獄めぐり 閻魔庁から」 沼野正子文・絵 汐文社 2010年7月

「鉄の子カナヒル」 儀間比呂志作 岩波書店(大型絵本23) 1975年12月

「島ひきおに」 山下明生文;梶山俊夫絵 偕成社 1973年2月

「島ひきおに」 山下明生文;梶山俊夫絵 偕成社(ミニエディション) 1995年8月

「島ひきおにとケンムン」 山下明生文;梶山俊夫絵 偕成社 1986年8月

「虹伝説」 ウル・デ・リコ作;津山紘一訳 小学館 1981年2月

「白い虹の伝説」 ウル・デ・リコ著;寮美千子訳 小学館 1997年6月

「矢村のヤ助」 加古里子作 偕成社(かこさとし語り絵本1) 1978年9月

吸血鬼

「えほん 吸血鬼のひみつ」 コリン・ホーキンス;ジャッキー・ホーキンス作;さとりまりこ訳 金の星社(世界の絵本ライブラリー) 1996年10月

「げんきだね!!ドラキュラおじいちゃん」 マウリ・クンナス作;稲垣美晴訳 偕成社 1992年8月

「ドラキュラーだぞ」 瀬名恵子文・絵 小峰書店(こみねのえほん8) 1986年3月

「ドラキュラーって こわいの?」 せなけいこ作 小峰書店 2008年6月

架空のもの・ファンタジー

「ドラキュラくん、うみにいく」 マーティン・ウォッデル文；ジョゼフ・ライト絵；きざきふうこ訳 岩崎書店（リトル・ドラキュラ3） 1993年11月

「ドラキュラくん、がっこうへいく」 マーティン・ウォッデル文；ジョゼフ・ライト絵；きざきふうこ訳 岩崎書店（リトル・ドラキュラ4） 1993年11月

「ドラキュラくんのクリスマス」 マーティン・ウォッデル文；ジョゼフ・ライト絵；きざきふうこ訳 岩崎書店（リトル・ドラキュラ2） 1993年11月

「ドラキュラくんのクリスマス」 マーティン・ウォッデル文；ジョゼフ・ライト絵；きざきふうこ訳 岩崎書店（世界の絵本11） 1993年11月

「ドラキュラなんかこわくない」 大石真文；村上豊絵 童心社（大石真おはなしえほん） 1978年11月

「ヒピラくん」 大友克洋お話；木村真二絵 講談社 2010年4月

「ヒピラくん」 大友克洋文；木村真二絵 主婦と生活社 2002年10月

「やったぜ、ドラキュラくん！」 マーティン・ウォッデル文；ジョゼフ・ライト絵；きざきふうこ訳 岩崎書店（リトル・ドラキュラ1） 1993年11月

巨人・大男

「アアウをとってこい－ミクロネシアの民話」 秋野葵巨矢作；秋野不矩絵 岩崎書店（母と子の絵本30） 1976年4月

「アーサーと北風」 カルメン・デ・ポサダス・マニエ作；アルフォンソ・ルアーノ絵；矢川澄子訳 原生林 1989年12月

「いさましいチビのしたてや」 グリム原作；清水三枝子文；赤星亮衛絵 世界出版社（ABCブック） 1969年12月

「いすになった木」 梁淑玲作；宝迫典子訳 PHP研究所 1999年7月

「いっぱつで七ごろしーグリムどうわより」 ヴィクター・アンブラス作・絵；きくしまいくえ訳 らくだ出版 1983年11月

「おおおとこエルンストーうみにいく」 寮美千子作；篠崎正喜絵 小学館 1996年7月

「おおおとこのこどものはなし」 ツウィフェロフ原作；宮川やすえ訳・文；かみやしん絵 国土社（やっちゃん絵本3） 1982年3月

「おおきなジョン」 アーノルド・ローベル原作・画；ウエザヒル翻訳委員会訳 ウエザヒル出版社 1966年5月

「おもちゃのまち」 ツウィフェロフ原作；宮川やすえ訳・文；かみやしん絵 国土社（やっちゃん絵本2） 1983年11月

「おりづるのうた」 槇晧志作；武井武雄絵 フレーベル館（キンダーおはなしえほん傑作選5） 1976年5月

「かぐら山の大男」 富安陽子作；村上勉絵 あかね書房（あかね・新えほんシリーズ6） 2000年7月

架空のもの・ファンタジー

「かしこいモリー」 ウォルター・デ・ラ・メア再話;エロール・ル・カイン絵;中川千尋訳　ほるぷ出版　2009年10月

「カプラのもり」 谷真介文;赤坂三好絵　偕成社(創作えほん7)　1972年1月

「ガルガンチュワものがたり」 ラブレー原作;山内宏之文;吉崎正巳絵　世界出版社(ABCブック)　1970年1月

「きょじんのおまつり」 マックス・ボリガー文;モニカ・レイムグルーバー絵;田中希代子訳　ほるぷ出版　1978年1月

「くいしんぼくん」 ロジャー・ハーグレーヴス作;たむらりゅういち訳　評論社(みすた・ぶっくす6)　1979年4月

「くつのおうち−すくすくむらものがたり」 コリン・マクリーン;モイラ・マクリーン作・絵;岡部史訳　カワイ出版　1995年9月

「しなののぶんご」 代田昇文;北島新平絵　ポプラ社(おはなし創作えほん4)　1976年7月

「ジムとまめの木」 レイモンド・ブリッグズ作;矢川澄子訳　評論社(児童図書館・絵本の部屋)　1978年8月

「ジャイアント・ジョン」 アーノルド・ローベル作;福本友美子訳　文化出版局　2004年10月

「ジャックとまめのき」 さくらともこ再話;米山永一絵　PHP研究所(わたしのえほん)　2008年7月

「ジャックとまめのき」 武井武雄絵;柴野民三文　フレーベル館(キンダーおはなしえほん傑作選22)　1978年4月

「ジャックとまめのつる」 トニー・ロス作;田村隆一訳　文化出版局　1981年7月

「ジャックとまめの木」 森山京文;村上勉絵　小学館(世界名作おはなし絵本)　2007年5月

「ジャックと豆の木」 リチャード・ウォーカー話;阿川佐和子訳;ニーアム・シャーキー絵　ブロンズ新社　2000年2月

「ジャックと豆の木」 石田武雄画;新谷峰子文　ひかりのくに(世界名作えほん全集1)　1966年1月

「ジャックと豆の木−イギリスむかし話」 間所ひさこ文;山下芳郎絵　講談社(講談社の絵本21)　1979年8月

「しらないひと」 シェリル・リンギ作;ふしみみさを訳　講談社(講談社の翻訳絵本クラシックセレクション)　2004年6月

「しらないひと」 チェル・リンギィ作・絵;山下明生訳　あかね書房(あかねせかいの本9)　1984年11月

「しらぬい」 たかしよいち作;斎藤博之絵　岩崎書店(創作絵本1)　1970年11月

「すいしょうだま」 スズキコージ作・画　リブロポート(リブロの絵本)　1981年6月

「だいぶつさん海へいく」 岡本信治郎;岡本黄子作　大日本図書　1972年12月

「だいぶつさん海へいく」 岡本信治郎;岡本黄子作　東京図書出版会　2005年9月

架空のもの・ファンタジー

「チェコの民話 土でできた大男ゴーレム」 デイビッド・ウィスニーウスキー文・絵;まつなみふみこ訳 新風舎 2000年1月

「つきよにごようじん」 斎藤浩誠文;本橋靖昭絵 福武書店 1987年7月

「つきよのぱくんぱくん」 ウリセス・ウェンセル絵;わたりむつこ文 学習研究社(国際版せかいのえほん8) 1985年1月

「つちにゅうどう」 川端誠作 文化出版局 1983年10月

「デカデカ」 軽部武宏作 長崎出版(ciel books) 2006年12月

「でっこりぼっこり」 高畠那生作 絵本館 2009年8月

「とおせんぼう」 水谷章三文;金野新一絵 草土文化(ふるさとの民話7) 1977年7月

「ながいかみのむすめ」 王敏文;李暁軍絵 小峰書店(えほん・こどもとともに) 1994年1月

「なつみかんのおへそ」 深見春夫作 福武書店 1988年8月

「ねむりんぼじまのおおおとこ」 たかしよいち作;中村景児絵 岩崎書店(えほん・ドリームランド2) 1980年6月

「ノックメニーの丘の巨人とおかみさん」 トミー・デ・パオラ再話・絵;晴海耕平訳 童話館出版 1997年9月

「はなよめになった神さま-アイスランド・エッダより」 シーグルズル・ブリニョウルフソン絵;すがわらくにしろ訳 ほるぷ出版 1982年11月

「ひいらぎはかせとフロストマン」 たむらしげる作・絵 フレーベル館(おはなしメルヘン12) 2001年10月

「ひとつ目巨人のモノ」 オリビエ・ドゥズー絵・文;畠山卓士訳 プロトギャラクシー 1998年1月

「ふき」 斎藤隆介作;滝平二郎絵 岩崎書店(えほん・ハートランド) 1998年11月

「ふしぎなバイオリン-ノルウェー昔話」 山内清子訳;小沢良吉絵 小学館(世界のメルヘン絵本15) 1978年10月

「へっこきどっこい」 安藤明義作;小島直絵 金の星社(こどものくに傑作絵本2) 1975年10月

「まけるなどっこい」 安藤明義作;小島直絵 金の星社(こどものくに傑作絵本) 1978年1月

「マリーマリー」 サラ・ヘイズ文;ヘレン・クレイグ絵;清水奈緒子訳 セーラー出版 1991年5月

「むぎうちヨナス」 クルト・バウマン文;マルタ・コチー絵;大塚勇三訳 文化出版局 1982年11月

「ゆうかんなしたてやさん」 イブ・タルレ作;グリム兄弟原作;立原えりか訳 講談社(世界の絵本) 1996年3月

架空のもの・ファンタジー

「ゆうかんなちびのお針子」 メアリー・ポープ・オズボーン文；ジゼル・ポター絵；おがわえつこ訳　セーラー出版　2005年8月

「ゆうかんなちびの仕立屋さん-グリム童話より」 スベン・オットー絵；矢川澄子訳　評論社（児童図書館・絵本の部屋）　1982年4月

「わがままな巨人」 オスカー・ワイルド文；ジョアンナ・アイルズ絵；生野幸吉訳　集英社　1982年5月

「海神島」 鶴見正夫文；清水耕蔵作・絵　講談社　1985年7月

「巨人（ジャイアント）にきをつけろ！」 エリック・カール作；森比左志訳　偕成社　1982年12月

「巨人グミヤーと太陽と月」 君島久子文；小野かおる絵　岩波書店　2000年1月

「巨人のはなし-フィンランドのむかしばなし」 マルヤ・ハルコネン再話；ペッカ・ヴオリ絵；坂井玲子訳　福武書店　1985年9月

「巨人ものがたり」 デビッド・L.ハリソン文；フィリップ・フィックス絵；久保覚訳　ほるぷ出版　1976年9月

「巨男（おおおとこ）の話」 新美南吉作；津田真帆絵　大日本図書（絵本・新美南吉の世界）　2005年2月

「三コ」 斎藤隆介作；滝平二郎画　福音館書店（日本傑作絵本シリーズ）　1969年8月

「山になった巨人-白頭山ものがたり」 リュウチェスウ作・絵；イサンクム；まついただし共訳　福音館書店（世界傑作絵本シリーズ）　1990年1月

「小さい人と大きい人ととても大きい人のゆかいなおはなし」 クラウス・コルドン文；マリー・ジョゼ・サクレ絵；佐々木田鶴子訳　DEMPA/ペンタン　1991年6月

「小さな島の大男」 ヴァルター・クライエ文；トメク・ボガッキー絵；斉藤洋訳　ほるぷ出版　1992年5月

「赤神と黒神」 まつたにみよこ文；まるきいり絵　ポプラ社（むかしむかし絵本28）　1969年10月

「足のみじかい大男」 H.ハノーバー作；U.フュルスト画；稲野強訳　小学館（世界の創作童話7）　1979年7月

「大おとことちゅうしゃ」 深見春夫作　福武書店　1991年2月

「大男の島のおおきなたからもの」 テエ・チョンキン作・絵；西内ミナミ文　エミール館　1979年11月

「大男ボルス」 松居スーザン文；佐藤国男絵　北水　2001年4月

「八郎」 斎藤隆介作；滝平二郎画　福音館書店（日本傑作絵本シリーズ）　1967年11月

「魔法のかたつむり-メキシコ」 ファブリシオ・V.ブロエク文・絵；加藤耕子訳　蝸牛社（かたつむり文庫）　1996年7月

「魔法のなべと魔法のたま」 バルバラ・バルトス＝ヘップナー文；ドゥシャン・カーライ絵；遠山明子訳　ほるぷ出版　1990年5月

架空のもの・ファンタジー

巨人・大男＞だいだらぼっち

「ダイダラボッチ」 野村昇司作;阿部公洋絵　ぬぷん児童図書出版(ぬぷん　ふるさと絵本シリーズ20)　1996年6月

「でえだらぼう」 斎藤隆介作;新居広治画　福音館書店(日本傑作絵本シリーズ)　1972年7月

「でえだらぼっち」 那須田稔作;福田庄助絵　岩崎書店(創作絵本8)　1973年2月

「ひとりぼっちのだいだらぼっち」 沢田としき作・絵　教育画劇(とびだす！妖怪のえほん)　2004年7月

死神

「シニガミさん」 宮西達也作・絵　えほんの杜　2010年9月

「しにがみさん」 野村たかあき作・絵　教育画劇　2004年3月

「しにがみと おばあさん」 鎌田暢子文・絵　大日本図書　2007年9月

「しにがみと木の実」 エリック・マッダーン再話;ポール・ヘス絵;しみずようこ訳　アールアイシー出版　2007年11月

「黒グルミのからのなかに」 ミュリエル・マンゴー文;カルメン・セゴヴィア絵;ときありえ訳　西村書店　2007年7月

「死神さんとアヒルさん」 ヴォルフ・エァルブルッフ作・絵;三浦美紀子訳　草土文化　2008年2月

「死神なんかこわくない」 舟崎克彦作;阿部隆夫絵　ポプラ社(わらいの絵本3)　1973年9月

小人

「あしたてんきになあれ」 土田勇作　フレーベル館(リトルツインズ10)　1993年12月

「いたずらゴブリンの しろ」 青山邦彦作・絵　フレーベル館　2007年10月

「いちばんすてきなひーはなはなみんみのはる」 わたりむつこ文;本庄ひさ子絵　リブリオ出版(えほんはなはなみんみの森)　2002年4月

「いなくなった少女と小人-ガーナ」 ヤオ・ボアチ・ガナッタ文・絵;若林千鶴子訳　蝸牛社(かたつむり文庫)　1984年12月

「うかれバイオリン」 滝原章助画;中村美佐子文　ひかりのくに(世界名作えほん全集18)　1966年1月

「うみのみずはなぜからい にほんのはなし」 土家由岐雄文;山口英昭絵　コーキ出版(絵本ファンタジア24)　1977年6月

「うみのみずはなぜからい」 後藤楢根文;井江春代絵　フレーベル館(フレーベルのえほん120)　1978年3月

架空のもの・ファンタジー

「おおきなジョン」 アーノルド・ローベル原作・画；ウエザヒル翻訳委員会訳 ウエザヒル出版社 1966年5月

「おしょうがつこびとのおはなし」 まついのりこ作 童心社（行事こびとのえほん） 1986年10月

「オスカがいえにやってきた」 土田勇作 フレーベル館（リトルツインズ12） 1994年10月

「おたすけこびと」 なかがわちひろ文；コヨセ・ジュンジ絵 徳間書店 2007年2月

「おたすけこびとのクリスマス」 なかがわちひろ文；コヨセ・ジュンジ絵 徳間書店 2009年10月

「おぢさん THE MAN」 レイモンド・ブリッグズ作；林望訳 小学館 2004年1月

「おつきみこびとのおはなし」 まついのりこ作 童心社（行事こびとのえほん） 1986年4月

「おつきみパーティーはなはなみんみのあき」 わたりむつこ文；本庄ひさ子絵 リブリオ出版（えほんはなはなみんみの森） 2002年4月

「おひさまのたまご」 エルサ・ベスコフ作；石井登志子訳 福武書店 1991年1月

「おりこうなアニカ」 エルサ・ベスコフ作・絵；いしいとしこ訳 福音館書店（世界傑作絵本シリーズ・スウェーデンの絵本） 1985年5月

「かたつむりハウス」 アラン・アールバーグ文；ジリアン・タイラー絵；おかだよしえ訳 評論社（児童図書館・絵本の部屋） 2000年10月

「カプラのもり」 谷真介文；赤坂三好絵 偕成社（創作えほん7） 1972年1月

「ガリバーのふしぎな旅」 ジョナサン・スウィフト原作；ディミター・インキオフ文；ウルリケ・ミュールホフ絵；池内紀訳 西村書店 1990年9月

「ガリバー旅行記」 石田武雄画；中村美佐子文 ひかりのくに（世界名作えほん全集6） 1966年1月

「かんしゃさいのできごと」 土田勇作 フレーベル館（リトルツインズ9） 1993年10月

「キッチン ぱっちん」 木曾秀夫作 サンリード（えほんランド4） 1987年4月

「きつねとトムテ」 カール=エリック・フォーシュルンド詩；ハラルド・ウィーベリ絵；山内清子訳 偕成社 1981年4月

「きみはきみらしく」 マックス・ルケード作；セルジオ・マルティネス絵；松波史子訳 いのちのことば社 フォレストブックス 2002年10月

「きんいろのこびととぎんいろのこびと」 田中利光作；田中秀幸絵 ひさかたチャイルド（ひさかたメルヘン49） 1984年5月

「くさはらのこびと」 エルンスト・クライドルフ文・絵；おおつかゆうぞう訳 福音館書店（世界傑作絵本シリーズ・スイスの絵本） 1970年9月

「くつやさんと10にんのこびと」 林みづほ文；岡田昌子絵 金の星社（こどものくに傑作絵本） 1977年12月

架空のもの・ファンタジー

「くつやさんとはだかのこびと」 グリム兄弟文；カトリン・ブラント絵；塩谷太郎訳 講談社（世界の絵本ドイツ・スイス） 1971年6月

「くつやとこびと-せかいのはなし（ドイツ）」 岡上鈴江文；片桐三紀子絵 コーキ出版（絵本ファンタジア41） 1980年9月

「クリスマス・トムテン-スウェーデンのサンタクロース」 ヴィクトール・リュードベリィ作；ハーラルド・ヴィベリ絵；岡本浜江訳 佑学社 1982年12月

「クリスマスケーキをさあどうぞ」 松井紀子作 トモ企画 1984年10月

「クリスマスのまえのばん」 クレメント・クラーク・ムーア詩；リスベート・ツヴェルガー絵；江國香織 BL出版 2006年10月

「クリスマスのまえのばん-サンタクロースがやってきた」 クレメント・クラーク・ムア詩；タシャ・チューダー絵；中村妙子訳 偕成社 1980年11月

「ケルンのこびと」 アウグスト・コピッシュ文；ゲアハルト・オーバーレンダー絵；佐々木田鶴子訳 ほるぷ出版 1982年9月

「こいのぼりこびとのおはなし」 まついのりこ作 童心社（行事こびとのえほん） 1986年4月

「こなやのむすめとふしぎなこびと」 ジョナサン・ラングレイ著；斉藤洋訳 岩崎書店（ジョナサン・ラングレイのえほん3） 1996年1月

「こびとくんのいえさがし」 マックス・ベルジュイス文・絵；清水奈緒子訳 セーラー出版（ベルジュイスの絵本） 1992年1月

「こびとくんのきゅうじょたい」 マックス・ベルジュイス文・絵；清水奈緒子訳 セーラー出版 1992年1月

「こびとくんのしあわせないちにち」 マックス・ベルジュイス文・絵；清水奈緒子訳 セーラー出版 1992年1月

「こびとづかん」 なばたとしたか作 長崎出版 2006年5月

「こびとといもむし」 肥塚彰原作；黒崎義介絵 フレーベル館（キンダーおはなしえほん傑作選3） 1976年5月

「こびとといもむし」 肥塚彰原作；黒崎義介文・絵 フレーベル館（おはなしえほん13） 1987年3月

「こびととくつや-グリム兄弟の童話から」 カトリーン・ブラント絵；藤本朝巳訳 平凡社 2002年2月

「こびととくつやさん」 ベラ・サウスゲイト再話；ロバート・ラムレイ絵；秋晴二；敷地松二郎訳編 アドアンゲン 1974年6月

「こびととたまご」 多田ヒロシ絵・文 大日本図書 1972年11月

「こびとのえほん」 なかむらゆき作・絵 岩崎書店（ファミリーえほん5） 1978年2月

「こびとのおくりもの はなののびるおうさま」 横田稔絵・文 梧桐書院 2001年4月

「こびとのおくりもの」 上沢謙二再話；荻太郎画 福音館書店（こどものとも傑作集） 1966年10月

架空のもの・ファンタジー

「こびとのおくりもの-はなののびるおうさま」 よこたみのる作 理論社 2008年3月

「こびとのおくりもの-はなののびるおうさま」 横田稔絵・文 福武書店 1984年5月

「こびとのくつや」 グリム作;高橋克雄写真・文 小学館(メルヘンおはなし絵本4) 1983年3月

「こびとのくつや」 寺村輝夫文;岡村好文絵 小学館(世界名作おはなし絵本) 2007年8月

「こびとのくつや-グリムえほん」 立原えりか文;小林与志絵 ひさかたチャイルド(ひさかた絵本館5) 1981年9月

「こびとのくつや-グリム童話」 バーナデット・ワッツ絵;佐々木田鶴子訳 西村書店 1987年9月

「こびとのくつやさん-グリム童話」 エヴ・タルレ絵;遠山明子訳 ほるぷ出版 1990年6月

「こびとのくにのおうさまのぼうし」 象形文平作;富永秀夫絵 金の星社(しぜんのくにえほん) 1977年2月

「こびとのまち」 青山邦彦作・画 パロル舎 1996年11月

「こびとの村のおひさまワイン」 A.シャプートン文;G.ミューラー絵;岸田今日子訳 文化出版局 1984年3月

「こびとの村のカエルじけん」 A.シャープトン文;G.ミューラー絵;岸田今日子訳 文化出版局 1984年3月

「こびとの村のクリスマス」 A.シャプートン文;G.ミューラー絵;岸田今日子訳 文化出版局 1984年11月

「こびとの村のひっこしさわぎ」 A.シャプートン文;G.ミューラー絵;岸田今日子訳 文化出版局 1985年4月

「コロックルじまはおおさわぎ」 土田勇作 フレーベル館(リトルツインズ1) 1992年7月

「コロボックルはもういない」 今井鴻象文;久保雅勇絵 フレーベル館(フレーベルのえほん19) 1978年2月

「さようならバーボー」 土田勇作 フレーベル館(リトルツインズ5) 1992年12月

「サンタクロースと小人たち」 マウリ・クンナス作;稲垣美晴訳 偕成社 1982年1月

「サンタさんへ 12のプレゼント!」 マウリ・クンナス作;稲垣美晴訳 偕成社 1988年9月

「しらゆきひめ(グリム童話)」 大石真文;深沢邦朗絵 ひさかたチャイルド(ひさかた絵本館3) 1981年9月

「しらゆきひめ」 グリム原作 ポプラ社 2009年6月

「しらゆきひめ」 グリム原作 西村書店(世界の名作えほん) 2010年3月

「しらゆきひめ」 与田準一文;岡田嘉夫絵 フレーベル館(せかいむかしばなし3) 1985年7月

架空のもの・ファンタジー

「しらゆきひめ-グリム童話」 ヤン・ピアンコフスキー絵；内海宜子訳 ほるぷ出版（ふぇあらい・ぶっく） 1985年11月

「しらゆき姫」 駒宮録郎画；中村美佐子文 ひかりのくに（世界名作えほん全集4） 1966年1月

「すいようびくんのげんきだま」 那須田淳文；エリック・パトゥー絵 講談社（講談社の創作絵本） 2006年2月

「ぞうのホートンひとだすけ」 ドクター・スース作・絵；ホルスト・レムケ絵；渡辺茂男訳 偕成社 1985年4月

「たいせつなきみ」 マックス・ルケード作；セルジオ・マルティネス絵；松波史子訳 いのちのことば社 フォレストブックス 2002年12月

「たなばたこびとのおはなし」 まついのりこ作 童心社（行事こびとのえほん） 1986年4月

「ちいさくなったおにいちゃん」 ウィリアム・スタイグ作；木坂涼訳 セーラー出版 1997年11月

「ちいさこべのふえ」 和田登作；北島新平絵 岩崎書店（創作絵本11） 1972年9月

「ちいさなおうさま」 三浦太郎作 偕成社 2010年6月

「ちいさなたいこ」 松岡享子作；秋野不矩絵 福音館書店 1974年8月

「ちびくん」 ロジャー・ハーグレーヴス作；たむらりゅういち訳 評論社（みすた・ぶっくす5） 1976年6月

「ドタバタ・クリスマス」 スティーヴン・クロール作；トミー・デ・パオラ絵；岸田衿子訳 佑学社 1981年12月

「とべグルー」 土田勇作 フレーベル館（リトルツインズ11） 1994年5月

「トムテ」 ヴィクトール・リードベリ作；ハラルド・ウィーベリ絵；山内清子訳 偕成社 1979年10月

「ともだちほしいな」 まつやかずえ作・絵 タリーズコーヒージャパン 2006年2月

「トリッポンと王様」 萩尾望都作；こみねゆら絵 教育画劇 2007年2月

「どんぐりぼうやのぼうけん」 エルサ・ベスコフ作・絵；石井登志子訳 童話館出版 1997年10月

「なきたろう」 松野正子作；赤羽末吉絵 文研出版（文研ジョイフルえほん傑作集4） 1974年7月

「なつのぼうけん-はなはなみんみのなつ」 わたりむつこ文；本庄ひさ子絵 リブリオ出版（えほんはなはなみんみの森） 2002年4月

「なまいきくん」 ロジャー・ハーグレーヴス作；たむらりゅういち訳 評論社（みすた・ぶっくす9） 1976年7月

「なみだあめ」 みおちづる作；よしざわけいこ絵 岩崎書店（えほんのぼうけん14） 2010年7月

架空のもの・ファンタジー

「なんてすてきなプレゼント」 土田勇作 フレーベル館(リトルツインズ7) 1993年4月

「のいちごそうはどこにある?」 エヴァ・ビロウ作;佐伯愛子訳 フレーベル館 2008年2月

「ノエルのひみつ」 G.ソロタレフ作・絵;すえまつひみこ訳 佑学社 1990年10月

「ひなまつりこびとのおはなし」 まついのりこ作 童心社(行事こびとのえほん) 1986年10月

「びんぼうこびと-ウクライナ民話」 内田莉莎子再話;太田大八画 福音館書店 1971年1月

「フィンランドのこびとたち トントゥ」 マウリ・クンナス作;稲垣美晴訳 文化出版局 1982年6月

「フェアリーリングのまんなかで」 土田勇作 フレーベル館(リトルツインズ4) 1992年11月

「ふえのねは あきかぜにのって」 土田勇作 フレーベル館(リトルツインズ3) 1992年10月

「ふしぎなよるのこびとたち」 アウグスト・コービッシュ文;イブ・タルレ絵;清水奈緒子訳 くもん出版(くもんの絵童話シリーズ) 1993年6月

「ふしぎの森のミンピン」 ロアルド・ダール作;パトリック・ベンソン絵;おぐらあゆみ訳 評論社(児童図書館・絵本の部屋) 1993年12月

「ふゆごもりのひまで-はなはなみんみのふゆ」 わたりむつこ文;本庄ひさ子絵 リブリオ出版(えほんはなはなみんみの森) 2002年4月

「ふゆのはなし」 エルンスト・クライドルフ文・絵;おおつかゆうぞう訳 福音館書店(世界傑作絵本シリーズ・スイスの絵本) 1971年3月

「ブルーベリーもりでのプッテのぼうけん」 エルサ・ベスコフ作・絵;ルゼ・カプデヴィラ絵;おのでらゆりこ訳 福音館書店(世界傑作絵本シリーズ・スウェーデンの絵本) 1977年5月

「ペーテルとペトラ」 アストリッド・リンドグレーン文;クリスティーナ・ディーグマン絵;大塚勇三訳 岩波書店 2007年10月

「ぼうしのおうち」 エルサ・ベスコフ作・絵;ひしきあきらこ訳 福音館書店 2001年5月

「ぼくらのなつがとんでいく」 土田勇作 フレーベル館(リトルツインズ13) 1994年6月

「ボタンくんとスナップくん」 オイリ・タンニネン絵・文;渡部翠訳 講談社(世界の絵本フィンランド) 1971年6月

「ほんとうにたいせつなもの」 マックス・ルケード作;セルジオ・マルティネス絵;松波史子訳 いのちのことば社 フォレストブックス 2001年11月

「まつりのよるオスカがよぶ」 土田勇作 フレーベル館(リトルツインズ8) 1993年7月

「まめまきこびとのおはなし」 まついのりこ作 童心社(行事こびとのえほん) 1986年10月

「まるかいて」 八木田宜子作;太田大八絵 文化出版局(八木田宜子みどりのえほん3) 1970年12月

「みずうみがほえたひ」 つちだいさむ作 フレーベル館(リトルツインズ2) 1992年8月

「みつばちのミレイユ」 アントゥーン・クリングス作;奥本大三郎訳 岩波書店(にわの小さななかまたち) 2001年7月

架空のもの・ファンタジー

「ミレドーさんちのこびとたち」 ひだきょうこ作・絵 教育画劇 2007年12月

「みんなのこびと」 なばたとしたか作 長崎出版 2007年1月

「もりのかみさまフォーラボー」 土田勇作 フレーベル館(リトルツインズ6) 1993年3月

「もりのこびとたち」 エルサ・ベスコフ作・絵;おおつかゆうぞう訳 福音館書店(世界傑作絵本シリーズ・スウェーデンの絵本) 1981年5月

「もりのゆうえんち」 中村有希作・絵 PHP研究所(PHPこころのえほん11) 1981年11月

「ゆうちゃんとこびと」 野長瀬正夫作;安野光雅絵 フレーベル館(キンダーおはなしえほん傑作選40) 1979年2月

「ゆうやけいろのかさ」 岸川悦子作;上野紀子絵 教育画劇(スピカみんなのえほん9) 1990年6月

「ゆめくい小人」 ミヒャエル・エンデ作;アンネゲルト・フックスフーバー絵;佐藤真理子訳 偕成社 1981年11月

「ようこそ、コルバトウントゥリヘ―フィンランド サンタものがたり」 カイヤ・レーナ作;かなすぎさつき絵 パル 1989年12月

「ランペルスティルトスキン」 ベラ・サウスゲイト再話;エリック・ウインター絵;秋晴二,敷地松二郎訳編 アドアンゲン 1974年6月

「ロッホナガーのおじいさん」 チャールズ英皇太子殿下作;サー・ヒューキャッソン英王立美術院院長;宮本昭三郎訳 サンケイ出版 1981年7月

「わが友ノーム」 リーン・ポールトフリート作;山崎陽子訳 サンリオ 1996年11月

「わんぱくだんの ガリバーランド」 ゆきのゆみこ;上野与志作;末崎茂樹絵 ひさかたチャイルド 2007年9月

「金をつむぐこびと―ルンペルシュティルツヒェン(グリム童話)」 バーナデット・ワッツ絵;ささきたづこ訳 西村書店 1994年9月

「三つのねがい―民話より」 ポール・ガルドン絵;中山知子訳 佑学社(ポール・ガルドン昔話シリーズ6) 1979年8月

「四人のこびと」 パウストフスキー作;サゾーノフ絵;宮川やすえ訳 岩崎書店(母と子の絵本36) 1977年4月

「小さい人と大きい人ととても大きい人のゆかいなおはなし」 クラウス・コルドン文;マリー・ジョゼ・サクレ絵;佐々木田鶴子訳 DEMPA/ペンタン 1991年6月

「小さなムックの物語」 ウィルヘルム・ハウフ作;ウラジミール・マッハイ絵;小林佳代子訳 佑学社(世界の名作童話シリーズ) 1978年7月

「小さな王さま」 フリッツ・フォン・オスティーニ文;ハンス・ペラル絵;中川浩訳 ほるぷ出版 1986年6月

「小人からのプレゼント―ブラジル」 アンジェラ・ラーゴー絵・文;片山和子;平野東海子訳 蝸牛社 1991年7月

架空のもの・ファンタジー

「小人のすむところ」H.C.アンデルセン作；イブ・スパング・オルセン絵；木村由利子訳　ほるぷ出版　1984年12月

「土ん子さま」山本斐子作；野村邦夫絵　佼成出版社（創作民話絵本）　1991年7月

「白雪ひめと七人のこびと-グリム童話より」スベン・オットー絵；矢川澄子訳　評論社（児童図書館・絵本の部屋）　1979年9月

「白雪姫」岩瀬成子文；荒井良二絵　フェリシモ出版（おはなしのたからばこ7）　2009年9月

「白雪姫と七人の小人たち-グリム」ナンシー・エコーム・バーカート画；八木田宜子訳　冨山房　1975年6月

「白雪姫と七人の小人たち-グリム」ナンシー・エコーム・バーカート画；八木田宜子訳　冨山房　1996年8月

「魔法のかたつむり-メキシコ」ファブリシオ・V.ブロエク文・絵；加藤耕子訳　蝸牛社（かたつむり文庫）　1996年7月

「魔法のなべと魔法のたま」バルバラ・バルトス＝ヘップナー文；ドゥシャン・カーライ絵；遠山明子訳　ほるぷ出版　1990年5月

「眠れぬ王さま」スヴェトスラフ・ミンコフ文；ルーメン・スコルチェフ絵；松永緑彌訳　ほるぷ出版　1982年10月

「妖精たち小人たち」エルンスト・クライドルフ作；矢川澄子訳　童話屋　1982年11月

人魚

「3人のちいさな人魚」デニス・トレ；アレイン・トレ絵・文；麻生九美訳　評論社（児童図書館・絵本の部屋）　1979年9月

「おさかなになったおんなのこ-せかいのはなし（フィンランド）」森本ヤス子文；伊藤悌夫絵　コーキ出版（絵本ファンタジア36）　1977年6月

「おひめさまようちえんのにんぎょひめ」のぶみ作　えほんの杜　2010年3月

「キャメルン人魚に恋をする」空羽ファティマ文；海扉アラジン切り絵　ひくまの出版　2009年11月

「ニーナのねがい　み～んなともだち」木田真穂子文；竹内永理亜絵　フォーラム・A　2002年8月

「ニライからきた人魚」池田和文；井口文秀絵　小峰書店（民話のえほん）　1976年1月

「にんぎょひめ」アンデルセン原作；ぽっぷ絵　ポプラ社　2008年11月

「にんぎょひめ」アンデルセン原作；初山滋絵；与田準一文　フレーベル館（キンダーおはなしえほん傑作選25）　1978年4月

「にんぎょひめ」アンデルセン原作；立原えりか文；沢田重隆絵　講談社（講談社の絵本23）　1979年9月

「にんぎょひめ」森山京文；岡田嘉夫絵　フレーベル館（アンデルセンのえほん1）　1986年7月

架空のもの・ファンタジー

「にんぎょひめ」 立原えりか文;牧野鈴子絵 チャイルド本社(チャイルド絵本館-アンデルセン童話5) 1986年8月

「火になった人魚」 石倉欣二絵;さねとうあきら文 国土社(国土社の創作えほん19) 1980年2月

「人魚ひめ」 末吉暁子文;三谷博美絵 小学館(世界名作おはなし絵本) 2007年3月

「人魚姫」 アンデルセン原作;津雲むつみ著 集英社 1983年4月

「人魚姫」 ハンス・クリスチャン・アンデルセン原作;マーガレット・マローニー再話;ラズロ・ガル絵;桂宥子訳 ほるぷ出版 1985年8月

「人魚物語」 米倉斉加年文・絵 角川書店 1977年12月

雪女

「ゆきおんな」 まつたにみよこ文;あさくらせつ絵 ポプラ社(むかしむかし絵本22) 1969年4月

「ゆきおんな」 川村たかし文;宇野亜喜良画 教育画劇(日本の民話えほん) 2000年2月

「ゆきおんな」 中脇初枝文;佐竹美保絵 小学館(日本名作おはなし絵本) 2009年12月

「ゆきおんな」 立原えりか文;田木宗太絵 チャイルド本社(にほんのむかしばなし) 1980年2月

「ゆきひめ」 大川悦生作;上野紀子絵 ポプラ社(子どもがはじめてであう民話4) 1977年3月

「ゆきむすめ」 赤羽末吉絵;今江祥智文 偕成社 1981年12月

「ゆきむすめ」 木島始文;朝倉摂絵 岩崎書店(復刊・日本の名作絵本9) 2002年4月

「七いろの雪」 高橋宏幸作・絵 岩崎書店(新・創作絵本14) 1980年2月

「雪むすめのおくりもの」 佐藤義則文;井口文秀絵 草土文化(ふるさとの民話15) 1979年2月

雪男

「おおさむこさむ」 こいでやすこ作 福音館書店(こどものとも傑作集) 2005年10月

「ゆきおとこのバカンス」 白鳥洋一著 BL出版 2001年12月

仙人

「カレーせんにんをさがせ」 山本省三文;マスカワサエコ絵 PHP研究所(ペッパーとゆかいななかまたち) 1995年4月

「くじゃくのはなび」 鍾子芒作;君島久子訳;丸木俊絵 偕成社(創作こども文庫10) 1976年7月

「けむり仙人」 椋鳩十文;太田大八絵 ポプラ社(ポプラ社の創作絵本5) 1974年1月

架空のもの・ファンタジー

「こいしが どしーん」 内田麟太郎文;長新太絵 童心社 1992年5月

「シカの童女」 岡野薫子作;赤羽末吉絵 あかね書房(新しい日本の絵本4) 1975年4月

「そらとぶはちの物語」 馬場のぼる著 童心社 1992年2月

「にしきのむら」 山本和夫文;武井武雄絵 フレーベル館(キンダーおはなしえほん傑作選27) 1978年4月

「ぼんやり山のぼんたろう」 清水崑文・絵 学習研究社(学研カラー絵ばなし1) 1972年11月

「まくらのせんにん さんぽみちの巻」 かがくいひろし作 佼成出版社(クローバーえほんシリーズ) 2009年1月

「まくらのせんにん そこのあなたの巻」 かがくいひろし作 佼成出版社(クローバーえほんシリーズ) 2010年1月

「錦のなかの仙女-中国民話」 斎藤公子編;斎藤博之絵 青木書店(斎藤公子の保育絵本) 1985年6月

「魔法の筆」 ホン・シュンタオ文;ワン・レイミン絵;森住和弘訳 ほるぷ出版 1981年5月

天使

「アンジェロとロザリーヌ」 ベッティーナ作;矢川澄子訳 文化出版局 1978年5月

「イザベルと天使」 ティエリー・マニエ作;ゲオルグ・ハレンスレーベン絵;石津ちひろ訳 金の星社 2003年8月

「いつもだれかが…」 ユッタ・バウアー作・絵;上田真而子訳 徳間書店 2002年12月

「いとしの天使猫 マーベリック・クマ」 久下貴史絵・文 世界文化社 2007年8月

「うんどうかいのスター」 みくりみゆう作 日本テレビ放送網(みならい天使みっちゃんの冒険3) 2002年6月

「かっぱのすいえいれんしゅう」 みくりみゆう作 日本テレビ放送網(みならい天使みっちゃんの冒険2) 2002年6月

「かみさまからのおくりもの」 樋口通子作 こぐま社 1984年9月

「きらきらてんしのクリスマス」 クレア・フリードマン文;ゲイル・イェリル絵;ゆりよう子訳 ひさかたチャイルド 2009年10月

「さいしょのくりすます」 上野泰郎絵;佐久間彪文 至光社(ブッククラブ国際版絵本) 1986年1月

「シュガーちゃんとこりすちゃん」 しみずゆうこ作 柳原出版(エンジェル・キャット・シュガーのえほん) 2006年7月

「シュガーちゃんとだいじなたまご」 しみずゆうこ作 柳原出版(エンジェル・キャット・シュガーのえほん) 2005年12月

「シュガーちゃんとふゆのおくりもの」 しみずゆうこ作 柳原出版(エンジェル・キャット・シュガーのえほん) 2006年12月

架空のもの・ファンタジー

「ちいさなひつじとちいさなてんし」 三好碩也絵・文 至光社(ブッククラブ国際版絵本) 1977年1月

「つぎはぎ天使アップリちゃん」 なかえよしを作;上野紀子絵 ポプラ社(なかえよしを・上野紀子の絵本5) 1976年7月

「つばさをちょうだい」 ハインツ・ヤーニッシュ作;ゼルダ・マルリン・ソーガンツィ絵;中村智子訳 フレーベル館 2008年5月

「てんしさまがおりてくる」 五味太郎作 リブロポート 1980年11月

「てんしちゃん」 石井睦美作;南塚直子画 小学館(おひさまのほん) 2005年12月

「てんしのアンジー-ちいさなてんしのクリスマス」 アラン・バリー絵;リンダ・バリー文;関谷義樹訳 ドン・ボスコ社 1998年9月

「てんしのおとしもの」 藤田ひおこ作・絵 PHP研究所(わたしのえほん) 1997年10月

「てんしのトッチオ」 とりやまあきら作・絵 集英社 2003年1月

「とんでけホルモ」 エム・ナマエ著 小学館 2004年11月

「バナナのおとどけもの」 みくりみゆう作 日本テレビ放送網(みならい天使みっちゃんの冒険1) 2002年6月

「はなのオルガン」 今西祐行作;若山憲絵 岩崎書店(母と子の絵本17) 1974年12月

「ピポともりのなかまのクリスマス」 つるみゆき文・絵 サンパウロ 2007年10月

「ほたるになった天使」 かんのゆうこ文;たなか鮎子絵 講談社(講談社の創作絵本) 2005年9月

「まちがしあわせになったよる」 エムナマエ絵・文 毎日新聞社(エンジェルピッグのおはなし) 2007年11月

「みならい天使のさんたろう」 芋洗坂係長作 扶桑社 2009年2月

「ミリー-天使にであった女の子のお話」 ヴィルヘルム・グリム原作;モーリス・センダック絵;ラルフ・マンハイム英語訳;神宮輝夫日本語訳 ほるぷ出版 1988年12月

「ゆめみる天使たち」 ベリンダ・ドウンズ文・刺繍;せなあいこ訳 評論社(児童図書館・絵本の部屋) 1998年12月

「よりみちしたてんし」 杉田豊絵・文 至光社(ブッククラブ国際版絵本) 1977年1月

「リトル・エンジェル」 ジェラルディン・マコーリン作;イアン・ベック絵;たきのしまるな訳 文渓堂 1996年11月

「音楽のたねをまいた天使-コロンビア」 パトリシア・デュラン文・絵;小林孝子訳 蝸牛社(かたつむり文庫) 1984年12月

「真冬の天使」 イルカお話・絵 小学館 2007年3月

「赤ちゃん天使」 戸渡阿見作;ゆめのまこ絵 たちばな出版(戸渡阿見絵本シリーズ) 2008年7月

架空のもの・ファンタジー

「天国はおおさわぎ-天使セラフィーノの冒険」 ガブリエル・バンサン作;今江祥智訳 ブッ クローン出版 1990年11月

「天使が空からおりてきた」 市川里美作 偕成社 1983年8月

「天使のえんぴつ」 クェンティン・ブレイク作;柳瀬尚紀訳 評論社(児童図書館・絵本の部屋) 2008年4月

「天使のつばさ」 Tama文;百瀬博之絵 サンリオ(サンリオ創作絵本) 2007年12月

天女

「うしかいとおりひめ-中国民話」 君島久子訳;丸木俊絵 偕成社 1977年6月

「たなばた」 岩崎京子文;鈴木まもる絵 フレーベル館(にほんむかしばなし) 1984年3月

「たなばた」 君島久子再話;初山滋画 福音館書店(こどものとも傑作集) 1977年4月

「たなばた」 君島久子再話;初山滋画 福音館書店(こどものとも傑作集) 1983年6月

「たなばたてんにょ<四国・高知の民話>」 吉村淑甫文;赤坂三好絵 小峰書店(民話のえほん) 1978年3月

「たなばたひめ」 たけざきゆうひ文;原ゆたか絵 フレーベル館(フレーベルのえほん125) 1979年2月

「たなばたむかし」 大川悦生作;石倉欣二絵 ポプラ社(子どもがはじめてであう民話7) 1979年5月

「てんにんにょうぼう(山形県)」 渡辺節子文;梅田俊作絵 第一法規出版(日本の民話絵本7) 1981年6月

「てんにんにょうぼう」 渡辺節子文;梅田俊作絵 童心社(ぼくとわたしのみんわ絵本) 2000年7月

「てんにんのはごろも」 堀尾青史文;朝倉摂絵 岩崎書店(ものがたり絵本18) 1980年2月

「てんにんのはごろも」 堀尾青史文;朝倉摂絵 岩崎書店(復刊・日本の名作絵本10) 2002年4月

「黄金りゅうと天女」 代田昇文;赤羽末吉絵 銀河社(銀河社の創作絵本) 1974年9月

「千葉のはごろも」 安藤操文;浜田清絵 ほるぷ出版(房総むかしむかし絵本8) 1976年4月

「天女の里がえり」 君島久子文;小野かおる絵 岩波書店 2007年10月

「天人にょうぼう」 谷真介文;赤坂三好絵 佼成出版社(行事むかしむかし 7月 七夕のはなし) 1991年6月

「天人女房」 稲田和子再話;太田大八絵 童話館出版 2007年7月

「天人女房」 立原えりか文;清水耕蔵絵 ポプラ社(日本の物語絵本5) 2003年11月

架空のもの・ファンタジー

忍術使い

「いいからいいから4」 長谷川義史作 絵本館 2010年5月

「くろずみ小太郎旅日記 その1-おろち退治の巻」 飯野和好作 クレヨンハウス 1997年3月

「くろずみ小太郎旅日記 その2-盗賊あぶのぶんべえ退治の巻」 飯野和好作 クレヨンハウス 1997年3月

「くろずみ小太郎旅日記 その3-妖鬼アメフラシ姫の巻」 飯野和好作 クレヨンハウス 2000年8月

「くろずみ小太郎旅日記 その4-悲笛じょろうぐもの巻」 飯野和好作 クレヨンハウス(おはなし広場) 2001年4月

「くろずみ小太郎旅日記 その5-吸血たがめ婆の恐怖の巻」 飯野和好作 クレヨンハウス 2005年3月

「だんごのすけのにんじゅつしゅぎょう」 山口マサル作・絵 フレーベル館(わくわくメルヘンシリーズ) 2010年1月

「にんじゃ ごろべえ-うみへいく ぱっ!」 矢崎節夫作;島田コージ絵 フレーベル館(げんきわくわくえほん29) 1997年8月

「にんじゃ つばめ丸」 市川真由美文;山本孝絵 ブロンズ新社 2008年2月

「にん者 とうがん太郎」 清水達也作;篠崎三朗絵 あかね書房(あかね・新えほんシリーズ11) 2001年12月

「ぬればやまのちいさなにんじゃ」 かこさとし作・画 童心社(かこさとし・むかしばなしの本) 1978年12月

「はこ忍者あな忍者」 うえずめぐみ;まつださちこ作 ARTBOXインターナショナル(ARTBOX GALLERYシリーズ) 2004年1月

「ふたりのにんじゅつつかい」 前川康男文;那須良輔絵 学習研究社(学研カラー絵ばなし9) 1973年6月

「児雷也がまにのって」 飯野和好文・絵 フェリシモ出版(おはなしのたからばこ10) 2009年10月

「忍者にんにく丸」 川端誠作 BL出版 2005年9月

貧乏神・福の神

「いいからいいから3」 長谷川義史作 絵本館 2008年9月

「えびすさんと6人のなかまたち」 中川ひろたか作;井上洋介絵 佼成出版社(七福神ものがたり1) 2004年11月

「すもうにかったびんぼうがみ」 松谷みよ子再話;斎藤真成画 福音館書店 2005年4月

「はっけよいのびんぼうがみ」 松谷みよ子文;長野ヒデ子絵 フレーベル館(むかしむかしばなし20) 1994年4月

架空のもの・ファンタジー

「びんぼうがみとふくのかみ」 大川悦生作；長谷川知子絵 ポプラ社（子どもがはじめてであう民話9） 1980年3月

「びんぼうがみとふくのかみ」 富安陽子文；飯野和好絵 小学館（日本名作おはなし絵本） 2009年12月

「びんぼう神とふくの神」 木暮正夫文；梶山俊夫絵 佼成出版社（民話こころのふるさとシリーズ） 1992年11月

「ふくの神どっさどっさどっさぁりー羽黒町手向のサイの神」 つちだよしはる作 リーブル（えほん・こどものまつり） 2002年1月

「七ふくじんとなつまつり」 山末やすえ作；伊東美貴絵 教育画劇 2002年6月

不思議の世界・国

「100かいだてのいえ」 岩井俊雄作 偕成社 2008年6月

「123456789のベン」 デイビッド・マッキー文・絵；こうのゆうこ訳 アリス館牧新社 1976年9月

「5ほんのかさ」 南本樹作 フレーベル館（南本樹ファンタジーランド1） 1984年11月

「6ぴきのくま」 南本樹作 フレーベル館（南本樹ファンタジーランド4） 1985年2月

「STARRY NIGHT ほしにいのりを」 葉祥明絵・文 U4出版 1996年12月

「アイウエ王とカキクケ公」 三芳悌吉文・絵 童心社（童心社の絵本20） 1982年9月

「あけるな」 谷川俊太郎作；安野光雅絵 ブッキング 2006年11月

「あこちゃんのかがみのむこう」 佐藤ひろこ作・絵 PHP研究所（PHPわたしのえほんシリーズ） 1993年4月

「アズールとアスマール」 ミッシェル・オスロ作；平岡敦訳 スタジオジブリ 2007年7月

「アップクプ島のぼうけんーいねむりおじさんとボクくん」 やなせたかし作・絵 ウオカーズカンパニー（創作絵本シリーズ） 1989年7月

「アティと森のともだち」 イェン・シュニュィ作；チャン・ヨウラン絵；中由美子訳 岩崎書店（海外秀作絵本13） 2005年1月

「アリョーシャと風のひみつ」 シルヴィ・ボルテン；ヴィオレッタ・ヴォツァーク文；サンドラ・デマズィエール絵；寺岡襄訳 BL出版 2007年10月

「いたずらボギーのファンガスくん」 レイモンド・ブリッグズ作；かたやまあつし訳 篠崎書林 1979年5月

「いちょうやしきの三郎猫」 成田雅子作・絵 講談社 1996年10月

「いとしのロベルタ」 佐々木マキ作 ほるぷ出版（イメージの森） 1991年8月

「いまいましい石」 クリス・ヴァン・オールズバーグ絵・文；村上春樹訳 河出書房新社 2003年11月

「いやはや」 メアリー＝ルイズ・ゲイ作；江國香織訳 光村教育図書 2006年5月

架空のもの・ファンタジー

「いろのないくにへいったねこ」 ルイス・ボルフガンク・ノイパー作;エッダ・ラインル絵;かしわぎみつ訳 佑学社 1978年4月

「イワン、はじめてのたび」 池田あきこ ほるぷ出版(DAYAN'S COLLECTION BOOKS) 1993年9月

「うそみーるめがね」 いわむらかずお文・絵 新日本出版社(新日本出版社の絵本) 1972年1月

「エミリーときんのどんぐり」 イアン・ベック作;笹山裕子訳 徳間書店 1995年1月

「えんぴつのおすもう」 かとうまふみ作・絵 偕成社 2004年11月

「おおきなおおきなたまご」 篠崎三朗文・絵 ぎょうせい(そうさくえほん館8-空想の世界であそぼう) 1992年10月

「おしろレストラン」 クルト・バウマン文;マリー・ジョゼ・サクレ絵;いけだかよこ訳 文化出版局 1982年12月

「オッコーと魔法のカモメ」 ベッティーナ・アンゾルゲ作;とおやまあきこ訳 福武書店 1984年5月

「おとぎの"アリス"」 ルイス・キャロル文;ジョン・テニエル絵;高山宏訳 ほるぷ出版(ほるぷクラシック絵本) 1986年2月

「おばけたんぽぽ」 岡本颯子作・絵 ポプラ社(絵本のひろば18) 1975年11月

「おふろや」 黒田愛作 白泉社 2008年9月

「お金のいらない町」 ファード・カーウード文;ファード・アルファティーフ絵;黒柳恒男訳 ほるぷ出版 1985年12月

「かいのなかのアリス」 立原えりか作;太田大八絵 フレーベル館(おはなしえほん5) 1986年2月

「かえるの平家ものがたり」 日野十成文;斎藤隆夫絵 福音館書店(日本傑作絵本シリーズ) 2002年11月

「カギ」 こばやしゆかこ作 文渓堂 2010年4月

「かげぼうし」 安野光雅作 冨山房 1976年7月

「かさもって おむかえ」 征矢清作;長新太絵 福音館書店(こどものとも傑作集) 1969年10月

「かぜのまち」 駒宮録郎作・絵 フレーベル館 1979年12月

「カノン」 かんのゆうこ文;北見葉胡絵 講談社(講談社の創作絵本) 2006年2月

「かめだらけおうこく」 やぎたみこ作・絵 イースト・プレス 2010年7月

「きいろいほしからきたおじさん」 おぼまこと作 くもん出版(くもんの創作絵本) 1993年12月

「きたかぜとピオ」 アラン・バルトマン作;谷川俊太郎文 福武書店 1989年9月

架空のもの・ファンタジー

「きょうはへんな日」 末吉暁子文;村上勉絵 ベネッセコーポレーション(ベネッセの絵本) 1998年3月

「きりのもりのもりのおく」 ニック・シャラット作;木坂涼訳 フレーベル館 2008年7月

「くいしんぼうのあおむしくん」 槇ひろし作;前川欣三画 福音館書店(こどものとも傑作集) 2000年9月

「クックル〜ひかりのみち〜白神・縄文の精霊たち」 あいはらひろゆき作;下田冬子絵 PHP研究所(PHPわたしのえほん) 2010年5月

「くまくん まちへいく」 アンソニー・ブラウン作;あきのしょういちろう訳 童話館 1994年7月

「クマくんのふしぎなエンピツ」 アンソニー・ブラウン作;田村隆一訳 評論社(児童図書館・絵本の部屋) 1993年3月

「くものこどもたち」 ジョン・バーニンガム作;谷川俊太郎訳 ほるぷ出版 1997年4月

「くりじぃじとうにばぁばのこと」 MAJODE MAJORA作・絵 ポプラ社(えほん村みんな物語2) 2001年10月

「くろいマントのおじさん」 金森宰司作 福音館書店(日本傑作絵本シリーズ) 2000年6月

「くろいライオン」 ジスン・リー作 スカイフィッシュ・グラフィックス 2008年7月

「こおりの星の ピッティ」 百瀬義行作・絵 講談社 2010年7月

「こびとのおくりもの はなののびるおうさま」 横田稔絵・文 梧桐書院 2001年4月

「こびとのおくりもの-はなののびるおうさま」 よこたみのる作 理論社 2008年3月

「こびとのおくりもの-はなののびるおうさま」 横田稔絵・文 福武書店 1984年5月

「コルと白ぶた」 ロイド・アリグザンダー作;エバリン・ネス絵;神宮輝夫訳 評論社(児童図書館・絵本の部屋) 1980年1月

「こんやもカーニバル」 斉藤洋作;高畠那生絵 講談社(講談社の創作絵本) 2006年5月

「さぼてん」 北見葉湖作・絵 講談社(講談社の創作絵本) 2002年3月

「しずかなふしぎな王女さま」 リタ・ヴァン・ビルゼン絵;エヴリーヌ・パスガン文;山口智子訳 メルヘン社 1981年9月

「しちにんのとうぞく-はなののびるおうさま」 よこたみのる作 理論社 2007年10月

「じっくりおまめさん」 たちもとみちこ作 学習研究社 2005年11月

「ジャイアントピーチ ダールのおばけ桃の冒険」 レイン・スミス絵;ケアリー・カークパトリック文;小川仁央訳 評論社(児童図書館・絵本の部屋) 1996年12月

「しゃぼんだまのうらがえし-はなののびるおうさま その2」 横田稔絵・文 理論社 2008年2月;梧桐書院 2001年4月

「しゃぼんだまのうらがえし-はなののびるおうさま」 横田稔絵・文 福武書店 1983年7月

「ジャングルにいったベン」 デイビッド・マッキー文・絵;安西徹雄訳 アリス館 1983年1月

架空のもの・ファンタジー

「ジュルルジュスト王国で起きた不思議な出来事」 マックス・ギャバン作;遠藤周作訳 エイプリル・ミュージック 1978年6月
「しらないまち」 田島征三作 偕成社 2006年7月
「しろいふね」 南本樹作 フレーベル館(南本樹ファンタジーランド8) 1985年7月
「しんくやくしょモノレール」 長嶋柊絵・文 じゃこめてい出版 2009年1月
「すてきなクリスマス」 南本樹作 フレーベル館(南本樹ファンタジーランド2) 1984年11月
「ストーン・エイジ・ボーイーおおむかしへいったぼく」 きたむらさとし作 BL出版 2009年1月
「そこなし森の話」 佐藤さとる作;中村道雄絵 偕成社(日本の童話名作選) 1989年3月
「そらいろのたね」 なかがわりえこ文;おおむらゆりこ絵 福音館書店(こどものとも傑作集) 1964年4月
「そらのむこうは」 南本樹作 フレーベル館(南本樹ファンタジーランド3) 1984年12月
「そらへのぼったおばあさん」 サイモン・パトック文;アリソン・ジェイ絵;矢川澄子訳 徳間書店 2001年4月
「タイニイ・トゥインクルとおかしの島」 なぎともこ作;伊藤正道絵 ブックローン出版 1994年4月
「たのしいパンのくに」 深見春夫作・絵 PHP研究所(PHPにこにこえほん) 2005年11月
「ダヤン、シームはどこ?」 池田あきこ著 ほるぷ出版 2000年7月
「ダヤン、ふたたび赤ちゃんになる」 池田あきこ著 ほるぷ出版(DAYAN'S COLLECTION BOOKS) 1997年11月
「ダヤンと銀の道」 池田あきこ著 白泉社 2004年11月
「ダヤンと風こぞう」 池田あきこ著 ほるぷ出版(DAYAN'S COLLECTION BOOKS) 2005年11月
「ダヤンのおいしいゆめ」 池田あきこ作 ほるぷ出版 1988年2月
「たんすのひみつ」 清藤宏作 偕成社 1980年7月
「ちいさなおうさま」 三浦太郎作 偕成社 2010年6月
「ちいさなかぜはふいてゆく」 おのでらえつこ文;さとうなおゆき絵 福音館書店(日本傑作絵本シリーズ) 2006年10月
「ちいさなジャンボ」 やなせたかし原作 サンリオ(サンリオファンタジー絵本) 1992年6月
「ちいさなたいこ」 松岡享子作;秋野不矩絵 福音館書店 1974年8月
「ちいさなちいさなおやまのぼうけん」 さかいさちえ作・絵 教育画劇 2010年11月
「ちいさなちいさなすてきなおうち」 さかいさちえ作・絵 教育画劇 2008年3月
「ちいさなちいさなふしぎなおみせ」 さかいさちえ作・絵 教育画劇 2009年9月
「ちか100かいだてのいえ」 岩井俊雄作 偕成社 2009年11月

架空のもの・ファンタジー

「チビクロ・パーティ」 池田あきこ著 ほるぷ出版（DAYAN'S COLLECTION BOOKS） 1995年10月

「チョコレート・ウェディング」 ポージー・シモンズ文・絵；角野栄子訳 リブロポート 1992年4月

「つきあかりのにわで サマータイムソング」 アイリーン・ハース作・絵；わたなべしげお訳 福音館書店（世界傑作絵本シリーズ） 1998年6月

「つきとうばん」 藤田雅矢作；梅田俊作絵 教育画劇 2006年6月

「つきにでかけたおんなのこ」 ジェラール・フランカン作；ほりえとしゆき訳 フレーベル館 1999年9月

「ティーピーとふしぎなおしろ」 西巻かな作 学習研究社（学研おはなし絵本） 2007年10月

「テオンをさがしに」 三原伸作・絵 講談社 2008年10月

「てまわしオルガン－はなののびるおうさま」 横田稔絵・文 理論社 2008年3月；梧桐書院 2001年4月

「てまわしオルガン－はなののびるおうさま」 横田稔絵・文 理論社 2008年3月；福武書店 1985年5月

「トランプのおしろ」 高羽賢一作・絵 金の星社（こどものくに傑作絵本6） 1976年2月

「トリッポンのこねこ」 萩尾望都作；こみねゆら絵 教育画劇 2007年2月

「どろんこそうべえ」 たじまゆきひこ作 童心社 2007年1月

「とんまくん」 ロジャー・ハーグレーヴス作；たむらりゅういち訳 評論社（みすた・ぶっくす4） 1976年6月

「ナーガラ町の物語」 すやまたけし作；黒井健絵 サンリオ 1988年11月

「なまけもののくに たんけん」 ハインリッヒ・マリア・デンネボルク作；ホルスト・レムケ絵；柏木美津訳 佑学社 1978年3月

「なまずの駄菓子屋」 池田あきこ著 ほるぷ出版（DAYAN'S COLLECTION BOOKS） 1996年3月

「にしきのむら」 山本和夫文；武井武雄絵 フレーベル館（キンダーおはなしえほん傑作選27） 1978年4月

「にんぎょうのくに」 ドン・フリーマン作・絵；西園寺祥子訳 偕成社 1979年4月

「ぬけだしたジョーカー」 武井武雄絵；こわせたまみ作 フレーベル館（武井武雄絵本美術館） 1998年4月

「ネポス・ナポス まよいぐもの おくりもの」 チームネポス作；城哲也 講談社 2000年7月

「ネポス・ナポス リモのたからもの」 チームネポス作；城哲也絵 講談社 2001年7月

「ねむりいす」 ゆーちみえこ作・絵 ひさかたチャイルド 2007年9月

「のはらのテレビジョン」 五味太郎作 CBS・ソニー出版 1981年6月

架空のもの・ファンタジー

「ハウエルのぼうし」 新月柴紺大作・絵 講談社(講談社の創作絵本) 2003年3月

「はこをあけると…」 あんびるやすこ作・絵 ひさかたチャイルド 2006年8月

「はじめてのおでかけ-はなののびるおうさま」 よこたみのる作 理論社 2008年2月

「パッチワークのかけぶとん」 ウィリーマイン・ミン文・絵；清水奈緒子訳 セーラー出版 1991年2月

「はなづくりのまろ」 小出保子文・絵 ぎょうせい(そうさくえほん館11-空想の世界であそぼう) 1992年10月

「はなののびるおうさま」 横田稔絵・文 梧桐書院 2001年2月

「はなののびるおうさま」 横田稔絵・文 福武書店 1982年3月

「ひかりにつつまれて」 かすや昌宏絵；渡洋子文 至光社(至光社ブッククラブ 国際版絵本) 2006年7月

「ピックとニックの冒険」 山本真嗣絵；藤本真文 キッズレーベル 2008年11月

「ひよみったちゃん よるのくにへいく」 ひよみこ作・画 ABC出版 2002年12月

「ひよみったちゃん」 ひよみこ作・画 ABC出版 2002年4月

「ひろったかぎ」 長崎源之助文；司修絵 講談社 1976年11月

「ふうせんばたけのひみつ」 ジャーディン・ノーレン文；マーク・ビーナー絵；山内智恵子訳 徳間書店 1998年2月

「ぷかぷかぷっかり」 前川かずお作・画 童心社 1982年6月

「ぷかぷかランド すてきなおくりもの」 川北亮司作；門野真理子絵 理論社 2006年7月

「ふしぎなウーベタベタ」 ドクタースース作；渡辺茂男訳 日本パブリッシング 1969年1月

「ふしぎなけいたいでんわ」 岡本颯子作・絵 PHP研究所(PHPわたしのえほんシリーズ) 1997年9月

「ふしぎなふしぎなプレゼント」 マリオ・ラモ作；原光枝訳 平凡社 2006年2月

「ふしぎなぼうし」 南本樹作 フレーベル館(南本樹ファンタジーランド7) 1985年6月

「ふしぎなみずたまり」 久我通世作・絵 フレーベル館 1979年9月

「ふしぎな庭」 イージー・トゥルンカ作；井出弘子訳 ほるぷ出版 1979年2月

「ブリキのいえ」 森本清彦作 フレーベル館 1985年2月

「ブリと虹のほのお 猫の森のブリ」 阿部行夫作・絵 文渓堂 2004年12月

「プリンス・スター」 アン・ダルトン作；早川麻百合訳 ほるぷ出版 1987年12月

「フルダー・フラムとまことのたてごと」 ロイド・アリグザンダー作；エバリン・ネス絵；神宮輝夫訳 評論社(児童図書館・絵本の部屋) 1980年1月

「ヘリオさんとふしぎななべ」 市居みか著 アリス館 2001年10月

架空のもの・ファンタジー

「へんてこマンション」深見春夫作　佼成出版社(クローバーえほんシリーズ)　2009年4月
「ぼうしのくに」南本樹作・絵　フレーベル館　1980年1月
「ぼくのへやにうみがある」マーガレット・ワイルド文;ジェーン・タナー絵;代田昇訳　ほるぷ出版　1987年5月
「ほしのこピッカル」佐野語郎作;中村景児絵　ひさかたチャイルド　1989年6月
「マーシィとおとうさん」池田あきこ著　ほるぷ出版(DAYAN'S COLLECTION BOOKS)　1993年10月
「マージョリーノエルがやってきた」池田あきこ著　ほるぷ出版(DAYAN'S COLLECTION BOOKS)　1994年10月
「また もりへ」マリー・ホール・エッツ文・絵;まさきるりこ訳　福音館書店(世界傑作絵本シリーズ)　1989年2月
「まっくら森」本橋靖昭絵;利光晋世文　サンマーク出版　2004年2月
「マトリョーシカとヘッヘホイのまほう」たざわちぐさ作　白泉社　2007年10月
「まほうつかいフレストナーはなののびるおうさま」よこたみのる作　理論社　2008年2月
「まよなかのだいどころ」モーリス・センダック作;神宮輝夫訳　冨山房　1982年9月
「まるくおさまる」木曽秀夫作・絵　文研出版(えほんのもり6)　1985年10月
「ミドリちゃんとよっつのけいと」おおしまたえこ作・絵　ポプラ社(絵本の時間17)　2002年11月
「みどりの国」C.ブリフ作;G.トードゥラ絵;十文字惠子訳　女子パウロ会　1981年6月
「みんな とぶぞ」佐々木マキ作・絵　サンリード　1980年2月
「メルヘンの国」なかえよしを作;上野紀子絵　ポプラ社(なかえよしを・上野紀子の絵本7)　1980年3月
「メルヘンの世界1 ライオンのめがね・ふしぎのくにのアリス」熊田千佳慕絵・文　小学館　2010年3月
「メルヘンの世界2 オズのまほうつかい・ピノキオ」熊田千佳慕絵・文　小学館　2010年3月
「モケモケ」荒井良二文・絵　フェリシモ出版(おはなしのたからばこ32)　2010年5月
「やねの上のふしぎなまど」村山陽絵;杉みき子文　国土社(国土社の創作えほん18)　1980年2月
「ゆかいなおうさま」センバ太郎文・絵　学習研究社(学研カラー絵ばなし4)　1972年11月
「ゆきのおしろへ」ジビュレ・フォン・オルファース作;秦理絵子訳　平凡社　2003年12月
「ゆめのくに」マイケル・フォーマン作・絵;佐野洋子訳　フレーベル館　1985年2月
「ヨールカの白いお客さん」池田あきこ著　ほるぷ出版(DAYAN'S COLLECTION BOOKS)　1996年11月

架空のもの・ファンタジー

「ライオンと魔女と衣裳だんす」 C.S.ルイス作；クリスチャン・バーミンガム絵；田中明子訳 評論社（児童図書館・絵本の部屋） 2000年9月

「ラウラとふしぎなたまご」 ビネッテ・シュレーダー文・絵；ささきたづこ訳 岩波書店 2000年1月

「ルフランルフラン2 本のあいだのくにへ」 荒井良二著 プチグラパブリッシング 2006年5月

「ロッコくん ジュースのまちへ」 にしまきかな作・絵 福音館書店（日本傑作絵本シリーズ） 2001年5月

「ロビンソン一家のゆかいな一日」 ウィリアム・ジョイス作；宮坂宏美訳 あすなろ書房 2007年10月

「ロボットのくに」 フィリップ・ケレン作・絵；土屋政雄訳 エミール館 1981年1月

「ロロ王さまとあそぼうよ」 デービッド・マッキー絵・文；山口文生訳 評論社（児童図書館・絵本の部屋） 1985年8月

「わたしのともだち」 南本樹作 フレーベル館（南本樹ファンタジーランド5） 1985年4月

「一まいのえ」 木葉井悦子作・絵 フレーベル館 1987年3月

「雨の木曜パーティ」 池田あきこ著 ほるぷ出版（DAYAN'S COLLECTION BOOKS） 2001年6月

「王さまのすきなピックル=パイ」 ジョリー・ロジャー・ブラッドフィールド文；飯沢匡訳 講談社（世界の絵本アメリカ） 1971年4月

「王さまのやくそく」 おぼまこと作 絵本館 1982年4月

「王子オレッグ故郷に帰る」 ジャン=クロード・ブリスビル文；ダニエル・ブール絵；篠沢秀夫訳 集英社 1982年12月

「花ぐるまの井戸」 早船ちよ文；二俣英五郎絵 国土社（絵本むかしばなし23） 1977年3月

「絵本 極楽ごくらく」 西川隆範文；桝田英伸監修 風涛社 2009年7月

「絵本のなかへ」 なかえよしを作；上野紀子絵 ポプラ社（なかえよしを・上野紀子の絵本2） 1975年11月

「銀河の魚」 たむらしげる著 メディアファクトリー 1998年11月

「月からきたうさぎ」 みなみらんぼう作；黒井健絵 学習研究社（fanfanファンタジー） 1993年7月

「月のこどもたち」 今村幸治郎作 偕成社（ロボコンランドシリーズ） 1986年6月

「月光公園」 東逸子絵；宙野素子文 三起商行 1993年11月

「月夜のオーケストラ」 イェンス・ラスムス作；斉藤洋訳 小学館 1999年12月

「光のゲンちゃん」 西村緋禄司絵；花散里文 日本放送出版協会（NHKみんなのうたえほん） 2008年5月

「菜緒のふしぎ物語」 竹内もと代文；こみねゆら絵 アリス館 2006年3月

架空のもの・ファンタジー

「紙の町のおはなし」 クヴィエタ・パツォウスカー作；ゆうきまさこ訳　小学館（ちひろ美術館コレクション絵本2）　2000年7月

「森のなかへ」 アンソニー・ブラウン作；灰島かり訳　評論社（児童図書館・絵本の部屋）　2004年7月

「星うさぎと月のふね」 かんのゆうこ文；田中鮎子絵　講談社　2003年10月

「星の工場」 きむらよしお作・絵　白泉社　1992年5月

「声の森」 安房直子作；ひろかわさえこ絵　偕成社　2006年5月

「大きな矢印」 浅岡鉄彦作；大森翠絵　講談社出版サービスセンター　2010年9月

「鳥おじさん」 ウィレミーン・ミン作・絵；野坂悦子訳　徳間書店　1999年1月

「電信柱と妙な男」 小川未明作；石井聖岳絵　架空社　2004年7月

「猫の島のなまけものの木」 池田あきこ著　ほるぷ出版（DAYAN'S COLLECTION BOOKS）　1998年9月

「扉の国」 中江嘉男；上野紀子著　偕成社　1978年3月

「氷の宮殿」 アンジェラ・マクアリスター文；アンジェラ・バレット絵；島式子訳　BL出版　1997年9月

「魔術師アブドゥル・ガサツィの庭園」 C.V.オールズバーグ絵・文；村上春樹訳　あすなろ書房　2005年9月

「魔術師ガザージ氏の庭で」 クリス・バン・オールスバーグ作；辺見まさなお訳　ほるぷ出版　1981年2月

「魔女がひろった赤ん坊」 池田あきこ著　ほるぷ出版（DAYAN'S COLLECTION BOOKS）　1995年3月

「木のなかのふしぎな家」 ウルフ・レーフグレン作・絵；武田和子訳　岩崎書店（えほん・ワンダーランド17）　1989年2月

「夕あかりの国」 アストリッド・リンドグレーン文；マリット・テルンクヴィスト絵；石井登志子訳　徳間書店　1999年3月

魔法使い・魔女

「100ぴきねことまほうつかい」 間瀬なおかた作・絵　ひさかたチャイルド（ひさかた絵本ランド）　1989年1月

「あかい さばくの まじょ」 山口節子作；おぼまこと絵　佼成出版社　2002年11月

「あきっぽいまじょとなかまたち おそろしいかえりみち」 うえつじとしこ文・絵　大日本図書　2009年9月

「あきっぽいまじょとなかまたち そらとぶパンがま」 うえつじとしこ文・絵　大日本図書　2009年1月

「あしたまほうになあれ」 小野寺悦子作；黒井健絵　学習研究社（fanfanファンタジー）　1989年7月

架空のもの・ファンタジー

「あたしもすっごい魔女になるんだ！」ミッシェル・ヴァン・ゼブラン作；金原瑞人訳　小峰書店（魔女のえほん）　2004年10月

「アニーとペペのまよなかの大ぼうけん」リーバ・バータ作；ほしのかおる訳　宝島社　1993年12月

「アマンダとまほうのはたけ」ジョン・ヒンメルマン作；幾島幸子訳　アルク　1989年12月

「あめあめふれふれ」井上よう子作；滝原愛治絵　偕成社（まじょっこチャッピー4）　1994年7月

「あらいぐまとまほうつかいのせんたくや」さくらともこ作；中村景児絵　ポプラ社（えほんとなかよし26）　1994年4月

「アラジンとふしぎなランプ」小沢正文；島田コージ絵　小学館（世界名作おはなし絵本）　2007年7月

「アラジンとまほうのランプ」山本忠敬画；新谷峰子文　ひかりのくに（世界名作えほん全集15）　1966年1月

「アラジンとまほうのランプ－アラビアン・ナイトより」岩崎京子文；市川恒夫絵　世界出版社（ABCブック）　1967年1月

「アラジンとまほうのランプ－せかいのはなし（アラビア）」山主敏子文；宇田川佑子絵　コーキ出版（絵本ファンタジア34）　1979年6月

「アラジンと魔法のランプ」アンドルー・ラング再話；エロール・ル・カイン絵；中川千尋訳　ほるぷ出版　2000年6月

「アラジンと魔法のランプ」ルジェック・クビシタ再話；イージー・ビェホウネク絵；井口百合香訳　佑学社（世界の名作童話シリーズ）　1978年2月

「アリョーシャと風のひみつ」シルヴィ・ボルテン；ヴィオレッタ・ヴォツァーク文；サンドラ・デマズィエール絵；寺岡襄訳　BL出版　2007年10月

「アンソニーとまほうのゆびわ」トミー・デ・パオラ作；ゆあさふみえ訳　偕成社（まほうつかいのノーナさま1）　1993年4月

「いいかおばあっ」木村裕一文・案；中村泰敏画　河出書房新社（まほうのぺったん3）　1983年9月

「いたずら王子バートラム」アーノルド・ローベル作；ゆもとかずみ訳　偕成社　2003年6月

「いちばんすごいまほうつかい」岡田淳文；高見八重子絵　ひかりのくに（ひかりのくにお話絵本）　1988年6月

「いちばんすごいまほうつかい」岡田淳文；高見八重子絵　ひかりのくに（ひかりのくにお話絵本）　1988年6月

「いろいろへんないろのはじまり」アーノルド・ローベル作；牧田松子訳　冨山房　1975年3月

「ヴィクターとクリスタベル－そっと恋して」ペトラ・マザーズ作；今江祥智；遠藤育枝訳　童話館出版　1996年12月

「ウィリーはまほうつかい」高羽賢一作・絵　バンダイ（バンダイの傑作絵本）　1984年2月

架空のもの・ファンタジー

「うたうしじみ」児島なおみ作・絵　偕成社　2005年4月

「うっかりまじょとちちんぷい」ヌリット・カーリン作;小杉佐恵子訳　冨山房　1988年3月

「うるわしのワシリーサ-ロシアの昔話から」イヴァン・ビリービン絵;田中泰子訳　ほるぷ出版　1986年5月

「えほん　魔女のひみつ」コリン・ホーキンス作;岩田佳代子訳　金の星社(世界の絵本ライブラリー)　1995年10月

「エマのまほうのめがね」マリー・ブランド文・絵;河津千代訳　アリス館牧新社　1976年2月

「おうさまのハンカチ」宮地延江作;村上幸一絵　ひさかたチャイルド(ひさかた傑作集8)　1984年6月

「おえかきだいすき」井上よう子作;滝原愛治絵　偕成社(まじょっこチャッピー5)　1994年10月

「おともだちあつまれ」木村裕一文・案;中村泰敏画　河出書房新社(まほうのぺったん5)　1983年11月

「おばあちゃんのキルト」ナンシー・ウィラード作;トミー・デ・パオラ絵;長田弘訳　みすず書房　2002年3月

「おばけのババヤガー-ロシア民話」カロリコフ再話;カバーリョフ絵;宮川やすえ訳文　岩崎書店(えほん・ワンダーランド13)　1988年2月

「おばけまほうにかかる」ジャック・デュケノワ作;大澤晶訳　ほるぷ出版　2000年5月

「オラウーちゃんとまほうのやかた」工藤ノリコ作　文渓堂　2001年3月

「かたづけやだもん」井上ようこ作;滝原愛治絵　偕成社(まじょっこチャッピー3)　1993年8月

「カプチーヌ」タンギー・グレバン作;カンタン・グレバン絵;江國香織訳　小峰書店　2003年10月

「かめのこうらにはなぜひびがあるの-ブラジルのはなし」石堂清倫文;赤星亮衛絵　コーキ出版(絵本ファンタジア3)　1977年8月

「きりの中のまほう」マーガレット・M.キンメル作;トリナ・S.ハイマン絵;三木卓訳　偕成社　1980年8月

「クリスマスの人形たち」ジョージー・アダムズ文;カーチャ・ミハイロフスカヤ絵;こだまともこ訳　徳間書店　2008年10月

「クリップとみずのまほう」新井洋行作・絵　フレーベル館　2007年2月

「くろぼうしちゃん」なかえよしお文;上野紀子絵　文化出版局　1974年7月

「ケーレブとケート」ウィリアム・スタイグ作;あそうくみ訳　評論社(児童図書館・絵本の部屋)　1980年6月

「ケチンボさん」ロジャー・ハーグレーヴス作;たむらりゅういち訳　評論社(みすた・ぶっくす24)　1985年12月

架空のもの・ファンタジー

「こうのとりに なった おうさま」 香山美子文;井江栄絵 ひかりのくに(名作・昔話絵本) 1993年2月

「しつれいですが、魔女さんですか」 エミリー・ホーン作;パヴィル・パヴラック絵;江國香織訳 小峰書店(魔女のえほん) 2003年10月

「じどうしゃになーれ」 木村裕一文・案;中村泰敏画 河出書房新社(まほうのぺったん6) 1983年12月

「すいしょうだま」 スズキコージ作・画 リブロポート(リブロの絵本) 1981年6月

「すずめのまほう」 ニクレビチョーバ作;内田莉莎子文;山中冬児絵 偕成社(世界おはなし絵本20) 1971年1月

「せっかちまじょのネル」 モーリン・ロッフィ絵;矢川澄子詞 評論社(児童図書館・絵本の部屋) 1980年8月

「ゼルダのママはすごい魔女」 ミッシェル・ヴァン・ゼブラン作;金原瑞人訳 小峰書店(魔女のえほん) 2004年10月

「ソケットとおとのまほう」 新井洋行作・絵 フレーベル館 2007年1月

「そよ風とわたし」 今江祥智文;上野紀子絵 ポプラ社(おはなし名作絵本23) 1975年9月

「そらをとんだ くじら」 アルカディオ・ロバト作・絵;ウィルヘルム・菊江訳 講談社(講談社の翻訳絵本) 1994年1月

「ちいさなちいさなものがたり」 かこさとし文・絵 偕成社(かこさとし七色のおはなしえほん3) 1984年12月

「ちいさな魔女からの手紙」 角野栄子作 ポプラ社(魔女からの手紙2) 2008年10月

「ちいさな魔女リトラ」 広野多珂子作・絵 福音館書店(日本傑作絵本シリーズ) 2001年5月

「ちび三郎と魔女-トルコむかしばなし」 バーバラ・ウォーカー文;マイケル・フォアマン絵;瀬田貞二訳 評論社(児童図書館・絵本の部屋) 1979年10月

「つきよに魔女がとんできた」 清水達也文;熊谷厚子絵 教育画劇(スピカみんなのえほん) 1995年12月

「でかいぞちっちゃいぞ」 井上よう子作;滝原愛治絵 偕成社(まじょっこチャッピー1) 1993年7月

「てんとうむしのベル」 A.クリングス作;奥本大三郎訳 岩波書店(にわの小さななかまたち) 2002年9月

「となりのまじょのマジョンナさん」 ノーマン・ブリッドウェル作;長野ヒデ子絵;長月るり訳 偕成社(世界の絵本) 2001年11月

「とんがりぼうしのクロチルダ」 エヴァ・モンタナーリ作;井辻朱美訳 光村教育図書 2008年3月

「ながいかみのラプンツェル-グリム童話」 フェリクス・ホフマン絵;せたていじ訳 福音館書店(世界傑作絵本シリーズ) 1970年4月

架空のもの・ファンタジー

「なきむしぼうや」 エルサ・ベスコフ作・絵;石井登志子訳　徳間書店　2002年5月

「ナツメグとまほうのスプーン」 デイヴィッド・ルーカス作;なかがわちひろ訳　偕成社　2006年6月

「にげだした まじょ」 イングリット・シューベルト;ディーター・シューベルト作;よこやまかずこ訳　冨山房　1988年6月

「ねむりのもりのひめ」 グリム作;佐藤義美文;佐藤忠良絵　偕成社(世界おはなし絵本11)　1971年1月

「ねむりひめ-グリム童話」 ヤン・ピアンコフスキー絵;内海宜子訳　ほるぷ出版(ふぇありい・ぶっく)　1985年11月

「ノーナさまのクリスマス」 トミー・デ・パオラ作;ゆあさふみえ訳　偕成社(まほうつかいのノーナさま3)　1993年11月

「ノッポさんのえほん9 おかのうえのき」 高見ノッポ作;田中恒子絵　世界文化社　2001年8月

「のんのんばあ おばけどろぼう」 水木しげる作　文研出版(みるみる絵本)　2007年8月

「パーティーがはじまるよ」 北川チハル作;ひだきょうこ絵　岩崎書店(カラフルえほん5)　2005年4月

「バーバ・ヤガー」 アーネスト・スモール文;ブレア・レント画;小玉知子訳　冨山房　1975年12月

「バーバ・ヤガー」 アーネスト・スモール文;ブレア・レント絵;小玉知子訳　童話館出版　1998年1月

「バーバ・ヤガー-ロシア民話」 松谷さやか再話;ナタリー・パラン絵　福音館書店(世界傑作絵本シリーズ・フランスの絵本)　1987年2月

「ハクションくん」 ロジャー・ハーグレーヴス作;たむらりゅういち訳　評論社(みすた・ぶっくす12)　1985年12月

「パパはまほうつかい」 西山直樹作・絵　福武書店　1988年11月

「ババヤガーのしろいとり-ロシア民話」 内田莉莎子再話;佐藤忠良画　福音館書店　1973年11月

「ばらになった王子」 クレメンス・ブレンターノ文;リスベート・ツヴェルガー画;池田香代子訳　冨山房　1983年4月

「ハンカチさん・ベレーさん・マントさん」 東君平絵;松岡節文　ひかりのくに(ひかりのくに傑作シリーズ1)　1970年1月

「びっくりたねまき」 井上よう子作;滝原愛治絵　偕成社(まじょっこチャッピー2)　1993年6月

「フィッチャーさんちの鳥-グリム童話」 マーシャル・アリスマン絵;金原瑞人訳　西村書店(ワンス・アポンナタイム・シリーズ)　1990年11月

「ふたつのまほうのたま」 オルガ・プロセンク作・絵;山口ちずこ文　学習研究社(国際版せかいのえほん18)　1985年1月

架空のもの・ファンタジー

「ぶらぶらばあさん」 馬渕公介作;西村繁男絵　小学館（おひさまのほん）　1996年11月

「ぶらぶらばあさん-やまからうみへ」 馬渕公介作;西村繁男絵　小学館（「おひさまのほん」シリーズ）　1999年5月

「ヘスターとまじょ」 バイロン・バートン作・絵;かけがわやすこ訳　佑学社　1991年8月

「ヘンゼルとグレーテル」 L.ベヒシュタイン作;坂本知恵子絵;酒寄進一訳　福武書店　1988年5月

「ヘンゼルとグレーテル」 グリム兄弟作;飯田正美画;天沼春樹訳　パロル舎（絵本グリムの森2）　1997年10月

「ヘンゼルとグレーテル」 グリム兄弟文　平凡社　2010年3月

「ヘンゼルとグレーテル」 グリム兄弟文;植田敏郎訳;安井淡絵　小学館（世界のメルヘン絵本1）　1978年1月

「ヘンゼルとグレーテル」 グリム原作　西村書店（世界の名作えほん）　2009年9月

「ヘンゼルとグレーテル」 グリム作　岩崎書店（絵本・グリム童話1）　2009年2月

「ヘンゼルとグレーテル」 グリム作;高橋克雄写真・文　小学館（メルヘンおはなし絵本2）　1982年12月

「ヘンゼルとグレーテル」 バーナディット・ワッツ絵;相良守峯訳　岩波書店　1985年7月

「ヘンゼルとグレーテル」 ヤン・ピアンコフスキー絵;内海宜子訳　ほるぷ出版（ふぇありい・ぶっく）　1985年11月

「ヘンゼルとグレーテル」 山室静文;松村太三郎絵　フレーベル館（せかいむかしばなし1）　1985年6月

「ヘンゼルとグレーテル」 寺村輝夫文;永井郁子絵　小学館（世界名作おはなし絵本）　2007年3月

「ヘンゼルとグレーテル-グリム童話」 スーザン・ジェファーズ絵;大庭みな子訳　ほるぷ出版　1983年4月

「ヘンゼルとグレーテル-グリム童話」 リスベス・ツヴェルガー絵;佐久間彪訳　かど創房　1981年3月

「ヘンゼルとグレーテルのおはなし」 グリム原作;バーナデット・ワッツ文・絵;福本友美子訳　BL出版　2006年11月

「ぼくはまほうつかい」 マヤ・アンジェロウ文;マーガレット・コートニー=クラーク写真;さくまゆみこ訳　アートン（アジア・アフリカ絵本シリーズ）　2006年9月

「ポスおばあちゃんのまほう」 メム・フォックス文;ジュリー・ヴィヴァス絵;加島葵訳　朔北社　2003年5月

「ポルカちゃんとまほうのほうき」 たむらしげる作　あかね書房（あかね・新えほんシリーズ34）　2007年5月

「ほんとうのまほうつかい」 北原綴文;村上昂絵　創林社（創作絵本）　1986年12月

架空のもの・ファンタジー

「マーシャとババヤガーのおおきなとり」 宮川やすえ文;太田大八絵 ひさかたチャイルド 2007年11月

「まじょさんまたあした」 小野寺悦子作;新野めぐみ絵 教育画劇(ユーモアえほん) 1997年8月

「まじょっこトロンチ」 川崎洋文;太田大八絵 フレーベル館(キンダーおはなしえほん) 1982年3月

「まじょドッコイショのごきげんなドレス」 垣内磯子作;市居みか絵 フレーベル館(あかね・新えほんシリーズ38) 2008年3月

「まじょとねこどん ほうきでゆくよ」 ジュリア・ドナルドソン文;アクセル・シェフラー絵;久山太市訳 評論社(児童図書館・絵本の部屋) 2001年11月

「まじょのおとしもの」 油野誠一作 福音館書店 2008年3月

「まじょのかんづめ」 佐々木マキ作 福音館書店(こどものとも傑作集) 1999年4月

「まじょのくつ」 さとうめぐみ文・絵 ハッピーオウル社(おはなしのほん) 2005年4月

「まじょのケーキ」 たむらしげる作 あかね書房(あかね・新えほんシリーズ13) 2002年11月

「まじょのスーパーマーケット」 スーザン・メドー作;ひがしはるみ訳 フレーベル館 1996年12月

「まじょのデイジー」 植田真作 のら書店 2009年3月

「まじょのほうき」 さとうめぐみ文・絵 ハッピーオウル社(おはなしのほん) 2004年5月

「まじょのぼうし」 さとうめぐみ文・絵 ハッピーオウル社(おはなしのほん) 2007年12月

「まじょのマント」 さとうめぐみ文・絵 ハッピーオウル社(おはなしのほん) 2007年4月

「まじょの森のピクシー」 ひらいたかこ作 ポプラ社(まじょの森のえほん1) 2007年4月

「まじょまじょせんせいとんでみる!」 鶴岡千代子作;長谷川知子絵 カワイ出版 1995年7月

「マジョマジョの まほうのほうきのつくり方」 松村雅子作・絵 ブックローン出版(マジョマジョシリーズ) 1992年5月

「マジョマジョの 春の色のつくり方」 松村雅子作・絵 ブックローン出版(マジョマジョシリーズ) 1992年2月

「まほうおばばのカレンダー」 山口由紀作;垂石眞子絵 フレーベル館(ペーパーバックえほん4) 2002年1月

「まほうつかいとドラゴン」 デイビッド・マッキー文・絵;安西徹雄訳 アリス館牧新社 1981年2月

「まほうつかいとねこ」 せなけいこ作・絵 鈴木出版(チューリップえほんシリーズ) 1995年11月

「まほうつかいとふしぎなおおかん」 デイビッド・マッキー文・絵;安西徹雄訳 アリス館 1989年10月

架空のもの・ファンタジー

「まほうつかいとペットどろぼう」 デイビッド・マッキー文・絵；安西徹雄訳 アリス館牧新社 1979年8月

「まほうつかいナナばあさんのかがみのまほう」 ひらいたかこ作・絵 教育画劇（まほうつかいナナばあさんシリーズ） 1996年9月

「まほうつかいナナばあさんのまじょスープ」 ひらいたかこ作・絵 教育画劇（まほうつかいナナばあさんシリーズ） 1996年9月

「まほうつかいになれますよ」 なかえよしを作；上野紀子絵 金の星社 1980年1月

「まほうつかいの そりあそび」 西山直樹作・絵 福武書店 1990年11月

「まほうつかいのいろ」 ユカリ作；シミズチハル絵 新風舎 2006年12月

「まほうつかいのカリンさん」 竹下文子作；杉浦範茂絵 フレーベル館 1980年7月

「まほうつかいのクリスマス」 森山京作；佐野洋子絵 あかね書房（あかね創作えほん38） 1997年11月

「まほうつかいのささげもの」 ラウラ・バーレ再話；ムリエル・フレガ絵；おおいしまりこ訳 新世研 2002年6月

「まほうつかいのサンカクスキー」 つちやゆみ著 文渓堂 2006年11月

「まほうつかいのでし」 大石真文；柳原良平絵 学習研究社 2007年6月

「まほうつかいのナナばあさん」 ひらいたかこ作・絵 教育画劇（まほうつかいナナばあさんシリーズ） 1996年9月

「まほうつかいのにちようび」 西山直樹作・絵 福武書店 1989年11月

「まほうつかいのまほうくらべ」 デイビッド・マッキー文・絵；安西徹雄訳 アリス館牧新社 1978年4月

「まほうつかいのむすめ」 アントニア・バーバー文；エロール・ル・カイン絵；中川千尋訳 ほるぷ出版 1993年5月

「まほうつかいはおひるねちゅう」 白井三香子作；神山ますみ絵 鈴木出版（チューリップえほんシリーズ） 2004年6月

「まほうつかいフレストナーはなののびるおうさま」 よこたみのる作 理論社 2008年2月

「まほうにかかったいたずらグマ」 ビル・ピート作・絵；山下明生訳 佼成出版社（ピートの絵本シリーズ4） 1981年4月

「まほうのおなべ」 ポール・ガルドン再話・絵；田中とき子訳 岩崎書店（えほん・ドリームランド3） 1980年9月

「まほうのかゆなべ」 ベラ・サウスゲイト再話；ロバート・ラムレイ絵；秋晴二；敷地松二郎訳編 アドアンゲン 1974年6月

「まほうのケーキをつくりましょ」 北川チハル作；ひだきょうこ絵 岩崎書店（カラフルえほん） 2006年4月

架空のもの・ファンタジー

「まほうのけんきゅうじょ」 佐野美津男作;山口みねやす絵　小峰書店(はじめてのどうわ17)　1978年11月

「まほうのどんぐり」 ジョイス・ダンバー作;セリナ・ヤング絵;まつかわまゆみ訳　評論社(児童図書館・絵本の部屋)　1999年7月

「まほうのなべ」 ポール・ガルドン再話・絵;晴海耕平訳　童話館出版　1998年1月

「まほうのひうちばこ」 H.C.アンデルセン原作;ウルフ・ロフグレン絵;木村由利子訳　フレーベル館　1983年6月

「まほうのぼうし」 なかえよしを文;上野紀子絵　偕成社　1980年9月

「まほうのむち」 オルガ・ルカイユ作;こだましおり訳　評論社(児童図書館・絵本の部屋)　2005年4月

「まほうのもりのブチブル・ベンベ」 かこさとし文・絵　偕成社(かこさとし七色のおはなしえほん11)　1986年5月

「まほうのレッスン」 トミー・デ・パオラ作;ゆあさふみえ訳　偕成社(まほうつかいのノーナさま2)　1992年9月

「まほうはないしょでかけようね」 末吉暁子作;牧野鈴子絵　ひくまの出版(幼年絵本シリーズ・あおいうみ12)　1984年6月

「まほうよりもすごいもの」 さえぐさひろこ作;狩野富貴子絵　金の星社(新しいえほん)　2002年7月

「まほうをわすれたまほうつかい」 デイビッド・マッキー文・絵;安西徹雄訳　アリス館牧新社　1976年11月

「マルチンとかぼちゃおばけのまほうのたね」 イングリート・オストヘーレン作;クリスタ・ウンツナー絵;ささきたづこ訳　あかね書房(あかね・新えほんシリーズ)　1999年5月

「みんなおばけになーれ」 木村裕一文・案;中村泰敏画　河出書房新社(まほうのぺったん4)　1982年1月

「みんなかいじゅうさん」 木村裕一文・案;中村泰敏画　河出書房新社(まほうのぺったん1)　1983年7月

「ムッシュ・ムニエルをごしょうかいします」 佐々木マキ著　福音館書店(日本傑作絵本シリーズ)　1989年11月

「メグつきにいく」 ヘレン・ニコル作;ヤン・ピエンコフスキー絵;ふしみみさを訳　偕成社(メグとモグのおはなし)　2007年2月

「メグとふしぎなたまご」 ヘレン・ニコル作;ヤン・ピエンコフスキー絵;ふしみみさを訳　偕成社(メグとモグのおはなし)　2007年2月

「メグとモグ」 ヘレン・ニコル作;ヤン・ピエンコフスキー絵;ふしみみさを訳　偕成社(メグとモグのおはなし)　2007年2月

「メグむじんとうにいく」 ヘレン・ニコル作;ヤン・ピエンコフスキー絵;ふしみみさを訳　偕成社(メグとモグのおはなし)　2007年2月

架空のもの・ファンタジー

「もうすぐって どのくらい？」北川チハル作；ひだきょうこ絵　岩崎書店（レインボーえほん8）2007年5月

「もしもまほうがつかえたら」モーリス・センダック画；ロバート・グレイブズ文；原もと子訳　冨山房　1984年4月

「やさしい魔女」ジーン・マセイ作；エイドリアン・アダムス絵；おおいしまりこ訳　新世研　2002年10月

「ヨリンデとヨリンゲル-グリム童話」ベルナデッテ・ワッツ絵；若木ひとみ訳　ほるぷ出版　1982年4月

「よるだけまほうつかい」鈴木悦夫文；岡本颯子絵　小学館（小学館こども文庫・創作童話9）1981年12月

「ライオンと魔女と衣裳だんす」C.S.ルイス作；クリスチャン・バーミンガム絵；田中明子訳　評論社（児童図書館・絵本の部屋）2000年9月

「ラプンゼル」ベラ・サウスゲイト再話；エリック・ウインター絵；秋晴二；敷地松二郎訳編　アドアンゲン　1974年6月

「ラプンツェル」グリム兄弟作；伊藤亘画；天沼春樹訳　パロル舎（絵本グリムの森1）1996年11月

「ラプンツェル」グリム原作；バーナデット・ワッツ文・絵；大島かおり訳　佑学社（ヨーロッパ創作絵本シリーズ24）1979年2月

「ラプンツェル」グリム原作；バーナデット・ワッツ文・絵；福本友美子訳　BL出版　2006年6月

「ラプンツェル」バーナディット・ワッツ絵；相良守峯訳　岩波書店　1985年7月

「ラプンツェル」内田也哉子文；水口理恵子絵　フェリシモ出版（おはなしのたからばこ15）2009年12月

「ラプンツェル-グリム童話」マイケル・ヘイグ絵；酒寄進一訳　西村書店（ワンス・アポン ナ・タイム・シリーズ）1991年8月

「ラプンツェル-グリム童話より」バーバラ・ロガスキー再話；トリナ・シャート・ハイマン絵；大庭みな子訳　ほるぷ出版　1985年6月

「ろくわのはくちょう」奈街三郎文；司修絵　ひさかたチャイルド（ひさかた絵本館13）1982年4月

「ロバのシルベスターとまほうのこいし」ウィリアム・スタイグ作；せたていじ訳　評論社（児童図書館・絵本の部屋）1975年10月

「ロバのシルベスターとまほうの小石」ウィリアム・スタイグ作；せたていじ訳　評論社（児童図書館・絵本の部屋）2006年2月

「わたしと魔術師」中江嘉男文；上野紀子絵　エイプリル・ミュージック　1978年10月

「火うちばこ」H.C.アンデルセン原作；エリック・ブレグバッド文・絵；角野栄子訳　小学館（アンデルセンの絵本）2004年11月

「火うちばこ」舟崎克彦文；さとうわきこ絵　小学館（世界名作おはなし絵本）2007年9月

架空のもの・ファンタジー

「火の鳥」 ルジェック・マニャーセック絵；高橋ひろゆき文　佑学社（名作バレー物語シリーズ）　1978年12月

「金のひかりがくれたもの」 ピョートル・ウィルコン文；ジョゼフ・ウィルコン絵；久山太市訳　評論社（児童図書館・絵本の部屋）　1997年11月

「月へいった魔術師」 クリスチーナ・トゥルスカ作；矢川澄子訳　評論社（児童図書館・絵本の部屋）　1978年12月

「山のタンタラばあさん」 安房直子作；出久根育絵　小学館　2006年10月

「小さなまほうつかいと大きな木」 アルカディオ・ロバート絵・文；佐々木田鶴子訳　DEMPA/ペンタン　1991年6月

「小さな王さま」 フリッツ・フォン・オスティーニ文；ハンス・ペラル絵；中川浩訳　ほるぷ出版　1986年6月

「小さな小さな魔女ピッキ」 トーン・テレヘン文；マリット・テルンクヴィスト絵；長山さき訳　徳間書店　2006年12月

「小さな魔女のカプチーヌ」 タンギー・グレバン作；カンタン・グレバン絵；江國香織訳　小峰書店　2003年10月

「水晶の箱－みたがりやのアソリーナ」 アデラ・トゥーリン文；ネッラ・ボスニア絵；岸田今日子訳　文化出版局　1982年6月

「星つかいのステラ」 ゲイル・ラドリー文；ジョン・ウオルナー絵；友近百合枝訳　ほるぷ出版　1981年6月

「冬のオーレ」 ベッティーナ・アンゾルゲ作；とおやまあきこ訳　福武書店　1983年10月

「白鳥の湖」 石津ちひろ文；田中清代絵　講談社（講談社の創作絵本）　2009年12月

「白鳥の湖－ドイツ民話」 ルドゥミラ・イジンツォバー絵；竹村美智子訳　佑学社（名作バレー物語シリーズ）　1978年11月

「北の魔女ロウヒ」 バーバラ・クーニー絵；トニ・デ・グレツ原文；さくまゆみこ編訳　あすなろ書房　2003年1月

「魔術師アブドゥル・ガサツィの庭園」 C.V.オールズバーグ絵・文；村上春樹訳　あすなろ書房　2005年9月

「魔術師ガザージ氏の庭で」 クリス・バン・オールスバーグ作；辺見まさなお訳　ほるぷ出版　1981年2月

「魔術師キャッツ」 T.S.エリオット文；エロール・ル・カイン絵；田村隆一訳　ほるぷ出版　1991年7月

「魔術師の弟子」 バーバラ・ヘイズン文；トミー・ウンゲラー絵；たむらりゅういち；あそうくみ訳　評論社（児童図書館・絵本の部屋）　1977年12月

「魔女がひろった赤ん坊」 池田あきこ著　ほるぷ出版（DAYAN'S COLLECTION BOOKS）　1995年3月

「魔女ごっこ」 武鹿悦子作；牧野鈴子絵　小峰書店　1986年11月

架空のもの・ファンタジー

「魔女たちのハロウィーン」 エイドリアン・アダムズ作;かけがわやすこ訳　佑学社　1993年10月

「魔女たちの朝」 エドリアン・アダムズ文・絵;奥田継夫訳　アリス館牧新社　1980年2月

「魔女と森の友だち」 湯本香樹実文;ささめやゆき絵　理論社　2008年7月

「魔女と笛ふき」 武田和子作・絵　岩崎書店(新・創作絵本26)　1982年3月

「魔女ネコのてがみ おてんば魔女ぜったいおひめさま!」 ハーウィン・オラム作;サラ・ウォーバートン絵;田中亜希子訳　評論社(ポプラせかいの絵本21)　2008年12月

「魔女のワンダは新入生」 マーク・スペリング作;ザ・ポウプ・ツインズ絵;ゆづきかやこ訳　小峰書店(魔女のえほん)　2006年9月

「魔女の子どもたち」 アーシュラ・ジョーンズ文;ラッセル・エイト絵;みはらいずみ訳　あすなろ書房　2004年9月

「魔女の庭」 リディア・ポストマ作;熊倉美康訳　偕成社　1983年4月

「魔女ひとり」 ローラ・ルーク作;S.D.シンドラー絵;金原瑞人訳　小峰書店(魔女のえほん)　2004年10月

「魔女マジョンダ」 立岡月英絵・文　福武書店　1986年10月

「魔法のゆびわ-ロシア民話」 ミハル・ロンベルグ絵;柏木美津訳　佑学社(世界の名作童話シリーズ)　1979年1月

「魔法の夜」 アルブレヒト・リスラー絵;ドミニク・マルシャン原作;木本栄訳　講談社(講談社の翻訳絵本)　2001年11月

「眠れぬ王さま」 スヴェトスラフ・ミンコフ文;ルーメン・スコルチェフ絵;松永緑彌訳　ほるぷ出版　1982年10月

「夢になったわかもの」 ハーヴ・ツェマック文;マーゴット・ツェマック画;木庭茂夫訳　冨山房　1975年12月

妖精

「100人めのスマーフ」 ペヨ作;村松定史訳;小川悦子編　セーラー出版(スマーフ物語6)　1985年10月

「12月くんの友だちめぐり」 ミーシャ・ダミヤン文;ドゥシャン・カーライ絵;矢川澄子訳　西村書店　1988年12月

「アイルランドのむかしばなし ジェイミー・オルークとなぞのプーカ」 トミー・デ・パオラ再話・絵;福本友美子訳　光村教育図書　2007年9月

「アズールとアスマール」 ミッシェル・オスロ作;平岡敦訳　スタジオジブリ　2007年7月

「アマンダのすてきなちょうちょ」 ニック・バトワース作;ゆきたけのりこ訳　金の星社(世界の絵本ライブラリー)　1995年10月

「いきていたキジムナー」 島袋あさこ文;野原マキ絵　汐文社(沖縄平和絵本シリーズ3)　1998年3月

架空のもの・ファンタジー

「いのちのもりで-いねむりおじさんとボクくん」 やなせたかし作・絵　ダイヤモンド社（絆シリーズ）　2009年7月

「ウッレのスキーのたび」 エルサ・ベスコフ作；石井登志子訳　フェリシモ出版　2002年2月

「うまにのったお人形」 アイヒンガー絵；ボリガー文；矢川澄子訳　メルヘン社　1981年9月

「おひさまのたまご」 エルサ・ベスコフ作；石井登志子訳　福武書店　1991年1月

「オリンピックスマーフ」 ペヨ作；村松定史訳；小川悦子編　セーラー出版（スマーフ物語14）　1986年10月

「お花畑みつけた！」 天野喜孝原作　PHP研究所（やさいのようせいN.Y.SALAD）　2010年5月

「お星さま さがし」 天野喜孝原作　PHP研究所　2009年11月

「かじやとようせい-スコットランドの昔話」 三宅忠明再話；荻太郎画　福音館書店　1978年12月

「かぜのおまつり」 いぬいとみこ作；梶山俊夫絵　福音館書店（こどものとも傑作集）　1972年10月

「キャベツ姫」 エロール・カイン作；灰島かり訳　ほるぷ出版　2002年3月

「キューピー物語 キューピーと妖精のこどもの巻」 ローズ・オニール著；北川美佐子訳　如月出版　2003年7月

「キングスマーフ」 ペヨ作；村松定史訳；小川悦子編　セーラー出版（スマーフ物語2）　1985年10月

「クックル～ひかりのみち～白神・縄文の精霊たち」 あいはらひろゆき作；下田冬子絵　PHP研究所（PHPわたしのえほん）　2010年5月

「くらやみのキジムナー」 とくだきよ文；さいとうひろゆき絵　偕成社　1984年10月；西日本図書館コンサルタント協会（かっぱシリーズ3）　1980年11月

「クリスマスわくわくサンタの日！」 ますだゆうこ作；たちもとみちこ絵　文溪堂　2009年11月

「コスモスマーフ」 ペヨ作；村松定史訳；小川悦子編　セーラー出版（スマーフ物語9）　1986年4月

「サシは10にん」 タチアナ・ベリンキ作；ロベルト・ヴェイガン絵；おおわきみちこ訳　新世研　2000年11月

「さすらいのスマーフ」 ペヨ作；村松定史訳；小川悦子編　セーラー出版（スマーフ物語8）　1986年4月

「さんしょっ子」 安房直子文；いもとようこ絵　小峰書店（絵本・感動のおくりもの1）　1989年7月

「ジャイアント・ジョン」 アーノルド・ローベル作；福本友美子訳　文化出版局　2004年10月

「ジャングルのようせい、サシ」 マルレネ・ペルリンジェイロ作・絵；おのゆうこ訳　新世研　2000年8月

架空のもの・ファンタジー

「スマーフコント集」 ペヨ作;村松定史訳;小川悦子編 セーラー出版(スマーフ物語11) 1986年6月

「スマーフシンフォニー」 ペヨ作;村松定史訳;小川悦子編 セーラー出版(スマーフ物語5) 1985年10月

「スマーフスープと大男」 ペヨ作;村松定史訳;小川悦子編 セーラー出版(スマーフ物語13) 1986年8月

「スマーフと不思議なタマゴ」 ペヨ作;村松定史訳;小川悦子編 セーラー出版(スマーフ物語4) 1985年12月

「スマーフ語戦争」 ペヨ作;村松定史訳;小川悦子編 セーラー出版(スマーフ物語12) 1986年8月

「せんにょのおくりもの-ペロー(フランス)のはなし」 小出正吾文;安久利徳絵 コーキ出版(絵本ファンタジア14) 1977年10月

「そよそよさん」 仁科幸子作・絵 徳間書店 2006年2月

「だいすきプリン」 うるまでるび作 バジリコ(おしりかじり虫ものがたり2) 2008年3月

「ディクーのたんじょうび」 エルズビエタ作;なかむらえりこ訳 セーラー出版 1989年5月

「ディクーのちいさなほし」 エルズビエタ作;なかむらえりこ訳 セーラー出版 1989年9月

「ディクーのふさぎむしたいじ」 エルズビエタ作;なかむらえりこ訳 セーラー出版 1989年5月

「ディクーのふしぎなひつじ」 エルズビエタ作;なかむらえりこ訳 セーラー出版 1989年5月

「トゥインクルと森のまおう」 岩田直己著 角川書店(星くずぼうやのぼうけんりょこう) 1994年8月

「とってもふしぎなクリスマス」 ルース・ソーヤー作;バーバラ・クーニー絵;掛川恭子訳 ほるぷ出版 1994年10月

「とんがりぼうしのクロチルダ」 エヴァ・モンタナーリ作;井辻朱美訳 光村教育図書 2008年3月

「どんぐりぼうやのぼうけん」 エルサ・ベスコフ作・絵;石井登志子訳 童話館出版 1997年10月

「とんとんみーときじむなー」 田島征彦作 童心社(絵本・ちいさななかまたち) 1987年3月

「ナナのぼうけん1 ふしぎなみつあみ」 アグスティ・アセンシオ絵;メルセ・コンパニ文;いしむらあつ訳 JICC出版局 1992年12月

「ナナのぼうけん2 コワイユメ・スイトリホウキ」 アグスティ・アセンシオ絵;メルセ・コンパニ文;いしむらあつ訳 JICC出版局 1992年12月

「ナナのぼうけん3 まほうのおなべ」 アグスティ・アセンシオ絵;メルセ・コンパニ文;いしむらあつ訳 JICC出版局 1993年1月

架空のもの・ファンタジー

「ナナのぼうけん4 オバケのすむいえ」 アグスティ・アセンシオ絵;メルセ・コンパニ文;いしむらあつ訳 JICC出版局 1993年3月

「ナナのぼうけん5 おはなしオオカミ」 アグスティ・アセンシオ絵;メルセ・コンパニ文;いしむらあつ訳 JICC出版局 1993年4月

「ぬすまれたかがみ」 リディア・ポストマ作;熊倉美康訳 偕成社 1982年4月

「ネバーランドの妖精たち」 モニク・ピーターソン文;小宮山みのり訳;ディズニーストーリーブックアーティストグループ絵 講談社 2008年9月

「ねむりひめ」 フランチェスカ・クレスピー絵;リンダ・ジェニングス文;山川京子訳 西村書店 1986年3月

「ねむりひめ」 奥本大三郎文;森津和嘉子絵 小学館(世界名作おはなし絵本) 2007年5月

「ねむれる森の美女」 ペロー原作;オタ・ヤネチェク絵;高橋ひろゆき文 佑学社(名作バレー物語シリーズ) 1978年11月

「はっぱのそり」 天野喜孝原作 PHP研究所(やさいのようせいN.Y.SALAD) 2009年8月

「はなさかうさぎのポッポ あえてよかった」 はまちゆりこ作・絵 ポプラ社(ポッポのえほん5) 2004年1月

「はなさかうさぎのポッポ いちばんのたからもの」 はまちゆりこ作・絵 ポプラ社(ポッポのえほん7) 2005年11月

「はなさかうさぎのポッポ うれしいゆきのひ」 はまちゆりこ作・絵 ポプラ社(ポッポのえほん6) 2004年12月

「はなさかうさぎのポッポ おばあちゃんのひみつ」 はまちゆりこ作・絵 ポプラ社(ポッポのえほん3) 2002年11月

「はなさかうさぎのポッポ きみがいなくちゃ」 はまちゆりこ作・絵 ポプラ社(ポッポのえほん2) 2002年7月

「はなさかうさぎのポッポ ママみててね」 はまちゆりこ作・絵 ポプラ社(ポッポのえほん4) 2003年7月

「はなさかうさぎのポッポ」 はまちゆりこ作・絵 ポプラ社(ポッポのえほん1) 2002年1月

「びっくりカボチャ」 天野喜孝原作 PHP研究所(やさいのようせいN.Y.SALAD) 2009年10月

「ヒューゴといろどろぼう」 トニー・ロス作・絵;やまだよしこ訳 篠崎書林 1978年7月

「フェアリーショッピング」 サリー・ガードナー作;神戸万知訳 講談社(講談社の翻訳絵本) 2007年7月

「プチトマトの誕生日」 天野喜孝原作 PHP研究所(やさいのようせいN.Y.SALAD) 2010年9月

「プリンセス・リリー ユニコーンと王子さま」 ブルクハルト・ヌッペナイ話;モニカ・フィンスターブッシュ絵;栗栖カイ訳 ブロンズ新社 2006年10月

架空のもの・ファンタジー

「ベビースマーフ」 ペヨ作；村松定史訳；小川悦子編 セーラー出版（スマーフ物語15） 1986年10月

「ヘルガの持参金」 トミー・デ・パオラ作；ゆあさふみえ訳 ほるぷ出版 1981年9月

「ほたるのキャロル」 A.クリングス作；奥本大三郎訳 岩波書店（にわの小さななかまたち） 2001年9月

「マジムンのうた おきなわのえほん」 儀間比呂志作 ルック（おきなわのえほん） 1997年4月

「マフィンと金庫番」 ポール・ウォーレン作；新井雅代訳 文渓堂（マフィン・ピグドゥームの冒険1） 1999年11月

「マフィンと森の白ひげ」 ポール・ウォーレン作；新井雅代訳 文渓堂（マフィン・ピグドゥームの冒険2） 2000年6月

「マヤウルのおくりもの」 アン・マーガレット・ソウヤー作；宮崎照代絵 メディアファクトリー 2004年3月

「マルーシカと12の月」 かんのゆうこ文；たなか鮎子絵 講談社（講談社の創作絵本） 2007年11月

「まんまるおつきさまおねがいよーう」 角野栄子作；くりこ絵 ポプラ社 2009年5月

「みどりのようせい」 香山彬子文；東君平絵 ブッキング（復刊傑作幼児絵本シリーズ11） 2008年4月

「メイゼルとシュリメイゼル－運をつかさどる妖精たちの話」 アイザック・B.シンガー文；マーゴット・ツェマック画；木庭茂夫訳 冨山房 1976年11月

「もりのゆうえんち」 中村有希作・絵 PHP研究所（PHPこころのえほん11） 1981年11月

「やさいのちいさなようせいたち」 早坂優子作；坂井聡一郎文；佐藤直行絵 視覚デザイン研究所 2009年10月

「やまぼうし村のピッキ」 南塚直子作 理論社 2007年6月

「ユカの花ものがたり たすけあう、植物と動物たち」 河合雅雄作；永田萠絵 小学館 2000年4月

「ゆきのはな」 たちもとみちこ作・絵 PHP研究所（PHPにこにこえほん） 2008年11月

「ようせいアリス」 デイビッド・シャノン作；小川仁央訳 評論社（児童図書館・絵本の部屋） 2009年12月

「ようせいの三つのねがい」 ジョアンナ・ハリソン作；まつかわまゆみ訳 評論社（児童図書館・絵本の部屋） 2000年8月

「ようせいベビーのおにんぎょう」 アラン・ブリオン作；木本栄訳 ひくまの出版（あかちゃんモンスターシリーズ） 2002年5月

「ラッセのにわで」 エルサ・ベスコフ作・絵；石井登志子訳 徳間書店 2001年7月

「ラビとペン 空とぶクレヨン電車」 速見真作・絵 エクセル・パブリケーションズ 2007年10月

架空のもの・ファンタジー

「リーサの庭の花まつり」 エルサ・ベスコフ作・絵；石井登志子訳　童話館出版　2001年8月

「影ぼっこ」 ブレーズ・サンドラール文；マーシャ・ブラウン絵；尾上尚子訳　ほるぷ出版　1983年12月

「火よう日のおはなし」 デイジー・ムラースコバー作；千野栄一訳　偕成社　1981年7月

「花びら時計」 やまなみけい作；こもりかおる絵　岩崎書店（岩崎創作絵本7）　1984年5月

「花を棲みかに」 エルンスト・クライドルフ作；矢川澄子訳　童話屋　1983年11月

「怪鳥クラッカラス」 ペヨ作；村松定史訳；小川悦子編　セーラー出版（スマーフ物語7）　1986年2月

「海と島のマイリ」 スーザン・クーパー文；ウォリック・ハットン絵；ふるたちえ訳　すえもりブックス　1996年8月

「靴屋のカーリーとハッピー・リターン号」 マーガレット・テンペスト作；寺岡襄訳　ほるぷ出版　1982年10月

「靴屋のカーリーとロビン夫妻」 マーガレット・テンペスト作；寺岡襄訳　ほるぷ出版　1982年10月

「靴屋のカーリーと大雪の日」 マーガレット・テンペスト作；寺岡襄訳　ほるぷ出版　1982年10月

「靴屋のカーリーと妖精の靴」 マーガレット・テンペスト作；寺岡襄訳　ほるぷ出版　1982年10月

「月の雫の首飾り」 よこたみのる作　理論社（水の精霊シリーズ）　2008年7月

「見習いスマーフ」 ペヨ作；村松定史訳；小川悦子編　セーラー出版（スマーフ物語10）　1986年6月

「黒いスマーフ」 ペヨ作；村松定史訳；小川悦子編　セーラー出版（スマーフ物語1）　1985年10月

「山の精ゴロンゴロ」 羽仁進作；高橋章夫画　好学社（羽仁進のえほんとあそぼう）　1973年1月

「春風のみみみ」 小豆沢ゆう子文；永田萠絵　白泉社　1987年5月

「小さな火の妖精 ルンヤ」 きのしたあやの文；シモーネ・リントナー作；クリスタ・ウンツナー絵　講談社　2008年11月

「小さな水の妖精 エアリン」 きのしたあやの文；シモーネ・リントナー作；クリスタ・ウンツナー絵　講談社　2008年11月

「小さな大地の妖精 アマル」 きのしたあやの文；シモーネ・リントナー作；クリスタ・ウンツナー絵　講談社　2008年11月

「小さな風の妖精 ターラ」 きのしたあやの文；シモーネ・リントナー作；クリスタ・ウンツナー絵　講談社　2008年11月

「森の木」 川端誠作　BL出版（川端誠「ものがたり」三部作）　1997年11月；リブロポート（リブロの絵本）　1993年7月

架空のもの・ファンタジー

「森は生きている 12月のものがたり」 マルシャーク作;エリョーミナ絵;斎藤公子編 青木書店(斎藤公子の保育絵本) 1986年12月
「水あそび」 天野喜孝原作 PHP研究所(やさいのようせいN.Y.SALAD) 2009年4月
「水仙月の四日」 宮沢賢治作;伊勢英子絵 偕成社(日本の童話名作選) 1995年9月
「水仙月の四日」 宮沢賢治作;黒井健絵 三起商行 1999年11月
「星くずぼうやぼうやのぼうけんりょこう-ピーナッツ大せんそう」 いわたなおみ著 角川書店 1993年12月
「知りたがりやの芽キャベツ」 天野喜孝原作 PHP研究所(やさいのようせいN.Y.SALAD) 2008年11月
「白い風とりんごの花」 熊谷まちこ作・絵 PHP研究所(PHPにこにこえほん) 1997年3月
「風の子リーニ」 ベッティーナ・アンゾルゲ作;とおやまあきこ訳 福武書店 1985年9月
「魔女になりたかった妖精」 カルル・クヌート絵;ブリジット・ミンヌ文;目黒実訳 ブロンズ新社 2002年11月
「眠れるレタス姫」 天野喜孝著 主婦の友社 2005年6月
「木ぼっくりのおんがくたい」 みずのまさお作 新世研 2001年10月
「妖精たち小人たち」 エルンスト・クライドルフ作;矢川澄子訳 童話屋 1982年11月
「妖精のわすれもの」 東逸子作 偕成社 1982年3月
「妖精村の夢工場」 永田萌文・絵 フジテレビ出版 1987年7月
「妖精物語 遥かな国の深い森で」 朽木祥文;スザンナ・ロックハート絵 講談社 2008年8月
「恋人スマーフェット」 ペヨ作;村松定史訳;小川悦子編 セーラー出版(スマーフ物語3) 1985年10月

竜・ドラゴン

「アビニョンのりゅう」 ユルゲン・タムヒーナ文;ハイドルン・ペトリーデス絵;宮下啓三訳 講談社(世界の絵本スイス) 1971年2月
「あやのねがい」 黒河松代作;赤坂三好絵 金の星社 1979年2月
「アレキサンダーとりゅう」 キャサリン・ホラバート文;ヘレン・クレイグ絵;ごとうかずこ訳 福武書店 1992年9月
「アントン・ベリーのながいたび」 天沼春樹作;出久根育絵 鈴木出版(ひまわりえほんシリーズ) 2007年2月
「いしになったかりゅうど-モンゴル民話」 大塚勇三再話;赤羽末吉画 福音館書店 1970年12月
「うちのペットはドラゴン」 マーガレット・マーヒー文;ヘレン・オクセンバリー絵;こやまなおこ訳 徳間書店 2000年6月

架空のもの・ファンタジー

「おぞましい りゅう」デイヴィッド・ウィーズナー；キム・カーン再話；デイヴィッド・ウィーズナー絵；江國香織訳　BL出版　2006年10月

「おばけのドラゴンたいじ」ジャック・デュケノワ作；大澤晶訳　ほるぷ出版　2009年8月

「お月さまをのみこんだドラゴン」ジョアン・デ・レオン再話・絵；ふせまさこ訳　新世研　2003年3月

「こぞうさんとりゅうのたま」はせがわかこ文・絵　大日本図書　2010年4月

「ころんちゃん」あきやまただし作・絵　PHP研究所（PHPわたしのえほんシリーズ）　2006年7月

「ころんちゃんとかろんちゃん」あきやまただし作・絵　PHP研究所（PHPわたしのえほん）　2008年4月

「ころんちゃんのおともだち」あきやまただし作・絵　PHP研究所（PHPわたしのえほん）　2007年3月

「さびしがりやのドラゴンたち」シェリー・ムーア・トーマス文；ジェニファー・プレカス絵；灰島かり訳　評論社（児童図書館・絵本の部屋）　2002年4月

「さらわれたりゅう」沼野正子作　福音館書店　1974年1月

「さらわれたりゅう」沼野正子作　福音館書店　1994年1月

「ジョンのふしぎなぼうけん」ラッセル・ホーバン作；パトリック・ベンソン絵；永田徹子訳　金の星社（世界の絵本ライブラリー）　1995年12月

「つぶらさん」菅野由貴子作・絵　ポプラ社（絵本のおもちゃばこ）　2006年10月

「てんりゅう」しろたのぼる作；きたじましんぺい絵　岩崎書店（創作絵本4）　1971年10月

「ドラゴン マシーン」ヘレン・ウォード作；ウエイン・アンダースン絵；岡田淳訳　BL出版　2004年3月

「ドラゴン」ウエイン・アンダースン作；岡田淳訳　BL出版　1992年9月

「ドラゴンだいかんげい？」デイヴィッド・ラロシェル文；脇山華子絵；長友恵子訳　徳間書店　2004年11月

「ドラゴンたいじ」津田直美作・絵　PHP研究所（PHPわたしのえほんシリーズ）　2005年9月

「ドラゴンとあおいチョウのたび」なかようこ文；いけだほなみ絵　長崎出版（いのちの絵本シリーズ）　2009年10月

「どらゴンとでぶニャン」デーヴ・ピルキー文・絵；マック・コーチャン訳　メディアファクトリー　1998年2月

「どらゴンのおかしな一日」デーヴ・ピルキー文・絵；マック・コーチャン訳　メディアファクトリー　1998年4月

「どらゴンのともだち」デーヴ・ピルキー文・絵；マック・コーチャン訳　メディアファクトリー　1997年12月

架空のもの・ファンタジー

「どらゴンのメリークリスマス」 デーヴ・ピルキー文・絵 ; マック・コーチャン訳 メディアファクトリー 1997年11月
「トらやんの世界 ラッキードラゴンのおはなし」 ヤノベケンジ作・絵 サンリード 2009年9月
「なにしているの?」 五味太郎作 クレヨンハウス(干支セトラ絵本8) 2007年3月
「ぬすまれたかがみ」 リディア・ポストマ作 ; 熊倉美康訳 偕成社 1982年4月
「はずかしがりやのドラゴン」 シンドラ・シュトルナート文 ; マリー・ジョゼ・サクレ絵 ; 佐々木元訳 文化出版局 1985年5月
「びっくりドラゴンおおそうどう!」 ジャック・ケント文・絵 ; 中川健蔵訳 好学社 1984年7月
「ひとしずくのなみだ」 赤坂三好絵 ; 谷真介文 国土社(絵本むかしばなし19) 1976年10月
「ふえをふく岩」 君島久子文 ; 丸木俊絵 ポプラ社(おはなし名作絵本20) 1973年3月
「ふしぎな少年ナーゾオ」 ルー・ピン文 ; ティ・シーファ絵 ; 森住和弘訳 ほるぷ出版 1980年9月
「ふでばこのなかのキルル」 松成真理子作 白泉社 2010年9月
「ぼくのペットはドラゴン?」 中村景児作・絵 岩崎書店(えほんのマーチ20) 2004年10月
「ほしになったりゅうのきば」 君島久子再話 ; 赤羽末吉画 福音館書店(日本傑作絵本シリーズ) 1976年12月
「ほしになったりゅうのきば-中国民話」 君島久子再話 ; 赤羽末吉画 福音館書店 1963年11月
「まほうつかいとドラゴン」 デイビッド・マッキー文・絵 ; 安西徹雄訳 アリス館牧新社 1981年2月
「まゆとりゅう-やまんばのむすめまゆのおはなし」 富安陽子文 ; 降矢なな絵 福音館書店 2009年2月
「ミスター・ベンとあかいよろい」 デビッド・マッキー作 ; まえざわあきえ訳 朔北社(ミスター・ベンのふしぎなぼうけん1) 2008年10月
「もえよドラゴン」 手塚治虫著 河出書房新社(手塚治虫のえほん館1) 1988年11月
「もりのドギマギ」 舟崎克彦文 ; 橋本淳子絵 文渓堂(ぶんけい絵本のひろば2) 1992年5月
「やさしい りゅう」 劉霊華文 ; 田黎明絵 ; 君島久子訳 小峰書店(えほん・こどもとともに) 1988年8月
「ヤンメイズとりゅう」 松居直 ; 関野喜久子再話 ; 譚小勇絵 福音館書店(世界傑作絵本シリーズ) 1994年6月
「リナとちいさなドラゴン」 ヒルデガルト・ミュラー作 ; 小森香折訳 BL出版 2002年7月
「りゅうじん」 たかしよいち文 ; 渡辺学絵 講談社 1972年5月
「りゅうとびわほうし」 川崎大治文 ; 斎藤博之絵 そしえて(そしえて民話絵本) 1977年5月

架空のもの・ファンタジー

「りゅうになった ちいさなこい」李鳳翔文;楊永青絵;君島久子訳 小峰書店(えほん・こどもとともに) 1988年8月

「リュウのむすめとおいしゃさん」谷真介文;赤坂三好絵 佼成出版社(十二支むかしむかしシリーズ) 2006年11月

「りゅうのめのなみだ」浜田広介文;岩崎ちひろ絵 偕成社(ひろすけ絵本1) 1965年11月

「りゅうの目のなみだ」浜田広介作;植田真絵 集英社 2005年11月

「ワニくんのむかしばなし」みやざきひろかず作・絵 ブックローン出版 1994年8月

「愛の薔薇伝説サン・ジョルディ物語」舟崎克彦文;宇野亜喜良絵 ほるぷ出版 1986年3月

「雨をよぶ龍 4年にいちどの雨ごい行事」秋山とも子文・絵 童心社 2009年5月

「王さまのリンゴの木−ギリシャの民話」ソフィア・ザランボウカ再話・絵;いけざわなつき訳 ほるぷ出版 1982年11月

「黄金りゅうと天女」代田昇文;赤羽末吉絵 銀河社(銀河社の創作絵本) 1974年9月

「河童九千坊」たかしよいち作;斎藤博之絵 西日本図書館コンサルタント協会(かっぱシリーズ1) 1979年11月

「火にきをつけて、ドラゴンくん」ジーン・ペンジウォル作;マルティーヌ・グルボー絵;野坂悦子訳 PHP研究所 2000年8月

「海からきたむすめ」あまんきみこ文;石倉欣二絵 偕成社(創作えほん) 1988年5月

「騎士とドラゴン」トミー・デ・パオラ作;岡田淳訳 ほるぷ出版 2005年3月

「見沼の竜」宮田正治文;吉本宗絵 幹書房(埼玉の民話絵本1) 1988年6月

「山をはこんだ九ひきの竜」松谷みよ子文;司修絵 佼成出版社(朝鮮の民話絵本シリーズ) 2007年4月

「紙ぶくろの王女さま」ロバート・マンチ文;マイケル・マーチェンコ絵;加島葵訳 カワイ出版 1999年5月

「青い竜と黄色い竜」松谷みよ子文;遠山繁年絵 太平出版社(絵本=かんこく・ちょうせんのみんわ) 2003年4月

「赤い目のドラゴン」リンドグレーン文;ヴィークランド絵;ヤンソン由実子訳 岩波書店 1986年12月

「魔法のドラゴン パフ」ピーター・ヤロー;レニー・リプトン作;エリック・ピゥィーバーレイイラスト;さだまさし訳 ランダムハウス講談社 2008年3月

「目ん玉どろぼう」たかしよいち文;梶山俊夫絵 岩崎書店(新・創作絵本6) 1979年2月

「竜のはなし」宮沢賢治作;戸田幸四郎画 戸田デザイン研究室 1983年12月

「龍」今江祥智文;田島征三絵 BL出版 2004年2月

「龍になったむすめ−日本のむかし話」矢川澄子再話;堀江博子絵 福武書店 1988年11月

架空のもの・ファンタジー

「龍になった鯉のぼり」 岡坂拓造作；山本和代絵　ゆみる出版　2007年3月

「龍の子ケンとリン」 高円宮妃久子殿下原案；大阪芸術大学絵本制作グループ　小峰書店（えほんひろば）　2009年12月

「龍の小沼」 村野守美文・絵　汐文社（もりび絵本箱1）　1984年7月

【乗り物】

オートバイ

「くまのオートバイのり」ライナー・チムニク作・絵；大塚勇三訳 佑学社（ヨーロッパ創作絵本シリーズ20） 1978年11月

「ジョンのスクーター」武井直紀文；桑原伸之絵 フレーベル館（キンダーおはなしえほん） 1984年10月

「バイク クロちゃんのおまじない」藤本四郎；鍋島よしつぐ作・絵 ポプラ社（アニメのりものえほん12） 1988年5月

「レッカーしゃベニー－いたずらモートンのしっぱい」ケレン・ラドロー；ウィリー・スマックス作；石津ちひろ訳 小学館 1996年10月

宇宙船

「うちゅうせんノア号」ブライアン・ワイルドスミス文・絵；きくしまいくえ訳 らくだ出版 1983年11月

「つきのはなぞの」ラルフ・ステッドマン作；北村順治訳 ほるぷ出版 1979年5月

「ティンカーとタンカーのうちゅうせん」リチャード・スカーリー作；小野和子訳 評論社（ティンカーとタンカーの絵本3） 1975年12月

「ボイジャーくん」遠藤賢司作；荒井良二絵 白泉社 2008年9月

「メグつきにいく」ヘレン・ニコル作；ヤン・ピエンコフスキー絵；ふしみみさを訳 偕成社（メグとモグのおはなし） 2007年2月

「宇宙船ソラホリス」木曽秀夫案・画；小沢正文 日本ブリタニカ 1979年5月

汽車・電車

「4だいの小さな機関車」ウィルバート・オードリー作；レジナルド・ダルビー絵；桑原三郎；清水周裕訳 ポプラ社（汽車のえほん10） 2005年1月

「4ばんめのえきはくまごろうえき」野本淳一文；田中秀幸絵 小峰書店（のりものえほん） 1999年9月

「SLれっしゃ だいさくせん」横溝英一文・絵 小峰書店 2010年5月

「あおだ すすめすすめ」ベネディクト・ブラスウェイト作；青山南訳 BL出版（まっかなちっちゃいきかんしゃのぼうけん） 2007年5月

「あこがれの機関車」アンジェラ・ジョンソン作；ロレン・ロング絵；本間浩輔；本間真由美訳 小峰書店（世界の絵本コレクション） 2008年9月

「アニーのちいさな汽車」colobockle作・絵 学習研究社 2004年7月

「あみちゃんとやさいのでんしゃ」高木さんご作；ひこねのりお絵 PHP研究所（PHPわたしのえほん） 2000年11月

乗り物

「いそがしいぞ はしれはしれ」 ベネディクト・ブラスウェイト作；青山南訳 BL出版（まっかなちっちゃいきかんしゃのぼうけん） 2010年4月

「いたずらきかんしゃちゅうちゅう」 バージニア・リー・バートン文・絵；むらおかはなこ訳 福音館書店（世界傑作絵本シリーズ・アメリカの絵本） 1961年8月

「うたえブルートレイン」 柴田晋吾作；野坂勇作絵 金の星社 1999年12月

「うみねこいわてのたっきゅうびん」 関根榮一文；横溝英一絵 小峰書店（のりものえほん） 1990年10月

「エンソくん きしゃにのる」 スズキコージ作 福音館書店（こどものとも傑作集） 1990年9月

「えんとつのないきかんしゃ」 なかえよしを作；やざわたかつぐ絵 ポプラ社（絵本のせかい15） 1977年10月

「おいかけるぞ おいかけるぞ」 ベネディクト・ブラスウェイト作；青山南訳 BL出版（まっかなちっちゃいきかんしゃのぼうけん） 2007年9月

「おうちでんてつ「テレビ城ひかる！」」 もろほしあきひろ作 エリエイ（それいけ！おうちでんてつ1） 2008年7月

「おーい、おりてよ」 ジョン・バーニンガム作；俵万智訳 ジェイアール西日本コミュニケーションズ 1989年7月

「おおきなきかんしゃ ちいさなきかんしゃ」 マーガレット・ワイズ・ブラウン文；アート・セイデン絵；小池昌代訳 講談社（講談社の翻訳絵本） 2003年4月

「おさるのジョージ とっきゅうにのる」 M.レイ；H.A.レイ原作；渡辺茂男訳 岩波書店 2003年10月

「おじいちゃんのSLアルバム」 佐竹保雄写真・原案；小風さち文 福音館書店（たくさんのふしぎ傑作集） 2009年10月

「おとうさんを まって」 片山令子作；スズキコージ絵 福音館書店 2007年11月

「おばけでんしゃ」 内田麟太郎文；西村繁男絵 童心社（絵本・こどものひろば） 2007年6月

「おやすみ ブルートレイン」 松澤睦実文；木村定男絵 フレーベル館 2008年4月

「おやまのでんしゃ」 おぼまこと作・絵 講談社 1981年4月

「おんぼろきかんしゃモクモク」 ビル・ピート作・絵；山下明生訳 佼成出版社（ピートの絵本シリーズ3） 1981年11月

「かいがんでんしゃは おおいそがし」 杉山径一作；高橋透絵 PHP研究所（PHPのりものえほん） 1992年9月

「がたごとごーごー」 戸田和代文；三井小夜子絵 文化出版局 1999年5月

「かばのハリー 特急電車にのる」 デリク・ラドフォード作；三枝祐士訳 岩崎書店（かばさんのたんけんえほん4） 1996年4月

「かもつれっしゃのワムくん」 関根榮一文；横溝英一絵 小峰書店（のりものえほん） 1984年5月

乗り物

「カンスケとあかいはっぱ」 東田直樹作;唐沢睦子絵 交通新聞社 2006年12月

「カンスケとカタツムリくん」 東田直樹作;唐沢睦子絵 交通新聞社 2007年7月

「カンスケとゆきこちゃん」 東田直樹作;唐沢睦子絵 交通新聞社 2007年12月

「カンスケのクリスマス」 東田直樹作;唐沢睦子絵 交通新聞社 2008年11月

「きかんしゃ ヘンリエッテ」 ジェームス・クリュス作;リーズル・シュティッヒ絵;はたさわゆうこ訳 フレーベル館 2008年7月

「きかんしゃ0909ごう」 谷真介文;赤坂三好絵 ポプラ社(絵本・おはなしのひろば19) 1986年12月

「きかんしゃ4864(よわむし)くんと189(わんぱく)くん」 たにしんすけ文;あかさかみよし絵 ポプラ社(絵本・おはなしのひろば21) 1987年4月

「きかんしゃ4864くんと189くん」 谷真介文;赤坂三好絵 ポプラ社(絵本・おはなしのひろば21) 1987年4月

「きかんしゃウフルーごう」 寺村輝夫文;岩村和朗絵 偕成社(のりもの絵どうわ4) 1973年11月

「きかんしゃカンスケ」 東田直樹作;唐沢睦子絵 交通新聞社 2006年9月

「きかんしゃジェームズ」 クリストファー・オードリー作;ケン・ストット絵;まだらめ三保訳 ポプラ社(きかんしゃトーマスのえほん2) 1990年12月

「きかんしゃトーマス」 クリストファー・オードリー作;ケン・ストット絵;まだらめ三保訳 ポプラ社(きかんしゃトーマスのえほん1) 1990年12月

「きかんしゃトーマスときょうりゅうくん」 クリストファー・オードリー作;ケン・ストット絵;まだらめ三保訳 ポプラ社(きかんしゃトーマスのえほん3) 1992年8月

「きかんしゃトーマスととらのトーマス」 クリストファー・オードリー作;ケン・ストット絵;まだらめ三保訳 ポプラ社(きかんしゃトーマスのえほん5) 1992年9月

「きかんしゃパーシーたこあげをする」 クリストファー・オードリー作;ケン・ストット絵;まだらめ三保訳 ポプラ社(きかんしゃトーマスのえほん4) 1992年8月

「きかんしゃパピー うみのぼうけん」 つだみつお作・絵 あかね書房(きかんしゃのえほん2) 1984年9月

「きかんしゃパピー よるのまちへいく」 つだみつお作・絵 あかね書房(きかんしゃのえほん3) 1985年6月

「きかんしゃパピー」 つだみつお作・絵 あかね書房(きかんしゃのえほん1) 1984年4月

「きかんしゃピッポ」 藤本四郎;小林ひろみ作・絵 ポプラ社(アニメのりものえほん1) 1985年10月

「きかんしゃピッポテレビにでる」 藤本四郎;小林ひろみ作・絵 ポプラ社(アニメのりものえほん3) 1985年10月

「きかんしゃピッポといじわるブルタ」 藤本四郎;小林ひろみ作・絵 ポプラ社(アニメのりものえほん5) 1986年2月

乗り物

「きかんしゃピッポとすてねこチッチ」 藤本四郎;小林ひろみ作・絵 ポプラ社(アニメのりものえほん4) 1986年2月

「きかんしゃピッポゆうれいにであう」 藤本四郎;小林ひろみ作・絵 ポプラ社(アニメのりものえほん2) 1985年10月

「きかんしゃヘンリーとかんごふさん」 クリストファー・オードリー作;ケン・ストット絵;まだらめ三保訳 ポプラ社(きかんしゃトーマスのえほん6) 1992年9月

「きかんしゃホブ・ノブ」 ルース・エインズワース作;上條由美子訳 安徳瑛画 福音館書店 1985年8月

「きかんしゃやえもん」 阿川弘之文;岡部冬彦絵 岩波書店(岩波の子どもの本) 1959年12月

「きしゃがはしるよ、まどのそと」 ウェンディ・ケッセルマン文;トニー・チェン絵;八木田宜子訳 ほるぷ出版 1985年4月

「ぎゅうぎゅうでんしゃ」 薫くみこ作;かとうようこ絵 ひさかたチャイルド 2010年5月

「きゅうこうだ いそげいそげ」 ベネディクト・ブラスウェイト作;青山南訳 BL出版(まっかなちっちゃいきかんしゃのぼうけん) 2007年9月

「きょうそうだ まけるもんか」 ベネディクト・ブラスウェイト作;青山南訳 BL出版(まっかなちっちゃいきかんしゃのぼうけん) 2008年8月

「きょうだいきかんしゃ たろうとじろう」 鶴見正夫作;高橋透絵 ポプラ社(絵本のひろば16) 1975年8月

「くまでんしゃ」 いわむらかずお作・絵 岩崎書店(母と子の絵本8) 1975年1月;岩崎書店(ファンタジーえほん) 1971年11月

「くりでんたろうのなつやすみ」 大谷正紀文;菊地義彦絵 仙台文化出版社 1982年7月

「けんちゃん でんしゃ」 神戸淳吉作;太田大八絵 偕成社(のりものストーリー) 1987年3月

「けんちゃんでんしゃ」 神戸淳吉文;太田大八絵 偕成社 1973年7月

「ゴードンとグレムリン」 ウィルバート・オードリー原作;文平玲子訳 ポプラ社(トーマスのおはなしブック5) 2003年1月

「こぎつねでんしゃはのはらゆき」 南塚直子文・絵 小峰書店(えほん・こどもとともに) 1987年3月

「ゴットンくんだいすき」 おぼまこと作 学習研究社(学研おはなし絵本) 2006年10月

「コトコトでんしゃ」 とよたかずひこ作 アリス館(あかちゃんのりものえほん) 2007年11月

「さいごのおきゃくさま」 平塚ウタ子文;村上幸一絵 フレーベル館(キンダーおはなしえほん) 1982年10月

「さいしゅうれっしゃのあとで」 市川宣子作;柿本幸造絵 ひさかたチャイルド 2008年11月

「さてさてきしゃははしります…」 ウィリアム・ビー作;もとしたいづみ訳 フレーベル館 2008年1月

乗り物

「サナのゆきのでんしゃ」 なりたまさこ作・絵 ポプラ社(絵本の時間) 2003年11月

「サンタをのせたクリスマス電車」 ジタ・ユッカー絵;ロルフ・クレンツァー作;ウィルヘルム・きくえ訳 太平社 1991年11月

「しゅっしゅぽっぽ」 新井洋行作・絵 教育画劇 2009年1月

「しゅっぱつしんこう！」 三田村信行文;柿本幸造絵 小峰書店(のりものえほん10) 1984年12月

「しゅっぱつしんこう！」 山本忠敬作 福音館書店(福音館の幼児絵本) 1984年11月;福音館書店 1982年8月

「ジロちゃんときかんしゃパポ」 やすいすえこ作;田中四郎絵 フレーベル館(ウルトラジロちゃんシリーズ5) 1994年6月

「せんろはつづく まだつづく」 竹下文子文;鈴木まもる絵 金の星社 2009年9月

「せんろはつづくよ」 M.W.ブラウン文;J.シャロー絵;与田準一訳 岩波書店(岩波の子どもの本) 1979年2月

「それいけ！あかいきかんしゃ」 アンドリュー・マクリーン;ジャネット・マクリーン作・絵;千葉茂樹訳 徳間書店 1998年1月

「だいじょうぶ どんどんいこう」 ベネディクト・ブラスウェイト作;青山南訳 BL出版(まっかなちっちゃいきかんしゃのぼうけん) 2008年2月

「だいすき！はたらくきしゃ」 ファリマン・スタージェス作;シャーリー・ハルパン絵;竹下文子訳 PHP研究所 2002年5月

「たびにでた ろめんでんしゃ」 ジェームス・クリュス作;リーズル・シュティッヒ絵;はたさわゆうこ訳 フレーベル館 2008年7月

「ちいさいきかんしゃ」 ロイス・レンスキー文・絵;わたなべしげお訳 福音館書店(世界傑作絵本シリーズ・アメリカの絵本) 1971年1月

「ちいさなあかいきかんしゃ」 鶴見正夫文;高橋透絵 小峰書店(のりものえほん) 1989年2月

「ちいさなきかんしゃ レッドごう」 ダイアナ・ロス作;レスリー・ウッド絵;みはらいずみ訳 あすなろ書房 2001年4月

「ちいさなきしゃ」 五味太郎作・絵 ポプラ社(えほん・ドリームランド17) 1982年7月

「ちびっこきかんしゃ だいじょうぶ」 ワッティー・パイパー文;ローレン・ロング絵;ふしみみさを訳 ヴィレッジブックス 2007年4月

「つちのなかの もぐらでんしゃ」 のぶみ作・絵 ひかりのくに 2008年9月

「つりかわマルくん」 松岡節作;末崎茂樹絵 ひさかたチャイルド(ひさかた傑作集23) 1987年9月

「テオときしゃ」 ビオレタ・デノウ絵・文;小西マリ子訳 青玄社(テオくんのぼうけんシリーズ3) 1984年12月

乗り物

「デゴイチものがたり」 萩坂昇作;伊藤悌夫絵　岩崎書店(絵本ノンフィクション12)　1980年2月

「でっかいしごとだ いくぞいくぞ」 ベネディクト・ブラスウェイト作;青山南訳　BL出版(まっかなちっちゃいきかんしゃのぼうけん)　2007年5月

「てっきょうてっちゃん でんしゃなにかな?」 やまもとしょうぞう作;いちはらじゅん絵　くもん出版(はじめてであうえほんシリーズ)　2008年10月

「てっきょうてっちゃん でんしゃなにかな?」 やまもとしょうぞう作;いちはらじゅん絵　くもん出版(はじめてであうえほんシリーズ)　2008年10月

「でんしゃがゴットン」 冬野いちこ作　岩崎書店(あかちゃんのりものえほん3)　2009年5月

「でんしゃにのって」 とよたかずひこ作・絵　アリス館　1997年6月

「でんしゃはうたう」 さんのみやまゆこ文;みねおみつ絵　福音館書店(幼児絵本ふしぎなたねシリーズ)　2009年4月

「でんでんでんしゃがやってくる」 古舘綾子作;葉祥明絵　岩崎書店(のびのび・えほん17)　2002年7月

「トイレとっきゅう」 おりもきょうこ作・画　こずえ　1978年10月

「トーマスきゃくしゃをひく」 ウィルバート・オードリー原作;文平玲子訳　ポプラ社(ポプラ社のよみきかせ大型絵本)　2004年11月

「トーマスといわのボルダー」 ウィルバート・オードリー原作;文平玲子訳　ポプラ社(トーマスのおはなしブック6)　2003年1月

「トーマスとおおゆき」 ウィルバート・オードリー原作;文平玲子訳　ポプラ社(トーマスのおはなしブック2)　2002年11月

「トーマスとパーシーのきゅうじょたい」 ウィルバート・オードリー原作;文平玲子訳　ポプラ社(トーマスのおはなしブック1)　2002年11月

「トーマスとハットきょうふじんのたんじょうび」 ウィルバート・オードリー原作;文平玲子訳　ポプラ社(トーマスのおはなしブック4)　2003年1月

「とっきゅうでんしゃのつくりかた」 のぶみ作　そうえん社(日本のえほん10)　2007年11月

「トマトせんせいのじどうしゃ」 鶴見正夫作;高橋透絵　ポプラ社(絵本のひろば28)　1976年9月

「どんこうれっしゃがとまります」 鶴見正夫文;倉石琢也絵　小峰書店(のりものえほん9)　1984年6月

「どんどんキップ」 ミノオカリョウスケ作・絵　鈴木出版(たんぽぽえほんシリーズ)　2007年3月

「なかよしのりもの大ぼうけん」 ジャック・デュケノワ作;おおさわあきら訳　ほるぷ出版　1996年8月

「にげだしたどんじりかしゃ」 ビル・ピート作・絵;山下明生訳　佼成出版社(ピートの絵本シリーズ6)　1982年2月

乗り物

「にこにこでんしゃ」 ふくだすぐる著 岩崎書店(カラフルえほん20) 2006年8月

「のろうよ くものきかんしゃ」 としたかひろ作・絵 PHP研究所(PHPのえほん7) 1983年11月

「のんびりきかんしゃポーくんとサーカス」 なかえよしを作;上野紀子絵 佼成出版社 1978年4月

「パーシーとひつじの「くいしんぼう」」 ウィルバート・オードリー原作;文平玲子訳 ポプラ社(トーマスのおはなしブック3) 2002年11月

「はじめてきしゃがはしった」 来栖良夫作;斎藤博之絵 岩崎書店(絵本ノンフィクション1) 1976年7月

「はしれ!かもつたちのぎょうれつ」 ドナルド・クリューズ作;たむらりゅういち文 評論社(児童図書館・絵本の部屋) 1980年7月

「はしれ、きかんしゃ ちからあし」 小風さち文;藍澤ミミ子絵 福音館書店(日本傑作絵本シリーズ) 2008年10月

「はしれ、きたかぜ号」 渡辺有一作 童心社(絵本・ちいさななかまたち) 1985年3月

「はしれ、じょうききかんしゃ-大井川鉄道ものがたり」 望月正子作;伊藤悌夫絵 岩崎書店(絵本ノンフィクション18) 1982年5月

「はしれおんぼろきかんしゃ」 鶴見正夫作;エム・ナマエ絵 PHP研究所(PHPこころのえほん10) 1981年10月

「はしれクラウス」 藤沢友一絵;神戸淳吉文 金の星社 1971年10月

「はしれぼくらのしでんたち」 長崎源之助作;村上勉絵 偕成社(のりものストーリー7) 1987年5月

「はしれぼくらのしでんたち」 長崎源之助文;村上勉絵 偕成社(のりもの絵どうわ11) 1974年11月

「パノラマえほん でんしゃのたび」 間瀬なおかた作・絵 ひさかたチャイルド 2008年4月

「はり猫と猫くいでんしゃ」 木村泰子作 CBS・ソニー出版 1978年11月

「パンやのろくちゃん でんしゃにのって」 長谷川義史作 小学館(おひさまのほん) 2009年6月

「ひいばあのチンチンでんしゃ」 さくらいともか作 岩崎書店(えほんのぼうけん22) 2010年11月

「ひとりぼっちのさいしゅうれっしゃ」 岩村和朗作 偕成社 1985年12月

「ビュンビュンきしゃをぬく」 アーナ・ボンタン;ジャック・コンロイ文;バージニア・リー・バートン絵;ふしみみさを訳 岩波書店 2004年9月

「ふたごの機関車」 ウィルバート・オードリー作;ジョン・ケニー絵;桑原三郎;清水周裕訳 ポプラ社(汽車のえほん15) 2005年1月

「ふみきりのかんたくん」 藤巻吏絵作;さとうあや絵 教育画劇 2010年9月

乗り物

「ブルートレインさくらごう」 中島章作絵;砂田弘文 小峰書店(のりものえほん) 1983年6月

「ペンギンきょうだい れっしゃのたび」 工藤ノリコ作 ブロンズ新社 2007年5月

「へんしんでんしゃ デンデコデーン」 みやもとただお作・絵 あかね書房(あかね・新えほんシリーズ18) 2004年4月

「ホーマーとサーカスれっしゃ」 ハーディー・グラマトキー作・絵;わたなべしげお訳 学習研究社(グラマトキーののりものどうわ4) 2005年10月

「ぼくSLにのったんだ」 渡辺茂男作;大友康夫絵 あかね書房 1982年9月

「ぼくのきしゃ」 デーヴィッド・マクフェイル作・絵;三木卓訳 佑学社(アメリカ創作絵本シリーズ22) 1981年9月

「ぼくのでんしゃ」 あまんきみこ作;宮崎耕平絵 ポプラ社(絵本・子どもの世界4) 1979年7月

「ぼくはきかんしゃ」 なかえよしを作;やざわたかつぐ絵 偕成社 1980年4月

「ポチポチのきかんしゃ」 井川ゆり子作 文渓堂 2008年5月

「ぽっぽぉー よぎしゃ」 北田卓史絵;矢崎節夫文 至光社 1981年1月

「ほらふききかんしゃ」 ハインリッヒ・マリア・デンネボルク作;ホルスト・レムケ絵;おおしまかおり訳 佑学社 1978年3月

「マルチーヌれっしゃでりょこう」 ジルベール・ドラエイ作;マルセル・マルリエ絵;黒木義典訳;板谷和雄文 ブック・ローン出版(ファランドールえほん23) 1981年1月

「みどりの機関車ヘンリー」 ウィルバート・オードリー作;レジナルド・ダルビー絵;桑原三郎;清水周裕訳 ポプラ社(汽車のえほん6) 2005年1月

「みんな でんしゃ」 薫くみこ作;かとうようこ絵 ひさかたチャイルド 2009年2月

「みんな のせて」 あべ弘士作・絵 講談社(講談社の創作絵本) 2007年4月

「むしむしでんしゃ」 内田麟太郎文;西村繁男絵 童心社(絵本・こどものひろば) 2009年6月

「やまのえき」 野村たかあき絵・文 講談社 1985年6月

「やまのきかんしゃ」 松居直作;太田忠絵 福音館書店(こどものとも傑作集) 1967年1月

「ゆきぐにれっしゃ だいさくせん」 横溝英一作 小峰書店 2008年11月

「ゆめのきかんしゃおいかけろ」 トシマサヒロ作・絵 PHP研究所(PHPにこにこえほん) 1982年4月

「ラ・タ・タ・タム-ちいさな機関車のふしぎな物語」 ペーター・ニクル文;ビネッテ・シュレーダー絵;矢川澄子文 岩波書店 1975年7月

「リトルペンギンの きしゃぽっぽ」 メアリー・マーフィ作;三原泉訳 フレーベル館 2004年6月

乗り物

「機関車シュッポと青いしんがり貨車」 リディア・フリーマン；ドン・フリーマン作；山下明生訳 BL出版 2007年12月

「機関車トビーのかつやく」 ウィルバート・オードリー作；レジナルド・ダルビー絵；桑原三郎；清水周裕訳 ポプラ社（汽車のえほん7） 2005年1月

「急行「北極号」」 クリス・ヴァン・オールズバーグ絵・文；村上春樹訳 あすなろ書房 2003年11月

「銀河鉄道の夜」 宮沢賢治原作；藤城清治影絵・文 講談社 1982年12月

「銀河鉄道の夜」 宮沢賢治作；小林敏也画 パロル舎 1984年9月

「小さなきかんしゃ」 グレアム・グリーン文；エドワード・アーディゾーニ絵；阿川弘之訳 文化出版局（グレアム・グリーンの乗りもの絵本） 1975年11月

「星のきかんしゃ」 なかえよしを作；上野紀子絵 ポプラ社（なかえよしを・上野紀子の絵本8） 1978年5月

「青い機関車エドワード」 ウィルバート・オードリー作；レジナルド・ダルビー絵；桑原三郎；清水周裕訳 ポプラ社（汽車のえほん9） 2005年1月

「地下鉄」 ジミー作・絵；宝迫典子訳 小学館 2002年11月

「地下鉄サバンナ号のひみつ」 宮本忠夫作・絵 講談社 1984年3月

「特急キト号」 ルドウィッヒ・ベーメルマンス作；ふしみみさを訳 PHP研究所 2006年6月

汽車・電車＞しんかんせん

「おつかいしんかんせん」 福田岩緒作・絵 そうえん社（そうえん社・日本のえほん11） 2007年12月

「しんかんくん うちにくる」 のぶみ作 あかね書房（あかね・新えほんシリーズ33） 2007年6月

「しんかんくん けんかする」 のぶみ作 あかね書房 2010年7月

「しんかんくん ひっこしする」 のぶみ作 あかね書房 2009年8月

「しんかんくん ようちえんにいく」 のぶみ作 あかね書房（あかね・新えほんシリーズ37） 2008年2月

「しんかんくんの パンやさん」 のぶみ作 あかね書房（あかね・新えほんシリーズ42） 2008年10月

「しんかんせん のぞみ700だいさくせん」 横溝英一文・絵 小峰書店（のりものえほん） 2001年5月

「ぼくしんかんせんにのったんだ」 渡辺茂男作；大友康夫絵 あかね書房（くまたくんのえほん6） 1981年2月

「ぼくとじょうえつしんかんせん」 関根榮一文；横溝英一絵 小峰書店（のりものえほん） 1988年3月

乗り物

汽車・電車＞機関車トーマス

「100さいの機関車」 ウィルバート・オードリー作;ガンバー・エドワーズ;ピーター・エドワーズ絵;桑原三郎;清水周裕訳 ポプラ社(汽車のえほん20) 1980年10月

「アニーとクララベル」 ウィルバート・オードリー原作;ロビン・デイビス絵 小学館(きかんしゃトーマスおはなしえほん) 2008年11月

「いだいなエドワード」 ウィルバート・オードリー原作;ヒット・エンターテインメントリミテッド監修 ポプラ社(きかんしゃトーマスのテレビえほんシリーズ4) 2010年7月

「エミリーととくべつなきゃくしゃ」 ウィルバート・オードリー原作;文平玲子訳 ポプラ社(トーマスのテレビブック5) 2009年1月

「がんばりやの機関車」 ウィルバート・オードリー作;ガンバー・エドワーズ;ピーター・エドワーズ絵;桑原三郎;清水周裕訳 ポプラ社(汽車のえほん18) 1980年9月

「がんばれ機関車トーマス」 ウィルバート・オードリー作;レジナルド・ドールビー絵;桑原三郎;清水周裕訳 ポプラ社(汽車のえほん4) 1973年12月

「きえた機関車」 ウィルバート・オードリー作;ガンバー・エドワーズ;ピーター・エドワーズ絵;桑原三郎;清水周裕訳 ポプラ社(汽車のえほん25) 1981年2月

「きょくちょうになったパーシー」 ウィルバート・オードリー原作;文平玲子訳 ポプラ社(トーマスのテレビブック8) 2009年2月

「ゴードンってすごい!」 ウィルバート・オードリー原作;ヒット・エンターテインメントリミテッド監修 ポプラ社(きかんしゃトーマスのテレビえほんシリーズ3) 2010年7月

「ダックとディーゼル機関車」 ウィルバート・オードリー作;ジョン・ケニー絵;桑原三郎;清水周裕訳 ポプラ社(汽車のえほん13) 1974年10月

「ちからをあわせてマイティマック」 ウィルバート・オードリー原作;文平玲子訳 ポプラ社(トーマスのテレビブック2) 2008年11月

「ちびっこ機関車パーシー」 ウィルバート・オードリー作;レジナルド・ドールビー絵;桑原三郎;清水周裕訳 ポプラ社(汽車のえほん11) 1974年7月

「トーマス、だいかつやく」 ウィルバート・オードリー原作;ヒット・エンターテインメントリミテッド監修 ポプラ社(きかんしゃトーマスのテレビえほんシリーズ1) 2010年7月

「トーマスときかんしゃネビル」 ウィルバート・オードリー原作;文平玲子訳 ポプラ社(トーマスのテレビブック3) 2008年12月

「トーマスとクリスマスツリー」 ウィルバート・オードリー原作;ヒット・エンターテインメントリミテッド監修 ポプラ社(きかんしゃトーマスのテレビえほんシリーズ) 2010年11月

「トーマスとなまけもののデニス」 ウィルバート・オードリー原作;文平玲子訳 ポプラ社(トーマスのテレビブック4) 2008年12月

「トーマスとモリーのとくべつなにもつ」 ウィルバート・オードリー原作;文平玲子訳 ポプラ社(トーマスのテレビブック1) 2008年11月

「トーマスにはあつすぎる」 ウィルバート・オードリー原作;ヒット・エンターテインメントリミテッド監修 ポプラ社(きかんしゃトーマスのテレビえほんシリーズ5) 2010年9月

乗り物

「パーシーといどうゆうえんち」ウィルバート・オードリー原作;文平玲子訳 ポプラ社(トーマスのテレビブック6) 2009年1月

「パーシーのチョコクランチ」ウィルバート・オードリー原作;ヒット・エンターテインメントリミテッド監修 ポプラ社(きかんしゃトーマスのテレビえほんシリーズ2) 2010年7月

「ふたごの機関車」ウィルバート・オードリー作;ジョン・ケニー絵;桑原三郎;清水周裕訳 ポプラ社(汽車のえほん15) 1974年11月

「べたべたなトーマス」ウィルバート・オードリー原作;文平玲子訳 ポプラ社(トーマスのテレビブック7) 2009年2月

「みどりの機関車ヘンリー」ウィルバート・オードリー作;レジナルド・ドールビー絵;桑原三郎;清水周裕訳 ポプラ社(汽車のえほん6) 1973年12月

「やっかいな機関車」ウィルバート・オードリー作;レジナルド・ドールビー絵;桑原三郎;清水周裕訳 ポプラ社(汽車のえほん5) 1973年12月

「ゆうかんな機関車」ウィルバート・オードリー作;ジョン・ケニー絵;桑原三郎;清水周裕訳 ポプラ社(汽車のえほん17) 1980年8月

「わんぱく機関車」ウィルバート・オードリー作;ガンバー・エドワーズ;ピーター・エドワーズ絵;桑原三郎;清水周裕訳 ポプラ社(汽車のえほん26) 1981年2月

「機関車オリバー」ウィルバート・オードリー作;ガンバー・エドワーズ;ピーター・エドワーズ絵;桑原三郎;清水周裕訳 ポプラ社(汽車のえほん24) 1980年12月

「機関車トービーのかつやく」ウィルバート・オードリー作;レジナルド・ドールビー絵;桑原三郎;清水周裕訳 ポプラ社(汽車のえほん7) 1974年4月

「機関車トーマス」ウィルバート・オードリー作;レジナルド・ドールビー絵;桑原三郎;清水周裕訳 ポプラ社(汽車のえほん2) 1973年11月

「機関車トーマスのしっぱい」ウィルバート・オードリー作;ジョン・ケニー絵;桑原三郎;清水周裕訳 ポプラ社(汽車のえほん16) 1980年8月

「機関車のぼうけん」ウィルバート・オードリー作;ガンバー・エドワーズ;ピーター・エドワーズ絵;桑原三郎;清水周裕訳 ポプラ社(汽車のえほん23) 1980年11月

「三だいの機関車」ウィルバート・オードリー作;レジナルド・ドールビー絵;桑原三郎;清水周裕訳 ポプラ社(汽車のえほん1) 1973年11月

「山にのぼる機関車」ウィルバート・オードリー作;ガンバー・エドワーズ;ピーター・エドワーズ絵;桑原三郎;清水周裕訳 ポプラ社(汽車のえほん19) 1980年9月

「四だいの小さな機関車」ウィルバート・オードリー作;レジナルド・ドールビー絵;桑原三郎;清水周裕訳 ポプラ社(汽車のえほん10) 1974年7月

「小さなふるい機関車」ウィルバート・オードリー作;ジョン・ケニー絵;桑原三郎;清水周裕訳 ポプラ社(汽車のえほん14) 1974年10月

「小さな機関車たち」ウィルバート・オードリー作;ガンバー・エドワーズ;ピーター・エドワーズ絵;桑原三郎;清水周裕訳 ポプラ社(汽車のえほん22) 1980年11月

乗り物

「青い機関車エドワード」ウィルバート・オードリー作；レジナルド・ドールビー絵；桑原三郎；清水周裕訳　ポプラ社(汽車のえほん9)　1974年4月

「赤い機関車ジェームズ」ウィルバート・オードリー作；レジナルド・ドールビー絵；桑原三郎；清水周裕訳　ポプラ社(汽車のえほん3)　1973年11月

「大きな機関車ゴードン」ウィルバート・オードリー作；レジナルド・ドールビー絵；桑原三郎；清水周裕訳　ポプラ社(汽車のえほん8)　1974年4月

「大きな機関車たち」ウィルバート・オードリー作；ガンバー・エドワーズ；ピーター・エドワーズ絵；桑原三郎；清水周裕訳　ポプラ社(汽車のえほん21)　1980年10月

「八だいの機関車」ウィルバート・オードリー作；ジョン・ケニー絵；桑原三郎；清水周裕訳　ポプラ社(汽車のえほん12)　1974年8月

自転車

「D.W.じてんしゃにのる」マーク・ブラウン作；ふたみあやこ訳　青山出版社　2000年1月

「アーミテージさんのすてきなじてんしゃ」クェンティン・ブレイク作；ひがしはるみ訳　あかね書房(あかねせかいの本)　1997年11月

「アルビンとブンブンじてんしゃ」ウルフ・ロフグレン作・絵；木村由利子訳　フレーベル館　1982年5月

「アンナのあたらしいじてんしゃ」カタリーナ・クルースヴァル作；菱木晃子訳　光村教育図書　2010年4月

「うさこちゃんとじてんしゃ」ディック・ブルーナ文・絵；石井桃子訳　福音館書店(子どもがはじめてであう絵本)　1984年1月

「きつねいろのじてんしゃ」小野洋子作；いもとようこ絵　佼成出版社　1983年11月

「ぎんいろのじてんしゃ」広野多珂子作　PHP研究所(PHPにこにこえほん)　1999年11月

「くまくんのじてんしゃ」エミリー・ウォレン・マクラウド文；デイビッド・マクフェイル絵；清水真砂子訳　アリス館牧新社　1976年2月

「コケッコーさんとさんりんしゃ」かろくこうぼう作　フレーベル館(コケッコーさんシリーズ6)　2010年4月

「こどもほじょりん製作所」安井寿磨子作　講談社　2010年10月

「じてんしゃこぞう」もりひさし文・絵　学習研究社(学研カラー絵ばなし10)　1974年1月

「じてんしゃにのったてんとうむし」すえよしあきこ文；ビブ・オールブライト絵　偕成社　1980年7月

「じてんしゃにのって」笠野裕一作・絵　福音館書店　1981年8月

「じてんしゃにのるアヒルくん」デイビッド・シャノン作；小川仁央訳　評論社(児童図書館・絵本の部屋)　2006年5月

「じてんしゃにのるひとまねこざる」H.A.レイ文・絵；光吉夏弥訳　岩波書店　1983年9月；岩波書店(岩波の子どもの本)　1956年1月

乗り物

「じてんしゃにのれたよ！」 国松俊英作;長谷川知子絵 ポプラ社(絵本・子どものくに26) 1987年7月

「だあいすき」 岸川悦子作;味戸ケイコ絵 教育画劇(スピカ絵本の森4) 1991年5月

「タカくんとじてんしゃの ペダルくん-はじめてのじてんしゃこうつうルール」 うちべけい作・絵 PHP研究所(PHPにこにこえほん) 2005年1月

「ちいちゃんとさんりんしゃ」 しみずみちを文・絵 銀河社(ちいちゃんえほん3) 1983年4月

「ちょっとそこまでぱんかいに」 山下明生作;エム・ナマエ絵 サンリード 1981年10月

「とおくへいったたくちゃん」 出口まさあき作・絵 岩崎書店(母と子の絵本6) 1973年12月

「トトとライヨ じてんしゃのれた！」 さこももみ作 アリス館 2008年7月

「トトとライヨ じてんしゃのれた！」 さこももみ作 アリス館 2008年7月

「はしれ！マウンテンバイク」 篠原良隆作・絵 ポプラ社(えほんはともだち35) 1994年6月

「ピーターの自転車」 ヴァージニア・アレン・イェンセン文;イブ・スパン・オルセン絵;木村由利子訳 文化出版局 1980年7月

「ピカピカ」 たばたせいいち作 偕成社 1998年12月

「ふうた みちくさ」 村上康成作 文化出版局 1987年4月

「ぷうのじてんしゃ」 木暮正夫作;原ゆたか絵 PHP研究所(PHPのえほん4) 1983年2月

「ベアくんじてんしゃのけいこ」 スタン・ベレンスタイン;ジャン・ベレンスタイン作・絵;横山隆一文 日本パブリッシング 1968年1月

「ぼくうんてんできるんだ！」 渡辺茂男文;大友康夫絵 福音館書店(くまくんの絵本) 1983年2月;福音館書店 1982年1月

「ぼくのきゅうきゅうしゃ」 若谷和子文;長谷川知子絵 偕成社 1988年10月

「ぼくのさんりんしゃ」 トラウテ・ジーモンス作;スージー・ボーダル絵;佐々木田鶴子訳 偕成社 1982年5月

「ぼくのさんりんしゃ」 津田櫓冬作・絵 福音館書店 1979年7月

「ぼくのもらったすごいやつ」 バーリー・ドーアティ作;クリスチャン・バーミンガム絵;まつかわまゆみ訳 評論社(児童図書館・絵本の部屋) 1995年7月

「マルタとじてんしゃ」 ゲルマノ・ズロ文;アルバータイン絵;イシグロケン訳 トランスワールドジャパン 2006年8月

「マルチーヌはじめてのじてんしゃ」 ジルベール・ドラエイ作;マルセル・マルリエ絵;黒木義典訳;板谷和雄文 ブックローン出版(ファランドールえほん15) 1984年1月

「ミラクル・ボーイ」 ウルフ・スタルク文;マルクス・マヤルオマ絵;菱木晃子訳 ほるぷ出版 2008年6月

「やいトカゲ」 舟崎靖子作;渡辺洋二絵 あかね書房(あかね創作えほん18) 1984年4月

乗り物

「ルラルさんのじてんしゃ」 いとうひろし作 ポプラ社（いとうひろしの本7） 2002年4月

「ロケットじてんしゃのぼうけん」 インガ・モーア作・絵；すぎもとよしこ訳 らくだ出版 1983年11月

「ロッタちゃんとじてんしゃ」 アストリッド・リンドグレーン作；イロン・ヴィークランド絵；山室静訳 偕成社 1976年4月

「自転車父ちゃん旅だより」 関屋敏隆版画・文 小学館 1985年11月

「車りんのウィリー」 エリック・チェン作；みはらいずみ訳 コンセル 2006年8月

「赤い自転車」 ディディエ・デュフレーヌ文；ファブリス・テュリエ絵；つじかおり訳 パロル舎 1998年4月

自動車

「あかいくるまをさがせ」 岡村好文作・絵 岩崎書店（ぶうぶさん1） 2004年1月

「あかくんまちをはしる」 あんどうとしひこ作 福音館書店（幼児絵本ふしぎなたねシリーズ） 2009年2月

「あらいぐま洗車センター」 岡林ちひろ作；おおさわちか絵 長崎出版 2010年11月

「ウィズモおじさんのあたらしいポンコツぐるま」 ロドニー・アラン・グリーンブラット作；吉村由美訳 ソニー・マガジンズ 1999年9月

「うちのじどうしゃ」 谷川俊太郎作；太田大八絵 福音館書店 1978年11月

「うんてんしてるの、だあれ?」 ミシェル・ゲ作・絵；末松氷海子訳 徳間書店 2008年5月

「おじさんのブッシュタクシー」 クリスチャン・エパニャ作；さくまゆみこ訳 アートン 2007年4月

「かばのハリー 自動車しゅうり工場へいく」 デリク・ラドフォード作；三枝祐士訳 岩崎書店（かばさんのたんけんえほん3） 1996年4月

「ガムドロップ号」 バル・ビロ絵・文；久米穣訳 講談社（世界の絵本イギリス） 1971年8月

「くまたくんちのじどうしゃ」 渡辺茂男作；大友康夫絵 あかね書房（くまたくんのえほん12） 1986年9月

「こんにちはトラクター・マクスくん」 ビネッテ・シュレーダー文・絵；矢川澄子訳 岩波書店 1973年12月

「じどうしゃ アーチャー」 片平直樹作；伊藤正道絵 教育画劇 2009年6月

「じどうしゃダダくん」 なかえよしを作；上野紀子絵 ポプラ社（なかえよしを・上野紀子の絵本9） 1978年5月

「じどうしゃブブブン」 冬野いちこ作 岩崎書店（あかちゃんのりものえほん） 2007年12月

「しんごうごうくん はたらくくるまなにかな?」 やまもとしょうぞう作；いちはらじゅん絵 くもん出版（はじめてであうえほんシリーズ） 2009年12月

742

乗り物

「しんごうごうくん はたらくくるまなにかな?」 やまもとしょうぞう作;いちはらじゅん絵 くもん出版(はじめてであうえほんシリーズ) 2009年12月

「それゆけ、フェルディナント号」 ヤーノシュ作・絵;堤那美子訳 徳間書店 2004年5月

「ダットさん うみをはしる」 こもりまこと作・絵 教育画劇 2009年6月

「ダットさん」 こもりまこと作・絵 教育画劇 2007年11月

「たぬきのじどうしゃ」 長新太作 偕成社(ちいさいえほん12) 1977年6月

「ちいさいケーブルカーのメーベル」 バージニア・リー・バートン作;桂宥子;石井桃子訳 ペンギン社 1980年2月

「ちいさいじどうしゃ」 ロイス・レンスキー文・絵;わたなべしげお訳 福音館書店(世界傑作絵本シリーズ) 1971年5月

「ちいさいじどうしゃ」 ロイス・レンスキー文・絵;わたなべしげお訳 福音館書店(世界傑作絵本シリーズ・アメリカの絵本) 2005年2月

「ちいさなふるいじどうしゃ」 マリー・ホール・エッツ作;田辺五十鈴訳 冨山房 1976年1月

「ちびくんと100台の自動車」 インゲル・サンドベルイ文;ラッセ・サンドベルイ絵;鈴木徹郎訳 講談社(世界の絵本スウェーデン) 1972年1月

「チョコレートのじどうしゃ」 立原えりか作;太田大八絵 ひさかたチャイルド(ひさかたメルヘン10) 1981年12月

「ディンゴはじどうしゃがだいすき」 リチャード・スキャリー作;國眼隆一訳 ブックローン出版(スキャリーおじさんのどうぶつえほん13) 1982年5月

「トマトせんせいのじどうしゃ」 鶴見正夫作;高橋透絵 ポプラ社(絵本のひろば28) 1976年9月

「ドライブにいこう-読み聞かせ用テキスト」 間瀬なおかた作・絵 チャイルド本社(大きな大きな絵本8) 2006年2月

「トンネルねるくん くるまなにかな?」 やまもとしょうぞう作;いちはらじゅん絵 くもん出版(はじめてであうえほんシリーズ) 2008年10月

「トンネルねるくん くるまなにかな?」 やまもとしょうぞう作;いちはらじゅん絵 くもん出版(はじめてであうえほんシリーズ) 2008年10月

「のってのって」 くろいけん作・絵 あかね書房(けんちゃんとあそぼう1) 1982年2月

「のらねことぽんこつじどうしゃ」 ビル・ピート作・絵;山下明生訳 佼成出版社(ピートの絵本シリーズ2) 1981年10月

「のりもの くれよん」 まつながあき作;はやしるい絵 くもん出版(はじめてであうえほんシリーズ) 2010年12月

「はたらくくるま とどくかな」 三浦太郎作 偕成社 2007年6月

「はたらくくるま ブルブルン」 冬野いちこ作 岩崎書店(あかちゃんのりものえほん2) 2008年8月

乗り物

「はたらくくるま まかせとけ」 三浦太郎作 偕成社 2007年6月

「はたらくくるま よいしょ」 三浦太郎作 偕成社 2007年6月

「ハックスレーのハッスルじどうしゃレース」 ロドニー・ペペ作;森下美根子訳 世界文化社(ユメみるこぶたのハックスレー4) 1996年2月

「バルンくんとおたすけ3きょうだい」 こもりまこと作 福音館書店(幼児絵本シリーズ) 2004年3月

「ぴかぴかリジーぱかぱかネリー」 デビッド・コックス作・絵;もりゆみ訳 新世研 1997年2月

「ピックルのじどうしゃりょこう」 リチャード・スキャリー作;國眼隆一訳 ブックローン出版(スキャリーおじさんのどうぶつえほん10) 1984年8月

「ふしぎなくるま」 まついのりこ作・絵 偕成社(まるちゃんのたからもの1) 1988年8月

「ふしぎなくるまムクムクーうみをよごすのはだれだ」 ジョン・シェリダン文;マルコム・リビングストン画;久米みのる訳 金の星社 1981年9月

「ふしぎなくるまムクムクーまいごのひこうきをすくえ」 ジョン・シェリダン文;マルコム・リビングストン画;久米みのる訳 金の星社 1981年12月

「ふしぎなくるまムクムクーまちはくるまでいっぱい」 ジョン・シェリダン文;マルコム・リビングストン画;久米みのる訳 金の星社 1981年8月

「ふしぎなじどうしゃ」 ヤーノシュ作・画;志賀朝子訳 小学館(世界の創作童話15) 1980年8月

「ぷっぷー ぶっぶつー」 長野ヒデ子作・絵 ポプラ社(長野ヒデ子わんわんえほん3) 2008年10月

「ぶぶチャチャ」 Iku;アミノテツロー作;にしだかんじ絵 講談社 1999年1月

「プララのとんねるぶっぷー」 武内祐人作・絵 大日本図書 2009年5月

「ぶるるんるんるん」 筒井頼子文;原マスミ画 童心社(絵本・ちいさななかまたち) 2000年4月

「ブルンミのドライブ」 マレーク・ベロニカ文・絵;羽仁協子訳 風濤社 2008年4月

「へんしん!じどうしゃノボルくん」 藤本四郎;佐竹夕起子作・絵 ポプラ社(アニメのりものえほん7) 1986年10月

「へんしんじどうしゃえんこくん」 杉山径一文;北田卓史絵 小峰書店(のりものえほん) 1983年4月

「ぼくのジープ」 さとうさとる文;村上勉絵 偕成社(ちいさいえほん15) 1977年11月

「ぽんこつくんまちへいく」 富永秀夫作・絵 小峰書店(はじめてのどうわ19) 1979年1月

「まことのドライブ」 おおともやすお作 偕成社(げんきなまこと4) 1990年4月

「ミニカーミュート だいかつやく!」 福田利之作 アリス館 2009年4月

「もくたんじどうしゃ もくべえ」 渡辺茂男文;岡部冬彦絵 岩波書店(大型絵本14) 1972年7月

「もぐらとじどうしゃ」 エドアルド・ペチシカ文；ズデネック・ミレル絵；うちだりさこ訳　福音館書店（世界傑作絵本シリーズ・チェコの絵本）　1969年5月

「もりたろうさんのじどうしゃ」 大石真文；北田卓史絵　ポプラ社　1969年6月

「ヤンときいろいブルンル」 やすいすえこ作；黒井健絵　フレーベル館　1986年4月

「ゆうちゃんのみきさーしゃ」 村上祐子作；片山健絵　福音館書店　1968年7月

「月夜のじどうしゃ」 渡辺茂男文；井上洋介絵　講談社（講談社の創作絵本BestSelection）　2002年4月

自動車＞タクシー

「おかしなおかしなクリスマス」 プレヴェール作；E.アンリケ絵；宗左近訳　文化出版局　1981年6月

「おせんべタクシー」 山﨑克己作　偕成社　2009年5月

「おばけタクシーのタクじい」 鈴木浩彦作；鈴木妙子絵　PHP研究所（PHPのりものえほん）　1993年7月

「タクシータクちゃんとばけぎつね」 藤本四郎；鍋島よしつぐ作・絵　ポプラ社（アニメのりものえほん11）　1988年3月

「タクシーのすきな犬」 スベン・オットー作；奥田継夫；木村由利子訳　評論社（児童図書館・絵本の部屋）　1979年12月

「ふしぎなタクシー」 渡辺茂男作；大友康夫絵　福音館書店　1983年10月

「ぷてらのタクシー」 斉藤洋作；森田みちよ絵　講談社　1994年3月

自動車＞トラック・ダンプカー

「15だいとはんぶん」 北川幸比古文；笹本けい絵　草土文化　1979年11月

「おさるのジョージ ダンプカーにのる」 M.レイ；H.A.レイ原作；渡辺茂男訳　岩波書店　2000年10月

「ダンプくんがどっしーん」 おおはしえみこ作；田中四郎絵　ひさかたチャイルド　2008年1月

「ダンプのがらっぱち」 渡辺茂男作；山本忠敬絵　金の星社（のりものストーリー1）　1982年7月

「ちっちゃなトラックレッドくん」 みやにしたつや作・絵　ひさかたチャイルド　2010年4月

「ちょうきょりトラック でかでかごう」 長崎源之助文；太田大八絵　偕成社（のりもの絵どうわ6）　1973年12月

「とらたとトラック」 中川李枝子文；中川宗弥絵　福音館書店　1981年12月

「トラック トラくん」 津田光郎文・絵　新日本出版社（のりものだいすき2）　1989年3月

乗り物

「トラックとらすけ」 丹下進文；杉田圭司絵 ささら書房（ささら母と子の劇場えほん） 1988年2月

「トラックトラックだいすき」 鶴見正夫作；薄久保友司絵 佼成出版社（創作絵本シリーズ） 1988年7月

「はたらきもののトラック、キング」 松本州平作・絵 徳間書店 2007年10月

「はたらくんジャー」 木坂涼作；高畠那生絵 フレーベル館 2007年12月

「ブルくん ダンプくん」 谷真介作；山本忠敬絵 偕成社 1982年7月

「みんなで!どうろこうじ」 竹下文子作；鈴木まもる絵 偕成社 2010年5月

自動車＞バス

「あおいバスといたずらオトカー」 ジェームス・クリュス文；リースル・シュティッヒ絵；いしかわもとこ訳 福武書店 1988年3月

「あおバスくん」 ジェームス・クリュス作；リーズル・シュティッヒ絵；はたさわゆうこ訳 フレーベル館 2008年6月

「いただきバス」 藤本ともひこ作・絵 鈴木出版（チューリップえほんシリーズ） 2005年9月

「いちにちにへんとおるバス」 中川正文作；梶山俊夫絵 ひかりのくに 1987年1月

「いちばんバスのはやおきくん」 三田村信行作；高橋透絵 PHP研究所（PHPのりものえほん） 1999年7月

「いもほりバス」 藤本ともひこ作・絵 鈴木出版（チューリップえほんシリーズ） 2009年9月

「いやいやバスの3ばんくん」 砂田弘文；富永秀夫絵 小峰書店（のりものえほん） 1980年11月

「おべんとうバス」 真珠まりこ作・絵 ひさかたチャイルド 2006年1月

「がんばれ！ボンネットバス ボンちゃん」 藤本四郎；佐竹夕起子作・絵 ポプラ社（アニメのりものえほん9） 1988年1月

「こんた、バスでおつかい」 田中友佳子作・絵 徳間書店 2009年6月

「サラちゃんとおおきなあかいバス」 ジェーン・ゴドウィン文；アンナ・ウォーカー絵；石津ちひろ訳 光村教育図書 2009年10月

「じどうしゃになーれ」 木村裕一文・案；中村泰敏画 河出書房新社（まほうのぺったん6） 1983年12月

「スーおばさんのレストランバス」 やすいすえこ作；土田義晴絵 フレーベル館（えほんあらかると3） 2000年3月

「たいようオルガン」 荒井良二作 アートン 2007年7月

「たいようオルガン」 荒井良二作 アートン 2007年7月

「ちいさな あかい バス」 高羽賢一作・絵 ひさかたチャイルド 2009年9月

乗り物

「ツトムとまほうのバス」 にしかわおさむ作・絵 教育画劇(のりものえほん5) 1995年5月
「とうげのおんぼろバス」 おぼまこと作 フレーベル館 1985年6月
「トロトロトローリ」 高部晴市作・絵 教育画劇 2009年8月
「にぎやかな音楽バス」 レンナート・ヘルシング文;スティング・リンドベリ絵;いしいとしこ訳 プチグラパブリッシング 2004年6月
「ねずみのちくたくバス」 ロドニー・ペッペ作・絵;小沢正訳 フレーベル館 1987年4月
「バスがきました」 三浦太郎作・絵 童心社(とことこえほん) 2007年10月
「バスがきました」 谷川晃一作・絵 毎日新聞社 2008年4月
「ばすくん」 みゆきりか作;なかやみわ絵 小学館 2007年9月
「ばすくん」 みゆきりか作;なかやみわ絵 小学館 2007年9月;教育画劇 2005年10月
「ばすくんのおむかえ」 みゆきりか作;なかやみわ絵 小学館 2007年9月
「ばすくんのくりすます」 みゆきりか作;なかやみわ絵 小学館 2010年11月
「バスたろう はじめてのうんてん」 のぶみ作 講談社(講談社の創作絵本) 2009年4月
「ピン・ポン・バス」 竹下文子作;鈴木まもる絵 偕成社 1996年10月
「ふしぎなおきゃくさま」 椿宗介文;篠崎三朗絵 フレーベル館(キンダーおはなしえほん) 1985年3月
「ふしぎなバスに」 筒井敬介作;井上洋介絵 あかね書房(あかね創作えほん3) 1980年11月
「ブップーバス」 とよたかずひこ作 アリス館(あかちゃんのりものえほん) 2008年2月
「ぼくのきいろいバス」 荒井良二作 学習研究社(学研おはなし絵本) 2007年11月
「まきバス三太号」 北川幸比古作;保田義孝絵 岩崎書店(絵本ノンフィクション19) 1982年7月
「みさきめぐりのとしょかんバス」 松永伊知子作;梅田俊作絵 岩崎書店(絵本の泉5) 1996年6月
「みどりいろのバス」 ジョン・シャロン作;小玉友子訳 ほるぷ出版 1979年3月
「ムニャムニャゆきのバス」 長新太作 ほるぷ出版(イメージの森) 1991年9月
「もぐらバス」 佐藤雅彦原案;うちのますみ文・絵 偕成社 2010年4月
「やまのバス」 内田麟太郎文;村田エミコ絵 佼成出版社(クローバーえほんシリーズ) 2009年9月
「ゆたかとしゃしょうさん」 山崎馨作・絵 佼成出版社 1975年9月
「ようちえんバスマイちゃん どうぶつえんにいく」 藤本四郎;鍋島よしつぐ作・絵 ポプラ社(アニメのりものえほん14) 1988年10月
「らいおんごう がんばれ!」 松野正子作;山本忠敬絵 サンリード 1980年2月

乗り物

「リーンローンたぬきバス」岡信子作;渡辺有一絵　岩崎書店(えほん・ドリームランド6)　1981年1月

「海辺の町を走るバス」西本鶏介作;小林豊絵　そうえん社(日本のえほん15)　2009年6月

「月夜のバス」杉みき子作;黒井健絵　偕成社　2002年10月

「大草原のとしょかんバス－としょかんバス・シリーズ2」岸田純一作;梅田俊作絵　岩崎書店(絵本の泉6)　1996年9月

自動車＞パトロールカー

「がんばれ!パトカー」竹下文子作;鈴木まもる絵　偕成社　2007年4月

「どうぶつこうえんパトロール」寺村輝夫文;梅田俊作絵　偕成社(のりもの絵どうわ8)　1974年7月

「パトカー　ぱとくん」渡辺茂男作;山本忠敬絵　福音館書店　2009年4月

「パトロールカーの　パトくん」砂田弘作;草間俊行絵　PHP研究所(PHPのりものえほん)　2000年3月

「ぼくパトカーにのったんだ」渡辺茂男作;大友康夫絵　あかね書房(くまたくんのえほん1)　1979年4月

自動車＞ブルドーザー・ショベルカー

「おたすけこびと」なかがわちひろ文;コヨセ・ジュンジ絵　徳間書店　2007年2月

「おたすけこびとのクリスマス」なかがわちひろ文;コヨセ・ジュンジ絵　徳間書店　2009年10月

「きかんしゃピッポといじわるブルタ」藤本四郎;小林ひろみ作・絵　ポプラ社(アニメのりものえほん5)　1986年2月

「ころちゃんとはたらくじどうしゃ」関根榮一文;横溝英一絵　小峰書店(のりものえほん)　1989年2月

「ざっくん!ショベルカー」竹下文子作;鈴木まもる絵　偕成社　2008年5月

「ショベルカーのスクープくん」デイビッド・ワトビッツ作・絵;ひがしかずこ訳　PHP研究所　2007年1月

「はたらきもののじょせつしゃけいてぃー」バージニア・リー・バートン文・絵;いしいももこ訳　福音館書店(世界傑作絵本シリーズ・アメリカの絵本)　1978年3月

「はたらくんジャー」木坂涼作;高畠那生絵　フレーベル館　2007年12月

「パワーショベルのゲンキくん」くにまつとしひで文;なかむらやすひろ絵　童心社(のりものシリーズ)　1989年11月

「パワーショベルのブルくん」横溝英一作・絵　PHP研究所(PHPのりものえほん)　1999年3月

「ブルくん　ダンプくん」谷真介作;山本忠敬絵　偕成社　1982年7月

乗り物

「ブルドーザーのガンバ」 鶴見正夫作;高橋透絵 偕成社(のりものストーリー2) 1982年7月

「マイク・マリガンとスチーム・ショベル」 バージニア・リー・バートン文・絵;いしいももこ訳 童話館出版 1995年2月

「マイク・マリガンとスチーム・ショベル」 バージニア・リー・バートン文・絵;いしいももこ訳 福音館書店(世界傑作絵本シリーズ・アメリカの絵本) 1978年4月

「みんなで!どうろこうじ」 竹下文子作;鈴木まもる絵 偕成社 2010年5月

自動車＞レッカー車

「レッカーしゃベニーーいたずらモートンのしっぱい」 ケレン・ラドロー;ウィリー・スマックス作;石津ちひろ訳 小学館 1996年10月

「レッカーしゃベニーーえいがスターのたんじょう」 ケレン・ラドロー;ウィリー・スマックス作;石津ちひろ訳 小学館 1996年10月

「レッカーしゃベニーースモールビルズこうじょうはおおさわぎ」 ケレン・ラドロー;ウィリー・スマックス作;石津ちひろ訳 小学館 1996年10月

自動車＞救急車

「きゅうきゅうしゃのぴぽくん」 砂田弘作;高橋透絵 偕成社(のりものストーリー4) 1983年5月

「たぬきのタンタ きゅうきゅうしゃにのる」 高橋宏幸作・絵 岩崎書店(えほん・おもしろランド12) 1989年2月

自動車＞消防自動車

「あつまれ しょうぼうしゃ」 岡村好文作・絵 岩崎書店(ぶうぶさん3) 2004年3月

「ありがとう しょうぼうじどうしゃ」 内田麟太郎文;西村繁男絵 ひかりのくに 2009年7月

「ありがとう しょうぼうじどうしゃ」 内田麟太郎文;西村繁男絵 ひかりのくに 2009年7月

「おさるのジョージ しょうぼうしゃにのる」 M.レイ;H.A.レイ原作;福本友美子訳 岩波書店 2006年4月

「かじがこわかったしょうぼうしゃタカタカ」 高野健二作 福武書店 1986年6月

「きつねのしょうぼうしゃ」 しぶやいさお文;みやもとただお絵 にっけん教育出版社 1998年4月

「しょうぼうじどうしゃ じぷた」 渡辺茂男作;山本忠敬絵 福音館書店(こどものとも傑作集) 1966年6月;福音館書店 1963年10月

「しょうぼうじどうしゃはしごくん」 砂田弘作;倉石琢也絵 PHP研究所(PHPのりものえほん) 1992年9月

「しょうぼうしゃのダッシュくん」 デイビッド・ワトビッツ作・絵;ひがしかずこ訳 PHP研究所 2007年9月

乗り物

「それいけしょうぼうしゃ」ティボル・ゲルゲイ作；小池昌代訳　講談社（講談社の翻訳絵本クラシックセレクション）　2004年5月
「それゆけはしごしゃせいのびくん」杉山径一文　高橋透絵　小峰書店（のりものえほん）1983年9月
「ちいさいしょうぼうじどうしゃ」ロイス・レンスキー文・絵；わたなべしげお訳　福音館書店（世界傑作絵本シリーズ・アメリカの絵本）　1970年11月
「ちいさいしょうぼうじどうしゃウータくん」なすだじゅん作；かさはらりえ絵　ひくまの出版　1992年6月
「ちびっこしょうぼうしゃカンタくん」藤本四郎；佐竹夕起子作・絵　ポプラ社（アニメのりものえほん6）　1986年9月
「はしれ はしごしゃ」間瀬なおかた作・絵　ひさかたチャイルド　2009年12月
「小さなしょうぼうしゃ」グレアム・グリーン文；エドワード・アーディゾーニ絵；阿川弘之訳　チャイルド本社　1975年11月

自動車＞清掃車

「あんぐりとへんぐり」なかのひろたか作　童心社（のりものシリーズ）　1989年6月

乗り物一般

「9番目の戦車」ときたひろし著　PHP研究所　2004年8月
「CO2のりものずかん」三浦太郎作　ほるぷ出版（ほるぷ創作絵本）　2008年11月
「あっ！」中川ひろたか文；柳原良平絵　金の星社（はじめての絵本たいむ）　2008年8月
「いますぐたすけるぞ！」マーガレット・メイヨー作；アレックス・アイリフ絵；いけやさいこ訳　PHP研究所　2007年2月
「エレベーターの ヨヨ」オリビエ・ドゥズー絵・文；畠山卓士訳　プロトギャラクシー　1998年1月
「くりんくりん ごーごー」佐々木マキ作　福音館書店（0.1.2.えほん）　2008年1月
「くるまはいくつ」渡辺茂男作；堀内誠一絵　福音館書店　2008年4月
「さあ しゅっぱーつ！」エミール・ジャドゥール作；石津ちひろ訳　小学館（シーマくんとペギーちゃん）　2007年10月
「しんくやくしょモノレール」長嶋柊絵・文　じゃこめてい出版　2009年1月
「しんた、ちょうたのすっとびかご！-なぞのおおにもつ」飯野和好作　学研教育出版（新しい日本の幼年童話）　2010年10月
「しんた、ちょうたのすっとびかごどうちゅう」飯野和好作　学習研究社（新しい日本の幼年童話）　2006年7月
「それいけ！おもちゃだいさくせん」土屋富士夫作・絵　徳間書店　2008年2月

乗り物

「タイヤがパーン」 きしらまゆこ作・絵　ひさかたチャイルド　2010年9月

「とびねこヘンリー」 メリー・カルホーン作；エリック・イングラハム絵；猪熊葉子訳　佑学社　1983年8月

「とびねこヘンリー」 メリーー・カルホーン文；エリック・イングラハム絵；猪熊葉子訳　リブリオ出版　2007年1月

「のろまなローラー」 小出正吾文；山本忠敬絵　福音館書店(こどものとも傑作集)　1967年1月；福音館書店　1965年8月

「はしれ！おんぼろカー」 わきやそのこ作・絵　岩崎書店(えほん・ワンダーランド5)　1986年3月

「ふしぎなエレベーター」 パウル・マール文；ニコラウス・ハイデルバッハ絵；関口裕昭訳　ほるぷ出版　1995年1月

「マルタとききゅう」 ゲルマノ・ズロ文；アルバータイン絵；イシグロケン訳　トランスワールドジャパン　2006年8月

「もりたろうさんのせんすいかん」 大石真文；北田卓史絵　ポプラ社(ちびっこ絵本14)　1970年1月

「よりみちエレベーター」 土屋富士夫作・絵　徳間書店　2000年12月

「小さなローラー」 グレアム・グリーン文；エドワード・アーディゾーニ絵；阿川弘之訳　文化出版局(グレアム・グリーンの乗りもの絵本)　1976年3月

「小さな乗合い馬車」 グレアム・グリーン文；エドワード・アーディゾーニ絵；阿川弘之訳　文化出版局(グレアム・グリーンの乗りもの絵本)　1976年3月

船・ヨット

「あおいふね」 谷内こうた絵・文　講談社　1983年7月

「あおおじさんのあたらしいボート」 エルサ・ベスコフ作・絵；ひしきあきらこ訳　福音館書店　2002年3月

「アルフィーとフェリーボート」 チャールズ・キーピング絵・文；じんぐうてるお訳　らくだ出版　1971年11月

「うみにあるのはあしただけ」 灰谷健次郎文；坪谷令子絵　理論社　1985年5月

「おんぼろヨット」 長谷川集平文；村上康成絵　ブックローン出版　1987年7月

「かいぞく船をやっつけろ」 ロバート・カルドナ；デビット・ミトン作；黒田絵美子訳　ほるぷ出版(がんばれタッグス2)　1992年10月

「かっとびジャック ツリーはこびのまき」 やましたはるお作；しまだしほ絵　ポプラ社(絵本カーニバル13)　2007年10月

「かぼちゃひこうせんぷっくらこ」 レンナート・ヘルシング文；スベン・オットー絵；奥田継夫；木村由利子訳　アリス館牧新社　1976年10月

「かめじまのぺち」 カルラ・ハンセン;ウィルヘルム・ハンセン原作;水木しげる訳 フレーベル館(こぐまのぺちの絵本6) 1972年8月

「きえた「たからもの」」 フィオナ・ハードウィック作;ザ・カウンティ・スタジオ絵;黒田絵美子訳 ほるぷ出版(タッグスのぼうけん4) 1993年6月

「くまのおうじょ」 カルラ・ハンセン;ウィルヘルム・ハンセン原作;水木しげる訳 フレーベル館(こぐまのぺちの絵本2) 1972年8月

「くわんたらぶね」 横山隆一文・絵 学習研究社(学研カラー絵ばなし2) 1972年11月

「サンシャインとテンセンツ」 ロバート・カルドナ;デビット・ミトン作;黒田絵美子訳 ほるぷ出版(がんばれタッグス1) 1992年10月

「ジャックのあたらしいヨット」 サラ・マクメナミー作;いしいむつみ訳 BL出版 2005年6月

「しょうぼうていしゅつどうせよ」 渡辺茂男作;柳原良平絵 福音館書店 1964年8月

「しょうぼうていハーヴィ ニューヨークをまもる」 マイラ・カルマン作;矢野顕子訳 リトル・ドッグ・プレス 2004年9月

「しろいふね」 南本樹作 フレーベル館(南本樹ファンタジーランド8) 1985年7月

「すずきのおやこ」 カルラ・ハンセン;ウィルヘルム・ハンセン原作;水木しげる訳 フレーベル館(こぐまのぺちの絵本3) 1972年8月

「スパイはだれだ」 フィオナ・ハードウィック作;ザ・カウンティ・スタジオ絵;黒田絵美子訳 ほるぷ出版(タッグスのぼうけん3) 1993年6月

「ゼベデーとギャング」 ロバート・カルドナ;デビット・ミトン作;黒田絵美子訳 ほるぷ出版(がんばれタッグス8) 1992年11月

「ゾランのわるだくみ」 ロバート・カルドナ;デビット・ミトン作;黒田絵美子訳 ほるぷ出版(がんばれタッグス3) 1992年10月

「たぐぼーとたぐまるくん」 津田光郎文・絵 草土文化 1980年2月

「たぐぼーとの いちにち」 小海永二作;柳原良平画 福音館書店 2004年4月

「だん ふねにのる」 ディック・ブルーナ文・絵;石井桃子訳 福音館書店(子どもがはじめてであう絵本) 1985年1月

「たんたん タグボート」 谷真介作;水木連絵 偕成社(のりものストーリー) 1987年4月

「たんたんタグボート」 谷真介文;水木連絵 偕成社(のりもの絵どうわ10) 1974年11月

「ちいさいふねのぼうけん」 高木あきこ作;田頭よしたか絵 ひさかたチャイルド(えほんとともだちシリーズ) 2005年4月

「ちいさいヨット」 ロイス・レンスキー文・絵;わたなべしげお訳 福音館書店(世界傑作絵本シリーズ) 1971年7月

「ちいさいヨット-スモールさんの絵本」 ロイス・レンスキー文・絵;わたなべしげお訳 福音館書店(世界傑作絵本シリーズ・アメリカの絵本) 2005年2月

「ちからもちのタグボートとーとー」 小風さち文;山本忠敬絵 福音館書店 2002年4月

乗り物

「ついてないブーマー」 ロバート・カルドナ;デビット・ミトン作;黒田絵美子訳 ほるぷ出版(がんばれタッグス7) 1992年11月

「テオとふね」 ビオレタ・デノウ絵・文;小西マリ子訳 青玄社(テオくんのぼうけんシリーズ6) 1985年7月

「とざんかぺち」 カルラ・ハンセン;ウィルヘルム・ハンセン原作;水木しげる訳 フレーベル館(こぐまのぺちの絵本8) 1972年8月

「トップハットの大かつやく」 ロバート・カルドナ;デビット・ミトン作;黒田絵美子訳 ほるぷ出版(がんばれタッグス5) 1992年11月

「なかよしのりもの大ぼうけん」 ジャック・デュケノワ作;おおさわあきら訳 ほるぷ出版 1996年8月

「なんぱせんをたすけろ」 フィオナ・ハードウィック作;ザ・カウンティ・スタジオ絵;黒田絵美子訳 ほるぷ出版(タッグスのぼうけん2) 1993年5月

「のろのろデイジー−ふなのりネコだいかつやく」 ロブ・ルイス作;ふなとよしこ訳 ほるぷ出版 1995年9月

「ピー、うみへいく」 瀬田貞二作;山本忠敬絵 福音館書店 1966年11月

「ふうた かぜまかせ」 村上康成作 文化出版局 1985年5月

「ぶきっちょなウォリアー」 ロバート・カルドナ;デビット・ミトン作;黒田絵美子訳 ほるぷ出版(がんばれタッグス4) 1992年10月

「ふねがきた!」 かさのゆういち作 福音館書店(幼児絵本ふしぎなたねシリーズ) 2010年7月

「ふねくんのたび」 いしかわこうじ作・絵 ポプラ社(絵本のおもちゃばこ28) 2008年5月

「ふねにのったねこのヘンリー」 メリー・カルホーン文;エリック・イングラハム絵;猪熊葉子訳 リブリオ出版 2007年2月

「ぺちとぴらみっど」 カルラ・ハンセン;ウィルヘルム・ハンセン原作;水木しげる訳 フレーベル館(こぐまのぺちの絵本5) 1972年8月

「ぺちのほっきょくたんけん」 カルラ・ハンセン;ウィルヘルム・ハンセン原作;水木しげる訳 フレーベル館(こぐまのぺちの絵本7) 1972年8月

「ぼくのおじいさんのふね」 アンドレ・ダーハン作;きたやまようこ訳 講談社(世界の絵本) 2003年7月

「ポンポンおふね」 とよたかずひこ作 アリス館(あかちゃんのりものえほん) 2008年3月

「まほうの船」 ラオ・ショ文;チェン・インチン絵;君島久子訳 ほるぷ出版 1981年7月

「まりーごうのしんすい」 カルラ・ハンセン;ウィルヘルム・ハンセン原作;水木しげる訳 フレーベル館(こぐまのぺちの絵本1) 1972年8月

「みなとがこおった日」 ロバート・カルドナ;デビット・ミトン作;黒田絵美子訳 ほるぷ出版(がんばれタッグス9) 1992年12月

乗り物

「みなとをまもれ！スターのタッグス」 ロバート・カルドナ；デビット・ミトン作；黒田絵美子訳 ほるぷ出版（がんばれタッグス9） 1992年12月

「みんなでつくったネズミごう」 谷真介作；草間俊行絵 佼成出版社 1986年11月

「ムスティとフェリーボート」 スタジオTVデュプイ製作；榊原晃三；那須田稔訳 小学館（ムスティの絵本10） 2001年2月

「ゆうかいはんにんはだれだ」 フィオナ・ハードウィック作；ザ・カウンティ・スタジオ絵；黒田絵美子訳 ほるぷ出版（タッグスのぼうけん1） 1993年5月

「ゆうれい船なんかこわくない」 ロバート・カルドナ；デビット・ミトン作；黒田絵美子訳 ほるぷ出版（がんばれタッグス6） 1992年11月

「ゆめのくにへいく」 カルラ・ハンセン；ウィルヘルム・ハンセン原作；水木しげる訳 フレーベル館（こぐまのぺちの絵本4） 1972年8月

「れんらくせんちびっこマリンくん」 藤本四郎；鍋島よしつぐ作・絵 ポプラ社（アニメのりものえほん13） 1988年7月

「わたしのおふねマギーB」 アイリーン・ハース作・絵；うちだりさこ訳 福音館書店

「わたしのおふねマギーB」 アイリーン・ハース作・絵；うちだりさこ訳 福音館書店 1976年7月

「羽田の水舟」 野村昇司作；阿部公洋絵 ぬぷん児童図書出版（ぬぷんふるさと絵本シリーズ1） 1982年8月

「海にむすぶきずな－ディアナ号と戸田号のものがたり」 清水達也作；斎藤博之絵 岩崎書店（絵本ノンフィクション21） 1982年12月

「空とぶ船と世界一のばか－ロシアのむかしばなし」 アーサー・ランサム文；ユリー・シュルヴィッツ絵；神宮輝夫訳 岩波書店 1970年11月

「西風号の遭難」 クリス・ヴァン・オールズバーグ絵・文；村上春樹訳 河出書房新社 1985年9月

「天にのぼったチブ」 四辻一朗絵・文 国土社（国土社の創作えほん21） 1980年5月

「帆かけ舟、空を行く」 クェンティン・ブレイク作；柳瀬尚紀訳 評論社（児童図書館・絵本の部屋） 2007年9月

飛行機

「うさこちゃんひこうきにのる」 ディック・ブルーナ文・絵；石井桃子訳 福音館書店（子どもがはじめてであう絵本） 1982年5月

「うみちゃんのまど」 中川ひろたか文；長新太絵 偕成社 1997年7月

「おにまるのヘリコプター」 岸田衿子文；堀内誠一絵 ブッキング（復刊傑作幼児絵本シリーズ13） 2008年5月

「おばあさんの飛行機」 佐藤さとる作；村上勉絵 偕成社（日本の童話名作選） 1999年5月

乗り物

「かえるのひこうせん」 長新太作・絵 佼成出版社 1979年4月

「かばのハリー 空港へいく」 デリク・ラドフォード作;三枝祐士訳 岩崎書店(かばさんのたんけんえほん5) 1996年4月

「コアラのドーエル ひこうきにのる」 久保たかし作 JULA出版局 1984年11月

「ちいさいひこうき」 ロイス・レンスキー文・絵;わたなべしげお訳 福音館書店(世界傑作絵本シリーズ) 1971年7月

「ちいさいひこうき」 ロイス・レンスキー文・絵;わたなべしげお訳 福音館書店(世界傑作絵本シリーズ・アメリカの絵本) 2005年2月

「ちいさなひこうきフラップ」 松本州平作・絵 徳間書店 2002年3月

「テオとひこうき」 ビオレタ・デノウ絵・文;小西マリ子訳 青玄社(テオくんのぼうけんシリーズ5) 1985年4月

「とべ!ひこうきかぜにのって」 北沢優子作 アリス館 2009年10月

「どんくまさんそらをとぶ」 柿本幸造絵;蔵冨千鶴子文;武市八十雄案 至光社(ブッククラブ国際版絵本) 1969年1月

「なかよしのりもの大ぼうけん」 ジャック・デュケノワ作;おおさわあきら訳 ほるぷ出版 1996年8月

「ネズミのヒコーキ」 たむらしげる著 あかね書房(あかねピクチャーブックス1) 1994年11月

「ハックスレーのうきうきひこうき」 ロドニー・ペペ作;森下美根子訳 世界文化社(ユメみるこぶたのハックスレー3) 1996年2月

「ババールひこうきにのる」 L.ド・ブリュノフ作;しまづさとし訳;おのかずこ文 評論社(ミニ・ババール12) 1976年4月

「パパの大飛行」 アリス・プロヴェンセン;マーティン・プロヴェンセン作;脇明子訳 福音館書店(世界傑作絵本シリーズ・アメリカの絵本) 1986年2月

「ひこうきのかみさま」 香川茂文;大古尅己絵 ポプラ社(おはなし創作えほん3) 1978年5月

「ひこうきピコタン」 なかえよしを作;上野紀子絵 ポプラ社(絵本・子どもの世界2) 1979年6月

「ひこうせんぽっころん」 かわきたりょうじ文;ありもりまさみち絵 童心社(のりものシリーズ) 1989年6月

「ヒコーキざむらい」 今江祥智文;長谷川義史絵 フェリシモ出版(おはなしのたからばこ9) 2009年9月

「ブーンブーンひこうき」 とよたかずひこ作 アリス館(あかちゃんのりものえほん) 2007年11月

「ヘリコプターたち」 五味太郎作 リブロポート 1981年7月

「ぼくがとぶ」 ささきまき作 福音館書店 1975年6月

乗り物

「ぼくひこうきにのったんだ」 渡辺茂男作;大友康夫絵 あかね書房(くまたくんのえほん11) 1986年4月

「マルチーヌひこうきでりょこう」 ジルベール・ドラエイ作;マルセル・マルリエ絵;黒木義典訳;板谷和雄文 ブック・ローン出版(ファランドールえほん22) 1981年1月

「みんな とぶぞ」 佐々木マキ作・絵 サンリード 1980年2月

「もぐらのひこうき」 木暮正夫作;西村郁雄絵 小峰書店(はじめてのどうわ30) 1980年3月

「もりたろうさんのひこうき」 大石真文;北田卓史絵 ポプラ社(ちびっこ絵本9) 1972年12月

「ゆうびんひこうき こうのとりごう」 ジェームス・クリュス作;リーズル・シュティッヒ絵;はたさわゆうこ訳 フレーベル館 2008年6月

「ライトきょうだい」 鶴見正夫文;徳田秀雄絵 チャイルド本社(絵本版こども伝記ものがたり) 2009年6月

「ルーピーの だいひこう」 ハーディー・グラマトキー作;渡辺茂男訳 学習研究社(グラマトキーののりものどうわ3) 2005年10月

「海をわたったリンゴ」 北川幸比古作;金森達絵 岩崎書店(絵本ノンフィクション24) 1983年7月

「空とぶゆうびんやさん」 バイオレット・ドラモンド文・絵;白木茂訳 講談社(世界の絵本イギリス) 1972年6月

「飛行機になりたいオーラフを、サンタクロースがどのようにたすけたか」 フォルカー・クリーゲル作・絵;三浦美紀子訳 草土文化 2008年10月

「飛行機にのって」 磯良一作 長崎出版 2007年6月

「飛行士フレディ・レグランド」 ジョン・エイジー絵・文;清水奈緒子訳 セーラー出版 1996年9月

【笑い話・ユーモア】

ナンセンス絵本
「1と7」 二宮由紀子作;高畠純絵 ひかりのくに 2004年4月
「あおいでんしゃにのって」 穂高順也文・絵 日本標準 2009年11月
「あかいじゅうたん」 レックス・パーキン文・絵;みむらみちこ訳 ジー・シー 1989年10月
「あし にょきにょき」 深見春夫作・絵 岩崎書店(えほん・ドリームランド4) 1980年10月
「あじのひらき」 井上洋介絵・文 福音館書店(福音館の幼児絵本シリーズ) 2006年6月
「あしゆびのないポブル」 エドワード・リア文;ケビン・マディソン絵;にいくらとしかず訳 篠崎書林 1978年7月
「アナボコえほん」 井上洋介絵・文 フレーベル館 2008年11月
「アベコベさん」 フランチェスカ・サイモン文;ケレン・ラドロー絵;青山南訳 文化出版局 1997年9月
「いえのなかを外へつれだしたおじいさん」 アーノルド・ローベル作・絵;奥田継夫訳・文 アリス館牧新社 1976年7月
「イカタコさんの ブーブーじどうしゃ」 長新太作 佼成出版社 1993年5月
「いっちゃん」 二宮由紀子文;村上康成絵 解放出版社 2007年6月
「いっぽんみちをあるいていたら」 市居みか作・絵 ひかりのくに 2009年9月
「いまむかしうそかまことか」 織田信生作 すばる書房 1982年5月
「うみのむにゃむにゃ」 内田麟太郎作;伊藤秀男絵 佼成出版社 2003年10月
「おおきなもののすきなおうさま」 安野光雅作・絵 講談社 1976年8月
「おじいさんとうみ」 赤川明作・絵 ひさかたチャイルド 2006年6月
「おとぼけマッギーさん うみのぼうけん」 パメラ・アレン作;さかいきみこ訳 偕成社 1997年7月
「おとぼけマッギーさん」 パメラ・アレン作;さかいきみこ訳 偕成社 1997年5月
「おへそがえる・ごんーぽんこつやまのぽんたとこんたの巻」 赤羽末吉作・絵 小学館(ちひろ美術館コレクション絵本4) 2001年3月
「かけまーす どん」 五味太郎作 絵本館 2009年1月
「ガブリシ」 スズキコージ作 ブッキング 2008年7月
「からからからが…」 高田桂子作;木曽秀夫絵 文研出版(みるみる絵本-ぽっぽライブラリ) 1995年1月
「カンガルーママのすてきなポケット」 二宮由紀子作;あべ弘士絵 佼成出版社 2007年10月

笑い話・ユーモア

「カングル・ワングルのぼうし」 エドワード・リア文；ヘレン・オクセンバリー絵；新倉俊一訳 ほるぷ出版 1975年10月

「キャベツくんとブタヤマさん」 長新太作 文研出版（えほんのもり17） 1990年7月

「キャベツくんのにちようび」 長新太作 文研出版（えほんのもり21） 1992年5月

「ギャラクシークラムのちびっ子たち または遠出のあとで」 エドワード・ゴーリー著；柴田元幸訳 河出書房新社 2000年10月

「きゅうりさんあぶないよ」 スズキコージ作 福音館書店（幼児絵本シリーズ） 1998年11月

「ぐぎがさんとふへほさん」 岸田衿子作；にしむらあつこ絵 福音館書店 2009年7月

「くまくん」 二宮由紀子作；あべ弘士絵 ひかりのくに 2004年5月

「ぐるぐるえほん」 井上洋介絵・文 フレーベル館 2008年9月

「くるぞくるぞ」 内田麟太郎文；長新太絵 童心社 1988年11月

「さかさまじん」 赤川明作・絵 らくだ出版 2000年9月

「さかさまライオン」 内田麟太郎文；長新太絵 童心社（絵本・ちいさななかまたち） 1985年9月

「ザバジャバ ジャングル」 ウィリアム・スタイグ作；おがわえつこ訳 セーラー出版 1989年7月

「さんざんまたせてごめんなさい」 スズキコージ著 ブッキング 2006年10月

「しっぽがなんだ」 舟崎克彦文；鈴木康司絵 小学館（小学館こども文庫・創作童話15） 1983年1月

「ジャリおじさん」 大竹伸朗絵・文 福音館書店（日本傑作絵本シリーズ） 1994年11月

「しらないまち」 田島征三作 偕成社 2006年7月

「しんはつめい じどうちらかしき」 北川幸比古作；和歌山静子絵 岩崎書店（母と子の絵本21） 1974年10月

「しんはつめい じどうぽちぽちき」 北川幸比古作；和歌山静子絵 岩崎書店（母と子の絵本29） 1976年3月

「しんはつめい じどうむだづかいき」 北川幸比古作；和歌山静子絵 岩崎書店（母と子の絵本24） 1975年3月

「スーパー仮面はつよいのだ」 武田美穂作・絵 ポプラ社（えほんとなかよし2） 1989年12月

「たかし、たかし」 長谷川集平作 リブロポート（リブロの絵本） 1980年11月

「たこのぼうやがついてきた」 ダン・ヤッカリーノ作；きやまかすみ訳 小峰書店（世界の絵本コレクション） 1999年5月

「たまねぎあたまのたまねぎこぞう」 二宮由紀子文；スズキコージ絵 ポプラ社（みんなで絵本7） 2002年12月

笑い話・ユーモア

「だんどん だんどん」 内田麟太郎文；かつらこ絵 PHP研究所（PHPにこにこえほん） 2010年4月
「ちょうつがいのえほん」 井上洋介絵・文 フレーベル館 2008年7月
「つきよのキャベツくん」 長新太作 文研出版（えほんのもり） 2003年8月
「とらねこのしましまパンツ」 高木さんご作；渡辺有一絵 PHP研究所（PHPにこにこえほん） 1998年10月
「なかじゃもんじゃはかせの おべんとう」 長新太作 福音館書店 2009年2月
「ナスビだよーん」 舟崎克彦作・絵 ポプラ社（絵本のぼうけん10） 2003年1月
「はなげばあちゃん」 山田真奈未作・絵 パロル舎 2009年11月
「はなねこさん」 長新太作・絵 ポプラ社（絵本のぼうけん5） 2002年5月
「ひげぼん」 鬚男爵著；テル絵 グラフ社 2008年10月
「ビックリえほん」 井上洋介作 ブッキング 2008年1月
「ブタとタコのダンス」 長新太文・絵 学習研究社（学研おはなし絵本） 2005年6月
「ブタヤマさんたらブタヤマさん」 長新太作 文研出版（えほんのもり） 2005年2月
「ブラッキンダー」 スズキコージ作・絵 イースト・プレス 2008年8月
「ぼくのいえにけがはえて」 川北亮司文；石井聖岳絵 くもん出版 2010年6月
「むしゃむしゃマンモス」 阿部真理子作 講談社 1995年4月
「モコちゃん」 二宮由紀子作；かわかみたかこ絵 佼成出版社 2007年9月
「もっとおおきなたいほうを」 二見正直作 福音館書店 2009年11月
「やまがあるいたよ」 長新太作 童心社（新ユーモア絵本） 1984年9月
「やまのディスコ」 スズキコージ作 架空社 1989年2月
「やまびこポスト」 山崎克己作 BL出版 2010年9月
「校長先生のあたま」 長新太作 くもん出版 2001年1月
「山ねこせんちょう」 しばのたみぞう文；もたいたけし絵 銀貨社 2000年12月
「中岡はどこぜよ」 田島征彦文；関屋敏隆絵 すばる書房 1977年1月

笑い話・ユーモア一般

「4ページえほん あはっ！」 高畠純作 小学館（おひさまのほん） 2009年10月
「あさごはん たべたの だれ？」 ビビアン・フレンチ文；アリソン・バートレット絵；阿川佐和子訳 小学館 1997年8月
「あたしのスーパーマックス」 ラルフ・ブチュコウ作；ひらのきょうこ訳 岩崎書店（世界の絵本21） 1995年8月

笑い話・ユーモア

「あたま山」 舟崎克彦作;林恭三絵 そうえん社(そうえんしゃ日本のえほん13) 2008年3月;ポプラ社(わらいの絵本1) 1973年5月

「あぶない!パトリック」 ポール・ジェラティ作;田村隆一訳 評論社(評論社の児童図書館・絵本の部屋) 1991年9月

「いいからいいから」 長谷川義史作 絵本館 2006年10月

「いいからいいから3」 長谷川義史作 絵本館 2008年9月

「いいからいいから4」 長谷川義史作 絵本館 2010年5月

「いつもちこくのおとこのこージョン・パトリック・ノーマン・マクヘネシー」 ジョン・バーニンガム作;たにかわしゅんたろう訳 あかね書房 1988年9月

「いもうとがウサギいっぴきたべちゃった」 ビル・グロスマン文;ケビン・ホークス絵;いとうひろし訳 徳間書店 2008年11月

「うがいライオン」 ねじめ正一作;長谷川義史絵 鈴木出版(チューリップえほんシリーズ) 2010年7月

「うんちっち」 ステファニー・ブレイク作・絵;ふしみみさを訳 PHP研究所 2005年1月

「おおかみがんばれ」 馬場のぼる作 童心社(新ユーモア絵本) 1980年3月

「おおどろぼうごーちゃん」 森野さかな作・絵 ひさかたチャイルド 1999年4月

「おそろしいかようび」 ヘーゼル・タウンスン作;トニー・ロス絵;小沢正訳 フレーベル館 1986年10月

「おったまげたとごさくどん」 サトシン作;たごもりのりこ絵 鈴木出版(ひまわりえほんシリーズ) 2008年2月

「おとしものしちゃった」 中山千夏文;長新太絵 自由国民社 2005年3月

「おどるサボテン」 川端誠作 ブックローン出版 1992年3月

「おなら犬ウォルター のみの市で大さわぎ!」 ウィリアム・コツウィンクル;グレン・マリー作;オードリー・コールマン絵;三辺律子訳 サンマーク出版 2008年12月

「おふろじゃ おふろじゃーバスタブ王ビドグッド」 オードリー・ウッド作;ドン・ウッド絵;江國香織訳 ブックローン出版 1993年2月

「おべんとうのえんそく」 矢玉四郎作・絵 教育画劇(ユーモアえほん) 1995年5月

「かぜが ふいたら」 ルース・パーク文;デボラ・ナイランド絵;前沢明枝訳 朔北社 1999年1月

「かぶさんとんだ」 五味太郎作 福音館書店(福音館の幼児絵本) 1985年3月;福音館書店 1983年5月

「からだちゃんえほん はなはなばなし」 長野ヒデ子作 小学館 2008年12月

「からだちゃんえほん へそへそばなし」 長野ヒデ子作 小学館 2008年12月

「からだちゃんえほん めめめめばなし」 長野ヒデ子作 小学館 2008年12月

笑い話・ユーモア

「きえたりんご」 ヤン・レーフ作;渡辺茂男訳 講談社(講談社のピクチアブック10) 1979年11月

「きつねとごんろく」 馬場のぼる作 童心社(新ユーモア絵本) 1984年9月

「きょうりゅうのラーメン」 しばはらち作・絵 教育画劇(ユーモアえほん) 1995年9月

「くじらクンがでたぞ！」 古川タク作・絵 教育画劇(ユーモアえほん) 1995年7月

「くじらだ！」 五味太郎作・絵 岩崎書店(ファミリーえほん10) 1978年7月

「くものくまさん」 レスリー・ウィリアムズ文;カルム・ソレ・ヴェンドレル絵;舟崎克彦訳 ほるぷ出版 1983年9月

「くものぴかごろう」 前川かずお作・画 童心社(ゆうもあえほん4) 1976年2月

「コッケモーモー」 ジュリエット・ダラス=コンテ文;アリソン・バートレット絵;たなかあきこ訳 徳間書店 2001年11月

「ゴムあたまポンたろう」 長新太作 童心社(絵本・こどものひろば) 1998年3月

「ゴリラーマン」 馬場のぼる作・画 童心社(ゆうもあえほん3) 1973年12月

「こんな町、つまんない！」 マーク・ローゼンタール作・絵 徳間書店 2008年7月

「さすがのナジョーク船長もトムには手も足もでなかったこと」 ラッセル・ホーバン文;クェンティン・ブレイク絵;乾侑美子訳 評論社(児童図書館・絵本の部屋) 1980年5月

「さとりくん」 五味太郎作 クレヨンハウス 1996年8月

「じごくの五右衛門」 加太こうじ作;金沢佑光絵 ポプラ社(わらいの絵本2) 1973年6月

「しゃっくりがいこつ」 マージェリー・カイラー作;S.D.シンドラー絵;黒宮純子訳 セーラー出版 2004年10月

「しゃっくりどろぼう」 たかしよいち作;福田庄助絵 岩崎書店(新・創作絵本22) 1981年3月

「じゃんけんゴリラ」 矢崎節夫作;尾崎真吾絵 教育画劇(ユーモアえほん) 1995年9月

「ジョン・ギルピンのゆかいなお話」 ウィリアム・クーパー文;ランドルフ・コルデコット絵;吉田新一訳 ほるぷ出版 1985年9月

「スモウマン」 中川ひろたか文;長谷川義史絵 講談社(講談社の創作絵本) 2002年12月

「そうべえ ごくらくへゆく」 たじまゆきひこ作 童心社(童心社の絵本) 1989年10月

「そうべえ まっくろけのけ」 田島征彦作 童心社(童心社の絵本) 1998年7月

「そのまたまえには」 アラン・アルバーグ作;ブルース・イングマン絵;福本友美子訳 小学館 2007年12月

「それで どうした そのカエル!?」 遠山繁年作・絵 偕成社(おもしろおかしえほん2) 1987年4月

「だが しかし」 内田麟太郎文;西村繁男絵 文溪堂 2010年12月

笑い話・ユーモア

「だからだれもいなくなった」 デビッド・マッキー作;今江祥智訳 ほるぷ出版 1979年4月
「ダンスのすきな悪魔」 ヴァツラフ・ポコルニー作;池田香代子訳 宝島社 1994年4月
「ちょんまげとのさま」 遠山繁年作・絵 鈴木出版(チューリップえほんシリーズ) 2000年10月
「デカデカ」 軽部武宏作 長崎出版(ciel books) 2006年12月
「でぶひこなとひょろひこな」 森比左志作;むかいながまさ絵 金の星社(こどものくに傑作絵本) 1977年7月
「ドシン!でズドン!」 椿宗介作;なかのひろたか絵 フレーベル館(ペーパーバックえほん8) 2002年3月
「とのさまのひげ」 ますだゆうこ文;国松エリカ絵 偕成社 2004年2月
「どろぼう だっそう だいさくせん!」 穂高順也作;西村敏雄絵 偕成社 2007年9月
「とんとんとん!とをたたくのはだあれ?」 サリー・グリンドレー文;アンソニー・ブラウン絵;灰島かり訳 評論社(児童図書館・絵本の部屋) 2003年11月
「なくな なんぎなたんけんたい」 佐々木マキ作 小学館(おひさまのほん) 1999年12月
「なめれおん」 あきやまただし作 佼成出版社 2002年11月
「なんぎなたんけんたい」 佐々木マキ作 小学館(おひさまのほん) 1996年10月
「にげだしたえんとつくん」 津田櫓冬作・絵 岩崎書店(ピチピチえほん20) 1982年2月
「ニワトリが道にとびだしたら」 デビッド・マコーレイ文;小野耕世訳 岩波書店 1988年11月
「ねぇパパ、どうしてシマウマはローラースケートをはかないの?」 カンタン・グレバン作;スギヤマカナヨ訳 セーラー出版 2008年11月
「ノッポさんのえほん7 くるまがごっとん」 高見ノッポ作;西川おさむ絵 世界文化社 2001年5月
「ハエくん」 グスティ作;木坂涼訳 フレーベル館 2007年1月
「ハトにうんてんさせないで。」 モー・ウィレムズ作;中川ひろたか訳 ソニー・マガジンズ 2005年9月
「ひげをのばしたおうさまのはなし」 磯田和一作・絵 PHP研究所(PHPのえほん11) 1984年6月
「フェドーラばあさんおおよわり」 K.チュコフスキー作;V.オリシヴァング絵;田中潔訳 偕成社 2010年3月
「ぶたのたね」 佐々木マキ作 絵本館 1989年10月
「ふたりの王さま」 多田ヒロシ著 こぐま社 1981年7月
「へんてこおじさん」 前川かずお作 童心社(新ユーモア絵本) 1984年9月
「ぼくはイスです」 長新太作 童心社(新ユーモア絵本) 1979年11月

笑い話・ユーモア

「ぼんぞうの のぞきだま」 たかどのほうこ文；さのようこ絵　ポプラ社（みんなで絵本2）　2002年1月

「まあ、なんてこと！」 デイビッド・スモール作；藤本朝巳訳　平凡社　2008年1月

「マグノリアおじさん」 クエンティン・ブレイク作・絵；谷川俊太郎詩　佑学社　1984年11月

「まじょさんまたあした」 小野寺悦子作；新野めぐみ絵　教育画劇（ユーモアえほん）　1997年8月

「またにちようびがやってくる」 エレーヌ・レイ文；エヴ・タルレ絵；はぎいよしこ訳　ほるぷ出版　1989年7月

「まめっこひろってポンポンポポーン」 津谷タズ子文；夏目尚吾絵　童心社（絵本・こどものひろば）　1994年2月

「むしゃむしゃ武者」 藤川智子絵・文　講談社（講談社の創作絵本）　2003年10月

「ムンバ星人いただきます」 花くまゆうさく著　マガジンハウス　2003年4月

「めっちゃくちゃのおおさわぎ」 K.チュコフスキー作；F.ヤールブソヴァ絵；田中潔訳　偕成社　2009年11月

「めんどりペニー」 ポール・ガルドン文・絵；谷川俊太郎訳　童話館出版　1995年10月

「ももたろう」 五味太郎作　絵本館　2007年4月

「りんごのきにこぶたがなったら」 アニタ・ローベル絵；アーノルド・ローベル文；佐藤涼子訳　評論社（児童図書館・絵本の部屋）　1980年7月

「わらった」 内田麟太郎文；竹内通雅絵　絵本館　2008年3月

「奥さんと9人のセールスマン」 五味太郎作　リブロポート　1980年10月

「王さまにもにも」 舟崎靖子作；矢吹申彦絵　サンリード（創作えほん）　1980年1月

「王さまはとびはねるのがすき」 ヘルメ・ハイネ作；松代洋一訳　佑学社　1991年4月

「王さまはとびはねるのがすき」 ヘルメ・ハイネ作・絵；松代洋一訳　佑学社（オーストリア創作絵本シリーズ1）　1978年3月

「騎士とドラゴン」 トミー・デ・パオラ作；岡田淳訳　ほるぷ出版　2005年3月

「丘の上の人殺しの家」 別役実作；スズキコージ画　ブッキング　2005年9月

「死神なんかこわくない」 舟崎克彦作；阿部隆夫絵　ポプラ社（わらいの絵本3）　1973年9月

「世界一ばかなわたしのネコ」 ジル・バシュレ文・絵；いせひでこ訳　平凡社　2008年5月

「大時計のおばけたち」 マウリ・クンナス作；稲垣美晴訳　偕成社　1997年11月

「郵便局員ねこ」 ゲイル・E.ヘイリー作；芦野あき訳　ほるぷ出版　1979年12月

落語絵本

「いちがんこく」 川端誠作　クレヨンハウス（落語絵本シリーズ8）　2004年1月

笑い話・ユーモア

「えんぎかつぎのだんなさん」 桂文我話;梶山俊夫絵 福音館書店 2004年1月

「カラス」 桂三枝文;黒田征太郎絵 アートン(桂三枝の落語絵本シリーズ6) 2006年6月

「さよなら動物園」 桂三枝文;黒田征太郎絵 アートン 2006年8月

「じごくのそうべえ」 田島征彦作 童心社(童心社の絵本) 1978年5月

「そばせい」 川端誠作 クレヨンハウス(落語絵本シリーズ その9) 2005年11月

「たのきゅう」 川端誠作 クレヨンハウス(落語絵本シリーズ7) 2003年6月

「ちゃっくりがきぃふーらくご絵本」 桂文我話;梶山俊夫絵 福音館書店(日本傑作絵本シリーズ) 2002年11月

「とくべえとおへそ」 桂文我話;田島征彦絵 童心社 2004年5月

「ふたりでひとり-上方落語「胴切り」より」 桂文我噺;石井聖岳絵 フェリシモ出版(おはなしのたからばこ22) 2010年2月

「へんなゆめ-桂米朝・上方落語「天狗さばき」より」 たじまゆきひこ文・絵 フェリシモ出版(おはなしのたからばこ6) 2009年8月

「めだま」 山田洋次作;鈴木靖将絵 新樹社 2009年5月

「ワニ」 桂三枝文;黒田征太郎絵 アートン 2006年4月

「桂かい枝の英語落語 まんじゅうこわい」 桂かい枝文;大谷丈明絵 汐文社 2010年2月

「桂かい枝の英語落語 転心気」 桂かい枝文;たごもりのりこ絵 汐文社 2010年2月

「桂かい枝の英語落語 猫の茶わん」 桂かい枝文;たごもりのりこ絵 汐文社 2010年2月

「犬の目」 桂米平文;いとうひろし絵 フェリシモ出版(おはなしのたからばこ17) 2009年12月

「考える豚」 桂三枝文;黒田征太郎絵 アートン(桂三枝の落語絵本シリーズ4) 2006年1月

「上方落語 さくらんぼ」 今江祥智文;宇野亜喜良絵 フェリシモ出版(おはなしのたからばこ33) 2010年5月

「鯛(たい)」 桂三枝文;黒田征太郎絵 アートン(桂三枝の落語絵本シリーズ2) 2005年9月

「峠の狸レストラン」 桂三枝文;黒田征太郎絵 アートン(桂三枝の落語絵本シリーズ8) 2006年12月

「悲しい犬やねん」 桂三枝文;黒田征太郎絵 アートン(桂三枝の落語絵本シリーズ3) 2005年11月

「美しく青き道頓堀川」 桂三枝文;黒田征太郎絵 アートン(桂三枝の落語絵本シリーズ1) 2005年8月

「落語絵本 おにのめん」 川端誠作 クレヨンハウス 2001年4月

「落語絵本 たがや」 川端誠作 クレヨンハウス(川端誠の落語絵本シリーズ) 2006年7月

笑い話・ユーモア

「落語絵本 ばけものつかい」川端誠著 クレヨンハウス 1994年11月
「落語絵本 はつてんじん」川端誠作 クレヨンハウス 1996年12月
「落語絵本 まんじゅうこわい」川端誠作 クレヨンハウス 1996年3月
「落語絵本 めぐろのさんま」川端誠作 クレヨンハウス(落語絵本シリーズ6) 2001年12月
「落語絵本十一 おおおかさばき」川端誠作 クレヨンハウス 2007年8月
「落語絵本十三 ひとめあがり」川端誠作 クレヨンハウス 2008年12月
「落語絵本十四 かえんだいこ」川端誠作 クレヨンハウス 2010年2月
「落語絵本十二 ときそば」川端誠作 クレヨンハウス 2008年1月

テーマ・ジャンル別分類見出し索引

あいさつ→子どもの世界・生活＞育児・子育て＞子どものしつけ＞あいさつ
あかちゃん→子どもの世界・生活＞家族＞あかちゃん
あとかたづけ・そうじ→子どもの世界・生活＞育児・子育て＞子どものしつけ＞あとかたづけ・そうじ
あまのじゃく→架空のもの・ファンタジー＞あまのじゃく
アンパンマン→架空のもの・ファンタジー＞キャラクター絵本＞アンパンマン
イースター→子どもの世界・生活＞行事＞イースター
いじめ→子どもの世界・生活＞学校＞いじめ
いたずら→子どもの世界・生活＞遊び＞いたずら
いちご→子どもの世界・生活＞食べもの＞果物＞いちご
いもほり→子どもの世界・生活＞行事＞いもほり
うみぼうず→架空のもの・ファンタジー＞うみぼうず
うんち・おしっこ・おなら→子どもの世界・生活＞うんち・おしっこ・おなら
えりまき→子どもの世界・生活＞ファッション・おしゃれ＞えりまき
えんま→架空のもの・ファンタジー＞えんま
オートバイ→乗り物＞オートバイ
おかあさん→子どもの世界・生活＞家族＞おかあさん
おじいさん→子どもの世界・生活＞家族＞おじいさん
おしくらまんじゅう→子どもの世界・生活＞遊び＞おしくらまんじゅう
おじさん・おばさん→子どもの世界・生活＞家族＞おじさん・おばさん
おつかい・おてつだい→子どもの世界・生活＞育児・子育て＞子どものしつけ＞おつかい・おてつだい
おとうさん→子どもの世界・生活＞家族＞おとうさん
おねしょ・おもらし→子どもの世界・生活＞育児・子育て＞子どものしつけ＞おねしょ・おもらし
おばあさん→子どもの世界・生活＞家族＞おばあさん
おばけ・ゆうれい→架空のもの・ファンタジー＞おばけ・ゆうれい
おべんとう→子どもの世界・生活＞食べもの＞おべんとう
おむすびまん→架空のもの・ファンタジー＞キャラクター絵本＞おむすびまん
おやすみ・ねむり→子どもの世界・生活＞おやすみ・ねむり
おやつ・お菓子→子どもの世界・生活＞食べもの＞おやつ・お菓子
お花見→子どもの世界・生活＞行事＞お花見
お絵かき→子どもの世界・生活＞遊び＞お絵かき
お客→子どもの世界・生活＞お客
お月見→子どもの世界・生活＞行事＞お月見
お見舞い→子どもの世界・生活＞お見舞い
お祭り→子どもの世界・生活＞行事＞お祭り
お正月→子どもの世界・生活＞行事＞お正月
お茶会・パーティー→子どもの世界・生活＞お茶会・パーティー
お買い物→子どもの世界・生活＞お買い物
お風呂→子どもの世界・生活＞お風呂
お墓まいり→子どもの世界・生活＞行事＞お墓まいり
お盆→子どもの世界・生活＞行事＞お盆
かかし→架空のもの・ファンタジー＞かかし
かき→子どもの世界・生活＞食べもの＞果物＞かき
かくれんぼ→子どもの世界・生活＞遊び＞かくれんぼ
かげ遊び→子どもの世界・生活＞遊び＞かげ遊び

だるま→架空のもの・ファンタジー＞だるま
ダンス→子どもの世界・生活＞遊び＞ダンス
チューリップさん→架空のもの・ファンタジー＞キャラクター絵本＞チューリップさん
てあらい・うがい→子どもの世界・生活＞育児・子育て＞子どものしつけ＞てあらい・うがい
テディベア→架空のもの・ファンタジー＞キャラクター絵本＞テディベア
てぶくろ→子どもの世界・生活＞ファッション・おしゃれ＞てぶくろ
てんぐ→架空のもの・ファンタジー＞てんぐ
トマト→子どもの世界・生活＞食べもの＞野菜＞トマト
トラック・ダンプカー→乗り物＞自動車＞トラック・ダンプカー
トロル→架空のもの・ファンタジー＞トロル
どろんこ遊び→子どもの世界・生活＞遊び＞どろんこ遊び
どんどやき→子どもの世界・生活＞行事＞どんどやき
なし→子どもの世界・生活＞食べもの＞果物＞なし
なす→子どもの世界・生活＞食べもの＞野菜＞なす
ななみちゃん→架空のもの・ファンタジー＞キャラクター絵本＞ななみちゃん
なわとび→子どもの世界・生活＞遊び＞なわとび
ナンセンス絵本→笑い話・ユーモア＞ナンセンス絵本
にんじん→子どもの世界・生活＞食べもの＞野菜＞にんじん
ねぎぼうずのあさたろう→架空のもの・ファンタジー＞キャラクター絵本＞ねぎぼうずのあさたろう
バーバパパ→架空のもの・ファンタジー＞キャラクター絵本＞バーバパパ
はじめての経験→子どもの世界・生活＞はじめての経験
バス→乗り物＞自動車＞バス
パトロールカー→乗り物＞自動車＞パトロールカー
バナナ→子どもの世界・生活＞食べもの＞果物＞バナナ
はみがき→子どもの世界・生活＞育児・子育て＞子どものしつけ＞はみがき
バレンタインデー→子どもの世界・生活＞行事＞バレンタインデー
ハロウィーン→子どもの世界・生活＞行事＞ハロウィーン
パン→子どもの世界・生活＞食べもの＞パン
ハンカチ→子どもの世界・生活＞ファッション・おしゃれ＞ハンカチ
ピーターラビット→架空のもの・ファンタジー＞キャラクター絵本＞ピーターラビット
ピーマン→子どもの世界・生活＞食べもの＞野菜＞ピーマン
ピーマンマン→架空のもの・ファンタジー＞キャラクター絵本＞ピーマンマン
ピエロ→子どもの世界・生活＞行事＞サーカス＞ピエロ
ピクニック・遠足・キャンプ→子どもの世界・生活＞遊び＞ピクニック・遠足・キャンプ
ひなたぼっこ→子どもの世界・生活＞ひなたぼっこ
ひなまつり→子どもの世界・生活＞行事＞ひなまつり
ファッション・おしゃれ一般→子どもの世界・生活＞ファッション・おしゃれ＞ファッション・おしゃれ一般
ふたご→子どもの世界・生活＞家族＞ふたご
ぶどう→子どもの世界・生活＞食べもの＞果物＞ぶどう
ぶらんこ→子どもの世界・生活＞遊び＞ぶらんこ
ブルーベリー→子どもの世界・生活＞食べもの＞果物＞ブルーベリー
ブルドーザー・ショベルカー→乗り物＞自動車＞ブルドーザー・ショベルカー
プレゼント→子どもの世界・生活＞プレゼント
ペガサス→架空のもの・ファンタジー＞ペガサス

機関車トーマス→乗り物＞汽車・電車＞機関車トーマス
汽車・電車→乗り物＞汽車・電車
鬼→架空のもの・ファンタジー＞鬼
吸血鬼→架空のもの・ファンタジー＞吸血鬼
救急車→乗り物＞自動車＞救急車
巨人・大男→架空のもの・ファンタジー＞巨人・大男
芸術→子どもの世界・生活＞芸術
劇→子どもの世界・生活＞芸術＞劇
言葉遊び→子どもの世界・生活＞遊び＞言葉遊び
孤児→子どもの世界・生活＞家族＞孤児
五つご→子どもの世界・生活＞家族＞五つご
工作→子どもの世界・生活＞芸術＞工作
行事一般→子どもの世界・生活＞行事＞行事一般
山の子ども→子どもの世界・生活＞山の子ども
山登り→子どもの世界・生活＞遊び＞山登り
散歩→子どもの世界・生活＞散歩
子どものしつけ→子どもの世界・生活＞育児・子育て＞子どものしつけ
子どもの健康・保健衛生→子どもの世界・生活＞育児・子育て＞子どもの健康・保健衛生
子どもの個性→子どもの世界・生活＞子どもの個性
子どもの交通安全→子どもの世界・生活＞子どもの交通安全
子どもの心→子どもの世界・生活＞子どもの心
子どもの防災→子どもの世界・生活＞子どもの防災
市→子どもの世界・生活＞行事＞市
死神→架空のもの・ファンタジー＞死神
自転車→乗り物＞自転車
自動車→乗り物＞自動車
自分発見→子どもの世界・生活＞子どもの心＞自分発見
七五三→子どもの世界・生活＞行事＞七五三
七夕→子どもの世界・生活＞行事＞七夕
手紙→子どもの世界・生活＞手紙
小人→架空のもの・ファンタジー＞小人
少女・女の子→子どもの世界・生活＞少女・女の子
少年・男の子→子どもの世界・生活＞少年・男の子
消防自動車→乗り物＞自動車＞消防自動車
笑い話・ユーモア一般→笑い話・ユーモア＞笑い話・ユーモア一般
障害のある子→子どもの世界・生活＞障害のある子
乗り物一般→乗り物＞乗り物一般
色遊び→子どもの世界・生活＞遊び＞色遊び
食べもの一般→子どもの世界・生活＞食べもの＞食べもの一般
食育→子どもの世界・生活＞育児・子育て＞食育
食事・料理→子どもの世界・生活＞食べもの＞食事・料理
親と子→子どもの世界・生活＞家族＞親と子
人魚→架空のもの・ファンタジー＞人魚
人形・玩具→子どもの世界・生活＞遊び＞人形・玩具
水遊び→子どもの世界・生活＞遊び＞水遊び
性教育→子どもの世界・生活＞育児・子育て＞性教育

幼稚園・保育園→子どもの世界・生活＞幼稚園・保育園
妖精→架空のもの・ファンタジー＞妖精
落語絵本→笑い話・ユーモア＞落語絵本
卵→子どもの世界・生活＞食べもの＞卵
竜・ドラゴン→架空のもの・ファンタジー＞竜・ドラゴン
旅→子どもの世界・生活＞旅
両親の離婚→子どもの世界・生活＞家族＞両親の離婚
恋愛→子どもの世界・生活＞恋愛

テーマ・ジャンルからさがす物語・お話絵本① 子どもの世界・生活/
架空のもの・ファンタジー/乗り物/笑い話・ユーモア

2011年9月20日 初版第一刷発行

発行者/河西雄二

編集・発行/株式会社DBジャパン

〒221-0052 神奈川県横浜市神奈川区栄町13-11-203

電話(045)453-1335　FAX(045)453-1347

http://www.db-japan.co.jp/

E-mail:dbjapan@cello.ocn.ne.jp

表紙デザイン/中村丈夫

電算漢字処理/DBジャパン

印刷・製本/株式会社平河工業社

不許複製・禁無断転載<<日本板紙(株)中性紙琥珀使用>>

〈落丁・乱丁本はお取替えいたします〉

ISBN978-4-86140-016-2　Printed in Japan,2011